KU-761-921

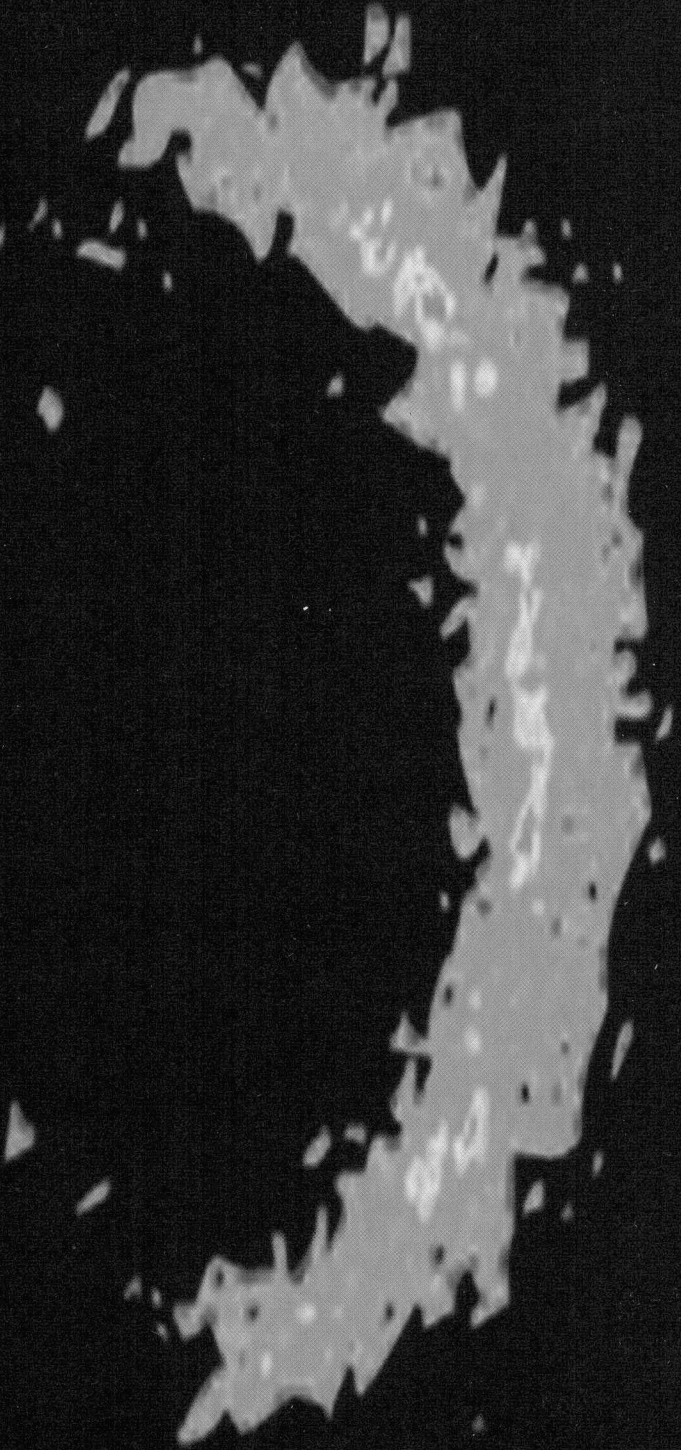

DENKSCHRIFT
zum Jahr der Physik

PHYSIK

Themen, Bedeutung und Perspektiven physikalischer Forschung

Ein Bericht
an Gesellschaft, Politik und Industrie

Φ November 2000
Deutsche Physikalische Gesellschaft e.V.

Die Deutsche Bibliothek – CIP-Einheitsaufnahme

Physik – Themen, Bedeutung und Perspektiven physikalischer Forschung : Denkschrift zum Jahr der Physik ; ein Bericht an Gesellschaft, Politk und Industrie / Hrsg. Deutsche Physikalische Gesellschaft. Markus Schwoerer .... – Bad Honnef : Dt. Physikalische Ges., 2000
ISBN 3-00-006876-7

Umschlagbild: Atomlaser (s. Seite 46)

November 2000

Impressum

Herausgeber
Deutsche Physikalische Gesellschaft e. V. (DPG)
Hauptstr. 5
D-53604 Bad Honnef
Telefon: ++49 (0)2224 - 9232-0
Telefax: ++49 (0)2224 - 9232-50
E-Mail: dpg@dpg-physik.de
Internet: www.dpg-physik.de

Gesamtredaktion
Dr. Rainer Scharf

Förderung
Bundesministerium für Bildung und Forschung (bmb+f)

Gestaltung
Druck- und Werbegesellschaft m. b. H., Bonn

ISBN 3-00-006876-7

Vorwort

An der Schwelle zum dritten Jahrtausend unternimmt die Deutsche Physikalische Gesellschaft mit dieser Denkschrift den Versuch einer Standortbestimmung. In den letzten Dekaden ist es immer mehr Menschen bewusst geworden, dass unser Lebensraum auf der Erde eng geworden ist und dass unsere Ressourcen begrenzt sind. Es bedarf der Anstrengung aller gesellschaftlichen Kräfte, die richtigen Antworten auf die hieraus folgenden Fragen zu finden. Die Physikerinnen und Physiker der ältesten physikalischen Gesellschaft der Welt und der größten Europas wollen in dieser Schrift ein Bild über den gegenwärtigen Zustand und die Perspektiven, die Chancen und die Risiken physikalischer Forschung zeichnen. Die Denkschrift richtet sich an die breite Öffentlichkeit, an die Politik, an Wirtschaft und Industrie, an Journalisten, wie auch an Wissenschaftler anderer Disziplinen, und nicht zuletzt an die Physiker selbst. Sie soll die Faszination deutlich machen, die von physikalischer Forschung gerade heute ausgeht, aber auch zum Nachdenken über deren Konsequenzen anregen.

Darüber hinaus soll die Denkschrift einen Eindruck von der mit dieser Wissenschaft verbundenen Kulturleistung vermitteln und insgesamt das Bewusstsein dafür schärfen helfen, in welchem Maße die moderne Gesellschaft in vielfältigen Funktionen auf naturwissenschaftlich-physikalische Erkenntnisse und Konzepte angewiesen ist. Besondere Bedeutung kommt hierbei künftigen Entwicklungen zu, deren sinnvolle Gestaltung von rationalen Handlungen und Entscheidungsprozessen getragen sein muss.

Die Bundesministerin für Bildung und Forschung, Frau Edelgard Bulmahn, hat als Teil der Initiative "Wissenschaft im Dialog" zusammen mit der Deutschen Physikalischen Gesellschaft das Jahr 2000 zum Jahr der Physik erklärt. Die durch die Bundesregierung großzügig geförderten öffentlichen Veranstaltungen im Jahr der Physik lassen schon jetzt eine hohe Aufnahmebereitschaft für naturwissenschaftlich-technische Fragestellungen bei einem breiten Publikum erkennen. Für die hieran beteiligten Wissenschaftler wurden dadurch vielfältige Lernprozesse über den Umgang mit dem interessierten, aber nicht fachlich vorgebildeten Publikum eingeleitet. Auch im internationalen Rahmen findet diese Initiative inzwischen Beachtung, wie etwa in der Zeitschrift Nature vom 24. August 2000 vermerkt ist: "... German researchers have succeeded in enhancing the accessibility of physics. Others should benefit from their example". Die Deutsche Physikalische Gesellschaft möchte hiermit der Bundesministerin für ihre nachdrückliche Unterstützung danken. Ein besonderer Dank gilt auch Herrn Ministerialrat Dr. Hermann-Friedrich Wagner für seine Initiative und die ständige tatkräftige Unterstützung, ohne die dieses Jahr der Physik nicht stattgefunden hätte.

Ein herzlicher Dank gilt schließlich Markus Schwoerer und den Mitgliedern der Kommission (Kapitel 8), die die Erstellung dieser Denkschrift vorangetrieben haben, sowie besonders den vielen Kollegen (Kapitel 7), die als Autoren hierzu Beiträge geliefert haben.

Dr. Dirk Basting
Präsident der Deutschen Physikalischen Gesellschaft

Bad Honnef, im November 2000.

Inhalt

1. **Präambel** 1

2. **Thesen** 3

3. **Physik ist Grundlagenforschung** 7

3.1 Astrophysik und Kosmologie, Elementarteilchen und Atomkerne 9
Die elementare Struktur von Raum und Zeit, von Energie und Materie

3.2 Atome, Moleküle, Quantenoptik und Plasmen 41
Licht und Materie im Wechselspiel

3.3 Kondensierte Materie 65
Von der Grundlagenforschung zur Technik der Zukunft

3.4 Selbstorganisation und Strukturbildung 119
Das Prinzip der Universalität

3.5 Physik und Biologie 131
Strukturen und Elementarprozesse des Lebens

3.6 Die Physik und das System Erde 143
Beben, Ozeane, Wetter, Klima und Umwelt

3.7 Physik und Mathematik 155
Das Buch der Natur ist in der Sprache der Mathematik geschrieben

4. **Physik ist Forschung für Technik und Industrie** 159

4.1 Physik im Automobil 160

4.2 Physik in der Medizin 167

4.3 Physik in der Energietechnik 171

5. **Physik ist Teil der Kultur und Grundlage der Technik** 185

6. **Physik ist unverzichtbar** 189

6.1 Stätten physikalischer Forschung 189

6.2 Physik braucht Großgeräte 194

6.3 Physik ist international 197

6.4 Die Physikausbildung an deutschen Universitäten 199

6.5 Das Berufsfeld der Physiker 204

6.6 Physik in der Schule 208

7. **Autoren und Mitwirkende** 211

8. **Mandat, Mitglieder und Arbeitsweise der Kommission** 213

Anhang 214
Tabellen und Statistiken

1 Präambel

Was heißt und zu welchem Ende studiert man Physik?

Für seine *Akademische Antrittsrede bey Eröfnung seiner Vorlesungen* hat Friedrich Schiller, *Professor der Geschichte in Jena*, am 26. Mai 1789 die gleiche Frage, jedoch bezogen auf die *Universalgeschichte*, formuliert und behandelt. Bei heutiger Lektüre seiner Vorlesung eröffnen sich faszinierende Analogien zwischen den prinzipiellen Fragestellungen der beiden so verschiedenen Wissenschaften. Die Physik ist grundlegend, fruchtbar und weit umfassend. Die Gesetze der Natur werden in der Physik mit der größtmöglichen methodischen Strenge erforscht. Dabei bedient sich der Physiker des Experiments und der Mathematik. Beide sind zeitlos und universell gültig, wie die physikalischen Gesetze selbst. Der Drang des Menschen, diese Gesetze zu entdecken, ist so alt wie unsere Kultur. Das zwanzigste, das physikalische *Jahrhundert herbeizuführen haben sich - ohne es zu wissen oder zu erzielen - alle vorhergehenden Zeitalter angestrengt* (F. S.). Es ist die Leistung der physikalischen Grundlagenforschung des 20. Jahrhunderts, ein Verständnis der fundamentalen Gesetze der Natur gewonnen zu haben, wie es noch vor einem halben Jahrhundert weder in seiner Tiefe noch in seiner Breite vorstellbar war.

Ebenso alt wie der Drang, die Naturgesetze zu erkennen, ist der Wunsch, sie anzuwenden. *Anders ist der Studierplan, den sich der Brotgelehrte, anders derjenige, den der philosophische Kopf sich vorzeichnet* (F. S.). Grundlagenforschung und ihre Anwendungen sind in der Physik untrennbar. Ohne Grundlagenforschung entsteht kein neues Wissen, und ohne neues Wissen verkümmern Kultur und Zivilisation. Ob neues Wissen zum Segen oder zum Fluch wird, kann die Bevölkerung unseres Landes dann und nur dann steuern, wenn sie eine breite Bildung besitzt. Dazu muss in Zukunft in immer stärkerem Maße auch eine breite mathematisch-naturwissenschaftliche Bildung gehören.

Der Titel der vorliegenden Denkschrift ist die zeitgemäße Formulierung der Schillerschen Frage:

Themen, Bedeutung und Perspektiven physikalischer Forschung.

Die Deutsche Physikalische Gesellschaft will damit im Jahr der Physik einen Beitrag zur Erfüllung ihrer Bringschuld an die Öffentlichkeit - die Gesellschaft, die Politik und die Industrie - leisten. Die Denkschrift enthält, nach zwei einleitenden Thesen, in den beiden großen Kapiteln 3 und 4 eine Darstellung aktueller Themen der Physik. In seiner Struktur folgt das Kapitel 3 dem weltweit akzeptierten Ordnungsprinzip der physikalischen Teildisziplinen. Diese Einteilung darf indes nicht darüber hinweg täuschen, dass die Physik ein Ganzes ist. Nur aus diesem Ganzen können sich immer wieder neue, grundlegende Forschungsgebiete entwickeln. Dazu müssen die großen Teilgebiete der gesamten Physik wenigstens in ihren elementaren Grundlagen von jeder Generation neu studiert werden. Ein Beispiel für eine Teildisziplin, die sich in diesen Jahren erfolgreich entwickelt, ist die Physik in der Biologie (Kapitel 3.5). Sie hat inhaltlich mit der Biophysik aus der Zeit vor einem halben Jahrhundert fast keine Gemeinsamkeiten mehr. Auch aus den Namen der anderen Teildisziplinen kann oftmals nicht auf deren Forschungsinhalte oder Aktualität geschlossen werden.

Der Inhalt der beiden Kapitel 3 und 4 kann nur exemplarisch sein. Die Denkschrift erhebt keinerlei enzyklopädischen Anspruch. Dazu ist ihr Umfang viel zu klein. Vielmehr ist es eines ihrer Ziele, den Leser die Faszination spüren zu lassen, die von der physikalischen Forschung ausgeht. Die Beispiele sollen auch eine Orientierung über solche Bereiche physikalischer Forschung geben, die in den nächsten Jahren vermutlich besonders wichtig werden. Vor allem im Kapitel 4 musste die Anzahl der Beispiele soweit reduziert werden, dass sie - gemessen am Umfang der Physik, die in unserer modernen Technik steckt - extrem klein erscheint. Auch wird der Leser bemerken, dass die Aufteilung der Themen auf die beiden Kapitel 3 und 4 an vielen Stellen willkürlich ist. Der Grund für diese unvermeidbare Willkür wurde schon erwähnt: die enge Verflechtung von Grundlagenforschung und Anwendung.

Im Kapitel 5 wird der historische, kulturelle und philosophische Bezug der Physik erörtert. Ihr Ursprung liegt ja in der Philosophie. Schließlich werden in den Abschnitten von Kapitel 6 wissenschaftspolitische Themen behandelt, deren Inhalte zur langfristigen Sicherung der Existenz unserer Gesellschaft als besonders wichtig erachtet werden. Dazu gehören eine wohlorganisierte Struktur und Finanzierung der Forschungsstätten, die Internationalität, die Lehre an den Universitäten und die Physik in der Schule. Dieses letzte Thema ist ein besonders dringendes Anliegen der Deutsche Physikalischen Gesellschaft: In der Verbesserung der mathematisch-naturwissenschaftlichen Allgemeinbildung muss unsere Gesellschaft in der unmittelbaren Zukunft besonders große Leistungen erbringen.

These 1

Die Physik ist eine grundlegende Naturwissenschaft, Teil unserer Kultur und Grundlage der Technik.

Die Wurzeln der Physik liegen in der Antike. „Am Anfang der abendländischen Kultur steht die enge Verbindung von prinzipieller Fragestellung und praktischem Handeln, die von den Griechen geleistet worden ist. Auf dieser Verbindung beruht die ganze Kraft unserer Kultur auch heute noch“ (Werner Heisenberg). Im 17. Jahrhundert haben Johannes Kepler, Galileo Galilei und Isaac Newton die Methodik der modernen Physik dadurch begründet, dass sie einzelne Vorgänge in der Natur aus ihrem Zusammenhang herauslösten und mit Hilfe von Experimenten quantitativ untersuchten; dass sie schließlich ein physikalisches Grundgesetz mathematisch formulierten, mit dem sie so unterschiedliche Vorgänge wie den freien Fall, die Bewegung der Planeten und das Schwingen eines Pendels „verstehen“ konnten.

Am Ende des 19. Jahrhunderts begann man, die elektronische Struktur der Materie aufzuklären. Dadurch wurde es erst möglich, das Wesen der Röntgenstrahlen und der von Henri Becquerel, Marie Curie und Pierre Curie entdeckten natürlichen Radioaktivität zu verstehen. Joseph Thomson entdeckte 1897 das Elektron, das erste unteilbare Teilchen. Zu Beginn des 20. Jahrhunderts revolutionierte Albert Einstein mit der von ihm entwickelten Relativitätstheorie unsere Vorstellungen von Raum und Zeit. Er und Max Planck haben das Photon als Elementarteilchen des Lichts entdeckt. Werner Heisenberg, Erwin Schrödinger, Paul Dirac und Wolfgang Pauli haben mit der Entwicklung der Quantentheorie das Problem des Welle-Teilchen-Dualismus nicht nur des Lichts, sondern aller Teilchen aufgelöst. Aus der Quantentheorie haben wir gelernt, dass und wie unsere gewohnten Vorstellungen von Kausalität und Determinismus in der Mikrowelt „unscharf“ werden.

Diese Entdeckungen waren der Beginn der modernen Physik des 20. Jahrhunderts. Seither entdecken die Physiker immer neue, aufregende Phänomene und Naturgesetze. Auch in der Makrowelt sind Kausalität und Determinismus unscharf. Das lehrt uns die Nichtlineare Dynamik. Die Einsicht, dass trotz strenger Naturgesetze vieles Wichtige in der Welt nicht vorhersehbar ist, ist eine der wesentlichen jüngeren Erkenntnisse der Physik. Der offensichtliche Fehlschlag der jahrhundertealten mechanistischen Denkweise der Physik ist einer der Gründe, warum man in der Öffentlichkeit Ängste gegenüber der Physik und der Technik verspürt.

Das vorrangige Ziel der Physiker ist die Erforschung der Naturgesetze. Die von ihnen gemachten Entdeckungen und Einsichten sowie die darauf aufbauenden Anwendungen haben unser Weltbild in einem Ausmaß geprägt, das man nur überblickt, wenn man sich in Gedanken in eine vergangene Epoche zurückversetzt. Dazu ist es nicht nötig, viele Jahrhunderte zurückzugehen, zum Beispiel bis zur Zeit von Nikolaus Kopernikus. Ein Jahrhundert genügt schon. Noch vor 100 Jahren galt nicht einmal die Existenz der Atome als gesichert. Die Physik hat uns seither ein Bild von der Struktur und der Dynamik unserer Welt vermittelt, das die menschliche Vorstellungskraft oft übersteigt, aber zugleich durch Experimente gesichert ist und immer besser verstanden wird. Es reicht vom Kleinsten bis zum Größten, vom Leichtesten bis zum Schwersten, vom Langsamsten bis zum Schnellsten, vom Kältesten bis zum Heißesten, vom Hellsten bis zum Dunkelsten, von der dünnsten bis zur dichtesten Materie und vom Anfang des Universums bis heute. Dazwischen liegen jeweils 20 oder mehr Größenordnungen in den jeweiligen Dimensionen. Vieles an diesem grandiosen Bild beruht auf Extrapolationen vom Bekannten ins Unerforschte, manches auf kühnen Hypothesen. Davon lebt alle Wissenschaft. Kolumbus glaubte an die Hypothese, dass die Welt rund sei, und dass er deshalb Indien zur See erreichen könne. Dieser Glaube hat ihm Tatkraft verliehen. Indien erreichte er zwar nicht, aber er hat Amerika entdeckt. Die Forschungsobjekte der Physik liegen oft zunächst weit außerhalb des für uns unmittelbar Erfahrbaren. Aber früher oder später betreffen uns fundamentale naturwissenschaftliche Entdeckungen ebenso direkt wie die Entdeckung Amerikas. Physik ist die elementarste aller Naturwissenschaften. Sie ist ein prägender Teil unserer Kultur.

So sind etwa die Radio- und Röntgenastronomie und die Kenntnis und Anwendung der Grundgesetze der relativistischen Mechanik und der elektromagnetischen Strahlung für unser heutiges Wissen über die Struktur und die Entwicklung des Universums unverzichtbar. Ebenso groß wie das uralte Interesse an kosmologischen Fragen ist das Interesse des Menschen an der Erforschung der kleinsten oder kurzlebigsten Bausteine der Materie, der Elementarteilchen, sowie ihrer Wechselwirkungen. Für diese Forschung sind die hohen

Energien unabdingbar, auf die Elektronen und andere geladene Teilchen in den Großforschungseinrichtungen beschleunigt werden, z. B. im Deutschen Elektronen-Synchrotron (DESY), in der Organisation (vormals Conseil) Européenne pour la Recherche Nucléaire (CERN) oder der Gesellschaft für Schwerionenforschung (GSI). Kernphysik, Elementarteilchenphysik und Kosmologie sind untrennbar miteinander verbunden und Teil des Fundaments der Physik. So spannt die Physik einen weiten Bogen von den Dimensionen des Kosmos bis zu denen der Elementarteilchen. Die Erforschung der kleinsten Materiebausteine ist entscheidend, will man den Urknall und die Entwicklung des Kosmos verstehen.

Das unmittelbare und tägliche Interesse des Menschen gilt der ihn umgebenden makroskopischen Materie: den Festkörpern, Flüssigkeiten, Gasen und Plasmen. Deren atomaren Aufbau und molekulare Dynamik haben erst die Quantentheorie und die experimentellen Methoden der Spektroskopie und der Mikroskopie mit Photonen, Elektronen, Neutronen und anderen Teilchen ans Licht gebracht. Das gilt für die unbelebte Materie ebenso wie für die belebte. Zum Beispiel war die Entdeckung der Doppelhelixstruktur der Desoxyribonukleinsäure (DNA) durch Francis Crick, Rosalind Franklin, James Watson und Maurice Wilkins wesentlich durch physikalische Methoden geprägt, wie auch die heute offenbar kurz vor dem Abschluss stehende Aufklärung der Sequenzen im menschlichen Genom.

Die Physik hat einen vielfältigen und bisweilen auch entscheidenden Einfluss auf andere Disziplinen: Apparative Entwicklungen sowie experimentelle und theoretische Methoden der Physik bilden die Grundlage für viele andere Wissenschaften und deren Siegeszug. Auch die Mathematisierung der Wissenschaften entspringt dem Vorbild der Physik. Die physikalische Forschung bildet deshalb ein unverzichtbares Element vor allem der natur- und ingenieurwissenschaftlichen Disziplinen. Sie war in der Vergangenheit und ist bis heute die Grundlage der Wirtschaft, die auf moderner Technik gründet.

Der erst vor 40 Jahren erfundene Laser ist die Grundlage der Compact-Disc-(CD)-Technik, der Laser-Schweißtechnik, der Laser-Augenheilkunde und natürlich aller Techniken der Laser-Optik. - Der vor 50 Jahren erfundene Transistor hat unsere gesamte elektronische Technik entscheidend geprägt. Ohne ihn und andere Halbleiterbauelemente und deren Miniaturisierung in hochintegrierten elektronischen Schaltungen würden weder die Computertechnik, noch die Technik der Steuerung elektrischer Geräte, noch die moderne Telekommunikation existieren. - Ohne den 1924 von Wolfgang Pauli erstmals postulierten und kurz darauf auch direkt nachgewiesenen Kernspin gäbe es weder die medizinische Technik der Kernspintomographie zur Erzeugung von Schnittbildern des Körperinnern, noch die Atomuhr als wesentliches Element zur Steuerung der schnellen Telekommunikation und der satellitengestützten Navigation (GPS). Die Liste der Beispiele ließe sich fast endlos erweitern: So sind auch unsere Automobile gespickt mit physikalischen Bauelementen. Die Anwendungen physikalischer Grundlagenforschung haben also offensichtlich große wirtschaftliche Bedeutung.

Entscheidende technologische Durchbrüche beruhen jedoch oft auf Ergebnissen solcher physikalischer Forschungsvorhaben, deren ursprüngliches Ziel gar nicht die Anwendung war. Die umwälzenden technischen Entwicklungen im 20. Jahrhundert sind immer aus der engen Verbindung von Grundlagenforschung und der Entwicklung neuer experimenteller und theoretischer Methoden entstanden. Die meisten davon waren physikalischer Art. Eine einseitige Ausrichtung der gesamten naturwissenschaftlichen und insbesondere der physikalischen Forschung auf technische Anwendung, Marktorientierung und Interdisziplinarität würde daher auf Dauer zu irreparablen Schäden führen. Deshalb muss der freien Entwicklung der Grundlagenforschung ebenso wie der Abschätzung und der Verhinderung großer Risiken eine hohe Priorität eingeräumt werden.

Auch zu Beginn des 21. Jahrhunderts forschen Physiker an grundlegenden Problemen der Physik, der Chemie und der Technik und, in zunehmendem Maße, auch der Biologie. Das offene Feld spannender physikalischer Forschung der Zukunft ist riesengroß. Die vorliegende Denkschrift enthält dafür eine Fülle interessanter Beispiele, von denen an dieser Stelle nur einige, eher zufällig ausgewählte, genannt seien: Physiker sind heute in der Lage, makroskopisch kohärente Materiewellen zu erzeugen, die aus einer sehr großen Zahl von Atomen bestehen, dabei jedoch Welleneigenschaften besitzen, die denen des Laserlichtes entsprechen. Die Erforschung dieser kohärenten Materiewellen und ihrer Wechselwirkungen mit anderer Materie und mit Licht verspricht, sehr spannend zu werden. - Bis vor wenigen Jahren schien es unmöglich, kleinste Strukturen, die nur aus wenigen Atomen oder Molekülen bestehen, herzustellen und zu erforschen. Doch inzwischen gestatten es neue experimentelle Techniken, sogar einzelne Atome oder Moleküle zu analysieren und zu manipulieren. Dieser Bereich der Physik, der Teilchen mit einem Durchmesser von wenigen Nanometern (millionstel Millimetern) und darunter erforscht, wird in der sogenannten Nanotechnologie aller Voraussicht nach zu zahlreichen technischen Anwendungen führen. - Die Methoden der mathematischen Physik werden zur Analyse von komplexen dynamischen Vorgängen und Strukturbildungsprozessen unerlässlich bleiben. - Die Hochtemperatursupraleitung wird unter anderem mit dem Ziel weiter erforscht, die Verluste bei der elektrischen Energieversorgung und in der Verkehrstechnik zu reduzieren. - Die kontrollierte Kernfusion ist eines der ehrgeizigsten internationalen Zukunftsprojekte. Sie soll die unabweisbaren Probleme mindern, die wir unseren Nachkommen durch den weitgehenden Verbrauch der begrenzten Vorräte an fossilen Energieträgern aufbürden. - Die Durchmusterung des Kosmos, z. B. mit Röntgenteleskopen auf unbemannten Satelliten, wird unsere Kenntnisse über den Ursprung, die Struktur und die Dynamik des Kosmos ebenso erweitern wie die Analyse der „unsichtbaren" Neutrino-Ströme mittels aufwändiger unterirdischer Detektoren. - Die Untersuchung der biophysikalischen Elementarprozesse der Photosynthese, welche unser Leben überhaupt erst ermöglicht, macht in diesen Jahren erstaunliche Fortschritte. Die Photosynthese ist nur ein Beispiel dafür, dass Physiker intensiv und überaus erfolgreich wesentliche Fragestellungen physikalischer Natur in anderen Naturwissenschaften erforschen. Im Bereich der Chemie hat diese interdisziplinäre Zusammenarbeit längst große wirtschaftliche Auswirkungen.

Die Physik ist quicklebendig. Sie wird also auch künftig die grundlegende Naturwissenschaft, Teil unsere Kultur und Grundlage unserer Technik bleiben. Forschung in der Physik ist deshalb unverzichtbar.

These 2 Die Physik muss wesentlicher Teil der Allgemeinbildung sein.

Wissenschaft und Technik haben in Deutschland einen hohen Stand. Nur wenn unser Land auch künftig an der vordersten Front der Wissenschaften und ihrer Anwendungen tätig ist, wird es im globalen Wettbewerb bestehen. Die Innovationszeiten für neue Techniken sind sehr kurz - viel kürzer als ein Berufsleben. Der größte Teil der Bevölkerung arbeitet zwar nicht an der vordersten Front der Naturwissenschaften und ihrer Anwendungen, aber er nutzt diese Anwendungen unablässig. Mehr noch: Er ist existenziell auf sie angewiesen.

Für viele nichtphysikalische Disziplinen (z. B. Mathematik, Chemie, Biologie, Medizin, Technik- und Ingenieurwissenschaften) sind solide physikalische Grundkenntnisse unabdingbar. Selbst für Gebiete wie die Philosophie, die Erkenntnis- und Wissenschaftstheorie, die Wirtschafts- und Finanzwissenschaften ist die Kenntnis physikalischer Arbeitsweisen und Begriffsbildungen von grundsätzlicher Bedeutung. Daher gebietet es die gesellschaftliche Verantwortung unseren Nachkommen gegenüber, ihnen grundlegendes physikalisches Gedankengut in angemessener Weise zu vermitteln. Diese Aufgabe kann nur die allgemeinbildende Schule leisten. Sie ist für viele junge Mitbürger der einzige Ort, an dem sie sich mit physikalischen Fragestellungen auseinandersetzen können. Der Unterricht im Fach Physik muss in schülernaher Form im sechsten oder siebten Schuljahr beginnen und in allen folgenden Jahrgangsstufen der allgemeinbildenden Schulen angeboten werden.

Die allgemeinbildende Schule muss der Bevölkerung das Wissen vermitteln, dass die umwälzenden technischen Entwicklungen im 20. Jahrhundert immer aus der engen Verbindung von Grundlagenforschung und neuen experimentellen und theoretischen Methoden entstanden sind. Aufbauend auf einem Physik- und Technikunterricht in der Sekundarstufe I kann und muss jeder Schüler in der Sekundarstufe II erfahren, dass unser gesamtes Wissen Ergebnis der Forschung ist und dass dieses Wissen die Menschen in die Lage versetzt, ihre Zukunft segensreich oder aber verhängnisvoll zu gestalten.

Politische Entscheidungen über Umfang und Prioritäten der Forschungsförderung setzen eine solide Schulbildung in der Physik, der für die Technik grundlegenden Wissenschaft, voraus. Diese Entscheidungen müssen der gesamten Bevölkerung vermittelt, von ihr verstanden und getragen werden. Auch dafür ist eine entsprechende Schulbildung in der Physik notwendig. Deshalb müssen in unserem Land die Erkenntnisse der Naturwissenschaften als Teil der Kultur ebenso selbstverständlich zur Allgemeinbildung gehören wie die großen Werke der Dichter, Philosophen und Künstler.

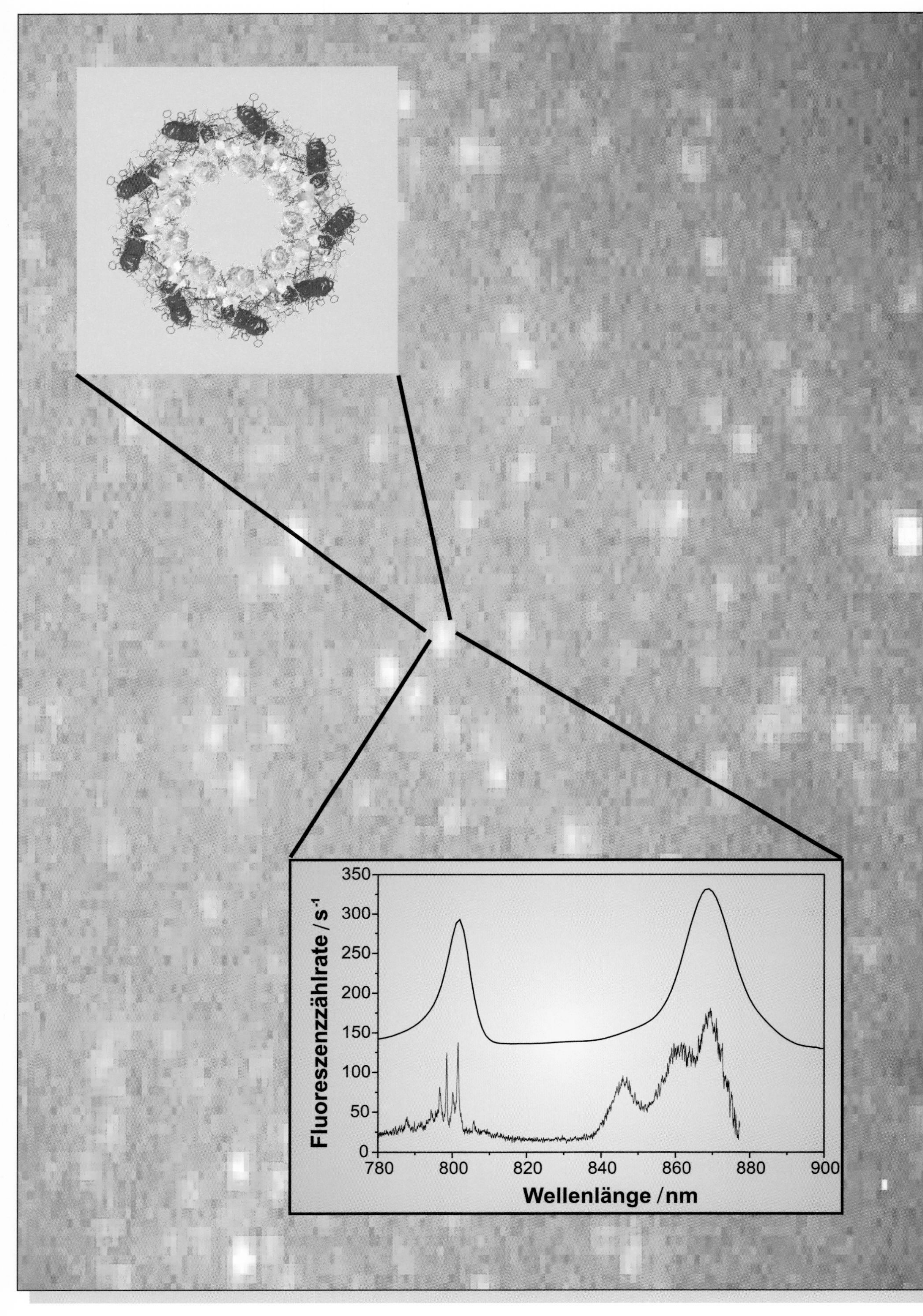

Fluoreszenzzählrate / s⁻¹
Wellenlänge / nm
0
50
100
150
200
250
300
350
780
800
820
840
860
880
900

3 Physik ist Grundlagenforschung

Grundlagenforschung ist weder Zweck noch Selbstzweck. Sie ist eine notwendige Basis des wissenschaftlichen und technischen Lebens, der Kultur und der Zivilisation. Die Fronten der physikalischen Grundlagenforschung sind ebenso breit und umfassend wie die Teilgebiete der Physik. Sie handeln

- vom Größten, dem Kosmos, und vom Kleinsten, den Elementarteilchen,
- von den Bausteinen der uns umgebenden Welt, den Atomkernen, den Atomen, den Molekülen, den Quanten, vom Licht und von der Strahlung,
- von der makroskopischen Materie, den Gasen, Plasmen, Flüssigkeiten und Festkörpern,
- von den physikalischen, chemischen, biologischen und technischen Qualitäten der Materie, zum Beispiel der Halbleiter, Supraleiter, Magnete, Polymere und Zellmembranen,
- von den Prinzipien der Universalität bei der Entstehung, der Verwandlung und dem Zerfall der makroskopischen Strukturen, die uns umgeben,
- von den Strukturen und Elementarprozessen des Lebens,
- von Erdbeben und Polarlichtern, vom Wetter und Klima, von den Ozeanen und der Atmosphäre unserer Erde,
- und nicht zuletzt von der Mathematik, ihrer Notwendigkeit zum Verständnis und gleichzeitig ihrer Schönheit bei der Beschreibung der Natur.

In den folgenden sieben Kapiteln (3.1 - 3.7) werden in exemplarischer Weise aktuelle Themen der physikalischen Grundlagenforschung vorgestellt. Sie können hier nicht enzyklopädisch behandelt werden. Aber sie sollen die Bedeutung physikalischer Forschung erhellen und zugleich die von ihr ausstrahlende Faszination spüren lassen.

Abb. 3.1.
Strukturen und Elementarprozesse des Lebens:
Einzelmolekülspektroskopie in der bakteriellen Photosynthese

Vor etwa 3 Milliarden Jahren hat die Natur mit der Entwicklung der Photosynthese die Sonneneinstrahlung als optimale regenerative Energiequelle erschlossen, ohne die höheres Leben auf der Erde nicht denkbar wäre. Die Photosynthese ist ein überaus komplexer Vorgang, der seit dem Beginn der Neuzeit Wissenschaftler in seinen Bann gezogen hat. Seine Funktionsprinzipien auf atomarer Ebene wurden aber erst in den letzten Jahren erklärt. Photosynthese kann als Musterbeispiel für das synergetische Zusammenwirken moderner Naturwissenschaften dienen. Von der Biologie wurden die komplexen photosynthetischen Reaktionssysteme aufgetrennt, die größeren Funktionseinheiten identifiziert und in den verschiedensten Formen präpariert. Durch das Zusammenwirken von Chemie und Physik wurden dann Struktur und Funktionsprinzipien der Einzelkomponenten auf atomarer Ebene verständlich (s. Kapitel 3.5). Dieses Wissen lässt sich nun für innovative Anwendungen im technischen Bereich umsetzen. Die Physik liefert dazu die hochpräzisen Mess- und Beschreibungsmethoden, wobei die Komplexität der biologischen Materie die kontinuierliche Weiterentwicklung der physikalischen Verfahren erfordert.

Photosynthese wird von den unterschiedlichsten Organismen betrieben. Dabei folgen diese - vom einzelligen Lebewesen bis zum hundert Meter hohen Baum - sehr ähnlichen Reaktionsprinzipien. Die Eiweißkomplexe, mit denen Purpurbakterien Licht für die Photosynthese sammeln und die deshalb als Antennen bezeichnet werden, sind nur etwa 10 Nanometer groß. Unter dem Lichtmikroskop wird die Struktur der Komplexe (gelbe Punkte) noch nicht sichtbar. Sie lässt sich aber mit Hilfe von Röntgenbeugungsexperimenten bestimmen (s. links oben). Die mit dem Mikroskop aufgenommenen Lichtspektren der zum Leuchten angeregten Eiweißkomplexe (s. rechts unten) enthalten wichtige Informationen über die Funktion dieser Biomoleküle. Das Spektrum, das von einer großen Zahl von Antennen herrührt, ist nahezu strukturlos (s. obere Kurve). Erhöht man aber die Empfindlichkeit des Mikroskops soweit, dass man einen einzelnen Eiweißkomplex untersuchen kann, so erhält man ein reich strukturiertes Spektrum (s. untere Kurve). Der Unterschied zwischen den beiden Spektren kommt dadurch zustande, dass sich bei der Untersuchung des Antennenensembles die individuellen Unterschiede zwischen den Eiweißkomplexen ausmitteln. Die scharfen Spektrallinien im Einzelmolekülspektrum stammen von räumlich begrenzten elektronischen Anregungszuständen der Eiweißkomplexe, die breiten Spektrallinien von räumlich ausgedehnten Anregungen, den Excitonen. Man lernt aus diesen Spektren Details über den Transport der Anregungsenergie innerhalb des „Photosyntheseapparats" des Bakteriums.

(Jürgen Köhler, Universität München)

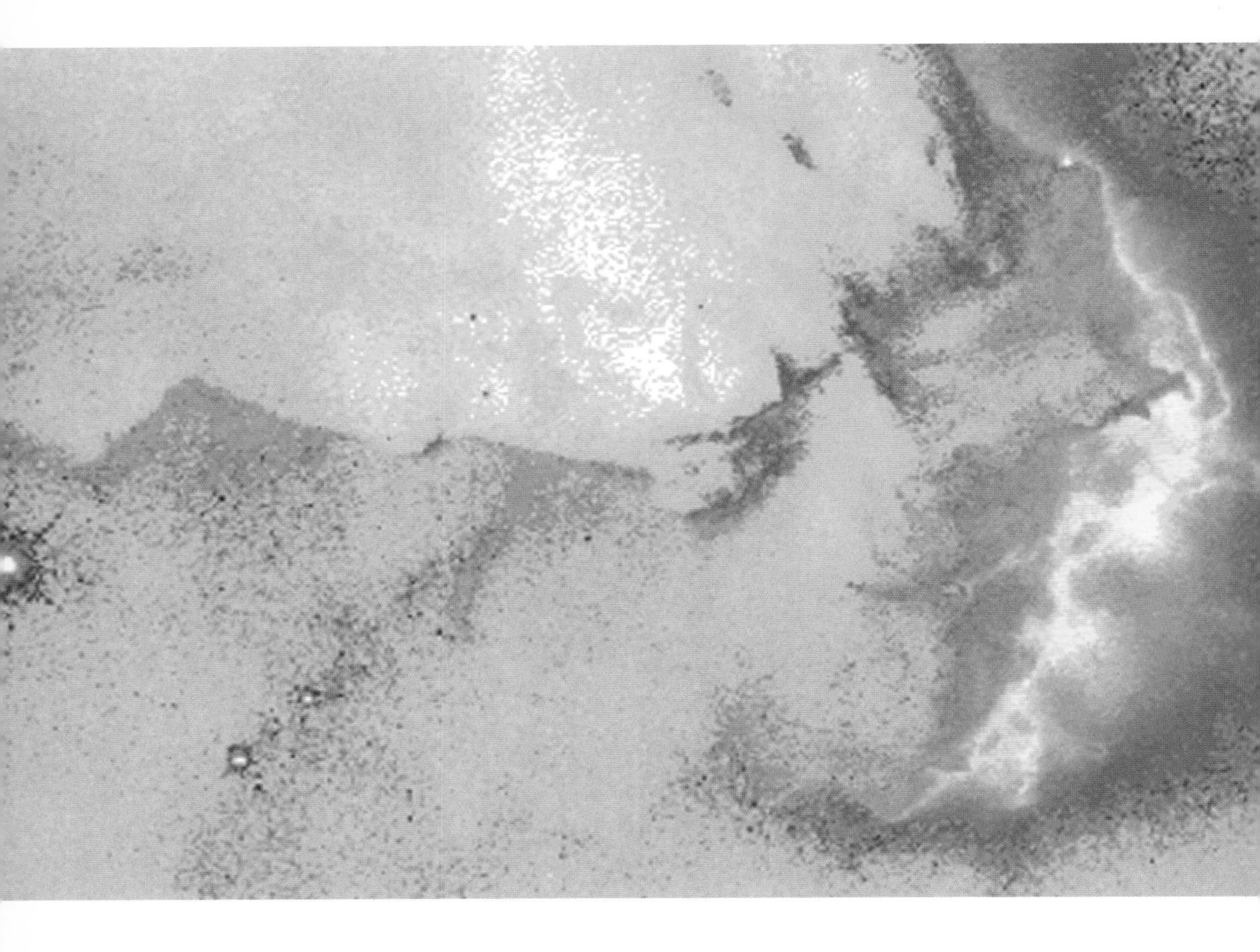

3.1 Astrophysik und Kosmologie, Elementarteilchen und Atomkerne

Die elementare Struktur von Raum und Zeit, von Energie und Materie

Zwei physikalische Theorien haben die Naturwissenschaften und die Gesellschaft im 20. Jahrhundert nachhaltig verändert: die Quantenphysik, die die physikalischen Phänomene im Mikrokosmos erfolgreich beschreibt, und Einsteins Allgemeine Relativitätstheorie, die das Geschehen auf großen, kosmischen Längenskalen bestimmt. Beide Theorien brechen mit den Vorstellungen der klassischen Physik des 19. Jahrhunderts und stellen völlig neue physikalische Konzepte in den Vordergrund.

Bei ihrem Vorstoß in den Makrokosmos versucht die Physik, die Geschichte des Universums und die Struktur von Raum und Zeit zu ergründen. Astronomie und Kosmologie beschäftigen sich mit der Entwicklung des Universums seit seiner Entstehung. Beim Vorstoß in den Mikrokosmos stellt sich die Frage nach dem Ursprung der fundamentalen Kräfte der Natur und nach den elementaren Bausteinen der Materie. Die Kern- und Elementarteilchenphysik geben darauf in Theorie und Experiment Antworten. Sie liefern zugleich wichtige Aussagen über die frühe Phase unseres Universums. Das große Ziel dieser Forschung ist die Vereinheitlichung der physikalischen Gesetze des Mikrokosmos und des Makrokosmos, die Synthese von Quantenphysik und Relativitätstheorie.

3.1.1 Astrophysik und Kosmologie

Die Fragen nach dem Aufbau des Kosmos und der Stellung des Menschen in ihm gehören zu den ältesten Themen der Kulturgeschichte der Menschheit. Die wissenschaftliche Beschäftigung mit diesen Fragen, die Astronomie, hat die Entwicklung der Physik angestoßen und die der Philosophie nachhaltig beeinflusst. Heute ist die Astronomie ein integraler Bestandteil der Physik. Ihr Ziel ist es, die Entstehung und Entwicklung des Kosmos und aller seiner makroskopischen Bestandteile zu verstehen. Dies erfordert ein Wechselspiel von Empirie, also Beobachtungen und Messungen, und Theorie, wobei die Verbindung zu vielen Bereichen der Physik, vor allem der Elementarteilchenphysik, Kernphysik, Atomphysik und Plasmaphysik, wesentlich ist. Aber auch die Kosmochemie und die Bioastronomie gewinnen in letzter Zeit rasch an Bedeutung.

Nach unseren heutigen Vorstellungen ist der Kosmos vor etwa 15 Milliarden Jahren im Urknall entstanden und dehnt sich seitdem aus. Die Milchstraße, als eine von Milliarden Galaxien, bildete sich vor mehr als 10 Milliarden Jahren. Die Sonne, als einer von 200 Milliarden Sternen in dieser Spiralgalaxie, kondensierte aus einem Gas- und Staubnebel vor 4,5 Milliarden Jahren. Aus der Häufigkeit bestimmter radioaktiver Elemente in irdischen Mineralien und in Meteoriten ergibt sich dasselbe Alter. Verglichen mit diesen Zeitskalen ist die Zeitspanne unserer astronomischen Erfahrung mit einigen tausend Jahren zwar sehr kurz, aber die große Zahl von beobachtbaren Sternen und Galaxien verschiedenen Alters macht es möglich, die Entwicklungsvorgänge im Kosmos zu studieren und Zusammenhänge zu erkennen.

Abb. 3.1.1.
Der galaktische Nebel M16 ist eine Region, in der aus kaltem Wasserstoff und Staub neue Sterne entstehen. Aufnahme vom Hubble Space Telescope. (NASA)

Mit den modernen Boden- und Weltraumteleskopen sind in den letzten Jahrzehnten zahlreiche spektakuläre Entdeckungen gelungen. Inzwischen reichen unsere Beobachtungen 12-13 Milliarden Lichtjahre weit und erfassen damit etwa 90 % der gesamten kosmischen Entwicklung. Dazu nutzt man das gesamte elektromagnetische Spektrum, von langen Radiowellen bis zu kurzwelligen Röntgen- und Gammastrahlen, wobei sich die Beobachtungen in verschiedenen Spektralbereichen gegenseitig ergänzen. So sieht man im infraroten Licht, wie Sterne entstehen, im sichtbaren Licht zeigen sich die Sterne in den verschiedenen Phasen ihres nuklearen

Brennens, während im Radio-, Röntgen- und Gammabereich die Phänomene am Ende der Sternentwicklung hervortreten: Supernova-Explosionen, Pulsare, Neutronensterne und Schwarze Löcher.

Die direkte Erforschung unserer kosmischen Umgebung mit Hilfe von Raumsonden bleibt vorerst auf das Sonnensystem beschränkt, das natürlich für den Menschen auf der Erde besonders wichtig und interessant ist. Denn die Aktivitäten unserer Sonne und das „interplanetare Wetter", das von ihr gemacht wird und mit dem Sonnenwind zu uns kommt, haben Auswirkungen auf die Erde. Und wer wollte sich der Faszination der Nahaufnahmen von Planeten, Monden, Kometen oder Asteroiden entziehen, die eine Vielfalt von Zuständen, Farben und Formen offenbaren, welche die kühnsten Phantasien der Sciencefictionliteratur verblassen lassen.

Im Folgenden werden aus der ungeheuren Fülle von Entdeckungen und Erkenntnissen der modernen Astronomie einige herausgegriffen, um den gegenwärtigen Stand der Forschung zu illustrieren und die zukünftige Entwicklung zu skizzieren.

Abb. 3.1.2.
Der Spiralgalaxie M83 war 1999 das „First Light" des Very Large Telescope der Europäischen Südsternwarte ESO gewidmet. Das Bild wurde mit einem Fokalinstrument gemacht, das die Landessternwarte Heidelberg und die Universitätssternwarten in Göttingen und München gebaut haben. (ESO)

Die Entdeckung anderer Planetensysteme

Die für viele Menschen besonders aufregenden Fragen der Astronomie sind: Gibt es andere Planetensysteme? Gibt es auch anderswo im Kosmos Leben? Beide Fragen hängen offenbar miteinander zusammen. 1992 wurden die ersten drei erdähnlichen Planeten entdeckt, die einen Neutronenstern umkreisen, einen Milliarden Jahre alten Millisekundenpulsar. Diese Entdeckung wirft eine Reihe von Fragen auf: Haben die Planeten die Supernova-Explosion überlebt, in der der Neutronenstern geboren wurde? Sind sie später eingefangen worden? Oder haben sie sich aus Material gebildet, das von der Supernova herausgeschleudert wurde und später „zurückgefallen" ist? Auf diesen Planeten gibt es mit Sicherheit kein Leben, denn in der Nähe eines Pulsars herrschen in jeder Hinsicht lebensfeindliche Bedingungen.

Bevor die ersten extrasolaren Planeten bei normalen Sternen entdeckt wurden, konnten bereits sogenannte braune Zwerge nachgewiesen werden. Diese Objekte stehen von ihrer Masse und ihren physikalischen Eigenschaften her zwischen Sternen und Planeten. Man hat braune Zwerge sowohl als einzelne, frei fliegende Objekte, wie auch als Begleiter von normalen Sternen gefunden. Überraschenderweise geben junge braune Zwerge auch Röntgenstrahlung ab, vorausgesetzt sie sind nicht älter als einige Millionen Jahre.

1995 haben die Astronomen Mayor und Queloz bei dem sonnenähnlichen Stern 51Peg einen Planeten von Jupitergröße entdeckt. Seither ist die Zahl der bekannten, durchweg massereichen Planeten (0,3-10 Jupitermassen) auf einige Dutzend anstiegen. Sie wurden zumeist dadurch nachgewiesen, dass man anhand der Spektrallinien des Zentralsterns (bzw. der Pulsperiode im Falle von Pulsaren) den Doppler-Effekt gemessen hat, der durch die Bewegung des Planeten und des Zentralsterns um den gemeinsamen Schwerpunkt verursacht wird. In einem Fall wurde die winzige Abdunkelung des Zentralsterns durch einen jupiterähnlichen Begleiter beobachtet. Vorerst reicht allerdings die Messgenauigkeit nicht aus, um bei normalen Sternen auch Planeten von der Größe unserer Erde zu entdecken. Die „direkte" Beobachtung eines Planeten ist bisher noch nicht gelungen, da ein heller Stern einen dunklen Begleiter völlig überstrahlt. Doch das könnte sich in den nächsten Jahren ändern, da man ganz wesentliche Fortschritte der Beobachtungstechnik erwartet. Die zunehmende Größe der Teleskope sowie der Einsatz adaptiver Optik und interferometrischer Verfahren werden zu einer Steigerung der räumlichen Auflösung und des Kontrasts der Teleskope führen.

Die weitergehende, für viele Menschen noch aufregendere Frage nach der Existenz außerirdischen Lebens ist bisher aus empirischer Sicht völlig offen. Die Analyse von Marsmeteoriten hat jedenfalls keinen Hinweis auf Leben ergeben. Die Raumsonden, die den Mars aus der Nähe photographiert haben, konnten zwar Erosionsspuren von Wasser entdecken, in dem Leben existiert haben könnte. Aber die Bodenuntersuchungen der US-amerikanischen Sonden, die auf dem Mars gelandet sind, haben keine Spuren von Leben gefunden. Auch die mit großem Aufwand betriebene Suche nach Funkbotschaften aus den Tiefen des Alls ist bislang ohne positives Ergebnis geblieben. Es gibt jedoch viele Argumente dafür, dass Leben auch anderswo existiert: Die Vielzahl der Sterne im Kosmos (ca. 10^{22}) lässt erwarten, dass bei einer sehr großen Zahl von ihnen Begleiter existieren, auf deren Oberfläche Bedingungen herrschen, die die Entwicklung von organischem Leben erlauben. Die Radioastronomie hat im interstellaren Raum riesige Mengen organischer Moleküle nachgewiesen. Insgesamt wurden bisher mehr als 120 verschiedene Moleküle identifiziert, wobei das Massenspektrum von Methan und Ameisensäure über den (trinkbaren) Alkohol hinaus reicht. Zudem finden sich auf der Erde, z. B. an den Schlünden von Tiefseevulkanen, exotische Lebensformen, die ihre Energie nicht wie die Pflanzen und letztlich auch die Tiere aus dem Sonnenlicht beziehen, sondern aus chemischen Reaktionen. Sie lassen die große Bandbreite der Bedingungen erahnen, unter denen sich Leben entwickeln und erhalten kann. Schon jetzt zeichnet sich ab, dass die Bioastronomie in den kommenden Jahrzehnten einen Aufschwung erleben wird.

Der Tod der Sterne

Sterne bilden sich aus Wolken von interstellarem Gas und Staub, die sich unter der Wirkung ihrer Schwerkraft zusammenziehen (s. Abb. 3.1.1). Ist die Masse solch eines Gebildes größer als sieben Prozent der Sonnenmasse, so zündet bei fortschreitender Verdichtung im Zentrum die Kernfusion, die der weiteren Kontraktion Einhalt gebietet. Die nukleare Brennphase dauert bei massearmen Sternen viele Milliarden Jahre, bei massereichen ist sie jedoch schon nach wenigen Millionen Jahren beendet. Wenn das nukleare Feuer erloschen ist, muss der Stern weiter schrumpfen. Sein ausgebrannter Kern wird je nach Masse zu einem Weißen Zwerg, zu einem Neutronenstern oder zu einem Schwarzen Loch. Während massearme Sterne relativ langsam und undramatisch in ihr Endstadium als Weißer Zwerg übergehen, erfolgt bei massereichen Sternen die Bildung eines Neutronensterns oder eines Schwarzen Loches durch einen Gravitationskollaps in Bruchteilen einer Sekunde. Dabei wird die Hülle des Sterns in einer *Supernova-Explosion* fortgeschleudert (s. Abb. 3.1.3) und auf diese Weise nuklear „angebranntes" Material an das interstellare Gas zurückgegeben, aus dem neue Sterne kondensieren können. Wie wir heute wissen, ist die Gesamtheit der chemischen Elemente und ihrer Isotope kosmischen Ursprungs. Während der Wasserstoff und das Helium aus dem Urknall stammen, werden die schwereren Elemente bis hin zu Eisen, Kobalt und Nickel in Sternen durch Kernverschmelzung gebildet. Die noch schwereren Elemente bis hin zu Gold und Uran werden in den Supernovae durch *explosive Nukleosynthese* erzeugt, wobei der schnelle Einfang von Neutronen durch die Atomkerne die Hauptrolle spielt (s. Kapitel 3.1.2). Aus der Häufigkeit der Elemente im Sonnensystem und auf der Erde kann man schließen, dass wir aus Materie bestehen, die bereits mehrfach durch den Fusionsofen der Sterne gegangen ist.

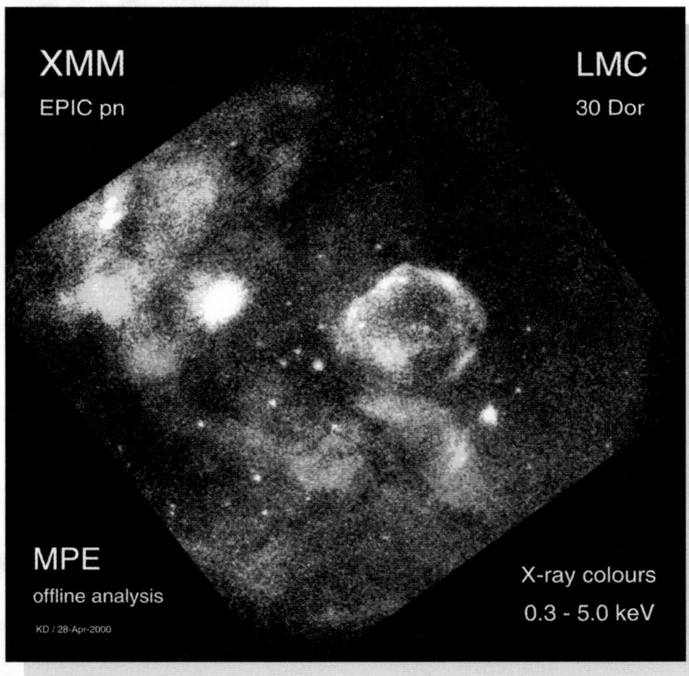

Abb. 3.1.3.
Anfang 2000 wurde das „First Light" des Röntgensatelliten XMM-Newton mit einer neuartigen CCD-Kamera gemacht, die im MPI-Halbleiterlabor in München entwickelt wurde. Die Aufnahme zeigt einen Ausschnitt aus der Großen Magellanschen Wolke mit einigen Supernova-Explosionswolken und Pulsaren. Rechts unterhalb der großen kreisrunden Struktur liegt die Supernova 1987, deren Röntgenintensität schnell zunimmt. (ESA)

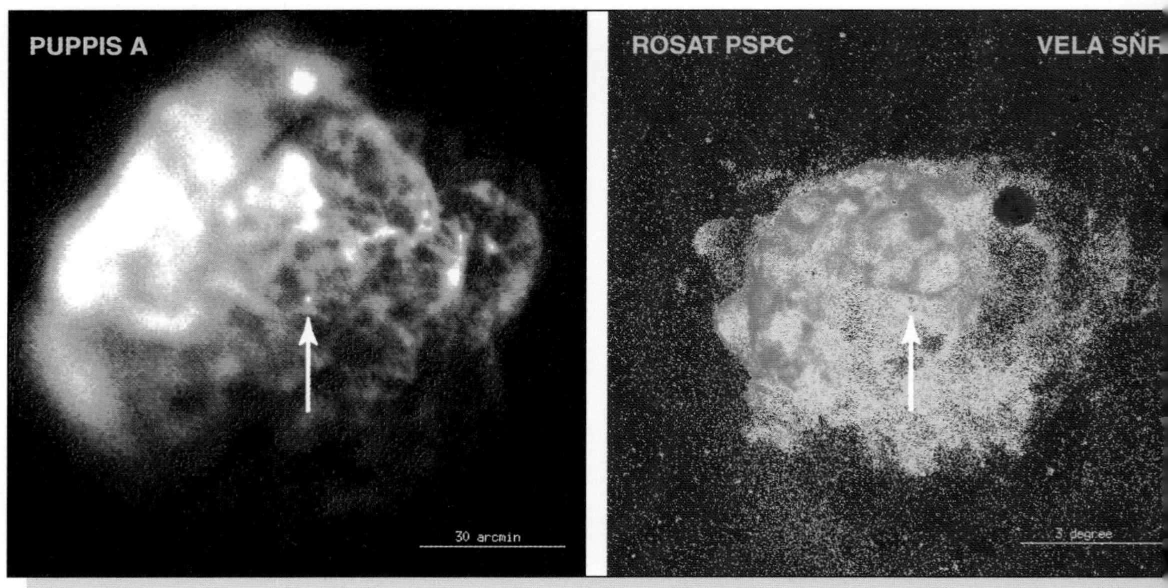

Abb. 3.1.4.
Links: Im Supernova-Überrest Puppis A wurde mit ROSAT ein Neutronenstern mit einer Temperatur von 1,5 Millionen Grad gefunden. Dies ist eines von etwa zehn Exemplaren, bei denen man die photosphärische Emission eines Neutronensterns sieht. Ihr Durchmesser beträgt lediglich 20 km.
Mitte: Im benachbarten Supernova-Überrest tritt der zentrale Neutronenstern als Pulsar in Erscheinung, der mit einer Periode von 89 Millisekunden im Radio-, optischen, und Gammabereich pulst. Die Supernova-Explosionswolke und der Pulsar besitzen ein Alter von etwa 20 000 Jahren.
Rechts: Betrachtet man das ROSAT-Bild für hohe Strahlungsenergien oberhalb von 1,3 keV, so sieht man einen weiteren Supernova-Überrest. Von ihm wurde mit dem Compton-Teleskop auf dem Gamma Ray Observatorium (GRO) Strahlung des Isotops Titan-44 gefunden. Bei diesem Objekt handelt es sich um die mit 700 Jahren vermutlich nächste Sternexplosion der Geschichte. Sie ist nur 600 Lichtjahre von uns entfernt. (MPI für extraterrestrische Physik, Garching)

Weiße Zwerge sind überdichte Sterne von Erdgröße. Sie werden durch den Druck der Elektronen, die nach den Gesetzen der Quantenmechanik eine dichteste Packung bilden (Subrahmanyan Chandrasekhar 1932, Nobelpreis 1983), davor bewahrt, unter ihrem eigenen Gewicht zu kollabieren. *Neutronensterne* hingegen sind nichts anderes als Atomkerne von stellaren Dimensionen, in deren Zentrum die Dichte fünf- bis sechsmal größer ist als bei normalen Atomkernen. Wegen ihres geringen Durchmessers (ca. 20 km) galten sie lange Zeit als unbeobachtbar. Deshalb soll sie der russische Physiker Lev Landau 1933 „unheimliche Sterne" genannt haben. Als 1967 die *Radiopulsare* entdeckt wurden (Nobelpreis für Antony Hewish 1974), stellte sich bald heraus, dass es sich bei ihnen nicht um Signalsender ferner Zivilisationen, sondern um rotierende magnetische Neutronensterne handelt. Mit Rotationsperioden, die im Millisekunden- bis Sekundenbereich liegen, und magnetischen Polfeldstärken von der Größenordnung einiger Billionen Gauß (d. h. billionenfacher Stärke des Erdmagnetfeldes) sind die Pulsare gewaltige elektrodynamische Maschinen. Zugleich sind sie sehr wirkungsvolle Teilchenbeschleuniger, wobei sie eine gebündelte Photonenstrahlung in allen Spektralbereichen aussenden, die wie bei einem Leuchtfeuers zu einem pulsierenden Signal führt. Einige der *Millisekundenpulsare* weisen Ganggenauigkeiten auf, die größer sind als die der Atomuhr der Physikalisch-Technischen Bundesanstalt in Braunschweig. Bei einem Doppelsternsystem, das aus zwei dieser rasch rotierenden Objekte besteht, wiesen Russell Hulse und Joseph Taylor anhand der Änderung der Bahnperiode die Gravitationswellenabstrahlung und andere Effekte der Allgemeinen Relativitätstheorie nach, wofür sie 1993 den Nobelpreis erhielten.

1970 wurden anhand von Messungen mit dem amerikanischen Röntgensatelliten Uhuru in Doppelsternsystemen einige helle Röntgenquellen als Neutronensterne identifiziert, die durch den Einfall von Materie zum Leuchten gebracht werden. Aufgrund des starken Gravitationsfeldes, das eine Billion mal stärker ist als das der Erde, wird die einfallende Materie auf etwa ein Drittel der Lichtgeschwindigkeit beschleunigt. Beim Aufprall der Materie auf die Oberfläche des Neutronensterns entsteht ein sehr heißes Plasma, das Röntgenstrahlung aussendet. Bei diesem Vorgang ist die Energieausbeute etwa 25mal größer als bei der Kernfusion. Oft kanalisiert das starke Magnetfeld des Neutronensterns die einfallende Materie auf die Polkappen, wo ein heißer Brennfleck entsteht, der eine Quelle intensiver Röntgenstrahlung ist. Bei dem Neutronenstern Hercules X-1 dürfte dieser Fleck kaum größer sein als ein Quadratkilometer. Aber er strahlt bei einer Temperatur von 100 Millionen Grad soviel Energie ab wie

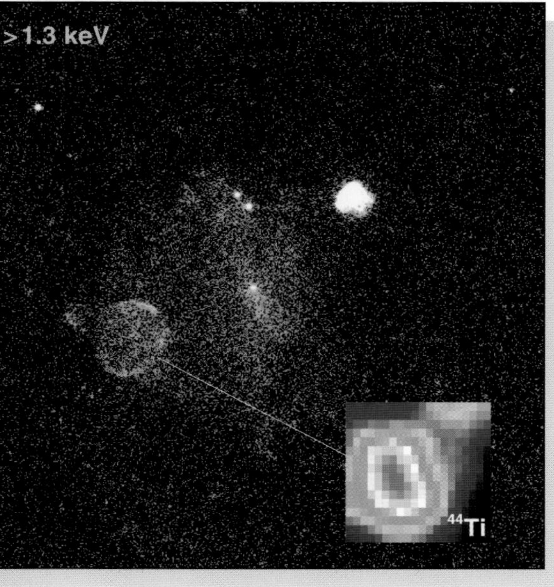

5000 Sonnen. Mit der Strahlungsleistung, die aus einer winzigen Teilfläche von 1/1000 Millimeter Durchmesser entweicht, könnte der gesamte Primärenergiebedarf Deutschlands gedeckt werden! Anhand der Röntgenspektren dieses Sterns hat 1976 eine deutsche Forschergruppe zum ersten Mal das Magnetfeld eines Neutronensterns bestimmt und dabei 5 Billionen Gauss gemessen. Die Polkappen derartiger Neutronensterne sind für die Physik sehr interessant, weil hier Bedingungen herrschen, die weit außerhalb dessen liegen, was sich in irdischen Labors verwirklichen lässt.

Da Neutronensterne in Supernova-Explosionen - also sehr heiß - geboren werden, besitzen sie auch nach einer Million Jahre noch eine Temperatur von etwa einer Million Grad. Aufgrund dieser hohen Temperatur emittieren einzelne Neutronensterne Röntgenstrahlung, die aber, verglichen mit den oben beschriebenen Abstrahlungen, sehr schwach ist. Erst in den letzten Jahren ist es mit dem deutschen Röntgensatelliten ROSAT gelungen, diese *photosphärische Strahlung* von der heißen Oberfläche einzelner Neutronensterne nachzuweisen (s. Abb. 3.1.4).

Bei *Schwarzen Löchern* ist die Gravitation so stark, dass nichts - nicht einmal das Licht - aus ihrem Anziehungsbereich entweichen kann. Isolierte stellare Schwarze Löcher sind deshalb praktisch unsichtbar, wenn man davon absieht, dass ihr Gravitationsfeld wie eine Linse das in einigem Abstand vorbeifliegende Licht ablenken kann. Dieser Effekt ist indes wegen der geringen Größe der Gravitationslinsen nur sehr schwer zu beobachten. Sichtbar werden Schwarze Löcher jedoch, wenn Materie in sie hineinfällt. Dabei erreicht die Materie sehr große Geschwindigkeiten und erhitzt sich aufgrund der auftretenden Reibung auf so hohe Temperaturen, dass sie sehr intensive Röntgenstrahlung emittiert. In unserer Milchstraße sind etwa zehn derartige Schwarze Löcher in Doppelsternsystemen bekannt. Man kann sie anhand ihrer großen Masse (ca. zehn Sonnenmassen), ihres Röntgenspektrums und ihrer schnell schwankenden Strahlungsintensität identifizieren. Bei einigen dieser Quellen wurden in den letzten zehn Jahren mit Radioteleskopen sogenannte Jets gefunden. Das sind gerichtete, scharf gebündelte Auswürfe von Materie, die sich nahezu mit Lichtgeschwindigkeit bewegen. Weil diese Jets ganz ähnliche Eigenschaften aufweisen wie die Jets von Quasaren (s. u.), werden die galaktischen Schwarzen Löcher auch als *Mikroquasare* bezeichnet.

Die Welt der Galaxien

Spiralgalaxien wie unsere Milchstraße oder der Andromedanebel sind vermutlich im Frühstadium des expandierenden Universums durch Gravitationskollaps von protogalaktischen Gaswolken entstanden (s. Abb. 3.1.2). In den Spiralgalaxien findet immer noch Sternbildung statt. Im Gegensatz dazu ist in den amorphen „elliptischen" Galaxien die Bildung neuer Sterne zum Erliegen gekommen, entweder weil das kondensierbare Gas verbraucht ist, oder weil es bei Galaxienzusammenstößen verloren gegangen ist, oder weil es - bei Galaxien in Galaxienhaufen - bei der Bewegung durch das heiße Plasma des Haufens herausgefegt wurde.

Die Galaxienbildung und die frühe Entwicklung dieser riesigen Sternsysteme liegen für uns noch weitgehend im Dunkeln; es ist jedoch evident, dass sowohl Zusammenstöße von Galaxien als auch die Gravitationswechselwirkungen bei Vorbeigängen in geringer Entfernung eine wesentliche Rolle bei der Strukturbildung spielen. Bei diesen Vorgängen wird nicht nur Masse ausgetauscht („galaktischer Kannibalismus"), sondern es wird auch die Sternbildung angeregt („starbursts"). Zudem wird den supermassiven Schwarzen Löchern, die in den Galaxienzentren sitzen, Masse zugeführt, so dass sie für längere Zeit hell aufleuchten.

Diese Aktivität in den Kernen von Galaxien ist besonders interessant. Sie tritt in ihrer extremsten Form bei den *Quasaren* auf, die in den fünfziger Jahren mit Hilfe der Radioastronomie entdeckt wurden und aufgrund ihrer Rotverschiebungen als Objekte in kosmologischen Entfernungen identifiziert wurden. Derzeit beträgt die größte gemessene Rotverschiebung z = 5,8, was einer Entfernung von etwa 13 Mrd. Lichtjahren entspricht. Die gewaltige Energieabstrahlung eines Quasars, die die Strahlung von tausend Milchstraßen über-

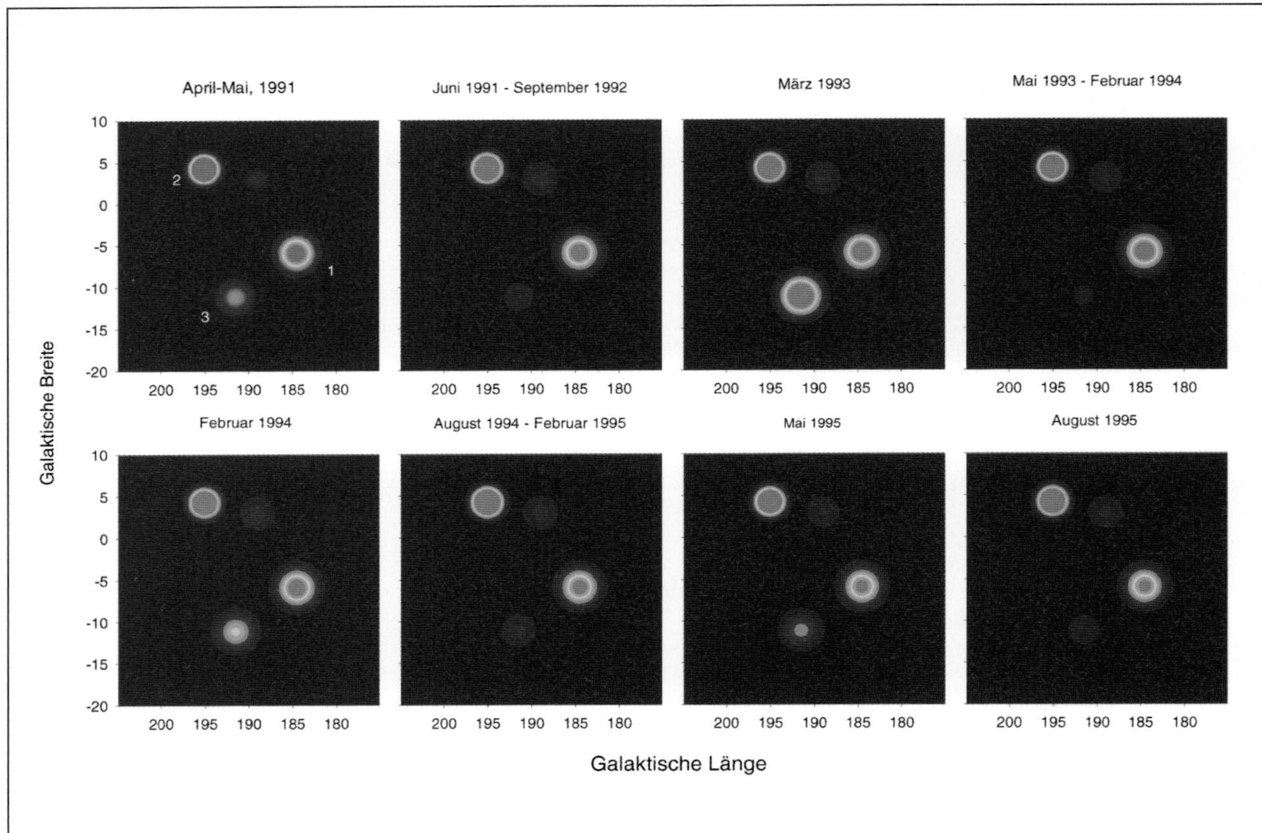

Abb. 3.1.5.
Das Gamma-Teleskop EGRET auf dem Gamma Ray Observatorium (GRO) zeigt die variable Gammaemission des Blazar 3C279. Bei einem Blazar blickt der Beobachter in einen Jet, der vermutlich von einem supermassiven Schwarzen Loch ausgeht. Die beiden zeitlich konstanten Quellen sind der Crabnebel mit seinem Pulsar (oben) und der Geminga-Pulsar (unten). (MPI für extraterrestrische Physik, Garching)

treffen kann, ist in der Regel über einen weiten Spektralbereich verteilt, vom Infraroten über das sichtbare Licht bis zur Röntgenstrahlung. Ein Teil dieser Quellen, die sogenannten Blazare, emittieren zusätzlich Radiowellen und Gammastrahlung (s. Abb. 3.1.5). Da diese Strahlung innerhalb von Wochen bis Monaten variieren kann, muss die eigentliche Strahlungsquelle - aus Gründen der Kausalität - eine entsprechend geringe räumliche Ausdehnung besitzen, d. h. maximal Lichtwochen bis Lichtmonate. Ein weiteres Charakteristikum dieser Quellen ist das Auftreten der schon erwähnten Jets. Radiobeobachtungen zeigen, dass sukzessive Auswürfe in die gleiche Richtung gehen, vermutlich in die Richtung der Rotationsachse des zentralen Objekts (s. Abb. 3.1.6).

In den letzten beiden Jahrzehnten wurde immer deutlicher, dass die Radiogalaxien, Seyfert-Galaxien und andere „aktive Galaxien" zusammen mit den Quasaren dieselben Phänomene in unterschiedlichem Maßstab zeigen. Ihnen ist gemeinsam, dass sie aus kleinen Raumbereichen gewaltige Strahlungsenergien mit einer Energieausbeute emittieren, die diejenige der Kernfusion weit übertrifft. Als Energiequelle kommt nur die Freisetzung der Gravitationsenergie von Materie in Frage, die in ein Schwarzes Loch fällt. Um die nötigen Materiemengen schlucken zu können, muss das Schwarze Loch allerdings die Masse von Millionen bis Milliarden Sonnen haben. Ein leuchtkräftiger Quasar braucht etwa eine Erdmasse pro Sekunde, um seinen Energiebedarf zu decken. Da die einfallende Materie im allgemeinen einen Drehimpuls mitbringt, rotiert das Schwarze Loch. Die Hypothese der supermassiven Schwarzen Löcher wird durch verschiedene Fakten unterstützt. So wurde im Zentrum unserer Milchstraße ein Schwarzes Loch mit 2,6 Millionen Sonnenmassen identifiziert, das allerdings derzeit hungert, wie man an seiner sehr schwachen Röntgenstrahlung erkennt. Die Identifizierung gelang einer deutschen Gruppe, indem sie mit hochauflösenden Infrarot-Teleskopen die Keplerbewegungen zahlreicher Sterne analysierte, die um das galaktische Zentrum kreisen. Auch bei anderen „normalen" Galaxien wurden deutliche Hinweise auf die Existenz von zentralen Schwarzen Löchern gefunden. Möglicherweise besitzen alle Spiral- und elliptischen Galaxien supermassive Schwarze Löcher in ihrem Zentrum, und der Unterschied zu den aktiven Galaxien besteht nur darin, dass diese Schwarzen Löcher zum Zeitpunkt der Beobachtung keine Materie schlucken.

In vielen kosmischen Quellen, so auch in den Quasaren, ist das Eisen aufgrund der hohen Temperatur praktisch vollständig ionisiert. Besonders wichtig sind die Spektrallinien des 25fach ionisierten Eisens, also eines Eisenkerns mit einem einzigen Elektron in der Hülle, die im Röntgenbereich liegen und für die Bestimmung der Eisenhäufigkeit in der jeweiligen Quelle herangezogen werden. Mit dem japanischen Röntgensatellit ASCA wurden bei einigen Quasaren charakteristische Profile dieser Eisenlinie beobachtet, die auf einen Ursprung der Strahlung in unmittelbarer Nähe eines Schwarzen Loches hindeuten. Hier sind die Geschwindigkeiten, mit denen die Materie in der sogenannten *Akkretionsscheibe* um das Loch rotiert, der Lichtgeschwindigkeit vergleichbar. Eisenlinienstrahlung aus diesem Bereich erfährt eine große Doppler-Verschiebung und zusätzlich, wegen der Nähe zum Loch, eine Gravitationsrotverschiebung. Für die Röntgensatelliten der Zukunft eröffnet sich die Möglichkeit, die Krümmung des Raumes in unmittelbarer Nähe des Schwarzen Loches zu bestimmen und dessen Drehimpuls zu messen.

Aufgrund der Zählungen von Quasaren weiß man seit einiger Zeit, dass die Aktivität dieser Objekte im frühen Kosmos, etwa 2 Milliarden Jahre nach dem Urknall, einen Höhepunkt erreicht hat. Zu diesem Zeitpunkt muss es also bereits supermassive Schwarze Löcher gegeben haben, die damals reichlich gefüttert wurden. Mit ROSAT wurden in „tiefen“ Durchmusterungen, d. h. mit langen Belichtungszeiten, etwa 1000 schwache Röntgenquellen pro Quadratgrad am Himmel gefunden, von denen die meisten mit Hilfe optischer Spektroskopie als Quasare identifiziert wurden. Fast die gesamte Röntgenhintergrundstrahlung des Himmels, die uns aus den Tiefen des Alls erreicht und deren Natur lange Zeit rätselhaft war, stammt von diesen Quasaren. Ungeklärt ist noch, ob die supermassiven Schwarzen Löcher in den Kernen von Galaxien entstanden und gewachsen sind, oder ob sie früher als die Galaxien gebildet wurden und diesen dann als Kondensationskeime dienten. Mit den großen Teleskopen der Zukunft wird die Photonenastronomie bis zu Rotverschiebungen von etwa $z = 10$ vorstoßen, also weit jenseits der derzeitigen Grenze von $z \approx 5$. Im optischen Spektralbereich werden dabei neben den Bodenteleskopen der 8- bis 10-Meter-Klasse vor allem das Next Generation Space Telescope (NGST, NASA und ESA) eine Rolle spielen. Im Infrarotbereich ist es das Far Infrared Space Telescope (FIRST, ESA) und im Röntgenbereich das Riesenteleskop XEUS (X-ray Evolving Universe Satellite, ESA), mit denen die Frühstadien der Galaxienentwicklung untersucht werden sollen.

Urknall und großräumige Strukturen

Die Urknall-Kosmologie ist gewissermaßen die moderne, physikalische Version der Schöpfungsgeschichte. Ihr zufolge ist unser Kosmos am Anfang sehr klein, sehr dicht und sehr heiß gewesen. Seitdem expandiert er unaufhörlich. Die Messungen der Fluchtgeschwindigkeit von Galaxien und Quasaren lassen darauf schließen, dass die kosmische Expansion vor etwa 15 Milliarden Jahren einsetzte. Bereits Anfang der fünfziger Jahre hat George Gamow darauf hingewiesen, dass in den ersten Minuten des Urknalls die Wasserstoff- und Heliumisotope fusioniert wurden. Er hat daraus die Temperatur des Feuerballs zu

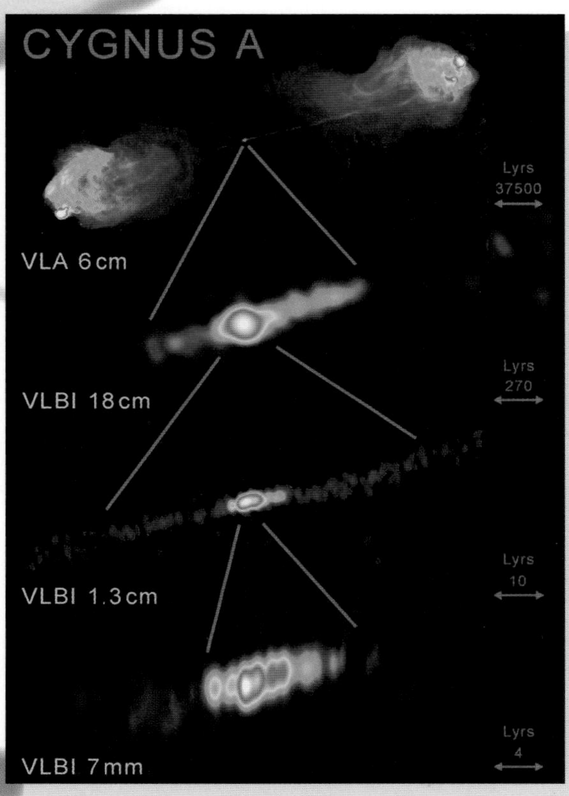

Abb. 3.1.6.
Die Radiogalaxie Cygnus A weist einen äußerst scharf gebündelten Jet auf. Das Bild wurde mit dem Radiointerferometer „Very Large Array“ und dem Verbund des „Very Long Baseline Interferometry“ gemacht, bei dem auch das 100m-Teleskop in Effelsberg zugeschaltet ist. (MPI für Radioastronomie, Bonn)

diesem Zeitpunkt berechnet und vorausgesagt, dass heute das ganze Universum mit einer Schwarzkörperstrahlung erfüllt sein muss, die infolge der Expansion bzw. der Rotverschiebung auf wenige Grad Kelvin abgekühlt ist. Es war einer der größten Triumphe der modernen Kosmologie, als 1965 Arno Penzias und Robert Wilson diese Strahlung entdeckten (Nobelpreis 1978), deren Temperatur nach neuesten Präzisionsmessungen mit dem Cosmic Background Explorer (COBE, NASA) 2,726 Kelvin beträgt. Die winzige, nur tausendstel Prozent betragende Richtungsabhängigkeit dieser 2,7K-Strahlung spiegelt die Schwankungen der Materiedichte im frühen Kosmos wider, wie sie etwa 300 000 Jahre nach dem Urknall herrschten. Zu diesem Zeitpunkt wurde das Universum für Lichtquanten durchsichtig, als sich Elektronen und Protonen zu Wasserstoffatomen vereinigten. Dies ist der früheste Zustand, den man derzeit durch Messungen erfassen kann. Über diese Grenze, die einer Rotverschiebung von $z = 1000$ entspricht, kommt die Photonenastronomie nicht hinaus. Vielleicht wird dies der Gravitationswellenastronomie gelingen. Während die vom COBE-Satelliten gemessenen Fluktuationen eine Winkelausdehnung von etwa 7° am Himmel besitzen, ist es kürzlich mit Ballonmessungen gelungen, die Dichteschwankungen des Mikrowellenhintergrundes auf noch kleinerer Skala zu messen. Dabei wurden Fluktuationen mit einer Winkelausdehnung von etwa 1° entdeckt, die nach einer Voraussage von Zeldovich und Sunyaev durch akustische Schwingungen im frühen Universum entstanden sind, die wiederum durch die Wechselwirkung zwischen Druck und Gravitation angeregt wurden. Noch präzisere Aufschlüsse über die frühen Dichtestrukturen erhofft man sich von den beiden COBE-Nachfolgern, den Forschungssatelliten MAP (NASA) und Planck Surveyor (ESA), die in den nächsten Jahren gestartet werden sollen.

Aus den von COBE gemessenen winzigen Fluktuationen müssen sich durch Wirkung der Gravitation die großräumigen Strukturen entwickelt haben, die als Galaxienhaufen und Superhaufen bei Rotverschiebungen von $z \leq 1$ beobachtet werden. Computersimulationen zeigen, dass dafür die Dichte der sichtbaren Materie nicht ausreicht und die Existenz von *dunkler Materie* angenommen werden muss, um die Beobachtungen zu erklären. Dunkle Materie muss auch in Galaxienhaufen und in Galaxien vorhanden sein, um die Bewegung der Galaxien in den Haufen bzw. der Sterne in den Galaxien erklären können.

Für die Untersuchungen der Verteilung der dunklen Materie in Galaxienhaufen haben sich Röntgenmessungen als sehr wirkungsvoll und aufschlussreich erwiesen. Galaxienhaufen sind von einer Wolke heißen Gases (ca. 10^8 K) erfüllt, die eine Quelle intensiver Röntgenstrahlung ist. Aus den Röntgenmessungen, die mit ROSAT gemacht wurden (s. Abb. 3.1.7), ergibt sich, dass überraschenderweise die Masse des heißen Plasmas viermal größer ist als die aller Haufengalaxien zusammen, ihre „interne" dunkle Materie mitgerechnet. Fragt man, wie groß die gesamte Masse des Haufens sein muss, um das Gebilde durch seine Schwerkraft zusammen zu halten, so ergibt sich eine Masse, die fünfmal größer ist als die gesamte sichtbare Masse. Es ist eine der großen Zukunftsaufgaben für die Astrophysik und die Teilchenphysik, die Natur dieser rätselhaften Form der Materie, die das kosmische Geschehen auf großen Skalen beherrscht, aufzuklären.

Abb. 3.1.7. Das ROSAT-Bild zeigt den Galaxienhaufen im Sternbild Coma im Röntgenlicht. Überkopiert sind die optisch sichtbaren Galaxien. Die Masse des röntgenemittierenden Plasmas ist etwa viermal größer als die der Galaxien. Wiederum fünfmal größer ist die Masse der dunklen Materie, die den Haufen dank ihrer Gravitationswirkung zusammenhält. (MPI für extraterrestrische Physik, Garching)

Das Schicksal des expandierenden Kosmos hängt von der mittleren Dichte der gesamten Materie, der dunklen wie der sichtbaren, ab. Ist die Materiedichte größer als die kritische Dichte, so erreicht die Expansion ein Maximum und geht dann in eine Kontraktion und schließlich einen Endkollaps über. Nach dem derzeitigen Erkenntnisstand beträgt die beobachtete Materiedichte, die der dunklen Materie eingeschlossen, etwa ein Drittel des kritischen Wertes. Dies würde bedeuten, dass das Universum offen ist und ewig weiter expandiert.

Einen weiteren Hinweis geben Beobachtungen an Supernovae vom Typ Ia. Diese Ereignisse werden durch Explosionen von weißen Zwergen hervorgerufen und eignen sich als „Einheitskerzen", die eine besonders präzise Messung der Abstände erlauben. Aus diesen Beobachtungen, zusammen mit den neuesten Messungen des Mikrowellenhintergrundes, ergibt sich, dass der Raum eine euklidische Metrik besitzt, d. h. keine Krümmung aufweist. Allerdings bedarf es noch präziserer und weiterreichender Beobachtungen, um die Vielfalt der theoretisch möglichen Weltmodelle wirklich einzuschränken und am Ende zu einem in sich konsistenten kosmologischen Modell zu · kommen. Dabei ist offen, ob man dies jemals erreichen wird, oder man sich nur asymptotisch der Wahrheit annähern kann.

Die Weichen für die künftige Entwicklung der Kosmologie sind bereits gestellt:

- Mit den großen Teleskopen der Zukunft wird man in der Optischen Astronomie sowie der Radio-, Infrarot- und Röntgenastronomie erheblich weiter als bisher in das frühe Universum, bis zu Rotverschiebungen von $z \leq 10$ vorstoßen.
- Mit den Satelliten Microwave Anisotropy Project (MAP, NASA) und Planck Surveyor (ESA) werden die räumlichen Schwankungen des Mikrowellenhintergrundes erheblich präziser gemessen und damit die Feinstrukturen im Kosmos zu einem sehr frühen Zeitpunkt ($z \approx 1000$) festgelegt.
- Mit Gravitationswellendetektoren der zweiten Generation wird man versuchen, Signale vom Urknall selbst zu empfangen, der der Photonenastronomie nicht zugänglich ist.
- Und schließlich wird die experimentelle Schwerionen-Kernphysik bzw. Elementarteilchenphysik helfen, im Labor Bedingungen zu realisieren, die immer früheren Zuständen während des Urknalls entsprechen. Derzeit werden bei Kollisionsexperimenten mit schweren Atomkernen Dichten und Temperaturen erreicht, wie sie etwa eine Mikrosekunde nach dem Urknall geherrscht haben. Dabei wurden erste Hinweise auf die Existenz eines sogenannten Quark-Gluon-Plasmas gefunden (s. Kapitel 3.1.3).

Aber mit Beobachtungen und Experimenten allein ist es nicht getan - so wichtig sie sind, um die Vielfalt der im Prinzip möglichen kosmologischen Entwicklungen einzuengen. Es ist auch notwendig, die Theorie weiterzuentwickeln. Eine in sich schlüssige Kosmologie wird man erst dann aufstellen können, wenn es gelingt, die beiden fundamentalen physikalischen Theorien des letzten Jahrhunderts - die Quantentheorie und die Allgemeine Relativitätstheorie - in einem Denkgebäude zu vereinigen (s. Kapitel 3.1.2 und 3.7).

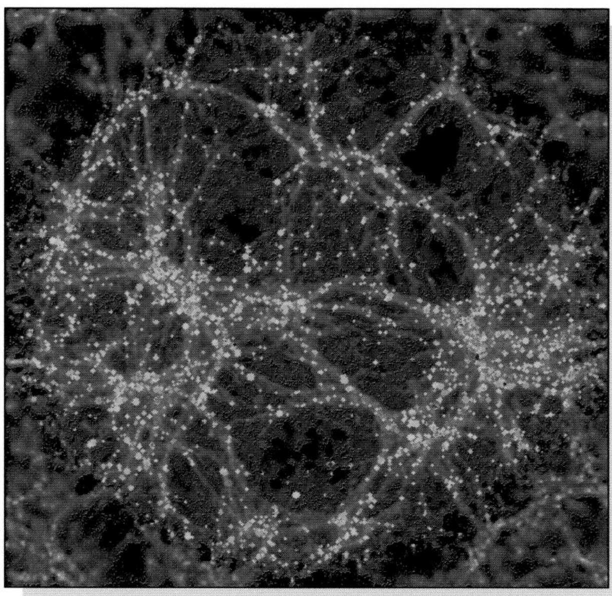

Abb. 3.1.8.
Das Ergebnis einer Simulation der Materieentwicklung im Kosmos. Die Kantenlänge des Kubus ist 1,2 Milliarden Lichtjahre. Die hellen Strukturen sind die durch die Gravitationskontraktion gebildeten Materiekonzentrationen, die farbigen Punkte sind Galaxien. Man erkennt deutlich, dass sich Galaxienhaufen gebildet haben. (MPI für Astrophysik, Garching)

Ausbildung und Technologie

Die Astronomie ist die älteste Naturwissenschaft, aber sie ist immer jung geblieben, weil sie sich stets modernster Technologien und der neuesten Erkenntnisse der Physik bedient hat. 1607 richtete Galilei das kurz vorher in Holland erfundene Teleskop auf den Himmel und machte in kürzester Zeit die atemberaubendsten Entdeckungen. Auch heute zieht jeder Quantensprung in den Beobachtungsmöglichkeiten fast automatisch neue Entdeckungen nach sich. Dies hat der Astronomie in den letzten fünfzig Jahren eine Blüteperiode sondergleichen beschert und sie zu einem Teil unserer physikalisch-technischen Hochkultur gemacht. Die extremen Anforderungen, die die Astronomie z. B. an die Genauigkeit moderner Teleskope, an die Eigenschaften von Halbleitersensoren und an die Rechenkapazität von Supercomputern stellt, tragen dazu bei, wichtige technologische Entwicklungen voranzutreiben, die oft auch in anderen Bereichen von Nutzen sind. So haben die optischen Großteleskope auf dem Calar Alto Pate gestanden bei der Entwicklung von Zerodur, dem Material der Cerankochfelder in zahllosen Küchen, und vom Know-how bei der Entwicklung der asphärischen Röntgenspiegel von ROSAT mit ihrer extremen Oberflächengenauigkeit profitiert man bei der Herstellung moderner Gleitsichtbrillen.

Nicht zuletzt wegen dieser engen Verflechtung mit moderner Physik und Technologie ist die Astronomie ein beliebtes Ausbildungsfach an den Universitäten. Dabei spielt auch die hohe Rate an wissenschaftlichen Entdeckungen eine Rolle und die Tatsache, dass Astrophysik und Kosmologie - bei aller inhaltlichen Tiefe und Komplexität - anschauliche Wissenschaften geblieben sind. Dieses Faktum sorgt auch dafür, dass viele Amateurastronomen und Sternfreunde nicht nur mit Eifer den Sternenhimmel betrachten, sondern auch mit großem Interesse die neuesten Ergebnisse der professionellen Forschung verfolgen.

Ausblick

Trotz vieler aufsehenerregender und bahnbrechender Entdeckungen, die in der Astrophysik und Kosmologie im letzten Jahrhundert gelungen sind, konnten viele grundlegende Fragen nicht oder nur andeutungsweise beantwortet werden. Dies ist der Antrieb für zahlreiche große Teleskop-Projekte der erdgebundenen wie der Weltraumastronomie, die in allen Spektralbereichen - von den Radiowellen bis zu den Gammaquanten im TeV-Bereich - derzeit in Vorbereitung sind. Hinzu kommen neue, potenziell außerordentlich ergiebige Informationsquellen wie die Neutrinoteleskope, die ihr Debüt mit der Beobachtung der Sonnenneutrinos und der Messung von 20 Neutrinos von der Supernova 1987A bereits gehabt haben. Dazu zählen auch die Gravitationswellenteleskope, mit denen möglicherweise nicht nur so gewaltsame Ereignisse wie das Verschmelzen von Schwarzen Löchern, sondern auch die Dichtefluktuationen im ganz frühen Universum - bei einem Alter von 10^{-28} Sekunden (!) - beobachtet werden können.

So ist absehbar, dass die Astrophysik und die Kosmologie auch im angebrochenen Jahrhundert nichts von ihrer Vitalität einbüßen werden. Denn der Vorrat an noch Erforschbarem ist in diesem Gebiet der Physik unerschöpflich.

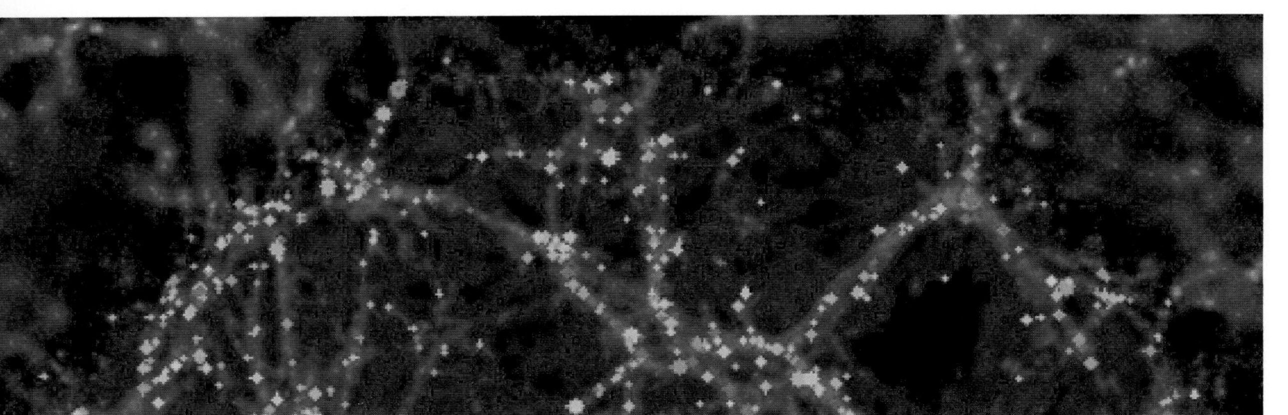

Bausteine und fundamentale Kräfte des Mikrokosmos

Zu Beginn des 20. Jahrhunderts setzte sich die Erkenntnis durch, dass alle Materie aus Atomen als den elementaren Bausteinen aufgebaut ist. Bis heute hat die Physik an dem Grundgedanken festgehalten, die Materie auf fundamentale Einheiten zurückzuführen. Doch das Verständnis, was elementare Teilchen sind, hat sich im Laufe des Jahrhunderts weiterentwickelt. Zunächst stellte sich heraus, dass die Atome selbst keine elementaren Bausteine sind, sondern eine komplizierte Substruktur aufweisen: Sie bestehen aus einem kleinen Kern und einer Elektronenhülle, die ihn umgibt. Mit Hilfe immer leistungsfähigerer Teilchenbeschleuniger konnte man die Materie immer detaillierter untersuchen. Dabei zeigte sich zunächst, dass der Atomkern aus Protonen und Neutronen zusammengesetzt ist. Doch bei noch genauerem Hinsehen ergab sich, dass auch die Protonen und Neutronen nicht elementar sind, sondern aus Quarks und Gluonen bestehen.

Insgesamt hat man bis heute sechs verschiedene Arten von *Quarks* beobachtet, denen man die Namen *up, down, charm, strange, top* und *bottom* gegeben hat. Die uns umgebende Materie enthält allerdings nur up- und down-Quarks. Neben dem Proton und dem Neutron hat man einen ganzen „Zoo“ weiterer *Hadronen* nachgewiesen, die alle aus Quarks aufgebaut sind.

Neben den Quarks gibt es eine zweite Klasse von fundamentalen Teilchen, die *Leptonen*, von denen man ebenfalls sechs verschiedene Arten gefunden hat. Eines davon ist das negativ geladene Elektron, zwei weitere sind ebenfalls elektrisch geladen und tragen die Namen *Myon* und *Tau*. Jedes dieser geladenen Leptonen besitzt einen elektrisch neutralen Partner, ein *Neutrino*. Die jeweils sechs verschiedenen Quarks und Leptonen lassen sich zu drei „Familien“ zusammenfassen. Jede dieser Familien enthält zwei Leptonen, z. B. das Elektron und sein Neutrino, und zwei Quarks (s. Tabelle 3.1.1). Dabei bilden die zweite und dritte Familie je eine „Kopie“ der ersten. Die drei Familien unterscheiden sich nur in den Teilchenmassen von-

Abb. 3.1.9.
In der 6,3 km langen Speicherringanlage HERA werden Protonen und Elektronen beschleunigt. Was passiert, wenn diese Teilchen mit hoher Energie zusammenstoßen, beobachten hausgroße, hochsensible Nachweisgeräte, sogenannte Detektoren. Das Bild zeigt den geöffneten H1-Detektor während der Montage und vermittelt einen Eindruck von der Komplexität der heute in der Teilchenphysik eingesetzten Nachweisgeräte. Mit Hilfe der Detektoren H1 und ZEUS erfahren die Wissenschaftler, wohin das Proton, seine Bruchstücke und das Elektron nach der Kollision geflogen sind. Die Spuren der Teilchen geben Hinweise darauf, wie es im Inneren des Protons aussieht. Dabei werden Strukturen erkennbar, die 1000mal kleiner sind als das Proton. (P. Ginter, Lohmar)

einander. Aufgrund von Präzisionsmessungen weiß man heute mit großer Sicherheit, dass es keine vierte Familie von Quarks und Leptonen gibt (s. Abb. 3.1.10).

Die fundamentalen Kräfte

Den Aufbau und die Entwicklung des Universums bestimmen neben den elementaren Bausteinen auch die fundamentalen Kräfte der Natur, von denen es vier gibt: Die Quarks (Nobelpreis an Murray Gell-Mann) spüren eine *starke Wechselwirkung*, die sogenannte *Farbkraft* oder *Quantenchromodynamik* (QCD), die zur Bindung der Quarks in Hadronen führt. Sie ist die stärkste in der Natur vorkommende Kraft. Acht verschiedene Gluonen sind für die Farbkraft verantwortlich. Die *elektromagnetische Kraft* ist schwächer als die starke Kraft und bindet zum Beispiel die Elektronen an den Atomkern. Die *schwache Kraft* regelt unter anderem den radioaktiven Zerfall sowie die Kernverschmelzung und somit die Energieerzeugung in der Sonne. Sie ist deutlich schwächer als die elektromagnetische Kraft. Es hat sich indes gezeigt, dass die schwache und die elektromagnetische Kraft einen gemeinsamen Ursprung haben, ähnlich wie Elektrizität und Magnetismus (Nobelpreis für Sheldon Glashow, Abdus Salam und Steven Weinberg 1979, sowie für Gerardus 't Hooft und Martinus Veltman 1999). Man spricht deshalb von der *elektroschwachen Wechselwirkung*, die durch die drei schweren Teilchen W^+, W^- und Z^0 sowie durch das masselose Photon übertragen wird. Leptonen unterscheiden sich von den Quarks dadurch, dass sie die Farbkraft nicht spüren, sondern nur über die schwache Kraft und, falls sie elektrisch geladen sind, auch über die elektromagnetische Kraft miteinander wechselwirken. Die vierte fundamentale Kraft, die *Gravitation*, spielt im Mikrokosmos erst bei extrem kleinen Abständen eine Rolle.

Die Theorie des Mikrokosmos: das Standardmodell

Die Elementarteilchen und ihre Wechselwirkungen fasst man im „Standardmodell der Teilchenphysik" zusammen Dieses Modell ist eine *relativistische Quantenfeldtheorie*, das heißt eine Theorie elementarer physikalischer Felder, die die Gesetze der Quantentheorie und der speziellen Relativitätstheorie enthält. Dies ist notwendig, weil in Beschleunigerexperimenten die Elementarteilchen sich meist nahezu mit Lichtgeschwindigkeit bewegen und dabei erzeugt und vernichtet werden können.

Das Standardmodell wurde in den letzten vierzig Jahren in einem intensiven und fruchtbaren Wechselspiel zwischen theoretischen Überlegungen und experimentellen Beobachtungen entwickelt. Es beschreibt alle bisher bekannten Elementarteilchen sowie ihre Eigenschaften und Wechselwirkungen in exzellenter Übereinstimmung mit den Experimenten.

Symmetrien spielen eine wichtige Rolle in der modernen Teilchenphysik (s. Kapitel 3.7). Sie bestimmen die Eigenschaften und Wechselwirkungen der Teilchen. Um die Symmetrien mathematisch zu formulieren,

	Teilchen	Masse	Ladung	Spin
1. Familie	Elektron Elektron-Neutrino	0,5 MeV < 3 eV	-1 0	1/2 1/2
	up-Quark down-Quark	1,5 ... 5 MeV 3 ... 9 MeV	2/3 -1/3	1/2 1/2
2. Familie	Myon Myon-Neutrino	105 MeV < 0,3 MeV	-1 0	1/2 1/2
	charm-Quark strange-Quark	1,1 ... 1,4 GeV 60 ... 170 MeV	2/3 -1/3	1/2 1/2
3. Familie	Tau Tau-Neutrino	1,7 GeV < 35 MeV	-1 0	1/2 1/2
	top-Quark bottom-Quark	174 ± 5 GeV 4,1 ... 4,4 GeV	2/3 -1/3	1/2 1/2
Eichbosonen	Gluonen W-Bosonen Z-Boson Photon	0 80,6 GeV 91,1 GeV 0	0 ± 1 0 0	1 1 1 1
	Higgs-Teilchen	> 113 GeV	0	0

Tabelle 3.1.1. Die Teilchen des sogenannten Standardmodells und ihre Eigenschaften. Für die Entdeckung dieser Teilchen wurden zahlreiche Nobelpreise verliehen. Da man Quarks nicht isoliert beobachten kann, lassen sich ihre Massen bisher nur ungenau angeben.

benutzt man die Gruppentheorie. Dabei ist die sogenannte *Eichinvarianz* entscheidend. Dieser Begriff stammt aus der Elektrodynamik, wo man die Existenz und Eigenschaften des elektromagnetischen Feldes aus dem Prinzip herleitet, dass die Grundgleichungen an jedem Ort und zu allen Zeiten gültig sein sollen. Wendet man das Eichprinzip auf die elektroschwache und starke Wechselwirkung an, so lässt sich aus ihm die Existenz der W- und Z-Bosonen und der Gluonen folgern.

Eichtheorien spielen in der Teilchenphysik eine grundlegende Rolle. Mit ihrer Hilfe ist es gelungen, die elektromagnetische und die schwache Wechselwirkung auf eine gemeinsame theoretische Grundlage zu stellen. Diese Synthese ist von ähnlicher Bedeutung wie die Vereinigung der elektrischen und magnetischen Erscheinungen in der Elektrodynamik.

Eine andere Eichtheorie dieser Art ist die Quantenchromodynamik, die Theorie der Quark-Gluon-Wechselwirkungen. Sie geht von der Annahme aus, dass die Quarks nicht nur eine elektrische Ladung haben, sondern auch eine Ladung der starken Wechselwirkung tragen, die man als *Farbe* bezeichnet. Auch die Gluonen haben eine Farbladung. Deshalb koppeln sie nicht nur an Quarks sondern auch an andere Gluonen. Diese Tatsache bestimmt die Eigenschaften der starken Kraft und macht zudem die theoretischen Rechnungen sehr kompliziert.

Die Eichinvarianz ist zunächst nur für „masselose" Felder gültig wie z. B. das elektromagnetische Feld, dessen Quanten die masselosen Photonen sind. Aus der Masselosigkeit der Feldquanten ergibt sich, dass die entsprechende Wechselwirkung unendlich weit reicht. Die schwache Wechselwirkung hat hingegen nur eine sehr kurze Reichweite, da ihre Feldquanten W^+, W^- und Z^0 eine extrem große Masse besitzen. (Für die Entdeckung der W- und Z-Teilchen wurden Carlo Rubbia und Simon van der Meer 1984 mit dem Nobelpreis ausgezeichnet.) Diese Tatsache lässt sich mit dem Prinzip der Eichinvarianz mit Hilfe des sogenannten *Higgs-Mechanismus* in Einklang bringen. Dabei wird angenommen, dass den zunächst masselosen Feldquanten durch die Wechselwirkung mit einem zusätzlichen, bisher noch unbeobachteten Feld eine (effektive) Masse verliehen wird. Ähnliche Effekte sind aus der Physik fester Körper bekannt (s. Kapitel 3.3).

Mit dem Higgs-Mechanismus direkt verbunden ist das *Higgs-Teilchen* oder Higgs-Boson. Dieses Teilchen ist für die Beantwortung der Frage „Was ist Masse?" von entscheidender Bedeutung. Zwar hat man das Higgs-Teilchen noch nicht entdeckt, doch der Vergleich der Präzisionsmessungen der letzten Jahre mit den Vorhersagen der Theorie erlaubt es, seine Masse abzuschätzen (s. u.). Man erwartet, das Higgs-Teilchen innerhalb der nächsten zehn Jahre mit Hilfe von Experimenten zu finden, die zur Zeit aufgebaut werden oder geplant sind.

Um die Elementarteilchenprozesse und ihre Messgrößen im Rahmen des Standardmodells zu berechnen, bedient man sich zweier ganz unterschiedlicher Methoden. Die elektroschwachen Prozesse kann man beliebig genau mit Hilfe einer sogenannten Störungstheorie berechnen. Prozesse, die der starken Wechselwirkung unterliegen, können in ähnlicher Weise berechnet werden, wenn die bei ihnen auftretenden Energien sehr hoch sind. Bei niedrigen Energien hingegen versagt dieses Verfahren, und man muss zu einer anderen Methode greifen, die sich der sogenannten Gittereichtheorien bedient. Dazu wird das Raum-Zeit-Kontinuum auf diskrete Punkte eines Gitters reduziert. So wird es möglich, mit Hilfe von Supercomputern Prozesse zu berechnen, an denen stark wechselwirkende Teilchen beteiligt sind. Die Genauigkeit der erzielten Rechenergebnisse hängt allerdings von der Leistungsfähigkeit der benutzten Computer ab.

Jenseits des Standardmodells

Trotz des großen Erfolgs des Standardmodells ist man sich sicher, dass es noch keine endgültige, fundamentale Theorie der Natur ist. Dafür gibt es bisher zwar keine experimentellen, wohl aber theoretische Anzeichen. Deshalb erwartet man, bei Experimenten mit noch höheren Energien, als sie mit heutigen Beschleunigern zugänglich sind, neue Phänomene zu entdecken, die sich nicht mehr im Rahmen des Standardmodells beschreiben lassen.

Seit langem werden mögliche fundamentalere Theorien im Detail untersucht. Ein vielversprechender Ansatz ist die Erweiterung der im Standardmodell bereits vorliegenden Symmetriegruppe. Die sogenannten *supersymmetrischen Theorien* fordern zum Beispiel, dass zwischen den *Fermionen*, also den Bausteinen der Materie, und den *Bosonen*, den Übermittlern der verschiedenen Naturkräfte, ein enger Zusammenhang besteht. Diese neuartige Symmetrie hätte weitreichende Konsequenzen. Sie ermöglicht es, die elektroschwachen und starken Kräfte theoretisch und experimentell konsistent zu vereinheitlichen. Mehr noch, sie stellt eine Verbindung her zur vierten Kraft, der Gravitation. Die Supersymmetrie sagt eine Vielzahl neuer Teilchen voraus, nach denen zur Zeit intensiv gesucht wird.

Strings als Verbindung von Mikrokosmos und Makrokosmos

Neben der Quantenmechanik und der Quantenfeldtheorie, die das Geschehen im Mikrokosmos bestimmen, ist Einsteins Theorie der Gravitation, die Allgemeine Relativitätstheorie, ein Eckpfeiler der modernen Physik. Die Allgemeine Relativitätstheorie beschreibt unser Sonnensystem und unser Universum, wie wir es heute beobachten. Auf die Frage, was vor oder während des Urknalls geschah, kann die Allgemeine Relativitätstheorie jedoch keine Antwort geben. Dazu ist eine Theorie der Quantengravitation notwendig.

Bisher ist es allerdings nicht gelungen, Quantenphysik und Allgemeine Relativitätstheorie in einer einheitlichen Beschreibungsweise zusammenzufassen. Um die Naturvorgänge auf sehr kleinen Längenskalen (ca. 10^{-35} m, also viel kleiner als 10^{-14} m, der Durchmesser eines Atomkerns) beschreiben zu können, scheint ein ganz neues mathematisches und physikalisches Grundkonzept notwendig zu sein. In den 70er Jahren wurde vorgeschlagen anzunehmen, dass Elementarteilchen keine punktförmigen, sondern in einer Dimension ausgedehnte Objekte sind, sogenannte *Strings*. Die Dynamik und die Wechselwirkung dieser Strings beschreibt die *Stringtheorie*. Ihr zufolge sind die Elementarteilchen Schwingungen der Strings. Im Rahmen der Stringtheorie wird es möglich, die von der Quantentheorie erzwungenen Korrekturen zu Einsteins Relativitätstheorie zu berechnen. Darüber hinaus kann auch das Standardmodell mit der Stringtheorie in Einklang gebracht werden. Wie es gegenwärtig scheint, ist die Supersymmetrie ein notwendiger Bestandteil der Stringtheorie.

Die Stringtheorie ist noch nicht ausgereift und ihr physikalischer Gehalt ist bisher nur sehr unzureichend verstanden. Zudem sind ihre Vorhersagen bisher kaum experimentell überprüfbar. Doch sie ist ein aktives Forschungsgebiet, das die Hoffnung in sich trägt, die Quantenphysik und die Allgemeine Relativitätstheorie zu vereinen. Selbst wenn es sich zeigen sollte, dass die Stringtheorie in ihrer heutigen Form diese Aufgabe nicht bewältigen kann, so ist sie dennoch ein wichtiger und notwendiger Schritt auf dem Weg zu einer fundamentalen Naturbeschreibung. Letztendlich muss dieser Weg in den nächsten Jahrzehnten durch Experimente gewiesen werden, die es ermöglichen, stringtheoretische Vorhersagen zu überprüfen.

Teilchenbeschleuniger - Schlüssel zum Mikrokosmos

Beschleuniger und Speicherringe für Protonen, Elektronen und andere Teilchen sind eine wichtige Voraussetzung für die experimentelle Elementarteilchenphysik. Viele bahnbrechende Entdeckungen sind nur mit Hilfe immer leistungsfähigerer Beschleuniger möglich geworden. Dies folgt unmittelbar aus den Grundprinzipien der Relativitäts- und der Quantentheorie. Auf Grund der Äquivalenz von Energie und Masse, $E = mc^2$, können neue, schwere Teilchen nur mit Beschleunigern entsprechend hoher Energie erzeugt werden. Für die Analyse feinster Strukturen innerhalb der Protonen und Neutronen wiederum benötigt man Strahlung extrem kurzer Wellenlänge, die sehr hohe Energie besitzt und ebenfalls nur mit sehr leistungsfähigen Beschleunigern erzeugt werden kann.

Die heutigen Beschleuniger

Die großen Beschleuniger der Teilchenphysik, mit denen die Experimente des vergangenen Jahrzehntes durchgeführt wurden, sind der Elektron-Positron-Speicherring LEP des Europäischen Zentrums für Teilchenphysik CERN in Genf, der Stanford Linear Collider SLC in Stanford, USA, der Proton-Antiproton-Speicherring Tevatron am Fermilab, USA, sowie der Elektron-Proton-Collider HERA (s. Abb. 3.1.9) am DESY in Hamburg. Diese Anlagen (s. Tabelle 3.1.2) ergänzen sich in ihren Möglichkeiten.

Die traditionellen Beschleuniger der Teilchenphysik sind die Synchrotrons. In ihnen werden Protonen oder Elektronen durch magnetische Führungsfelder auf einer Kreisbahn gehalten und durchlaufen dann immer wieder eine Beschleunigungsstrecke, in der ihre Energie durch ein elektrisches Hochfrequenzfeld bei jedem Umlauf um einen kleinen Betrag vergrößert wird.

Beschleuniger	Labor, Ort	Teilchen	Energie (GeV)
LEP	CERN, Genf	e^- / e^+	50-100 / 50-100
SLC	SLAC, Stanford	e^- / e^+	50 / 50
Tevatron	Fermilab, Chicago	p / anti-p	900 / 900
HERA	DESY, Hamburg	$e^-(e^+)$ / p	27 / 920

Tabelle 3.1.2. Die großen Beschleuniger der Teilchenphysik. In ihnen kollidieren Paare von meist unterschiedlichen Teilchen mit hoher Energie.

Damit die Teilchen auf ihrer Bahn bleiben, müssen die Magnetfelder synchron mit ihrem Umlauf erhöht werden.

Die Leistungsgrenzen eines Synchrotrons sind für Protonen und Elektronen sehr verschieden. Bei den relativ schweren Protonen ist die Grenze durch die maximal erreichbare Stärke des Magnetfeldes gegeben. In den letzten 20 Jahren konnte sie durch die Entwicklung supraleitender Beschleunigermagnete enorm gesteigert werden. Die leistungsstärksten Protonen-Synchrotrons sind das Tevatron und HERA. Nach rund 10 Millionen Umläufen erreichen in ihnen die Protonen eine Energie von 900 GeV. Dies entspricht einer Beschleunigungsspannung von 900 Milliarden Volt, also mehr als dem millionenfachen der Spannung einer Überlandleitung.

Die viel leichteren Elektronen erreichen in Beschleunigern bei weitem nicht so hohe Energien. Sie strahlen sehr intensiv, wenn sie vom Magnetfeld abgelenkt werden, das sie auf ihrer Bahn hält. Diese Synchrotronstrahlung wächst mit zunehmender Energie sehr stark an. Das weltweit größte Elektronen-Synchrotron LEP hat einen Umfang von 27 km und kann Elektronen auf maximal 100 GeV beschleunigen. Dabei verlieren die Teilchen während jedes Umlaufs einige Prozent ihrer Energie und müssen deshalb durch ein sehr aufwändiges System von supraleitenden Hochfrequenzresonatoren immer wieder nachbeschleunigt werden.

Den wohl größten Fortschritt machte die experimentelle Teilchenphysik, als es gelang, in den Beschleunigern Teilchenstrahlen frontal miteinander kollidieren zu lassen. Dabei wird die gesamte Energie der Strahlteilchen zur Erzeugung neuer, schwerer Elementarteilchen ausgenutzt. Deshalb sind die meisten Großbeschleuniger *Collider*, in denen die Teilchenstrahlen für viele Stunden in einem Speicherring umlaufen und in den „Wechselwirkungspunkten“ frontal zur Kollision gebracht werden. Als Strahlteilchen werden die beiden wichtigsten Bausteine der Materie und ihre Antiteilchen verwendet: Protonen und Antiprotonen, Elektronen und Positronen.

Beschleuniger der Zukunft

Für die nächste Generation von Höchstenergiemaschinen kommen nur zwei Beschleunigertypen in Frage: kreisförmige Proton-Proton-Collider und lineare Elektron-Positron-Collider. Am CERN wird am Large Hadron Collider LHC gearbeitet, der zwei gegenläufige Protonenstrahlen auf 7000 GeV beschleunigen soll. Die supraleitenden Magnete werden mit supraflüssigem Helium gekühlt und erreichen Felder, die 50 % stärker sind als bei HERA.

Bei der Beschleunigung von Elektronen oder Positronen hat man mit der LEP-Maschine die Grenzen dessen erreicht, was Kreisbeschleuniger leisten können: Für Teilchenenergien oberhalb von 100 GeV können die durch Synchrotronstrahlung verursachten Energieverluste nicht mehr kompensiert werden. Will man noch höhere Energien erreichen, so muss man lineare Beschleuniger verwenden. Diese Beschleuniger haben eine Länge von etwa 30 km, wovon 80 % auf Hochfrequenzbeschleunigungsstrecken entfallen. Der bei DESY in internationaler Kooperation geplante TESLA-Collider ist für eine Gesamtenergie von 100 GeV bis 800 GeV ausgelegt. Die technologische Herausforderung besteht darin, extrem hohe und stabile Beschleunigungsfelder zu erzeugen und gleichzeitig die Baukosten möglichst niedrig zu halten. In den letzten zehn Jahren konnte die Beschleunigungsspannung um das fünffache gesteigert werden. Mit speziellen Resonatoren erreicht man inzwischen elektrische Feldstärken von mehr als 40 Mio. Volt/m.

Da der Elektronenstrahl von TESLA eine außergewöhnlich gute Qualität haben wird, kann mit ihm ein neuartiger Röntgenlaser betrieben werden, dessen Intensität alle bisherigen Röntgenquellen milliardenfach übersteigt. Mit Hilfe dieses Lasers könnten Materialien sowie chemische und biologische Abläufe atomgenau auf atomaren Zeitskalen abgebildet werden. Das neuartige Laserprinzip wurde vor kurzem bei DESY erfolgreich erprobt.

Die Entwicklung leistungsfähiger Beschleuniger bleibt die unverzichtbare Voraussetzung dafür, dass die Teilchenphysik auch in Zukunft wissenschaftliches Neuland entdecken kann.

Die Theorie des Mikrokosmos auf dem Prüfstand

Präzisionstests der elektroschwachen Wechselwirkung

Die Gültigkeit des Standardmodells wurde in den vergangenen Jahren an mehreren Beschleunigeranlagen überprüft. Bei LEP, SLC, dem Tevatron und HERA wurde eine Fülle von Daten aufgezeichnet und analysiert. Die Ergebnisse bestätigen alle Vorhersagen des Standardmodells mit sehr hoher Genauigkeit, zum Teil auf besser als ein Promille. Das Standardmodell hat sich als grundlegende Theorie etabliert. Jede weiterführende Theorie wird deshalb das Standardmodell als Spezialfall enthalten müssen.

Mit LEP wurden die Eigenschaften der neutralen und geladenen Feldquanten der schwachen Wechselwirkung, der Z- und W-Bosonen, mit hoher Genauigkeit bestimmt. Indem man gemessen hat, wie oft bei Kollisionsexperimenten Z-Bosonen entstehen, konnte man die Anzahl der leichten Neutrinoarten auf 2,994 ± 0,012 eingrenzen (s. Abb. 3.1.10). Dieses Ergebnis bedeutet, dass es nur drei Familien von Leptonen und Quarks gibt.

Die Masse des Z-Bosons ist ein wichtiger Parameter der elektroschwachen Wechselwirkung, den man sehr genau gemessen hat. Die Messung ergab einen Wert von (91,187 ± 0,002) GeV, dessen Genauigkeit zehnmal größer ist, als bei der Planung von LEP erwartet. Diese große Präzision wurde durch Verbesserungen am Beschleuniger, an der Experimentiertechnik und der Datenauswertung möglich.

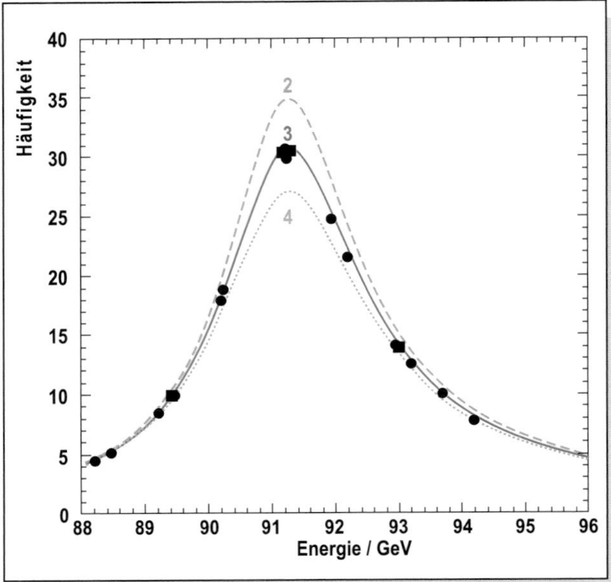

Abb. 3.1.10.
Es gibt nur drei Neutrinoarten. Dargestellt ist die Häufigkeit, mit der Hadronen in Elektron-Positron-Stößen erzeugt werden, in Abhängigkeit von der Kollisionsenergie, die im Bereich der Masse des Z-Bosons liegt. Die Anzahl der Neutrinofamilien beeinflusst direkt die Breite und Höhe der „Resonanzkurve": Je mehr Arten von Neutrinos es gibt, umso breiter ist die Kurve. Die Daten aller vier LEP-Experimente sind gezeigt, sowie die Resonanzkurven, die man für zwei, drei und vier leichte Neutrinofamilien erwartet. Aus den Daten ergibt sich die Anzahl der Neutrinofamilien zu N= 2,994 ± 0,012. (CERN, Genf)

Auch die Häufigkeiten, mit denen das Z-Boson in Neutrinos, geladene Leptonen und Quarks zerfällt, stimmen in hervorragender Weise mit den Vorhersagen des Standardmodells überein. Die Messungen sind so genau, dass sogar der Einfluss von Teilchen auf die Zerfallsprozesse nachgewiesen werden kann, die zu schwer sind, als dass sie LEP direkt erzeugen könnte. So ließ sich die Masse des Top-Quarks vorhersagen, bevor dieses Teilchen am Tevatron tatsächlich nachgewiesen werden konnte.

Ein weiterer wichtiger Parameter ist der „Mischungswinkel" $\sin^2 \theta_W$. Er ist ein Maß dafür, wie stark die elektromagnetische Kraft im Vergleich zur schwachen Kraft ist. Der Mischungswinkel wurde mit hoher Genauigkeit zu 0,2317 ± 0,0002 bestimmt und hat sich zu einer Schlüsselgröße der Teilchenphysik entwickelt. Seine theoretische Vorhersage bildet nicht nur den Prüfstein für die Vereinheitlichung aller Kräfte, sondern stellt auch die wichtigste experimentelle Stütze für die supersymmetrische Erweiterung des Standardmodells dar.

Da die Protonen im Gegensatz zu den Elektronen fast keine Energie durch Synchrotronstrahlung verlieren, kann man Protonen in Ringbeschleunigern auf weit höhere Energien beschleunigen als Elektronen. Lässt man die Protonen und ihre Antiteilchen, die Antiprotonen, frontal kollidieren, so kann man dadurch viel schwerere Teilchen erzeugen als z. B. durch Kollisionen von Elektronen und Positronen. Am Proton-Antiproton-Speicherring Tevatron gelang es 1994, das Top-Quark direkt nachzuweisen. Seine Masse stimmte auf 6 % mit der Vorhersage aus den LEP-Experimenten überein. Diese Tatsache belegt, dass das Standardmodell in sich schlüssig ist. Bis zur Inbetriebnahme des nächsten Hadronen-Colliders, des LHC am CERN, schafft das Tevatron die besten Voraussetzungen, das Standardmodell bei hohen Energien zu testen. Indem man die W- und Z-Bosonen sowie ihre Wechselwirkung untersucht, will man die physikalischen Grundlagen des Standardmodells einer weiteren wichtigen Überprüfung unterziehen.

Wie sich bei Experimenten mit HERA gezeigt hat, haben die elektromagnetische und die schwache Wechselwirkung einen gemeinsamen Ursprung. Wenn ein Positron mit einem Proton zusammenstößt, können zwei Arten von „Streuprozessen" stattfinden. Zum einen gibt es die sogenannte neutrale Stromreaktion (*neutral current*). Dabei tauscht das Positron mit dem Proton entweder ein Photon (das neutrale Feldteilchen der elektromagnetischen Wechselwirkung) oder ein Z-Boson aus (das neutrale Feldteilchen der schwachen Wechselwirkung). Zum anderen kann es zur sogenannten geladenen Stromreaktion (*charged current*) kommen, bei der Positron und Proton ein W^+-Boson austauschen (das geladene Feldteilchen der schwachen Wechselwirkung) und sich das Positron in ein Neutrino umwandelt. Wie ein Vergleich der gemessenen Raten beider Prozesse zeigte, haben die schwache und die elektromagnetische Wechselwirkung einen gemeinsame Ursprung: Wenn das Elektron beim Zusammenstoß mit dem Proton nur wenig Impuls Q auf das Proton überträgt, ist die elektromagnetische Kraft um Größenordnungen stärker als die schwache Wechselwirkung Bei großem Impulsübertrag hingegen, wenn Q etwa 80 GeV erreicht und damit der Masse des W-Bosons entspricht, sind beide Kräfte gleich stark. Wie gut das Standardmodell die experimentellen Daten über viele Größenordnungen beschreibt, zeigt Abb. 3.1.11. Aus der Übereinstimmung zwischen Theorie und Experiment kann man weitere Schlüsse ziehen: Quarks und Elektronen erscheinen selbst auf einer Längenskala von 10^{-18} m, also bei enormer Vergrößerung, als punktförmige Teilchen. Die Quantenchromodynamik beschreibt die starke Wechselwirkungen auch bei diesen extrem kleinen Abständen noch richtig. Außerdem gibt es für Kollisionsenergien bis zu etwa 5 TeV außer den bekannten Wechselwirkungen zwischen Elektronen und Quarks keine neuen.

Symmetrien unter der Lupe

Symmetrien spielen nicht nur in der Kunst eine wichtige Rolle, sondern auch bei der Formulierung physikalischer Gesetze. So folgen die Gesetze des Mikrokosmos bestimmten Symmetrieregeln. Man nennt einen elementaren Prozess z. B. ladungssymmetrisch (C), dessen zeitlicher Verlauf gleich bleibt, wenn man das Ladungsvorzeichen aller beteiligten Teilchen umkehrt. Man nennt ihn spiegelsymmetrisch (P), wenn er, im Spiegel betrachtet, unverändert erscheint. Die C- und die P-Symmetrie werden von der starken und der elektromagnetischen Kraft respektiert, von der schwachen Kraft jedoch verletzt (Nobelpreis an T.-D. Lee und C. N. Yang), die kombinierte CP-Symmetrie allerdings nur auf dem Promilleniveau (Nobelpreis an J. W. Cronin und V. L. Fitch). Man möchte die Ursache dieser winzigen Symmetriebrechung verstehen. Dazu muss man jedoch sehr genaue Messungen durchführen, weil die vom Standardmodell vorhergesagten Effekte klein sind. Dabei könnten sich vielleicht Hinweise auf neue physikalische Gesetzmäßigkeiten ergeben. Es hat sich gezeigt, dass die Untersuchung der Zerfälle von B-Mesonen besonders vielversprechend ist. Deshalb werden mehrere entsprechende Experimente in Japan, den USA und bei HERA durchgeführt.

Tests der starken Wechselwirkung

Die Quantenchromodynamik (QCD), die Theorie der starken Wechselwirkung zwischen Quarks und Gluonen, wurde 1972 aufgestellt und seither mit wachsender Genauigkeit erfolgreich getestet. Freie Quarks und Gluonen lassen sich in der Natur nicht beobachten. Sie werden indirekt als Bündel (Jet) von Teilchen (Hadronen) sichtbar. Die Entdeckung der Gluonen als Träger der starken Kraft gelang 1979 mit dem Speicherring PETRA im DESY. Mit LEP und HERA wurden die Untersuchungen der QCD mit erhöhter Genauigkeit fortgesetzt. Sie bestätigen unter anderem die grundlegenden Vorhersagen der QCD, dass die Gluonen aneinander koppeln und dass die Stärke der Wechselwirkung energieabhängig ist: Sie nimmt mit wachsender Kollisionsenergie ab.

Am Elektron(Positron)-Proton-Speicherring HERA wird der innere Aufbau des Protons erforscht und nach einer möglichen Struktur der Quarks und Elektronen gesucht. Der innere Aufbau des Protons wird durch eine sogenannte Strukturfunktion beschrieben, die angibt, wie häufig ein Quark im Innern des Proton einen bestimmten Bruchteil von dessen Gesamtimpulses trägt. Die Strukturfunktion hat man mit Hilfe von HERA mit einer Genauigkeit von etwa 2 % gemessen. Diese Messungen ergaben ein überraschendes Bild des Protons: Es ist vollgepackt mit „virtuellen" Gluonen und Quark-Antiquark-Paaren, die ständig erzeugt und wieder vernichtet werden. Das Verlauf der Strukturfunktion wird durch die Quantenchromodynamik gut beschrieben.

Wie sich der Spin des Protons, d. h. sein Eigendrehimpuls, aus den Spins seiner verschiedenen Quarks und Gluonen und deren Bahndrehimpulsen zusammensetzt, kann mit HERA ebenfalls untersucht werden und wird in Kapitel 3.1.3 beschrieben.

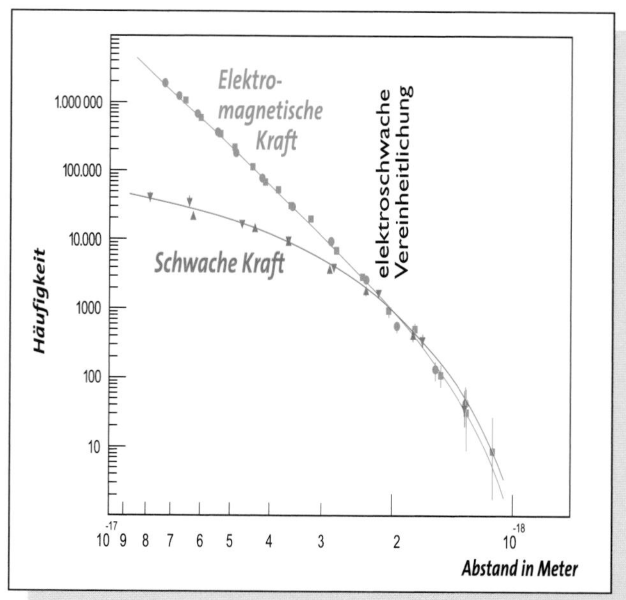

Abb. 3.1.11.
Elektromagnetische und schwache Kraft haben einen gemeinsamen Ursprung. Die Abbildung zeigt den Beitrag beider Kräfte bei Positron-Proton-Stößen in Abhängigkeit vom Abstand der Teilchen. Nach rechts hin werden die Abstände kleiner. Bei Abständen, die größer als die Reichweite der schwachen Kraft sind, dominiert die elektromagnetische Kraft. Bei kleinen Abständen wird der Einfluss beider Kräfte gleich groß, man erreicht die elektroschwache Vereinigung. Die Vorhersagen des Standardmodells (durchgezogene Kurven) stimmen mit den Messergebnissen ausgezeichnet überein. (DESY, Hamburg)

Der Neutrinomasse auf der Spur

In der einfachsten Form des Standardmodells nimmt man an, dass alle Neutrinos masselos sind. Alle Versuche, die Neutrinomassen direkt zu bestimmen, z. B. durch Untersuchung von radioaktiven Zerfällen, ergaben, dass die Masse des Elektron-Neutrinos kleiner als 3 eV ist. Die Messungen von *Neutrino-Oszillationen*, d. h. der Umwandlung von einer Neutrinoart in eine andere, ermöglicht es, die Unterschiede zwischen den Neutrinomassen sehr genau zu bestimmen, da die Wahrscheinlichkeit der Umwandlung von der Massendifferenz der Neutrinoarten abhängt. Die Entdeckung von Neutrino-Oszillationen ist daher ein direkter Hinweis, dass Neutrinos eine Masse haben und dass sich die Massen von Elektron-, Myon- und Tau-Neutrino unterscheiden.

In den vergangenen Jahren wurden detaillierte Studien zur Neutrino-Oszillation an Reaktoren und Beschleunigern durchgeführt. Mit dem Detektor Super-Kamiokande in Japan, der Neutrinos aus der Sonne und aus der Erdatmosphäre in einem unterirdischen Wassertank nachweist, konnten 1998 erstmals klare Hinweise für eine Oszillation gefunden werden. Bei der Messung atmosphärischer Myon-Neutrinos, die durch Stöße und Zerfälle der kosmischen Strahlung in der oberen Luftschicht entstehen, zeigte sich, dass weniger Neutrinos von unten, also durch die Erde kommen als von oben (s. Abb. 3.1.12). Die wahrscheinlichste Erklärung dafür ist, dass sich die Myon-Neutrinos auf ihrer langen Flugstrecke durch die Erde in Tau-Neutrinos umwandeln, die Super-Kamiokande nicht nachweisen kann. Dieses Resultat hat weltweit viele neue Experimente angeregt, darunter solche, in denen hochenergetische Neutrinostrahlen mit Beschleunigern erzeugt und auf weit entfernte unterirdische Detektoren gerichtet werden.

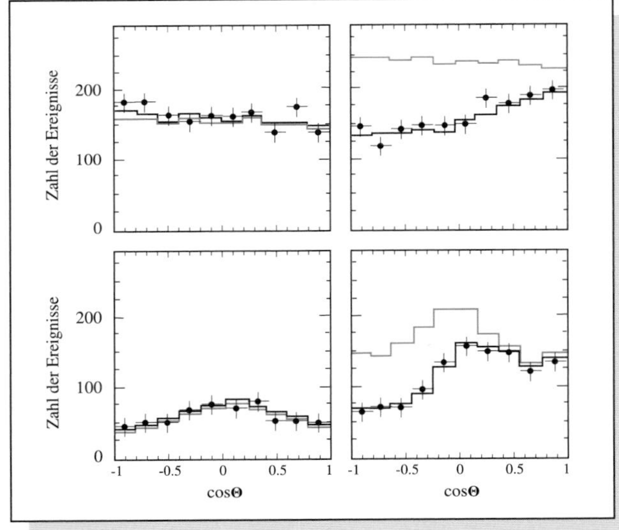

Abb. 3.1.12.
Von unten kommen weniger Neutrinos als erwartet. Das Bild zeigt die Winkelverteilung des Flusses atmosphärischer Neutrinos, die im Detektor Elektronen (links) oder Myonen (rechts) erzeugen. Für die von unten kommende Neutrinos ist cosΘ negativ. Die Messdaten sind getrennt nach kleinen (oben) und großen (unten) Impulsen der erzeugten Teilchen. Die roten Linien zeigen den erwarteten Fluss für den Fall, dass keine Neutrino-Oszillationen stattfinden, die grünen Kurven für den Fall, dass sich die Myon-Neutrinos in unbeobachtete Tau-Neutrinos umwandeln. (Super-Kamiokande)

Auf der Suche nach neuen Teilchen

Trotz aller Erfolge der theoretischen und experimentellen Teilchenphysik in den letzten Jahrzehnten sind viele grundlegende Fragen nach wie vor offen. Einen zentralen Platz nimmt die Frage nach der Brechung der elektroschwachen Symmetrie ein, das heißt, warum das Photon masselos ist, die Eichbosonen W und Z aber sehr schwer sind.

Die Beantwortung dieser Frage ist eng mit der Suche nach dem Higgs-Boson verknüpft. Bisher ist es nicht gelungen, dieses Teilchen direkt zu beobachten. Messungen am LEP und anderen Maschinen haben in den letzten Jahren aber sehr präzise Abschätzungen ermöglicht, welche Masse das Higgs-Boson haben könnte. Es ist beeindruckend, wie stark der für das Higgs-Boson in Frage kommende Massenbereich in den letzten Jahren durch Messungen eingeschränkt werden konnte (s. Abb. 3.1.13). So ist es ausgeschlossen, dass die Masse kleiner als 112 GeV ist. Ausgehend von Präzisionsmessungen konnte man auch eine obere Schranke von etwa 200 GeV angeben. Die Methode der Massenbestimmung gleicht der, mit der die Masse des Top-Quarks richtig vorhergesagt wurde.

Bei der Suche nach dem Higgs-Boson, diesem letzten, wichtigen Bestandteil des Standardmodells, ist man auf zukünftige Messungen am Tevatron und LHC angewiesen. Die Stärke des LHC liegt in der Erzeugung von Teilchen mit sehr hoher Masse. Um die Eigenschaften des Higgs-Bosons genauer zu bestimmen, benötigt man indes einen Elektron-Positron-Collider wie TESLA, der Energien von 100 GeV bis etwa 1 TeV erreichen kann. Das Ziel dieser Experimente ist es herauszufinden, ob die Massen der Elementarteilchen tatsächlich durch das Higgs-Boson verursacht werden, wie es mit dem Higgs-Mechanismus vorhersagt wird. Indem man die Kopplungen des Higgs-Bosons an andere Elementarteilchen misst, kann man diese Vorhersage einem kritischen Test unterziehen.

Wie schon erwähnt, deutet vieles darauf hin, dass das Standardmodell trotz seiner zahlreichen experimentellen Bestätigungen nicht die endgültige Theorie ist. Deshalb suchen die Teilchenphysiker nach

Hinweisen auf eine weitergehende Theorie. Mit HERA und dem Tevatron wird beispielsweise danach geforscht, ob Leptonen sich mit Quarks oder Gluonen verbinden oder ob sie angeregt werden können, wie dies einige Theorien vorhersagen.

Eine der vielversprechendsten Erweiterungen des Standardmodells ist die Supersymmetrie, die die Materiebausteine mit den fundamentalen Kräften vereint und viele neue Teilchenarten mit sich bringt. Die Supersymmetrie fordert außerdem, dass es mehrere Arten von Higgs-Bosonen gibt. Noch wurde kein supersymmetrisches Teilchen beobachtet, doch vieles deutet darauf hin, dass man schon auf Grund von Experimenten mit Energien bis zu etwa 1 TeV eine Antwort auf die Frage wird geben können, ob die Supersymmetrie in der Natur tatsächlich vorkommt. Zusammen mit der Vereinheitlichung der drei fundamentalen Kräfte des Standardmodells bei sehr hohen Energien erlaubt die Supersymmetrie unter anderem eine präzise Vorhersage über die relative Stärke der elektromagnetischen und der schwachen Kraft, die sehr gut mit den schon erwähnten Messungen übereinstimmt. Dies ist ein überzeugendes Argument dafür, intensiver nach supersymmetrischen Teilchen zu suchen.

In den kommenden Jahren werden mit dem Tevatron und dem LHC neue Energie- und Massenbereiche erschlossen werden. Die Vermessung des vollständigen Teilchenspektrums und seiner Eigenschaften wird aber erst durch die Kombination von Tevatron und LHC mit einem Elektron-Positron-Collider wie TESLA möglich. Zusammen können sie entscheidende Beiträge zum tieferen Verständnis des Mikrokosmos liefern.

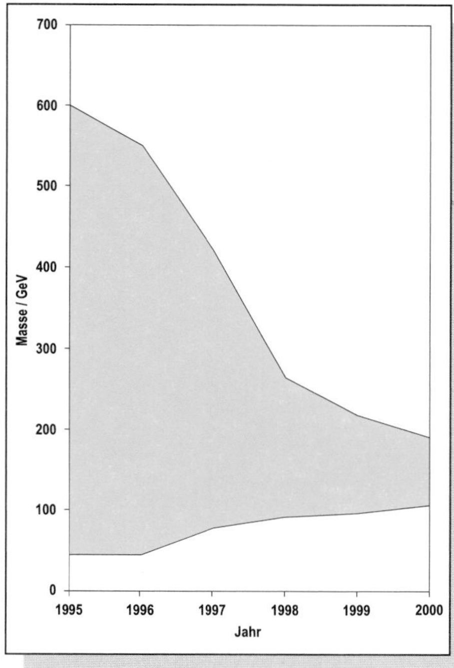

Abb. 3.1.13. Dem Higgs-Teilchen auf der Spur. Abgebildet ist die zeitliche Entwicklung des Massenbereichs, in dem das Higgs-Teilchen auf Grund direkter Messungen (untere Begrenzung) und der elektroschwachen Präzisionsmessungen (obere Begrenzung) erwartet wird. (CERN, Genf)

Vorbereitung von Experimenten an neuen Beschleunigern

Die mit mehreren Nobelpreisen ausgezeichnete Entwicklung neuer Nachweismethoden war eine Voraussetzung für neue Entdeckungen in der Teilchenphysik. Deshalb werden parallel zum Betrieb der bestehenden Experimente intensive Vorbereitungen auf die nächste Generation von Detektoren getroffen. Dabei hat die Entwicklung und Konstruktion der zwei Großdetektoren (ATLAS, CMS) am LHC der experimentellen Teilchenphysik viele neue Impulse gegeben. Die Experimente können nur in internationaler Zusammenarbeit von hundert und mehr Instituten durchgeführt werden und stellen damit eine neue Dimension internationaler Partnerschaft dar. Auf Grund der sehr großen Zahl von Teilchen, die in jedem der Proton-Proton-Stöße erzeugt werden, müssen alle Nachweisgeräte außerordentlich strahlungsresistent sein.

Aus der experimentellen Teilchenphysik sind zahlreiche neue Technologien erwachsen: Sie hat wesentlich dazu beigetragen, Quellen für Synchrotronstrahlung zu entwickeln, die Supraleitung zu nutzen, neue Nachweismethoden und Detektoren zu bauen, die Informationstechnologie zu verbessern und neue Formen der Kommunikation zu schaffen - bestes Beispiel ist von Teilchenphysikern entwickelte *World Wide Web*. Diese Vielfältigkeit, gekoppelt mit Teamarbeit und Internationalität, ist ein wesentliches Element der Ausbildung junger Wissenschaftler.

Die Experimente an Beschleunigern sind der Prüfstein, an dem sich die theoretischen Vorstellungen über die innersten Zusammenhänge des Mikrokosmos mit immer größerer Genauigkeit messen müssen. Bis heute hat das Standardmodell alle Tests überraschend gut bestanden. Doch gleichzeitig mehren sich die Hinweise, dass Neues unmittelbar vor der Türe steht. Deshalb warten die Teilchenphysiker mit großer Spannung auf Resultate von Tevatron und auf die neuen Beschleuniger wie LHC und TESLA.

Astroteilchenphysik zwischen Astro- und Teilchenphysik

Die interdisziplinäre Verbindung von Astro- und Teilchenphysik begann 1912, als Victor Hess (Nobelpreis 1936) eine durchdringende Strahlung aus dem Weltraum entdeckte. Die Erforschung dieser kosmischen Strahlung zielt zum einen darauf, die Beschaffenheit der Strahlungsquellen zu verstehen, denn der Ursprung der *höchst*energetischen kosmischen Strahlung, deren Energie die der größten Teilchenbeschleuniger um das hundertmillionenfache übersteigt, gehört zu den großen

Rätseln der Astrophysik. Zum anderen werden die in der kosmischen Strahlung enthaltenen Teilchen und ihre Eigenschaften erforscht. Auf diese Weise wurden viele der heute bekannten Elementarteilchen entdeckt, wie z. B. das erste Antiteilchen, das Positron.

Mit dem Standardmodell der Teilchenphysik und der darauf beruhenden vereinheitlichten Theorien ergab sich ein ebenso natürlicher wie faszinierender Brückenschlag zwischen der Teilchenphysik und der Kosmologie. Eine der Vorhersagen dieser Theorien ist die Instabilität des Protons. Um den Protonenzerfall nachzuweisen, wurden mehrere unterirdische Detektoren gebaut. Die Experimente ergaben, dass die Lebensdauer des Protons mit 10^{32} Jahren deutlich größer ist als theoretisch erwartet. Sie ist zu groß, als dass man den Protonenzerfall derzeit experimentell nachweisen könnte. Stattdessen brachten diese Experimente eine Reihe ungeplanter Beobachtungen, darunter den erstmaligen Nachweis von Neutrinos aus einer Supernova sowie von den schon erwähnten Neutrino-Oszillationen. Diese Ergebnisse unterstreichen die enge Verzahnung von Teilchen- und Astrophysik.

Die Frage nach dem Ursprung der kosmischen Strahlung wird von verschiedenen Seiten angegangen. Luftschauer-Experimente messen die geladenen Teilchen, Cherenkov-Teleskope auf der nördlichen und südlichen Hemisphäre registrieren höchstenergetische Gammastrahlen. Große Neutrinoteleskope sind dabei, den Ursprung hochenergetischer Neutrinos aus dem Kosmos nachzuweisen. Ballon- und Satelliten-Experimente führen Präzisionsmessungen bei niedrigeren Strahlungsenergien durch. Sie sind die effektivste Methode, in der kosmischen Strahlung nach Atomkernen aus Antimaterie zu fahnden.

Man weiß heute, dass der größte Teil der Masse des Universums nicht sichtbar ist (s. Kapitel 3.1.1.). Diese *dunkle Materie* könnte aus Teilchen bestehen, die aus der Frühphase des Universums stammen. Ein vielversprechender Kandidat ist das *Neutralino*, das leichteste und damit stabile Teilchen der Supersymmetrie. Die Suche nach Neutralinos stützt sich auf ganz unterschiedliche Ansätze. Zum einen versucht man die seltenen Reaktionen dieser nur schwach wechselwirkenden massiven Teilchen (WIMPs) direkt nachzuweisen, z. B. durch ihre Energiefreisetzung in Halbleitern oder Tieftemperatur-Detektoren. Zum anderen benutzt man Neutrinoteleskope, um nach Neutrinos zu suchen, die bei der gegenseitigen Vernichtung von WIMPs freigesetzt werden könnten. Dies ergänzt auf fruchtbare Weise die Suche nach supersymmetrischen Teilchen mit Hilfe von Beschleunigern.

Von den Elementarteilchen zum frühen Universum

Dem Standardmodell der Teilchenphysik für den Mikrokosmos entspricht für den Makrokosmos das Modell des expandierenden Universums. Für das Frühstadium des Universums sagt dieses Modell ein heißes Plasma von Elementarteilchen voraus. Die Eigenschaften dieses Plasmas können im Rahmen der Theorie der Elementarteilchen berechnet werden. Im Verlauf der kosmologischen Entwicklung hat sich das Plasma abgekühlt. Relikte aus den verschiedenen Entwicklungsabschnitten sind unter anderem die kosmische Hintergrundstrahlung der Photonen, die leichten Elemente, sowie Protonen und Elektronen, die Grundbausteine aller Materie im Kosmos.

Die kosmische Hintergrundstrahlung entstand, als sich etwa 300 000 Jahre nach dem Urknall die Atomkerne und Elektronen zu elektrisch neutralen Atomen zusammenschlossen und das Universum für Photonen durchlässig wurde. Die leichten Elemente Deuterium, Helium und Lithium entstanden schon etwa eine Sekunde nach Urknall bei einer Temperatur von 10^{10} K. Die Berechnung ihrer Häufigkeiten ermöglichte wichtige Vorhersagen für die Anzahl der Neutrinoarten und für das Verhältnis der Dichten von Baryonen und Photonen im Kosmos. Messungen an LEP haben die erste Vorhersage bestätigt: Es gibt drei Neutrinoarten. Auch die vorhergesagte Materiedichte stimmt innerhalb der experimentellen Fehler mit der beobachteten Dichte der leuchtenden Materie überein.

In den heutigen Beschleunigern prallen Quarks und Leptonen mit Energien von mehreren 100 GeV aufeinander. Die diesen Energien entsprechende Temperatur von 10^{15} K wurde im frühen Universum zu einem Zeitpunkt von 10^{-10} Sekunden erreicht. Die Entwicklung des Universums zu dieser Zeit ist von fundamentaler Bedeutung, da sie zur Erzeugung der Elementarteilchenmassen durch den Higgs-Mechanismus des Standardmodells geführt hat. Aus der Theorie des frühen Universums ergibt sich außerdem ein direkter Zusammenhang zwischen der heutigen Materiedichte und den Eigenschaften der Neutrinos.

Um die noch frühere Entwicklungsphase des Universums und ihre kosmologischen Folgen zu verstehen, ist es nötig, das Standardmodell der Teilchenphysik zu erweitern, indem man die Gravitationswechselwirkung in die Beschreibung einschließt. Dies illustriert, wie eng das Verständnis des Mikrokosmos und das des Makrokosmos zusammenhängen.

3.1.3 Kerne: Bausteine der Materie, Brennstoff der Sterne

Einleitung

Das zentrale Anliegen der Kernphysik ist die Erforschung der Materie in der Mikrowelt und im Kosmos, um zu verstehen, wie die elementaren Bausteine der Materie zusammenwirken. Fast die gesamte sichtbare Materie im Universum liegt in einer Struktur vor, die durch die stärkste der vier fundamentalen Naturkräfte, die sogenannte *starke Wechselwirkung*, bestimmt wird. Dies trifft insbesondere für die Protonen und Neutronen zu, die Bausteine der Atomkerne, die man als *Nukleonen* bezeichnet. Einige Kerne sind stabil und kommen als chemische Elemente in der Natur vor. Doch die meisten sind radioaktiv und zerfallen mit charakteristischen Lebensdauern, den *Halbwertszeiten*, oft über mehrere „Generationen" in stabile Kerne. Diese Zerfallsketten und die Reaktionen der Kerne bei Zusammenstößen sind wichtig für die Synthese der chemischen Elemente im Innern der Sterne.

Sterne „brennen", indem sie leichte Kerne zu schwereren verschmelzen. Ist das nukleare Brennmaterial aufgebraucht, so endet der Stern unter bestimmten Bedingungen in einer gigantischen Explosion, einer *Supernova*. Oft bleibt dabei als Überrest ein *Neutronenstern* zurück. Im tiefen Innern dieses extrem kompakten Objekts ist die Kernmaterie so stark verdichtet, dass sich nicht nur die Atomkerne in Nukleonen, sondern möglicherweise auch die Nukleonen in ihre elementaren Bestandteile, die *Quarks*, auflösen.

All diese verschiedenartigen Phänomene und ihre gemeinsame Wurzel, die starke Wechselwirkung, sind Gegenstand der aktuellen kernphysikalischen Forschung. In fünf Unterkapiteln werden einige ausgewählte Forschungsthemen der Kernphysik dargestellt. Das erste Unterkapitel beschreibt den Urstoff der Kernmaterie, die aus *Quarks* und *Gluonen* (s. Kapitel 3.1.2) zusammengesetzten *Hadronen*. Deren Aufbau und Struktur stellen uns vor das größte, bislang ungelöste Rätsel in der Physik der starken Wechselwirkung: den Einschluss der Quarks in kleinsten Raumbereichen, deren Dimension etwa dem hunderttausendsten Teil eines Atomdurchmessers entspricht. Das zweite Unterkapitel befasst sich mit den verschiedenen Aggregatzuständen, die die hadronische Materie je nach Dichte und Temperatur einnehmen kann. Dabei treten *Phasenübergänge* auf, die an die Umwandlung von Wasser in Dampf erinnern (s. Kapitel 3.4.3). In diesem Zusammenhang studiert man intensiv das *Quark-Gluon-Plasma*, einen Zustand der Materie, in dem sich vermutlich das Universum etwa einige millionstel Sekunden nach dem Urknall befand. Das dritte Unterkapitel berichtet über Experimente, bei denen die Struktur von Kernen an der Grenze ihrer Stabilität untersucht wird. Damit stößt man in ein bisher unbekanntes Gebiet („Terra incognita") der *Nuklidkarte* vor, die alle Arten von Atomkernen geordnet nach der Zahl ihrer Protonen und Neutronen verzeichnet. Das vierte Unterkapitel widmet sich fundamentalen Fragen, zum Beispiel ob die Neutrinos eine Masse haben oder ob grundlegende Symmetrieprinzipien allgemein gelten. Zur Beantwortung dieser Fragen bietet der Atomkern als „Quantenlabor" einmalige Untersuchungsmöglichkeiten. Schließlich wird im fünften Unterkapitel „Kerne im Kosmos" das fruchtbare interdisziplinäre Zusammenwirken von Kernphysik und Astrophysik beschrieben.

Quarks, Gluonen und Hadronen: der Urstoff der Kernmaterie

Nach unserem gegenwärtigen Verständnis sind die Quarks und die Gluonen, deren Eigenschaften die Teilchenphysik erforscht (siehe Kapitel 3.1.2), die fundamentalen Bausteine bzw. Kraftfelder im Innern aller sichtbaren Materie. Die theoretische Grundlage zur Beschreibung ihrer starken Wechselwirkung - so lautet die weitverbreitete Annahme - ist die Quantenchromodynamik (QCD) (s. Kapitel 3.1.2). Sie ist für große Impulse der Quarks, also, entsprechend dem Heisenbergschen Unschärfeprinzip, bei kleinen Abständen, experimentell bestätigt worden. Bei kleinen Abständen ist die Wechselwirkung der Quarks durch Gluonenaustausch relativ schwach und kann daher mit Hilfe der Störungstheorie beschrieben werden. Bei niedrigen Quarkimpulsen, denen Abstände entsprechen, die so groß sind wie die Durchmesser von Hadronen, den gebundenen Systemen von Quarks, wird die Wechselwirkung sehr stark, weil die Gluonen mit sich selbst wechselwirken. Es findet ein Phasenübergang statt, der dazu führt, dass die Quarks in Hadronen eingeschlossen werden, ähnlich dem Übergang zwischen einem Gas, in dem sich die Atome frei bewegen, und einer Flüssigkeit, in der sie in einem Tropfen eingeschlossen sind. Es gibt aber einen erheblichen Unterschied: Während Atome aus einem Tropfen verdampfen können, entkommen freie Quarks einem Hadron niemals. Die detaillierte Untersuchung dieses noch weitgehend unverstandenen „Phasendiagramms" der QCD und der von ihr beschriebenen Materie ist ein Leitthema der modernen Kernphysik und eine der großen experimentellen und theoretischen Herausforderungen für die nächsten Jahrzehnte.

Es ist ein bemerkenswertes Phänomen der QCD, dass Quarks und Gluonen nicht als völlig freie, isolierte Teilchen in der Natur existieren können; vielmehr treten sie stets gebunden mit anderen Quarks oder ihren Antiteilchen (Antiquarks) und mit Gluonen auf. Zu den so zusammengesetzten Teilchen, den Hadronen, gehören die aus Quark-Antiquark-Paaren bestehenden *Mesonen* und die aus drei Quarks aufgebauten *Baryonen*. Die leichtesten Baryonen sind die Nukleonen, das Proton und das Neutron. Zusammen mit den leichtesten Mesonen bilden sie die Grundsubstanz der Atomkerne.

Die innere Struktur der Hadronen untersucht man vor allem dadurch, dass man Elektronen und Myonen auf die Hadronen schießt und beobachtet, wie sie von ihnen gestreut werden. Weitere Informationen gewinnt man, indem man Photonen von den Hadronen absorbieren lässt. Die dazu benötigten Teilchenbeschleuniger und Messeinrichtungen stehen u. a. in Mainz, Bonn, bei DESY in Hamburg und am CERN in Genf zur Verfügung. Diese Experimente testen unser Verständnis der starken Wechselwirkung in den verschiedenen Bereichen der QCD: dem *Quark-Gluon-Sektor* bei hohen Energien mit HERA bei DESY (siehe Kapitel 3.1.2) und dem *hadronischen Sektor* bei niedrigen Energien.

Einige Beispiele sollen den aktuellen Stand und neue Perspektiven dieses großen Forschungsgebietes illustrieren. Beginnen wir mit dem Neutron. Anders als sein positiv geladener Partner, das Proton, verhält es sich im Ganzen gesehen elektrisch neutral. In seinem Innern findet man jedoch eine Verteilung elektrischer Ladungen: Ein positiv geladenes Zentrum ist umgeben von einer negativ geladenen Wolke aus Mesonen, also Quark-Antiquark-Paaren. Diese Erkenntnisse wurden jüngst durch neue Experimente am Mainzer Elektronenbeschleuniger MAMI bestätigt und präzisiert (s. Abb. 3.1.14).

Baryonen besitzen, wie Atome oder Moleküle, ein charakteristisches Spektrum von angeregten Zuständen, sogenannten Baryonresonanzen. Bei den Nukleonen können diese Resonanzen durch Absorption von Photonen geeigneter Energie angeregt und auf diese Weise studiert werden. Die Resultate solcher Experimente, wie sie in Mainz, Bonn und in den USA durchgeführt werden, enthalten wichtige Informationen über die innere Struktur des Nukleons. Besonders inter-

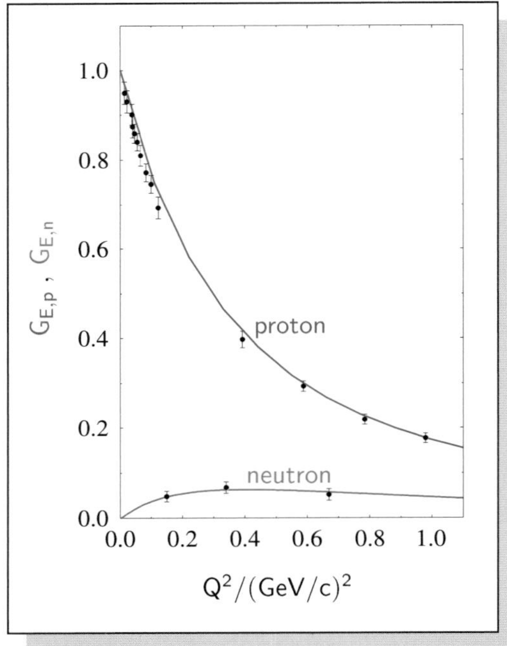

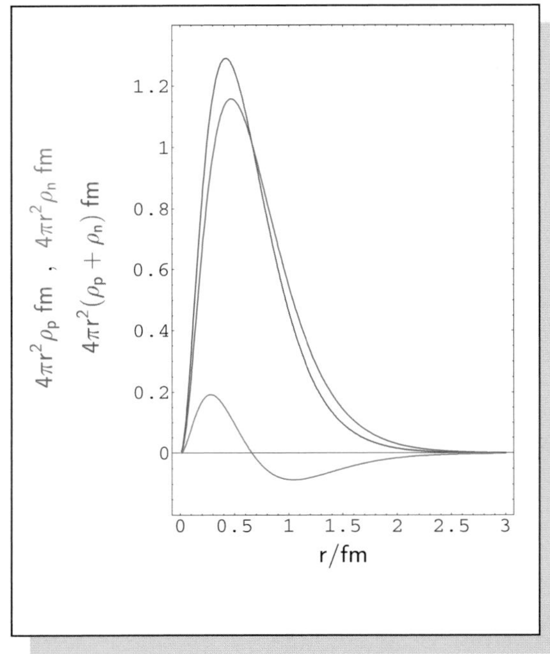

Abb. 3.1.14.
Die Verteilung elektrischer Ladungen im Neutron wurde durch Streuexperimente am Elektronenbeschleuniger MAMI in Mainz gemessen. Dazu hat man polarisierte Elektronen mit einer Energie von 800 MeV auf Deuterium und ^{3}He-Kerne geschossen. Links sind die Formfaktoren der Ladungsverteilung des Neutrons (rot) und im Vergleich dazu die des Protons (grün) dargestellt. Die Formfaktoren sind im Wesentlichen die Beugungsfiguren, die bei der Streuung der Elektronenwellen an der räumlich ausgedehnten Ladungsverteilung der Nukleonen entstehen. Rechts sind die aus den Formfaktoren errechneten Ladungsverteilungen für das Proton (grün) und für Proton und Neutron zusammen (blau) aufgetragen, aus deren Differenz man die Ladungsverteilung für das Neutron (rot) erhält. Demnach hat das Neutron einen positiven Kern und eine negative äußere Schale. Dies kann man so verstehen, dass das Neutron gelegentlich in ein Proton und ein negativ geladenes Pion zerfällt, die sich kurz darauf wieder zu einem Neutron zusammenschließen: $n \rightarrow p + \pi^- \rightarrow n$. Das schwere Proton hält sich bevorzugt im Zentrum der Ladungswolke auf, das leichtere, negative Pion hingegen am Rand. Der Radius ist in Femtometer (10^{-15} m) angegeben. (T. Walcher, Universität Mainz)

essant ist dabei, wie sich die Eigenschaften der Resonanzen eines Baryons ändern, wenn es sich in einem dichten Kernmedium befindet. Vergleicht man z. B. die Resultate von Photoabsorptionsexperimenten am freien Proton und an verschiedenen Atomkernen, so findet man, dass die höheren Resonanzzustände des Nukleons sich gewissermaßen in der Kernflüssigkeit auflösen und verschwinden (s. Abb. 3.1.15).

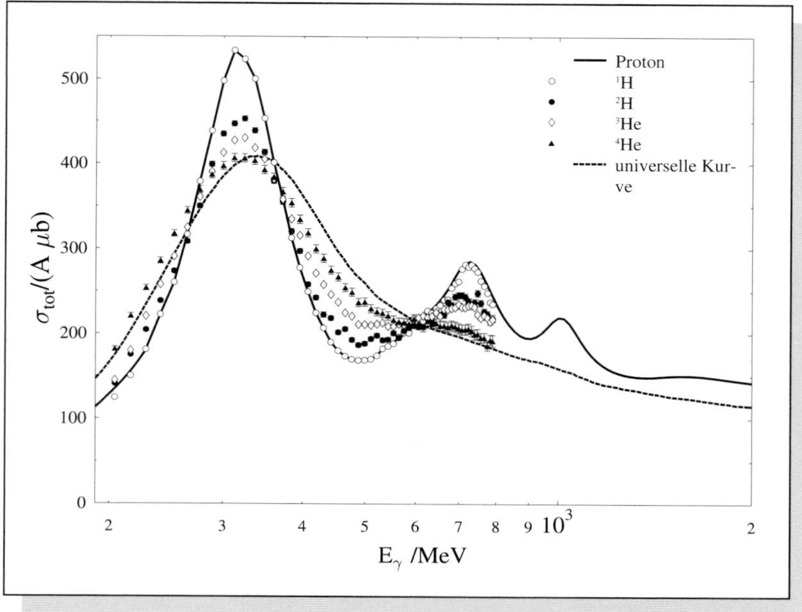

Abb. 3.1.15.
Die Wahrscheinlichkeit, dass ein Photon von einem Atomkern absorbiert wird, hängt von der Photonenenergie ab. Sie wird aus dem totalen Wirkungsquerschnitt σ_{tot} gewonnen. Wenn Photonen einer bestimmten Energie einen Atomkern anregen können, so werden sie besonders gut absorbiert, und der Wirkungsquerschnitt zeigt bei dieser Energie ein deutliches Maximum. Beim leichtesten Kern, dem Proton, ist dies bei einer Energie von etwa 300 MeV der Fall, wie die durchgezogene Kurve mit den offenen Kreisen zeigt. Ist das Proton aber zusammen mit anderen Protonen und Neutronen in einen Atomkern gebunden, so ändern sich die möglichen Anregungen des Protons und damit auch der Wirkungsquerschnitt. Die Abbildung zeigt dies für den Deuteriumkern ^2H (schwarze Kreise), der ein Proton und ein Neutron enthält, sowie für die beiden Heliumkerne ^3He (Rauten) und ^4He (Dreiecke), die je zwei Protonen und ein bzw. zwei Neutronen enthalten. Ist das Proton in einen sehr schweren Kern mit etwa 200 anderen Nukleonen gebunden, so folgt der gemessene Wirkungsquerschnitt der universellen Kurve (gestrichelt), die erheblich von der Kurve für ein isoliertes Proton abweicht. Die Anregungen des Protons ändern sich also durch die Bindung im Atomkern. Wie dies geschieht, ist noch unklar, doch deutet vieles darauf hin, dass sich der Einschluss der Quarks in einem Nukleon ändert, wenn noch andere Nukleonen im Kern vorhanden sind. (T. Walcher, Universität Mainz)

Nukleonen verhalten sich wie kleine Kreisel, weil sie einen Drehimpuls besitzen, der in der Teilchenphysik als *Spin* bezeichnet wird. Eng damit verknüpft ist der Magnetismus der Nukleonen: Sie sind kleine Dipolmagnete, die sich in Magnetfeldern ausrichten lassen. Von dieser Eigenschaft macht beispielsweise die magnetische Kernresonanz Gebrauch, die u. a. in der modernen medizinischen Diagnostik eingesetzt wird. Wie ein Nukleon zu seinem Spin kommt, ist jedoch noch nicht verstanden. Die Quarks, aus denen ein Nukleon besteht, verhalten sich ebenfalls wie winzige Kreisel und Elementarmagnete. Man sollte deshalb meinen, der Spin eines Nukleons ergebe sich auf einfache Weise als Summe der Quarkspins. Experimente bei CERN und bei DESY sowie in den USA zeigen indes, dass diese Vorstellung falsch ist. Der Spin der Gluonen, die die Quarks zusammenhalten, spielt eine ebenso wichtige Rolle wie der Quarkspin. Nicht weniger wichtig scheint der Drehimpuls zu sein, der aus der rotierenden Bewegung der Gluonen und eines „Sees“ von Quark-

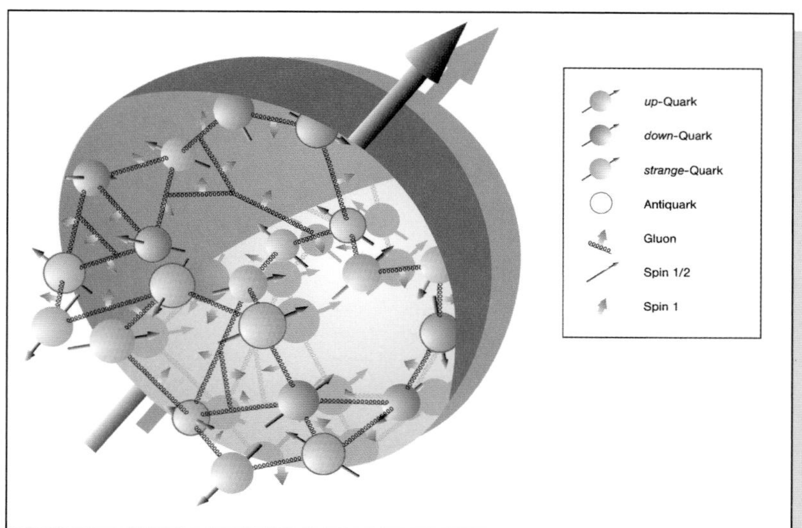

Abb. 3.1.16.
Bild vom Inneren eines Protons. Die drei Quarks des Protons, zwei up- und ein down-Quark, schwimmen in einem ganzen „See“ aus sogenannten virtuellen Quarks und Antiquarks, in die sich die Gluonen, die Feldteilchen der starken Kraft (als Federn dargestellt), für kurze Zeit verwandeln. Dazu kommen noch strange-Quarks und deren Antiquarks. Alle Teilchen tragen ihren eigenen Drehimpuls, den Spin. Dazu entsteht durch die Drehbewegung der Teilchen ein Bahndrehimpuls, der zum Gesamtspin des Protons beiträgt.
(DESY, Hamburg)

Antiquark-Paaren im Nukleon herrührt, die jeweils für kurze Zeit aus Gluonen entstehen (s. Abb. 3.1.16).

Neben der Aufklärung der inneren Struktur der Nukleonen ist die Erforschung der Mesonen ein zweiter Schwerpunkt im Programm der Hadronenphysik. Die QCD sagt darüber hinaus vorher, dass es auch Teilchen geben sollte, die vor allem Gluonen enthalten, die sogenannten *Glue-Bälle*. Diese exotischen Materiezustände zu entdecken und ihre Struktur aufzuklären, ist ein wichtiges Anliegen der Physik. Auf der Suche nach den Glue-Bällen ist es besonders vielversprechend, die gegenseitige Vernichtung von Antiprotonen und Protonen zu untersuchen, weil dabei Gluonen entstehen, die in diese exotischen Zustände übergehen können. Mit dem Detektor Crystal Barrel wurde am Antiproton-Speicherring LEAR am CERN in Genf ein Zustand entdeckt, der bisher als der beste Kandidat für den Glue-Ball mit niedrigst möglicher Energie gilt. Weitere Untersuchungen konzentrieren sich auf die von der QCD-Theorie vorhergesagten *Quark-Gluon-Moleküle*, in denen Quarks und Gluonen wie die Atome in einem Molekül locker aneinander gebunden sind. Auch für diese exotischen Zustände sind bereits Anzeichen gefunden worden.

Am CERN werden derzeit Experimente vorbereitet, um Reaktionen von Hadronen bei extrem hohen Energien zu untersuchen. Auf diese Weise will man insbesondere Hadronen mit schweren Quarks wie dem *charm*- und dem *bottom-Quark* erzeugen und ihre Struktur studieren.

Die Erzeugung von Teilchen mit Energien in der Nähe ihrer Erzeugungsschwelle (d. h. der minimalen, zur Erzeugung nötigen Energie) ist besonders interessant, wenn man ihre Wechselwirkung mit den an der Reaktion beteiligten anderen Teilchen untersuchen will. Mit dem Kühlersynchroton COSY in Jülich ist es zum ersten mal gelungen, *strange-Quarks* (s. Tabelle 3.1.1) an der Schwelle zu erzeugen und damit ihre Wechselwirkung mit den Protonen zu untersuchen.

Im Rahmen eines Ausbaus der Gesellschaft für Schwerionenforschung (GSI) in Darmstadt wird erwogen, einen Kühlerspeicherring zu errichten, mit dessen Hilfe man die Entstehung und die Eigenschaften von schweren Mesonen, also Mesonen mit schweren Quarks, von Glue-Bällen und anderen exotischen Zustände durch Proton-Antiprotonvernichtung untersuchen kann.

Die verschiedenen Phasen hadronischer Materie

Die uns umgebende Materie nimmt je nach Druck und Temperatur verschiedene Aggregatzustände an: fest, flüssig oder gasförmig (s. Kapitel 3.4.3). Ebenso kann die Materie der Atomkerne, die aus den positiv geladenen Protonen und den ungeladenen Neutronen besteht, verschiedene Phasenzustände annehmen. Die Kräfte zwischen den Kernbausteinen haben eine ähnliche Abhängigkeit von deren Abstand wie die zwischen Wassermolekülen; deshalb verhält sich ein Atomkern im Normalzustand ähnlich einem Flüssigkeitstropfen. Mittlerweile kann man Druck, Dichte und Temperatur der Kernmaterie unter kontrollierten Bedingungen im Labor verändern, indem man Atomkerne mit hohen Energien aufeinanderprallen lässt. Dort, wo die Atomkerne frontal aufeinander stoßen, in der winzigen Kollisionszone, entsteht für extrem kurze Zeit stark verdichtete Kernmaterie. Gleichzeitig wird ein Teil der Bewegungsenergie der aufeinanderprallenden Atomkerne in Wärme umgesetzt, die die Temperatur in der Kollisionszone enorm ansteigen lässt. Unter diesen extremen Bedingungen kann die Kernmaterie in einen ganz neuen Zustand übergehen, wie er kurz nach dem Urknall zeitweilig existiert hat.

Für Untersuchungen heißer und/oder dichter Kernmaterie stehen in Europa verschiedene Beschleuniger zur Verfügung, mit denen Atomkerne auf Energien von einigen 10 MeV bis 160000 MeV pro Kernbaustein beschleunigt werden können; damit lassen sich die Dichte und die Temperatur der Kernmaterie in einem weiten Bereich variieren. Mit dem Large Hadron Collider (LHC), dem größten, zur Zeit im Bau befindlichen Beschleuniger, wird man Energien von etwa 5,4 TeV (d. h. 5,4 Millionen MeV) pro kollidierendes Nukleonenpaar erreichen.

Wird ein Atomkern durch Kollision mit einem anderen Kern auf Temperaturen von ca. 5 MeV angeregt (Temperaturen misst man oft in Energieeinheiten, wobei 1 MeV etwa 12 Mrd. Grad entspricht), so ist die Anregungsenergie vergleichbar mit der Bindungsenergie der Nukleonen im Kern. Daraufhin zerplatzt der Kern in viele Bruchstücke mittlerer Größe. Bestimmt man die Anregungsenergie und die Temperatur der fragmentierenden Kerne und trägt diese Werte in einem Temperatur-Energie-Diagramm auf (s. Abb. 3.1.17), so ergibt sich eine *Zustandskurve*, die derjenigen von verdampfendem Wasser ähnelt. Erreicht Wasser bei Normaldruck eine Temperatur von 100 °C, so steigt die Temperatur trotz weiterer Energiezufuhr nicht an, da die hinzukommende Energie zur Brechung der Bindungen zwischen den Wassermolekülen benötigt wird: Das Wasser wandelt sich in eine neue Phase um, es verdampft. Erst wenn alle Wassermoleküle verdampft sind, steigt die Temperatur mit weiterer Energiezufuhr wieder an. In jüngster Zeit wurde bei der GSI entdeckt, dass Atomkerne ein ähnliches Verhalten zeigen: Man beobachtet ein Abknicken der Zustandskurve im Temperatur-Energie-Diagramm. Dies deutet darauf hin, dass die Atomkerne in Bruchstücke und schließlich in einzelne Nukleonen aufbrechen und sich die ursprünglich „flüssige" Kernmaterie in eine neue Phase, ein *Nukleonengas*, umwandelt. Ist die Phasenumwandlung komplett, kann das Nukleonengas weiter erhitzt werden.

Je höher die Anregungsenergie ist, die bei den Kernkollisionen auftritt, um so größer wird die Dichte der hadronischen Materie, bis sie ein mehrfaches der normalen Kerndichte erreicht. Dadurch wird es möglich, eine für die Theorie der starken Wechselwirkung grundlegende Frage zu untersuchen: die Wiederherstellung der *chiralen Symmetrie* mit wachsender Temperatur und Nukleonendichte. Die chirale oder rechts/linkshändige Symmetrie ist

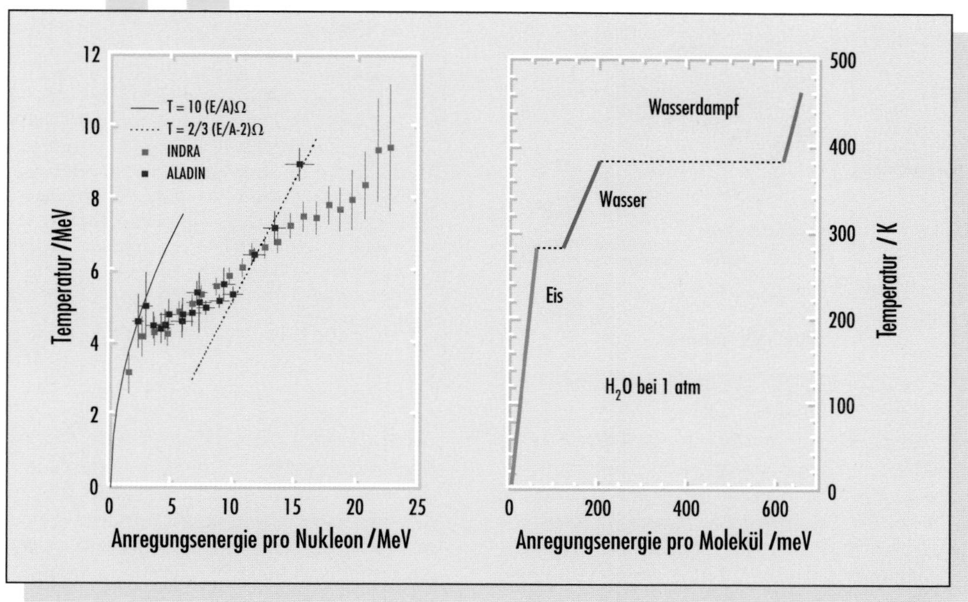

Abb. 3.1.17.
Temperatur-Energie-Diagramm für Kernmaterie (links) und Wasser (rechts). Bei einem Phasenübergang vom flüssigen in den gasförmigen Zustand nimmt die Energie der Wassermoleküle zu, ohne dass sich dabei die Temperatur erhöht: Das Diagramm für das Wasser zeigt ein breites Plateau. Ein ähnliches Verhalten sieht man auch im Diagramm für die Kernmaterie. (V. Metag, Universität Giessen)

Erhöht man die Temperatur, die bei den Kollisionen der Kerne auftritt, auf 50 bis 100 MeV, so bildet sich eine weitere Form von Kernmaterie. Dabei macht sich bemerkbar, dass Nukleonen eine Substruktur aus Quarks und Gluonen besitzen und daher zu den schon erwähnten Nukleonresonanzen angeregt werden können: Rund 30 % der Bewegungsenergie der aufeinanderprallenden Kerne geht in die Anregung innerer Freiheitsgrade der Nukleonen. Die angeregten Zustände der Nukleonen zerfallen anschließend, indem sie Mesonen emittieren. Die beobachtete Mesonenproduktion ist also ein Maß dafür, wie viel „Resonanzmaterie" bei der Kollision entstanden ist. In diesem Bereich hoher Temperaturen erfolgt ein gradueller Übergang von der Kernmaterie, bei der die innere Struktur der Nukleonen außer acht gelassen werden kann, zur *hadronischen Materie*, die aus Nukleonen, angeregten Nukleonen und Mesonen besteht. Bei ihr bestimmt die innere Struktur des Nukleons, also seine Zusammensetzung aus Quarks und Gluonen, den Ablauf der Kollisionen zwischen den Kernen.

eine grundlegende Symmetrie der Theorie der starken Wechselwirkung, der Quantenchromodynamik. Diese Symmetrie ist in der Natur in normaler hadronischer Materie spontan gebrochen, was u. a. dazu führt, dass die Hadronen ihre uns bekannten Massen erhalten, die um Größenordnungen höher sind als die Massen der Quarks, aus denen sie bestehen. Die Natur unterscheidet bei niedrigen Dichten und Energien gewissermaßen zwischen rechts und links. Deshalb unterscheidet sich ein Teilchen, das Händigkeit besitzt, von seinem chiralen Partnerteilchen. Man erwartet indes, dass bei sehr hoher Dichte oder Temperatur die Brechung dieser Symmetrie rückgängig gemacht wird und der „chiral symmetrische" Zustand wieder hergestellt ist, rechts und links also nicht mehr voneinander verschieden sind.

Die Wiederherstellung der Symmetrie hätte experimentell beobachtbare Konsequenzen: So würde sich die Masse eines Mesons, das sich in verdichteter und erhitzter hadronischer Materie aufhält, von der Masse eines freien Mesons unterscheiden. Erste Hinweise auf eine derartige

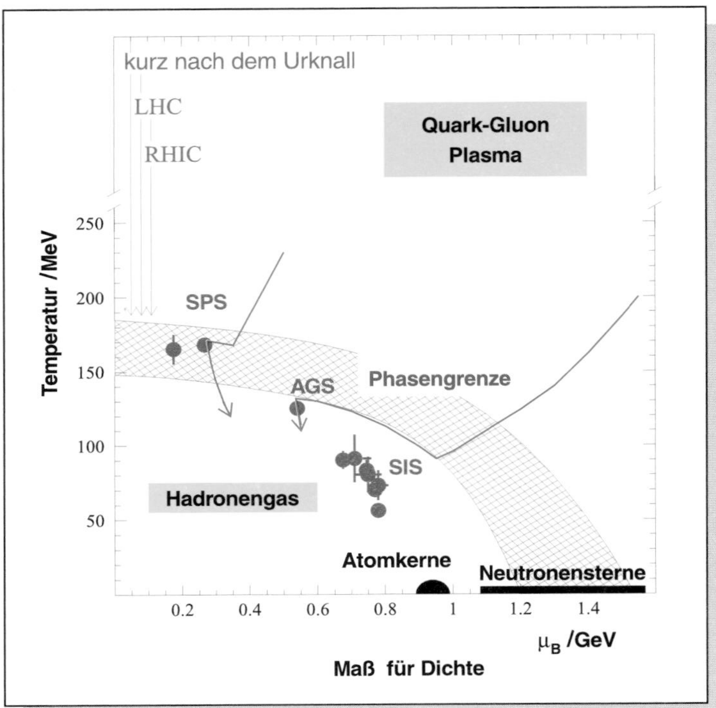

Abb. 3.1.18.
Phasendiagramm der Kernmaterie. Je nach Temperatur und Dichte nimmt die Kernmaterie unterschiedliche Zustände an. Erhöht man die Temperatur oder die Dichte, so kann sich aus dem Hadronengas ein Quark-Gluon-Plasma bilden (grün gekennzeichnete Phasengrenze). Dabei werden die Quarks und Gluonen aus ihrem Einschluss in den Hadronen, dem Confinement, befreit. Berechnungen zufolge geschieht dies bei einer Temperatur von etwa 150 MeV oder bei einer Materiedichte, die fünf- bis zehnmal so groß ist wie in normalen Atomkernen. Solch hohe Dichten könnten im Inneren von Neutronensternen vorliegen. Die roten Datenpunkte zeigen, welche Dichten und Temperaturen bei Experimenten an drei Beschleunigerlabors, u. a. bei der GSI, erreicht wurden. In den USA (AGS) und am CERN (SPS) hat man vermutlich die Kondensation eines Quark-Gluon-Plasmas in normale hadronische Materie beobachtet. Die blaugrünen Pfeile deuten den Weg an, auf dem dies passiert ist. Beschleuniger wie RHIC in den USA und LHC am CERN, die im Sommer 2000 bzw. 2005 starten, werden ein noch viel heißeres Plasma erzeugen (rote Pfeile). (J. Stachel, Universität Heidelberg)

Veränderung der Masse von K-Mesonen in heißer, komprimierter Kernmaterie hat man an der GSI in Kollisionsexperimenten mit Kernen gefunden, bei denen Energien von 1000 MeV pro Nukleon erreicht wurden. Andere Hinweise auf eine Massenänderung gibt es bei noch höheren Energien für die sogenannten rho-Mesonen. Diese Massenänderungen sind extrem schwierig nachzuweisen, weil die Teilchen auf dem Weg von der Kollisionszone zum Detektor, in dem sie registriert werden, wieder ihre ursprünglichen Eigenschaften annehmen. Deshalb will man beobachten, wie Mesonen in andere Teilchen zerfallen, noch während sie sich in der Kollisionszone befinden und eine niedrigere Masse haben als normalerweise. Dafür werden spezielle Nachweissysteme benötigt, die zum Teil noch im Aufbau sind.

Die Experimente sollen uns helfen zu verstehen, wie die chirale Symmetrie gebrochen und wiederhergestellt wird. Die chirale Symmetrie ist von grundlegender Bedeutung für unser Verständnis der starken Wechselwirkung und für das Zustandekommen der Massen der Hadronen, also auch der des Nukleons. Die Bedeutung dieser Untersuchungen geht weit über der Bereich der Kernphysik hinaus, da von der Größe der Nukleonenmasse letztlich die Masse des Universums und damit auch seine weitere Entwicklung abhängt.

Erhöht man die Temperaturen der Kernkollisionen auf 150 bis 170 MeV (s. Abb. 3.1.18), so sollten sich, der Quantenchromodynamik zufolge, die Hadronen in ihre elementaren Bestandteile auflösen, in Quarks und Gluonen. Ähnlich dem Phasenübergang vom flüssigen Wasser zum Dampf wandelt sich wieder eine Phase hadronischer Materie in eine andere um, diesmal in das Quark-Gluon-Plasma. Dieser Materiezustand ist über die Kernphysik hinaus von großem kosmologischen Interesse, da man davon ausgeht, dass etwa 10 millionstel Sekunden nach dem Urknall die ursprünglich vorliegende Quark-Gluon-Materie einen Phasenübergang machte und in Nukleonen und Mesonen kondensierte. Kürzlich wurden bei Experimenten am CERN erste Hinweise auf die Existenz des Quark-Gluon-Plasmas gefunden Dazu hat man Bleikerne mit Energien von 160000 MeV pro Nukleon kollidieren lassen. Mit diesen Energien erreicht man offenbar die kritische Temperatur von etwa 150 MeV oder 1,8 Billionen °C, bei der das Quark-Gluon-Plasma entsteht. Dies ist das 100000fache der Temperatur im Inneren der Sonne.

Vor kurzem wurde in den USA mit RHIC ein neuer Beschleuniger in Betrieb genommen, an dem speziell die Eigenschaften des Quark-Gluon-Plasmas untersucht werden sollen. Noch wissen wir über diesen Zustand praktisch nichts - außer dass er existiert. RHIC soll ein Plasma erzeugen, dessen Temperatur dreimal so hoch ist wie die kritische Temperatur, bei der das Quark-Gluon-Plasma entsteht. Der nächste Schritt erfolgt 2005 am CERN: Der dann fertig gestellte Beschleuniger LHC soll das fünf- bis sechsfache der kritischen Temperatur erreichen. Für solch hohe Temperaturen vereinfacht sich erstaunlicherweise die theoretische Beschreibung der Kernmaterie. Dann können wir direkt die im Experiment gemessenen Eigenschaften des heißes Plasmas mit den Vorhersagen der Quantenchromodynamik vergleichen.

Kerne an den Grenzen der Stabilität

Mehr als 99,9 % der sichtbaren Materie in unserem Weltall sind in den Atomkernen konzentriert. Die Atomkerne sind die einzigen uns zugänglichen Vielteilchensysteme, die von der stärksten der vier Kräfte in der Natur, der starken oder hadronischen Wechselwirkung, beherrscht werden. Prozesse in und mit Kernen spielen eine grundsätzliche Rolle in der Evolution unseres Universums.

Halos umgeben, weit reichenden Hüllen, die von einem oder mehreren Neutronen gebildet werden. *Neutronen-Halos* entstehen unter anderem, wenn das äußerste Neutron eines Atomkerns nur sehr schwach an den Kern gebunden ist und der Quantenmechanik zufolge eine weit ausgedehnte Wellenfunktion besitzt. An manche Kerne sind sogar mehrere Neutronen locker gebunden. So besitzt Lithium-11 (s. Abb. 3.1.19, rechts) einen Zwei-Neutronen-Halo, der dadurch zustande kommt, dass die beiden äußeren Neutronen ihre

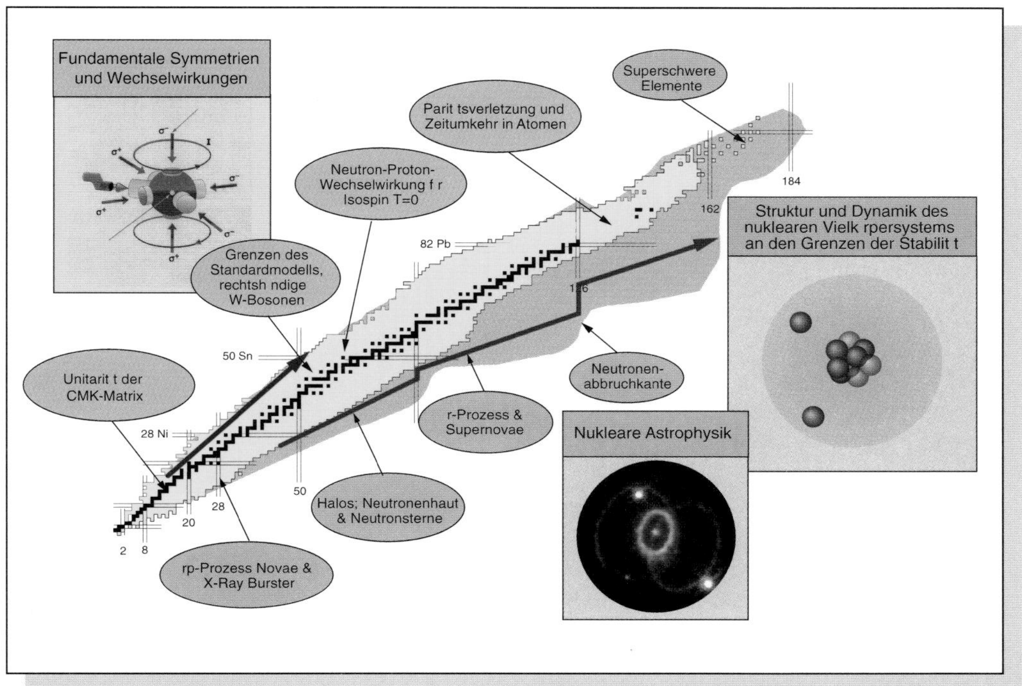

Abb. 3.1.19.
In der Nuklidkarte sind alle Kerne aufgetragen, geordnet nach der Zahl ihrer Protonen und Neutronen. Eingefügt sind Beispiele von Forschungsfragen, die die Struktur und Dynamik des hadronischen Vielteilchensystems (blau unterlegte Ovale), die fundamentalen Symmetrien (grün) und die nukleare Astrophysik (violett) betreffen. (GSI, Darmstadt)

Alle Atomkerne eines chemischen Elements enthalten eine bestimmte Zahl von Protonen, doch die Zahl ihrer Neutronen kann verschieden sein. Trägt man die Atomkerne nach der Zahl ihrer Protonen und Neutronen geordnet in ein Schema ein, so erhält man eine *Nuklidkarte*, wie sie in Abb. 3.1.19 gezeigt ist. In gelber Farbe ist der Bereich der Kerne angedeutet, von denen zumindest einige ihrer Eigenschaften bekannt sind. Die schwarzen Symbole zeigen die wohluntersuchten stabilen Kerne, von denen es nahezu 300 gibt. Darüber hinaus gibt es einen weiten Bereich von insbesondere neutronenreichen Kernen, die noch völlig unbekannt sind.

Untersuchungen, die im letzten Jahrzehnt an den leichtesten neutronenreichen Kernen durchgeführt wurden, weisen auf interessante physikalische Phänomene hin. Diese Kerne sind oft von Neutronen-

Bewegungen aufeinander abstimmen. Dies führt zu sogenannten Paarkorrelationen, ähnlich denen von Elektronen in Supraleitern (s. Kapitel 3.3.3).

Was passiert nun, wenn eine immer größere Anzahl von leicht gebundenen Neutronen an den Kern angelagert wird? Berechnungen für das Element Zinn lassen erwarten, dass man dem besonders stabilen Isotop Zinn-132 bis zu 40 leicht gebundene Neutronen hinzufügen kann. In dem dabei entstehenden, ungewöhnlich weit reichenden Halo könnten völlig neue kernphysikalische Effekte auftreten. Man erwartet z. B., dass die Schalenstruktur, wie sie uns von den stabilen Kernen her bekannt ist, drastisch verändert wird. In den stabilen Kernen sind die Protonen und Neutronen gewissermaßen in Schalen angeordnet, ähnlich den Elektronen in der Atomhülle. Bei den Halokernen könnte diese Struktur durch die Paarkorrelationen und die Reduzierung der sogenannten Spin-Bahn-Wechselwirkung der äußeren Neutronen völlig durcheinandergebracht und aufgelöst werden. Die *Spin-Bahn-Wechselwirkung* hängt von der Richtung des Teilchenspins und der Richtung des Bahndrehimpulses des Teilchens ab. Sie ist um so stärker, je schneller die Teilchendichte mit der Entfernung vom Kerninnern abfällt. Bei Neutronen-Halokernen ist dieser Abfall besonders schwach und daher die Spin-Bahn-Aufspaltung der Energie der Zustände, die zur Schalenstruktur der Kerne führt, ebenfalls besonders schwach. Das Verhalten der Halo-Neutronen an der Kernoberfläche könnte uns darüber Aufschluss geben, was sich an der Oberfläche von Neutronensternen abspielt.

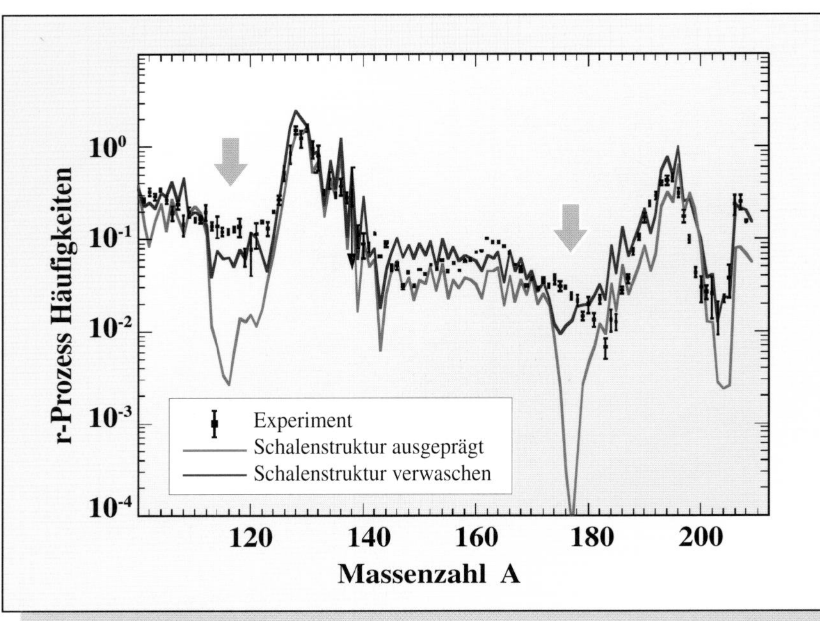

Abb. 3.1.20.
Vergleich der gemessenen Isotopenverteilung in unserem Sonnensystem mit den Vorhersagen der theoretischen Modelle zur Nukleosynthese in Supernova-Explosionen (r-Prozess). Die Theorie kann die Daten nur reproduzieren, wenn man annimmt, dass die sehr neutronenreichen Kerne keine intakte Schalenstruktur besitzen. (GSI, Darmstadt)

Die erwähnte Änderung der Schalenstruktur hat in der nuklearen Astrophysik interessante Konsequenzen, wie Abb. 3.1.20 am Beispiel der Isotopenverteilung in unserem Sonnensystem zeigt. Die gemessenen Isotopenverteilungen stimmen mit den berechneten nur überein, wenn man annimmt, dass bei neutronenreichen Kernen die Schalenstruktur gewissermaßen aufgelöst ist. Für diesen Unterschied zwischen Theorie und Messung gibt es indes auch alternative Erklärungen, z. B. dass wir die Dynamik der Supernova-Explosionen und den dabei stattfindenden schnellen Neutroneneinfangprozess (r-Prozess in Abb. 3.1.19) noch nicht völlig verstehen. Es ist daher von großem Interesse, die während des r-Prozesses vorliegende Kernstruktur experimentell zu bestimmen, um angeben zu können, was die Anomalien in der Isotopenhäufigkeit letztlich verursacht.

Eine weitere interessante Frage ist die nach den Grenzen der Stabilität superschwerer Kerne. Im vergangenen Jahr durchgeführte Messungen haben Hinweise auf die Existenz kurzlebiger Kerne bis zum Element der Ordnungszahl 118 ergeben. Neben dem Nachweis dieser Kerne spielen Untersuchungen ihrer Anregungsstruktur eine wichtige Rolle. Ein jüngstes Beispiel ist Element 102, Nobelium, der bisher schwerste Kern, dessen Eigenschaften mit Hilfe der Spektroskopie seiner Gammastrahlung mit hoher Auflösung untersucht werden konnten. Daraus ergab sich, dass dieser Kern nicht kugelförmig, sondern stark deformiert ist. Dies ist der erste direkte Hinweis, dass es auf der Nuklidkarte einen „Landrücken" erhöhter Kernstabilität gibt: Die Kerne der dort gefunden neuen Elemente von Ordnungszahl 106 bis 112 werden durch Deformation stabilisiert.

Mit neuartigen Gammadetektoren wurden auch superdeformierte, schnellrotierende Kerne entdeckt, die ein Verhältnis der großen zur kleinen Deformationsachse von 2:1 aufweisen. Nach hyperdeformierten Kernen mit Achsenverhältnis 3:1 wird gesucht. Kürzlich gelang es einer deutschen Gruppe, magnetische Rotationen von Kernen nachzuweisen.

Kerne weit weg von stabilen Kernen bilden hingegen ein noch weitgehend unerforschtes Neuland. Oft liegen sie in Bereichen, in denen der Weg der explosiven Nukleosynthese verläuft. Der Einsatz radioaktiver Strahlen mit sehr kurzer Halbwertszeit sowie neueste Analysetechnologien werden es uns in den nächsten Jahrzehnten erlauben, in dieses Neuland vorzudringen.

Fundamentale Symmetrien und Wechselwirkungen

Dadurch, dass man Kerne weit weg von der Stabilität in großer Zahl herstellen kann, eröffnen sich neue Möglichkeiten, fundamentale Symmetrien und Wechselwirkungen im Labor „Atomkern" zu erforschen. Es ist seit langem bekannt, dass Untersuchungen der schwachen Wechselwirkung, die zum radioaktiven Zerfall der Kerne führt, detaillierte Tests des Standardmodells der Teilchenphysik erlauben. So kann man mögliche neuartige Wechselwirkungen enger eingrenzen und nach *rechtshändigen Bosonen* suchen. Bisher wurden nur *linkshändige Bosonen* (s. Kapitel 3.1.2) als Träger der schwachen Kraft gefunden - eine Asymmetrie der Natur, die vermutlich bei höheren Energien wieder aufgehoben wird. Indem man die Verteilung der Emissionsrichtungen der bei radioaktiven Zerfällen entstehenden Elektronen und Neutrinos möglichst präzise misst, hofft man, Hinweise auf die Existenz des rechtshändigen W-Bosons zu finden. Außerdem will man die Natur der schwachen Wechselwirkung genauer untersuchen und herausfinden, ob fundamentale Symmetrien verletzt sind. Ein Beispiel ist die Zeitumkehrsymmetrie: Wäre sie verletzt, dann gäbe es in der Natur Kernreaktionen, die, ließe man sie wie in einem Film rückwärts ablaufen, keinem in der Natur vorkommendem Prozess entsprechen.

Bei den geplanten Experimenten sollen neue technische Entwicklungen eine bisher unerreichte Präzision ermöglichen. Zum einen verfügt man heute über intensive Quellen kurzlebiger Kerne. Zum anderen erlauben Atom- und Penning-Fallen (s. Kapitel 3.2.1), den Zerfall der Kerne in einer nahezu masselosen Umgebung, dem Vakuum, zu beobachten. So werden die Flugrichtungen der Zerfallsteilchen nicht gestört.

Am Institute Laue Langevin in Grenoble sowie in Russland laufen zur Zeit Experimente mit ultrakalten Neutronen, um herauszufinden, ob diese elektrisch ungeladenen Teilchen ein *elektrisches Dipolmoment* besitzen. Dieses Dipolmoment, das von getrennt vorliegenden positiven und negativen Ladungen im Innern des Neutrons herrühren würde, könnte nur bei gleichzeitiger Brechung der Raumspiegelungs-Symmetrie und der Ladungssymmetrie auftreten. Demnach entspräche z. B. das Spiegelbild einer Teilchenreaktion keinem in der Natur vorkommenden Prozess. An dem Münchener Reaktor FRM 2 wird aufgrund einer neuen Technologie eine wesentlich stärkere Quelle ultrakalter Neutronen zur Verfügung stehen, die es erlaubt, das Neutronendipolmoment mit einer mehr als zehnmal höheren Genauigkeit zu untersuchen als bisher.

Die zur Zeit vielleicht interessanteste Frage in der Teilchenphysik ist, ob die Neutrinos eine Masse haben. Um sie zu beantworten, setzt man zahlreiche kernphysikalische Methoden ein. So hat man Sonnenneutrinos aufgrund der von ihnen verursachten Kernreaktionen in großvolumigen Detektoren in den USA, Italien, Russland und Japan nachweisen können. Dabei ergab sich ein erster Hinweis darauf, dass hier auf der Erde weniger Elektron-Neutrinos von der Sonne ankommen, als man aufgrund von Berechnungen erwartet hatte. Dieses *Sonnenneutrinodefizit* führte zur Vermutung, dass Neutrinos eine Masse haben und sich beim Durchgang durch die Sonne oder auf dem Weg zur Erde von einer Neutrinosorte in eine andere umwandeln können (s. Kapitel 3.1.2). Am Gran Sasso in Italien, in Kanada und den in USA werden neuartige Sonnenneutrinodetektoren aufgebaut, mit denen ein direkter Nachweis dieser *Neutrino-Oszillationen* möglich wird.

Aufgrund von kernphysikalischen Untersuchungen in Russland, Deutschland und den USA konnte man die Größe der Neutrinomasse auf weniger als einige Milliardstel der Protonenmasse eingrenzen. Neueste Messungen mit dem Detektor Super-Kamiokande in Japan haben gezeigt, dass sich Myon-Neutrinos, die in der Erdatmosphäre durch kosmische Strahlen erzeugt werden, in Tau-Neutrinos umwandeln können (s. Kapitel 3.1.2). Dadurch wurden die letzten Zweifel beseitigt, dass Neutrinos Masse haben. Wie schwer sie sind und welche Eigenschaft sie besitzen, ist indes noch völlig unklar.

Kerne im Kosmos

Der Mensch ist mit der fernen Vergangenheit und den grenzenlosen Tiefen des Universums durch eine kosmische Erbschaft verbunden: die chemischen Elemente. Sie wurden in nuklearen Brennprozessen im heißen Zentrum von riesigen, weit entfernten und heute längst erloschenen Sternen im Laufe von vielen Milliarden Jahren erzeugt. Als diese Sterne ihr Brennmaterial schließlich verbraucht hatten, starben sie in gigantischen Explosionen, den Novae und Supernovae (s. Kapitel 3.1.1). Dabei wurden die Atome der schweren Elemente weit im Raum verstreut. Diese verstreute Materie wie auch die Materie, die kleinere Sterne während ihrer Lebensphase als Rote Riesen verloren hatten, sammelte sich mit der Zeit in Form von Gaswolken im interstellaren Raum an. Die Gaswolken zogen sich langsam zusammen. Dies führte schließlich zur Geburt neuer Sterngenerationen - ein Zyklus in der Evolution von Sternen, der auch heute noch stattfindet.

Die frühen, heißen und dichten Phasen des Universums, das Innere von Sternen mit Temperaturen von mehr als 10 Millionen Grad und die kataklysmischen Supernova-Explosionen sind nur beschreibbar, wenn man die starke und die schwache

Wechselwirkung (s. Kapitel 3.1.2) sowie die Prozesse der Kernphysik berücksichtigt. Auf diese Weise kann man zum einen erklären, wie die astrophysikalischen Phänomene ablaufen und zum anderen, wie die kosmische Erbschaft der chemischen Elementverteilung entstanden ist. Die quantitative Erklärung der Herkunft der chemischen Elemente ist Gegenstand der nuklearen Astrophysik. Sie ist ein Forschungsgebiet, das Astrophysik und Kernphysik miteinander verbindet und sich in erster Linie mit drei Problemen beschäftigt:

- Sie erforscht, wie Atomkerne bei sehr niedrigen Energien miteinander reagieren, um die Verbrennungsvorgänge in der Sonne sowie die stellaren Entwicklungsstadien insgesamt besser zu verstehen.
- Sie untersucht, wie sich Kerne bei Beschuss mit radioaktiven Strahlen verhalten, um unsere Kenntnisse über die explosive Nukleosynthese in Novae und Supernovae zu vertiefen.
- Sie versucht, die Zustandsgleichung von Kernmaterie bei erhöhten Dichten zu bestimmen, um die Dynamik von Supernova-Explosionen und das Verhalten von Neutronensternen besser zu verstehen.

Die Sonne und ihre Planeten wurden vor nahezu 5 Milliarden Jahren aus interstellaren Gaswolken geboren. Jedes Molekül in unserem Körper enthält Materie, die einmal den enormen Temperaturen und Drücken im Zentrum eines Sterns ausgesetzt war. Dies ist der Ursprung des Eisens in unseren Blutzellen, des Sauerstoffes in der Luft, des Kohlenstoffes und des Stickstoffes in unserem Körpergewebe und des Kalziums in unseren Knochen. Alle diese Elemente wurden über nukleare Fusionsreaktionen - ausgehend vom kleinsten Atom, dem im Urknall entstandenen Wasserstoff - im Innern von Sternen hergestellt. In Abb. 3.1.21 sind die entscheidenden Prozesse sowie die wichtigsten Beobachtungsverfahren schematisch dargestellt.

Natürlich müssen diese Vorstellungen durch Experimente untermauert werden. Will man die Energieerzeugung und Elementsynthese im Sternzentrum genauer berechnen, so ist es unerlässlich, die verschiedenen Fusionsreaktionen im Labor zu studieren, d. h. ihre Wahrscheinlichkeiten - ausgedrückt als energieabhängiger Wirkungsquerschnitt - bei den Energien zu messen, die im Zentrum eines Sterns auftreten. Trotz enormer Anstrengungen

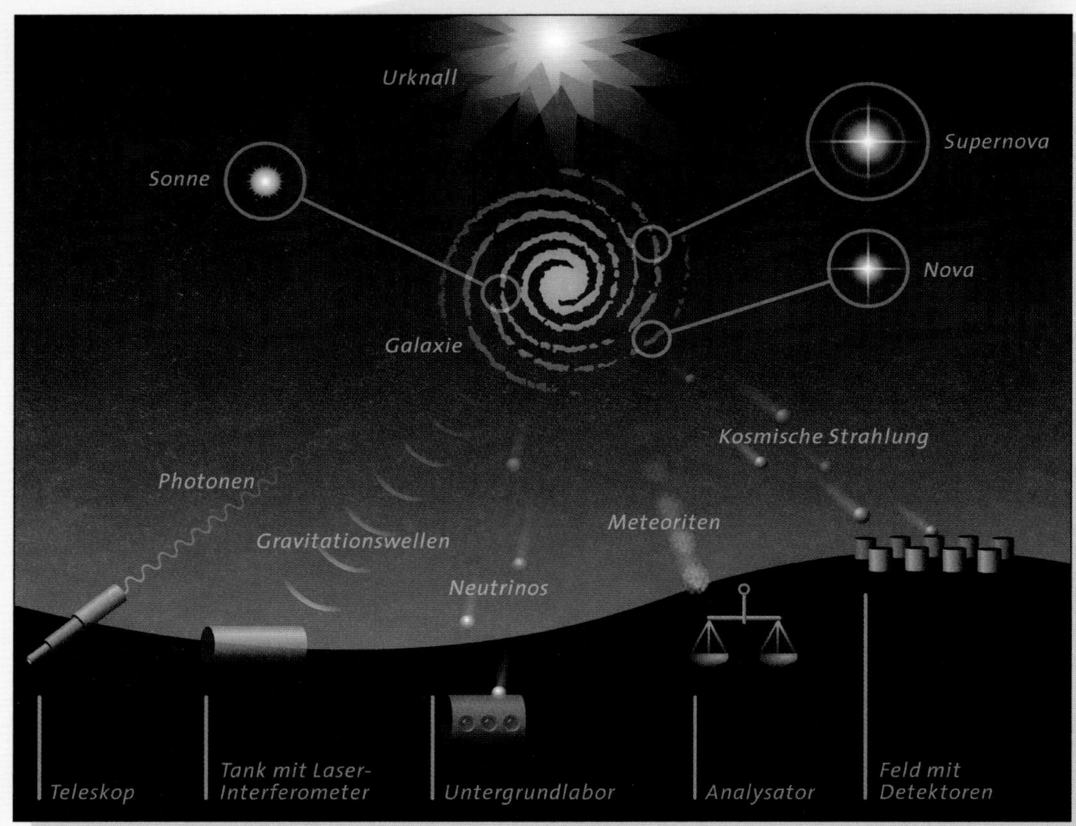

Abb. 3.1.21.
Das Universum hat mit dem Urknall begonnen und sich in eine reiche Vielfalt von Strukturen entwickelt, von denen nur eine Galaxie (unsere Milchstraße) mit Sonne, Nova und Supernova dargestellt ist. Informationen über diese Strukturen erhalten wir durch Photonen, Neutrinos, kosmische Strahlung, Meteore und in naher Zukunft durch Gravitationswellen. (F. Thielemann, Universität Basel)

während der vergangenen 50 Jahre ist dies erst vor kurzem für eine in der Sonne ablaufende Fusionsreaktion gelungen, bei der zwei Helium-3-Kerne zu einem Helium-4-Kern verschmolzen werden und zusätzlich zwei Protonen anfallen (s. Abb. 3.1.22). Dieses Experiment ist deshalb so schwierig durchzuführen, weil man nur etwa ein Ereignis pro Monat beobachtet, während die von der kosmischen Strahlung verursachte Zählrate um ein Vielfaches darüber liegt. Um die störende kosmische Strahlung so gering wie möglich zu halten, führt man die Messungen in einem unterirdischen Labor im Gran Sasso in Italien aus.

Brennphasen abgelaufen sind, weil sich das Brennmaterial durch Kernfusionen in die Elemente mit den größten Bindungsenergien umgewandelt hat und eine weitere nukleare Energieerzeugung nicht möglich ist. Im Zentrum eines solchen Sterns befindet sich ein massiver Kern aus Eisen, der schließlich unter seinem eigenen Gewicht kollabiert. Dabei entsteht ein enormer Gegendruck, für den die Kernkräfte verantwortlich sind. Wenn die Kernregion so stark wie möglich komprimiert wurde, kann sie gewissermaßen zurückschnellen und es kommt zu einer Umkehr des Kollapses. Nach heutigem Verständnis strömen anschließend unzählige Neutrinos aus

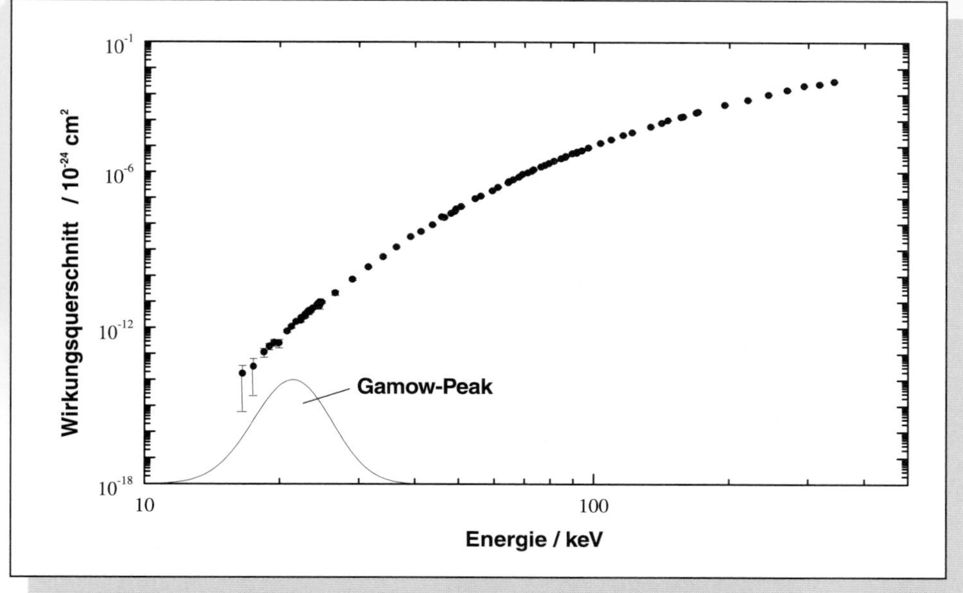

Abb. 3.1.22.
Die Wahrscheinlichkeit, mit der zwei Helium-3-Kerne bei einer bestimmten Temperatur oder Energie verschmelzen. Angedeutet ist der thermische Energiebereich, der sogenannte Gamov-Peak, in welchem die Reaktion in der Sonne stattfindet. (C. Rolfs, Ruhr-Universität Bochum)

Die bei der explosiven Nukleosynthese in Novae, Supernovae und Röntgenstrahlburster auftretenden Kernreaktionen verlaufen auf der Nuklidkarte weit weg von den stabilen Kernen. Neueste astrophysikalische Beobachtungen haben uns ein reichhaltiges Spektrum von Messgrößen beschert, die neuartige Erkenntnisse über diese Prozesse offenbaren. Um sie auch quantitativ zu verstehen, muss man die dabei ablaufenden Kernreaktionsprozesse genau kennen. Mit Hilfe intensiver Strahlen radioaktiver Kerne, wie sie jetzt zur Verfügung stehen, können wir diese Reaktionen im Labor experimentell nachvollziehen. Ein Beispiel hierfür sind Reaktionsstudien an dem instabilen Kern Titan-44, die einen Einblick in die Dynamik von Supernova-Explosionen geben (s. Abb. 3.1.23).

Zu einer Supernova-Explosion kommt es, wenn in einem Stern alle stellaren diesem heißen Kernbereich, dem späteren Neutronenstern, und reißen die Hülle des Sterns mit sich. Es kommt zur Supernova-Explosion. Wie sich der Druck der sehr heißen und dichten Kernmaterie in Abhängigkeit von ihrer Dichte und Temperatur ändert, ist von entscheidender Bedeutung für den Verlauf der Explosion. Eine der Herausforderungen für die Kernphysik ist es, diese Abhängigkeit, die sogenannte Zustandsgleichung der Kernmaterie, zu verstehen.

Die Astrophysik verbindet den Mikrokosmos, d. h. die fundamentalen Bausteine der Natur, mit dem Makrokosmos, also dem Universum und den in ihm vorkommenden Strukturen. Dadurch ermöglicht sie tiefe Einsichten in die Geheimnisse des Universums. Es gibt indes noch immer eine Reihe von offenen, fundamentalen Fragen und unerklärten Phänomenen, die die Astrophysik herausfordern:

- Das solare Neutrinoproblem zeigt, dass wir auch heute unseren eigenen Stern, die Sonne, noch nicht genau verstehen.
- Wir wissen nicht genau, wie und warum unser Sonnensystem entstanden ist.
- Viele der im Labor beobachteten Effekte in der Elektronenhülle der Atome verstehen wir nicht, und somit auch nicht ihren Einfluss auf die Vorgänge in einem Sternplasma.
- Wir wissen weder, wo die kosmischen Strahlen ultrahoher Energie herkommen, noch woraus sie bestehen und was sie auf derart hohe Energien beschleunigt hat.
- Die Zustandsgleichung von Kernmaterie hoher Dichte, die für das Verständnis der Dynamik von Supernovae und der Masse von Neutronensternen wichtig ist, ist uns nicht genau bekannt.
- Wir wissen nicht, woraus die dunkle Materie besteht und welchen Einfluss sie auf die Entwicklung des Kosmos hat.
- Wir kennen das Alter der chemischen Elemente und somit auch das Alter des Universums nur ungenau.

Unser heutiges Bild des Universums ist unvollständig und wird zweifellos immer unvollständig bleiben. Aber im Lichte neuer Entdeckungen wird sich diese Bild stetig verbessern. Vielleicht wird der Mensch in Zukunft ein noch großartigeres und zugleich einfacheres Bild des Universums erkennen können. Die Erforschung der „Kerne im Kosmos“ wird dabei - wie schon in der Vergangenheit - einen wichtigen Beitrag leisten.

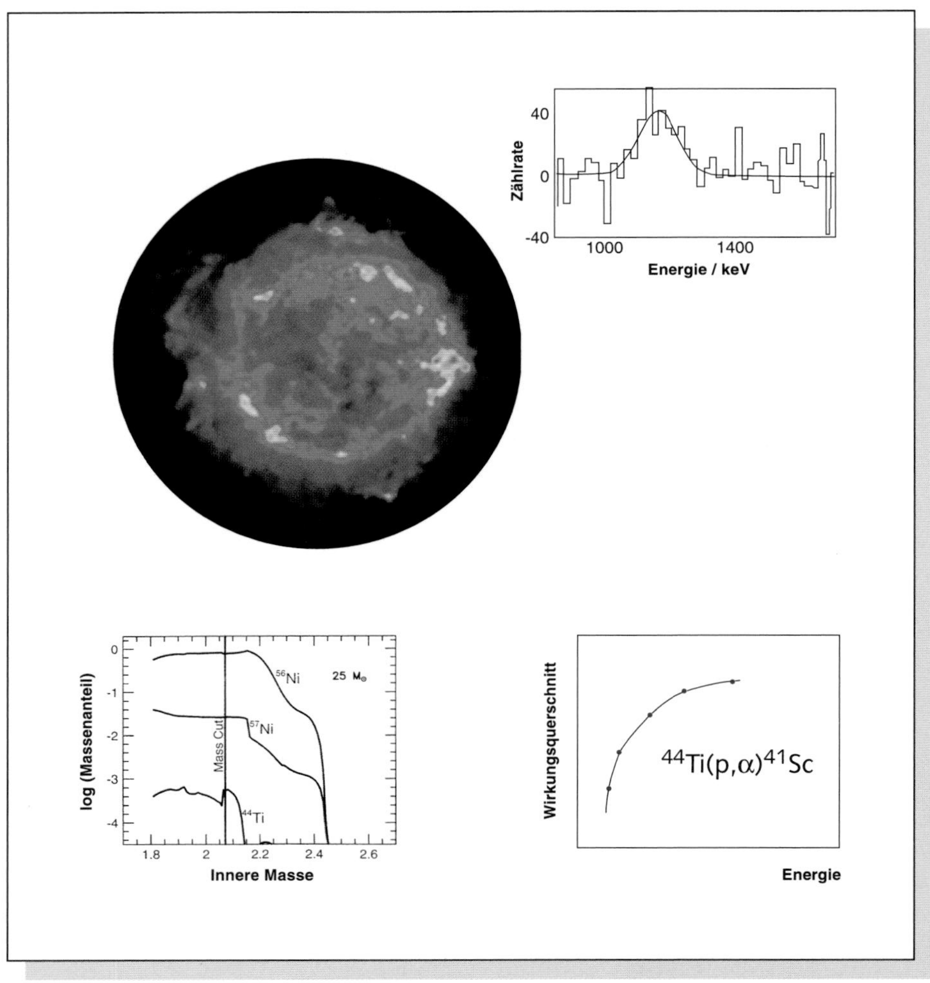

Abb. 3.1.23.
Im Gammaspektrum der Cassiopeia A (Bildmitte), das mit dem Gammastrahlobservatorium Comptel aufgenommen wurde, hat man die Strahlung des Isotops Titan-44 gefunden (rechts oben). Dieses radioaktive Isotop entsteht nahe am sogenannten „Massenschnitt“ in einer Supernova (links unten). Das ist der Radius, an dem sich die Masse, die ins Innere fällt und zum Neutronenstern oder Schwarzen Loch wird, von der durch die Explosion ins Weltall geschleuderten Masse trennt. Wegen seiner Halbwertszeit von 60 Jahren ermöglicht das Titan-44 noch nach Jahrzehnten die Energieabstrahlung und die Dynamik einer Supernova-Explosion zu verfolgen. (GSI, Darmstadt)

3.2 Atome, Moleküle, Quantenoptik und Plasmen

Licht und Materie im Wechselspiel

3.2.1 Blicke in die Quantenwelt

Erstaunliches kann man erleben, wenn man die Atomphysiker in ihren Labors besucht. Der erste Eindruck ist: Dunkelheit. Doch beim Blick durch ein Mikroskop in eine Vakuumkammer nimmt das Auge nach einer kurzen Eingewöhnungszeit in der Mitte des Bildes einen kleinen blauen Punkt wahr, ein einzelnes leuchtendes Bariumion. Das Atom, gefangen in einer elektrischen Falle und gekühlt durch Laserlicht, ist leuchtstark genug, um für das bloße Auge sichtbar zu sein. Wir nehmen es auf die gleiche Weise wahr wie einen makroskopischen Gegenstand. In diesem Sinne ist das Atom genauso „real" wie die Gegenstände unseres täglichen Lebens!

Dies ist weder trivial noch selbstverständlich, haben doch viele von uns gelernt, dass man einzelne Moleküle und Atome (also auch Ionen) nicht „sehen" oder experimentell handhaben könne. Selbst bedeutende Physiker wie Erwin Schrödinger waren davon überzeugt, dass die Physik dieser Teilchen nicht zur wirklichen, erfassbaren Welt gehört: „Wir experimentieren niemals nur mit einem Atom oder Teilchen. In Gedankenexperimenten nehmen wir manchmal an, dass wir das könnten; doch dies hat stets lächerliche Konsequenzen." (E. Schrödinger)

Diese Behauptung erwies sich als vorschnell. Nach vielen Jahrzehnten harter Arbeit und vielen klugen Einfällen zahlreicher Physiker können wir inzwischen einzelne Atome, Ionen und Moleküle auf vielfältige Weise manipulieren und mit ihnen experimentieren. Die von Schrödinger angeführten „lächerlichen Konsequenzen" treten dabei durchaus zu Tage: Die Quantennatur einzelner Teilchen führt zu Verhaltensweisen, die aus klassischer Sicht überaus ungewöhnlich und bizarr erscheinen (s. Kasten 3.2.1).

Die Beobachtung eines einzelnen Atoms in einer Atomfalle steht als ein eindrucksvolles Beispiel für die große Anzahl von neuen Experimenten aus der Atomphysik, der Molekülphysik und der Quantenoptik, die das Wechselspiel von Licht und Materie jenseits der klassischen Physik untersuchen. Hierbei hat sich insbesondere die Untersuchung und Manipulation der atomaren Bestandteile der Materie als alltägliches Arbeitsfeld etabliert. Aber auch der Einsatz von Technologie, die auf neuer Physik beruht und verlässliche Werkzeuge zur Verfügung stellt, erlaubt es uns, in ganz neue Bereiche der Physik vorzudringen. Im Bereich atomarer Abmessungen, aber auch höchster Leistungen kann immer genauer, schneller und effizienter gemessen werden. Im Folgenden werden exemplarisch einige neuere Ergebnisse und Entwicklungen der Atom- und Molekülphysik und der Quantenoptik vorgestellt, in denen diese Aspekte besonders deutlich hervortreten. Andere aktuelle Fragestellungen, wie z. B. die Physik innerer Elektronenschalen oder das Problem der Vielfachionisation, müssen ausgespart bleiben, obwohl es auch hier tiefe Einblicke in die Quantennatur der Materie gegeben hat.

Käfige für kalte Atome und Ionen

Eine der erfolgreichsten Methoden, um einzelne Teilchen zu manipulieren, beruht auf der Kombination von elektromagnetischen Fallen und Laserkühlung. Teilchenfallen gibt es in vielen Ausführungen: Ionen fängt man entweder in elektrischen Wechselfeldern mit einer *Paul-Falle* oder mit Hilfe einer Kombination von elektrischen und magnetischen Feldern (*Penning-Falle*). Neutralteilchen lassen sich mit magnetischen Feldern, fokussierten Laserstrahlen (*Dipolfalle*) oder auch mit Hilfe einer Kombination von Magnetfeldern und Laserstrahlen (*magnetooptische Falle*, MOT, s. Abb. 3.2.2) fangen. Insbesondere Ionenfallen wurden schon seit den 50er Jahren des 20. Jahrhunderts erfolgreich eingesetzt. Für ihre Entwicklung wurden Wolfgang Paul und Hans Dehmelt 1989 mit dem Nobelpreis für Physik ausgezeichnet.

Den endgültigen Durchbruch brachte die Entwicklung von *Laserkühlverfahren* für atomare Gase und Ionen in den 80er Jahren (Nobelpreis 1997 für Steven Chu, Claude Cohen-Tannoudji und William D. Phillips). Obwohl es zunächst jeder Intuition widersprechen mag, dass man mit Laserstrahlen Atome und Ionen kühlen kann, gelingt es durch geeignete Wahl der Laserintensität und der Verstimmung der Laserfrequenz, Teilchen in großer Zahl bis fast an den absoluten Temperaturnullpunkt abzukühlen (s. Kasten 3.2.2). Bei den erreichten Temperaturen im Mikro-Kelvin Bereich bewegen sich die Atome dann noch nicht einmal mit Schrittgeschwindigkeit. Sie lassen sich deshalb leicht einfangen und über lange Zeiträume ungestört beobachten. Wenn die Atome nicht in einer Falle festgehalten werden, dann fallen sie unter dem Einfluss der Gravitation genau so nach unten wie ein makroskopisches Objekt.

Kasten 3.2.1.
Die Welt der Quanten

In der Welt der kleinsten Teilchen, der Quanten, herrschen andere Gesetze als in der Welt der makroskopischen Körper. Ein Quant verhält sich *nicht* wie eine winzig kleine Billardkugel. Die Quantentheorie beschreibt den physikalischen Zustand eines Teilchens durch eine abstrakte *Zustandsfunktion*. Diese ist selbst nicht direkt nachweisbar, ihr Betragsquadrat bestimmt die Wahrscheinlichkeit, physikalische Größen, wie den Ort oder den Impuls der Quanten, zu messen.

Die quantenmechanische Zustandsfunktion eines freien Teilchens ist wellenförmig. Man spricht in diesem Zusammenhang vom *Welle-Teilchen-Dualismus*. Ein Quantenteilchen ist sowohl Welle als auch Teilchen. Es hängt von der verwendeten Messapparatur ab, ob die Wellen- oder die Teilcheneigenschaften sichtbar werden. So zeigt Licht, eine elektromagnetische Welle, im alltäglichen Leben typische Welleneigenschaften wie Interferenz: Jeder hat schon das Farbenspiel einer Seifenblase bewundert, das in direkter Weise als Interferenz der verschiedenen Farben des Sonnenlichtes beschrieben werden kann. Wäre unser Auge indes so empfindlich, dass schon ein einzelnes Lichtquant oder *Photon*, eine Sinneswahrnehmung auslösen könnte, so würde man das Licht als Trommelfeuer kurzer Blitze wahrnehmen. An den hellen Stellen eines sich ausbildenden Interferenzmusters würden dann mehr Lichtblitze gesehen werden als an den dunklen Stellen. Mit modernen Photodetektoren können diese einzelnen Lichtblitze tatsächlich gemessen werden.

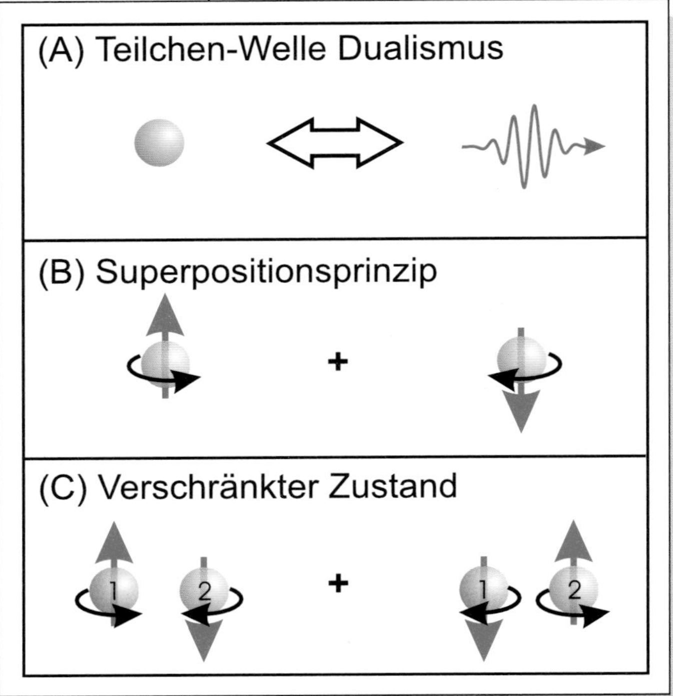

Abb. 3.2.1.
Drei fundamentale Eigenschaften der Quantenwelt: (A) Der Welle-Teilchen-Dualismus besagt, dass Quantenteilchen sowohl Wellen- als auch Teilcheneigenschaften zeigen. (B) Laut Superpositionsprinzip können verschiedene Quantenzustände zu einem neuen Zustand überlagert werden, der dann mehrere, u. U. entgegengesetzte Eigenschaften gleichzeitig besitzt. Die Überlagerung ist hier durch das Pluszeichen zwischen zwei verschiedenen Ausrichtungen des Spins angedeutet. (C) Verschränkte Zustände sind Superposition von mehreren Teilchen, wobei nur der Gesamtheit der Teilchen eine Eigenschaft zugeschrieben werden kann. Für die einzelnen Teilchen ist diese Eigenschaft nicht festgelegt. (Achim Peters, Universität Konstanz)

Die Interferenz von Wellen ist ein Beispiel für die kohärente Überlagerung von Wellen. In der Quantenmechanik erweitert man dieses Konzept auf die Überlagerung allgemeiner Zustandsfunktionen und bezeichnet es als das *Superpositionsprinzip*. So kann sich ein Quantenkreisel, in der Quantenwelt als *Spin* bezeichnet, in einer Überlagerung von Drehrichtung im und gegen den Uhrzeigersinn befinden. Die Quantenmechanik macht dann Aussagen über die Wahrscheinlichkeit, eine bestimmte Drehrichtung zu beobachten.

Der allgemeinste Fall ist eine Überlagerung von zwei oder mehr Teilchen, wie sie in der Abb. 3.2.1 (C) dargestellt ist. Dieser Zustand zeichnet sich dadurch aus, dass nur dem Spin-Paar und nicht den einzelnen Spins eine definierte Eigenschaft zugeschrieben werden kann. Erst wenn der Spin des einen Teilchens gemessen wird, hat auch der Spin des anderen Teilchens einen definierten Wert - und zwar augenblicklich -, der vom Resultat der Messung am ersten Teilchen abhängt. Dies ist vollkommen unabhängig davon, wie weit die beiden Quantenteilchen voneinander entfernt sind. Diese „spukhafte Wechselwirkung“ zwischen *verschränkten Zuständen* über beliebige Entfernungen, die seit langem Gegenstand philosophischer Diskussionen ist, ließ bei Albert Einstein Zweifel an der Vollständigkeit der Naturbeschreibung durch die Quantentheorie aufkommen. Dennoch ist diese von der Theorie vorhergesagte nichtlokale Eigenschaft der Quantenwelt mittlerweile eine allgemein akzeptierte und experimentell bestätigte Tatsache.

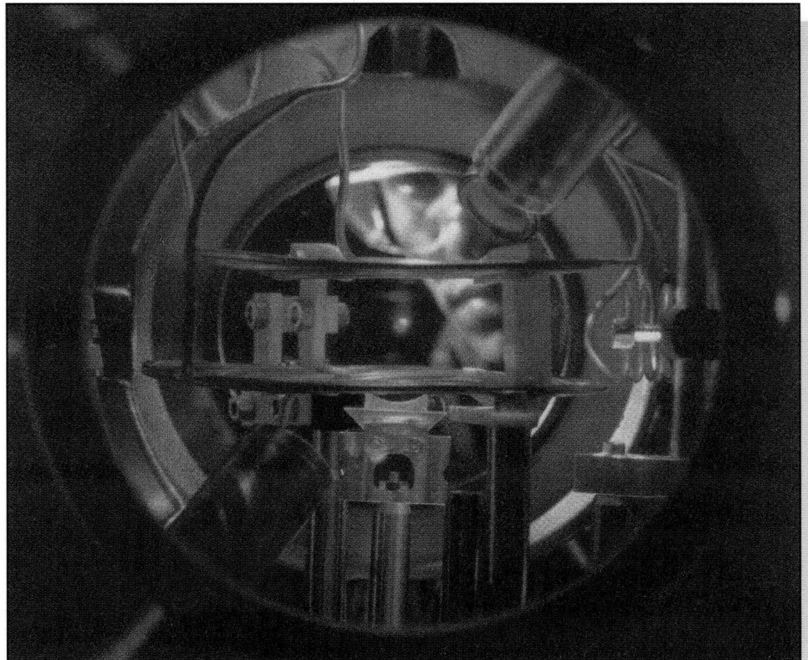

Abb. 3.2.2. Blick in eine magnetooptische Atomfalle (MOT). Die gefangenen Atome erkennt man in der Vakuumapparatur als hellen Punkt. (NIST, Boulder, USA)

Uhren von heute - Uhren für morgen

Ein mögliches und sehr vielversprechendes Einsatzgebiet lasergekühlter Teilchen ist der Bau extrem präziser Uhren. Die besten modernen Uhren beruhen darauf, dass man die Frequenz derjenigen elektromagnetischen Strahlung - Licht oder Mikrowellen - präzise misst, die den quantenmechanischen Zustand spezifischer Atome, Ionen oder Moleküle ändert. Solche Frequenzen kann man um so besser bestimmen, je mehr Zeit man für die Messung zur Verfügung hat - und hier liegt der große Vorteil bei der Verwendung lasergekühlter Teilchen: Sie bewegen sich sehr viel langsamer als ungekühlte Teilchen und verbleiben dadurch entsprechend länger, vielleicht Sekunden statt Millisekunden, in einer Messapparatur gegebener Größe. Ein einzelnes, lasergekühltes und in einer Falle gespeichertes Ion ist in dieser Hinsicht optimal: Im Prinzip steht es beliebig lange für eine Messung zur Verfügung.

Durch Laserkühlverfahren hat man die Ganggenauigkeit von Atomuhren bereits substantiell verbessert: Die neuesten *Cäsium-Atomuhren*, die bei einer Mikrowellenfrequenz von 9,2 GHz (also 9,2 Mrd. Schwingungen pro Sekunde) arbeiten, verwenden eine „Fontäne" lasergekühlter Atome. Dabei legen die Atome ihre parabelförmigen Flugbahn in etwa einer Sekunde zurück. Diese Uhren erreichen eine Genauigkeit von $3 \cdot 10^{-15}$, d. h. sie weichen nur eine Sekunde in 100 Millionen Jahren von der exakten Zeit ab und sind damit etwa zehnmal genauer als frühere Cäsium-Atomuhren.

In den nächsten Jahren werden aber noch wesentlich beeindruckendere Verbesserungen erwartet. Inzwischen werden z. B. im MPI für Quantenoptik in Garching mit Hilfe von Femtosekunden-Lasersystemen auch optische Frequenzen (ca. 10^{14} - 10^{15} Hz) direkt gemessen bzw. mit Mikrowellenfrequenzen verglichen. Atomuhren, die die optischen Übergänge in gespeicherten Ionen wie $^{199}Hg^+$ oder $^{171}Yb^+$ ausnutzen, sollten aufgrund der um ein Vielfaches höheren Übergangsfrequenzen und der langen Speicherzeiten eine wesentlich höhere Genauigkeit haben. Angestrebt wird eine tausendfache Erhöhung der bisher erreichten Genauigkeit: Über einen Zeitraum von 10 Milliarden Jahren, also etwa das geschätzte Alter unseres Universums, würde eine solche Uhr nur um eine zehntel Sekunde falsch gehen!

Wozu aber braucht man eigentlich Uhren mit solch beeindruckender Genauigkeit? Zunächst gibt es eine Reihe praktischer Anwendungen wie zum Beispiel die Navigation mittels GPS (Global Positioning System), die Synchronisation von Kommunikationsnetzwerken oder auch, vielleicht überraschend, von Generatoren in Kraftwerken. Die höchsten Anforderungen an die Genauigkeit der Uhren stellen jedoch Experimente zu einigen der fundamentalsten Fragen der Physik - zum Beispiel der, ob die Naturgesetze wirklich unabänderlich sind oder sich mit dem Alter des Universums ändern. Aber auch stark verbesserte Tests der allgemeinen Relativitätstheorie, die grundlegend für unser Verständnis des Universums ist, würden so möglich.

Kasten 3.2.2.
Wie kühlt man mit Licht?

Die physikalische Grundlage der Kühlung von Atomen mit Laserlicht gehen auf die Arbeiten von Albert Einstein zurück. Er postulierte, dass Licht Teilcheneigenschaften aufweisen kann, und führte Photonen als Lichtteilchen ein. Ein *Photon* stellt die kleinste Einheit der Lichtenergie dar und besitzt analog zu einem Materieteilchen einen Impuls. Dieser Impuls ist zu klein, um in unserer Alltagswelt in Erscheinung zu treten. Für ein einzelnes Atom mit seiner kleinen Masse, das mit einem Photon wechselwirkt, kann dieser Impuls aber schon zu einer beträchtlichen Geschwindigkeitsänderung führen. Absorbiert zum Beispiel ein Rubidiumatom ein Photon, so ändert sich seine Geschwindigkeit um ungefähr 5 mm/sec. In ähnlicher Weise erfährt das Atom einen Rückstoß, wenn es ein Photon emittiert. Dieser Emissionsprozess geschieht meist spontan und gleichverteilt über alle Raumrichtungen. Wie in der Abb. 3.2.3 (oben) gezeigt, ergibt sich daraus im Mittel eine Änderung der Geschwindigkeit des Atoms. Da die Absorptions- und Emissionsprozesse bis zu 10 Millionen mal in der Sekunde stattfinden können, ist es möglich, ein Atom, das sich mit Überschallgeschwindigkeit bewegt, in nur zwei hundertstel Sekunden auf weniger als Schritttempo abzubremsen.

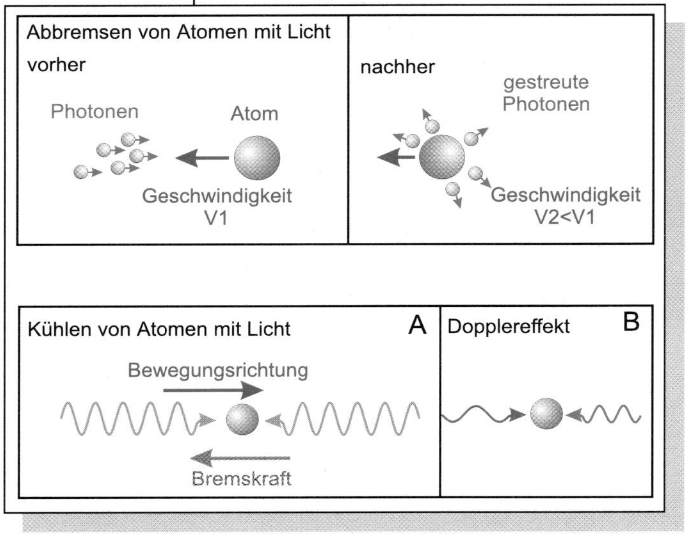

Abb. 3.2.3.
Oben: Wechselwirkung zwischen Atom und Licht. Bei jeder Absorption eines Photons wird ein Impuls auf das Atom übertragen. Unten: Das Prinzip der Laserkühlung von Atomen in einer optischen Melasse. (A) Das Atom bewegt sich nach rechts und erfährt durch das Laserlicht eine abbremsende Kraft nach links, weil (B) die von rechts kommenden Photonen blauverschoben erscheinen und deshalb das Atom anregen und ihm ihren Impuls übertragen können. (Markus Oberthaler, Universität Konstanz)

Eine Verlangsamung der Atombewegung, d. h. also eine Kühlung, kann mit zwei gegenläufigen Laserlichtfeldern erreicht werden, deren Frequenz geringfügig kleiner ist als die Resonanzfrequenz des zu kühlenden Atoms und die deshalb das ruhende Atom nicht anregen können. Bewegt sich das Atom indes einem der beiden Laserstrahlen entgegen, so erhöht sich vom Atom aus gesehen die Frequenz des Lichtes (s. Abb. 3.2.3, unten) infolge des Dopplereffekts, so dass es nun Photonen absorbieren kann und damit abgebremst wird. Mit drei Paaren gegenläufiger Strahlen kann die Bewegung in allen drei Raumrichtungen gedämpft werden, und das Atom bleibt in dem Lichtfeld wie in einer Melasse stecken. Mit diesem einfachen Kühlschema können Temperaturen von wenigen 100 Mikrokelvin erreicht werden. Durch kompliziertere Methoden, die die interne Struktur des Atoms berücksichtigen, kann diese Grenze unterschritten werden. Mit Hilfe der sogenannten sub-Doppler-Kühlung erreicht man Temperaturen von einigen Mikrokelvin. Diese Grenztemperatur ist durch den kleinen, mit einem einzelnen Absorptions- und Emissionsprozess verknüpften Photonimpuls gegeben. Doch auch diese Grenze wurde inzwischen schon unterschritten, indem man Quanteninterferenzen gezielt ausgenutzt hat.

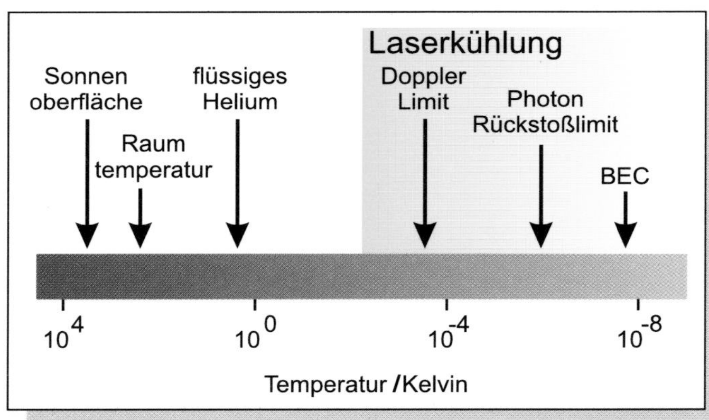

Abb. 3.2.4.
Die Skala zeigt die Temperaturen, die mit den verschiedenen Laserkühlverfahren erreicht werden, und vergleicht sie mit bekannten Temperaturen. Noch tiefere Temperaturen erreicht man mit Hilfe der Verdampfungskühlung, z. B. bei der Erzeugung von Bose-Einstein-Kondensaten (BEC). (Markus Oberthaler, Universität Konstanz)

Atome als Wellen

Bei den tiefen Temperaturen, die man durch Laserkühlung erreicht, tritt eine der faszinierendsten Konsequenzen der Quantenmechanik prominent in Erscheinung: der bereits in den 20er Jahren von Louis de Broglie vorhergesagte Wellencharakter von Atomen und anderen massiven Teilchen. Je kälter die Teilchen werden, um so deutlicher werden ihre Welleneigenschaften. In Analogie zur Wellenoptik mit Licht sind deshalb in den letzten Jahren zwei neue, sehr dynamische Arbeitsgebiete entstanden: die *Atomoptik* und die *Atominterferometrie*.

Herstellung von Nanostrukturen oder beim strukturierten Dotieren von Gläsern und Halbleitern mittels lasergekühlter Atome.

Genauer messen mit Atomen

Da das Interferenzmuster eines Atominterferometers sehr empfindlich auf Umgebungseinflüsse reagiert, kann man diese mit einem solchen Gerät sehr empfindlich nachweisen und mit hoher Präzision vermessen. Insbesondere für die Messung von Rotationsbewegungen oder der Erdbeschleunigung haben Atominterferometer, die mit Lichtpulsen arbeiten, inzwischen eine Leistungsfähigkeit erreicht, die derjenigen konventioneller Verfahren zumindest ebenbürtig, wenn nicht sogar überlegen ist. Dabei sind die prinzipiell gegebenen Grenzen der Messgenauigkeit noch bei weitem nicht ausgeschöpft, und zukünftige Experimente versprechen signifikante Verbesserungen. Ein aktuelles Beispiel ist der Einsatz von miniaturisierten experimentellen Aufbauten, in denen kalte Atome durch Mikro- oder Nanostrukturen geleitet und manipuliert werden. Diese neuartigen Quantensensoren sollten erheblich leistungsfähiger sein als alle momentan verfügbaren klassischen Sensoren. Sie haben deshalb ein erhebliches Anwendungspotential.

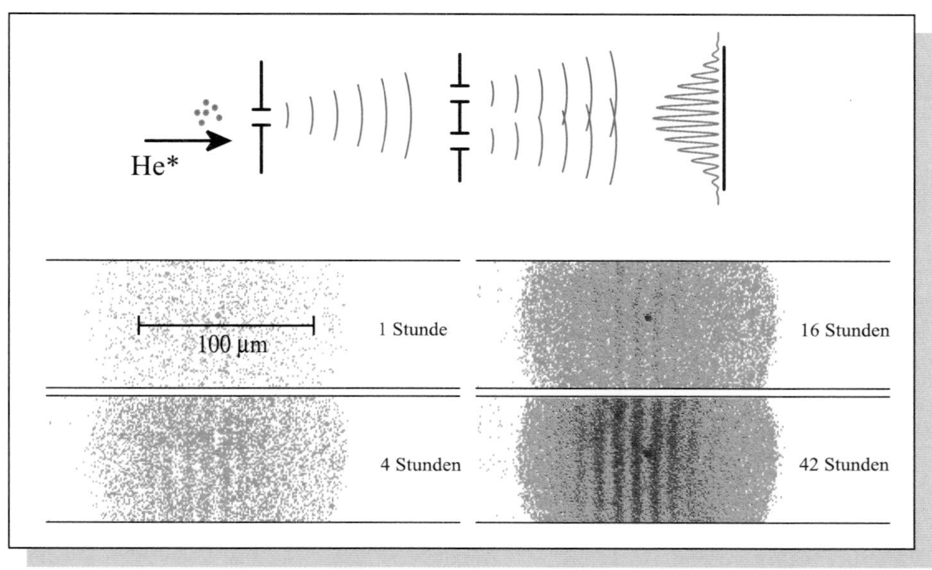

Abb. 3.2.5.
Oben: Schematische Darstellung der Atominterferometrie. Heliumatome fliegen durch einen Doppelspalt und werden auf einem Detektorschirm einzeln nachgewiesen. Unten: Nach einiger Zeit bildet sich ein Interferenzmuster aus, das dem von interferierenden Lichtwellen ähnlich ist.
(Tilman Pfau und Jürgen Mlynek, Universität Konstanz)

In der Atominterferometrie nutzt man die Tatsache, dass Interferenzmuster entstehen, sobald ein Atom auf mehr als einem Weg von der Quelle zum Detektor gelangen kann (s. Abb. 3.2.5). Um ein solches Interferometer im Labor zu realisieren, braucht man geeignete Spiegel und Strahlteiler, die die atomaren Wellenpakete aufspalten, umlenken und schließlich wieder zusammenbringen. Dazu benutzt man entweder extrem feine, *nanostrukturierte* Gitter, oder man lässt die Atome mit Laserstrahlen wechselwirken. In diesem Fall sind die Rollen von Licht und Materie vertauscht, die sie in einem herkömmlichen, optischen Interferometer spielen: Materiewellen werden durch Lichtfelder abgelenkt und aufgespalten, statt Lichtfelder durch Materie. Mit Hilfe anderer Lichtfeldkonfigurationen lassen sich noch weitere atomoptische Elemente realisieren wie Linsen, Beugungsgitter oder Wellenleiter. Die Atomoptik findet auch interessante Anwendungen, zum Beispiel bei der

Kälter als kalt - Bose-Einstein-Kondensate

Wenn man eine Wolke von Atomen noch weiter kühlt, als es mit normalen

Laserkühlverfahren möglich ist, dann eröffnet sich eine Welt neuer physikalischer Phänomene. Sobald der gegenseitige Abstand der Teilchen mit ihrer Wellenlänge vergleichbar wird, gelten völlig neue Regeln: Durfte man die Atome vorher als separate Teilchen betrachten, so verlieren sie nun ihre Individualität und gehen völlig auf in der Gesamtheit aller Atome der Wolke. Man spricht dann von einem kohärenten Vielteilchensystem.

Die *Bosonen*, eine von zwei möglichen Klassen von Teilchen oder Atomen, streben bei extrem niedrigen Temperaturen alle in den gleichen Quantenzustand. Für diese Teilchen hatten Satyendra Bose und Albert Einstein bereits in den 20er Jahren vorhergesagt, dass der Übergang zu einem kohärenten Vielteilchensystem sehr plötzlich auftreten und, ähnlich wie bei einem klassischen Phasenübergang (s. Kapitel 3.4.3), von einer Änderung der makroskopischen Eigenschaften begleitet sein sollte. Im Jahre 1995 konnte diese *Bose-Einstein-Kondensation* erstmals - nach fast zwanzigjährigen, zähen Vorarbeiten - von drei amerikanischen Gruppen für Atome der Metalle Rubidium, Lithium und Natrium beobachtet werden. Inzwischen ist dies auch drei Forschergruppen in Deutschland gelungen. Der erste Schritt ist dabei wieder die Laserkühlung geeigneter Atome. Trotz konsequenter Optimierung stößt dieses Verfahren jedoch irgendwann an seine Grenzen: Der letzte Schritt verlangt nach einer anderen Methode, der Verdampfungskühlung. Indem man immer wieder gezielt die heißesten Atome aus der Falle entfernt, gelingt es, die restlichen Atome effizient zu kühlen. Dasselbe Prinzip nutzen wir aus, wenn wir eine Tasse dampfend heißen Kaffees abkühlen, indem wir den aufsteigenden Dampf fortblasen. Mit dieser Methode erreicht man schließlich die kritische Temperatur für den Übergang zum Bose-Einstein-Kondensat, die typischerweise einige 10 nK (1 nK=10^{-9} Kelvin) beträgt.

Auf dem Weg zum Atomlaser

Inzwischen hat man Bose-Einstein-Kondensate hergestellt, deren Wellenfunktion eine Ausdehnung von bis zu 0,1 Millimeter erreicht und damit makroskopische Ausmaße hat. Auf diese Weise bilden Bose-Einstein-Kondensate eine neue Brücke zwischen der Quantenwelt und unserer gewohnten, alltäglichen Erfahrungswelt. Die Anwendungsmöglichkeiten für solche makroskopischen Quantensysteme sind heute noch nicht abzuschätzen - nicht umsonst wurde das Bose-Einstein-Kondensat 1995 zum „Molekül" des Jahres gewählt. Doch bereits jetzt ist absehbar, dass der Übergang von einzelnen Atomen mit Wellencharakter zu einem Bose-Einstein-Kondensat ähnlich revolutionäre Folgen haben wird, wie der Übergang von der Glühbirne zum Laser vor 30 Jahren. Einen großen Schritt auf diesem Weg stellen *Atomlaser* dar. Sie sind

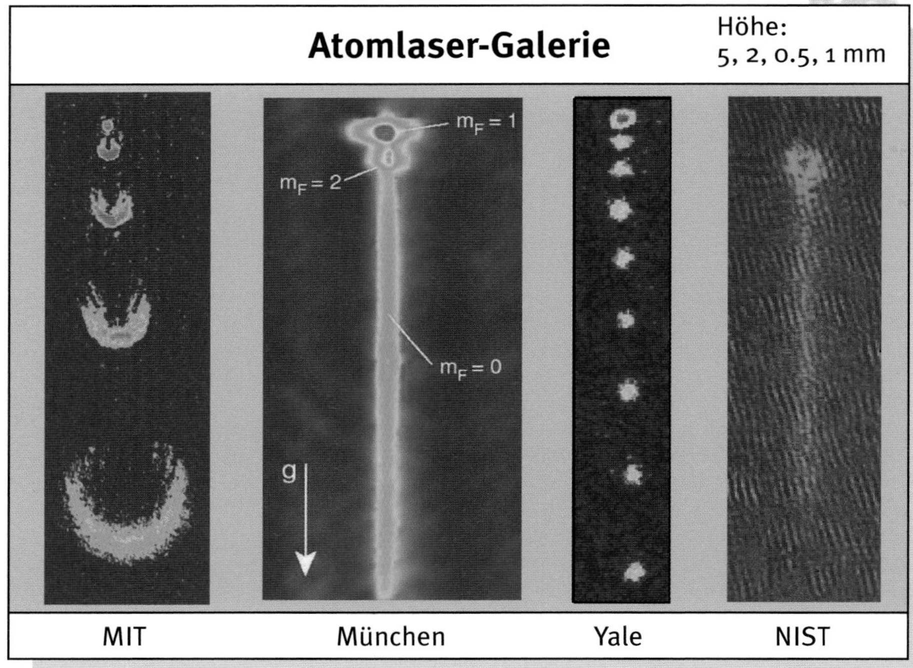

Abb. 3.2.6.
Erste Schritte zum Atomlaser: Atome werden (kontinuierlich oder gepulst) kohärent aus einem Bose-Einstein-Kondensat ausgekoppelt und fallen nach unten. Die abgebildeten Messungen wurden am MIT in Cambridge, USA, am MPI für Quantenoptik in Garching bei München, an der Yale Universität, USA, und am NIST in Gaithersburg, USA, durchgeführt.

kontinuierliche Quellen für Bose-Einstein-Kondensate, die intensive Strahlen kohärenter Materiewellen emittieren - vergleichbar mit den Laserstrahlen in der Lichtoptik. Schon heute gibt es erste Erfolge in dieser Richtung (s. Abb. 3.2.6), so dass die spektakulären Eigenschaften dieser Quellen schon bald neue Anwendungen ermöglichen werden.

Fermi-Gase und Molekül-Kondensate

Neben den Bosonen gibt es in der Quantenwelt noch die *Fermionen*: Waren die Bosonen äußerst gesellige Teilchen, so dürfen sich zwei Fermionen unter keinen Umständen im gleichen Quantenzustand aufhalten. Aber auch die Fermionen verlieren bei ultratiefen Temperaturen ihre Identität und gehen in einen kollektiven Quantenzustand über. Allerdings ist dieser Zustand völlig anders geartet als ein Bose-Einstein-Kondensat. Inzwischen ist die Erzeugung eines solchen *degenerierten Fermi-Gases* aus Kaliumatomen gelungen.

Eine weiteres hochaktuelles Forschungsziel besteht darin, Quantengase aus Molekülen zu erzeugen. Über lange Zeit schien hier der Fortschritt blockiert, weil entsprechende Kühlverfahren fehlten: Die komplizierte innere Molekülstruktur verhinderte eine effiziente Laserkühlung. In jüngster Zeit aber sind sehr viele neue, kreative Ansätze zur Lösung dieses Problems entwickelt worden, so dass schon bald ultrakalte Moleküle für weitergehende Experimente zur Verfügung stehen sollten.

„Quantum Engineering"

In der Vergangenheit hat man einzelne oder wenige Atome, Photonen oder andere Quantenteilchen vor allem zu Demonstrationszwecken beobachtet und manipuliert oder um Tests fundamentaler quantenphysikalischer Effekte durchzuführen. Doch inzwischen wird über Anwendungen dieser Effekte nachgedacht. Es entwickelt sich ein neues Gebiet, die *Quantentechnologie* oder das *Quantum Engineering*. Unter diesem Sammelbegriff lassen sich alle Bemühungen subsumieren, die zum Ziel haben, Quanteneffekte für fundamental neue Anwendungen zu nutzen, die sich mit Methoden der klassischen Physik nicht verwirklichen lassen.

Vorangetrieben wird das neue Gebiet des Quantum Engineering aus einer grundlegenden Notwendigkeit heraus: Bei fortschreitender Miniaturisierung in der Elektronik und auch in der Optik werden innerhalb der nächsten Jahre die optischen und elektronischen Bauelemente eine so kleine Strukturgröße erreichen, dass nicht mehr die Gesetze der klassischen Physik dominieren, sondern diejenigen der Quantenphysik. Bereits jetzt existieren Transistoren, die nur mit einem einzigen Elektron arbeiten, und Lichtquellen, die einzelne Photonen aussenden.

Es ist das Ziel einer großen Anzahl von Experimenten, immer komplexere Quantensysteme zu kontrollieren und den Quantenzustand einzelner Teilchen maßzuschneidern. Besonders kritisch ist hierbei, dass Quantenobjekte sowohl Teilchen- als auch Welleneigenschaften besitzen (s. Kasten 3.2.1). In einem Quantensystem mit definierten Eigenschaften schwingen die Quantenwellen sozusagen „synchronisiert" (kohärent) miteinander. Doch diese Kohärenz ist eine extrem fragile Eigenschaft, die sehr leicht verloren gehen kann, wenn das System unkontrolliert mit seiner Umgebung wechselwirkt. Dieser als *Dekohärenz* bezeichnete Verlust von Kohärenz ist dafür verantwortlich, dass die uns vertraute makroskopische Welt sich so sehr von der Quantenwelt unterscheidet. Um die Kohärenz zu erhalten, müssen Quantensysteme nahezu perfekt von der Umgebung abgeschirmt werden. Aus diesem Grund sind bislang komplexe Vakuumapparaturen oder sehr tiefe Temperaturen bei den entsprechenden Experimenten notwendig.

Verschränkte Quantenteilchen

Photonen haben die vorteilhafte Eigenschaft, dass sie in transparenten Materialien kaum mit ihrer Umgebung wechselwirken. Licht kann durch Linsen oder optische Fasern geschickt werden und behält dennoch seine Kohärenzeigenschaften. Deshalb gibt es Prozesse, die auch bei Raumtemperatur und ohne weitere Maßnahmen zur Abschirmung von Umgebungseinflüssen zu ungewöhnlichen photonischen Quantenzuständen führen. In der *parametrischen Fluoreszenz* in bestimmten nichtlinearen optischen Kristallen entstehen niederenergetische Photonenpaare spontan aus höherenergetischen Photonen (s. Abb. 3.2.12). Diese Photonenpaare sind ein Beispiel für verschränkte Quantenteilchen (s. Kasten 3.2.1). Mit Hilfe verschränkter Photonen konnten fundamentale Fragen der Quantentheorie beantwortet werden. So hat man in Experimenten eindrucksvoll bestätigt, dass die Naturbeschreibung durch die Quantentheorie - wie vermutet - sowohl vollständig als auch nichtlokal ist, dass also Korrelationen oder Zusammenhänge zwischen Quantenteilchen über beliebig große Distanzen hinweg bestehen können. Die Verschränkung von Quantenteilchen, vormals nur von philosophischem Interesse, wird jetzt auch auf ihr Potential für Anwendungen in der Quantentechnologie hin untersucht.

Man hat bereits erfolgreich erste Experimente durchgeführt, bei denen mit Hilfe der Verschränkung Quantenzustände von einem Quantensystem auf ein anderes „teleportiert“ wurden. Der Trend geht dahin, immer komplexere verschränkte Systeme herzustellen. In Experimenten mit einzelnen Ionen in Atomfallen konnten bereits die Zustände von bis zu vier Quantenteilchen miteinander verschränkt werden.

Quanteninformation

Die Quantenmechanik eröffnet neue, faszinierende Perspektiven für die Kommunikation und die Informationsverarbeitung. Experimente, die als grundlegende Tests der Quantentheorie konzipiert waren und nur von philosophischem Interesse zu sein schienen, liefern jetzt die praktischen Bausteine für eine Quantentechnologie. Völlig neue Ansätze werden entwickelt, die die seltsamen Eigenheiten der Quantenwelt wie Nichtlokalität, Überlagerungsprinzip und Unschärferelation für neue Anwendungen nutzbar machen. Ein besonders interessantes Konzept ist dabei die Quanteninformationstheorie.

Die Quanteninformation wird in den Quantenzuständen eines physikalischen Systems gespeichert. Die Informationseinheit ist hierbei das *Qubit*. Ein Qubit kann z. B. durch die beiden unterschiedlichen Polarisationsrichtungen eines einzelnen Photons repräsentiert sein, aber auch durch zwei Quantenzustände eine Atoms oder eines Atomkerns. Ganz analog zum klassischen Fall kann man die logische Zuordnung zu den Bitwerten 0 und 1 vornehmen,

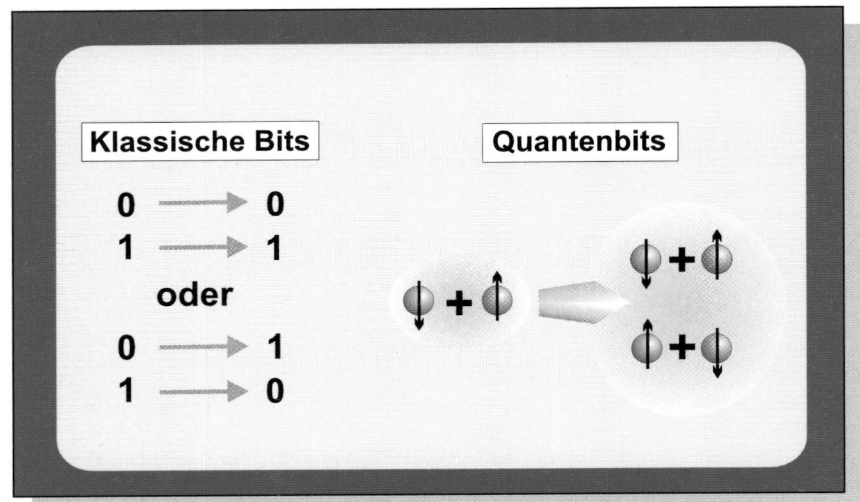

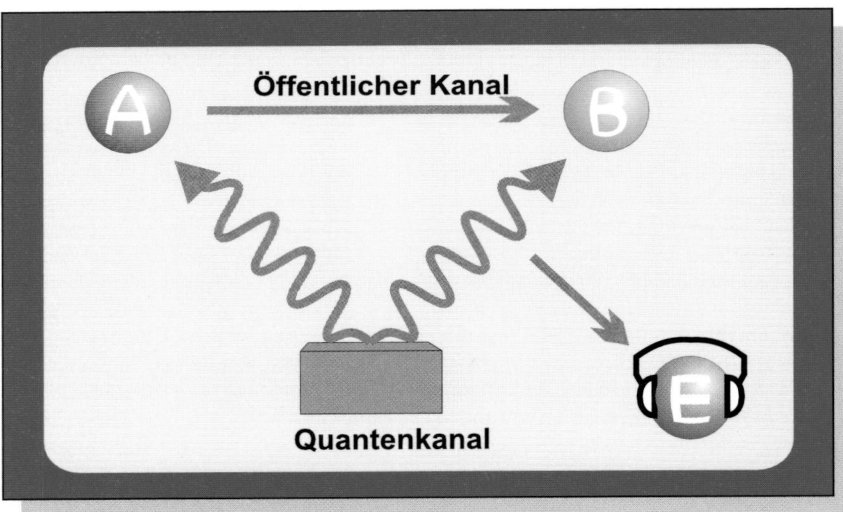

Abb. 3.2.7.
Oben: Klassische Bits (links) können nur die Werte „0“ oder „1“ annehmen. Bei einer Rechenoperation können sie diese Werte entweder behalten oder ändern. Quantenbits können in einer Überlagerung von „0“ und „1“ gleichzeitig vorliegen. Nach einer Rechenoperation ist das Ergebnis eine komplizierte Überlagerung aller möglichen Ausgabebits in Abhängigkeit von den Eingabebits. Unten: Eine sichere Datenübertragung kann in der Quantenkryptographie erreicht werden, wenn Alice (A) und Bob (B) ihre Information mit einem Schlüssel kodieren, den sie über einen Quantenkanal austauschen. Der Spion Eve (E) kann diesen Schlüssel nicht abhören, ohne dass Alice und Bob dies merken. (Oliver Benson, Universität Konstanz)

z. B. im Falle des Photons: Polarisation vertikal = 0, Polarisation horizontal = 1. Das grundlegend Neue im Falle des Quantensystems ist nun, dass das Qubit auch als eine kohärente Überlagerung aus den Quantenzuständen |0> und |1>, also z. B. als |1> + |0>, vorliegen kann (s. Abb. 3.2.7, oben). In diesem Falle hat das Qubit gewissermaßen gleichzeitig den Wert „0“ und „1“. Gerade diese Möglichkeit der Überlagerung gibt Anlass zu vielen Paradoxien und Interpretationsproblemen der Quantenmechanik.

Quantencomputer

In einem Quantencomputer verwendet man als Input und Output eine Anzahl von Qubits, z. B. repräsentiert durch Quantenzustände in einzelnen Atomen. Rechenoperationen können dann als gezielte Eingriffe an einzelnen oder mehreren dieser Qubits durchgeführt werden, z. B. indem man die Zustände von Atomen durch Laserlicht manipuliert. Das quantenmechanische Überlagerungsprinzip erlaubt nun als Input auch eine kohärente Überlagerung vieler Eingabezustände, die dann gewissermaßen alle gleichzeitig vorliegen. Dieser Input liefert nach den Rechenoperationen als Output wiederum eine Überlagerung all der Ausgangszustände, die den jeweiligen Eingaben entsprechen. Im Prinzip könnte also ein Quantencomputer dazu benutzt werden, eine große Anzahl von Rechnungen parallel durchzuführen. Wenn ein herkömmlicher Computer z. B. 32 Bit verarbeitet, könnte ein Quantencomputer in der selben Zeit 2^{32}, also mehr als 4 Mrd. Bit verarbeiten. Es wurden bereits spezielle *Quantenalgorithmen* vorgeschlagen, die gegenüber klassischen Methoden gewisse mathematische Probleme viel schneller lösen oder die Suche in großen Datenbanken extrem beschleunigen.

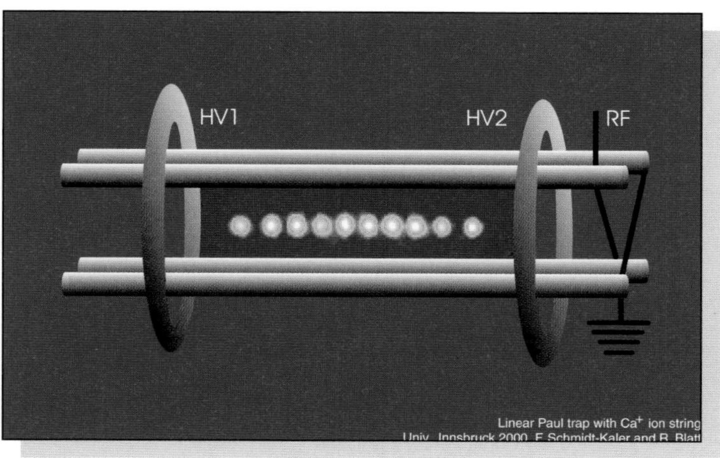

Abb. 3.2.8.
Schema einer linearen Ionenfalle. Eine Kette von Ionen wird von elektrischen Wechselfeldern und den Feldern der Endringe festgehalten, ähnlich wie in einer Paul-Falle. Die Ionen können einzeln mit Lasern manipuliert werden und wechselwirken untereinander aufgrund ihrer gegenseitigen elektrostatischen Abstoßung. In dieser Darstellung wurde eine echte Messung von gefangenen Kalziumionen - stark vergrößert - in das Schema der Falle kopiert.
(F. Schmidt-Kaler und R. Blatt, Universität Innsbruck)

Leider ist es eine physikalische Eigenschaft von Quantenzuständen und insbesondere von quantenmechanischen Überlagerungen, extrem empfindlich auf jede Wechselwirkung mit ihrer Umgebung zu reagieren und so ihren Quantencharakter rasch einzubüßen. Wegen dieser Dekohärenzprozesse ist es sehr schwierig, einen Quantencomputer mit einer großen Anzahl von Qubits experimentell zu realisieren. In Experimenten an einzelnen Atomen, Ionen (s. Abb. 3.2.8) oder Atomkernen hat man indes bereits erste Grundbausteine eines Quantencomputers erfolgreich getestet, und man versucht nun immer größere, komplexere Systeme herzustellen.

Quantenkryptographie

Die Tatsache, dass Quantenobjekte so empfindlich auf jeglichen Einfluss von außen reagieren, macht sich die Quantenkryptographie zunutze. Es ist das Ziel der Quantenkryptographie, Nachrichten so zwischen einem Sender („Alice“) und einem Empfänger („Bob“) zu übermitteln (z. B. über Telefon, Funk oder das Internet), dass sie für einen Dritten („Eve“) nicht entzifferbar sind (siehe Abb. 3.2.7, unten). Schickt Alice eine Nachricht zu Bob und kodiert sie diese Nachricht mit einem Schlüssel aus Zufallszahlen, den sie nur ein einziges Mal benutzt, so ist die Informationsübertragung hundertprozentig sicher. Wie aber sollen Alice und Bob einen solchen Schlüssel austauschen, ohne dass Eve sie dabei belauschen kann? Dies gelingt, wenn Alice und Bob ihre Nachrichtenschlüssel in Qubits kodieren und über einen Quantenkanal austauschen. Jede Messung von Eve während dieses Informationsaustausches stört unweigerlich die Qubits so stark, dass Alice und Bob den Abhörversuch sofort bemerken. Im Experiment ist ein Austausch von Qubits über eine Distanz von mehr als 20 km erfolgreich durchgeführt worden.

3.2.2 Schnell, schneller, am schnellsten - ultrakurze Laserpulse

Ein weiteres sehr aktives Gebiet der Quantenoptik befasst sich damit, ultrakurze Laserpulse zu erzeugen und anzuwenden. In den letzten Jahren ist es Forscherteams gelungen, Pulse mit einer Dauer von weniger als 5 Femtosekunden herzustellen. Eine *Femtosekunde* (abgekürzt fs) ist der millionste Teil einer milliardstel Sekunde, oder kurz 1 fs = 10^{-15} s. Die Femtosekunde ist die Zeitskala, auf der sichtbares Licht schwingt. Ein Puls von 5 fs Länge erstreckt sich also nur über wenige optische Perioden. Wie kurz diese Zeitskala im Vergleich zu anderen bekannten Phänomenen und Zeiträumen ist, kann man in der Abb. 3.2.9 erkennen. Im Gegensatz zu herkömmlichen Lasern, zeichnen sich gepulste Laser nicht durch schmalbandiges Licht aus, sondern besitzen ein breites Spektrum. Die Breite des Spektrums bestimmt, wie kurz die Laserpulse prinzipiell sein können. Es gilt die Beziehung: Je breiter das gegebene Frequenzspektrum ist, desto kürzere Laserpulse können realisiert werden. Entscheidende Voraussetzung ist dabei allerdings, dass die Schwingungen der unterschiedlichen Frequenzen eine feste Phasenbeziehung zueinander besitzen; nur dann führt ihre Überlagerung zu einem kurzen Lichtpuls. Verändert man diese Phasenlage bzw. die relativen Amplituden der einzelnen spektralen Komponenten, so kann man fast beliebige Pulsformen auf einer Zeitskala von einigen 10 fs herstellen. Mit Hilfe solcher Pulse lässt sich dann eine ganze Reihe wichtiger ultraschneller Prozesse studieren, die von den kohärenten Anregungen in Halbleitern über das ultraschnelle Verhalten von Supraleitern bis zu den chemischen und biologischen Elementarreaktionen reichen.

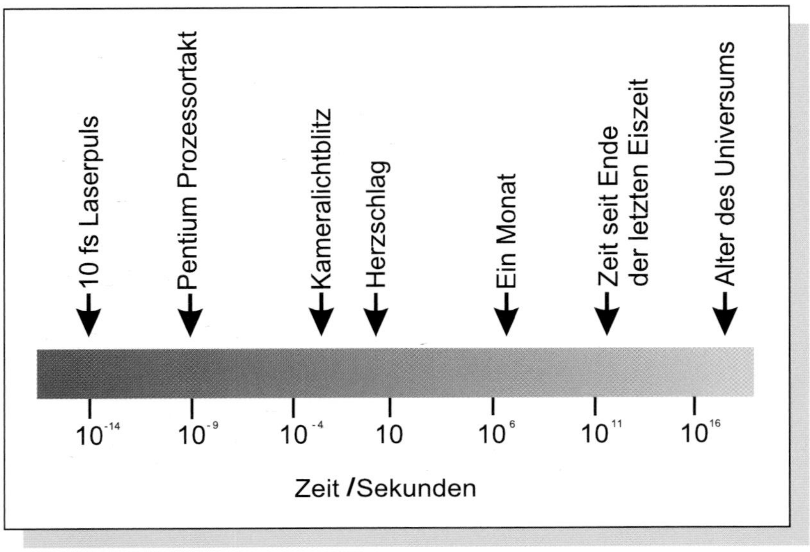

Abb. 3.2.9.
Verdeutlichung der Länge eines Femtosekunden-Laserpulses anhand unterschiedlicher Zeitskalen. (Markus Oberthaler, Universität Konstanz)

Gezähmte Chemie

Schon seit ihren Anfängen versucht die Chemie, eine unermessliche Vielfalt von Stoffen gezielt zu erzeugen. Die zeitaufgelöste *Femtosekunden-Laserspektroskopie* hat hier in neuerer Zeit sehr viel zum Verständnis der elementaren Vorgänge beigetragen, die sich bei chemischen Reaktionen abspielen. Mit ihrer Hilfe kann man die schnelle Bewegung von Atomen bei chemischen Reaktionen in Echtzeit verfolgen. Die Laserpulse werden, ähnlich einem Stroboskop, dazu benutzt, Momentanbilder der Molekülkonfiguration aufzunehmen. Durch die Aneinanderreihung dieser Bilder ergibt sich dann der zeitliche Ablauf wie in einem Trickfilm. Für die Entwicklungen dieser Methode wurde Ahmed Zewail 1999 mit dem Chemie-Nobelpreis ausgezeichnet.

Mit speziell geformten Laserpulsen können chemische Prozesse nicht nur untersucht, sondern auch gezielt auf molekularer Ebene gesteuert werden. Die Idee, chemische Reaktionen durch Laser zu initiieren, tauchte bereits kurz nach der Erfindung dieser neuen Lichtquelle vor 40 Jahren auf. Stellt man sich die chemischen Bindungen eines Moleküls als elastische Verknüpfungen mit charakteristischen Resonanzfrequenzen vor, dann erscheint es einleuchtend, dass man sie durch resonantes Laserlicht individuell zu Schwingungen anregen, schwächen und schließlich brechen kann. Es zeigte sich aber, dass die Schwächung einzelner Bindungen nicht mit einem einzigen *Laser* erreicht werden kann, da die Bindungen in einem Molekül sehr stark miteinander wechselwirken und die vom Laserlicht gezielt eingebrachte Energie sich dadurch sehr schnell auf alle Teilchen des Moleküls verteilt. Als Resultat erhält man lediglich ein Molekül mit erhöhter Temperatur, was sich sehr viel einfacher auch durch direktes Erwärmen des Reaktionsgefäßes erreichen ließe.

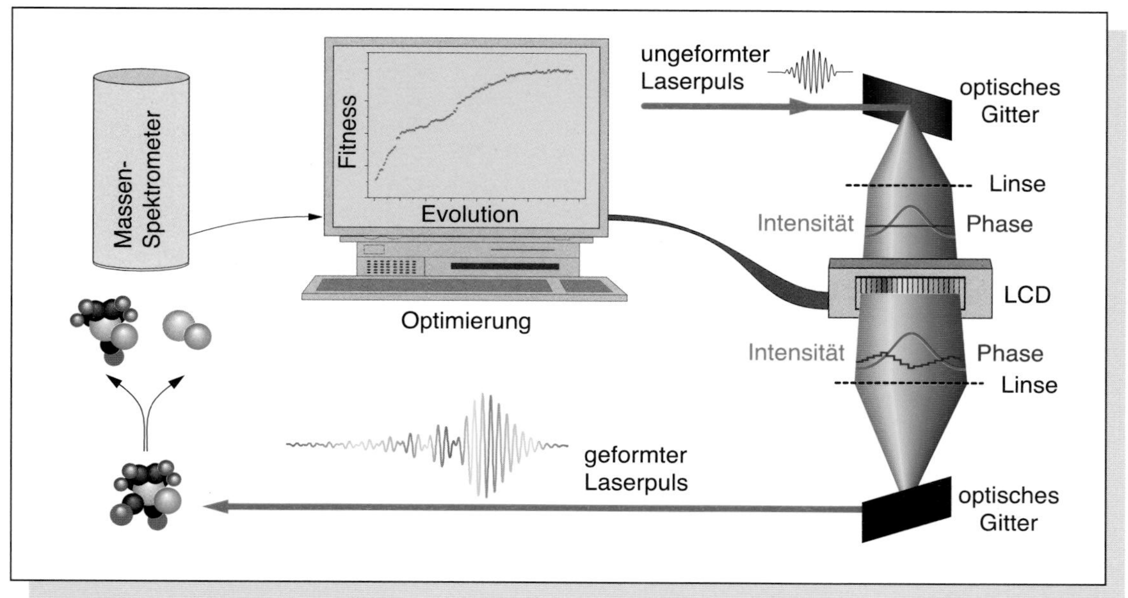

Abb. 3.2.10.
Mit Hilfe eines sogenannten Pulsformers (rechte Bildseite) werden speziell geformte Laserpulse erzeugt (gezeigt ist ein Beispiel für eine komplexe Pulsstruktur), die in einem Molekülstrahl chemische Reaktionen auslösen. Ein Optimierungsverfahren, dem das Evolutionsprinzip zu Grunde liegt, verbessert diese Pulsformen sukzessive so lange, bis die chemische Reaktion genau nach Wunsch abläuft. (Gustav Gerber, Universität Würzburg)

Kohärente Kontrolle

Allerdings wurde bisher nicht berücksichtigt, dass ein Molekül ein Quantenobjekt ist. In einem Quantenobjekt ist es möglich, dass zwei unterschiedliche, jeweils mit spezifischen Laserfrequenzen verknüpfte Anregungsprozesse, die zu ein und demselben Endzustand führen, konstruktiv oder destruktiv miteinander interferieren. Deshalb kann der Endzustand entweder verstärkt oder überhaupt nicht angeregt werden. Dazu ist es aber notwendig, diese beiden Anregungsprozesse kohärent, also interferenzfähig zu realisieren. Das kann man erreichen, indem man ultrakurze Laserlichtpulse mit ihrem breiten Spektrum und der definierten Phasenlage aller in ihnen enthaltenen Frequenzen verwendet. Durch gezielte Kontrolle der Amplitude und Phase der einzelnen Frequenzkomponenten kann man erreichen, dass aufgrund konstruktiver Interferenz nur eine einzige Bindung stark mit dem Licht wechselwirkt, während alle anderen kaum angeregt werden. Diese kohärente Steuerung chemischer Reaktionen ist zwar vom Konzept her auf eine Vielzahl isolierter Moleküle anwendbar, aber praktisch nur schwer durchzuführen, da die notwendigen Amplituden und Phasenlagen der einzelnen Lichtfrequenzen vorab nicht bekannt sind.

Revolution durch Evolution

Zur Lösung dieses Problems behelfen sich Forscher mit einem bereits in der Natur bewährten Verfahren - dem Darwinschen Prinzip des „Survival of the Fittest" („Der Beste überlebt"). Zunächst wird mit einem Femtosekunden-Laser ein breites Spektrum mit genau definierter Phase erzeugt. Ein *Pulsformer* (Abb. 3.2.10., rechte Bildseite) spaltet den Laserpuls in seine einzelnen Farben auf. Dann werden mit Hilfe eines Flüssigkristalldisplays (LCD) die relativen Farbanteile (Intensität) und deren zeitliche Anordnung (Phase) verändert. Schließlich werden die einzelnen Farben wieder zu einem Puls zusammengesetzt. Dieses Verfahren überführt die ungeformten Laserpulse, bei denen alle spektralen Anteile zur selben Zeit auftreten, in entsprechend „geformte" Laserpulse, die zu unterschiedlichen Zeiten variabel einstellbare Anteile der verschiedenen Spektralfarben aufweisen.

Die so geformten Lichtpulse werden dazu benutzt, eine chemische Reaktion in einem Molekülstrahl zu starten, um eine gewünschte Substanz herzustellen. Mit Hilfe eines Massenspektrometers misst man, welche Produkte dabei mit welcher Ausbeute erzeugt wurden. Ein Computer verarbeitet diese Informationen und versucht, verbesserte Lichtpulse mit veränderten spektralen Amplituden und Phasenlagen zu errechnen, die dann wiederum vom Pulsformer erzeugt und im Experiment am Molekülstrahl getestet werden. Laserpulse, die das Optimierungsziel besonders gut erfüllen, werden ausgewählt und durch Kombination mit ähnlich erfolgreichen Mustern „fortgepflanzt". Einige der hierdurch erzeugten „Nachkommen" sind wiederum besser geeignet, das

Synthesеziel zu erreichen, als ihre „Vorfahren". Es wird ihnen aufgrund der direkten Rückkopplung aus dem Experiment eine höhere „Fitness" zugeordnet, und sie werden erneut zur Reproduktion ausgewählt. Wenn dieser Vorgang der Evolution für genügend viele Generationen durchschritten wird, steigt die durchschnittliche Fitness an, und es findet sich schließlich ein Laserpuls, der optimal dazu in der Lage ist, die gewünschte Molekülsorte zu erzeugen. Das Erstaunliche an dieser Methode ist, dass für eine erfolgreiche Durchführung kaum Vorwissen über die untersuchten Moleküle oder den Ablauf der chemischen Reaktion benötigt wird. Das Optimierungsverfahren nach dem Evolutionsprinzip ist selbstlernend und findet die optimalen Laserpulsformen völlig automatisch. Für den Einsatz in der synthetischen Chemie wird zur Zeit daran gearbeitet, das Verfahren von Molekülstrahlen auf Flüssigkeiten zu übertragen. Es ist durchaus denkbar, dass auf diesem Weg die Herstellung pharmazeutischer Produkte in völlig neue Bahnen geleitet wird, da es dann möglich ist, „Designer-Moleküle" direkt und optimal mit Hilfe von selbstlernenden Femtosekunden-Lasern zu erzeugen.

Kurze Pulse, hohe Leistungen, enorme Intensitäten

Bei den bisher vorgestellten Anwendungen waren vor allem die geringe Länge der Laserpulse und die präzise Kontrolle ihrer Eigenschaften entscheidend. Ein weiterer, nicht weniger wichtiger Aspekt ist die Möglichkeit, schon bei moderaten Pulsenergien enorme Lichtleistungen zu erzeugen - denn Leistung ist Energie pro Zeit. So hat ein 100 fs langer Lichtpuls mit einer Energie von einem Joule - gerade genug, um einen Fingerhut voll Wasser um 1/4 Grad zu erwärmen - eine Leistung von 10 Terawatt! Das entspricht etwa der Leistung von 10000 großen Kraftwerken, wenn auch nur für eine extrem kurze Zeitspanne.

Einen entscheidenden Durchbruch bei der Erzeugung extrem hoher Laserleistungen brachte Ende der 80er Jahre die Einführung des CPA-Verfahrens (*chirped pulse amplification*) zur Pulsverstärkung. Es gibt derzeit weltweit etwa 15 Laseranlagen mit Leistungen von mehr als 10 Terawatt, drei davon in Deutschland (Berlin, Jena, München). Fokussiert man die Ausgangsstrahlung eines solchen gepulsten Lasers auf einen sehr kleinen Fleck, so erhält man unvorstellbar hohe Lichtintensitäten - in einigen Labors heute schon 10^{20} W/cm^2. Bei solchen enormen Intensitäten laufen viele optische Vorgänge ganz anders ab, als unter normalen Umständen.

Strahlung dominiert Materie

Bei einer Intensität von mehr als $3 \cdot 10^{16}$ W/cm^2, was nach heutigem Standard noch recht moderat ist, wird die Kraft, mit der die Strahlung auf ein Elektron in einem Wasserstoffatom wirkt, größer als die Coulomb-Kraft, die das Elektron im Atom an das Proton bindet. Bei noch höheren Intensitäten, jenseits von 10^{18} W/cm^2, erreichen die im Laserfeld oszillierenden Elektronen fast Lichtgeschwindigkeit und relativistische Effekte gewinnen zunehmend an Bedeutung. In jedem Falle erreicht man einen vollständig neuen Bereich der Wechselwirkung zwischen Strahlung und Materie: Während normalerweise die Strahlung immer als kleine, auf die Materie wirkende Störung aufgefasst werden kann, drehen sich nun die Verhältnisse um. Unter diesen Umständen dominiert die Strahlung, und die Materieeigenschaften treten in den Hintergrund.

Eine interessante Anwendung dieser ungewöhnlichen Wechselwirkungen besteht darin, sehr kurze, kohärente Röntgenpulse in atomaren Gasen zu erzeugen. Sie entstehen als Oberwellen der eingestrahlten optischen Pulse von sehr hoher Ordnung. Die kürzesten auf diese Weise erzeugten Wellenlängen liegen gegenwärtig bei 3 Nanometer - dies entspricht der dreihundertsten Harmonischen der Eingangsstrahlung! Auf diese Weise können auch inkohärente Röntgenpulse mit Energien von mehr als 1 keV erzeugt werden. Diese Pulse sind zudem sehr kurz: Pulslängen von 250 Femtosekunden wurden bereits erreicht. Mit Hilfe dieser kurzen und intensiven Röntgenpulse ist es erstmals möglich geworden, schnelle Veränderungen der Struktur der Materie mit atomarer Auflösung zu erfassen und zu analysieren.

Höllenfeuer im Labor

Trifft ein intensiver ultrakurzer Laserpuls auf einen Festkörper, so werden die Atome sofort ionisiert, und es entsteht sehr schnell ein heißes, dichtes *Plasma* (s. a. Kapitel 3.2.4). Ein Plasma ist jener im Weltall dominierende Materiezustand, bei dem Atomkerne und Elektronen voneinander getrennt sind. Mit Hilfe solch ultrakurzer Laserpulse ist man jetzt erstmals in der Lage, Plasmen von so hoher Dichte und Temperatur zu erzeugen und zu untersuchen, wie sie sonst nur im Inneren von Sternen und Planeten oder bei Sternexplosionen (Novae und Supernovae) vorkommen.

Laserpulse hoher Intensität sind auch für die laserinduzierte Kernfusion von großem Interesse. Im Lawrence Livermore National Laboratory in den USA wurde das

Konzept des *Fast Ignitors* entwickelt, bei dem ultrakurze Laserpulse hoher Intensität gleichsam als Zündkerze für die Fusionsreaktion wirken. Ähnliche Lasersysteme lassen sich auch zur Beschleunigung von geladenen Elementarteilchen nutzen. Das Interessante an diesen Laserbeschleunigern ist, dass die auf die Teilchen wirkende elektrische Feldstärke, der *Beschleunigungsgradient*, 10^{12} V/m übersteigt und damit den von konventionellen Beschleunigern um viele Größenordnungen übertrifft ist.

Abb. 3.2.11.
Die neue Laser-Fernerkundungsmethode (LIDAR) beruht auf der starken nichtlinearen Wechselwirkung eines intensiven Terawatt-Laserpulses mit der Erdatmosphäre. Es entsteht in einem elektrisch leitfähigen Lichtkanal weißes Licht, das auch in 15 km Höhe noch sichtbar ist.
(Roland Sauerbrey, Universität Jena)

Bei allerhöchsten Intensitäten könnten in Zukunft auch experimentelle Tests fundamentaler physikalischer Theorien möglich werden. So ist bereits im Experiment die Materialisierung von Licht durch nichtlineare *Compton-Streuung* nachgewiesen worden. Dabei kollidieren Photonen und Elektronen wie feste Teilchen miteinander und es entstehen Positron-Elektron-Paare. Zukünftig wird auch die direkte Paarerzeugung in starken elektrischen Feldern und damit der sogenannte Zusammenbruch des quantenelektrodynamischen Vakuums von Interesse sein. Um dies im Experiment beobachten zu können, muss allerdings die Laserintensität erst noch auf ca. 10^{29} W/cm^2 erhöht werden.

Vielfältige Anwendungen

Es zeichnet sich inzwischen eine ganze Reihe von weiteren, konkreten technischen Anwendungen für ultrakurze Laserpulse ab. Sie reichen im Niederintensitätsbereich von der schon kommerziell erhältlichen Multiphotonenmikroskopie bis zur Erzeugung von Terahertzstrahlung für Kommunikationszwecke. Bei mittleren Intensitäten erlauben ultrakurze Pulse erstmals die Feinbearbeitung von Metallen. So wurden etwa am Laserzentrum Hannover Stützstrukturen für die menschlichen Koronararterien aus Titan und organischen Materialien mit Femtosekunden-Lasern hergestellt. Auch bei Augenoperationen spielen Kurzpulslaser eine zunehmende Rolle (s. Kapitel 4.2). Neue medizinische Röntgenquellen, die auf Femtosekunden-Lasern basieren, nutzen vor allem die geringe Größe der Strahlungsquelle und die Möglichkeit einer zeitaufgelösten Detektion aus, um die Dosis für die medizinische Diagnostik zu senken und zugleich die Auflösung zu erhöhen. Eine kürzlich demonstrierte neue Laser-Fernerkundungsmethode (LIDAR) beruht auf der stark nichtlinearen Wechselwirkung eines intensiven Terawatt-Laserpulses mit der Erdatmosphäre. Dadurch entsteht in einem elektrisch leitfähigen Lichtkanal weißes Licht (s. Abb. 3.2.11), und es wird z. B. möglich, durch Absorptionsspektroskopie die Zusammensetzung der Atmosphäre hochaufgelöst mit einem einzigen Lasersystem zu vermessen.

Schalten mit Licht

In optisch nichtlinearen Materialien beeinflusst das Licht die optischen Eigenschaften. So kann Licht hoher Intensität den Brechungsindex (optischer Kerr-Effekt) oder die Absorptionseigenschaften verändern. Es ist also denkbar, dass die Ausbreitung eines Lichtpulses durch die Anwesenheit eines anderen intensiven Lichtpulses beeinflusst werden kann. Dieser Effekt von Licht-Licht-Wechselwirkung tritt in optisch nichtlinearen Materialien tatsächlich auf. Mit Laserlichtpulsen von weniger als einer billionstel Sekunde lassen sich somit extrem schnelle Schalter und andere aktive optische Elemente realisieren. Aktive optische Elemente könnten in vielen Anwendungen, z. B. in der Informationsverarbeitung, elektronische Elemente ergänzen oder ersetzen und werden dann heutigen Komponenten weit überlegen sein.

Nichtlineare Kristalle als Quelle für ungewöhnliches Licht

Die nichtlineare Wechselwirkung in optischen Materialien kann auch dazu führen, dass einfallendes Laserlicht einer bestimmten Frequenz in Licht anderer Frequenzen umgewandelt wird. Ist anfangs mehr als eine Frequenz vorhanden, so kann neues Licht bei der Summe oder der Differenz der eingestrahlten Frequenzen entstehen. Im Photonenbild stellt sich dieser Prozess der *Frequenzkonversion* folgendermaßen dar: In einem nichtlinearen Kristall kann ein hochenergetisches Photon spontan in zwei niederenergetische Photonen zerfallen (*Abwärtskonversion*). Die Energie- und Impulserhaltung bei diesem Prozess erlaubt nur eine bestimmte Frequenzkombination und zwingt das Licht, sich kegelförmig auszubreiten. In Abb. 3.2.12 schaut man entgegen der Ausbreitungsrichtung des Lichtes auf einen nichtlinearen Kristall, so dass die Lichtkegel als verschiedenfarbige Ringe erscheinen. Photonenpaare aus dem Überlappungsbereich zweier Ringe liegen in einem besonderen Quantenzustand vor, einem verschränkten Zustand (s. Kasten 3.2.1). Bislang sind nichtlineare Kristalle, in denen ein Photon durch den Prozess der spontanen Abwärtskonversion in zwei niederenergetische zerfällt, die Quelle schlechthin für verschränkte Photonenpaare. Es besteht ein großes Interesse daran, die Intensität dieser nichtklassischen Lichtquellen für Anwendungen in der Quantenkryptographie weiter zu erhöhen.

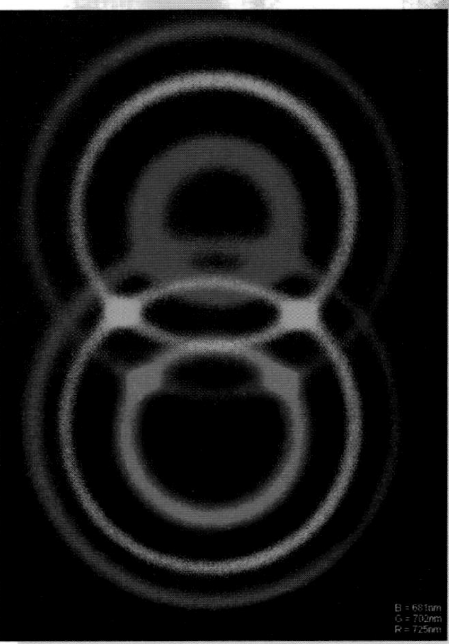

Abb. 3.2.12.
Blick auf das Licht aus einem nichtlinearen Kristall (Falschfarben-Aufnahme): Das Licht unterschiedlicher Frequenz breitet sich kegelförmig aus. In Betrachtungsrichtung von vorne sieht man deshalb unterschiedliche Ringe. Das Photonenpaar aus dem Überlappungsbereich zweier gleichfarbiger Ringe liegt in einem verschränkten Zustand vor.
(M. Reck und P. G. Kwiat, Universität Wien)

Mehr Information durch Licht

Die verbesserte Reinheit von optischen Materialien und die Entwicklung neuer Materialien haben enorme Fortschritte im Bereich der Optik gebracht. Doch neue Anwendungen von Kristallen und Gläsern in der optischen Lithografie, der Optoelektronik und der optischen Datenverarbeitung stellen immer höhere Anforderungen an die Leistungsfähigkeit und Reinheit dieser Materialien. Schon jetzt führt die Übertragung von Informationen mithilfe von Licht über optische Fasern zu einer Revolutionierung der Nachrichtentechnik. Mehr als 90% der Datenmengen in Deutschland werden bereits heute über Glasfasern transportiert, und der Bedarf steigt exponentiell. Anders ausgedrückt: ohne Glasfaser kein Internet!

Die extreme Reinheit und damit Verlustfreiheit von Glasfasern, die Licht über viele Kilometer übertragen, fällt erst im Vergleich mit herkömmlichen, scheinbar transparenten Materialien auf: Eine meterdicke Glasscheibe ist fast vollkommen undurchsichtig, und hätte das scheinbar klare Wasser die gleiche Transparenz wie eine optische Faser, so könnte man an jeder Stelle des Ozeans leicht den Meeresgrund sehen.

Die Standardglasfaser hat eine nutzbare Bandbreite von 50 THz im Wellenlängenbereich geringster Absorption, der zwischen 1250 nm und 1600 nm liegt. Überträgt man bei 30 verschiedenen Wellenlängen gleichzeitig Information (*Wavelength Division Multiplexing*), so lassen sich bis zu 300 Gbit/s übertragen. Selbst riesige Datenmengen, wie sie z. B. bei einem Video anfallen, können so in Sekundenschnelle transportiert werden. Neue Übertragungstechniken mit Hilfe von Solitonen werden bereits erfolgreich im Labor getestet. *Solitonen* sind spezielle optische Pulse, deren Form sich beim Durchlaufen einer Glasfaser selbst stabilisiert. Ähnliche Effekte treten auch bei Wasserwellen in schmalen Flüssen oder Kanälen auf. Mit Solitonen ist eine Informationsübertragung möglich, die weniger empfindlich auf Schwankungen der optischen Eigenschaften der Faser reagiert, welche durch Umwelteinflüsse wie z. B. Temperaturschwankungen verursacht werden.

Faserverstärker und Faserlaser

Im Bereich von optisch aktiven Elementen, die in der Kommunikationstechnologie eingesetzt werden, spielen *Faserverstärker* eine entscheidende Rolle. Faserverstärker können Verluste in Lichtleitern bei der optischen Datenübertragung ausgleichen. Zu diesem Zweck werden die Fasern mit aktivem Material, meist mit Ionen der Seltenen Erden, dotiert. Zusätzlich in die Faser eingekoppeltes Laserlicht regt diese Ionen optisch an (*optisches Pumpen*), so dass ein durch die Faser laufender Lichtpuls Energie von den angeregten Ionen aufnehmen kann und verstärkt wird. Im Extremfall können auf ähnliche Weise optische Fasern sogar zu Lasertätigkeit angeregt werden (s. Abb. 3.2.13). Die Führung des Pumplichtes in der Faser erlaubt es, hohe Pumpintensitäten über große Bereiche der Faser aufrecht zu erhalten. Somit kann das aktive Material sehr effizient angeregt werden. Die Ionen können sogar mehrere niederenergetische Photonen absorbieren und nachfolgend ein hochenergetisches Photon emittieren (*Aufwärtskonversion*). Damit lässt sich Licht von einer infraroten Pumpquelle in sichtbares Laserlicht umwandeln. Gleichzeit garantiert die Führung in der optischen Faser eine sehr gute Strahlqualität des Laserlichts. Je nach aktivem Material kann eine Aufwärtskonversion in rotes, grünes oder blaues Licht erfolgen, d. h. das Spektrum für einen zukünftigen Laserbildschirm bereitgestellt werden.

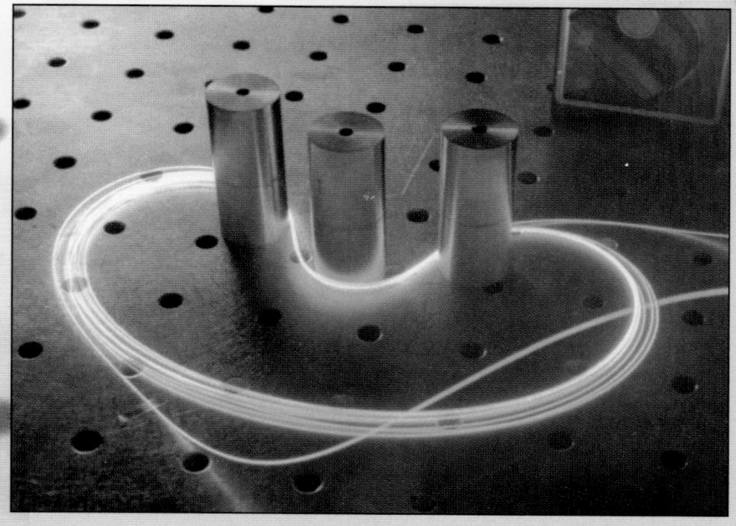

Abb. 3.2.13.
Bild eines Faserlasers: Die Lichtfaser ist mit Ionen der Seltenen Erden dotiert. Das Pumplicht läuft durch dieselbe Faser, so dass das aktive Material sehr effizient angeregt werden kann. (A. Tünnermann, H. Zellmer, H. Welling, „Faserlaser" in Physikalische Blätter, November 1996)

3.2.3 Neue Materialien durch Mikrostrukturierung

Die beeindruckenden Fortschritte in der Mikrostruktur-Technologie (s. Kapitel 3.3.6) werden jetzt auch genutzt, um neue Materialien für die Optik herzustellen. Die Strukturierung auf der Größenskala der Lichtwellenlänge, also im Bereich von Mikrometern und darunter, erlaubt es, die optischen Eigenschaften von Materie - in gewissen Grenzen - maßzuschneidern. Man ist somit nicht mehr nur auf die von der Natur vorgegebenen optischen Eigenschaften der Materialien angewiesen.

Eine Anwendung findet die Mikrostrukturierung im Bereich nichtlinearer Materialien bei der *Frequenzkonversion*, also der Umwandlung von Licht einer Wellenlänge in das einer anderen. Im *optischen parametrischen Oszillator* nutzt man nichtlineare Effekte aus, um aus dem Licht einer „Pumplichtquelle" mit konstanter Frequenz *durchstimmbares* kohärentes Licht zu erzeugen, dessen Frequenz in weiten Grenzen verändert werden kann. Kohärentes Licht neuer Frequenzen erzeugen zu können, ist von besonderer praktischer Bedeutung. Denn obwohl es bereits eine außergewöhnlich große Anzahl von Lasern mit unterschiedlichen Lichtfrequenzen gibt, emittiert doch jeder Laser nur bei einer oder wenigen diskreten Frequenzen. Das Ziel ist es deshalb, mit Hilfe von nichtlinearen Materialien einen *optischen Synthesizer* zu bauen, mit dem extrem schmalbandiges Licht erzeugt werden kann, das kontinuierlich über einen großen Spektralbereich vom Infraroten bis zu Ultravioletten abgestimmt werden kann. Anwendungen für solch einen Synthesizer ergeben sich in vielen Forschungsgebieten wie der hochauflösenden Spektroskopie und der Spurengasanalyse oder bei der Kühlung von Atomen und Molekülen.

Neues Licht durch neue Materialien

Ein Problem bei der effektiven Frequenzkonversion z. B. im optischen parametrischen Oszillator besteht darin, dass die Ausbreitungsgeschwindigkeit des Lichtes in einem Medium von der Lichtfrequenz abhängt. Diese *Dispersionseigenschaft* macht den Umwandlungsprozess im Allgemeinen sehr ineffizient, da das ursprüngliche Licht und das erzeugte Licht gewissermaßen aus dem Gleichschritt geraten. Dem will man dadurch abhelfen, dass man die Dispersion im Medium periodisch auf der Skala weniger Wellenlängen moduliert. Auf diese Weise ist mal die eine

Frequenzkomponente etwas schneller, mal die andere. Im Mittel ergibt sich durch diesen Trick also quasi ein „Gleichschritt" der beiden Frequenzen. Man spricht deshalb auch von Quasi-Phasenanpassung. Die Effizienz bei der Frequenzkonversion ist in diesen mikrostrukturierten Materialien sehr viel höher als in herkömmlichen nichtlinearen Substanzen.

In lithografisch hergestellten Lichtwellenleitern macht man die nichtlineare Wechselwirkung noch stärker, indem man den Lichtstrahl auf einen Durchmesser von wenigen millionstel Meter konzentriert. Dadurch erhöht sich die Lichtintensität im Material, und es verstärken sich die nichtlinearen optischen Effekte. Durch die Kombination von Mikrostrukturierung und nichtlinearer Frequenzverdopplung gelingt es, kompaktere und effizientere Laserlichtquellen auch für kurzwellige Strahlung herzustellen. Kurze Wellenlängen sind für die kompakte optische Datenspeicherung von besonderer Bedeutung, gemäß der Faustregel: je kürzer die Wellenlänge, desto höher die Speicherdichte. Ein Beispiel sind die erst vor kurzem eingeführten DVDs (*Digital Versatile Disks*), die von kurzwelligeren roten Lasern ausgelesen werden können als die herkömmlichen CDs. Deshalb ist die Speicherkapazität einer DVD zehnmal größer als die einer CD. Aus diesem Grund bemüht man sich, neue und preiswerte Diodenlaser z. B. aus Galliumnitrid zu entwickeln, die Licht im blauen, also noch kurzwelligeren Spektralbereich abstrahlen.

Photonische Kristalle

Um optische Elemente weiter zu miniaturisieren, untersucht man seit einigen Jahren, wie man die Ausbreitung und die Ausbreitungseigenschaften des Lichtes auf extrem kurzen Längenskalen, etwa auf Strecken von einem tausendstel Millimeter, vollständig kontrollieren kann. Man fand heraus, dass sich das Licht in einer ausgedehnten dielektrischen Struktur mit periodisch variierenden Brechzahlen - einem *photonischen Kristall* - ähnlich verhalten kann wie Elektronen in einem Kristallgitter: Für bestimmte Frequenzen kann sich das Licht nicht im photonischen Kristall ausbreiten, während es ansonsten ungehindert vorankommt. Dies setzt allerdings voraus, dass die Periodenlänge, auf der die Brechzahl variiert, von der Größenordnung der halben Lichtwellenlänge ist, also für sichtbares Licht einige zehntausendstel Millimeter beträgt. Der einfachste photonische Kristall ist ein dielektrischer Spiegel oder *Bragg-Gitter*, der ähnlich wie ein metallischer Spiegel Licht in einem bestimmten Wellenlängenbereich vollständig reflektiert, dabei jedoch keine Verluste aufweist. Es ist äußerst kompliziert, photonische Kristalle herzustellen, und erfordert den Rückgriff auf Hochtechnologien, wie sie in der Elektronik angewendet werden. Interessanterweise bringt auch die Natur solche Strukturen hervor. So gehen die besonderen optischen Eigenschaften eines Schmetterlingsflügels oder des Halbedelsteins Opal auf dieselben optischen Effekte zurück, die in den photonischen Kristallen genutzt werden.

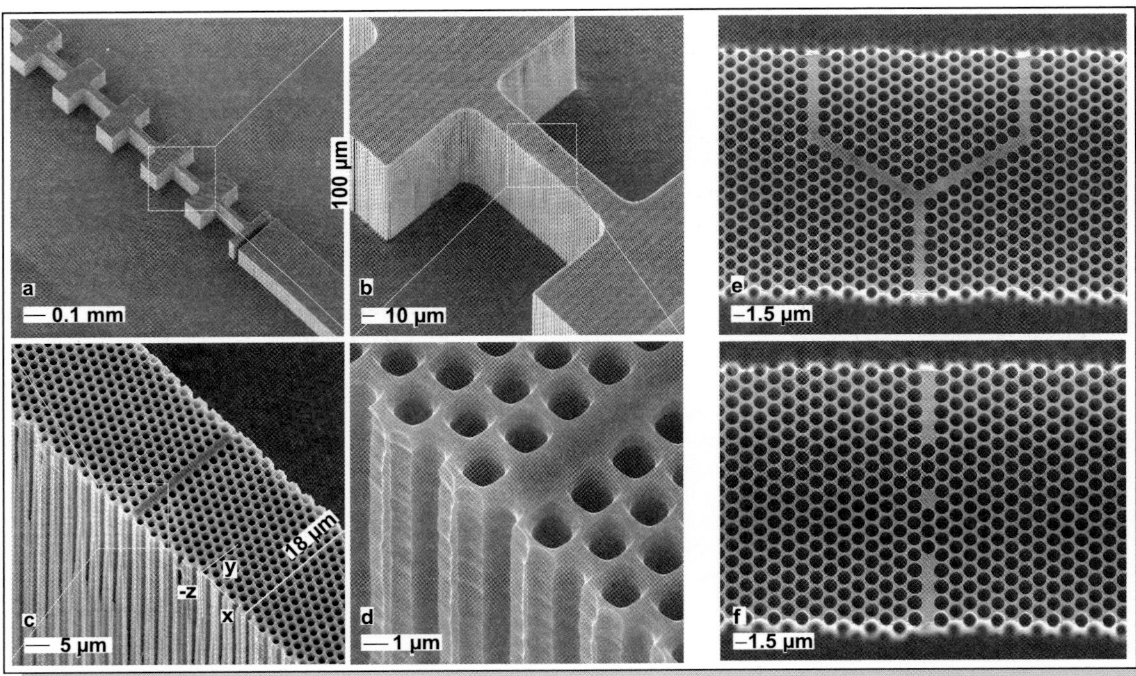

Abb. 3.2.14.
Zweidimensionale photonische Kristalle können z. B. aus hochreinem Silizium durch ein spezielles Ätzverfahren hergestellt werden. In (a) bis (d) erkennt man, dass eine Lochreihe fehlt. Diese Defektstruktur dient als Wellenleiter. In (e) und (f) wird ein Strahlteiler bzw. ein Resonator gezeigt. (U. Gösele, MPI für Mikrostrukturphysik, Halle; Infineon Technologies)

Das Licht um die Ecke bringen

Licht besitzt in solchen periodischen Medien neue, spezifische Ausbreitungseigenschaften, wie sie in herkömmlichen Materialien nicht angetroffen werden. Die Attraktivität der photonischen Kristalle besteht darin, dass ihre optischen Eigenschaften von geometrischen Größen wie Periodenlänge, Symmetrie und räumlicher Variation der Brechzahl abhängen und somit nach Wunsch verändert werden können. Ähnlich dem erwähnten dielektrischen Spiegel kann man dreidimensionale periodische Strukturen herstellen, die in bestimmten Frequenzbereichen die Ausbreitung von Licht in allen Richtungen verbieten, also für dieses Licht völlig undurchlässig sind. Führt man lokale Defekte in diese periodischen Strukturen ein, so kann man erreichen, dass das Licht an diesen Defekten auf extrem kleinen Flächen lokalisiert bleibt oder entlang bestimmter Pfade geführt wird (s. Abb. 3.2.14). Insbesondere gelingt es, Licht auf sehr kurzen Distanzen gleichsam „um die Ecke“ zu leiten, ohne dass große Verluste oder Reflexionen auftreten. Die potentiellen Anwendungen der photonischen Kristalle beruhen im Wesentlichen auf diesen Grundeffekten.

Photonische Kristalle gibt es derzeit als eindimensionale Schichtsysteme, zweidimensionale Säulenstrukturen sowie als dreidimensionale Säulenstrukturen oder Kugelanordnungen. Besonders vielversprechend ist es, optische Fasern mit sehr geringer Dispersion aus photonischen Kristallen herzustellen. Der weitere Fortschritt in den Strukturierungstechnologien wird es ermöglichen, verschiedene optische Bauelemente aus periodischen photonischen Strukturen zu fertigen. Solche Bauelemente können sowohl miniaturisierte Versionen bekannter optischer Elemente sein, wie Strahlteiler oder Phasenschieber, als auch ganz neue optische Funktionen ermöglichen.

Diffraktive Optik

Seit man gezielt Strukturen herstellen kann, die so groß sind wie die Wellenlänge des sichtbaren Lichtes, ist es zur Wiederbelebung von originellen Ideen aus der physikalischen Optik des letzten Jahrhunderts gekommen, die damals verworfen wurden, weil die nötige Technologie gefehlt hatte. Als ein Beispiel sei die *diffraktive Optik* genannt, die wesentlich die Beugung des Lichtes ausnutzt. Diffraktive optische Elemente besitzen typischerweise eine zweidimensionale Form und zeichnen sich gegenüber den traditionellen Elementen wie Linsen und Prismen dadurch aus, dass sie kompakter und leichter zu handhaben sind. Zusätzlich erlauben neu entwickelte Replikationsverfahren wie das Wärmeprägen in thermoplastischem Material eine billige Massenherstellung von diffraktiven Elementen. Vor allem aber ermöglicht die diffraktive Optik im Zusammenspiel mit computergenerierten Strukturdesigns grundsätzlich neue optische Funktionen. Der Einsatzbereich reicht vom rein wissenschaftlichen Gebrauch in Spektrometern über technische Anwendungen für die optische Kommunikation bis hin zu Alltagsgegenständen wie z. B. Hologrammen auf Kreditkarten. Doch die Entwicklung steht erst am Anfang, und man wird wohl noch viele weitere Verwendungszwecke für diffraktive optische Elemente finden.

Generell ist in den nächsten Jahren eine Revolutionierung der optischen Technologien durch die Mikrostrukturierung zu erwarten. Auch kann man davon ausgehen, dass durch die Nanotechnologie die Grenzen zwischen der optischen und elektronischen Signalverarbeitung zunehmend aufgehoben werden.

Organische Halbleiterlaser

Neue, mikrostrukturierbare Materialien für die Optik werden in jüngster Zeit aus dünnen Schichten *organischer* Materie entwickelt. Sie bestehen aus organischen Molekülen oder Polymeren, die jeweils ein sogenanntes Pi-Elektronensystem enthalten. Das sind Elektronen, die innerhalb der Schicht delokalisiert sind, also nicht an ein Atom gebunden oder in einer chemischen Bindung festgehalten sind. Sie verleihen diesen Materialien bei geeigneter Dotierung elektrische Leitfähigkeit, ganz ähnlich wie beim klassischen Halbleiter (s. Kapitel 3.3.1). Deshalb nennt man diese Materialien *organische Halbleiter* (s. Kapitel 3.3.8). Viele dieser organischen Halbleiter emittieren - wie auch viele anorganische Halbleiter - sichtbares Licht, wenn sie geeignet angeregt werden. Die Wellenlänge oder Farbe dieser Lumineszenz kann durch die Wahl des speziellen organischen Materials weitgehend vorbestimmt werden. Kürzlich ist es Marburger Physikern gelungen, einen optisch gepumpten Laser ausgehend von einer Schicht aus organischem Material zu realisieren. Münchner Physiker haben ihn auf einer flexiblen Polymerfolie von mehreren Quadratzentimetern Fläche hergestellt. Die dazu notwendige Kopplung der Lichtwelle mit den Molekülen wurde mit Hilfe einer periodisch strukturierten Oberfläche des Polymers erzielt, die als Bragg-Reflektor diente. Ziel dieser Arbeiten ist ein *elektrisch gepumpter, flexibler organischer* Laser. Auf dem Weg dorthin konnten Physiker in den USA kürzlich einen wichtigen Erfolg erzielen: Sie haben aus Tetracen, einem aromatischen Kohlenwasserstoff,

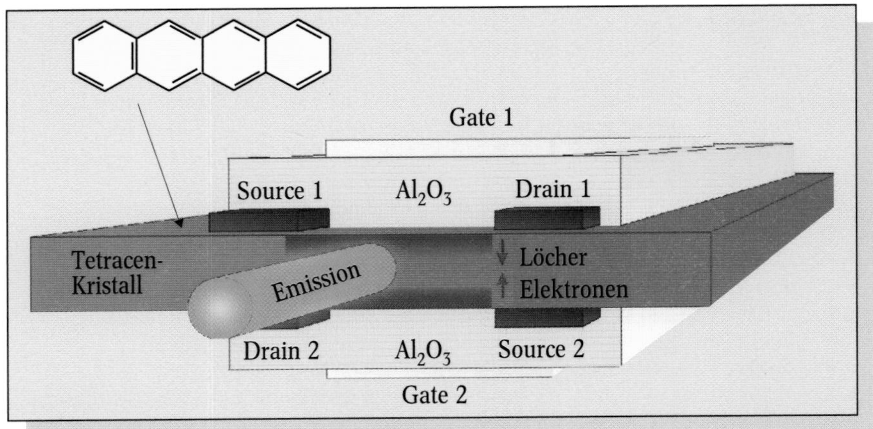

Abb. 3.2.15.
Der erste elektrisch gepumpte organische Halbleiterlaser besteht aus einem wenige Mikrometer dünnen Tetracen-Kristall, auf den unten und oben Feldeffekt-Elektroden aufgebracht wurden. Die injizierten Elektronen bzw. Löcher rekombinieren unter Aussendung von Photonen. (J. H. Schön, C. Kloc, A. Dodabalapur und B. Batlogg, Bell Laboratories, USA).

dünne, hochreine Kristalle und daraus Bauelemente hergestellt, die ähnlich aufgebaut sind wie Feldeffekt-Transistoren (Abb. 3.2.15). Auf diese Weise ist es ihnen gelungen, den ersten elektrisch gepumpten organischen Halbleiterlaser herzustellen.

Nano-Optik

Die experimentelle Erforschung des Übergangs von der Quantenwelt einzelner Atome zu großen Molekülen und Clustern bis zu makroskopischen Festkörpern ist ein spannendes aktuelles Forschungsthema. Indem man einzelne Teilchen beobachtet und untersucht, erhält man Detailinformationen, die sich durch Untersuchung von Ensembles aus vielen unterschiedlichen Partikeln nicht gewinnen lassen. Der Einsatz optischer Methoden, mit denen sich einzelne Nanoteilchen und Nanostrukturen herstellen, untersuchen und manipulieren lassen, konstituiert das junge interdisziplinäre Gebiet der Nano-Optik, das sich im letzten Jahrzehnt als besonders dynamisch erwiesen hat.

In Chemie und Materialwissenschaften möchte man optische Prozesse wie die Energieübertragung zwischen einzelnen Molekülen auf der Skala von nur wenigen Nanometern beobachten und kontrollieren. In der Biologie kann ein einzelnes fluoreszierendes Molekül oder leuchtendes Nanoteilchen dazu dienen, die *in vivo* Dynamik eines komplexen biologischen Systems mit bisher unerreichter räumlicher Präzision sichtbar zu machen (s. Abb. 3.1 und Kapitel 3.5.5). Lässt doch die extrem geringe Größe eines einzelnen Moleküls und die Empfindlichkeit seiner optischen Eigenschaften gegenüber äußeren Störungen es zum idealen „Spion" seiner nanoskopischen Umgebung werden. Ferner strahlt ein einzelnes Molekül, im Gegensatz zu konventionellen Lichtquellen oder Lasern, immer nur ein Photon auf einmal aus. Solches, aus einzelnen Photonen bestehendes Licht wird zur Zeit von verschiedenen Gruppen verwendet, um Informationen quantenmechanisch zu verschlüsseln (s. Kap. 3.2.1).

Angesichts der geringen Fluoreszenzintensität eines einzelnen Moleküls, muss man es mit einer sehr hellen Lichtquelle beleuchten, um es „sehen" oder detektieren zu können. Zudem benötigt man einen sehr empfindlichen Detektor mit einer hohen räumlichen Auflösung, die das Signal vom Hintergrundsignal trennt, das die Nachbarmoleküle verursachen. In den letzten zehn

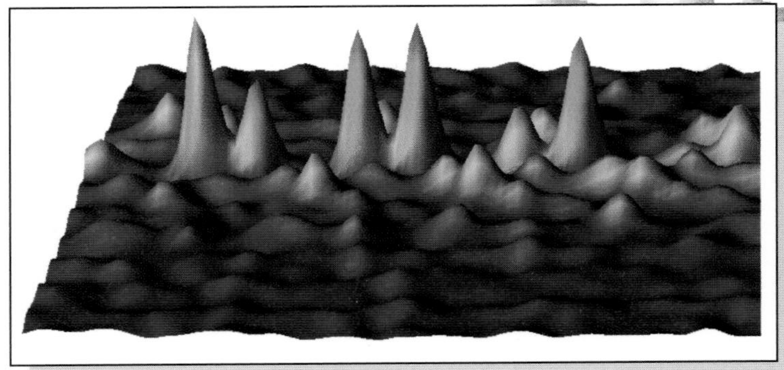

Abb. 3.2.16.
Mikroskopische Aufnahme eines einzelnen biologischen Makromoleküls, des sogenannten Green Fluorescent Proteins (GFP) in Polyacrylamidgel. (W. E. Moerner, Stanford Universität, USA)

Jahren ist die Detektion einzelner Moleküle in Flüssigkeiten, auf Oberflächen und in Festkörpern vom Demonstrationsexperiment zur Routine gereift (s. Abb. 3.2.16). Dennoch leiden zur Zeit alle diese Untersuchungen bei Raumtemperatur unter photophysikalischen und photochemischen Problemen, die nach wenigen Minuten zur Auslöschung der Fluoreszenz führen. Die Suche nach besseren lichtemittierenden nanoskopischen Systemen ist ein sehr gutes Beispiel für die interdisziplinäre Natur der Nanowissenschaften, da bei dieser Suche die Innovation der Chemiker in der Synthese, das Know-how der Materialwissenschaftler in der kontrollierten Fabrikation und das Talent der Physiker in der Untersuchung fundamentaler Phänomene zusammen kommen müssen.

Nanoteilchen als optische Instrumente

Wie bereits erwähnt, spielt eine hohe räumliche Auflösung eine entscheidende Rolle bei Experimenten mit Nanoteilchen und Nanostrukturen. Über mehr als ein Jahrhundert galt der Lehrsatz, dass man sehr kleine Strukturen mit einem optischen Mikroskop nicht getrennt voneinander sehen kann, wenn sie dichter nebeneinander liegen als die halbe Wellenlänge des Lichtes, mit dem man sie beleuchtet. Seit etwa zwanzig Jahren weiß man aber, dass diese Aussage nicht korrekt ist, wenn das Objekt mit einer Lichtquelle beleuchtet wird, die deutlich kleiner ist als die Lichtwellenlänge und die zudem nur wenige Nanometer vom Objekt entfernt ist. Bei solch kleinen Abständen hat das Licht noch nicht seinen vollen Wellencharakter entwickelt und besitzt einen Anteil, der sich zwar nicht über große Entfernungen ausbreiten kann, der aber dennoch Informationen über die winzig kleine Struktur der beleuchteten Probe trägt.

Seit ihrer ersten Demonstration im Jahr 1984 hat die *optische Nahfeldmikroskopie* (*Scanning Near-field Optical Microscopy* oder SNOM) ein explosionsartiges Wachstum und vielfältigen Einsatz in der Physik, der Biologie, der Chemie und in den Materialwissenschaft erlebt. Bei dieser Methode lässt man Licht zumeist durch eine Subwellenlängenöffnung oder *Apertur* am Ende einer metallisierten Spitze auf die Probe fallen (s. Abb. 3.2.17, unten). Eine solch kleine Öffnung behindert zunächst den Austritt des Lichts. Erst durch Wechselwirkung mit einer Struktur direkt unterhalb der Apertur kann das Licht in den freien Raum gestreut werden, wo man es schließlich detektiert (s. Abb. 3.2.17, oben). Die auf diese Weise erreichbare Auflösung hängt von der Größe der Öffnung und ihrem Abstand von der Probe ab und kann bis hinunter zu etwa 50 Nanometern gehen. Ein Bild der Probe erhält man dann, indem man sie punktweise abrastert.

Um eine ultrahohe Auflösung zu erreichen, liegt es nahe, ein einzelnes Molekül als Lichtquelle zu benutzen. Doch diese Methode stellt die Experimentatoren vor große Herausforderungen. Durch die elektromagnetische Wechselwirkung zwischen einem solchen präzise vor der Oberfläche plazierten Molekül mit seiner unmittelbaren Umgebung kann Information über die Probe mit hoher Auflösung auf das Fluoreszenzspektrum des Moleküls übertragen werden. Kürzlich ist an der Universität Konstanz der erste Schritt zur Realisierung dieses Traums gelungen: Ein einzelnes Farbstoffmolekül in einem Kristall an der Spitze einer Lichtfaser wurde zunächst durch ein hochauflösendes Spektroskopieverfahren identifiziert und dann sehr präzise vor der Oberfläche einer Testprobe in Stellung gebracht.

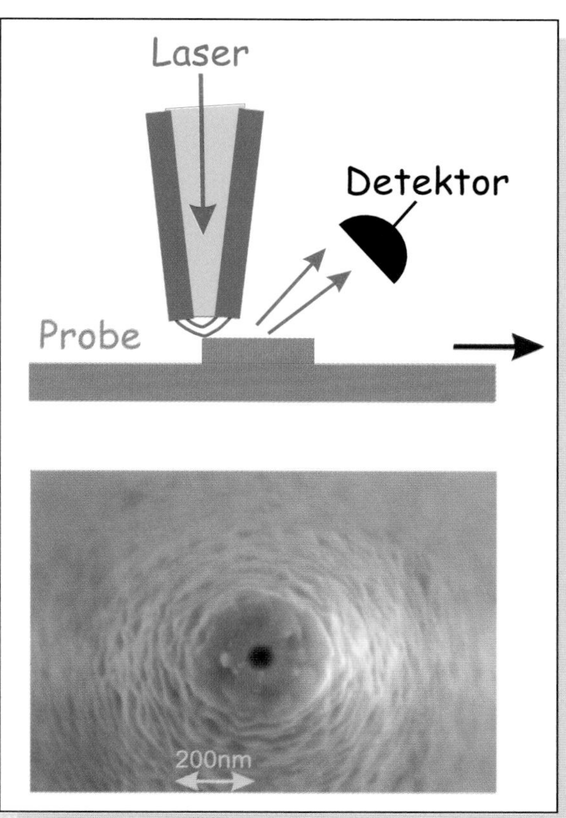

Abb. 3.2.17.
Oben: Schematische Darstellung der Nahfeldmikroskopie mit Hilfe einer bedampften Faserspitze. Unten: Blick auf eine metallisierte Faserspitze. Das Licht kann nur durch die kleine Öffnung in der Mitte der Spitze austreten.
(Vahid Sandoghdar und Jürgen Mlynek, Universität Konstanz)

Diese neue Lichtsonde, die lediglich aus einem einzigen Molekül besteht, ist nur ein Beispiel für den Strom von Ideen und Ergebnissen innerhalb des neuen Gebietes der Nano-Optik. Es zu erwarten, dass sich im kommenden Jahrzehnt die Kontrolle über nanoskopische optische Phänomene rasch entwickeln wird.

Trends und Perspektiven

Die aufgeführten Beispiele widerspiegeln die beeindruckenden Fortschritte und das Facettenreichtum der Forschung in der Atom- und Molekülphysik sowie in der Quantenoptik. Ein tiefes Verständnis und die genaue Kontrolle der physikalischen Vorgänge im Wechselspiel zwischen Licht und Materie sind bis auf die Ebene einzelner Quantenteilchen erzielt worden. Richard P. Feynman hielt 1959 am California Institute of Technology einen berühmt gewordenen Vortrag über die mögliche Manipulation und Kontrolle von Materie auf der Nanoskala. Der visionäre Titel des Vortrags lautete: „There is plenty of room at the bottom“. Im Feynmanschen Sinne kann man jetzt feststellen, das dieser Boden - das tiefe Verständnis der fundamentalen Vorgänge und die Möglichkeit, diese zu manipulieren - erreicht ist. Hierauf aufbauend entwickelten sich zum einen Technologien, mit denen man in neue Bereiche der Physik vordringen kann. Zum anderen wirkt die neue Herangehensweise, komplexe Probleme vom „Boden“ der ganz fundamentalen Effekte her anzugehen, auf viele andere Disziplinen der Naturwissenschaften äußerst befruchtend. Einige Trends in den vielfältigen Forschungsaktivitäten lassen sich bereits erkennen.

So ist abzusehen, dass einer der entscheidenden nächsten Schritte bei der praktischen Umsetzung physikalischer Technologien darin besteht, Quanteneffekte nutzbar zu machen. Aus den Messgeräten und Apparaturen, mit deren Hilfe die Gedankenexperimente der Quantentheorie Wirklichkeit geworden sind, werden sich quantentechnologische Prototypen entwickeln. Mit der Zusammensetzung immer komplexerer Quantensysteme aus einzelnen Grundbausteinen wird sich die Grenze zwischen der klassischen und der nichtklassischen Physik weiter verschieben. Es ist denkbar, dass die Funktionsweise zukünftiger elektrooptischer und mechanischer Komponenten einmal genauso selbstverständlich durch Quanteneffekte bestimmt werden wird, wie sie heute den Gesetzen der klassischen Elektronik und Mechanik gehorcht.

Die Untersuchung von Licht und Materie in immer extremeren Grenzbereichen mit noch schnelleren, genaueren und effizienteren Messverfahren wird die Fundamente der bestehenden Physik einer immer schärferen Überprüfung unterziehen. Neue physikalische Theorien für eine vereinheitlichte Naturbeschreibung, wie sie z. B. auch durch Experimente in der Hochenergiephysik motiviert werden, könnten auf dem „Prüfstand“ der atomphysikalischen Höchstpräzisionsmessung getestet werden.

Wie bereits angesprochen kann man vom „Boden“ der fundamentalen Effekte ausgehend Fragestellungen in allen naturwissenschaftlichen Gebieten untersuchen, sei es in der Biologie, der Chemie oder den *life sciences*. Das neue Gebiet der Nanowissenschaften hat daher ein interdisziplinäres Erscheinungsbild. Der zunehmende Trend zur Interdisziplinarität zeigt zudem die Notwendigkeit auf, Know-how aus unterschiedlichsten Fachgebieten zur Lösung komplexer wissenschaftlicher Probleme zu konzentrieren. Das Zusammengehen verschiedener Fachbereiche in der Atom- und Molekülphysik sowie in der Quantenoptik geht bereits aus den Namen der neu entstandenen Gebiete hervor wie z. B. Quanteninformationstheorie, Atomoptik, Femtosekundenchemie und Nanobiologie.

Die aufgezeigten Trends werden sich sicher im kommenden Jahrzehnt noch stärker herausbilden. Doch zugleich werden andere, noch nicht vorhersehbare Entwicklungen aus dem Fluss neuer Ideen und Forschungsergebnisse hervorgehen.

3.2.4 Das Plasma - der „vierte“ Zustand der Materie

Die uns umgebende Materie finden wir in ihren drei wohlbekannten Zuständen vor: als *feste Körper*, als *Flüssigkeiten* oder in Form von *Gasen*. Dabei ist jedermann geläufig, dass alle Stoffe mit zunehmender Temperatur diese drei Zustände in der Reihenfolge *fest* £ *flüssig* £ *gasförmig* durchlaufen. Für normale Luft - als Beispiel für ein Gasgemisch - liegt die Verdampfungstemperatur allerdings weit unter Null Grad Celsius, während andererseits Temperaturen von mehr als 5000 °C nötig sind, um besonders wärmebeständige Materialien wie etwa Wolfram in den Gaszustand zu überführen. Weniger bekannt ist, dass jeder Stoff bei weiterer, sehr kräftiger Temperaturerhöhung auf etwa 20000 °C noch eine weitere, „vierte“ Zustandsform annimmt: Er wird zum *Plasma*.

Aufgrund dieser hohen Übergangstemperaturen bleibt das Plasma in unserer alltäglichen Umgebung jedoch eher die Ausnahmeerscheinung, denn es gibt ja keinen Behälter in dem ein Stoff durch äußeres Erhitzen in seinen Plasmazustand überführt werden könnte. Dennoch findet man auch auf der Erde „natürlich“ vorkommende Plasmen: Der Blitz ist wohl das bekannteste Beispiel für ein irdisches Plasma.

Betrachten wir jedoch die Gesamtheit aller sichtbaren Materie im Universum, so dominiert der Plasmazustand bei weitem und die uns bekannten drei Materiezustände - fest, flüssig, gasförmig - werden ihrerseits zur Ausnahme: Mit weit mehr als 90 % stellt das Plasma die häufigste und damit „natürliche“ Materieform dar. Man findet Plasmen in extrem dichter Form im heißen Inneren der Sterne, wie auch als extrem verdünnte Materie im interstellaren Raum, wo das Plasma zur Bildung neuer Sternsysteme beiträgt. Die Lehre vom Plasma, die Plasmaphysik, wird damit zugleich auch zu einer wichtigen Unterdisziplin der Astrophysik.

störerisch wirken kann. Dies ist etwa beim Plasmaschweißen - das einfache Elektroschweißen gehört dazu - zunächst der Fall, denn alle Metalle lassen sich unter Plasmaeinwirkung verflüssigen. Doch anschließend, und dies ist die erste wichtige und im Ergebnis zugleich konstruktive Plasmaanwendung, lassen sie sich zu den gewünschten Formen wieder zusammenfügen. Blitz und Schweißtechnik zeigen aber zugleich den Weg auf, wie die Plasma-

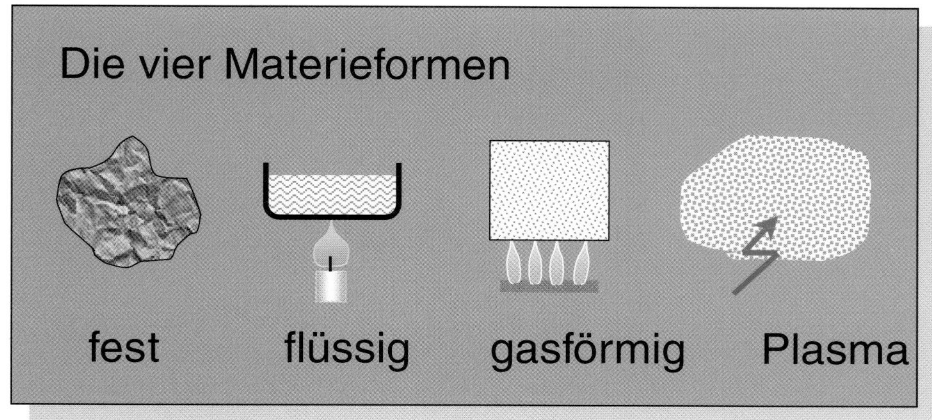

Abb. 3.2.18.
Die vier verschiedenen Materieformen: Festkörper, Flüssigkeiten, Gase und Plasmen.
(Rolf Wilhelm, MPI für Plasmaphysik, Garching)

bildung auch ohne ein fehlendes temperaturresistentes Gefäß erreicht werden kann: Starke Ströme, die durch das leitfähige Plasma-Gasgemisch fließen, liefern genügend hohe Temperaturen, um die Materie in den Plasmazustand zu bringen.

Durch Einsatz der elektrischen Heizung mit Hilfe von Gleich- und Wechselströmen - letztere bis in den Hochfrequenz- und Mikrowellenbereich - lassen sich aber auch sehr „mild“ wirkende, *nicht-thermische* Plasmen realisieren, die wiederum zu einer Reihe von bedeutenden technischen Anwendungen geführt haben. Dazu ist eine kurze Erläuterung nötig: Trotz hoher Temperaturen lässt sich eine „milde Plasma-Wirkung“ dadurch erreichen, dass die Anzahldichte der einströmenden Teilchen entsprechend niedrig gehalten wird. In anderen Worten: Die Plasmaentladung wird bei sehr geringen Gasdichten von weniger als 1/1000 der atmosphärischen Dichte betrieben. Das erzeugte Plasma ist in diesem Fall nichtthermisch, d. h. nicht im thermischen Gleichgewicht, denn nur die direkt durch Stromeinwirkung geheizten Elektronen nehmen die genannten hohen Plasmatemperaturen an, während die schweren Ionen wegen der geringen Zahl von Stößen mit den heißen Elektronen kalt, d. h. nahezu bei Zimmertemperatur, bleiben.

Derartige Plasmen werden mittlerweile in vielen Bereichen der *Lichttechnik*

Physikalische Eigenschaften eines Plasmas

Wesentliches Merkmal des Materiezustandes Plasma ist, dass bei sehr hohen Temperaturen die bisher neutralen Atome oder Moleküle der Materie in ihre geladenen Bestandteile aufgespalten sind: in den positiven Kern - das *Ion* - und die zugehörigen, jetzt freien Elektronen. Als Plasma erhält die Materie damit neue physikalische Eigenschaften und kann zugleich spezielle Wirkungen auf die kältere Umgebung ausüben:

- gute (metallähnliche) elektrische Leitfähigkeit,
- durch Magnetfelder stark beeinflussbar (zusammenschnürbar),
- Strahlungsemission vom Infraroten bis in den UV- oder Röntgenbereich,
- starke Wärmequelle (bei hohen Plasmadichten),
- spezielle plasma-chemische Wirkungen im Volumen und an Oberflächen.

Mit diesen Merkmalen verbinden sich zahlreiche interessante physikalische Plasmaphänomenen, aber auch wichtige technische Anwendungen des Plasmas.

Einige Anwendungen von Plasmen

Ausgehend vom zuvor erwähnten „Blitz-Plasma“ liegt der Schluss nahe, dass Materie im Plasmazustand nur zer-

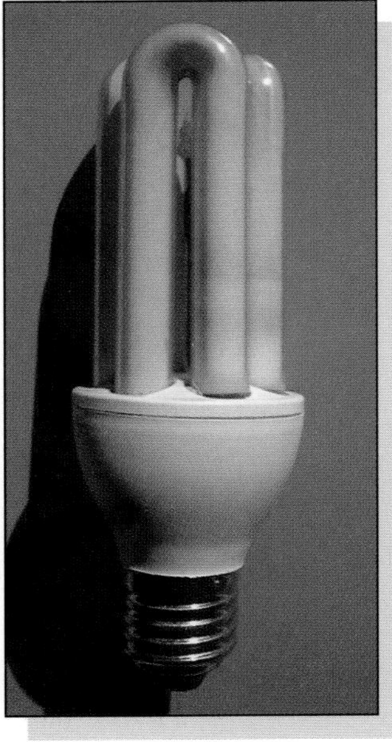

Abb. 3.2.19.
Zwei Plasmalichtquellen: Eine Entladungslampe von 1749 (links) und eine moderne Plasmalampe (rechts). (Science Museum, London; Rolf Wilhelm, MPI für Plasmaphysik, Garching)

eingesetzt. Neben den bekannten Leuchtstoffröhren - darunter die „Energiesparlampe“ als Neuentwicklung - findet man Plasmen mittlerweile auch in Plasmabildschirmen oder in den verschiedenen Arten von Gaslasern, die eigentlich Plasma-Laser sind. Dabei ist die Plasmalichttechnik wohl eine der ältesten Plasmaanwendungen, denn schon Mitte des 18. Jahrhunderts wurden in wissenschaftlichen Zirkeln die ersten Entladungs(plasma)lampen bestaunt. Die Abb. 3.2.19 zeigt eine der ersten „Plasmalampen“ und ihr modernes Pendant.

Zu dieser Zeit wurde sogar schon von einem Vorläufer der Leuchtreklame berichtet, die der „Physikus“ Winckler seinem Landesherren August III. von Sachsen um 1750 in Leipzig vorführte: eine Entladungsröhre in Form der Buchstaben *AR* (= Augustus Rex).

Über die Lichttechnik hinaus gibt es inzwischen ein noch wesentlich größeres Anwendungspotential für Plasmen, und zwar in fast allen Sparten moderner Technik. Ein Anwendungsgebiet - die Möglichkeit der *kontrollierten Kernfusion* in extrem heißen Plasmen - wird in Kapitel 4.3.4 ausführlicher vorgestellt.

Ein anderes, schon erschlossenes Feld von Plasmaanwendungen betrifft die große Zahl der plasmanutzenden *Oberflächen-* und *Dünnschichttechniken*. Hierunter versteht man Verfahren, um Oberflächen mit Hilfe geeigneter Plasmaentladungen zu modifizieren, zu beschichten, aber auch abzutragen und zu strukturieren. Dabei werden Eigenschaften von Oberflächen modifiziert - zumeist von Textilien oder Kunststoffen - hinsichtlich Benetzbarkeit oder Wasserabstoßung (Hydrophilie bzw. Hydrophobie), Verklebbarkeit oder Farbhaftung. Oberflächenschichten auf Metallen, Gläsern oder Kunststoffen dienen als Korrosionsschutz, zum Schutz vor Verkratzen oder zur optischen Vergütung (plasmabeschichtete Kunststoffbrillengläser, s. Abb. 3.2.20), um nur einige Beispiele zu nennen.

Schließlich ist das Abtragen von Oberflächen durch Plasmaätzen entscheidend für die bisher in der Mikroelektronik erreichten Fortschritte bei der Strukturierung im Mikrometer- oder sogar Submikrometerbereich. In der Mikroelektronik fällt dem Plasma damit eine Schlüsselfunktion zu, denn ohne die hier eingesetzte Plasmatechnik ließen sich moderne Bauteile wie

Abb. 3.2.20.
Beschichtungen geben Oberflächen neue Eigenschaften. Sie schützen z. B. Kunststoff vor dem Zerkratzen (oben): Die linke Seite der Kunststoffoberfläche ist nicht beschichtet. Oder sie machen Oberflächen hydrophob, d. h. wasserabweisend (unten).
(J. Engemann, Forschungszentrum für Mikrostrukturtechnik, Wuppertal)

hochintegrierte Prozessoren, Speicherchips, Mikrosensoren und vieles andere nicht herstellen.

Das Wirkungsprinzip des nicht-thermischen Plasmas, das allen diesen Prozessen zugrunde liegt, lässt sich folgendermaßen verstehen: In einem geeigneten Prozessgas brechen die energiereichen Plasma-Elektronen die komplexen Gasmoleküle auf und schaffen damit besonders reaktionsfreudige Molekülfragmente (Radikale). Diese können dann, je nach Typus und Detailprozess, entweder zu einer Schichtbildung, z. B. aus Diamant oder Keramik, oder zur Oberflächenabtragung führen. Dabei ist allerdings noch ein weiteres Phänomen von Bedeutung: Zunächst versuchen die Elektronen aufgrund ihrer hohen Geschwindigkeit, die bis zu 1000mal größer ist als die der Ionen, den Plasmakörper zu verlassen. Doch dazu kommt es nicht, denn ein nur noch aus Ionen bestehendes Plasma wäre auf viele Millionen Volt positiv aufgeladen. Tatsächlich lädt sich das Plasma aber nur ganz schwach auf einige Dutzend Volt auf. Diese Spannung reicht aus, um nur noch wenige, besonders energiereiche Elektronen entweichen zu lassen und zwar genauso viele, wie langsame Ionen das Plasma verlassen. Für die positiv geladenen Ionen wirkt aber das Potential, das die negativ geladenen Elektronen zurückhält, beschleunigend. Befindet sich eine Festkörperoberfläche unter dem Plasma, so werden die Ionen in der weniger als 1/10 mm breiten Randschicht des Plasmas genau in Richtung der Festkörperoberfläche geschossen. Durch diesen gerichteten Beschuss mit Ionen, deren Energie einige Dutzend Elektronenvolt beträgt, können Oberflächen verfestigt oder auch strukturiert werden (s. Abb. 3.2.21). So lassen sich auf eine Oberfläche spezielle Hartschichten aufbringen oder aber durch gerichtetes Abtragen Mikrostrukturen in die Oberfläche hineingraben (s. Abb.3.2.22).

Alle diese Techniken sind in ihren physikalischen Grundlagen wohlverstanden. Doch die Weiterentwicklung schon genutzter oder das Auffinden neuartiger Plasmaprozesse erfordert noch wesentliche Forschungsanstrengungen. Auf einigen Gebieten, etwa in der Biotechnologie, der Medizintechnik oder in der Umwelttechnik, befindet sich die Plasmaprozesstechnik sogar noch in der exploratorischen Anfangsphase.

Abb. 3.2.21.
Elektronenmikroskopische Aufnahme einer Mikrostruktur aus Diamantspitzen. Die Struktur ist durch Plasmaätzen entstanden. Die Balkenlänge entspricht 0,005 Millimeter. (J. Engemann, Forschungszentrum für Mikrostrukturtechnik, Wuppertal)

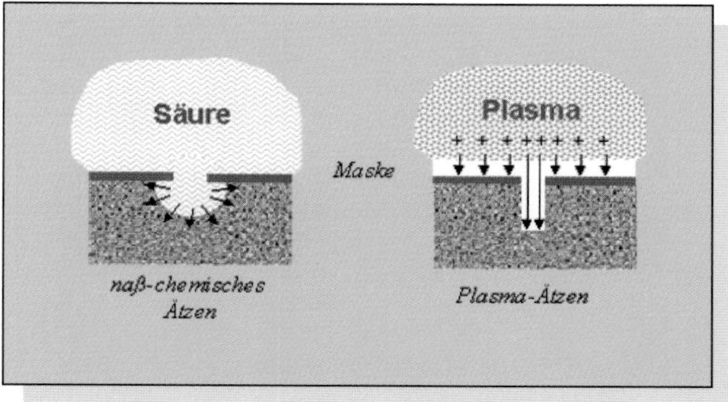

Abb. 3.2.22.
Vergleich zwischen herkömmlichem nass-chemischem Ätzen und Plasmaätzen durch Ionenbeschuss. Beim Plasmaätzen wird die Struktur von der Maske präzise auf die zu bearbeitende Oberfläche übertragen. (R. Wilhelm, MPI für Plasmaphysik, Garching)

Zukunftsperspektiven von Plasmaphysik und Plasmatechnik

Die weitere Entwicklung der Plasmaphysik ist vor dem Hintergrund der schon jetzt wirtschaftlich bedeutenden Anwendungen zu sehen. Hier sind es vor allem die Detailprozesse an Oberflächen, die erst in Ansätzen verstanden sind und noch wesentlicher Grundlagenuntersuchungen bedürfen. Zugleich sollten die Möglichkeiten der nicht-thermischen Plasmaphysik und Plasmachemie noch weiter erforscht werden, mit dem bisher nur in Einzelfällen realisierten Ziel, gewünschte plasmachemische Reaktionen kontrolliert ablaufen zu lassen und unerwünschte Reaktionen zu unterdrücken. Dies ließe sich dadurch erreichen, dass man den Elektronen im Plasma eine für den gewünschten Prozess optimale Energieverteilung gibt, etwa indem man das Plasma durch geeignete

Mikrowellen- oder Hochfrequenzeinkopplung erzeugt, oder die Plasmaquellen in spezieller Pulsweise betreibt. Im Ergebnis könnten so die Prozesse wie die Schichtabscheidung und das Plasmaätzen beschleunigt werden. Auch ist zu erwarten, dass sich auf diese Weise neuartige Schichtmaterialien und Beschichtungsverfahren entwickeln lassen.

Ein weiteres, noch in der Entwicklung befindliches Verfahren benutzt nicht-thermische Plasmen bei Normaldruck, kommt also ohne kostspieliges Vakuum aus. Um die Ionen trotz ihrer vielen Stöße mit den Elektronen kalt zu halten, muß man die Plasmaentladung mit weit unter einer millionstel Sekunde kurzen Pulsen betreiben. Das dahinterstehende Prinzip ist einfach und tritt bei einem alltäglichen Phänomen in Erscheinung: Das Plasma in dem Funken, der von einem Kamm auf das Kopfhaar springt, hat genau die gewünschten Eigenschaften. Es bricht zusammen, noch bevor sich die schweren Teilchen, also Ionen und Neutralteilchen, merklich aufgeheizt haben. Dies lässt sich auch mit einem Plasmareaktor erreichen, wenn dessen Metallelektroden mit einer isolierenden Oberfläche versehen sind, so dass der Durchschlag nach Aufladung der Oberfläche sofort wieder abbricht. Solche *Barriereentladungen* werden seit längerer Zeit untersucht, um sie für neue und insbesondere kostengünstige Verfahren einsetzen zu können. So gibt es Pilotprojekte, um diese Entladungen zur umweltfreundlichen Textil- und Wollbehandlung einzusetzen oder mit ihrer Hilfe Stickoxide in Diesel- und Magermotorabgasen zu beseitigen.

Viele äußerst interessante Anwendungen der Plasmastrukturierung von Oberflächen zeichnen sich auch in der Medizintechnik und der Biophysik ab. Ein Beispiel sind die Körperimplantate: In künstlichen Blutgefäßen muss ein Anhaften von Zellen verhindert werden, oder - im Gegenteil - bei Prothesen, die in den Körper eingebaut werden sollen, muss das Anwachsen der Zellen gefördert werden. Noch vor kurzem war es nur eine Zukunftsvision, spezifische Gewebezellen gezielt auf „toten" Oberflächen aufwachsen zu lassen, denen durch Plasmastrukturierung die notwendige Oberflächeninformation im Mikrobereich aufgeprägt worden ist. Doch inzwischen ist das Aufwachsen von Mäusezellen auf plasmastrukturierten Kunststoffoberflächen Wirklichkeit geworden.

Wie man leicht erkennt, ist zur Bearbeitung aller dieser Fragestellungen interdisziplinäres Vorgehen unerlässlich. Neben dem Plasmaphysiker sind der Oberflächen- und der Festkörperphysiker gefragt, und über die Physik hinaus bedarf es vielfach der Mitarbeit des Chemikers, des Materialwissenschaftlers oder auch des Elektroingenieurs und des Verfahrenstechnikers. Damit werden die Plasmaphysik und - in der Anwendung - die Plasmatechnik zu einer Herausforderung und vielversprechenden Option für die Industriegesellschaft.

3.3 Kondensierte Materie

Unter „Festkörperphysik" oder „Physik der kondensierten Materie" kann sich kaum ein Nichtphysiker etwas Konkretes vorstellen. Doch feste Stoffe, Flüssigkeiten und Gase beherrschen unser alltägliches Leben, und ihre systematische Erforschung ist die Grundlage unserer gesamten hochindustrialisierten Gesellschaft. Es ist eine charakteristische Eigenschaft dieser Stoffe, dass sie aus sehr vielen Atomen bestehen, die alle miteinander wechselwirken. Gerade dies macht die Festkörper so interessant, aber auch so schwer beschreibbar. Die an ihnen beobachtbaren physikalischen Phänomene wie beispielsweise ihre Farben oder ihre elektrischen und magnetischen Eigenschaften sind unermesslich vielfältig. Erst die Quantenmechanik, die zu Beginn des 20. Jahrhunderts entdeckt wurde, ermöglichte es, diese Eigenschaften zu verstehen. Uralte Rätsel wie das Zustandekommen der Kristalle und die Ursache des Magnetismus konnten gelöst werden. Neue, wie die Supraleitung, wurden uns aufgegeben. Die Quantenmechanik eröffnet uns ein tieferes Verständnis unserer Welt, das weit über das Qualitative hinausgeht.

Die vielfältigen Eigenschaften von festen Körpern, Flüssigkeiten und dichten Gasen sind weitgehend bestimmt durch das Zusammenwirken einer großen Zahl von Atomen und Molekülen. Diese Bausteine befinden sich nahe beieinander, so dass sie sich gegenseitig stark beeinflussen und kollektiv verhalten. Deshalb besitzt die kondensierte Materie andere Eigenschaften als ihre einzelnen Bausteine. Diese Eigenschaften können jedoch durch die Wahl der Bausteine beeinflusst, ja maßgeschneidert werden. Die „Physik der kondensierten Materie" beschäftigt sich damit, die Beziehungen zwischen den atomaren oder molekularen Eigenschaften und den makroskopischen Eigenschaften der kondensierten Materie zu verstehen. Sie setzt das gewonnene Verständnis gezielt ein, um bestimmte Materialeigenschaften zu modifizieren und zu optimieren.

Dabei stellen sich zahlreiche, scheinbar einfache Fragen: Wann ist ein Körper hart oder weich oder flüssig? Weshalb leiten manche Stoffe den elektrischen Strom besser als andere? Wodurch wird ein Material magnetisch? Welche molekulare Struktur hat ein fester Körper oder eine Flüssigkeit, und wie bestimmt diese Struktur die makroskopischen Eigenschaften? Häufig will man nicht nur das Geschehen im Inneren eines Festkörpers verstehen, sondern man möchte auch die Eigenschaften der Oberflächen, dort wo der Körper mit seiner Umgebung in Kontakt steht, kennen lernen. Manche interessante Eigenschaft ergibt sich, wenn ein Material gezielt an seiner Oberfläche modifiziert wird, und zwar in Details, deren Größe vergleichbar ist mit der Ausdehnung einzelner Moleküle.

Wegen der immensen Vielfalt der Materialien und Phänomene, sowie wegen der großen Anzahl grundsätzlicher Fragen und technologischer Anwendungen ist das Gebiet „kondensierte Materie" außerordentlich umfangreich. Das hat dazu geführt, dass sich heute etwa die Hälfte aller Physiker mit Problemen aus diesem Bereich beschäftigt. Hier kann nur exemplarisch auf einige Aspekte der Physik kondensierter Materie eingegangen werden. Andere, ebenfalls wichtige und aktive Bereiche wie die Physik der Flüssigkeiten, Teile der Metallphysik, die Tieftemperaturphysik und Materialphysik können hier nicht vorgestellt werden (s. Kapitel 3.4).

3.3.1 Halbleiter

Mit der Entdeckung der „Dotierbarkeit" gewisser Materialien, insbesondere der Elemente Silizium und Germanium aus der vierten Gruppe des Periodensystems, wurde in der Mitte des 20. Jahrhunderts die Tür zur Entwicklung der heutigen Kommunikations- und Datenverarbeitungstechnologie aufgestoßen. Durch die *Dotierung*, die künstliche Verunreinigung eines Stoffes, konnten erstmals die elektrischen Eigenschaften von „halbleitenden" Materialien gezielt verändert werden. Ohne diese Entdeckung und ihre technischen

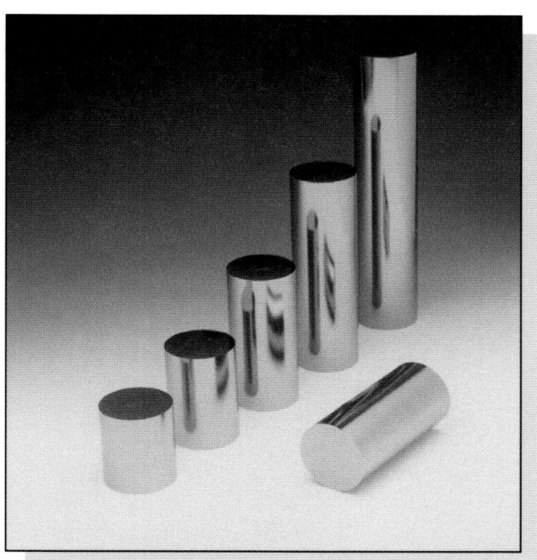

Abb. 3.3.1.
Industriell hergestellte Siliziumeinkristalle.
(PhiuZ 2/98)

Kondensierte Materie

Abb. 3.3.2.
Halbleiterchip (links) und das Mooresche Gesetz (rechts): Die Packungsdichte der Transistoren auf CPU-Chips wächst exponentiell mit der Zeit an. (PhiuZ 6/97 u. 3/00; Siemens AG)

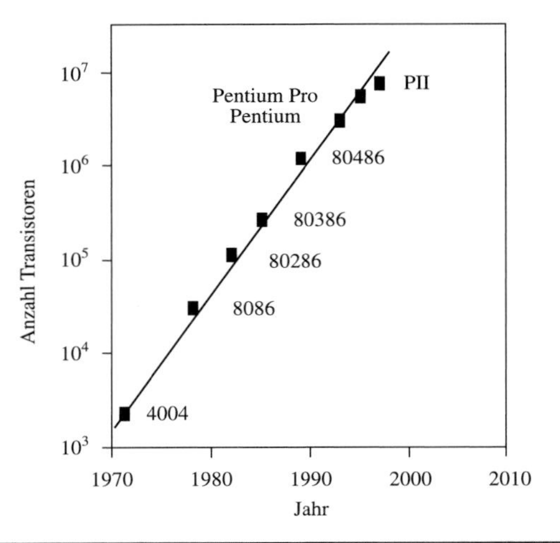

Folgen - u. a. die Erfindung des Transistors um 1950 (Nobelpreis 1956) - wäre unsere moderne Informationsgesellschaft nicht denkbar. Silizium ist der feste Bestandteil unserer Erde, den wir heute am besten kennen und das Material, das wir technisch am besten beherrschen. Es gibt sehr viel mehr wissenschaftliche Veröffentlichungen über Silizium als z. B. über Eisen. Im 20. Jahrhundert ist das Zeitalter des Eisens zu Ende gegangen und das Siliziumzeitalter hat begonnen. Dies ist nur ein Beispiel dafür, wie stark die Entdeckungen in der Physik der Festkörper die Lebensbedingungen der Menschen beeinflussen.

Abb. 3.3.3.
Natürlicher Einkristall aus Quarz. (MPI für Festkörperforschung, Stuttgart)

Molekularstrahlepitaxie

Die meisten Festkörper, die in der Natur vorkommen, sind polykristallin. Sie bestehen aus kleinen Kristallen mit Abmessungen von Bruchteilen von Millimetern oder gar von tausendstel Millimetern, in denen die Atome regelmäßig angeordnet sind. Große Einkristalle mit Durchmessern von Zentimetern und mehr üben auf uns eine eigenartige Faszination aus. Man findet sie nur selten, und das macht sie sehr wertvoll. Im Prinzip verstehen wir heute, wie Kristalle entstehen und nach welchen Gesetzen sie gebaut sind. Wir beherrschen diese Gesetze so gut, dass wir Kristalle künstlich herstellen können, sogar solche, die es in der Natur nicht gibt.

Die Anforderungen der Halbleitertechnik haben dazu geführt, dass in den letzten beiden Jahrzehnten Verfahren entwickelt worden sind, die es erlauben, fast beliebige kristalline Strukturen schichtweise und mit kontrollierbarer atomarer Präzision herzustellen. Eines dieser Verfahren ist die *Molekularstrahlepitaxie* (MBE), die man Anfang der siebziger Jahre in den Bell Laboratories in den USA erfunden hat (s. Abb. 3.3.4). Dabei werden die Stoffe, aus denen eine Struktur bestehen soll, beispielsweise Gallium, Arsen und Aluminium, in *Effusionszellen* verdampft und als gerichtete Molekülstrahlen auf eine Unterlage, das Substrat, aufgedampft. Um Verunreinigungen durch Fremdatome wie Sauerstoff zu vermeiden, findet dieser Vorgang in einem Ultrahochvakuum statt.

Auf diese Weise lassen sich die Schichten atomar rein herstellen und können zudem sehr dünn gemacht werden, bis hinunter zu exakt einer Atomlage. Die dabei entstehenden Atomschichten sind fehlerlos geordnet, so dass sich in ihnen die Elektronen *ballistisch* bewegen können, d. h. ohne an Störungen der Periodizität des Atomgitters „gestreut“ zu werden. Dies ist eine der wichtigsten Voraussetzungen für das Funktionieren moderner HEMTs (*High-Electron-Mobility Transistor*), Transistoren mit extrem hoher Elektronenbeweglichkeit, die heute in allen Mobilfunktelefonen Verwendung finden.

Die Technik der MBE erlaubt es sogar, Schichten aus unterschiedlichen Atomen aufeinander wachsen zu lassen, die dies unter natürlichen Bedingungen nicht tun würden, weil die Größen der beteiligten Atome zu verschieden voneinander sind, wie im Falle von Silizium, Germanium und Kohlenstoff. Auch lassen sich Atome in einer Schicht anders anordnen, als sie das von selbst tun. Die Schichten übernehmen dann sozusagen die Struktur des Substrats, auf das sie aufgedampft werden. Auch können Atome miteinander verbunden werden, die sich in einem Kristall normalerweise nicht verbinden. All dies mag auf den ersten Blick wie eine Spielerei anmuten. Es ist aber von höchstem technischen Interesse, Stoffe „maßschneidern“ zu können, die Eigenschaften besitzen, die natürliche Kristalle nicht haben. Zudem lassen sich mit diesem Präparationsverfahren Systeme herstellen, die sonst niemals für die Wissenschaft und die Technik zugänglich wären.

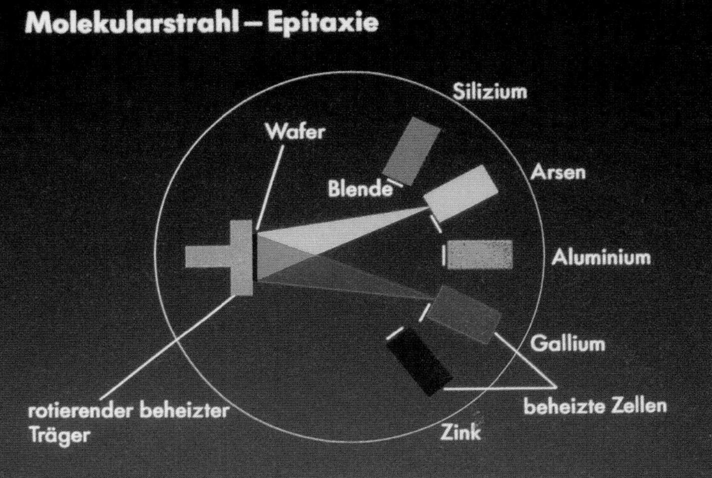

Abb. 3.3.4.
Molekularstrahlepitaxie. Foto einer Ultrahochvakuumanlage im Reinraum (oben) und schematische Darstellung (rechts). Durch Öffnen einer oder mehrerer Blenden kann der Wafer mit den gewünschten Substanzen bedampft werden. Auf diese Weise lässt sich eine Vielzahl verschiedener Schichtfolgen herstellen. (MPI für Festkörperforschung, Stuttgart)

Abb. 3.3.5.
Schematische Darstellung des atomaren Wachstums von Kristallschichten bei der Molekularstrahlepitaxie. (MPI für Festkörperforschung, Stuttgart)

Beispielsweise kann man geschichtete Materialien benutzen, um Elektronen so einzufangen, dass sie sich nur noch in einer Ebene frei bewegen können. Es entstehen Elektronengase, deren physikalische Eigenschaften erheblich von denen „normaler“ Elektronen abweichen. Die Erforschung dieser Eigenschaften spielt in der modernen Festkörperphysik eine herausragende Rolle. Man erhofft sich, an den maßgeschneiderten Systemen Wechselwirkungsprozesse etwa zwischen Elektronen oder die Effekte des Spins - des Eigendrehimpulses der Elektronen - unter idealen Bedingungen und noch dazu von außen beeinflussbar studieren zu können. Dies soll helfen, die wissenschaftlich und technisch interessanten Eigenschaften von Festkörpern wie etwa die Hochtemperatursupraleitfähigkeit (s. Kapitel 3.3.3 und 4.3.3) besser zu verstehen.

Störstellen in Kristallen

Ideale Einkristalle mit ihren facettenhaften Oberflächen sind oftmals begehrte Schmucksteine. Aber auch hier zeigt sich, dass es gerade die kleinen Unzulänglichkeiten sind, die einem Gegenstand das gewisse Etwas verleihen. Das ungewöhnliche Farbenspiel der meisten Edel- und Halbedelsteine kommt nämlich durch äußerst geringe natürliche Beimengungen von Fremdatomen zustande, die bei bestimmten sichtbaren Wellenlängen Licht absorbieren. So entsteht die rote Farbe des Rubin, weil einige der Aluminiumatome im Kristallgitter des Aluminiumoxids durch Chromatome ersetzt sind. Ganz allgemein treten viele wissenschaftlich und technisch interessante Eigenschaften von Festkörpern erst dann auf, wenn die ideale Kristallstruktur durch kleine Störungen oder geringe Mengen bestimmter Fremdsubstanzen (natürliche Dotierungen) gestört wird.

Neben diesen natürlichen sind es aber vor allem die bereits erwähnten gezielten Dotierungen, mit denen man die Eigenschaften von Stoffen wie Halbleitern so verändern kann, dass unermesslicher technischer Nutzen daraus gezogen werden kann.

Genaugenommen sind Halbleiter elektrische Isolatoren. Dies gilt beispielsweise für einen Siliziumkristall mit seiner regelmäßigen Struktur, in dem jedes Siliziumatom tetraederförmig von vier Nachbaratomen umgeben ist. Es gibt in diesem Kristall keine freien Ladungsträger, die den elektrischen Strom leiten könnten, weil alle Elektronen entweder an den Siliziumatomen oder in den chemischen Bindungen zwischen den Atomen festsitzen. Dies ändert sich, wenn man eine verschwindend geringe Menge von Phosphoratomen - etwa eines pro einer Million Siliziumatome - in den Kristall bringt. Jedes Phosphoratom besitzt fünf Elektronen auf seiner äußeren Elektronenschale, von denen im Siliziumkristall aber nur vier zur chemischen Bindung benötigt werden. Ein Elektron pro Atom ist gewissermaßen überflüssig und kann sich nahezu frei im Kristall bewegen - ähnlich einem Auto in einem nahezu leeren Parkhaus. Dotiert man den Siliziumkristall stattdessen mit Bor, das nur drei Elektronen für chemische Bindungen zur Verfügung stellen kann, so fehlt ein Elektron. Dieses „Loch" macht sich im kollektiven Verbund des Kristalls als positive Ladung bemerkbar, die ebenfalls nahezu frei beweglich ist - vergleichbar einem freien Parkplatz in einem fast gänzlich mit Autos gefüllten Parkhaus, der sich „fortbewegen" kann, indem ein benachbartes Auto auf ihn fährt.

Die Kombination verschieden dotierter Halbleitermaterialien miteinander ist die technische Grundidee des Transistors. Auf diese Weise lassen sich winzigste Schalter bauen. Sie finden sich milliardenfach auf den Chips in den Computern und arbeiten äußerst zuverlässig. Mit Hilfe der MBE wurden die Dotierungstechniken bis zur höchsten Perfektion entwickelt. Moderne Strukturierungstechniken erlauben mittlerweile, Transistoren herzustellen, die nur wenige tausendstel Millimeter groß sind. Mit diesen Transistoren, die sich millionenfach auf kleinstem Raum zusammenpacken lassen, wird die Konstruktion von Handys mit den Abmessungen einer Zigarettenschachtel möglich.

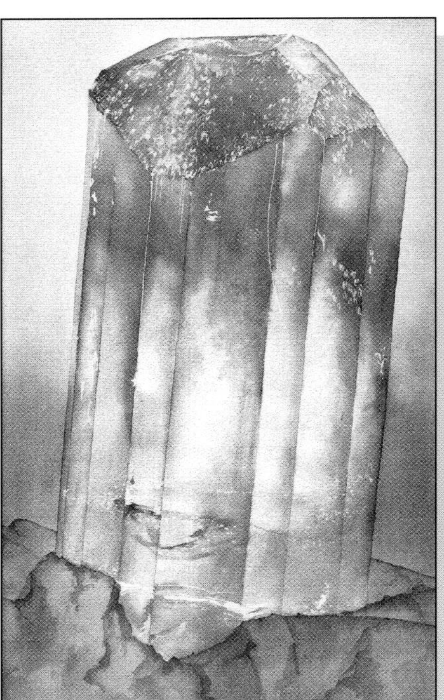

Abb. 3.3.6.
Beryllkristall (links) und einige Edelsteine (oben): Rubin, Saphir, Padparadscha (orangeroter Rubin). (MPI für Festkörperforschung, Stuttgart)

Die Präparationsverfahren der Halbleiterindustrie erlauben es zudem, Stoffe herzustellen, deren elektrische und optische Eigenschaften willkürlich veränderbar sind. Erhöht man beispielsweise die Konzentration der Dotierungsstoffe, so werden immer mehr Ladungsträger freigesetzt. Auf diese Weise können wir untersuchen, wie aus einem Isolator ein Metall wird und umgekehrt. Die Natur führt uns diesen „Metall-Isolator-Übergang" im Periodensystem der Elemente an vielen Beispielen vor. Seit der Entdeckung der Elektrizität vor mehr als vierhundert Jahren ist dies eine der grundlegenden Fragen der Physik. Ihrer Beantwortung wurde in den vergangenen Jahrzehnten weltweit mit großer Intensität nachgegangen.

Blaugrüne Halbleiterlaser

Eine weitere Erfolgsgeschichte der Halbleiterphysik ist die Entwicklung des blaugrünen Halbleiterlasers. Laser begegnen uns an vielen Stellen im Alltag, zum Beispiel bei einer farbenprächtigen Lasershow, bei Strichscannern im Supermarkt und bei Lichtbildvorträgen, wenn rote Laserzeiger benutzt werden. Laser sind in der Medizin zu einem unentbehrlichen Werkzeug geworden (s. Kapitel 4.2), etwa in der Augenchirurgie. Mit Infrarotstrahlung, die von Kohlendioxidlasern erzeugt wird, kann man zentimeterdicke Stahlplatten sauber durchtrennen. Darüber hinaus haben Laser die Nachrichtentechnik revolutioniert. Die moderne Informationsübertragung erfolgt mittels Glasfasern, an deren einem Ende ein Halbleiterlaser zu finden ist, der digital codierte Lichtsignale aussendet. CD-Spieler enthalten eine Halbleiterlaserdiode, die aus dem Material Galliumarsenid besteht. Mit ihr wird die auf der CD gespeicherte Information berührungslos abgetastet. Die mögliche Speicherkapazität einer CD wird dabei durch die Wellenlänge der benutzten Laserstrahlen begrenzt, die etwa achthundert Nanometer (milliardstel Millimeter) beträgt. Durch eine Reduzierung der Wellenlänge auf etwa die Hälfte und durch verfeinerte Codierungsmethoden ließe sich die Laufzeit einer CD verzehnfachen. Auch für die DVD (Digital Versatile Disc)-Technik ist eine weitere Verkürzung der benutzten Wellenlänge sehr erwünscht.

Deshalb bemühte man sich bereits zu Beginn der achtziger Jahre weltweit, Halbleiterdioden herzustellen, die blaues (Wellenlänge 450 nm) oder grünes (Wellenlänge 520 nm) Licht emittieren können. Die Versuche blieben zunächst erfolglos, weil die benutzte Dünnschichttechnik es nicht erlaubte, das als Ausgangsmaterial benutzte Zinkselenid (ZnSe) mit den notwendigen elektrischen Eigenschaften auszustatten: Die oben erwähnten positiv geladenen Löcher waren nicht beweglich genug. ZnSe gehört zur Gruppe der II-VI-Halbleiter, die aus Elementen der zweiten und sechsten Hauptgruppe des Periodensystems der Elemente bestehen.

Ein Durchbruch gelang 1989 mit Hilfe der MBE. Die ersten Zinkselenidlaser, die grünes Licht der Wellenlänge 520 nm emittierten, wurden 1991 in den USA gebaut. Am Physikalischen Institut der Universität Würzburg gelang dies im Jahr darauf. Die zunächst geringe Lebensdauer dieser Laser wurde von der japanischen Firma Sony bis 1997 auf ungefähr 500 Stunden erhöht. Für technische Anwendungen reicht dies jedoch noch nicht aus.

Abb. 3.3.7.
Ein sandkorngroßer Halbleiterlaser, der blaugrünes Licht abstrahlt. Der Laser besteht aus Zinkselenid. Die Farbwiedergabe im Bild ist verfälscht. (G. Landwehr, Universität Würzburg)

Zu Beginn der neunziger Jahre setzten parallel zur Entwicklung der II-VI-Halbleiterdioden Bemühungen ein, blaue emittierende Leuchtdioden (LEDs) und Laser aus dem III-V-Halbleiter Galliumnitrid (GaN) herzustellen. Diese Anstrengungen waren 1996 von Erfolg gekrönt, als es der japanischen Firma Nichia gelang, derartige Bauelemente herzustellen, die violettes Licht mit einer Wellenlänge von 410 bis 420 Nanometer ausstrahlen. Die Lebensdauer konnte in den folgenden Jahren auf mehrere 1000 Stunden erhöht werden. Galliumnitridleuchtdioden sind inzwischen kommerziell erhältlich. Zunächst hatte man geglaubt, dass violettes Laserlicht für die Informationsspeicherung auf CDs und DVDs besonders günstig ist. Es stellte sich jedoch bald heraus, dass die kurzwellige Strahlung die bei der Herstellung der CDs benutzten Polymere nachteilig beeinflusst.

Aus diesem Grund bemüht man sich, die Wellenlänge von Galliumnitridlasern in den blauen und grünen Spektralbereich zu verschieben. Dies ist jedoch eine technologische Herausforderung, die bisher noch nicht gemeistert werden konnte. Andererseits versucht man nach wie vor, die Lebensdauer von Zinkselenidlasern so weit zu erhöhen, dass eine technische Anwendung möglich wird. Es scheint, dass sich beide Materialsysteme ergänzen: Galliumnitrid ist für den kurzwelligen Bereich (Wellenlängen um 420 nm) besser geeignet und Zinkselenid für den längerwelligen (Wellenlängen um 520 nm).

Künftige Anwendungen lassen es wünschenswert erscheinen, über blaue (450 nm) und grüne (520 nm) Laser zu verfügen. In der Displaytechnologie lässt sich dann zusammen mit rotem Licht (650 nm) der gesamte Farbbereich durch Mischung der drei Komponenten abdecken. Beim Laserfarbfernsehen werden Laserstrahlen in den drei genannten Grundfarben Rot, Grün und Blau mittels einer schnellen optischen Ablenkeinheit auf eine Fläche projiziert. Dort entsteht aufgrund des fein fokussierten Laserstrahls ein sehr scharfes und brillantes Bild, das auch über große Entfernungen auf unebene Hintergrundflächen projiziert werden kann. Das von der deutschen Firma Schneider demonstrierte Laserfarbfernsehen benutzt Infrarotlaser, aus deren unsichtbarer Strahlung durch Frequenzvervielfachung (s. Kapitel 3.2.2) alle Farben des sichtbaren Lichtes erzeugt werden. Dieses Verfahren ist allerdings sehr aufwändig. Deshalb strebt man an, in Zukunft blaue und grüne Laserdioden zu verwenden.

Für den spezifischen Nachweis von umweltschädlichen Molekülen und Elementen in der Luft oder im Wasser können vorteilhaft Laserspektrometer verwendet werden, die auf der Absorption von Laserlicht durch Atome und Moleküle beruhen. Damit der Nachweis spezifisch ist, müssen die Laserwellenlängen mit den Absorptionswellenlängen der nachzuweisenden Stoffe übereinstimmen. Viele der Verunreinigungen, die in der Umweltanalytik untersucht werden, absorbieren im grünen und blauen Spektralbereich. Daher sind blaue und grüne Laser auch für diese Anwendungen von großem Interesse.

Kristalle, die das Licht fangen

Seit der Erfindung des Lasers lassen sich Fortschritte in der *Photonik* - der Informationsverarbeitung mit Photonen - an der Entwicklung optischer Werkstoffe festmachen. Sie eröffnen uns neue Möglichkeiten, Licht gezielt zu beeinflussen. Ein Beispiel dafür sind *photonische Kristalle*, neuartige Materialen, deren Brechungsindex räumlich periodisch auf der Skala der Lichtwellenlänge variiert (s. Kapitel 3.2.3). Das Licht wird an dieser periodischen Struktur vielfach gestreut. Dies führt dazu, dass sich Licht bestimmter Wellenlängen nicht im photonischen Kristall ausbreiten kann. Diese Wellenlängen sind gewissermaßen verboten. Ein ähnliches Verhalten zeigen auch elektronische Wellen in einem Halbleiterkristall. Erst seit kurzem ist man in der Lage, Materialien dreidimensional so fein zu strukturieren, wie es zur Herstellung von photonischen Kristallen für sichtbares Licht erforderlich ist.

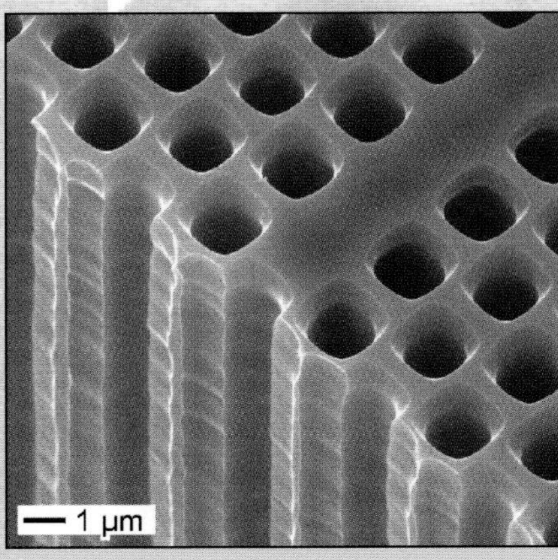

Abb. 3.3.8.
Rasterelektronenmikroskopische Aufnahme eines photonischen Kristalls aus makroporösem Silizium (vgl. Abb. 3.2.14). Elektromagnetische Wellen in einem Wellenlängenbereich zwischen 3 und 5 Mikrometer können sich senkrecht zu den Poren nicht ausbreiten. Derzeit arbeitet man an der nächsten Generation solcher Kristalle, in denen die Lichtausbreitung bei dem für die Telekommunikation besonders wichtigen Wellenlängenbereich um 1,55 Mikrometer unterdrückt wird. (U. Gösele, MPI für Mikrostukturphysik, Halle; Infineon Technologies).

Photonische Kristalle kann man unter anderem als miniaturisierte Spiegel einsetzen: Sie reflektieren elektromagnetischen Wellen der „verbotenen" Wellenlängen vollständig. So lässt sich die gerichtete Abstrahlung von Miniaturantennen verbessern, wenn man sie auf photonische Kristalle montiert. Ähnlich den Halbleitern kann man photonische Kristalle gezielt mit Störstellen oder Defekten versehen. Beispielsweise führt eine einzelne Fehlstelle in einem ansonsten ideal geordneten photonischen Kristall dazu, dass Licht einer „verbotenen" Wellenlänge an der Störstelle gefangen wird. Man erhält auf diese Weise einen Mikroresonator, der von der optischen Außenwelt isoliert ist (s. Abb. 3.3.9). Durch Verkettung von solchen Punktdefekten ermöglicht man es dem Licht bestimmter Wellenlängen, sich entlang der Defekte auszubreiten: Der photonische Kristall wird zum Wellenleiter. Ein linienförmiger Defekt zwingt die Welle, in ihrer Bahn der Linienführung des Defektes zu folgen, selbst um scharfe Kanten herum (s. Abb. 3.2.14). Diese Eigenschaft ist für die Optoelektronik von außerordentlichem Interesse. Denn bislang wird die Größe der optoelektronisch integrierten Schaltungen vor allem durch die Lichtwellenleiter auf dem Chip bestimmt, welche die einzelnen Elemente wie Dioden, Laser oder Polarisatoren verbinden. Gelingt es, die Lichtführung und die anderen optischen Elementen mit Hilfe photonischer Kristalle auf einem Chip zu integrieren, so würde dies eine „Lichtelektronik" oder Photonik von bisher nicht gekannter Perfektion ermöglichen.

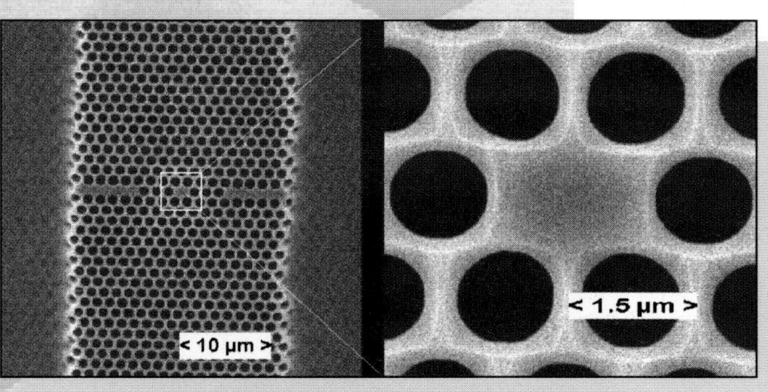

Abb. 3.3.9.
Rasterelektronenmikroskopische Aufnahme einer linienartiger Defektstruktur in makroporösem Silizium. Durch Kombination von Punktdefekten lassen sich Funktionselemente wie z. B. der hier dargestellte Resonator verwirklichen (U. Gösele, MPI für Mikrostukturphysik, Halle; Infineon Technologies).

Photonische Kristalle ermöglichen es, die Ausbreitungsgeschwindigkeit des Lichtes beträchtlich zu verringern. Dadurch nimmt die Zeit zu, während der eine in den Kristall eingebrachte Substanz auf das Licht einwirken kann. Auf diese Weise erfahren viele Effekte der nichtlinearen Optik sowie der Quantenoptik (s. Kapitel 3.2.1 u. 3.2.2) eine bisher unvorstellbare Verstärkung. Zum Beispiel könnte mit großer Effizienz aus langwelliger elektromagnetischer Strahlung kurzwellige erzeugt werden, so dass in einigen, mit konventionellen Methoden nur schwer zugänglichen Wellenlängenbereichen neuartige Lichtquellen zur Verfügung stünden.

Eine der Hauptaufgaben künftiger Forschung ist daher die Entwicklung neuer, einfach herzustellender photonischer Kristalle. Von besonderem Interesse ist dabei die Verwendung von *optisch anisotropen* Materialien wie Flüssigkristallen, deren optische Eigenschaften richtungsabhängig sind. Füllt man zum Beispiel die periodisch angeordneten Hohlräume eines *invertierten Opals* aus Siliziums, der gewissermaßen das Negativ eines Opals ist, etwa zur Hälfte mit einem nematischen Flüssigkristall, so erhält man einen photonischen Kristall, dessen „verbotene" Lichtwellenlänge sich durch elektrische Felder verändern lässt. Ein weiteres Beispiele sind photonische Kristalle, in die man mit Hilfe von Ionenimplantation Leuchtzentren einbringt oder in die man Polymere infiltriert. Die Erforschung dieser zusammengesetzten Materialien steht noch ganz am Anfang.

Dabei machen interdisziplinäre Aspekte einen wesentlichen Gesichtspunkt der Forschungsanstrengungen aus: Durch die Theorie bestärkt, haben die Materialwissenschaftler erst kürzlich die ersten photonischen Kristalle für den optischen Wellenlängenbereich herstellen können. Die Untersuchungen dieser Kristalle mit den Methoden der modernen optischen Spektroskopie bestätigen eindrucksvoll die aus der Optik, Festkörperphysik und Elektrotechnik stammenden Berechnungsmethoden. Die enorme Bedeutung photonischer Kristalle sowohl für neuartige technologische Anwendungen als auch für die Grundlagenforschung lässt sich an den Aufwendungen zahlreicher Unternehmen und verschiedener staatlicher Organisationen z. B. in den USA, in Kanada und in Japan ablesen.

3.3.2 Exotische Elektronenzustände der kondensierten Materie

Elektronen in herkömmlichen elektronischen Werkstoffen können sich in allen drei Raumrichtungen frei bewegen. Die Mikroelektronik hat schon vor dreißig Jahren mit dem *planaren Feldeffekttransistor* ein Bauelement entwickelt, dessen Funktion durch Elektronen bestimmt ist, die sich nur in einer Ebene, also in zwei Raumdimensionen, bewegen können. Im Laufe der Zeit haben diese Transistoren, abgesehen von ihrer immensen Bedeutung für die Informationstechnologie, als Gegenstand der Grundlagenforschung eine dominierende Rolle in der Physik der kondensierten Materie übernommen. Man spricht von dimensionsreduzierten Systemen, wenn in einer oder mehreren Raumrichtungen die Bewegung der Elektronen auf Längenskalen eingeschränkt ist, die kleiner sind als die typische Wellenlänge der Elektronen oder ihre *mittlere freie Weglänge*, also die typische Entfernung zwischen zwei aufeinanderfolgenden Zusammenstößen der Elektronen mit den Kristallatomen.

Insbesondere wenn die Elektronen in ihrer Bewegung auf zwei Dimensionen, also auf eine Ebene beschränkt sind, zeigen sie bei sehr tiefen Temperaturen in starken Magnetfeldern ungewöhnliches Verhalten. Ein Beispiel dafür ist der *Quanten-Hall-Effekt* (siehe unten), den Klaus von Klitzing 1980 entdeckt hat. Dieser Effekt hat unter anderem eine neue internationale Festlegung des Widerstandsnormals ermöglicht, mit dem man elektrische Widerstände eicht (s. Abb. 3.3.10). Bei sehr tiefen Temperaturen wurden in solchen zweidimensionalen „Elektronengasen" neuartige Quantenzustände gefunden, die *zusammengesetzten Fermionen* (engl. *Composite Fermions*). Sie bestehen aus Elektronen und winzigen Stromwirbeln, den *magnetischen Flussquanten*.

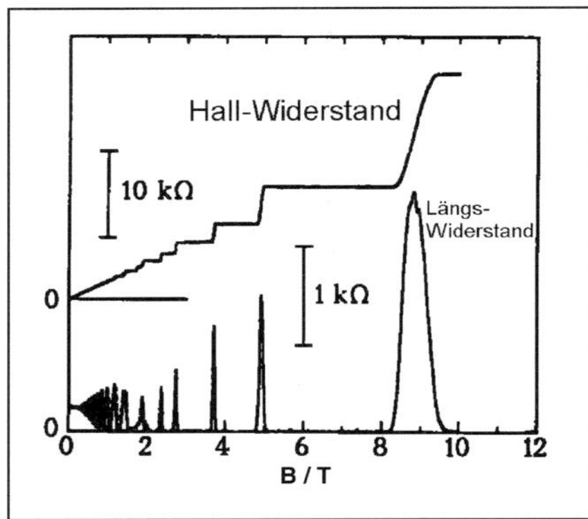

Abb. 3.3.10.
Der Quanten-Hall-Effekt und eine seiner Anwendungen. Links: ein experimentelles Ergebnis. Die elektrischen Eigenschaften eines „zweidimensionalen Elektronengases" in einem Magnetfeld ändern sich mit der Magnetfeldstärke in auffälliger Weise. Während der „Längswiderstand" oder Magnetowiderstand bei bestimmten Feldstärken verschwindet, weist der „Hall-Widerstand" dort Plateaus auf. Rechts: ein mit Hilfe des Quanten-Hall-Effekts geeichtes konventionelles Widerstandsnormal. (MPI für Festkörperforschung, Stuttgart)

Heterostrukturen

Wie kann man solche niederdimensionalen Elektronensysteme herstellen und untersuchen? Auch hier spielt die bereits erwähnte Molekularstrahlepitaxie oder MBE-Technik (s. Kapitel 3.3.1) eine wichtige Rolle. Im Laufe der Entwicklung der modernen Transistortechnologie hat sich herausgestellt, dass viele Festkörpereigenschaften durch Oberflächen und Grenzflächen bestimmt sind und dass die MBE-Technik erlaubt, solche Grenzflächen zwischen verschiedenen Materialien in idealer Weise atomar geordnet herzustellen.

Die Grenzflächen zwischen unterschiedlichen Halbleitern wie GaAs und AlGaAs sind es, in denen die elektronischen Prozesse stattfinden, die der Arbeitsweise der hochintegrierten Elektronik in Computern zugrunde liegen. An den Grenzflächen solcher Heterostrukturen bilden sich dünne „Elektronenfilme". Die Erforschung der elektronischen Eigenschaften dieser Elektronenfilme gehört gerade in Deutschland seit vielen Jahren zu den am intensivsten betriebenen Teilgebieten der modernen Festkörperphysik. Nach der Entdeckung des Quanten-Hall-Effekts wurden diese Aktivitäten noch in erheblichem Umfang verstärkt. Die Physik dieses Effekts hat sich im vergangenen Jahrzehnt zu einem wichtigen Grundlagengebiet der Festkörperforschung entwickelt. An einem sehr einfachen Elektronensystem können hier mit vergleichsweise geringem Aufwand Phänomene studiert werden, deren Erforschung sonst nicht möglich wäre, die aber für das Verständnis der Eigenschaften von festen Stoffen außerordentlich wichtig sind.

Wie entstehen die Elektronenfilme in Halbleitergrenzschichten? Halbleiter zeichnen sich dadurch aus, dass in ihnen die Elektronen nicht beliebige Energien haben können. Es gibt *Energielücken*, die typischerweise von der Grössenordnung 1 eV (Elektronenvolt) sind. Dies entspricht grob der Energie des sichtbaren Lichts. Solch eine Energielücke trennt das *Leitungsband*, das aus den von Elektronen unbesetzten Energieniveaus besteht, vom Valenzband der besetzten elektronischen Quantenzustände. Die Größe der Energielücke hängt vom Material ab. Bringt man zwischen zwei Barrierenschichten einige hundert Atomlagen eines Halbleitermaterials, in dem die niedrigsten, nicht besetzten Energieniveaus des Leitungsbandes unterhalb der höchsten besetzten Energieniveaus des Valenzbandes des Barrierenmaterials liegen, so „fallen" Elektronen aus diesen besetzten Niveaus in die unbesetzten Leitungsbandzustände der

Zwischenschicht hinein. Senkrecht zu dieser Schicht sind sie dann in einer Potentialmulde gefangen. Wegen der geringen Dicke der Zwischenschicht sind die Eigenschaften der Elektronen in dieser Richtung durch Quanteneffekte bestimmt. Ähnlich wie in einem Atom sind die Energieniveaus quantisiert. Parallel zur Schicht können sich die Elektronen hingegen frei bewegen. Für diese Bewegung unterliegen die Energien keiner Einschränkung. Die Elektronen sind also in der Ebene der Zwischenschicht praktisch frei, vorausgesetzt die strukturelle Qualität der Schicht ist sehr gut. Die Elektronen bilden in diesem Fall ein zweidimensionales Gas.

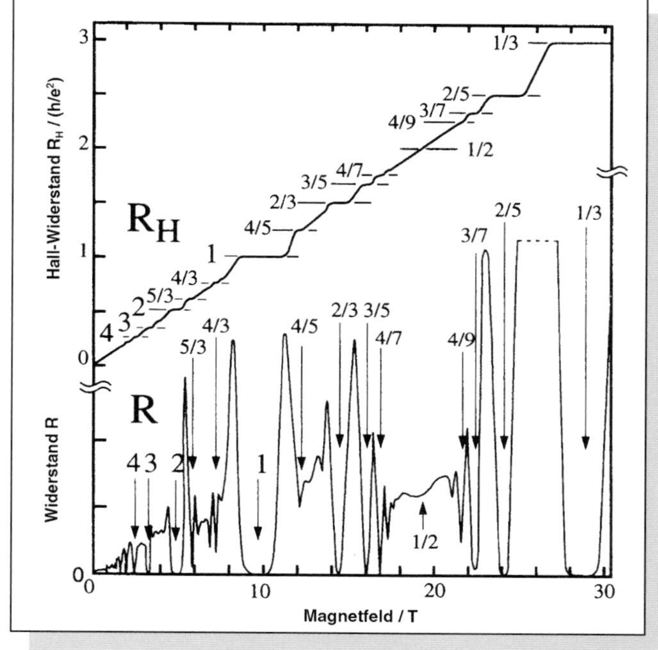

Abb. 3.3.12.
Experimentelle Ergebnisse für den Magnetowiderstand und den Hall-Widerstand einer zweidimensionalen Elektronenschicht in einer Aluminium-Gallium-Heterostruktur. Die zahlreichen ausgeprägten Details in den dargestellten Widerstandskurven sind Anzeichen für neue Vielteilchenzustände. (H. Störmer, Columbia University)

Der Quanten-Hall-Effekt

Befindet sich eine solche Schicht aus Elektronen in einem Magnetfeld, das senkrecht zur Schichtebene steht, und fließt in ihr ein Strom, so kann man in der Schicht eine elektrische Spannung senkrecht zur Richtung des Stroms messen. Diese Hall-Spannung - benannt nach dem amerikanischen Physiker Edwin Hall, der den Effekt 1879 an dünnen Goldfilmen entdeckt hatte - wächst normalerweise mit größer werdendem Magnetfeld kontinuierlich an. Macht man aber das Magnetfeld sehr groß und kühlt die Elektronenschicht bis zu Temperaturen von wenigen Kelvin ab, so findet man ausgedehnte Intervalle in der Magnetfeldstärke, in denen die Hall-Spannung sich nicht ändert. Der zugehörige *Hall-Widerstand*, das Verhältnis aus Hall-Spannung und Strom, besitzt Plateaus, die mit extrem großer Genauigkeit und unabhängig vom Material durch ganzzahlige Bruchteile der Konstanten R_K = 25812,80700 Ohm gegeben sind, also durch $R_K/2$, $R_K/3$, usw. Dieser *ganzzahlige Quanten-Hall-Effekt* wurde 1980 am Max-Planck-Hochfeldmagnetlabor in Grenoble entdeckt. 1985 erhielt dafür Klaus von Klitzing den Nobelpreis für Physik. Die Genauigkeit, mit der diese Hall-Plateaus im Experiment reproduziert werden können, ist so extrem gut, dass R_K inzwischen durch internationale Verträge als Standard für den elektrischen Widerstand festgelegt worden ist.

Die Existenz der Stufen im Quanten-Hall-Effekt und vor allem ihre außerordentlich hohe Reproduzierbarkeit ist bis heute nicht vollständig verstanden, obwohl

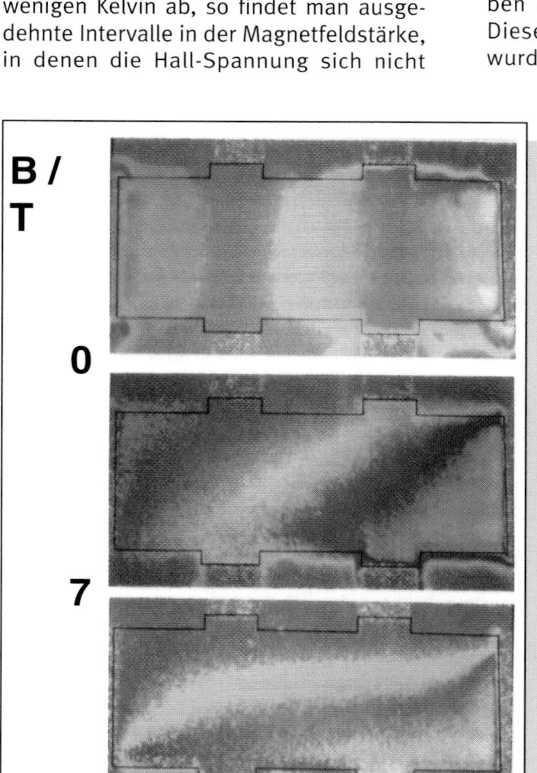

Abb. 3.3.11.
Spannungsverteilung in einem zweidimensionalen Elektronengas ohne (oben) und mit Magnetfeld (Mitte: 7 Tesla; unten: 10 Tesla), sichtbar gemacht mit Hilfe eines am Max-Planck-Institut für Festkörperforschung in Stuttgart entwickelten optischen Verfahrens. Die Form der Heterostruktur ist in Umrissen zu erkennen. Der Strom fließt horizontal, die Hall-Spannung wird quer zum Strom an den als Ausbuchtungen erkennbaren Kontakten abgenommen. (MPI für Festkörperforschung, Stuttgart)

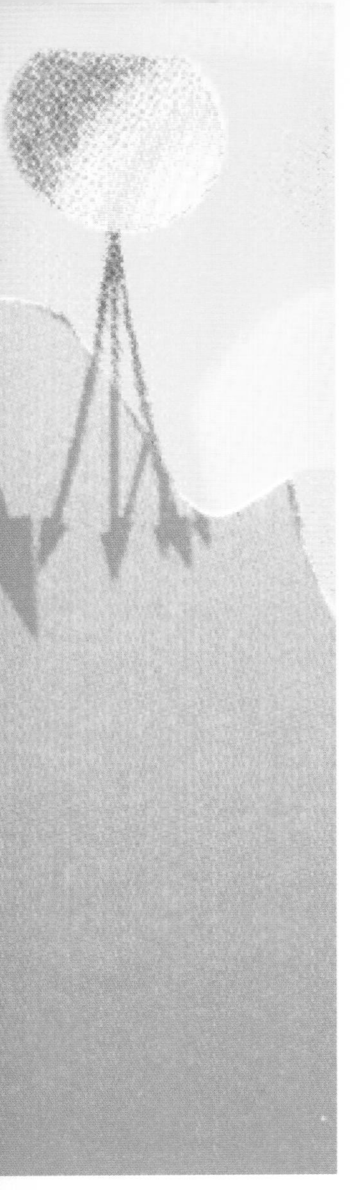

die großen internationalen Forschungslaboratorien während der vergangenen Jahrzehnte intensive Forschungen durchgeführt haben. Es scheint aber klar, dass es sich beim Quanten-Hall-Phänomen um einen *Quantenphasenübergang* handelt. Dieser Phasenübergang ähnelt dem, den verdampfendes Wasser durchläuft (s. Kapitel 3.4.3), allerdings mit dem Unterschied, dass das Elektronengas von einem Quantenzustand in einen anderen übergeht. Auch bei diesem Phasenübergang spielt der Widerstreit zwischen Unordnung und genau abgestimmter Bewegung von unvorstellbar vielen Teilchen, in diesem Fall Elektronen, eine entscheidende Rolle. Dennoch deuten alle Experimente darauf hin, dass es sich beim Quanten-Hall-Effekt um eine exakte, gewissermaßen elementare Erscheinung handelt.

In sehr reinen Quanten-Hall-Systemen, in denen die Beweglichkeit der Elektronen sehr hoch ist, können sich die Elektronen über Entfernungen von Millimetern völlig frei bewegen, ohne an Fremdatomen oder anderen strukturellen Störungen des Halleiterkristalls gestreut zu werden. Unter solchen Bedingungen werden neben den ganzzahligen Plateaus des Hall-Widerstandes auch Plateaus bei gebrochen-rationalen Vielfachen von R_K beobachtet (s. Abb. 3.3.12). Dieser *Fraktionale Quanten-Hall-Effekt* wurde 1982 von Horst Störmer und Mitarbeitern in den USA entdeckt (Nobelpreis 1998). Die intensive Erforschung dieses Effekts ergab, dass ihm neuartige, bisher unbekannte kollektiven Elektronenzustände zugrunde liegen.

Elektronen und Flussquanten

Anschaulich lassen sich die neuen quantenmechanischen Vielteilchenzustände am besten verstehen, wenn man außer den Elektronen noch weitere Quantenobjekte, die *magnetischen Flussquanten*, in die Betrachtung einbezieht. Dazu muss man sich allerdings die Eigenarten des zweidimensionalen Elektronengases in einem starken homogenen Magnetfeld genauer anschauen.

Elektronen, die sich mit einer gewissen Geschwindigkeit in einem homogenen Magnetfeld bewegen, führen unter dem Einfluss der Lorentz-Kraft kreisförmige Bewegungen in einer Ebene senkrecht zum Magnetfeld aus: Sie bewegen sich auf *Zyklotronbahnen*. In der Quantenmechanik entsprechen diesen Zyklotronbahnen die *Landau-Zustände*, benannt nach ihrem Entdecker, dem russischen Physiker Lev Landau.

In einem zweidimensionalen Elektronengas ist die Bewegung der Elektronen auf die zwei Raumdimensionen senkrecht zum Magnetfeld beschränkt. Dann haben die Energien der Landau-Zustände diskrete Werte. Dabei ist entscheidend, dass diese Landau-Energien hochgradig *entartet* sind, d. h. dass sehr viele Landau-Zustände dieselbe Energie haben. Sie können wegen des *Pauli-Prinzips* jeweils mit genau einem Elektron besetzt werden. Wie viele entartete Zustände pro Flächeneinheit das zweidimensionale Elektronengas enthält, ist durch die Dichte der Zyklotronbahnen gegeben, und die entspricht gerade der Flächendichte der magnetischen Flussquanten, die durch das Magnetfeld in dem zweidimensionalen Elektronensystem erzeugt werden.

Ursprünglich wurden magnetische Flussquanten im Zusammenhang mit gewissen Interferenzphänomenen bei der Supraleitung (s. Kapitel 3.3.3) entdeckt. Wegen gewisser Symmetrieeigenschaften des makroskopischen supraleitenden Quantenzustandes muss der magnetische Fluss durch einen supraleitenden Ring quantisiert sein und zwar genau in Einheiten, die dem Verhältnis aus Planck-Konstante und der doppelten Elementarladung entsprechen. Das Doppelte der Elementarladung tritt auf, weil der supraleitende Zustand in den „klassischen Supraleitern“ aus Elektronenpaaren besteht.

In den vergangenen Jahrzehnten hat sich herausgestellt, dass magnetische Flussquanten alles andere als nur mathematische Konstrukte sind. Stark vereinfachend kann man sich ein Flussquant anschaulich als kleinen, lokalisierten Wirbelstrom aus sehr vielen Elektronen vorstellen, der einen magnetischen Fluss der Größe genau eines Flussquants einschließt. Unter bestimmten Bedingungen verhalten sich Flussquanten genau so wie andere, reale Quantenobjekte: Sie können sich einerseits wie Teilchen bewegen. Dies kann man experimentell in geschichteten Supraleitern direkt unter dem Mikroskop beobachten. Andererseits können sie aber auch miteinander interferieren wie Wasser- oder Lichtwellen. Dies beobachtet man beim sogenannten Aharonov-Casher-Effekt, dem Analogon zum Aharonov-Bohm-Effekt, der auf die Interferenz von Elektronenwellen zurückgeht. Der Aharonov-Casher-Effekt wurde Mitte der neunziger Jahre an der Technischen Universität in Delft zum ersten Mal in einer Anordnung von supraleitenden Tunnelkontakten beobachtet. Flussquanten besitzen also sowohl Teilchen- als auch Welleneigenschaften, sind demnach echte Quantenobjekte.

Was sich beim Quanten-Hall-Effekt in einem System abspielt, das aus sehr vielen Elektronen und einem Magnetfeld besteht, kann man sich ungefähr so veranschaulichen: Durch das Magnetfeld werden in dem Elektronensystem aufgrund der klassischen Zyklotronbewegung mikroskopische Wirbelströme angeworfen. In der Sprache der Quantenphysik entspricht dies den Landau-Zuständen. Je mehr davon mit Elektronen besetzt sind um so größer wird, bei gegebener Hall-Spannung, der senkrecht zum Magnetfeld fließende Hall-Strom. Dies gilt, solange die Elektronen nicht miteinander in Wechselwirkung stehen und wenn es keine Streuprozesse gibt, beispielsweise aufgrund von Störstellen, die die Elektronenbewegung beeinflussen. In diesem Fall nimmt die Hall-Leitfähigkeit, das Verhältnis aus Hall-Strom und Hall-Spannung, proportional mit der Dichte der Elektronen zu. Doch die beiden letztgenannten Annahmen sind natürlich nicht ganz richtig: Die Elektronen spüren untereinander die Coulomb-Wechselwirkung und es gibt selbstverständlich auch Störstellen im Halbleiter, an denen sie gestreut werden können.

Die Störstellen bewirken zweierlei: Einerseits sorgen sie dafür, dass die hohe Entartung der Landau-Zustände aufgehoben wird. Statt einer Energie haben die vormals entarteten Zustände jetzt geringfügig unterschiedliche Energien. Es entstehen *Landau-Energiebänder*. Die Verteilung der Energien in einem Landau-Band sieht ungefähr so aus wie die Gausssche Glockenkurve, die man auf jedem 10-DM-Schein finden kann. Die Energien vieler Zustände liegen im Zentrum des Bandes. In den Ausläufern des Bandes liegen indes nur wenige Energien. Die dazu gehörigen Energiezustände haben eine wichtige Eigenschaft, die sie gänzlich ungeeignet macht, zum Hall-Strom beizutragen: Sie sind an Störstellen lokalisiert und die sich in ihnen aufhaltenden Elektronen sind völlig unbeweglich. In den Bereichen dieser „lokalisierten" Elektronenzustände ist der Hall-Strom unabhängig von der Elektronendichte; die Hall-Leitfähigkeit, das Verhältnis aus Hall-Strom und Hall-Spannung, ist dann ebenfalls konstant und, wie das Experiment zeigt, genau ein ganzzahliges Vielfaches von e^2/h (e ist die Elementarladung und h die Planck-Konstante) - dem „Quantum" der elektrischen Leitfähigkeit.

Abb. 3.3.13.
Veranschaulichung des Vielteilchenzustandes, der beim Fraktionalen Quanten-Hall-Effekt auftritt. Jedes Elektron (rote Kugel) bildet mit drei Quanten des magnetischen Flusses ein zusammengesetztes (composite) Fermion. Die Höhen und Tiefen der gelb gezeichneten Landschaft entsprechen großen und kleinen Wahrscheinlichkeiten, ein herausgegriffenes Elektron an einem bestimmten Ort anzutreffen. Dort, wo schon andere Elektronen (rote Kugeln) sind, darf sich das herausgegriffene Elektron wegen des Pauli-Prinzips nicht aufhalten. Entsprechend hat die Landschaft hier Mulden. (T. Kovacs und T. Duff, Bell Labs)

Zusammengesetzte Teilchen

Auch die Wechselwirkung zwischen den Elektronen hebt die Entartung der Landau-Zustände auf. Dies geschieht aber nicht kontinuierlich wie unter dem Einfluss der zufällig angeordneten Störstellen. Vielmehr entstehen durch die Wechselwirkung unterschiedliche Gruppen von zunächst wieder vielfach entarteten Zuständen. Die Energien verschiedener Gruppen sind allerdings durch kleine Energielücken voneinander getrennt. Diese Energien kann man jetzt nicht mehr einzelnen Elektronen zuordnen, da sie Vielteilchenzuständen entsprechen. Die zu jeweils einer Gruppe gehörenden Zustände kann man dadurch beschreiben, dass man Elektronen mit mehreren Flussquanten zu einer Einheit kombiniert und die Dynamik dieser neuen, „zusammengesetzten Teilchen" (*Composite Fermions*) betrachtet. Das mathematische Werkzeug dazu ist die *Chern-Simons-Eichtheorie*.

Es stellt sich heraus, dass diese neuen „Teilchen" ziemlich ungewöhnliche Eigenschaften besitzen: Sie gehorchen im allgemeinen weder der Fermi- noch der Bose-Statistik, sind also weder reine Fermi- noch reine Bose-Teilchen. Sie haben zudem eine gebrochen-rationale elektrische Ladung. Beispielsweise besitzen die aus einem Elektron und drei Flussquanten zusammengesetzten Teilchen die mittlere Ladung $e/3$ (e ist die Ladung des Elektrons)! Die Drittelladung haben Forscher am Weizmann Institut in Israel inzwischen experimentell beobachtet. Und obwohl die zusammengesetzten Teilchen mathematisch ziemlich komplizierte Gebilde aus Ladungen einerseits und Nanowirbelströmen andererseits zu sein scheinen, verhalten sie sich in gewissen Experimenten überraschenderweise wie klassische punktförmige Teilchen. Auch dies wurde in mehreren Experimenten nachgewiesen.

Wie in anderen Gebieten der Physik, lassen auch hier die Wechselwirkungen im Zusammenspiel von Teilchen und Feldern völlig neue Aspekte der Materie zutage treten. Es scheint, dass der Quanten-Hall-Effekt lediglich der Einstieg zur Entdeckung einer bisher nicht gekannten Welt von quantenphysikalischen Phänomenen ist und bisher unbekannte Möglichkeiten eröffnet, die Wechselwirkungen, die unsere Welt zusammenhalten, von außen zu beeinflussen und besser zu verstehen. Der Quanten-Hall-Effekt zeigt im übrigen eindringlich, wie eng in den Naturwissenschaften Anwendung und Grundlagenforschung beieinander liegen.

Materie nahe am absoluten Nullpunkt der Temperatur

Der Übergang von elektrisch isolierendem zu metallischem Verhalten ist ein Spezialfall einer großen Klasse von faszinierenden Phänomenen, die man als *Phasenübergänge* bezeichnet (s. Kapitel 3.4.3). Dazu gehören das Gefrieren von Wasser zu Eis ebenso wie der Übergang zwischen der nichtmagnetischen und der magnetischen Phase eines Stoffes wie Eisen. Bei den letztgenannten Phänomenen handelt es sich um *klassische Phasenübergänge*. Dabei sind thermische Fluktuationen entscheidend, also die zufälligen Bewegungen der Atome aufgrund der Wärme. Beim Metall-Isolator-Übergang und anderen *Quantenphasenübergängen* spielen jedoch die Quanteneigenschaften der Materie die ausschlaggebende Rolle. Diese Quantenphänomene können experimentell nur bei sehr tiefen Temperaturen, im Bereich von wenigen Grad Kelvin, in der Nähe des absoluten Nullpunkts studiert werden.

Der Phasenübergang von Wasser zu Eis und viele andere Flüssig-Fest-Übergänge verlaufen häufig diskontinuierlich: Die Dichte der sich umwandelnden Substanz ändert sich abrupt. Beim Gefrieren wird sie, wie im Fall von Eis, sprunghaft kleiner. Es gibt aber auch kontinuierliche Phasenübergänge, wie das Verdampfen von Wasser unter Normaldruck bei der *kritischen Temperatur* von 100 Grad Celsius. Sie kündigen sich durch Fluktuationen an: Schon oberhalb der kritischen Temperatur bilden sich beim Abkühlen für kurze Zeit winzige Flüssigkeitstropfen, die sich jedoch schnell wieder auflösen. Bei Annäherung an den kritischen Punkt dehnen sich diese Fluktuationen räumlich aus und werden langsamer. Die Tröpfchen werden entsprechend größer und bleiben länger bestehen, bis der Umschlag in die andere Phase erfolgt. Bei weiterer Abkühlung hat man dann gasförmige Bereiche in der Flüssigkeit, die allmählich verschwinden. Die kontinuierlichen Phasenübergänge werden von solchen Fluktuationen „getrieben“.

Quantenphasenübergänge sind häufig ebenfalls kontinuierlich. Auch sie sind von Fluktuationen begleitet, aber nicht von den aus der klassischen statistischen Physik bekannten. Es handelt sich vielmehr um *Quantenfluktuationen*, die durch die Quantennatur der Materie verursacht werden, wie sie sich in der *Heisenbergschen Unschärferelation* ausdrückt. Die Unschärferelation ist das Grundprinzip der Quantenmechanik und besagt, dass man gewisse physikalische Größen wie Ort und Geschwindigkeit eines Teilchens nicht gleichzeitig beliebig genau messen kann. Am absoluten Temperaturnullpunkt würden normalerweise die Bewegungen aller Teilchen einfrieren. Die Teilchen würden dann an bestimmten Punkten festsitzen. Die Unschärferelation besagt indes, dass dann die Geschwindigkeiten der Teilchen beliebig groß werden müssten. Dies ist aber am absoluten Nullpunkt nicht möglich. Deshalb müssen Quantenobjekte notwendigerweise Fluktuationen aufweisen: Sie können eben nicht an einem bestimmten Ort festsitzen, ohne sich dabei zu bewegen.

Quantenfluktuationen sind nicht nur für die kontinuierlichen Phasenübergänge am absoluten Temperaturnullpunkt entscheidend. Sie beeinflussen auch das Verhalten bestimmter Substanzen bei endlichen Temperaturen sehr stark. Das geht soweit, dass wohlvertraute Vorstellungen von den Eigenschaften der atomaren Materiebausteine in Frage gestellt werden müssen. So gibt es deutliche Hinweise, dass in gewissen Stoffen - zum Beispiel in der exotischen Legierung $CeCu_{6-x}Au_x$ aus Cer, Kupfer und Gold (x nimmt unterschiedliche Werte an, je nach Zusammensetzung der Legierung) - die Elektronen am absoluten Temperaturnullpunkt ihre gewohnte Identität als Fermi-Teilchen vollständig verlieren. Dies schließt man aus dem Verlauf der *spezifischen Wärme* solcher Stoffe als Funktion der Temperatur. Die spezifische Wärme gibt an, wie viel Wärmeenergie ein Stoff aufnehmen kann, wenn man seine Temperatur um 1 Grad Kelvin erhöht. Bei der genannten Legierung steigt die spezifische Wärme am Übergangspunkt zwischen magnetischer und nichtmagnetischer Phase logarithmisch mit fallender Temperatur an, statt wie bei unmagnetischen Metallen, in denen die Elektronen sich wie „normale“ Fermi-Teilchen verhalten, proportional zur fallenden Temperatur abzunehmen.

Die Proportionalität der spezifischen Wärme zur Temperatur in normalen Metallen ist darauf zurückzuführen, dass die Elektronen Fermi-Teilchen sind, von denen immer nur eines einen bestimmten Quantenzustand besetzen kann. Obwohl in einem Metall rund 10^{23} verschiedene Quantenzustände auf jeden Kubikzentimeter kommen und obwohl eine ähnlich große Zahl von Elektronen aufgrund ihrer Ladung miteinander in Wechselwirkung stehen, kommt es doch niemals vor, dass sich zwei oder mehr von ihnen im gleichen Quantenzustand befinden!

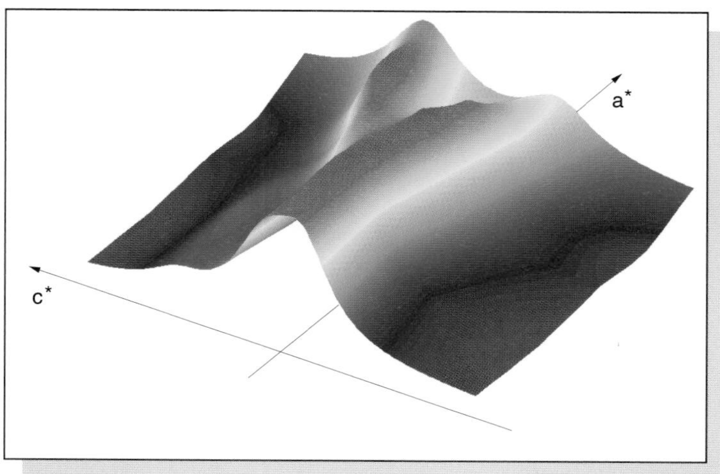

Abb 3.3.14.
In manchen Stoffen verlieren Elektronen aufgrund von Quantenphasenübergängen ihre gewohnten Eigenschaften. Die bei dem magnetischen Übergang in einer Cer-Kupfer-Gold-Legierung ($CeCu_{6-x}Au_x$) auftretenden kritischen Fluktuationen lassen sich mit inelastischer Neutronenstreuung direkt nachweisen: Für kurze Momente bilden sich kleine magnetisch geordnete Bereiche, die wieder verschwinden. Die Abbildung zeigt eine aus vielen einzelnen Messungen zusammengesetzte Momentaufnahme dieser Fluktuationen. Die Falschfarbenkodierung gibt die ortsabhängige Stärke der Fluktuationen an, die in einer durch die Kristallachsen a und c* aufgespannten Ebene auftreten. Die linienförmigen Strukturen, die Gebirgskämmen ähneln, entsprechen anomalen, besonders starken Fluktuationen. Die anomalen Fluktuation liegen den physikalischen Eigenschaften der Legierung am Quantenphasenübergang zwischen dem magnetisierten und unmagnetisierten Zustand zugrunde. (H. von Löhneysen, Universität Karlsruhe)*

Das geschilderte experimentelle Ergebnis ist von grundlegender Bedeutung: Die Tatsache, dass bei $CeCu_{6-x}Au_x$ die spezifische Wärme nicht proportional zur Temperatur ist, deutet darauf hin, dass in diesem Stoff die Elektronen andere als die wohlbekannten Eigenschaften von Fermi-Teilchen haben müssen. Die Wechselwirkungen können also drastisch in die Natur der elementaren Bausteine der Materie eingreifen und zu einem völligen Zusammenbruch der „normalen" Teilchenidentität führen.

Eine weitere fundamentale Entdeckung ist, dass in manchen dieser Nicht-Fermi-Flüssigkeitssysteme am Quantenphasenübergang auch *Supraleitung* (s. Kapitel 3.3.3) auftritt. Dies ist ein deutlicher Hinweis auf eine neuartige Form der Supraleitung, für die der Magnetismus eine wichtige Voraussetzung ist. Das ist überraschend, denn in den klassischen Supraleitern steht magnetische Ordnung eher im Widerstreit mit der Supraleitung und kann sie sogar zerstören. Magnetische Kopplungseffekte werden auch zur Erklärung der Hochtemperatursupraleiter in Betracht gezogen.

Der eingangs erwähnte Metall-Isolator-Übergang, wie er etwa in mit Phosphoratomen dotiertem Silizium als Funktion der Phosphorkonzentration auftritt, ist sehr schwer zu beobachten, da er strenggenommen nur am absoluten Temperaturnullpunkt auftritt. Bei jeder noch so kleinen, von Null verschiedenen absoluten Temperatur gibt es nämlich eine gewisse Wahrscheinlichkeit dafür, dass die ursprünglich unbeweglichen Elektronen durch Zufuhr von Wärmeenergie von einem Platz zum anderen „hüpfen". Das Material ist dann im strengen Sinne kein Isolator mehr. Die Untersuchung dieses Quantenphasenübergangs stellt deshalb eine extreme Herausforderung an die Kunst der Experimentatoren und der Theoretiker dar, weil hierbei drastische Änderungen in den Identitäten der Elektronen aufzutreten scheinen. Erst jetzt gelingt es den Physikern zu verstehen, warum manche Elemente des Periodensystems Metalle sind, andere hingegen Isolatoren.

3.3.3 Supraleitung

Ein besonders markanter Beleg dafür, wie eng in der Physik der kondensierten Materie reine Grundlagenforschung und technische Anwendung beieinander liegen, ist die Supraleitung. Sie ist ein weiteres Beispiel für einen Phasenübergang und fasziniert die Physiker seit nunmehr fast hundert Jahren. Der niederländische Physiker Heike Kamerlingh Onnes hatte die Supraleitung im Jahre 1911 entdeckt. Diese Entdeckung war durch die kurz zuvor gelungene Verflüssigung von Helium möglich geworden, mit deren Hilfe sich erstmals extrem tiefe Temperaturen erreichen ließen.

Geschichte

Kamerlingh Onnes hatte beobachtet, dass Quecksilber bei Abkühlung auf Temperaturen unterhalb von 4 Kelvin, also bei ungefähr -270 °C , den elektrischen Strom völlig verlustlos und ohne sich dabei zu erwärmen leitet. Bei den „normalen" Supraleitern liegt diese *Sprungtemperatur* bei einigen Grad Kelvin. Bereits zu jener Zeit hatten die Physiker technische Anwendungen der Supraleitung, vor allem zur Erzeugung von hohen Magnetfeldern, im Blick. Deshalb war die Suche nach Materialien mit höheren Sprungtemperaturen von Anfang an ein wichtiger Aspekt der Materialforschung in der Metallphysik (s. Abb. 3.3.15). Lange Zeit schien es jedoch unmöglich, über die Sprungtemperatur von Niobgermanium, die bei ungefähr 23 Kelvin liegt, hinaus zu gelangen.

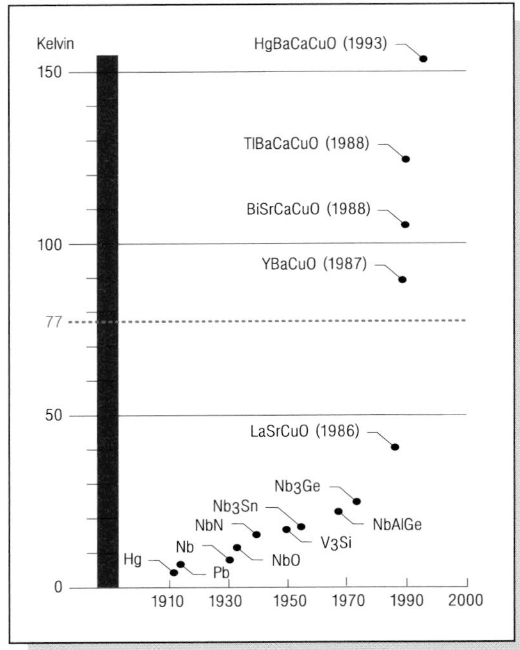

Abb. 3.3.15.
Die Sprungtemperaturen einiger Supraleiter. Besonders interessant sind Supraleiter mit Sprungtemperaturen oberhalb der Siedetemperatur von flüssigem Stickstoff (77 Kelvin), da sie durch Kühlung mit flüssigem Stickstoff im supraleitenden Zustand gehalten werden können. (K. F. Renk, Universität Regensburg)

Völlig überraschend fanden jedoch Georg Bednorz und Alex Müller im Jahre 1986 eine Verbindung aus Lanthan, Strontium, Kupfer und Sauerstoff, die bei einer wesentlich höheren Sprungtemperatur supraleitend wird. Mit dieser Entdeckung, die 1987 mit dem Nobelpreis ausgezeichnet wurde, öffneten die beiden Forscher neue Wege auf der Suche nach Materialien mit noch höheren Sprungtemperaturen. 1987 wurde Yttriumkuprat, eine Verbindung aus Yttrium, Barium, Kupfer und Sauerstoff, mit einer Sprungtemperatur von 90 Kelvin gefunden. 1988 folgten die Wismutkuprate, Verbindungen aus Wismut, Strontium, Kalzium, Kupfer und Sauerstoff, mit Sprungtemperaturen um 125 Kelvin und 1993 Quecksilberkuprat mit 155 Kelvin.

Weil diese Substanzen so hohe Sprungtemperaturen besitzen, können sie durch Kühlung mit flüssigem Stickstoff (Siedetemperatur 77 K oder -196 °C) statt mit Helium supraleitend gemacht werden. Dadurch wird die praktische Anwendung dieser *Hochtemperatursupraleiter* sehr viel wirtschaftlicher, denn im Gegensatz zu Helium wird flüssiger Stickstoff in vielen Bereichen der Industrie eingesetzt.

Die Hauptanwendung der Supraleiter sind seit 1960 supraleitende Magnetspulen für die naturwissenschaftliche Forschung. Solche Spulen finden sich in den Kernspintomographen, die seit einigen Jahren in der medizinischen Diagnostik eingesetzt werden. Zur Zeit werden empfindliche Magnetometer, die die neuen Supraleiter enthalten, in die medizinische Diagnostik eingeführt. Damit können auch kleinste Magnetfelder, wie sie in der Hirn- und der Herzdiagnose auftreten, gemessen werden.

Die Hochtemperatursupraleiter

Hochtemperatursupraleiter (HTSL) werden aus den pulverförmigen Ausgangsmaterialien mit Press- und Sinterverfahren in Tablettenform hergestellt. Beim Sintern - einem Brennvorgang, der bei etwa 900 Grad Celsius durchgeführt wird - erfolgt eine Umlagerung und Verdichtung des Materials. Es bilden sich Kristallite, die miteinander verschweißt sind (s. Kapitel 4.3.3). Für wissenschaftliche Untersuchungen, die dazu beitragen, die supraleitenden Eigenschaften besser zu verstehen, sind große Kristalle besser geeignet. Daher wird in zahlreichen Forschungslabors intensiv daran gearbeitet, möglichst große Kristalle zu züchten.

Doch auch dünne HTSL-Schichten sind von Interesse. Zu ihrer Herstellung gibt es verschiedene Methoden, z. B. die Laserabtragung (s. Abb3.3.16). Dabei bestrahlt man eine Tablette aus dem Material eines Hochtemperatursupraleiters, die sich in einer Vakuumkammer mit etwas Sauerstoff befindet, mit ultravioletten Laserpulsen. Die Lichtpulse werden in der Oberfläche der Keramiktablette absorbiert und erhitzen das Material so stark, dass es verdampft und abgetragen wird. Die abgelösten Atome fliegen über eine Strecke von wenigen Zentimetern zum Substrat, das beschichtet werden soll. Dabei stoßen sie mit den Sauerstoffmolekülen zusammen und erzeugen ein leuchtendes Plasma. In Abb. 3.3.16 erkennt man eine Heizwendel, die das hier benutzte Magnesiumoxidsubstrat auf ungefähr 800 °C erhitzt. Bei dieser Temperatur sind die Atome auf dem Substrat beweglich und ordnen sich kristallin an. Auf dem Substrat wächst eine atomare Schicht des Hochtemperatur-

Abb. 3.3.16.
Blick in eine Anlage zur Herstellung dünner Schichten von Hochtemperatursupraleitern. Ein unsichtbarer Laserstrahl verdampft von einer Keramiktablette Material, das als leuchtendes Plasma sichtbar ist und sich auf einer durchsichtigen Magnesiumoxidplatte niederschlägt. (K. F. Renk, Universität Regensburg)

supraleiters (im Bild Yttriumkuprat) nach der anderen auf. Innerhalb weniger Minuten erhält man bei regelmäßigem Beschuss der Tablette mit Laserpulsen dünne Schichten von einigen zehntausendstel Millimeter Dicke, die aus Kristalliten von sehr guter Qualität bestehen.

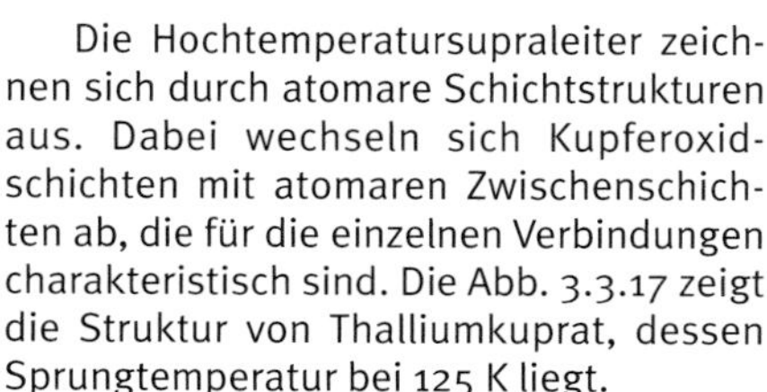

Die Hochtemperatursupraleiter zeichnen sich durch atomare Schichtstrukturen aus. Dabei wechseln sich Kupferoxidschichten mit atomaren Zwischenschichten ab, die für die einzelnen Verbindungen charakteristisch sind. Die Abb. 3.3.17 zeigt die Struktur von Thalliumkuprat, dessen Sprungtemperatur bei 125 K liegt.

Die Kupferoxidschichten sind für die Supraleitung verantwortlich. Parallel zu diesen Schichten ist im normalleitenden Zustand der Widerstand etwa hundert- bis tausendmal kleiner als senkrecht dazu. Während bei den normalen Supraleitern die Stromtragfähigkeit des supraleitenden Zustandes unabhängig von der Richtung des Stromes ist, können Hochtemperatursupraleiter im supraleitenden Zustand parallel zu den Kupferoxidschichten Ströme bis zu 1 Million Ampere pro Quadratzentimeter tragen. Senkrecht dazu ist die Stromtragfähigkeit etwa 100mal geringer. Oberhalb einer *kritischen Stromdichte*, deren Wert materialabhängig ist, bricht die Supraleitung allerdings zusammen.

Der verschwindende elektrische Widerstand

Beim Übergang vom Metall zum Supraleiter entsteht ein quantenmechanischer Zustand, der über das gesamte Metall ausgedehnt ist. Für die normalen Supraleiter ist dieser Zustand sehr gut bekannt. Er wurde 1957 von den amerikanischen Physikern John Bardeen, Leon Cooper und Robert Schrieffer entdeckt (Nobelpreis 1972). In diesem *BCS-Zustand* sind die zahllosen Elektronen des Metalls aufgrund ihrer Quantennatur so stark aufeinander abgestimmt, dass sie bei einer äußeren Störung alle in gleicher Weise reagieren.

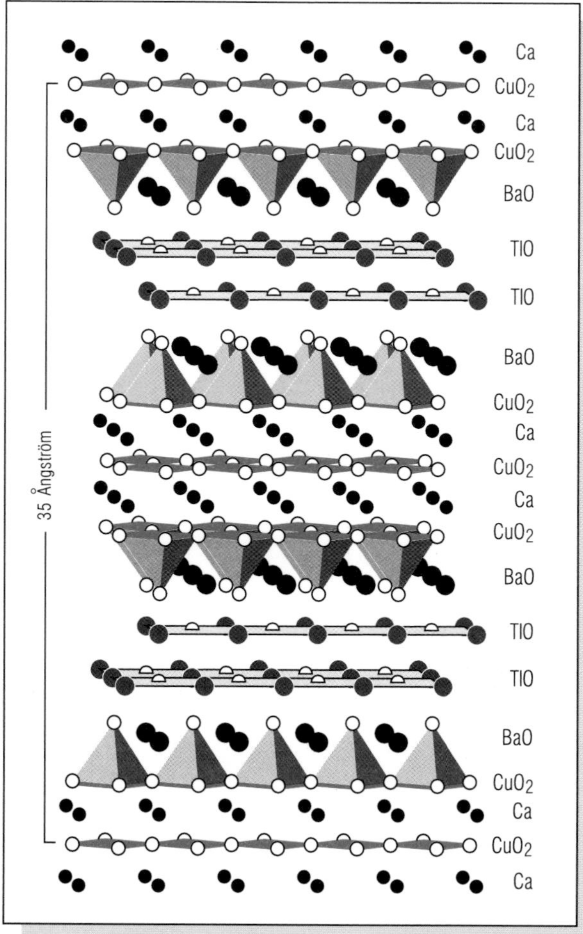

Abb. 3.3.17.
Kristallstruktur von Thalliumkuprat. Auf die atomaren Kupferoxidschichten (CuO_2) gehen die elektrischen Eigenschaften der Hochtemperatursupraleiter zurück (vgl. Abb. 4.3.6). (K. F. Renk, Universität Regensburg)

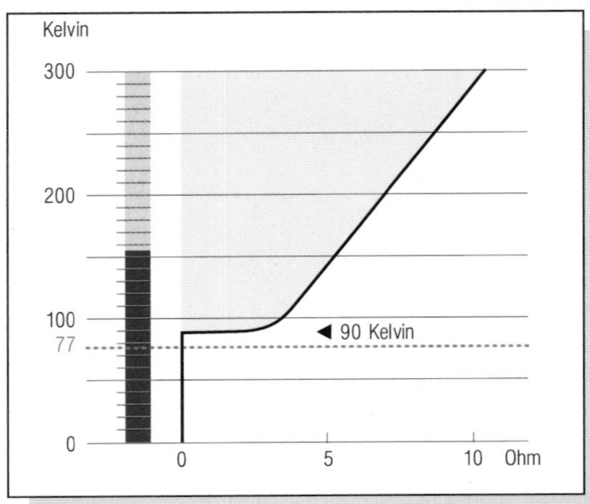

Abb. 3.3.18.
Der elektrische Widerstand von Yttriumkuprat. Unterhalb der Sprungtemperatur von 90 Kelvin verschwindet der Widerstand. (K. F. Renk, Universität Regensburg)

Der mikroskopische Mechanismus, der dies bewirkt, ist eine anziehende Wechselwirkung zwischen den sich normalerweise abstoßenden Elektronen, die auf eine Ankopplung der Elektronen an die Schwingungen der Atome des Metallgitters zurückzuführen ist.

Aufgrund dieser „Elektron-Phonon-Kopplung" bilden sich *Cooper-Paare*, d. h. Paare von Elektronen mit entgegengesetztem Spin. Die Cooper-Paare befinden sich alle in ein und demselben makroskopischen Quantenzustand: dem supraleitenden Zustand. Nur indem die Cooper-Paare aufbrechen, können die Elektronen den supraleitenden Zustand verlassen. Doch dazu ist ein endlich großer Energiebetrag nötig, der bei niedrigen Temperaturen nicht zur Verfügung steht. Deshalb können sich die Elektronen völlig ungestört im Supraleiter bewegen und deshalb leitet der supraleitende Zustand den elektrischen Strom widerstandsfrei und damit völlig ohne Wärmeverluste (s. Abb. 3.3.18). Oberhalb der Sprungtemperatur hingegen können die einzelnen Elektronen durch Zusammenstöße mit den thermisch bewegten Atomen ihre Energie in beliebig kleinen Portionen abgeben. Sie werden abgebremst und es macht sich ein elektrischer Widerstand bemerkbar.

Der neue supraleitende Zustand

Der Mechanismus, der zur Bildung des makroskopischen supraleitenden Quantenzustandes in den Hochtemperatursupraleitern führt, liegt indes noch immer im Dunkel. Es scheint aber klar zu sein, dass in diesen Materialien die direkte Wechselwirkung der Elektronen untereinander - ohne Vermittlung durch die Schwingungen der Atome - für ihre gegenseitige Anziehung und damit für die Bildung der Cooper-Paare entscheidend mitverantwortlich ist. Und in Experimenten hat man direkte Hinweise gefunden, dass der makroskopische supraleitende Zustand in Hochtemperatursupraleitern qualitativ verschieden ist von dem in den normalen Supraleitern: Er weist nämlich eine andere Symmetrie auf.

In den konventionellen Supraleitern ist der supraleitende Zustand räumlich völlig *isotrop* und *homogen*. In ihm ist also keine Richtung und kein Ort ausgezeichnet. Die Anziehung zwischen den Elektronen und damit die Bildung von Cooper-Paaren ist ausschließliche Folge ihrer Kopplung über die Gitterschwingungen. Die Wellenfunktion, die das Verhalten der Elektronen in einem Cooper-Paar beschreibt, hat den Drehimpuls Null und ist deshalb ebenfalls isotrop. Zudem gestattet sie es, dass sich die beiden Elektronen am gleichen Ort aufhalten. In den Hochtemperatursupraleitern dagegen besitzt die Wellenfunktion der Elektronenpaare die Symmetrie eines Zustandes mit höherem Drehimpuls, nämlich der von atomaren *d*-Zuständen. Solche Zustände sind nicht isotrop, sie haben eine Vorzugsrichtung. Eine weitere Konsequenz der *d*-Zustände ist, dass sich die Elektronen eines Cooper-Paares nicht am gleichen Ort aufhalten können. Dies reduziert ihre elektrostatische Abstoßung erheblich und begünstigt die Paarbildung.

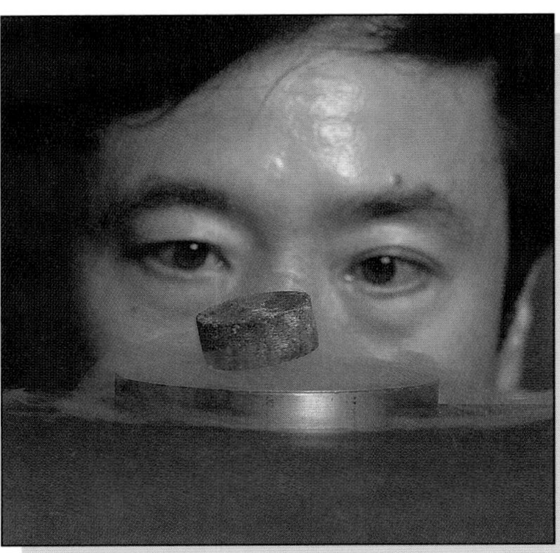

Abb. 3.3.19.
Der Meißner-Ochsenfeld-Effekt:
Magnetfelder können nicht in ein Metall eindringen, wenn es im supraleitenden Zustand ist. Dies führt dazu, dass ein Stück eines Supraleiters in einem äußeren Magnetfeld zu schweben beginnt, sobald die supraleitende Sprungtemperatur unterschritten wird. Der Grund für dieses ungewöhnliche Verhalten sind elektrische Abschirmströme, die im Supraleiter angeworfen werden und deren Magnetfeld dem ursprünglichen Feld entgegenwirkt. (MPI für Festkörperforschung, Stuttgart)

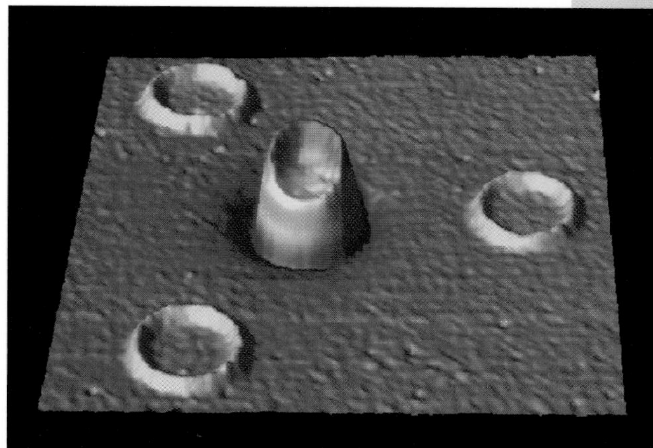

Abb. 3.3.20.
Experimentelle Bestätigung der d-Wellen-Supraleitung. Das Bild zeigt die lokale Magnetfeldstärke (rot: hohe Feldstärke; blau: kein Feld) in supraleitenden Ringen unterschiedlicher Zusammensetzung. Der mittlere Ring besteht aus drei Segmenten eines d-Wellen-Supraleiters, die sich in ihrer Kristallorientierung voneinander unterscheiden. Er weist bei Abkühlung unter die Sprungtemperatur spontan ein Magnetfeld auf. Die drei anderen Ringe, die jeweils aus weniger als drei Segmenten bestehen, besitzen dagegen kein Magnetfeld. Der Durchmesser der Ringe beträgt 60 µm. (J. R. Kirtley, IBM)

Einer Forschergruppe bei IBM Yorktown Heights in den USA ist es durch einen raffinierten Trick gelungen, die Vorzugsrichtung der Cooper-Paare in einem Hochtemperatursupraleiter sichtbar zu machen. Dazu haben sie supraleitende Ringe hergestellt, die aus Kristallen unterschiedlicher Orientierung bestehen. Dadurch besitzen auch die *d*-Zustände unterschiedliche Orientierung relativ zueinander. Die Ringe hatten einen Durchmesser von weniger als 60 Mikrometer. Die Theorie sagt vorher, dass in Ringen mit drei kristallographisch unterschiedlich orientierten Segmenten bei Unterschreitung der Sprungtemperatur spontan ein elektrischer Strom fließen sollte, der einen magnetischen Fluss durch den Ring hervorruft. Bei Ringen mit nur zwei Segmenten oder normalen supraleitenden Ringen fließt hingegen spontan kein Strom.

Die Stärke eines solchen Stromes in einem Supraleiterring kann allerdings nicht jeden beliebigen Wert annehmen. Der Theorie zufolge treten nur solche Stromstärken auf, die zu gewissen quantisierten Werten des magnetischen Flusses gehören. In der *d*-Wellen-Symmetrie muss der Fluss durch den Ring mit den drei Segmenten den Wert $\hbar/4e$ haben, wobei $\hbar$ die Planck-Konstante und e die Elementarladung ist. Es sollte sich also unterhalb der Sprungtemperatur spontan ein quantisiertes magnetisches Moment dieser Größe ausbilden. Das kann man mit einem Rastermagnetometer sehr genau überprüfen. Im Rahmen der Messgenauigkeit erhielten die Forscher tatsächlich das vorhergesagte Resultat (s. Abb. 3.3.20).

Solche ungewöhnlichen Eigenschaften können die Basis für interessante Anwendungen bilden: Die Möglichkeit, zeitlich stabile Flussquanten einer festen, vorgegebenen Größe zu erzeugen - und das vielleicht sogar kontrollierbar mit unterschiedlichem Vorzeichen - könnte für die Darstellung eines binären Codes genutzt werden. Damit wären neue Formen von Speicher- und Schaltelementen möglich, die im Gegensatz zur konventionellen Halbleitertechnologie verlustfrei arbeiten würden und mit denen sich zudem kürzere Schaltzeiten erreichen ließen. Das haben schon frühere Forschungen an konventionellen supraleitenden Schaltelementen gezeigt.

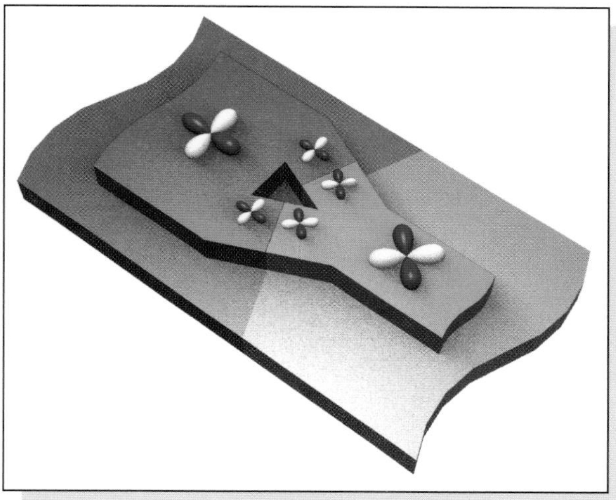

Abb. 3.3.21.
Der sogenannte Pi-SQUID besteht aus zwei d-Wellen-Supraleitern (im Bild hellrot und dunkelrot), die durch dünne Isolatorschichten voneinander getrennt sind. Die Cooper-Paare können diese Schichten durchtunneln und von einem Supraleiter in den anderen gelangen. Die Doppelhanteln stellen die quantenmechanischen Wellenfunktionen der Cooper-Paare dar (weiß bzw. blau: positive bzw. negative Werte der Wellenfunktion). Auf dem unteren der beiden Wege müssen die Wellenfunktionen ihr Vorzeichen umkehren (ihre „Phase“ um π ändern). Dieser Unterschied des Pi-SQUIDs zu entsprechenden Schaltkreisen aus herkömmlichen Supraleitern verleiht ihm neuartige Eigenschaften. (J. Mannhart, Universität Augsburg)

3.3.4 Magnetismus - ein altes Phänomen von neuer technischer Relevanz

Was ist Magnetismus?

Der Magnetismus war schon in der Antike bekannt. Er begegnet uns in vielen Naturphänomenen und technischen Anwendungen, angefangen vom Erdmagnetfeld mit seinen Auswirkungen wie dem Polarlicht oder der Navigation mit dem Magnetkompass, über die Elektromotoren bis hin zu den Hochtemperatursupraleitern. Man unterscheidet beim Magnetismus zwischen den physikalisch sehr verschiedenen Erscheinungsformen Dia-, Para- und Ferromagnetismus, wobei der letztgenannte nur in kondensierter Materie auftritt. Die im normalen Sprachgebrauch als „magnetisch" bezeichneten Eigenschaften sind meist ferromagnetischer Natur. Die ferromagnetischen Eigenschaften werden im folgenden anhand von Beispielen diskutiert.

Dem Ferromagnetismus kommt eine große technische Bedeutung zu. Zum Beispiel spielt er eine sehr wichtige Rolle in Elektrogeneratoren, Transformatoren oder Relais sowie in der Datenspeicherung und Datenverarbeitung. Hier gibt es noch enorme Möglichkeiten hinsichtlich der Energieeinsparung und der Miniaturisierung. Dies ist ein Grund, weshalb der Ferromagnetismus in den letzten Jahren wieder zu einem äußerst spannenden und aktiven Forschungsgebiet geworden ist. Der zweite Grund ist, dass in jüngster Zeit neue, teilweise auch technologisch höchst interessante physikalische Effekte wie der *Riesenmagnetwiderstand* oder der magnetische *Zirkular-Dichroismus* entdeckt wurden (s. u.). Der dritte Grund ist schließlich, dass eine Reihe neuer Herstellungs- und Analyseverfahren entwickelt wurden, mit denen neue „maßgeschneiderte" Materialien geschaffen und im Detail untersucht werden können.

Wie kommt es zum Ferromagnetismus? Er hat seinen Ursprung darin, dass einzelne Atome mit nicht abgeschlossenen Elektronenschalen sich wie kleine Stabmagnete, also wie magnetische Dipole verhalten. Die „Stärke" des atomaren Dipols bezeichnet man als magnetisches Moment des Atoms. Dieses magnetische Moment setzt sich aus zwei Beiträgen zusammen. Der eine stammt von der Eigendrehung der Elektronen, dem *Spin*. Der andere Beitrag wird durch die Bewegung der Elektronen um den Atomkern erzeugt, die häufig einen Bahndrehimpuls und damit auch ein magnetisches Moment aufweist. Deshalb unterscheidet man zwischen den magnetischen Spinmomenten und den magnetischen Bahnmomenten. Beide magnetischen Momente eines Atoms wechselwirken miteinander, sie sind aufgrund der *Spin-Bahn-Wechselwirkung* miteinander gekoppelt. Unter bestimmten Umständen koppeln auch die magnetischen Momente der einzelnen Atome miteinander und zeigen dann alle in die gleiche Richtung. Dies wird durch eine besondere Kraft, die *Austauschwechselwirkung*, hervorgerufen, die man mit den Gesetzen der Quantenmechanik erklären kann. Materialien, bei denen diese Ausrichtung auftritt, nennt man *Ferromagnete*, weil der Effekt zuerst beim Eisen (lat. *ferrum*) beobachtet wurde. Das makroskopische magnetische Moment, das für einen Festkörper charakteristisch ist, ergibt sich aus der vektoriellen Summe aller atomaren magnetischen Momente und wird *Magnetisierung* genannt.

Die atomaren magnetischen Momente werden allerdings durch das komplexe Zusammenspiel der Elektronen in kondensierter Materie und die Bindungsverhältnisse im Kristall modifiziert. Während die Spins von den enormen elektrischen Feldern, die in einem Kristall herrschen, unmittelbar nichts merken, „spüren" die elektrisch geladenen Elektronen, die einen Bahndrehimpuls haben, diese Felder auf ihrer räumlich ausgedehnten Bahn. Infolgedessen richtet sich das Bahnmoment - und über die Spin-Bahnkopplung das gesamte magnetische Moment - so aus, dass die Energie der Elektronen so gering wie möglich ist. Die magnetischen Eigenschaften eines Festkörpers hängen somit über die lokalen elektrischen Felder von seiner Kristallstruktur ab. Unter bestimmten Umständen kann es aufgrund von quantenmechanischen Effekten zu einer teilweisen Auslöschung des Bahndrehimpulses kommen. Dann ist die Spin-Bahn-Wechselwirkung sehr klein und die Spins, die nun im wesentlichen das magnetische Moment bestimmen, orientieren sich sehr leicht in Richtung eines angelegten äußeren Feldes. Dies ist bei gewöhnlichem Weicheisen zu beobachten. Ein anderes Verhalten zeigen anisotrope Kristalle, deren physikalische Eigenschaften richtungsabhängig sind. Je stärker die Richtungsabhängigkeit oder *Anisotropie* ist, wie sie insbesondere an inneren und äußeren Grenzflächen, an Kristallfehlern, chemischen und strukturellen Inhomogenitäten auftritt, desto weniger vollständig wird der Bahndrehimpuls ausgelöscht. Desto stärker wird auch die Ankopplung der magnetischen Momente an das Gitter und desto größer wird die räumliche Variation der magnetischen Eigenschaften des Kristalls. Wie bei einem Stabmagneten ist dann die Magnetisierungsrichtung des Festkörpers starr festgelegt und kann nur mit sehr hohen äußeren Magnetfeldern beeinflusst werden. Solche Materialien bezeichnet man als *hartmagnetisch*.

Wie erwähnt, versuchen sich die atomaren magnetischen Momente im ferromagnetischen Material aufgrund ihrer direkten magnetischen Wechselwirkung kollektiv parallel zu ordnen. Dies ist aber nicht der energetisch günstigste Zustand, da dann der makroskopische Festkörper große Magnetfelder verursachen würde. Günstiger ist ein, von außen gesehen, nichtmagnetisierter Zustand, wie er sich zum Beispiel bei Weicheisen ohne Anwesenheit eines äußeren Feldes einstellt. Dies geschieht dadurch, dass sich winzige Bereiche mit jeweils gleichgerichteten magnetischen Momenten ausbilden, die man *Domänen* oder *Weißsche Bezirke* nennt. Die Magnetisierungen der einzelnen Domänen sind zueinander so orientiert, dass sie sich gegenseitig kompensieren und daraufhin die Gesamtmagnetisierung verschwindet. Die Größe der Domänen, die von wenigen Millimetern bis weit unter einen Mikrometer (0,001 mm) reicht, und ihre Struktur hängen empfindlich von der Größe der atomaren Momente und deren Ankopplung an das Kristallgefüge ab. Die Domänenstruktur ist deshalb ein wichtiger „Fingerabdruck" des magnetischen Systems und bestimmt in hohem Maße seine makroskopischen Eigenschaften.

Magnetismus im täglichen Leben

Die weichmagnetischen Materialien wie Ferrite oder normales Eisen sind technisch seit langem von großer Bedeutung. Sie werden z. B. in Antennen oder in den Kernen der Transformatoren eingesetzt, um große magnetische Flüsse mit möglichst geringen Verlusten schnell hin und her schalten zu können. In den letzten Jahren ist es mit Hilfe neuer Legierungen gelungen, die erforderlichen Schaltfelder im Vergleich zu dem des altbekannten Trafoblechs auf ein hundertstel bis ein tausendstel zu reduzieren, ohne Magnetisierung einzubüßen. Auf diese Weise lässt sich enorm viel Energie einsparen. Erreicht wurde dies mit Hilfe von nanokristallinen Gefügen, in denen jedes Kristallkorn so klein ist, dass es eine einzelne Domäne darstellt. Um die Magnetisierungsrichtung dieser Domänen umzukehren, muss nur sehr wenig Energie aufgewendet werden. Diese komplexen Werkstoffe weiter zu entwickeln und zu optimieren, ist das Ziel weltweiter industrieller und werkstoffwissenschaftlicher Bemühungen.

Hartmagnetische Materialien hingegen findet man in technischen Anwendungen als Permanentmagnete, zum Beispiel in Elektromotoren, Generatoren oder Lautsprechern. Hartmagnete sollen eine möglichst große, dauerhafte Magnetisierung aufweisen. Dies bedeutet, dass möglichst viel magnetische Energie im Material gespeichert ist. Moderne Materialien wie Nd-Fe-B-Legierungen können 20mal mehr magnetische Energie speichern als der klassische Dauermagnet „Alnico". Bei gleicher Leistung sind die entsprechenden Geräte etwa 20mal leichter geworden - auch hier eine enorme Einsparung von Energie, Platz und Kosten. Für die hartmagnetischen Eigenschaften sind auf atomarer Skala der Bahndrehimpuls und das gezielt gestörte Materialgefüge verantwortlich. Alle besseren Permanentmagnete bestehen aus Verbindungen der ferromagnetischen Elemente Fe oder Co mit Elementen der leichteren Seltenen Erden wie Nd, Pr oder Sm, die ein sehr großes magnetisches Bahnmoment haben, das etwa 60mal größer ist als das von Eisen. Durch Einbau leichter Elemente wir B, N oder C wird das Gefüge stärker anisotrop und damit magnetisch härter. Dies hat zur Folge, dass das Umklappen der Magnetisierung der Domänen sehr viel Energie bzw. ein starkes äußeres Feld erfordert.

Magnetische Materialien sind in der Datenaufzeichnung sowie in der Audio- und Videotechnik schon seit Jahrzehnten in Gebrauch, z. B. als Beschichtungen von Ton-, Video- oder Magnetbändern. Die Bänder oder Platten bestehen aus Polymeren, die mit winzigen, kaum ein tausendstel Millimeter großen magnetischen Ferrit- und CrO_2-Nadeln oder Fe-Teilchen beschichtet sind. Sie werden mit kleinen Induktionsspulen magnetisch beschrieben und ausgelesen. Eine neuere Variante ist die magnetooptische Datenaufzeichnung. Beim *magnetooptischen Kerr-Effekt* erfährt polarisiertes Licht, das an einer magnetischen Schicht reflektiert wird, eine kleine Drehung seiner Polarisationsrichtung. Das Vorzeichen dieser Drehung ändert sich, wenn man die Magnetisierung der Schicht umkehrt. Dieses Prinzip wird in modernen Minidisks verwendet. Wie bei normalen CDs werden die Bits mit einem einfachen Laser ausgelesen.

Die Information, die in Form unterschiedlich orientierter magnetischer Bereiche vorliegt, muss stabil gegen äußere Störfelder sein. Deshalb sollten die Bereiche eine möglichst hohe Magnetisierung besitzen, aber trotzdem mit möglichst geringer magnetischer Feldstärke vom „Tonkopf" beschrieben werden können. Um dies zu erreichen, wendet man einen Trick an: Wenn der Laser die Schicht lokal unter dem Tonkopf erhitzt, dann genügen wesentlich kleinere Magnetfelder, um die Schicht zu beschreiben. Erhöht man die Laserleistung, so wird die Magnetisierung des beleuchteten Bereiches zerstört, die Platte gelöscht und zum Wiederbeschreiben präpariert.

Neue magnetische Phänomene und ihr technisches Potential

Die in jüngster Zeit wohl spektakulärste und für die Anwendung wichtigste Entdeckung im Bereich des Magnetismus ist die des Riesenmagnetwiderstandes. Sie wurde möglich durch den raschen Fortschritt der Nanotechnologie im Bereich dünner Schichten. Separiert man z. B. zwei ferromagnetische Schichten durch einige Atomlagen eines nichtmagnetischen Materials wie Kupfer, so orientieren sich die Magnetisierungen der ferromagnetischen Schichten bei ganz bestimmten Dicken der Zwischenschicht unerwarteterweise in entgegengesetzte Richtungen. Diese *antiferromagnetische Ordnung* ist jedoch so wenig stabil, dass bereits ein kleines äußeres Magnetfeld das Schichtsystem in den ferromagnetischen Zustand bringt, bei dem die Schichten gleiche magnetische Orientierung haben. Dabei ändert sich der elektrische Widerstand der Schichtstruktur sehr stark, was zum Namen *Riesenmagnetwiderstand* (engl. *Giant Magneto Resistance*, GMR) geführt hat. Die mikroskopische Ursache für den im antiferromagnetischen Fall deutlich erhöhten Widerstand besteht darin, dass die Leitungselektronen auf ihrem Weg längs der entgegengesetzt magnetisierten Schichten stark behindert werden (s. Abb. 3.3.22(a), oben). Dies kommt daher, dass ein Elektron, das sich in der einen ferromagnetischen Schicht aufgrund seines Impulses gut ausbreiten kann, in der anders orientierten, benachbarten ferromagnetischen Schicht keinen „passenden Zustand“ findet und deshalb stark gestreut wird. Dadurch wird die sogenannte Diffusionslänge der Leitungselektronen deutlich kürzer und der elektrische Widerstand erhöht.

Dem Riesenmagnetwiderstand sehr ähnlich ist der *Tunnelmagnetwiderstand* (TMR), der auftritt, wenn eine Spannung zwischen zwei magnetischen Schichten angelegt wird, die durch eine dünne Oxidschicht voneinander getrennt sind (s. Abb. 3.3.22(a), unten). Obwohl eine Oxidschicht eigentlich keinen Strom leitet, können die Ladungsträger die Schicht „durchtunneln“, wenn diese nur wenige Nanometer dick ist. Die Wahrscheinlichkeit, dass die Ladungsträger tunneln, und infolgedessen auch der elektrische Widerstand hängen wie beim GMR davon ab, wie die Magnetisierungen der beiden Metallschichten zueinander orientiert sind.

Die Widerstandsänderungen bei Variation eines äußeren Magnetfeldes sind bei GMR und TMR enorm groß und können mit sehr hoher Präzision elektronisch detektiert werden. Damit ergibt sich eine Vielfalt neuer Anwendungsmöglichkeiten, z. B. in Geräten zur Positions- und Winkelmessung, in Stromdetektoren oder in Leseköpfen zum Auslesen einer magnetisch beschriebenen Platte. Das letzte Beispiel ist vereinfacht in Abb. 3.3.22 (b) dargestellt. Die GMR-Leseköpfe lösen heute schon die bisherigen, weniger empfindlichen Induktionsleseköpfe ab. Dadurch ist es möglich geworden, die Speicherkapazitäten von Computerfestplatten beträchtlich zu erhöhen.

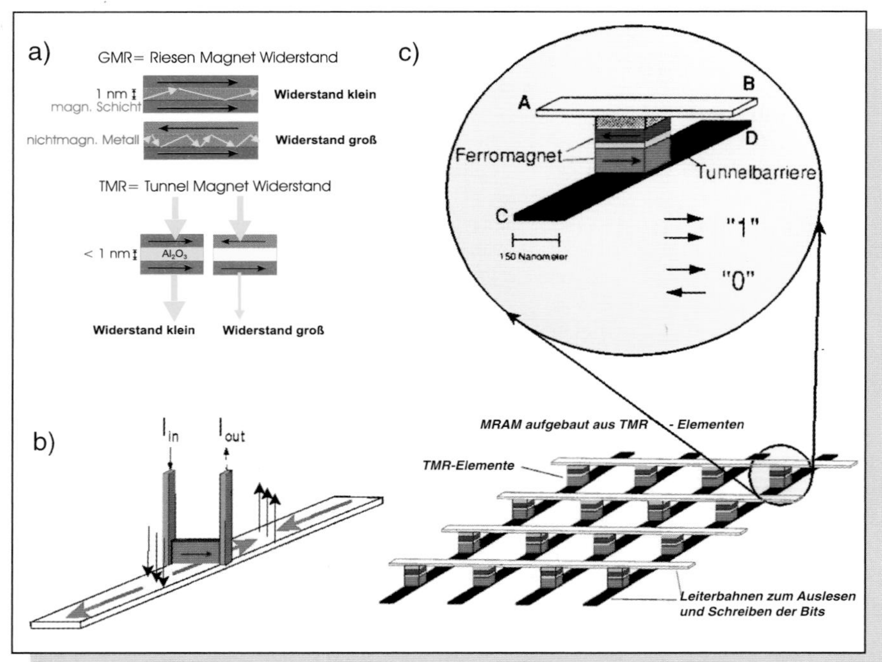

Abb. 3.3.22.
Neue magnetische Effekte und ihre Nutzung. (a) Mikroskopischer Ursprung des Riesen-(GMR) und des Tunnel-(TMR)Magnetwiderstands: Bei entgegengesetzter Orientierung der magnetischen Schichten ist die Streuung der Leitungselektronen und damit der elektrische Widerstand deutlich erhöht; (b) vereinfachte Darstellung, wie der GMR zum Auslesen einer magnetischen Struktur genutzt werden kann, z. B. in einer Spur auf einer Speicherplatte; (c) Grundprinzip eines MRAM (Magnetic Random Access Memory) mit vielen TMR-Elementen zwischen gekreuzten Leiterbahnen zum Schreiben und Auslesen der Bits. Die relative Orientierung der Magnetisierung der magnetischen Schichten bestimmt den Zustand „1“ oder „0“.
(E. Goering u. G. Schütz-Gmeineder, Universität Würzburg)

Ein weiteres wichtiges Bauelement, das auf den Tunnelmagnetwiderstand zurückgeht, ist das *Spinventil*. Es besteht aus einer ferromagnetischen Basisschicht, die magnetisch härter ist als eine zweite ferromagnetische Schicht, die von ihr durch eine Zwischenschicht getrennt ist. Die Magnetisierung dieser zweiten Schicht ist leicht drehbar, so dass aufgrund des GMR- oder TMR-Effekts ein elektrischer Widerstand leicht durch ein äußeres Feld geregelt werden kann.

Auf diesen Prinzipien gründet eine neue Technologie, die Magnetoelektronik, die als Alternative zur Halbleiterelektronik im Gespräch ist. Eines der magnetoelektronischen Bauelemente ist das *MRAM (Magnetic Random Access Memory)*, das aus einem großen Areal von Spinventilen und Leiterbahnen besteht, wie schematisch in Abb. 3.3.22(c) dargestellt. Der Strom, der durch die gekreuzt angeordneten Leiterbahnen fließt, erzeugt das Magnetfeld, das den TMR-Widerstand schaltet. Die Information wird als ferro- oder antiferromagnetischer Zustand, also als „1“ oder „0“, in die einzelnen TMR-Elemente geschrieben. Sie ist nichtflüchtig gespeichert, d. h. sie geht auch bei Stromausfall nicht verloren, und kann mit geringem Strom leicht ausgelesen werden.

Versteht man die Kopplung zwischen den magnetischen Schichten beim Riesenmagnetwiderstand?

Das Phänomen des Riesenmagnetwiderstands wurde am Forschungszentrum Jülich vor gut zehn Jahren entdeckt und hat bereits acht Jahre nach seiner Entdeckung Eingang in industrielle Produkte gefunden. Doch wie so oft in der Forschung hinkt das Verständnis der mikroskopischen Grundlagen dieses Effekts hinterher. Ein tieferes Verständnis ist jedoch unerlässlich, will man diese vielversprechende neue Technologie optimieren und weiterentwickeln. Ein äußerst erfolgreiches Analyseverfahren, mit dessen Hilfe man den GMR-Effekt genauer untersuchen kann, beruht auf der Photoemission. Dazu misst man die Dichte der Zustände, die die Elektronen im Festkörper besetzen, als Funktion ihres Impulses und ihrer Bindungsenergie. Die Elektronen werden durch Beleuchtung mit einer starken UV-Lichtquelle - am besten mit Synchrotronstrahlung - freigesetzt oder *photoemittiert*. Anschließend misst man ihre Energie und Emissionsrichtung. Im Prinzip kann dabei auch die Spinorientierung der Elektronen registriert werden.

Ein Beispiel soll verdeutlichen, wie grundlegende Experimente zur Aufklärung des GMR-Phänomens beitragen können. Aus der Quantenmechanik ist bekannt, dass in einem Kasten eingesperrte Elektronen aufgrund ihres Wellencharakters stehende Wellen ausbilden. Wenn man eine sehr dünne Schicht eines Metalls herstellt, so sollten die Valenzelektronen unter bestimmten Bedingungen zwischen den Oberflächen hin und her gestreut („gespiegelt“) werden und - wenn Wellenlänge und Dicke zueinander passen - eine stehende Welle ausbilden. Diese stehenden Elektronenwellen werden *Quantum-Well-* oder *QW-Zustände* genannt und können mit Hilfe der Photoemission sichtbar gemacht werden. Abb. 3.3.23 zeigt die Ergebnisse eines entsprechenden Experiments, in diesem Fall an sehr dünnen Kupfer-(Cu-)Schichten auf einem Kobalt-(Co-)Substrat: Jedes der gezeigten Spektren gibt die Wahrscheinlichkeit oder Intensität der QW-Zustände als Funktion ihrer Energie bei einer bestimmten Schichtdicke wieder. Beispielsweise sieht man, dass sich in einer Schicht aus etwa 17 atomaren Cu-Lagen („17,5 ML“) in dem

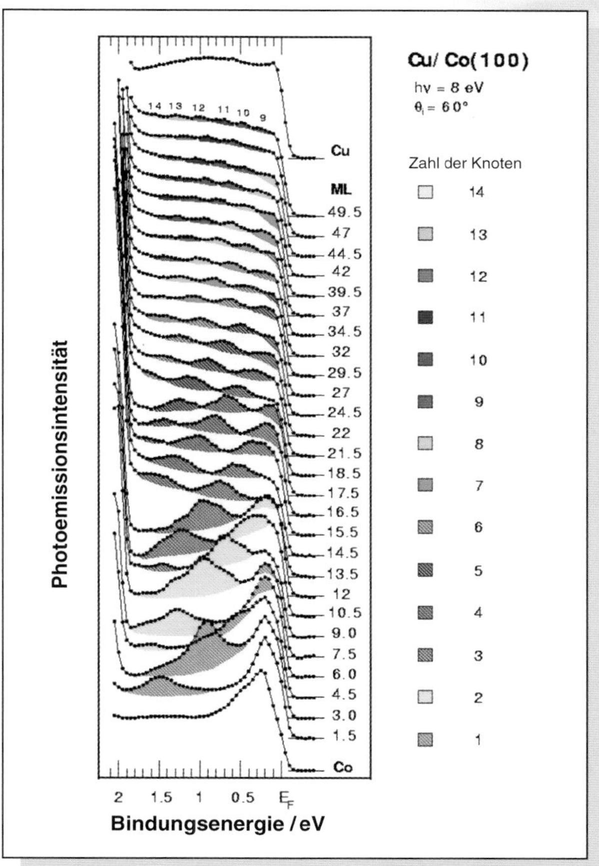

Abb. 3.3.23.
Photoemissionsspektrum einer Kobalt/Kupfer-Schicht als Funktion der Cu-Dicke, die als Zahl der atomaren Cu-Lagen („ML“ steht für „Monolagen“) angegeben ist. Die Spektren zeigen die Dichte der besetzten elektronischen Zustände mit Impuls senkrecht zur Oberfläche als Funktion ihrer Bindungsenergie bis etwa 2 eV unterhalb der sogenannten Fermi-Energie E_F. Die verschiedenen stehenden Elektronenwellen oder QW-Zustände sind je nach Zahl der Schwingungsknoten mit unterschiedlichen Farben gekennzeichnet. Die übrigen QW-Zustände liegen jeweils außerhalb des betrachteten Energiebereichs. (C. Carbone u. W. Eberhardt, FZ Jülich)

hier dargestellten kleinen Energiebereich drei verschiedene QW-Zustände ausbilden, die hier durch drei unterschiedliche Farben gekennzeichnet sind. Mit zunehmender Schichtdicke nimmt die Energie dieser Zustände ab - in Einklang mit den Gesetzen der Quantenmechanik.

Aufgrund ihrer speziellen elektronischen Eigenschaften wirkt die ferromagnetische Kobaltschicht nur für die Cu-Elektronen einer Spinorientierung („Spin runter") als Spiegel. Die Cu-Elektronen mit entgegengesetzt gerichtetem Spin („Spin hoch") können sich hingegen auch im Kobalt frei bewegen, werden also nicht „gespiegelt" und bilden deshalb auch keine stehenden Wellen aus. Man konnte nun nachweisen, dass die Elektronen in den QW-Zuständen im unmagnetischen Kupfer eine Spinrichtung besitzen, also „spinpolarisiert" sind. Bringt man auf den Kupferfilm eine zweite ferromagnetische Schicht auf, dann wird sich deren Magnetisierungsrichtung so einstellen, dass die Gesamtenergie minimal wird. Im vorliegenden Fall hängt die Richtung davon ab, ob die Energie eines QW-Zustands im Cu direkt am oberen Rand des Energieintervalls der besetzten elektronischen Zustände liegt, was man durch die Schichtdicke einstellen kann. Ist dies der Fall, so ist die Gesamtenergie für antiparallel ausgerichtete Magnetisierungen in den beiden Co-Schichten günstiger. Im anderen Fall ist eine parallele Magnetisierung energetisch günstiger. Die Ausrichtung der Magnetisierungen der Co-Schichten kann demnach gezielt durch die Dicke der Cu-Schicht beeinflusst werden (s. Abb. 3.3.23). Ausgehend von der Kenntnis des Kopplungsmechanismus zwischen den ferromagnetischen Schichten kann man nun GMR-Bauelemente und Spinventile gezielt entwerfen und optimieren.

Moderne Analytik magnetischer Strukturen

Wenn man den Ferromagnetismus von Festkörpern theoretisch beschreiben will, so muss man das Zusammenspiel von 10^{23} Elektronen einschließlich ihrer Spins berücksichtigen. Dieses Problem ist viel zu komplex, um es vollständig und im Detail zu lösen. Daher können immer nur sehr gut definierte Modellsysteme Ausgangspunkt einer theoretischen Beschreibung sein. Beispiele solcher Idealisierungen sind der perfekte Einkristall, vollständig ungeordnete amorphe Systeme oder (Viel)-Schichtsysteme mit ungestörtem Gefüge und atomar glatten Grenzflächen. In der Natur sind nur etwa ein Prozent der Systeme gut einkristallin bzw. amorph. In den meisten Fällen ist die Idealstruktur mehr oder weniger gestört: Die Grenzschichten zwischen verschiedenen homogenen Bereichen können stark in „Unordnung" und z. B. durchmischt sein; der reale Festkörper weist Gitterfehler, lokale Vorzugsrichtungen oder unterschiedliche Kristallbereiche auf. Diese mikroskopischen Eigenschaften bestimmen in hohem Maße die Domänenstruktur und damit die makroskopischen magnetischen Eigenschaften. Daher ist die Kenntnis der realen, nichtidealen Kristallstruktur von entscheidender Bedeutung, um die mikroskopischen Vorgänge so gut zu verstehen, wie dies für eine gezielte technologische Weiterentwicklung unerlässlich ist.

Deshalb ist die Untersuchung magnetischer Mikrostrukturen derzeit Gegenstand weltweiter intensiver Forschungen. Zu diesem Zweck wird eine Vielzahl von neuen leistungsfähigen Analysemethoden entwickelt, nicht zuletzt wegen des hohen Anwendungspotentials der neuen mikrostrukturierten magnetischen Systeme. Die spinpolarisierte Rastertunnelmikroskopie ist eine sehr junge Methode - ähnlich wie die mit ihr verwandte magnetische Rasterkraftmikroskopie. Mit ihr kann man magnetische Strukturen fast mit atomarer Auflösung abbilden. Das vereinfachte Messprinzip ist in Abb. 3.3.24(a) dargestellt: Eine Oberfläche mit unterschiedlich magnetisierten Bereichen wird mit einer magnetisch beschichteten Spitze, an der eine kleine Spannung anliegt, abgetastet. Je nach relativer Orientierung der Magnetisierungen von Oberfläche und Spitze wird der Tunnelstrom - ähnlich wie beim TMR-Effekt - größer oder kleiner. In Abb. 3.3.24(b) sind die auf diese Weise abgebildeten magnetischen Strukturen einer anderthalb Monolagen dicken Eisenschicht auf atomaren Wolfram-Stufen in Draufsicht zu erkennen; Abb. 3.3.24(c) zeigt eine schematische Seitenansicht. Die Auflösung der Domänenstrukturen in Abb. 3.3.24(b) ist die höchste zur Zeit erreichte. Allerdings können mit dieser Methode nur die magnetischen Eigenschaften der Oberfläche untersucht werden. Schon die Magnetisierung der eine Atomlage tiefer liegenden Schicht bleibt verborgen.

Mit Hilfe von leistungsfähigen Neutronen- und Synchrotronstrahlungsquellen (s. Kapitel 6.2) eröffnen sich einzigartige Möglichkeiten, den magnetischen Eigenschaften auf mikroskopischer Skala auf die Spur zu kommen. Eine vielbenutzte Methode ist die Neutronenstreuung. Darüber hinaus hat in den letzten Jahren die Synchrotronstrahlung an modernen Speicherringen wegen ihrer extrem hohen Brillanz und ihrer Polarisationseigenschaften zahlreiche neue Forschungsmöglichkeiten eröffnet. Sie gestattet es, viele verschiedene Verfahren im Bereich der Spektroskopie, Kristallographie und Mikroskopie zur Untersuchung magnetischer Strukturen einzusetzen. Auch die oben skizzierten,

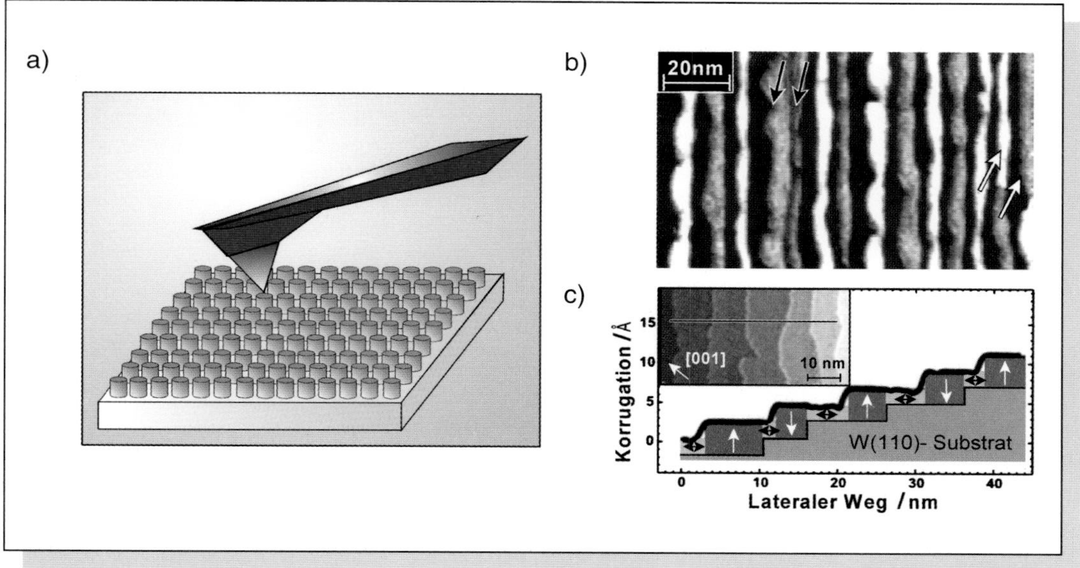

Abb. 3.3.24.
(a) Prinzip eines „spinempfindlichen" Rastertunnelmikroskops, das den TMR-Effekt ausnutzt; (b) die damit beobachtete Domänenstruktur einer anderthalb Lagen dicken Fe-Schicht; (c) schematische Seitenansicht der Fe-Schicht auf einem Wolframeinkristall mit „gestufter" Oberfläche. (E. Goering u. G. Schütz-Gmeineder, Universität Würzburg; M. Bode u. R. Wiesendanger, Universität Hamburg)

höchst aufschlussreichen Photoemissions-Experimente (s. Abb. 3.3.23) wurden mit Synchrotronstrahlung durchgeführt.

Mitte der achtziger Jahre wurde am HASYLAB in Hamburg erstmals nachgewiesen, dass die Absorption von zirkular polarisierter Röntgenstrahlung durch magnetische Materialien vom Betrag der Magnetisierung und vom Winkel abhängt, den die Magnetisierungsrichtung des untersuchten Materials und die Ausbreitungsrichtung der Röntgenstrahlen einschließen. Dieser Effekt, der nur bei elementspezifischen charakteristischen Energien, den Absorptionskanten, auftritt, kann bei den Übergangsmetallen wie Eisen, Kobalt und Nickel sehr groß werden. Im Fall von magnetischen Schichten aus reinem Fe, Co oder Ni ändert sich die Absorption bzw. die Transmission der Röntgenstrahlung um einen Faktor zwei, wenn die Magnetisierung umgepolt wird, wie in Abb. 3.3.25(a) an einem Fe-Absorptionsspektrum zu sehen ist. Wie groß diese Änderung ist, hängt vom mittleren magnetischen Moment des untersuchten Materials ab. Daher bietet der „magnetische" Beitrag zur Röntgenabsorption, der *zirkulare magnetische Röntgendichroismus* (XMCD), eine hochempfindliche Sonde, mit der man das mittlere magnetische Moment einer Probe bestimmen kann. Dadurch wird es möglich, auch extrem kleine magnetische Momente (bis zu 1/1000 eines Eisenmomentes) sowie magnetische Momente in hochverdünnten Proben oder Systemen mit sehr wenig magnetischem Material (z. B. eine monoatomare Schicht) zu messen. Ein wesentlicher Aspekt ist dabei, dass dieser Effekt aufgrund quantenmechanischer Gesetze extrem empfindlich vom Bahndrehimpuls der Elektronen abhängt. Damit eröffnet sich die einzigartige Möglichkeit, das im Verhältnis zum Spinmoment extrem schwer zugängliche magnetische Bahnmoment direkt zu messen. Mit dem XMCD kann erstmals ein Einblick in die mikroskopischen Ursachen magnetischer Eigenschaften gewonnen werden, da er die Beiträge einzelner chemischer Elemente zu unterscheiden gestattet.

Im Prinzip lässt sich jede Methode, bei der mit Röntgenstrahlung Festkörperstrukturen untersucht werden, zur „magnetischen" Untersuchungsmethode erweitern, indem man zirkular polarisiertes Röntgenlicht benutzt. Dies soll an zwei hochaktuellen Beispielen, der *magnetischen Röntgentransmissionsmikroskopie* (MTXM) und der *Photoemissionsmikroskopie* (XMCD-PEEM), gezeigt werden. Bei der MTXM beleuchtet man eine magnetische Schicht mit Röntgenstrahlung, deren Energie einer Absorptionskante des Schichtmaterials entspricht (in Abb. 3.3.25(a): für Fe bei etwa 706 eV). Die Schicht absorbiert die Strahlung auf Grund des XMCD-Effektes in unterschiedlich ausgerichteten Domänen unterschiedlich stark (s. Abb. 3.3.25(b)). Auf diese Weise entsteht im Detektor, der sich hinter der Schicht befindet, ein Abbild der Domänenstruktur in der Schicht, aus dem sich die Magnetisierungsrichtungen der Domänen ablesen lassen. Die abbildende Optik in dem verwendeten Röntgenmikroskop, das an der Universität Göttingen zur hochauflösenden Abbildung biologischer Strukturen entwickelt wurde, erreicht eine Auflösung von 20 Nanometer, also dem 50000sten Teil eines Millimeters. Die damit abgebildete Domänenstruktur einer thermomagnetisch beschriebenen magnetooptischen Speicherplatte ist in Abb. 3.3.25(c) gezeigt. Durch diese Ergebnisse wurde erstmals deutlich, dass eine Bedeckung der magnetischen Speicherschicht mit Aluminium für den Schreibprozess äußerst wichtig ist.

werden kann. In Abb. 3.3.25(e) ist die Domänenstruktur einer Co-Cr-Fe-Keilschicht dargestellt, wobei die Pfeile die Magnetisierungsrichtungen parallel zur Oberfläche andeuten. Man sieht sehr schön, wie die magnetische Kopplung zwischen der Co- und der Fe-Schicht mit der Dicke der Cr-Schicht von ferromagnetischer, also gleichgerichteter, zu antiferro-

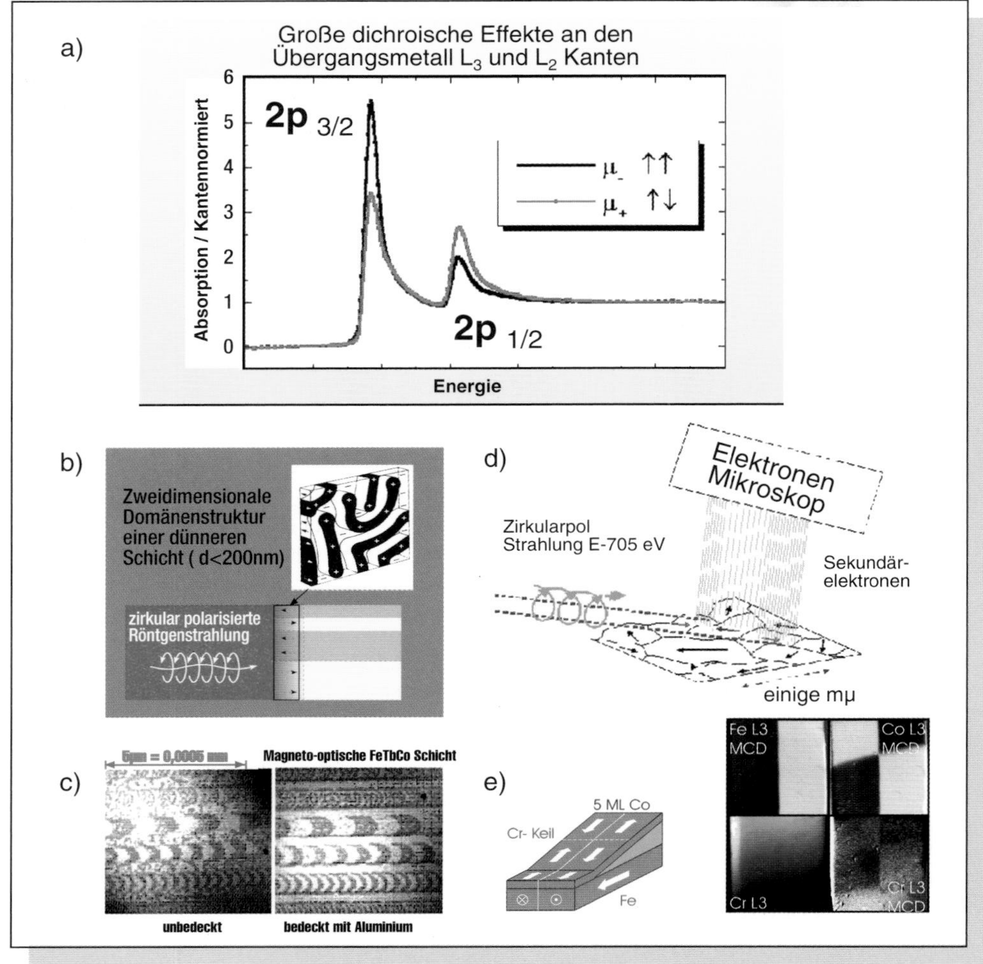

Abb. 3.3.25.
(a) Absorptionsspektrum von Fe für Magnetisierungsrichtungen in und entgegen der Ausbreitungsrichtung der Röntgenstrahlung; (b) Prinzip des magnetischen Röntgentransmissionsmikroskops; (c) Domänenspuren einer thermomagnetisch beschriebenen magnetooptischen Speicherplatte ohne und mit Aluminium Abdeckung; (d) Prinzip des Photoemissionsmikroskops unter Nutzung des XMCD Effektes (s. Text); (e) Domänenstruktur einer Co-Cr-Fe Keilschicht, wie im linken Teil dargestellt. Die Breite der Streifen beträgt 200 μm. (P. Fischer, E. Goering, G. Schütz-Gmeineder, Universität Würzburg; C. M. Schneider u. G. Schönhense, MPI Halle)

Bei der zweiten Methode, dem sogenannten XMCD-PEEM, fällt das Röntgenlicht mit einer Energie von 706 eV unter kleinem Winkel auf eine Fe-Oberfläche (s. Abb. 3.3.25(d)). Dabei schlägt die absorbierte Röntgenstrahlung Elektronen aus der Oberfläche heraus. Je nach Magnetisierungsrichtung der Domänenstruktur variiert die Zahl der dabei entstehenden *Sekundärelektronen* aufgrund der unterschiedlichen Absorptionskoeffizienten sehr stark, was mit Hilfe eines einfachen Elektronenmikroskops sichtbar gemacht

magnetischer, entgegengerichteter Orientierung variiert.

Beide Methoden, MTXM und XMCD-PEEM, bieten attraktive neuartige Möglichkeiten zur Beobachtung von Domänen, wobei sich ihre Vorteile ergänzen. XMCD-PEEM ist aufgrund der geringen Austrittstiefe der Sekundärelektronen von wenigen Nanometern (nm) sehr oberflächenempfindlich und insbesondere zur Untersuchung von parallel zur Oberfläche magnetisierten, sehr dünnen Schichten geeignet. Mit MTXM hingegen können senkrecht zur Ebene magnetisierte Schichten mit einer Dicke von bis zu 100 nm (typische magnetooptische Schichten) mit sehr großem, quantitativ auswertbarem Kontrast sichtbar gemacht werden.

Fazit und Ausblick

Magnetismus, ein seit jeher faszinierendes und technisch genutztes Phänomen, ist ein wichtiges und anspruchsvolles Gebiet der modernen Grundlagen- und materialwissenschaftlichen Forschung. Viele Entwicklungen sind von hoher technologischer und wirtschaftlicher Bedeutung. Mit dem Siegeszug der Mikro- und neuerdings der Nanotechnologie ist es möglich, künstliche magnetische Materialien mit neuen faszinierenden Eigenschaften und hohem Anwendungspotential „maßzuschneidern“. Die großen Fortschritte in jüngster Zeit wurden vor allem durch neue Analysetechniken ermöglicht, die unter anderem zu einem deutlich verbesserten Verständnis des komplexen Phänomens Magnetismus beigetragen haben. Viele hochinteressante wissenschaftliche und technische Entwicklungen sind in den nächsten Jahren zu erwarten, beginnend mit der modernen magnetischen Speichertechnik, der Sensorik und der Magnetoelektronik. Weitere Bereiche wie z. B. der makromolekulare und der Bio-Magnetismus werden sich anschließen. Zur Entwicklung und Untersuchung dieser magnetischen Systeme stehen neue, hochleistungsfähige Methoden zur Verfügung, nicht zuletzt dank der Neutronen- und Synchrotronstrahlungsquellen.

3.3.5 Oberflächen

Mikroskopisch betrachtet umfasst die Oberfläche eines Festkörpers den Bereich seiner äußersten Atomlagen. Man kann sie gewissermaßen als seine „Haut“ ansehen, durch die er mit seiner Umgebung in Wechselwirkung tritt. Daraus ergibt sich die große Bedeutung der Oberflächen im täglichen Leben ebenso wie in der Forschung: Reibungsprozesse laufen in der Regel zwischen den Oberflächen verschiedener Körper ab. Korrosion beginnt meistens an der Oberfläche eines Materials bzw. an der Grenzfläche zweier Materialien. Für elektrochemische Prozesse wie die Galvanisierung spielen die Oberflächeneigenschaften eine entscheidende Rolle. Die heterogene Katalyse, die zur Herstellung vieler chemischer Substanzen aber auch zur Beseitigung von Schadstoffen herausragende Bedeutung hat, spielt sich meist an Oberflächen ab. Auch die Eigenschaften von Halbleiterbauelementen hängen stark von den Grenzflächen zwischen Kontakten und/oder verschiedenen Halbleitermaterialien ab. Schließlich wächst die relative Bedeutung der Oberfläche im Vergleich zum Volumen, wenn der Festkörper sehr klein wird: Nanoteilchen oder Nanostrukturen bestehen im Wesentlichen aus Oberflächen.

Die große Schwierigkeit bei der Untersuchung von Oberflächen besteht darin, dass ein makroskopischer Festkörper nur sehr wenige Oberflächenatome im Verhältnis zur Zahl der Volumenatome besitzt: So kommen in einem Kupferwürfel mit einer Kantenlänge von einem Zentimeter auf ein Oberflächenatom 50 Millionen Volumenatome. Über die Oberflächenatome kann man dennoch detaillierte Aussagen treffen, zum Beispiel über ihren chemischen Zustand, ihre geometrische Anordnung, ihre Bewegungen, ihre Wechselwirkungen untereinander und sogar über ihre chemischen Reaktionen. Dazu benötigt man jedoch viele, teilweise aufwändige oberflächenempfindliche Messmethoden, die in den letzten Jahrzehnten entwickelt wurden. Da die Vielfalt der Untersuchungsmethoden und der gewonnenen Erkenntnisse enorm groß ist, kann die hier getroffene Auswahl von Beispielen nicht repräsentativ sein. Einige Beispiele entstammen dem Grenzbereich zwischen Physik und Chemie, der traditionell in der stark interdisziplinären Oberflächenforschung eine zentrale Rolle einnimmt und das synergetische Zusammenwirken dieser Fachgebiete in beispielhafter Weise verdeutlicht.

Oberflächenstrukturen - Rekonstruktion und Phasenübergänge

Angenommen, man könnte einen Festkörper in der Mitte durchschneiden, ohne die Atome an der Schnittfläche durch mechanische Krafteinwirkung aus ihrer ursprünglichen Position zu verschieben. Was würde dann passieren? Würden sie ihre „angestammten“ Plätze, die sogenannten Gitterplätze, beibehalten? Nein, denn die Atome oder Moleküle in den äußersten Schichten werden sich umordnen und neue Plätze einnehmen, da sich aufgrund der „abgeschnittenen“ Bindungen neue Kräfteverhältnisse im Bereich der Oberfläche ergeben. Diese Umordnung wird *Rekonstruktion* genannt. Sie führt teilweise zu stark veränderten Bindungsverhältnissen und Atomabständen.

Die Anordnung der Atome an der Oberfläche eines Festkörpers unterscheidet sich von der in seinem Innern. Die genaue Kenntnis der Oberflächengeometrie ist sehr wichtig, da von der geometrischen Struktur die chemischen und die elektronischen Eigenschaften der Oberfläche entscheidend abhängen. Beispielsweise wird von der Struktur das Adsorptionsverhalten gegenüber Gasen geprägt, und häufig bestimmt die Geometrie der Adsorptionsplätze die chemische Bindung der Adsorbate und deren Reaktionsverhalten. Die Oberflächengeometrie beeinflusst auch die Ladungsverteilung und damit die elektronische Struktur, was z. B. zur Folge haben kann, dass sich die Austrittsarbeiten, die Halbleiter- und die magnetischen Eigenschaften ändern. Schließlich sind die Oberflächenrekonstruktionen auch für das Schichtwachstum von großer Wichtigkeit. Wenn man beispielsweise Schichten eines zweiten Materials gitterangepasst und mit hoher Qualität auf einem Substrat aufwachsen lassen will, so muss man berücksichtigen, dass der Wachstumsprozess entscheidend von der Geometrie der Substratoberfläche bestimmt wird. Diese *Heteroepitaxie* ist sehr wichtig für die Herstellung von Halbleiterheterostrukturen oder magnetischen Schichtsystemen (s. auch Kapitel 3.3.1 und 3.3.4). Sie hat einige Forschungsgebiete revolutioniert und Eingang in Technologien gefunden, mit denen viele neuartige Bauelemente hergestellt werden können.

Der geometrische Zustand einer Oberfläche hängt meist stark von verschiedenen Parametern ab wie der Temperatur, der chemischen Zusammensetzung oder der Orientierung. Verändert man zum Beispiel die Temperatur, können sich die Rekonstruktion der Oberfläche und damit auch ihre Eigenschaften ändern. Bei genügend hohen Temperaturen beginnt die Oberfläche sogar zu schmelzen. Allerdings sind diese Temperaturen meist deutlich niedriger als die Schmelztemperatur des gesamten Festkörpers. Dann „schwimmt" eine nur wenige Atome dicke Schicht auf dem (noch) festen inneren Atomgitter. Die Änderungen der Rekonstruktion und das Schmelzen nennt man *Phasenübergänge* (s. Kapitel 3.4.3). Sie sind sowohl für das Verständnis vieler Naturphänomene als auch für viele physikalische Fragestellungen von großer Wichtigkeit.

Wie kann man Oberflächenstrukturen aufklären?

Zur Untersuchung der Strukturen, Rekonstruktionen und Phasenübergänge an Oberflächen mit atomarer Genauigkeit stehen vor allem drei Methoden zur Verfügung (eine vierte ist weiter unten skizziert). Die älteste ist die *Röntgenbeugung*, die in den letzten zwei Jahrzehnten vor allem durch die Verfügbarkeit hochbrillanter Synchrotronstrahlung oberflächenempfindlich gemacht werden konnte. Dies erreicht man dadurch, dass man die gebündelte, parallele Röntgenstrahlung unter einem sehr kleinen Winkel streifend auf die Oberfläche auftreffen lässt. Aus den Winkeln und Intensitäten der gebeugten Röntgenstrahlen kann man die Geometrie der Atome, die sich im Bereich der Oberfläche befinden, ableiten und die Atomabstände mit sehr hoher Präzision bestimmen.

Sehr ähnlich funktioniert die *Beugung langsamer Elektronen*, die beim Auftreffen auf einer Oberfläche zurückgeworfen werden. Aus dem Beugungsmuster kann man auf die Geometrie der Oberflächenatome, aus der Energieabhängigkeit der Beugungsintensitäten auf die Atomabstände schließen. Mit diesem für die Entwicklung der modernen Physik sehr wichtigen Experiment konnten Clinton Davisson und Lester Germer bereits 1927 die Wellennatur von Elektronen nachweisen (Nobelpreis 1937). Diese Methode ist heute bei Oberflächenuntersuchungen weit verbreitet, weil langsame Elektronen aufgrund ihrer starken Wechselwirkung mit Materie nur wenige Atome tief in den Festkörper eindringen und deshalb sehr empfindlich auf Eigenschaften der Oberfläche reagieren. Oberflächen-Röntgenbeugung und die Beugung langsamer Elektronen ergänzen sich in vielerlei Hinsicht.

Die *Rastertunnelmikroskopie* und die *Rasterkraftmikroskopie* sind komplementär zu den Beugungsmethoden. Bei ihnen entsteht das Bild einer Probenoberfläche dadurch, dass die Probe mit Hilfe einer extrem scharfen Spitze rasterförmig abgetastet wird. Dabei wird ein Signal aufgezeichnet, das dem Abstand zwischen den äußersten Atomen der Spitze und den Atomen der Probe entspricht. Dieses Signal ist bei der Rastertunnelmikroskopie der Tunnelstrom, der zwischen den etwa ein Nanometer voneinander getrennten Elektroden, Probe und Spitze, fließt. Bei der Rasterkraftmikroskopie ist es die anziehende oder abstoßende Kraft zwischen den Atomen der Oberfläche und der Spitze, die zu einer messbaren Auslenkung einer sehr kleinen „Blattfeder" führt, an der die Spitze befestigt ist. Die Rastersondentechniken geben eine lokale Information, insbesondere über die laterale Anordnung der Atome oder Moleküle und über Defekte.

Besonders vorteilhaft ist es, Rastersondentechniken mit Beugungsmethoden zu kombinieren, da letztere die über die gesamte Oberfläche gemittelte globale Information beisteuern und es ermöglichen, die Atomabstände mit hoher Genauigkeit zu bestimmen. Die im folgenden ausgeführten Beispiele zeigen, wie hervorragend die verschiedenen Methoden einander ergänzen und welch komplizierte Strukturen mit ihrer Hilfe aufgeklärt werden können.

Komplexe Halbleiteroberflächen

Indiumantimonid ist ein III-V-Halbleiter, d. h. es besteht aus Elementen der

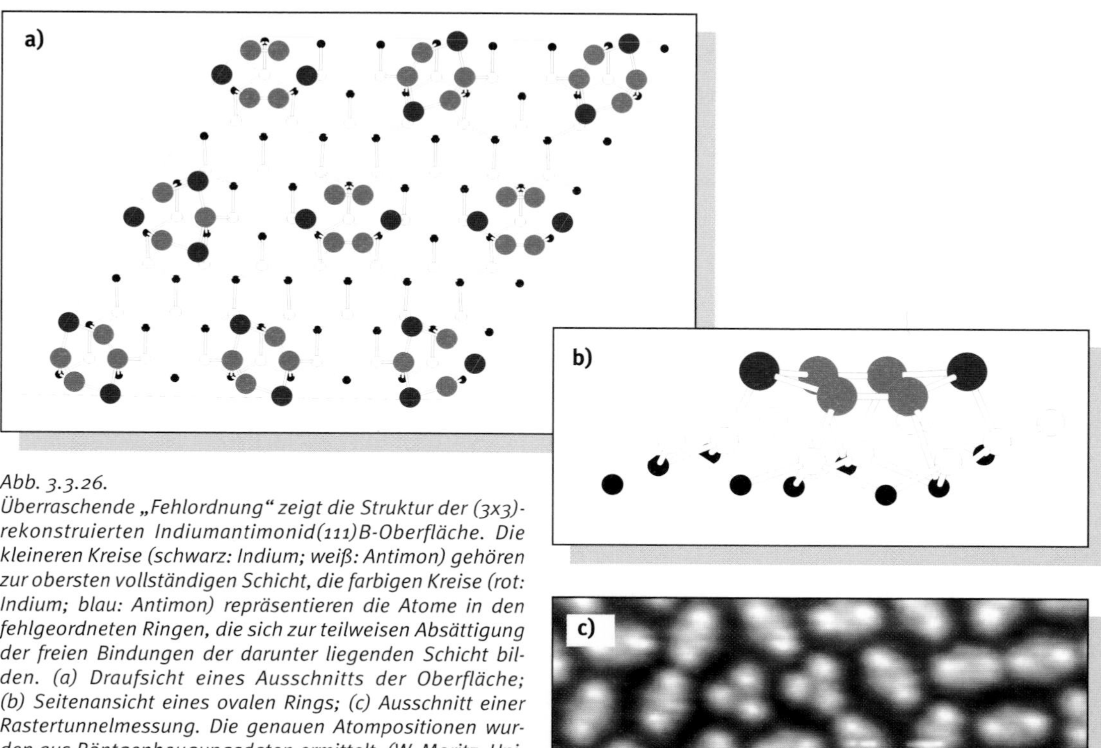

Abb. 3.3.26.
Überraschende „Fehlordnung" zeigt die Struktur der (3x3)-rekonstruierten Indiumantimonid(111)B-Oberfläche. Die kleineren Kreise (schwarz: Indium; weiß: Antimon) gehören zur obersten vollständigen Schicht, die farbigen Kreise (rot: Indium; blau: Antimon) repräsentieren die Atome in den fehlgeordneten Ringen, die sich zur teilweisen Absättigung der freien Bindungen der darunter liegenden Schicht bilden. (a) Draufsicht eines Ausschnitts der Oberfläche; (b) Seitenansicht eines ovalen Rings; (c) Ausschnitt einer Rastertunnelmessung. Die genauen Atompositionen wurden aus Röntgenbeugungsdaten ermittelt. (W. Moritz, Universität München; G. Falkenberg u. R. Johnson, Universität Hamburg)

Gruppen III (Indium, In) und V (Antimon, Sb) des Periodensystems. Die InSb(111)B Oberfläche hat in der äußersten Schicht Sb-Atome und wurde als Beispiel ausgewählt, weil sie gut verstanden ist und nur auf den ersten Blick einfach, auf den zweiten dagegen erstaunlich kompliziert aufgebaut ist. Es handelt sich dabei um eine „(3x3) Rekonstruktion". Das bedeutet, dass sich die Gitterstruktur an der Oberfläche von der im Inneren des Festkörpers unterscheidet: Das atomare Muster an der Oberfläche wiederholt sich erst nach drei Volumengitterabständen.

Im vorliegenden Beispiel entstehen eigenartige Ringe aus In- und Sb-Atomen, die auf jedem dritten Sb-Atom der obersten InSb-Schicht sitzen, wie in Abb. 3.3.26 schematisch dargestellt ist. Zu diesen *Adatom-Ringen* kommt es, weil die Atome der obersten vollständigen Schicht freie Bindungen besitzen, die durch die adsorbierten Ringe teilweise abgesättigt werden, wodurch die Gesamtenergie der Oberfläche minimiert wird. Das Besondere in diesem Fall ist, dass unterschiedliche Ringe vorkommen und dass ihre Verteilung offenbar zufällig ist: Es gibt sowohl ovale Ringe mit vier Sb- und zwei In-Atomen als auch dreieckige Ringe mit je drei Sb- und In-Atomen, wobei die Ringe unterschiedlich orientiert sind. Eine solche Struktur nennt man fehlgeordnet, weil es keine regelmäßige, geordnete Abfolge der verschiedenen Ringformen und Ringorientierungen gibt.

Wie kann man eine solch komplexe Struktur in allen Einzelheiten aufklären? In diesem Fall haben die Oberflächen-Röntgenbeugung und die Rastertunnelmikroskopie exzellent zusammengearbeitet. Aus den Beugungsdaten, die man am HASYLAB in Hamburg gewonnen hatte, wurden sämtliche Atompositionen und Bindungslängen mit hoher Genauigkeit ermittelt und das in Abb. 3.3.26 (a, b) gezeigte Strukturmodell abgeleitet. Das war jedoch erst möglich, nachdem mit atomar auflösender Rastertunnelmikroskopie die innere Struktur und Orientierung der fehlgeordneten Ringe erkennbar wurde, so dass zur Analyse der Röntgendaten ein konkretes Modell als Ausgangspunkt verwendet werden konnte. Mit einer Methode allein wäre man nicht zum Ziel gekommen.

Wie ordnen sich Moleküle?

Für viele Fragestellungen ist es von großer Wichtigkeit, die Wechselwirkung zwischen organischen Molekülen und anorganischen Festkörpern zu kennen. Dies gilt beispielsweise in der Medizin und der Biologie, in den Materialwissenschaften oder an der Schnittstelle zwischen Chemie und Physik. Am Beispiel des Thio-Uracils, einem wesentlichen Bestandteil eines Anti-Krebs-Medikaments, wurde untersucht, wie ein organisches Molekül mit einer Oberfläche wechselwirkt, und auf welchem Platz es mit welcher Anordnung anbindet. Als Beispiel für ein Substrat

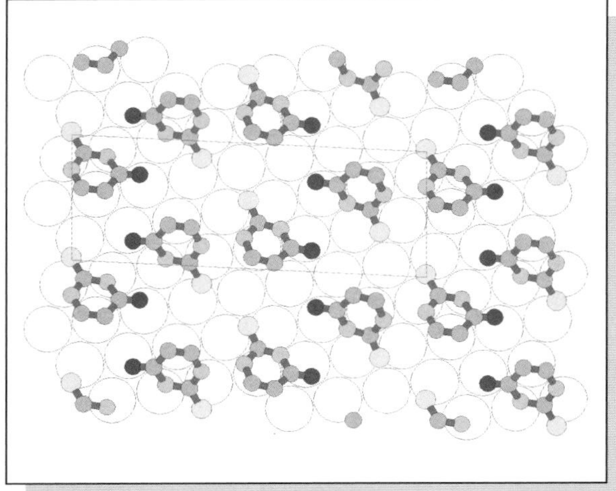

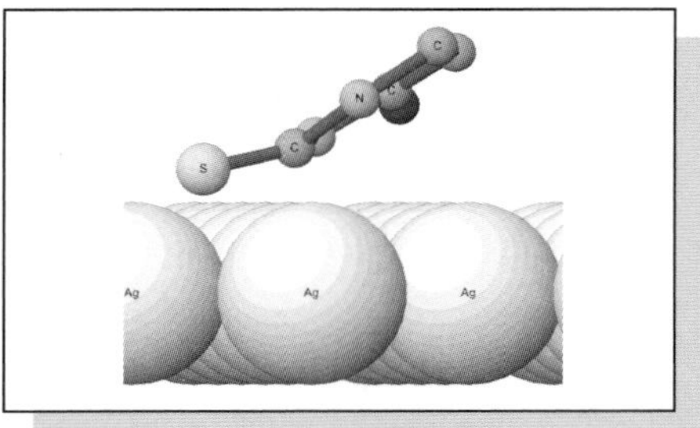

Abb. 3.3.27.
Struktur einer Thio-Uracil-Monoschicht auf einer Silber(111)-Oberfläche. (a) Draufsicht (große weiße Kreise: Silberatome; grau: Kohlenstoff; rot: Sauerstoff; blau: Stickstoff; gelb: Schwefel); (b) Seitenansicht. (H. Meyerheim und W. Moritz, Universität München)

wurde Silber mit der atomar dichtest gepackten „(111)-Oberfläche" ausgewählt.

Das Ergebnis einer detaillierten Analyse ist in Abb. 3.3.27 dargestellt. In der Draufsicht erkennt man eine sehr komplexe aber gut geordnete Oberflächenstruktur. Die Thio-Uracil-Moleküle nehmen vier verschiedene Positionen ein, die sich jeweils regelmäßig wiederholen. Diese Positionen unterscheiden sich sowohl im Adsorptionsplatz als auch im Drehwinkel. In der Seitenansicht sieht man, dass die Moleküle gegenüber der Silber-Oberfläche um etwa 35 Grad geneigt und leicht geknickt sind, was vermutlich damit zusammenhängt, dass das einzelne Molekül über das Schwefelatom an die Silberoberfläche gebunden ist. Die detaillierte Kenntnis der Atomanordnung und die genau bestimmten Atomabstände entstammen einer sorgfältigen Analyse von Röntgen- und Elektronenbeugungsdaten. Dabei haben die Röntgenresultate vor allem die lateralen Atompositionen ergeben und die Elektronenbeugungsdaten, zusammen mit einer theoretischen Rechnung, vor allem die vertikalen Atompositionen.

Phasenübergänge: Sind Eis-Oberflächen fest oder flüssig ?

H_2O ist in Form von Wasserdampf, Wasser oder Eis bei vielen Vorgängen in der Natur und bei allen biologischen Abläufen maßgeblich beteiligt. Zwischen diesen drei „Phasen" vermitteln die verschiedenen Phasenübergänge, wie der Gas-Flüssig-Phasenübergang (Verdampfen und Kondensieren) oder der Flüssig-Fest-Phasenübergang (Schmelzen und Gefrieren), die bei bestimmten Temperaturen und Drücken stattfinden (s. Kapitel 3.4.3). H_2O liegt bei Minustemperaturen und Normaldruck als kristalliner Festkörper, als sogenanntes hexagonales Eis vor, in dem die H_2O-Moleküle ein streng regelmäßiges Kristallgitter aufbauen.

Michael Faraday hat sich vor 150 Jahren mit der Frage beschäftigt, ob die Eisoberfläche möglicherweise auch bei Minustemperaturen eine sehr dünne flüssige Haut besitzt. Während einer der traditionellen Friday Evening Lectures an der Royal Institution machte er den provozierenden Vorschlag, dass die *Regelation* von Eis, d. h. das Anfrieren zweier Eisteilchen bei Berührung, durch einen Flüssigkeitsfilm an der Eisoberfläche hervorgerufen wird. Faraday hat mit dieser Hypothese, die er damals nicht beweisen konnte, eine heftige Kontroverse angefacht, die unter dem Begriff „Oberflächenschmelzen von Eis" in die Literatur einging. Die Faradaysche Hypothese ist allerdings von hoher Brisanz: Ein Flüssigkeitsfilm auf Eis unterhalb des Schmelzpunktes hätte gravierende Folgen für viele Abläufe in unserer Umwelt, angefangen vom Chlorhaushalt in der Atmosphäre, über die Aufladung von Gewitterwolken, bis hin zum Bodenfrost und zur reduzierten Reibung beim Schlittschuhlauf. (Die oft anzutreffende Behauptung, dass das Eis unter dem Druck der Kufen schmilzt, ist falsch.)

Der experimentelle Nachweis einer flüssigen Schicht auf Eisoberflächen ist verzwickt, doch er gelang am Hamburger Synchrotronstrahlungslabor HASYLAB. Dazu wurde die oberflächenempfindliche Röntgenbeugung eingesetzt, wobei die Röntgenstrahlen einen streifenden Einfallswinkel von ca. 0,1 Grad hatten. Das Experiment zeigte in der Tat, dass Eisoberflächen oberhalb von ca. -13 °C ihre kristalline Struktur verlieren und eine quasiflüssige Schicht ausbilden. Bei weiterer Annäherung an den eigentlichen Schmelzpunkt nimmt die Dicke der quasiflüssigen Schicht stetig zu.

Das Oberflächenschmelzen von Eis ist nur ein prominentes Beispiel für Phasenübergänge an Oberflächen, von denen es eine Vielzahl weiterer Beispiele gibt, die physikalisch und technisch höchst relevant sind. Viele dieser Phasenübergänge können aufgrund theoretischer Überlegungen im Detail verstanden werden. Dieses Gebiet wird in naher Zukunft einen enormen Aufschwung erleben, wenn Synchrotronquellen der vierten Generation, die sogenannten Freie Elektronen Laser, verfügbar werden. Mit den dann erreichbaren höchsten Intensitäten und extrem kurzen Femtosekunden-Röntgenpulsen wird. es möglich sein, die Dynamik von Phasenübergängen wie zum Beispiel das Schmelzen oder die Bewegung von kleinsten Strukturen in Echtzeit zu verfolgen - und das nicht nur an Oberflächen und in Festkörpern, sondern auch in biologischen oder chemischen Systemen.

Adsorption und Reaktion auf Oberflächen

Von großem Interesse ist es auch zu untersuchen, wie Moleküle und Atome auf Oberflächen anbinden (adsorbieren) oder chemisch reagieren. Ein wichtiges Anwendungsbeispiel ist die Erforschung von Oberflächenreaktionen, die etwa bei großchemischen Prozessen oder in den Katalysatoren von Kraftfahrzeugen ablaufen. In den Automobilkatalysatoren werden zum Beispiel auf einer Platinoberfläche giftige Gase in ungiftige umgewandelt ($2CO + 2NO \rightarrow 2CO_2 + N_2$). Diese im Prinzip ganz einfache Reaktion ist schematisch in Abb. 3.3.28 dargestellt: Die beiden giftigen Moleküle Kohlenmonoxyd (CO) und Stickstoffmonoxyd (NO) treffen auf der Oberfläche auf und werden dort adsorbiert. Das CO verbleibt in molekularer Form, das NO wird in seine atomaren Bausteine dissoziiert. Der dabei freiwerdende atomare Sauerstoff O reagiert mit einem adsorbierten CO-Molekül zu CO_2, das Stickstoffatom N mit einem weiteren Stickstoffatom zu N_2. Diese beiden Moleküle lösen sich jeweils nach der Reaktion von der Oberfläche ab, sie desorbieren. Im realen Katalysator in einem PKW laufen neben diesen Reaktionen noch eine Reihe von anderen Reaktionen ab, wobei Ausbeute und Selektivität stark von den Betriebsbedingungen wie der Temperatur abhängen.

Wie und ob ein solcher Katalysator funktioniert, wird bisher meist in einer langen Reihe von Versuchen ermittelt. Ein mikroskopisches Verständnis der Prozesse fehlt in der Regel. Meist ist es daher auch nicht möglich, konkrete Aussagen über die Funktionsweise neuer Komponenten des Katalysators zu treffen oder die Schadstoffselektivität und Ausbeute des Katalysators sowie seine Resistenz gegen Vergiftung gezielt zu optimieren. Hier setzt die Oberflächenforschung an. Durch Experimente an Modellsystemen wird versucht, einzelne relevante Reaktionen im mikroskopischen Detail zu verstehen. Dazu werden die Teilschritte der Reaktion zunächst getrennt untersucht:

- Adsorptionsprozess (molekular oder dissoziativ),
- chemische Bindung an die Oberfläche,
- Diffusion der Reaktionspartner zueinander,
- Reaktion,
- Desorption von der Oberfläche.

Die Modelluntersuchungen werden in der Regel unter idealisierten Bedingungen durchgeführt, d. h. das Verhalten einzelner oder mehrerer Gase auf Einkristalloberflächen wird unter sehr genau bekannten Bedingungen im Ultrahochvakuum untersucht. Für ein detailliertes Verständnis ist es notwendig, die elektronischen und geometrischen Eigenschaften sowie die Schwingungseigenschaften der Oberfläche und der adsorbierten Gase so genau wie möglich zu bestimmen. Dank einer rasanten Entwicklung der experimentellen und theoretischen Methoden in den letzten Jahren ist es heute möglich, sehr detaillierte Informationen zu gewinnen. Herausragende Beispiele für äußerst informative experimentelle Verfahren sind die oben erwähnte *Rastertunnelmikroskopie*, mit der einzelne Atome auf Oberflächen beobachtet werden können, die

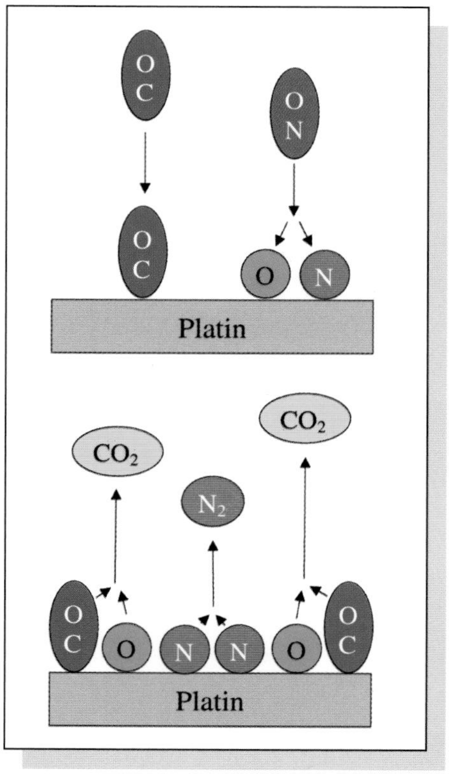

Abb. 3.3.28.
Schemazeichnung einer Oberflächenreaktion. CO adsorbiert molekular und NO dissoziativ auf einem Platinkatalysator. Als Reaktionsprodukte entstehen CO_2 und N_2. (H.-P. Steinrück, Universität Erlangen)

verschiedenen *Schwingungsspektroskopien* und die *Elektronenspektroskopien*, die eine genaue chemische und elektronische Analyse ermöglichen. Für letztere bieten insbesondere die Synchrotronstrahlungsquellen der dritten Generation wie z. B. BESSY II in Berlin hervorragende experimentelle Bedingungen, mit denen bisher nicht zugängliche Informationen erhalten werden können. Im folgenden werden diese analytischen Möglichkeiten anhand einiger Beispiele erläutert, die Einblicke in aktuelle Fragestellungen geben.

Schwingungen als Indikator für chemische Bindungen

Moleküle können physikalisch oder chemisch an Oberflächen binden. Während die physikalische Bindung, die sogenannte *Van der Waals-Bindung*, im Wesentlichen nur durch eine elektrische Polarisation der adsorbierten Moleküle erfolgt, findet bei der chemischen Bindung ein Austausch von Elektronen zwischen Adsorbat und Oberfläche statt. Dadurch verändern sich die Bindungen zwischen den Oberflächenatomen, was wiederum zu einer Änderungen der Schwingungsfrequenzen der Atome führt. Die universellste Methode, um diese Schwingungen zu untersuchen, ist die hochauflösende *Elektronen-Energieverlust-Spektroskopie*. Ihr Prinzip ist sehr einfach: Niederenergetische Elektronen werden an der zu untersuchenden Oberfläche gestreut und regen Schwingungen an. Dabei verlieren die Elektronen eine für die jeweilige Schwingung charakteristische Energie, die als Energieverlust registriert wird. Die Kenntnis der verschiedenen Energieverluste erlaubt detaillierte Rückschlüsse auf die Art und Stärke der Bindungen zwischen sämtlichen beteiligten Atomen und damit auf den Zustand des adsorbierten Moleküls auf der Oberfläche.

Ein sehr illustratives Beispiel ist die Adsorption des Sauerstoffmoleküls auf einer Pt(110)-Oberfläche bei tiefen Temperaturen sowie bei Zimmertemperatur (s. Abb. 3.3.29). Das freie Molekül hat eine Schwingungsfrequenz von 47,3 THz, entsprechend einer Wellenzahl oder inversen Wellenlänge von 1556 cm^{-1}. Das adsorbierte Sauerstoffmolekül existiert bei tiefer Temperatur in einer Reihe von Bindungszuständen. Beim *Superoxo-Zustand* (orange in Abb. 3.3.29, oben) wird die interne Molekülbindung des Sauerstoffs geschwächt, weil ein Elektron vom Metall auf das Sauerstoffmolekül übergeht. Dadurch sinkt die Schwingungsfrequenz des Moleküls auf 1262 cm^{-1} ab. Daneben gibt es auch *Peroxo-Zustände* des Moleküls (blau und violett), die durch noch kleinere Schwingungsfrequenzen (863 und 934 cm^{-1}) charakterisiert sind und sich durch Art ihrer Anbindung an das Substrat unterscheiden. Ferner erkennt man im Spektrum das relativ schwache Signal von physikalisch gebundenem Sauerstoff (1553 cm^{-1}, grün). Führt man das gleiche Begasungsexperiment bei Zimmertemperatur durch, so zerfällt das Sauerstoffmolekül auf der Platinoberfläche, und man erhält die charakteristische Schwingung von Sauerstoffatomen, die einzeln an Platin gebunden sind (rot).

Adsorbatplätze und Bindungslängen

Um die Adsorption von Molekülen und Atomen auf Oberflächen detailliert zu verstehen, ist es notwendig, den Adsorptionsplatz und die Bindungsabstände mit einer Genauigkeit von weniger als 1 % zu bestimmen. Solche Untersuchungen werden in der Regel mit den oben skizzierten Beugungsmethoden durchgeführt. Eines der modernsten Verfahren in diesem Bereich ist die *Photoelektronenbeugung*.

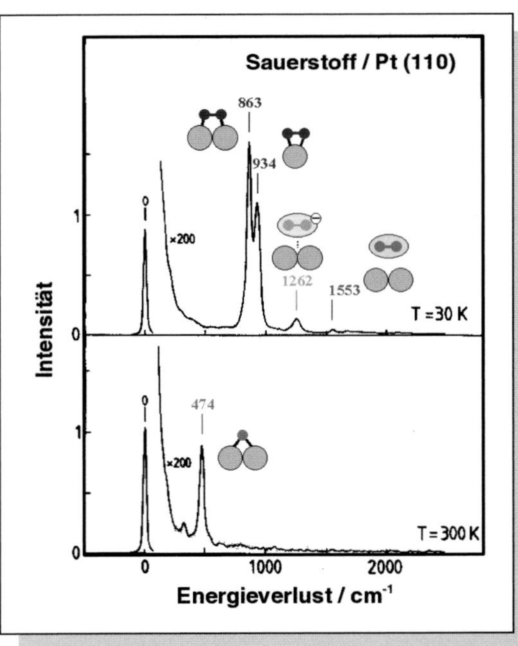

Abb. 3.3.29.
Schwingungsspektrum von O_2 adsorbiert auf einer Platin(110)-Oberfläche bei tiefer Temperatur (30 K, oben) und Zimmertemperatur (300 K, unten). Die Abbildung zeigt die Intensität der von einer O_2-bedeckten Platin-Oberfläche zurückgestreuten niederenergetischen Elektronenstrahlung in Abhängigkeit von der dabei abgegebenen Energie („Energieverlust"). Beim Energieverlust „0" erscheinen die elastisch, d. h. ohne Energieverlust rückgestreuten Elektronen. Die Energieverluste entsprechen den Schwingungen zwischen den O-Atomen adsorbierter O_2-Moleküle. Für verschiedene Probentemperaturen treten unterschiedliche chemische Zustände auf, die durch ihre unterscheidbaren Schwingungen gekennzeichnet sind. Die bunten Kreise symbolisieren die O-Atome, die grauen Kreise stehen für die Platinatome. Die jeweiligen Bindungsverhältnisse sind in den ovalen Bildausschnitten angedeutet. (H. Ibach, FZ. Jülich; H.-P. Steinrück, Universität Erlangen)

Das physikalische Prinzip ist mit dem der optischen Holographie verwandt und wird in Abb. 3.3.30 schematisch dargestellt: Beim *Photoeffekt* wird ein einfallendes Röntgenphoton von einem Rumpfelektron im Adsorbatatom aufgenommen, das daraufhin als Photoelektron emittiert wird. Dessen Materiewelle ist in Abb. 3.3.30 als nach außen laufende Kreiswelle dargestellt und wird Referenzwelle genannt. Die Referenzwelle erreicht den Detektor direkt und interferiert dort mit verschiedenen Objektelektronenwellen, die durch Streuung der Referenzwelle an den Substrat- und Adsorbatatomen im Bereich der Oberfläche entstehen. Wird nun die Energie der Röntgenstrahlung variiert, wofür man durchstimmbare Synchrotronstrahlung benötigt, so verändert sich die Wellenlänge des emittierten Photoelektrons und damit auch die Interferenzerscheinung im Detektor. Durch Vergleich mit quantentheoretischen Rechnungen ist es nun möglich, aus dem Interferenzbild die Atompositionen der Adsorbate auf der Oberfläche mit sehr hoher Genauigkeit von etwa einem Pikometer (billionstel Meter) zu bestimmen.

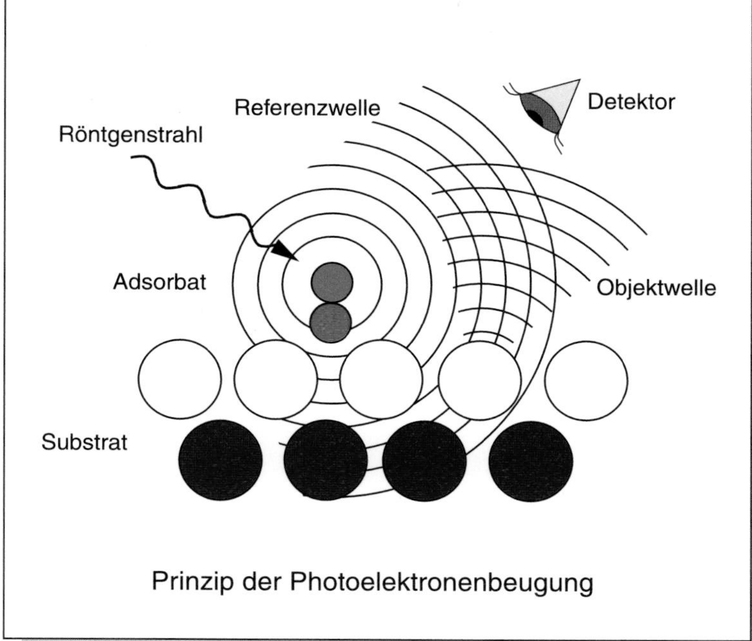

Abb. 3.3.30.
Prinzip der Photoelektronenbeugung. Die großen Kugeln repräsentieren die Atome des Substrats, wobei die oberste Schicht (Oberfläche) hell eingefärbt ist; die kleinen roten und grünen Kugeln bezeichnen verschiedene Atome des Adsorbats. Die von links einfallende Röntgenstrahlung muss möglichst intensiv und durchstimmbar sein, d. h. sich in ihrer Frequenz verändern lassen, was nur mit Synchrotronstrahlung möglich ist. Das vom grün gezeichneten Adsorbatatom emittierte Photoelektron ist als eine sich kreisförmig ausbreitende Referenzwelle dargestellt. Diese überlagert sich mit den an anderen Atomen gestreuten Wellen, den Objektwellen, im Detektor. Aus dem Interferenzmuster, das auf einem zweidimensionalen Detektor oder bei Variation der Röntgenenergie entsteht, lassen sich Adsorptionsplatz und Bindungslängen sehr genau berechnen. (A. M. Bradshaw, FHI Berlin)

Das Ergebnis einer solchen Analyse ist in Abb. 3.3.31 für das auf einer Nickel(111)-Oberfläche adsorbierte Benzol schematisch dargestellt. Auf dieser Oberfläche zeigt Benzol ein Adsorptionsverhalten, das davon abhängt, wie stark die Oberfläche mit Benzolmolekülen bedeckt ist. In Abb. 3.3.31(a) ist die mit Hilfe der Photoelektronenbeugung bestimmte Struktur für niedrige Benzolbedeckungen dargestellt. Die Benzolmoleküle (schwarze Sechsecke) adsorbieren so auf dem Substrat, dass ihr Zentrum über *Brückenplätzen* (Platz zwischen zwei benachbarten Substratatomen) liegt. Die Molekülebene befindet sich dabei 0,192 nm oberhalb der beiden darunter

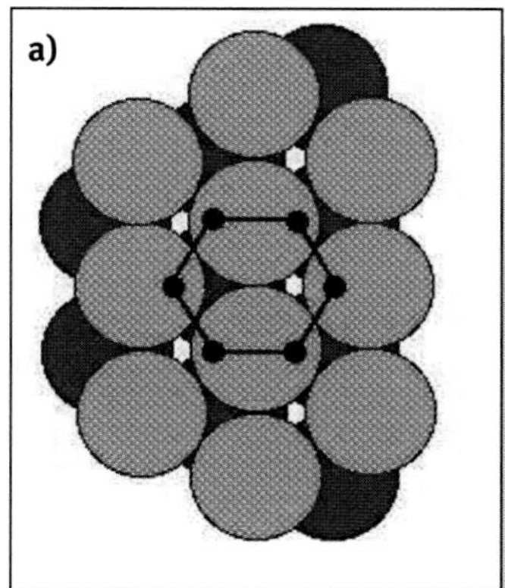

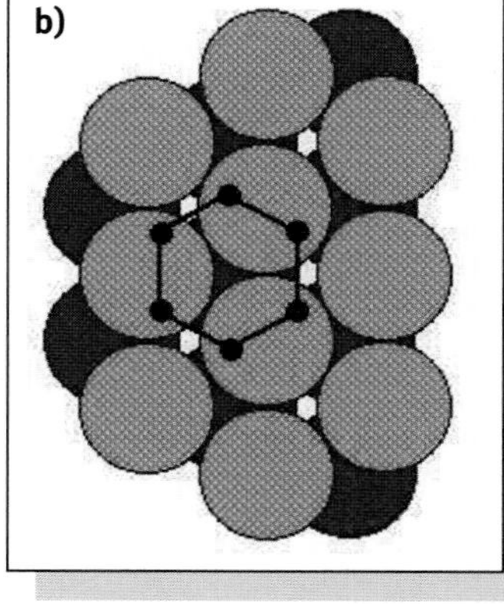

Abb. 3.3.31.
Adsorptionsplatz von Benzol auf der Nickel(111)-Oberfläche. Der Adsorptionsplatz und die Orientierung der Benzolmoleküle hängen stark von der Wechselwirkung der Moleküle untereinander und mit dem Substrat ab. Sie können beispielsweise als Funktion der Bedeckung variieren, wie der Vergleich der beiden Bilder zeigt: (a) im Fall geringer Bedeckung spielt die Bindung an das Substrat die dominierende Rolle; (b) bei dichter Belegung (nur ein Molekül ist gezeigt) verursacht die repulsive intermolekulare Wechselwirkung eine drastische Veränderung der Adsorptionsgeometrie. (H.-P. Steinrück, Universität Erlangen)

liegenden Ni-Atome. Die Auswertung der Beugungsmessungen für eine dicht mit Benzolmolekülen bedeckte Oberfläche (Abb. 3.3.31(b)) zeigt dagegen, dass die Moleküle mit ihren Zentren in *Muldenplätzen* (Platz zwischen drei benachbarten Substratatomen) adsorbieren und gegenüber der niedrigen Bedeckung um 30° verdreht sind. Diese Umorientierung lässt sich auf die abstoßende Wechselwirkung der Benzolmoleküle untereinander zurückführen, die bei höherer Bedeckung auftritt. Für die chemischen und elektronischen Eigenschaften des adsorbierten Benzol spielt es unter Umständen eine sehr große Rolle, auf welchem Adsorptionsplatz und in welchem Bindungszustand es sich befindet.

Oberflächendiffusion - Adsorbate als „zweidimensionales Gas“

Festkörperoberflächen sind alles andere als statisch. Bei tiefen Temperaturen erscheint die Oberfläche zwar „eingefroren“ zu sein, bei höheren Temperaturen jedoch dominieren dynamische Prozesse wie die Oberflächendiffusion, die auch von entscheidender Bedeutung für chemische Prozesse sein kann. Nur gemittelt über die Zeit befinden sich die Adsorbate auf wohldefinierten Plätzen. Wie lange sie dort verweilen, hängt stark von der Temperatur ab. Nach kurzer Zeit „hüpfen“ sie zum nächsten Platz, verhalten sich also eher wie ein (zweidimensionales) Gas. Die oben erwähnte Rastertunnelmikroskopie erlaubt es, nicht nur einzelne Atome oder Moleküle im „eingefrorenen“ Zustand auf einer Oberfläche zu identifizieren, sondern auch dynamische Prozesse wie chemische Reaktionen, Schichtwachstum, Adsorptionsvorgänge oder Diffusion zeitaufgelöst und *in situ* zu verfolgen.

Dies ist in Abb. 3.3.32 am Bespiel der sich dynamisch entwickelnden Anordnung von Sauerstoffatomen (weiße Punkte) auf einer Ru(001)-Oberfläche (dunkler Untergrund) gezeigt. Die Bilder wurden bei Raumtemperatur mit einem Videorecorder in kurzem zeitlichen Abstand (8 Bilder pro Sekunde) hintereinander aufgezeichnet. Der Vergleich der Teilbilder zeigt, dass sich von Aufnahme zu Aufnahme einzelne O-Atome zwischen O-Inseln (zusammenhängende weiße Punkt-Bereiche) bewegen. Die Bewegung ist auf die Diffusion der O-Atome auf der Oberfläche zurückzuführen und erlaubt detaillierte Rückschlüsse auf die Bindung der Atome an die Oberfläche und die Wechselwirkung der Atome untereinander. Die Diffusion ist ein wichtiger Teilschritt bei vielen Oberflächenreaktionen, z. B. auf Katalysatoroberflächen.

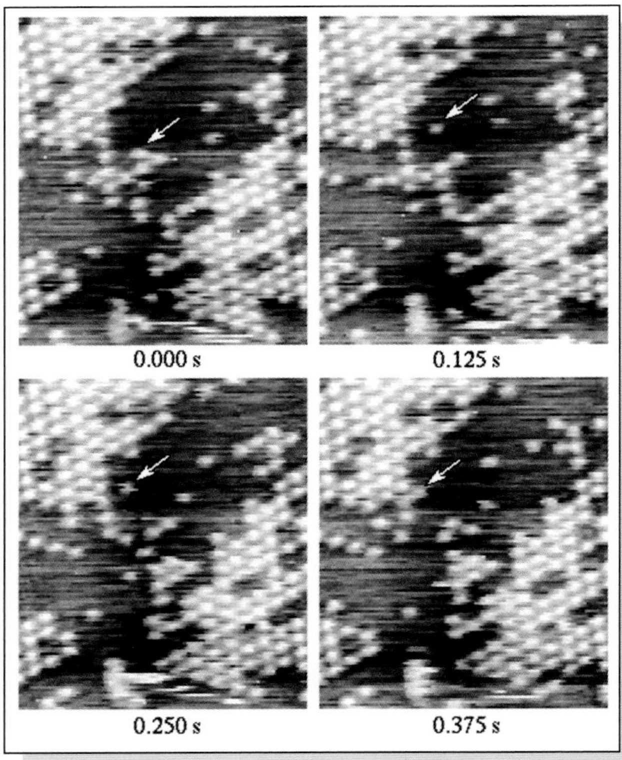

0.000 s 0.125 s 0.250 s 0.375 s

Abb. 3.3.32.
Oberflächendiffusion. Die vier gezeigten Bilder wurden mit einem Rastertunnelmikroskop aufgenommen und zeigen mit atomarer Auflösung über 0,375 Sekunden die zeitliche Entwicklung einer Sauerstoff-Adsorbatschicht auf einer Ruthenium(001)-Oberfläche bei Raumtemperatur. Die O-Atome sind die hellen Punkte, die Ru-Oberfläche der dunkle Untergrund. Die Pfeile markieren die Ablösung eines Atoms von einer Insel, seine Diffusion über die Fläche und schließlich seine Anlagerung an eine andere Insel. (J. Wintterlin u. G. Ertl, FHI Berlin)

Beobachtung chemischer Reaktionen mit höchstaufgelöster Röntgen-Photoemission

Das Adsorptions- und Reaktionsverhalten von Molekülen auf Oberflächen hängt ganz wesentlich von der Temperatur ab. In vielen Fällen müssen Reaktionsprozesse in einer adsorbierten Schicht durch Erwärmung aktiviert werden. Um die Vorgänge im Detail zu verstehen, genügt es meist nicht, nach abgeschlossener Reaktion die dabei entstandenen Produkte zu bestimmen, vielmehr muss man solche Reaktionen *in situ* beobachten, d. h. während ihres Ablaufs.

Ein Beispiel für eine solche *in situ* Untersuchung einer chemischen Reaktion mit Hilfe höchstaufgelöster Röntgen-Photoemission zeigt Abb. 3.3.33. Dabei handelt es sich um die *Dissoziation* oder chemische Aufspaltung von Ethen auf einer Ni(100)-Oberfläche als Funktion der Temperatur. Dazu wurde eine Monolage Ethen bei 90 K adsorbiert

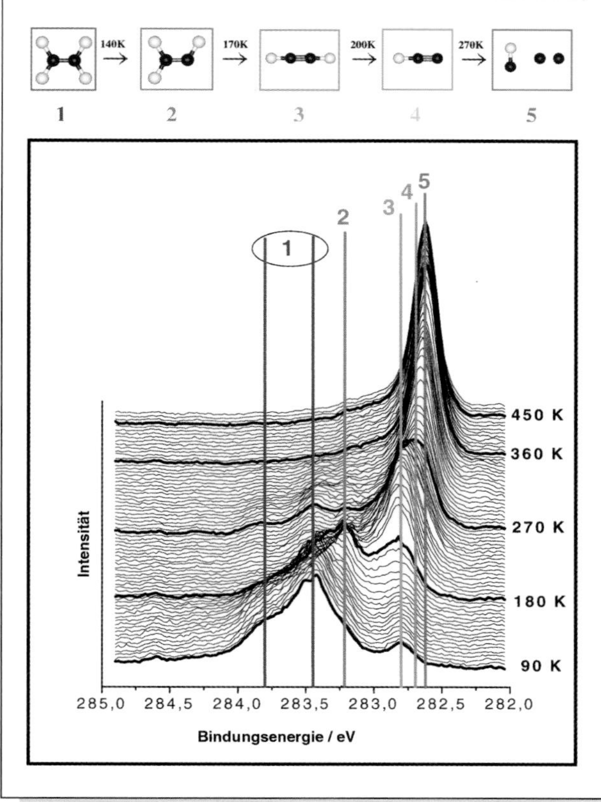

Abb. 3.3.33.
In situ Untersuchung einer Oberflächenreaktion mit Hilfe der Röntgenphotoemission. Bei der Röntgenphotoemission schlägt ein Röntgenphoton aus einem Adsorbatatom ein Rumpfelektron heraus, aus dessen gemessener kinetischer Energie seine ursprüngliche Bindungsenergie ermittelt wird. Die energieabhängige Intensitätsverteilung - im vorliegenden Fall die des Kohlenstoff-1s-Elektrons - gestattet Rückschlüsse auf den physikalischen und chemischen Zustand des untersuchten Atoms. Ethen ist auf einer Nickel(100)-Oberfläche bei tiefen Temperaturen überwiegend molekular adsorbiert, wie man einer detaillierten Analyse des untersten Spektrums entnehmen kann. Bei höheren Temperaturen wandelt sich das Ethen durch Abspaltung von H-Atomen sukzessive um, es dissoziiert. Die einzelnen Reaktionsschritte sind oben dargestellt und durch Ziffern den entsprechenden spektralen Strukturen zugeordnet.
(R. Denecke u. H.-P. Steinrück, Universität Erlangen)

und dann die Temperatur langsam auf 450 K erhöht. In Abb. 3.3.33 ist eine Serie von Photoemissionsspektren dargestellt, die mittels hochintensiver Synchrotronstrahlung während des Heizens aufgezeichnet wurden. Durch die exzellente Energieauflösung (100 meV) war es möglich, aus der Struktur der Spektren direkte Rückschlüsse auf die Natur der chemischen Spezies zu ziehen, die sich während des Heizvorgangs auf der Oberfläche bilden. Zu Beginn des Experimentes ist die Oberfläche mit Ethen bedeckt (Strukturen 1). Beim Heizen von 90 K auf 450 K wird die Ausbildung neuer Zustände bei kleineren Bindungsenergien in den Spektren beobachtet (Strukturen 2-5). Diese entstehen durch eine sukzessive Abspaltung der Wasserstoffatome vom Ethenmolekül, wodurch es zur Bildung von sogenannten vinylischen, acetylenischen und acetylidischen Zwischenspezies kommt. Der Reaktionsablauf ist in Abb. 3.3.33 schematisch dargestellt.

Ausblick

Die Oberflächenforschung hat sich in den vergangenen drei Jahrzehnten von einer „Physik der Dreckeffekte" (aufgrund schlechter Vakuum- und Messbedingungen waren die ersten Ergebnisse manchmal kaum reproduzierbar) zu einer hochpräzisen und informationsreichen Forschungsdisziplin entwickelt. Vor allem die enormen methodischen Fortschritte haben das Gebiet revolutioniert und sehr detaillierte Einblicke in die verschiedenartigsten Vorgänge auf Oberflächen ermöglicht.

In welche Richtung geht die künftige Entwicklung? Erstens führen die enormen methodischen Fortschritte und die mittlerweile gewonnenen vielschichtigen Erfahrungen dazu, dass zunehmend komplexere Systeme und neuartige Fragestellungen mit dem Instrumentarium der Oberflächenphysik angegangen werden können. Beispiele gibt es in verschiedensten Forschungsgebieten, angefangen von chemischen Reaktionen wie der Heterokatalyse, über ferromagnetische Schichten, Supraleiter und Halbleitergrenzschichten bis hin zu organischen Dünnschichten oder Biogrenzflächen. Zweitens boomt derzeit der gesamte Bereich der Nanoforschung, der sich zu einem beträchtlichen Teil aus der Oberflächenforschung entwickelt hat. Die Nanoforschung erstreckt sich von der selbstorganisierten bzw. gezielt manipulierten Herstellung von Nanostrukturen aller Art (s. Kapitel 3.3.6) bis zur Nanoanalytik, also der detaillierten Analyse von kleinsten Strukturen. Dabei kommen vor allem spektroskopische Sonden mit Ortsauflösung im Nanometerbereich zum Einsatz, die derzeit entwickelt werden. Und drittens gewinnen Untersuchungen mit immer besserer Zeitauflösung zunehmend an Bedeutung: Der Zusammenhang zwischen Dynamik, Struktur und Funktion, der bei vielen Fragestellungen entscheidend ist, wird mit den weiterentwickelten Techniken in Zukunft immer besser zugänglich.

3.3.6 Nanostrukturen

Unsere Kenntnis der in der Natur vorkommenden chemischen Elemente ist heute nahezu vollständig. Ist damit das Zeitalter der durch die Physik oder Chemie verursachten Innovationsschübe abgeschlossen? Weit gefehlt! Wir beginnen nunmehr den von Materie strukturierten Raum als Träger völlig neuer Eigenschaften zu begreifen.

Dabei begeben wir uns in eine Welt, die unserer unmittelbaren Anschauung nicht mehr zugänglich ist. Das mikroskopisch Kleine, wie etwa ein Haar, das Auge einer Ameise oder Einzelheiten auf einem Silizium-Mikrochip, lässt sich gerade noch unter einem Mikroskop betrachten und damit in den Bereich der Anschauung zurückholen. Treten wir indes in den Nanokosmos ein, so wird alles nochmals um den Faktor 1000 kleiner. Wir können die Dinge des Nanokosmos nicht mehr sehen, nicht mehr berühren und nur noch mit den besten Elektronenmikroskopen ihre unsichtbare Form und Struktur in das für uns Sichtbare übersetzen.

In der Biologie beobachten wir die submikroskopischen Prozesse bei der Teilung und der Differenzierung von Zellen (s. Kapitel 3.5). Doch auch die Entstehung von anorganischen Nanostrukturen können wir beobachten. So bilden sich auf scheinbar glatten Festkörperoberflächen in Sekundenschnelle hunderte von Milliarden regelmäßig angeordneter Strukturen, sogenannte *Quantenpunkte*, die 100 Nanometer (ein Nanometer, abgekürzt nm, entspricht einem milliardstel Meter) und kleiner sein können. Sie sind kristallin wie die zweidimensionalen Schichten, bei deren Zerfall sie entstanden sind. Dennoch haben sie völlig andere Eigenschaften.

Selbstorganisationseffekte sind nicht nur entscheidend für die Entstehung der Quantenpunkte, sondern darüber hinaus auch für ihre enorme Ähnlichkeit untereinander. Ihre Größe unterscheidet sich bei entsprechender Prozessführung in allen drei Raumdimensionen nur um etwa 10 % (s. Abb. 3.3.34).

Neben dem Material, aus dem die Quantenpunkte bestehen, bestimmen ihre Ausdehnung, ihre Geometrie und die Anordnung ihrer Atome die Eigenschaften und die möglichen Funktionen dieser Nanostrukturen. Für Nanoteilchen gelten ihrer Winzigkeit wegen andere physikalische Gesetze als für Teilchen mit Mikro- oder Millimeter-Ausdehnung: die Gesetze der Quantenmechanik.

Elektronen in solchen Strukturen sind in allen drei Raumrichtungen in ihrer Bewegung eingeschränkt. Quantenpunkte sind daher gewissermaßen künstliche Atome. Im elektrischen Kontakt mit der Umgebung ermöglichen sie es, einzelne Elektronen zu manipulieren, und führen zu ganz neuen, hochauflösenden Messtechniken. An den Quantenpunkten können zudem nichtlineare dynamische Prozesse und der Übergang vom klassischen zum Quantenchaos studiert werden (s. auch Kapitel 3.4.11).

Das Gebiet der Nanostrukturierung entwickelt sich sehr dynamisch. Indem die Grundlagenforschung immer kleinerer Strukturen durch Wachstum oder Lithographie herstellt, treibt sie die Miniaturisierung von elektronischen Speicher- und Logikbausteinen weiter voran. Hand in Hand damit geht die Präparation immer reinerer Materialien und die Kombination unterschiedlicher elektronischer und optischer Werkstoffe wie Halbleiter, Supraleiter oder magnetischer Materialien zu Hybridsystemen mit neuen Eigenschaften. Vermutlich werden sich daraus sowohl neue physikalische Phänomene wie auch technologisch relevante und innovative Anwendungen ergeben. Interessante Entwicklungen sind im Zusammenhang mit den Phänomenen zu erwarten, die vom Elektronenspin abhängen und von der Kontrolle des Spins in extrem dünnen Schichten, Drähten und Quantenpunkten. Nur wenn man das Verhalten einzelner Elektronenspins kontrollieren und die quantenmechanische Kohärenz der Elektronen hinreichend lange aufrechterhalten kann, wird es gelingen, einen Quantencomputer mit den Mitteln der Festkörperphysik experimentell zu realisieren (s. auch Kapitel 3.2.1).

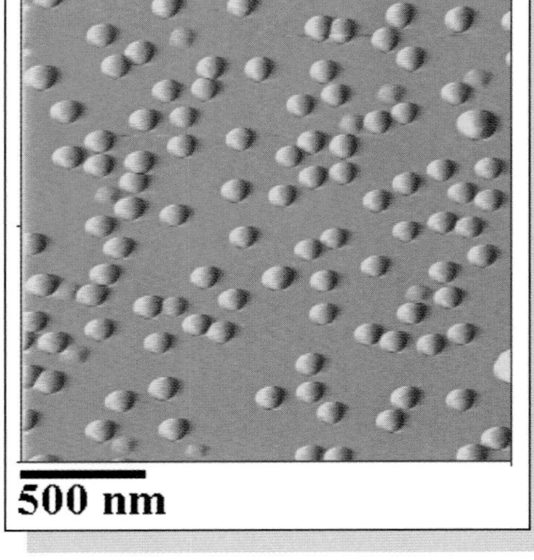

500 nm

Abb. 3.3.34.
Durch Selbstorganisation gewachsene Quantenpunkte aus Germanium auf einer Siliziumoberfläche. Die Aufnahme wurde mit Hilfe eines Rasterkraftmikroskops gemacht. (MPI für Festkörperforschung, Stuttgart)

Alle 18 Monate verdoppelt sich die Zahl der Transistoren auf dem jeweils neuesten Chip (s. Abb. 3.3.2). Die Leistungsfähigkeit der Computerprozessoren und -speicher wächst entsprechend. Nicht irgendwann in ferner Zukunft, sondern schon in 10 bis 15 Jahren werden wir an die Grenzen dieser inzwischen extrem teueren und aufwändigen Methode stoßen, elektronische Bauteile lediglich immer kleiner zu machen. Denn die Gesetze und Prozesse, die die Nanowelt regieren, erlangen dann entscheidende Bedeutung. Aus magnetischen Teilchen bestehende Quantenpunkte, die gewissermaßen von selbst milliardenfach auf einer quadratzentimetergroßen Oberfläche heranwachsen, bilden vielleicht schon in einem Jahrzehnt die Grundlage für neuartige Informationsspeicher. Werden heute noch selbst in den kleinsten Transistoren viele tausend Elektronen für einen Schaltvorgang benötigt, so könnte in Zukunft schon die Ladung oder der Spin eines einzigen Elektrons dafür ausreichen. Der Energieverbrauch der Schaltungen würde sich entsprechend vieltausendfach verringern. Den Ablauf der Vorgänge in diesen Schaltungen wird wiederum die Quantenmechanik regieren.

charakteristische Eigenschaften von eindimensionalen elektrischen Leitern mit großem Anwendungspotential (s. Abb. 3.3.35).

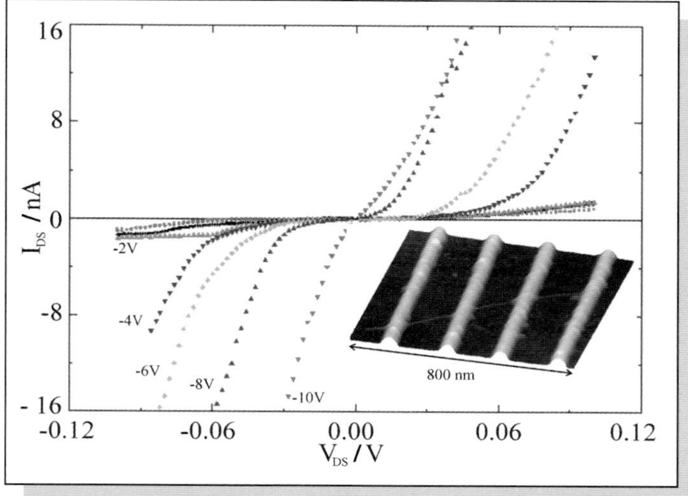

Abb. 3.3.35.
Strom-Spannungs-Kennlinien eines Nanoröhrchen-Transistors bei 4,2 Kelvin. Der Transistor besteht aus einem Kohlenstoffnanoröhrchen mit einem Durchmesser von einem Nanometer (milliardstel Meter). Es liegt auf streifenförmigen Goldelektroden. Das darunter liegende Substrat wird als Steuerelektrode (Gate) benutzt. Die verschiedenfarbig dargestellten Kennlinien unterscheiden sich in der angelegten Gate-Spannung. (S. Roth, MPI für Festkörperforschung, Stuttgart)

Quantendrähte

In eindimensionalen Elektronensystemen ist die Bewegung der Elektronen auf eine Raumrichtung eingeschränkt. Dabei tritt ein neues Phänomen auf: Die Elektronen verlieren bei tiefen Temperatur ihre Identität. Es gibt dann nur noch kollektive Anregungen, die Schallwellen ähneln und sich als Ladungs- oder Spin-„Schallwellen" verstehen lassen. Spin und Ladung bewegen sich dann völlig unabhängig voneinander mit unterschiedlicher Geschwindigkeit, obwohl sie eigentlich untrennbar mit den „normalen" Elektronen verknüpft sind. Man bezeichnet diesen verblüffenden Sachverhalt als Spin-Ladungstrennung in einer Luttinger-Flüssigkeit, so benannt nach dem Entdecker J. M. Luttinger.

Solche eindimensionalen Strukturen lassen sich mit Hilfe verschiedener Techniken herstellen. So kann man mit Elektronenstrahlen die Oberflächen von Schichthalbleitern so bearbeiten, dass sich die Elektronen, die sich in einer Schicht in der Nähe der Oberfläche befinden, parallel zur Oberfläche nur noch in einer Richtung bewegen können. Aber auch die Natur stellt uns eindimensionale elektronische Stoffe zur Verfügung: *Kohlenstoff-Nanoröhrchen* sind röhrenförmige Aggregate des Kohlenstoffs und besitzen ebenfalls

Sehr interessant sind in diesem Zusammenhang auch die *metallischen Nanodrähte*, die durch die Erfordernisse der technischen Anwendung in den Mittelpunkt des Interesses gerückt sind. Auf massenproduzierten Speicherchips verwendet man heutzutage zur elektrischen Verbindung der einzelnen Bauelemente metallische Leiterbahnen, die weniger als zweihundert Nanometer schmal und dünn sind. Zum Vergleich: Ein menschliches Haar ist ungefähr fünfzigtausend mal so dick. Eine weitere Verkleinerung dieser Drähte wird Konsequenzen sowohl für ihre Herstellung als auch für ihre elektronischen Eigenschaften haben, da man in den Bereich vorstößt, in dem Quanteneffekte wichtig werden.

Im Stromtransport durch kleine metallischen Strukturen treten vielfältige neue Phänomene auf, die im Wesentlichen zwei Ursachen haben. Die erste ist die Quantelung der Ladung, wobei die Elementarladung des Elektrons die kleinste Einheit ist. Die hierauf beruhenden Phänomene werden unter dem Begriff *Ladungseffekte* zusammengefasst. Ein wichtiges elektronisches Bauelement, dessen Funktionsweise auf der Ladungsquantelung beruht, ist der *Einzelelektronentransistor*. Die Schaltkreise der Einzelladungselektronik enthalten als wesentliches Bauelement eine kleine metallische Insel, die nur schwach an die Umgebung angekoppelt ist. Die Kleinheit der Insel hat zur Folge, dass eine große elektrostatische Energie aufgebracht werden muss, um ein zusätzliches Elektron auf die Insel zu bringen. Dadurch wird es möglich, die Anzahl der Elektronen auf der Insel zu kontrollieren. Der Reiz der Einzelladungselektronik besteht darin, Informationen mit Hilfe einzelner Elektronen zu speichern. Man kann daher mit sehr geringen Strömen und infolgedessen auch mit sehr geringen Energieverlusten arbeiten.

Einzelelektronentransistoren werden seit etwa zehn Jahren untersucht, und erste technische Anwendungen wurden entwickelt, etwa als hochempfindliches Elektrometer zur Messung von Ladungen. Eine Erweiterung ist die *Einzelelektronenpumpe*, bei der mehrere separat ansteuerbare Inseln hintereinander angeordnet sind. Sie hat vor allem metrologische Anwendungen: Man zieht in Erwägung, die Einzelelektronenpumpe als neuen Strom-Standard einzuführen, mit dem man die Einheit des elektrischen Stroms, das *Ampere*, wesentlich genauer als bisher festlegen kann. Damit würden die drei elektrischen Einheiten des internationalen Einheitensystems (SI), nämlich das *Ohm* (festgelegt durch den Quanten-Hall-Effekt), das *Volt* (festgelegt durch den Josephson-Effekt) und das *Ampere*, vollständig auf Naturkonstanten zurückgeführt werden.

Die zweite Ursache für neue Phänomene beim elektronischen Transport in Nanosystemen ist die Wellennatur der Elektronen. Sie lässt sich direkt beobachten, wenn die quantenmechanische Kohärenz der Elektronen über die Abmessungen der Proben hinweg erhalten bleibt, wenn also die Phase der Elektronen intakt bleibt. Dann treten Interferenzen zwischen den verschiedenen Bahnen auf, die ein Elektron durchlaufen kann, um zum Ziel zu gelangen. Wenn die Elektronenwellen in Phase sind, interferieren sie konstruktiv. Sind sie jedoch gegenphasig, so können sie sich gegenseitig auslöschen. Interferenzen sind im Prinzip immer vorhanden, auch in makroskopischen Festkörpern. Doch bleiben sie dort in der Regel unbeobachtbar, da sich ihre Folgen wegen der Vielzahl der möglichen Bahnen und Phasenlagen herausmitteln. In metallischen Nanostrukturen hingegen ist die Anzahl der möglichen Bahnen eingeschränkt. Deshalb lassen sich die Interferenzen bei tiefen Temperaturen, wenn die Kohärenzbedingungen eingehalten werden, als Erhöhung oder Erniedrigung des elektrischen Widerstands beobachten.

Ihre bekannteste Ausprägung finden Elektroneninterferenzen in Materie im *Aharonov-Bohm-Effekt*, der 1984 von R. A. Webb und Mitarbeitern bei IBM in Yorktown Heights (New York) nachgewiesen wurde (s. Abb. 3.3.36).

Die Welleneigenschaften der Elektronen äußern sich auch darin, dass diese nicht durch beliebig kleine Strukturen widerstandslos übertragen werden können. Eine Folge davon ist die *Leitwertquantisierung*. Analog zu Hohlwellenleitern wie Glasfasern, die nur bestimmte „Schwingungsmoden" des Lichtwellenfeldes transmittieren, lässt eine enge Einschnürung in einem metallisch leitfähigen System nur bestimmte Moden des Elektronenwellenfeldes durch.

Dabei kommt es entscheidend auf das Verhältnis zwischen der Wellenlänge der

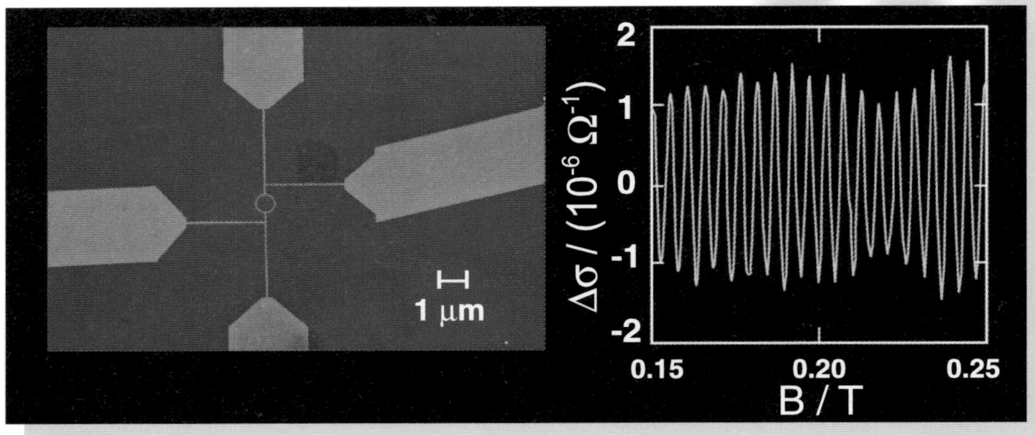

Abb. 3.3.36.
Quantenmechanische Interferenz in Nanostrukturen. Links: Aharonov-Bohm-Ring aus Kupfer. Die z. B. durch den unteren Kontakt kommenden Elektronen können zwei Wege durch den Ring einschlagen, um nach oben zu gelangen. Je nach Stärke des vom Ring eingeschlossenen Magnetfeldes B interferieren die im Ring rechts und links laufenden Elektronenwellen konstruktiv oder destruktiv. Rechts: Die Leitfähigkeit des Rings oszilliert, wenn man die Stärke des Magnetfeldes erhöht, das senkrecht durch den Ring hindurch geht. Die Messung wurde bei einer Temperatur von 20 Millikelvin durchgeführt. (R. Häußler und H. v. Löhneysen, Universität Karlsruhe)

Elektronen und der Größe der Einschnürung an, die *Punktkontakt* genannt wird. Die Wellenlänge hängt von den Eigenschaften des Metalls ab gemäß der Faustformel: je weniger Elektronen, desto größer die Wellenlänge. Deshalb wurde das Phänomen der Leitwertquantisierung zunächst in zweidimensionalen Elektronensystemen entdeckt, die an der Grenzfläche zwischen zwei Halbleiterschichten entstehen können und relativ wenige Elektronen enthalten, was zu einer Wellenlänge von etwa 200 bis 500 Nanometer führt. An einem Punktkontakt, der eine Ausgangsbreite von etwa 250 Nanometer hatte, beobachteten B. J. van Wees und Mitarbeiter von der Technischen Universität Delft (Niederlande) und D. Wharam und Mitarbeiter von der Universität Cambridge (England), dass der elektrische Leitwert - der Kehrwert des Widerstandes - nur in Vielfachen des Leitwertquantums e^2/h auftritt.

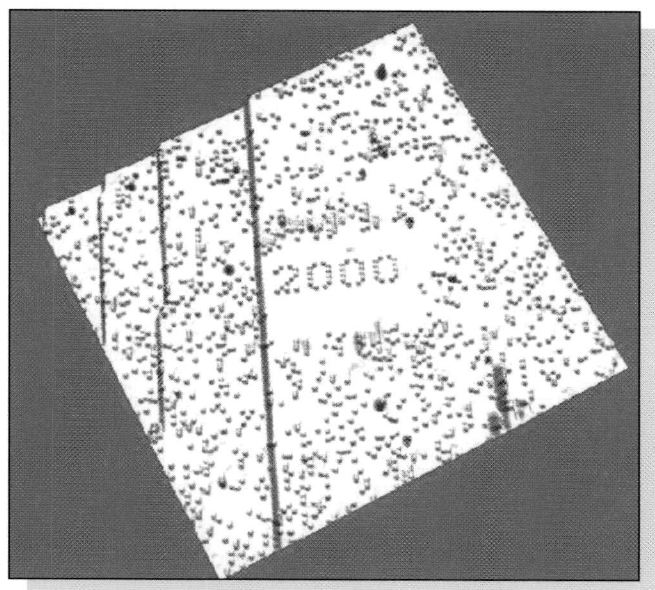

Abb. 3.3.37.
Die Jahreszahl „2000“ auf atomarer Skala. Mit der Spitze eines Rastertunnelmikroskops wurden 47 einzelne CO-Moleküle auf einer Kupferoberfläche gezielt manipuliert. Die Moleküle wurden vorher in geringer Menge auf der Oberfläche abgeschieden und anschließend mit Hilfe der abstoßenden Kraft zwischen Spitze und Molekül auf die vorgesehenen Plätze bugsiert. Die dunklen Streifen sind Stufen auf der Kupferoberfläche. Der gezeigte Bildausschnitts hat eine Seitenlänge von 55 nm. (G. Meyer und K. H. Rieder, FU Berlin)

Elementare Metalle wie Kupfer, Aluminium oder Blei enthalten so viele Elektronen, dass deren Wellenlänge in etwa so groß ist wie der Abstand zwischen den Atomen im Festkörper. Einen beobachtbaren Effekt der Leitwertquantisierung erwartet man also erst für „Drähte“ oder Kontakte, die nur wenige Atome dick sind. Auch wenn die Herstellung solch winziger Strukturen äußerst schwierig ist, so ist sie doch keineswegs unmöglich! Bereits 1990 gelang es Don Eigler und Mitarbeitern bei IBM in San Jose (Kalifornien), Atome mit einer feinen Metallspitze auf einer atomar glatten Unterlage an eine gewünschte Position zu schieben. Wenn man sich einem Atom oder Molekül mit einer Spitze nähert, wirken zwischen diesem Teilchen und der Spitze entweder anziehende oder abstoßende Kräfte, je nachdem um welche Materialien es sich handelt und wie groß der Abstand zwischen beiden ist. Befindet sich das Teilchen nun auf einer glatten Oberfläche und wird es durch seine chemische Bindung an die Unterlage nicht zu stark an einem bestimmten Platz festgehalten, kann man es mit Hilfe der Spitze beliebig auf der Oberfläche verschieben. Dadurch lassen sich atomare Nanostrukturen erzeugen.

Ein schönes Beispiel für die Manipulation von einzelnen Molekülen ist in Abb. 3.3.37 gezeigt. In diesem Fall wurden CO-Moleküle, die über das C-Atom chemisch auf einer Kupfer-Oberfläche angebunden sind, mit Hilfe der Spitze eines Rastertunnelmikroskops (s. Kapitel 3.3.5) so verschoben, dass sie das Muster „2000“ ergaben. Vorher musste allerdings die mit wenigen CO-Molekülen belegte, ursprünglich sehr saubere Kupfer-Oberfläche mit Hilfe der Spitze „freigeräumt“ werden.

Bei weiterer Miniaturisierung werden elektronische Schaltkreise in Computerchips bald funktionale Elemente enthalten, die nur noch aus wenigen Atomen bestehen. Dies erfordert einen prinzipiellen Wechsel sowohl der Technologie als auch der physikalischen Beschreibungsweise: Die bisher verwendete Strukturierung „von oben“, also die sukzessive Verkleinerung einer größeren Ausgangsstruktur, wird möglicherweise einem Aufbau „von unten“ Platz machen, bei dem man das gewünschte Bauelement Atom für Atom zusammensetzt. Dabei stellt sich die Frage, wie der Stromfluss in solch kleinen Strukturen funktioniert. Daraus ergeben sich weitere Fragen: „Welche atomaren physikalischen und chemischen Eigenschaften bestimmen den Stromtransport, wenn man Atome zu leitfähigen Strukturen zusammensetzt?“ und „Welche Atome muss man wie zusammenfügen, um die gewünschten elektronischen Eigenschaften zu erzielen?“ Um Antworten auf diese Fragen zu finden, untersucht man *Ein-Atom-Kontakte*. Solche Kontakte lassen sich mit den Methoden Eiglers oder auch durch freitragende metallische Nanobrücken realisieren, die durch Langziehen so weit ausgedünnt werden, dass sie an ihrer dünnsten Stelle nur noch ein Atom enthalten (s. Abb. 3.3.38). Auch atomar dünne Ketten, bei denen die Atome wie auf einer Perlenschnur aufgereiht sind, lassen sich so herstellen.

Der Reiz des Ein-Atom-Kontaktes liegt darin, dass man an ihm das Wechselspiel zwischen den Quanteneigenschaften der Elektronen und den atomaren, chemischen und geometrischen Eigenschaften eines Atomverbandes studieren kann - und dies in einem System, das einfach genug ist, um es im Detail zu verstehen. Man beobachtet zum Beispiel, dass der Widerstand des Ein-Atom-Kontakts für unterschiedliche Metalle verschieden ist. Er beträgt etwa 5000 Ohm bei Niob, 8000 Ohm bei Blei, 13000 Ohm bei Gold und 15000 Ohm bei Aluminium. Diese Verhältnisse sind völlig anders als bei makroskopischen Drähten. Hier leiten Golddrähte zehnmal besser als Bleidrähte. Wie sich herausgestellt hat, ist das ungewöhnliche Verhalten der Ein-Atom-Kontakte eine Folge der chemischen Valenz der Elemente.

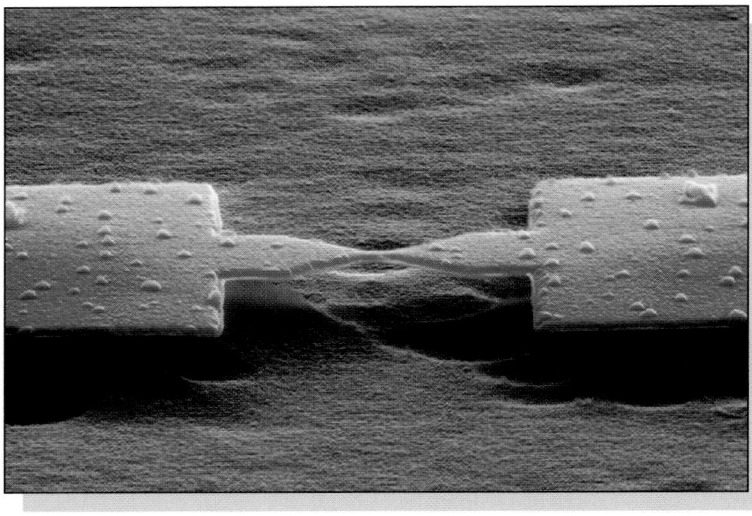

Abb. 3.3.38.
Elektronenmikroskopische Aufnahme einer lithographisch hergestellten Nanobrücke aus Aluminium (blau) auf einer Polyimid-Schicht (grün). Die Brücke ist über eine Länge von etwa zwei Mikrometer freitragend. An ihrer Einschnürung ist die Brücke etwa 100 Nanometer breit und dick. In der Mitte der Einschnürung befindet sich ein Kontakt aus einem Atom, der in der vorliegenden Bildvergrößerung allerdings nicht zu erkennen ist. (H. v. Löhneysen und Ch. Sürgers, Universität Karlsruhe)

Ein-Atom-Kontakte können einen Strom von bis zu zehn Mikroampere transportieren. Dies scheint wenig zu sein, doch ist es mehr als die typische Stromstärke in heutigen Halbleiterchips. Verglichen mit ihrer winzigen Größe sind Atome hervorragende Leiter. Würde ein haushaltsübliches Kupferkabel mit eineinhalb Quadratmillimeter Durchmesser, das für sechzehn Ampere zugelassen ist, pro Fläche ebenso viel Strom transportieren wie ein Ein-Atom-Kontakt, so entspräche dies einer Stromstärke von vierhundert Millionen Ampere! Auch dieser Vergleich zeigt deutlich, dass der Stromfluss auf atomarer Skala anderen Gesetzen gehorcht als der durch einen makroskopischen Festkörper.

Die beschriebenen Untersuchungen sind ein erster Schritt hin zu einer Nutzung wenigatomiger Bauelemente in der Elektronik der Zukunft. Ein interessanter Aspekt dabei ist, dass man durch ein einziges Atom die Eigenschaften eines makroskopischen Stromkreises bestimmen kann. Bevor man jedoch über konkrete Einsatzmöglichkeiten solcher Bauelemente spekuliert, muss man zunächst einige grundlegende Probleme lösen, die beim Aufbau „von unten“ auftreten, wie die chemische Stabilität einzelnen Atome oder die genaue Kontrolle der Atompositionen.

Magnetische Nanostrukturen

Ein ferromagnetisches Metall zeichnet sich dadurch aus, dass sich die Eigendrehimpulse der Elektronen, die Spins, alle in eine Richtung stellen. Das führt zur Ausbildung eines makroskopisch messbaren magnetischen Feldes außerhalb des Magneten. Im Allgemeinen ist ein ferromagnetisches Metall in Bereiche unterschiedlicher Magnetisierungsrichtung, sogenannte *Domänen*, aufgeteilt. Dadurch wird das außerhalb der Probe messbare Magnetfeld abgeschwächt. Werden die Abmessungen des Magneten selbst kleiner als die Breite der Domänenwand, in welcher der Übergang von einer Spinausrichtung zur anderen erfolgt, so kommt man in den Größenbereich, in dem der Magnet nur noch eine Domäne oder eine kohärente Spinstruktur aufweist. Im Extremfall kann ein solches System auch aus einem komplexen Molekül bestehen.

Solch kleinste magnetische Teilchen, die oft nur wenige Nanometer messen, sind hinsichtlich ihrer magnetischen Eigenschaften von grundlegendem physikalischen Interesse. Aber auch von der Anwendungsseite besteht ein gewaltiges Interesse an den Eigenschaften dieser *Nanomagnete*. Erwähnt seien hier die immer größeren Packungsdichten und die damit immer kleiner werdenden Strukturen auf magnetischen Speichermaterialien wie den Computerfestplatten eines PC oder den neuartigen nichtflüchtigen Datenspeichern, die auch nach Abschalten des Stroms die gespeicherten Daten nicht verlieren.

Es ist nicht einfach, die magnetischen Eigenschaften eines individuellen Nanomagneten zu messen, da konventionelle Methoden der Magnetometrie sehr viel mehr Material zur Untersuchung benötigen, als ein Nanomagnet enthält. Eine Möglichkeit besteht darin, Nanomagnete mit nanostrukturierten Halbleitern zu vereinen. So kann der Hall-Effekt benutzt werden, um das Umschalten eines Nanomagneten experimentell zu untersuchen (s. Abb. 3.3.39). Um dabei ein messbares Signal zu erhalten, dürfen allerdings die Abmessungen des Kreuzungsbereich des Hall-Sensors nicht wesentlich größer sein, als die Abmessungen des Magneten selbst. Auf diese Weise kann das Streufeld des winzigen Magneten in Abhängigkeit eines äußeren Magnetfeldes vermessen werden. Man erhält eine Hysteresekurve, die das Umklappen der Magnetisierung des Teilchens von Nord nach Süd dokumentiert und das magnetische Material charakterisiert.

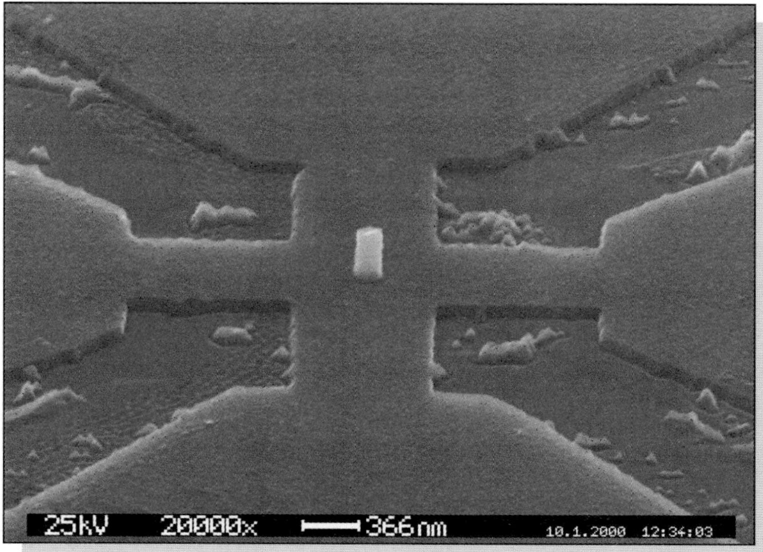

Abb. 3.3.39.
Nickelteilchen auf Hall-Kreuz. Um die Magnetisierung des Teilchens zu messen, lässt man einen elektrischen Strom entlang zweier gegenüberliegender Kontakte durch das Kreuz laufen. Die bewegten Ladungsträger werden vom Magnetfeld des Teilchens abgelenkt, und es kommt zu einer messbaren Hall-Spannung zwischen den beiden anderen gegenüberliegenden Kontakten. Aus der Größe dieser Spannung kann man die Magnetisierung des Teilchens bestimmen. (D. Weiss, Universität Regensburg)

Mit solchen Anordnungen kann schließlich auch der Strom durch eine einzelne Halbleiternanostruktur kontrolliert werden - und zwar in Abhängigkeit vom Spin der Elektronen im Strom! Damit kann im Prinzip ein Transistor gebaut werden, dessen Funktion auf dem Spin der Elektronen als schaltbarer Größe beruht. Dies würde in Verbindung mit dem Einzelelektronentransistor die Verwirklichung des kleinstmöglichen Schalters in greifbare Nähe rücken, der auf dem Umklappen eines einzelnen Elektronenspins beruht.

Der eleganteste Weg, um Nanomagneten oder andere Nanostrukturen in großer Zahl zu erzeugen, besteht vermutlich darin, die natürliche *Selbstorganisation* (s. Kapitel 3.4) beim Herstellungsprozess einzusetzen. Dazu nutzt man die Naturgesetze, die Materialeigenschaften und die durch die Herstellungsparameter gegebenen Freiheiten so geschickt aus, dass die Nanostrukturen mit den gewünschten Eigenschaften „von selbst“ entstehen.

Ein Beispiel für extrem kleine metallische Strukturen ist in Abb. 3.3.40 gezeigt. Auf dem Bild, das mit einem Rastertunnelmikroskop (siehe Kapitel 3.3.5) aufgenommen wurde, ist eine weitgehend regelmäßige Anordnung von kleinen Dreiecken zu sehen, die aus geordneten Eisenatomen bestehen und eine Kantenlänge von nur drei Nanometer haben. Diese Eiseninseln haben sich in dieser Form selbständig auf einer Doppelschicht von Kupferatomen gebildet, die auf die dichtest gepackte (111)-Oberfläche eines Platinkristalls aufgedampft wurde.

Weshalb bilden sich solche Nanostrukturen? Im Falle der Eiseninseln geschieht folgendes: Die Gitterstruktur der Kupferschicht passt nicht ganz zu der des Platins, was bei Heteroschichtsystemen meist der

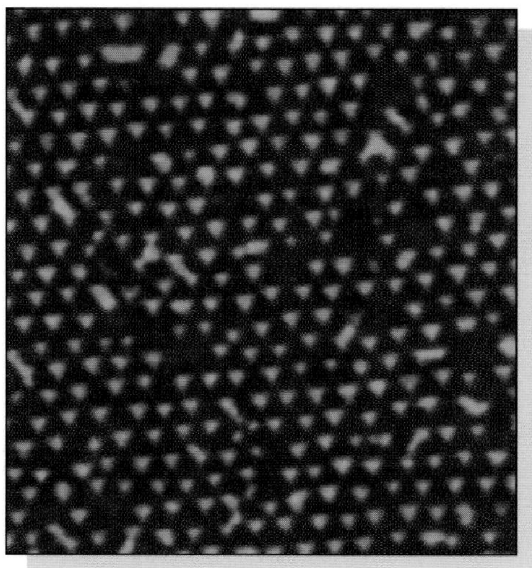

Abb. 3.3.40.
Nano-Eisendreiecke. Dreieckige Inseln aus Eisenatomen mit einer Kantenlänge von 3 nm (oder etwa 12 Atomen) haben sich durch Selbstorganisation auf einem Platinsubstrat gebildet, das zuvor mit einer Doppelschicht Kupfer bedeckt wurde. Die Nanostrukturen entstehen durch ein sogenanntes „Versetzungsnetzwerk“, das sich aufgrund der Verspannung des Kupferfilms auf dem Platinsubstrat ausbildet. Zu dieser Verspannung kommt es, weil Kupfer- und Platinkristalle unterschiedliche Gitterabstände haben. Das Bild wurde mit einem Rastertunnelmikroskop aufgenommen. (Klaus Kern, MPI für Festkörperforschung, Stuttgart)

Fall ist. Die Bindung zwischen Platin- und Kupferatomen zwingt letztere jedoch dazu, zumindest in der ersten Schicht die Gitterstruktur des Platins zu übernehmen. Die erste Kupferschicht wächst also „verspannt" auf. Diese Verspannung wird im vorliegenden Fall bereits in der zweiten Kupferschicht durch die Ausbildung von *Versetzungen* abgebaut. Versetzungen sind Störungen des normalen Gitteraufbaus und trennen in der Regel Gebiete mit idealer Gitterstruktur voneinander. Im vorliegenden Fall laufen sie als Linien durch die Kupferschicht und bilden aufgrund ihrer großen Beweglichkeit ein regelmäßiges dreieckiges Netzwerk aus. Die Dreiecksform ergibt sich dabei aus der speziellen Wahl der Substratoberfläche. Die Größe der Dreiecke wird durch die Bindungsverhältnisse und die Gitterabstände der beteiligten Materialien bestimmt. Beim Beispiel in Abb. 3.3.40 wurde nun eine zusätzliche Schicht aus Eisenatomen aufgedampft. Die Eisenatome bewegen sich auf der Kupferoberfläche umher, werden aber von den Versetzungslinien abgestoßen. Sie bilden deshalb Inseln innerhalb jedes Dreiecks des Versetzungsnetzwerks, wobei die Größe der ebenfalls dreieckigen Inseln durch die Menge der aufgedampften Eisenatome bestimmt ist.

Die in diesem Beispiel gezeigte Selbstorganisation könnte nun dazu verwendet werden, zum Beispiel ferromagnetische Strukturen mit atomaren Abmessungen (ein Nanometer entspricht drei bis vier Atomdurchmessern) herzustellen, wobei diese Strukturen über große Bereiche regelmäßig angeordnet und fast gleich groß sind. Ob sich hieraus konkrete Anwendungen entwickeln lassen, ist noch offen. Für grundlegende Fragen der Nanostrukturierung ist dieser Weg aber in jedem Fall eine hochinteressante Alternative.

Quantenpunktlaser

Die Farbe des Lichtes, das ein aus Halbleitermaterial bestehender Quantenpunkt (s. Abb. 3.3.34) emittiert, ist eine seiner Eigenschaften, die in besonders augenfälliger Weise von seiner Größe abhängt. Aus demselben Halbleitermaterial wie beispielsweise aus InGaAsN lassen sich, je nach Größe der verwendeten Strukturen, Laser für sehr helles grünes, blaues oder ultraviolettes Licht herstellen. Eine an die Quantenpunkte angelegte Spannung führt dazu, dass Elektronen in energiereiche Zustände gehoben werden, von denen sie dann unter Lichtemission wieder „herunterfallen". Die von einem Quantenpunkt abgestrahlten Photonen lösen in anderen Quantenpunkten weitere Lichtemissionen aus, und so kommt es gewissermaßen zu einer Lichtlawine, der Laserstrahlung.

Die nanoskopische Architektur ist sowohl die Grundlage für neue, noch dichter gepackte Datenspeicher als auch für ein zukünftiges, auf Halbleiterlasern beruhendes Farbfernsehen. In der Vision der Wissenschaftler und Ingenieure produzieren großflächige Anordnungen der nur jeweils stecknadelkopfgroßen, kaum Energie verbrauchenden Laser ausreichend Licht der drei Grundfarben, um Bilder von bisher nicht gekannter Farbreinheit zu erzeugen. Vielleicht werden wir schon in zehn Jahren über die Antiquiertheit und Komplexität unserer jetzigen Fernsehröhren lächeln. Die Verfügbarkeit von Halbleiterlasern mit Emissionswellenlängen in den drei Grundfarben Rot, Grün und Blau, angepasst an das Farbdreieck und die Empfindlichkeit des menschlichen Auges, würde die Optoelektronikindustrie, die diese Laser produziert, weiterboomen lassen. Jene Firmen, die diese Geräte zuerst kommerzialisieren, werden sich ein riesiges Segment am Konsumgütergerätemarkt der Zukunft sichern.

Der Wert der weltweit produzierten Halbleiterlaser erhöhte sich 1999 um 48 % gegenüber dem Vorjahreswert. Im Schnitt der letzten vier Jahre stieg ihr Produktionswert um 33 % pro Jahr. Halbleiterlaser stellen damit einen der am schnellsten expandierenden Produktionsbereiche der Welt dar. Die Entwicklung neuartiger Laser wie z. B. Quantenpunktlaser könnte Produktionsvolumina in Höhe von mehreren 100 Mrd. $ nach sich ziehen. Allein für Laserdisplaysysteme wird für 2006 ein Markt von 40 Mrd. $ vorausgesagt. Zum Vergleich: Der Wert der Silizium-Mikroelektronikproduktion liegt derzeit bei jährlich 150 Mrd. $. Dass die Nanotechnologie Arbeitsplätze schafft, steht also außer Frage.

Ein völlig anderes Beispiel für die Anwendung von Quantenpunktlasern ist die Informations- und Kommunikationstechnik. 75 % des Umsatzes bei Halbleiterlasern wird mit „Telekom"-Bauelementen gemacht, die in glasfasernutzenden Daten- und Nachrichtenübertragungssystemen als Sender dienen. Aufgrund des rapide wachsenden Zahl von Internetnutzern gibt es einen besonders großen Bedarf an schnell modulierbaren Lasern im Wellenlängenbereich von 1300 nm, deren Wellenlängen geringfügigst gegeneinander versetzt sein sollten. Derartige, massenproduktionsfähige Laser mit guten Anwendungseigenschaften gibt es im Augenblick noch nicht. Es ist aber vorhersehbar, dass in naher Zukunft Quantenpunktlaser für neuartige schnelle Telekommunikationssysteme zur Verfügung stehen werden, die aus dem besonders preisgünstigen Substratmaterial Galliumarsenid bestehen und besonders günstige Betriebseigenschaften haben.

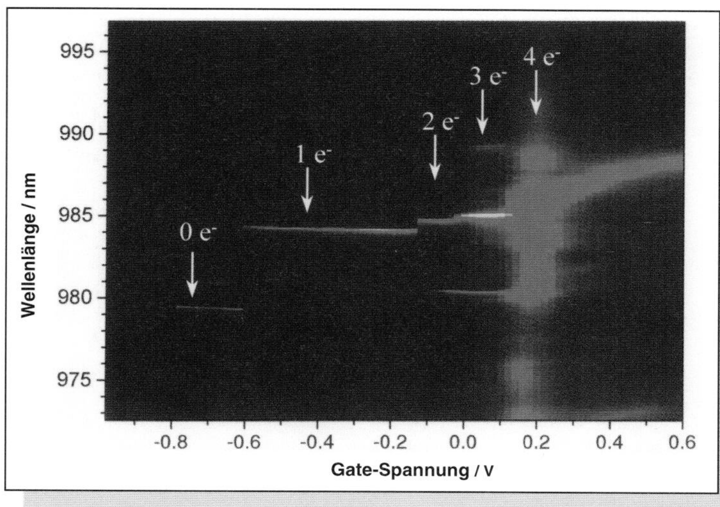

Abb. 3.3.41. Lichtemission aus einem Indiumarsenid-Quantenpunkt. Aufgetragen ist die Wellenlänge des ausgestrahlten Lichtes in Abhängigkeit von der an den Quantenpunkt angelegten Spannung. Die Zahl der Elektronen auf dem Quantenpunkt kann auf elektrischem Wege schrittweise von null bis vier erhöht werden. Die Farbe des abgestrahlten Lichtes ändert sich jedesmal, wenn ein Elektron hinzukommt. (R. J. Warburton, C. G. Schäflein und K. Karrai, Universität München)

Ähnlich revolutionär wird der Fortschritt beim Ersatz unserer äußerst energieverschwendenden Glühlampen sein, die heute eher zur Raumheizung als zur Beleuchtung dienen. Bald werden sie durch energiesparende, lichtemittierende Dioden abgelöst werden, die ebenfalls auf der Basis von Quantenpunkten beruhen könnten. Die Quantenmechanik wird damit still und heimlich Einzug in jeden Haushalt halten.

Die Überwachung unserer Umwelt gehört zu den wichtigsten Aufgaben im nächsten Jahrhundert. Unser Überleben wird davon abhängen, die Luft rein, das Wasser sauber und den Boden unkontaminiert zu halten und dies einfach, schnell und billig zu überwachen. Auf Nanostrukturlasern zurückgreifende optische Zäune lassen sich dann z. B. um Chemiewerke oder Raffinerien ziehen. Zusammen mit entsprechenden Sensoren ermöglichen sie es, den Schadstoffgehalt der Luft im Auge zu behalten.

Die Bundesrepublik Deutschland steht - auch im Vergleich mit ihren Hauptkonkurrenten in Japan und den USA - im Bereich der Halbleiternanotechnologien günstig da. Die Förderung der Deutschen Forschungsgemeinschaft für eine Reihe von Sonderforschungsbereichen in Berlin, München, Würzburg, Marburg und Hamburg sowie die des BMB+F im Rahmen seiner Nanotechnologieförderung haben in der Grundlagenforschung Wettbewerbsvorsprünge oder zumindest Wettbewerbsgleichheit entstehen lassen. So wurde der erste Quantenpunktlaser der Welt in Berlin vorgestellt. Doch inzwischen hat man in den USA Förderungsprogramme mit einem Aufwand von jährlich ca. 500 Mio. $ in allen relevanten Feldern der Nanotechnologie gestartet. Dies wird auch die Umsetzung in innovative Produkte beschleunigen. In den nächsten fünf bis zehn Jahren werden nanotechnologische Konzepte in vielen unterschiedlichen Materialsystemen mit vielen verschiedenen Anwendungen eingesetzt werden

Die gesellschaftliche Prosperität beruhte in den vergangenen beiden Jahrhunderten auf dem Besitz von Rohstoffen, die dann in großen Industrieanlagen wie Stahlwerken, Raffinerien und Kokereien veredelt wurden. In der Welt der Zukunft, die durch die Nanotechnologie geprägt sein wird, wird hingegen eine „Entmaterialisierung“ stattfinden. Der entscheidende Rohstoff wird aus dem Know-how bestehen, über die Kontrolle der Geometrie von Nanostrukturen deren Funktionalität zu bestimmen.

3.3.7 Weiche Materie

Was versteht man unter „Physik weicher Materie“?

Mit dem Begriff *weiche kondensierte Materie* bezeichnet man eine große Gruppe von Materialien aus meist organischen Substanzen wie z. B. Polymere, Zusammenlagerungen von kleineren organischen Molekülen, Flüssigkristalle, Kolloide, Emulsionen, Biopolymere und Biomembranen. Dazu gehören auch strukturierte und „oberflächendominierte“ Materialien wie Mikroemulsionen, Block-Copolymere, Schäume usw. Diesen Stoffen ist gemeinsam, dass sie sehr nachgiebig auf schwache äußere Einwirkungen reagieren wie z. B. Druck oder elektrische Felder. Sie sind also „weich“, sie bewegen und verändern sich nur langsam, und ihr Verhalten wird durch starke thermische Schwankungen bestimmt. Weiche kondensierte Materie steht gewissermaßen zwischen den „harten“ kristallinen oder amorphen Festkörpern wie Eisen oder Fensterglas und den konventionellen Flüssigkeiten wie Wasser oder Öl. Ähnlichkeiten im Verhalten dieser zunächst sehr unterschiedlichen Materialien haben zum Entstehen des neuen Forschungsgebiets *Weiche Materie* geführt, das ganz wesentlich durch die fruchtbare Zusammenarbeit von Physikern, Chemikern und Ingenieuren geprägt ist und sich in jüngster Zeit auch zur Biologie hin entwickelt.

Weiche Materie ist von großer praktischer Bedeutung weil viele Stoffe unseres täglichen Lebens zu dieser Klasse von Substanzen gehören: Farben, Plastik, pharmazeutische Produkte, Lebensmittel, Fette, Textilien, nahezu die gesamte Biomasse, Schäume sowie Schüttungen von Sand oder auch Schnee. Will man die Herstellung dieser Stoffe optimieren und ihre makroskopischen Eigenschaften verbessern, so muss man die Struktur und die Dynamik der Bausteine dieser meist vielkomponentigen, komplexen Substanzen und ihr Zusammenspiel besser verstehen.

Was kann die Physik leisten?

Die oben genannten Stoffe gehören nicht zu den traditionellen Untersuchungsobjekten der Physik. Doch ab den 60er Jahren hat man Methoden entwickelt, die es gestatten, durch Streuung von Licht, Röntgen- oder Neutronenstrahlen die Struktur von großen organischen Molekülen und ganzen Molekülverbänden zu bestimmen. Über die Verwendung physikalischer Untersuchungsmethoden hinaus ist das eigentlich Neue, dass auch physikalische Prinzipien und Konzepte Eingang gefunden haben, um die Eigenschaften dieser im Vergleich zu konventionellen festen und flüssigen Substanzen viel komplexeren Stoffe zu beschreiben. Ein Meilenstein auf diesem Weg war die Erkenntnis von Pierre-Gilles de Gennes (Nobelpreis 1991), dass das Verhalten großer flexibler Polymermoleküle zurückgeführt werden kann auf Konzepte, die für die Beschreibung sogenannter kritischer Phänomene (s. Kapitel 3.4.4) entwickelt worden waren. Dabei handelt es sich um Phasenübergänge wie das Verdampfen von Wasser oder die Entmagnetisierung eines Magneten durch Erhitzen. Auf diese Weise wurde es mit Hilfe der statistischen Physik möglich, makroskopisches Verhalten wie z. B. die Abhängigkeit der *Viskosität*, also der Zähflüssigkeit einer Polymerlösung vom Molekulargewicht der Polymere vorherzusagen. Bei dieser Vorgehensweise gehen zwar spezifische chemische Charakteristika der *Monomere* (die sich in einem Polymer wiederholenden chemischen Einheiten) verloren; das makroskopische Verhalten von Polymeren hängt jedoch vor allem von den typischen Eigenschaften sehr langer Moleküle aus vielen identischen Monomeren ab. Auch wenn sich zwei Polymere dadurch unterscheiden, dass sie auf der Skala weniger Monomere unterschiedlich flexibel sind oder aus chemisch ganz unterschiedlichen Monomeren bestehen, so ist doch die Abhängigkeit der Viskosität vom Molekulargewicht gleich, falls die Polymerketten nur lang genug sind. Die meisten wichtigen Beiträge der Physik haben hauptsächlich darin bestanden, diejenigen physikalischen Größen zu bestimmen, die auf eine bestimmte Eigenschaft des Polymers den entscheidenden Einfluss haben; es geht nicht darum, die sehr komplexen Substanzen unter Berücksichtigung aller ihrer mikroskopischen Details beschreiben zu wollen, sondern vielmehr um die Identifizierung jener Größen, die es gestatten, Aussagen über universell gültiges Verhalten zu machen.

Im Folgenden werden beispielhaft an Hand der Polymere, Kolloide und Flüssigkristalle typische Stoffklassen weicher Materie vorgestellt, einige Ergebnisse der Grundlagenforschung erläutert, sowie auf einige wichtige technische Anwendungen hingewiesen. Dies stellt eine Auswahl dar, die eine Reihe von aktiven Forschungsgebieten aus dem Bereich Weiche Materie unerwähnt lässt.

Polymere

Polymere sind im täglichen Leben allgegenwärtig: In der Technik finden sie Anwendung als Kunststoffe, während die Funktion lebender Organismen wesentlich von Biopolymeren wie den Proteinen und der DNA abhängt. Polymere sind große Moleküle, die im einfachsten Fall die Form einer linearen Kette haben, in der sehr viele identische Untereinheiten (Monomere, Segmente) aufeinander folgen; die Zahl der Monomere kann größer 100 000 sein. Solche Riesenmoleküle haben in der Regel eine große Flexibilität; sie sind nicht gestreckt, sondern liegen in Knäuelform vor.

In Polymeren aus unterschiedlichen Monomeren (A, B, C,.....) kann die Reihenfolge geordnet oder statistisch sein (*Copolymere*), oder es können Blöcke aus einer Monomersorte an Blöcke einer anderen gehängt werden (*Block-Copolymere*). Schließlich gibt es verzweigte, ringförmige, kammartige und vernetzte Polymere. So ist z. B. Gummi bzw. Kautschuk ein unregelmäßiges Polymernetzwerk, dessen charakteristische hohe Elastizität durch die Knäuel zwischen den Vernetzungspunkten bestimmt ist. Bei den verzweigten Polymeren unterscheidet man einfache *Sternpolymere*, baumartig verzweigte *Dendrimere* und viele andere Architekturen wie z. B. „Flaschenbürsten-Polymere". Die makroskopischen physikalischen Eigenschaften polymerer Materialien hängen wesentlich vom Aufbau und der

Abfolge der Monomere ab. Es ist möglich, aus nur wenigen, chemisch unterschiedlichen Bausteinen eine Fülle verschiedener Strukturen und Morphologien aufzubauen, deren makroskopische Eigenschaften sehr unterschiedlich sind. Daher ist die detaillierte Kenntnis über die Struktur und die Dynamik sowohl auf mikroskopischen als auch auf mesoskopischen Längenskalen notwendig, um die Beziehung zwischen Struktur und Eigenschaften der Polymere verstehen zu können. Diese Längenskalen reichen von atomaren Abständen bis weit über die Größe dieser Moleküle hinaus, die durchaus 100 nm (ein Nanometer ist ein millionstel Millimeter) betragen kann. Dementsprechend unterschiedlich sind auch die Zeitskalen, auf denen Bewegungen in polymeren Substanzen stattfinden können: Sie beginnen bei 10^{-13} Sekunden und haben eigentlich keine obere Begrenzung.

Da jedes Experiment nur für bestimmte Längen- und Zeitskalen Ergebnisse liefern kann, wird ein großes Arsenal an experimentellen Methoden in der Polymerwissenschaft benötigt, um Aussagen über Eigenschaften auf den so stark unterschiedlichen Skalen treffen zu können. Ähnlich verhält es sich mit der Theorie: Eine allgemeine Theorie der Polymere, die sowohl die chemische Struktur der Monomere berücksichtigt als auch das globale Verhalten vorherzusagen gestattet, ist ein sehr schwieriges Unterfangen. Theoretische Konzepte in der Polymerphysik beziehen sich weitgehend auf universelle Eigenschaften, die auf die riesige Zahl der inneren Freiheitsgrade der großen Moleküle zurückzuführen sind. Diese Vorgehensweise erlaubt es, für ganze Klassen von Polymeren vorherzusagen, wie die zahlreichen strukturellen und dynamischen Eigenschaften von der Kettenlänge, der Konzentration und einigen wenigen Wechselwirkungsparametern bestimmt werden.

Bei der Auswahl eines optimalen Polymers für eine bestimmte Anwendung sind nicht nur die Eigenschaften auf der Monomerskala wichtig, sondern auch die supramolekulare Architektur, d. h. die Art und Weise, in der sich Teile der Ketten über größere Bereiche relativ zueinander anordnen. Diese Anordnung kann selbstorganisiert geschehen oder durch gezielte äußere Beeinflussung. Nicht alle Polymere sind vollständig ungeordnete Knäuel; das von den Plastiktüten bekannte Polyäthylen enthält z. B. kristalline Lamellen mit amorphen, ungeordneten Zwischenschichten; Polymere mit speziell strukturierten Seitengruppen wiederum bilden Flüssigkristalle (s. u.).

Die Struktur und Dynamik von komplexen Polymersystemen hat man insbesondere durch Experimente aufklären können, bei denen langsam fliegende, *thermische* Neutronen an den Molekülen gestreut werden. Dies liegt daran, dass man einzelne Ketten durch Austausch von Wasserstoff- gegen Deuteriumatome in ihrem Streuvermögen für Neutronen stark verändern und somit markieren kann, ohne dadurch die Wechselwirkung dieser Ketten mit den übrigen wesentlich zu beeinflussen. Auf diese Weise bestimmt man in amorphen oder teilkristallinen Proben, wie sich die Ketten durchdringen und wie groß die Knäuel sind. Für dynamische Eigenschaften wie die Viskosität ist es wichtig zu wissen, wie sich eine Kette aus ihrer von anderen Ketten gebildeten Umgebung herauszieht, etwa so wie man ein Spaghetti aus einer Menge anderer herauszieht. Das hierfür entwickelte *Reptationsmodell* ermöglicht es, die universelle Abhängigkeit der Viskosität und der elastischen Eigenschaften von der Kettenlänge zu erklären. Die Überprüfung der detaillierten Vorhersagen dieses Modells durch Experimente und vor allem durch umfangreiche Computersimulationen ist ein aktives Forschungsgebiet.

Mischungen flexibler linearer Makromoleküle, sogenannter *polymer blends*, sind sowohl für die Grundlagenforschung als auch für Anwendungen interessant. Wegen der lockeren Knäuelstruktur, bei der die Polymerketten die Form einer Irrfahrt (*random walk*) haben, durchdringen sich bei hohem Molekulargewicht, also großer Kettenlänge der Polymere, die verschiedenen Polymer-Knäuel vielfach gegenseitig. Jede einzelne dieser langen Polymerketten wechselwirkt daher mit sehr vielen anderen Ketten. Dies führt dazu, dass das *kritische* Verhalten von Polymermischungen, wenn sie sich bei geringfügiger Veränderung der Temperatur oder der Konzentrationen plötzlich entmischen, durch eine stark vereinfachende *Molekularfeldtheorie* beschrieben werden kann. Für kurze Ketten hingegen ist der Entmischungsvorgang komplizierter und weist Ähnlichkeiten mit dem kritischen Verhalten von bestimmten magnetischen Modellsystemen, den Ising-Magneten, auf (s. Kapitel 3.4.4). Hier hat das Zusammenspiel von Theorie, von Experimenten an Modellsystemen und von Computersimulationen für die kritischen Phänomene in Polymermischungen zu einem umfassenden Verständnis geführt, das im Rahmen der allgemeinen statistischen Physik Modellcharakter besitzt.

Die schlechte Mischbarkeit von Polymeren und die damit verbundene Tendenz zur Entmischung nutzt man für viele praktische Anwendungen; so erreicht man interessante mechanische Eigenschaften wie z. B. hinreichende Härte von Kunststoffen in der Verkehrstechnik gerade dadurch,

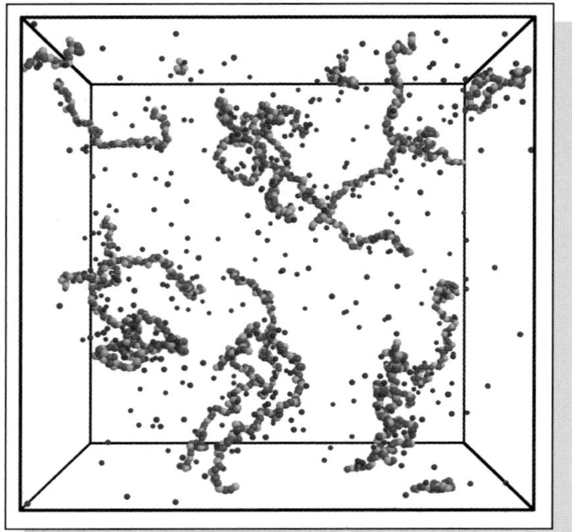
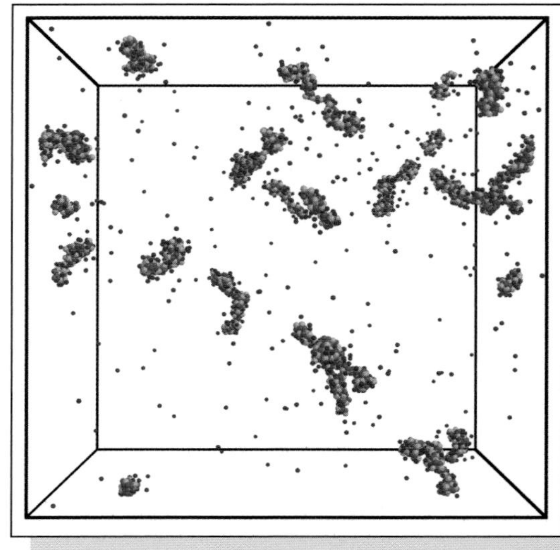
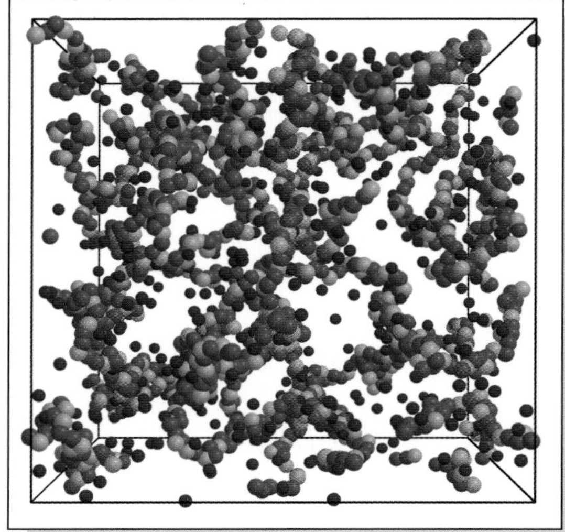
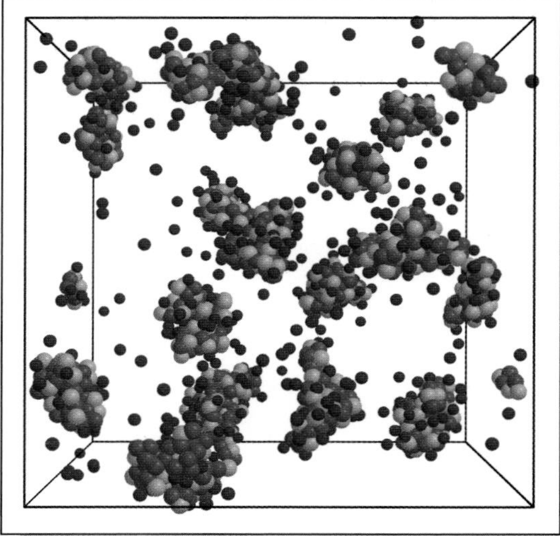

Abb. 3.3.42.
Wie die Computersimulation zeigt, kollabieren elektrisch geladene Polymere, die in Wasser gelöst wurden, bei hinreichend großer Konzentration. Die abgebildeten Polyelektrolyte bestehen aus Monomeren, die Ionen (blau) abgeben können, wenn sie in Wasser gelöst werden, so dass das Polymerrückgrat (gelborange Ketten) dann elektrisch geladen ist. Die oberen Bilder sind für kleine Konzentrationen des Polyelektrolyten, die unteren für große. Die Bilder links bzw. rechts zeigen das Verhalten von hydrophilen bzw. hydrophoben Ketten. (K. Kremer, MPI für Polymerforschung, Mainz)

dass eine zunächst nicht im Gleichgewicht befindliche, flüssige Polymermischung eine mesoskopische Struktur mit entmischten Domänen bildet, die dann etwa durch Abkühlen fixiert wird. Durch Zusätze von sogenannten Phasenvermittlern (*Copolymere*), die sich auf die Oberfläche der gebildeten Tröpfchen der Minoritätsphase setzen und deren *Koagulation* oder Ausflocken behindern, lässt sich die mikroskopische Struktur dieser „Polymerlegierungen" weiter beeinflussen. Aber auch für die grundlegende Erforschung der Entmischungsvorgänge haben Polymermischungen Modellcharakter: Da die Makromoleküle wegen ihres sehr hohen Molekulargewichts nur sehr langsam diffundieren, findet die Entmischung auf langen Zeitskalen statt und ist deshalb experimentell besser beobachtbar als z. B. bei Flüssigkeiten oder metallischen Schmelzen. Auch die Struktur von Phasengrenzflächen in entmischten Polymersystemen ist wegen der großen Knäuelradien viel gröber als bei Substanzen mit kleinen Molekülen und deshalb experimentell wesentlich leichter zugänglich.

Die Entmischung läuft ganz anders ab, wenn jede Kette aus einer Teilkette von A-Monomeren und einer daran chemisch gebundenen Teilkette aus B-Monomeren besteht. Man spricht dann von *Block-Copolymeren*. Weil die A- und B-Blöcke jetzt fest miteinander verbunden sind, können sie sich nicht mehr völlig entmischen. Es kann nur noch eine *Mikrophasenseparation* stattfinden. Je nach der relativen Länge der Blöcke, der Gesamtlänge der Ketten und der effektiven A-B-Wechselwirkung, die etwa durch Druck, Temperatur oder Zugabe eines gemeinsamen

Lösungsmittels beeinflusst werden kann, ergeben sich vielfältige Überstrukturen. Die einfachste ist die *lamellare* Phase, die aus abwechselnden Anordnungen von A-reichen und B-reichen Schichten besteht, und die sich bei nahezu symmetrischer Zusammensetzung der A-B-Ketten ergibt. Bei mehr asymmetrischer Zusammensetzung entsteht von selbst eine Überstruktur mit *hexagonaler* Bienenwaben-Symmetrie, in der Zylinder der Minoritätsphase in einem Dreiecksgitter angeordnet sind.

Neben dieser grundlegenden Bedeutung als Modellsystem für Ordnungsphänomene in kondensierter Materie haben Block-Copolymere vielfältige Anwendungen. Besonders großes Interesse findet die Möglichkeit, Filme von Block-Copolymeren herzustellen, bei denen die Lamellen senkrecht zur Filmebene stehen; sie können als Matrize für mikroelektronische Anwendungen dienen, für die ein mesoskopisch strukturiertes Substrat benötigt wird. Auch Filme von Homopolymeren und von Polymermischungen haben zahlreiche Anwendungen, etwa zum Korrosionsschutz, zur zeitlich verzögerten Freisetzung von Medikamenten, bei denen der Wirkstoff durch den Film diffundieren muss, als Antireflexbeschichtung, als Klebstoff und als Isolierung.

Viele dieser Anwendungen von Polymeren sind dadurch gekennzeichnet, dass man die gewünschte Eigenschaft „maßschneidern" kann, indem man geeignete Zusätze zumischt und die Erzeugungsprozesse der Materialien passend wählt. Um zu verstehen, welche Strukturdetails auf der atomar-nanoskopischen Skala und auf größeren Skalen für die jeweiligen Materialeigenschaften verantwortlich sind, ist Grundlagenforschung und angewandte Forschung notwendig, bei der Physiker, Chemiker und Ingenieure interdisziplinär zusammenarbeiten.

Kolloide

Kolloidsuspensionen bestehen aus festen Teilchen oder supramolekularen Aggregaten mit Größen von einigen Nanometern bis einigen Mikrometern, die sich in der Regel in einer niedermolekularen Flüssigkeit wie Wasser oder Öl befinden. Bei einer groben Einteilung der Vielzahl von möglichen Systemen unterscheidet man zunächst Dispersions- und Assoziationskolloide.

Zu den *Dispersionskolloiden* gehören feste, weitgehend formstabile Teilchen wie beispielsweise die bereits vor 150 Jahren von Faraday hergestellten Goldkolloide, sowie synthetisch produzierte feste polymere Teilchen. Aber auch biologische Makromoleküle wie Proteine und Viren gehören zu den Kolloiden. *Assoziationskolloide* bilden sich, wenn sich relativ kleine Einzelmoleküle (z. B. Tenside oder Lipide) etwa in wässriger Lösung spontan zusammenlagern, also assoziieren. Diese als *amphiphil* bezeichneten Moleküle bestehen aus einem *polaren* Kopf, der den Kontakt mit Wasser bevorzugt, und einem *apolaren* Schwanz aus Kohlenwasserstoffen, der den Kontakt zum polaren Lösungsmittel meidet und den Kontakt zu Öl bevorzugt. In wässrigen Lösungen assoziieren solche Moleküle zu *Mizellen*, deren einfachste Form kugelförmig ist, so dass die polaren Kopfgruppen eine geschlossene Fläche bilden, hinter der sich die Kohlenwasserstoffe vor dem Kontakt mit Wasser schützen. Aus dieser räumlichen Anordnung der amphiphilen Moleküle folgt auch sofort, dass Öl in Wasser „gelöst" werden kann (Öl-in-Wasser-Emulsion): Das Öl kann sich im Inneren der Mizellen aufhalten, so dass die Kohlenwasserstoffanteile der amphiphilen Moleküle mit dem Öl in Kontakt stehen und dadurch der direkte Kontakt von Wasser und Öl vermieden wird.

Kolloide als Modellsysteme

Die strukturell einfachsten Kolloidteilchen bestehen aus formstabilen festen Substanzen. Sie sind viel größer als Atome und Moleküle, aber immer noch klein genug, so dass die Brownsche Molekularbewegung das Absinken der Kolloidteilchen im Schwerefeld verhindert. Diese mesoskopischen Teilchen wechselwirken insbesondere bei kleinen Abständen zunächst über starke anziehende Kräfte miteinander (van der Waals-Wechselwirkung). Dies führt zur Ausflockung oder *Koagulation* der Kolloide (von griechisch κολλα, Leim) in Form gelartiger und fraktaler Strukturen.

Die Assoziation der Teilchen kann durch *sterische* oder elektrostatische Stabilisation verhindert werden. Bei der sterischen Stabilisation lagern sich Polymere an den Teilchenoberflächen an, so dass jedes Teilchen von einer „Polymerbürste" eingeschlossen ist. Schon die Ägypter kannten diesen Effekt der Stabilisierung und nutzen ihn zur Herstellung von Tinte. Kleine Kohlenstoffpartikel wurden in Wasser verteilt und durch die Zugabe von *Gummi arabicum* stabilisiert. *Gummi arabicum* wird aus dem Saft von Bäumen gewonnen und enthält langkettige Zuckermoleküle.

Die elektrostatische Stabilisierung von Teilchen in polaren Lösungsmitteln wie Wasser beruht darauf, dass die Teilchen elektrisch aufgeladen werden und sich gegenseitig abstoßen. Dies kommt dadurch zustande, dass geladene Oberflächengruppen von den Teilchen dissoziieren oder dass sich an die Teilchen ionische Tenside oder Polyelektrolyte anlagern. *Polyelektrolyte* sind Polymere mit Gruppen, die im polaren Lösungsmittel dissoziieren, so dass beispielsweise das Polymermolekül negativ geladen ist und sich die entsprechenden positiv geladenen *Gegenionen* im umgebenden Lösungsmittel befinden. Das Resultat ist in allen Fällen, dass die Teilchen mehrere Hundert oder Tausend Elementarladungen eines Vorzeichens tragen und sich gleich viele entgegengesetzt geladene Gegenionen im Lösungsmittel befinden. Das führt zur Ausbildung starker elektrostatischer Abstoßung zwischen den Kolloidteilchen - mit sehr beeindruckendem Effekt: Es ist möglich, Dispersionskolloide so zu präparieren, dass bereits sehr verdünnte Suspensionen, in denen die Kolloidteilchen nur etwa 1 % des Gesamtvolumens oder weniger einnehmen, kristallisieren (s. Abb. 3.3.43). Diese Systeme sind also gleichzeitig verdünnt und stark korreliert. Kolloidkristalle sind extrem weich: Ihr *elastischer Modul* ist 10 Größenordnungen kleiner als der typischer Festkörper. Sie reagieren daher auch extrem empfindlich auf äußere Störungen. Schon ein leichtes Schütteln der Küvette bringt die Kristalle zum Schmelzen. Die Rekristallisation kann Minuten, Stunden oder Tage dauern.

Während sich die sterisch stabilisierten Teilchen nur über kurze Entfernungen abstoßen, hat die Abstoßung der ladungsstabilisierten Teilchen eine große Reichweite. Durch Zugabe von Salzionen kann man diese Reichweite stark verändern. Dies erklärt, weshalb man Kolloide als Modellsubstanzen für kondensierte Materie nutzt. Die Kolloidteilchen entsprechen dabei den Atomen oder Molekülen in Gasen, Flüssigkeiten und Festkörpern. Doch anders als bei Atomen und Molekülen kann man die Wechselwirkung der Kolloidteilchen in weiten Grenzen modifizieren, z. B. durch Zugabe von Salz oder von freien, nichtadsorbierenden Polymeren. Während das Salz die Abstoßung zwischen den Teilchen verringert, können die freien Polymere sogar eine effektive Anziehung bewirken. Damit ist es möglich, detailliert zu untersuchen, wie sich die physikalischen Eigenschaften kondensierter Materie verändern, wenn man die Stärke und Reichweite der Wechselwirkungen zwischen den materiellen Bausteinen variiert. Durch geeignete Wahl der beteiligten Komponenten kann man einerseits ein System aus winzigen harten Kugeln herstellen, das am besten verstandene Vielteilchensystem der statistischen Physik, und andererseits Systeme mit extrem weichen und weit reichenden Wechselwirkungen.

Ein weiterer Vorteil der Verwendung von Kolloiden für solche grundlegenden Studien ergibt sich daraus, das die auftretenden Längen- und Zeitskalen viel leichter dem Experiment zugänglich sind als in atomaren oder molekularen Systemen. Die charakteristischen Längen reichen von der Größe der Kolloidteilchen bis zu den Abständen zwischen ihnen, also von Nanometern bis Mikrometern. Die charakteristischen Zeitskalen werden von der Brownschen Molekularbewegung und den Reibungsvorgängen im Lösungsmittel bestimmt und liegen im Bereich von millionstel Sekunden bis zu einigen Sekunden. Damit ist es relativ einfach zu beobachten, wie aus Kristallisationskeimen Kristalle oder fraktale Strukturen entstehen (s. Kapitel 3.4.8), oder über lange Zeit zu verfolgen, wie Dichteschwankungen abklingen, wenn sich statt eines Kristalls ein ungeordnetes Glas bildet. Ein anderes Beispiel ist die Untersuchung der Struktur kondensierter Materie in der Nähe von Grenzflächen, indem man die Bewegung

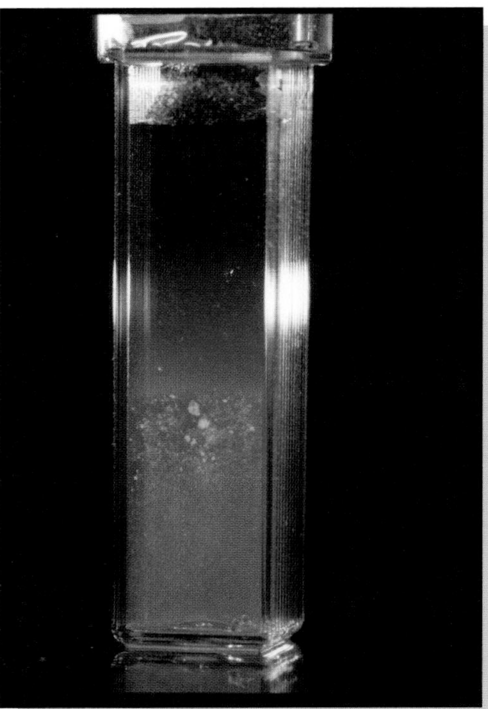

Abb. 3.3.43.
Küvette mit auskristallisierter Kolloid-Suspension in wässriger Lösung. Die Suspension besteht aus Polymerteilchen mit einem Durchmesser von 78 nm, die etwa 300 Elementarladungen an ihrer Oberfläche tragen. Da die Teilchen eine größere Dichte als das Lösungsmittel haben, hat Sedimentation eingesetzt. Man erkennt die Grenze zwischen der festen Phase (unten) und der verdünnten, fluiden Phase (oben). Da bei der Sedimentation die Polymerkonzentration nach oben hin abnimmt, bilden sich unten im Sediment mehr Kristalle als oben. Die Kristalle wachsen so lange, bis sie an andere Kristalle stoßen. Da oben weniger Kristalle entstehen, können sie größer werden, so dass sie mit bloßem Auge sichtbar sind. (T. Palberg, Universität Mainz)

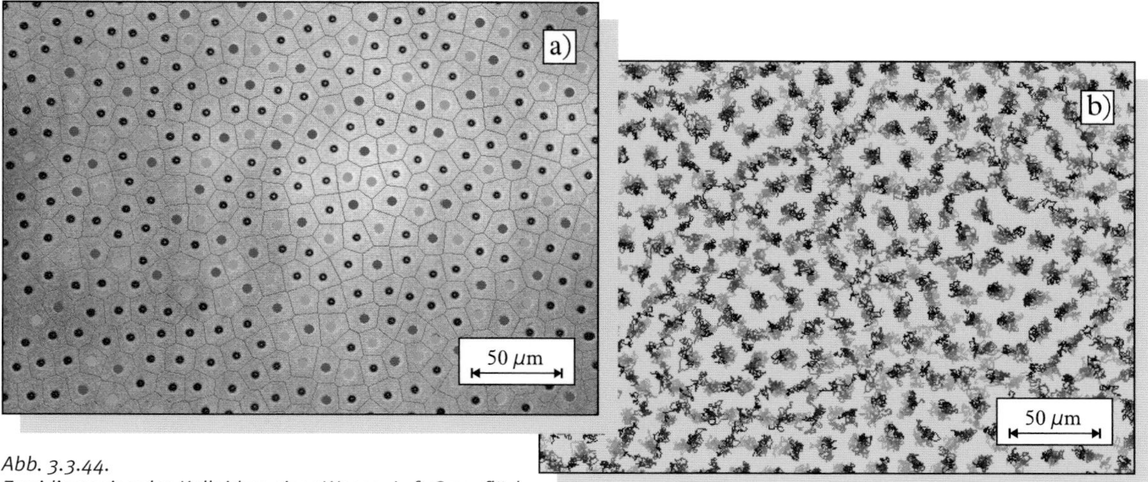

Abb. 3.3.44.
Zweidimensionales Kolloid an einer Wasser-Luft-Grenzfläche.
(a) Schnappschuss der Struktur, aufgenommen durch ein Mikroskop. Die Struktur wird mit Hilfe einer sogenannten Voronoi-Konstruktion analysiert, die jedem Teilchen eine Einflusszone zuordnet. In einem Kolloidkristall hat jedes Teilchen sechs nächste Nachbarn, doch in der Abbildung erkennt man auch solche mit fünf (grün) und sieben (blau) Nachbarn.
(b) Durch viele aufeinander folgende Aufnahmen wurde die Bewegung der einzelnen Teilchen über 3000 Sekunden verfolgt. Frühe Teilchenorte sind schwarz, spätere grün markiert. Die Teilchen bewegen sich zwar nur sehr langsam, können aber im Laufe der Zeit neue Plätze einnehmen. Das dargestellte Kolloid verhält sich daher wie eine Flüssigkeit. (G. Maret, Universität Konstanz)

der untereinander und mit den Grenzflächen wechselwirkenden Teilchen direkt mit Hilfe von Mikroskopen oder indirekt durch Lichtstreuung beobachtet (s. Abb. 3.3.44).

Ein Beispiel, das sowohl den Modellcharakter der Kolloide für allgemeinere Fragestellungen als auch die genannten Untersuchungsmethoden illustriert, sind Experimente an paramagnetischen Kolloidteilchen, die an einer ebenen Wasser-Luft-Grenzfläche in Form einer zweidimensionalen Schicht angeordnet sind. Legt man ein Magnetfeld senkrecht zur Schicht an, so werden in den Teilchen magnetische Dipole induziert. Die Teilchen stoßen einander auf Grund von Dipol-Dipol-Wechselwirkungen ab, deren Stärke mit dem Magnetfeld zunimmt. Bei schwachen Feldern liegt eine zweidimensionale Flüssigkeit vor, bei starken Feldern ein Festkörper, und dazwischen ist eine sogenannte hexatische Phase beobachtbar. Damit lässt sich das Phasenverhalten zweidimensionaler Systeme, das theoretisch von J. M. Kosterlitz und D. J. Thouless vorhergesagt wurde, direkt untersuchen. Verwendet man ein System aus zwei Teilchensorten mit unterschiedlichen magnetischen Eigenschaften, so kann man die Entstehung eines zweidimensionalen glasähnlichen Zustandes untersuchen.

Technologische Produkte aus Dispersionskolloiden

Die chemische Industrie stellt viele Produkte auf der Basis von Dispersionskolloiden her, die uns aus dem täglichen Leben vertraut sind. Viele erwünschte Eigenschaften und Nutzungsmöglichkeiten beruhen auf der enormen spezifischen Oberfläche: Die Oberfläche eines Gramms einer fein dispergierten Substanz erreicht leicht die Fläche eines Fußballfeldes. Die große innere Oberfläche der Dispersion kann Schadstoffe oder Verunreinigungen wirkungsvoll binden, z. B. bei der Abwasserreinigung. Kolloidale Metall- und Halbleiterteilchen sind interessant für Anwendungen in der nichtlinearen Optik und der Katalyse.

Ein weiteres großes Anwendungsgebiet für Kolloide sind Farben und Lacke. Auch die Wirkstoffe in Arznei- und Pflanzenschutzmitteln liegen in Kolloidform vor. Bei Informationsspeichern wie Magnetbändern und Festplatten sind magnetische Pigmente dispergiert. Die Gemeinsamkeit dieser und anderer praktisch genutzter Kolloide ist, dass die gewünschte Eigenschaft, also etwa die Magnetisierung im Falle der Magnetbänder, in kristallinen, mikrokristallinen oder amorphen Festkörperpartikeln enthalten ist. Bei Lacken muss je nach Pigment und verwendetem Lösungsmittel die Pigmentoberfläche z. B. durch Polymere so modifiziert werden, dass vor der Verarbeitung oder Anwendung keine Ausflockung eintritt; außerdem ist die Form der Pigmente entscheidend für die Viskosität der Dispersion. Der Wunsch nach einer Kombination verschiedener Eigenschaften wie gutes Streichverhalten und hohe optische Reflektivität erfordert den Einsatz von vielkomponentigen Mischungen. Daher sind für eine optimale Herstellung und Verarbeitung der Produkte viele physikalische und chemische Eigenschaften gleichzeitig zu berücksichtigen.

Das Fließverhalten ist eine wichtige Eigenschaft eines Produkts. Kolloidale

Suspensionen sind nicht-Newtonsche Flüssigkeiten, d. h. sie haben Viskositäten, die von der Schergeschwindigkeit abhängen. Dispersionsfarben müssen sich leicht verstreichen lassen, also bei Scherung dünnflüssig sein, aber sie müssen nach Aufbringen auf den zu streichenden Gegenstand eine hohe Viskosität haben, damit sie nicht tropfen. Zudem sollen sie einen möglichst großen Feststoffanteil haben, der die Farbpigmente enthält. Die Kolloidchemiker haben im Laufe von Jahrzehnten ein sehr reiches empirisches Wissen aufgebaut über die jeweils „richtige" Zusammensetzung der komplexen Dispersionen, mit der man optimale Ergebnisse erzielt. Doch die Theorie ist noch nicht in der Lage, das Fließverhalten der Kolloide auf ihre mesoskopischen Eigenschaften wie Form, Ladungszustand und Konzentration der Teilchen zurückzuführen.

Assoziationskolloide und Membranen

Die Dispersion amphiphiler Moleküle führt, wie oben erwähnt, zu spontan aggregierenden supramolekularen Strukturen. Diese Aggregate können kugelförmig, zylindrisch oder flächenhaft sein. Im letzteren Fall bestehen sie aus Doppelschichten der amphiphilen Moleküle. Die Doppelschichten sind flexible Membranen, die ihrerseits wiederum verschiedene Strukturen ausbilden können. Dazu gehören aus einer Lamelle bestehende Blasen oder Vesikel, aber auch multilamellare Blasen, Zylinder und Membranstapel. Diese Strukturen sind sehr flexibel, da sich die Bausteine leicht gegeneinander bewegen können. Die „Weichheit" ist auch ein Charakteristikum von Biomembranen. Ein aktuelles Forschungsgebiet ist das Studium der Assoziationskolloide als Modellsysteme für die vom molekularen Aufbau her viel komplexeren Biomembranen (s. Kapitel 3.5.2).

Die Fülle der möglichen Formen, die Membranen annehmen können, untersucht man mit Hilfe von Modellen für die Membranflächen, in die verschiedene Parameter wie die Grenzflächenspannung, die spontane Krümmung und die Biegesteifigkeit eingehen. Solche Modelle gestatten es, Formänderungen beispielsweise von Vesikeln aus Lipidmembranen zu verstehen, die auftreten, wenn sich äußere Parameter wie Temperatur und osmotischer Druck ändern.

Eine ähnliche Vorgehensweise hat es ermöglicht, das reiche Verhalten ternärer Systeme aus Wasser, Öl und amphiphilen Molekülen zu verstehen. In diesen als Mikroemulsionen bezeichneten Systemen können kleine Öltröpfchen in einer wasserreichen Phase und kleine Wassertröpfchen in einer ölreichen Phase existieren, wobei Wasser und Öl durch eine selbstorganisierte Membran aus amphiphilen Molekülen getrennt sind. Neben diesen „einfachen" Strukturen gibt es auch „bikontinuierliche", in denen sowohl Domänen aus Wasser als auch solche aus Öl als zusammenhängende Gebilde die gesamte Mikroemulsion durchziehen. Die Grenzflächen zwischen diesen Domänen sind flexibel, sie fluktuieren und reagieren empfindlich auf äußere Störungen.

Ein aktuelles Forschungsgebiet der Physik von Membranen beschäftigt sich mit der Erweiterung der Membranmodelle, so dass gewisse Charakteristika biologischer Membranen erfasst werden können. Biomembranen bestehen aus vielen Lipid- und Proteinkomponenten mit einer hohen seitlichen Beweglichkeit, und sie enthalten Biopolymere, die durch hydrophobe Segmente in der Membran verankert sind. Man studiert daher Modellmembranen, die wie die Biomembranen strukturiert und dekoriert sind. Wenn die Membran aus mehreren Komponenten besteht, so können sie sich aufgrund ihrer hohen seitlichen Beweglichkeit unter geeigneten Bedingungen teilweise entmischen. Die dabei entstehenden Domänen haben unterschiedliche elastische Eigenschaften, was sich wiederum auf die Gestalt der Membran auswirkt. So kann es energetisch günstiger sein, die Grenzlinie zwischen den

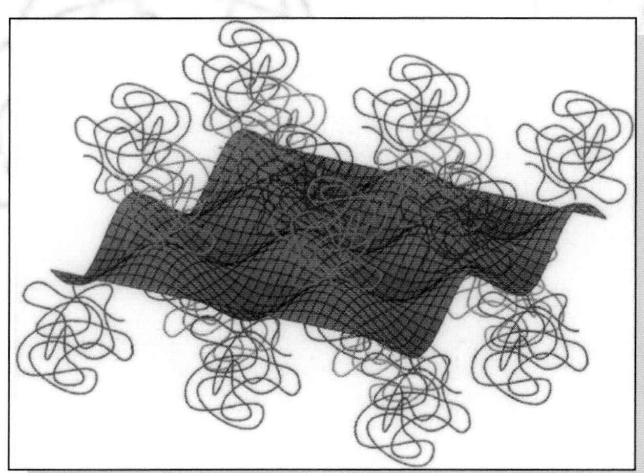

Abb. 3.3.45.
Verbundsystem aus Membran und verankerten Polymeren. Die Polymere sind mittels Ankersegmenten an die Membran geheftet. Sie bilden „Pilzzustände", solange die Membran nicht vollständig mit Polymeren bedeckt ist. Diese Polymerpilze üben Kräfte auf die Membran aus, die eine charakteristische Krümmung der Membran hervorrufen. (R. Lipowsky, MPI für Kolloid- und Grenzflächenforschung, Golm)

Domänen zu verkürzen, was dann die Membran zur Ausbildung von Knospen veranlasst.

Die Verankerung eines Polymers in einer Membran kann verschiedene Auswirkungen auf die Membrankrümmung haben, je nachdem ob die nicht verankerten Monomere von der Membran abgestoßen oder angezogen werden. Ist beispielsweise ein einzelnes Polymer, das normalerweise von der Membran abgestoßen wird, mit einem Ende in der Membran verankert, so entsteht eine Kraft, die dazu führt, dass sich die Membran vom Polymer wegkrümmt. Die so entstehende spontane Krümmung hängt u. a. von der Polymergröße ab.

Ein ähnliches Verhalten beobachtet man an Membranen, die in Kontakt mit dispergierten Molekülen und Kolloiden stehen. Wenn mehrere Sorten solcher Teilchen vorhanden sind, kann die Membrankrümmung verändert werden. Stoßen die Membran und die Kolloidteilchen einander ab, und sind auf den beiden Seiten der Membran unterschiedlich große Teilchen suspendiert, so krümmt sich die Membran zu den größeren Teilchen hin. Bei anziehenden Wechselwirkungen können die großen Teilchen von der Membran vollständig eingeschlossen werden.

Flüssigkristalle

Flüssigkristalle bestehen aus annähernd stäbchenförmigen Molekülen und können je nach Temperatur verschiedene Phasen annehmen. In der isotropen Phase, bei hohen Temperaturen, sind sie Flüssigkeiten. Ihre Moleküle haben dann keine Vorzugsrichtung und sind ungeordnet. Bei etwas geringeren Temperaturen tritt die *nematische Phase* auf. Dann haben die Moleküle über makroskopische Bereiche eine Vorzugsrichtung, ihre Schwerpunkte sind jedoch weiterhin ungeordnet, so dass der Flüssigkristall noch fließen kann. Die Vorzugsrichtung der Moleküle in der gesamten Probe kann durch schwache äußere Einflüsse festgelegt werden, z. B. durch die begrenzende Wand des Behälters. Die Moleküle bevorzugen es dann, je nach Wandmaterial, sich entweder parallel oder senkrecht zur Wand anzuordnen. Schließlich können auch noch verschiedene *smektische Phasen* auftreten, bei denen sich die ausgerichteten Moleküle in Schichten ordnen, ihre Schwerpunkte aber innerhalb der Schichten noch immer ungeordnet sind. Indem man diese Phasen und die durch Änderung äußerer Parameter erzeugten Übergänge zwischen ihnen untersucht hat, konnte man wesentliche Erkenntnisse zum Gebiet der kritischen Phänomene beigetragen. Die Phasen haben charakteristische, meist stark anisotrope optische Eigenschaften. Da die Ausrichtung der Moleküle sehr empfindlich auf äußere Störungen wie elektrische und magnetische Felder oder Temperaturänderungen reagiert, lassen sich die optischen Eigenschaften von Flüssigkristallen schon durch schwache äußere Einflüsse verändern. Diese Effekte haben zu der heute weitverbreiteten Verwendung der Flüssigkristalle in Anzeigen (*displays*) geführt.

Seit einigen Jahren beschäftigt man sich damit, flüssigkristalline Substanzen aus Polymermolekülen mit speziell strukturierten Seitengruppen in aufgelöstem oder geschmolzenem Zustand und in Form von Netzwerken zu untersuchen. Die asymmetrische Form dieser Polymere und ihr mechanisches Verhalten führen zu neuen, interessanten Effekten wie z. B. einer Kopplung von elastischen und optischen Eigenschaften.

Ausblick

Es sollte nochmals betont werden, dass die hier dargestellten Forschungsaktivitäten das Gebiet der Weichen Materie keineswegs vollständig abdecken. So wurde nichts gesagt über Benetzung und Entnetzung von festen Oberflächen durch fluide Medien - ein aktuelles Forschungsgebiet mit interessanten Grundlagenfragen und vielfältigen Anwendungen. Es wurde ebenfalls nichts gesagt über die Eigenschaften von amphiphilen Molekülen auf Flüssigkeiten (*Langmuir-Blodgett-Schichten*), die z. B. für Schäume relevant sind. Auch bei den Anwendungen konnten nur wenige Beispiele erwähnt werden.

In naher Zukunft wird man in dem Gebiet der Weichen Materie die bereits etablierten, allgemein gültigen Ergebnisse dazu verwenden, um in neue Bereiche vorzudringen. Kolloid-Polymer-Komplexe zum Beispiel spielen sowohl bei technologischen Anwendungen als auch in Biosystemen eine wichtige Rolle, und es wird notwendig sein, die an den Kolloiden und den Polymeren gewonnenen Erkenntnisse geschickt zu kombinieren. Die jetzt bekannten Konzepte der Kolloid- und Polymerphysik könnten einen wichtigen Beitrag leisten, das Verhalten und die Funktionen von Biomolekülen besser zu verstehen. Doch dazu ist es auch erforderlich, neues Grundlagenwissen zu erarbeiten. So sind die Biomoleküle Polyelektrolyte, deren Eigenschaften sowohl für relativ verdünnte Lösungen als auch für Netzwerke bei weitem nicht so gut verstanden sind wie diejenigen der ungeladenen Makromoleküle. Ähnliche Schwierigkeiten hat man auch mit den vielfach verwendeten ladungsstabilisierten Dispersionskolloiden. Deren Phasenverhalten ist nach wie vor umstritten und daher ein aktives Forschungsgebiet. Die Lösung dieses Problems hat zahlreiche Anwendungsaspekte; beispielsweise erhofft man sich von ihr, die Proteinkristallisation besser zu verstehen.

Computersimulationen werden bei der Lösung dieser Probleme immer wichtiger. Es ist zu erwarten, dass es mit ihrer Hilfe möglich wird, einen Zusammenhang herzustellen zwischen den globalen Eigenschaften von Polymeren und den chemischen Details ihrer Segmente.

Auf experimentellem Gebiet werden die Streuung von Neutronen, Synchrotronstrahlung und Licht, sowie komplexe magnetische Kernresonanzverfahren weiterhin wichtige Erkenntnisse über die Struktur und die Dynamik weicher Materie geben. Dazu kommen die in jüngerer Zeit entwickelten direkten mikroskopischen, bildgebenden Verfahren wie die Rastersondenmikroskopie mit einer Auflösung bis hin zu einzelnen (Makro-)Molekülen und der Möglichkeit, einzelne Moleküle zu manipulieren (s. a. Kapitel 3.3.5). Die Zukunft des Gebiets der Weichen Materie wird auch weiterhin entscheidend von der Zusammenarbeit zwischen Physikern und Wissenschaftlern aus den benachbarten Disziplinen abhängen. Das erfordert die Bereitschaft, die traditionellen Grenzen des Fachs Physik hin zu einer modernen Materialwissenschaft zu öffnen. Diese Bereitschaft sollte sich auch in der Lehre manifestieren.

3.3.8 Organische Halbleiter

Ein Paradebeispiel für Interdisziplinarität ist die Erforschung und Entwicklung von elektronischen und optoelektronischen Bauelementen, die *organische* Moleküle oder Polymere als aktive Substanzen enthalten. Dieses Forschungsgebiet entwickelt sich seit wenigen Jahren stürmisch und beruht auf einer äußerst effektiven weltweiten Zusammenarbeit zwischen Physik, Chemie und Materialforschung. Halbleiterphysiker, Oberflächenphysiker, Polymerphysiker, Organische Chemiker, Makromolekülchemiker, die in der Grundlagenforschung oder in der Industrie arbeiten, haben Barrieren zwischen ihren Fachgebieten abgebaut, weil sie ein gemeinsames Ziel anstreben. Das Beispiel der organischen Halbleiter zeigt besonders deutlich, dass sich Forschungsaktivitäten, die aus elementarer wissenschaftlicher Neugier entstanden sind und ursprünglich eher als grundlagenwissenschaftliche „Spielerei" angesehen wurden, in erstaunlich kurzer Zeit zu einem industriell höchst relevanten Arbeitsgebiet mit marktfähigen Produkten und einem großen Zukunftspotential entwickeln können.

Organische Halbleiter werden erwachsen

Die Untersuchung der elektronischen, optischen und elektrooptischen Eigenschaften von organischen Halbleitern, insbesondere von organischen Molekülkristallen begann vor etwa fünfzig Jahren. Die Spektroskopie an organischen Molekülkristallen war ein reizvolles Forschungsgebiet, weil die Lichtspektren dieser Kristalle in der Regel sehr viel schärfer strukturiert sind als die von anorganischen Halbleitern. Deshalb konnten die Struktur und die Dynamik der elektronischen Anregungszustände und der *Phononen*, d. h. der Schwingungen des Kristallgitters, in vielen dieser Kristalle mit höchster Präzision aufgeklärt werden. Das Gebiet wurde von einer kleinen, weltweit verstreuten Gruppe von Physikern und Physikochemikern als Grundlagenforschung erfolgreich gepflegt. Zwei Zentren dieser Gruppe waren an den Universitäten Stuttgart und Marburg. Die Experimente wiesen schon damals auf ein Anwendungspotential dieser Materialklasse hin für Bauelemente wie Dioden, Transistoren, photovoltaische Zellen und organische Leuchtdioden (OLEDs).

Es gab bei der technologischen Umsetzung Schwierigkeiten, die vor allem durch die oft geringe thermische und chemische Stabilität der Materialien begründet waren. Hinzu kamen schlecht definierte Grenzflächen und ungenügende elektrische Eigenschaften wie die geringe elektrische Leitfähigkeit und die niedrige Beweglichkeit der Ladungsträger. Eine Folge davon war, dass wohlbekannte Effekte elektrisch leitfähiger Festkörper (Metalle, Halbleiter) in organischen Festkörpern häufig schlecht oder gar nicht beobachtet werden konnten. Deshalb wurden die organischen Festkörper oft als Kuriositäten ohne großes Anwendungspotential betrachtet. Im Vergleich zu den anorganischen Halbleitern führten Bauelemente aus organischen Materialien - technologisch betrachtet - daher ein Schattendasein. Ihre kommerzielle Anwendung blieb lange Zeit auf wenige Märkte beschränkt, z. B. als Photoleitungsmaterialien in Kopiergeräten.

Seit etwa zwanzig Jahren hat sich die Situation jedoch drastisch geändert. Durch die Entdeckung von elektrisch hochleitfähigen Polymeren setzte ein enormes weltweites Interesse an organischen Halbleitern und deren Verwendung in der Elektronik und Optoelektronik ein. Grundlage für den rasanten Fortschritt waren die Synthese neuartiger Substanzen, die verbesserte Reinheit dieser Materialien, eine kontrollierte Schichtherstellung, ein wirksamer Schutz der Substanzen und Bauelemente vor Luft und Feuchtigkeit, und vor allem ein stetig wachsendes Verständnis der zugrunde liegenden physikalischen Prozesse. Seit kurzem ist man in der Lage, organische Kristalle zu züchten, deren Ladungsträgerbeweglichkeit nicht mehr durch Defekte, sondern ebenso wie in anorganischen Kristallen durch Phononenstreuung begrenzt ist. Vor wenigen Monaten gelang es erstmals, so grundlegende Halbleitereigenschaften wie den Quanten-Hall-Effekt (s. Kapitel 3.3.2) oder elektrisch gepumpte Lasertätigkeit (s. Abb. 3.2.15) auch in organischen Halbleitern nachzuweisen.

Noch stärker als die Grundlagenforschung ist die Anwendungsentwicklung vorangeschritten. Man ist mittlerweile in der Lage, organische Leuchtdioden herzustellen, die in allen Farben effizient und langlebig leuchten. Inzwischen gibt sogar erste vollfarbige Flachbildschirme aus organischen Materialien. Darüber hinaus gelang es, organische Transistoren herzustellen, deren Schaltgeschwindigkeit vergleichbar mit der von Dünnfilm-Transistoren (TFT) aus amorphem Silizium ist, die in heutigen LCD-Bildschirmen eingesetzt werden. Da die Bauelemente aus Kunststoffen relativ einfach zu fertigen sind, eröffnet sich nun eine riesige Palette vielversprechender Produkte, angefangen von Transistoren und Plastikchips, über hochauflösende, vollfarbige Flachbildschirme bis hin zu Lasern.

Im Folgenden wird ein kurzer Einblick in das sich rasch entwickelnde Gebiet der organischen Elektronik gegeben. Anhand von wenigen Beispielen werden das Potential, aber auch die gegenwärtigen Herausforderungen skizziert.

Organische Leuchtdioden

Die weltweit intensiven Forschungsaktivitäten auf diesem Gebiet wurden ausgelöst durch die Pionierarbeiten von C. W. Tang und S. A. van Slyke, die bei Eastman Kodak in den USA 1987 erstmals eine Leuchtdiode aus niedermolekularen organischen Materialien mit relativ hoher Effizienz herstellten, und von D. D. C. Bradley, R. H. Friend und Mitarbeitern, die im Cavendish Laboratory in Cambridge (UK) 1990 die erste Leuchtdiode aus *organischen Polymeren* herstellten. Ihre bahnbrechenden Konzepte beruhten auf der Verwendung

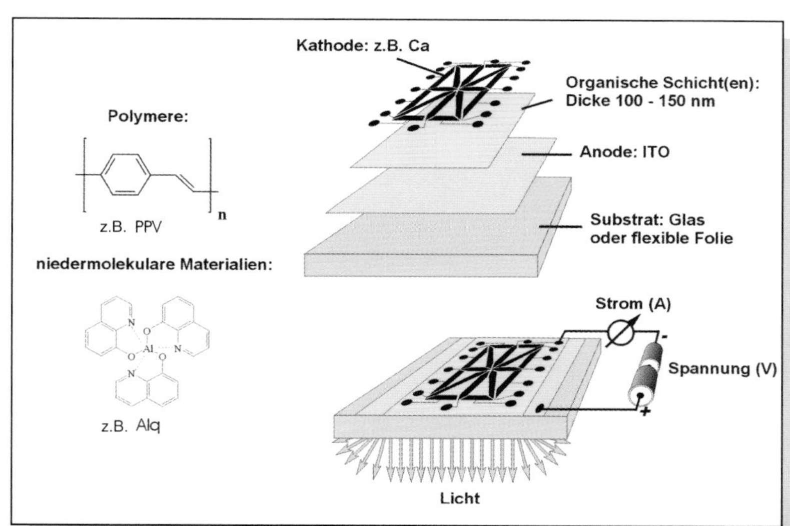

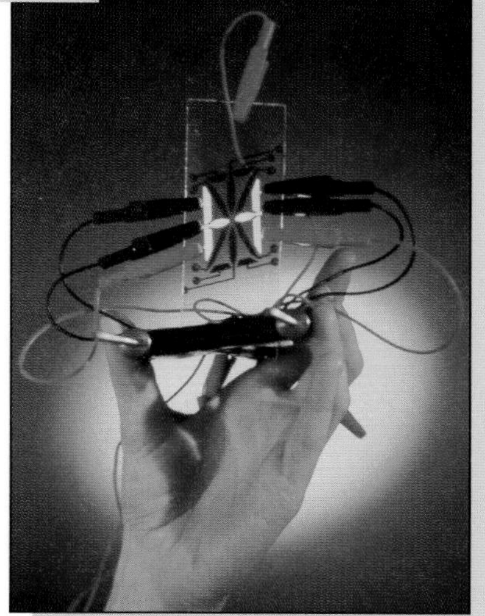

Abb. 3.3.46.
Die organische Leuchtdiode (OLED).
Oben: Schematischer Aufbau einer OLED. Ein transparentes Substrat (Glas, Quarz oder Polymerfolie) dient als Basis für den Aufbau. Die Anode, eine ITO-(Indium-Zinn-Oxid-) Schicht ist elektrisch leitfähig und für sichtbares Licht durchlässig. Das Licht entsteht in den „aktiven" organischen Schichten, wenn dort Paare von Elektronen und „Löchern" rekombinieren und jeweils ein Photon erzeugen. Das Licht wird durch das optisch transparente Substrat abgestrahlt. Um eine hohe Effizienz zu erreichen, werden für den Transport von Ladungsträgern eine oder mehrere zusätzliche Schichten aufgebracht. Schließlich wird als Kathode ein optisch nicht transparenter Metallkontakt mit niedriger Austrittsarbeit (z. B. Calcium) aufgedampft. Beim Anlegen einer äußeren Spannung von weniger als 5 Volt zwischen Kathode und Anode kommt es zur Emission von Licht, dessen Farbe von den eingesetzten aktiven Materialien abhängt. Neben dem schematischen Aufbau einer OLED sind die chemischen Strukturen gängiger aktiver Materialien angegeben: aufgeschleuderte polymere Verbindungen (oben); aufgedampfte niedermolekulare Materialien (unten).
Rechts: Laboraufbau einer organischen Leuchtdiode in Betrieb.
(W. Brütting u. M. Schwoerer, Universität Bayreuth)

Abb. 3.3.47.
Brillante, farbige Bildschirme aus organischem Material.
Links: Prototypen von vollfarbigen aktivmatrix getriebenen OLED-Flachbildschirmen, hergestellt aus niedermolekularen Materialien. Der große Bildschirm hat eine Diagonale von 5,5 Zoll und eine effektive Bildfläche 111 x 83 mm² mit 230000 Pixeln. Unten: Flexibler Demonstrator aus Polymeren. (SANYO Electric und Eastman Kodak; Covion Organic Semiconductors, Frankfurt am Main)

organischer Halbleiterschichten, die nur etwa 100 Nanometer dick, also zehntausend mal dünner als ein Millimeter sind.

Mittlerweile arbeiten weltweit mehr als 60 Industrieunternehmen und eine vergleichbare Zahl von Arbeitsgruppen an Universitäten und Forschungsinstituten daran, die Grundlagen dieser neuartigen Bauelemente zu erforschen, diese weiter zu entwickeln und zu kommerzialisieren. Das immense Interesse gründet auf der Erkenntnis, dass organische Leuchtdioden mittlerweile alle Kriterien erfüllen, die man an einen Flachbildschirm der Zukunft stellt: Er muss leicht und dünn sein, einen großen Betrachtungswinkel ermöglichen, ein hohes Kontrastverhältnis und einen niedrigen Energieverbrauch aufweisen, vollfarbig sein, eine kurze Ansprechzeit und eine lange Betriebslebensdauer haben.

Organische Leuchtdioden können auf Glas oder flexiblen Substraten (Folien) hergestellt werden (s. Abb. 3.3.46). Im Gegensatz zu den anorganischen Leuchtdioden ist die Herstellung jedoch viel einfacher und kostengünstiger, da die Schichten mit einfachen Methoden wie Lackschleudern und thermischem Verdampfen auf „low tech"-Glassubstraten abgeschieden werden können.

Die Farbe der Emission wird durch die *Energielücke* des Halbleiters bestimmt, d. h. durch die Energie, die frei wird, wenn ein Elektron und ein „Loch" zusammentreffen und rekombinieren. Diese Energie und damit die Farbe der Emission kann durch die Wahl des organischen Materials gezielt verändert werden. Innerhalb weniger Jahre hat man bereits sämtliche Farben von Rot über Grün bis Blau realisiert. Die Entwicklung ist bereits so weit fortgeschritten, dass erste vollfarbige Bildschirmprototypen hergestellt werden konnten (s. Abb. 3.3.47). Trotz dieses rasanten Fortschrittes muss noch eine Vielzahl von grundlegenden physikalischen und technologischen sowie anwendungsorientierten Problemen gelöst werden. So sind die elementaren Prozesse wie die Injektion, der Transport und die Rekombination von Ladungsträgern in der organischen Schicht noch nicht gut verstanden. Aus technologischer Sicht müssen insbesondere noch effizientere und thermisch stabilere Bauelemente, neuartige Verfahren zur Strukturierung großflächiger, vollfarbiger Bildschirme sowie geeignete Treiberschaltkreise entwickelt werden.

Organische Transistoren

Warum funktioniert eigentlich die organische Elektrolumineszenz so gut? Das Geheimnis liegt in der Natur des Ladungstransports in den ungeordneten organischen Schichten sowie in der hohen Fluoreszenzausbeute der organischen Moleküle bzw. Polymerketten. Die niedrige Beweglichkeit der Ladungsträger sorgt dafür, dass die einmal gebildeten Elektron-Loch-Paare nur geringe Entfernungen zurücklegen können, bevor sie rekombinieren und Licht abstrahlen. Damit ist die Gefahr gering, dass sie auf einen Strukturdefekt oder eine Verunreinigung treffen und dort ohne Lichtemission zerfallen.

Für Transistoren bzw. elektronische Schaltkreise hingegen benötigt man eine große Beweglichkeit der Ladungsträger und dazu hohe strukturelle Ordnung der Moleküle in den organischen Schichten. Perfekte Ordnung herrscht aber nur in einem Einkristall. Mit organischen Einkristallen verliert man allerdings einige der Vorzüge, die die OLEDs gegenüber der

Abb. 3.3.48.
Geordnete Schicht flach liegender, stäbchenförmiger Thiophen-Moleküle (sog. endverkappte Quinque-Thiophene), die mit einem Rastertunnelmikroskop abgebildet wurde (Bildfeld: 17 x 17 nm²). Die interne Struktur der in Reihen aufwachsenden Moleküle ist deutlich sichtbar: Jedes Molekül ist durch sieben helle Flecken gekennzeichnet, die von den fünf Thiophenringen und den beiden Endkappen des Moleküls stammen. Der vergrößerte Bildausschnitt enthält zusätzlich die chemische Struktur des Quinque-Thiophen. (M. Sokolowski u. E. Umbach, Universität Würzburg)

konventionellen Technologie anorganischer Halbleiter haben, wie z. B. einfache und großflächige Herstellung, Robustheit und Flexibilität. Erfolg verspricht man sich deshalb nicht von einer Konkurrenz mit der etablierten Halbleitertechnologie, sondern mit alternativen Lösungen, z. B. biegsamen Transistorschaltungen, die komplett aus organischen Materialien mittels Druck- bzw. Aufdampftechniken hergestellt werden und sehr preiswert sind.

Die notwendige Ordnung in den dünnen Schichten stellt sich durch Selbstordnung der organischen Moleküle an entsprechend präparierten Grenz- und Oberflächen ein. Verdampft man z. B. stäbchenförmige Thiophen-Moleküle, so ordnen sie sich je nach Substrat und Präparation senkrecht stehend oder flach liegend an (s. Abb. 3.3.48). Auch die Ketten verschiedener aufgeschleuderter Polymere richten sich beim Abkühlen aus der flüssigkristallinen Phase entlang einer vorgegebenen Achse aus. Aufgrund dieser Ordnung bilden sich in den organischen Transistoren gut leitende Kanäle. Den Schritt vom einfachen Bauteil zum integrierten Schaltkreis hat man vor kurzem gemacht: Von den Bell Laboratorien in den USA wurde ein Schaltkreis mit 864 organischen Transistoren vorgestellt. Da dieser Chip ausschließlich aus Plastik besteht, lässt er sich biegen, ohne seine Funktionstüchtigkeit einzubüßen. Die hergestellte Transistorschaltung ermöglicht Betriebsfrequenzen im kHz-Bereich, wie sie für „low- cost“-Elektronik ausreichen.

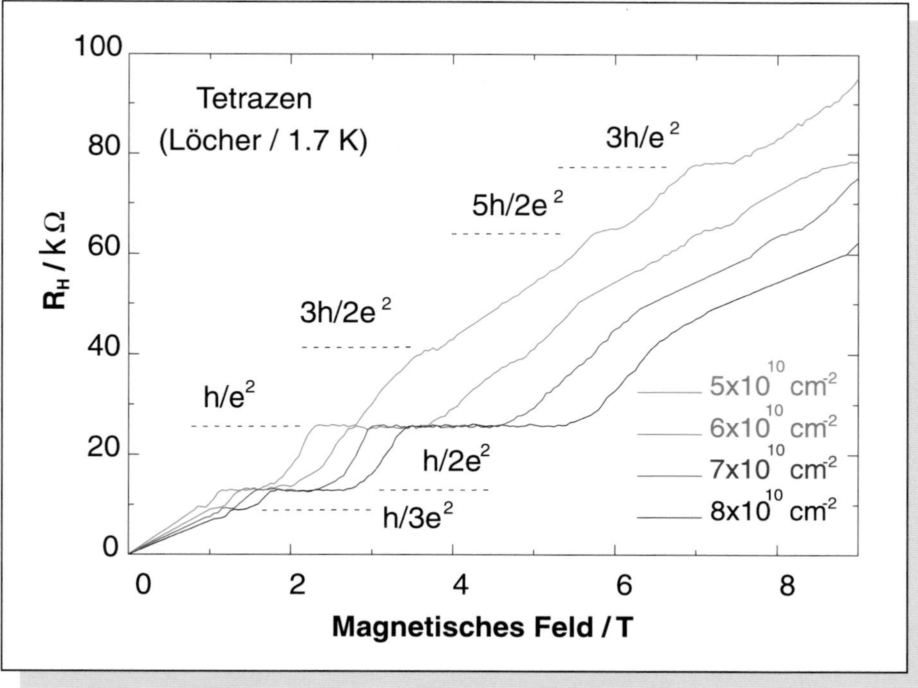

Abb. 3.3.49.
Quanten-Hall-Messungen an einem Tetracenkristall bei 1,7 Kelvin. Man erkennt deutlich die Hall-Plateaus bei ganzzahligen Vielfachen und Bruchteilen der Konstanten h/e², die typisch für den normalen bzw. den fraktionierten Quanten-Hall-Effekt sind. Die verschiedenen Kurven repräsentieren unterschiedliche Konzentrationen der Ladungsträger (hier „Löcher“). (J. H. Schön und B. Batlogg, Bell Laboratories)

Noch ist man nicht dazu in der Lage, einen Aktivmatrix-Bildschirm, bei dem die Bildpunkte mit Transistoren einzeln angesteuert werden, völlig aus Kunststoff mit organischen Transistoren und OLEDs herzustellen. Die jüngsten Entwicklungen lassen es jedoch als möglich erscheinen, dass man in Zukunft Farbbildschirme herstellen wird, die so flach, leicht, biegsam und robust sind, dass man sie wie Bilder an die Wand hängen oder zusammengerollt in einer Aktentasche tragen kann.

Einkristalle weisen die höchsten Ladungsträgerbeweglichkeiten auf, dies gilt für organische ebenso wie für anorganische Materialien. Wie erwähnt spielt dabei die Reinheit der Materialien und die defektfreie Struktur eine wesentliche Rolle. Schon in den 80er Jahren erreichte man Beweglichkeiten in Anthracenkristallen von 50 cm^2/Vs bei einer Temperatur von 35 K. Im Frühjahr dieses Jahres gelang es, in organischen Transistoren, deren aktive Schicht aus organischen Einkristallen hergestellt wurde, Beweglichkeiten von bis zu 10^5 cm^2/Vs bei 3 K zu messen. Damit konnten erstmals Quanteneffekte wie der normale und der fraktionierte Quanten-Hall-Effekt (s. Kapitel 3.3.2) nachgewiesen werden (s. Abb. 3.3.49), die von anorganischen Halbleitern her bekannt sind, die aber in organischen Bauelementen bis vor kurzem als nicht beobachtbar galten.

Ausblick

Dieser kurze Beitrag kann die Faszination, die von den organischen Halbleitern ausgeht, und das Zukunftspotential, das in ihnen steckt, nur skizzieren. Außerdem hat man bisher vermutlich erst die „Spitze des Eisbergs" erforscht. Dabei stellt sich die Frage, warum auf diesem Gebiet in den letzten zehn Jahren so große Fortschritte erzielt und innovative industrielle Produkte teilweise bereits bis zur Marktreife gebracht werden konnten. Die Antwort hat zwei Teile. Zum einen gibt es bereits seit mehreren Jahrzehnten visionäre Grundlagenforscher, die hartnäckig und erfolgreich in einem Arbeitsgebiet geforscht haben, das ursprünglich keinerlei Anwendungsrelevanz besaß und unter ökonomischen Gesichtspunkten völlig unattraktiv erschien. Auf den Erkenntnissen dieser Forscher gründet die jüngste Entwicklung ganz wesentlich. Zum anderen wurde der Durchbruch vor allem durch die interdisziplinäre Forschungs- und Entwicklungsarbeit von Physik, Chemie, Material- und Ingenieurwissenschaften und durch erfolgreiche Kollaborationen zwischen Industrie, Universitäten und öffentlichen Forschungsinstituten ermöglicht. Die neuesten Ergebnisse und Entwicklungen zeigen, dass Elektronik mit organischen Halbleitern ein sehr spannendes und zukunftsträchtiges Gebiet ist.

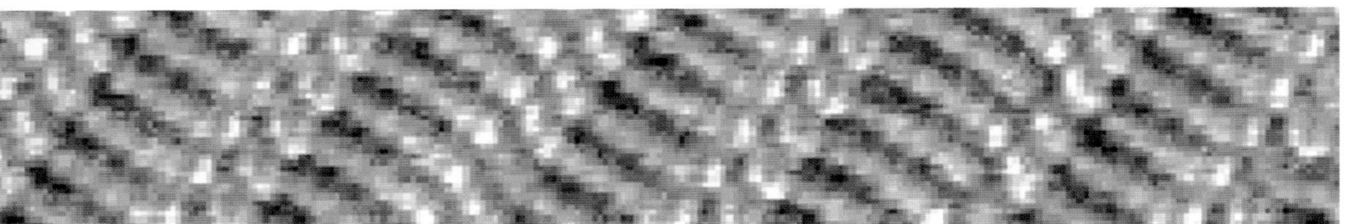

3.4 Selbstorganisation und Strukturbildung

Eisblumen auf den Fensterscheiben, schimmernd gefroren der See, funkelnder Rauhreif im ersten Morgenlicht - wer könnte sich dem Zauber dieses winterlichen Schauspiels entziehen, dargeboten von den beiden klassischen Elementen Luft und Wasser! Uns beeindruckt die unendliche Vielfalt der Naturerscheinungen: Nordlichter und zuckende Blitze, bizarre Wolkentürme und mäandernde Flüsse, Sanddünen und Meereswellen. Sie wecken unsere Neugier und regen uns zum Nachdenken über unsere Rolle im Naturgeschehen an. Unser wachsendes Verständnis dieser Erscheinungen hat durchaus praktischen Nutzen und schafft neue Anwendungsmöglichkeiten.

Abb. 3.4.1. Schneeflocke aus den Bergen von Hokkaido. Die Ursache für die sechszählige Symmetrie liegt in der atomaren Struktur des Eises. Die Form der Hauptarme und ihre Verzweigungen sind Resultat des selbstorganisierten Wachstums der Schneeflocke, die aus dem Wasserdampf entsteht. (Yoshinori Furukawa, Universität Sapporo, Japan)

Angesichts des atemberaubenden Reichtums der sich immer wieder wandelnden Strukturen in der Natur fragt man sich, ob hierin irgendwelche verbindenden Gemeinsamkeiten zu finden sind, ob irgendein System dahinter steckt. Um so beeindruckender ist die inzwischen vielfach bestätigte Einsicht, dass diese so unterschiedlichen Erscheinungen „von selbst“, nach festen, einfachen Regeln entstehen, durch „Selbstorganisation“ der Materie und ihrer mechanischen, optischen, elektrischen und magnetischen Eigenschaften. Es ballen sich kompakte Klumpen, es bilden sich filigrane und fraktale Formen, es entstehen regelmäßige oder chaotische Muster. Aus wenigen Grundregeln erwächst eine unendliche Vielfalt.

Selbstorganisation und Strukturbildung sind charakteristische Eigenschaften von Vielteilchensystemen; sie ergeben sich aus dem Zusammenwirken einer ungeheuer großen Zahl von Atomen oder Molekülen. Die dabei waltenden Ordnungsprinzipien und Naturgesetze sind erst in den letzten Jahrzehnten erkannt und zumindest teilweise verstanden worden. Wenn Wasser gefriert oder verdampft, Gletscher fließen, Wellen, Wasserwirbel, Wolkenmuster und Wanderdünen sich ausbreiten, dann erfolgt dies nach

*Abb. 3.4.2. Chemische Strukturbildung bei der Belousov-Zhabotinsky-Reaktion, sichtbar gemacht mit Hilfe des Computers.
Oben: Die Konzentration der beteiligten chemischen Komponenten entwickelt räumliche Spiralmuster. Vier Spiralzentren sind deutlich zu sehen.
Rechts: Die Reaktionsfronten bilden ein kompliziertes Muster. (Stefan Müller, Universität Magdeburg)*

Regeln, die den zeitlichen Ablauf komplexer Vorgänge kontrollieren, also Ordnungsprinzipien der Bewegung sind. Selbst scheinbar zufälliges Chaos folgt solchen Regeln: Es ist deterministisch und lässt sich bis zu einem gewissen Grad quantitativ fassen.

Bemerkenswerterweise scheint es eine Universalität der Strukturbildungsgesetze zu geben: Zustandsänderungen völlig verschiedener physikalischer, chemischer oder auch biologischer Systeme laufen nach gleichen Gesetzmäßigkeiten ab, die wir auf wenige *wesentliche* Merkmale der beteiligten Stoffe zurückführen und in mathematische Formeln fassen können. Wir erhalten damit tiefe Einsichten in mechanische, chemische, elektrische und andere Materialeigenschaften. Hierdurch geben wir der wissenschaftlichen Erkenntnis über die alltäglichen Dinge in unserer Umwelt ein festes Fundament, auf dem die Ingenieure die technischen Nutzanwendungen heute und in Zukunft schaffen.

3.4.1 Thermodynamik: eine Universaltheorie

Im 19. Jahrhundert entstand durch die grundlegenden Arbeiten von Rudolf Clausius und Willard Gibbs eine Theorie der makroskopischen Zustände der Materie, die auf wenigen Hauptsätzen beruht - die *Thermodynamik*. Sie wurde schon damals, beginnend mit Ludwig Boltzmann, als *statistische* Physik auf eine atomistische Basis gestellt. Der dazu methodisch notwendige *Reduktionismus* bedeutet mehr, als die Welt in einzelne Bestandteile zu zerlegen. Er ist vielmehr der Versuch, die Baupläne zu verstehen!

Die Thermodynamik liefert einen allgemeinen theoretischen Rahmen, um die Vielfalt der materiellen Phänomene zu untersuchen. Sie versucht vorherzusagen, welcher Gleichgewichtszustand, welche *Phase*, sich in einem physikalischen System einstellt, wenn die Bedingungen, denen das System unterliegt, geändert werden. Die Thermodynamik entwickelt die grundlegenden Begriffe wie Temperatur, (Freie) Energie und Entropie, die den rationalen Umgang mit der uns umgebenden Welt überhaupt erst ermöglichen. Aufgrund ihrer konzeptionellen Allgemeinheit gilt sie für nahezu beliebige physikalische oder chemische Vorgänge. Sie war wohl auch schon kurz nach dem Urknall gültig. Selbst vor der Biologie macht die Thermodynamik nicht halt. Obwohl die Thermodynamik aus der klassischen Physik erwachsen ist, hat sie die „quantenmechanische Revolution" zu Beginn des 20. Jahrhunderts überlebt.

3.4.2 Fließende Kristalle - feste Flüssigkeiten

Die Reichhaltigkeit der verschiedenen Phasen kondensierter - also fester oder flüssiger - Materie, die uns die Natur und die Technik bescheren, ist überwältigend: Neben kristallinen Materialien, die ferromagnetisch, ferroelektrisch oder supraleitend sein können, gibt es bei tiefen Temperaturen superfluide Flüssigkeiten oder bei Zimmertemperatur flüssigkristalline Substanzen (s. Kapitel 3.3.7). Diese Flüssigkristalle, deren Moleküle teilweise räumlich geordnet sind, liegen den elektrooptischen Schaltelementen der modernen Flachbildschirme zu Grunde. Andere Zwittersubstanzen wie elektrorheologische Flüssigkeiten ändern ihre Zähigkeit um mehrere Größenordnungen, wenn man sie einem mäßig starken elektrischen Feld aussetzt. Man kann sie also zwischen einem flüssigen und einem nahezu festen Zustand mit hoher Geschwindigkeit umschalten - mit Anwendungsmöglichkeiten im Bereich der mechanischen Kraftübertragung. Die weitere Entwicklung wird uns immer ,,intelligentere" Materialien bescheren.

Abb. 3.4.3.
Bizarrer Flüssigkristall. Polarisiertes Licht lässt Bereiche sichtbar werden, in denen die Moleküle unterschiedlich orientiert sind.
(Ralf Stannarius, Universität Leipzig)

3.4.3 Metamorphosen: Phasenübergänge

Phasenübergänge wie das Gefrieren oder Schmelzen einer Substanz sind bemerkenswerte Erscheinungen, für die wir noch immer keine völlig überzeugende atomistische Theorie besitzen. Besser verstehen wir, wie eine Flüssigkeit siedet. Am Siedepunkt hat die Gasphase eine geringere Dichte als die flüssige Phase. Beim Verdampfen nimmt die Dichte deshalb sprunghaft ab. Man spricht daher von einem unstetigen Phasenübergang oder *Phasenübergang erster Art*. Der Dichteunterschied zwischen der siedenden Flüssigkeit und dem heißen Gas ist ein Beispiel für einen *Ordnungsparameter*, der den Unterschied zwischen zwei sich ineinander umwandelnden Phasen quantitativ beschreibt. Bei einem Magneten ist die Magnetstärke (Magnetisierung) der Ordnungsparameter. Sie ändert sich ebenfalls sprunghaft, wenn sie bei einer Ummagnetisierung von „Nord" nach „Süd" umklappt.

Es gibt indes auch stetige Phasenübergänge. Erhitzt man zum Beispiel einen Magneten, so verliert er bei Annäherung an einen „kritischen" Punkt, gekennzeichnet durch die sogenannte Curie-Temperatur T_c, kontinuierlich seine Magnetisierung. Für eine siedende Flüssigkeit gilt entsprechend, dass der Dichteunterschied zwischen Dampf und Flüssigkeit bei Annäherung an ihr T_c kontinuierlich verschwindet. Oberhalb der kritischen Temperatur T_c gibt es keinen Unterschied mehr zwischen dem gasförmigen und dem flüssigen Zustand der Substanz; es gibt nur noch einen einzigen, fluiden Zustand. Man spricht hier von einem *Phasenübergang zweiter Art*. Der raum-zeitliche Ablauf solcher Phasenübergänge erster oder zweiter Art ist Gegenstand aktueller Forschung.

In den letzten Jahrzehnten hat sich die Physik verstärkt der Untersuchung von *Nichtgleichgewichts-Phasenübergängen* zugewandt. Damit erschließt sie sich eine ganz neue Welt jenseits der Gleichgewichtsthermodynamik. Die Thermodynamik des Nichtgleichgewichts untersucht *offene* makroskopische Systeme, die ihren Zustand nur unter permanenter Zufuhr (und folglich auch Abfuhr) von Energie, von Stoffen oder von Informationen beibehalten. Beispiele für solche Systeme sind strömende Flüssigkeiten, der Laser im CD-Player oder eine brennende Kerze. Mit den Nichtgleichgewichts-Phasenübergängen hat sich die messende Physik auch die biologischen Systeme erschlossen.

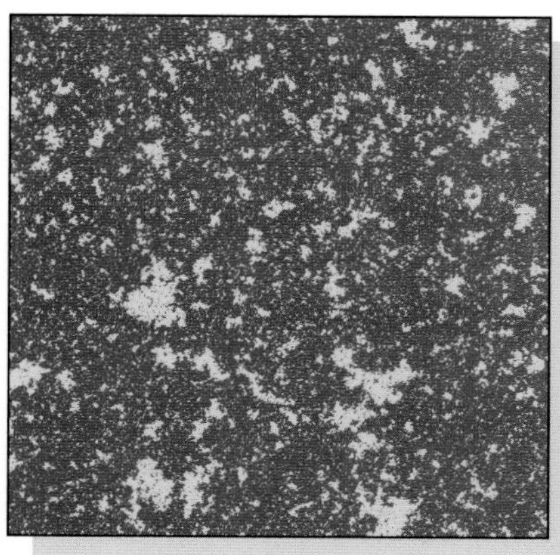
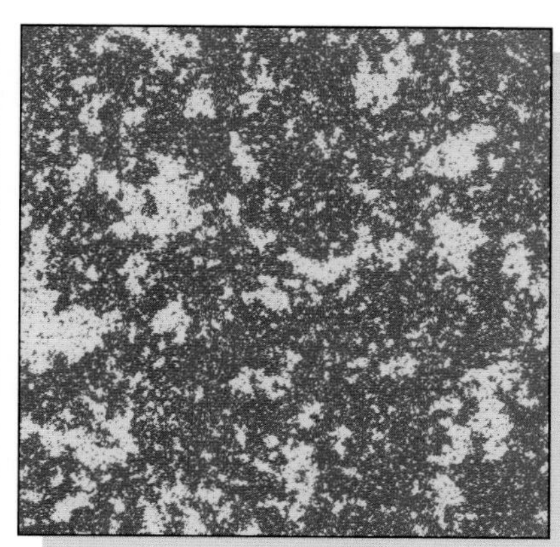
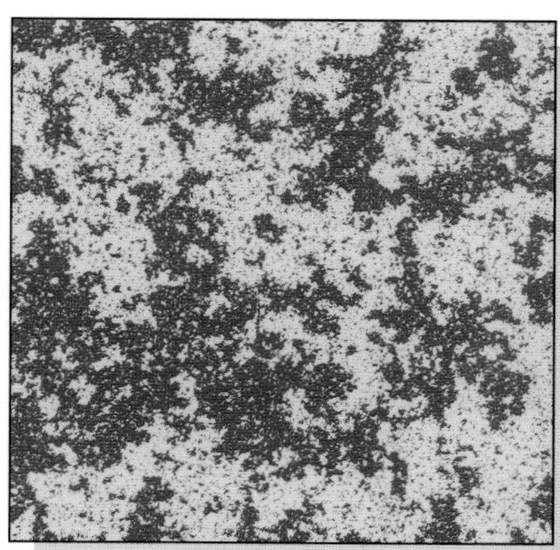

Abb. 3.4.4.
Ein Magnet wird „kritisch". Eine Computersimulation enthüllt, was im Inneren eines Magneten bei verschiedenen Temperaturen vorgeht. In den gelben Inseln zeigt die Magnetisierung der Atome nach oben, in den blauen Bereichen nach unten. Links: Für eine Temperatur weit unterhalb der kritischen Temperatur T_c erstrecken sich die gelben Inseln nur über wenige Atome. Mitte: Bei Annäherung an T_c werden die Inseln größer. Rechts: Am kritischen Punkt T_c sind genauso viele Atome nach oben wie nach unten magnetisiert: Der Magnet ist unmagnetisch geworden. Die Korrelationslänge, die typische Größe der Inseln, ist jetzt so groß wie der ganze Magnet. (Forschungszentrum Jülich)

3.4.4 Kritische Phänomene

In der Nähe eines kritischen Punktes befindet sich die Materie in einem besonderen, eigentümlichen Zustand. Sie reagiert sehr empfindlich, selbst auf kleinste Störungen. Wenn man die Dichte einer Flüssigkeit an einem Ort durch zusätzlichen Druck ändert, so hat eine solche Störung normalerweise nur Auswirkungen bis zu einer Entfernung, die mit der Reichweite der Wechselwirkung zwischen den Flüssigkeitsmolekülen vergleichbar ist. Entsprechendes gilt für einen Ferromagneten, bei dem die Magnetisierungsdichte lokal durch ein Magnetfeld gestört wird.

In der Nähe eines kritischen Punktes aber ist die Entfernung, bis zu der sich eine lokale Störung des Ordnungsparameters (Dichte oder Magnetisierung) auswirkt, viel größer als die Reichweite der molekularen Wechselwirkungen. Wie groß diese Entfernung oder *Korrelationslänge* ist, hängt vom Unterschied zwischen der Temperatur des Materials und seiner kritischen Temperatur T_c ab. Die Korrelationslänge wird um so größer, je mehr man sich

der kritischen Temperatur T_c nähert. Schließlich wird sie makroskopisch groß und erstreckt sich über die ganze Probe. Dann ist alles mit allem korreliert, obwohl die Wechselwirkungen zwischen den einzelnen Molekülen der Probe nur über sehr kleine, molekulare Distanzen reichen: ein beeindruckendes Beispiel für die Selbstorganisation molekularer Ordnung!

Das Anwachsen der Korrelationslänge lässt sich bei einer lichtdurchlässigen Flüssigkeit auf spektakuläre Weise sichtbar machen, indem man sie unter kritischem Druck p_c langsam auf die kritische Temperatur T_c erhitzt und dabei mit einem scharf gebündelten Laserstrahl beleuchtet. Von der Seite betrachtet, sieht man zunächst einen dünnen Lichtstrahl in der klaren Flüssigkeit; das Licht wird von der Flüssigkeit kaum zur Seite gestreut. In der Nähe der kritischen Temperatur T_c nimmt die Lichtstreuung indes dramatisch zu: Die ganze Flüssigkeit sieht plötzlich milchig trüb aus. Wie kommt dieses Phänomen, das man *kritische Opaleszenz* nennt, zustande?

In jeder Flüssigkeit treten aufgrund der Molekülbewegungen örtliche Dichteschwankungen auf. Ihre typische Ausdehnung entspricht der Korrelationslänge, die normalerweise etwa so groß ist wie der Abstand der Moleküle in der Flüssigkeit. Doch in unmittelbarer Nähe des kritischen Punktes wächst die Korrelationslänge um mehr als das tausendfache, und die typische Ausdehnung der Dichteschwankungen wird so groß wie die Wellenlänge des Laserlichtes, also etwa 0,5 Mikrometer. Sobald die Dichteschwankungen diese Größe erreicht haben, wird das Licht sehr stark gestreut, und es kommt zur kritischen Opaleszenz. Das starke Anwachsen der Korrelationslänge führt dazu, dass auch andere physikalische Größen ein ungewöhnliches Verhalten am kritischen Punkt zeigen. Beispiele sind die Kompressibilität von Flüssigkeiten, die magnetische Suszeptibilität von Ferromagneten oder die spezifische Wärmekapazität.

3.4.5 Universalität und Skaleninvarianz

Das große Interesse der Physiker an den etwas ausgefallen erscheinenden kritischen Phänomenen hat einen guten Grund. Zwar entspricht der kritische Punkt z. B. einer Flüssigkeit nur einem einzigen Zustand in der durch Druck und Temperatur definierten Parameterebene, diesem kontinuierlichen Ozean aller möglichen Zustände. Aber die Eigenschaften der Flüssigkeit am kritischen Punkt charakterisieren ihr Verhalten auch für die Zustände, die in einer größeren Umgebung dieses Punktes liegen. Vor allem aber haben sich aus der Untersuchung der kritischen Phänomene die großartigen Konzepte der *Universalität* und der *Skaleninvarianz* ergeben, die unser Verständnis von Vielteilchensystemen revolutioniert haben.

Die Theorie, die diese Konzepte quantitativ erfasst, ist erst um 1970 entstanden. Sie gründet auf den bahnbrechenden Arbeiten von Kenneth Wilson (Nobelpreis 1982) und anderen und greift frühere Überlegungen in der Quantenfeldtheorie auf. Sie stellt eine faszinierende intellektuelle Leistung dar und gehört zweifellos zu den großen Errungenschaften der theoretischen Physik des 20. Jahrhunderts.

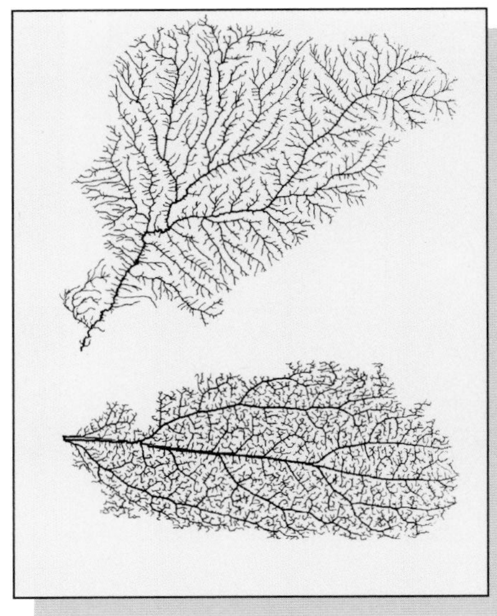

Abb. 3.4.5.
Fraktale in allen Größen. Oben: ein Flusssystem in der chinesischen Provinz Shanxi. Unten: das Blatt einer Vogelbeere.
(Jon Pelletier, Neue Zürcher Zeitung, Zürich)

Kritische Phänomene bei Phasenübergängen zweiter Art treten in völlig verschiedenen Systemen auf: in Flüssigkeiten, in Ferro- und Antiferromagneten, in Legierungen, in Quantenflüssigkeiten wie Helium und in mehrkomponentigen Flüssigkeitsgemischen. Die Universalität dieser Phasenübergänge besteht darin, dass sie sich alle in gleicher Weise durch sogenannte Skalengesetze beschreiben lassen, vorausgesetzt man hat die einander entsprechenden physikalischen Größen identifiziert, z. B. den Ordnungsparameter. Ein Phänomen gilt dann als universell, wenn es nur durch ganz wenige, charakteristische Größen bestimmt ist, nicht aber durch Systemdetails. So wird das kritische Verhalten *aller* dreidimensionalen Systeme mit kurzreichweitiger Wechselwirkung und einem einfachen Ordnungsparameter wie der Dichte durch ein und dieselbe *Universalitätsklasse* beschrieben. Phasenänderungen auf Oberflächen fallen hingegen in eine andere Klasse. Das Prinzip der

Universalität ermöglicht es, aus der Beobachtung einfacher Modellsysteme zuverlässige Rückschlüsse auf das Verhalten der viel komplizierteren realen Systeme zu ziehen.

Die Physiker haben zur Beschreibung dieser universellen kritischen Phänomene die *Renormierungsgruppenmethode* entwickelt. Die Idee hinter diesem mathematischen Verfahren ist, stufenweise die atomaren Wechselwirkungen zwischen den einzelnen Molekülen durch *effektive* Wechselwirkungen zwischen immer größeren Molekülgruppen zu ersetzen. Durch diesen iterativen Prozess gehen nach und nach die unwichtigen mikroskopischen Details des Systems in seinen makroskopischen Eigenschaften auf. Diese Methode hat sich als eines der mächtigsten Werkzeuge zur quantitativen analytischen Behandlung komplexer Vorgänge erwiesen. Sie markiert auch den Übergang von einer linear geprägten Physik zur Welt der Nichtlinearitäten. Es gibt Vermutungen, dass die Renormierungsgruppenmethode auch bei der Erklärung von Mechanismen der biologischen Evolution eine wichtige Rolle spielen kann.

Mit der grundsätzlichen Aufklärung der kritischen Phänomene ist eine neuartige konzeptionelle Basis geschaffen worden, um komplexe nichtlineare Erscheinungen in Vielteilchensystemen zu klassifizieren und quantitativ zu beschreiben, Vorhersagen zu machen und Schlüsse zu ziehen. Dies wird in jüngster Zeit mit zunehmendem Erfolg auch für scheinbar hoffnungslos komplizierte Mehrkomponentengemische wie Emulsionen und Polymermischungen und für Schichtsysteme versucht.

3.4.6 Wohl! Nun kann der Guss beginnen ...

Unsere Automobile werden immer zuverlässiger und komfortabler. Großraumflugzeuge befördern immer mehr Passagiere zu immer ferneren Zielen. Eisenbahnen beginnen, auf Mittelstrecken mit Flugzeugen zu konkurrieren. Möglich geworden sind diese Fortschritte nicht zuletzt durch dramatische Verbesserungen der mechanischen, chemischen und elektrischen Eigenschaften der verwendeten Materialien.

Häufig sind diese Materialien metallische Legierungen. Unter dem Mikroskop betrachtet zeigt sich, dass eine solche Legierung wie etwa Stahl nicht homogen ist, sondern aus Mikrokristalliten besteht, deren Durchmesser zwischen einem zehntel und einem tausendstel Millimeter liegt.

Abb. 3.4.6.
Ein Wald von Dendriten in einer Kobalt-Zinn-Kupfer-Legierung, durch Ätzung sichtbar gemacht. Der typische Durchmesser der Bäumchen ist etwa 0,01 mm. Derartige Dendriten-Wälder geben den meisten Legierungen ihre innere Struktur. (Wilfried Kurz, Ecole Polytechnique Federale, Lausanne)

Abb. 3.4.7.
Kristallwachstum unter dem Einfluss eines elektrischen Feldes. Auch bei dieser Elektrodeposition bilden sich Dendriten von Millimetergröße als typische Wachstumsmuster. (Matthias Schroeter, Universität Magdeburg)

Die für die technischen Anwendungen relevanten makroskopischen Eigenschaften des Materials hängen stark von dieser Mikrostruktur ab. Wie entsteht sie, was definiert ihre typischen Abmessungen, also ihre Größenskala?

Betrachten wir dazu die Herstellung einer festen Legierung. Eine metallische

Schmelze, etwa ein Gemisch von Eisen und weiteren Zusätzen, wird in eine Form gegossen und kühlt dort ab. Der bereits erstarrte Teil der Legierung ist vom noch flüssigen Teil durch eine Phasengrenzfläche getrennt, die in die Flüssigkeit hineinwandert. Die Flüssigkeit unmittelbar vor dieser wandernden Grenzfläche ist bereits im unterkühlten Zustand, besitzt also eine Temperatur unterhalb des Schmelzpunktes des dort vorliegenden Materialgemischs.

Die Unterkühlung der Schmelze vor der Phasengrenze wirkt destabilisierend auf die Grenzfläche. Die Oberflächenspannung zwischen der schon festen Legierung und der Schmelze wirkt hingegen stabilisierend. Das Ergebnis dieser Kräftekonkurrenz ist eine Instabilität, eine zunächst wellenförmige Deformation der Grenzfläche, die aus jeder noch so kleinen anfänglichen Störung entsteht und sehr schnell anwächst. Bald schießen aus der Grenzfläche nadelförmige Spitzen in die Flüssigkeit und bilden ihrerseits Seitenäste aus, die zu baumartigen Strukturen heranwachsen. Der entstehende Wald von *Dendriten* bildet schließlich die eigentliche Erstarrungsfront. Der Durchmesser und die Abstände dieser Dendriten setzen die Längenskalen für die nach der Erstarrung vorgefundene mikrokristalline Struktur der Legierung.

Den Instabilitäten von Phasengrenzen begegnen wir in zahlreichen weiteren Situationen, wo eine treibende Kraft einer stabilisierenden Kraft entgegenwirkt. Neben den windgetriebenen Wellen auf der Wasseroberfläche sowie den Querwellen im weichen Asphalt auf Strassen gehören auch Dünenbildung und Sandrippeln am Strand dazu. Welch reiche Vielfalt von strukturbildenden Prozessen, die der Aufklärung harren!

mit Rauhreif und Schneeflocken in diesen Kreis von Phänomenen.

Gegenwärtig versucht man, das experimentelle Wissen in sogenannten Morphologie-Diagrammen zusammenzufassen. Die verschiedenen Musterbildungsprozesse sollen dabei hinsichtlich ihrer Abhängigkeit von den experimentellen Kontrollgrößen kartografiert werden. Diese Untersuchungen stecken trotz ihrer Bedeutung für die Selbstorganisation von Grenzflächen noch in den Kinderschuhen. So kann der atomare Umlagerungsprozess unmittelbar an der Grenzfläche bei hohen Wachstums- oder Erstarrungsgeschwindigkeiten zu merkwürdigen Gestaltänderungen führen, die noch kaum verstanden sind.

Auch nach der Erstarrung einer Legierung ist deren Temperatur im allgemeinen noch so hoch, dass im Inneren des schon festen Stoffes die Atome ihre Plätze noch

Abb. 3.4.8.
Von selbst entstandene Ordnung. Eutektische Legierungen neigen dazu, regelmäßige Faser- oder Lamellen-Strukturen zu bilden. Aus der gerichtet erstarrten Nickel-Komposit-Legierung mit eingewachsenen Tantalkarbid-Fasern werden Turbinenschaufeln für Flugzeugtriebwerke und Kraftwerke hergestellt. Gezeigt wird ein angeätzter Querschnitt. Der Abstand zwischen den Fasern beträgt 8 Mikrometer.
(M. F. Henry, General Electric, Schenectady, USA)

3.4.7 Wachstum und Reifung

In den letzten drei Jahrzehnten ist es gelungen, dynamische Strukturbildungsprozesse, die an inneren Grenzflächen bei Phasenumwandlungen stattfinden, wenigstens in Grundzügen zu verstehen. Wiederum beschreiben Skalengesetze die Zusammenhänge zwischen den experimentellen Kontrollgrößen des Erstarrungsprozesses und deren Konsequenzen, etwa hinsichtlich der Größe der dabei wachsenden Kristallite. Sie dienen heute den Ingenieuren im Gießereiwesen zur Planung der Prozessführung. Auch die eingangs erwähnten Eisblumen gehören zusammen

ändern können und Umlagerungen von Material stattfinden. Es bilden sich vielfach Ausscheidungen einzelner Materialkomponenten, abgegrenzte Bereiche, umgeben von anderen Komponenten. Diese Ausscheidungen zeigen unter konstanten äußeren Bedingungen im Laufe der Zeit eine Tendenz zur Vergröberung: Sie reifen. Größere Bereiche wachsen bei dieser *Ostwald-Reifung,* kleinere verschwinden, und zwar so, dass die mittlere Größe der Ausscheidungsbereiche mit der Zeit zunimmt. Man bemüht sich gegenwärtig intensiv, das Auftreten elastischer Spannungen in den Legierungen während des Ausscheidungsvorgangs zu verstehen. Im

Abb. 3.4.9.
Seltsame Muster auf Kristalloberflächen. Sie entstehen, wenn Atome von Oberflächen adsorbiert werden und Cluster bilden. In dieser realistischen Computersimulation wird die fraktale Struktur der Adsorptionsinseln deutlich.
(Frank Gutheim, Forschungszentrum Jülich)

Falle der „Gedächtnis-Legierungen“ führen solche Spannungen zu erstaunlichen Effekten: Durch einen Wärmepuls kann ein Metallbügel plötzlich in gewünschter Weise zusammenklappen oder eine Metallfeder ihre Kraft verstärken.

Eine weitere Art von Grenzflächen, die mit diesen Wachstums-Phasengrenzen zunächst nichts gemein zu haben scheint, sind chemische Reaktionsfronten, wie wir sie an einer brennenden Kerze beobachten oder wie sie in den Verbrennungsmotoren unserer Autos auftreten. Bei der mathematischen Modellierung der Reaktionsgleichungen zeigen die Reaktionsfronten indes eine große Ähnlichkeit mit den oben diskutierten Vorgängen an Phasengrenzflächen. Reaktionsfronten sind in Prozessen der chemischen Verfahrenstechnik weit verbreitet. Sie bestimmen aber auch die raumzeitliche Struktur biologischer Stoffwechselvorgänge in lebenden Organismen, Zellverbänden und in Bakterienkulturen. Der Physik erwachsen hier vielfältige neue Fragestellungen aus den Nachbardisziplinen.

3.4.8 Fraktale Welt

Erweitern wir unser Blickfeld nochmals, so stellen wir charakteristische Ähnlichkeiten zwischen ganz unterschiedlichen baumartigen Wachstumsstrukturen fest wie etwa den Dendriten auf den Solnhofener Kalkplatten, den Lichtenbergschen elektrischen Entladungsmustern, die wir von den Blitzen her kennen, oder den Wachstumsmustern von Bakterienkolonien. Auf völlig anderer Skala bildet Wasser, das in Erdölfelder eingepumpt wird, um das Öl an anderer Stelle zu Tage zu fördern, im porösen Gestein ganz ähnliche Fingerstrukturen aus. Ein alltäglicheres Beispiel ist zerbrochenes Geschirr. Erstaunlicherweise sind die Mechanismen der Rissausbreitung bis heute nur in Ansätzen verstanden. Erst in jüngster Zeit wurden auch hier wieder Zusammenhänge zwischen dem dendritischen Wachstum in erstarrenden Legierungen und der Mikrostruktur und Dynamik von Rissen entdeckt. Dass Risse in unterschiedlichen Materialien, in spröden oder plastisch verformbaren, in amorphen oder kristallinen Stoffen dem Lauf von Blitzen ähneln, ist also kein Zufall. Den bizarren Strukturbildungen liegen offenbar allgemeine Naturgesetze zugrunde, die die Komplexität unserer Welt in erheblichem Maße mitbestimmen.

Im Jahre 1929 hatte sich Lewis Fry Richardson - ein genialer Physiker und Meteorologe, der sich dann ganz dem Studium der Vermeidung bewaffneter Konflikte zuwandte - die Frage gestellt, ob turbulenter Wind eine Geschwindigkeit hat. Diese scheinbar naive Frage führt sofort auf das Problem, wie man die Geschwindigkeit des Windes messen soll, und ob das Resultat vom Messverfahren, insbesondere von der Größe des verwendeten Windrades, abhängt. Das ist in der Tat der Fall: Die turbulente Strömung zeigt ein räumlich und zeitlich sehr kompliziertes Muster. Sie ist *fraktal*, wie wir heute sagen.

Der Mathematiker Benoit Mandelbrot hat um 1970 den Begriff *Fraktal* geprägt, das zum Synonym für „natürlich“ erscheinende Muster geworden ist, wie sie sowohl in der Natur als auch in der mathematischen Theorie vorkommen. Damit werden ausgedehnte Objekte bezeichnet, denen man eine „gebrochene“, also nichtganzzahlige räumliche Dimension zuordnen kann. Wie bestimmt man sie? Dazu denken wir uns um einen beliebigen, festgehaltenen Punkt eine Kugel mit Radius R gelegt. Variieren wir den Radius R dieser gedachten Kugel, so würde sich die jeweils darin befindliche „Masse“ eines gewöhnlichen dreidimensionalen Objektes wie R^3 ändern. Für fraktale Objekte hingegen ist das Ergebnis R^d, wobei die Dimension d einen nichtganzzahligen Wert annehmen kann.

Die Gestaltbildung in der Natur ist fast immer mit solchen nichtganzzahligen, fraktalen Dimensionen d verknüpft. Lange Polymermoleküle sind fraktal. Eine gezackte Küstenlinie hat typischerweise eine fraktale Dimension d, die größer als 1 ist. Die Wirbelintensität in Luftturbulenzen wird durch ein Fraktal charakterisiert. Die Verästelung eines Baumes oder der Luftkanäle in unserer Lunge sind weitere Beispiele fraktaler Strukturen. Ja selbst die Ansammlungen von Sternhaufen und

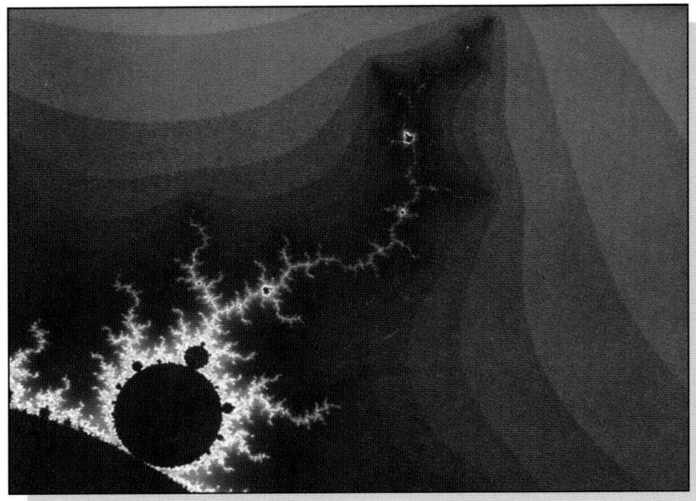

Abb. 3.4.10.
Die Mandelbrot-Figur ist zum Sinnbild der Theorie fraktaler Strukturen und der Chaosforschung geworden. Sie hängt, als sogenannte Julia-Menge, eng mit einer chaotischen Dynamik zusammen und ist zugleich ein Fraktal von unerschöpflicher struktureller Vielfalt.
(Peter Richter und Heinz-Otto Peitgen, Universität Bremen)

Galaxien im Kosmos (s. Kapitel 3.1.1) erweisen sich als fraktal. Betrachten wir ein fraktales Objekt unter veränderlichem Maßstab wie mit einem Zoom-Objektiv, so stellen wir fest, dass innerhalb weiter Grenzen keine Längenskala besonders ausgezeichnet ist: Ein beliebiger Teil des Objektes sieht, bei entsprechender Vergrößerung, im Wesentlichen so aus wie das ganze Objekt. Wir sprechen deshalb von der *Selbstähnlichkeit* der fraktalen Strukturen. Ohne weitere *äußere* Anhaltspunkte oder Maßstäbe können wir aus der bloßen geometrischen Form die absolute Größe des Objektes nicht erkennen.

Vergleicht man ein selbstähnliches physikalisches Fraktal mit einer Flüssigkeit oder einem Magneten, deren Korrelationslänge am kritischen Punkt eines Phasenüberganges über alle Grenzen anwächst, so stellt man fest, dass diese Vielteilchensysteme völlig analoges Skalenverhalten zeigen. Rätselhaft ist bei vielen fraktalen Strukturen allerdings immer noch, von welchen Eigenschaften des Systems die fraktale Dimension abhängt. Bei der Untersuchung turbulenter Strömungen, wie sie in Rohren oder in der stürmischen Atmosphäre auftreten, ergaben sich jüngst erste Erkenntnisse über den Zusammenhang zwischen den nichtlinearen Bewegungsgleichungen und den resultierenden fraktalen Strukturen. Es bleibt aber eine wissenschaftliche Herausforderung, die fraktale Welt, ausgehend von den Naturgesetzen und den atomaren Wechselwirkungen, zu verstehen und zu berechnen.

Abb. 3.4.11.
Fraktale Bakterienkultur von Bacillus subtilis. Deutlich sichtbar ist der Übergang vom zunächst kompakten Wachstum (innen) zum fraktalen Wachstum (außen). (Eshel Ben Jacob, Universität Tel Aviv, Israel)

3.4.9 Spuren im Sand: Granulare Dynamik

Körner und Krümel, Pulver und Puder gibt es in jedem Haushalt, und sie werden in vielen Industriezweigen verarbeitet: Kunststoffe und Keramiken werden aus Granulaten hergestellt, Baustoffe wie Sand, Kies oder Schotter sind von vornherein krümelig. Kosmetika, Putzmittel, Arzneimittel - alles besteht zunächst aus millimeter- bis mikrometergroßen Partikeln. Vieles, was wir essen, war einmal oder ist noch körnig, nicht zuletzt das Frühstücksmüsli. Solche Granulate lassen sich nicht in herkömmliche physikalische Schemata für molekulare Vielteilchensysteme pressen, sind hier die „Teilchen" doch ausgedehnt und von unterschiedlichster Gestalt.

Sand scheint in manchen Fällen fest, in anderen geradezu flüssig zu sein. Auf Sand kann man laufen wie auf anderen festen Stoffen. Andererseits verhält sich ein Sandsack, der auf eine Glasplatte fällt, anders als eine Metallkugel: Er springt nicht wieder hoch. Sand kann ähnlich wie eine Flüssigkeit ausgeschüttet werden, aber dabei bilden sich Hügel, was bei einer Flüssigkeit nicht passiert. Durch das Aufschütten des Sandes werden die Hügel zunächst immer steiler, bis ein kritischer Böschungswinkel erreicht wird. Unterdessen gehen immer wieder Lawinen ab, und die Steilheit der Böschung pendelt sich auf diese Weise auf einen bestimmten, „kritischen“ Wert ein: Man spricht von *selbstorganisierter Kritikalität.*

Geschüttelter Sand wiederum kann sich verflüssigen. Auf Sand gebaute Häuser können bei Erdbeben wie in einer Flüssigkeit versinken. Sand in einer Schale, vertikal geschüttelt, vermag regelmäßige quadratische oder bienenwabenförmige Oberflächenmuster zu bilden, ähnlich denen, die durch Konvektion in Flüssigkeiten auftreten, die man von unten erwärmt. Zahlreiche weitere verblüffende Eigenschaften von Schüttgütern machen der Industrie zu schaffen: Granulate entmischen sich im unpassendsten Augenblick, verstopfen Trichter und Rohre oder reißen Silos auseinander. Das beruht auf der Fähigkeit von Körnern, Brücken mit darunter liegenden Hohlräumen zu bilden, ähnlich den Gewölben in einer Kathedrale. Aufgrund des Entstehens und Einbrechens der Brücken schwankt der Wanddruck sehr stark, was die Wände an Schwachstellen bersten lassen kann. Wegen der Reibung zwischen Granulat und Wand können sich solche Brücken an der Wand abstützen und so zur Verstopfung eines Rohres führen. Ist dieser Effekt schwächer ausgeprägt, so formen sich beim Sandfluss durch ein Rohr Dichtewellen im Sand, die große Ähnlichkeiten mit Stauwellen auf Autobahnen besitzen.

An der bretonischen Südküste wirbeln die anbrandenden Wellen die gelben, roten und schwarzen Gesteinskrümel ständig durcheinander. Doch immer wieder lagern sich Quarz-, Granat- und Magnetitkörner in fein säuberlich getrennten Schichten ab. Verschiedene Sandsorten neigen also dazu, sich zu entmischen. Füllt man einen horizontal liegenden Zylinder teilweise mit einem Sandgemisch und dreht ihn um seine Achse, so entmischt sich der Sand in streifenförmige Bereiche von jeweils nahezu reinen Sandsorten. Dies, wie auch die so elementar scheinende Bildung von Sandrippeln in der Wüste oder am Strand, konnte noch nicht durch eine schlüssige Theorie erklärt werden. Sorgfältige Untersuchungen der Rippelbildung fördern scheinbar Widersprüchliches zutage. So ist noch unklar, welche Form die makroskopischen Bewegungsgesetze haben, die fließenden Sand in ähnlicher Weise beschreiben können, wie dies die Navier-Stokes-Gleichungen für strömende Flüssigkeiten tun. Hier bietet sich ein reiches Betätigungsfeld für gemeinsame zukünftige Anstrengungen von Physikern und Ingenieuren.

3.4.10 Walle! walle manche Strecke ...

Die Ursache vieler Veränderungen und Bewegungsvorgänge in der uns umgebenden makroskopischen Welt sind thermodynamische Ungleichgewichte. Die Umwandlung des Sonnenlichts, aber auch anderer Energieträger, in Wärmeenergie liefert den Antrieb für alle dynamischen Vorgänge etwa in der Atmosphäre und in den Meeren (s. Kapitel 3.6.6). Bei der Behandlung dieser hydrodynamischen Prozesse sind wir in einer ähnlichen Lage wie Goethes Zauberlehrling, der die geheimen Kräfte des Wassers beschwört, ohne alle Einzelheiten der komplizierten Dynamik zu verstehen. Dies klingt erstaunlich angesichts des hohen Entwicklungsstandes moderner Flugzeugtechnik und jahrhundertelanger Erfahrung im Schiffbau.

Abb. 3.4.12.
Rätselhafte Sandrippeln. Auf Sanddünen bilden sich oft Rippeln - ein Vorgang, der noch immer nicht völlig verstanden ist.
(Volkhard Nordmeier, Universität Münster)

Kurz vor Ende des 20. Jahrhunderts ist es in zwei bedeutenden Experimenten gelungen, das Magnetfeld der Erde auf die im Erdkern umlaufenden Strömungen flüssiger Metalle zurückzuführen. Mit großen Mengen von geschmolzenem Natriummetall wurde etwa gleichzeitig am Forschungszentrum Karlsruhe und in Riga in Kooperation mit dem Forschungszentrum Rossendorf der spektakuläre Beweis erbracht, dass der Erdmagnetismus tatsächlich durch einen riesigen flüssigen Dynamo im Erdinneren erzeugt werden kann (s. Kapitel 3.6.4).

Die laminaren oder gleichmäßigen Strömungsvorgänge in einfachen Flüssigkeiten und Gasen verstehen wir gut. Wie es zur Bildung von Wirbeln, Rollen und Zellenmustern in Flüssigkeiten kommt, deren Bewegungsfreiheit eingeschränkt ist, konnte in den letzten 20 Jahren weitgehend aufgeklärt werden. Schwierigkeiten bereitet uns indes nach wie vor der turbulente Zustand von Flüssigkeiten, den man als ein kompliziertes System von verschlungenen Wirbelströmungen unterschiedlicher Stärke interpretieren kann.

Kürzlich wurden Hinweise gefunden, dass die aus den 40er Jahren des letzten Jahrhunderts stammende Turbulenztheorie von Andrej Kolmogorov und anderen durch „Intermittenzkorrekturen“ ergänzt werden

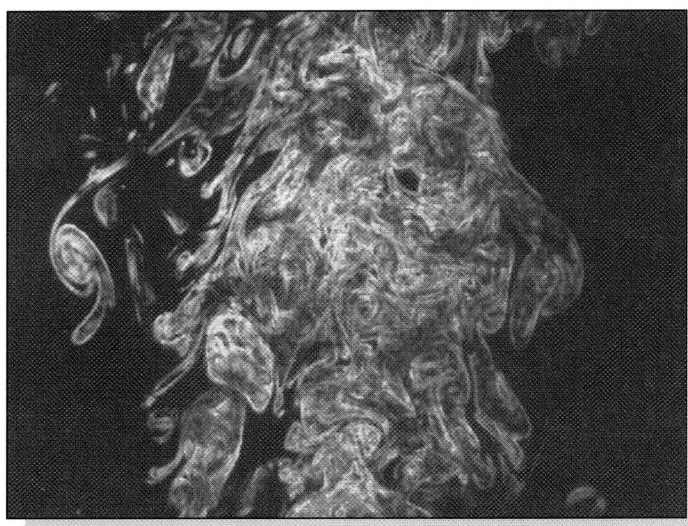

Abb. 3.4.13.
Turbulenz - das ungelöste Rätsel. Ein Wasserstrahl strömt in ruhendes Wasser ein und verursacht eine turbulente Verwirbelung. Die auftretende Strömung wurde durch Zugabe einer Fluoreszenzfarbe sichtbar gemacht.
(Katepalli Sreenivasan, Yale Universität, New Haven, USA)

muss, wie man schon seit langem vermutet hatte: Demnach konzentriert sich die Energie, die die turbulente Strömung antreibt, bevorzugt auf einige nur wenig ausgedehnte Bereiche, die fortwährend entstehen und vergehen und dabei umherhüpfen. Es liegt noch viel Arbeit vor uns, ehe wir die Turbulenz und die sich dabei bildenden lokalisierten oder ausgedehnten kohärenten Strukturen umfassend verstehen werden. Immerhin macht unser Verständnis davon, wie die Turbulenz *einsetzt*, aufregende Fortschritte. Demnach scheint die Turbulenz in einer hinreichend schnellen Strömung auf eine neuartige Weise zu entstehen, die sich wesentlich von anderen bekannten dynamischen Instabilitäten unterscheidet.

Das Umschlagen von glatter, laminarer oder schwach wirbelnder Strömung in Turbulenz ist auch von hohem technischen Interesse. Es erfordert eine wesentlich höhere Energiezufuhr, wenn man eine turbulente statt einer laminaren Strömung aufrecht erhalten muss. Auf Öl-Pipelines übertragen heißt das: höhere Pumpleistungen. Mischt man der Flüssigkeit jedoch geringe Mengen gewisser makromolekularer Substanzen bei, so lassen sich hierdurch die turbulenten Reibungsverluste drastisch verringern. Bislang versteht man diese Strömungseffekte in solchen komplexeren Fluiden nur oberflächlich, aber Fortschritte sind hier in naher Zukunft zu erwarten - mit Auswirkungen auf Chemie, Verfahrenstechnik und Mikrosystemtechnik.

3.4.11 Deterministisches Chaos: Der Wahnsinn hat Methode

Die Gestirne am Firmament sind seit jeher ein Sinnbild für Harmonie und Ordnung. Das kopernikanische, heliozentrische Weltbild ist in seiner Einfachheit so überzeugend, dass man lange geneigt war anzunehmen, dass sich der Lauf der Planeten nie verändern wird, das Sonnensystem in diesem Sinne also stabil ist.

Gegen Ende des 19. Jahrhunderts feierte die Astronomie, aufbauend auf Newtons Gravitationsgesetz und auf den Fortschritten in der analytischen Mechanik, große Erfolge. Die Planeten Neptun und Uranus wurden auf-

Abb. 3.4.14.
Rührt man kräftig in einer Flüssigkeit herum, so werden längst nicht alle Bereiche der Flüssigkeit gut durchmischt. Das zeigt sich, wenn man die Flüssigkeit an zwei Stellen mit einem roten bzw. einem grünen Farbtropfen markiert, bevor man sie mehrmals umrührt. Während der grüne Tropfen noch erkennbar ist, hat sich der rote über einen großen Bereich ausgebreitet und zu einem fraktalen Muster verformt.
(Julio Ottino, Northwestern Universität, Evanston, USA)

grund von Abweichungen zwischen berechneten und beobachteten Bewegungsdaten des Jupiters und des Saturns vorhergesagt und entdeckt. Daraufhin stellte König Oscar II von Schweden die Preisaufgabe, die Stabilität des Sonnensystems zu beweisen. Der Preis ging schließlich an den französischen Mathematiker Henri Poincaré, allerdings für den Nachweis, dass dieser Beweis nicht zu führen ist! Poincaré entdeckte die sogenannten hyperbolischen Strukturen im Raum der Orte und Geschwindigkeiten (Phasenraum) der Planeten, die eine langfristige Verfolgung der Planetenbahnen praktisch unmöglich machen: Die Planetenbewegung erweist sich auf großen Zeitskalen als chaotisch.

Was zu Poincarés Zeiten noch als skurrile Besonderheit planetarer Bewegung erschien, erwies sich bald als Wesenselement nichtlinearer Naturgesetze. Fast ein Jahrhundert später fand man dieses chaotische Verhalten in nahezu allen Bereichen der Naturwissenschaften: Umfangreiche experimentelle und numerische Studien in biologischen, ökologischen, chemischen, physikalischen und anderen Systemen brachten immer wieder dieselben irregulären, wie zufällig erscheinenden Bewegungen, dieselbe lang- oder auch schon kurzfristige Unvorhersagbarkeit ans Licht. Chaos ist überall! Das zukünftige Wetter beispielsweise ist im Prinzip berechenbar, aber mit guter Genauigkeit eben nur für einen sehr kurzen Zeitraum.

Bemerkenswert an dieser Art von Chaos ist, dass es nicht aus einer Vielzahl von unbekannten Einflüssen entsteht, wie etwa das Rauschen in elektrischen Stromkreisen, das durch die ungeordneten Bewegungen von Myriaden von Elektronen verursacht wird. Vielmehr ist es eine Konsequenz des ansonsten völlig deterministischen Bewegungsablaufs. Wie lässt sich dies begreifen? Stellen wir uns zunächst einen Billardtisch mit zwei Kugeln in einiger Entfernung voneinander vor. Die eine der Kugeln wird nun in zwei verschiedenen Experimenten unter leicht verändertem Winkel, aber jeweils von gleicher Position aus, auf die andere gestoßen. Nach der jeweiligen Kollision ist der Winkel zwischen den beiden Bahnen der einen Kugel deutlich größer als zuvor. Wenn wir an kollidierende Gasatome im Raum denken, wird jede Winkelstörung ihrer Flugbahn bei jedem weiteren Stoß mit anderen Gasatomen vergrößert. Sehr bald ist die Information über die ursprüngliche Stoßrichtung völlig verloren gegangen. Die beschriebenen Phänomene bezeichnet man als *deterministisches Chaos*, das zwei charakteristische, definierende Merkmale hat: Zum einen verstärkt sich fast jede noch so kleine Anfangsstörung eines chaotischen Systems fortlaufend selbst, zum anderen wird dabei ein gewisser, für alle Systemteile fester Wertebereich nicht verlassen (z. B. 360 Grad für den Stoßwinkel). Beides zusammen führt zu unregelmäßigen und unvorhersagbaren Bewegungen, die wie zufällig aussehen.

Abb. 3.4.15.
Chaos mit Billardkugeln. Die kleine Kugel kommt von links und prallt zunächst mehrmals zwischen der roten und der gelben Kugel hin und her. Nach weiteren Kollisionen fliegt sie schließlich davon. Schon eine winzige Änderung ihrer anfänglichen Flugrichtung würde die Kugel auf eine völlig andere Bahn bringen.
(Fernando da Cunha, La Recherche, Paris)

Selbst in diesem Chaos entstehen im Laufe langer Zeiten gewisse raumzeitliche Muster, die im allgemeinen fraktale Struktur haben: Man nennt sie *seltsame Attraktoren*. Obwohl langfristige Vorhersagen des Bewegungsablaufs, selbst mit massiver Computerunterstützung, praktisch unmöglich sind, haben wir inzwischen tiefe Einblicke in die Eigenschaften solcher chaotischen Vorgänge erhalten und beispielsweise gelernt, die Selbstähnlichkeit und den fraktalen Charakter ihrer Attraktoren zu verstehen. Das Zauberwort heißt hier abermals *Renormierung* (s. Kapitel 3.4.5), mit deren Hilfe Mitchell Feigenbaum die *Universalität* der Natur des Chaos zeigen konnte. Inzwischen ist diese Erkenntnis in vielen unterschiedlichen Situationen experimentell bestätigt worden. Auch hier herrschen also wieder Universalität und Skalengesetze. Somit steht ein neues methodische Arsenal zur Verfügung, das die Lösung vieler Strukturbildungsfragen in Natur und Technik ermöglichen wird.

Ein charakteristisches Anzeichen für chaotisches Verhalten von Systemen ist, dass ihr Zeitablauf nur durch ein Kontinuum von periodischen Bewegungen beschrieben werden kann. Die Bewegungsgleichungen sind rein deterministisch und ohne Zufallselemente, aber eben nichtlinear. Chaos bedarf nur weniger Freiheitsgrade. Doch ist es nicht auf einfache Systeme mit wenigen Freiheitsgraden beschränkt.

Zufall und Statistik begegnen uns in der Natur auf dreierlei Weise. Da ist erstens der inhärent statistische Charakter der Quantenmechanik, worüber uns die ihrerseits strengen Gesetze für Wahrscheinlichkeitsamplituden Auskunft geben. Da ist zweitens die deterministisch-chaotische Bewegung, die als Folge nichtlinearer klassischer Naturgesetze auftritt, mit allen bekannten Zufallselementen wie Unvorhersagbarkeit und Unregelmäßigkeit im Ablauf. Da ist drittens der Zufall, der aus dem Zusammenspiel vieler Einzelteile (Elektronen, Moleküle, Körner, Staubbrocken im Saturnring, Sternhaufen, usw.) entspringt. Wir wissen inzwischen, dass es für viele statistische Phänomene makroskopischer Art unerheblich ist, ob sich die beteiligten Partikel nach quantenmechanischen oder klassischen nichtlinearen Gesetzen bewegen. Allein die Vielzahl der beteiligten Teilchen bewirkt makroskopisch zufälliges Verhalten, das wir anschaulich als „Rauschen“ bezeichnen. Wie vor kurzem entdeckt wurde, kann das Rauschen Resonanzschwingungen und gerichtete Bewegung verursachen. Zudem beeinflusst es maßgeblich den Ablauf aller chemischen Reaktionen und es könnte auch für die Arbeitsweise der Muskulatur relevant sein (s. Kapitel 3.5.5).

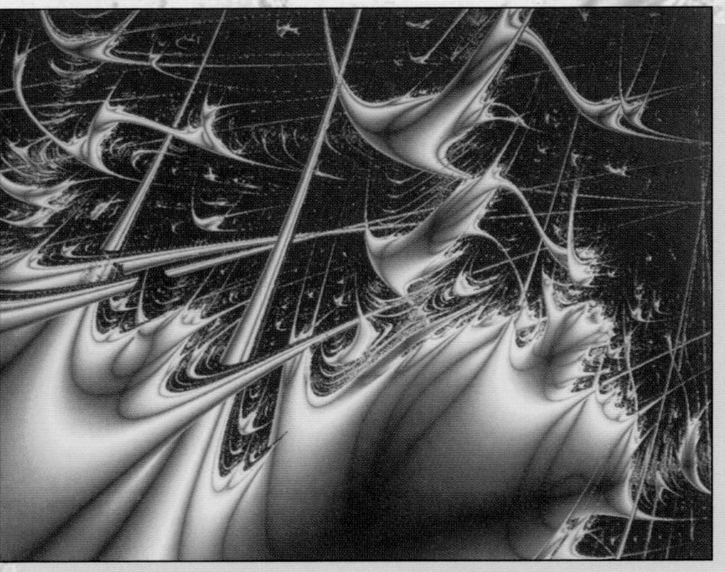

Abb. 3.4.16.
Wie kompliziert die Grenze zwischen Ordnung und Chaos ist, lässt diese Computergraphik erahnen. Sie gibt einen Überblick über die Bewegungen, die der logistischen Gleichung $x_{n+1} = r\,x_n\,(1-x_n)$ folgen. Dabei lässt man den Parameter r zwischen zwei festen Werten hin und her wechseln, z. B. jeweils alle 6 Schritte. Jedem Wertepaar entspricht ein Punkt in der Graphik. Je nachdem, ob sich die Folge der x_n chaotisch verhält oder nicht, färbt man den entsprechenden Punkt dunkel oder hell ein. Dunkle Bereiche in der Graphik stehen also für Chaos, helle Bereiche für geordnete Bewegung. (Mario Markus und Benno Hess, MPI für molekulare Physiologie, Dortmund)

Deterministisches Chaos wird möglicherweise bei zukünftigen schnellen Computerchips, die mit „ballistischen“ Elektronen arbeiten, eine wichtige Rolle spielen. Die inzwischen gewonnenen Erkenntnisse zur Analyse chaotischer Zeitreihen werden zunehmend auch außerhalb der Physik genutzt, etwa in der Medizin bei der Auswertung von Elektrokardiogrammen und Elektroenzephalogrammen, sowie bei Qualitätskontrollen oder bei der Analyse von Börsenkursen.

3.4.12 Lebende Strukturen, Strukturen des Lebens

Einen überwältigenden Reichtum an Formen der Selbstorganisation finden wir, wie bereits angedeutet, auch in der Biologie (s. Kapitel 3.5). Ausgehend von einfachen Strukturbildungsmechanismen der Zellmembranen sehen wir komplexe Selbstorganisation in Bakterienkolonien, kollektive Effekte in Vogel- und Fischschwärmen sowie in Ameisenkolonien. Auf molekularer Ebene beobachten wir Proteinfaltung, enzymatische Prozesse, Entstehung und Wirken molekularer Motoren wie Myosin und Actin bei der Muskelbewegung. Eine Vielzahl von Quanteneffekten, etwa bei der Energieversorgung der Zellen und der biologischen Informationsverarbeitung, sind eine wissenschaftliche Herausforderung für die Physiker. Dies wird auf neue experimentelle Methoden und theoretische Berechnungsverfahren führen, mit deren Hilfe sich molekularbiologische Fragen beantworten lassen.

Die Zukunft dieses dynamischen Forschungsgebietes der Selbstorganisation und Strukturbildung, der Skalenhierarchien und Nichtlinearitäten, der Universalität und des Chaos wird viele weitere, auch für die Technik nützliche Erkenntnisse zutage fördern, etwa über Strukturen und Eigenschaften von Materialien oder den Ablauf von physikalischen, chemischen und biologischen Prozessen. Wir sollten uns aber auch einfach erfreuen dürfen an diesem großen, blühenden Strauß von komplexen Phänomenen. Ihre scheinbare Regellosigkeit birgt tiefe innere Gesetzmäßigkeiten, deren Schönheit sich immer deutlicher vor uns entfaltet.

Physik und Biologie

3.5.1 Physik und Biologie, die historischen Schwestern

Biologie und Physik besitzen viele gemeinsame Wurzeln und haben sich oft gegenseitig befruchtet. Die Entwicklung einer neuen physikalischen Methode hat häufig zu einem Quantensprung des Fortschritts in der Biologie geführt. Im Gegenzug gibt es viele faszinierende Beispiele dafür, wie eine Beobachtung in der Biologie es ermöglicht hat, ein neues physikalisches Naturgesetz aufzustellen.

Ein Beispiel für die Anregung der Biologie durch die Physik ist der Bau hochauflösender Mikroskope durch den Delfter Kaufmann und Naturforscher Antoni van Leeuwenhoek um 1670, der damit erstmals Zellen beobachtete und von ihnen erstaunlich realistische Bilder zeichnete. Seine Beobachtungen widerlegten die aristotelische These, dass Leben schon aus einer bloßen Mischung organischen Materials entstehen kann. Interessanterweise hat es nach Leeuwenhoeks Entdeckung noch 200 Jahre gedauert, bis die Zellentheorie des Lebens allgemein akzeptiert wurde.

Weitere Beispiele für physikalische Erfindungen, die einen großen Einfluss auf die Biologie hatten:

- Das 1932 von Ernst Ruska entwickelte Elektronenmikroskop ermöglichte es, die innere Struktur der Zellen aufzuklären. Durch Ausnutzung der Elektronenbeugung und Elektronentomographie trat die moderne Strukturbiologie ihren Siegeszug an.
- Dank der 1942 von John Kendrew und Max Perutz gefundenen Lösung des sogenannten Phasenproblems der Röntgenbeugung spielt diese heute eine zentrale Rolle bei der Strukturaufklärung von Proteinen.
- Mit Hilfe der magnetischen Kernspinresonanz wurde es erstmals möglich, die Struktur nicht kristallisierbarer biologischer Makromoleküle mit hoher Auflösung zu bestimmen.

Diese modernen Methoden zur Erforschung der Struktur biologischer Materialien auf Mikrometer- bis Nanometerskalen verdanken ihren Erfolg aber auch der Entwicklung moderner Computer. Dies gilt in noch stärkerem Maße für die zahlreichen physikalischen Methoden der Medizintechnik wie die Kernspin-Tomographie oder die Positronen-Emissions-Tomographie (PET), die die medizinische Diagnostik revolutioniert haben.

Ein prominentes Beispiel dafür, wie die Biologie die Physik befruchtet hat, ist die Entdeckung des allgemeinen Energiesatzes durch Robert Mayer. Auf Java hatte Mayer beobachtet, dass das Blut der Hafenarbeiter bei gleicher Arbeitsleistung in den Tropen heller und damit sauerstoffärmer ist als in den gemäßigten Zonen. Er führte das auf eine in den Tropen geringere Wärmeabgabe des Körpers an die Umgebung zurück und schloss daraus intuitiv, dass Wärme und mechanische Arbeit äquivalent sind. Hermann von Helmholtz formulierte, ausgehend von solchen Beobachtungen, den allgemeinen Energiesatz.

Die Beobachtung des Botanikers Robert Brown, dass Bärlappsamen in Wasser unregelmäßige Bewegungen vollführen, inspirierte Albert Einstein zur Theorie der Brownschen Molekularbewegung. Diese Theorie spielte nicht nur eine wesentliche Rolle bei der Entwicklung der modernen statistische Physik, sondern sie half auch, das Konzept der atomistischen Struktur der Materie in der Physik durchzusetzen, das noch zu Anfang des 20. Jahrhunderts sehr umstritten war.

Die enorme Bedeutung der Biologie für die Entwicklung der modernen Physik kommt auch dadurch zum Ausdruck, dass zwei der einflussreichsten Physiker des 19. Jahrhunderts, Thomas Young und Hermann von Helmholtz, ihre Karriere als Mediziner begannen und viele biologisch orientierte Fragestellungen in die Physik einbrachten. Diese Beispiele lehren, dass die Physiker heute die Welt der komplexen, lebenden Materie mit Optimismus und Elan erforschen sollten, damit die Physik auch im „Jahrhundert der Biologie" die Leitwissenschaft bleibt.

Es sei auch daran erinnert, dass ein Physiker, nämlich Max Delbrück, einer der Wegbereiter der modernen Molekularbiologie war. Er führte zusammen mit Salvador Luria 1943 die ersten exakten genetischen Experimente an Bakterien durch und zeigte, dass diese gegen ihre Feinde, die Bakteriophagen, durch Mutation resistent werden. Er propagierte auch erstmals die Idee, dass Gene in Makromolekülen organisiert sein könnten.

3.5.2 Die Faszination biologischer Materialien - Selbstorganisation schafft Ordnung im Komplexen

Obwohl die Natur beim Aufbau lebender Materialien nur wenige chemische Elemente benutzt (neben den Hauptkomponenten H - Wasserstoff, C - Kohlenstoff, N - Stickstoff, O - Sauerstoff und P - Phosphor auch einige metallische Elemente, wie Ca^{2+}, Mg^{2+}, Mn^{2+}, Fe^{2+}, Zn^{2+}), sind Biomaterialien extrem komplex. So ist eine Bakterienzelle aus rund 6000 verschiedenen Molekülsorten aufgebaut. Dieser komplexe Aufbau wird dadurch übersichtlich, dass die meisten Biomoleküle Variationen weniger Grundbausteine wie Aminosäuren, Nukleobasen, Fettsäuren, Polyene, Phosphatverbindungen und Zuckermoleküle sind .

Was unterscheidet lebende Materie von den in der Physik bekannten Materialien?

1. Biomaterialien entstehen durch Selbstorganisation. Die Form der Bausteine und die Anordnung wasserabstoßender, wasseranziehender oder geladener Gruppen bestimmen die entstehenden Strukturen. Der primäre Aufbau der Biomoleküle, z. B. aller Proteine eines Lebewesens, ist genetisch festgelegt. Das Zusammenwirken der Proteinspezies in den funktionalen Einheiten einer Zelle wie den photosynthetischen Reaktionszentren ist jedoch durch eine Vielfalt zwischenmolekularer Kräfte bestimmt. Physikalische Faktoren spielen somit eine entscheidende Rolle. Ein eindrucksvolles Beispiel für dieses Zusammenspiel zwischen genetisch kodiertem Molekülaufbau und den intermolekularen Kräften gibt die in Abb. 3.5.1 beschriebene biologische Membran.

2. Biomaterialien sind interaktiv. Ihre Struktur und Funktion werden durch biochemische Signalketten und die darüber erzeugten Botenstoffe sowie durch die Kontrolle der genetischen Expression von Biomolekülen reguliert. Umgekehrt wirken die physikalischen Eigenschaften der Biomaterialien und ihre Reaktionen auf äußere Störungen auch auf die biochemischen und genetischen Signalketten zurück. Ein Beispiel dafür ist die Steuerung des Knochenwachstums oder der Regeneration des Knorpels durch mechanische Belastung. Ein Beispiel für die interaktive Materialkontrolle ist der Flügel einer Libelle. Er besteht aus einem Polymernetz, dessen Verknüpfungsgrad sich während des Fluges an die aerodynamischen Verhältnisse anpassen kann.

3. Biomaterialien gehören zu der Klasse weicher Materialien (s. Kapitel 3.3.7). Sie verbinden auf erstaunliche Weise Stabilität mit mechanischer Flexibilität. Ein besonders eindrucksvolles Beispiel ist die Membran der roten Blutkörperchen, der Erythrozyten. Diese Zellen sind durch ihren verbundartigen Aufbau aus einer fluiden Lipid/Protein-Doppelschicht und lokal angedockten makromolekularen Netzen (dem Zytoskelett, s. Abb. 3.5.1) gegenüber Biegung und Scherdeformation extrem flexibel. Sie sind sehr viel flexibler als Schalen derselben Größe und Form, die wir derzeit aus technischen Materialien herstellen können.

   Doch zugleich ist die Membran hart wie ein Metall, wenn man versucht, sie zu dehnen. Diese Kombination elastischer Eigenschaften ermöglicht es den Zellen, sich während ihres rund 120tägigen Lebens mehrere hundert Kilometer weit durch enge Kapillaren zu zwängen, ohne dabei zu zerbrechen.

4. Biologische Systeme können nur fern vom thermodynamischen Gleichgewicht existieren. Ihre Entstehung folgt den Gesetzmäßigkeiten der raum-zeitlichen Musterbildung (s. Kapitel 3.4). Sie können lange in metastabilen Zuständen verharren, doch dazu ist es nötig, dass ihnen ständig Material und Energie aus der Umgebung zugeführt wird. Die zur Aufrechterhaltung der raumzeitlichen Muster notwendigen Prozesse sind irreversibel und neigen dazu, die Entropie zu vergrößern, also Unordnung zu schaffen. Schon Ludwig Boltzmann und nach ihm Erwin Schrödinger in seinem berühmten Buch „Was ist Leben?" haben den Daseinskampf der Lebewesen als „Ringen mit der Entropie" beschrieben. Man bezeichnet die unter diesen Umständen entstehenden raum-zeitlichen Strukturen nach Ilya Prigogine auch als „dissipative Strukturen".

Die Biologie liefert der Physik eine Fülle von Modellsystemen zur Untersuchung der physikalischen Grundlagen raumzeitlicher Musterbildung und der Übergänge zwischen verschiedenen Mustern, die durch schwache äußere Störungen verursacht werden. Solche Prozesse bestimmen unser Dasein - auch schon während der embryonalen Entwicklung, etwa wenn sich das zentrale Nervensystems oder die Gliedmaßen ausbilden.

Hier besteht auch eine Brücke zur Ökologie, zur Ökonomie und zur Soziologie, über die mutige Physiker in völlig neue Gebiete vorstoßen können. Angesichts ihrer Bedeutung für unser Überleben in einer begrenzten Welt werden sich diese Gebiete möglicherweise erst in den kommenden Jahrzehnten voll entfalten.

Kasten 3.5.1.
Membranen als Funktionszentren

Ein Großteil der Elementarprozesse in der Zelle findet an der Zellmembran statt. Die Grundstruktur dieses Wunderwerkes der Natur ist eine Doppelschicht aus stecknadelförmigen Lipidmolekülen (s. Abb. 3.5.1), in die die eigentlichen Funktionsträger, die Proteine, eingebettet sind oder an deren Oberfläche sie andocken. Die Membran ist eine Legierung aus über 100 verschiedenen Lipidsorten und Proteinen. Doch überraschenderweise können selbst kleine, z. B. krankheitsbedingte Änderungen in der Zusammensetzung der Membran fatale Folgen für deren Funktion haben.

Da ein schneller Stofftransport für die Vielzahl biochemischer Reaktionen, die an Membranen stattfinden, eine der wichtigsten Voraussetzungen ist, müssen die Lipidfilme fluide sein. Dass die Membranen zweidimensional sind, hat wichtige Konsequenzen für die Effektivität biochemischer Prozesse. Die Beweglichkeit der Moleküle in der Membran hängt nur schwach vom Radius der Moleküle ab, d. h. große Proteine können fast ebenso schnell in der Membran diffundieren, wie die erheblich kleineren Lipidmoleküle. Dies erhöht die Effektivität der lokalen Strukturbildung und der biochemischen Reaktionen enorm.

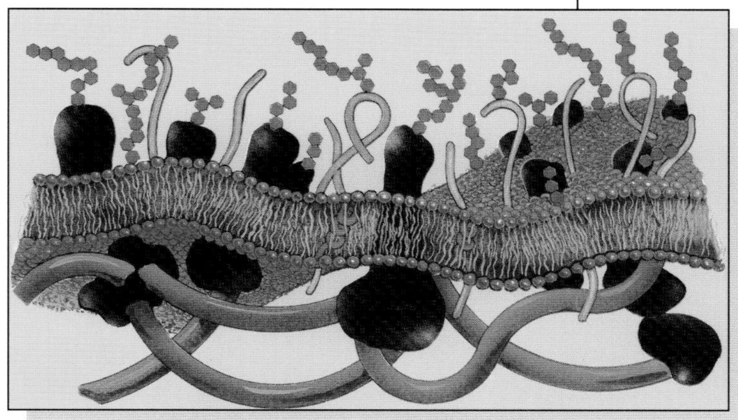

Abb. 3.5.1.
Die biologische Membran. In die Doppelschicht aus Lipidmolekülen (kleine blaue Köpfe, braune Schwänze) sind Proteine (schwarz) eingebettet. Die Lipidschicht wird durch Proteinfilamente (rot) stabilisiert. Die dünnen grauen Fäden symbolisieren membranständige Proteine, sogenannte Zell-Rezeptoren, und die grünen Ketten Zuckermoleküle, die beide für die Zell-Zell-Erkennung eine zentrale Rolle spielen. (Erich Sackmann, TU München)

Wie kann die Zellmembran, ein flüssiges Häutchen, das 10 000mal dünner ist als ein Blatt Papier, überhaupt stabil sein? Dafür ist u. a. das elegante Zusammenspiel von Molekülstruktur und zwischenmolekularer Wechselwirkung verantwortlich: Wegen des polaren Aufbaus der Lipide aus *hydrophoben*, wassermeidenden Kohlenwasserstoffketten und *hydrophilen*, wasserliebenden Kopfgruppen gewinnen die Lipidmoleküle enorm an Bindungsenergie, wenn sie Doppelschichten bilden und sich gegen das Wasser abschirmen. Dieser *hydrophobe Effekt* sorgt auch dafür, dass sich die Proteine in die Lipiddoppelschicht einbetten. Die Proteine nehmen in Gegenwart der Lipidschicht eine hantelförmige Gestalt mit hydrophobem Handgriff an und bauen sich, unter großem Energiegewinn, spontan in die Membran ein. Trotz dieser starken Bindungsenergie würde die Membran in tausend kleine Vesikel zerfallen, wenn sie nicht durch das Zytoskelett, ein Netz aus Proteinfilamenten, stabilisiert würde - ähnlich wie ein Regenschirm durch sein flexibles Stahlgerüst stabilisiert wird. Die Natur hat elegante physikalische Strategien entwickelt, um mechanische Stabilität mit hoher Flexibilität zu kombinieren. Die Lipidmembran und die Makromoleküle des *Zytoskeletts* sind extrem flexible Objekte, deren Biegewiderstand so klein ist, dass sie aufgrund der thermischen Bewegung der Umgebung ständig zu regellosen Biegeschwingungen angeregt werden. Membranen sind daher dynamisch rauhe Oberflächen, ähnlich der Meeresoberfläche bei Sturm. Diese dynamische Rauheit führt zu einer neuen Klasse zwischenmolekularer Kräfte, den Undulationskräften. Mit Hilfe dieser Kräfte stoßen sich beispielsweise die roten Blutkörperchen von den Aderwänden ab.

Die beschriebene Elastizität macht die Zellen und auch das Gewebe zu typischen viskoelastischen Körpern: Auf kurzen Zeitskalen (1/1000 Sekunde) verhalten sie sich starr, da es einige Zeit braucht, um die thermisch angeregten Verbiegungen zu strecken. Nach dieser Phase geben die Körper jedoch nach, da die inneren Kräfte relaxieren oder schwache chemische Bindungen brechen. Ohne diese Viskoelastizität würden wir bei Stößen zerbrechen wie Glas.

3.5.3 Strukturaufklärung – von den Atomen bis zur Millimeterskala

Wie sich am Beispiel der Zellmembranen gezeigt hat, spielen sich die biologischen Vorgänge auf vielen Längenskalen ab. Deshalb muss die Strukturforschung den Bereich von der Dimension der Atome bis zur Millimeterskala im Auge behalten. Um molekulare Strukturen aufzuklären, stehen uns zahlreiche physikalische Methoden zur Verfügung. Neben der Röntgenbeugung, der Kernspinresonanz und anderen spektroskopischen Methoden wie der Einzelmolekül-Fluoreszenzspektroskopie ist dies die Rastersondenmikroskopie, mit der man Oberflächen atomgenau abtasten kann.

Doch die Methoden, mit denen man mesoskopische Strukturen von der Größe zellulärer Organellen z. B. des Kerns und der Chromosomen aufklären kann, stehen erst am Anfang ihrer Entwicklung. Eine traditionelle Untersuchungsmethode für diesen Größenbereich ist die Elektronenmikroskopie, der wir unser heutiges Bild von der Feinstruktur der Zelle verdanken. Eine erfolgversprechende Neuentwicklung ist die *Elektronentomographie*, die durch verbesserte Elektronenkanonen und automatisierte Bildaufnahme möglich wurde. Mit ihr kann man schon jetzt einzelne Makromoleküle in Zellen oder Zellorganellen identifizieren und deren Struktur mit einer Auflösung von 2 - 5 nm (ein Nanometer ist ein millionstel Millimeter) analysieren. Dadurch wird es beispielsweise möglich, das Zusammenspiel einzelner Proteine in der Zelle zu beobachten. Die Abbildung 3.5.2 verdeutlicht das an einem Schnitt durch die tomographische Rekonstruktion einer Zelle des Archaebakteriums *Pyrodictium abyssi*, in die ein makromolekularer Proteinkomplex photomontiert ist.

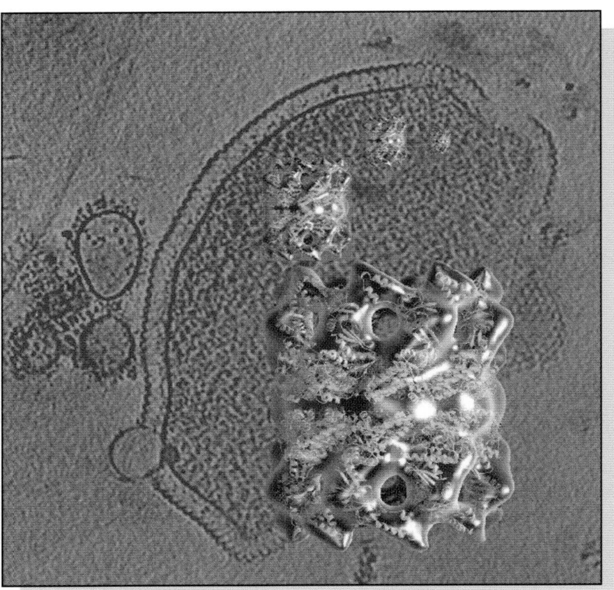

Abb. 3.5.2.
Elektronentomographiebild des Archaebakteriums Pyrodictium abyssi mit eingeblendetem Proteinkomplex, einem Thermosom. (Wolfgang Baumeister, MPI für Biochemie, Martinsried)

Es handelt sich bei diesem Komplex um ein *Chaperonin*, das zur Klasse der Faltungsproteine (*Chaperone*) gehört. Diese bilden nanometergroße Speicherräume, in denen Proteine durch Faltung reifen können wie Wein in einem Fass, bis sie ihre volle Funktionsfähigkeit erreichen. Ohne diesen Schutz würden die zunächst noch falsch gefalteten Proteine schnell durch Enzyme, die *Proteasen*, zerstört.

Neue Methoden der optischen Mikroskopie haben die Erforschung von Strukturen im Mikrometerbereich revolutioniert. In Kombination mit der Fluoreszenzspektroskopie können beispielsweise einzelne Moleküle einer Zelle lokalisiert und beobachtet werden, während sie ihre natürliche Funktion ausüben. So hat man fluoreszierende Proteinabschnitte als molekulare „Lampen“ mit Hilfe der Gentechnik gezielt an einzelne Proteinmoleküle angedockt, um auf diese Weise die Position der markierten Moleküle und ihre Interaktion mit anderen Molekülen verfolgen zu können (s. auch Kapitel 3.2.3). Die dabei gewonnenen Einblicke in die Zusammenhänge zwischen Struktur, Dynamik und Funktion der Proteine sind u. a. notwendig, um die molekulare Basis von Erbkrankheiten zu verstehen.

Ein aussichtsreicher Kandidat, um millimetergroße Strukturen in lebendem Gewebe zu untersuchen, ist die Kernspinresonanz-Tomographie in Kombination mit biochemischen oder physikalischen Methoden, mit denen Einzelzellen etwa im zentralen Nervensystem gezielt stimuliert werden können. Zum Beispiel kann man mit Hilfe der Kernspinresonanz-Tomographie *in situ* die Aktivität des Hörzentrums in der Großhirnrinde während des Stereohörens beobachten (s. Abb. 3.5.3).

3.5.4 Vom Einzelmolekül zum Ensemble: eine Brücke zwischen Bioinformatik und Physik

Komplexität und Individualität sind zwei komplementäre charakteristische Merkmale biologischer Materie. Sie konnten bei bisherigen Untersuchungen auf molekularer Ebene nur an Molekülensembles studiert werden. Die dadurch verursachte Mittelung der Messergebnisse über viele Moleküle macht die präzise mikroskopische Beschreibung biologischer Systeme zu einem schwierigen Unterfangen. Doch mittlerweile gibt es eine Reihe von physikalischen Methoden, um mit einzelnen Molekülen zu experimentieren.

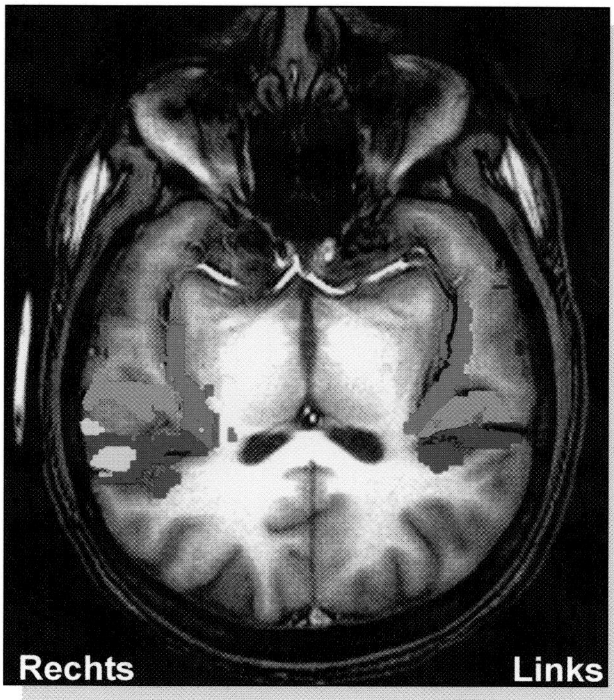

Abb. 3.5.3.
Direkte in situ Beobachtung der Aktivität des Hörzentrums unseres Gehirns während des Stereohörens. Der gelb markierte Bereich zeigt ein Zentrum für die Erkennung bewegter Schallquellen im Raum, das mit Hilfe der funktionellen Kernspintomographie entdeckt wurde. (Henning Scheich, Leibniz-Institut für Neurobiologie, Magdeburg)

Außerdem haben sich die molekularbiologischen Techniken rasant entwickelt, die es gestatten, Biomoleküle zu erzeugen und zu manipulieren. Dadurch haben sich in den vergangenen Jahren die Möglichkeiten drastisch verbessert, die physikalischen Eigenschaften einzelner Proteine oder der DNA zu untersuchen. Die genaue Bestimmung der physikalischen Eigenschaften und Verhaltensweisen einzelner Makromoleküle ermöglicht es, diese auch im Ensemble zu identifizieren. Das liefert dann im nächsten Schritt auch bessere Einblicke in die Komplexität biologischer Systeme.

Ein Meilenstein dieser Entwicklung war die Entdeckung der *patch clamp* Technik, die die Elektrophysiologie revolutioniert hat. Mit dieser Technik kann man die elektrische Leitfähigkeit einzelner Ionenkanäle und ihre Steuerung durch biochemische Vorgänge messen. Dadurch wurde erstmals gezeigt, dass unter physiologischen Bedingungen die Funktion einzelner Biomoleküle mit physikalischen Techniken messbar ist.

Mit der Entwicklung der Rastersondenmikroskopie durch Gerd Binnig und Heinrich Rohrer sowie der Kraftmikroskopie durch Paul Hansma, haben wir gelernt, physikalische Messsonden mit atomarer Präzision zu positionieren. Einzelne biologische Makromoleküle, z. B. in Membranen, können aus einem Ensemble herausgegriffen und individuell untersucht werden. Neben den elektrischen Eigenschaften stehen gegenwärtig vor allem die mechanischen Eigenschaften der Moleküle im Vordergrund. Mittlerweile kann man einzelne Moleküle mit Nanometer-Präzision manipulieren und gleichzeitig die dabei auftretenden Kräfte im Piconewton-Bereich messen, die etwa der Schwerkraft auf eine rote Blutzelle entsprechen. Das erlaubt es beispielsweise, den Bindungsprozess zwischen einzelnen molekularen Partnern wie Rezeptor und Wirkstoff detailliert aufzulösen. Dadurch kann diese Methode helfen, die molekulare Erkennung besser zu verstehen. So können einzelne Proteine mit der Einzelmolekül-Kraftspektroskopie entfaltet werden (s. Abb. 3.5.4). Dies liefert detaillierte Einblicke in die Funktion der Proteine, aber auch in die grundlegenden Mechanismen der Proteinfaltung. Es ist von entscheidender Wichtigkeit, die Proteinfaltungsmechanismen zu kennen, da die Funktion eines Proteins von der Faltung seiner Aminosäurekette abhängt.

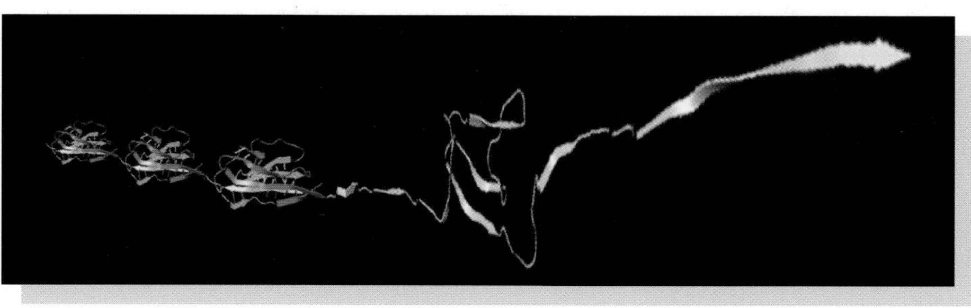

Abb. 3.5.4.
Durch wiederholtes Anlegen einer äußeren Kraft an den Enden eines Makromoleküls können Übergänge zwischen unterschiedlichen Faltungszuständen des Moleküls erzwungen werden. Zunächst wird das Molekül (hier das Muskelprotein Titin) wie eine Feder gestreckt, bis schließlich die schwächste der mehreren hundert aneinanderhängenden Domänen sich entfaltet (rechts im Bild). Domäne für Domäne wird so entfaltet und gestreckt.
(Hermann Gaub, Universität München)

Einblicke in das dynamische Verhalten einzelner Moleküle in komplexen Umgebungen wie z. B. in Zellen werden zunehmend auch mit Hilfe der zeitaufgelösten Einzelmolekül-Fluoreszenzspektroskopie möglich (s. Abb. 3.5.10). Der Aufschwung der Einzelmolekül-Messtechniken ist eng an die rasante Entwicklung der Großrechner gekoppelt. Mit ihnen berechnet man die dreidimensionale Form und die dynamischen Eigenschaften von Makromolekülen, indem man die Bewegungsgleichungen der einzelnen Atome des Moleküls löst.

Die Funktion der Proteine hängt in subtiler Weise von der richtigen dreidimensionalen Struktur ab. Es ist ein unverstandenes Wunder, wie die Proteine aus einer ungeheuren Vielfalt möglicher Strukturen die biologisch richtige Faltung finden. Die Computersimulation von Proteinbewegungen ermöglicht es, diese Fragen zu klären. Sie vermag, die Kraftspektroskopie-Experimente im Detail nachzubilden, um atomare Modelle für die Entbindung eines Rezeptor-Liganden-Komplexes (s. Abb. 3.5.5) oder die durch eine Kraft verursachte Entfaltung von Proteinen zu erstellen.

Die Moleküldynamik ist ein Zweig der Bioinformatik, der sich zu einem zukunftsträchtigen Gebiet der theoretischen Physik entwickelt. Die Bioinformatik befasst sich zudem mit der Verwaltung und Interpretation der ungeheuren Datenmenge über den Satz aller Proteine

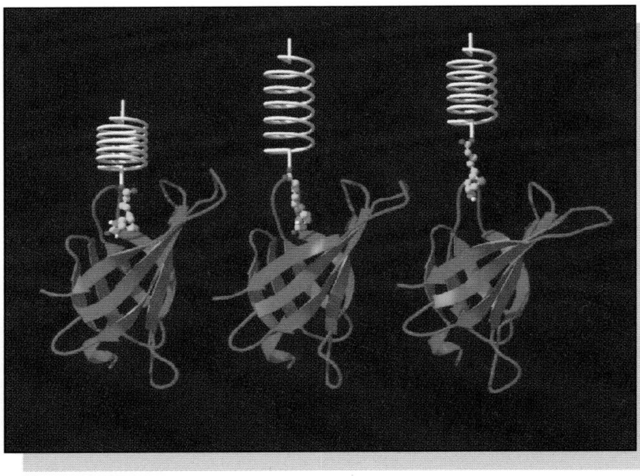

Abb. 3.5.5.
Simulation des Herausziehens eines an eine Feder gekoppelten Liganden aus der Bindungstasche eines Proteins.
(Helmut Grubmüller, MPI für biophysikalische Chemie, Göttingen)

eines Menschen, der durch das Genom festgelegt wird und den man auch als Proteom bezeichnet. Die Kenntnis der Buchstabenfolge des menschlichen Genoms ist an sich wertlos, solange man nicht weiß, wie diese Folge in Proteine umgesetzt wird. Die zentrale Aufgabe der „postgenomischen" Ära besteht darin, die sich vom Genom ableitenden Proteine zu charakterisieren und die Basensequenz als Ausgangpunkt für funktionelle Studien der kodierten Proteine zu nehmen.

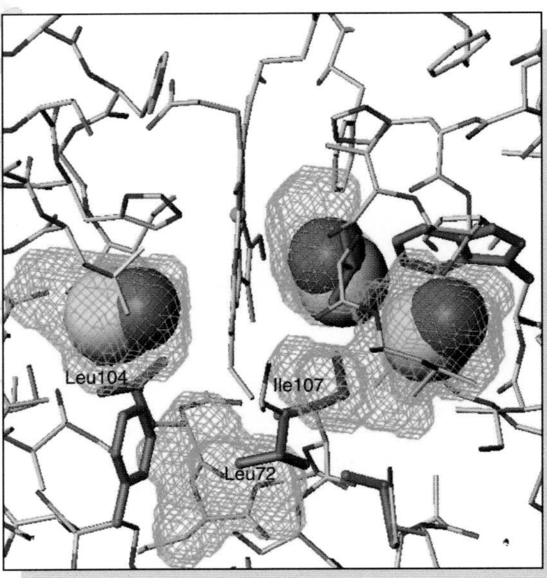

Abb. 3.5.6.
Drei verschiedene Lagen eines Kohlenmonoxidmoleküls (CO) im Myoglobin, sowie die grün gekennzeichneten Hohlräume im Innern des Proteins. (Ulrich Niehaus, Universität Ulm)

Die Untersuchung von Proteinkristallen mit Hilfe der dynamischen Röntgenbeugung ermöglicht es, die lokale Topologie, d. h. die Form der Bindungstaschen von Enzymen mit atomarer Auflösung zu studieren. Auf diese Weise kann man herausfinden, wie sich die Topologie durch gezielte Mutationen verändern lässt. Die Abb. 3.5.6 zeigt die Bindungstasche des Kohlenmonoxids im Myoglobin, einem Protein, das für den Sauerstofftransport in die Muskelzellen verantwortlich ist. Man erkennt, wie erstaunlich genau die Form der Bindungstasche für ihre Aufgabe angepasst ist, Moleküle von der Größe des Sauerstoffs (O_2) an das Eisenatom zu binden. Leider passt auch das gleichgroße Kohlenmonoxidmolekül (CO) in die Bindungstasche, weshalb es hochgiftig ist. Trotzdem wäre ein Austausch des Sauerstoffs zwischen der Bindungstasche und der Umgebung viel zu langsam, wenn das Protein nicht zwischenzeitlich seine Form verändern und „atmen" würde.

Die molekulare Bioinformatik ist *ein* wichtiger Zweig der theoretischen Biophysik. Ebenso wichtig ist die hier nicht behandelte Theorie der Informationsverarbeitung in den zellulären Netzwerken des zentralen Nervensystems oder des Immunsystems. Die Umsetzung der Information, die von den optischen oder akustischen Sinnesorganen kommt, in Erregungsmuster im zentralen Nervensystem ist ein faszinierendes Phänomen. Die parallel erzielten Fortschritte der Theorie neuronaler Netze sowie der in der Abb. 3.5.3 erwähnten experimentellen Methoden zur Beobachtung der Erregungsmuster auf der Millimeterskala sind ein Triumph der Biophysik, der starke Beachtung verdient.

3.5.5 Biologische Nanomaschinen

Photosynthese-Apparate - wo sich Biologie und Quantenphysik treffen

Die Photosynthese ist das Gebiet der Biologie, das die Physiker besonders intensiv bearbeitet haben (s. auch Abb. 3.1). Dies gilt vor allem für den primären Prozess: die photophysikalische Spaltung von Wasser in Sauerstoff, Elektronen und Protonen sowie die anschließende Speicherung einerseits der Protonen in Form elektrischer und chemischer Potentiale und andererseits der Elektronen durch Transfer auf sogenannte elektroaffine Farbstoffe. Die Natur musste dabei drei verschiedene physikalische Probleme lösen:

1. vom Sonnenlicht den sichtbaren und infraroten Spektralbereich einfangen, und sei es auch im dunkelsten Tümpel oder am Urwaldboden;
2. die Elektronen und Protonen unumkehrbar voneinander trennen;
3. die Elektronen, die in Wasser chemisch instabil sind, für längere Zeit speichern.

Das erste Problem wurde durch raffiniert aufgebaute Aggregate aus Proteinen und Farbstoffen wie Chlorophyll in den sogenannten Antennenkomplexen gelöst. Diese fangen das Licht ein und leiten die gewonnene Anregungsenergie längs geschickt angeordneter Farbstoffmoleküle mit abgestuften Energiezuständen wie auf einer Energieleiter zu dem eigentlichen Photosyntheseapparat weiter, dem *Reaktionszentrum*. Dort wird die Energie von einem sandwichartigen Komplex aus Chlorophyllmolekülen aufgenommen und zur Abspaltung eines Elektrons von diesem Komplex genutzt. Anschließend wird das Elektron sukzessive längs einer Kette von Farbstoffmolekülen bis zu einem Elektronenspeicher transportiert. Das zweite Problem, den irreversiblen Transfer des Elektrons, löst die Natur also dadurch, dass das Elektron in der extrem kurzen Zeit von einer billionstel Sekunde von Molekül zu Molekül springt. Die Lösung des dritten Problems besteht darin, dass das Reaktionszentrum in die Zellmembran eingebaut ist. Auf diese Weise können Elektronen und Protonen, durch die Membran voneinander getrennt, gespeichert werden. Durch diese gerichtete Ladungstrennung wird die Energie in Form von elektrochemischer Trennungsenergie gespeichert.

Man ist überwältigt von der „Cleverness", mit der die Natur die Gesetze der Photophysik und des Elektronentransfers ausnutzt, um Licht in elektrische Energie umzuwandeln (s. Abb. 3.5.7).

Die geometrische Struktur des Reaktionszentrums hat man mit Hilfe der Röntgenbeugung aufgeklärt. Dadurch ist es gelungen, die Anordnung der Farbstoffmoleküle in diesem Proteingebäude zu bestimmen. Dabei hat sich herausgestellt, dass die jahrelangen gemeinsamen Bemühungen von Physikern, Biologen und Chemikern, die Struktur und Funktion der Proteinmaschinerien ausschließlich mit spektroskopischen Methoden aufzu-

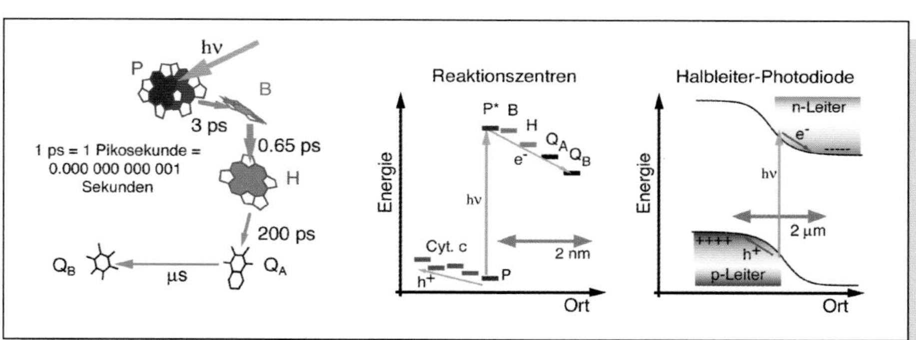

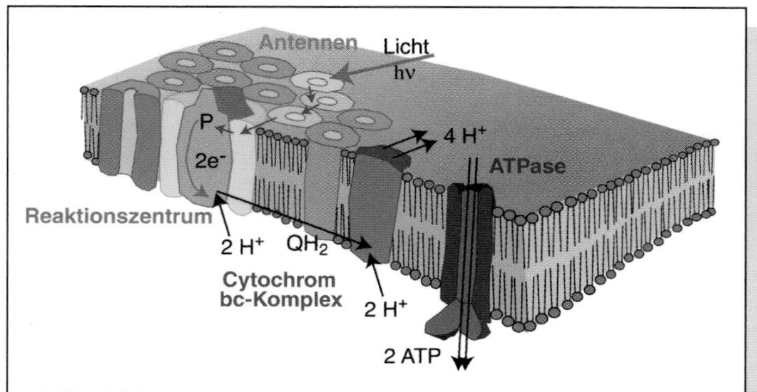

Abb. 3.5.7. Photosynthese.
Links: Elektronenspeicher eines photosynthetischen Bakteriums. Das Licht wird in den antennenähnlichen Lichtsammelkomplexen absorbiert. Die dabei gewonnene Anregungsenergie wandert zum Reaktionszentrum. Diese Nanomaschine trennt die Elektronen von den Protonen (H^+) und lagert sie vorübergehend in molekularen Speichern bzw. in Form eines elektrochemischen Gefälles der Protonenkonzentration. Das Konzentrationsgefälle wird von der „Maschine" ATPase (im Bild rechts unten) in die Energieform Adenosintriphosphat (ATP) umgewandelt. Oben: Das linke Bild zeigt, wie das Elektron ultraschnell entlang der Farbstoffleiter zum Elektronenzwischenspeicher Q hüpft. Die Vorgänge im Reaktionszentrum (mitte) ähneln denen in einer Photodiode (echts).
(Wolfgang Zinth, Universität München)

klären, außerordentlich erfolgreich waren. Doch erst mit den modernen Methoden der Ultrakurzzeitspektroskopie ist es gelungen, die schnellen Einzelprozesse der Ladungstrennung detailliert zu verstehen.

Chemomechanische Maschinen und Sonden

Antriebsmotoren der Zelle

In den Zellen sind molekulare Motoren allgegenwärtig. Sie sorgen für die Krafterzeugung in unseren Muskeln, bewerkstelligen den Transport in den Zellen und treiben die Kriechbewegung der Zellen oder das Schwimmen von Bakterien an. Wie die Technik, so hat auch die Natur Linearmotoren und Rotationsmotoren entwickelt - und das schon vor rund drei Milliarden Jahren, wie im Fall der Protonenpumpen.

Die Linearmotoren bestehen aus Schienen, gebildet durch Proteinfilamente wie das *Aktin* und die *Mikrotubuli*, und hebelartigen Antriebselementen wie das *Myosin* und das *Kinesin*.

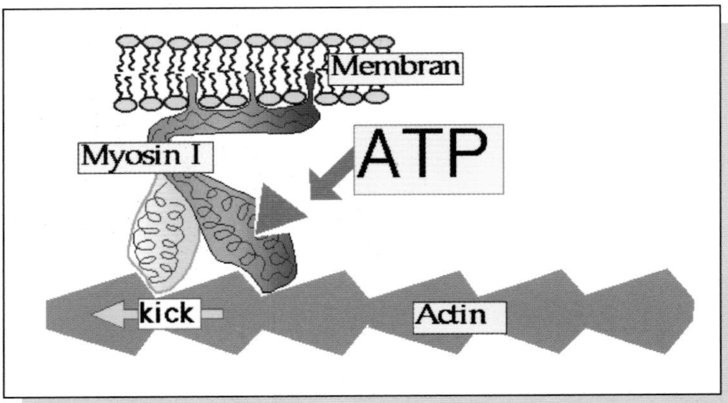

Abb. 3.5.8
Molekularer Linearmotor: Ein ATP-getriebener Kick des Myosins verschiebt die Membran um ca. ein hunderttausendstel Millimeter gegen das Aktinkabel.
(Erich Sackmann, TU München)

Die Abb. 3.5.8 zeigt am Beispiel des Aktin-Myosin-Motors, wie elegant die Natur das Problem gelöst hat, chemische Energie in Form der energiereichen Verbindung *Adenosintriphosphat* (ATP) mit erstaunlicher Effizienz in mechanische Kraft umzuwandeln. Die Aktinkabel bestehen aus einem etwa ein hunderttausendstel Millimeter dicken, sägezahnartigen Faden des Muskelproteins Aktin. Die Myosin-Antriebe besitzen einen Stamm, der an einer Membran fixiert ist, und einen Hebel, der über ein Gelenk mit dem Stamm verbunden ist. Der Trick des Myosin-Moleküls besteht darin, die Form seines Hebels zu ändern, sobald ein ATP-Molekül gespalten und dadurch Energie freigesetzt wird. Dabei klappt der Myosinhebel um und das Myosin wird zusammen mit der Membran entlang der Aktinschiene um ein hunderttausendstel Millimeter verschoben. Ist kein Energielieferant vorhanden, so sind die Myosinmoleküle fest an die Aktinfasern gebunden.

Unter physiologischen Bedingungen wird der Myosin-Antrieb durch das ATP in regelloser Weise aktiviert. Um daraus eine gerichtete Bewegung zu erzeugen, benutzt die Natur den Trick der Ratsche oder des Drehkreuzes, die eine Bewegung nur in einer Richtung erlauben. Wegen der sägezahnähnlichen Struktur der Aktinschiene kann Myosin nur bei der in Abb. 3.5.8 blau markierten Lage des Hebels binden und Kraft übertragen. Man erhofft sich aus dem Studium des Linearmotors neue Einsichten in das alte und unverstandene Problem, wie thermische Schwankungen in gerichtete Bewegung umgewandelt werden können. In dieser Frage gab es in den letzten Jahren wesentliche Fortschritte durch den Einsatz mikromechanischer Methoden, z. B. optische Laserpinzetten, im Zusammenspiel mit eleganten Theorien über die Umsetzung chemischer Prozesse in Bewegungsabläufe. Doch wir verstehen noch längst nicht, wie die zahllosen molekularen Motoren konzertiert zusammenarbeiten, um die großen Kräfte zu erzeugen, die unsere Muskeln bewegen.

Der Linearmotor wird auch für den Antrieb der Geißeln von Spermien oder Geißeltierchen benutzt. Für die schnelle Bewegung der viel kleineren Bakterien wählte die Natur hingegen den protonengetriebenen Rotationsmotor mit angekoppelten Geißeln (s. Abb. 3.5.9). Der Grund für diesen Wechsel des Antriebsprinzips ist rein physikalischer Natur. Bakterien besitzen in Wasser eine extrem kleine *Reynolds-Zahl*. Diese Zahl misst das Verhältnis von kinetischer Energie der Strömung zum Energieverlust durch Reibung und nimmt proportional zur Größe des schwimmenden Organismus zu. Die Reynolds-Zahl eines Bakteriums beträgt nur ein milliardstel derjenigen eines schwimmenden Menschen. Auf unsere Verhältnisse übertragen wäre dies so, als ob wir in Honig schwimmen müssten. Wie schon der Hydrodynamiker Geoffrey Taylor feststellte, besteht die effektivste Art der Fortbewegung unter diesen Umständen darin, schraubenförmige Stäbe zu drehen oder in Geißeln Biegewellen anzuregen. Bakterien bewegen sich daher durch Wasser wie Schrauben durch ein Stück Holz. Taylor hat auch gezeigt, dass mit Biegewellen eine translatorische Kraft nur bei sehr kleinen Reynolds-Zahlen erzeugt wird. Für Fische im Wasser wäre ein solcher Antrieb daher ungeeignet. Wir können nur voll Ehrfurcht bewundern, wie elegant die Natur die hydrodynamischen Gesetze ausnutzt.

Der Rotationsmotor wird durch ein Gefälle in der Protonenkonzentration angetrieben, das durch Protonenpumpen wie z. B. Bakteriorhodopsin erzeugt wird. Es ist ein in der Natur weit verbreitetes Prinzip, Gefälle von Ionenkonzentrationen zu nutzen.

Den kleinsten Rotationsmotor erfand die Natur allerdings nicht als Geißelmotor, sondern in Form des Enzyms ATP-Synthase, das ein Gefälle in der Protonenkonzentration in ATP umwandelt (s. Abb. 3.510). Bei ATP-Überschuss kann diese Maschine aber auch unter Umkehr der Pumprichtung ATP in Form eines erhöhten Gefälles der Protonenkonzentration speichern, wie ein Pumpspeicherkraftwerk überschüssige elektrische Energie zum Rückpumpen von Wasser in den Stausee nutzt.

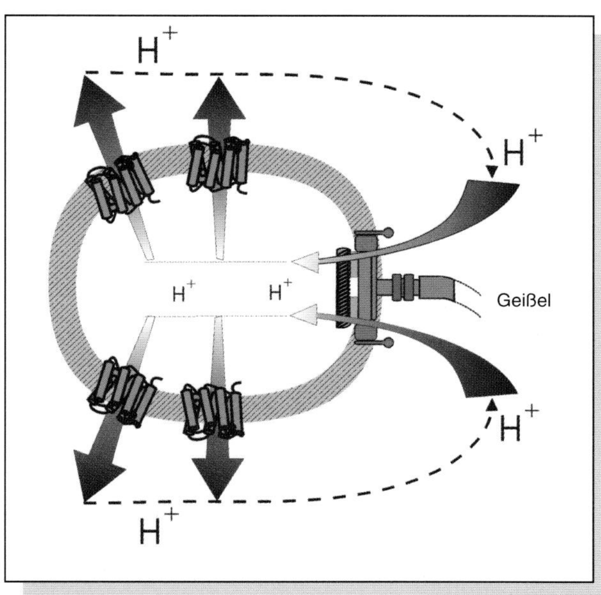

Abb. 3.5.9.
Schema eines Archaebakteriums mit Geißelmotor. Der Motor ist mit einer etwa 4 Mikrometer langen Geißel verbunden und schafft rund 150 Umdrehungen in der Sekunde. Die Membran bildet die Führung des Motors, der aus rund 20 verschiedenen Proteinen aufgebaut ist. Der Antrieb erfolgt durch Protonenfluss.
(Birgit Scharf, Universität Regensburg)

Molekulare Motoren mit ATP-Antrieb sind nicht nur für die Fortbewegung von Zellen, Zellkompartimenten oder Bakterien wichtig, sondern auch für elementare biochemische Prozesse, beispielsweise für die Bewegung der Polymerasen, der Reproduktionsmaschinen der DNA.

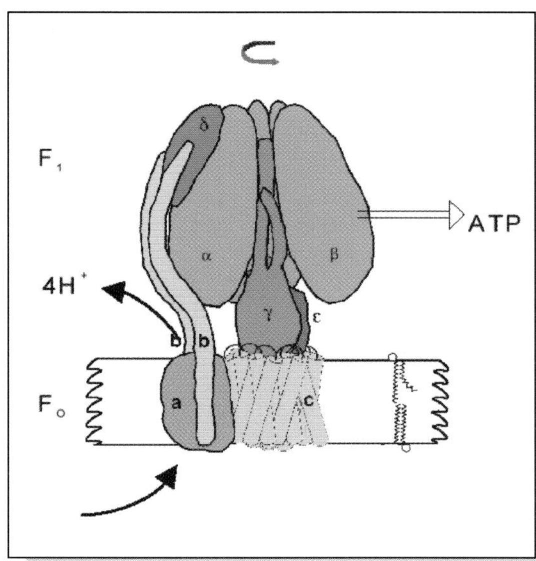

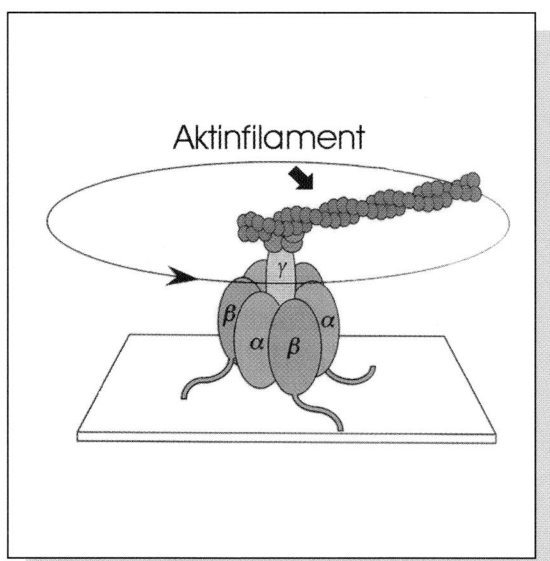

Abb. 3.5.10. ATP-Synthase.
Links: Nanomaschine zur Erzeugung von ATP, die einen Protonenfluss in Richtung abnehmender Protonenkonzentration ausnutzt. Solche Konzentrationsunterschiede werden z. B. durch den Photosyntheseapparat erzeugt.
Rechts: Um die Rotation des aus der Membran ragenden Kopfes der Maschine (F1) beobachten zu können, dockt man ein rund 1 Mikrometer langes fluoreszierendes Aktinfilament an der Spitze des Kopfes an. Während sich der Kopf dreht und dabei Protonen durch die Membran transportiert, erzeugt er das ATP aus Adenosindiphosphat (ADP) und einer Phosphatgruppe.
(Wolfgang Junge, Universität Osnabrück)

Kasten 3.5.2.
Aufklärung der Mikromechanik der Zellhülle oder des Zytoplasmas

Das Zellinnere ist nicht nur vollgepackt mit zahlreichen funktionellen Komponenten, sondern auch durchwoben von einem Gespinst aus langen Proteinkabeln, dem *Zytoskelett*. Beispiele für diese Kabel sind das Aktin (rot) oder die Mikrotubuli (grün). So bilden die roten Aktinfilamente ein rund ein tausendstel Millimeter dickes Netzwerk, das sich an die Innenseite der Zellmembran anschmiegt und diese stabilisiert (s. Abb. 3.5.1).

Das Zytoskelett bildet ein sehr bewegliches Gerippe, das den Zellen ihre adaptiven mechanischen Eigenschaften verleiht. Deshalb verhalten sie sich gegenüber schnellen Kraftstößen wie elastische Festkörper, während sie unter langsam veränderlichen Belastungen (z. B. im Blutstrom) ihre Form und Steifheit durch Reorganisation des Zytoskeletts optimieren, um den oft enormen mechanischen Belastungen in den Arterien standhalten zu können.

Die Filamente des Zytoskeletts sind gleichzeitig Schienen für molekulare Linearmotoren, die für den schnellen Transport von Kompartimenten wie Mitochondrien oder materialgefüllten Bläschen sorgen, die der lebensnotwendigen Versorgung dienen. Die hebelartigen Antriebselemente wie Kinesin im Falle der Mikrotubuli und Myosin im Falle der Aktinkabel sind dabei an die Membran der Kompartimente angedockt. Die Aktin-Myosin-Motoren spielen eine zentrale Rolle bei allen chemomechanischen Formumwandlungen der Zellen, beispielsweise bei der Zellteilung und der Fortbewegung, und können zu diesem Zweck intrazelluläre Miniaturmuskeln bilden.

Die Erforschung der adaptiven elastischen Eigenschaften der Zelle und der intrazellulären Kräfte ist eine wichtige und zukunftsträchtige Aufgabe für Physiker, da sie die Entwicklung neuer, miniaturisierter mechanischer Messmethoden erfordert. Sie ist von großer biologischer Bedeutung, um die Kontrolle zellulärer Prozesse durch biochemische Signalkaskaden und genetische Aktivitäten besser zu verstehen. Eine vielversprechende Untersuchungsmethode ist die Kraftspektroskopie mit kolloidalen Sonden, sowie magnetischen und optischen Pinzetten. Diese werden über monoklonale Antikörper oder spezifische Liganden gezielt an Subsysteme der Zellen angedockt oder mit Hilfe von angekoppelten Motorproteinen als Imitate von Transportvesikeln in die Zelle eingeschleust, wie Abb. 3.5.11 zeigt. Die Nanomechanik mit kolloidalen Sonden wird somit zu einer neuen Art von Mikroskopie, da sie gleichzeitig Informationen über die komplexe Architektur der Zellen liefert und die Messungen wichtiger physikalischer Eigenschaften erlaubt. Sie ermöglicht es beispielsweise in Echtzeit, lokale Strukturänderungen der Zellhülle und des Zytoskeletts oder die Veränderung der Zell-Adhäsion auf Gewebe, hervorgerufen durch Pharmaka, Toxine, Mutationen oder Krankheiten, quantitativ zu charakterisieren.

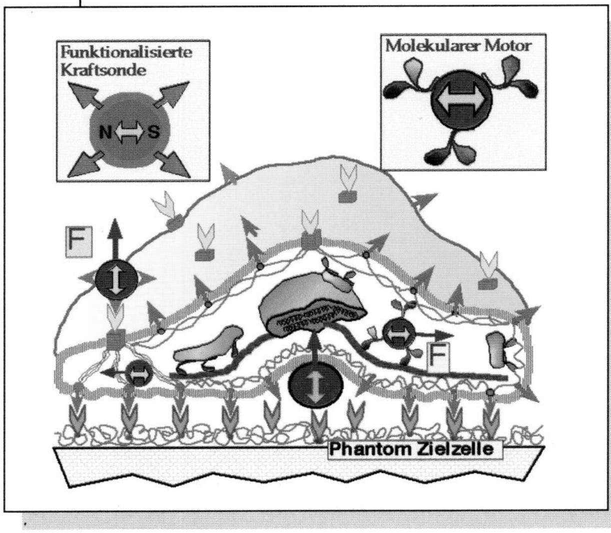

Abb. 3.5.11.
Miniaturisierung mechanischer Methoden der Zellbiologie. Zur lokalen Messung der Deformierbarkeit der Zellmembran oder des Zytoskeletts werden die kolloidalen Kraftsonden an Rezeptoren der Zelloberfläche (links oben im Bild) oder an die Filamente des Zytoskeletts angedockt (links im Bild). Man misst die Auslenkung nach Anlegen einer Kraft F. Zur Messung der intrazellulären Transportkräfte werden die Sonden mit den Antriebselementen der intrazellulären Linearmotoren, wie Kinesine und Myosine (rechts im Bild), verbunden. (Erich Sackmann, TU München)

3.5.6 Ein Blick in die Zukunft

Das Ziel dieses Kapitels war es, anhand einer kleinen Auswahl von Themen zu zeigen, dass die Physik der biologischen Materialien und der lebenden Materie ein faszinierendes und zukunftsträchtiges Gebiet ist. Es sollte klargemacht werden, dass die Physiker eine führende Rolle in den Lebenswissenschaften spielen können, wenn sie bereit sind, biologische Materialien in ihrer Komplexität zu akzeptieren und sich mit biologischen Fragestellungen auseinanderzusetzen. Die Fähigkeit der Physiker, komplexe Zusammenhänge auf universelle Gesetzmäßigkeiten hin zu untersuchen, bietet zahlreiche Forschungsperspektiven und hochinteressante Fragestellungen.

Wir müssen dabei der Natur folgen und das ganze Spektrum der Größenskalen vom Einzelmolekül bis zum zellulären Netzwerk im Auge behalten. Unser Ehrgeiz sollte sich nicht auf die Entwicklung neuer Methoden beschränken. Wir müssen vielmehr versuchen, die Selbstorganisation und Funktion biologischer Materialien auf der Basis der Physik zu verstehen und die Regulation biologischer Prozesse durch physikalische Prinzipien zu erklären.

Für die Zukunft zeichnen sich mehrere Stoßrichtungen biophysikalischer Forschung ab. Auf dem Gebiet der molekularen Biophysik sind dies beispielsweise:

- die Verfeinerung hochauflösender und schneller Methoden der Röntgenbeugung mit Hilfe von Synchrotonstrahlung, um die Struktur kurzlebiger Zwischenzustände von Proteinen oder die Rolle der Proteindynamik für enzymatische Reaktionen aufklären zu können;
- die Weiterentwicklung der Einzelmolekülspektroskopie mit Kraftsonden und ultraschnellen photophysikalischen Methoden, wobei das zentrale Ziel die Anwendung dieser Methoden auf Einzelmoleküle und Nanomaschinen in Zellen sein muss;
- der Einsatz der Neutronenbeugung und der NMR-Spektroskopie an lokal isotopenmarkierten Molekülen unter Ausnutzung der neuen Möglichkeiten der Gentechnik, Proteine gezielt zu mutieren;
- die Weiterentwicklung der Elektronentomographie, um biologische Makromoleküle in Zellen zu lokalisieren und zu identifizieren.

Diese molekularen Methoden werden ihre volle Kraft aber erst in Verbindung mit fortgeschrittenen Simulationen der Moleküldynamik entfalten, für die eine neue Generation von Superrechnern benötigt wird. Dabei ist es aber auch notwendig, neue Konzepte zu entwickeln, um langsame und subtile Prozesse der Proteinfaltung beschreiben zu können. Hier eröffnen sich noch ungeahnte Möglichkeiten für theoretische Physiker.

Eine weitere wichtige Aufgabe für theoretische Physiker mit Interesse an komplexen biologischen Systemen ist die Informationsverarbeitung in zellulären Netzwerken, etwa im Gehirn, die hier nur am Rande angesprochen wurde. Die rapide Entwicklung invasiver Methoden (wie der Mikroelektrodenarrays) und nichtinvasiver, abbildender Methoden (wie der Kernspinresonanz- und Positronenemissions-Tomographie, PET) eröffnet neue experimentelle Möglichkeiten, um lokale Erregungsfelder direkt sichtbar zu machen.

Eine sehr zukunftsträchtige Kombination von Festkörper- und Biophysik, die hier nicht behandelt wurde, ist der Aufbau biofunktioneller Systeme auf nanostrukturierten elektrooptischen Bauelementen, beispielsweise Arrays von Punkttransistoren. Dazu ist es nötig, Proteine, DNA und Zellen störungsfrei zu immobilisieren. Als Beispiel sei der Aufbau von Netzwerken aus Neuronen auf Halbleiterelementen genannt (s. Abb. 3.5.12).

Dieses Gebiet der die Biologie nachahmenden, *biomimetischen* Physik erfordert die enge Zusammenarbeit von

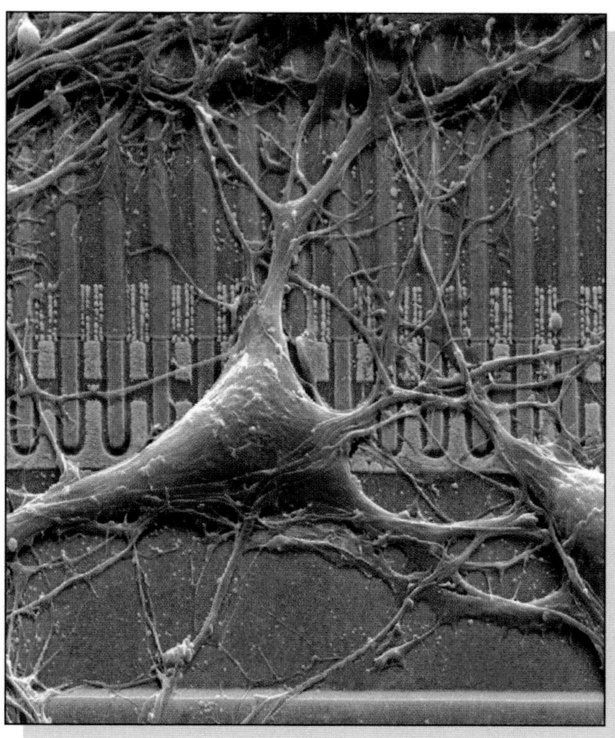

Abb. 3.5.12.
Eine einzelne Nervenzelle aus dem Hirn einer Ratte hat sich auf einem linearen Array aus Feldeffekt-Transistoren eines Siliziumchips festgesetzt. Es kommt zu einer direkten Übertragung der ionischen Signale der Zelle auf den Halbleiter in Form von elektronischen Signalen. Elektronenmikroskopische Aufnahme: Breite des Bildes ca. 40 Mikrometer. (Peter Fromherz, MPI für Biochemie, Martinsried)

Physikern, Chemikern und Biologen. Das Ziel ist dabei, intelligente Biosensoren zu entwickeln, die nicht nur geeignet sind, die Wirkung von Pharmaka schnell zu überprüfen, sondern mit denen sich auch biologisch aktive von krankhaft mutierten Vertretern einer Proteinspezies unterscheiden lassen.

Ein anderes zukunftsträchtiges Gebiet der von der Biologie inspirierten Physik beschäftigt sich damit, unter Ausnutzung der Tricks der Natur neue Materialien herzustellen. Zum Beispiel will man extrem schmutzabweisende und regenerierfähige Oberflächen herstellen, indem man den Lotuseffekt von Blättern nachbildet und die mikroskopische Oberflächenrauheit der Haut der Blätter imitiert; oder man will die Delphinhaut imitieren und den Strömungswiderstand einer Oberfläche in einer Flüssigkeit dadurch verringern, dass man die Oberfläche mit Polysacchariden beschichtet. Ein anderes Beispiel ist der Aufbau extrem empfindlicher mechanoelektrischer Sensoren, indem man die Haarzellen unseres Hörsinnes nachahmt.

Eine weitere große Herausforderung für die Physiker ist es zu verstehen, wie die Architektur und die physikalischen Eigenschaften zellulärer Apparate, z. B. der Membranen, des Zytoskelett oder der mechanoelektrischen Rezeptoren, durch genetische und biochemische Regelkreise adaptiv gesteuert werden. Dabei geht es unter anderem um die Frage, wie die Zellen physikalische Materialeigenschaften wie z. B. die Elastizität oder mechanische Kräfte ausnutzen, oder wie sie Umwelteinflüsse erfassen und auf diese adaptiv reagieren. Ein Beispiel ist die Kontrolle der Zelladhäsion und der Zell-Zell-Erkennung aufgrund spezifischer Grenzflächenkräfte und der Membranelastizität, insbesondere wenn diese auf Grund von Krankheiten wie z. B. Krebs verändert sind. Dazu ist die Entwicklung physikalischer Methoden der Zellbiologie notwendig, mit denen physikalische Eigenschaften der Zellmembranen in den Zellen oder im Gewebe präzise gemessen werden können (s. Kasten 3.5.2). Hier gibt es für die Physiker noch viel Neuland zu entdecken. Dabei wird es zunächst notwendig sein, von den wissenschaftlichen Tugenden des 19. Jahrhunderts zu lernen und Wissenschaft unter Überwindung des engen Spezialistentums auf breiter Grundlage zu betreiben.

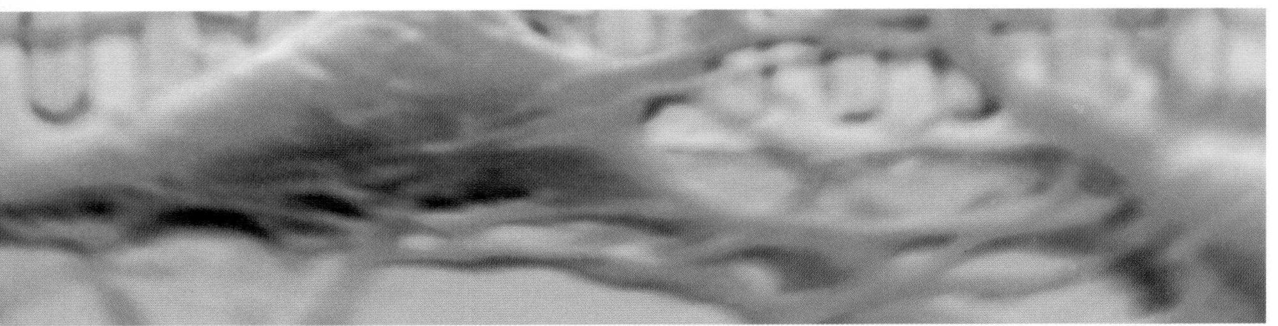

3.6

Die Physik und das System Erde

Bei unseren Anstrengungen, das „System Erde“ zu untersuchen und zu verstehen, spielen physikalische Überlegungen und vor allem physikalische Messmethoden eine immer größere und wichtigere Rolle. Um den Geheimnissen unseres Planeten auf die Spur zu kommen, setzen die Geowissenschaftler Beobachtungssatelliten ein, sie durchleuchten die Erde mit seismischen (schallartigen) und elektromagnetischen Wellen, sie nutzen Teilchenbeschleuniger für ihre Messungen, sie untersuchen Gesteine unter extremen Druck- und Temperaturbedingungen und greifen auf eine Vielzahl physikalischer Methoden zur Analyse von Gesteinen zurück. Mit Hilfe verfeinerter Messtechniken und moderner Computertechnologie kann man heute geologische Prozesse in allen zeitlichen und räumlichen Größenbereichen mit hoher Auflösung erfassen, quantifizieren und modellieren.

Wir leben auf einem dynamischen Planeten: Angetrieben durch großräumige konvektive Stoffumlagerungen und Energieumsätze in seinem Inneren, sowie durch vielfältige Einwirkungen von außen, befindet sich die Erde in einem ständigen Wandel. Um den Lebensraum Erde zu verstehen, müssen wir die Erde als System betrachten, in dem die feste Erde, die Ozeane und die umgebende Atmosphäre, einschließlich der Lebensvorgänge darin, zusammenwirken. Dieses „System Erde“ - Geosphäre, Kryosphäre, Hydrosphäre, Atmosphäre und Biosphäre - ist außerordentlich komplex. Prozesse, die in und auf der Erde ablaufen, sind miteinander gekoppelt und bilden verzweigte Ketten von Ursachen und Wirkungen, die der Mensch durch seine Eingriffe in die natürlichen Kreisläufe beeinflusst.

3.6.1

Die Erde - eine Wärmekraftmaschine

Unsere Vorstellungen über die äußere Form und den Aufbau der Erde haben sich im Laufe der Jahrhunderte grundlegend geändert und weiterentwickelt. So war die Kugelform der Erde zwar bereits Eratosthenes von Kyrene (ca. 282 bis 202 v. Chr.) bekannt; dennoch hielt sich von der Antike bis ins Mittelalter die weitverbreitete Ansicht, dass die Erde eine Scheibe sei und im Mittelpunkt des Universums stehe. Erst mit Kepler und Galilei setzte sich allgemein die Erkenntnis durch, dass die Erde Kugelform hat und nicht im Mittelpunkt des Universums steht, sondern ein Teil des Sonnensystems ist. Diese Erkenntnis beruhte nicht zuletzt auf verfeinerten Beobachtungstechniken (z. B. Fernrohren) und auf einer sich stürmisch entwickelnden Mathematik.

Im Gegensatz zu den aufregenden Erkenntnissen in der Astronomie und der Kosmologie blieben die Vorstellungen der Menschen über das Erdinnere weiterhin von abenteuerlichen Spekulationen und Mythen beherrscht, da keine Technologien verfügbar waren, um in das tiefe Erdinnere zu schauen. Dies änderte sich erst um die Wende zum zwanzigsten Jahrhundert, als - mehr durch Zufall - die ersten Registrierungen von Erdbebenwellen mit einem Horizontalpendel gelangen (s. Abb. 3.6.1).

In den folgenden Jahren wurden die ersten systematischen Untersuchungen der „Erdschwingungen“ angestellt. Aus dieser neuen Anwendung der Pendelregistrierungen entwickelte sich die Seismologie als eine Wissenschaft, die Erdbebenwellen als Sonden benutzt, um das Innere der Erde zu erkunden. Erdbebenwellen sind Druck- oder Scherwellen, die sich im Gestein fortpflanzen. Mit weiterer Verfeinerung der Aufnahmetechniken verbesserte sich auch unser Bild vom Erdinneren. Dies führte zu unserer heutigen Vorstellung über den Schalenaufbau der Erde, mit

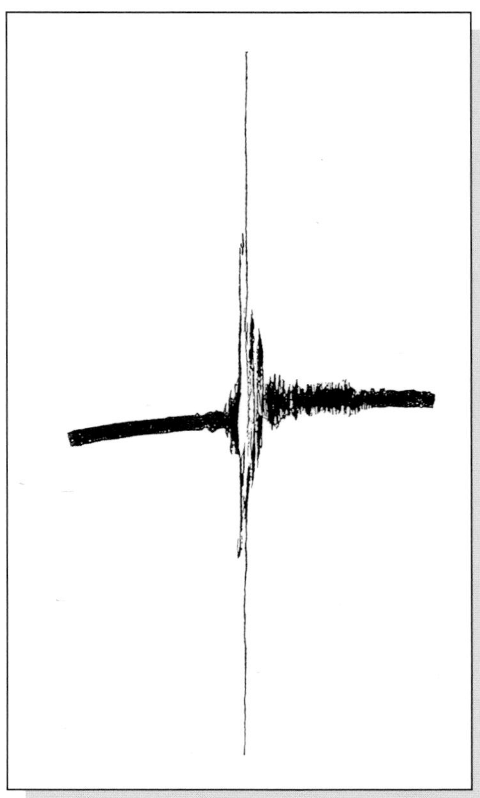

Abb. 3.6.1.
Die weltweit erste Fernaufzeichnung eines Erdbebens durch Ernst v. Rebeur-Paschwitz. Das in Potsdam registrierte Erdbeben ereignete sich am 17. April 1889 in Japan. Die Kurve zeigt den Horizontalausschlag eines Pendels, der optisch auf einem Film aufgezeichnet wurde. Der ganze Vorgang dauerte nur wenige Sekunden. (GFZ, Potsdam)

einem festen inneren Kern, einem flüssigen äußeren Kern, dem darüber liegenden Erdmantel und schließlich der ca. 30 bis 50 km dicken Erdkruste (s. Abb. 3.6.2).

Als Alfred Wegener 1910 die *Kontinentaldrift* postulierte, tat er damit einen revolutionären Schritt. Durch das Studium der Form der Kontinente war er zu der Überzeugung gelangt, dass die heutigen Kontinente in früheren Zeiten zu einem großen „Superkontinent" gehört haben und dann auseinandergebrochen und auseinandergedriftet sein müssen. Allerdings hatte Wegener noch sehr unklare Vorstellungen von den physikalischen Ursachen dieses Prozesses. Der Schlüssel zu einer experimentell-beobachtenden Erforschung der Kontinentaldrift war die Idee, die Erde an verschiedenen Stellen anzubohren. In den sechziger Jahren starteten die USA das *Deep Sea Drilling Program*, das in den siebziger Jahren in das noch heute laufende Internationale *Ocean Drilling Program* mündete, an dem auch Deutschland maßgeblich beteiligt ist. Dieses breit angelegte Ozeanbohrprogramm erbrachte eine Reihe von grundlegenden Erkenntnissen über den Aufbau der Erde und die geodynamischen Prozesse, die unseren Planeten formen. So zeigte es sich, dass der Ozeanboden rund 20mal jünger ist als die etwa 4 Milliarden Jahre alten Kontinente, weil ständig neuer Ozeanboden an den mittelozeanischen Rücken produziert wird. Anschließend wird er wie auf einem Fließband beiderseits der Rücken wegtransportiert. Nach etwa 200 Millionen Jahren verschwindet der Ozeanboden schließlich wieder - wie in einem riesigen Recycling-Prozess - in sogenannten Subduktionszonen unter den Kontinenten und gelangt so zur Kern-Mantel-Grenze zurück (s. Abb. 3.6.2). Die Geschwindigkeit dieser Prozesse beträgt bis zu 15 cm pro Jahr; sie ist also der Wachstumsgeschwindigkeit eines Daumennagels vergleichbar. Wir stellen uns heute vor, dass die Erde wie eine riesige Recycling-Anlage funktioniert, die durch den Temperaturunterschied zwischen dem 4000 bis 5000 °C heißen Erdkern und der etwa 20 °C kalten Oberfläche angetrieben wird.

Diese „Wärmekraftmaschine" kommt am schnellsten und effektivsten zu einem Temperaturausgleich mit dem sie umgebenden kalten Weltraum, indem heiße Materie aus der Tiefe nach oben transportiert wird, wo sie die Wärme an der Erdoberfläche abgibt. Heißes Material, das spezifisch leichter ist als kaltes, steigt von der Grenze des Erdkerns in 2900 km Tiefe durch den Erdmantel nach oben. An der Oberfläche kühlt dieses Material dann ab und sinkt, da spezifisch schwerer geworden, wieder nach unten. Auf diese Weise entstehen im Erdmantel riesige Konvektionswalzen, die Material und Energie transportieren. Gleichzeitig bewegen sie die auf ihnen „schwimmenden", aus leichteren Gesteinen bestehenden Kontinentalplatten. Die beobachtete Kontinentaldrift wiederum ist ein klares Anzeichen für diesen Wärmetransport durch Konvektion von Materie - ein physikalischer Prozess, wie er in jeder von unten erwärmten flüssigen oder gasförmigen Schicht auftritt.

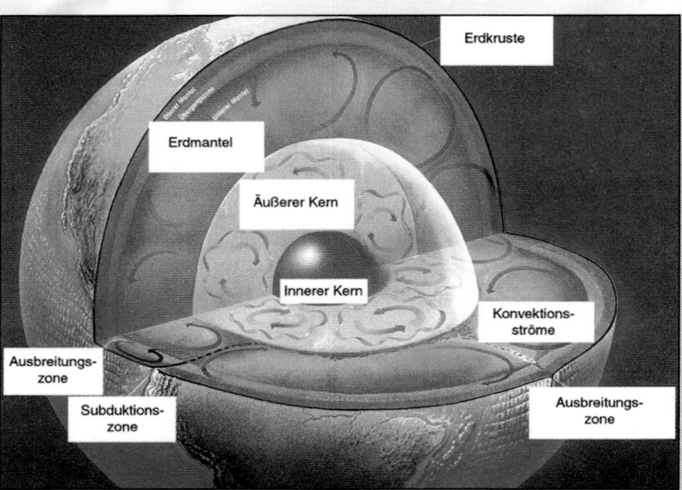

Abb. 3.6.2.
Schematisches Bild vom Schalenaufbau der Erdkugel. (GEO, Hamburg)

Die Seismologie - ein Fenster zum Erdinneren

Direkt erfahrbare Auswirkungen der anhaltenden Dynamik der Erde sind Erdbeben und Vulkanismus. Immer wieder haben diese Naturgefahren schwere Katastrophen über die Menschheit gebracht. Für die Wissenschaft sind sie aber eine einzigartige Informationsquelle über die Strukturen und Prozesse im Erdinneren. Die Seismologie, die Wissenschaft von den Erdbeben, hat sich seit dem Ende des letzten Jahrhunderts von einer kleinen, beobachtenden und messenden Wissenschaft zu einem internationalen Großunternehmen entwickelt. Heute findet die Seismologie zahlreiche Anwendungen, etwa bei der Exploration in der Erdölindustrie und bei der Beurteilung der Erdbebengefährdung von möglichen Standorten für große, kritische Bauvorhaben wie Atomkraftwerke, Staudämme oder Brücken, oder auch um Atombombentests nachzuweisen.

Erdbeben entstehen durch Bruchvorgänge an „aktiven" Rändern von Kontinentalplatten, also bei *Subduktionsprozessen*, wenn eine Platte unter eine andere gleitet, oder wenn sich Kontinentalplatten seitlich gegeneinander verschieben (s. Abb. 3.6.3). Ein solcher „Gleitprozess" ist keineswegs ein stetiger Vorgang. Vielmehr kommt es immer wieder dazu, dass zwei einander gegenüberliegende Einheiten „verhaken". Verschieben sich die Platten weiter, so werden Spannungskräfte aufgebaut, die in einem plötzlichen Bruchprozess - dem Erdbeben - mit schnellen Verschiebungen freigesetzt werden, die einige Meter betragen können. Welch ungeheure Wirkung Erdbeben haben, sieht man daran, dass die bei einem schweren Erdbeben oft in Sekunden freigesetzte Energie etwa 1% des jährlichen Energieverbrauchs der USA entspricht. Die beim Bruch freigesetzte Energie breitet sich in Form von Druck- und Scherwellen (also längs und quer zur Ausbreitungsrichtung schwingenden „Schall"-Wellen) in der Erde und an ihrer Oberfläche aus. Diese Wellen werden, bei entsprechender Stärke des Bebens, noch in Entfernungen von einigen tausend Kilometern registriert. Gerade das macht sie nützlich, denn sie enthalten Informationen über die von ihnen durchlaufenen Schichten der Erde.

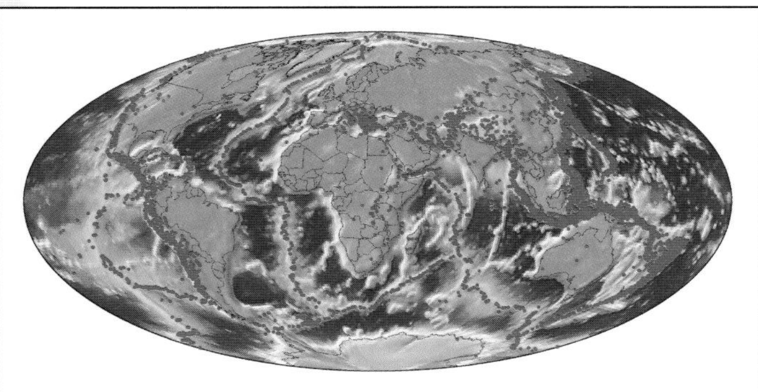

Abb.3.6.3.
Die Lage der Epizentren von Erdbeben mit Stärken (Magnituden) größer als 5,5 auf der Richterskala, aufgetragen über zehn Jahre. Man sieht deutlich, dass fast alle Erdbeben an den Rändern der Kontinentalplatten auftreten, z. B. im Westen von Südamerika oder in Kalifornien. (GFZ, Potsdam)

Heute registriert man Erdbebenwellen mit Hilfe eines dichten Netzes weltweit installierter Seismometer, die für einen breiten Bereich von Schwingungsfrequenzen empfindlich sind. Die Seismometer sind zu einem internationalen Informationssystem zusammengeschlossen. Die damit gewonnenen Daten werden in Zukunft tomographische, also dreidimensionale Aufnahmen des Erdinneren ermöglichen, auf denen noch Details von einigen zehn Kilometern Größe erkennbar sind.

Es liegt nahe, die Erdkruste nicht nur durch die Wellen der bislang unvorhersehbaren, natürlichen Erdbeben zu untersuchen, sondern auch durch solche Wellen, die man durch absichtlich ausgelöste Sprengstoffdetonationen in flachen Bohrlöchern oder mit Hilfe von großen Rüttelmaschinen erzeugt hat. Bei dieser *Reflexionsseismik* werden die aus Tiefen von bis zu 100 km zurückkommenden seismischen Echos von mehreren hundert Seismometern auf der Erdoberfläche registriert. Die Seismogramme der einzelnen Messstationen werden anschließend mit Hilfe spezieller Verfahren überlagert und ergeben dann ein physikalisches Abbild, eine Tomographie des untersuchten Untergrundes. Die Auflösung der Reflexions- und Oberflächenseismik wird von der Wellenlänge der durch das Gestein laufenden Schallwellen bestimmt.

Satelliten zur Vermessung der Erde

Die Beobachtung und die Vermessung der Erde aus dem Weltraum spielen eine immer wichtigere Rolle in den Geowissenschaften. Mit Hilfe hochgenauer Sensoren, superschneller Rechner und effektiver numerischer Mathematik kann man heute die Prozesse im Erdinneren selbst in feinen Details studieren. So wird über spezielle Satelliten wie z. B. CHAMP, der im Sommer 2000 startete, die räumliche und zeitliche Feinstruktur des Erdschwerefeldes verfolgt (s. Abb. 3.6.4).

Abb. 3.6.4.
Der Forschungssatellit CHAMP (CHAllenging Micro Satellite Payload) des Geoforschungszentrums Potsdam (GFZ).
(NASA, GFZ, Potsdam, und L. Hannemann)

Das physikalische Grundprinzip der Schwerefeldmessung mit Satelliten ist einfach. Kleinste örtliche Unterschiede in der

Erdanziehungskraft, verursacht durch Dichteunterschiede in der Erde aufgrund von lokal verschiedenen Temperaturen oder Materialzusammensetzungen, beeinflussen die Umlaufbahnen niedrig fliegender Satelliten. Von global verteilten Messstationen aus werden dann die Satellitenbahnen mit Hilfe von Laser-Abstandsmessungen äußerst genau bestimmt. Aus dem Verlauf der Bahnen können dann die Details des Schwerefeldes abgeleitet werden. Auf diese Weise lässt sich die Detailform der Erde, das *Geoid*, mit großer Genauigkeit bestimmen (s. Abb. 3.6.5).

Das Geoid wiederum bildet, als sogenannte Äquipotentialfläche, die Bezugsbasis für andere Messmethoden wie z. B. die *Satellitenaltimetrie*, also die Höhenmessung mit Hilfe von Satelliten. Das wohl wichtigste Instrument der Orts- und Bewegungsbestimmung mit Satelliten ist das *Global Positioning System* (GPS), das ursprünglich für Navigationszwecke und sehr genaue Positionsbestimmungen vom amerikanischen Militär installiert wurde. Benutzt man statt *eines* GPS-Empfängers ein ganzes Netz von Empfängern, so erreicht man eine Ortsauflösung von einigen Millimetern. Auf diese Weise kann man die Verschiebungen, die bei den tektonischen Plattenbewegungen auftreten, gut auflösen, da sie bei einigen Zentimetern pro Jahr liegen. Besonders interessant ist die detaillierte Auflösung von regionalen Bewegungsmustern, wie das Beispiel Indonesien zeigt (s. Abb. 3.6.6).

Ein anderes Messverfahren der Satellitentechnologie, das zukünftig grundlegende Erkenntnisse erwarten lässt, ist die SAR-Interferometrie *(Synthetic Aperture Radar)*. Hierbei tastet der Satellit mit Radar einen Streifen der Erdoberfläche kontinuierlich ab und registriert das Höhenrelief zentimetergenau. Überlagert man Radarbilder zweier aufeinanderfolgender Überflüge des Satelliten, so erhält man ein Interferogramm, das die Abweichungen der beiden Bilder voneinander messbar werden lässt und somit sichtbar macht. Zum Nutzen der Erdbebenforschung kann man mit dieser Methode die Deformationen der Erdkruste und die Zunahme mechanischer Spannungen messen, wie Abb. 3.6.7 zeigt.

Abb. 3.6.5.
Die unregelmäßige Äquipotentialfläche des Schwerefeldes der Erde, stark überhöht dargestellt. Die Erde ist demnach eine vielfach verbeulte, verschrumpelte, mit Furchen und Graten verzierte „Kugel". (GFZ, Potsdam)

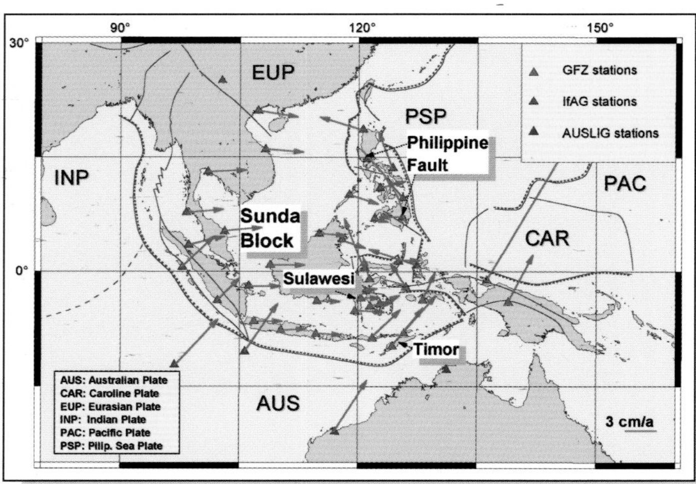

Abb. 3.6.6.
GPS-Messung der Erdkrustenbewegungen in Indonesien. Die Pfeile zeigen die Richtung an, in der sich der jeweilige Ort verschiebt Die Pfeillänge entspricht der Verschiebungsgeschwindigkeit, die am Sunda-Block etwa 5 cm/Jahr beträgt. (GFZ, Potsdam)

3.6.4 Das Magnetfeld der Erde

Magnetische Erscheinungen, insbesondere das Magnetfeld der Erde, haben die Menschen schon seit Urzeiten beschäftigt. Der Kompass ist aus der Geschichte der Navigation nicht wegzudenken. Inzwischen wissen wir, dass das Magnetfeld der Erde auch ein wichtiger Schlüssel zum Verständnis des Erdinneren ist: Verlauf und Stärke des Magnetfeldes an der Erdoberfläche und im Außenraum der Erde verraten uns wichtige Details darüber, wie der „Erddynamo" im Inneren der Erde funktioniert, der das beobachtete Magnetfeld erzeugt.

Nach heutiger Vorstellung werden etwa 95% des Erdmagnetfeldes durch einen Dynamoeffekt im äußeren, flüssigen und im Wesentlichen aus Eisen bestehenden Erdkern erzeugt. Diesem „erdinneren" Feld ist ein „erdäußeres" überlagert, das durch elektrische Ströme in der Ionosphäre und der Magnetosphäre erzeugt wird und kaum 5 % des Gesamtfeldes ausmacht

(s. Abb. 3.6.8). Das Magnetfeld der Erde bietet, zusammen mit der Atmosphäre, einen effektiven Schutz vor schädlicher Strahlung aus dem Weltall, die aus elektrisch geladenen Teilchen besteht.

Ein besonderes, heute noch nicht völlig verstandenes geophysikalisches Phänomen ist die Umpolung des Erdmagnetfeldes, die im Laufe der Erdgeschichte häufig und in unregelmäßigen Abständen stattgefunden hat und voraussichtlich weiter stattfinden wird. Die Entdeckung der Umpolung geht auf das schon erwähnte *Ocean Drilling Program* zurück, bei dem man parallel zu den mittelozeanischen Rücken, an denen flüssiges Gesteinsmaterial austritt, in den Bohrkernen mehr oder weniger breite Streifen entgegengesetzter magnetischer Polarität gefunden hat. Die in den Streifen konservierten magnetische Minerale haben sich vor ihrer Erstarrung nach dem jeweils herrschenden Magnetfeld ausgerichtet und zeigen heute dessen wechselnde Polarität an. Derartige Umpolungen kündigen sich durch kleinere Änderungen der Magnetfeldeigenschaften an. Beobachtungen aus den vergangenen 150 Jahren zeigen, dass die Stärke des Magnetfeldes während dieser Zeit kontinuierlich abgenommen hat. Satellitenmessungen während der letzten beiden Dekaden weisen ebenfalls auf eine Abschwächung des Erdmagnetfeldes hin, die im Nordatlantik bei etwa 1 % pro Jahr liegt.

Eine genaue Analyse des vorliegenden Datenmaterials legt den Schluss nahe, dass sich das Magnetfeld innerhalb der nächsten 700 bis 1000 Jahre erneut umpolen könnte. Dies hat schon jetzt Konsequenzen. So führt die beobachtete Abnahme der magnetischen Feldstärke dazu, dass sich die Strahlung aus dem Weltraum in der näheren Umgebung der Erde erhöht. Bereits heute erleiden z. B. hoch fliegende Satelliten in Regionen niedriger Magnetfeldstärke 90 % ihrer Schädigung durch Teilchenstrahlung hoher Energie.

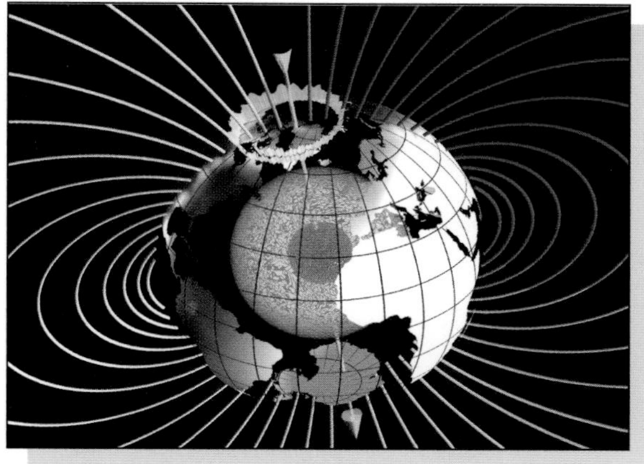

Abb. 3.6.8.
Darstellung des Erdmagnetfeldes mit magnetischem Dipol (gelber Pfeil), Magnetfeldlinien und Polarlicht. Konventionsgemäß befindet sich zur Zeit der magnetische Nordpol nahe dem geographischen Südpol in der Antarktis und der magnetische Südpol in der Arktis, im geographischen Norden. (GFZ, Potsdam)

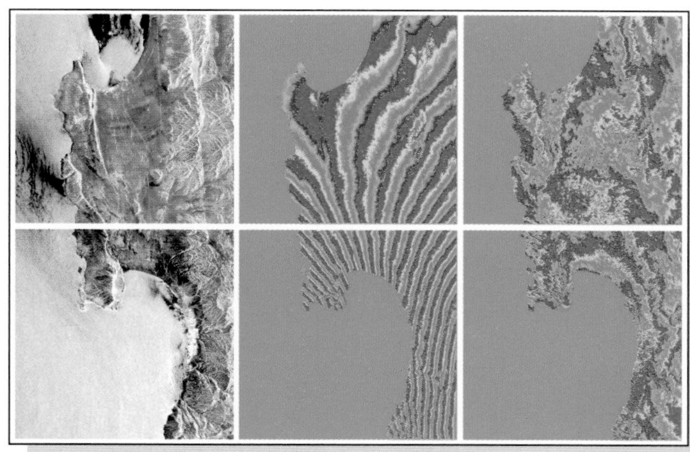

Abb. 3.6.7.
Satellitenaufnahmen des Gebiets um Antofagasta in Chile nach einem Erdbeben der Stärke 7,5. Links: Landsat-Bild. Mitte: Das SAR-Interferogramm 16 Tage nach dem Erdbeben (Überlagerung der Aufnahme vor und nach dem Beben) zeigt ein klares, regelmäßiges Deformationsmuster, das nach ca. 196 Tagen (rechts) weitgehend abgebaut ist. Jeder Farbstreifen entspricht einer Verschiebung um 2,8 Zentimeter. (GFZ, Potsdam)

Bei detaillierter Kenntnis des Magnetfeldes und seiner zeitlichen Veränderungen besteht die Aussicht, das räumliche und zeitliche Verhalten derartiger Strahlungsanomalien und ihren Einfluss auf die Umwelt vorherzusagen. Vor allem dynamische Vorgänge auf der Sonne führen zu großer magnetischer Unruhe, den sogenannten „magnetischen Stürmen“, die in hohen Breiten als Polarlichter in Erscheinung treten und moderne technische Einrichtungen wie Telekommunikationssatelliten oder Überlandstromversorgungsnetze empfindlich stören können. Eine internationale Initiative bemüht sich um eine Vorhersage des „Weltraumwetters“, für die eine genaue Kenntnis des geomagnetischen Feldes nötig ist.

3.6.5 Geowissenschaften und Festkörperphysik - ein erfolgreiches Duo

Betrachtet man die verschiedenen Tiefen der Erde, so sind die wichtigsten

Tabelle 3.6.1. Druck und Temperatur in verschiedenen Tiefen der Erde (Erdradius: ca. 6366 km).

	Druck (Atm.)	Temperatur (°C)
Innerer Erdkern (6000 km Tiefe)	ca. 2 500 000	4000 - 5000
Oberer Erdmantel (400-600 km Tiefe)	150 000	1000 - 1300
Grenze Erdkruste-Erdmantel (40 km Tiefe)	15 000	750
Obere Kruste (10 km Tiefe)	3000	300

physikalischen Parameter, die den Zustand der Gesteine beeinflussen, der Druck und die Temperatur (s. Tabelle 3.6.1). Leider besteht keine Möglichkeit, das Verhalten der Gesteine in großer Tiefe direkt zu studieren oder von dort Proben zu gewinnen, wie sich das Jules Verne in seiner „Reise zum Mittelpunkt der Erde" vorstellte. Die tiefsten Bohrungen reichen lediglich bis in ca. 12 km Tiefe und „kratzen" die Erde nur an. Zwar findet man an der Erdoberfläche Gesteine aus einigen hundert Kilometern Tiefe, die mit Vulkanausbrüchen oder durch tektonische Prozesse sehr schnell an die Erdoberfläche transportiert wurden (z. B. die Kimberlitschlote mit reichen Diamantvorkommen in Südafrika oder Olivingesteine in der Eifel). Aber diese Gesteine sind nicht mehr dem Druck und der Temperatur des Erdinneren ausgesetzt und haben damit auch nicht mehr die physikalischen Eigenschaften, die sie in großer Tiefe besitzen.

Mittlerweile kann man aber entsprechend hohe Drücke und Temperaturen im Labor erzeugen. Ziel solcher Experimente ist es, die physikalischen Größen zu bestimmen, die z. B. für die Interpretation der Laufzeiten von seismischen Wellen benötigt werden, oder die Aufschluss über die Festigkeit und die rheologischen Eigenschaften der Gesteine geben. Vor etwa 50 Jahren begann man, die ersten Apparaturen zu entwickeln, mit denen sich die extremen, im Erdinneren herrschenden Bedingungen auch im Labor herstellen lassen. Heute steht uns ein ganzes Arsenal von Apparaturen für die unterschiedlichsten Messungen zur Verfügung. Die wohl bekannteste ist die Diamantstempelzelle. Diamant ist das härteste bekannte Material und wurde deshalb schon früh bei der Erzeugung hoher Drücke eingesetzt. Die Konstruktion der Stempelzelle ist denkbar einfach (s. Abb. 3.6.9). Zwei Diamanten von je etwa 1 Karat werden wie Brillanten kegelförmig geschliffen. Anschließend schleift man die Kegelspitzen ab, so dass jeweils eine glatte Fläche mit einem Durchmesser von 0,15 - 0,50 Millimeter entsteht. Die beiden Diamanten werden dann mit den Spitzen, zwischen denen sich die Probe befindet, in einer mechanischen Zwinge aufeinandergepresst. Auf diese Weise erreicht man Drücke bis ca. 3 Megabar - dies entspricht dem 3 000 000fachen Atmosphärendruck. Da die Diamanten durchsichtig sind, kann die Probe unter dem Mikroskop untersucht werden. Man blickt dann gewissermaßen direkt ins Innere der Erde. Hohe Temperaturen werden entweder mit einem um die Probe gewickelten Heizdraht oder durch Beschuss der Probe mit leistungsstarken Lasern erzeugt. So erreicht man heute Temperaturen bis zu 4000 °C.

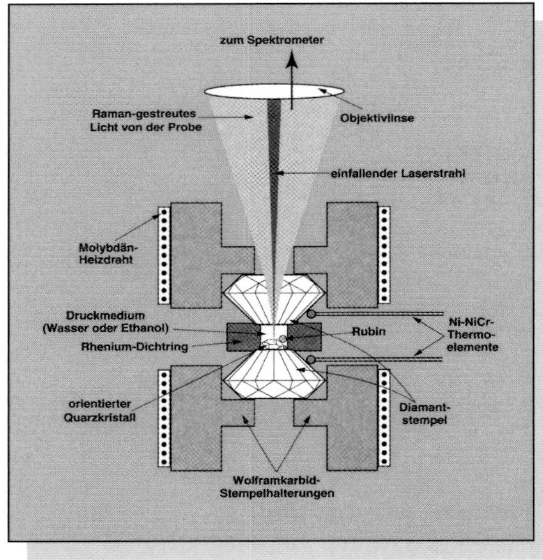

Abb. 3.6.9.
Schematischer Aufbau einer Diamantstempelapparatur. Abgebildet ist eine Versuchsanordnung zur Ramanspektroskopie an Quarz. (GFZ, Potsdam)

Die Proben in der Stempelapparatur kann man nicht nur optisch untersuchen; man kann an ihnen auch Röntgenbeugungsexperimente mit Synchrotronstrahlung, sowie Raman-, Infrarot- und Mößbauer-Spektroskopie durchführen. Auf diese Weise misst man etwa die Kompressibilität oder thermodynamische Größen wie die Wärmekapazität und die Wärmeleitfähigkeit, oder man beobachtet durch Druck hervorgerufene Phasenübergänge. Die Diamantstempelapparatur hat indes den Nachteil, dass man mit ihr nur extrem kleine Probenmengen untersuchen kann. Mit anderen Apparaturen wie Vielstempelapparaturen, Stempelzylindern, Gürtel- oder Gasdruckapparaturen kann man deutlich größere Proben (von cm^3 bis dm^3) untersuchen. Man erreicht dabei aber längst nicht so hohe Drücke wie mit der Stempelapparatur. Doch anhand größerer Proben ist es möglich, die elektrische Leitfähigkeit, die Schallgeschwindigkeiten oder Struktur-parameter wie die Permeabilität und die Porosität und deren Abhängigkeit von Druck und Temperatur zu bestimmen.

Die mineralphysikalischen und gesteinsphysikalischen Experimente haben in den letzten Jahren viel zum Verständnis des Aufbaus der Erde und der in ihr ablaufenden Prozesse beigetragen. Ein Beispiel ist die Erklärung der *seismischen Diskontinuitäten* bei 400 und 660 km Tiefe. Wie die Analyse von Erdbebenwellen ergeben hat, ändert sich die Geschwindigkeit der Wellen bei diesen Tiefen sprungartig. Man beobachtete bei Hochdruckuntersuchungen an dem Mineral Olivin $(Mg,Fe)_2SiO_4$, dem Hauptbestandteil des Erdmantels, dass sich dieses Material bei einem Druck von 0,12 Mbar und einer Temperatur von 1300 °C, wie sie in einer Tiefe von 400 km herrschen, in das dichtere Mineral Ringwoodite umwandelt. Die Dichte nimmt bei dieser Phasenumwandlung sprunghaft um etwa 8% zu. Unter noch höheren Drücken, wie sie etwa in 660 km Tiefe herrschen, bilden sich neue, noch dichtere Minerale, nämlich Perovskit $(Mg,Fe)SiO_3$ und Magnesiowüstit $(Mg,Fe)O$. Somit konnten die beobachteten Geschwindigkeitssprünge mit den Phasenumwandlungen und den damit verbundenen abrupten Dichteänderungen erklärt werden. Die durch geowissenschaftliche Probleme angeregten Hochdruckexperimente haben andere Wissenschaftszweige zu neuen Fragestellungen inspiriert. So sind Hochdruckexperimente wichtig, um neue Materialien zu synthetisieren und innovative Werkstoffe zu entwickeln, z. B. Keramiken, oder um neue Hochtemperatursupraleiter zu finden.

3.6.6 Das Klima

Wettergeschehen und Klima werden von der Sonneneinstrahlung geprägt. Die fortdauernde Zufuhr von Strahlungsenergie wird durch entsprechende Abstrahlung in den Weltraum ausgeglichen. Die zunehmende Industrialisierung und die Landnutzung durch den Menschen verändern die Eigenschaften des Planeten Erde, z. B. seine Fähigkeit, Strahlung zu absorbieren, zu reflektieren und zu emittieren - mit der möglichen Folge von anthropogenen Klimaänderungen. Um diese Änderungen richtig einschätzen zu können, müssen zunächst die natürlichen Änderungen des Langzeitklimas (über mehr als 10 000 Jahre), des Mittelzeitklimas (10 000 bis 100 Jahre) und des Kurzzeitklimas verstanden werden. Dann lassen sich fundierte Aussagen darüber machen, in welchem Maße menschliche Aktivitäten das Klima verändern und zu klimabedingten Katastrophen beitragen wie zu Überschwemmungen, Stürmen, Unwettern, Dürren, Hitze- und Kälteperioden.

Die Klimaforschung steht in großen wissenschaftlichen Herausforderungen, an denen die Öffentlichkeit ein außerordentliches Interesse hat. Ihre Ergebnisse tragen dazu bei, die Diskussion über die Ursachen von Klimaveränderungen zu versachlichen. Mit Hilfe dynamischer Klimamodelle werden vergangene Klimazustände rekonstruiert und die komplexen zeitlichen Abläufe des Klimasystems analysiert. Die Modelle beruhen auf hydrodynamischen Gleichungen wie den Navier-Stokes-Gleichungen und den thermodynamischen Zustandsgleichungen und ihren numerischen Lösungen. Als Informationsquellen über das erdgeschichtliche Klima dienen die natürlichen geologisch-biologischen Archive wie Meeres- und Binnenseeablagerungen, Bohrkerne aus den polaren Eiskappen, Korallen, Baumringe und Höhlensinter. Diese Archive stehen in den unterschiedlichsten Klimazonen der Erde zur Verfügung und verzeichnen Klimaänderungen mit sehr guter zeitlicher Auflösung. Bohrkerne beispielsweise, die aus dem Toten Meer gewonnen wurden, zeigen einen abrupten Klimawechsel vor etwa 2000 Jahren (s. Abb. 3.6.10). Für Zeiten

Abb. 3.6.10. Bohrkern aus dem Toten Meer. Die Ablagerungen geben Aufschluss über das Klima vor Tausenden von Jahren. Der älteste Bohrkern (rechts) zeigt eine feine Schichtung, die abrupt in eine grobe Salzablagerung übergeht. Das deutet auf einen plötzlichen Klimawechsel in der Region hin, von einem gemäßigten zu einem extrem trockenen Klima. Das rote Dreieck weist auf eine Sedimentlage aus Christi Zeiten, bei der die ^{14}C-Datierung eines eingeschlossenen Holzstückchens ein ungefähres Alter von 268 v. Chr. bis 75 n. Chr. ergab. (GFZ, Potsdam)

davor findet man feinlaminierte Sedimente mit Resten biologischen Materials, die auf ein mediterranes Klima in dieser Region hinweisen. Diese klimatischen Bedingungen haben sich dann offensichtlich innerhalb weniger Jahre geändert, denn man findet oberhalb der laminierten

Sedimente nur noch Salzablagerungen. Das deutet auf eine starke Verdunstung des Wassers hin und damit auf arides, also extrem trockenes Klima, wie es noch heute in dieser Region herrscht.

Die in solchen Klimaarchiven enthaltenen Informationen tragen dazu bei, zwischen den natürlichen Klimaschwankungen einerseits und den von Menschen verursachten Änderungen andererseits unterscheiden zu können sowie die Vielzahl der Prozesse zu verstehen, die solche Klimaänderungen verursachen und steuern.

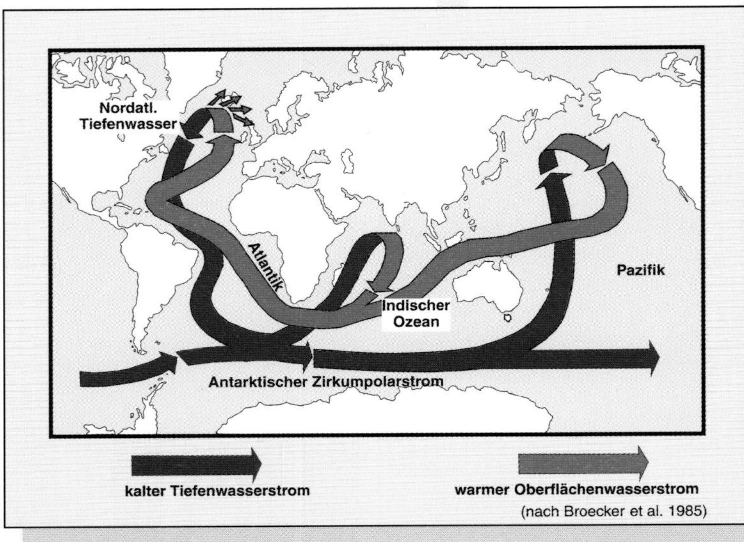

Abb.3.6.11.
Schematische Darstellung der großen globalen Wasserbewegungen. Die Antriebskräfte dieser „Heizung" sind die Erwärmung des Oberflächenwassers in den äquatorialen Regionen durch Sonneneinstrahlung, die globalen Windsysteme (z. B. die Passatwinde) und das absinkende kalte, salzreiche Wasser in den arktischen Breiten. (W. Broecker, Lamont Doherty Observatory, Columbia University)

Für die klimatische Entwicklung spielen die Wechselwirkungen zwischen der Atmosphäre, dem Ozean und vor allem auch der Biosphäre eine wichtige Rolle. Die Kopplung zwischen großräumigen ozeanischen Strömungen und der Atmosphäre steuert z. B. das El-Niño-Phänomen. Darunter versteht man die Störung bzw. das Ausbleiben der westwärts gerichteten Passatwinde im Pazifik vor Südamerika und damit der Weströmung des Oberflächenwassers. Dies wiederum führt dazu, dass sich warmes Westpazifikwasser nach Osten in Richtung Südamerika bewegt - mit dramatischen Folgen. Die Schwankungen der atmosphärischen Zirkulation über der Nordhemisphäre scheinen ebenfalls auf Wechselwirkungen zwischen dem Ozean und der Atmosphäre sowie dem Meereseis zu beruhen.

Ein empfindlicher Indikator für Klimaänderungen ist die Höhe des Meeresspiegels, da sie im Falle einer Erwärmung auf die thermische Ausdehnung des Ozeanwassers und einen möglichen erhöhten Eintrag von Süßwasser aus den Gletscherregionen reagiert. Es ist seit langem bekannt, dass sich die Höhe des Meeresspiegels in der Vergangenheit verschiedentlich dramatisch geändert hat - manchmal bis zu einigen Metern. Diese Änderungen sind in den Sedimenten dokumentiert, aber auch in Überlieferungen wie etwa der von der biblischen Sintflut. Globale Meereshöhenmodelle mit einer Genauigkeit von einigen Millimetern können heute aufgrund von Satelliten-Altimetermessungen mit Radar, z. B. durch den Satelliten ERS-2, wöchentlich berechnet werden. So wird es möglich, die Veränderungen des Ozeanspiegels mit hoher zeitlicher Auflösung zu verfolgen. Voraussetzung dafür ist ein möglichst genau bekanntes Geoid als Bezugsfläche, wie es aus den Satelliten-Schwerefeldmessungen gewonnen wird (s. Kapitel 3.6.3). Neben der hohen zeitlichen Auflösung ergeben die Altimeterdaten auch ein Bild der Ozeane von großem räumlichen Detailreichtum. So kann das oben erwähnte El-Niño-Phänomen zeitlich und räumlich verfolgt werden. Diese erst seit kurzem verfügbaren globalen Daten sind eine wesentliche Voraussetzung dafür, dass man das Klima unter Berücksichtigung der Kopplung von Atmosphäre und Ozean modellieren kann.

Atmosphärische Vorgänge unterliegen starken Schwankungen auf einer Zeitskala von Jahren bis Jahrzehnten, die durch externe oder interne Prozesse hervorgerufen werden. Über Klimaänderungen, die die Dynamik in der Atmosphäre selbst verursacht, ist erst wenig bekannt. Man studiert sie mit Hilfe von aufwändigen numerischen Modellen, wobei man die externen Antriebsfaktoren wie die Stärke der Sonneneinstrahlung und die Zusammensetzung der Atmosphäre konstant hält. Diese Modelle berücksichtigen zahlreiche veränderliche Größen wie die lokalen Windgeschwindigkeiten, Temperaturen und Luftfeuchtigkeiten. Je detaillierter ein Modell die realen Vorgänge erfasst, desto größer ist der Rechenaufwand und desto kürzer ist die Zeitspanne, für die das Modell eine Aussage ermöglicht. Der Rechenaufwand für eine Zeitspanne von 1000 Jahren beträgt, je nach Komplexität des Modells, zwischen einigen Stunden und Monaten.

Man muss die benutzten Modelle stark vereinfachen, wenn man schnelle Berechnungen über eine Zeitspanne von Jahrtausenden durchführen und neue Einsichten in die grundlegenden physikalischen

Mechanismen der Klimavariabilität gewinnen will. Die vereinfachten Modelle beschreiben die großräumige Zirkulation in der Atmosphäre, d. h. die westliche Strömung in den mittleren Breiten, und planetare Wellen mit Wellenlängen von Tausenden von Kilometern. Parallel dazu werden Langzeitrechnungen für ein komplexes Modell des gekoppelten Atmosphäre-Ozean-Systems am Max-Planck-Institut für Meteorologie in Hamburg durchgeführt. Dieses komplexe Modell, das zur Zeit zu den umfangreichsten Klimamodellen gehört, simuliert sowohl atmosphärische als auch ozeanische Größen wie Wind, Temperatur, Luftfeuchtigkeit und Druck mit einer horizontalen Auflösung von etwa 500 Kilometer. Allerdings ermöglichen selbst diese hochkomplexen Klimamodelle nur Aussagen über die Trends und die mittlere Schwankung der Klimaentwicklung. Es lassen sich insbesondere keine eindeutigen örtlichen Klimavorhersagen machen.

In verschiedenen „1000jährigen" Modellläufen wurden Klimavariationen in allen Atmosphärenschichten, bis hinauf in die Stratosphäre, analysiert. In Abb. 3.6.12 ist die zeitliche Entwicklung der Strömungsmuster, die nahe der Erdoberfläche dominieren, so dargestellt, dass man sowohl die charakteristischen zeitlichen Perioden der Strömungsmuster als auch den Zeitpunkt ihres Auftretens erkennen kann. In den vereinfachten Modellen ist das Verhalten der atmosphärischen Zirkulation durch stark wechselnde und zeitweilig aussetzende Perioden gekennzeichnet (s. Abb. 3.6.12, links). Die Analyse des gekoppelten Systems Atmosphäre-Ozean (s. Abb. 3.6.12, rechts) zeigt ebenfalls stark wechselnde und zeitweilig aussetzende Perioden im Bereich von Jahren bis hin zu einigen Jahrzehnten. Das vorherrschende Strömungsmuster in der Nordhemisphäre ist die Nordatlantik-Oszillation, die zu einem großen Teil das Winterklima in West- und Mitteleuropa bestimmt. Die Analyse der über rund 150 Jahre hinweg beobachteten Schwankungen der Nordatlantik-Oszillation bringt ein ähnliches Verhalten zu Tage wie die Modellanalyse: Es treten zeitweilig bevorzugte Perioden von zwei bis drei Jahren, sieben bis zehn Jahren und 15-20 Jahren auf. Dies berechtigt zu der Hoffnung, dass man in den Modellen wichtige Details der realen Abläufe erfasst hat.

Diese Ergebnisse legen die Schlussfolgerung nahe, dass ein Großteil der dekadischen Klimaänderungen auf nichtlineare Entwicklungen in der Atmosphäre selbst zurückzuführen ist. Solche Entwicklungen sind z. B. die durch Erwärmung oder durch Landschaftsformen angeregten atmosphärischen Instabilitäten, interne Wechselwirkungen zwischen atmosphärischen Wellen verschiedener Reichweite oder nichtlineare chaotische Übergänge zwischen verschiedenen Zuständen der atmosphärischen Strömung. Die Untersuchungen mit den vereinfachten Modellen der Atmosphäre haben das bestätigt. Darüber hinaus wurde mit Hilfe des komplexen Modells des gekoppelten

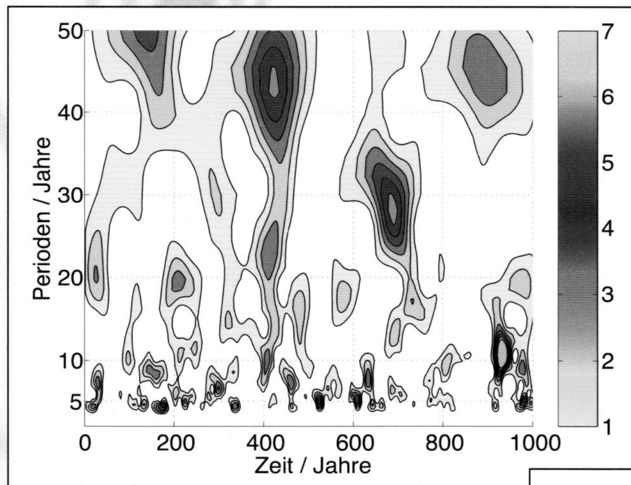

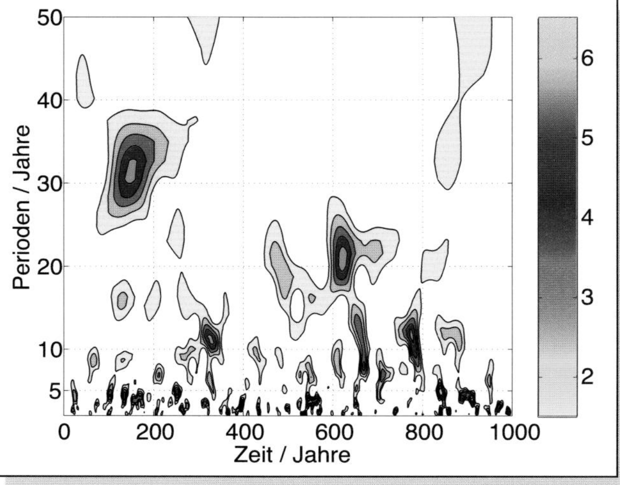

Abb. 3.6.12.
Eine Zeit-Frequenz-Analyse bringt zutage, wie die zeitliche Entwicklung der atmosphärischen Zirkulation nahe der Erdoberfläche von periodischen Abläufen dominiert wird. Die analysierten Daten wurden mit einem vereinfachten Modell der Atmosphäre (oben) bzw. mit einem komplexen Modell des gekoppelten Atmosphäre-Ozean-Systems (rechts) erzeugt. Hohe Werte (siehe Farbbalken) entsprechen starken Klimavariationen. Dargestellt ist die spektrale Energie in Abhängigkeit von der Periode und der vergangenen Zeit. (AWI, Potsdam)

Atmosphäre-Ozeans-Systems beobachtet, dass bestimmte, spontan auftretende Signale durch die Meereszirkulation verstärkt werden können. Großräumige Wellenanomalien bestimmen, wie sich die Nordatlantik-Oszillation und andere Fernwirkungsmuster entwickeln und mit welcher Häufigkeit bevorzugte Strömungsmuster auftreten.

Bei der Suche nach einer Erklärung für die beobachteten Klimaschwankungen muss man künftig stärker beachten, dass in der Atmosphäre natürliche, längerfristige Veränderungen von selbst entstehen können. Erst wenn man dies berücksichtigt hat, lassen sich gegenwärtige und zukünftige Klimaänderungen glaubwürdig bewerten.

3.6.7 Die Erde als Umwelt

Die Umweltphysik betrachtet alle physikalischen Prozesse des Systems Erde, die in der Umwelt des Menschen ablaufen bzw. ihn direkt beeinflussen, wie z. B. das Verhalten des Klimas, die Sonneneinstrahlung, die Kopplung von Biosphäre, Boden und Grundwasser, die Dynamik der Ozeane oder die chemische Zusammensetzung der Atmosphäre.

Ein wesentlicher Teil des Systems Erde ist die Atmosphäre. Sie hält unseren Planeten warm, versorgt uns mit Wasser und enthält den von uns benötigten Sauerstoff. Eine wichtige Aufgabe der physikalischen Umweltforschung ist es, die Verteilung und die Kreisläufe von Spurenstoffen in der Atmosphäre zu untersuchen, also etwa der Treibhausgase CO_2, Methan und Ozon. Um die Quellen und Senken der Treibhausgase CO_2 und Methan zu erforschen, ist die Analyse stabiler und radioaktiver Isotope von Kohlenstoff und Wasserstoff besonders geeignet. So sind verschiedene Quellen von Methan durch geringe aber charakteristische Abweichung der Isotopenverhältnisse von ^{13}C und ^{12}C gewissermaßen von Natur aus markiert.

Spektroskopische Methoden, mit denen man die Spurenstoffanteile in der Luft bestimmen kann, haben eine lange Tradition. So überwacht man bereits seit den dreißiger Jahren kontinuierlich die Dicke der stratosphärischen Ozonschicht. Das dabei benutzte Dobson-Spektrometer ist nach dem britischen Physiker Gordon Dobson benannt. Mit modernen physikalischen Messverfahren bestimmt man die Konzentration atmosphärischer Spurenstoffe anhand ihrer Eigenschaft, sichtbares oder ultraviolettes Licht an charakteristischen Stellen im Spektrum des Sonnenlichts zu absorbieren (s. auch Abb. 3.2.8). Mit diesen Verfahren kann man z. B. von einem Satelliten aus die globale Verteilung von Schwefeldioxid oder Stickstoffdioxid in bodennahen Luftschichten bestimmen. Welche Möglichkeiten das eröffnet, illustriert eindrucksvoll Abb. 3.6.13, die die zeitlich gemittelte Verteilung von Stickstoffdioxid auf der Erde zeigt.

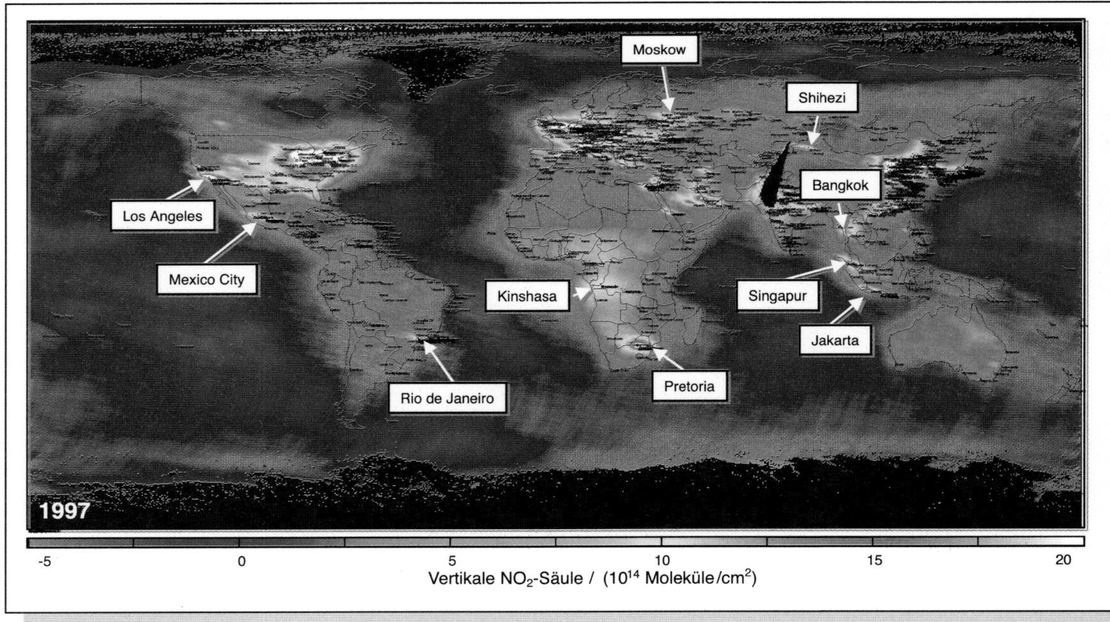

Abb. 3.6.13.
Die 1997 von GOME (Global Ozone Monitoring Experiment) auf ERS-2 gemessene Stickstoffdioxid-Verteilung im zeitlichen Mittel. Die „Brennpunkte" der globalen Luftverschmutzung - Westeuropa, Nordosten der USA, China-Korea-Japan - heben sich (in rot und weiß) deutlich vom globalen Hintergrund (blau) ab. Die erhöhten NO_2-Konzentrationen über weiten Bereichen der Kontinente werden durch Waldbrände und Gewitter sowie durch die Abgabe von Stickoxiden aus dem Boden verursacht. (Institut für Umweltphysik, Heidelberg)

Der Boden, die dünne Grenzschicht zwischen der Atmosphäre und der Lithosphäre, ist ein essentieller Bestandteil unserer Umwelt. Einerseits ist er Träger für einen großen Teil des Lebens, andererseits ist er ein wesentliches Element im Energie- und Wasserhaushalt. So wird die von der Sonne kommende kurzwellige Strahlung von der Bodenoberfläche absorbiert. Dadurch erwärmt sie den Boden. Dies führt sowohl zu einer erhöhten langwelligen Wärmeausstrahlung als auch zu einem fühlbaren konvektiven Wärmestrom in Form von Luftbewegungen, Winden und Stürmen und außerdem zu einem Wärmeabfluss durch verdunstendes Wasser, das latente Wärme mit sich fortführt. Gibt es kein Wasser im Boden, das verdunsten könnte, so erhöht sich die Oberflächentemperatur beträchtlich - wie man es an Sandstränden im Sommer beobachtet - und es setzt eine starke Luftkonvektion ein. Diese Kopplung zwischen Energie- und Wasserhaushalt ist eine wichtige Komponente in der irdischen „Klima-Maschine“, die intensiv untersucht wird.

Eine weitere wichtige Funktion des Boden ist die eines Filters und mikrobiologischen Reaktors. Neben den Stoffen, die in natürlichen Kreisläufen durch den Boden zirkulieren, gelangt auch eine große Vielfalt von Stoffen auf die Bodenoberfläche, die vom Menschen produziert wurden. Dies reicht von zusätzlichem Nitrat und Pestiziden aus landwirtschaftlicher Nutzung bis zu Schwermetallen und Viren. Solche Stoffe werden zum weitaus größten Teil von der obersten Bodenschicht filtriert oder von den darin lebenden Mikroorganismen weitgehend abgebaut, beispielsweise Pestizide im Mittel zu etwa 99,9 %. Trotz dieser hervorragenden Filterwirkung finden wir im Grundwasser hohe Nitratgehalte und auch immer wieder zu hohe Pestizidkonzentrationen. Sieht man einmal von falscher Bewirtschaftung der Böden ab, so ist das vor allem auf Eigenheiten der Transportprozesse in den Böden zurückzuführen. Während viele Böden weitgehend gleichmäßig von Wasser durchflossen werden (s. Abb. 3.6.14), finden sich in einigen Böden Makrostrukturen wie Wurmröhren und, besonders im Sommer, Schrumpfrisse, durch welche das Wasser mit einer vielfach höheren Geschwindigkeit fließt als in den umgebenden Bereichen (s. Abb. 3.6.15). Da das Wasser in diesem Fall die biologisch aktive oberste Bodenschicht sehr schnell durchquert, ist hier die Aufenthaltszeit zu kurz, als dass die im Wasser gelösten Stoffe effektiv abgebaut werden könnten. So gelangt ein großer Anteil der gelösten Stoffe direkt ins Grundwasser. Diese Vorgänge mit Hilfe physikalischer Modelle besser zu verstehen und sie vielleicht sogar steuern zu können, ist gegenwärtig eine der Herausforderungen bei der Untersuchung der physikalischen Prozesse in Böden.

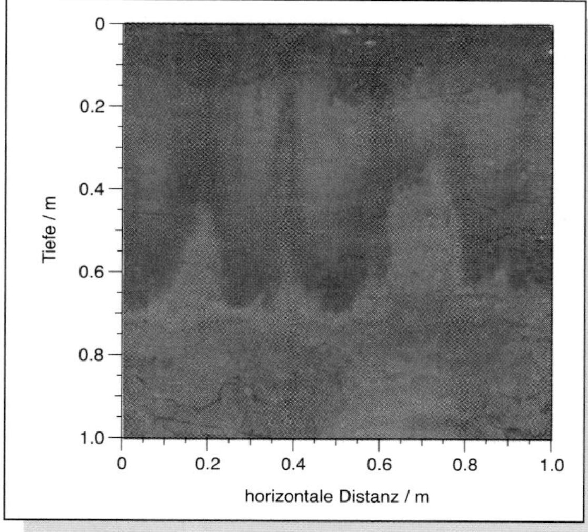

Abb. 3.6.14.
Verteilung eines Farbstoffs, der in Wasser gelöst gleichmäßig auf die Oberfläche eines Sandbodens aufgebracht worden ist. Wegen der Heterogenität des Bodens verteilt sich der Farbstoff zwar, doch er bewegt sich in einer weitgehend kompakten Front in die Tiefe. (Institut für Umweltphysik, Heidelberg)

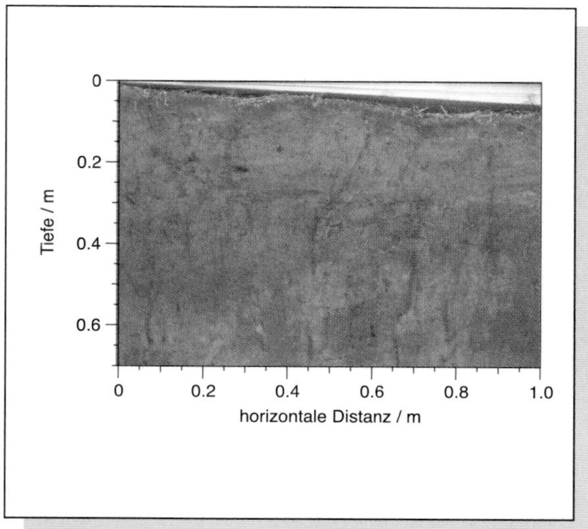

Abb. 3.6.15.
Ein ähnliches Experiment wie in Abb. 3.6.14, allerdings in einem lehmigen Boden und mit einer wesentlich geringeren Wassermenge, die einem kräftigen Regenguss entspricht. Obwohl sich die Front erst knapp unter der Bodenoberfläche befindet, ist die Farbe entlang einiger Wurmgänge bereits in größere Tiefe vorgedrungen. (Institut für Umweltphysik, Heidelberg)

$$i\hbar\partial_t\psi = H\psi$$

$$pq - qp = -i\hbar$$

$$R_{ij} - \frac{1}{2}g_{ij}R = \frac{8\pi\gamma}{c^4}T_{ij}$$

$$E = mc^2$$

3.7 Physik und Mathematik

Ohne Mathematik lassen sich die Naturwissenschaften weder verstehen noch erklären, weder lehren noch erlernen.
(Roger Bacon, ca. 1214 -1292)

Das Buch der Natur ist in der Sprache der Mathematik geschrieben.
(Galileo Galilei, 1564-1642)

Die Physik ist eine auf Experimente gegründete Naturwissenschaft. Aber experimentierendes Beobachten und Messen allein, auch mit noch so gut entwickelten Apparaten, brächte nur ungeordnete Faktensammlungen. Es bedarf der gedanklichen Verarbeitung, die wir „Theoretische Physik" nennen. Oft macht erst die Theorie ein Experiment bedeutsam, seinen Ausgang spannend. Die präzise und unmissverständliche, aber auch ästhetische und abstrakte Form dieser gedanklichen Verarbeitung ist die mathematische Formulierung. Deshalb sprechen wir auch von „Mathematischer Physik". Die Theorie bedient sich der Mathematik. Die Natur spricht dann zu uns in mathematischen Gleichungen. Und wunderbarer Weise passen Natur und Mathematik zusammen.

Experimentelle und theoretische Physik sind aufeinander angewiesen, spätestens seit wir in Bereiche des sehr kleinen, des sehr großen, des sehr zahlreichen vorgestoßen sind, die wir mit unseren Sinnen nicht mehr unmittelbar beobachten können. Ergebnisse des Experimentierens lassen sich ohne Bezug auf eine Theorie gar nicht mitteilen. Die Mathematik dient nicht nur der Berechnung, sondern stellt Begriffe und Strukturen zur Verfügung, mit denen unanschauliche Sachverhalte dargestellt und verstanden werden können.

Theoretische und experimentelle Physik sind auch inhaltlich eng miteinander verwoben. Als Heike Kamerlingh Onnes 1911 zufällig entdeckte, dass manche Metalle bei starker Abkühlung unterhalb einer bestimmten Temperatur ihren elektrischen Widerstand verlieren und „supraleitend" werden, war die theoretische Physik herausgefordert, dafür eine Erklärung zu geben. Erst ein halbes Jahrhundert später gelang ihr dies mit der Vorstellung, dass sich die Metallelektronen paarweise zu sogenannten Bosonen zusammenschließen können, die im supraleitenden Zustand kondensieren (s. Kapitel 3.3.3).

Andererseits kann auch die Theoretische Physik die Experimentalphysik herausfordern: Albert Einstein hatte durch intensives Nachdenken das Phänomen der Erdanziehung und der Schwerkraft zwischen den Himmelskörpern mit den Vorgängen in einem fallenden Fahrstuhl in Zusammenhang gebracht und es in einer Gravitationstheorie von abstrakter Schönheit gebannt. Die beobachtende und messende Physik konnte diese Theorie erst im Laufe von vielen Jahren - und längst nicht vollständig - verifizieren. So ist z. B. erst jetzt die Möglichkeit greifbar geworden, die von Einsteins Theorie vorhergesagten Gravitationswellen zu beobachten und vielleicht sogar eine ganze „Gravitationsoptik" zu entwickeln, gewissermaßen eine moderne „Sphärenmusik". Schon heute bedienen sich die Astronomen des anderen Effektes, dass kosmische Massen wie Galaxien oder Galaxienhaufen auf das Licht als Schwerkraftlinsen wirken. Das ermöglicht es ihnen, noch weiter entfernte Galaxien oder Quasare zu untersuchen, dunkle Materie oder Planeten zu finden oder die Struktur des Universums zu bestimmen (s. Kapitel 3.1.1).

Vielleicht können wir eines Tages sehen, was dem Mathematiker und Geometer Carl Friedrich Gauß noch verwehrt blieb: Als er die Winkelsumme im Dreieck Brocken (Harz), Inselsberg (Thüringer Wald) und Hoher Hagen (bei Göttingen) vermaß, fand er - im Rahmen der damaligen Messgenauigkeit - den euklidischen Wert von 180°. Unser heutiges Weltbild lässt uns einen etwa 20 millionstel eines millionstel Grades größeren Wert erwarten; messbar ist diese Abweichung auch heute noch nicht. Aber unser Weltbild, durch „Theorie" geformt, lässt uns trotzdem fest an die Abweichung von der Euklidischen Winkelsumme glauben: Sie ergibt sich aus einer Berechnung, die auf eine Lösung der Einsteinschen Feldgleichungen zurückgreift, die der Astronom Karl Schwarzschild 1915 - als Soldat an der Front - gefunden hat.

Es ist nicht belegt, ob Gauß in Erwägung gezogen hat, dass die Winkelsumme im Dreieck von 180° abweichen könnte. Sein Schüler Bernhard Riemann entwickelte später die nach ihm benannte Differentialgeometrie gekrümmter Räume, ohne Bezug auf mögliche physikalische Anwendungen. Doch der von ihm eingeführte Krümmungstensor R_{iklm} fand durch Albert Einstein Eingang in die Physik. Ohne diesen mathematischen Begriff kann man die Beziehung zwischen Gravitation und Raumzeit-Krümmung gar nicht ausdrücken.

Theorie und Experiment befruchten sich gegenseitig und bilden zusammen die Basis der Physik. Dabei ist die Theorie die Schnittstelle zur Mathematik, sie ist das Eingangstor für mathematische Methoden und Lehrsätze. Viele tiefgründige Sätze und Gebiete der Mathematik wiederum entstammen den Vorstellungen von Physikern. Die Assimilation der Mathematik war und ist eine der Wurzeln für den Siegeszug der Physik. Sie ist ferner eine wesentliche Quelle für die Wirkung der Physik in die Biologie und in andere Naturwissenschaften hinein. Die Physik zeigt vorbildlich für andere Wissenschaften, wie wichtig die Mathematisierung ist - abgesehen vom methodischen, experimentellen Vorgehen und von der Benutzung präziser Messapparaturen.

Abb. 3.7.1.
Der Mathematiker Bernhard Riemann (1826-1866), dessen bahnbrechende Ideen über die Geometrie des Raumes entscheidend waren für die Entwicklung der Einsteinschen Relativitätstheorie. (Berlin-Brandenburgische Akademie der Wissenschaften)

Weil Experiment und mathematisch-theoretische Beschreibung eng miteinander verknüpft sind, werden Experiment und Theorie im 3. Kapitel unter thematischen Gesichtspunkten gemeinsam dargestellt. Das vorliegende Kapitel soll dazu anregen, sich die große und vielschichtige Bedeutung der Mathematik in der Physik klarzumachen. Sie ist gefragt, wo Experimente (noch) nicht möglich sind, wo experimentelle Ergebnisse in ordnende Zusammenhänge gebracht, *verstanden* werden müssen, wo grundlegende Begriffe und eine Theorie der physikalischen Apparate die Beobachtungen erst interpretierbar machen.

Nach den beiden großen Leistungen des vergangenen Jahrhunderts, die Physik der Gravitation zu verstehen und die Quantenphysik der Felder zu formulieren, ergab sich die wohl noch gewaltigere Aufgabe, diese beiden Bereiche der Physik zu vereinen. Diese Aufgabe ist, nach beeindruckenden Teilerfolgen, heute spannender denn je. Aufregende Fortschritte wurden im Zusammenhang mit der widerspruchsfreien Formulierung der Quantenelektrodynamik und mit der Quantenchromodynamik erzielt. Teilchenphysik und Feldphysik, Quantisierung und relativistische Kausalität ließen sich zumindest teilweise zusammenführen. Dazu wurden physikalische Begriffe von zentraler Bedeutung entwickelt, z. B. *Renormierung* und *Symmetrie* sowie *Symmetriebrechung*.

Die Symmetrien in der Natur sind ein fundamentales Struktur- und Ordnungsprinzip. Mathematisch werden sie durch diskrete oder kontinuierliche „Gruppen“ und ihre „Darstellungen“ beschrieben. Das Standardmodell der Elementarteilchen, das die elektromagnetische, die schwache und die starke Wechselwirkung zusammen beschreibt, ist eine der ganz wesentlichen und außerordentlich erfolgreichen Errungenschaften der letzten Dekaden physikalischer Forschung (s. Kapitel 3.1.2). Dieses Modell kann man als Quanteneichfeldtheorie der Symmetriegruppe SU(2)×U(1)×SU(3) auffassen.

Ein Versuch, die Quantenphysik und die Gravitation zu vereinen, ist die Stringtheorie (s. Kapitel 3.1.2). Noch ist sie weit von der experimentellen Bestätigung entfernt, aber sie nimmt mathematisch zunehmend Gestalt an. Statt punktförmiger Gebilde stellt diese Theorie Saiten (engl. *strings*) und deren Dynamik in den Mittelpunkt. Dazu kommen möglicherweise auch flächige Membranen (*branes*). Eine Analyse ihrer Schwingungszustände soll es ermöglichen zu verstehen, warum die Elementarteilchen bestimmte Massen haben.

Im Laufe der Geschichte haben sich die Physik und die Mathematik immer wieder wechselseitig stimuliert - nicht selten durch die Arbeit einer Person. Ein Beispiel dafür ist die Entwicklung der Mechanik und der Differentialrechnung: Eines ging nicht ohne das andere, wie Gottfried Wilhelm Leibniz und Isaac Newton bahnbrechend zeigten. Quantenphysik und Funktionalanalysis bilden ein weiteres Paar: Was wäre die heute aus Theorie und Anwendungen nicht mehr wegzudenkende Quantenmechanik ohne die Schrödinger-Gleichung mit ihren mathematischen Eigenschaften. Und wie hat sich die „Deltafunktion" $\delta(x)$ des Physikers Paul Dirac zum großen mathematischen Gebiet der Theorie der Distributionen gemausert. Als weitere Beispiele seien die Elektrodynamik und die Hydrodynamik auf der einen Seite, die Theorie der partiellen Differentialgleichungen auf der anderen Seite genannt, die sich im engen Zusammenspiel entwickelt haben, oder die qualitative Theorie der dynamischen Systeme zusammen mit der Theorie der Differentialgleichungen und der Topologie.

Ein aktuelles Beispiel für die enge Verflechtung von Physik und Mathematik hat sich aus der gemeinsamen Betrachtung der fermionischen und bosonischen Teilchen ergeben, die Ausdruck einer - allerdings gebrochenen - *Supersymmetrie* ist. Die Entwicklung eines geeigneten mathematischen Apparates von „Superzahlen", einer ganzen „Supermathematik" hat schließlich die Formulierung der *Superstringtheorien* ermöglicht. Von der Stringtheorie sind zahlreiche Impulse in die Topologie, die algebraische Geometrie, die Zahlentheorie und andere mathematische Gebiete ausgegangen und haben diese wiederum in ihrer „Super"-Entwicklung beeinflusst. Superzahlen σ (deren Quadrat σ^2 Null sein muss, da sich bei Vertauschung der Reihenfolge in einem Produkt zugleich das Vorzeichen ändern soll: $\sigma_1\sigma_2 = -\sigma_2\sigma_1$) sind inzwischen ein nützliches Werkzeug in vielen Gebieten der Physik, z. B. auch in der Festkörperphysik. Darüber hinaus verallgemeinern sie die klassische Mathematik. Es ist wohl kein Zufall, dass gerade Physiker einen „supersymmetrischen Beweis" des sogenannten Atiyah-Singer-Indextheorems formuliert haben.

Jüngst haben wir die Verbindung der Physik mit einem Bereich der Mathematik erlebt, der bislang als Musterbeispiel dafür galt, dass sich die Mathematik ohne Bezug auf physikalische Fragestellungen entwickelt, nämlich mit der Zahlentheorie. Diese beschäftigt sich u. a. mit Fragen nach der Verteilung der Primzahlen. Wenn man heute die Akustik von Konzertsälen verbessern will, dann zieht man auch die Zahlentheorie zu Rate, um Decken und Wände richtig zu gestalten. Will man den Verlauf und die Stabilität komplexer, dynamischer, nichtlinearer Bewegungen verstehen, wie z. B. das Wettergeschehen oder die Saturnringe, so fragt man auch die Zahlentheorie. Ein weiteres Beispiel aus der jüngsten Zeit ist die Primfaktorenzerlegung sehr großer Zahlen mit Hilfe von Quantencomputern, vor der sich moderne Verschlüsselungsverfahren fürchten müssen.

Abb. 3.7.2.
Der Astronom Karl Schwarzschild (1873-1916) fand 1915 eine Lösung der kurz vorher veröffentlichten Einsteinschen Feldgleichungen, die das Gravitationsfeld eines Schwarzen Loches beschreibt. (Berlin-Brandenburgische Akademie der Wissenschaften)

Eine wichtige und noch weitgehend ungelöste Aufgabe ist die begriffliche Weiterentwicklung einer nichtlinearen Mathematik, die nichtlineare physikalische Phänomene adäquat beschreibt. Die Entdeckung *seltsamer Attraktoren* (siehe Kapitel 3.4.11) sowie universeller Szenarien beim Übergang zum Chaos war nur ein erster Schritt. Die Physik hat ihren mechanistischen, kausal deterministischen Zug früherer Jahrhunderte abgelegt. In einer nichtlinearen Welt sind deterministische mathematische Gesetze einerseits und die Unvorhersagbarkeit zukünftiger Abläufe andererseits keine Antinomie mehr. Vielmehr sind sie miteinander verträgliche, ja einander bedingende Signaturen des Naturgeschehens, nicht nur der mikroskopischen, quantenmechanischen, sondern gerade auch der makroskopischen, klassischen Natur.

Eine andere große Herausforderung ist die Mathematisierung einer neuen Geometrie: Zu der altehrwürdigen euklidischen Geometrie sowie ihrer Fortsetzung in den nicht-euklidischen Geometrien der gekrümmten Räume und der Raumzeit ist jüngst eine fraktale Geometrie hinzugekommen, die der realen Formenvielfalt der Natur offenkundig besonders gut entspricht (s. Kapitel 3.4.8). Die noch von Riemann beibehaltene Ganzzahligkeit der

Raumdimension wird nun aufgegeben. Geometrische Formen von gebrochener, *fraktaler* Dimension lassen sich dann untersuchen. Die fraktale Geometrie spielt nicht nur in der Physik eine wichtige Rolle, sondern auch bei multidisziplinären Anwendungen. Sie ist aber bisher fast nur über Algorithmen zugänglich; eine fraktale analytische (Differential-)Geometrie, die sich an die so erfolgreich durch Differentialgesetze beschriebene Physik anbinden ließe, muss noch entwickelt werden. Erste ermunternde Ergebnisse liegen indes vor.

Eine immer wichtigere Rolle spielt die „computational physics", die numerische, Computer nutzende Physik. Sie ermöglicht heute Einsichten, die ohne sie unerreichbar wären. Die Entwicklung immer effektiverer Methoden, um die komplizierten Gleichungen der Physik numerisch zu lösen, gewinnt deshalb zunehmend an Bedeutung.

Ein auffallender Zug in der Entwicklung der modernen Theoretischen Physik ist die fortschreitende Zusammenführung von Gebieten, die sich - offenbar nur vorübergehend - getrennt voneinander entwickelt haben. Man beobachtet ferner, dass theoretische Einsichten oft unerwartet schnell praktisch genutzt werden, auch wenn eine praktische Anwendung ursprünglich nicht beabsichtigt war. Als Beispiel sei die Quantenkryptographie genannt (s. Kapitel 3.2.1). Wer hätte gedacht, dass die Entdeckung der Superpositionseigenschaften quantenmechanischer Wellenfunktionen und der sogenannten Bellschen Ungleichungen, mit denen sich die merkwürdigen Konsequenzen der Quantenmechanik überprüfen lassen, zu modernen Verschlüsselungsverfahren führen?

Die Theoretischen Physiker werden oft als Botschaftenträger gefordert, die dabei helfen, wissenschaftlichen Laien die Vorstellungen der Physik von der Natur und der Welt zu vermitteln. Denkt man an Theoretiker wie Carl Friedrich von Weizsäcker oder Stephen Hawking, so scheint es fast, als hätten sie die Sehnsüchte der nachdenkenden Menschen zu stillen nach dem, „was die Welt im Innersten zusammenhält". Besonders beeindruckt die Sicherheit der mathematischen Schlüsse, Argumente und Ergebnisse, die auf die physikalische Theorie übertragen wird: Diese Sicherheit strahlt Verlässlichkeit aus und verleiht Autorität. Und dennoch muss sich die Theorie immer wieder in der Konfrontation mit dem Experiment bewähren.

Die Theoretische und Mathematische Physik, mit ihrem Reichtum an Ideen und geistigen Herausforderungen, mit ihrer inneren Logik und Konsistenz, mit ihrer Eleganz und Schönheit, übt sehr große Faszination gerade auch auf wissensdurstige junge Menschen aus, die nach tiefen Erkenntnissen streben, zu denen allein die mathematische Formulierung einen Zugang verschafft.

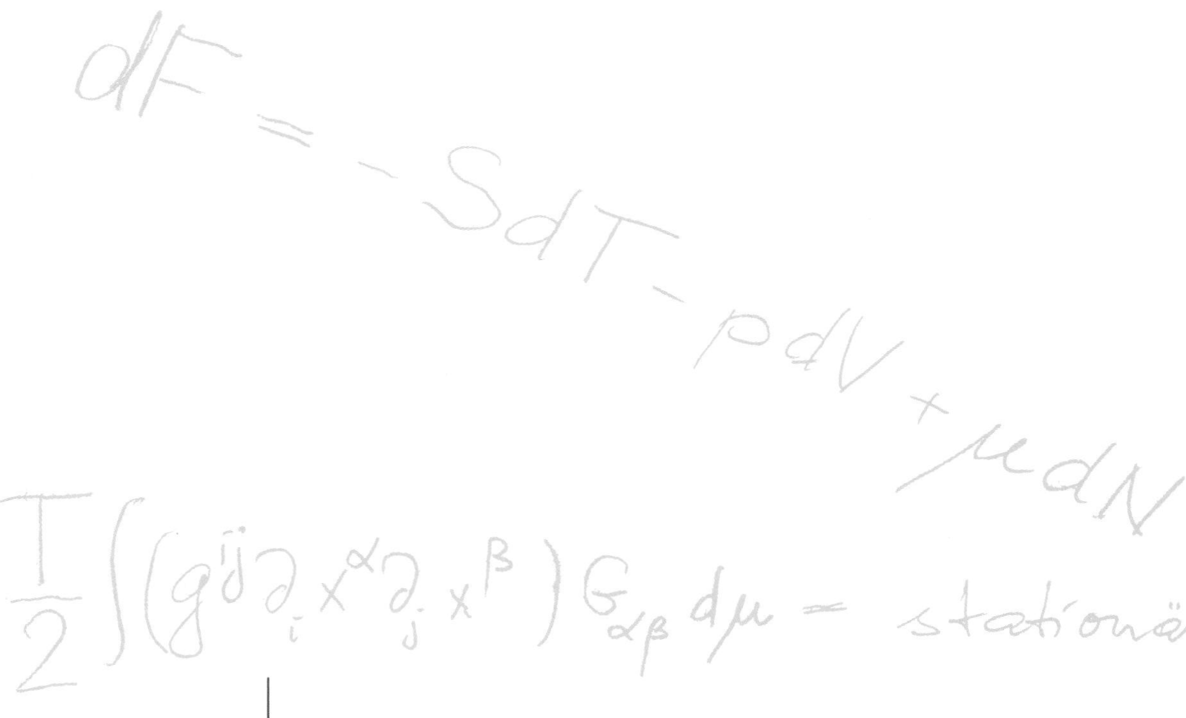

4 Physik ist Forschung für Technik und Industrie

Die Physik wurde nie ausschließlich als reine und zweckfreie Wissenschaft angesehen, immer hat man intensiv nach der praktischen Nutzbarkeit ihrer Ergebnisse gefragt. Eine Antwort auf diese Frage soll im Folgenden mit einigen prinzipiellen Überlegungen sowie ausgewählten Beispielen geben werden. Die Beispiele, die den Einfluss der Physik auf Wirtschaft und Gesellschaft illustrieren, entstammen aus der Automobiltechnik, der Medizin und der Energietechnik.

Braucht die deutsche Industrie Physik und Physiker?

Deutschland ist ein Hochtechnologieland. Seine Volkswirtschaft zeichnet sich durch technologisch hochwertige Produkte aus, hergestellt mit Hilfe innovativer Produktionsprozesse. Die Physik, als grundlegende Naturwissenschaft, stellt die apparativen, experimentellen und theoretischen Methoden zur Verfügung, die hierfür benötigt werden.

„Ökonomen haben nachgewiesen, dass in den USA rund 23 % des Bruttosozialproduktes auf den wissenschaftlichen Durchbruch zur Quantenmechanik in der Physik zurückgehen. Bei uns dürfte die Zahl ähnlich hoch liegen. Transistoren, Computer, Laser und nukleare Energien beruhen zwar nicht nur auf der Quantenmechanik, aber sie sind ohne sie nicht denkbar."

(Bundespräsident Roman Herzog,
Ansprache anlässlich des Röntgenjubiläums in der Universität Würzburg, 8.11.1995)

Dabei hat sich - speziell in den letzen Jahren - eine Aufgabenteilung zwischen der Physik und den Ingenieurwissenschaften ergeben: Die physikalische Grundlagenforschung zeigt neue Effekte und Methoden auf, die die Ingenieure, gemeinsam mit Physikern, in Instituten und Industrie übernehmen und zur Anwendungsreife weiterentwickeln. Die heutigen Ingenieurdisziplinen haben sich wesentlich aus der Physik entwickelt, und sie greifen in zunehmendem Maße auf die Ergebnisse aktueller physikalischer Forschung zurück. Die Industrie braucht Physiker und Physik (s. auch Kapitel 6)!

Welche Gebiete der Physik sind für Industrie und Gesellschaft in Zukunft unverzichtbar?

Vielfach wird in der öffentlichen Diskussion der Wunsch laut, die „wichtigen" Bereiche der physikalischen Forschung zu intensivieren. Gleichzeitig werden, angesichts begrenzter verfügbarer Mittel, andere Bereiche der „Forschung im Elfenbeinturm" zugeordnet und in Frage gestellt.

Was aber sind die wichtigen und nützlichen Gebiete der Physik? Auf kurze Sicht ist diese Frage leicht zu beantworten, denn die aktuellen Interessen von Industrie und Gesellschaft werden laut artikuliert. Treffsichere langfristige Vorhersagen sind jedoch kaum möglich, wie die Entwicklung von Physik und Industrie der letzten hundert Jahre überdeutlich zeigt: Selbst „exotische" Theorien oder zunächst einem „rein wissenschaftlichen" Interesse verpflichtete Experimente erbrachten oftmals Erkenntnisse oder führten zur Entwicklung von Methoden, die heute intensiv industriell genutzt werden. Praktisch jedes in früheren Zeiten bearbeitete Teilgebiet der Physik bringt heute wirtschaftlichen Nutzen.

Die Gesellschaft sollte also in physikalische Grundlagenforschung investieren, denn diese Investition zahlt sich früher oder später aus:

- Die Maxwellschen Gleichungen der Elektrodynamik waren, als sie im letzten Drittel des 19. Jahrhunderts veröffentlicht wurden, „reine" Theorie. Doch sie gaben die wissenschaftliche Grundlage für die drahtlose Telegraphie, die sich bereits wenige Jahre später entwickelte.
- Die Erforschung der Flüssigkristalle wurde lange Jahre der reinen Wissenschaft zugerechnet. Inzwischen sind die Flüssigkristalle die Basis für LCD-Anzeigen, wie wir sie heute in jedem Haushalt nutzen.
- Die aktuelle Festkörper- und Oberflächenforschung wird sehr genau von der Computer- und Kommunikationsindustrie beobachtet. Das Wissen um ein neues Resultat kann hier zu entscheidenden Qualitäts- oder Funktionsverbesserungen in der Industrie führen - mit entsprechenden Gewinnen.

Es gibt keinen Grund zur Annnahme, das diese Kette des Wissenstransfers aus der physikalischen Grundlagenforschung in die Industrie jemals abreißen könnte, im Gegenteil: Noch nie war der Wissensbedarf der Industrie so groß wie heute. Die ständig zunehmende wirtschaftliche Dynamik mit immer kürzeren Produktzyklen kann die Industrie nur aufrechterhalten und forcieren, wenn sie ein immer tieferes Verständnis für Funktion und systemisches Zusammenwirken der Produktkomponenten und der Produktionsprozesse entwickelt. Das Beschreiben „innerster Zusammenhänge" ist aber gerade das Ziel der Physik.

Interessant und bedenkenswert ist auch die Verflechtung der Forschungsgebiete innerhalb Physik, wie das Beispiel der Laserphysik zeigt: Ihr rasanter Aufschwung mit vielfältiger industrieller Nutzung beruht auf der Kombination und gegenseitigen Befruchtung vieler physikalischer Teilgebiete.

generation den Gewinn einfahren. Die Generationen unsere Eltern und Großeltern haben uns durch ihre Unterstützung der Physik die Erkenntnisse hinterlassen, die wir heute wirtschaftlich nutzen; so sollten auch wir, durch Unterstützung der physikalischen Grundlagenforschung über den unmittelbar absehbaren Nutzen hinaus, Wissen für die Zukunft aufbauen.

Physik, Physiker und physikalische Methoden sind nicht nur an den allerneuesten Produkten der Computer- oder Kommunikationsindustrie beteiligt, sondern auch an scheinbar „alltäglichen" Gebrauchsgütern wie z. B. dem Automobil (s. Kapitel 4.1). In der Medizin eröffnet die Physik neue Diagnose- und Therapiemöglichkeiten (s. Kapitel 4.2), und in der Energietechnik muss die Physik ihren Beitrag zur Lösung drängender Probleme leisten (s. Kapitel 4.3).

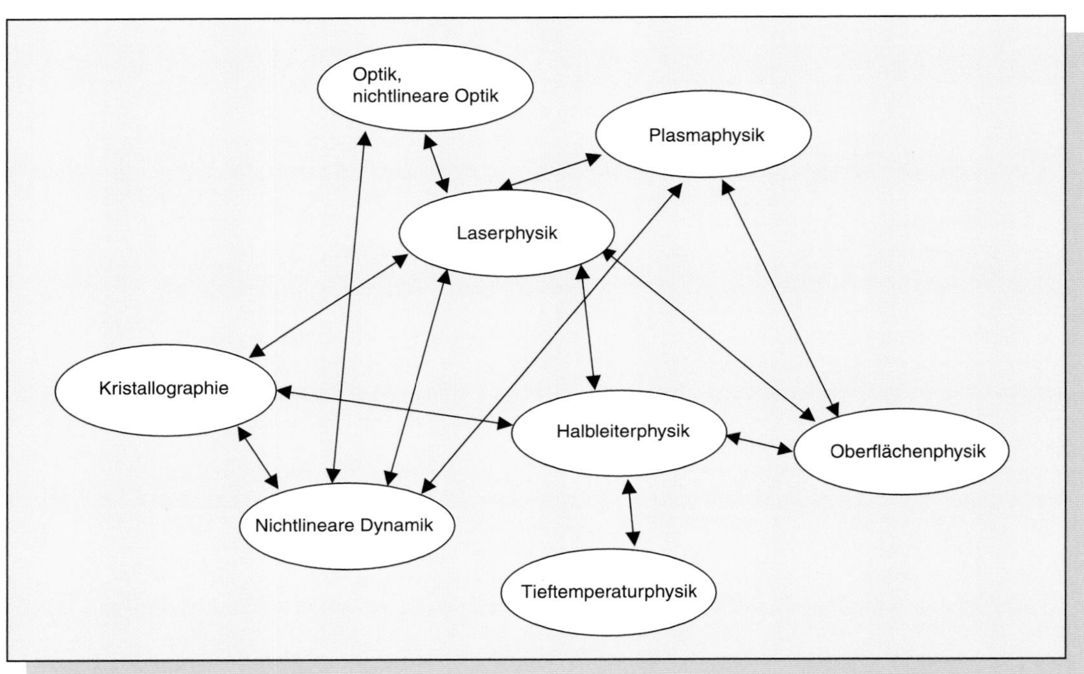

Abb. 4.1.
Vernetzung physikalischer Teilgebiete am Beispiel der Laserphysik - nur ein kleiner Ausschnitt aus dem Wirkungsgefüge.

Solche Systemanalysen führen unweigerlich zu ausgedehnten Reisen in scheinbar weit voneinander entfernte Gebiete der Physik, die aber bei der wirtschaftlichen Nutzung in einem Produkt doch engste Nachbarschaft und untrennbare Verbindungen zeigen.

Gesellschaft und Industrie sollten also durchaus Geduld und Risikobereitschaft aufbringen: Physikalische Grundlagenforschung amortisiert sich! Manchmal kann allerdings erst die Kindes- oder die Enkel-

4.1 Physik im Automobil

Das grundsätzliche Prinzip des Automobils ist seit 100 Jahren unverändert geblieben: Verbrennungsmotor, zwei Achsen, Lenkung, Bremse, usw. Der Fortschritt im Automobilbau, der in den letzten 20 Jahren erreicht wurde, lässt sich auf drei Begriffe reduzieren: *Sicherheit, Umweltverträglichkeit* und *Wirtschaftlichkeit.* Dahinter verbirgt sich Forschung und Entwicklung auf höchstem technologischen Niveau. Hier hat die Physik die Grundlagen bereitgestellt, und sie wird auch in Zukunft neue Entwicklungen ermöglichen. Zwei Beispiele, die Fahrdynamikregelung ESP und die Diesel-Hochdruck-Einspritzung, sollen das verdeutlichen.

Die dazu nötigen Entwicklungsarbeiten finden immer in interdisziplinären Teams statt, die vor allem aus Ingenieuren der verschiedenen Fachrichtungen, sowie Physikern und Chemikern bestehen. Eine exakte Trennung der Beiträge der einzelnen Disziplinen zum Erfolg einer Entwicklung ist zumeist nicht möglich und in der Realität auch belanglos. Die Physik liefert wesentliche Initialzündungen und demonstriert zudem ihre Stärke in den Grenzbereichen des noch Machbaren wie in der Beherrschung extremer Drucke und Temperaturen oder der Messung kleinster Signale. Außerdem verkoppelt sie die Erkenntnisse verschiedener Disziplinen zu einem sicher funktionierenden Ganzen.

Beispiel 1: Sicherheit durch ESP

Die Idee, die hinter dem elektronischen Stabilitätsprogramm ESP steht, ist einfach: Droht ein Fahrzeug bei zu schneller Kurvenfahrt auszubrechen, kann es in der Frühphase durch gezieltes Abbremsen einzelner Räder wieder stabilisiert werden (s. Abb. 4.1.1). Dies muss selbstverständlich automatisch geschehen, denn ein Fahrer wäre mit solchen Bremseingriffen, die in Sekundenbruchteilen ablaufen und präzise nachgeregelt werden müssen, völlig überfordert (s. Abb. 4.1.2).

Abb. 4.1.1.
Mit dem Elektronischen Stabilitätsprogramm ESP wird ein Ausbrechen des Fahrzeugs in schneller Kurvenfahrt verhindert - natürlich nur soweit es die physikalischen Gesetze noch zulassen. (Bosch, Stuttgart)

Ein erhebliches technisches Problem bei der praktischen Umsetzung des ESP besteht darin, die Schleuderbewegung des Autos präzise zu bestimmen, also die unerwünschte Drehung um die Hochachse, die zusätzlich zur gewollten Kurvenfahrt tritt. Dafür müssen Drehratensensoren entwickelt werden. Ein Beispiel für einen solchen Sensor, hergestellt in Mikrosystemtechnik, zeigt Abb. 4.1.3.

Das Herz des ESP ist eine hochkomplexe, nur etwa 1 mm² große mikromechanische Struktur. Die kreisförmige Struktur mit den flügelähnlichen seitlichen Ansätzen ist nicht flächig mit dem Untergrund verbunden, sondern nur über eine Feder im Zentrum gelagert. Deshalb kann sie in

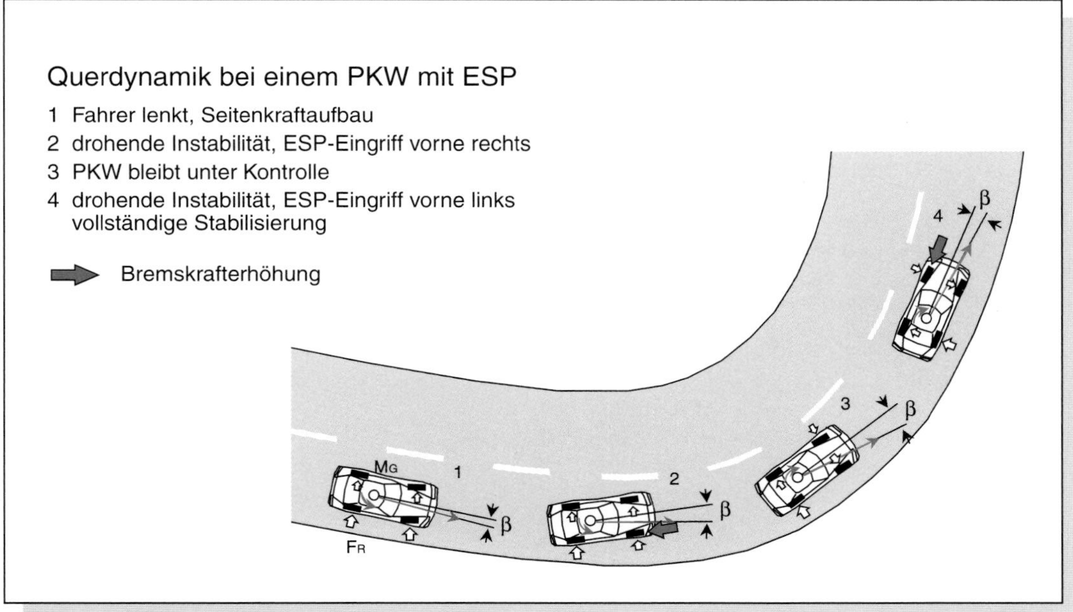

Abb. 4.1.2.
Querdynamik bei einem Pkw mit ESP. (1) Fahrer lenkt, Seitenkraftaufbau; (2) drohende Instabilität, ESP-Eingriff vorne rechts; (3) Pkw bleibt unter Kontrolle; (4) drohende Instabilität, ESP-Eingriff vorne links; schließlich kommt es zur vollständigen Stabilisierung. Die grünen Pfeile weisen auf die Bremskrafterhöhung hin, β ist der Winkel zwischen der Längsachse des Fahrzeugs und seiner Bewegungsrichtung. (Bosch, Stuttgart)

ihrer Ebene eine Drehschwingung durchführen, wie wir es von der Unruh einer mechanischen Uhr her kennen. Die Schwingung ist jedoch sehr schnell - 2000mal in der Sekunde - und die Auslenkung beträgt jeweils nur etwa 10-20 µm. Auf die schwingende Struktur wirkt bei äußerer Bewegung eine Coriolis-Kraft ein, die zusätzlich eine Kippschwingung des Drehschwingers hervorruft. Um diese Kippbewegung nachzuweisen, sind die schwingende Struktur und die Substratoberfläche als einander gegenüberliegende Platten eines Kondensators angelegt. Aus der ebenfalls äußerst kleinen Kapazitätsänderung dieses Kondensators kann die Drehbewegung des Autos errechnet werden.

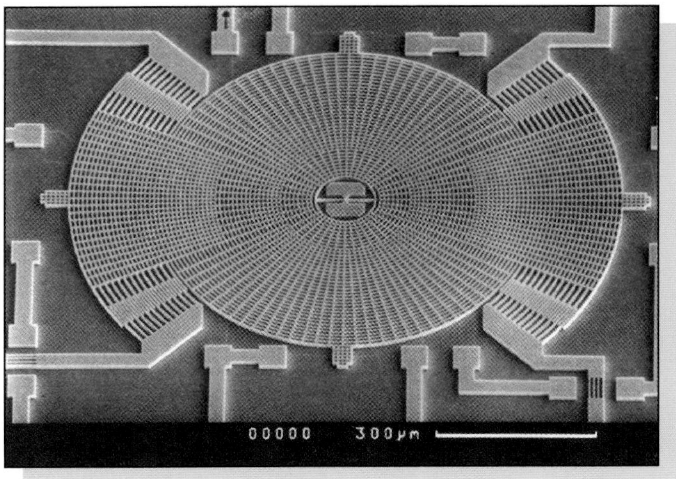

Abb. 4.1.3.
Realisierung eines Drehratensensors in Mikrosystemtechnik. Die gesamte Struktur ist nur etwa 1 mm^2 groß und schwingt 2000mal je Sekunde in einer Drehschwingung um die Hochachse. Die Gitterstruktur im Innenbereich ist fertigungsbedingt. (Bosch, Stuttgart)

Die Realisierung dieses Sensors erfordert den intensiven Einsatz der Physik und ihrer Methoden. Dabei werden verschiedene Gebiete der Physik eng miteinander verknüpft (s. Abb. 4.1.4). Jedes Element des Drehratensensors kann einzeln relativ einfach optimiert werden. Diese lokale Optimierung hat jedoch zumeist Auswirkungen darauf, wie das Gesamtsystem funktioniert. Schnelle und kostengünstige Optimierung des gesamten Sensors kann mit Hilfe von Modellbildung und Simulation erreicht werden. Damit lässt sich z. B. die Empfindlichkeit der Konfiguration des Sensors gegenüber Fertigungstoleranzen untersuchen: Welches Design arbeitet stabil im technisch beherrschten Toleranzbereich - oder anders gefragt: Welche Anforderungen stellt der Sensor an die Fertigungsgenauigkeit? Die Simulation beantwortet auch die Frage, wie die Viskosität der Luft die Schwingungsbewegung des Sensors dämpft und wie stark der Sensor angetrieben werden muss, um die Energieverluste bei der Schwingung zu kompensieren.

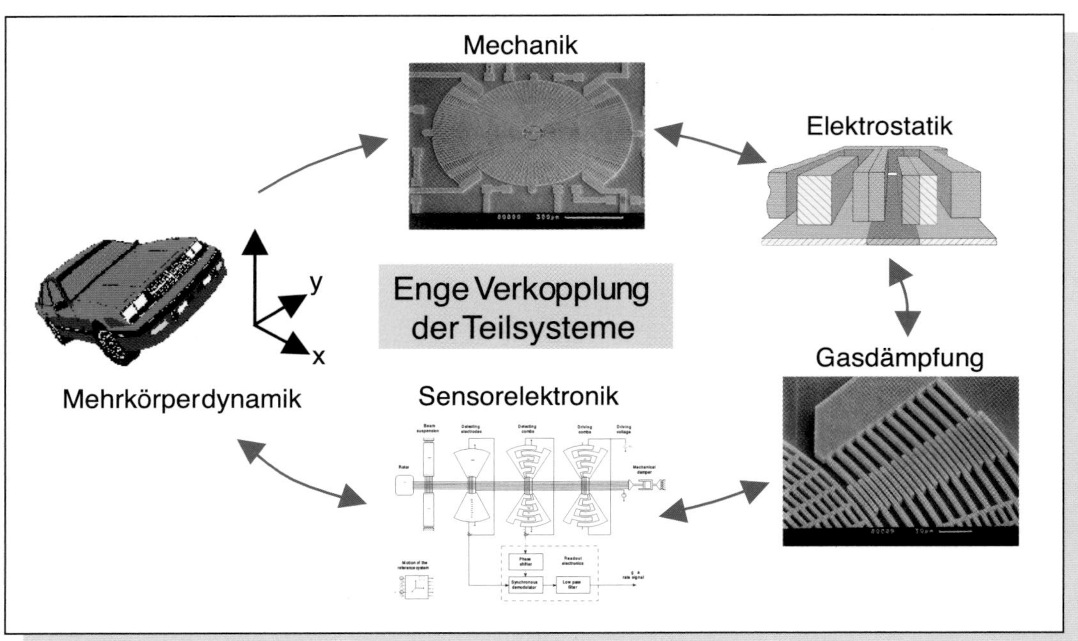

Abb. 4.1.4.
Mechanik, Elektrodynamik, Fluiddynamik, Elektronik sind beim Drehratensensor aufs engste verknüpft. (Bosch, Stuttgart)

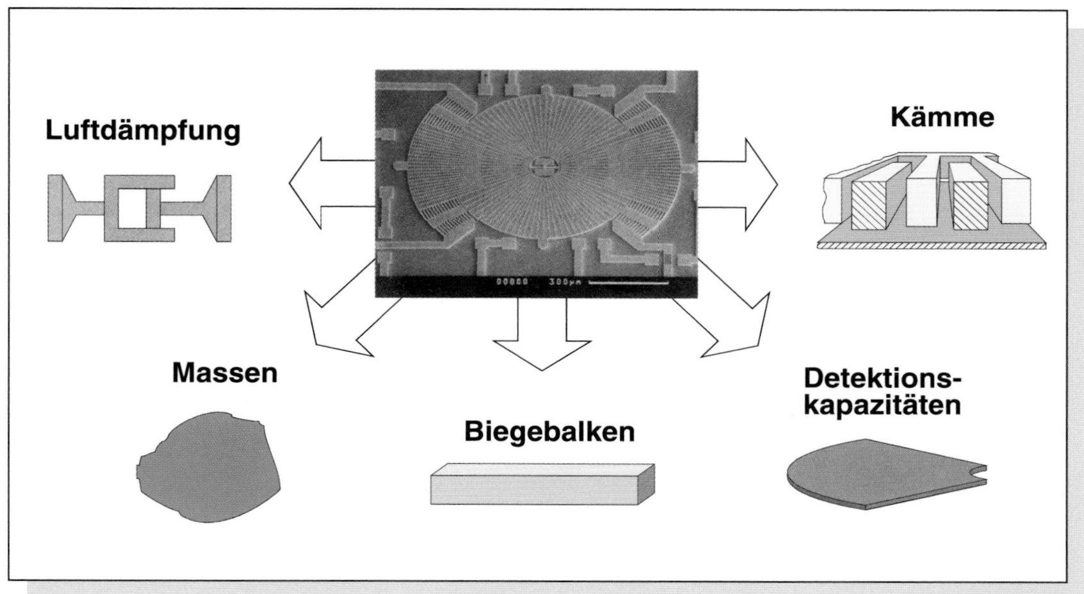

Abb. 4.1.5.
Elemente der Modellbildung für den Drehratensensor. Geringe Änderungen eines Parameters wirken auf viele andere Parameter und beeinflussen in nur schwer vorhersehbarer Weise die Funktionsfähigkeit des Gesamtsystems.
(Bosch, Stuttgart)

Die Verkopplung aller wichtigen Größen und Effekte in einem Modell, das dann auch das untersuchte System realitätsnah beschreibt, ist eine Stärke der Physiker: Sie haben gelernt, mit Modellen umzugehen, auch kleine Randaspekte zutreffend auf ihre Wirkungen hin abzuschätzen und immer die Grenzen ihrer Modellsysteme im Auge zu behalten.

Beispiel 2:
Hochdruck-Diesel-Direkteinspritzung - Leistungserhöhung, Verbrauchssenkung und Schadstoffreduktion

Anfang der 90er Jahre hat die *Diesel-Direkteinspritzung* eine Revolution im Automobilbau eingeleitet: Sie ermöglicht hohe Motorleistungen und insbesondere

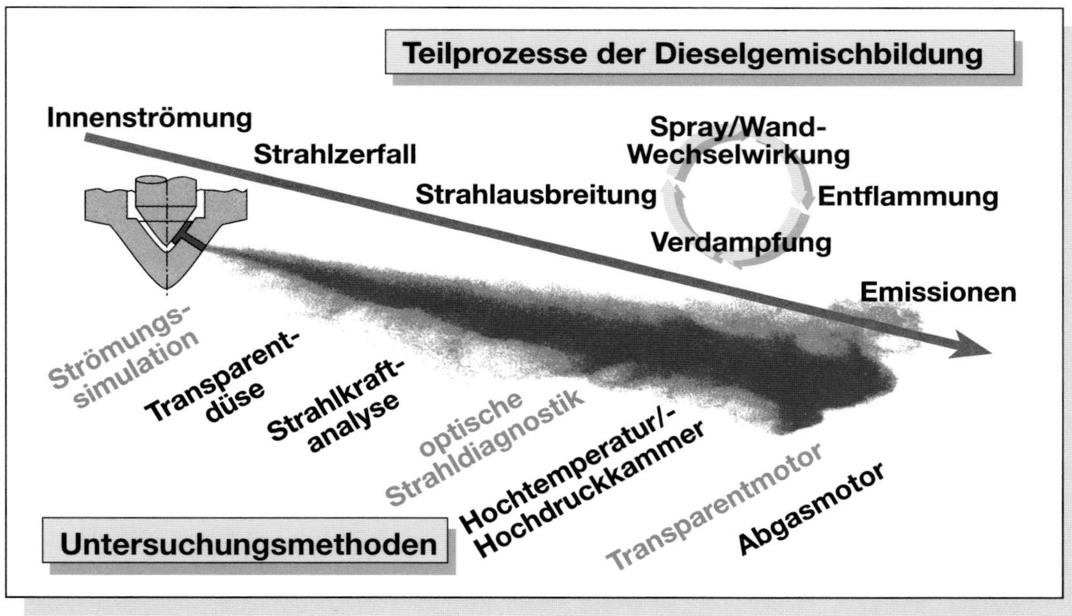

Abb. 4.1.6.
Der Einspritz- und Verbrennungsvorgang aufgeteilt in seine Teilprozesse (oben), die alle Gegenstand aktueller theoretischer und experimenteller Forschung sind, sowie die eingesetzten Messverfahren und -geräte (unten).
(Bosch, Stuttgart)

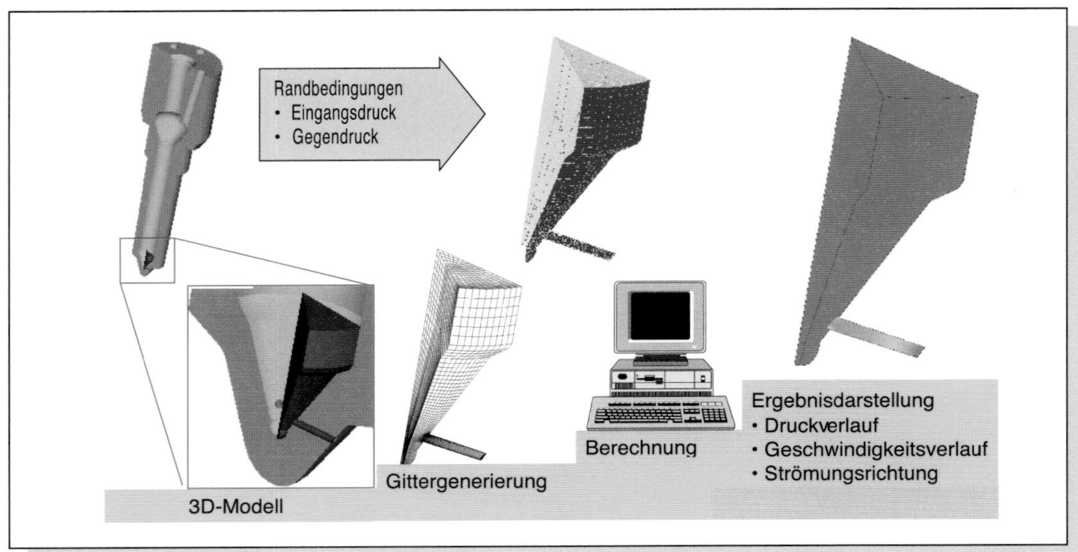

Abb. 4.1.7.
3D-Simulation der Düseninnenströmung bei 2000 Bar. Die Kanäle im Innern der Düse werden in kleine Volumenelemente zerlegt, um die Dieselströmung (Geschwindigkeit, Druck, Richtung, ...) bei Öffnen des Ventils zu analysieren. Der Ausspritzkanal hat einen Durchmesser von weniger als 0,2 mm. (Bosch, Stuttgart)

ein hohes Drehmoment bei niedrigen Verbrauchswerten, niedrigem Geräuschpegel und extrem niedrigem Schadstoffausstoß. Für die Motorenkonstrukteure war der Weg dahin mühsam, denn ein Trial-and-error-Vorgehen, also durch schrittweise Optimierung in langwierigen Versuchsreihen zum Ziel zu kommen, verbietet sich angesichts der Komplexität des Einspritz- und Verbrennungsprozesses. Statt dessen mussten die auftretenden physikalischen und chemischen Effekte erkannt und auf einfache, aber dennoch realitätsnahe Modelle abgebildet werden.

Einige Beispiele und Ergebnisse sollen dies illustrieren. Die hydrodynamischen Vorgänge, die bei Drucken bis 2000 bar im Inneren der Einspritzdüse ablaufen, werden heute dreidimensional berechnet. Man beobachtet dabei Druckverläufe, die bei ungünstig geformten Strömungskanälen zu *Kavitation* führen können. Dieses hydrodynamische Phänomen, bei dem in einer schnell bewegten Flüssigkeit Blasen entstehen und implodieren, kann Oberflächen angreifen und die Lebensdauer von Bauteilen beeinträchtigen. Solche Vorgänge müssen im Innern der Düse

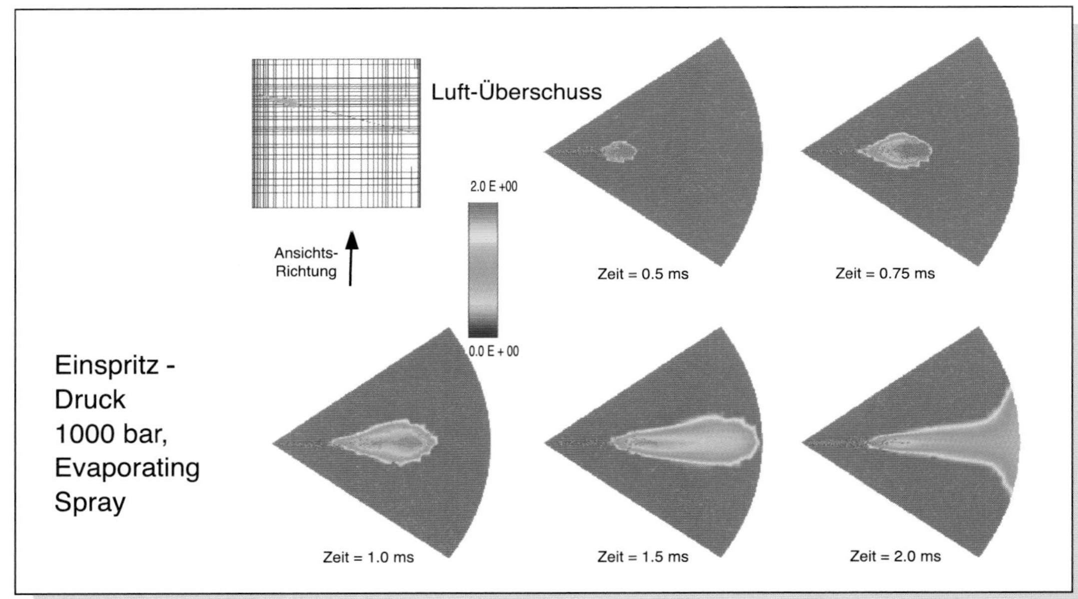

Abb. 4.1.8.
Erste Simulation von Sprayausbildung und Verdampfung beim Hochdruck-Einspritzvorgang. Gezeigt wird, wie sich ein Tropfen des Dieselkraftstoffs mit dem Sauerstoff der Luft im Zylinder vermischt.
(Bosch, Stuttgart)

durch geeignete Formgebung der Strömungskanäle vermieden werden.

Die Simulation der Strömungsvorgänge unter Einschluss von komplexen Phänomenen wie z. B. Kavitation, Mehrphasenströmung, Mischung, Verdampfung und Kondensation ist eine große Herausforderung, die derzeit in gemeinsamer Anstrengung von Industrie und Wissenschaft angegangen wird.

Die physikalischen Vorgänge bei der nachfolgenden Sprayausbildung, Verdampfung und Verbrennung sind noch weitaus komplexer und werden die Wissenschaft noch viele Jahre beschäftigen. Die Verbrennung ist ein komplizierter Vorgang, bei dem die Thermodynamik, Molekülphysik, Aerodynamik, Oberflächenphysik und Chemie eine Rolle spielen. Noch sind wir weit davon entfernt, diesen Vorgang umfassend zu verstehen: Wir

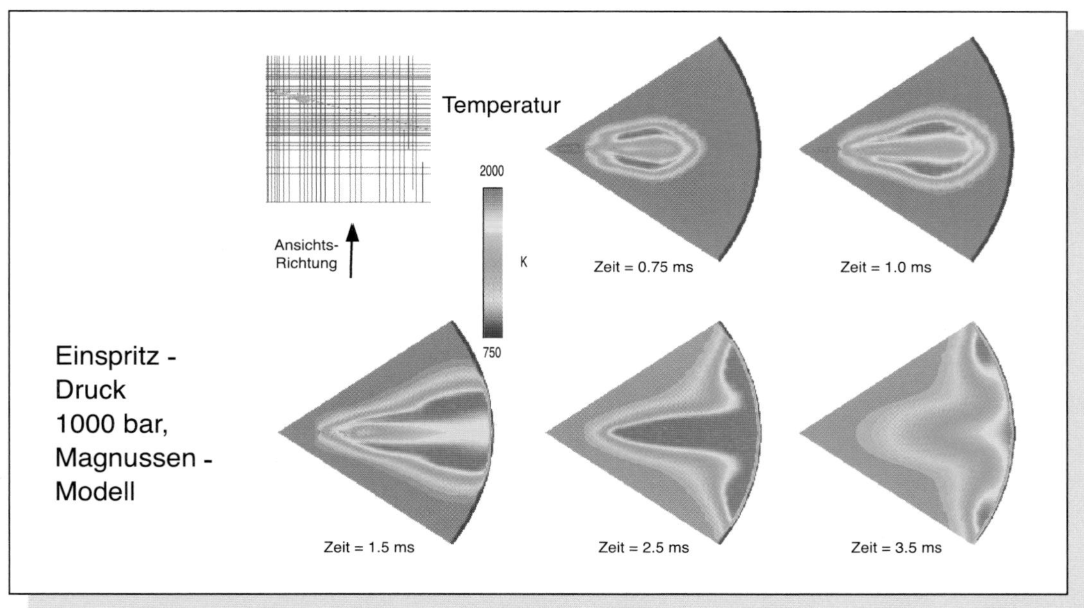

Abb. 4.1.9.
Simulation des Verbrennungsvorgangs. Gezeigt ist die Temperaturverteilung während der Sprayausbildung. Solche Simulationen sind erforderlich, um ein Verständnis etwa für den Zündvorgang oder die Ausbreitung der Verbrennung zu entwickeln. (Bosch, Stuttgart)

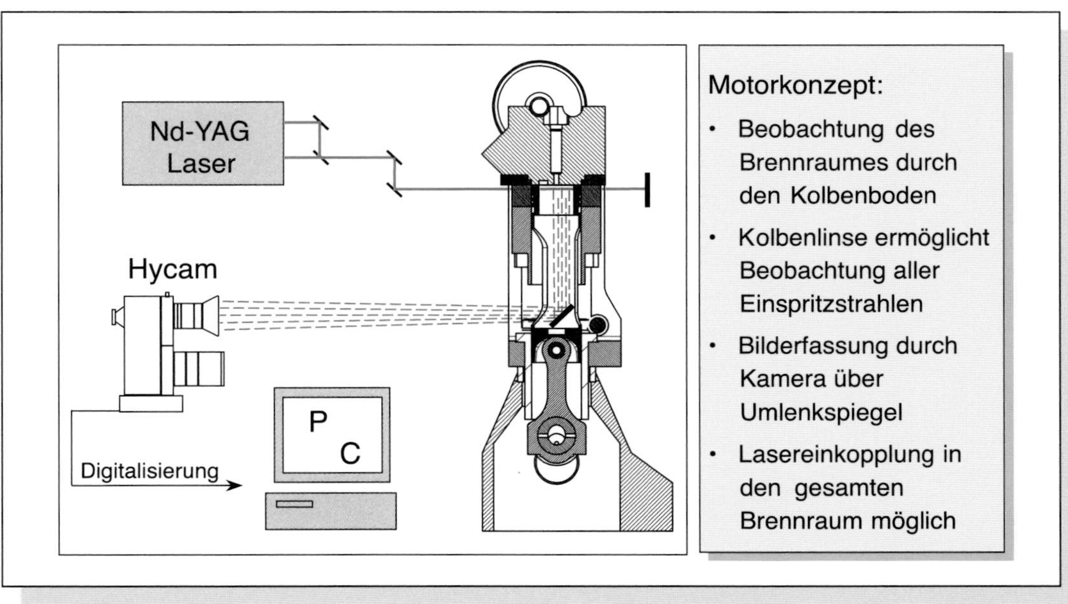

Abb. 4.1.10.
Skizze des experimentellen Aufbaus zur Spektroskopie des Verbrennungsvorgangs. Der Motor hat einen gläsernen Kolbenboden, durch den der Verbrennungsvorgang mit einer Kamera beobachtet werden kann. Ein Laserstrahl regt bestimmte Verbrennungsprodukte zum Leuchten an (laserinduzierte Spektroskopie), wodurch ihre Konzentrationen gemessen werden können. (Bosch, Stuttgart)

können noch nicht vollständig beschreiben, wie etwa die Schadstoffzusammensetzung des Abgases zustande kommt und wie sie von den Betriebsparametern, z. B. Einspritzdruck, Tröpfchengröße, Gemischverteilung und Wandtemperaturen, abhängt.

Immerhin haben wir schon einige erste Einblicke in die genannten Vorgänge gewonnen, nicht zuletzt mit Hilfe von Computersimulationen. So zeigen Abb. 4.1.8 und Abb. 4.1.9 die ersten Schritte in der Simulation des Verbrennungsvorgangs. Alle Simulationsmodelle müssen jedoch mit Hilfe von aufwändigen Messungen validiert werden. Abb. 4.1.10 zeigt einen Messaufbau am „gläsernen Motor". Dabei werden durch Fenster in Kolbenboden und Zylinderwand mit Hilfe eines Laserstrahls die Vorgänge im Innern des Zylinders beobachtet und Daten für den Vergleich mit den theoretischen Modellen gewonnen.

Der Aufwand in Theorie und Experiment ist erheblich. So zeigt Tabelle 4.1.1 eine Aufstellung der Größen, die für den Verbrennungsvorgang wichtig sind. Aber dieser Aufwand wird sich auszahlen: Angesichts des enormen Kraftstoffverbrauchs in Deutschland von jährlich mehr als 60 Mrd. Liter Benzin und Diesel bringt jede noch so geringe prozentuale Einsparung einen erheblichen Gewinn - für unsere Volkswirtschaft wie auch für unsere Umwelt.

Vorgang	**Messgröße**
Einspritzung	Strahlcharakteristik, Strahlzerfall
	Tropfengeschwindigkeit
	Tropfendurchmesser
	Wandwechselwirkung
Verdampfung	Flüssig-/Dampfverhältnis
	Tropfentemperatur
	Gastemperatur
	Relativgeschwindigkeit
	Verdampfungsrate
Vermischung	Dampfverteilung
	Strömungsfeld / Turbulenz
Zündung	Kraftstoff/Luft-Verhältnis
	Temperatur
	Strömungsfeld
	Restgasanteil
	Zündverzugszeit
Verbrennung	Edukte und Produkte
	Flammenausbreitung
	Strömungsfeld
	Temperatur
Schadstoffbildung	Stickoxyde
	Ruß
	Kohlenwasserstoffe

Tabelle 4.1.1.
Aufstellung von Messgrößen, die heute im Labor am „gläsernen Motor" mit Laserverfahren gemessen werden. Wenn auch die Genauigkeit vielfach noch unzureichend ist, liefern die Messungen doch oftmals qualitative Aussagen, die die Motorenentwicklung vorantreiben. (Universität Bielefeld)

Physik in der Medizin

Medizin und Pharmakologie haben es geschafft, dass heute eine Vielzahl von Krankheiten heilbar ist. Doch zwei prinzipielle Probleme bleiben: Man muss die Krankheit diagnostizieren, und sie sollte patientenschonend und kostengünstig therapiert werden.

Beispiel 1: Bildgebende Verfahren

Die Diagnose in der Medizin wird von der Physik durch bildgebende Verfahren unterstützt: Der Arzt sieht in den Menschen hinein, durch die geschlossene Haut. Die erste veröffentlichte Röntgenaufnahme hatte Conrad Röntgen 1895 von der Hand seiner Frau angefertigt. Binnen weniger Jahre fand die Röntgentechnik eine beispiellose Verbreitung in der Medizin. Über die *Röntgen-Tomographie* wurden vor etwa 20 Jahren dreidimensionale Bilder vom Körperinneren, insbesondere aber von den dichten Knochenstrukturen möglich.

Über die *Magnetresonanztomographie* (MRT, auch NMR-Tomographie genannt), die die quantenmechanischen Eigenschaften des Kernspins nutzt, konnten Bilder von weichem Gewebe gemacht werden. Weitere Verbesserungen des Verfahrens und auch einen Beitrag zur Patientenschonung brachte in den letzten Jahren die Entwicklung von hochempfindlichen SQUID-Detektoren, in denen Hochtemperatursupraleiter (s. Kapitel 3.3.3) zum Einsatz kommen. Eine erhöhte Auflösung verbessert die Diagnose, alternativ kann die Magnetfeldstärke gesenkt und die Aufnahmedauer verringert werden, wodurch der Patient geschont wird. Einen erheblichen Fortschritt bedeutet auch die funktionelle Bildgebung, mit der nicht nur anatomisch sondern auch physiologisch interessante Körperdetails sichtbar gemacht werden können. So lassen sich etwa mit der *funktionellen MRT* funktionelle Störungen im Gehirn darstellen.

Der neueste Beitrag der physikalischen Grundlagenforschung zur NMR-Tomographie ist die *Helium-3-Spektroskopie*, mit der erstmals detaillierte Aufnahmen der Lungenventilation möglich sind. Die bildliche Darstellung der Lunge und ihrer krankhaften Veränderungen ist ein altes radiologisches Problem. Die klassische Röntgendiagnose erkannte eine Tuberkulose an den Kalkflecken in den Narben oder einen Tumor an der Verdichtung des ansonsten recht porösen Lungengewebes. Aber die für die meisten Lungenkranken, z. B. die Asthmatiker, so wichtige Frage, wie gut die Lunge lokal belüftet oder ventiliert ist, ließen auch die modernen Verfahren wie die Computertomographie oder die Magnetresonanztomographie (MRT) weitgehend unbeantwortet.

Hier hat die MRT mit eingeatmetem, kernspinpolarisiertem Helium-3 neue Perspektiven aufgezeigt. Seit vielen Jahren schon experimentieren Physiker aus aller Welt mit kernspinpolarisierten Edelgasen. Dabei werden durch optisches Pumpen mit Lasern die Kernspins der Atome und die damit verknüpften magnetischen Dipole entlang einer Magnetfeldachse ausgerichtet. Es war jedoch schwierig, ausreichende Mengen spinpolarisierten Gases zu produzieren und die Spinausrichtung so lange aufrecht zu erhalten, wie es für den praktischen Einsatz des Verfahrens erforderlich ist.

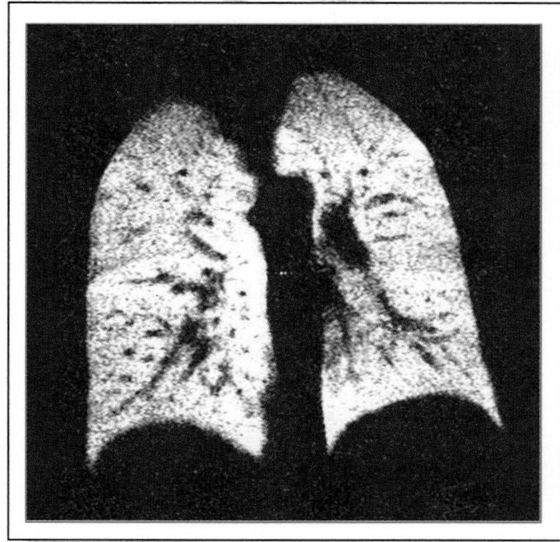

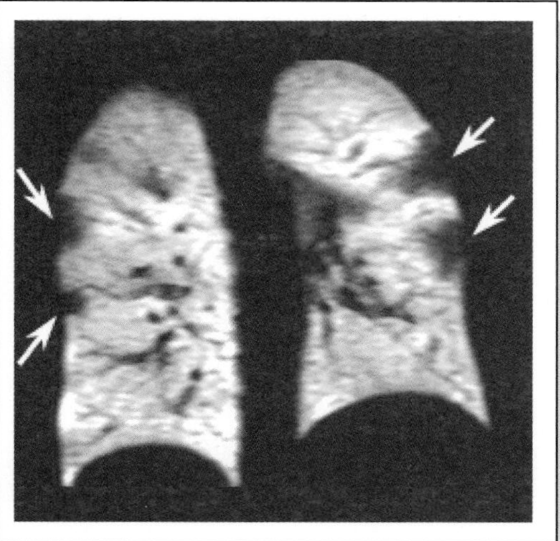

Abb. 4.2.1.
Schichtbilder der Lungenventilation zweier junger Probanden, aufgenommen mit He-3-MRT. Links: gesunder Nichtraucher; rechts: (noch) gesunder Raucher. Die Schatten auf der Raucherlunge zeigen bereits nicht- oder schlecht ventilierte Regionen, Vorboten eines drohenden Emphysems im späteren Alter. (E. Otten, Universität Mainz)

Bei Experimenten zur Erforschung der inneren, elektromagnetischen Struktur des Neutrons (s. Kapitel 3.1.3) gelang es Mainzer Physikern, über eine neue Variante des optischen Pumpens die Kernspins des Edelgases Helium-3 in Litermengen auszurichten; zudem fanden sie auch Wege, diese Ausrichtung über Tage hinweg aufrecht zu erhalten.

Dadurch wird eine neue Lungendiagnostik möglich, die sich bereits nach kurzer Anwendungszeit zu mehreren Varianten funktioneller Bildgebung weiterentwickelt hat:

- Im Zehntelsekundenrhythmus kann man dreidimensionale Bilder von der Lunge aufnehmen und damit praktisch einen Film über die Vorgänge in der Lunge beim Ein- und Ausatmen herstellen und so die Behinderungen erkennen.
- Anhand des Resonanzsignals kann man den Diffusionsweg eines He-3-Atoms durch die Lunge verfolgen und normales, engmaschiges Bläschengewebe von krankhaftem unterscheiden.
- Im Kontakt mit dem Luftsauerstoff in der Lunge zerfällt die He-3-Polarisation innerhalb weniger Sekunden; durch exaktes Messen dieser Zerfallszeit lässt sich der Sauerstoffgehalt und -verbrauch der Lunge lokal bestimmen. Damit kann man erstmals die zentrale Lungenfunktion räumlich aufgelöst und nichtinvasiv diagnostizieren.

Beispiel 2:
Lasertechnik in der Medizin

Die Forschungsarbeiten der Laserphysik verbreitern kontinuierlich das Strahlungsangebot der Lasertechnik: Immer neue Wellenlängen, immer höhere Leistungen und eine breite Variation von Pulslängen bei gepulsten Lasersystemen stehen zur Verfügung. Und damit werden immer neue Anwendungsgebiete in der medizinischen Therapie erschlossen, wobei der Nutzen vielfältig ist. Gegenüber konventionellen, chirurgischen Verfahren werden oftmals die Operationszeiten verkürzt; die Lichtleitertechnik ermöglicht eine minimal-invasive Chirurgie mit Einschnitten in die Haut, die nur noch wenige Millimeter groß sind. Dadurch werden die Patienten deutlich weniger belastet, wird das Operationsrisiko verringert und werden schließlich die Behandlungs- und Rekonvaleszenzkosten gesenkt.

In der Chirurgie steht für fast jede Anwendung der ideale Laser zur Verfügung: kontinuierliche Strahlung zum Schneiden von Gewebe; gepulste Laser zum Auftrennen bzw. Abtragen von Knochen und Knorpel. Die Wellenlänge bestimmt, ob das Gewebe beim Schneideprozess koaguliert, d. h. seine Oberfläche aufgrund der Hitzeeinwirkung gerinnt, was bei stark durchblutetem Gewebe erwünscht ist, oder ob das Gewebe an der Schnittkante möglichst wenig verändert

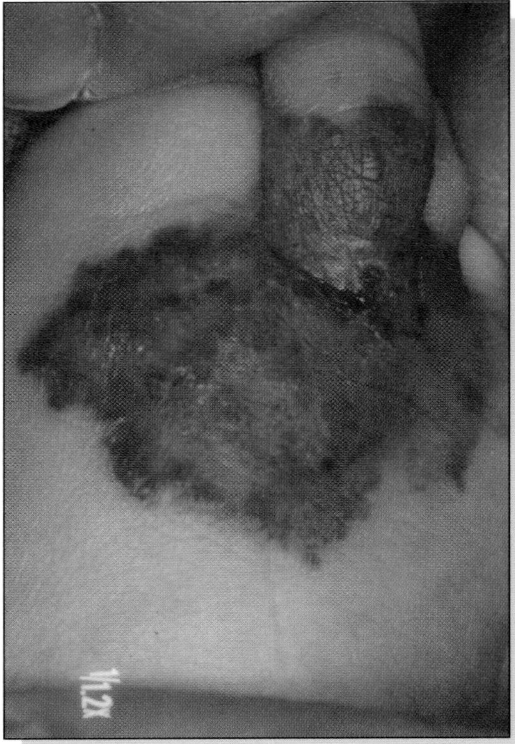

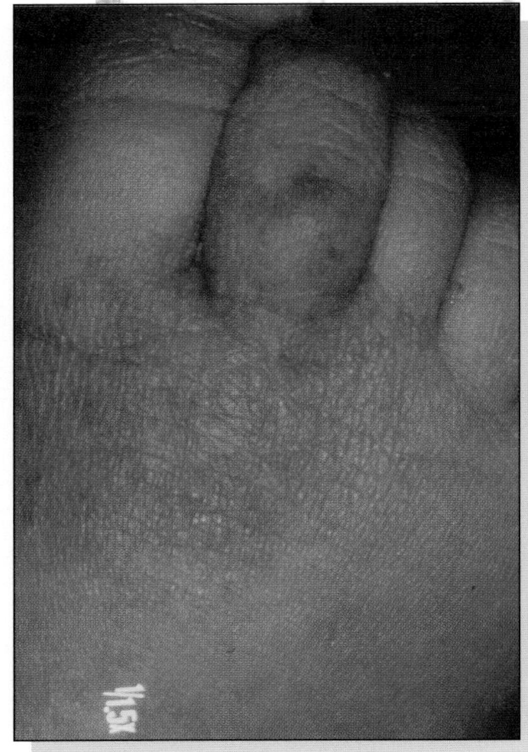

Abb. 4.2.2.
Erfolgreiche Behandlung eines Hämangioms, einer gutartigen Geschwulst der Blutgefäße, am Fuß eines Säuglings mit Hilfe eines Nd:YAG Lasers. (Institut für Lasertechnologien in der Medizin und Messtechnik, Universität Ulm)

Abb. 4.2.3.
Rasterelektronenmikroskopische Aufnahme eines menschlichen Zahnes, in dem mit Femtosekunden-Laserpulsen eine 1×1×0.5 mm³ große Kavität erzeugt wurde. Bei diesem Verfahren treten weder thermische noch mechanische Schädigungen auf. (Laserzentrum Hannover)

wird: Hautschnitte sollen z. B. schnell und ohne Narbenbildung zusammenwachsen.

In der Augenheilkunde sind Operationen des Augeninneren seit langem Standard: Die Netzhaut wird bei Ablösung angeschweißt, und bei erhöhtem Augeninnendruck können Verstopfungen der flüssigkeitsabführenden Kanäle durch gezielten Lasereinsatz beseitigt werden. Hochaktuell sind die Verfahren zur Korrektur von Sehschwächen durch gezieltes Abtragen von Hornhaut. Hier kommt die Vision einer Gesellschaft ohne Brillenträger auf. Ein neues Laserverfahren, das bereits klinisch erprobt wird, bringt den Patienten neue Hoffnung, die unter der altersbedingten Makuladegeneration leiden. Diese Krankheit führte bisher zwangsläufig zur Blindheit. Der Laser bietet hier den ersten wirklich therapeutischen Ansatz.

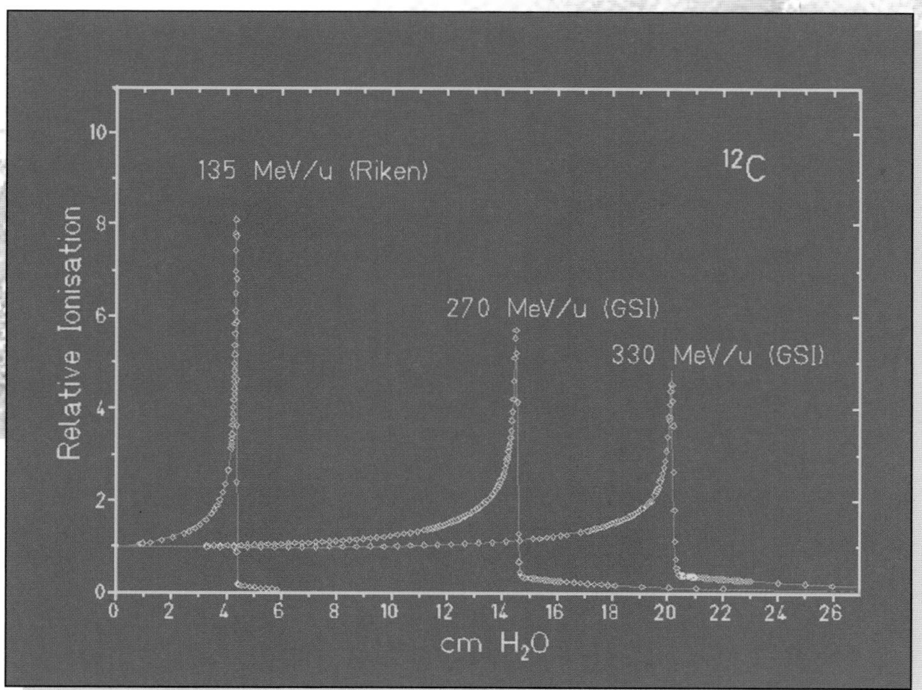

Abb. 4.2.4.
Mit steigender Energie, hier in der Einheit MeV/u angegeben, dringen die Kohlenstoffionen aus dem Beschleuniger tiefer in die Wasserschichten ein. Interessant ist, dass sie ihre Energie erst auf dem letzten Zentimeter vor dem entgültigen Stillstand abgeben, hier dargestellt durch ihre Ionisationsfähigkeit. Biologisches Gewebe wird durch die Energieabgabe nur lokal geschädigt, womit sich der Weg zu einer gezielten Behandlung tiefsitzender Tumore eröffnet. (GSI, Darmstadt)

In der Dermatologie hilft der Laser bei der Entfernung von Tätowierungen und Feuermalen (s. Abb.4.2.2). Und die „Faltenentfernung mit dem Laser" zeigt in manchen Fällen erstaunliche Ergebnisse. Möglich wurden alle diese Entwicklungen, weil die Grundlagenforschung in der Laserphysik Geräte und Verfahren entwickelt, die immer perfekter die vielfältigen Ansprüche der Medizin abdecken können.

Beispiel 3: Tumortherapie mit dem Schwerionenbeschleuniger

Dass auch die reine physikalische Grundlagenforschung zu praktischen Anwendungen von großer Bedeutung führen kann, zeigen Ergebnisse in der Schwerionenphysik am Beschleuniger der GSI in Darmstadt. Wie die Messungen in Abb. 4.2.4 nahelegen, kann man mit Schwerionen aus dem Beschleuniger gezielt biologisches Tumorgewebe tief im Körperinneren schädigen, ohne die darüber liegenden Schichten gesunden Gewebes übermäßig anzugreifen. Dieser Effekt aus der physikalischen Grundlagenforschung stellt gegenüber der konventionellen Tumorzerstörung mit Röntgenstrahlung einen erheblichen Fortschritt dar (s. Abb. 4.2.5). Bislang wurden 70 Patienten behandelt. In der Diskussion sind Pläne für den Aufbau eines Beschleunigers mit Anwendungszentrum speziell für die Tumortherapie mit einer Behandlungskapazität von 1000 Patienten im Jahr.

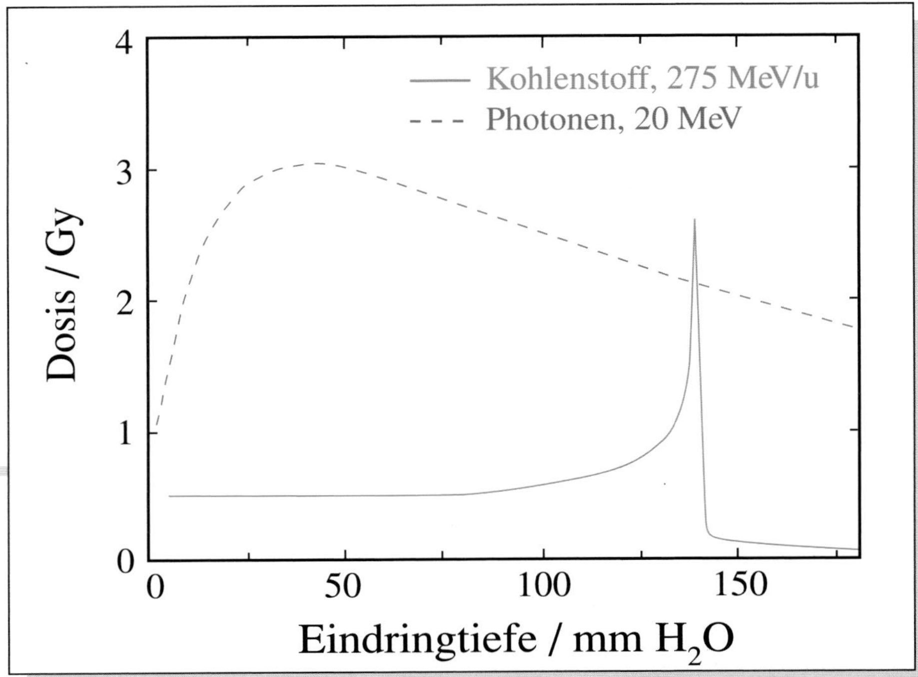

Abb. 4.2.5.
Während bei Röntgenbestrahlung (blaue Kurve) eine schädliche Dosis über weite Strecken im Gewebe abgegeben wird, deponiert der Schwerionenstrahl seine Energie sehr lokal in der Tiefe. Entsprechend schädigt der Röntgenstrahl sehr viel gesundes Gewebe auf dem Weg zum Tumor, während der Schwerionenstrahl gezielt den Tumor - hier in einer Tiefe von etwa 14 cm - mit großer Effizienz zerstört. Diese Eindringtiefe hängt von der Bewegungsenergie der Schwerionen ab und lässt sich in weiten Grenzen variieren. (GSI, Darmstadt)

4.3 Physik in der Energietechnik

4.3.1 Unsere Energie

Eine 100-Watt-Glühbirne benötigt bei zehnstündigem Betrieb die elektrische Energie von einer Kilowattstunde (kWh). Das kostet den privaten Verbraucher 25 Pfennige. Müsste er diese elektrische Energie mit Hilfe seiner Muskelkraft erzeugen, bräuchte er dazu auch etwa zehn Stunden, denn die maximale körperliche Leistung eines kräftigen und gesunden Menschen beträgt etwa 100 Watt. Bei einem Tageslohn, inklusive Lohnnebenkosten, von 200 DM wären die Kosten für den Betrieb der Glühbirne oder eines jeden anderen elektrischen Geräts also mindestens 800mal teuerer als sie es tatsächlich sind.

Unsere wesentlichen primären Energiequellen sind die fossilen Brennstoffe Kohle, Erdöl und Erdgas, die Strahlung der Sonne, sowie die spaltbaren schweren und die verschmelzbaren leichten Atomkerne. Die Reserven an fossilen Energieträgern sind groß aber begrenzt. Hätten alle Menschen auf der Erde einen so hohen Energieverbrauch wie wir in den industrialisierten Ländern, dann wären die fossilen Vorräte mit Sicherheit nach wenigen Generationen unwiederbringlich erschöpft. Da sie zu ihrer großtechnischen Nutzung bisher verbrannt werden, entsteht zudem zwangsläufig Kohlendioxid (CO_2). Wird dieses Gas wie bisher „in die Luft gelassen“, dann wird die Atmosphäre global und irreversibel verändert, und zwar so, dass sich auch die Lebensbedingungen global und unumkehrbar verändern. Die fossilen Energieträger sind über Millionen von Jahren unter der Wirkung des Sonnenlichts entstanden und gespeichert worden. Ihre Verbrennung innerhalb weniger Generationen ist der bisher schärfste unumkehrbare Eingriff in die irdische Natur.

Die Sonne strahlt der Erde zehntausendmal mehr Energie zu, als wir derzeit global verbrauchen, und die Natur- und Ingenieurwissenschaften haben modernste Techniken entwickelt, um Wärme, Strom und Treibstoffe aus den solargespeisten Quellen erneuerbarer Energie zu gewinnen. Diese Quellen sind unter anderem die Biomasse, die Wasserkraft und die Windenergie, sowie solarthermische und photovoltaische Kraftwerke. Doch die Nutzung dieser Quellen ist derzeit in der Regel teurer, ja zum Teil sogar deutlich teurer als die Nutzung der fossilen Energieträger.

Die Brennstoffe für die Kernkraftwerke, unter Einschluss der Brütertechnologie, und für die in Zukunft wahrscheinlich herstellbaren Fusionskraftwerke sind fast unerschöpflich. Wegen der bekannten Risiken bei der Entsorgung ihrer radioaktiven Abfälle sind jedoch auch sie bisher nicht in der Lage, die Energieversorgung zu gewährleisten.

Bei der Bereitstellung von elektrischer Energie entstehen Verluste, die durch immer bessere Kraftwerkstechniken verringert werden können, etwa durch Gas und Dampf (GUD)-Systeme und Kraft-Wärme-Kopplung. Zu ihrer Nutzung muss die Energie zum Verbraucher transportiert werden. Dabei, und beim Verbraucher selbst, entstehen ebenfalls Verluste. Bei der Energieübertragung durch Kupferkabel gehen heute in Deutschland mindestens 4 % der elektrischen Energie verloren. Sie wird in ungenutzte oder sogar unerwünschte Wärme verwandelt. Zum Transport chemisch gespeicherter Energie, etwa von Wasserstoff oder Methanol, muss ebenfalls Energie aufgewandt werden - und zwar zur Herstellung des Speichers. Diese Energie ist nach Ablauf der Lebensdauer des Speichers „verloren“, sofern kein Recycling erfolgt. Selbst bei der direkten Erzeugung elektrischer Energie aus der Sonnenstrahlung, etwa mit Hilfe der Photovoltaik, werden Speicher in großtechnischem Maßstab gebraucht, um eine kontinuierliche Versorgung auch dann zu gewährleisten, wenn die Sonne nicht scheint.

Fast alle Verluste können durch die optimierte Kombination der Techniken rationeller Energieverwendung, etwa durch Wärmepumpen und Wärmetauschernetzwerke, mit konventionellen Energiewandlungstechniken erheblich verringert werden. Aber auch der Energiebedarf selbst lässt sich reduzieren. So muss in Deutschland bald möglichst die Wärmeisolation von mehr als 20 Mio. Altbauwohnungen deutlich verbessert werden. Fast alle Risiken bei der Erzeugung hochwertiger Energie können im Prinzip minimiert werden. Und die Nutzung der Sonnenstrahlung kann im Prinzip noch erheblich verbessert werden. Zu allem ist ein gewaltiger Aufwand an physikalischer, chemischer, biologischer und geowissenschaftlicher Forschung und ein ebenfalls gewaltiger Aufwand an ingenieurwissenschaftlicher Arbeit notwendig. Leisten wir diese Forschung und Entwicklung nicht, so werden auch unsere Nachfahren und die Menschen in nichtindustrialisierten Ländern weiterhin gezwungen sein, die fossilen Primärenergieträger zu verheizen. Die mittelfristig katastrophalen Folgen sind ebenso bekannt wie die Möglichkeiten zur Lösung der Probleme und ihre Grenzen (s. K. Heinloth: *Die Energiefrage - Bedarf und Potentiale, Nutzung, Risiken und Kosten*).

Forschung und Entwicklung auf dem Gebiet der Energietechnik ist eine zentrale Aufgabe. Sie darf weder auf der Seite der Grundlagenforschung noch auf der Seite der Entwicklung bisher unausgereifter Techniken beschnitten werden. Dort wo sie sehr teuer ist, muss sie international koordiniert werden. Dazu muss das Problembewusstsein nicht nur in der Politik, sondern in allen Schichten der Bevölkerung geschärft werden. Diese Aufgabe ist also auch eine *Aufgabe der allgemeinen Bildung.*

Die Physik kann und muss zu fast allen angesprochenen Problemen wesentliche Beiträge leisten. Einige der ganz fundamentalen Probleme müssen sogar primär von der Physik gelöst werden. Es ist im gegebenen Rahmen nicht möglich, diese künftig notwendigen Beiträge der Physik auch nur annähernd vollständig zu behandeln. Die folgenden Beispiele stehen deshalb, ebenso wie die in den übrigen Kapiteln dieser Denkschrift, stellvertretend für viele andere.

4.3.2 Photovoltaik - elektrische Energie aus Sonnenlicht

Das Prinzip

Photovoltaik ist die direkte Umwandlung von Sonnenlicht in elektrische Energie. Werden *Photonen*, also Lichtteilchen, in geeigneten Materialien absorbiert, so entstehen positive und negative elektrische Ladungsträger, die sich innerhalb dieser Materialien nahezu frei bewegen können; die Energie der Photonen wird dabei zu einem wesentlichen Teil auf diese Ladungsträger übertragen. In photovoltaischen Energiekonvertern werden diese Ladungsträger selektiv, nach positiven und negativen Ladungen getrennt, zu äußeren Elektroden transportiert und diese dadurch elektrisch geladen. Deshalb entsteht zwischen den beiden Elektroden eine elektrische Spannung. Aufgrund dieser Spannung können die Ladungsträger in einem externen Stromkreis einen elektrischen Strom erzeugen und Arbeit verrichten. Die entsprechende Energie ist umgewandelte Sonnenenergie.

Für eine effiziente technische Umsetzung dieses Prinzips müssen vor allem drei Punkte beachtet werden. Zum einen muss der Transport der energetisch angeregten Ladungsträger zu den Elektroden schnell erfolgen, weil in den Absorbermaterialien auch Prozesse ablaufen, bei denen die durch Lichtabsorption erzeugten freien Ladungsträger wieder vernichtet werden. Ihre Energie wird bei diesen *Rekombinationsprozessen* im Wesentlichen in unerwünschte Wärme umgewandelt. Zum anderen muss dafür gesorgt werden, dass die Energiekonverter das breite Solarspektrum mit Photonenenergien, die sich um einen Faktor 8 unterscheiden, wirksam umsetzten. Nicht zuletzt kommt es darauf an, die entsprechenden Energiekonverter kosteneffektiv herzustellen. Dies ist vor allem deshalb wichtig, weil die Solarenergiekonversion wegen der vergleichsweise geringen Strahlungsdichte der Sonne auf der Erde stets eine großflächige Technologie sein wird. Im günstigsten Falle beträgt die Strahlungsenergie pro Zeit und Fläche, die von der Sonne auf der Erde ankommt, 1000 Watt pro Quadratmeter (W/m^2). Mit dem Wirkungsgrad der besten photovoltaischen Energiekonverter können damit heute 15 W/m^2 elektrischer Leistung erzeugt werden. Der spezifische Gesamtenergieverbrauch beträgt in industriellen Ballungszentren in Deutschland etwa 1 W/m^2.

Photovoltaik heute

Die derzeit eingesetzten photovoltaischen Energiekonverter, die Solarzellen, werden zu mehr als 80 % aus kristallinem Silizium hergestellt (s. Abb. 3.3.1). Von solchen Zellen (s. Abb. 4.3.1) wurden 1999 weltweit gut 100 Millionen Stück hergestellt und in Modulen gekapselt für Energieversorgungszwecke eingesetzt. Silizium wird vor allem aus folgenden Gründen als Material verwendet: (i) Es steht über die Elektroniktechnologie in hinreichender Reinheit zur Verfügung; eine hohe Reinheit ist wichtig, weil sich nur so die oben erwähnten schädlichen Rekombinationsprozesse weitgehend vermeiden lassen. (ii) Silizium wird aus Quarz gewonnen und steht prinzipiell in unbegrenztem Umfang zur Verfügung; das Recycling von Siliziumsolarzellen wird keine größeren Probleme aufwerfen. (iii) Siliziumsolarzellen zeigen bei der Energiekonversion relativ hohe *Wirkungsgrade*: Industriell gefertigte Siliziumsolarzellen wandeln bis zu 16 % der Energie der einfallenden Strahlung in elektrische Energie um, im Labor gefertigte Solarzellen sogar bis 24%. Und sie haben Lebensdauern von mehr als 20 Jahren.

Elektrische Energie aus Solarzellen ist heute in vielen Anwendungen kosteneffektiv, in denen nicht mit Strom aus Verbundnetzen konkurriert werden muss, z. B. bei der Stromversorgung von Telekommunikationsanlagen, von Sensoren und Signalen, von *solar home systems* und Wasserpumpen. Für eine Stromversorgung in

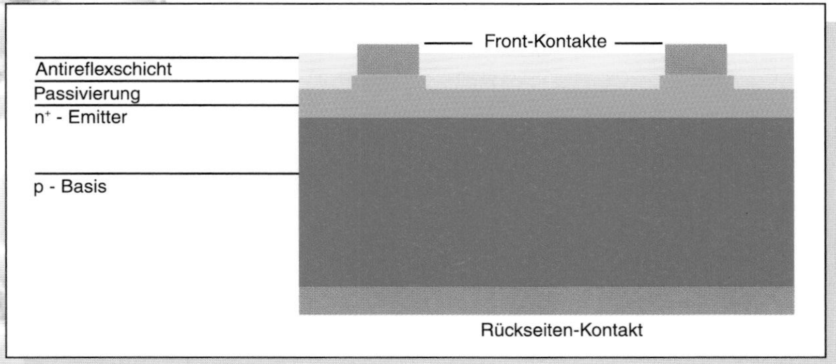

Abb. 4.3.1.
Die Struktur einer einfachen Siliziumsolarzelle. Das Licht tritt zwischen den elektrischen Frontkontakten in die Zelle ein und wird in der Basis (Dicke 300 µm) absorbiert. Die Ladungstrennung erfolgt über die p-n-Struktur: Negative Ladungsträger wandern zu den Frontkontakten, positive zum Rückseitenkontakt. Die elektrische Passivierung der Oberfläche reduziert die unerwünschte Rekombination der Elektronen. Typische Zellflächen sind heute 150 cm², Nennleistungen etwa 2 Watt, bei 0,5 Volt und 4 Ampere.
(Fraunhofer Institut für solare Energiesysteme, Freiburg)

großem Maßstab ist der Strom aus Sonnenlicht in den Industrieländern betriebswirtschaftlich noch nicht konkurrenzfähig. Diese Situation wird sich voraussichtlich auf drei Wegen ändern lassen: über die Massenproduktion, über physikalisch-technologische Innovationen und durch die Berücksichtigung externer Kosten im Energiepreisgefüge.

Kostendegression durch physikalisch-technologische Innovationen

Neben allen oben genannten Vorteilen haben die aus Siliziumscheiben hergestellten Solarzellen auch zwei Nachteile: Die Modultechnik ist durch die notwendige elektrische Serienverschaltung der Scheiben *(Wafer)* aufwändig, und - mehr fundamental - Silizium absorbiert Licht nicht sehr effektiv. Dies macht dicke Wafer nötig und damit einen hohen Materialaufwand. Eine wesentliche, kostenreduzierende Innovation können hier Dünnschichtsolarzellen sein (s. Abb. 4.3.2). Bei diesen Systemen wird die lichtabsorbierende Schicht großflächig auf kostengünstigen Substraten abgeschieden. Die verwendeten Absorbermaterialien bestehen entweder aus Halbleitern, die besser absorbieren als kristallines Silizium, oder aus Silizium wobei der Absorptionsweg durch Lichteinfang in den Schichten optisch verlängert wird (s. Abb. 4.3.3).

Es ist ein generelles Ziel der Solartechnologie, Solarzellen mit möglichst hohen Wirkungsgraden - bei vertretbaren Produktionskosten - zu entwickeln. Vielversprechend sind hier vor allem Tandemstrukturen (s. Abb. 4.3.4), bei denen mehrere Solarzellen monolithisch übereinander gestapelt werden. Dies hat den Vorteil, dass verschiedene Spektralbereiche des Sonnenlichts, getrennt von einander, optimiert in elektrische Energie umgewandelt werden können. Solche Tandemsolarzellen werden bereits heute in Raumfahrzeugen und Satelliten eingesetzt. Für terrestrische Anwendungen bietet sich in Zukunft vor allem an, diese Halbleiterstrukturen mit großflächigen optischen Konzentratoren wie Linsen oder Spiegeln zu kombinieren. Konversionswirkungsgrade von über 40 % müssten sich in der Praxis realisieren lassen. Dabei sind nicht nur Innovationen im Halbleiterbereich, sondern auch im Bereich der Leistungsoptik gefragt, da kleinflächige komplexe Tandemsolarzellen mit großflächigen, hocheffizienten und kostengünstigen optischen Strukturen kombiniert werden müssen.

Solarzellen der dritten Generation

Die Wafersolarzellen beherrschen heute den Markt. Doch die Dünnschichtsolarzellen haben die Chance, einen Teil dieses Marktes in den nächsten fünf Jahren zu erobern. Wenn man diese Technologien als die erste und zweite Generation bezeichnet, stellt sich natürlich die Frage nach einer dritten, noch effizienteren bzw. kostengünstigeren Generation. Diese müsste heute durch anwendungsbezogene Grundlagenforschung vorbereitet werden. Vieles wird derzeit diskutiert und erprobt: Mehrfach-Tandemstrukturen (s. o.), *Quantum-well*-Systeme aus geschichteten Halbleiternanostrukturen, sowie Solarzellen auf der Basis von Halbleitermaterialien, die speziell für die Photovoltaik synthetisiert werden.

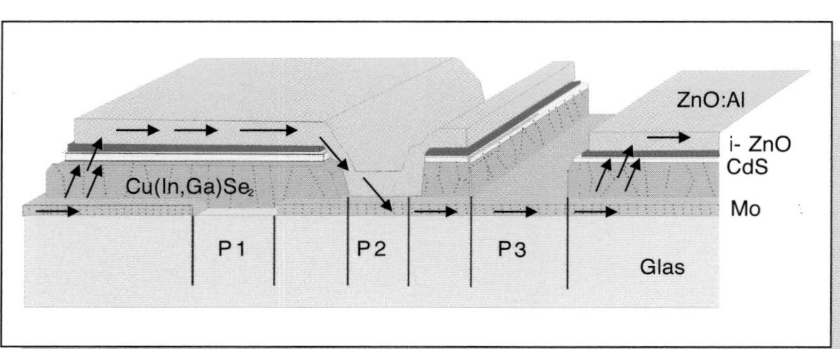

Abb. 4.3.2.
Schnitt durch eine Dünnschichtsolarzelle (Dicke etwa 3 µm) auf der Basis von Kupfer-Indium-Diselenid (CIS). Die Photonen werden in einem Absorber aus Cu(In,Ga)Se_2 in elektrische Energie umgewandelt. Die Ladungstrennung erfolgt über das Zusammenwirken dieser CIS-Schicht mit einer CdS-Schicht. Kontaktiert wird die Zelle über einen optisch transparenten ZnO-Leiter bzw. eine metallische Molybdän-Schicht. Dargestellt sind zwei Solarzellen (links und rechts), die elektrisch in Serie geschaltet sind. Der Stromfluss ist durch Pfeile angedeutet. P1, P2, P3 bezeichnen die Trennung der Halbleiterschichten.
(Zentrum für Sonnenenergie- und Wasserstoff-Forschung, Stuttgart).

Eine weitere Möglichkeit sind Solarzellen auf der Basis von Polymeren und organischen Farbstoffen. Entsprechend dem eingangs beschriebenen Prinzip, können anstelle der bisher diskutierten anorganischen Halbleiter auch organische Farbstoffe die Lichtabsorption übernehmen (s. Kapitel 3.3.8). Der Ladungsträgertransport zu den äußeren Elektroden könnte über leitende Polymere, die auch selbst Licht absorbieren können, über kostengünstige Halbleiter oder über Elektrolyte erfolgen. Solche Solarzellen

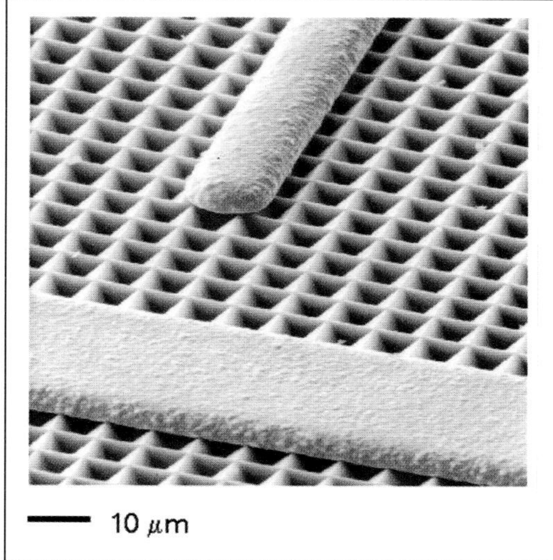

Abb. 4.3.3.
Elektronenmikroskopische Aufnahme der Oberfläche einer Dünnschichtsolarzelle aus kristallinem Silizium. Die Oberflächenstruktur in Form von invertierten Pyramiden führt dazu, dass das Licht schräg in die Zelle eingekoppelt wird. In Verbindung mit einer optisch reflektierenden Rückseite erhöht sich damit der Lichtweg in der Zelle um ein Vielfaches. Eine 30 μm dicke Dünnschichtzelle hat nahezu die gleichen Eigenschaften wie eine 300 μm dicke Wafer-Zelle. Die Zellstruktur wurde auf einem elektrisch isolierenden Substrat erzeugt. Daher sind die Kontaktfinger für positive und negative Ladungen auf der Frontseite angebracht. Skala: 10 μm.
(Fraunhofer Institut für solare Energiesysteme, Freiburg)

300 nm	GaAs - cap
30 nm	AlInP - Fensterschicht
50 nm	GaInP - Emitter
300 nm	GaInP - undotiert
250 nm	GaInP - Basis
30 nm	AlGaInP - BSF
20 nm	AlGaAs Tunneldiode
20 nm	GaAs Tunneldiode
30 nm	AlGaAs/GaInP/AlInP - Fensterschicht
100 nm	GaAs - Emitter
2500 nm	GaAs - Basis
200 nm	GaAs/AlGaInP-BSF oder AlGaAs/GaAs-Bragg-Refl.
200 nm	GaAs buffer
350 μm	GaAs Substrat

300 nm

Zelle 1: Spektrale Absorption zwischen 300 - 660 nm

660 nm

Tunneldiode

Zelle 2: Spektrale Absorption zwischen 660 - 890 nm

890 nm

Wirkungsgrad 27 % (AM1.5g) und 23.5 % (AM0) auf 8 cm² Fläche

Abb. 4.3.4.
Tandemsolarzelle aus III/V-Halbleitermaterialien. In der oberen Zelle wird der Spektralbereich vom nahen UV bis ins Gelbe, in der unteren Zelle vom Gelben bis nahe Infrarot konvertiert. Beide Zellen sind über eine Tunneldiode elektrisch in Serie geschaltet. Die Spannung wird zwischen dem Substrat und der elektrisch leitenden, transparenten Fenster/cap-Schicht abgegriffen. AM1.5 bezeichnet ein typisches terrestrisches, AM0 das extraterrestrische Spektrum.
(Fraunhofer Institut für solare Energiesysteme, Freiburg)

existieren bereits. Ob ihre Wirkungsgrade die von anorganischen Halbleitersolarzellen erreichen werden, ist fraglich. Sie haben aber sicherlich das Potential, die Kosten der Solartechnik zu reduzieren.

Solarzellen und die zukünftige Energieversorgung

Photovoltaik ist heute noch der teuerste Weg, elektrische Energie auf der Basis erneuerbarer Energiequellen bereitzustellen. Immer noch ist ihr Beitrag zur weltweiten Energieversorgung gering. Im Jahr 1999 hat die Weltproduktion von Solarmodulen gerade die Marke von 200 Megawatt (MW) nomineller Leistung überschritten - dies allerdings bei einem stabilen Wachstum von jährlich über 20 %. Auf der anderen Seite hat die direkte Sonnenenergiekonversion über Solarzellen, verglichen mit Wasserkraft, Windenergiekonversion und solarthermischer Stromerzeugung, bei weitem das höchste technische Entwicklungspotential. Sollten wir also in Zukunft eine Energieversorgung benötigen, die stark auf erneuerbaren Quellen beruht, wird mit Sicherheit die Photovoltaik eine entscheidende Rolle spielen. Die Geschwindigkeit ihrer Einführung in großem Stil wird dabei ganz entscheidend von Innovationsschüben aus Physik und Technologie beeinflusst werden.

4.3.3 Hochtemperatursupraleiter - elektrische Energie ohne Verlust

(s. auch Kapitel 3.3.3)

Kritische Temperatur und kritische Stromdichte

Bis vor ungefähr 15 Jahren waren etwa 30 metallische Elemente und über tausend Legierungen und Verbindungen bekannt, die unterhalb einer *kritischen Temperatur* T_c in den *supraleitenden* Zustand übergehen. In diesem Zustand können sie elektrische Ströme bis zu einer kritischen Stromdichte J_c verlustlos transportieren. Wenn die Ströme diesen Wert J_c überschreiten, dann wird der Supraleiter zum Normalleiter. Alle T_c-Werte der bis dahin bekannten Supraleiter lagen unterhalb 23 K oder -250 °C. Diese Supraleiter werden heute als *Tieftemperatursupraleiter* (TTSL) bezeichnet. Die Entdeckung der Supraleitung in Ba-La-Cu-O-Verbindungen (Barium-Lanthan-Kupferoxid) durch Alex Müller und Georg Bednorz 1986 (Nobelpreis 1987) führte in kürzester Zeit dazu, dass zahlreiche *Hochtemperatursupraleiter* (HTSL) gefunden wurden, deren kritische Temperaturen z. T. mehr als 100 K über denen der TTSL liegen. Die bisher höchsten T_c-Werte unter Normaldruck wurden mit 133 K bzw. 135 K von A. Schilling und Mitarbeitern bzw. C. W. Chu und Mitarbeitern an Hg-Ba-Ca-Cu-O-Verbindungen gemessen. Ein Teil der über 50 heute bekannten HTSL weisen T_c-Werte auf, die über der Siedetemperatur des flüssigen Stickstoffs (77 K oder -196 °C) liegen. Dadurch werden neue technische Anwendungen der Supraleitung möglich, denn die Kühlung mit flüssigem Stickstoff ist 50- bis 100mal billiger als die mit flüssigem Helium, mit dem die TTSL gekühlt werden müssen.

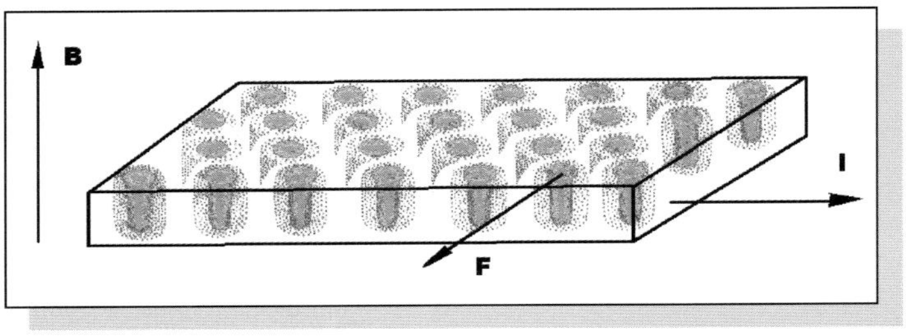

Für Anwendungen der HTSL in der Energietechnik ist eine hohe kritische Stromdichte J_c wichtig, mit der ein Supraleiter belastet werden kann, ohne normalleitend zu werden. J_c hängt vom Magnetfeld B ab, dem der Supraleiter ausgesetzt ist. Das $J_c(B)$-Verhalten eines Supraleiters wird entscheidend von seiner Gitterstruktur und seinem Gefüge geprägt. Die HTSL gehören zu den *Supraleitern 2. Art*, die dadurch gekennzeichnet sind, dass das Innere des Supraleiters gegen Magnetfelder unterhalb einer kritischen Feldstärke B_{c1} durch supraleitende Oberflächenströme vollständig abgeschirmt wird, während ein Magnetfeld oberhalb B_{c1} in den Supraleiter eindringt. Der magnetische Fluss, der den Supraleiter dann durchsetzt, ist in einzelne Flussquanten aufgeteilt, die als *Flussschläuche* in einem Gitter angeordnet sind (s. Abb. 4.3.5).

Abb. 4.3.5.
Flussschlauchgitter im Supraleiter. B bezeichnet das äußere Magnetfeld, F die Lorentz-Kraft, die der Transportstrom I im äußeren Magnetfeld B auf die Flussschläuche ausübt. Die Magnetfeldverteilung im Flussschlauch ist durch die Schraffur angedeutet. (Nach W. Buckel)

Flussschläuche und ihre Verankerung

Während sich ein Flussschlauch in einem TTSL über viele Elementarzellen des Kristallgitters erstreckt, sind die Abmessungen der Flussschläuche in einem HTSL etwa hundertmal kleiner. Ferner ist für eine Reihe von HTSL ein weiterer Unterschied charakteristisch, der anhand der besonderen Gitterstruktur erklärt werden kann. Beispielhaft für die HTSL ist in Abb. 4.3.6 das Elementargitter der Verbindung $Bi_2Sr_2Ca_2Cu_3O_{10}$ (Bi-2223) dargestellt. Die eingezeichneten CuO_2-Ebenen sind die für die Ausbildung der Supraleitung entscheidenden Strukturelemente. Die zwischen diesen supraleitenden Ebenen angeordneten Erdalkalioxid- und Wismutoxid-Ebenen wirken als „Isolatorschichten". Aus diesem Grunde besteht zwischen den benachbarten CuO_2-Ebenen nur eine schwache supraleitende Kopplung, wodurch der Stromtransport senkrecht zu den Ebenen erschwert wird. Dies hat zur Folge, dass in vielen HTSL die supraleitenden Eigenschaften stark richtungsabhängig oder *anisotrop* sind und die Supraleitung einen quasi-zweidimensionalen Charakter hat. Deshalb zerfallen die magnetischen Flussschläuche in zweidimensionale *Flusswirbel* oder *pancake vortices* („Pfannkuchen-Wirbel"), die in den CuO_2-Ebenen liegen und nur schwach supraleitend miteinander gekoppelt sind.

Fließt ein Transportstrom I durch den Supraleiter, so wirkt auf das Flussschlauchgitter eine Lorentz-Kraft $F= B \cdot I \cdot L$ wobei L die Länge des Supraleiters bezeichnet (s. Abb. 4.3.5). Wenn diese Kraft die Flussschläuche in Bewegung setzen und ein *Flussfließen* verursachen kann, so fließt der elektrische Strom im Supraleiter nicht mehr verlustlos. Um dies zu vermeiden, müssen die Flussschläuche durch Verankerung oder *Pinning* an gezielt eingebrachten Gitterstörungen *(Pinningzentren)* an ihrer Bewegung gehindert

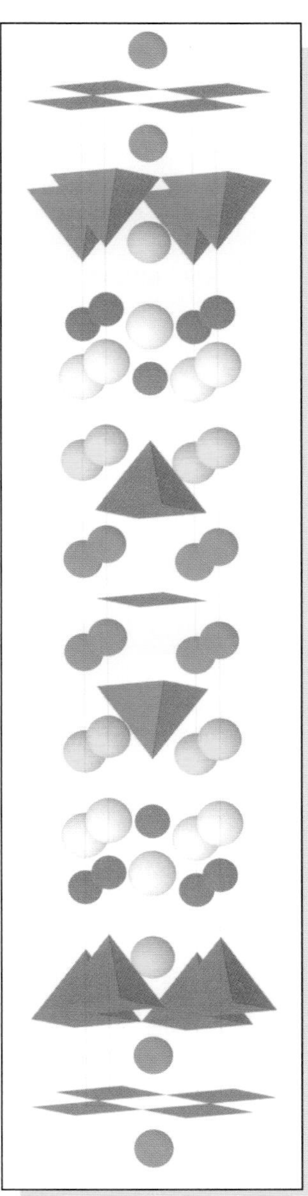

Abb. 4.3.6.
Schematische Darstellung der Kristallstruktur von $Bi_2Sr_2Ca_2Cu_3O_{10-x}$. Die CuO_2-Ebenen sind durch die roten Rauten und die Grundflächen der roten Pyramiden angedeutet, dazwischen Kalzium (blau), Strontiumoxid (gelb) und Wismutoxid (grün-weiß). (Nach H. Shaked u. a.)

werden. Die Flussschläuche halten sich bevorzugt an den Pinningzentren auf, da hier ihre Energie besonders niedrig ist. Deshalb erfordert das Losreißen der Flussschläuche von den Pinningzentren eine Kraft. Die Obergrenze der Stromdichte (J_c) wird erreicht, wenn die Lorentzkraft der Pinningkraft die Waage hält.

Das Pinning im HTSL ist noch unvollständig verstanden und deshalb Gegenstand intensiver Untersuchungen. Da das Flussschlauchgitter in *pancake vortices* zerfällt, die infolge ihrer geringen Abmessungen nur schwach an den Pinningzentren verankert sind, können schon relativ geringe auf die Vortices wirkende Kräfte Flussbewegungen verursachen. In stark anisotropen HTSL reicht bei Temperaturen in der Nähe von T_c bereits die Wärmebewegung aus, um ein Flussfließen oder Flusskriechen auszulösen. Ein verlustloser Stromtransport ist deshalb bei diesen Temperaturen auch ohne Einwirkung eines Magnetfeldes prinzipiell unmöglich.

HTSL-Drähte und -Bänder: eine technologische Herausforderung

Korngrenzen haben einen entscheidenden Einfluss auf die kritische Stromdichte J_c. Ähnlich wie die isolierenden Erdalkalioxid- und Wismutoxidebenen im Gitter des $Bi_2Sr_2Ba_2Cu_3O_{10}$ sind die wenigen Atomlagen einer Korngrenze Bereiche schwacher supraleitender Kopplung, wobei die Kopplungsstärke davon abhängt, wie stark sich die Ausrichtungen benachbarter Kristallite voneinander unterscheiden. So führen Korngrenzen zwischen Kristallen mit großem Orientierungsunterschied dazu, dass in einem HTSL insbesondere in magnetischen Feldern nur ein sehr schwacher Strom fließen kann. Deshalb muss bei der Herstellung von HTSL, die hohe kritische Stromdichten tragen sollen, darauf geachtet werden, dass eine weitgehend parallele Ausrichtung (*Textur*) der Kristallite erreicht wird. Zusätzlich müssen die CuO_2-Ebenen der supraleitenden Phase parallel zur Stromrichtung orientiert sein. Für die meisten Anwendungen in der Energietechnik ist es erforderlich, die HTSL in Form von Drähten oder Bändern in Längen von mehreren 100 m herzustellen. Dies ist eine außerordentliche technologische Herausforderung, da alle HTSL-Verbindungen sehr spröde sind und für sich allein nicht zu zusammenhängenden Körpern geformt werden können.

Alle genannten Anforderungen konnten bisher nur für zwei Verbindungen erfüllt werden: $Bi_2Sr_2CaCu_2O_8$ (Bi-2212) und $(Bi,Pb)_2Sr_2Ca_2Cu_3O_{10}$ (BI-2223). Um daraus supraleitende Bänder herzustellen, füllt man Pulver dieser Materialien in Silber- oder Silberlegierungsrohre. Die Pulver/Rohr-Verbunde werden durch Ziehen zu Drähten umgeformt, die in einem weiteren Silber- oder Silberlegierungsrohr gebündelt und in dieser Konfiguration zunächst ebenfalls zu einem Draht gezogen und schließlich zu einem Band flachgewalzt werden. Durch eine thermische (Bi-2212) bzw. thermomechanische Behandlung (Bi-2223) der Bänder wird ein dichtes, stark texturiertes Gefüge der

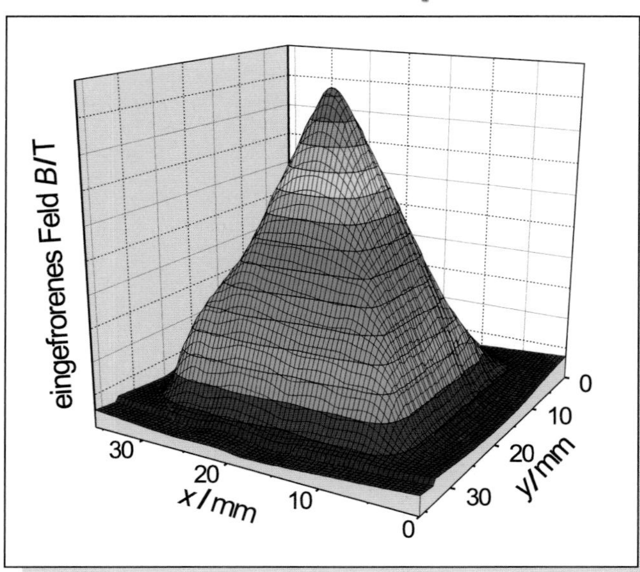

Abb. 4.3.7.
Profil des Magnetfeldes B im Innern einer schmelztexturierten YBCO-Probe mit großer Remanenz: In der supraleitenden Probe bleibt ein beträchtliches Magnetfeld eingefroren, nachdem das äußere Magnetfeld abgeschaltet wurde. (IFW, Dresden)

supraleitenden Phase erzeugt. So werden Leiter hergestellt, die bis zu einem Kilometer lang sind und in denen über die gesamte Länge durchgehende etwa 10 µm dicke supraleitende Filamente in einer Silbermatrix eingebettet sind. Ohne äußeres Magnetfeld können diese Leiter bei Temperaturen von 77 K Stromdichten (Stromstärke pro Gesamtquerschnitt des Leiters) von bis zu 16 kA/cm² verlustlos tragen.

Ein wesentlicher Nachteil dieser Leiter ist, dass J_c schon in niedrigen Magnetfeldern stark abnimmt. Eine aussichtsreiche Alternative zu den Bi-Leitern ist die Verbindung $YBa_2Cu_3O_{7-x}$ *(YBCO)*, da deren Eigenschaften deutlich weniger richtungsabhängig sind, folglich der magnetische Fluss besser verankert werden kann, und damit die Voraussetzung für eine höhere Stromtragfähigkeit in Magnetfeldern gegeben ist. Leider gelingt es mit der oben beschriebenen Technologie nicht, stark texturierte Gefüge in YBCO-Leitern zu erzielen. Zur Herstellung geeigneter YBCO-Bänder ist ein Verfahren erfolgversprechend, das von einem weniger als 100 µm dünnen Metallband mit kubischer Kristallstruktur ausgeht, die ähnliche Gitterparameter wie das YBCO hat. In dem Band wird durch eine thermomechanische Behandlung die gewünschte Textur erzeugt. Auf das texturierte Band werden keramische Schichten und auf diesen wiederum eine YBCO-Schicht unter Bedingungen abgeschieden, die dazu führen, dass die Textur des Metallbandes auf die nachfolgenden Schichten übertragen wird. Einer YBCO-Schicht kann auch auf untexturierten Metallbändern die gewünschte Textur aufgeprägt werden. Dazu verdampft man das YBCO und lässt es sich aus der Gasphase auf dem Metallband abscheiden, während ein schräg auftreffender Ionenstrahl auf die sich bildende Schicht einwirkt. Als Abscheideverfahren kommen die Laserablation, das Sputtern, CVD-Verfahren (Gasphasenabscheidung) und neuerdings auch die chemische Abscheidung metallorganischer Verbindungen zur Anwendung. Amerikanische und japanische Gruppen haben Bänder von ein bis zwei Meter Länge mit einer supraleitenden Schicht hergestellt, in der Stromdichten von 200 000 bis 1 Mio. A/cm² (bei 77 K, im Eigenfeld) erreicht wurden. Doch bis man Längen von 100 Meter und mehr erreicht, werden noch einige Jahre intensiver physikalischer und metallurgischer Forschung nötig sein.

Zunehmendes Interesse finden auch massive, korngrenzenfreie YBCO-Proben, die durch ein Schmelz-Kristallisationsverfahren hergestellt werden. Da in diesen Proben unterhalb T_c ein beträchtlicher magnetischer Fluss verankert werden kann, ist es möglich, supraleitende Magnete mit sehr hoher *Remanenz* herzustellen (s. Abb. 4.3.7). So ist es z. B. gelungen, einen supraleitenden Permanentmagneten mit einer Remanenz von 14,3 Tesla zu erzeugen, indem man ein YBCO-Verbundmaterial im Magnetfeld auf eine Temperatur von 23 K abgekühlt hat. In herkömmlichen Dauermagneten werden Remanenzwerte von lediglich 1,2 bis 1,5 Tesla erreicht.

Kabel, Transformatoren, Motoren, Strombegrenzer, Magnete, Lager...

Von allen konventionellen Betriebsmitteln der Energietechnik haben elektrische Energieübertragungskabel, Transformatoren und Motoren die besten Aussichten, dass in ihnen herkömmliche Technologie

Abb. 4.3.8.
Supraleitende Magnetschwebebahn an vertikaler Magnetschiene. (IFW, Dresden)

durch neue, auf der Basis von HTSL arbeitende ersetzt wird, oder sie zumindest durch Einführung supraleitender Bauteile effektiver und umweltfreundlicher gestaltet werden können. Ein weiterer erfolgversprechender Kandidat ist der Strombegrenzer, für den aber sehr wahrscheinlich keine supraleitenden Drähte oder Bänder, sondern andere Konstruktionsprinzipien auf der Basis von HTSL zur Anwendung gelangen werden.

Am weitesten fortgeschritten ist die Entwicklung supraleitender Energieübertragungskabel. Sie sollen helfen, die elektrischen Verluste zu verringern, die durch die Energieübertragung vom Energieerzeuger zum Verbraucher entstehen und gegenwärtig auf 7 bis 9 % geschätzt werden. Ersetzt man konventionelle unterirdische Übertragungskabel durch supraleitende Kabel, so könnte in den bestehenden Rohrtrassen eine drei- bis fünffach größere elektrische Leistung übertragen werden. So ließe sich auch in Zukunft einem steigenden Energiebedarf leicht Rechnung tragen. Anderenfalls müsste neues Land für die Verlegung weiterer konventioneller Kabel erschlossen werden, da die Leistungsgrenze der meisten bestehenden Kabel erreicht ist. Auch in dicht besiedelten Gebieten, in denen zur Zeit die Energieversorgung durch Überlandleitungen erfolgt, kann zukünftig das Netz durch unterirdische supraleitende Kabel billiger erweitert werden als durch konventionelle Übertragungsleitungen.

Zur Zeit werden an mehreren Stellen der Welt „Demonstratoren“ supraleitender Kabel unter praxisnahen Bedingungen getestet. In dem wohl größten Projekt bereiten Pirelli und Detroit Edison die Einbindung eines 120 m langen 100 Megawatt-Kabels, das aus drei Einphasen-HTSL-Kabeln besteht, in das Netz eines Detroiter Elektrizitätswerkes vor.

Die wichtigsten Vorteile von Transformatoren auf HTSL-Basis gegenüber konventionellen Transformatoren sind ein bis zu 50 % geringeres Gewicht im Falle großer Trafos mit Leistungen von mehr als 30 Megawatt, ein geringeres Volumen, eine beträchtliche Energieeinsparung durch einen verbesserten Wirkungsgrad und die Vermeidung großer Mengen Öl, die in konventionellen Transformatoren als Kühlmittel und Dielektrikum verwendet werden, aber feuergefährlich und ein Risiko für die Umwelt sind.

Durch den Einsatz von HTSL in großen Elektromotoren erhofft man sich eine Reduzierung des Bauvolumens und der elektrischen Verluste um 50 %. Wenn man berücksichtigt, dass in den USA mehr als 30 % der gesamten erzeugten Elektroenergie in großen Motoren verbraucht wird, ist durch die Substitution von Kupfer durch HTSL in den Motorwicklungen ein gewaltiger ökonomischer Nutzen zu erwarten.

Supraleitende YBCO-Magnete haben die größten Anwendungschancen bei der berührungslosen magnetischen Lagerung von Schwungrädern für die Energiespeicherung und von Wellen in Motoren und Zentrifugen mit hoher Drehzahl. Dabei ist im Gegensatz zu konventionellen Magnetlagern keine aktive Regelung erforderlich, da die Verankerung des Magnetflusses im Supraleiter eine Eigenstabilisierung gewährleistet. Auch der Einsatz für lineare Transportsysteme z. B. in Reinräumen der Halbleiterindustrie ist denkbar. Die Funktion eines solchen Transportsystems ist „spielerisch“ in Abb. 4.3.8 veranschaulicht, die eine Lokomotive zeigt, die den supraleitenden Magneten enthält und entlang einer aus konventionellen Magneten bestehenden „Schiene“ berührungslos schwebt.

Die Entwicklung von Betriebsmitteln auf HTSL-Basis befindet sich zur Zeit noch in einem Stadium experimenteller Anwendung. Der gegenwärtige Stand der HTSL-Materialentwicklung berechtigt jedoch zu der Hoffnung, dass bis zum Ende dieses Jahrzehnts ein Durchbruch in der industriellen Anwendung der Hochtemperatursupraleiter erfolgen wird.

4.3.4 Fusion: Kontrolliertes Sonnenfeuer auf der Erde

Die langfristige Energieversorgung der Menschheit ist eine große Herausforderung. Die Ressourcen an fossilen Energieträgern sind begrenzt: Erdöl und Erdgas werden den Bedarf wahrscheinlich nur noch für etwa 50 Jahre decken. Zudem muss ihr Verbrauch wegen des steigenden CO_2-Gehalts der Atmosphäre reduziert werden. Die Kernspaltung wird mittelfristig einen nennenswerten Beitrag zu unserer Energieversorgung liefern, auf lange Sicht jedoch muss das Entsorgungsproblem noch gelöst werden. Der Anteil der regenerativen Energieträger wird mittelfristig sicher stark ansteigen, aber für die Grundversorgung in den industrialisierten Ländern reicht er bei weitem nicht aus. Eine wesentliche und unverzichtbare Option für die langfristige Energieversorgung bietet die Kernfusion.

Wie alle Sterne gewinnt die Sonne die von ihr abgestrahlte Energie aus der Fusion, der Verschmelzung leichter Atomkerne verschiedener Isotope des Wasserstoffs zu Helium. Dabei wandelt sich ein kleiner Teil der Masse *m* der Atomkerne gemäß der Einstein-Beziehung $E=mc^2$ in kinetische Energie der Verschmelzungsprodukte um (s. Abb. 4.3.9). Auf diese Weise erzeugt die Sonne die ungeheure Strahlungsleistung von 10^{26} Watt. Es ist ein internationales Ziel, die Kernfusion in einem Kraftwerk so kontrolliert zu betreiben, dass sie auch direkt zur Energieerzeugung auf der Erde genutzt werden kann. Obwohl sich die Realisierung eines „irdischen Sonnenfeuers" als schwieriger herausgestellt hat, als man in den 50er und 60er Jahren dachte, steht man heute, mit den Planungen für den ersten Testreaktor, wesentlich näher vor der Verwirklichung eines Fusionskraftwerkes, als noch vor wenigen Jahren. Die kontrollierte Kernfusion ist ein langfristiges Ziel. Wird dieses Ziel erreicht, so kann die Energieversorgung auch dann gesichert werden, wenn die fossilen Energieträger verbraucht sind. Diese Vision rechtfertigt die gewaltigen Anstrengungen der hochindustrialisierten Länder zum Bau eines ersten Fusionskraftwerks.

Um zwei gleichnamig geladene Atomkerne zu verschmelzen, muss zunächst deren Abstoßung aufgrund der Coulomb-Kraft überwunden werden. Dies kann nur gelingen, wenn die Kerne mit hoher Geschwindigkeit aufeinander zu fliegen. Dazu muss man das Gasgemisch, das die Kerne enthält, auf Temperaturen von etwa 100 bis 200 Millionen Grad bringen. Abb. 4.3.9 zeigt die günstigste Verschmelzungsreaktion, die zwischen dem schwerem Wasserstoff (D, Deuterium) und dem

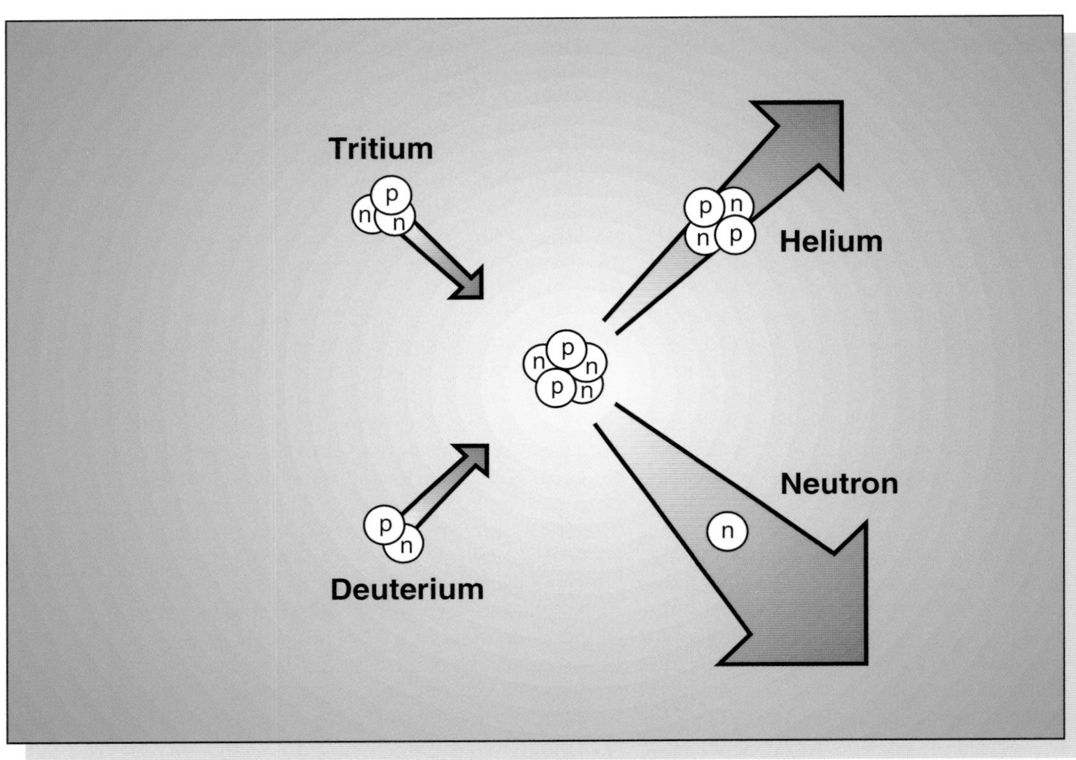

Abb. 4.3.9.
Schema der Fusionsreaktion, die zur Energiegewinnung in einem Fusionskraftwerk genutzt werden soll. Ein Deuteriumkern, bestehend aus einem Proton (p) und einem Neutron (n), und ein Tritiumkern, der ein Proton und zwei Neutronen enthält, verschmelzen zu einem instabilen Helium-5-Kern, der in ein Neutron mit einer Energie von 14,1 Millionen Elektronenvolt (MeV) und einen stabilen Heliumkern mit 2,54 MeV zerplatzt. (MPI für Plasmaphysik, Garching)

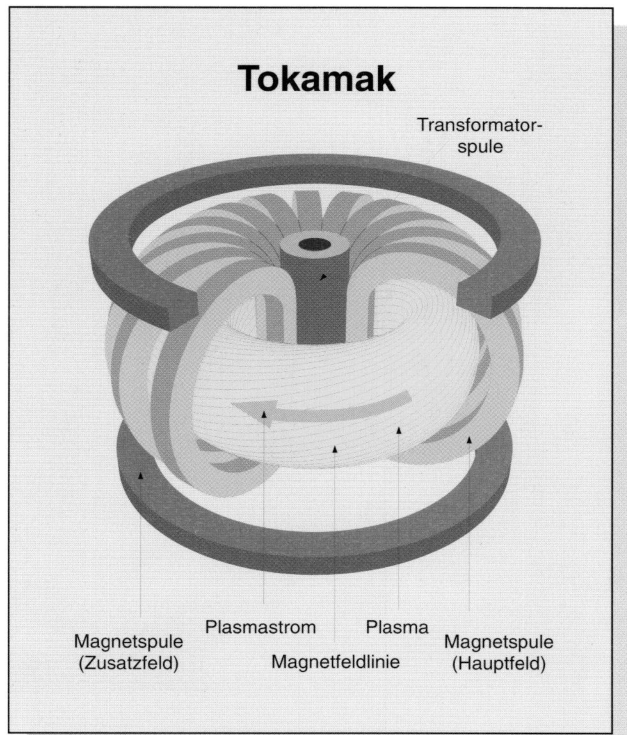

Abb. 4.3.10.
Magnetischer Einschluss heißer Plasmen im Tokamak (links) und im Stellarator (unten). In beiden Fällen erzeugen die plasmaumschließenden Spulen ein umlaufendes Magnetfeld. Beim Tokamak induziert ein Zusatzfeld einen Strom im Plasma. Dadurch erreicht man, dass die Feldlinien schraubenförmig umlaufen und das Plasma festhalten können. Beim Stellarator wird die Verdrillung der Feldlinien allein durch die bizarr geformten Spulen erzeugt. (MPI für Plasmaphysik, Garching)

überschwerem Wasserstoff (T, Tritium). Bereits bei Temperaturen von etwa 10 000 Grad werden die Atome eines Gases ionisiert. Dann bewegen sich Wasserstoffionen und Elektronen getrennt voneinander. Diesen Zustand bezeichnet man als Plasma. Da ein Plasma im Wesentlichen geladene Teilchen enthält, kann man es mit Magnetfeldern einschließen. Das ist ein sehr großes und anspruchsvolles technisches Problem. Es muss aber gelöst werden, denn keine materielle Wand würde den hohen Temperaturen auch nur annähernd standhalten, die zur Fusion nötig sind.

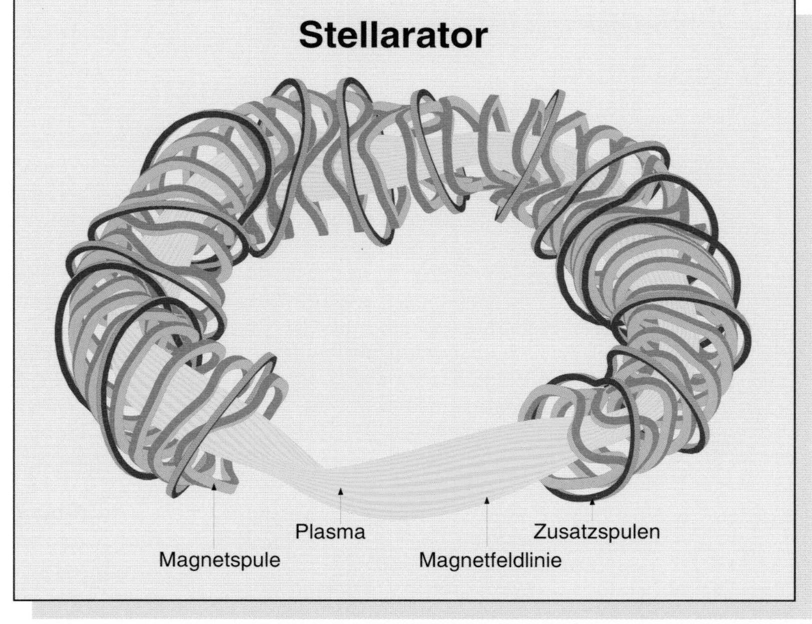

Während in den 60er und 70er Jahren noch viele unterschiedliche Konzepte für den magnetischen Einschluss untersucht wurden, haben sich inzwischen zwei Konfigurationen herausgeschält: der *Tokamak* und der *Stellarator* (s. Abb. 4.3.10). In beiden Fällen erzeugen Spulen ein ringförmiges Magnetfeld. Wegen seiner Krümmung ist dieses Feld aber zu inhomogen, um das Plasma einschließen zu können. Um das Magnetfeld homogen zu machen, muss man seine Feldlinien mit Hilfe eines weiteren Feldes schraubenförmig um den Ring „wickeln“. Beim Tokamak geschieht dies durch eine zentrale Transformatorspule, deren Magnetfeld im Plasma, als der „Sekundärspule“ dieses Transformators, einen Ringstrom induziert. Dessen Magnetfeld verdrillt die zuvor kreisförmigen Feldlinien. Zugleich heizt der Strom das Plasma sehr effektiv auf. Beim Stellarator hingegen wird die Verdrillung der Feldlinien allein durch äußere Spulen erzeugt. Dadurch kann das Magnetfeld vollständig von außen vorgegeben und im Hinblick auf den Teilcheneinschluss optimiert werden. Außerdem kann der Stellarator prinzipiell im Dauerbetrieb arbeiten.

Abb. 4.3.11.
Computergraphik zur Vorbereitung der Fusionsanlage Wendelstein 7-X, die im Teilinstitut Greifswald des Max-Planck-Instituts für Plasmaphysik entsteht. Deutlich sichtbar sind die kompliziert geformten, modularen Spulen, deren Magnetfeld das heiße Fusionsplasma einschließen sollen. (P. Ginter)

Beides ist beim Tokamak nur mit hohem Aufwand möglich. Dem Tokamak hat jedoch die Möglichkeit, das Plasma sehr effektiv heizen zu können, einen großen Entwicklungsvorsprung verschafft, so dass er zur Zeit der am weitesten fortgeschrittene Bautyp ist. Doch auch die Arbeiten am Stellarator machen rasche Fortschritte. So wird derzeit der optimierte Stellarator Wendelstein 7-X in Mecklenburg-Vorpommern im Teilinstitut Greifswald des Max-Planck-Instituts für Plasmaphysik aufgebaut (s. Abb. 4.3.11).

Um das Plasma auf die hohen Temperaturen zu erhitzen, wie sie für die Kernfusion nötig sind, strahlt man hochfrequente Radio- und Mikrowellen in das Plasma ein oder beschießt es mit Teilchenstrahlen. Auf diese Weise erreicht man heute routinemäßig Temperaturen von mehreren hundert Millionen Grad. Es hängt aber nicht nur von der Temperatur ab, ob ein Plasma „brennt" und mehr Energie durch Fusion erzeugt, als zum Aufheizen des Plasmas verbraucht wird. Der aussagekräftigste Parameter zur Bewertung von Fusionsplasmen ist das *Fusionsprodukt* aus Plasmadichte, Plasmatemperatur und der Energieeinschlusszeit, die angibt, wie gut das Plasma gegen Wärmeverluste isoliert ist. Das Fusionsprodukt ist in den vergangenen 40 Jahren um den Faktor 25 000 verbessert worden. Dabei musste man einige unerwartete Schwierigkeiten überwinden. Insbesondere ist die Energieeinschlusszeit deutlich kürzer, als man auf Grund theoretischer Überlegungen erwartet hatte. Erst in den letzten Jahren konnte gezeigt werden, dass dies mit Turbulenzen im Plasma zusammenhängt, deren Wirbel zu erhöhten Energieverlusten führen. Der unerwartet schlechte Energieeinschluss führte dazu, dass Fusionsexperimente heute deutlich größer und aufwändiger sind, als ursprünglich angenommen. Durch die Vergrößerung der Isolationsstrecke lässt sich der Energieeinschluss des Plasmas jedoch verbessern.

Heute erreicht das Fusionsprodukt ein Fünftel des Wertes, bei dem ein Fusionsplasma mehr Energie produziert, als für seine Erzeugung und Aufrechterhaltung aufgebracht werden muss. Bisher wurde bei fast allen Experimenten reines Deuterium-Plasma benutzt, um den technischen Aufwand einzusparen, der mit dem Einsatz des radioaktiven Tritiums verbunden ist. Da man mittlerweile in den Zustandsbereich eines energieerzeugenden Plasmas kommt, müssen auch die direkt mit Deuterium-Tritium-Plasmen zusammenhängenden Fragen beantwortet werden. Solche Experimente mit Deuterium-Tritium-Plasmen fanden in den vergangenen Jahren in zwei großen Tokamaks statt: zuerst im europäischen Tokamak-Experiment JET (Joint European Torus) in Culham bei Oxford, dann auch im TFTR (Tokamak Fusion Test Reactor) in Princeton, New Jersey.

JET, als das weltweit größte Fusionsexperiment, hat Wesentliches zur Untersuchung heißer Plasmen beigetragen. Insbesondere hat es mit Deuterium-Tritium-Plasmen erstmals Fusionsenergie in großem Maßstab erzeugt. Unter anderem hält JET den Weltrekord mit einer Fusionsleistung von 17,6 MW. Bei diesen Experimenten wurde eine *Energieverstärkung* von $Q = 0{,}65$ erreicht, d. h. die durch Fusion gewonnene Leistung betrug 65 % der Leistung, die für die Aufrechterhaltung und Heizung des Plasmas benötigt wurde. Um die physikalische und technische Machbarkeit eines Fusionskraftwerkes zu zeigen, muss man allerdings ein Plasma erzeugen, das wesentlich mehr Energie produziert, als für die Heizung aufgebracht werden muss, also z. B. $Q > 10$.

Dass die Fusionsforschung große und damit kostenträchtige Apparaturen benötigt, wird durch enge internationale Zusammenarbeit ausgeglichen. Innerhalb Europas wird die Forschung in den 13 nationalen Fusionslaboratorien durch die Europäische Atomgemeinschaft Euratom koordiniert. Außerdem betreibt man gemeinsam das oben erwähnte Projekt JET in Culham. Der nächste Schritt auf dem Weg zu einem Fusionskraftwerk soll sogar in weltweiter Zusammenarbeit erfolgen: Seit 1988 wird in einer Kooperation der Europäischen Gemeinschaft, der USA, Japans und Russlands ein gemeinsames Fusionsexperiment geplant, der „Internationale Thermonukleare Experimentalreaktor“ ITER (s. Abb. 4.3.12). ITER soll ein Plasma erzeugen und einschließen, das deutlich mehr Leistung durch Fusion produziert, als für seine Aufrechterhaltung notwendig ist. Zudem soll ITER auch die technologischen Entwicklungen vorantreiben, die zur Realisierung eines Fusionskraftwerkes benötigt werden.

Während sich die USA inzwischen - zumindest vorübergehend - aus dem ITER-Projekt zurückgezogen haben, geht die Planung jetzt in die Endphase. Im Dezember 1999 wurde ein Zwischenbericht vorgelegt und im Juni 2001 soll der Entwurf endgültig fertiggestellt sein, so dass dann über einen Baubeschluss beraten werden kann. Die Anlage wird eine Fusionsleistung von 500 MW erzeugen, und dabei eine Energieverstärkung von $Q = 10$ erreichen. Gleichzeitig soll ITER alle notwendigen technischen Voraussetzungen für den nächsten Schritt schaffen, den Bau eines Demonstrationskraftwerks.

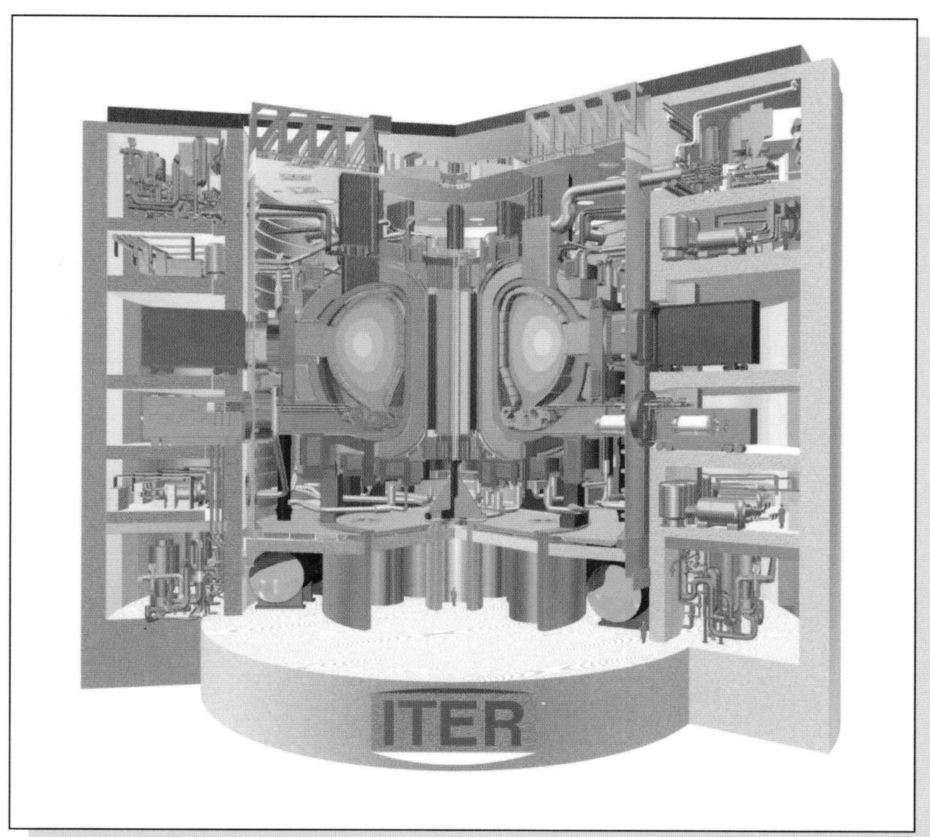

Abb. 4.3.12.
Entwurf für ITER, den Internationalen Thermonuklearen Experimentalreaktor. Dieses in Zusammenarbeit von Europa, Japan und Russland geplante Projekt wird Investitionsmittel in Höhe von etwa 3,6 Milliarden Euro erfordern. ITER soll erstmals in einem Fusionsplasma deutlich mehr Leistung erzeugen, als zur Aufrechterhaltung und Heizung des Plasmas verbraucht wird. (ITER)

Mit dem Betrieb von ITER hofft man, die Machbarkeit eines Fusionskraftwerkes demonstrieren zu können. Das wäre, nach der langen Zeit der Forschung mit ihren Rückschlägen, ein ganz entscheidender Durchbruch. Allerdings gibt es auch in technischer Hinsicht noch einige Herausforderungen zu bewältigen. Insbesondere müssen hochbelastbare Materialien für die Innenwand der Plasmakammer sowie neutronenbeständige Strukturmaterialien entwickelt werden. Außerdem müssen Erfahrungen beim Bau großer supraleitender Magnete und beim Erbrüten des Brennstoffs Tritium aus Lithium gesammelt werden.

Auch bei der Fusion nutzt man Kernkräfte. Die Sicherheits- und Umwelteigenschaften eines Fusionskraftwerkes sind jedoch ungleich günstiger, als die eines herkömmlichen Kernkraftwerks, so dass man eine deutlich größere Bereitschaft der Bevölkerung erwarten kann, der Nutzung dieser Energieform zuzustimmen. Die zwei für die Fusion charakteristischen Problembereiche sollen jedoch nicht verschwiegen werden:

- Tritium ist ein radioaktives, leicht flüchtiges Gas, das in der Natur wegen seiner kurzen Halbwertszeit von 12,3 Jahren nicht vorkommt. Es wird mit den bei der Reaktion entstehenden Neutronen aus Lithium erbrütet, innerhalb der Anlage extrahiert und wieder „verbrannt“. Es muss verhindert werden, dass das Tritium aus der Anlage entweicht. Die dazu notwendigen Techniken sind bereits erfolgreich erprobt worden.

- Die bei der Fusionsreaktion entstehenden Neutronen tragen nicht nur den größten Teil der gewonnenen Energie, sondern sie aktivieren auch die Strukturmaterialien, die das Plasma als Wand umgeben. Aus diesem Grunde werden für Fusionskraftwerke derzeit neue Materialien entwickelt, die nur gering (radio-)aktiviert werden können. Damit soll erreicht werden, dass über 90 % der Materialien in einem Fusionskraftwerk nach einer Wartezeit von höchstens 100 Jahren wieder freigegeben oder wiederverwertet werden können.

5. Physik ist Teil der Kultur und Grundlage der Technik

Die moderne Welt verdankt sich in ihren wesentlichen Teilen den Leistungen des wissenschaftlichen Verstandes. Das heißt: Wissenschaft ist ein integraler Bestandteil der modernen Welt und zugleich Inbegriff der Rationalität einer technischen Kultur, die das Wesen der modernen Welt ausmacht. Ohne Wissenschaft verlöre die moderne Welt ihre Natur und die moderne Gesellschaft ihre Zukunft. Physik bildet von Anfang an den Kern der europäischen Wissenschaftsentwicklung. Sie ist das ursprüngliche Paradigma von Wissenschaft, die Grundlage der Technik und ein konstitutiver Teil einer rationalen Kultur. Sie wird auch in Zukunft eine methodische Leitdisziplin bleiben und ihre Stärken in inter- und transdisziplinären Kollaborationen fruchtbar einsetzen.

Physik und Kultur

Wissenschaft und Kultur bilden keine Gegensätze. Wissenschaft ist vielmehr ihrem Wesen nach Kultur. Der Versuch, die Verbindung von Wissenschaft und Kultur zu lösen, wäre selbst ein Dekultivierungsphänomen, d. h. Ausdruck von Unkultur. Verlierer wären die Wissenschaft, die ihr kulturelles Wesen, ihre kulturelle Natur verlöre, und die Kultur, die wesentliche Teile ihrer rationalen Form verlöre. Die Welt suchte dann in andere kulturelle Formen, ohne Wissenschaft und Technik, zurückzukehren. Doch ein derartiger Versuch führte die moderne Welt nicht weiter, sondern zerstörte sie. Die Wirklichkeit der Welt, ihre kulturelle und technische Wirklichkeit, ist eben auch die Wirklichkeit des wissenschaftlichen Verstandes. Mit seinem Werden ist das Werden der Welt, einer Welt, die mit wissenschaftlichen und technischen Steinen baut, untrennbar verbunden.

Zur kulturellen Wirklichkeit gehört auch die Wirklichkeit des gebildeten Verstandes. Bildung ist nur die andere Seite der Kultur: Kultur zur (individuellen) Lebensform gemacht. Und das bedeutet in einer Welt, die in immer größerem Maße Ergebnis des wissenschaftlichen Verstandes ist, dann auch, dass Wissenschaft selbst Teil der Bildung ist. Wissenschaft kann nicht, wie viele glauben, Gegenteil oder auch nur etwas ganz anderes als Bildung sein. Zwar hat die Vorstellung der europäischen Aufklärung, dass allein das wissenschaftliche Bewusstsein wahrhaft gebildet ist, ihre Geltung verloren, doch ändert dies nichts an dem Umstand, dass in der modernen Welt Wissenschaft, gerade auch Naturwissenschaft, kulturelle Wirklichkeit und damit Bildung ist. Wäre Bildung das, was Naturwissenschaft nicht ist, dann gehörte sie allein den Erziehungs- und Geisteswissenschaftlern, die sie erforschen und (gelegentlich) zu verwalten suchen. Bildung führte dann aus der Welt, in der wir leben, heraus, und nicht - was wahre Bildung immer zu leisten hat - in diese hinein. Deshalb ist es im übrigen auch so wichtig, dass die Naturwissenschaften ein obligatorischer Teil unserer schulischen Wirklichkeit bleiben.

Dass dies keine überflüssigen Bemerkungen sind, macht nicht nur die Wirklichkeit unseres derzeitigen Bildungs- und Ausbildungssystems mit seiner notorischen Vernachlässigung naturwissenschaftlicher Teile deutlich, sondern auch die Rede von den „zwei Kulturen", womit einerseits die naturwissenschaftliche, andererseits die geisteswissenschaftliche Kultur gemeint ist, und Bildung als ein Teil der letzteren erscheint. Demnach wäre, Shakespeare gelesen zu haben, Bildung, den 2. Hauptsatz der Thermodynamik zu kennen, nicht.

Kein Zweifel, dass diese Vorstellung von einem Unverständnis von Bildung zeugt, allerdings einem weit verbreiteten. Wer die Welt unter Bildungsgesichtspunkten derart zerlegt, hat sie als moderne Welt schon verloren. Also kommt es darauf an, sie wieder in ihrer Einheit zu begreifen. Und zu dieser Einheit gehören unter den Stichworten Kultur und Bildung die Naturwissenschaften - und die Phänomene, die sie erforschen - ebenso wie die Geisteswissenschaften. Nur müssen dies viele Geistes- und Naturwissenschaftler, die sich in der Zwei-Kulturen-Unterscheidung mittlerweile zufrieden eingerichtet haben, wohl erst noch lernen. Auch müssen die Naturwissenschaftler durch ihre Arbeit stärker als bisher deutlich machen, dass auch ihr Tun und ihr Wissen zur kulturellen Form und damit zur Bildungsform der modernen Welt gehören.

Was allgemein vom Verhältnis zwischen Wissenschaft, moderner Welt, Kultur und Bildung gilt, trifft in besonderem Maße auf die Physik zu. Die Physik teilt den kulturellen Charakter aller Wissenschaften, und sie ist zugleich, als Grundlage einer technischen Kultur, die das Wesen der modernen Welt ausmacht, die erste aller Wissenschaften. Ohne Physik keine Technik und ohne Physik keine wissenschaftliche Orientierung, die sich in Begriffen wie Gesetz und Erklärung theoretischen, methodischen und instrumentellen Ausdruck verschafft und zugleich in den Kategorien von Raum und Zeit die Architektur der Welt beschreibt.

Zur Geschichte der Physik

Der besondere Charakter der Physik als Grundlage der Technik und Teil einer rationalen Kultur spiegelt sich in ihrer Geschichte. Es waren die Griechen, die die Möglichkeit von Wissenschaft, die Möglichkeit, die Welt mit wissenschaftlichen Augen zu betrachten, entdeckten, und es war die Naturphilosophie, in der die Rationalität die Augen aufschlug. Es war nur ein kleiner Schritt von der milesischen Naturphilosophie, die den Abschied von einer mythischen Auffassung der Welt bedeutete, bis zur Aristotelischen Physik. Die wiederum gilt bis zum 16. Jahrhundert als Paradigma einer wissenschaftlichen, die Welt erklärenden Theoriebildung und zugleich als Realisierung der Idee einer Einheit der Natur. Ihre wesentlichen Bestandteile waren (1) eine Elemententheorie und eine Theorie natürlicher Örter (der Elemente), die kosmologisch ein geozentrisches System zur Folge hat, (2) die Annahme, dass jede Orts- und Geschwindigkeitsänderung die Existenz einer wirkenden Kraft voraussetzt, und (3) die Teilung des Kosmos in einen sublunaren Teil, der Gegenstand einer terrestrischen Physik ist, und einen supralunaren Teil reiner Sphärenharmonie, der Gegenstand der Astronomie ist. Mit der Aristotelischen Physik begann der Mensch, sich in einer geordneten und erklärbaren Welt einzurichten. In diesem Sinne waren auch Physik und Philosophie eins.

Auf die Aristotelische Physik mit ihren sowohl kausalen als auch teleologischen, durch Ziele und Zwecke bestimmten Strukturen und einer durch diese Strukturen beschreibbaren Aristoteles-Welt folgte mit der Newtonschen Physik eine Newton-Welt, in der sich nur noch schwere Massen in absoluter Zeit durch einen absoluten Raum bewegen und die Stabilität der Welt, d. h. ein Ausgleich des Energieverlusts, Sache Gottes ist. Zugleich bestimmt der „Mechanismus" der Newton-Welt, ausgedrückt in einer Mechanik der Gravitationsbewegungen, nicht nur ein Begreifen der anorganischen Natur, sondern, im sogenannten Newtonianismus, auch ein Begreifen des organischen, des psychischen und des sozialen Kosmos. Wieder bildet die in der Newtonschen Physik ausgedrückte Einheit der Natur auch eine Einheit des wissenschaftlichen Begreifens.

Die Situation wird komplizierter mit dem Aufkommen der Elektrodynamik bei Faraday und Maxwell. Das äußert sich z. B. darin, dass nun neben materiellen Körpern auch Felder zur Ausstattung der Welt gehören, wodurch ein einheitliches Verständnis der Natur zunächst erschwert, schließlich aber befördert wird. Ein im Hinblick auf dieses Ziel verfolgter Weg war die von den wichtigen Entwicklungen in der Thermodynamik inspirierte Energetik von Ostwald und anderen. Hier wurde die sich in verschiedenen Formen zeigende und wandelbare Energie zum alleinigen fundamentalen Substrat der Natur. Obwohl sich dieses Programm nicht in befriedigender Weise durchführen ließ und auf Abwege führte - und darüber hinaus sehr stark weltanschaulich durchsetzt war -, blieb es doch der alten Idee der Einheit der Natur verpflichtet.

Diese Situation ändert sich im Laufe der Wissenschaftsgeschichte erst wieder mit der Einsteinschen Physik, insbesondere mit der Allgemeinen Relativitätstheorie. In dieser bahnbrechenden Theorie ist die dynamisierte Geometrie der als Einheit verstandenen Raum-Zeit-Struktur der Welt untrennbar mit der Gravitationskraft verbunden. Die Welt, die die Physik erklärt, wird damit unanschaulich. Allerdings bleibt diese Einstein-Welt, wie die Newton-Welt, weitgehend deterministisch. (Dieser Punkt ist unter Interpreten der Allgemeinen Relativitätstheorie allerdings umstritten.)

Komplementär zu dieser vom Makrokosmos geprägten Sicht der Welt entwickelt sich aus den Rätseln der atomaren Welt die Quantenmechanik und ihre Kopenhagener Deutung. In weiten Teilen des Mikrokosmos und zuweilen auch auf mesoskopischer Ebene (der Heisenberg-Welt) regiert der Indeterminismus. Auch dieser zeigt, insbesondere beim quantenmechanischen Messprozess, seine unanschaulichen Wirkungen. Die Quantenmechanik ist es auch, die ein einheitliches Verständnis der Welt zunächst in immer weitere Ferne rücken lässt. Neue fundamentale Kräfte wie die starke und schwache Kraft wurden in den 30er und 40er Jahren des 20. Jahrhunderts entdeckt. Es zeigte sich, dass sich diese Kräfte einer konzeptionellen Verbindung mit der Gravitation hartnäckig entziehen. Die Existenz der beiden neuen Fundamentalkräfte macht weiterhin klar, warum der von Einstein und anderen initiierte Versuch, eine einheitliche geometrische Formulierung von Elektrodynamik und Allgemeiner Relativitätstheorie zu finden, misslingen musste. Derzeit liegt mit dem Standardmodell eine glänzend bestätigte vereinheitlichte Theorie der elektromagnetischen Wechselwirkung mit der starken und schwachen Kraft vor (s. Kapitel 3.1.2). Eine Einbeziehung der Gravitationskraft steht hingegen immer noch aus. Moderne Ansätze wie die Superstringtheorie (s. Kapitel 3.7) greifen dieses ehrgeizige Ziel („Einsteins Traum") erneut auf; man darf gespannt sein, wie durch diese Ansätze unsere Sicht der Welt verändert wird.

Unabhängig von besonderen Theoriebildungen in der Physik gilt, dass sie immer unanschaulicher, aber zugleich auch in vielen Einzelergebnisse anwendungsstärker wird, je weiter sie sich von der Aristoteles-Welt entfernt. Die Technik, die heute die Welt verändert und sie zu einer technischen Kultur werden lässt, ist ein Kind der klassischen Physik Newtons, Clausius' und Maxwells einerseits und der modernen, insbesondere quantenphysikalischen Entwicklung andererseits. Dabei bleibt die Physik das Paradigma einer „empirischen Philosophie" (Kant) bzw. einer empirischen Wissenschaft und zugleich das Paradigma einer wissenschaftlichen Kultur, die ein Höchstmaß an theoretischer Abstraktheit mit einem Höchstmaß an Anwendungsstärke in sich vereinigt. Allerdings verändert sich in neueren Entwicklungen ihr Verhältnis zu den anderen Naturwissenschaften. Aus einem hierarchischen Verhältnis, mit der Physik als unangefochtener, weltbildkonstituierender Mutterdisziplin, wird zunehmend ein kooperatives Verhältnis. In diesem aber gewinnt die Physik erneut unter methodischen und anderen Gesichtspunkten an Bedeutung.

Transdisziplinarität und die Zukunft der Physik

Zwei Aspekte dürften in der weiteren Entwicklung der Physik eine entscheidende Rolle spielen. Erstens werden zunehmend Problemstellungen und auf sie bezogene Forschungsprogramme in den Vordergrund treten, die thematisch zwischen den Fächern und Disziplinen angesiedelt sind und deren Bearbeitung Kompetenzen in mehr als einem Fach oder einer Disziplin voraussetzt. Ein einschlägiges Beispiel für inter- oder transdisziplinäre Forschungsprogramme der so verstandenen Art sind die jüngsten Entwicklungen auf dem Gebiet der Nanotechnologie (s. Kapitel 3.3.6). Die in diesem Zusammenhang untersuchten Strukturen fallen in die Domäne von drei naturwissenschaftlichen Disziplinen; Physiker, Chemiker und Biologen bemühen sich gemeinsam um das Verständnis und die Herstellung von Objekten, deren Ausdehnung in der Größenordnung von Nanometern liegt. Man denke etwa an die aufsehenerregenden Studien zu Fullerenen (*buckyballs*) und die nicht weniger bedeutsame Herstellung mikroskopischer Schläuche aus einigen wenigen Kohlenstoffatomen, aber auch an zahlreiche biologisch wichtige Makromoleküle (s. Kapitel 3.5).

Zur Herstellung und Analyse von Nanostrukturen im Labor bringen Physiker, Chemiker und Molekularbiologen ihre jeweiligen Kompetenzen ein. Sie starten entweder mit einer vorgegebenen makroskopischen Struktur, z. B. einer Oberfläche, die sie dann auf geschickte Weise mit physikalischen Methoden bearbeiten, bis die gesuchten Nanostrukturen zutage treten (*top-down-Ansatz*), oder sie setzen direkt auf der Ebene der Atome und Moleküle an, um von hier aus systematisch immer komplexere Strukturen zu synthetisieren (*bottom-up-Ansatz*). Erfolgversprechend ist es auch, in der Natur bereits existierende, extrem kleine Strukturen im Hinblick auf ihre funktionalen Eigenschaften zu untersuchen und zu nutzen. Alle drei Zugänge nanotechnologischen Forschens sind, wie sich zeigt, eng miteinander verbunden. Fortschritte in einer der beteiligten Disziplinen ziehen in der Regel Fortschritte in den anderen nach sich.

Zweitens werden disziplinenübergreifende Wissenschaften in Zukunft eine größere Rolle spielen und die „alten" Wissenschaften sowohl inhaltlich inspirieren als auch untereinander näher zusammenführen. Diese übergreifenden Wissenschaften befassen sich mit formalen Strukturen und Konzepten, die in den Einzeldisziplinen Anwendung finden. Vor allem ist hier die Informationswissenschaft zu nennen, deren Resultate in den Ingenieur- und Naturwissenschaften auf fruchtbaren Boden fallen. Beispiele wie Biocomputer und Quantencomputer (s. Kapitel 3.2.1) zeigen zugleich, dass diese Entwicklung auch nachhaltige Auswirkungen auf die Technik hat, die von den neuen Erkenntnissen in beträchtlichem Maße profitiert. Es erweist sich, dass Fortschritte in der Technik nicht an Disziplinengrenzen gebunden sind. Technische Herausforderungen erfordern vielmehr eine Bündelung von Kompetenzen aus unterschiedlichen Bereichen.

Ebenso wie die Technik kennt auch die Natur keine Disziplinengrenzen. Die Zerlegung der Natur in einzelne Bereiche, mit denen sich bestimmte Disziplinen auseinandersetzen, ist keine natürliche, sondern eine künstliche, die sich historisch aus mehr oder weniger pragmatischen Gründen ergeben hat. Sie nährt die Hoffnung, dass das Ganze der Natur einer wissenschaftlichen Untersuchung zugänglich wird. Zugleich gibt es Fragestellungen, die sich einer solchen Zerlegung widersetzen. Insofern sind es gerade die transdisziplinären Forschungsprogramme und die disziplinenübergreifenden (Struktur-)Wissenschaften, die den alten Gedanken einer Einheit der Natur wieder mit Leben füllen.

Man mag fragen, ob die gegenwärtige fachliche und disziplinäre Ordnung langfristig Bestand hat. In dem Maße, in dem transdisziplinär orientierte Aufgaben wachsen, werden die fachlichen und disziplinären Grenzen blass, verlieren sie ihre alte Bedeutung vor dem Hintergrund einer überkommenen Wissenschaftssystematik. Vielleicht erweist es sich auch als sinnvoll, neue Disziplinen (z. B. *Nanoscience*) zu begründen, also die disziplinäre Ordnung forschungsorientiert weiterzuentwickeln. Festzustellen bleibt aber, dass es sich als sehr effizient erweist, Experten aus den gegebenen Fächern und Disziplinen zur Bearbeitung eines neuen Problemkomplexes zusammenzuführen. Das mag auf einer institutionellen Basis, wie etwa im Falle des Center for Nanoscience (CeNS) der Universität München, geschehen oder in einer lockereren Form von Zusammenarbeit. In jedem Fall wird es in Zukunft unter konkreten Problemstellungen verstärkt zu wechselnden Kooperationen unter den Wissenschaften kommen. Starke Disziplinen sind in diesem Zusammenhang eine notwendige Voraussetzung für eine erfolgreiche transdisziplinäre Arbeit. Aufgrund ihrer methodischen und inhaltlichen Breite ist die Physik hier wiederum ein idealer Partner für andere Disziplinen.

Die Physik wird daher auch in Zukunft ihre Rolle als methodische Leitdisziplin wahrnehmen, und zwar in dreierlei Hinsicht: Erstens sind und bleiben die Untersuchungsmethoden und Beurteilungsstandards der Physik, d. h. die methodischen Kriterien der Physik im engeren Sinne, ein wesentlicher Leitfaden naturwissenschaftlicher Forschung. Zweitens bildet die physikalische Theoriebildung und Mathematisierung einen Maßstab für jede theoretische Forschung überhaupt. Und drittens wird auch in Zukunft die Forschung in anderen Disziplinen mithilfe von (Mess-)Instrumenten durchgeführt, die von der Physik für (zunächst) allein physikalische Problemstellungen entwickelt wurden (z. B. NMR-Methoden, Lithographie etc.). Bezüglich der Forschungsinhalte werden die Grenzen zwischen den Fächern und Disziplinen zunehmend offener, werden die Methoden einer Disziplin verstärkt von anderen Disziplinen aufgegriffen werden. Wenn auch in Zukunft die Biologie und andere Naturwissenschaften gemeinsam mit der Physik weltbildkonstituierend sein werden, so wird die Physik doch als Leitdisziplin im beschriebenen Sinne theoretische und methodische Grundlage der Naturwissenschaften bleiben.

6 Physik ist unverzichtbar

Die Gesellschaft muss zur Sicherung ihrer eigenen Existenz die Physik in Forschung, Lehre und Schule fördern

6.1 Stätten physikalischer Forschung: Universitäten, staatliche Forschungsinstitute und Industrie

Interdisziplinarität, Arbeitsteilung, Kooperation

Das 20. Jahrhundert gilt in der Rückschau, kaum umstritten, als Jahrhundert der Physik. Welche Naturwissenschaft das gerade anbrechende 21. Jahrhundert prägen kann, wird man ebenfalls erst nachträglich feststellen können. Es mag zutreffen, dass physikalische Fragen heute nicht mehr die öffentlichen Diskurse über Wissenschaft und Forschung dominieren. Dennoch ist und bleibt Physik die naturwissenschaftlich-technische Grundlagenwissenschaft schlechthin. Auch dort, wo an biologischen, biotechnologischen, medizinischen oder materialwissenschaftlichen Fragen gearbeitet wird, kommen physikalische Methoden und physikalische Denkansätze zum Einsatz. Überall, wo Naturwissenschaft drauf steht, ist auch Physik drin - mal mehr, mal weniger.

Die deutsche Forschungslandschaft ist arbeitsteilig organisiert. Die Physik spielt dabei als methodische und gedankliche Leitdisziplin in allen Bereichen der Forschungslandschaft eine wesentliche Rolle. Gerade Universitäten auf der einen und staatliche Forschungsinstitute auf der anderen Seite haben ihre spezifischen Aufgaben, aus denen unterschiedliche Stärken erwachsen. Dabei halten forschungspolitische Experten, Politiker und nicht zuletzt auch die Forscher selbst die enge Kooperation über Organisationsgrenzen und Disziplinen hinweg übereinstimmend für besonders wichtig. Beispielhaft ist der wissenschaftliche Austausch zwischen Leibniz-Instituten und Hochschulen. Aber auch die Wissenschaftler in den Helmholtz-Zentren oder den Instituten der Max-Planck-Gesellschaft sind sich der besonderen Bedeutung enger Kooperation zwischen universitärer und außeruniversitärer Forschung längst bewusst.

6.1.1 Universitäten

Unter den Stätten physikalischer Forschung in Deutschland stehen hinsichtlich ihrer Zahl und Bedeutung die Universitäten an erster Stelle. Auch als Stätten z. B. philosophischer, chemischer oder wirtschaftswissenschaftlicher Forschung wären die Hochschulen als erste zu nennen, denn schließlich sind die Universitäten Herz, Hirn und Muskeln der deutschen Wissenschaft. Siebzig Prozent der öffentlichen Aufwendungen für Bildung und Forschung fließen dorthin (ca. 60 Milliarden DM).

Die Bundesrepublik unterhält - je nach Zählweise - 86 bis 88 Universitäten, von denen 58 eine Ausbildung zum Diplom-Physiker anbieten. Da, dem alten Humboldtschen Ideal folgend, Forschung und Lehre noch immer eine Einheit bilden, bedeutet dies: Rund drei Viertel aller Hochschulen unterhalten eine starke physikalische Fakultät oder einen physikalischen Fachbereich, deren Professoren vor allem in der Grundlagenforschung ein physikalisches Rundumprogramm, von der Mechanik bis zur Quantenoptik, anbieten. Vor allem aber: Sie bilden die Physiker aus, die sie selber sowie alle staatlichen Forschungsinstitute und die Wirtschaft für die erkenntnis- und die anwendungsorientierte Forschung, für die Entwicklung und für die Anwendung benötigen. Viele Universitäten befinden sich gegenwärtig im Umbruch. Sie versuchen, weg zu kommen von der strengen fachlichen Gliederung in getrennte Fakultäten hin zu einer zunehmenden interdisziplinären Ausrichtung. Dies gilt sowohl innerhalb der Physik als auch in der Verbindung mit benachbarten Disziplinen und steht im Einklang mit globalen Entwicklungstendenzen der Wissenschaft.

Die Breite der physikalischen Themen an den Hochschulen verhindert eine summarische Beschreibung der Universitäten als Stätten physikalischer Forschung. Hinzu kommt, dass die Universitätslandschaft selbst vielgestaltig ist. Sie umfasst alte und traditionsreiche Hochschulen wie Heidelberg und Göttingen. Daneben findet man junge Gründungen wie Konstanz oder Bremen. Der angehende Physikstudent hat die Wahl zwischen großen Universitäten wie München oder Berlin und kleinen, überschaubaren wie Jena oder Bayreuth. Doch in der Verschiedenheit liegen auch Gemeinsamkeiten. Die Physikausbildung ist an allen Universitäten breit angelegt und einheitlich strukturiert, auch wenn die einzelne Hochschule in der Forschung eigene Akzente setzt. So kann ein Student nach dem Vordiplom an jede andere der 59 deutschen Universitäten mit Physik-Ausbildung wechseln und dort sein Studium fortsetzen. Er erhält am Ende ein Diplom, dessen Wert von den Noten, nicht aber vom Dienstort des unterschreibenden Dekans abhängt. Die in den letzten Jahren beliebt gewordenen Hochschul-Rankings belegen diese Feststellung. Keine zwei von ihnen kamen zu übereinstimmenden Ergebnissen. Alle Ränge bevölkert ein gemischtes Publikum. Ob es eine Universität auf einen Spitzenplatz schafft, hängt weder von ihrem Alter noch von ihrer Größe ab.

6.1.2 Staatliche Forschungsinstitute

Die deutsche Forschungslandschaft ist föderal organisiert und historisch gewachsen. Dennoch sind geschichtliche Zufälligkeiten in ihrer Struktur kaum zu verzeichnen. Vielmehr ist eine klare arbeitsteilige Organisation zu beobachten. Neben den Universitäten unterhält der Staat vier außeruniversitäre Forschungsorganisationen mit je spezifischen Aufgaben. Hinzu kommen Ressortforschungsinstitute.

Max-Planck-Institute

Die Universitäten und die Institute der Max-Planck-Gesellschaft betreiben vor allem erkenntnisorientierte Grundlagenforschung. Diese Grundlagenorientierung äußert sich beispielsweise in der Konzentration der deutschen Nobelpreisträger auf diese beiden Organisationen. Das schwedische Nobel-Komitee würdigt mit dem höchsten Wissenschaftspreis in allererster Linie Durchbrüche in der Grundlagenforschung. Die Grundlagenorientierung der Max-Planck-Institute äußert sich aber auch in der Dominanz physikalischer Forschungsthemen, entsprechend dem Status der Physik als „Grundlagenwissenschaft der Grundlagenwissenschaften". In Zahlen: Rund 20 der 78 Max-Planck-Institute widmen sich ganz eindeutig vorrangig physikalischen Themen, von A wie „Aeronomie" bis R wie „Radioastronomie". Neun dieser Institute tragen die „Physik" im Namen. Unter den 11 500 Mitarbeitern in den Max-Planck-Instituten finden sich rund 3100 Wissenschaftler, davon nach Zählung der Deutschen Physikalischen Gesellschaft 1160 Physiker. Das Budget der Max-Planck-Gesellschaft beträgt 2,2 Milliarden DM (1999) und wird je zur Hälfte von Bund und Ländern getragen. Die Gesellschaft gibt knapp die Hälfte ihres Haushalts für Grundlagenforschung in Chemie, Physik, Astronomie und Astrophysik aus. *Als bedeutende Stätte physikalischer Grundlagenforschung ist die Max-Planck-Gesellschaft in Masse und Klasse neben den Universitäten zu nennen.*

Die Zusammenarbeit zwischen den Max-Planck-Instituten und den Universitäten hat in den letzten Jahren an Bedeutung gewonnen. Einige hundert Wissenschaftler aus Max-Planck-Instituten lehren an Universitäten, darunter 31 im Zuge von Doppelberufungen. Die Zahl der betreuten Doktoranden beträgt ca. 2500. Eine neue Form der Kooperation stellen die International Max Planck Research Schools dar, von denen bisher neun an verschiedenen Universitäten im Aufbau begriffen sind.

Hören wir die Max-Planck-Gesellschaft zu ihren physikalischen Themen selbst: „Die chemisch-physikalische Grundlagenforschung wird beherrscht von der Suche nach einer einheitlichen Erklärung der Vorgänge in der Natur und von der Frage nach der Stellung des Menschen in der ihn umgebenden Welt. Die experimentellen Methoden, die bei dieser Forschung in Max-Planck-Instituten zum Einsatz kommen, liefern Informationen über die gesamte Spannbreite räumlicher Dimensionen - von der Größenordnung eines Elementarteilchens bis zur Ausdehnung des gesamten Weltalls - und geben Auskunft über zeitliche Vorgänge, die zwischen ultraschnellen Elementarprozessen und dem Alter des Universums liegen."

Helmholtz-Zentren

In der Helmholtz-Gemeinschaft haben sich 16 Forschungszentren der Bundesrepublik zusammen geschlossen. Elf der Zentren befassen sich weitgehend oder teilweise mit physikalischen Fragen. Das Physik-Handbuch 1998 weist in diesen elf Zentren für das Jahr 1997 rund ein Drittel angestellte Physiker unter knapp 4500 Wissenschaftlern aus. *Die Helmholtz-Zentren verfolgen langfristige Forschungsziele des Staates in wissenschaftlicher Autonomie, die den Einsatz erheblicher finanzieller und personeller Ressourcen erfordern.* Dazu gehört in besonderem Maße der Betrieb von Großgeräten. Hieraus folgt zwangsläufig ein starkes Gewicht physikalischer Themen. Die Erforschung der Grundlagen der Materie mit großen Teilchenbeschleunigern oder der Versuch, mit der Kernfusion „die Sonne auf die Erde zu holen" (s. Kapitel 4.3.4), gelingt keinesfalls mehr im traditionellen physikalischen Labor der Jahrhundertwende. Die Großgeräte des Physikers kosten heute viele Millionen, manchmal gar Milliarden. Ihr Betrieb verlangt die koordinierte Zusammenarbeit oft hunderter Wissenschaftler. Die Physiker selbst sprechen ganz zutreffend von „Maschinen". Helmholtz-Zentren können daher mit Fug und Recht als „Forschungsfabriken“ bezeichnet werden. Beispiele sind das Deutsche Elektronen-Synchrotron DESY bei Hamburg mit seinen drei Teilchenbeschleunigern, rund 1400 Beschäftigten und einem Etat von knapp 300 Millionen DM oder die Gesellschaft für Schwerionenforschung (GSI) in Darmstadt, in der rund 570 Beschäftigte mit einem Jahresetat von 130 Millionen DM die Grundlagen der Materie erforschen und dabei unter anderem künstliche schwere Elemente jenseits des herkömmlichen Periodensystems herstellen.

Der Betrieb von Großgeräten ist eine wissenschaftliche Dienstleistung für die gesamte Wissenschaftlergemeinde. Er bringt die Helmholtz-Zentren mit allen Teilen des deutschen Forschungssystems in Kontakt. Die teuren Maschinen stehen Spitzenforschern aus allen Teilen der Bundesrepublik zur Verfügung. Viele Kooperationen reichen auch über die nationalen Grenzen hinaus. Die eifrigsten externen Nutzer der Großgeräte sind Forschergruppen aus den deutschen Universitäten.

Zu den wissenschaftlichen Großaufgaben der Helmholtz-Gemeinschaft gehörte und gehört auch der Betrieb von Forschungsreaktoren. Die Forschung zur friedlichen Nutzung der Kernenergie war das bestimmende Thema der staatlichen Forschungspolitik von den späten Fünfzigern bis in die achtziger Jahre. Die Forschungszentren Karlsruhe und Jülich haben hier ihre Wurzeln. In dem Maße, wie die gesellschaftliche Haltung gegenüber der Kernenergie kritischer wurde, haben sich beide Zentren anderen drängenden Themen und Querschnittsaufgaben zugewandt, vielfach aus verschiedenen Bereichen der Physik. Dabei kam ihnen zugute, dass die Forscher in Karlsruhe und Jülich von Beginn an über die Kernforschung hinaus dachten und forschten. Die Helmholtz-Zentren werden zu 90 % vom Bund und zu 10 % vom jeweiligen Sitzland finanziert; sie beschäftigen 22 600 Mitarbeiter; ihre Budgets betragen 4,1 Milliarden DM, davon gut eine Milliarde DM Drittmittel und Erträge (1999).

Leibniz-Institute

Leibniz-Institute sind mittelgroße Forschungsunternehmen. Sie nehmen Forschungsaufgaben „von überregionaler und gesamtstaatlicher wissenschaftspolitischer Bedeutung“ flexibel wahr, wie ihnen der Wissenschaftsrat, das höchste wissenschaftspolitische Expertengremium, bereits 1993 attestierte. Die 78 in der Wissenschaftsgemeinschaft Gottfried Wilhelm Leibniz zusammengeschlossenen Institute beschäftigen 11 000 Mitarbeiterinnen und Mitarbeiter. Unter den 4200 Wissenschaftlern finden sich rund 1100 Physiker. Die Haushalte der Leibniz-Institute summieren sich mit Drittmitteleinwerbungen auf mehr als 1,6 Milliarden DM. Die Grundfinanzierung von etwa 1,3 Milliarden DM wird je zur Hälfte vom Bund und von den Ländern, dabei jeweils überwiegend vom Sitzland, getragen.

Die typische Forschung in den Leibniz-Instituten hat längerfristigen, interdisziplinären Charakter. Das Aufgabenspektrum ist breit. Es reicht von den Raum- und Wirtschaftswissenschaften über weitere gesellschaftswissenschaftliche Forschungsaufgaben bis in die Natur-, Ingenieur- und Umweltwissenschaften und umfasst auch wissenschaftliche Serviceaufgaben. In zehn Leibniz-Instituten gruppiert sich die Forschung um den Schwerpunkt Physik.

Viele naturwissenschaftlich-technische Leibniz-Institute sind der anwendungsorientierten Grundlagenforschung zuzurechnen. Eines davon ist das Forschungszentrum Rossendorf (FZR). Am östlichen Stadtrand von Dresden forschen rund 640 Mitarbeiter in der größten außeruniversitären Forschungseinrichtung der neuen Bundesländer auf den Schwerpunkten Umwelt, Sicherheit, Materialien, Biochemie, Medizin und Kernphysik. In allen Schwerpunkten steckt ein gerüttelt Maß physikalischer Forschung. Physikalische Methoden, von der Röntgenspektroskopie über die Ionenimplantation bis zur Positronenemissionstomographie, kommen in nahezu allen Forschungsprojekten zum Einsatz. Doch es sind nicht nur die Methoden, die Rossendorf zu einer Stätte physikalischer Forschung machen. Untersuchungen zum Transport radioaktiver Stoffe in der Umwelt oder zur Sicherheit großtechnischer Anlagen, die Entwicklung neuer Materialien oder medizinischer Therapieformen - all dies setzt ein tiefes Verständnis physikalischer Sachverhalte und physikalische Forschung voraus. Konsequenz: Mehr als die Hälfte der 210 Wissenschaftler des FZR sind Physiker.

Leibniz-Institute und Universitäten haben, wie zu Beginn des Kapitels beschrieben, die Zeichen der Zeit erkannt und pflegen einen intensiven wissenschaftlichen Austausch in Form gemeinsamer Forschungsprojekte und gemeinsamer Berufungen. Bundesweit haben 53 Leibniz-Institute Kooperationsverträge mit Universitäten abgeschlossen. 73 leitende Wissenschaftler aus Leibniz-Instituten sind zugleich Professoren an einer benachbarten Universität und unterrichten dort.

Ein erfolgreiches Beispiel der Kooperation aus der Festkörperphysik bietet der Sonderforschungsbereich „Wachstumskorrelierte Eigenschaften niedrigdimensionaler Halbleiterstrukturen“. Darin sind mit dem Max-Born-Institut für Nichtlineare

Optik und Kurzzeitspektroskopie, dem Heinrich-Hertz-Institut für Nachrichtentechnik und dem Paul-Drude-Institut für Festkörperelektronik gleich drei Berliner Einrichtungen der Leibniz-Gemeinschaft vertreten, die mit Forschern der Technischen Universität und der Humboldt-Universität Berlin zusammenarbeiten.

Fraunhofer-Institute

Fraunhofer-Institute betreiben anwendungsorientierte Forschung in unmittelbarer Industrienähe, oftmals als Auftrags- und Vertragsforschung. Produktentwicklung in enger Kooperation mit der Industrie steht in ihrem Stammbuch. Die Institute erhalten ca. 40 % ihrer Mittel vom Staat, deren Höhe wiederum vom Erfolg bei der Einwerbung von Geld aus der Industrie abhängt. Dieses so genannte „Fraunhofer-Modell“ wurde 1973 für die anwendungsnahe, staatlich geförderte Forschung entwickelt, ist seit langem national und international als vorbildlich anerkannt und zwingt die Fraunhofer-Institute zum engen Schulterschluss mit der Industrie. Seit 1997 schafft es die Fraunhofer-Gesellschaft, etwa 60 % ihres Gesamtetats von zuletzt 1,3 Milliarden DM aus Wirtschaftserträgen und Forschungsprojekten zu decken. *Auf dem Weg über die Fraunhofer-Gesellschaft greift der Staat der deutschen Wirtschaft unter die Arme, um international konkurrenz- und technologisch wettbewerbsfähig zu bleiben.*

Da in den allermeisten Hochtechnologieprodukten Physik drinsteckt und in Entwicklung und Fertigung physikalische Methoden und Verfahren zum Einsatz kommen, sind viele Fraunhofer-Institute bedeutende Stätten physikalischer Forschung. In Zahlen: 21 von 47 Fraunhofer-Instituten sind ganz oder teilweise der Physik zuzurechnen. Drei Institute tragen sie auch im Namen, von der Angewandten Festkörperphysik über Bauphysik bis physikalischer Messtechnik. Von den 9000 Mitarbeitern, darunter 3000 Wissenschaftler, haben rund 450 ein Physik-Diplom.

Fraunhofer-Institute sind in physikalisch orientierte Verbünde integriert. Ein Beispiel ist der Materialforschungsverbund Dresden, dem vier Fraunhofer-Institute, drei Leibniz-Institute, elf Institute der Technischen Universität Dresden, eine Forschungs-GmbH und in Zukunft wohl auch Max-Planck-Institute angehören.

Ein exemplarisches Beispiel eigener physikalischer Spitzenforschung würdigte die Fraunhofer-Gesellschaft 1999 mit einem ihrer sechs Fraunhofer-Preise. Drei Forscher aus dem Fraunhofer-Institut für Lasertechnik in Aachen erhielten die Auszeichnung für die Entwicklung einer neuen Generation starker Festkörperlaser für die industrielle Materialbearbeitung. Die Energie, die ein Laser in Form von intensivem Licht abgibt, muss an anderer Stelle hineingesteckt werden. Fachleute bezeichnen diesen Vorgang als „Pumpen“. Herkömmliche Hochleistungsfestkörperlaser arbeiten mit Gasentladungslampen als Pumpquelle. Diese Lampen verbrauchen viel Energie; sie müssen aufwändig gekühlt werden und leben nicht lange. Auf der Suche nach einer neuen Pumpquelle wurden die Fraunhofer-Wissenschaftler in der Kommunikationstechnik fündig: Dort werden Diodenlaser in großem Maße zur Datenübertragung eingesetzt. Die Forscher fanden heraus, dass sich diese Diodenlaser gut als Pumpquelle eignen, und konnten binnen weniger als zwei Jahren diodengepumpte Festkörperlaser hoher Leistung entwickeln. Eine GmbH nutzt das Know-how und hat mit ihren Lasern eine Alleinstellung am Weltmarkt erreicht, wie im Dezember 1999 im Fraunhofer-Magazin zu lesen war.

Ressortforschungsinstitute

Mehrere Bundesministerien unterhalten Ressortforschungsinstitute mit einem Gesamtetat von ca. 3,6 Milliarden DM und etwa 22 000 Beschäftigten. So sind z. B. dem Bundesministerium für Wirtschaft und Technologie die Bundesanstalt für Materialforschung und -prüfung, Berlin (Schwerpunkte: Chemie, Gefahrengut, Konstruktionswerkstoffe, Polymere, Bauwerkssicherheit und Materialschutz), sowie die Physikalisch-Technische Bundesanstalt (PTB), Braunschweig-Berlin, zugeordnet. *Unter den Ressortforschungsinstituten ist die PTB die bedeutendste physikalisch orientierte Einrichtung.* Sie ist das nationale Metrologie-Institut (Metrologie ist die „Wissenschaft des Messens“), das die Einheitlichkeit des Messwesens sicherstellt und damit einen Verfassungsauftrag erfüllt. Von ihren 1800 Mitarbeitern haben rund 550 eine wissenschaftliche Ausbildung. Darunter arbeiten ca. 380 Physiker auf den Gebieten Mechanik und Akustik, Elektrizität, Thermodynamik, Optik, Fertigungsmesstechnik, ionisierende Strahlung, Temperatur und Synchrotronstrahlung, Medizinphysik und Informationstechnik; die Breite dieser Palette könnte aus dem Vorlesungsangebot eines Fachbereichs Physik entnommen sein.

Rund 70 Prozent der Aktivitäten der PTB entfallen auf den Bereich „Grundlagen der Metrologie“. Hören wir die PTB selbst, wie sie im Jahresbericht 1999 ihre Aufgaben beschreibt: „Ziel der meist langfristigen Arbeiten in [diesem] Bereich ist die Erweiterung wissenschaftlicher Erkenntnisse und technologischer Innovationen zur Weiterentwicklung der metrologischen

Grundlagen und Infrastruktur unseres Landes. Dabei handelt es sich u. a. um die Entwicklung nationaler Normale, die Bestimmung von Fundamental- und Naturkonstanten, die Nutzung von Quanteneffekten für die Darstellung physikalischer Einheiten, die Schaffung von auf das internationale Einheitensystem rückführbaren Referenzmaterialien und die Bestimmung von Stoffeigenschaften." Kurzum: Wo PTB draufsteht, ist vor allem Physik drin. Die spezifische metrologische Kompetenz macht die PTB auch zu einem wichtigen wissenschaftlichen Partner für Universitäten und andere Forschungseinrichtungen.

6.1.3 Industrie

Wirtschaft und Industrie sind ein bedeutender Arbeitgeber für Physiker. Rund die Hälfte der berufstätigen Physiker arbeitet dort. Doch als Stätten physikalischer Forschung (ohne enge Verbindung zur Fertigung oder zur Produktentwicklung) hat die Bedeutung der Industrie in den vergangenen Jahrzehnten abgenommen. Parallel mit einem wachsenden Bedarf an Physikern in der Informations- und Kommunikationstechnik und der Software-Technik, in der Managementberatung, in Versicherungen und in Banken ist die Bedeutung der Industrie als Träger physikalischer Grundlagenforschung weitgehend verschwunden. Die Zeit, in der sich industrielle Forschungsabteilungen wie die Bell Laboratories in der physikalischen Grundlagenforschung einen Namen machten, ihre Mitarbeiter sogar Nobelpreise bekamen, scheint abgelaufen. Der Siemens-Konzern beispielsweise, mit weitem Abstand größter deutscher Arbeitgeber für Physiker, hat seine Grundlagenabteilungen weitgehend abgebaut; produktorientierte Entwicklung steht im Vordergrund. Er steht damit nicht allein. Vergleichbare Entwicklungen sind in vielen führenden Industrienationen zu beobachten. Welche Folgen diese Form des wissenschaftlichen „Outsourcing" hat, kann heute noch nicht beurteilt werden. Der Abbau hat Kosten eingespart und die Wettbewerbskraft der Unternehmen kurzfristig gestärkt. An die Stelle von eigener Forschung ist die Kooperation mit staatlichen Forschungsinstituten und Universitäten, aber auch der Kauf von Ergebnissen und Patenten getreten, die aus öffentlich finanzierten Instituten oder aus dem Ausland stammen. Ob diese Arbeitsteilung zwischen Industrie und staatlicher Forschung die Wettbewerbsfähigkeit der Unternehmen auch langfristig stärkt, kann noch nicht abschließend bewertet werden. Auch die tiefer gehende „wissenschaftsphilosophische" Frage, ob mit den Grundlagenlabors der Konzerne eine spezifische und eigene „Spielart" physikalischer Forschung verschwunden ist, bleibt offen.

6.2 Physik braucht Großgeräte

In einigen Gebieten der Physik hängt der wissenschaftliche Fortschritt entscheidend vom Einsatz von Großgeräten ab. Dies gilt vor allem für die Erforschung des Mikro- und des Makrokosmos, der kleinsten und größten Dimensionen, und somit für die Teilchen- und Kernphysik und für die Astronomie und Kosmologie, aber auch für viele Gebiete der Atom-, Molekül- und Festkörperphysik. Mit Hilfe der Großgeräte wird sichtbar, was sich sonst der Beobachtung entzöge.

Wir verdanken unsere Erkenntnisse über den subatomaren Aufbau der Materie den Überlegungen der theoretischen Physiker und den Experimenten an Großgeräten wie Teilchenbeschleunigern und Forschungsreaktoren. Viele bahnbrechende Entdeckungen in der subatomaren Welt sind nur mit Hilfe immer größerer und leistungsfähigerer Beschleuniger möglich geworden. Dass dies so sein muss, ist eine Konsequenz der Relativitäts- und der Quantentheorie. Wegen der Äquivalenz von Energie und Masse ($E = m c^2$) können neue, schwere Teilchen nur durch Strahlen extrem hoher Energie erzeugt werden. Auch Materie höchster Dichte wie das Quark-Gluon-Plasma (s. Kapitel 3.1.3) kann man nur durch Kollision von Ionen herstellen, die auf extrem hohe Energien beschleunigt wurden. Um kleinste Strukturen zu analysieren, benötigt man Strahlung, die eine möglichst kurze Wellenlänge und deshalb eine sehr hohe Energie besitzt. Diese Strahlung kann man wiederum nur mit sehr leistungsfähigen Beschleunigern erzeugen. Deshalb entwickelten sich die Beschleuniger im Laufe der Zeit von handlichen Laborgeräten zu kilometergroßen Anlagen. Dank der großen Energien, die die Beschleuniger mittlerweile erreichen, ist unser Wissen über den Mikrokosmos beträchtlich angewachsen (s. Abb. 6.2.1).

Die Entwicklung von Beschleunigern für die Forschung hat außerdem zu einer breitgefächerten Palette von Anwendungen geführt. Diese reicht von der Tumorbestrahlung und der Herstellung radioaktiver Substanzen für die medizinische Diagnostik bis zum Schweißen und in Zukunft vielleicht auch zur Steuerung der kontrollierten Kernfusion.

Deutschland hat bei der Entwicklung der Beschleuniger und bei ihrer experimentellen Nutzung immer eine herausragende Rolle gespielt. Die bekanntesten europäisch genutzten Forschungszentren sind CERN in Genf, das DESY (Deutsches Elektronen-Synchrotron) in Hamburg, und die GSI (Gesellschaft für Schwerionenforschung) in Darmstadt. An diesen Zentren wurden viele der grundlegenden Entdeckungen auf dem Gebiet der Teilchen- und Kernphysik gemacht. Bei CERN endet im Jahr 2000 die sehr erfolgreiche Forschung mit dem Elektron-Positron-Speicherring LEP. Der Tunnel des LEP wird anschließend für den Bau des Proton-Proton-Speicherrings LHC (Large Hadron Collider) genutzt, der 2005 in Betrieb gehen soll. Bei DESY wird zur Zeit der Elektron-Positron Linear

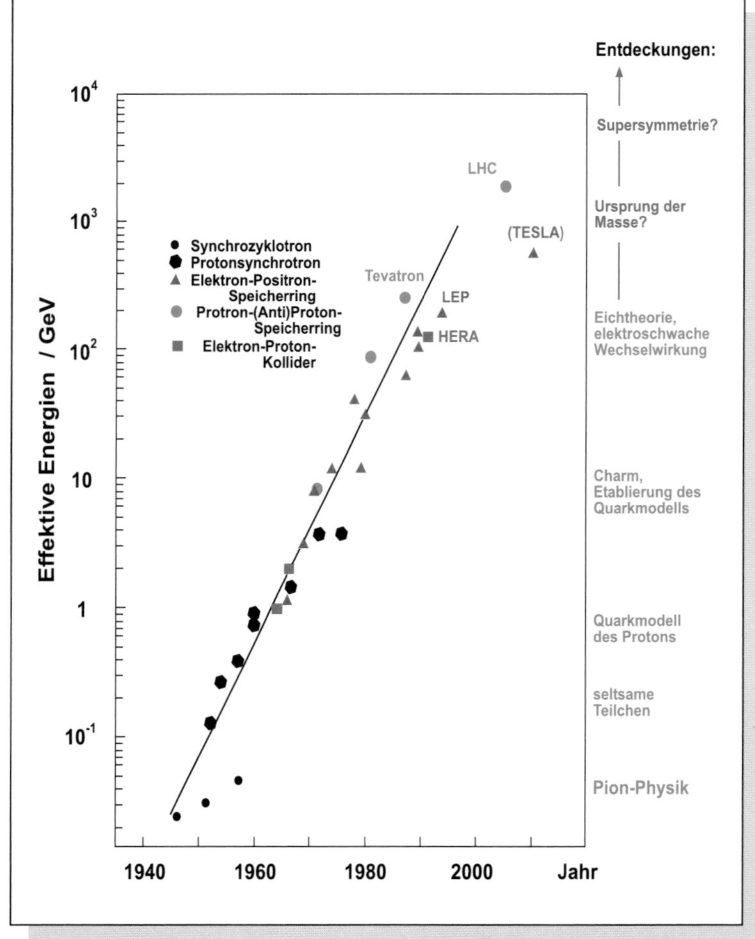

Abb. 6.2.1. Anstieg der effektiven Teilchenenergien in Beschleunigern und Speicherringen im Laufe der Jahre. Die in der rechten Spalte genannten Entdeckungen sind durch die jeweils erreichten Energien möglich geworden. (DESY, Hamburg)

Collider TESLA in internationaler Zusammenarbeit geplant, der gleichzeitig als Teil eines sogenannten Freie-Elektronen-Lasers genutzt werden soll. Die GSI beabsichtigt, ihre Anlagen zur Beschleunigung schwerer Ionen auszubauen, um mit Strahlen, bestehend aus exotischen Atomkernen, Kernstrukturuntersuchungen durchzuführen und um Antiprotonen für die Untersuchung von Hadronen zu erzeugen.

Teilchenbeschleuniger sind auch vielseitige und leistungsstarke Quellen elektromagnetischer Strahlung: Wenn energiereiche Elektronen von den Magneten in einem Beschleuniger auf gekrümmte Bahnen gebracht werden, dann entsteht die sogenannte *Synchrotronstrahlung*. Diese Strahlung ist scharf gebündelt und sehr intensiv, und sie wird in kurzen Pulsen geliefert. Zudem umfasst sie ein breites Spektrum von elektromagnetischen Wellen, das vom infraroten und sichtbaren Licht über die UV-Strahlung bis hin zu Röntgen- und Gammastrahlen reicht.

Die Synchrotronstrahlung hat der Forschung völlig neue Möglichkeiten eröffnet. Aufgrund ihrer großen Vielseitigkeit wird sie in vielen Bereichen eingesetzt, z. B. in der Festkörper- und Oberflächenphysik, in der Atom- und Molekülphysik, in der Geophysik, der Chemie und der Molekularbiologie, sowie in den Materialwissenschaften und in der medizinischen Diagnostik. Mehr als 50 große Beschleuniger stehen weltweit für Untersuchungen mit Synchrotronstrahlung zur Verfügung, fünf davon in Deutschland. Die bekanntesten deutschen Quellen sind das HASYLAB bei DESY in Hamburg und BESSY in Berlin-Adlershof. Die ESRF (European Synchrotron Radiation Facility) in Grenoble wird ebenfalls zu einem Viertel von deutschen Forschern genutzt. Die Strahlungsintensität der Synchrotronquellen ist in den letzten Jahren dramatisch angewachsen (s. Abb. 6.2.2) - und mit ihr die Vielfalt der Untersuchungsmethoden und Forschungsmöglichkeiten.

Mit der Entwicklung von Freie-Elektronen-Lasern (FEL) an Linearbeschleunigern wie TESLA bahnt sich eine weitere Zunahme der Strahlungsintensität an. Die im Vergleich zu bisherigen Quellen enorm verbesserten Eigenschaften des FEL - eine um viele Größenordnungen erhöhte Intensität, ultrakurze Pulslänge und Kohärenz - werden viele neue Experimente und Anwendungen ermöglichen.

Die *Neutronenstrahlen* sind seit 45 Jahren in vielen Bereichen der Forschung und Anwendung von herausragender Bedeutung und unverzichtbar. Aufgrund ihrer physikalischen Eigenschaften ist die Neutronenstrahlung komplementär zur Synchrotronstrahlung. Neutronen werden in Spallationsquellen und in speziellen Forschungsreaktoren erzeugt, die für diese Aufgabe optimiert sind. Mit Neutronen, deren Energien denen von Atomschwingungen in Kristallen entsprechen und deren Wellenlängen im Bereich von Atomabständen liegen, lassen sich dynamische und strukturelle Eigenschaften von festen und flüssigen Substanzen besonders gut untersuchen. Aufgrund ihrer geringen Wechselwirkung mit Materie durchdringen die Neutronen auch feste Körper mit schweren Atomen, so dass deren Inneres untersucht werden kann. Von leichten Atomen wie dem Wasserstoff werden

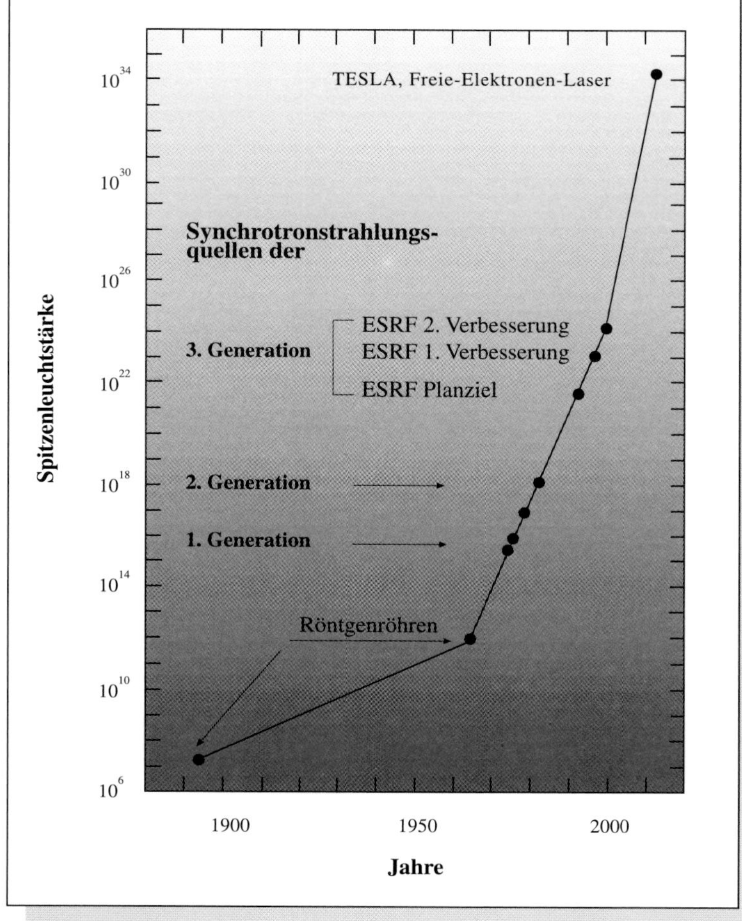

Abb. 6.2.2. Leistungszunahme der Synchrotonstrahlungsquellen im Laufe der Jahre. (DESY, Hamburg)

Neutronenstrahlen vergleichsweise stark abgelenkt. Deshalb eignen sie sich besonders gut, um organische Substanzen wie Polymere oder biologische Systeme zu untersuchen. Da die Neutronen höchst empfindlich auf die magnetischen Eigenschaften der Materie reagieren, sind sie für die Untersuchung magnetischer Phänomene, neuer magnetischer Materialien oder der Hochtemperatursupraleiter von großer Bedeutung.

Die für deutsche Nutzer wichtigsten Neutronenquellen sind der Höchstflussreaktor am Institut Laue Langevin in Grenoble sowie die Forschungsreaktoren BER 2 am Hahn-Meitner-Institut in Berlin, DIDO am Forschungszentrum Jülich und der neue FRM 2 in Garching bei München. Viele neue Anwendungen und grundlegende Experimente benötigen allerdings höhere Neutronenflüsse und kürzere Strahlungspulse, als sie derzeit zur Verfügung stehen. Deshalb wird intensiv über ein neues Großprojekt nachgedacht: die Europäische Spallations-Neutronenquelle ESS. In ihr will man extrem kurze und intensive Neutronenpulse dadurch erzeugen, dass ein Target mit hochenergetischen Protonen beschossen wird. Damit können - ohne Reaktor - zehn- bis hundertfach höhere Neutronenflüsse im Puls erzielt werden.

Auch auf anderen Gebieten der Physik hängt der wissenschaftliche Fortschritt entscheidend von Großgeräten ab. Dies gilt zum Beispiel für die Astronomie mit ihren großen Observatorien im optischen und Radiobereich und ihren satellitengestützten Teleskopen in allen Wellenlängenbereichen, vom Infraroten bis zur Gammastrahlung (s. Kapitel 3.1.1). Zu nennen sind auch die Raumsonden zur Erforschung des Sonnensystems samt seiner Planeten, Monde und Kometen, wie z. B. die kürzlich gestarteten CLUSTER-Satelliten, die das „Weltraumwetter" und die magnetischen Stürme beobachten sollen. Ganz neue Möglichkeiten werden durch die künftigen Observatorien für Gravitationswellen am Boden (z. B. durch das Laserinterferometer GEO) und im Weltraum (LISA) erschlossen, sowie durch Satellitenexperimente, die die Allgemeine Relativitätstheorie testen sollen. Satelliten sind auch unverzichtbar für die Geophysik, die Atmosphärenphysik und Meteorologie und andere Gebiete der Erdbeobachtung (s. Kapitel 3.6.3). Dabei ist der Übergang von der Grundlagenforschung zu den Anwendungen, bis in den kommerziellen Bereich hinein, oft fließend, wie das Beispiel des *Global Positioning System* (GPS) zeigt. Ähnliches gilt für die Forschungsflugzeuge und -schiffe, die die Atmosphäre und die Ozeane untersuchen.

Ein wichtiges Gebiet der Festkörperphysik widmet sich der Erforschung, wie sich Materialien und Strukturen in sehr hohen Magnetfeldern verhalten. So war etwa die Entdeckung des Quanten-Hall-Effekts durch Klaus von Klitzing, für die er 1985 mit dem Nobelpreis ausgezeichnet wurde, nur mit Hilfe eines extrem hohen Magnetfeldes möglich. Die Untersuchung der magnetischen Eigenschaften von Festkörpern und ihres Verhaltens in starken Magnetfeldern hat große technologische und wirtschaftliche Bedeutung, z. B. für die Entwicklung neuartiger Datenspeicher. Damit unser Land auch in Zukunft auf dem Gebiet der Erzeugung extrem hoher Magnetfelder international konkurrenzfähig bleibt, haben Dresdner Physik-Institute die Errichtung eines Labors für sehr hohe, gepulste Magnetfelder vorgeschlagen. Dieses nationale Hochfeldlabor würde allen Forschern auf diesem Gebiet zur Verfügung stehen und ihnen neuartige experimentelle Möglichkeiten eröffnen.

Die genannten Beispiele deuten an, wie unverzichtbar Großgeräte für die Forschung sind, insbesondere für die physikalische Forschung. Sie werden oft in internationalen Kooperationen realisiert und erfordern einen hohen finanziellen Aufwand, dem indes ein immenser und vielfältiger wissenschaftlicher Ertrag gegenübersteht. Etwa zehntausend Wissenschaftler nutzen derzeit deutsche Großgeräte. Viele von ihnen kommen aus dem Ausland und sind meist über internationale Kooperationen eingebunden. Eine wichtige Nutzergruppe sind Studenten und Doktoranden, die im Rahmen ihrer Arbeiten an den Großgeräten nicht nur interessante wissenschaftliche Fragestellungen kennen lernen, sondern auch mit neuester Hochtechnologie, mit Teamarbeit und mit internationaler Kooperation in weit überdurchschnittlicher Weise vertraut gemacht werden.

6.3 Physik ist international

Die Physik kennt keine nationalen, politischen oder weltanschaulichen Grenzen. Ihre Gesetze sind global und universell gültig. Ihre Methoden sind öffentlich. Ihre Gesetze sind mit Hilfe der Mathematik in einer Sprache veröffentlicht, die jede Physikerin und jeder Physiker kennt oder lernen kann, unabhängig davon, auf welchem Erdteil oder in welchem Land sie leben oder studiert haben.

Alle Versuche, die Physik zu nationalisieren, haben sich als Irrweg erwiesen. Mit der „Deutschen Physik" haben Physiker um die Nobelpreisträger Philipp Lenard und Johannes Stark zwar nationalpolitische Wirkungen erzielt, aber die von ihnen begrüßte, schändliche Vertreibung hervorragender jüdischer Physiker unter der Herrschaft der Nationalsozialisten hat der Wissenschaft, der Kultur und der Technik in Deutschland zutiefst geschadet.

Abb. 6.3.1.
Etwa die Hälfte der Mitarbeiter bei der internationalen ZEUS-Kollaboration hat sich vor dem geöffneten ZEUS-Detektor versammelt, einem der vier großen Experimente am Elektron-Proton-Speicherring HERA bei DESY in Hamburg. Derart komplexe und aufwändige Unterfangen wie die heutigen Experimente der Teilchenphysik lassen sich nicht mehr im nationalen Alleingang bewältigen. Die Detektoren werden von großen, international zusammengesetzten Teams geplant, gebaut und betrieben. Bei ZEUS umfasst die Gruppe rund 400 Mitglieder aus verschiedenen Nationen. Stößt im Innern des Kollisionsdetektors ZEUS ein Elektron auf ein Proton, so wirkt das Elektron wie eine winzige Sonde, mit deren Hilfe die Bestandteile des Protons untersucht werden können. (DESY, Hamburg)

Die Internationalität der Wissenschaft und in besonderem Maße der Physik leistet einen wichtigen Beitrag zur Stärkung des internationalen Friedens. Die Öffnung unserer Grenzen für internationale Zusammenarbeit und für gemeinsame internationale physikalische Forschungsprojekte in unserem Lande ist ebenso notwendig wie die Erfahrungen deutscher Wissenschaftler im Ausland, um den wissenschaftlichen Fortschritt und einen hohen Standard moderner Technik zu sichern. An vier charakteristischen Beispielen soll im Folgenden skizziert werden, wie die Internationalität im täglichen Forschungsbetrieb weltweit praktiziert wird.

Große Experimente, etwa in der Astrophysik (s. Kapitel 3.1.1), der Teilchenphysik (s. Kapitel 3.1.2), der Kernphysik (s. Kapitel 3.1.3) oder der Fusionsforschung (s. Kapitel 4.3.4) können schon aus finanziellen Gründen nicht im nationalen Alleingang durchgeführt werden. Auch aus politischen Gründen wäre dies unklug. Als konkretes Beispiel für das Ausmaß einer erfolgreichen internationalen Zusammenarbeit in Deutschland sei HERA genannt, der Hadron Electron Ring Accelerator (Proton-Elektron-Ringbeschleuniger) beim Deutschen Elektronen-Synchrotron (DESY) in Hamburg: HERA wird von 1230 Wissenschaftlern genutzt, davon kommen 820 aus dem Ausland, aus 25 Ländern. Der Bau von HERA wurde international finanziert: 22 % der Investitionskosten für die Beschleuniger und Experimente der ersten Generation wurden durch Partner außerhalb Deutschlands getragen. Der anschließende Bau weiterer und der Ausbau existierender Experimente wurde mit 42 Millionen DM zu 31 % von ausländischen Partnern finanziert. Eines der vier großen Experimente am HERA ist ZEUS. Abb. 6.3.1 zeigt etwa die Hälfte der insgesamt 400 Mitarbeiter bei der internationalen ZEUS-Kollaboration vor dem geöffneten Detektor.

Postdoktoranden. Junge, promovierte Physiker müssen ihren wissenschaftlichen Horizont, den sie sich während ihrer Doktorarbeit in ihrer Heimatuniversität erworben haben, beträchtlich erweitern, wenn sie eine eigenständige Tätigkeit in der Grundlagenforschung anstreben. Ein ein- bis zweijähriger Forschungsaufenthalt als

Postdoktorand an einer physikalischen Forschungsstätte im Ausland ist dafür ein sehr geeigneter Weg. Die Wirkung eines solchen Auslandsaufenthaltes auf die internationale Zusammenarbeit kann nicht hoch genug eingeschätzt werden - in wissenschaftlicher wie auch in menschlicher Hinsicht. Der Postdoktorand exportiert dabei Wissen aus seiner Heimatuniversität und importiert bei seiner Rückkehr Know-how aus seinem Gastinstitut.

Die nicht unbeträchtliche Gefahr, dass gerade die besten deutschen Postdoktoranden nicht wieder nach Deutschland zurückkehren, sollte dabei nicht unterschätzt werden. Sie darf aber kein Hinderungsgrund sein, denn oft erleichtert oder ermöglicht es ein Auslandsaufenthalt jungen Forschern, nach der Promotion selbstständige Erfolge zu erzielen. Und in aller Regel hängt es sehr stark von den eigenständigen wissenschaftlichen Erfolgen nach der Promotion ab, ob eine Wissenschaftlerin oder ein Wissenschaftler auf eine Professur oder auf die Stelle eines Direktors an einem staatlichen Forschungsinstitut berufen wird. Der „Gefahr", dass hervorragende junge Wissenschaftler ins Ausland abwandern, lässt sich nur dadurch begegnen, dass auch in Deutschland die Bedingungen für Spitzenforscher deutlich attraktiver gestaltet werden.

Gastwissenschaftler. Die Stätten physikalischer Forschung in Deutschland profitieren von Gastwissenschaftlern aus aller Welt, nicht nur im Bereich der großen Experimente, sondern auch in allen anderen Forschungsgruppen. Eine herausragende Rolle spielt dabei die Alexander von Humboldt-Stiftung. Sie fördert die Tätigkeit der Humboldt-Forschungsstipendiatinnen und -stipendiaten und der Humboldt-Forschungspreisträgerinnen und -preisträger in vorbildlicher Weise, denn sie finanziert sorgfältig ausgewählten Gästen den Aufenthalt in Deutschland und pflegt zudem den Kontakt zwischen den Gästen und den Gastgebern im Anschluss an den Gastaufenthalt. Jeder fünfte für den Humboldt-Forschungspreis vorgeschlagene Wissenschaftler seit Bestehen des Programms (1972) war ein Physiker (Jahresbericht 1999 der Alexander von Humboldt-Stiftung). Fast ein Viertel (23,7 %) aller bisherigen Preisträger waren Physiker, obwohl die Alexander von Humboldt-Stiftung neben der Physik etwa 30 weitere Fachgruppen aus den drei großen Fachgebieten Geisteswissenschaften, Naturwissenschaften (einschließlich Medizin) und Ingenieurwissenschaften fördert. Ihr Auswahlausschuss kennt keine Quoten, sondern entscheidet ausschließlich anhand der Qualifikation der vorgeschlagenen Kandidaten und vor allem aufgrund der von ihm eingeholten unabhängigen Gutachten.

Bedeutende Tagungen von Physikern, auf denen Ergebnisse und Perspektiven der Forschung diskutiert werden, sind fast ausnahmslos international. Das gilt in ganz ausgeprägtem Maße für die ungezählt vielen hochspezialisierten Symposien mit etwa 100 bis 200 Teilnehmern, aber auch für die Konferenzen über größere Bereiche der Physik mit etwa 400 bis 800 Teilnehmern. Beide Typen von wissenschaftlichen Tagungen wären allerdings für die Entwicklung des Fachgebiets wertlos, wenn nicht Vertreter der jeweils weltweit führenden Forschungsgruppen eingeladen und teilnehmen würden. Selbst die ganz großen Tagungen der nationalen physikalischen Gesellschaften, allen voran der beiden weltweit größten, der American Physical Society (APS) und der Deutschen Physikalischen Gesellschaft (DPG), profitieren in starkem Maße von internationaler Beteiligung. Führende Plenarredner aus aller Welt tragen ihre jüngsten Arbeiten den vielen jungen Tagungsteilnehmern vor, die oft noch Studenten oder Doktoranden sind und die ihrerseits erste eigene Forschungsergebnisse vorstellen. Aus solchen Begegnungen entstehen für die Zuhörer wie für die Redner Anregungen für eigene Ideen und Forschungsarbeiten und darüber hinaus oft erste Kontakte zwischen jungen Nachwuchswissenschaftlern und den Leitern ausländischer Forschungsinstitute. Solche Erstkontakte prägen oft jahrelange, fruchtbare Kooperationen.

Die Physik kann für sich in Anspruch nehmen, die internationale Zusammenarbeit von je her in besonders hohem Maße gepflegt zu haben und zu pflegen. Deutschland sollte diese Chance noch besser nutzen. Die Bedingungen für die Teilnahme hervorragender ausländischer Wissenschaftler an den existierenden Programmen müssen flexibler und weniger bürokratisch gestaltet werden. Die Postdoktorandenprogramme in Deutschland sind deutlich zu verstärken. Insbesondere jedoch sollten Bund und Länder gemeinsam mit den Wissenschaftlern noch stärker als bisher Programme und Standorte für große Projekte der internationalen Grundlagenforschung planen und finanzieren. Sie sind ein markanter und nachhaltiger Beitrag zur wirtschaftlichen Entwicklung unseres Landes und zum Frieden in der Welt.

6.4 Die Physikausbildung an deutschen Universitäten

6.4.1 Voraussetzungen und Anfängerzahlen

Die formale Voraussetzung zum Studium der Physik ist die Hochschulreife (das Abitur) oder eine anerkannte gleichwertige Ausbildung (zweiter Bildungsweg). Die Ausbildung zum Diplomphysiker ist zur Zeit an 58 deutschen Universitäten und Hochschulen möglich. An den meisten davon kann Physik auch für das Lehramt an Gymnasien studiert werden. Eine Studienplatzbeschränkung existiert nicht. Die Zulassung zum Physikstudium erfolgt direkt durch die Hochschulen.

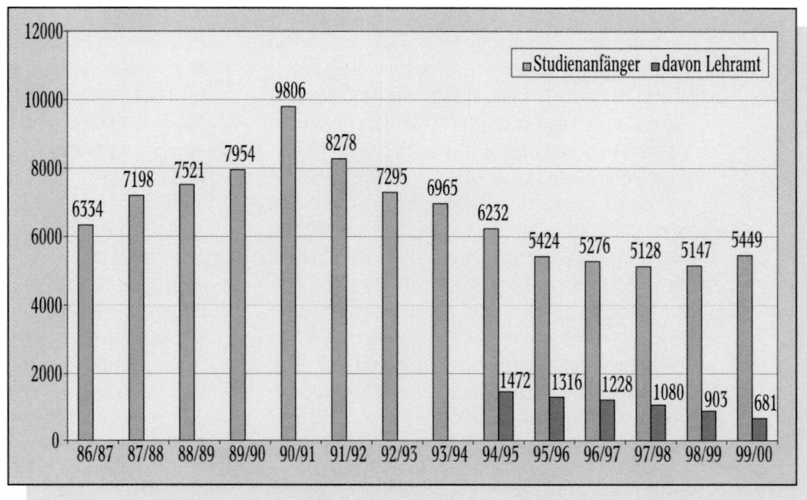

Abb. 6.4.1. Zahl der Studienanfänger im Fach Physik an den deutschen Universitäten und Hochschulen (bis 1989/90: alte Bundesländer). (Physikalische Blätter, September 2000).

Die Zahl der Studienanfänger, die sich für ein Physikstudium an den deutschen Hochschulen eingeschrieben haben, ist in den Jahren 1990 bis 1997 zurückgegangen und steigt seit 1999 wieder an (s. Abb. 6.4.1). Der Vergleich mit der Zahl der Zwanzigjährigen zeigt, dass der Rückgang der Anfängerzahlen nur teilweise demographisch bedingt ist: Im Mittel beginnen 0,7 % der Zwanzigjährigen mit dem Studium der Physik; dieser Anteil lag 1991 bei etwa 0,9 % und 1998 bei etwa 0,6 %.

6.4.2 Diplomstudiengang

Inhalte des Studiums

Das Physikstudium gliedert sich an allen Hochschulen in die beiden Teile Grundstudium und Hauptstudium. Im Grundstudium müssen die Studenten ein festgelegtes Programm von Pflichtvorlesungen und Pflichtpraktika absolvieren. Dabei lernen sie das Grundwissen der Physik so, dass dessen Teile inhaltlich aufeinander aufbauen und sich gegenseitig ergänzen. Das Grundstudium enthält auch die nötige Ausbildung in Mathematik und Chemie und endet mit der Diplomvorprüfung. Sie qualifiziert den Studenten zum Hauptstudium, ist aber keine berufsqualifizierende Prüfung.

Im Hauptstudium erfolgt die Ausbildung durch weitere Pflichtvorlesungen, Wahlpflichtvorlesungen, Spezialvorlesungen, Seminare, Fortgeschrittenenpraktika und die Diplomarbeit. Dabei bleibt den Studenten auch Zeit, die Randgebiete der Physik sowie andere Naturwissenschaften und die Mathematik zu studieren. Den Abschluss des Studiums bilden die mündliche Diplomprüfung und die Erstellung und Abgabe der Diplomarbeit. In der Diplomarbeit, die vor oder nach der Diplomprüfung liegen kann, wird ein Thema aus den Forschungsgebieten des jeweiligen Fachbereiches in theoretischer Physik oder Experimentalphysik bearbeitet. Ihr Inhalt wird wesentlich durch die verschiedenen Forschungsfelder der jeweiligen Universität oder Hochschule bestimmt. Die Arbeit wird unter Anleitung eines Hochschullehrers durchgeführt und darf, einschließlich einer dreimonatigen Einarbeitungszeit, nicht länger als ein Jahr dauern. Sie soll zeigen, dass der Student ein physikalisches Problem selbständig bearbeiten kann.

In den Pflichtvorlesungen des Grundstudiums und großer Teile des Hauptstudiums werden die Grundlagen der gesamten Physik gelehrt: im Grundstudium vor allem die Mechanik, Optik, Wärmelehre, Atom- und Quantenphysik; im Hauptstudium vor allem die Kern- und Elementarteilchenphysik, die Festkörperphysik, die Theorie der Elektrodynamik, der Thermodynamik und der Statistik, sowie eine Vertiefung der Quantentheorie. Dieser Fächerkanon ist weltweit als Grundlage der Physik anerkannt und wird deshalb in ähnlicher Form und mit ähnlichem Inhalt auch an Universitäten anderer Länder z. B. in Europa und Nordamerika gelehrt. Er enthält noch keinerlei Spezialisierung. Die Wahlpflichtfächer und die Spezialvorlesungen im Hauptstudium vertiefen einzelne Bereiche der Physik oder der Nachbarwissenschaften, die sich der Student je nach seiner Neigung aus dem Angebot seiner Universität auswählen kann. Das Spektrum dieser Fächer orientiert sich im Allgemeinen an den Forschungsthemen der Universität. Aber auch diese Fächer sind im Allgemeinen noch nicht hoch spezialisiert.

Ganz anders ist das in der *Diplomarbeit*: Mit seiner Diplomarbeit soll der Student zeigen, dass er in der Lage ist, ein definiertes physikalisches Problem innerhalb einer vorgegebenen Frist mit wissenschaftlichen Methoden zu bearbeiten und darzustellen. Das Thema der Diplomarbeit stammt in aller Regel aus der aktuellen Forschung. Die Diplomarbeit ist also keine reine Literaturarbeit. Sie schließt jedoch in aller Regel eine intensive Recherche in der - fast vollständig englischsprachigen - Fachliteratur ein. In der Diplomarbeit soll der Student eigene Forschungsergebnisse erzielen. Dabei lernt er die Schwierigkeiten der Forschung, aber auch das Glück des Entdeckers kennen. In sehr vielen Fällen resultiert aus der Diplomarbeit eine wissenschaftliche Veröffentlichung in einer internationalen Fachzeitschrift und ein eigener Vortrag auf einer Physikertagung. Die Diplomarbeit kann nur auf der Basis des Hauptstudiums durchgeführt werden. Sie ist ein ganz wesentliches Element des Diploms, des berufsqualifizierenden Abschlusses eines Physikstudiums. Ihre Bearbeitungszeit wurde deshalb in der Rahmenordnung für die Diplomprüfung im Studiengang Physik auf ein Jahr festgelegt. Diese Rahmenordnung haben die Kultusministerkonferenz und die Hochschulrektorenkonferenz 1993 beschlossen.

Ein typischer Studienplan für den Diplomstudiengang Physik an einer Fakultät mittlerer Größe ist im Anhang 1 dargestellt.

Studiendauer

Die Regelstudienzeit für den Diplomstudiengang Physik wurde in der Rahmenordnung auf zehn Studiensemester festgelegt. Der Median der tatsächlichen Studiendauer lag im Mittel aller Universitäten im Studienjahr 1999/2000 hingegen bei 12,0 Semester. Für die 58 Universitäten, an denen das Physikdiplom erworben werden kann, betrug die Abweichung des lokalen Medians vom gemittelten bis zu 2 Semester, nach oben oder nach unten. Diese und andere statistische Zahlen zum Physikstudium werden seit über einem Jahrzehnt jährlich in den *Physikalischen Blättern*, dem Verbandsorgan der Deutschen Physikalischen Gesellschaft, in der jeweiligen Septemberausgabe veröffentlicht. Anhang 2 zeigt einen Ausschnitt aus der Statistik vom September 2000.

Das Physikstudium lässt den Studenten vor allem im Hauptstudium Freiheiten, die sie in aller Regel nutzen, um sich in einigen Teilgebieten der Physik oder der Nachbarwissenschaften vertieft auszubilden. Die Erfahrungen, die die Studenten während einer vertieften Ausbildung in selbst gewählten Teilgebieten machen, tragen oft maßgeblich zum Erfolg im späteren Beruf bei. Diesen akademischen Freiheiten muss deshalb ein hoher Stellenwert eingeräumt werden. In mehreren nationalen und internationalen Diskussionen haben die Deutsche Physikalische Gesellschaft und die Konferenz der Fachbereiche Physik (KFP) zusammen mit führenden Vertretern aus Industrie und Wirtschaft festgestellt, dass das deutsche Physikdiplom für den Physiker im Beruf und für seinen Arbeitgeber einen hohen Stellenwert besitzt. Zur Qualität des Physikdiploms tragen die Tiefe in der Grundlagenausbildung, die begrenzten aber durchaus vorhandenen Freiheiten in der Wahl der Prüfungsfächer und vor allem die Diplomarbeit bei. Weitere Beschränkungen im Studium würden demnach keine Vorteile, sondern mit ziemlicher Sicherheit Nachteile bringen. Vor allem die Verkürzung der Bearbeitungszeit für die Diplomarbeit würde mit großer Wahrscheinlichkeit dazu führen, dass ein sehr viel höherer Anteil der Physiker die Promotion anstreben würde und damit - wie in der Chemie - das mittlere Alter der Absolventen deutlich zunähme.

Zahl der Absolventen

Die Abb. 6.4.2 zeigt die Zahl der Diplomvorprüfungen und der Studienabschlüsse. Dabei fallen zwei Besonderheiten auf:

1. Die Zahl der Diplomvorprüfungen nimmt seit mehreren Jahren dramatisch ab. Außerdem ist sie nicht einmal halb so groß wie die Zahl der Studienanfänger, die jeweils vier Semester zuvor das Physikstudium begonnen hatten. Der Verlust an Studenten bis zur Diplomvorprüfung resultiert nicht aus einer vermeintlich hohen Zahl von Studenten, die diese Prüfung nicht bestehen. Im Gegenteil: Fast alle Studienanfänger im Fach Physik sind selbstkritisch genug, um schon während des ersten oder zweiten Studiensemesters beurteilen zu können, ob sie mit der Physik das richtige Fach gewählt haben. Fällt ihre Antwort negativ aus, so beenden sie das Physikstudium, ohne bis zur Diplomvorprüfung zu studieren oder

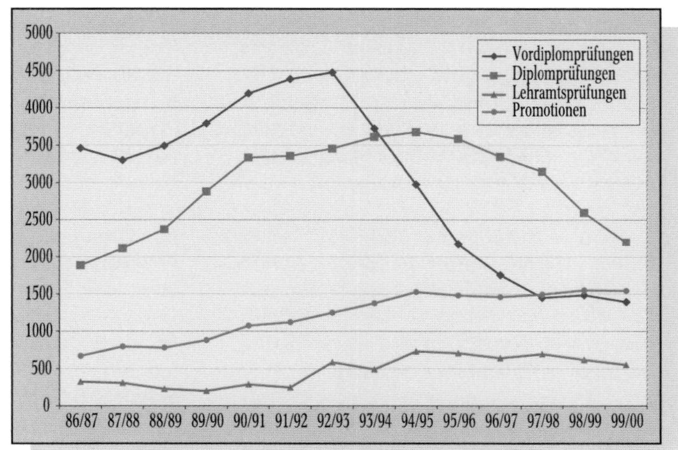

Abb. 6.4.2. Statistik der Prüfungen und Absolventen (bis 1989/90 nur alte Bundesländer). (Physikalische Blätter, September 2000).

sich gar dazu anzumelden. Das Physikstudium ist so organisiert, dass während der ersten Studiensemester und der dort zu erfüllenden Studienleistungen in den Übungen und Praktika, spätestens aber bis zum Vordiplom die Eignung zum Physikstudium deutlich werden kann. Weit über 90 % der Studenten, die zur Diplomvorprüfung antreten, bestehen sie auch. Außerdem ist das Studium so aufgebaut, dass ein Wechsel der Universität nach der Diplomvorprüfung ohne Verlust an Studienzeit möglich ist. Davon machen viele Physikstudenten Gebrauch.

2. Auch die Zahl der Diplomprüfungen nimmt seit vier Jahren drastisch ab, als direkte Folge der rückläufigen Zahl der Diplomvorprüfungen. Angesichts der hervorragenden Chancen, die die Diplomphysiker derzeit auf dem Arbeitsmarkt haben, sind dieser Befund und seine Projektion in die nahe Zukunft beunruhigend. Im Übrigen geht auch in den USA und in anderen westeuropäischen Ländern die Zahl der Physikstudenten zurück.

6.4.3 Promotion

Die Promotion ist zur wissenschaftlichen Qualifikation des wissenschaftlichen Nachwuchses notwendig. Das Recht zur Promotion liegt bei den Universitäten.

Der wesentliche Inhalt der Promotion eines Physikers ist eine intensive selbständige Forschungsarbeit. Deren Thema muss in aller Regel schon aus materiellen Gründen im Rahmen der Forschungsthemen eines Hochschullehrers gewählt werden: Zur Durchführung der Forschungsarbeiten sind nämlich oft erhebliche Sach- und Investitionsmittel notwendig.

Ein wesentliches Element der Promotion ist die Selbständigkeit der Forschenden. Sie müssen dabei Ergebnisse erzielen, deren Eigenständigkeit jeder Nachprüfung standhält. Gerade in Forschungsgruppen, deren Themen besonders aktuell sind und deren gute Absolventen deshalb sowohl von Forschungsinstituten in aller Welt als auch von Wirtschaft und Industrie gerne aufgenommen werden, sind die intellektuellen Anforderungen an den Promovierenden oder die Promovierende sehr groß. Seine oder ihre Ergebnisse müssen der oft weltweiten Konkurrenz standhalten. Wegen der unbeschränkten globalen Verbreitung und Nachprüfbarkeit der Ergebnisse in der Grundlagenforschung sind die Anforderungen an die Promovierenden auch bezüglich der Tiefe ihrer Forschungsarbeit und bezüglich ihres Durchhaltevermögens in aller Regel sehr groß.

Ihr Lohn ist zumindest ein sehr hohes Maß an Selbständigkeit und selbstkritischem Urteilsvermögen, das weit über die eigenen Fachgrenzen hinaus reicht. In der Mehrzahl der Fälle haben promovierte Physiker während der Forschungsarbeit auch die intensive Zusammenarbeit mit Kollegen am Ort und außerhalb der eigenen Forschungsstätte erlebt und gelernt. Ein weiterer Lohn kann darin bestehen, dass promovierte Physiker sich mit ihrem wissenschaftlichen Erfolg zu künftiger Arbeit in der Wissenschaft berufen fühlen.

Für die Universitäten ist der Lohn guter Promotionen ein guter Ruf: Die Promovierenden haben in der Physik einen tragenden Anteil an der universitären Forschung, und es ist letztlich die Qualität der Forschung und der Lehre, die über den Ruf einer Fakultät oder einer ganzen Universität entscheidet. Dass für hervorragende Forschung auch sehr gute Forscher ausgebildet werden müssen, also gute Lehre angeboten werden muss, ist unbestritten. Forschung und Lehre sind an deutschen Universitäten nicht zu trennen. Für die Physik gilt das an jeder deutschen Universität. Die Einheit von Forschung und Lehre und damit ein hohes Mindestniveau der

Ausbildung ist eine herausragende Stärke des deutschen Hochschulsystems. Ob das neue Hochschulrahmengesetz diese Einheit auf hohem Niveau auch künftig schützen wird, muss sich erst noch erweisen. Wenn diese Einheit verloren ginge, wäre dies ein unwiederbringlicher Verlust.

Rund die Hälfte der Diplomphysiker und ein kleiner Anteil der erfolgreichen Absolventen des Studiengangs für das Lehramt an Gymnasien streben die Promotion an. Man schätzt, dass etwa 90 % dieser Physiker ihr Ziel auch erreichen (s. Abb. 6.4.2). Die Forschungsarbeit für die Dissertation dauert in der Regel zwischen zweieinhalb und vier Jahren. Darin eingeschlossen ist die Zeit für die Niederschrift der Dissertation, für die Publikation der Forschungsergebnisse in internationalen Fachzeitschriften und für deren Präsentation auf zumeist internationalen Tagungen.

In vielen Fällen sind die Promovierenden integriert in Sonderforschungsbereiche, Graduiertenkollegs oder andere Forschungsprogramme, in denen ein regelmäßiger Gedankenaustausch organisiert und institutionalisiert ist. Vertiefte Lehre, Teilnahme an wöchentlichen Kolloquien mit Gästen aus dem In- und Ausland und intensive Gruppenseminare sind dabei die Regel. Der Wissenschaftsrat hat schon 1986 die Einrichtung von Graduiertenkollegs empfohlen. Seit 1990 werden sie von der Deutschen Forschungsgemeinschaft gefördert. Inzwischen sind die Graduiertenkollegs ein wirksames Instrument zur - allerdings nur punktuellen - Förderung des wissenschaftlichen Nachwuchses geworden. Leider wird die Doktorandenausbildung in der Physik an den meisten Hochschulen nicht als Teil des Studiums bei der Mittelvergabe anerkannt. Hier sehen wir einen großen Nachholbedarf. Die Ausbildung des wissenschaftlichen Nachwuchses in der Physik beginnt mit der Doktorarbeit und muss durch begleitenden Unterricht in Form von Spezialvorlesungen und Seminaren intensiviert werden. Diese zusätzlichen Lehrleistungen sind äußerst wichtig und bedürfen wie die Betreuung der wissenschaftlichen Arbeit der Doktoranden intensiver Förderung. Sollte die Graduiertenförderung ausgeweitet werden, so wäre zu bedenken, ob man sie nach dem Vorbild der „Graduate Schools" in den USA institutionalisiert und mit entsprechenden Haushaltsmitteln ausstattet.

6.4.4 Frauen in der Physik

In Deutschland studieren deutlich weniger Frauen als Männer Physik. So betrug der Frauenanteil im Fach Physik im Studienjahr 1999/2000 nach Ausweis der DPG-Statistik nur 9,1 %. An einer mangelnden Begabung der Frauen kann das indes nicht liegen, wie etwa die Ergebnisse zahlreicher Tests und akademischer Prüfungen belegen oder auch die Tatsache, dass der Frauenanteil im Verlaufe des Studiums bis zur Promotion konstant bleibt: Der genannten DPG-Statistik zufolge war der Anteil der Frauen bei den Promotionen ebenfalls 9,1 %. Der Frauenanteil bei den Physikprofessoren in den deutschen Universitäten beträgt jedoch nur 23 von 1309, also weniger als 2 %. In Großbritannien ist nach einer ausführlichen Analyse des Institute of Physics (IOP) vom Dezember 1999 die Situation ähnlich (s. Anhang 3). Demnach sinkt der Anteil der Frauen in der Physik von 50 % in den allgemeinbildenden Schulen auf etwa 20 % zu Beginn des Studiums. Dieser Anteil bleibt bis kurz nach der Promotion fast konstant und fällt erst dann rapide auf ca. 1 %. In den Ländern Süd- und Osteuropas sind hingegen viel mehr Frauen in den Naturwissenschaften anzutreffen als in Deutschland, den nordeuropäischen Ländern, den USA und Japan. Der Frauenanteil in den Physikfakultäten im Jahr 1990 war in Ungarn 47 %, in Portugal 34 %, in der UdSSR 30 %, in Italien 23 %, in Polen 17 %, in Spanien 16 %, in Frankreich 15 %, in den USA 3 % und in Japan 1 % (Science v. 11.3.1994).

Mit dem frühzeitigen Ausscheiden der Frauen aus der physikalischen Forschung geht ein enormes wissenschaftliches Potential verloren. Die Gesellschaft und die Universitäten müssen endlich Bedingungen schaffen, die diesen Verlust reduzieren.

6.4.5 Bachelor/Magisterstudiengänge

„Die Erweiterung und Differenzierung des Systems der Studiengänge und Hochschulabschlüsse in Deutschland durch die Einführung neuer Bachelor-/Bakkalaureus- und Master-/Magisterstudiengänge neben den bestehenden Diplom-, Magister- und Staatsexamensstudiengängen macht eine Einpassung der neuen Studiengänge in das bisherige System erforderlich. Dabei wird sich erst längerfristig herausstellen, ob sich Bachelor-/Bakkalaureus- und Master-/Magisterstudiengänge neben den herkömmlichen Studiengängen etablieren werden oder ob sie - „flächendeckend" oder ggf. nur in einzelnen Fächern - an deren Stelle treten.

In der internationalen Zusammenarbeit lässt sich die Attraktivität der deutschen Hochschulen für ausländische Studierende ebenso wie die Eingliederung deutscher Studierender und Hochschulabsolventen in ausländische Studien- und Beschäftigungssysteme nur verbessern, wenn klare und verlässliche Angaben über die Studiengänge in Deutschland und die Qualität der erreichten Abschlüsse gemacht werden können. Es kann nicht erwartet werden, dass die neuen Studiengänge internationale Anerkennung finden, wenn ihre Anerkennung in der Bundesrepublik selbst in Frage steht.“

(Beschluss der Kultusministerkonferenz (KMK) vom 05.03.1999)

Zur derzeitigen Diskussion über die Einführung von Bachelor/Masterstudiengängen im Fach Physik an den deutschen Universitäten und zum oben angeführten Beschluss der Kultusministerkonferenz erklärt die Kommission der DPG für diese Denkschrift:

- „Die internationale Zusammenarbeit“ deutscher Wissenschaftler mit Wissenschaftlern in aller Welt ist in keiner anderen Disziplin der Forschung intensiver als in der Physik. Dies wird unter anderem durch die langjährige Erfahrung der Alexander von Humboldt-Stiftung (s. Kapitel 6.3) klar belegt. Die internationale Zusammenarbeit muss auch auf die Ausbildung ausgedehnt werden.

- „Die Attraktivität der deutschen Hochschulen für ausländische Studierende“ muss und kann von den Fakultäten und Fachbereichen verbessert werden. Sie wird in der Physik derzeit dadurch verringert, dass erfolgreiche ausländische Absolventen Deutschland verlassen müssen, wohingegen sie sich z. B. in den USA um eine Stelle in der freien Wirtschaft bewerben können und, bei erfolgreicher Bewerbung, diese Stelle auch antreten dürfen. Es ist unbestritten, dass im Ausland, z. B. in der Volksrepublik China, ein nachteiliges Bild vom Studium in Deutschland entstanden ist.

- „Klare und verlässliche Angaben über die Studiengänge“ im Fach Physik an den deutschen Universitäten sind ohne weiteres möglich und müssen so zügig wie möglich in englischer Sprache und mit Angabe der ECTS-Punkte (European Credit Transfer System) veröffentlicht werden. Die Konferenz der Fachbereiche Physik hat die Einführung der ECTS-Punkte auf ihrer Plenarversammlung 1998 allen Universitäten empfohlen.

- „Die internationale Anerkennung“ des Diploms und der Promotion im Fach Physik wird am besten dadurch dokumentiert, dass Absolventen von deutschen Universitäten sehr häufig Spitzenstellungen in Forschungs- und Industrielaboratorien der USA erhalten, die so attraktiv ausgestattet sind, dass eine Rückkehr dieser Physiker nach Deutschland in vielen Fällen ausgeschlossen werden muss. Aus dieser bedauerlichen Situation darf jedoch weder eine Nivellierung im Ausbildungsniveau noch eine Reduzierung der Unterstützung internationaler Austauschprogramme für Studenten und Postdoktoranden folgen. Vielmehr müssen die deutschen Universitäten auch für internationale Spitzenforscher dauerhaft so attraktiv ausgestattet werden, dass diese Wissenschaftler einen Ruf an eine deutsche Universität annehmen können. Vor allem dadurch ließe sich die Attraktivität der deutschen Hochschulen für ausländische Studierende verbessern.

Abb. 6.4.3.
Doktoranden bei der Arbeit: Sie bereiten eine Apparatur vor, mit der Temperaturen von wenigen Millionstel Kelvin erreicht werden können. Der wichtigste Bestandteil der Apparatur sind 20 kg reinstes Kupfer. Eine Platinprobe wurde in früheren Experimenten auf 1,5 μK abgekühlt - die bislang tiefste Temperatur für einen Festkörper im thermischen Gleichgewicht. (F. Pobell, Universität Bayreuth)

6.5 Das Berufeld der Physiker

Das Spektrum der Berufe

Das Spektrum der Berufe, in denen Physiker nach ihrer Ausbildung als Diplomphysiker oder als promovierte Physiker (siehe Kapitel 6.4) tätig sind, ist sehr breit. Es kann grob in die drei großen Bereiche i.) Stätten physikalischer Forschung und Lehre, ii.) produzierende Industrie und iii.) dienstleistende Wirtschaft unterteilt werden. Eine physikalische Industrie im engeren Sinne, wie etwa die chemische, elektrotechnische oder optische Industrie, existiert nicht. Obwohl Physiker in einigen Bereichen bevorzugt eingesetzt werden, findet man sie in fast allen Zweigen der modernen Industrie, in dienstleistenden Wirtschaftsbranchen und natürlich in Universitäten und außeruniversitären Forschungslaboratorien. Physiker arbeiten bevorzugt dort, wo neue Methoden, Techniken oder Materialien entwickelt oder eingesetzt werden, wo neue Fragestellungen präzisiert oder Lösungswege gefunden und analysiert werden sollen: also überall dort, wo zielgerichtete Erneuerung die primäre Aufgabe ist.

Um zu ermitteln, wie sich die Physiker auf das Spektrum ihrer Berufe verteilen, hat die Deutsche Physikalische Gesellschaft in der Vergangenheit mehrfach Berufsumfragen durchgeführt. An der letzten Umfrage 1997 haben sich 2197 junge Physikerinnen und Physiker beteiligt, die höchstens fünf Jahre zuvor, nach ihrer Diplomprüfung oder Promotion, eine Berufstätigkeit als Physiker begonnen hatten (H. Sixl, Physikalische Blätter, Juni 1998, S. 504 ff). Abb. 6.5.1 zeigt, wie die Arbeitsplätze der jungen Physiker auf die drei großen Bereiche verteilt waren. Etwa ein Drittel der jungen Physiker sind in Forschung und Lehre, etwa zwei Drittel in Industrie und Wirtschaft beschäftigt. In der Forschung überwiegen die Promovierten, in Industrie und Wirtschaft hingegen die Nichtpromovierten.

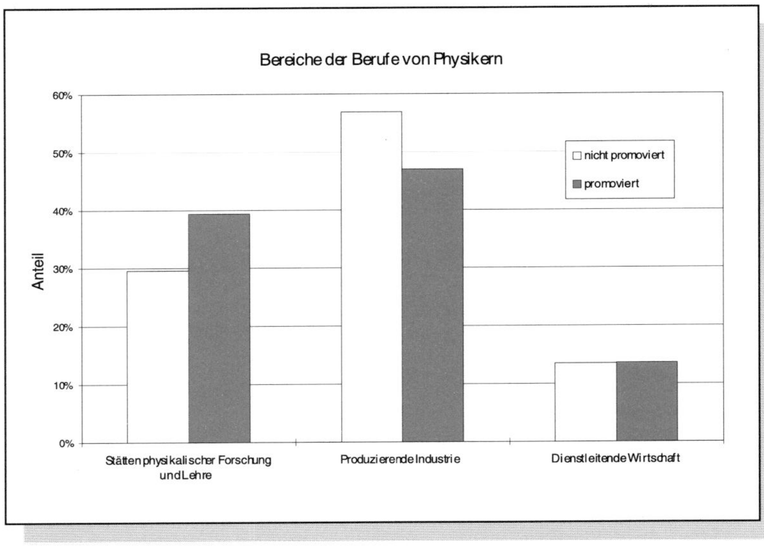

Abb. 6.5.1.
Verteilung der Berufsanfänger der Physik auf drei große Berufsbereiche. Die Verteilungen der nicht promovierten und der promovierten Physiker sind auf 100% normiert. (Physikalische Blätter, Juni 1998, S. 504)

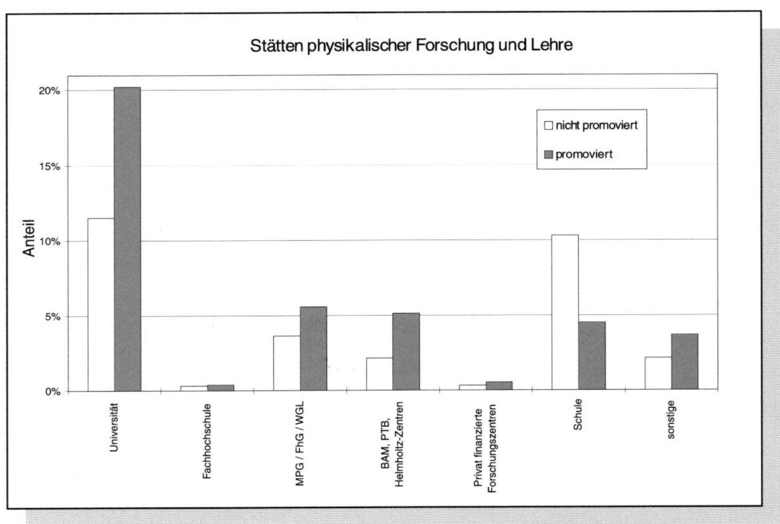

Abb. 6.5.2.
Verteilung der Berufsanfänger der Physik innerhalb der Stätten physikalischer Forschung und Lehre (s. Abb. 6.5.1).

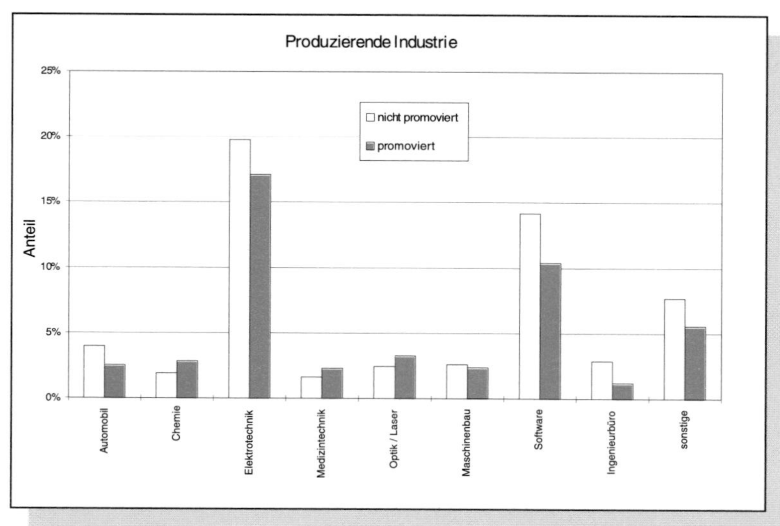

Abb. 6.5.3.
Verteilung der Berufsanfänger der Physik innerhalb der produzierenden Industrie (s. Abb. 6.5.1).

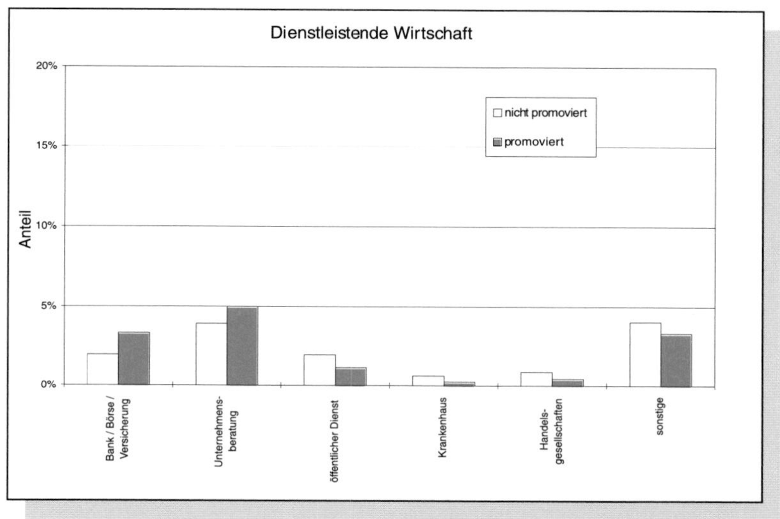

Abb. 6.5.4.
Verteilung der Berufsanfänger der Physik innerhalb der dienstleistenden Wirtschaft (s. Abb. 6.5.1).

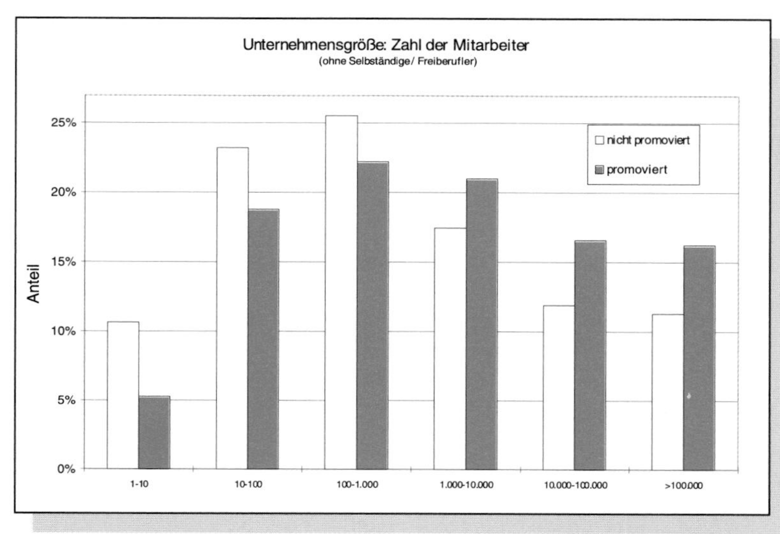

Abb. 6.5.5.
Verteilung der Berufsanfänger der Physik auf Unternehmen verschiedener Größe (s. Abb. 6.5.1).

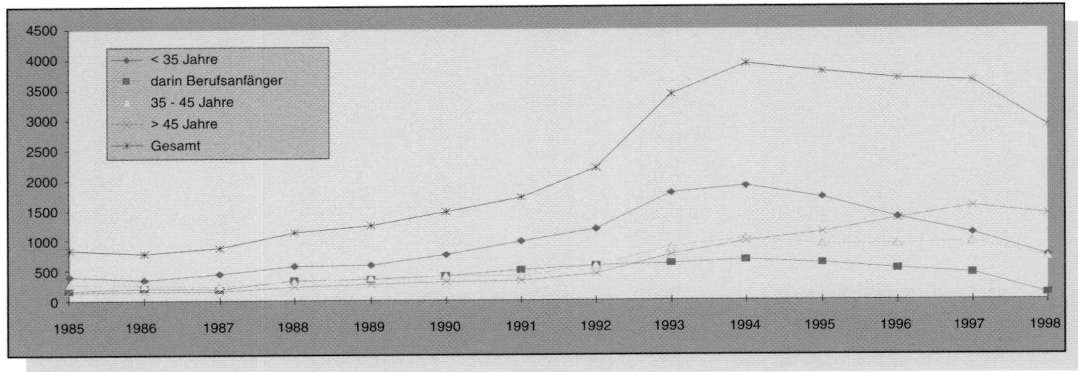

Abb. 6.5.6.
Altersstruktur der arbeitslos gemeldeten Physikerinnen und Physiker. (Physikalische Blätter, November 1999, S. 26)

Die meisten der jungen Physiker, die in Stätten physikalischer Forschung und Lehre arbeiten, finden sich an den Universitäten (s. Abb. 6.5.2). Die zweite große Gruppe bilden die Physiker in den staatlichen Forschungsinstituten: Max-Planck-Institute (MPG), Helmholtz-Zentren, Leibniz-Institute (WGL), Fraunhofer-Institute (FhG), Bundesanstalt für Materialforschung (BAM) und Physikalisch-Technische Bundesanstalt (PTB).

Innerhalb der produzierenden Industrie sind die jungen Physiker ebenfalls ungleich, aber breit verteilt (s. Abb. 6.5.3). Etwa ein Drittel arbeitet in der elektrotechnischen oder in der Software-Industrie. Die Übrigen verteilen sich gleichmäßig auf die Automobil- und die chemische Industrie, die Medizintechnik, die Optik- und Laserindustrie, den Maschinenbau, sowie Ingenieurbüros und sonstige Branchen.

In den Branchen der dienstleistenden Wirtschaft führen die Unternehmensberater und die Geldinstitute die Liste deutlich an (s. Abb. 6.5.4). Bei McKinsey Deutschland zum Beispiel waren im Mai 2000 als Berater 132 Physiker tätig (s. Kasten: „Bin ich hier richtig?"). Das entspricht 15 % der Berater in der deutschen Niederlassung, an deren Spitze übrigens ein promovierter Physiker steht. Aber auch innerhalb der dienstleistenden Wirtschaft ist das Spektrum der Branchen, in denen Physiker beschäftigt sind, breit.

Zumindest zur Zeit der Berufsumfrage (1997) waren die Physiker also offenbar omnipräsent - und zwar in Betrieben jeglicher Größe (s. Abb. 6.5.5).

Der Arbeitsmarkt

Der Arbeitsmarkt für Physikerinnen und Physiker hat sich in Deutschland in den letzten Jahren äußerst positiv entwickelt. Allein von 1997 auf 1998 reduzierte sich die Zahl der arbeitslos gemeldeten Physikerinnen und Physiker um 20 %. Dies zeigt eine Statistik (s. Abb. 6.5.6), die von der DPG in Zusammenarbeit mit der Zentralstelle für Arbeitsvermittlung (ZAV) in den Physikalischen Blättern veröffentlicht wurde (H. Krauth, Physikalische Blätter, November 1999, S. 26 ff). Demnach gibt es unter den Physikern, insbesondere bei den Berufsanfängern, praktisch keine Arbeitslosen mehr. Auch die Zahl der arbeitslosen älteren Physiker nimmt ab und ist klein, verglichen mit den immer noch hohen Absolventenzahlen. Allen Berichten zufolge hält diese für die Absolventen äußerst günstige Tendenz an.

„Lohnt" sich das Studium der Physik?

Aus einer kürzlich veröffentlichten Studie des Centrums für Hochschulentwicklung (CHE) in Gütersloh (s. FOCUS Nr. 15 v. 10.4.2000) geht hervor, dass das Physikstudium, gemessen an seiner „Rendite" für den einzelnen und für den Staat, den fünften Platz unter den „TOP-Studiengängen" belegt. Von den mathematisch-naturwissenschaftlichen und technischen Fächern liegt demnach nur der Maschinenbau vor der Physik. Darüber hinaus geht aus der Studie hervor, dass das Studium der Physik zu den billigsten Studiengängen gehört: Die Kosten, die „der Staat pro Studiengang abzüglich der erwarteten Steuereinnahmen durch den späteren Mehrverdienst des Akademikers subventioniert", betragen der Studie zufolge pro Student in der Physik 53 TDM, in der Biologie 180 TDM, in der Sozialarbeit/-pädagogik 242 TDM und in der Humanmedizin 384 TDM, um nur wenige Beispiele zu zitieren.

Angesichts der niedrigen Zahl der Studienanfänger (s. Kapitel 6.4) folgt deshalb aus allen derzeit verfügbaren Informationen eine gute Prognose für die späteren Berufschancen der Physikstudentinnen und Physikstudenten.

Bin ich hier richtig?

Physiker im Consulting: Notlösung oder Glücksfall?

Unternehmensberater: Das sind doch Leute im dunklen Nadelstreifen, die Betriebswirtschaft studiert haben müssen? Falsch. Bei einem bekannten Consulting-Unternehmen sind die „Wirtschaftler“ heute sogar schon fast in der Minderheit gegenüber anderen Disziplinen. Vor allem die Naturwissenschaften - an vorderster Front die Physik - stellen einen großen Teil des Beraterstabes in der deutschen Niederlassung des Unternehmens: Zur Zeit (Mai 2000) sind hier 132 Physiker als Berater tätig und der Deutschlandchef ist ein promovierter Physiker. Sicher gehört eine Karriere im Consulting nicht zu den traditionellen Berufswegen, die ein Physiker nach dem Diplom oder der Promotion einschlagen kann. Aber sie ist eine sehr überlegenswerte Option.

Ein Gewinn für die Beratung

Auf den zweiten Blick ist das kaum verwunderlich. Denn ein Physiker bringt einiges mit, was für die Beratung anspruchsvoller Klienten nützlich ist: Vertrautheit im Umgang mit komplexen Fragestellungen, ein gutes theoretisch-analytisches Fundament, aber auch Pragmatik im Vorgehen. Gerade bei technologisch orientierten Klienten findet er hohe Akzeptanz - manchmal mehr als seine Teamkollegen vom wirtschaftlichen Fach, denen man es vielleicht weniger zutraut, ein Hightech-Geschäft in all seinen Dimensionen zu verstehen oder die „Sprache der Techniker“ zu sprechen.

„Teamkollegen“ ist ein wichtiges Stichwort: Topmanagement-Beratung ist die Sache von hoch leistungsfähigen Teams. Die besten Ergebnisse entstehen dann, wenn die Teams unterschiedlich zusammengesetzt sind: Wenn etwa ein Biologe, eine Betriebswirtschaftlerin, ein Arzt und eine Physikerin an der Wachstumsstrategie eines Pharmaunternehmens arbeiten. Wirtschafts- und Branchenkenntnisse sind sicherlich notwendig, sie werden von den Teammitgliedern mit der entsprechenden Erfahrung eingebracht, aber oft sind es gerade der frische Blick oder die Analogie aus einem ganz anderen Erfahrungsbereich, die zur kreativen Lösung führen.

Der Physiker kann dem Consulting also einiges bieten - aber dies gilt auch umgekehrt: In kaum einer anderen Tätigkeit kann man sich so rasch persönlich wie fachlich weiterentwickeln wie in der Beratung. Verantwortung, Führung, Team- und Kommunikationsfähigkeiten gehören zum Repertoire, das jeder Berater stetig ausbaut. Die „Lernmethode“ ist meist nicht der berühmte Sprung ins kalte Wasser, sondern das Orientieren an Vorbildern, das Coaching, das Learning by Doing im Team - und auch das Lernen aus Fehlern gehört dazu.

Befürchtungen und Erwartungen

Das Unternehmen hat kürzlich eine Umfrage unter den Physikern im Kollegenkreis durchgeführt - sie war sicher nicht im statistischen Sinne repräsentativ, bot aber ein aussagefähiges Stimmungsbild. Es wurde zum einen gefragt, welche Befürchtungen die Beraterkollegen hatten, als sie im fachfremden Arbeitsumfeld einstiegen. Die häufigsten Antworten: Angst vor dem Versagen, vor Arbeitsüberlastung und einem unpersönlichen Arbeitsklima, ethische Probleme mit der vermeintlich eiskalten Durchsetzungsmentalität, eine Entfremdung von der realen Welt.

Die zweite Frage betraf die wichtigsten Erwartungen beim Start als Berater: Genannt wurden viel Abwechslung, neue Herausforderungen, möglichst zahlreiche Lernerfahrungen, Internationalität und Auslandseinsätze, interessante Kollegen und neue Perspektiven.

Besonders erfreut hat dann die Antwort auf die dritte Frage, nämlich was davon in der Rückschau tatsächlich zutraf. Von den Befürchtungen fast nichts (nur die Arbeitslast ist tatsächlich hoch), von den Erwartungen alles.

Das Profil muss passen

Zugegeben: Topmanagement-Beratung ist nicht für jeden Physiker das Richtige, und nicht jeder Physiker ist für die Beratung der/die Richtige. Gesucht werden schon die „extrovertierten Analytiker“, die auch Spaß am Umgang mit Menschen haben.

Natürlich sind auch einige formale Voraussetzungen zu erfüllen, vor allem ein sehr guter Studienabschluss nach kurzer Studiendauer. Weitere Erfahrungen sind hilfreich: Drei Viertel der befragten Physiker absolvierten einen Teil ihrer Ausbildung im Ausland; etwa ebenso viele hatten bereits Berufserfahrung, sei es als wissenschaftliche Mitarbeiter an einer Universität bzw. einem Forschungszentrum oder in Positionen in der Wirtschaft. Viele der Befragten haben zudem die Möglichkeit genutzt, als Summer Associate oder Praktikant vor ihrer Berufsentscheidung einmal in die Beratertätigkeit hineinzuschnuppern.

6.6 Physik in der Schule

*„Das Jahrhundert ist vorgerückt;
jeder einzelne aber fängt doch von vorne an."*
(J. W. v. Goethe)

In der Wissenschaft Physik ist man, besonders im letzten Jahrhundert, weit „vorgerückt". Jedes Kind für sich aber beginnt, seine natürliche und technische Umwelt zu beobachten und - gut oder schlecht angeleitet - eigenständige Erklärungen zu finden. In diesen Entwicklungsprozess greift der Physikunterricht in der Schule ein; er sollte möglichst frühzeitig beginnen, um „jene göttliche Neugier, die jedem gesunden Kind innewohnt, aber oft frühzeitig verkümmert" (A. Einstein), zu fördern.

„...jene göttliche Neugier, die jedem gesunden Kind inne wohnt, aber oft frühzeitig verkümmert."
(A. Einstein)

Behutsam müssen die Schüler[1] im Anfangsunterricht an die Denk- und Arbeitsweisen der Physiker herangeführt werden, damit sie nicht, auch nach einem guten Physikunterricht, in ihre alten Denkmuster zurückfallen. Dies erreicht man nicht, indem man ihnen abgeschlossene Ergebnisse mitteilt. Vielmehr muss man den Schülern den Weg der Erkenntnisfindung in den „exakten" Naturwissenschaften nahe bringen und sie diesen Weg unter Anleitung selbständig gehen lassen.

*„Was man sich selbst erfinden muss,
lässt im Verstand die Bahn zurück,
die auch bei anderer Gelegenheit gebraucht werden kann."*
(G. Chr. Lichtenberg)

Im Verlauf vieler Jahrhunderte haben die Menschen die sie umgebende Natur beobachtet und versucht, deren Erscheinungen zu erklären. Die daraus entstandenen Naturwissenschaften sind zu einem unverzichtbaren Bestandteil unserer Kultur geworden, die es zu bewahren und weiterzuentwickeln gilt. Das immer währende Streben des menschlichen Geistes nach Erkenntnis gilt es, den Schülern zu vermitteln. Vom derzeitigen Wissensstand muss also auch stets der Blick in die Zukunft gehen: Physik ist Zukunft. Vor diesen schwierigen und spannenden Aufgaben stehen die Physiklehrerinnen und -lehrer.

Erfüllt unser heutiger Physikunterricht die an ihn gestellten Anforderungen? Sicher nicht in ausreichendem Maße. Leider muss man feststellen, dass das Fach Physik bei Schülern nicht beliebt ist und in der Sekundarstufe II möglichst frühzeitig abgewählt wird. Über die Gründe kann man nur spekulieren; hängt das Verhalten vielleicht damit zusammen, dass der Unterricht nicht attraktiv genug gestaltet wird oder spielt auch eine generelle Abneigung der Gesellschaft gegenüber Physik und Technik eine Rolle? Doch zunächst soll der Frage nachgegangen werden: Wie ist die aktuelle Situation des Physikunterrichts in der Schule? Muss und kann er verbessert werden? Unter welchen Voraussetzungen können vorgeschlagene Verbesserungen erfolgreich sein?

In den 16 Bundesländern wird das Fach Physik in der Sekundarstufe I verpflichtend unterrichtet. Nur in wenigen Bundesländern beginnt man frühzeitig, d. h. im 5. Schuljahr, mit dem naturwissenschaftlichen Unterricht, z. B. in Baden-Württemberg mit dem Fach „Naturphänomene". In den meisten Bundesländern beginnt der Physikunterricht erst in den Klassenstufen 7 bzw. 8; die Schüler sind dann etwa 13 Jahre alt und interessieren sich zunehmend für außerschulische Dinge. Über die Jahrgangsstufen 7 (8) bis 10 werden die folgenden Sachgebiete behandelt: Optik, Wärmelehre, Elektrizitätslehre und Mechanik. In einigen Bundesländern gibt es zusätzlich in der Jahrgangsstufe 10 das Fach „Astronomie".

Welche Ziele sollte der Physikunterricht in diesen ersten Jahren haben? Die Präambeln zu den Lehrplänen in den Bundesländern geben darüber Auskunft, doch es fehlt hier der Raum, darauf ausführlich einzugehen. Es sollen nur die allgemeinen Lernziele herausgehoben werden, für die sich zukunftsweisende Verbesserungsvorschläge angeben lassen.

- Bei aller angestrebten Systematik muss die Physik als faszinierende Wissenschaft dargestellt werden. Wie viel motivierender wirkt die Einführung eines physikalischen Sachverhaltes anhand eines überraschenden Versuchs oder einer Naturbeobachtung statt mit Worten und Formeln!

- Die naturwissenschaftlichen Arbeitsmethoden des Beobachtens, Beschreibens und Erklärens müssen den Schülern vertraut werden; erst am Ende dieser Kette steht die mathematische Modellierung. Allzu oft verhindern die Rahmenbedingungen des Physikunter-

1) Unter „Schüler" sind hier und im folgenden Schülerinnen und Schüler gemeint. Wird auf unterschiedliches Verhalten von Jungen und Mädchen im Physikunterricht eingegangen, so wird dies besonders hervorgehoben.

richtes, dass dieser individuelle Lernprozess stattfindet. Bei der üblichen Klassengröße von 30 und mehr Schülern ist es äußerst schwierig, die Schüler an selbständiges Beobachten, Beschreiben und Erklären heranzuführen. Diese Prozesse laufen bei jedem Schüler unterschiedlich schnell und auf unterschiedlichem Abstraktionsniveau ab. Damit die Schüler ihre Kenntnisse und Erkenntnisse sprachlich darstellen können, müssen sie angeleitet werden, einen Übergang von der Alltagssprache zur Fachsprache zu finden. Bei der mathematischen Modellierung schließlich gilt es, eine enge Verbindung zwischen Physik- und Mathematikunterricht zu knüpfen, von der beide Fächer profitieren können.

- Der Physikunterricht würde viel an Attraktivität und Effizienz gewinnen, könnte man die Schüler selbständig experimentieren lassen. Dann könnten sie, im besten Sinne des Wortes, die physikalischen Inhalte selbst begreifen. Zudem würden sie in Schülerübungen lernen, verantwortungsbewusst mit den zur Verfügung stehenden Geräten umzugehen und sich in die gemeinsame Arbeit einer Gruppe einzufügen. Leider sind die räumlichen und personellen Voraussetzungen dazu oft nicht gegeben. Es war und ist eine fundamentale Forderung für die Verbesserung des Physikunterrichtes, die Durchführung von realen Schülerexperimenten zu ermöglichen.

- Das Fach Physik muss sich auch gegenüber anderen Fächern öffnen. Ohne physikalische Einsichten können viele Phänomene aus anderen Naturwissenschaften nicht verstanden werden. Umgekehrt können Kenntnisse aus der Biologie und Chemie das Verstehen physikalischer Zusammenhänge erleichtern und bereichern. Um z. B. die Zusammenhänge im Bereich der Energiewirtschaft zu verstehen, genügt es nicht, den exakten Energiebegriff aus dem Physikunterricht zu kennen. Dem Unterricht muss eine gemeinsame Vorbereitung der an den Themen beteiligten Lehrer unterschiedlicher Fächer vorausgehen.

- Die Schüler müssen erfahren, welche Auswirkungen die physikalischen Grundlagen auf die Entwicklung der Technik im positiven wie im negativen Sinne haben. Dazu reicht es nicht, an die Behandlung eines physikalischen Phänomens eine technische Anwendung „anzuhängen". Statt dessen sollte von einer technischen Fragestellung ausgegangen werden, an Hand der sich die notwendigen physikalischen Grundlagen „erforschen" lassen.

Dem Physikunterricht steht nur ein begrenzter Zeitrahmen zur Verfügung. Ein gewissenhafter Physiklehrer wird deshalb zu recht fragen, wie die genannten, zeitaufwändigen Bildungsziele unter den Rahmenbedingungen, die an den Schulen herrschen, erreicht werden sollen. Für viele Bürgerinnen und Bürger bleibt die Schule indes der einzige Ort, an dem sie sich mit physikalischen Fragestellungen auseinander setzen können. Mit dem leider oft unzureichenden Wissen, das sie in der Schule erworben haben, nehmen sie später an wichtigen gesellschaftlichen Entscheidungsprozessen teil.

In der Sekundarstufe II setzt sich der Physikunterricht wie folgt fort: In den meisten Bundesländern ist der Physikunterricht in der Jahrgangsstufe 11 verbindlich. Danach können Grund- und Leistungskurse gewählt werden. Nach einer bundesweiten Erhebung wählen ca. 26 % aller Schüler einen Grundkurs Physik und ca. 12 % einen Leistungskurs. Das bedeutet, dass fast zwei Drittel aller Schüler zum frühest möglichen Termin das Fach Physik abwählen. Oft entscheiden sich an einer Schule so wenige Schüler für einen Grund- oder Leistungskurs, dass der Kurs nicht zustande kommt. Von der Jahrgangsstufe 12 zur Jahrgangsstufe 13 nimmt die Anzahl der Schüler in einem Grundkurs nochmals stark ab, was bisweilen zu Auflösung des Kurses führt.

Schüler, die später ein naturwissenschaftliches oder technisches Studium wählen oder auch eine entsprechende Berufsausbildung beginnen, rekrutieren sich in der Mehrzahl aus der Schülergruppe, die bis zum Abitur das Fach Physik gewählt hat. Die frühe Abwahl des Faches Physik in der Sekundarstufe II ist sicher einer der Gründe dafür, dass die Zahl der Studienanfänger in der Physik und in den Ingenieurwissenschaften zurückgeht. Um diese Situation zu ändern, muss man den Physikunterricht in der Sekundarstufe I grundsätzlich überdenken. Für Diskussionen zu diesem Problem, aber auch allgemeiner für die Erarbeitung von Lehrplänen, steht die Deutsche Physikalische Gesellschaft zur Verfügung.

In der Sekundarstufe II bekommen die Schüler neben einem Einblick in die klassische Physik (elektrische und magnetische Felder, Schwingungen und Wellen) auch einen Einblick in die moderne Physik wie Atomphysik, Kernphysik und spezielle Relativitätstheorie. Auch modernere Gebiete wie die nichtlineare Dynamik können in den Unterricht einfließen: Die klassische Schwingungslehre kann z. B. durch das Thema „chaotische Schwingungen" bereichert werden. Der internationale Leistungsvergleich TIMSS/III belegt, dass es gerade aktuelle Themen aus der Physik waren, die zu den guten Leistungen der Schüler in den Klassen 12 und 13 geführt haben. Ein anspruchsvoller Physikunterricht, der auch aktuelle Themen der Physik aufgreift, setzt eine ständige Weiterbildung der Physiklehrer(innen) voraus. Wie in der Sekundarstufe I so stehen die Physiklehrer auch hier oft vor der schwierigen Aufgabe, unter Beachtung der allgemeinen Bildungsziele des Physikunterrichtes eine sinnvolle Auswahl der Inhalte zu treffen. Selbst bei dem Streben nach Systematik kann und muss eine vollständige Vermittlung der Sachgebiete nicht erreicht werden. Es ist ein wesentliches Lernziel des Physikunterrichtes in der Sekundarstufe II, den Schülern den Bezug zu den anderen Naturwissenschaften und den Geisteswissenschaften zu vermitteln. Ein guter Physikunterricht darf nicht im Fachwissen verharren, sondern er muss offen sein für die Fragen, die die Natur, die Umwelt und die Technik an die jungen Menschen herantragen. Nur dann wird der Physikunterricht für die Jugendlichen attraktiver. Die physikalische Methode der Erkenntnisgewinnung muss von den Schülern als beispielgebend für andere Fächer erkannt werden.

Ein besonderes Problem an deutschen Schulen ist die Einstellung der Mädchen zum Physikunterricht. Auffallend wenige Mädchen wählen einen Physik-Leistungskurs. In Deutschland ist der Anteil der Mädchen, die ein Physikstudium oder ein technisches Studium anstreben, äußerst klein im Vergleich zu den meisten anderen europäischen Ländern (s. Kapitel 6.4.4). Von unserer Gesellschaft ist nicht zu erwarten, dass sie den Anstoß zu einer Änderung dieses Verhaltens gibt. Hier muss und kann die Schule die Initiative ergreifen. In den letzten Jahren gab es viele richtungweisende Untersuchungen zum Thema „Mädchen im Physikunterricht“. Zum Beispiel wurden Mädchen zeitweise getrennt von Jungen unterrichtet, oder es wurde versucht, den speziellen Interessen der Mädchen durch eine gezielte Auswahl der Unterrichtsinhalte gerecht zu werden. Diese Bestrebungen dürfen aber nicht in Schulversuchen stecken bleiben. Verantwortungsbewusste Physiklehrer und -lehrerinnen müssen sich stets vergegenwärtigen, dass die Mädchen für das Erlernen und Verstehen physikalischer Sachverhalte nicht minder begabt sind als die Jungen; den Mädchen muss Vertrauen in ihre Leistungsfähigkeit vermittelt werden. Mädchen, die sich entschlossen haben, Physik zu studieren, haben meist überdurchschnittlichen Erfolg im Studium. Unsere Gesellschaft darf auf das Potential, das hier schlummert, nicht verzichten.

Die Bundesrepublik Deutschland ist auf junge Menschen angewiesen, die sich mit Begeisterung einem naturwissenschaftlichen oder technischen Studium zuwenden und unseren wissenschaftlichen Nachwuchs stellen. Deshalb braucht die Gesellschaft junge Physiklehrerinnen und -lehrer, die es verstehen, die Jugend für die Physik zu begeistern. In der ersten und zweiten Phase ihrer Ausbildung müssen die angehenden Lehrkräfte auf ihren Beruf bestmöglich vorbereitet werden; dies kann nur durch eine intensive und vertrauensvolle Zusammenarbeit der Fachwissenschaftler, der Fachdidaktiker, der Pädagogen und der Ausbilder in den Studienseminaren erreicht werden.

7 Autoren und Mitwirkende

Kapitel 1: Prof. Dr. Markus Schwoerer, Universität Bayreuth

Kapitel 2: Prof. Dr. Siegfried Großmann, Universität Marburg
Prof. Dr. Markus Schwoerer, Universität Bayreuth

Kapitel 3.1: Dr. Ties Behnke, DESY, Hamburg
Prof. Dr. Wilfried Buchmüller, DESY, Hamburg
Prof. Dr. Walter Henning, GSI, Darmstadt
Prof. Dr. Gregor Herten, Universität Freiburg
Prof. Dr. Paul Kienle, TU München
Prof. Dr. Robert Klanner, DESY, Hamburg
Prof. Dr. Helmut Koch, Universität Bochum
Prof. Dr. Jan Louis, Universität Halle
Prof. Dr. Volker Metag, Universität Gießen
Prof. Dr. Claus Rolfs, Universität Bochum
Prof. Dr. Peter Schmüser, Universität Hamburg
Dr. Christian Spiering, DESY, Zeuthen
Prof. Dr. Johanna Stachel, Universität Heidelberg
Prof. Dr. Friedrich-Karl Thielemann, Universität Basel
Prof. Dr. Joachim Trümper, MPI für extraterrestrische Physik, Garching
Prof. Dr. Albrecht Wagner, DESY, Hamburg
Prof. Dr. Thomas Walcher, Universität Mainz
Prof. Dr. Wolfram Weise, TU München
Prof. Dr. Peter Zerwas, DESY, Hamburg

Kapitel 3.2: Dr. Oliver Benson, Universität Konstanz
Dr. Gerhard Birkl, Universität Hannover
Dr. Tobias Brixner, Universität Würzburg
Prof. Dr. Wolfgang Ertmer, Universität Hannover
Prof. Dr. Gustav Gerber, Universität Würzburg
Prof. Dr. Falk Lederer, Universität Jena
Prof. Dr. Gerd Leuchs, Universität Erlangen-Nürnberg
Prof. Dr. Jürgen Mlynek, Universität Konstanz
Dr. Markus Oberthaler, Universität Konstanz
Dr. Achim Peters, Universität Konstanz
Dr. Vahid Sandoghdar, Universität Konstanz
Prof. Dr. Roland Sauerbrey, Universität Jena
Prof. Dr. Markus Schwoerer, Universität Bayreuth
Prof. Dr. Andreas Tünnermann, Universität Jena
Prof. Dr. Rolf Wilhelm, MPI für Plasmaphysik, Garching

Kapitel 3.3: Dr. Siegfried Barth, IBM Zürich
Prof. Dr. Dieter Bimberg, TU Berlin
Prof. Dr. Kurt Binder, Universität Mainz
Dr. Kurt Busch, Universität Karlsruhe
Prof. Dr. Helmut Dosch, MPI für Metallforschung, Stuttgart
Dr. Siegfried Karg, IBM Zürich
Prof. Dr. Rudolf Klein, Universität Konstanz
Prof. Dr. Klaus von Klitzing, MPI für Festkörperforschung, Stuttgart
Prof. Dr. Bernhard Kramer, Universität Hamburg
Prof. Dr. Kurt Kremer, MPI für Polymerforschung, Mainz
Prof. Dr. Gottfried Landwehr, Universität Würzburg
Prof. Dr. Karl Leo, TU Dresden
Prof. Dr. Reinhard Lipowsky, MPI für Kolloid- und Grenzflächenforschung, Golm
Prof. Dr. Hilbert von Löhneysen, Universität Karlsruhe
Prof. Dr. Georg Maret, Universität Konstanz
Prof. Dr. Wolfgang Moritz, Universität München
Prof. Dr. Frank Pobell, FZ Rossendorf
Prof. Dr. Karl Renk, Universität Regensburg
Dr. Walter Riess, IBM Zürich

Prof. Dr. Elke Scheer, Universität Konstanz
Prof. Dr. Gisela Schütz-Gmeineder, Universität Würzburg
Prof. Dr. Markus Schwoerer, Universität Bayreuth
Prof. Dr. Hans-Peter Steinrück, Universität Erlangen-Nürnberg
Prof. Dr. Eberhard Umbach, Universität Würzburg
Prof. Dr. Dieter Weiss, Universität Regensburg

Kapitel 3.4: Prof. Dr. Hans-Werner Diehl, Universität Essen
Prof. Dr. Bruno Eckhardt, Universität Marburg
Prof. Dr. Siegfried Großmann, Universität Marburg
Prof. Dr. Heiner Müller-Krumbhaar, FZ Jülich
Prof. Dr. Walter Zimmermann, Universität Saarbrücken

Kapitel 3.5: Prof. Dr. Wolfgang Baumeister, MPI für Biochemie, Martinsried
Prof. Dr. Hermann Gaub, Universität München
Prof. Dr. Jörg Kotthaus, Universität München
Prof. Dr. Dieter Oesterhelt, MPI für Biochemie, Martinsried
Prof. Dr. Erich Sackmann, TU München
Dr. Eva-Kathrin Schmidt, MPI für Biochemie, Martinsried
Prof. Dr. Wolfgang Zinth, Universität München

Kapitel 3.6: Prof. Dr. Klaus Dethloff, AWI, Potsdam
Prof. Dr. Rolf Emmermann, GFZ, Potsdam
Prof. Dr. Siegfried Großmann, Universität Marburg
Prof. Dr. Volker Haak, GFZ, Potsdam
Dr. Dörthe Handorf, AWI, Potsdam
Dr. Jörn Lauterjung, GFZ, Potsdam
Prof. Dr. Ulrich Platt, Universität Heidelberg
Prof. Dr. Kurt Roth, Universität Heidelberg
Dr. Antje Weisheimer, AWI, Potsdam
Prof. Dr. Jochen Zschau, GFZ, Potsdam

Kapitel 3.7: Prof. Dr. Siegfried Großmann, Universität Marburg

Kapitel 4.1: Dr. Jürgen Biesner, Robert Bosch GmbH, Stuttgart
Dr. Gerd Grünefeld, Universität Bielefeld
Dr. Norbert Streibl, Robert Bosch GmbH, Stuttgart

Kapitel 4.2: Dr. Jürgen Biesner, Robert Bosch GmbH, Stuttgart
Prof. Dr. Ernst Otten, Universität Mainz
Prof. Dr. Rudolf Steiner, Universität Ulm

Kapitel 4.3: Prof. Dr. Hans-Stephan Bosch, MPI für Plasmaphysik, Garching
Prof. Dr. Joachim Luther, Universität Freiburg
Prof. Dr. Ludwig Schultz, IFW, Dresden
Prof. Dr. Markus Schwoerer, Universität Bayreuth

Kapitel 5: Dr. Stephan Hartmann, Universität Konstanz
Prof. Dr. Jürgen Mittelstraß, Universität Konstanz

Kapitel 6.1: Prof. Dr. Frank Pobell, FZ Rossendorf
Dr. Frank Stäudner, FZ Rossendorf

Kapitel 6.2: Prof. Dr. Joachim Trümper, MPI für extraterrestrische Physik, Garching
Prof. Dr. Eberhard Umbach, Universität Würzburg
Prof. Dr. Albrecht Wagner, DESY, Hamburg

Kapitel 6.3: Prof. Dr. Markus Schwoerer, Universität Bayreuth

Kapitel 6.4: Prof. Dr. Markus Schwoerer, Universität Bayreuth

Kapitel 6.5: Dr. Jürgen Kluge, McKinsey & Company
Prof. Dr. Markus Schwoerer, Universität Bayreuth

Kapitel 6.6: Dr. Irmgard Heber, Eleonorenschule, Darmstadt

8 Mandat, Mitglieder und Arbeitsweise der Kommission

Der Vorstandsrat der Deutschen Physikalischen Gesellschaft hat in seiner Sitzung am 12./13. November 1999 die Kommission zur Erstellung der vorliegenden Denkschrift ernannt und ihr das Mandat erteilt, diese zur Sitzung des Vorstandsrats am 10./11. November 2000 vorzulegen. Sie hatte die folgenden Mitglieder:

Dr. Jürgen Biesner
Robert Bosch GmbH, Stuttgart

Prof. Dr. Siegfried Großmann
Universität Marburg/Lahn

Prof. Dr. Paul Kienle
Technische Universität München

Prof. Dr. Rudolf Klein
Universität Konstanz

Prof. Dr. Bernhard Kramer
Universität Hamburg

Prof. Dr. Jürgen Mlynek
Universität Konstanz

Prof. Dr. Dieter Oesterhelt
Max-Planck-Institut für Biochemie, Martinsried bei München

Prof. Dr. Frank Pobell
Forschungszentrum Rossendorf, Dresden

Dr. Rainer Scharf, Wissenschaftlicher Sekretär
Strassenhaus

Prof. Dr. Markus Schwoerer, Vorsitz
Universität Bayreuth

Prof. Dr. Johanna Stachel
Universität Heidelberg

Prof. Dr. Joachim Trümper
Max-Planck-Institut für extraterrestrische Physik, Garching

Prof. Dr. Eberhard Umbach
Universität Würzburg

Prof. Dr. Albrecht Wagner
Deutsches Elektronen-Synchroton, Hamburg

Die Kommission hat am 08.12.1999 in Bayreuth, am 24.01.2000 in Nürnberg, am 11./12.05.2000 in Hamburg, am 04.07.2000 und 29.09.2000 in Frankfurt/Main getagt. Dabei wurden zu Beginn die Konzeption, in der 3. und 4. Sitzung Inhalts- und Stilfragen und bei der 5. Sitzung Schlusskorrekturen behandelt. Für jedes größere Kapitel waren ein oder mehrere Mitglieder der Kommission verantwortlich. Für einen Teil der Kapitel konnten die Kommissionsmitglieder weitere Autoren und Mitwirkende (siehe Kapitel 7) gewinnen, andere Kapitel wurden von den Kommissionsmitgliedern selbst geschrieben. Jeder Artikel wurde von einem weiteren oder mehreren Kommissionsmitgliedern redigiert. Am Schluss hat Herr Dr. Scharf alle Artikel redigiert und sie nach der Autorisierung der Druck- und Werbegesellschaft m.b.H. übermittelt. Die Grundsätze des Layouts, des Drucks und der Bindung wurden vom Vorsitzenden und von Herrn Dr. Scharf mit der Druck- und Werbegesellschaft m.b.H. am 17.07.2000 vereinbart. Alle weiteren Detailverhandlungen mit der Druck- und Werbegesellschaft m.b.H. wurden von Herrn Dr. Scharf geführt.

Anhang 1:

Typischer Studienplan für den Diplomstudiengang Physik (s. Kapitel 6.4.2)

Fassung vom 28. Februar 2000

Studienplan

für den Diplomstudiengang Physik, Studienrichtung Physik
Universität Bayreuth

	Pflicht (P) Wahlpflicht (WP) Wahlfach (W)	Art der Veranstaltung und SWS	ECTS Anrechnungs-Punkte
Grundstudium			
1. Semester			
Experimentalphysik I (Mechanik)	P	V 4, Ü 2	7-7
Einführung in die Theoretische Physik I	P	V 2, Ü 2	6
Physikalisches Praktikum Ia	P	P 2	4
Mathematik für Physiker I (1)	P	V 4, Ü 2	7
Allgemeine und Anorganische Chemie I	P	V 4	5
2. Semester			
Experimentalphysik II (Elektrizität)	P	V 4, Ü 2	7
Einführung in die Theoretische Physik II	P	V 2, Ü 2	6
Physikalisches Praktikum Ib	P	P 2	4
Mathematik für Physiker II (1)	P	V 4, Ü 2	7
Chemisches Praktikum (2)	P	P 5	4
Anorganische Chemie II (2)	WP	V 2	3
Organische Chemie (2)	WP	V 4	3
Physikalische Chemie I (2)	WP	V 3	3
	Summe ECTS-Punkte † im 1. Studienjahr:		60
Diplomvorprüfung, 1. Abschnitt (Chemie) (3)			
3. Semester			
Experimentalphysik III (Optik, Wärme)	P	V 4, Ü 2	7
Theoretische Physik I (Mechanik)	P	V 3, Ü 2	9
Physikalisches Praktikum IIa	P	P 2	4
Mathematik für Physiker III (1)	P	V 4, Ü 2	7
Programmiersprachen (*)	P	(V + Ü) 3	4
Diplomvorprüfung, 2. Abschnitt (3)			
4. Semester			
Experimentalphysik IV (Atome und Kerne)	P	V 4, Ü 2	7
Theoretische Physik II (Quantenmechanik I)	P	V 3, Ü 2	9
Mathematik für Physiker IV (1)	P	V 3, Ü 2	5
Physikalisches Praktikum IIb	P	P 2	4
Numerische Mathematik	P	(V + Ü) 3	4
	Summe ECTS-Punkte † im 2. Studienjahr:		60
Diplomvorprüfung (3)			

	Pflicht (P) Wahlpflicht (WP) Wahlfach (W)	Art der Veranstaltung und SWS	ECTS Anrechnungs-Punkte
Hauptstudium			
5. Semester			
Theoretische Physik III (Elektrodynamik)	P	V 3, Ü 2	9
Experimentalphysik V (Molekülphysik, Festkörperphysik I)	P	(V +Ü)4	6
Physikalisches Praktikum für Fortgeschrittene I (Elektronik)	P	P5	9
Wahlpflichtfach Physikalischer Richtung (4)	WP	(V + Ü) 4	6
Wahlpflichtfach (5)	WP	(V + Ü) 4	6
Prozeßrechnertechnik (Computermeßtechnik)	WP	V 2, Ü 2	4
6. Semester			
Theoretische Physik IV (Thermodynamik, Statistik)	P	V 4, Ü 2	10
Experimentalphysik VI (Festkörperphysik II)	P	(V + Ü) 4	6
Wahlpflichtfach Physikalischer Richtung (4)	WP	(V + Ü) 4	6
Physikalisches Praktikum für Fortgeschrittene II	P	P 4	7
Spezialvorlesung in Physik	W	V 1 - V 2	2-3
Wahlpflichtfach (5)	WP	(V + Ü) 4	6
Methoden der Theoretischen Physik	WP	V 2, Ü 2	6
Hauptseminar (6)	WP	Ü 2	6
	Summe ECTS-Punkte † im 3. Studienjahr:		60
7. Semester			
Theoretische Physik V (Quantenmechanik II)	P	V 3, Ü 2	9
Experimentalphysik VII (Kerne und Elementarteilchen)	P	(V +Ü)4	6
Wahlpflichtfach Physikalischer Richtung (4)	WP	(V + Ü) 4	6
Physikalisches Praktikum für Fortgeschrittene III	P	P 4	7
Wahlpflichtfach (5)	WP	(V + Ü) 4	6
Spezialvorlesung in Physik	W	V 1 - V 2	2-3
Hauptseminar (6)	WP	Ü 2	6
Exkursion (*)	P		2
Diplomhauptprüfung, 1. Abschnitt der mündlichen Prüfungen (7)			
8. Semester			
Wahlpflichtfach Physikalischer Richtung (4)	WP	(V + Ü) 4	6
Wahlpflichtfach (5)	WP	(V + Ü) 4	6
Spezialvorlesung in Physik	W	V 1 - V 2	2-3
Hauptseminar (6)	WP	Ü 2	6
	Summe ECTS-Punkte † im 4. Studienjahr:		60
Diplomhauptprüfung, 2. Abschnitt der mündlichen Prüfungen (7)			
5.-10. Semester			
Physikalisches Kolloquium	W	V 2	
9. und 10. Semester			
Diplomarbeit	P		60

Anmerkungen

(†) Wahl- und Wahlpflichtfächer werden in dieser Tabelle bei der Summe der ECTS-Punkte (European Credit Tranfer System) nur im erforderlichen Mindestumfang berücksichtigt.

(*) Teilnahme auch in anderen Semestern möglich.

(1) Die Vorlesungen können ersetzt werden durch die Vorlesungen Analysis I bis IV und lineare Algebra I.

(2) Als Wahlpflichtfächer in Chemie werden „Anorganische Chemie II" oder „Physikalische Chemie" oder „Organische Chemie" angeboten. Ein Kurs davon ist obligatorisch.

Das Chemische Praktikum wird derzeit in zwei Teilen durchgeführt, nämlich Anorganische und Physikalische Chemie.

(3) Die Diplomvorprüfung kann wahlweise in bis zu drei Abschnitte aufgeteilt werden. Für die Zulassung zur Diplomvorprüfung werden zu jedem Prüfungsabschnitt Leistungsnachweise für die jeweiligen Prüfungsfächer gefordert. Die geforderten Leistungsnachweise sind

i. für das Fach Chemie die erfolgreiche Teilnahme am chemischen Praktikum

ii. für das Fach Experimentalphysik die erfolgreiche Teilnahme an zwei Übungen zu verschiedenen Vorlesungen „Experimentalphysik I (Mechanik)", „Experimentalphysik II (Elektrizität)", „Experimentalphysik III (Optik und Wärme)", „Experimentalphysik IV (Atome und Kerne)", sowie an den Physikalischen Praktika Ia, Ib, IIa und IIb,

iii. für das Fach Theoretische Physik die erfolgreiche Teilnahme an einer Übung zu den Vorlesungen „Einführung in die Theoretische Physik I" oder „Einführung in die Theoretische Physik II", sowie an einer Übung zur den Vorlesungen „Theoretische Physik I (Theoretische Mechanik)" oder „Theoretische Physik II (Quantentheorie I)",

iv. für das Fach Mathematik die erfolgreiche Teilnahme an einer Übung zu den Vorlesungen „Höhere Mathematik II bis IV" (siehe Anmerkung 1).

(4) Von den Vorlesungen „Wahlpflichtfach physikalischer Richtung" sind 2 Kurse mit insgesamt 8 SWS Pflicht. Zur Zeit kommen in Frage: Laser, Tieftemperaturphysik (entweder Experimentelle Methoden der Tieftemperaturphysik oder Supraleitung), Halbleiterphysik, Physik der Gläser, Oberflächenphysik, Plasmaphysik, Festkörperspektroskopie, Physikalische Meßmethoden, Theoretische Physik (entweder Festkörperphysik oder Hydrodynamik), Kristallographie, Moderne Optik, Polymerphysik.

(5) Als weitere Wahlpflichtfächer nach dem Vordiplom werden Biologie, Physikalische Chemie, Chemie (Anorganische, Organische, Makromolekulare, Biophysikalische oder Biochemie), Geowissenschaften, Materialwissenschaften, Rechts- und Wirtschaftswissenschaften für Physiker, Mathematik und Informatik angeboten. Davon sind 12 SWS eines Faches obligatorisch.

Es wird empfohlen, sich über das Wahlpflichtfach schon während des vierten Semesters, spätestens jedoch gleich nach dem Vordiplom zu informieren (Studienfachberatung!).

(6) Die aktive Teilnahme an einem Hauptseminar ist Pflicht.

(7) Für die Zulassung zur Diplomhauptprüfung werden zu jedem der beiden Prüfungsabschnitte Leistungsnachweise für die jeweiligen Prüfungsfächer gefordert. Die geforderten Leistungsnachweise sind

i. zur Prüfung im Fach Experimentalphysik die erfolgreiche Teilnahme an den Physikalischen Praktika für Fortgeschrittene I, II und III,

ii. zur Prüfung im Fach Theoretische Physik die erfolgreiche Teilnahme an drei Übungen zu den Vorlesungen „Theoretische Physik II bis V", „Theoretische Festkörperphysik" oder „Hydrodynamik" (Wenn der Übungsschein „Theoretische Physik II" zur Anmeldung zum Vordiplom vorgelegt wurde, kann er zur Anmeldung zur Diplomhauptprüfung nicht nochmals verwendet werden),

iii. spätestens zum zweiten Abschnitt der mündlichen Prüfungen: die erfolgreiche Teilnahme an einem „Hauptseminar".

Legende

V :	Vorlesung	Lecture
Ü :	Übung	Tutorial
P :	Praktikum	Laboratory course
SWS :	Semesterwochenstunden	hours per week
	ECTS-Anrechnungspunkte	ECTS credit points

Anhang 2:

Statistiken zum Physikstudium in Deutschland für das Studienjahr 1999/2000 (s. Kapitel 6.4.2). (Nach R. Kassing, Physikalische Blätter, September 2000, S. 30ff)

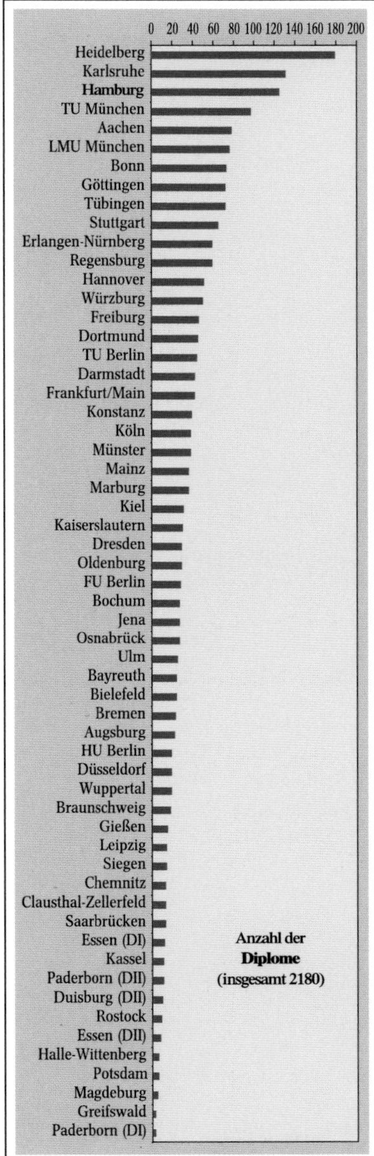

Anzahl der Diplomabschlüsse an den Universitäten

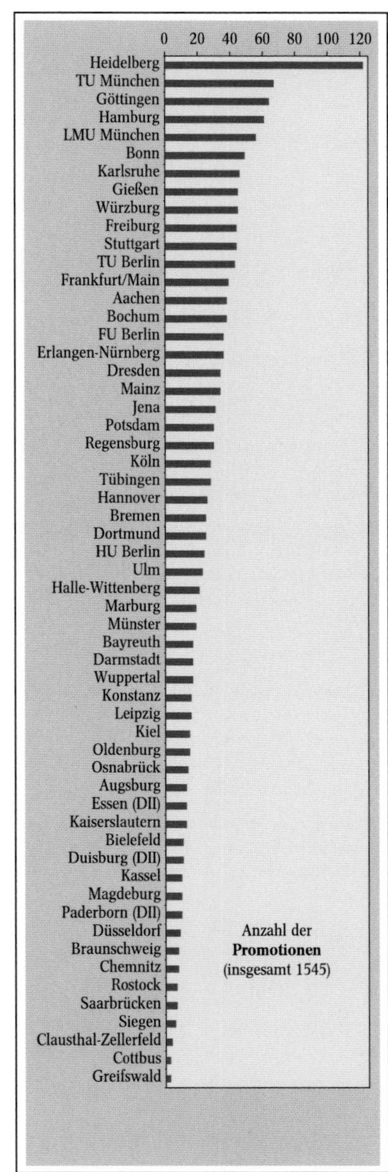

Anzahl der Promotionen an den Universitäten

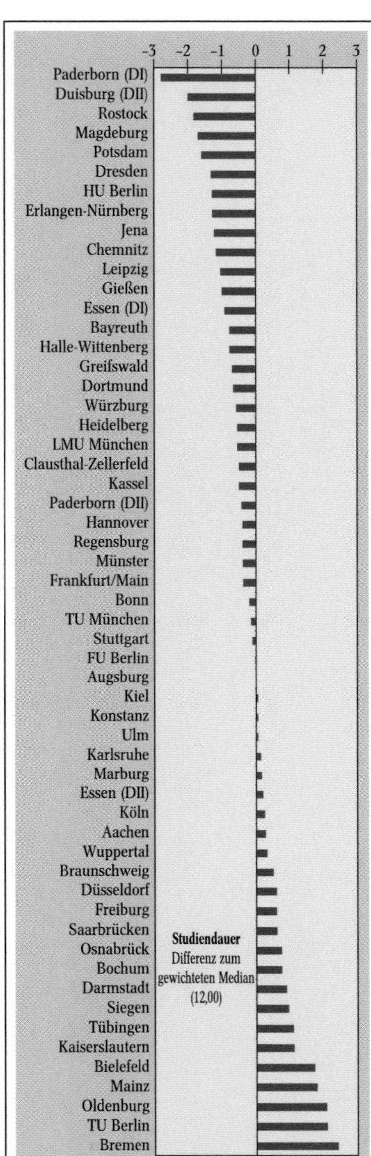

Median der Studiendauer bis zum Diplom

Anhang 3:

Anteil (in Prozent) der Frauen in der Physikausbildung in Großbritannien (s. Kapitel 6.4.4).

(IOP, Women in Physics, London, December 1999, Statistics Paper 4)

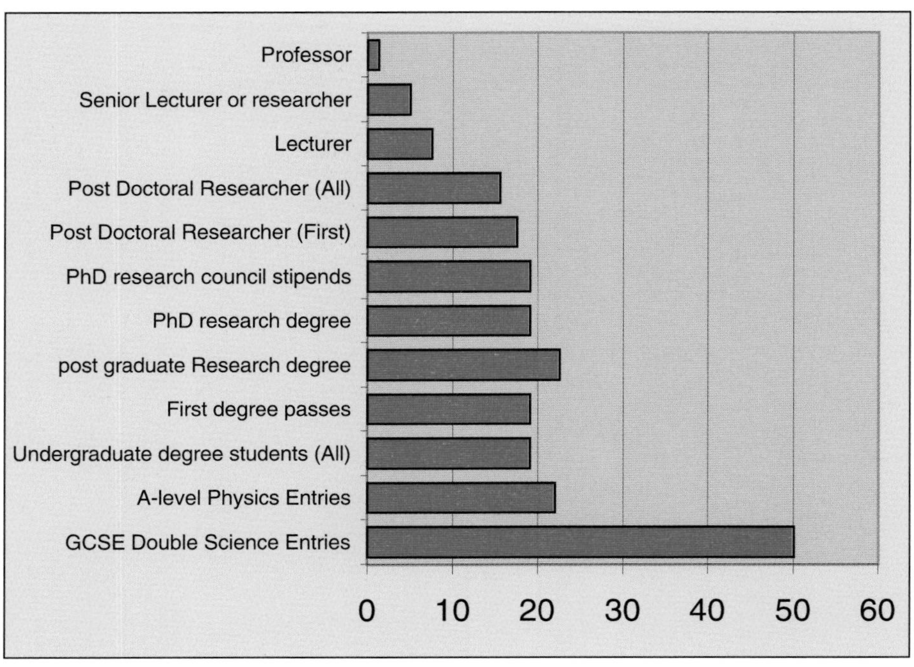

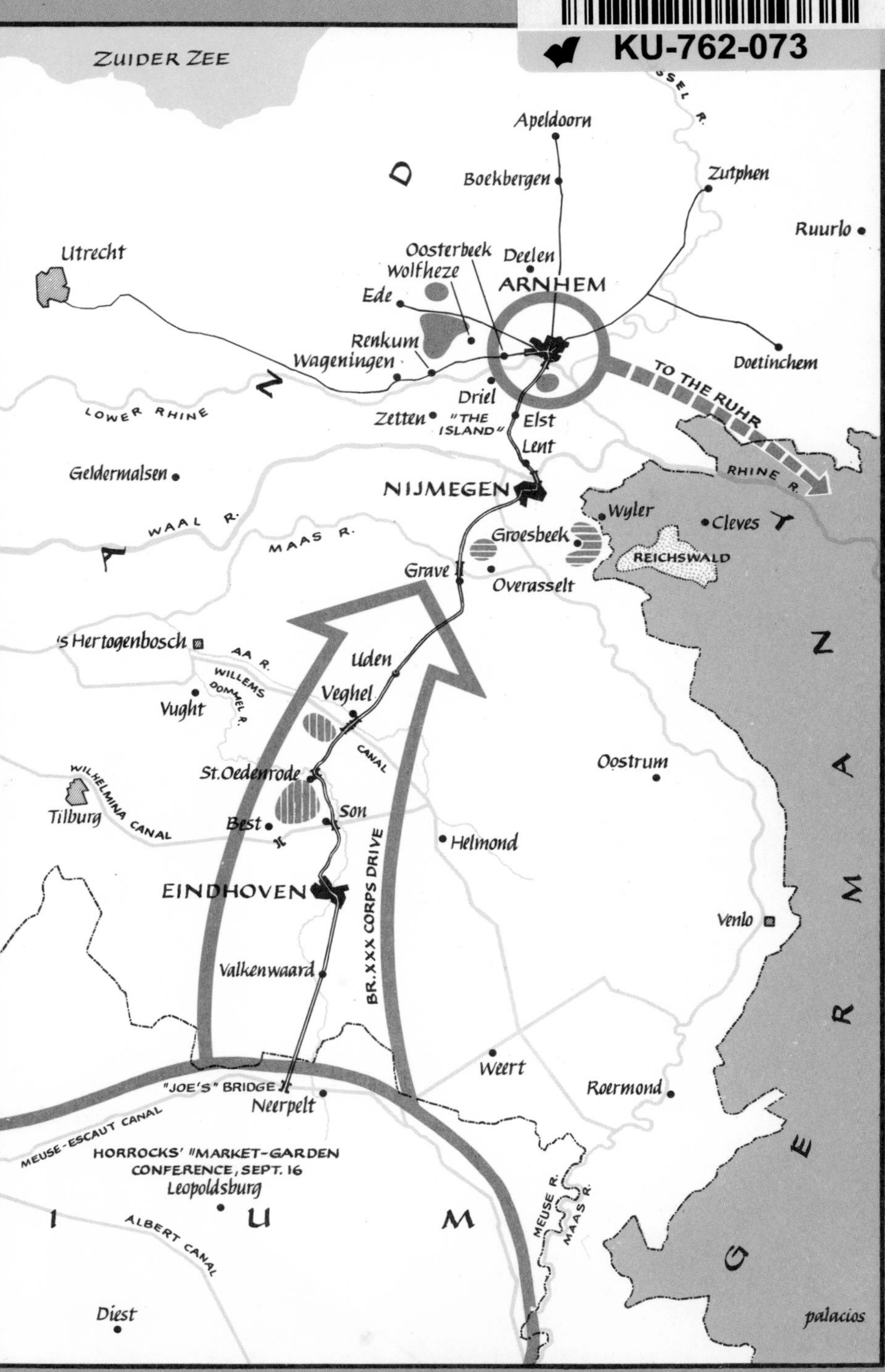
ZUIDER ZEE
Apeldoorn
Boekbergen
Zutphen
Ruurlo
Utrecht
Oosterbeek
Deelen
Wolfheze
ARNHEM
Ede
Renkum
Wageningen
Doetinchem
TO THE RUHR
Driel
LOWER RHINE
Zetten
"THE ISLAND"
Elst
Lent
Geldermalsen
NIJMEGEN
RHINE R.
WAAL R.
MAAS R.
Wyler
Cleves
Groesbeek
REICHSWALD
Grave
Overasselt
'S Hertogenbosch
AA R.
Uden
WILLEMS
DOMMEL R.
Veghel
Vught
CANAL
Oostrum
St.Oedenrode
WILHELMINA CANAL
Tilburg
Son
Best
Helmond
BR. XXX CORPS DRIVE
EINDHOVEN
Venlo
Valkenwaard
Weert
"JOE'S" BRIDGE
Neerpelt
Roermond
MEUSE-ESCAUT CANAL
HORROCKS' "MARKET-GARDEN CONFERENCE, SEPT. 16
Leopoldsburg
MEUSE R.
MAAS R.
ALBERT CANAL
Diest
palacios

A BRIDGE TOO FAR

By the same Author

*

THE LONGEST DAY

THE LAST BATTLE

CORNELIUS RYAN

A Bridge Too Far

HAMISH HAMILTON
LONDON

First published in Great Britain, 1974
by Hamish Hamilton Ltd
90 Great Russell Street London WC1

SBN 241 89073 x

Printed in Great Britain by
Western Printing Services Ltd, Bristol

On the narrow corridor that would carry the armoured drive, there were five major bridges to take. They had to be seized intact by airborne assault. It was the fifth, the crucial bridge over the Lower Rhine at a place called Arnhem, 64 miles behind the German lines, that worried Lieut.-Gen. Frederick Browning, Deputy Commander, First Allied Airborne Army. Pointing at the Arnhem bridge on the map he asked: 'How long will it take the armour to reach us?' Field Marshal Montgomery replied briskly, 'Two days.' Still looking at the map, Browning answered, 'We can hold it for four.' Then he added, 'But, sir, I think we might be going a bridge too far.'

The final conference at Montgomery's Headquarters on 'Operation Market-Garden', September 10th, 1944, as recalled in Major-General Roy E. Urquhart's memoirs, *Arnhem*.

Foreword

OPERATION MARKET-GARDEN

September 17th–25th, 1944

SHORTLY after 10 a.m. on Sunday, September 17th, 1944, from airfields all over Southern England the greatest armada of troop-carrying aircraft ever assembled for a single operation took to the air. In this, the 263rd week of World War II, the Supreme Allied Commander, General Dwight David Eisenhower, unleashed Market-Garden—one of the most daring and imaginative operations of the war. Surprisingly, *Market-Garden*, a combined airborne and ground offensive, was inspired and carried through by one of the most cautious of all the Allied Commanders, British Field Marshal Bernard Law Montgomery.

Market, the airborne phase of the operation, was monumental: it involved almost 5,000 fighters, bombers, transports and more than 2,500 gliders. That Sunday afternoon, at exactly 1.30 p.m., in an unprecedented daylight assault, an entire Allied airborne army, complete with vehicles and equipment, began dropping behind the German lines. The target for this bold and historic invasion from the sky: Nazi-occupied Holland.

On the ground, poised along the Dutch-Belgian border, were the *Garden* forces, massed tank columns of the British Second Army. At 2.35 p.m., preceded by artillery and led by swarms of rocket-firing fighters, the tanks began a dash up the backbone of Holland along a strategic route the paratroopers were already fighting to capture and hold open.

Montgomery's ambitious plan was designed to sprint the troops and tanks through Holland, springboard across the Rhine and into Germany itself. *Operation Market-Garden*, Montgomery reasoned, was the lightning stroke needed to topple the Third Reich and effect the end of the war in 1944.

for them all

Contents

Foreword
page vii

List of Illustrations and Maps
pages xiii–xvii

OPERATION MARKET-GARDEN
Order of Battle
pages xviii–xix

PART ONE
THE RETREAT
page 1

PART TWO
THE PLAN
page 73

PART THREE
THE ATTACK
page 131

PART FOUR
THE SIEGE
page 223

PART FIVE

DER HEXENKESSEL

page 367

A Note on Casualties

page 457

Appendix

page 458

Acknowledgments

page 459

Bibliography

page 465

Index

page 479

List of Illustrations

Between pages 140 and 141

1 Aerial view of Arnhem, target of Montgomery's plan to end the war within six months . . .

2 The bridges of Nijmegen

3 (a) The mystery of the pontoon bridge
(b) Debris on the Arnhem bridge

4 Eisenhower and Montgomery

5 (a) Lt.-Gen. Browning
(b) Maj.-Gen. Urquhart

6 (a) F.-M. Montgomery, Lt.-Gen. Brian Horrocks, Maj.-Gen. Allan Adair and Bgdr. Roberts
(b) Bgdr. John Hackett
(c) Bgdr. P. H. W. Hicks

7 (a) Bgdr. Gerald Lathbury
(b) Lt.-Col. John D. Frost
(c) Lt.-Col. J. O. E. Vandeleur with Lt.-Col. Giles Vandeleur
(d) Captain Richard Wrottesley

8 (a) Henri Knap, Chief of Intelligence, Arnhem
(b) Lindemans, the double agent
(c) Maj.-Gen. Sosabowski
(d) General Browning with U.S. General James Gavin

9 (a) Major Robert Cain, V.C.
(b) Lt.-Col. W. F. K. Thompson
(c) Col. Charles MacKenzie
(d) Major R. T. H. Lonsdale with Lt. D. A. Dolley

10 (a) F.-M. Gerd von Rundstedt
(b) F.-M. Walter Model

11 (a) German commanders in conference
(b) S.S. Maj.-Gen. Harmel
(c) Col.-Gen. Kurt Student

12 (a) The Prince of The Netherlands
(b) Piet Kruyff
(c) Hendrika van der Vlist
(d) Anje van Maanen

13 (a) and (b) Paratroops of British 1st Airborne Division landing on the outskirts of Arnhem, Sunday, September 17, 1944

14–15 Over-all parachute drop of 82nd Airborne Division

16 (a) The death of General Kussin
(b) Major Skalka, German medical officer, Oosterbeek
(c) German patrol, Arnhem

Between pages 332 and 333

17 (a) and (b) The first day's landings, before and after take-off

18 (a) The Driel ferry
(b) Guards Armoured Division entering Grave
(c) Bagpipes in Eindhoven

19 (a) Paratroopers in Oosterbeek
(b) En route for Arnhem

20 (a) Fl.-Lt. David Lord, V.C.
(b) Major Digby Tatham Warter
(c) Major Brian Urquhart
(d) Lt. Tony Jones

21 (a) Gen. Urquhart's divisional headquarters
(b) The house where he hid in the attic
(c) Lt.-Cdr. Arnoldus Wolters

22 Arnhem bridge after the Gräbner attack

23 After the battle: ruined interior of Oosterbeek Lag Church

24 (a) British tanks moving along the narrow corridor
(b) Sgt. A. Roullier
(c) Cpl. A. Milbourne

25 Airborne troops approaching Arnhem

26 (a) Alan Wood, *Daily Express* war correspondent, at Oosterbeek
(b) Stanley Maxted, BBC, and other survivors after the withdrawal

27 (a) General Maxwell D. Taylor
(b) Maj.-Gen. Matthew B. Ridgway

28 (a) Glider Pilot Regiment on patrol
(b) Sgt. C. Bennet, 1st Airlanding Brigade

29 Knocked out German tanks

30 (a) and (b) Two resistance leaders, Johannus Penseel and Gisjbert Numan
(c) Guards Armoured crossing Nijmegen bridge

31 (a) and (b) Polish parachute officers
(c) German prisoners captured by 82nd Airborne

32 Captain Eric Mackay with other survivors of the Arnhem evacuation

Sources of the illustrations are as follows:

Imperial War Museum: Plates 1, 2, 5(b), 6(a) and (b), 9(a) and (d), 13(a) and (b), 16(a), 17(a) and (b), 19(a) and (b), 23, 24(a), 25, 26(a) and (b), 28(a) and (b).
R.A.F. Signals: 3(a) and (b), 20(a)
U.S. Department of Defence: 8(d), 10(a), 12(a), 14, 15, 18(b) and (c), 27(a) and (b), 30(c), 31(c)
Dutch Municipal Archives: 12(b)
German Military Archives: 10(b)
Miscellaneous German Sources: 16(c), 22, 29
Keystone Press Agency Ltd. 4

Major-General Robert Urquhart, 21(b); General P. H. W. Hicks, 6(c); General Kurt Student, 11(c); General Wilhelm Bittrich, 11(a); General Heinz Harmel, 11(b); Dr. Egon Skalka, 16(b); Mr. Brian Urquhart, 20(c); Mr. Tony Jones, 20(d); Mr. Alfred W. Roullier, 24(b); Mr. Andrew Milbourne, 24(c); Mr. Arnoldus Wolters, 21(c); Mr. Johannus Penseel, 30(a); Mr. Gisjbert Numan, 30(b); Mr. Albert Smaczny, 31(a); Mr. Wladijslaw Korob, 31(b); Mr. Fred Kelly, 8(a), 9(c), 18(a); Mr. Louis Einthoven, 8(b).

List of Maps

1	The Front, September 14th, 1944	*pages* 18–19
2	Von Rundstedt's Plan: Escape of von Zangen's Fifteenth Army begins, September 6th	44–45
3	Market-Garden Plan	76–77
4	Airborne Invasion Routes, September 17th	*page* 134
5	Assault Area, U.S. 101st Airborne Division, September 17th	155
6	Arnhem, the Attack, D Day, September 17th	*pages* 164–165
7	Arnhem Bridge	210–211
8	Assault Area U.S. 82nd Airborne Division, September 17th	*page* 217
9	Efforts to rescue British 1st Airborne Division	431
10	The End: Evacuation of the Oosterbeek perimeter, September 26th	*pages* 448–449

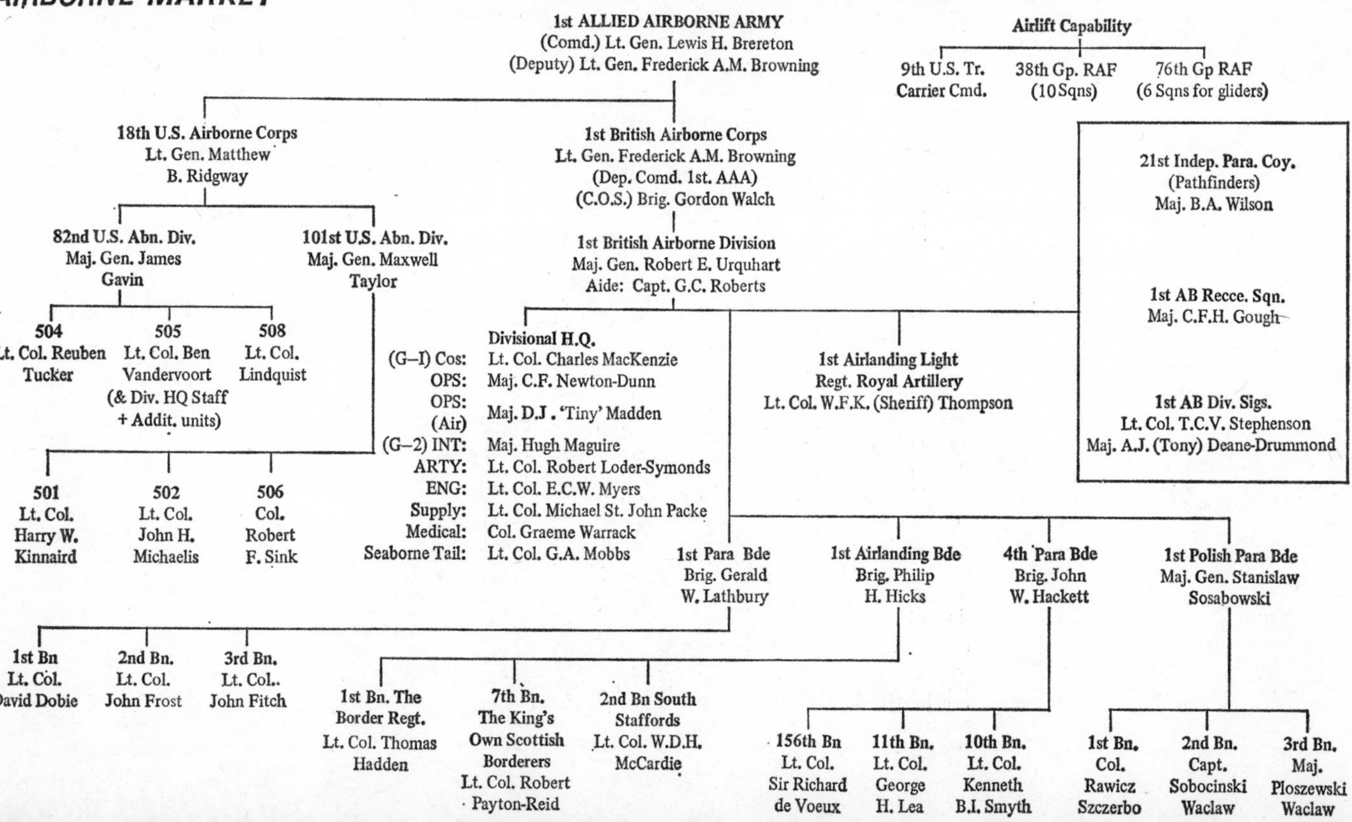

OPERATION 'MARKET GARDEN'
AIRBORNE 'MARKET'
1st ALLIED AIRBORNE ARMY
(Comd.) Lt. Gen. Lewis H. Brereton
(Deputy) Lt. Gen. Frederick A.M. Browning
Airlift Capability
9th U.S. Tr. Carrier Cmd.
38th Gp. RAF (10 Sqns)
76th Gp RAF (6 Sqns for gliders)
18th U.S. Airborne Corps
Lt. Gen. Matthew B. Ridgway
82nd U.S. Abn. Div.
Maj. Gen. James Gavin
504
Lt. Col. Reuben Tucker
505
Lt. Col. Ben Vandervoort
(& Div. HQ Staff + Addit. units)
508
Lt. Col. Lindquist
101st U.S. Abn. Div.
Maj. Gen. Maxwell Taylor
501
Lt. Col. Harry W. Kinnaird
502
Lt. Col. John H. Michaelis
506
Col. Robert F. Sink
1st British Airborne Corps
Lt. Gen. Frederick A.M. Browning
(Dep. Comd. 1st. AAA)
(C.O.S.) Brig. Gordon Walch
1st British Airborne Division
Maj. Gen. Robert E. Urquhart
Aide: Capt. G.C. Roberts
21st Indep. Para. Coy.
(Pathfinders)
Maj. B.A. Wilson
1st AB Recce. Sqn.
Maj. C.F.H. Gough
1st AB Div. Sigs.
Lt. Col. T.C.V. Stephenson
Maj. A.J. (Tony) Deane-Drummond
Divisional H.Q.
(G–I) Cos: Lt. Col. Charles MacKenzie
OPS: Maj. C.F. Newton-Dunn
OPS: (Air) Maj. D.J. 'Tiny' Madden
(G–2) INT: Maj. Hugh Maguire
ARTY: Lt. Col. Robert Loder-Symonds
ENG: Lt. Col. E.C.W. Myers
Supply: Lt. Col. Michael St. John Packe
Medical: Col. Graeme Warrack
Seaborne Tail: Lt. Col. G.A. Mobbs
1st Airlanding Light Regt. Royal Artillery
Lt. Col. W.F.K. (Sheriff) Thompson
1st Para Bde
Brig. Gerald W. Lathbury
1st Bn
Lt. Col. David Dobie
2nd Bn.
Lt. Col. John Frost
3rd Bn.
Lt. Col.. John Fitch
1st Airlanding Bde
Brig. Philip H. Hicks
1st Bn. The Border Regt.
Lt. Col. Thomas Hadden
7th Bn. The King's Own Scottish Borderers
Lt. Col. Robert Payton-Reid
2nd Bn South Staffords
Lt. Col. W.D.H. McCardie
4th Para Bde
Brig. John W. Hackett
156th Bn
Lt. Col. Sir Richard de Voeux
11th Bn.
Lt. Col. George H. Lea
10th Bn.
Lt. Col. Kenneth B.I. Smyth
1st Polish Para Bde
Maj. Gen. Stanislaw Sosabowski
1st Bn.
Col. Rawicz Szczerbo
2nd Bn.
Capt. Sobocinski Waclaw
3rd Bn.
Maj. Ploszewski Waclaw

GROUND 'GARDEN'

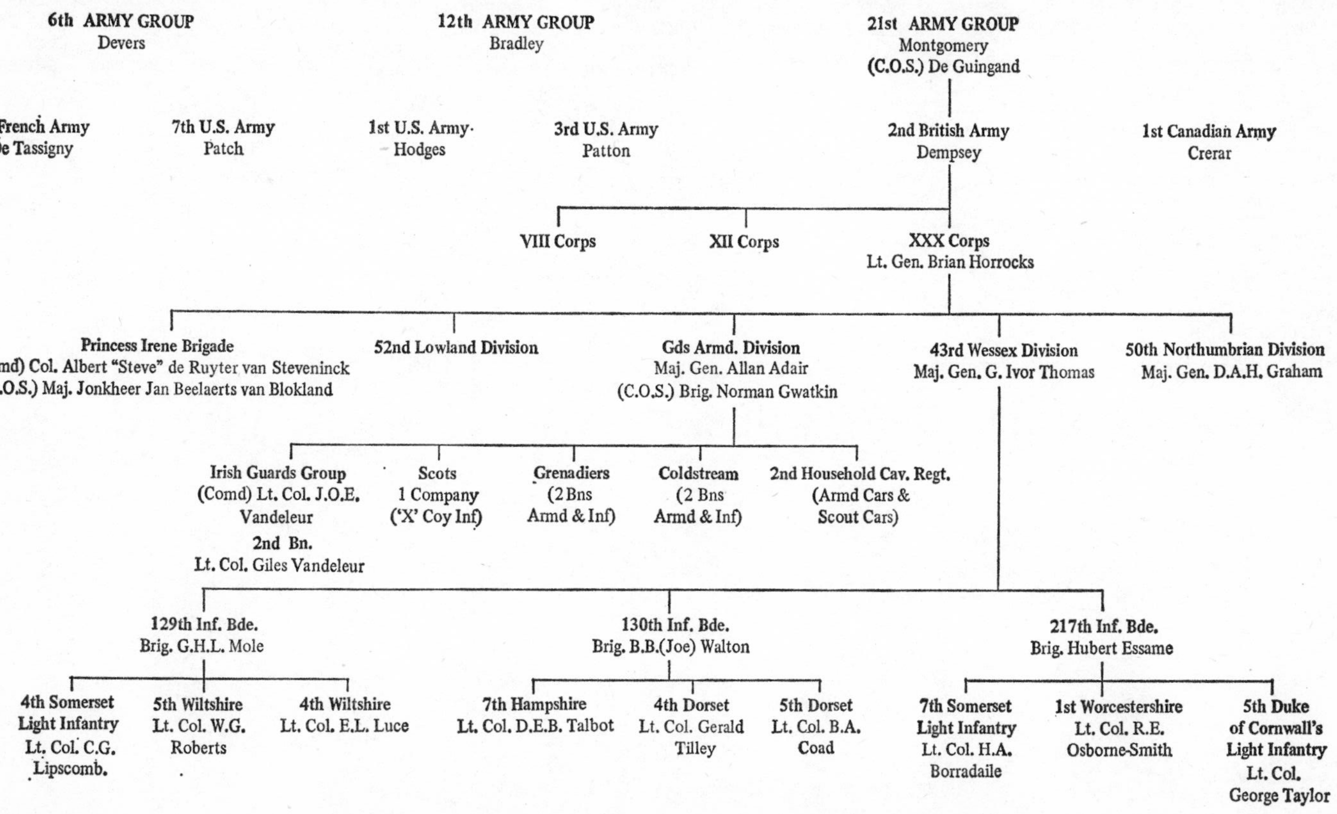

PART ONE

THE RETREAT

[1]

In the thousand-year-old Dutch village of Driel, people listened intently. Even before dawn restless sleepers woke and lights came on behind shuttered windows. Initially there was only a sense of something unaccountable taking place somewhere beyond the immediate, physical surroundings. Gradually vague impressions took form. In the far distance came a muted, continuous mutter.

Barely audible, but persistent, the sound reached the village in waves. Unable to identify the subtle noise, many listened instinctively for some change in the flow of the nearby Lower Rhine. In Holland, half of which lies below sea level, water is the constant enemy, dikes the major weapon in a never-ending battle that has gone on since before the eleventh century. Driel, sitting in a great bend of the Lower Rhine, southwest of Arnhem, capital of Gelderland, has an ever-present reminder of the struggle. A few hundred yards to the north, protecting the village and the region from the restless 400-yard-wide river, a massive dike, topped by a road, rises at places more than twenty feet high. But this morning the river gave no cause for alarm. The *Neder Rijn* swept peacefully towards the North Sea at its customary speed of two miles per hour. The sounds reverberating off the stone face of the protective dike came from another, and far more ruthless, enemy.

As the sky lightened and the sun began to burn off the mist, the commotion grew louder. From roads due east of Driel the villagers could clearly hear the sound of traffic—traffic that seemed to grow heavier by the minute. Now their uneasiness turned to alarm, for there was no doubt about the identity of the movement: in this fifth year of World War II and after fifty-one months of Nazi occupation, everyone recognized the rumble of German convoys.

Even more alarming was the size of the procession. Some people later recalled that only once before had they heard such a flow of traffic—in May, 1940, when the Germans had invaded The Netherlands. At that time, swarming across the Reich frontier ten to fifteen miles from Driel, Hitler's mechanized armies had reached the main highways and spread swiftly throughout the country. Now, over those same roads convoys seemed once more to be moving endlessly.

Strange sounds came from the nearest main road—a double-lane highway connecting Arnhem on the northern bank of the Lower Rhine with the eighth-century city of Nijmegen, on the broad river Waal, eleven miles to the south. Against the low background throb of engines, people could plainly identify individual noises which seemed curiously out of place in a military convoy—the scrape of wagon wheels, the whir of countless bicycles and the slow unpaced shuffling of feet.

What kind of convoy could this be? And, more important, where was it heading? At this moment in the war Holland's future could well depend on the answer to that question. Most people believed the convoys carried heavy reinforcements—either pouring into the country to bolster the German garrison or rushing south to halt the Allied advance. Allied troops had liberated northern France with spectacular speed. Now they were fighting in Belgium and were said to be close to the capital, Brussels, less than one hundred miles away. Rumours persisted that powerful Allied armoured units were driving for the Dutch border. But no one in Driel could tell for sure exactly the direction the convoys were taking. Distance and the diffusion of sound made that impossible. And because of the night's curfew the villagers were unable to leave their houses to investigate.

Plagued by uncertainty, they could only wait. They could not know that shortly before dawn the three young soldiers who constituted little Driel's entire German garrison had left the village on stolen bicycles and pedalled off into the mist. There was no longer any military authority in the village to enforce the curfew regulations.

Unaware, people kept to their homes. But the more curious among them were too impatient to wait and decided to risk using the telephone. In her home at 12 Honingveldsestraat, next to her family's jam and preserves factory, young Cora Baltussen called friends in Arnhem. She could scarcely believe their eyewitness report. The convoys were *not* heading south to the western front.

On this misty morning, September 4th, 1944, the Germans and their supporters appeared to be fleeing from Holland, travelling in anything that would move.

The fighting that everyone had expected, Cora thought, would now pass them by. She was wrong. For the insignificant village of Driel, untouched until now, the war had only begun.

[2]

Fifty miles south, in towns and villages close to the Belgian border, the Dutch were jubilant. They watched incredulously as the shattered remnants of Hitler's armies in northern France and Belgium streamed past their windows. The collapse seemed infectious: besides military units, thousands of German civilians and Dutch Nazis were pulling out. And for these fleeing forces all roads seemed to lead to the German border.

Because the withdrawal began so slowly—a trickle of staff cars and vehicles crossing the Belgian frontier—few Dutch could tell exactly when it had started. Some believed the retreat began on September the second; others, on the third. But by the fourth, the movement of the Germans and their followers had assumed the characteristics of a rout—a frenzied exodus that reached its peak on September 5th, a day later to be known in Dutch history as *Dolle Dinsdag*, 'Mad Tuesday.'

Panic and disorganization seemed to characterize the German flight. Every kind of conveyance was in use. Thronging the roads from the Belgian border north to Arnhem and beyond were trucks, buses, staff cars, half-track vehicles, armoured cars, horse-drawn farm carts and civilian automobiles running on charcoal or wood. Everywhere, throughout the disorderly convoys, were swarms of tired, dusty soldiers on hastily commandeered bicycles.

There were even more bizarre forms of transportation. In the town of Valkenswaard, a few miles north of the Belgian frontier, people saw heavily laden German troopers laboriously pushing along on children's scooters. Sixty miles away in Arnhem, crowds standing on the Amsterdamseweg watched a massive black-and-silver hearse pulled by two plodding farm horses pass slowly by. Crowded in the space at the back for the coffin were a score of dishevelled, exhausted Germans.

Trudging in these wretched convoys were German soldiers from many units. There were *Panzer* troops, minus tanks, in their black battle suits; *Luftwaffe* men, presumably all that remained of German air force units that had been shattered either in France or Belgium; *Wehrmacht* soldiers from a score of divisions; and *Waffen SS* troops, their skull-and-crossbones insignia a macabre identification. Looking at these apparently leaderless, dazed troops moving aimlessly along, it struck young Wilhelmina Coppens in St. Oedenrode that 'most of them had no idea where they were or even where they were going.' Some soldiers, to the bitter amusement of Dutch bystanders, were so disoriented that they asked for directions to the German frontier.

In the industrial town of Eindhoven, home of the giant Philips electrical works, the population had heard the low sound of artillery fire from Belgium for days. Now, watching the dregs of the beaten German army thronging the roads, people expected Allied troops to arrive within hours. So did the Germans. It appeared to Frans Kortie, 24-year-old employee in the town's finance department, that these troops had no intention of making a stand. From the nearby airfield came the roar of explosions as engineers blew up runways, ammunition dumps, petrol storage tanks and hangars; and through a pall of smoke drifting across the town, Kortie saw squads of troops rapidly working to dismantle heavy anti-aircraft guns on the roofs of the Philips buildings.

All through the area, from Eindhoven north to the city of Nijmegen, German engineers were hard at work. In the Zuid Willemsvaart Canal running below the town of Veghel, Cornelis de Visser, an elementary school teacher, saw a heavily loaded barge blown skyward, shooting out airplane engine parts like a deadly rain of shrapnel. Not far away, in the village of Uden, Johannes de Groot, 45-year-old car-body builder, was watching the retreat with his family when Germans set fire to a former Dutch barracks barely 300 yards from his home. Minutes later heavy bombs stored in the building exploded, killing four of de Groot's children, aged 5 to 18.

In places such as Eindhoven where school buildings were set ablaze, fire brigades were prevented from operating and whole blocks burned down. Still, the sappers, in contrast to the fleeing columns on the roads, gave evidence of following some definite plan.

The most frantic and confused among those escaping were the civilians, German, Dutch, Belgian and French Nazis. They got no sympathy from the Dutch. To farmer Johannes Hulsen at St.

Oedenrode, they looked 'scared stiff' and they had reason to be, he thought with satisfaction, for with the Allies 'snapping at their heels, these traitors knew it was *Bijltjesdag*—"Hatchet Day".'

The frantic flight of Dutch Nazis and German civilians had been triggered by the *Reichskommissar* in Holland, the notorious 52-year-old Dr. Arthur Seyss-Inquart, and by the ambitious and brutal Dutch Nazi Party leader, Anton Mussert. Nervously watching the fate of the Germans in France and Belgium, Seyss-Inquart on September 1st ordered the evacuation of German civilians to the east of Holland, closer to the Reich border. The 50-year-old Mussert followed suit, alerting members of his Dutch Nazi party. Seyss-Inquart and Mussert were themselves among the first to leave: they moved from The Hague east to Apeldoorn, 15 miles north of Arnhem.* Mussert rushed his family even closer to the Reich, moving them into the frontier region at Twente, in the province of Overijssel. At first most of the German and Dutch civilians moved at a leisurely pace. Then a sequence of events produced bedlam. On September 3rd the British captured Brussels. The next day Antwerp fell. Now, British tanks and troops were only miles from the Dutch border.

On the heels of these stunning victories, the aged Queen of The Netherlands, Wilhelmina, told her people in a radio broadcast from London that liberation was at hand. She announced that her son-in-law, His Royal Highness Prince Bernhard, had been named Commander-in-Chief of The Netherlands Forces and would also assume leadership of all underground resistance groups. These factions, comprising three distinct organizations ranging politically from the left to the extreme right, would now be grouped together and officially known as *Binnenlandse Strijdkrachten* (Forces of the Interior). The 33-year-old Prince Bernhard, husband of Princess Juliana, heir to the throne, followed the Queen's announcement with one of his own. He asked the underground to have armlets ready 'displaying in distinct letters the word "Orange",' but not to use them 'without my order.' He warned them to 'refrain in the

* Seyss-Inquart was terrified. At Apeldoorn, he took to his underground headquarters—a massive concrete and brick bunker constructed at a cost of more than $250,000—complete with conference rooms, communications and personal suites. It still exists. Scratched on the concrete exterior near the entrance are the figures '6–¼'—the nickname for the hated commissioner. The Netherlanders couldn't resist it: in Dutch, Seyss-Inquart and '6–¼' sound almost the same—*zes en een kwart*.

enthusiasm of the moment from premature and independent actions for these would compromise yourselves and the military operations under way.'

Next, a special message was broadcast from General Dwight D. Eisenhower, Supreme Commander of the Allied Forces, confirming that freedom was imminent. 'The hour of liberation The Netherlands have awaited so long is now very near,' he promised. And within a few hours these broadcasts were followed by the most optimistic statement of all—from the Prime Minister of the Dutch Government in exile, Pieter S. Gerbrandy. He told his listeners, 'now that the Allied armies, in their irresistible advance, have crossed The Netherlands frontier . . . I want all of you to bid our Allies a hearty welcome to our native soil. . . .'

The Dutch were hysterical with joy—and the Dutch Nazis fled for their lives. Anton Mussert had long boasted that his party had more than 50,000 Nazis. If so, it seemed to the Dutch that they all took to the roads at the same time. In scores of towns and villages all over Holland Nazi-appointed mayors and officials suddenly bolted—but often not before demanding back pay. The Mayor of Eindhoven and some of his officials insisted on their salaries. The town clerk, Gerardus Legius, thought their posture ridiculous, but he didn't even feel badly about paying them off. Watching them scurry out of the town 'on everything with wheels' he wondered: 'How far can they get? Where can they go?' There was also a run on the banks. When Nicolaas van de Weerd, 24-year-old bank clerk, got to work in the town of Wageningen on Monday, September 4th, he saw a queue of Dutch Nazis waiting outside the bank. Once the doors were opened they hurriedly closed accounts and emptied safety deposit boxes.

Railway stations were overrun by terrified civilians. Trains leaving for Germany were crammed to capacity. Stepping off a train on its arrival in Arnhem, young Frans Wiessing was engulfed by a sea of people fighting to get aboard. So great was the rush that after the train left, Wiessing saw a mountain of luggage lying abandoned on the platform. In the village of Zetten, west of Nijmegen, student Paul van Wely watched as Dutch Nazis crowding the railway station waited all day for a German-bound train that never arrived. Women and children were crying and to Van Wely 'the waiting room looked like a junk store full of tramps.' In every town there were similar incidents. Dutch collaborators fled on anything that would move. Municipal architect Willem Tiemans, from his office window near the great Arnhem bridge, watched as Dutch Nazis 'scrambled like mad' to get on to a barge heading down the Rhine for the Reich.

Hour after hour the traffic mounted and even during darkness it went on. So desperate were the Germans to reach safety that on the nights of September 3rd and 4th, in total disregard of Allied air attacks, soldiers set up searchlights at some crossroads and many overloaded vehicles crawled by, headlights blazing. German officers seemed to have lost control. Dr. Anton Laterveer, a general practitioner in Arnhem, saw soldiers throwing away rifles—some even tried to sell their weapons to the Dutch. Joop Muselaars, a teenager, watched a lieutenant attempt to stop a virtually empty army vehicle, but the driver, ignoring the command, drove on through. Furious, the officer fired his pistol irrationally into the cobblestones.

Everywhere soldiers tried to desert. In the village of Eerde, Adrianus Marinus, an 18-year-old clerk, noticed a soldier jumping off a truck. He ran towards a farm and disappeared. Later Marinus learned that the soldier was a Russian prisoner of war who had been conscripted into the *Wehrmacht*. Two miles from Nijmegen, in the village of Lent on the northern bank of the Waal, Dr. Frans Huygen, while making his rounds, saw troops begging for civilian clothing which the villagers refused. In Nijmegen deserters were not so abject. In many cases they demanded clothing at gunpoint. The Reverend Wilhelmus Peterse, 40-year-old Carmelite, saw soldiers hurriedly remove uniforms, change to suits and set off on foot for the German border. 'The Germans were totally fed up with the war,' recalls Garrit Memelink, Arnhem's Chief Forestry Inspector. 'They were doing their damnedest to evade the military police.'

With officers losing control, discipline broke down. Unruly gangs of soldiers stole horses, wagons, cars and bicycles. Some ordered farmers at gunpoint to haul them in their wagons towards Germany. All through the convoys the Dutch saw trucks, farm wagons, hand carts—even perambulators pushed by fleeing troops—piled high with loot filched from France, Belgium and Luxembourg. It ranged from statuary and furniture to lingerie. In Nijmegen soldiers tried to sell sewing machines, rolls of cloth, paintings, typewriters—and one soldier even offered a parrot in a large cage.

Among the retreating Germans there was no shortage of alcohol. Barely five miles from the German border in the town of Groesbeek, Father Herman Hoek watched horse-drawn carts loaded with large quantities of wines and liquors. In Arnhem, the Reverend Reinhold Dijker spotted boisterous *Wehrmacht* troops on a truck drinking from a huge vat of wine which they had apparently brought all the way from France. Sixteen-year-old Agatha Schulte, daughter of the chief pharmacist of Arnhem's municipal hospital, was convinced that most of the soldiers she saw were drunk. They were throwing handfuls of French and Belgian coins to the youngsters and trying to sell bottles of wine, champagne and cognac to the adults. Her mother, Hendrina Schulte, vividly recalls seeing a German truck carrying another kind of booty. It was a large double bed—and in the bed was a woman.*

Besides the columns straggling up from the south, heavy German and civilian traffic was coming in from western Holland and the coast. It flooded through Arnhem and headed east for Germany. In the prosperous Arnhem suburb of Oosterbeek, Jan Voskuil, a 38-year-old chemical engineer, was hiding out at the home of his father-in-law. Learning that he was on a list of Dutch hostages to be arrested by the Germans, he had fled from his home in the town of Geldermalsen, 20 miles away, bringing his wife, Bertha, and their nine-year-old son. He had arrived in Oosterbeek just in time to see the evacuation. Jan's father-in-law told him not to 'worry any more about the Germans—you won't have to "dive" now.' Looking down the main street of Oosterbeek, Voskuil saw 'utter confusion.' There were dozens of German-filled trucks, nose-to-tail, 'all dangerously overloaded.' He saw soldiers 'on bicycles, pedalling furiously, with suitcases and grips looped over their handlebars.' Voskuil was sure that the war would be over in a matter of days.

In Arnhem itself, Jan Mijnhart, sexton of the *Grote Kerk*—the massive fifteenth-century Church of St. Eusebius with a famed 305-foot-high tower—saw the 'Moffen' (a Dutch nickname for the

* 'Scenes were witnessed which nobody would ever have deemed possible in the German army,' writes Walter Goerlitz, the German historian, in his *History of the German General Staff*. 'Naval troops marched northwards without weapons, selling their spare uniforms. . . . They told people that the war was over and they were going home. Lorries loaded with officers, their mistresses and large quantities of champagne and brandy contrived to get back as far as the Rhineland, and it was necessary to set up special courts martial to deal with such cases.'

Germans equivalent to the English 'Jerry') filing through the town 'four abreast in the direction of Germany.' Some looked old and sick. In the nearby village of Ede an aged German begged young Rudolph van der Aa to notify his family in Germany that they had met. 'I have a bad heart,' he added, 'and probably won't live much longer.' Lucianus Vroemen, a teenager in Arnhem, noticed the Germans were exhausted and had 'no fighting spirit or pride left.' He saw officers trying to restore order among the disorganized soldiers with little or no success. They did not even react to the Dutch who were yelling, 'Go home! The British and Americans will be here in a few hours.'

Watching the Germans moving east from Arnhem, Dr. Pieter de Graaff, 44-year-old surgeon, was sure he was seeing 'the end, the apparent collapse of the German army.' And Suze van Zweden, high school mathematics teacher, had a special reason to remember this day. Her husband, Johan, a respected and well-known sculptor, had been in Dachau concentration camp since 1942 for hiding Dutch Jews. Now he might soon be freed, for obviously the war was nearly over. Suze was determined to witness this historic moment—the departure of the Germans and the arrival of the Allied liberators. Her son Robert was too young to realize what was happening but she decided to take her daughter Sonja, aged nine, into town. As she dressed Sonja, Suze said: 'This is something you have to see. I want you to try to remember it all your life.'

Everywhere the Dutch rejoiced. Dutch flags made their appearance. Enterprising merchants sold orange buttons and large stocks of ribbon to the eager crowds. In the village of Renkum there was a run on the local drapery shop where manager Johannes Snoek sold orange ribbon as fast as he could cut it. To his amazement, villagers fashioned bows then and there and proudly pinned them on. Johannes, who was a member of the underground, thought 'this was going a bit too far.' To protect the villagers from their own excesses, he stopped selling the ribbon. His sister Maria, caught up in the excitement, noted happily in her diary that there was 'a mood in the streets almost as though it was *Koninginnedag*, the Queen's birthday.' Cheering crowds stood on pavements yelling, 'Long live the Queen!' People sang the *Wilhelmus*, the Dutch National Anthem, and *Oranje Boven!*—'Orange Above All!' Cloaks flying, Sisters Antonia Stranzky and Christine van Dijk from St. Elisabeth's Hospital in Arnhem cycled down to the main square, the *Velperplein*, where they joined crowds on the terraces of cafés who were sipping coffee and eating potato pancakes as the Germans and Dutch Nazis streamed by.

At St. Canisius Hospital in Nijmegen, Sister M. Dosithée Symons saw nurses dance with joy in the convent corridors. People brought out long-hidden radios and, while watching the retreat flood by their windows, listened openly for the first time in long months to the special Dutch service, 'Radio Orange,' from the BBC in London. So excited by the broadcasts was fruit grower Joannes Hurkx, in St. Oedenrode, that he failed to spot a group of Germans behind his house stealing the family bicycles.

In scores of places schools closed and work came to a halt. Employees at the cigar factories in Valkenswaard promptly left their machines and crowded into the streets. Trams stopped running in The Hague, the seat of government. In the capital, Amsterdam, the atmosphere was tense and unreal. Offices closed and trading ceased on the stock exchange. Military units suddenly disappeared from the main thoroughfares and the central station was mobbed by Germans and Dutch Nazis. On the outskirts of Amsterdam, Rotterdam and The Hague, crowds carrying flags and flowers stood along main roads leading into the cities—hoping to be the first to see British tanks coming from the south.

Rumours grew with every hour. Many in Amsterdam believed British troops had already freed The Hague, near the coast about 30 miles to the southwest. In The Hague people thought the great port of Rotterdam, 15 miles away, had been liberated. Rail travellers got a different story every time their trains stopped. One of them, Henri Peijnenburg, a 25-year-old resistance leader travelling from The Hague to his home in Nijmegen, a distance of less than 80 miles, heard at the beginning of his journey that the British had entered the ancient border city of Maastricht. In Utrecht he was told they had reached Roermond. Then, in Arnhem he was assured that the British had taken Venlo, a few miles from the German border. 'When I finally got home,' he recalls, 'I expected to see the Allies in the streets, but all I saw were the retreating Germans.' Peijnenburg felt confused and uneasy.

Others shared his concern—especially the underground high command meeting secretly in The Hague. To them, tensely watching the situation, Holland seemed on the threshold of freedom. Allied tanks could easily slice through the country all the way from the Belgian border to the Zuider Zee. The underground was certain that the 'gateway'—through Holland, across the Rhine and into Germany—was wide open.

The resistance leaders knew the Germans had virtually no fighting forces capable of stopping a determined Allied drive. They were almost scornful of the one weak and undermanned division composed of old men guarding coastal defences (they had been sitting in concrete bunkers since 1940 without firing a shot), and of a number of other low-grade troops, whose combat capabilities were extremely doubtful, among them Dutch SS, scratch garrison troops, convalescents and the medically unfit—these last grouped into units aptly known as 'stomach' and 'ear' battalions, because most of the men suffered from ulcers or were hard of hearing.

To the Dutch the Allied move seemed obvious, invasion imminent. But its success depended on the speed of British forces driving from the south, and about this the underground high command was puzzled: they were unable to determine the precise extent of the Allied advance.

Checking the validity of Prime Minister Gerbrandy's statement that Allied troops had already crossed the frontier was no simple matter. Holland was small—only about two-thirds the size of Ireland—but it had a dense population of more than nine million, and as a result the Germans had difficulty controlling subversive activity. There were underground cells in every town and village. Still, transmitting information was hazardous. The principal—and most dangerous—method was the telephone. In an emergency, using complicated circuitry, secret lines and coded information, resistance leaders could call all over the country. Thus, on this occasion, underground officials knew within minutes that Gerbrandy's announcement was premature: British troops had not crossed the border.

Other 'Radio Orange' broadcasts further compounded the confusion: twice in a little more than 12 hours (at 11.45 p.m on September 4th and again on the morning of September 5th) the Dutch Service of the BBC announced that the fortress city of Breda, seven miles from the Dutch-Belgian border, had been liberated. The news spread rapidly. Illegal, secretly printed newspapers promptly prepared liberation editions featuring the 'fall of Breda.' But the Arnhem regional resistance chief, 38-year-old Pieter Kruyff, whose group was one of the nation's most highly skilled and disciplined, seriously doubted the 'Radio Orange' bulletin. He told his communications expert Johannes Steinfort, a young telephone company instrument maker, to check the report. Quickly tying in to a secret circuit connecting him with the underground in Breda, Steinfort became one of the first to learn the bitter truth: the city was still in German hands. No one had seen Allied troops—either American or British.

Because of the spate of rumours, many resistance groups hurriedly met to discuss what should be done. Although Prince Bernhard and SHAEF (Supreme Headquarters Allied Expeditionary Forces) had cautioned against a general uprising, some underground members had run out of patience. The time had come, they believed, to confront the enemy directly—thus aiding the advancing Allies. It was obvious the Germans feared a general revolt. In the retreating columns, the underground noted, sentries were now sitting on the bumpers of vehicles with rifles and sub-machine guns at the ready. Undeterred, many resistance men were eager to fight.

In the village of Ede, a few miles northwest of Oosterbeek, 25-year-old Menno 'Tony' de Nooy tried to persuade the leader of his group, Bill Wildeboer, to attack. It had long been planned, Tony argued, that the group should take over Ede in the event of an Allied invasion. The barracks at Ede which had been used to train German marines were now practically empty. De Nooy wanted to occupy the buildings. The older Wildeboer, a former sergeant major in the Dutch Army, disagreed. 'I don't trust this situation,' he told them. 'The time is not yet ripe. We must wait.'

Not all resistance movements were held in check. In Rotterdam, underground members occupied the offices of the water supply company. Just over the Dutch-Belgian border in the village of Axel, the town hall with its ancient ramparts was seized and hundreds of German soldiers surrendered to the civilian fighters. In many towns Dutch Nazi officials were captured as they tried to bolt. West of Arnhem, in the village of Wolfheze, noted principally for its hospital for the mentally ill, the district police commissioner was seized in his car. He was locked up temporarily in the nearest available quarters, the asylum, for delivery to the British 'when they arrived.'

These were the exceptions. In general, underground units remained calm. Yet everywhere they took advantage of the confusion to prepare for the arrival of Allied forces. In Arnhem, Charles Labouchère,

42, descendant of an old French family and active in an intelligence unit, was much too busy to bother about rumours. He sat, hour after hour, by the windows of an office in the neighbourhood of the Arnhem bridge and, with a number of assistants, watched German units heading east and northeast along the Zevenaar and Zutphen roads towards Germany. It was Labouchère's job to estimate the number of troops and, where possible to identify the units. The vital information he noted down was sent to Amsterdam by courier and from there via a secret network to London.

In suburban Oosterbeek, young Jan Eijkelhoff, threading his way unobtrusively through the crowds, cycled all over the area—delivering fake food ration cards to Dutchmen hiding out from the Germans. And the leader of one group in Arnhem, 57-year-old Johannus Penseel, called 'the Old One,' reacted in the kind of wily manner that had made him a legend among his men. He decided the moment had come to move his arsenal of weapons. Openly, with German troops all about, he and a few hand-picked assistants calmly drove up in a baker's van to the Municipal Hospital where the weapons were hidden. Quickly wrapping the arms in brown paper they transported the entire cache to Penseel's home—whose basement windows conveniently overlooked the main square. Penseel and his co-leader, Toon van Daalen, thought it was a perfect position from which to open fire on the Germans when the time came. They were determined to live up to the name of their militant sub-division: the *Landelyke Knokploegen*—the 'Strong-arm Boys.'

Everywhere men and women of the vast secret underground army poised for battle; and in southern towns and villages, people who believed that parts of Holland were already free ran out of their homes to welcome the liberators. There was a kind of madness in the air, thought Carmelite Father Tiburtius Noordermeer as he observed the joyful crowds in the village of Oss, southeast of Nijmegen. He saw people slapping each other on the back in a congratulatory mood. Comparing the demoralized Germans on the roads with the jubilant Dutch spectators, he noted 'wild fear on the one hand and crazy, unlimited joy on the other.' 'Nobody,' the stolid Dutch priest recalled, 'acted normally.'

Many grew more anxious as time passed. In the drugstore on the main street in Oosterbeek, Karel de Wit was worried. He told his wife and chief pharmacist, Johanna, that he couldn't understand why Allied planes had not attacked the German traffic. Frans Schulte, a retired Dutch major, thought the general enthusiasm was premature. Although his brother and sister-in-law were overjoyed at what appeared to be a German débâcle, Schulte was not convinced. 'Things may get worse,' he warned. 'The Germans are far from beaten. If the Allies try to cross the Rhine, believe me, we may see a major battle.'

[3]

Hitler's crucial measures were already under way. On September 4th at the Führer's headquarters deep in the forest of Görlitz, Rastenburg, East Prussia, 69-year-old Field Marshal Gerd von Rundstedt prepared to leave for the Western Front. He had not expected a new command.

Called abruptly out of enforced retirement, Von Rundstedt had been ordered to Rastenburg four days before. On July 2nd, two months earlier, Hitler had fired him as Commander-in-Chief West (or as it was known in German military terms, OB West—*Oberbefehlshaber West*) while Von Rundstedt, who had never lost a battle, was trying to cope with the aftermath of Germany's greatest crisis of the war: the Allied invasion of Normandy.

The Führer and Germany's most distinguished soldier had never agreed on how best to meet that threat. Before the invasion, appealing for reinforcements, Von Rundstedt had bluntly informed Hitler's headquarters (OKW—*Oberkommando der Wehrmacht*)* that the Western Allies, superior in men, equipment and planes, could 'land anywhere they want to.' Not so, Hitler declared. The Atlantic Wall, the partially completed coastal fortifications which Hitler boasted ran almost 3,000 miles from Kirkenes (on the Norwegian-Finnish frontier) to the Pyrenees (on the Franco-Spanish border), would make 'this front impregnable against any enemy.' Von Rundstedt knew only too well that the fortifications were more propaganda than fact. He summed up the Atlantic Wall in one word: 'Humbug.'

The legendary Field Marshal Erwin Rommel, renowned for his victories in the North African deserts in the first years of the war and sent by Hitler to command Army Group B under Von Rundstedt, was equally appalled by the Führer's confidence. To Rommel,

* Armed Forces High Command.

the coastal defences were a 'figment of Hitler's *Wolkenkuckkucksheim* (cloud cuckoo land).' The aristocratic, tradition-bound Von Rundstedt and the younger, ambitious Rommel found themselves, probably for the first time, in agreement. On another point, however they clashed. With the crushing defeat of his Afrika Korps by Britain's Montgomery at El Alamein in 1942 always in his mind, and well aware of what the Allied invasion would be like, Rommel believed that the invaders must be stopped on the beaches. Von Rundstedt icily disagreed with his junior—whom he sarcastically referred to as the '*Marshal Bubi*' ('Marshal Laddie'); Allied troops should be wiped out *after* they landed, he contended. Hitler backed Rommel. On D-Day, despite Rommel's brilliant improvisations, Allied troops breached the 'impregnable' wall within hours.

In the terrible days that followed, overwhelmed by the Allies who enjoyed almost total air supremacy over the Normandy battlefield, and shackled by Hitler's 'no withdrawal' orders ('Every man shall fight and fall where he stands'), Von Rundstedt's straining lines cracked everywhere. Desperately he plugged the gaps but hard as his men fought and counter-attacked, the outcome was never seriously in doubt. Von Rundstedt could neither 'drive the invaders into the sea' nor 'annihilate them' (the words were Hitler's).

On the night of July 1st, at the height of the Normandy battle, Hitler's Chief of Staff, Field Marshal Wilhelm Keitel, called Von Rundstedt and plaintively asked, 'What shall we do?' Characteristically blunt, Von Rundstedt snapped, 'End the war, you fools. What else can you do?' Hitler's comment on hearing the remark was mild. 'The old man has lost his nerve and can't master the situation any longer. He'll have to go.' Twenty-four hours later, in a polite handwritten note, Hitler informed Von Rundstedt that, 'In consideration of your health and of the increased exertions to be expected in the near future,' he was relieved of command.

Von Rundstedt, the senior and most dependable field marshal in the *Wehrmacht*, was incredulous. For the five years of war his military genius had served the Third Reich well. In 1939, when Hitler cold-bloodedly attacked Poland, thereby igniting the conflict that eventually engulfed the world, Von Rundstedt had clearly demonstrated the German formula for conquest—*Blitzkrieg* (lightning war)—when his *Panzer* spearheads reached the outskirts of

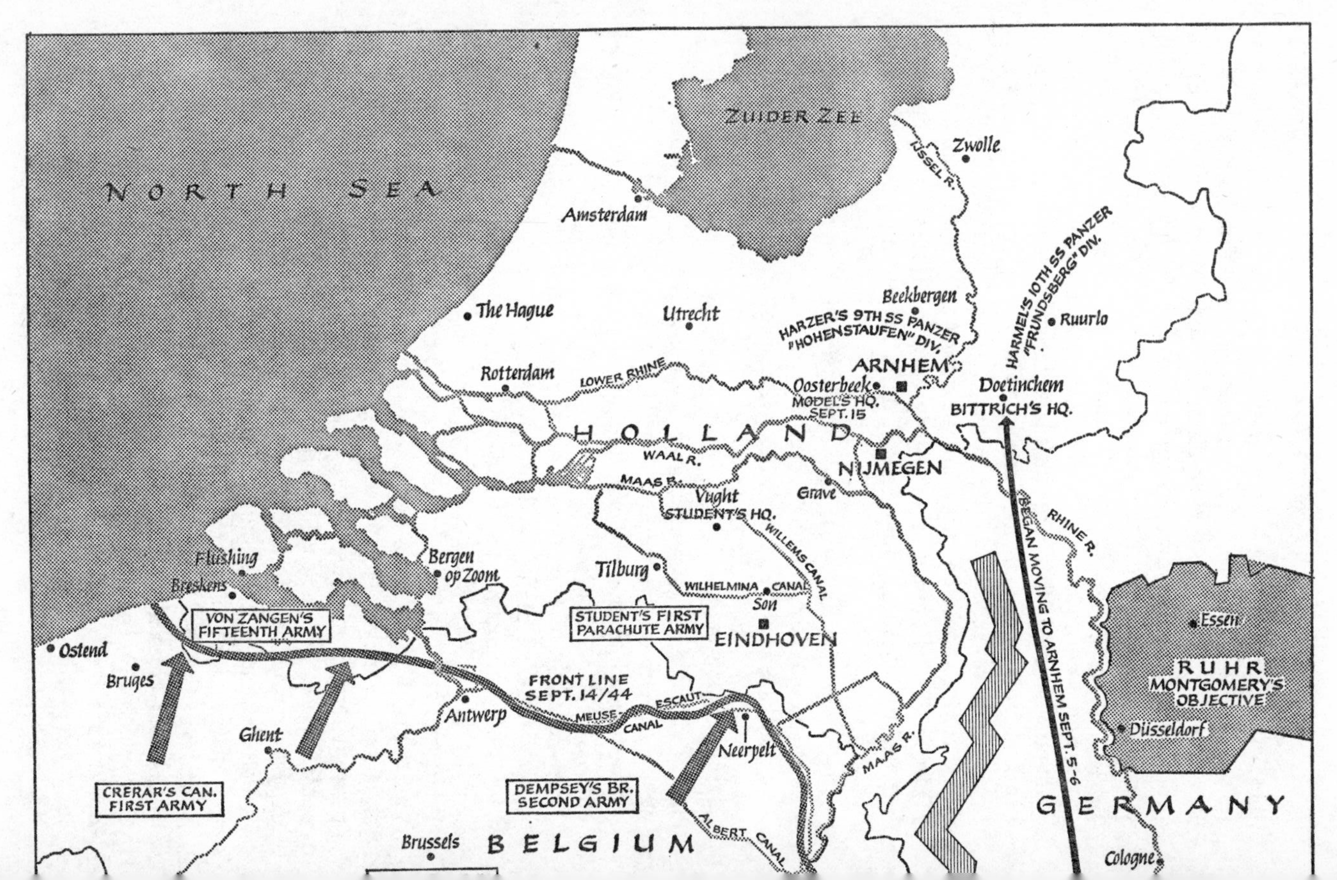

NORTH SEA
ZUIDER ZEE
Zwolle
IJSSEL R.
Amsterdam
HARMEL'S 10TH SS PANZER "FRUNDSBERG" DIV.
Beekbergen
The Hague
Utrecht
HARZER'S 9TH SS PANZER "HOHENSTAUFEN" DIV.
Ruurlo
ARNHEM
Rotterdam
LOWER RHINE
Oosterbeek
MODEL'S HQ. SEPT. 15
Doetinchem
BITTRICH'S HQ.
HOLLAND
WAAL R.
NIJMEGEN
MAAS R.
Vught
Grave
STUDENT'S HQ.
RHINE R.
WILLEMS CANAL
Flushing
Bergen op Zoom
Tilburg
Breskens
WILHELMINA CANAL
Son
BEGAN MOVING TO ARNHEM SEPT. 5-6
VON ZANGEN'S FIFTEENTH ARMY
STUDENT'S FIRST PARACHUTE ARMY
EINDHOVEN
Essen
Ostend
RUHR
MONTGOMERY'S OBJECTIVE
Bruges
FRONT LINE SEPT. 14/44
ESCAUT
MEUSE
CANAL
Antwerp
Düsseldorf
Ghent
Neerpelt
MAAS R.
CRERAR'S CAN. FIRST ARMY
DEMPSEY'S BR. SECOND ARMY
GERMANY
ALBERT CANAL
Brussels
BELGIUM
Cologne

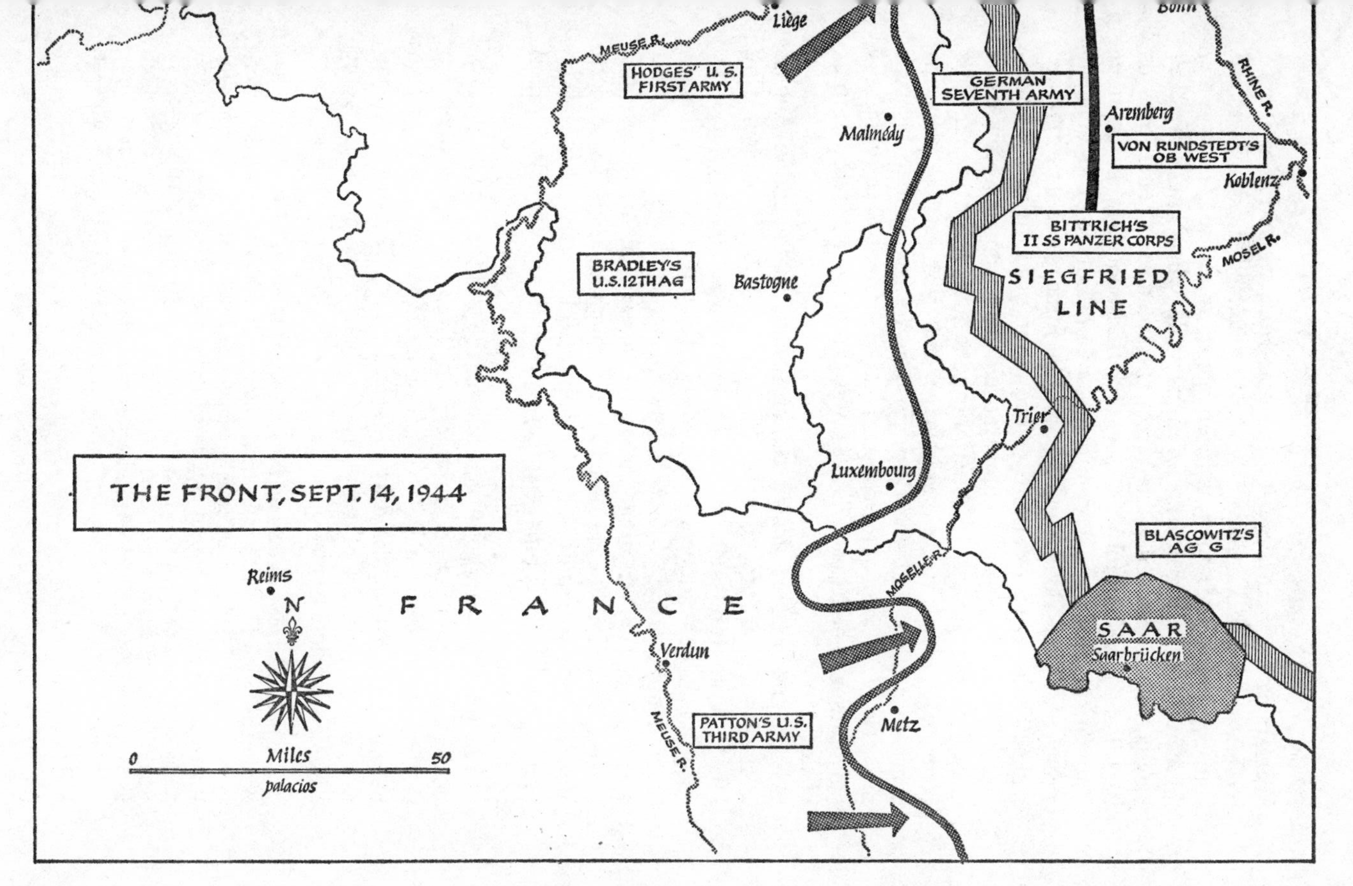
THE FRONT, SEPT. 14, 1944
Liège
MEUSE R.
HODGES' U. S. FIRST ARMY
GERMAN SEVENTH ARMY
Aremberg
VON RUNDSTEDT'S OB WEST
RHINE R.
Koblenz
Malmédy
BITTRICH'S II SS PANZER CORPS
MOSEL R.
SIEGFRIED LINE
BRADLEY'S U.S. 12TH AG
Bastogne
Trier
Luxembourg
BLASCOWITZ'S AG G
MOSELLE R.
SAAR
Saarbrücken
Reims
N
FRANCE
Verdun
PATTON'S U.S. THIRD ARMY
MEUSE R.
Metz
0
Miles
50
palacios

Warsaw in less than a week. One year later, when Hitler turned west and with devastating speed overwhelmed most of western Europe, Von Rundstedt was in charge of an entire *Panzer* army. And in 1941 he was in the forefront again when Hitler attacked Russia. Now, outraged at his career and reputation being jeopardized, Von Rundstedt told his Chief of Staff, Major-General Gunther Blumentritt, that he had been 'dismissed in disgrace by an amateur strategist.' That 'Bohemian corporal,' he fumed, had used 'my age and ill health as an excuse to relieve me in order to have a scapegoat.' Given a free hand, Von Rundstedt had planned a slow withdrawal to the German frontier during which, as he outlined his plans to Blumentritt, he would have 'exacted a terrible price for every foot of ground given up.' But, as he had said to his staff many times, because of the constant 'tutelage from above,' about the only authority he had as OB West was 'to change the guard in front of the gate.'*

From the moment of his recall and arrival at the end of August at the Rastenburg *Wolfsschanze* (Wolf's Lair), as it was named by Hitler, Von Rundstedt, at the Führer's invitation, attended the daily briefing conference. Hitler, according to the Deputy Chief of Operations General Walter Warlimont, greeted his senior field marshal warmly, treating him with 'unwonted diffidence and respect.' Warlimont also noted that throughout the long sessions Von Rundstedt simply sat 'motionless and monosyllabic.'† The precise, practical field marshal had nothing to say. He was appalled by the situation.

The briefings clearly showed that on the east the Red Army now held a front more than 1,400 miles long, from Finland in the north to the river Vistula in Poland, and from there to the Carpathian mountains in Rumania and Yugoslavia. In fact, Russian armour had reached the borders of East Prussia, barely 100 miles from the Führer's headquarters.

* 'Von Rundstedt was hurt by the implication in Hitler's letter that he had "requested" relief,' the late General Blumentritt told me in an interview. 'Some of us at Headquarters actually thought he had but this was not so. Von Rundstedt denied that he had ever asked to be relieved—or that he had ever thought of doing so. He was extremely angry—so angry in fact that he swore he would never again take a command under Hitler. I knew he did not mean it for, to Von Rundstedt, military obedience was unconditional and absolute.'

†*Inside Hitler's Headquarters, 1939–45*, by General Walter Warlimont, p. 477.

In the west Von Rundstedt saw that his worst fears had been realized. Division after division was now destroyed, the entire German line thrown helplessly back. Rearguard units, although surrounded and cut off, still clung to vital ports such as Dunkirk, Calais, Boulogne, Le Havre, Brest, Lorient and St. Nazaire, forcing the Allies to continue bringing supplies in from the distant invasion beaches. But now, with the sudden, stunning capture of Antwerp, one of Europe's greatest deep-sea ports, the Allies might well have solved their supply problem. Von Rundstedt noted, too, that the tactic of *Blitzkrieg*, perfected by himself and others, was being borrowed with devastating effect by Eisenhower's armies. And Field Marshal Walter Model, the 54-year-old new Commander-in-Chief West (he took over on August 17th), was clearly unable to bring order out of the chaos. His front had been ripped apart, slashed in the north by tanks of the Second British Army and U.S. First Army driving through Belgium towards Holland; and, south of the Ardennes, armoured columns of the U.S. Third Army under General George S. Patton were heading for Metz and the Saar. To Von Rundstedt the situation was no longer merely ominous. It was cataclysmic.

He had time to dwell on the inevitability of the end. Almost four days elapsed before Hitler allowed Von Rundstedt a private audience. During his wait the Field Marshal stayed in the former country inn reserved for senior officers in the centre of the vast headquarters—a barbed-wire-enclosed enclave of wooden huts and concrete bunkers built over a catacomb of underground installations. Von Rundstedt vented his impatience at the delay on Keitel, the Chief of Staff. 'Why have I been sent for?' he demanded. 'What sort of game is going on?' Keitel was unable to tell him. Hitler had given Keitel no particular reason, short of an innocuous mention of the Field Marshal's health. Hitler seemed to have convinced himself of his own manufactured version for Von Rundstedt's dismissal on 'health grounds' back in July. To Keitel, Hitler had merely said, 'I want to see if the old man's health has improved.'

Twice Keitel reminded the Führer that the Field Marshal was waiting. Finally, on the afternoon of September 4th, Von Rundstedt was summoned to Hitler's presence, and, uncharacteristically, the Führer came to the point immediately. 'I would like to entrust you once more with the Western Front.'

Stiffly erect, both hands on his gold baton, Von Rundstedt merely nodded. Despite his knowledge and experience, his distaste for Hitler and the Nazis, Von Rundstedt, ingrained in the Prussian military tradition of devotion to service, did not decline the appointment. As he was later to recall, 'it would have been useless to protest anyway.'*

Almost cursorily, Hitler outlined Von Rundstedt's task. Once more Hitler was improvising. Before D-Day he had insisted that the Atlantic Wall was invulnerable. Now, to Von Rundstedt's dismay, the Führer stressed the impregnability of the *Westwall*—the long neglected, unmanned but still formidable frontier fortifications, better known to the Allies as the Siegfried Line. Von Rundstedt, Hitler ordered, was not only to stop the Allies as far west as possible, but to counter-attack for, as the Führer saw it, the most dangerous Allied threats were no more than 'armoured spearheads.' Clearly, however, Hitler was shaken by the capture of Antwerp. Its vital port was to be denied the Allies at all costs. Thus, since the other ports were still in German hands, Hitler said, he fully expected the Allied drive to come to a halt because of over-extended supply lines. He was confident that the western front could be stabilized and with the coming of winter the initiative regained. Hitler assured Von Rundstedt that he was 'not unduly worried about the situation in the west.'

It was a variation of a monologue Von Rundstedt had heard many times in the past. The *Westwall*, to Hitler, had now become an *idée fixe*, and Von Rundstedt once again was being ordered 'not to give an inch,' and 'to hold under all conditions.'

By ordering Von Rundstedt to replace Field Marshal Model, Hitler was making his third change of command of OB West within two months—from Von Rundstedt to Field Marshal Gunther Von Kluge, to Model, and now once again to Von Rundstedt. Model, in the job for just eighteen days, would now command only Army Group B under Von Rundstedt, Hitler said. Von Rundstedt had long regarded Model with less than enthusiasm. Model, he felt,

* According to Walter Goerlitz, editor of *The Memoirs of Field Marshal Keitel*, in Ch. 10, p. 347, Von Rundstedt said to Hitler, 'My Führer, whatever you may command, I will do my duty to my last breath.' My version of Von Rundstedt's reaction is based on the recollections of his former Chief of Staff, Major-General Gunther Blumentritt. 'I said nothing,' Von Rundstedt told him. 'If I'd opened my mouth, Hitler would have talked "at me" for three hours.'

had not earned his promotion the hard way; he had been elevated to the rank of Field Marshal too quickly by Hitler. Von Rundstedt thought him better suited to the job of a 'good regimental sergeant-major.' Still, the Field Marshal felt that Model's position made little difference now. The situation was all but hopeless, defeat inevitable. On the afternoon of September 4th, as he set out for his headquarters near Koblenz, Von Rundstedt saw nothing to stop the Allies from invading Germany, crossing the Rhine and ending the war in a matter of weeks.

On this same day in Wannsee, Berlin, Colonel-General Kurt Student, 54-year-old founder of Germany's airborne forces, emerged from the backwater to which he had been relegated for three long years. For him, the war had begun with great promise. His paratroops, Student felt, had been chiefly responsible for the capture of Holland in 1940 when some 4,000 of them dropped on the bridges of Rotterdam, Dordrecht and Moerdijk, holding the vital spans open for the main German invasion force. Student's losses had been incredibly low—only 180 men. But the situation was different in the 1941 airborne assault of Crete. There, losses were so high—more than a third of the 22,000-man force—that Hitler forbade all future airborne operations. 'The day of parachute troops is over,' the Führer said, and the future had dimmed for Student. Ever since, the ambitious officer had been tied to a desk job as commander of an airborne training establishment, while his élite troopers were used strictly as infantry. With shattering abruptness, at precisely 3 p.m. on this critical September 4th, Student emerged into the main stream once again. In a brief telephone call, Colonel-General Alfred Jodl, Hitler's Operations Chief, ordered him immediately to organize an army which the Führer had designated as the 'First Parachute Army.' As the astounded Student listened, it occurred to him that 'it was a rather high-sounding title for a force that didn't exist.'

Student's troopers were scattered all over Germany, and apart from a few seasoned, fully equipped units, they were green recruits armed only with training weapons. His force of about 10,000 had almost no transportation, armour or artillery. Student didn't even have a chief of staff.

Nevertheless, Student's men, Jodl explained, were urgently needed in the west. They were to 'close a gigantic hole' between

Antwerp and the area of Liège–Maastricht by 'holding a line along the Albert Canal.' With all possible speed, Student was ordered to rush his forces to Holland and Belgium. Weapons and equipment would be issued at the 'railheads of destination.' Besides his paratroopers, two divisions had been earmarked for his new 'army.' One of them, the 719th, Student soon learned, was 'made up of old men stationed along the Dutch coast who had not, as yet, fired a single shot.' His second division, the 176th, was even worse. It consisted of 'semi-invalids and convalescents who, for convenience, had been grouped together in separate battalions according to their various ailments.' They even had special 'diet' kitchens for those suffering from stomach trouble. Besides these units, he would get a grab-bag of other forces scattered in Holland and Belgium—*Luftwaffe* troops, sailors and anti-aircraft crews—and 25 tanks. To Student, the expert in paratroop warfare and super-trained airborne shock troops, his makeshift army was a 'grotesque improvisation on a grand scale.' Still, he was back in the war again.

All through the afternoon, by telephone and teletype, Student mustered and moved his men out. It would take at least four or five days for his entire force to reach the front, he estimated. But his toughest and best troops, rushed in special trains to Holland in what Student called a 'blitz move,' would be in position on the Albert Canal, as part of Model's Army Group B, within 24 hours.

Jodl's call and the information he himself had since gathered alarmed Student. It seemed apparent that his most seasoned group—the 6th Parachute Regiment plus one other battalion, together totalling about 3,000 men—probably constituted the only combat-ready reserve in the whole of Germany. He found the situation ominous.

Frantically, Field Marshal Walter Model, Commander-in-Chief West, tried to plug the yawning gap east of Antwerp and halt the disorderly retreat from Belgium into Holland. As yet no news of Von Rundstedt's appointment as his successor had reached him. His forces were so entangled, so disorganized that Model had all but lost control. He no longer had contact with the second half of his command, Army Group G in the south. Had General Johannes Blaskowitz, its commander, successfully withdrawn from France? Model was not sure. To the harassed Field Marshal the predicament of Army Group G was secondary. The crisis was clearly in the north.

With dispatch and ferocity, Army Group B had been split in two by armoured columns of the British and Americans. Of the two armies composing Army Group B, the Fifteenth was bottled up, its back to the North Sea, roughly between Calais and a point north-west of Antwerp. The Seventh Army had been almost destroyed, and thrown back towards Maastricht and Aachen. Between the two armies lay a 75-mile gap and the British had driven through it straight to Antwerp. Plunging along the same route were Model's own demoralized, retreating forces.

In a desperate effort to halt their flight, Model issued an emotional plea to his troops.

'. . . With the enemy's advance and the withdrawal of our front, several hundred thousand soldiers are falling back—army, air force and armoured units—troops which must re-form as planned and hold in new strongpoints or lines.

'In this stream are the remnants of broken units which, for the moment, have no set objectives and are not even in a position to receive clear orders. Whenever orderly columns turn off the road to reorganize, streams of disorganized elements push on. With their wagons move whispers, rumours, haste, endless disorder and vicious self-interest. This atmosphere is being brought back to the rear areas, infecting units still intact, and in this moment of extreme tension must be prevented by the strongest means.

'I appeal to your honour as soldiers. We have lost a battle, but I assure you of this: we will win this war! I cannot tell you more at the present, although I know that questions are burning on your lips. Whatever has happened, never lose your faith in the future of Germany. At the same time you must be aware of the gravity of the situation. This moment will and should separate men from weaklings. Now, every soldier has the same responsibility. When his commander falls, he must be ready to step into his shoes and carry on. . . .'

There followed a long series of instructions in which Model 'categorically' demanded that retreating troops should immediately 'report to the nearest command point,' instil in others 'confidence, self-reliance, self-control and optimism,' and repudiate 'stupid gossip, rumours and irresponsible reports.' The enemy, he said, was 'not everywhere at once' and, indeed, 'if all the tanks reported by rumour-mongers were counted, there would have to be 100,000 of them.' He begged his men not to give up important positions or demolish equipment, weapons or installations 'before it is necessary.' The astonishing document wound up by stressing that everything depended on 'gaining time which the Führer needs to put new weapons and new troops into operation.'

Virtually without communications, depending for the most part on radio, Model could only hope that his Order of the Day reached all his troops. In the confusion he was not even sure of the latest position of his disorganized and shattered units; nor did he know precisely how far Allied tanks and troops had advanced. And where was the *schwerpunkt* (main thrust) of the Allied drive—with the British and Americans in the north heading for the Siegfried Line and thence across the Rhine and into the Ruhr? Was it with Patton's massive U.S. Third Army driving for the Saar, the Siegfried Line and over the Rhine into Frankfurt?

Model's dilemma was the outgrowth of a situation that had occurred nearly two months earlier at the time of Von Rundstedt's dismissal and Hitler's swift appointment of Von Kluge as the old Field Marshal's successor. On sick leave for months from his command in Russia, Von Kluge happened to be making a courtesy call on the Führer at the precise moment when Hitler decided to dismiss Von Rundstedt. With no preamble and possibly because he happened to be the only senior officer in sight, Hitler had named the astonished Von Kluge Commander-in-Chief West.

Von Kluge, a veteran front commander, took over on July 4th. He was to last 44 days. Exactly as predicted by Von Rundstedt, the Allied breakout occurred. 'The whole Western front has been ripped open,' Von Kluge informed Hitler. Overwhelmed by the Allied tide pouring across France, Von Kluge, like Von Rundstedt before him, found his hands tied by Hitler's insistent 'no withdrawal' orders. The German armies in France were encircled and all but destroyed. It was during this period that another convulsion racked the Third Reich: an abortive assassination attempt on Hitler's life.

During one of the endless conferences at the Führer's headquarters, a time bomb in a brief-case, placed by Colonel Claus Graf von Stauffenberg beneath a table close to Hitler, exploded, killing and wounding many in the room. The Führer escaped with minor injuries. Although only a small élite group of officers was involved in the plot, Hitler's revenge was barbaric. Anyone connected with the plotters, including their families, was arrested and many, innocent or not, were summarily executed.* Some 5,000 people lost their lives. Von Kluge had been indirectly implicated, and Hitler also suspected him of trying to negotiate a surrender with the enemy. Von Kluge was replaced by Model and ordered to report immediately to the Führer. Before leaving his headquarters the despairing Von Kluge wrote a letter to Hitler. Then, en route to Germany, he took poison.

'When you receive these lines I shall be no more,' he wrote the Führer. '. . . I did everything within my power to be equal to the situation. . . . Both Rommel and I, and probably all the other commanders here in the West with experience of battle against the Anglo-Americans, with their preponderance of material, foresaw the present developments. We were not listened to. Our appreciations were not dictated by pessimism, but from sober knowledge of the facts. I do not know whether Field Marshal Model, who has been proved in every sphere, will master the situation. From my heart I hope so. Should it not be so, however, and your new weapons . . . not succeed, then, my Führer, make up your mind to end the war. It is time to put an end to this frightfulness. . . . I have always admired your greatness . . . and your iron will. . . . Show yourself now also great enough to put an end to this hopeless struggle. . . .'

Hitler had no intention of conceding victory to the Allies even though the Third Reich that he had boasted would last a millennium was undermined and tottering. On every front he was attempting to stave off defeat. Yet each move the Führer made seemed more desperate than the last.

Model's appointment as OB West had not helped. Unlike Von Rundstedt or, briefly, Von Kluge, Model did not have the combat genius of Rommel as support. After Rommel was badly wounded by a strafing Allied plane on July 17th, no one had been sent to replace him.† Model did not at first appear to feel the need.

* Hitler took advantage of his most senior officer, Von Rundstedt, once again by making him President of the Court of Honour that passed judgment on the officers suspected. Von Rundstedt quietly acceded to the Führer's request. 'If I had not,' he later explained, 'I, too, might have been considered a traitor.' Von Rundstedt's explanation has never satisfied many of his brother generals who privately denounced him for bending to Hitler's request.

† Rommel, who was also suspected by Hitler of being involved in the assassination attempt, died three months later. While convalescing at his home, Hitler

Confident that he could right the situation, he took on Rommel's old command as well, becoming not only OB West but also Commander of Army Group B. Despite Model's expertise, the situation was too grave for any one commander.

At this time Army Group B was battling for survival along a line roughly between the Belgian coast and the Franco-Luxembourg border. From there, south to Switzerland, the remainder of Model's command—Army Group G under General Blaskowitz—had already been written off. Following the second Allied invasion on August 15th, by French and American forces in the Marseilles area, Blaskowitz's group had hurriedly departed from southern France. Under continuous pressure they were now falling back in disarray to the German border.

Along Model's disintegrating northern front, where Allied armour had torn the 75-mile-wide gap in the line, the route from Belgium into Holland and from there across Germany's vulnerable northwest frontier lay open and undefended. Allied forces driving into Holland could outflank the Siegfried Line where the massive belt of fortifications extending along Germany's frontiers from Switzerland terminated at Kleve on the Dutch-German border. By turning this northern tip of Hitler's *Westwall* and crossing the Rhine, the Allies could swing into the Ruhr, the industrial heart of the Reich. That manoeuvre might well bring about the total collapse of Germany.

Twice in 72 hours Model appealed desperately to Hitler for reinforcements. The situation of his forces in the undefended gap was chaotic. Order had to be restored and the breach closed. Model's latest report, which he had sent to Hitler in the early hours of September 4th, warned that the crisis was approaching and unless he received a minimum of '25 fresh divisions and an armoured reserve of 5 or 6 *Panzer* divisions,' the entire front might collapse, thereby opening the 'gateway into northwest Germany.'

Model's greatest concern was the British entry into Antwerp. He did not know if the huge port, the second largest in Europe, was captured intact or destroyed by the German garrison. The city of Antwerp itself, lying far inland, was not the crux. To use the port, the Allies needed to control its seaward approach, an inlet 54 miles

---

gave him a choice: stand trial for treason or commit suicide. On October 14th, Rommel swallowed cyanide and Hitler announced that the Reich's most popular field marshal had 'died of wounds sustained on the battlefield.'

long and three miles wide at its mouth, running into Holland from the North Sea past Walcheren Island and looping alongside the South Beveland peninsula. So long as German guns commanded the Schelde estuary, the port of Antwerp could be denied the Allies.

Unfortunately for Model, apart from anti-aircraft batteries and heavy coastal guns on Walcheren Island, he had almost no forces along the northern bank. But on the other side of the Schelde and almost isolated in the Pas de Calais was General Gustave van Zangen's Fifteenth Army—a force of more than 80,000 men. Though pocketed—the sea lay behind them to the north and west, and Canadians and British were pressing in from the south and east—they nevertheless controlled most of the southern bank of the estuary.

By now, Model believed, British tanks, exploiting the situation, would surely be moving along the northern bank and sweeping it clear. Before long the entire South Beveland peninsular could be in their hands and sealed off from the Dutch mainland at its narrow base north of the Belgian border, barely 18 miles from Antwerp. Next, to open the port, the British would turn on the trapped Fifteenth Army and clear the southern bank. Van Zangen's forces had to be extracted.

Late in the afternoon of September 4th at Army Group B's headquarters southeast of Liège in the village of La Chaude Fontaine, Model issued a series of orders. By radio he commanded Van Zangen to hold the southern bank of the Schelde and reinforce the lesser ports of Dunkirk, Boulogne and Calais which Hitler had earlier decreed were to be held with 'fanatical determination as fortresses.' With the remainder of his troops the hapless Van Zangen was to attack northeast into the avalanche of British armour. It was a desperate measure, yet Model saw no other course. If Van Zangen's attack was successful, it might isolate the British in Antwerp and cut off Montgomery's armoured spearheads driving north. Even if the attack failed, Van Zangen's effort might buy time, slowing up the Allied drive long enough for reserves to arrive and hold a new front along the Albert Canal.

Exactly what reinforcements were on the way, Model did not know. As darkness fell he finally received Hitler's answer to his pleas for new divisions to stabilize the front. It was the terse news of his replacement as Commander-in-Chief West by Field Marshal

Von Rundstedt. Von Kluge had lasted 44 days as OB West, Model a bare 18. Normally temperamental and ambitious, Model reacted calmly on this occasion. He was more aware of his shortcomings as an administrator than his critics believed.* Now he could concentrate on the job he knew best: being a front-line commander, solely in charge of Army Group B. But among the flurry of frantic orders Model issued on this last day as OB West, one would prove momentous. It concerned the relocation of his II SS *Panzer* Corps.

The commander of the Corps, 50-year-old *Obergruppenführer* (Lieutenant-General) Wilhelm Bittrich, had been out of touch with Model for more than 72 hours. His forces, fighting almost continuously since Normandy, had been badly mauled. Bittrich's tank losses were staggering, his men short on ammunition and fuel. In addition, because of the breakdown of communications, the few orders he had received by radio were already out of date when Bittrich got them. Uncertain of the enemy's movements and badly in need of direction, Bittrich set out on foot to find Model. He finally located the Field Marshal at Army Group B Headquarters near Liège. 'I had not seen him since the Russian front in 1941,' Bittrich later recalled. 'Monocle in his eye, wearing his usual short leather coat, Model was standing looking at a map and snapping out commands one after the other. There was little time for conversation. Pending official orders which would follow, I was told to move my Corps Headquarters north into Holland.' With all possible speed Bittrich was directed to 'supervise the refitting and rehabilitation of the 9th and 10th SS *Panzer* divisions.' The battered units, Model told him, were to 'slowly disengage from the battle and immediately head north.'†

* Twice Model informed Hitler of his inability to command both OB West and Army Group B. 'We rarely saw him,' OB West's Chief of Staff Blumentritt recalled. 'Model hated paper work and spent most of his time in the field.' Lieutenant-General Bodo Zimmermann, OB West's Operations Chief, wrote after the war (OCMH MS 308, pp. 153–4) that though Model 'was a thoroughly capable soldier,' he often 'demanded too much and that too quickly,' hence 'losing sight of what was practically possible.' He had a tendency to 'dissipate his forces,' added Zimmermann, and 'staff work suffered under his too frequent absences and erratic, inconsistent demands.'

† Understandably, perhaps, German records of this period are vague and often inexplicable. Commands were issued, never received, re-sent, countermanded or changed. Considerable confusion exists about Model's order.

The almost unknown Bittrich could hardly foresee the critical role his 9th and 10th SS *Panzer* divisions would play within the next two weeks. The site Model chose for Bittrich was in a quiet zone, at this point some 75 miles behind the front. By a historic fluke, the area included the city of Arnhem.

[4]

The headlong retreat of the Germans out of Holland was slowing, although few of the jubilant Dutch realized it as yet. From the Belgian border north to Arnhem roads were still choked, but there was a difference in the movement. From his post in the Provincial Building above the Arnhem Bridge, Charles Labouchère saw no let-up in the flood of vehicles, troops and Nazi sympathizers streaming across the bridge. But a few blocks north of Labouchère's location, Gerhardus Gysbers, a seller of antique books, saw a change take place. German troops entering Arnhem from the west were not moving on. The compound of the Willems Barracks next to Gysbers' home and the streets in the immediate vicinity were filling with horse-drawn vehicles and dishevelled soldiers. Among them Gysbers noted Luftwaffe battalions, anti-aircraft personnel, Dutch SS and elderly men of the 719th coastal division. It was clear to Arnhem's resistance chief, Pieter Kruyff, that this was no temporary halt. These troops were not heading back into Germany. They were slowly regrouping; some horse-drawn units of the 719th were starting to move south. Kruyff's chief of intelligence for the Arnhem region, 33-year-old Henri Knap, unobtrusively cycling through the area, spotted the subtle change, too. He was puzzled. He wondered if the optimistic broadcasts from London were false. If so, they were cruel deceptions. Everywhere he saw the Dutch rejoicing. Everyone knew that Montgomery's troops had taken

According to Army Group B's war diary, movement orders for the 9th and 10th SS *Panzer* Divisions were sent on the night of September 3rd. If so, they were never received. Also, it is recorded that Bittrich received his instructions 48 hours later to supervise the regrouping and rehabilitation of not only the 9th but the 2nd and 116th *Panzer* units. Curiously, the 10th is not mentioned. I can find no evidence that either the 2nd or 116th ever reached the Arnhem area (it appears they continued fighting at the front). According to Bittrich's own papers and logs, he received Model's orders verbally on September 4th and duly directed only the 9th and 10th to proceed north. Both units, according to their commanders, began slowly withdrawing on September 5th–6th.

Antwerp. Surely Holland would be liberated within hours. Knap could see the Germans were reorganizing. While they still had little strength, he knew that if the British did not come soon that strength would grow.

In Nijmegen, eleven miles to the south, German military police were closing off roads leading to the German frontier. Elias Broekkamp, a wine importer, saw some troops moving north towards Arnhem, but the majority were being funnelled back and traffic was being broken up, processed and fanned out. As in Arnhem, the casual spectator seemed unaware of the difference. Broekkamp observed Dutch civilians laughing and jeering at what they believed to be the Germans' bewildering predicament.

In fact the predicament was growing much less. Nijmegen was turning into a troop staging area, once more in the firm control of the German military.

Farther south in Eindhoven, barely ten miles from the Belgian border, the retreat all but stopped. In the straggling convoys moving north there were now more Nazi civilians than troops. Frans Kortie, who had seen the Germans dismantling anti-aircraft guns on the roofs of the Philips factories, noted a new development. In a railway siding near the station he watched a train pulling flat cars into position. On the cars were heavy anti-aircraft guns. Kortie experienced a feeling of dread.

Far more disheartening for observant Dutch was the discovery that reinforcements were coming in from Germany. In Tilburg, Eindhoven, Helmond, and Weert, people saw contingents of fresh troops arrive by train. Unloaded quickly and formed up, they set out for the Dutch-Belgian border. They were not regular *Wehrmacht* soldiers. They were seasoned, well-equipped and disciplined, and their distinctive helmets and camouflaged smocks instantly identified them as veteran German paratroopers.

[5]

By late afternoon of September 5th Colonel-General Kurt Student's first paratroop formations were digging in at points along the north side of Belgium's Albert Canal. Their haste was almost frantic. Student, on his arrival at noon, had discovered that Model's 'new German line' was strictly the 80-foot-wide water barrier itself. Defence positions had not been prepared. There were no strongpoints, trenches or fortifications. And, to make matters worse for the defenders, Student noted, 'almost everywhere the southern bank dominated the northern side.' Even the bridges over the Canal were still standing. Only now were engineers placing demolition charges. In all the confusion no one apparently had ordered that the crossings were to be destroyed.

Nevertheless, Student's timetable was well planned. The '*blitz* move' of his airborne forces was a spectacular success. 'Considering that these paratroopers were rushed in from all over Germany—from Güstrow in Mecklenburg to Bitsch in Lothringen,' he later recalled, 'and arms and equipment, brought in from still other parts of Germany, were waiting for them at the railheads, the speed of the move was remarkable.' Student could only admire 'the astonishing precision of the general staff and the entire German organization.' Lieutenant-General Karl Sievers' 719th coastal division had made good time, too. Student was heartened to see their columns heading for positions north of Antwerp 'clattering down the roads to the front, their transports and artillery pulled by heavy draft horses.'* Hour by hour, his hastily formed First Parachute Army was arriving. Also, by extraordinary good fortune, help had come from a most unexpected source.

The headlong retreat from Belgium into Holland had been slowed and then virtually stopped by the doggedness and ingenuity of one man: Lieutenant-General Kurt Chill. Because his 85th Infantry Division was almost totally destroyed, Chill had been ordered to save whatever remained and move back into Germany. But the strong-willed general, watching the near-panic on the roads and prompted by Model's Order of the Day, decided to disregard orders. Chill concluded that the only way to avert catastrophe was to organize a line along the Albert Canal. He welded what remained of his 85th Division with the remnants of two others and quickly dispersed these men to strategic points on the northern bank of the river. Next, he turned his attention to the bridges and set up 'reception centres' at their northern exits. In twenty-four hours Chill succeeded in netting thousands of servicemen from nearly

* Despite the confusion, Student, a keen lover of horses, took the time to note in his diary that 'these huge animals were of Clydesdale, Percheron, Danish and Friesian types.' Contrary to general belief, Hitler's armies, unlike the Allies, were never totally motorized. Even at the pinnacle of German strength more than 50 per cent of their transport was horse-drawn.

every branch of the German armed forces. It was a 'crazy-quilt mob,'* including *Luftwaffe* mechanics, military government personnel, Naval coastal units and soldiers from a dozen different divisions, but these stragglers, armed at best with rifles, were already on the canal when Student arrived.

Student called Chill's virtuoso performance in halting the near-rout 'miraculous.' With remarkable speed he had established a defence line of sorts, helping to buy a little time for all of Student's forces to arrive. This would still take several days. Even with the boost from Chill, Student's patchwork First Parachute Army might total at best 18,000–20,000 men, plus some artillery, anti-aircraft guns and 25 tanks—hardly the equivalent of an American division. And racing towards this scanty force—so thin that Student could not even man the 75-mile Antwerp–Maastricht gap, let alone close it—were the awesome armoured forces of the Second British Army and part of the First U.S. Army. Student was outgunned and outnumbered; about all that stood between him and disaster was the Albert Canal itself.

At what point along it would the enemy attack? Student's line was vulnerable everywhere, but some areas were more critical than others. He was particularly concerned about the sector north of Antwerp where the weak 719th coastal division was only now taking up position. Was there still time to take advantage of the 80-foot-wide water barrier and turn it into a major defence line that would delay the Allies long enough for additional reinforcements to reach the canal? This was Student's greatest hope.

He expected to be attacked at any moment, yet there were still no reports of Allied armour. Student was particularly surprised that there was almost no enemy contact north of Antwerp. He had by now expected that British tanks, after capturing the city, would strike north, cut off the Beveland peninsula, and smash into Holland. It seemed to Student that the British had slowed down. But why?

* * *

* *The Siegfried Line Campaign*, by Charles B. MacDonald, p. 124. Published in the official U.S. Army History series, MacDonald's volume and Martin Blumenson's *Breakout and Pursuit* together give the most accurate military picture of the German débâcle in the west and the events that followed. Another valuable work on the period, more vivid perhaps because it was written shortly after the war, is Milton Shulman's *Defeat in the West*.

Four times in eighteen days the vast complex of the German Supreme Headquarters in the West had been forced to move. Bombed, shelled, almost overrun by Allied tanks, OB West had finally come to a halt behind the borders of the Reich. And shortly after 2 p.m. on September 5th the new Commander-in-Chief found his headquarters in the little town of Aremberg near Koblenz.

Tired and irritable after his long journey, Field Marshal Gerd von Rundstedt dispensed with the usual military courtesies and fanfare that often accompanied a German change of command. Immediately he plunged into a series of staff conferences that were to last long into the evening. Officers not personally acquainted with the Field Marshal were startled by the speed of his takeover. To older hands, it was as though he had never been away. For everyone, the very presence of Von Rundstedt brought feelings of relief and renewed confidence.

Von Rundstedt's task was formidable, his problems were massive. He must produce, as quickly as possible, a strategic blueprint for the 400-mile Western Front running from the North Sea all the way to the Swiss border—a plan which Field Marshal Model had candidly found beyond his capability. With the battered forces at Von Rundstedt's disposal—Army Group B in the north and G in the south—he was expected to hold everywhere and even to counter-attack, as Hitler had directed. Simultaneously, to stave off invasion of the Reich, he was to make a reality of Hitler's 'impregnable' Siegfried Line—the long obsolete, unfinished concrete fortifications which had lain neglected, unmanned, and stripped of guns since 1940. There was more, but on this afternoon Von Rundstedt gave first priority to the immediate problems. They were far worse than even he had anticipated.

The picture was bleak. Before his dismissal by Hitler in July, Von Rundstedt had command of 62 divisions. Now, his Operations Chief, Lieutenant-General Bodo Zimmermann, produced an ominous balance sheet. In the two army groups, he told the Field Marshal, there were '48 "paper" divisions, 15 *panzer* divisions and four brigades with almost no tanks.' So weak in men, equipment and artillery were these 48 divisions, stressed Zimmermann, that in his view they constituted 'a combat power equivalent to only 27 divisions.' This force was less than 'half the strength of the Allies.' Von Rundstedt learned that his staff believed Eisenhower had at least 60 divisions, completely motorized and at full strength. (This estimate was wrong. Eisenhower had, at this moment, 49 divisions on the Continent.)

As for German *panzer* forces, they were virtually non-existent. Along the entire front, against the Allies' estimated strength of more than 2,000 tanks, there were only 100 *panzers* left. The *Luftwaffe* had been virtually destroyed; above the battlefield, the Allies had complete aerial supremacy. Von Rundstedt's own grim summing-up was that in troops, most of whom were exhausted and demoralized, he was outnumbered more than 2 to 1; in artillery by 2½ guns to 1; in tanks, 20 to 1; and in planes, 25 to 1.* Besides there were grave shortages in petrol, transportation and ammunition. As Von Rundstedt's new Chief of Staff General Siegfried Westphal was later to recall, 'The situation was desperate. A major defeat anywhere along the front—which was so full of gaps that it did not deserve the name—would lead to catastrophe if the enemy were to fully exploit the opportunities.'

Lieutenant-General Blumentritt, fully agreeing with Westphal's view, was even more specific.† In his opinion, if the Allies mounted 'a major thrust resulting in a breakthrough anywhere' collapse would follow. The only capable troops Von Rundstedt had were those facing General George S. Patton's U.S. Third Army driving towards Metz and heading for the industrial region of the Saar. These forces might delay Patton but they were not strong enough to stop him. Rather than waste precious time, it seemed to Blumentritt that the Allies would strike where the Germans were weakest: by attempting a powerful thrust in the north to cross the Rhine and move into the Ruhr. That drive, he believed, might be given

* German losses in men and material had been staggering. In the 92 days since the invasion of Normandy, 300,000 German troops had been killed or wounded or were missing; another 200,000 were surrounded, holding 'last ditch fortresses' such as ports or in the Channel Islands. Some 53 German divisions had been destroyed, and strewn across France and Belgium were vast quantities of material including at least 1,700 tanks, 3,500 guns, thousands of armoured vehicles and horse-drawn or motorized transports, and mountains of equipment and supplies ranging from small arms to vast ammunition dumps. The casualties included two field marshals and more than 20 generals.

† To Von Rundstedt's annoyance, General Blumentritt, who had long been his Chief of Staff and most trusted confidant, was replaced by General Westphal on September 5th and ordered back to Germany. Von Rundstedt protested the change to no avail. Blumentritt did, however, attend the early conferences in Aremberg and did not leave the headquarters until September 8th.

priority by the Americans and the British because, as he later put it, 'He who holds northern Germany, holds Germany.'

Von Rundstedt had already reached the same conclusion. Seizing the Ruhr was undoubtedly the major Allied objective. The British and Americans in the north were driving in that direction, towards the frontier at Aachen. There was little to stop them from penetrating the unmanned, outdated Siegfried Line, crossing Germany's last natural barrier, the vital Rhine, and striking into the Reich's industrial heart.

Von Rundstedt's analytical mind had seized on one more fact. Eisenhower's skilled and highly trained airborne forces, used so successfully in the Normandy invasion, had disappeared off German situation maps. They were not being used as infantry. Obviously these forces had been withdrawn, preparatory to another airborne operation. But where, and when? It was logical that an airborne drop would coincide with a drive on the Ruhr. In Von Rundstedt's view such an attack might come at either of two key areas: behind the *Westwall* fortifications, or east of the Rhine to seize bridgeheads. In fact, Field Marshal Model, several days earlier, had expressed the same fear in a message to Hitler, stressing the possibility as an 'acute threat.' Equally, Von Rundstedt could not discount the possibility of the entire Allied front moving forward simultaneously towards the Ruhr *and* the Saar with airborne troops committed at the same time. The Field Marshal could see no solution to any of these impending threats. Allied opportunities were too many and too varied. His only option was to try to bring order out of chaos and to buy time by outguessing Allied intentions, if he could.

Von Rundstedt did not underestimate Eisenhower's intelligence of the German predicament. But, he pondered, was the Allied command really aware how desperate the situation was? The truth was that he was fighting, as he put it to Blumentritt, with 'rundown old men' and the pillboxes of the *Westwall* would be 'absolutely useless against an Allied onslaught.' It was 'madness,' he said, 'to defend these mouse holes for reasons of prestige.' Nevertheless, the ghostly Siegfried Line must be given substance, its fortifications readied and manned. Tersely, Von Rundstedt told his staff: 'We must somehow hold for at least six weeks.'

Studying each aspect of the situation confronting him, diagramming possible Allied moves and weighing each alternative, he noted that the most vigorous attacks were still being made by Patton, heading for the Saar. In the north British and American pressure was noticeably less. Von Rundstedt thought he detected an absence of movement, almost a pause, in that area. Turning his attention to Montgomery's front, as Blumentritt was later to remember, Von Rundstedt concentrated on the situation at Antwerp. He was intrigued by reports that, for more than 36 hours now, the British had mounted no drive north from the city, nor had they cut the South Beveland peninsula. Obviously, Antwerp's great harbour facilities would solve Allied supply problems. But they could not use the port if both sides of the 54-mile-long estuary leading to it remained in German hands. To the Field Marshal, it seemed clear that the let-up he had noted was real: a definite Allied slow-down had occurred, particularly in Montgomery's area.

Throughout his career, Von Rundstedt had closely studied British military tactics; he had also, to his own misfortune, been able to observe American warfare at first hand. He had found the Americans more imaginative and daring in the use of armour, the British superb with infantry. In each case, however, commanders made the difference. Thus, Von Rundstedt considered Patton a far more dangerous opponent than Montgomery. According to Blumentritt, Von Rundstedt viewed Field Marshal Montgomery as 'over-cautious, habit-ridden and systematic.' Now the Field Marshal weighed the significance of Montgomery's tardiness. With the other Channel ports still in German hands, Von Rundstedt saw Antwerp as essential to Eisenhower's advance—so why had Montgomery not moved for 36 hours and apparently failed to secure the second largest port in Europe? There could be only one reason: Montgomery was not ready to continue the attack. Von Rundstedt was certain that he would not depart from habit. The British would never attack until the meticulous, detail-minded Montgomery was fully prepared and supplied. The answer therefore, Von Rundstedt reasoned, was that the British had over-extended themselves. This was not a pause, Von Rundstedt told his staff. Montgomery's pursuit, he was convinced, had ground to a halt.

Quickly, Von Rundstedt turned his attention to Model's orders of the previous 24 hours. Because now, if his theory was right, Von Rundstedt saw a chance not only to deny the port of Antwerp to the Allies but, equally important, to save General Van Zangen's trapped Fifteenth Army, a force of more than 80,000 men—men that Von Rundstedt desperately needed.

From Model's orders he saw that, while Van Zangen had been told to hold the southern bank of the Schelde and reinforce the Channel ports, he had also been ordered to attack with the remainder of his troops northeast into the flank of the British drive—an attack scheduled to take place on the morning of the 6th. Without hesitation, Von Rundstedt cancelled that attack. Under the circumstances, he saw no merit to it. Besides, he had a bolder, more imaginative plan. The first part of Model's orders could stand because, now, holding the Channel ports was more important than ever. But instead of attacking northeast, Van Zangen was ordered to evacuate his remaining troops by sea, across the waters of the Schelde to the island of Walcheren. Once on the northern bank of the estuary, Van Zangen's troops could march eastward along the one road running from Walcheren Island, across the South Beveland peninsula until they reached the Dutch mainland north of Antwerp. Because of Allied air power, ferrying operations across the three-mile mouth of the Schelde, between the ports of Breskens and Flushing, would have to take place at night. Nevertheless, with luck, a good portion of the Fifteenth Army might be safely withdrawn within two weeks. Von Rundstedt knew the plan was hazardous but he saw no other course for, if successful, he would have almost an entire German army, battered though it might be, at his disposal. More than that he would still—unbelievably—control the vital port of Antwerp. But the success of the operation would depend entirely on Von Rundstedt's hunch that Montgomery's drive had indeed come to a halt.

Von Rundstedt was sure of it. Further, he was banking that Montgomery's slow-up held a far deeper significance. Because of over-extended communications and supply lines, he was convinced, the Allied breakneck pursuit had reached its limit. At the close of the conference, as Blumentritt was later to recall, 'Von Rundstedt looked at us and suggested the incredible possibility that, for once, Hitler might be right.'

Hitler's and Von Rundstedt's estimates of the situation, although only partially correct, were far more accurate than either realized. The precious time Von Rundstedt needed to stabilize his front was being provided by the Allies themselves. The truth was that the Germans were losing faster than the Allies could win.

[6]

Even as Von Rundstedt gambled desperately to save the trapped Fifteenth Army, Major-General George Phillip Roberts, Commander of the British 11th Armoured Division, 150 miles away in Antwerp, was jubilantly informing his superiors of a startling development. His men had captured not only the city but the huge port as well.

Together with the Guards Armoured Division, Roberts' tanks had made an extraordinary dash of more than 250 miles in just five days. The spearhead of Lieutenant-General Miles C. Dempsey's great British Second Army had been ordered by Lieutenant-General Brian Horrocks, XXX Corps Commander, to 'keep going like mad.' Leaving the Guards to capture Brussels, Roberts' division bypassed the city and, in the early hours of September 4th, with the courageous help of the Belgian underground, had entered Antwerp. Now, some 36 hours later, after clearing the deep-sea complex of a stunned and panic-stricken enemy, Roberts reported that his men had captured Antwerp's huge 1,000-acre harbour area intact. Warehouses, cranes, bridges, three-and-a-half miles of wharves, quays, locks, dry-docks rolling stock—and, unbelievably, even the all-important electrically controlled sluice gates, in full working order—had been seized.

German plans to demolish the port had failed. Explosives had been placed on major bridges and other key installations but, overwhelmed by the spectacular speed of the British and resistance groups (among them Belgian engineers who knew exactly where the demolitions were planted), the disorganized German garrison never had a chance to destroy the vast harbour facilities.

The 37-year-old Roberts had brilliantly executed his orders. Unfortunately, in one of the greatest miscalculations of the European war, no one had directed him to take advantage of the situation—that is, strike north, grab bridgeheads over the Albert Canal in the northern suburbs, and then make a dash for the base of the South Beveland peninsula only 18 miles away. By holding its two-mile-wide neck, Roberts could have bottled up German forces on the isthmus, preparatory to clearing the vital northern bank. It was a momentous oversight.* The port of Antwerp, one of the war's

* Wrote the late B. H. Liddell Hart, the celebrated British military historian, in his *History of the Second World War*: 'It was a multiple lapse—by four

major prizes, was secured, but its approaches, still held by the Germans, were not. This great facility, which could have shortened and fed Allied supply lines all along the front, was useless. Yet nobody, in the heady atmosphere of the moment, saw this oversight as more than a temporary condition. Indeed, there seemed no need to hurry. With the Germans reeling, the mop-up could take place at any time. The 11th Armoured, its assignment completed, held its positions awaiting new orders.

The magnificent drive of Dempsey's armoured forces in the north, equalling that of Patton's south of the Ardennes, had run its course—though, at this moment, few realized it. Roberts' men were exhausted, short on petrol and supplies. The same was true of the remainder of General Brian Horrocks' XXX Corps. Thus, on this same afternoon, the relentless pressure that had thrown the Germans back in the north, shattered and demoralized, suddenly relaxed. The blunder at Antwerp was compounded as the British came to a halt to 'refit, refuel, and rest.'

General Horrocks, the XXX Corps' capable and dynamic commander, was not even thinking about Antwerp.* Like Field Marshal Montgomery, Commander of the British 21st Army Group, his

---

commanders from Montgomery downwards. . . .' Charles B. MacDonald, the American historian, in *The Mighty Endeavor*, agrees with Liddell Hart. He called the failure 'One of the greatest tactical mistakes of the war.' The best and most detailed account on the cost of Antwerp is undoubtedly *The 85 Days* by R. W. Thompson, and I agree with him that one of the main reasons for the missed opportunity was 'weariness.' Men of the 11th Armoured, he wrote, 'slept where they sat, stood or lay, drained of emotion, and in utter exhaustion.' If we accept his theory it is doubtful that Roberts' 11th could have continued its drive with the same vigour. Nevertheless, Antwerp and its vital approaches, argues Thompson, might have been taken with ease 'had there been a commander following the battle, hour by hour, day by day, and with the flexibility of command to see the prospect.'

* Horrocks, in his memoirs, *A Full Life* (Collins, 1960), gives a very frank explanation. 'My excuse is that my eyes were fixed entirely on the Rhine and everything else seemed of subsidiary importance. It never entered my head that the Schelde would be mined and that we would not be able to use Antwerp until the channel had been swept and the Germans cleared from the coastlines on either side . . . Napoleon would, no doubt, have realized these things but Horrocks didn't.' He also readily admits there was little opposition ahead of him and 'we still had 100 miles of petrol per vehicle and one further day's supply within reach.' There would have been 'considerable risk' but 'I believe that if we had taken the chance and carried straight on with our advance, instead of halting in Brussels, the whole course of the war in Europe might have been changed.'

attention was focused on another target: the crossing of the Rhine and a swift end to the war. Only a few hours earlier, elated at the verve and dash of his armies, Montgomery had cabled the Supreme Commander, General Dwight D. Eisenhower: 'We have now reached a stage where a really powerful and full-blooded thrust towards Berlin is likely to get there and thus end the war.'

In London, Prince Bernhard of The Netherlands conferred with Queen Wilhelmina and then telephoned to his wife, Princess Juliana, in Canada. He urged her to fly immediately to England, ready to return to The Netherlands the moment the country was freed. Their long exile was about to end. The liberation, when it came, would be swift. They must be ready. Yet Bernhard was uneasy.

Over the past 72 hours messages reaching him from the Resistance had again and again underscored the German panic in Holland, repeated the news that the retreat, begun on September 2nd, was still in progress. Now, on the 5th, underground leaders reported that although the Germans were still disorganized, the exodus appeared to be slowing down. Bernhard had also heard from the Dutch Prime Minister in exile. Prime Minister Gerbrandy was somewhat embarrassed. Obviously his September 3rd broadcast was premature; Allied troops had most certainly not crossed the Dutch border as yet. The Prince and the Prime Minister pondered the reason. Why had the British not moved? Surely, from the underground messages they received, the situation in Holland was clear.

Bernhard had little military training and was dependent on his own advisers, yet he was puzzled.* If the Germans were still disorganized and, as his Resistance leaders believed, a 'thrust by a few tanks' could liberate the country 'in a matter of hours'—why, then,

* The young Prince, although named Commander-in-Chief of The Netherlands Forces by the Queen, was quite frank in interviews with the author regarding his military background. 'I had no tactical experience,' he told me, 'except for a course at the War College before the war. I followed this up with courses in England but most of my military knowledge was learned in a practical way by reading and by discussions with my officers. However, I never considered myself experienced enough to make a tactical decision. I depended on my staff who were very well qualified.' Nevertheless Bernhard took his job very seriously. In his meticulously-kept personal diary for 1944, which he kindly placed at my disposal, he recorded in minuscule handwriting each movement, almost minute by minute, from telephone calls and military conferences to official functions. During this period, based on his own notations, I would estimate that his average working day was about 16 hours.

didn't the British proceed? Perhaps Montgomery disbelieved the reports of the Dutch Resistance because he considered them amateurish or unreliable. Bernhard could find no other explanation. Why else would the British hesitate, instead of instantly crossing the border? Although he was in constant touch with his Ministers, the U.S. Ambassador-at-Large, Anthony Biddle, and Eisenhower's Chief of Staff, Bedell Smith, and as a result was well aware that, at this moment, the advance was so fluid that the situation was changing almost hour by hour, nevertheless Bernhard thought he would like first-hand information. He made a decision: he would request permission of SHAEF to fly to Belgium and see Field Marshal Montgomery himself as soon as possible. He had every faith in the Allied high command, and, in particular, Montgomery. Still, if something was wrong, Bernhard had to know.

At his spartan, tented headquarters in the Royal Palace Gardens at Laeken, a few miles from the centre of Brussels, Field Marshal Bernard Law Montgomery impatiently waited for an answer to his coded 'Personal for Eisenhower Eyes Only' message. Its urgent demand for a powerful and full-blooded thrust to Berlin was sent in the late hours of September 4th. Now, by midday on September 5th, the brusque, wiry, 58-year-old hero of El Alamein waited for a reply and impatiently fretted about the future course of the war. Two months before the invasion of Normandy he had said, 'If we do our stuff properly and no mistakes are made, then I believe that Germany will be out of the war this year.' In Montgomery's unalterable opinion, a momentous strategic mistake had been made just before the Allies captured Paris and crossed the Seine. Eisenhower's 'broad-front policy'—moving his armies steadily forward to the borders of the Reich, then up to the Rhine—may have been valid when planned before the invasion but, with the sudden disorderly collapse of the Germans, Montgomery believed, as he himself put it, that strategy had become 'unstitched.' And all his military training told him 'we could not get away with it and . . . would be faced with a long winter campaign with all that entailed for the British people.'

On August 17th he had proposed to General Omar N. Bradley, the U.S. 12th Army Group Commander, a single-thrust plan. Both his own and Bradley's army groups should stay 'together as a solid mass of 40 divisions, which would be so strong that it need fear

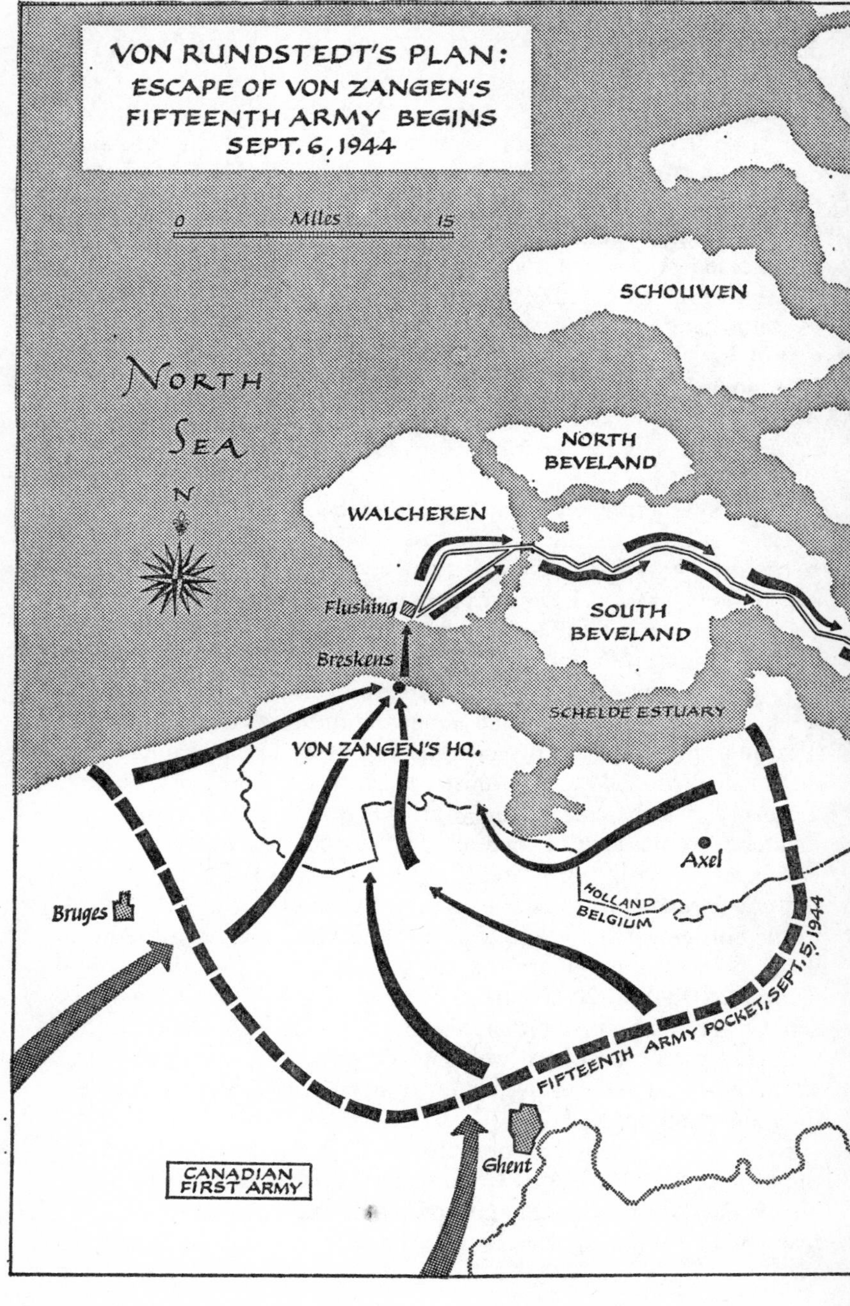

VON RUNDSTEDT'S PLAN:
ESCAPE OF VON ZANGEN'S
FIFTEENTH ARMY BEGINS
SEPT. 6, 1944
0 Miles 15
SCHOUWEN
NORTH
SEA
N
NORTH
BEVELAND
WALCHEREN
Flushing
SOUTH
BEVELAND
Breskens
SCHELDE ESTUARY
VON ZANGEN'S HQ.
Axel
HOLLAND
BELGIUM
Bruges
FIFTEENTH ARMY POCKET, SEPT. 5, 1944
CANADIAN
FIRST ARMY
Ghent

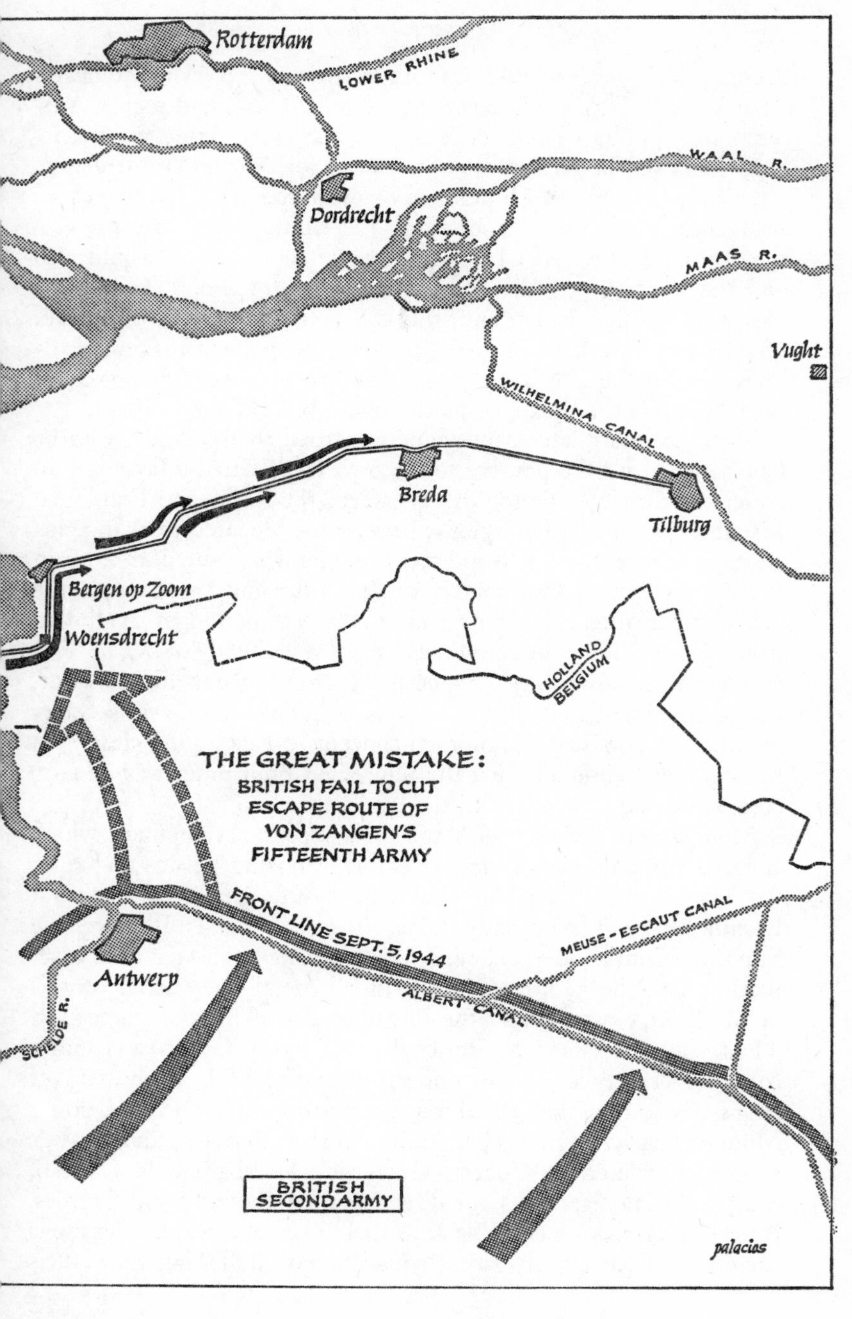
Rotterdam
LOWER RHINE
WAAL R.
Dordrecht
MAAS R.
Vught
WILHELMINA CANAL
Breda
Tilburg
Bergen op Zoom
Woensdrecht
HOLLAND
BELGIUM
THE GREAT MISTAKE:
BRITISH FAIL TO CUT
ESCAPE ROUTE OF
VON ZANGEN'S
FIFTEENTH ARMY
FRONT LINE SEPT. 5, 1944
MEUSE - ESCAUT CANAL
ALBERT CANAL
Antwerp
SCHELDE R.
BRITISH
SECOND ARMY
palacias

nothing. This force should advance northeastward.' Montgomery's 21st Army Group would clear the Channel coast, and secure Antwerp and southern Holland. Bradley's U.S. 12th Army Group, its right flank on the Ardennes, would head for Aachen and Cologne. The basic objective of Montgomery's proposed drive was to 'secure bridgeheads over the Rhine before the winter began and to seize the Ruhr quickly.' In all probability, he theorized, it would also end the war. Montgomery's plan called for three of Eisenhower's four armies—the British 2nd, the U.S. 1st, and the 1st Canadian. The fourth, Patton's U.S. 3rd Army, at this moment making headlines around the world for its spectacular advances, Montgomery dismissed. He calmly suggested it should be brought to a halt.

Some 48 hours later Montgomery learned that Bradley, who he had believed was responsive to his own idea, actually favoured an American thrust—a Patton drive towards the Rhine and Frankfurt. Eisenhower rejected both plans; he was not prepared to change his strategic concept. The Supreme Commander wanted to remain flexible enough to thrust both to the Ruhr and the Saar as the occasion permitted. To Montgomery, this was no longer the 'broad front policy' but a double-thrust plan. Everybody now, he felt, was 'going his own way'—especially Patton, driving for the Saar, who seemed to be allowed enormous latitude. Eisenhower's determination to persist in his original concept revealed quite clearly, in Montgomery's opinion, that the Supreme Commander was 'in fact, completely out of touch with the land battle.'

Montgomery's view was based on a recent development which angered him and, he felt, demeaned his own role. He was no longer the overall coordinator of the land battle. On September 1st Eisenhower had personally taken over command. Because the Supreme Commander believed Montgomery 'a master of the set battle piece,' he had given the British general operational control of the D-Day assault and the initial period of fighting thereafter. Thus, General Omar N. Bradley's 12th Army Group was under Montgomery. Press stories appearing in the U.S. at the end of August revealing that Bradley's army group still operated under Montgomery created such a public furore that Eisenhower was promptly ordered by General George C. Marshall, U.S. Chief of Staff, to 'immediately assume direct command' of all ground forces. American armies reverted back to their own command. The move caught Montgomery off-base. As his Chief of Staff, General Francis de Guingand, later put it: 'Montgomery . . . never, I believe, thought that the day would come so soon. Possibly he hoped that the initial command set up was there to stay for a long time. He was, I think, apt to give insufficient weight to the dictates of prestige and national feelings, or to the increasing contribution of America, in both men and arms . . . it was obvious, however, to most of us that it would have been an impossible situation for a British General and a British Headquarters to retain command of these more numerous American formations indefinitely.'* It may have been obvious to his staff but not to Montgomery. He felt publicly humiliated.†

It was hardly a secret that Monty and his superior, Sir Alan Brooke, Chief of the Imperial General Staff, were highly critical of Eisenhower. Both men considered him ambivalent and indecisive. In a letter to Montgomery on July 28th, Brooke commented that Eisenhower had only 'the very vaguest conception of war!' On another occasion he summed up the Supreme Commander as 'a most attractive personality,' but with 'a very, very limited brain from a strategic point of view.' Montgomery, never a man to mince words, saw 'right from the beginning that Ike had simply no experience for the job,' and while history, he felt, would record Eisenhower 'as a very good Supreme Commander, as a field commander he was very bad, very bad.'‡ Angrily, Montgomery began promoting the idea of an overall 'Land Forces Commander'—a post sandwiched between the army groups and Eisenhower. He knew just the man for the job—himself. Eisenhower was well aware of the underground campaign. He remained calm. The Supreme Commander was, in his way, as obstinate as Montgomery. His orders from General Marshall were clear and he had no intention of entertaining the idea of any overall ground commander other than himself.

Montgomery had no opportunity to discuss his single thrust plan or his thoughts about a land forces commander directly with Eisenhower until August 23rd when the Supreme Commander

* *Generals at War*, by Major-General Francis de Guingand, Hodder and Stoughton Ltd., 1964, pp. 100–1.

† Montgomery and the British public, as outraged as he, were somewhat mollified when George VI, at Churchill's strong urging, made Montgomery a Field Marshal on September 1st.

‡ Author's interview with Field Marshal Montgomery.

came to lunch at 21st Army Group Headquarters. Then the fractious Montgomery, with extraordinary tactlessness, insisted on a private conversation with the Supreme Commander. He demanded that Eisenhower's Chief of Staff, General Bedell Smith, be excluded from the conference. Smith left the tent and for an hour Eisenhower, grimly keeping his temper, was lectured by his subordinate on the need for 'a firm and sound plan.' Montgomery demanded that Eisenhower 'decide where the main effort would be' so that 'we could be certain of decisive results quickly.' Again and again he pressed for the 'single thrust,' warning that if the Supreme Commander continued the 'broad-front strategy with the whole line advancing and everyone fighting all the time, the advance would inevitably peter out.' If that happened, Montgomery warned, 'the Germans would gain time to recover and the war would go on all through the winter and well into 1945. If we split the maintenance,' Montgomery said, 'and advance on a broad front we shall be so weak everywhere we'll have no chance of success.' To his mind there was only one policy: 'to halt the right and strike with the left, or halt the left and strike with the right.' There could only be one thrust and everything should support it.

Eisenhower saw Montgomery's proposal as a gigantic gamble. It might produce speedy and decisive victory. It might instead result in disaster. He was not prepared to accept the risks involved. Nevertheless he found himself caught between Montgomery on one side and Bradley and Patton on the other—each advocating 'the main thrust,' each wanting to be entrusted with it.

Up to this point, Montgomery, notorious for his slow-moving, if successful, tactics, had yet to prove that he could exploit a situation with the speed of Patton—and, at this moment, Patton's army, far ahead of everyone else, had crossed the Seine and was racing towards Germany. Diplomatically, Eisenhower explained to Montgomery that, whatever the merits of a single thrust, he could hardly hold back Patton and stop the U.S. Third Army in its tracks. 'The American people,' said the Supreme Commander, 'would never stand for it and public opinion wins wars.' Montgomery heatedly disagreed. 'Victories win wars,' he announced. 'Give people victory and they won't care who won it.'

Eisenhower was not impressed. Although he did not say so at the time, he thought Montgomery's view was 'much too narrow,' and that the Field Marshal did not 'understand the overall situation.'

Eisenhower explained to Montgomery that he wanted Patton to continue east so that a link-up might be effected with the American and French forces advancing from the south. In short, he made it quite clear that his 'broad-front policy' would continue.

Montgomery turned for the moment to the subject of a land commander. 'Someone must run the land battle for you.' Eisenhower, Montgomery declared, should 'sit on a very lofty perch in order to be able to take a detached view of the whole intricate problem—which involves land, sea, air, etc.' He retreated from arrogance to humility. If the matter of 'public opinion in America was involved,' Montgomery declared, he would gladly 'let Bradley control the battle and serve under him.'

Eisenhower quickly dismissed the suggestion. Placing Bradley over Montgomery would be as unacceptable to the British people as the reverse would be to the Americans. As for his own role he could not, he explained, deviate from the plan to take personal control of the battle. But, in seeking a solution to some of the immediate problems, he was ready to make some concessions to Montgomery. He needed the Channel ports and Antwerp. They were vital to the entire Allied supply problem. Thus, for the moment, Eisenhower said, priority would be given to the 21st Army Group's northern thrust. Montgomery could use the First Allied Airborne Army in England—at the time SHAEF's only reserve. Additionally, he could have the support of the U.S. First Army moving on his right.

Though Montgomery had, in the words of General Bradley, 'won the initial skirmish,' he was far from satisfied. It was his firm conviction that Eisenhower had missed the 'great opportunity.' Patton shared that view—for different reasons—when the news reached him. Not only had Eisenhower given supply priority to Montgomery at the expense of the U.S. Third Army, but he had also rejected Patton's proposed drive to the Saar. To Patton, it was 'the most momentous error of the war.'

In the two weeks since this clash of personalities and conflicting military philosophies had taken place, much had happened. Montgomery's 21st Army Group now rivalled Patton's in speed. By September 5th, with his advance units already in Antwerp, Montgomery was more convinced than ever that his single-thrust concept was right. He was determined to reverse the Supreme Commander's decision. A crucial turning point in the conflict had been reached.

The Germans, Montgomery was convinced, were teetering on the verge of collapse.

He was not alone in this view. On nearly every level of command, intelligence officers were forecasting the imminent end of the war. The most optimistic estimate came from the Combined Allied Intelligence Committee in London. The German situation had deteriorated to such an extent that the group believed the enemy incapable of recovery. There was every indication, their estimate said, that 'organized resistance under the control of the German high command is unlikely to continue beyond December 1, 1944 and . . . may end even sooner.' Supreme Headquarters shared this optimism. At the end of August, SHAEF's intelligence summary declared that 'the August battles have done it and the enemy in the west has had it. Two and one-half months of bitter fighting have brought the end of the war in Europe in sight, almost within reach.' Now, one week later, they considered the German army 'no longer a cohesive force but a number of fugitive battle groups, disorganized and even demoralized, short of equipment and arms.' Even the conservative Director of Military Operations at the British War Office, Major-General John Kennedy, noted on September 6th that 'If we go at the same pace as of late, we should be in Berlin by the 28th. . . .'

In this chorus of optimistic predictions there seemed only one dissenting voice. The U.S. Third Army's Intelligence Chief, Colonel Oscar W. Koch, believed the enemy still capable of waging a last-ditch struggle and warned that 'barring internal upheaval in the homeland and the remote possibility of insurrection within the *Wehrmacht* . . . the German armies will continue to fight until destroyed or captured.'* But his own intelligence officer's cautious appraisal meant little to the Third Army's ebullient commander, Lieutenant-General George S. Patton. Like Montgomery in the north, Patton in the south was now only 100 miles from the Rhine. He, too, believed the time had come, as Montgomery had put it, 'to stick our neck out in a single deep thrust into enemy territory,' and finish off the war. The only difference lay in their views of who was to stick out his neck. Both commanders, flushed with victory and bidding for glory, now vied for that opportunity. In his zeal, Montgomery had narrowed his rivalry down to Patton alone: a

* For a more detailed version of Allied intelligence estimates see pp. 244–5 of *The Supreme Command*, by Dr. Forrest C. Pogue, published by OCMH 1954.

British Field Marshal in charge of an entire army group was trying to outrace an American Lieutenant-General in charge of a single army.

But all along the front the fever of success gripped battle commanders. After the spectacular sweep across France and Belgium and with evidence of German defeat all around, men now confidently believed that nothing could stop the victorious surge from continuing through the Siegfried Line and beyond—into the heart of Germany. Yet keeping the enemy off-balance and disorganized demanded constant, unremitting Allied pressure. Supporting that pressure had now produced a crisis that few seemed aware of. The heady optimism bordered on self-deception for, at this moment, Eisenhower's great armies, after a hectic dash of more than 200 miles from the Seine, were caught up in a gigantic maintenance and supply problem. After six weeks of almost non-stop advance against little opposition, few noted the sudden loss of momentum. But as the first tanks approached Germany's threshold and at places began probing the *Westwall* itself, the advance began to slow. The Allied pursuit was over—strangled by its own success.

The chief problem crippling the advance was the lack of ports. There was no shortage of supplies but these were stockpiled in Normandy, still being brought in across the beaches or through the only workable port, Cherbourg—some 450 miles behind the forward elements. Supplying four great armies in full pursuit from so far back was a nightmarish task. A lack of transportation added to the creeping paralysis. Rail networks, bombed in pre-invasion days or destroyed by the French underground, could not be repaired fast enough. Petrol pipelines were only now being laid and extended. As a result, everything from rations to petrol was being hauled by road—and there was a frustrating shortage of trucks.

To keep abreast of the pursuit which, day by day, pushed farther east, every kind of vehicle was being pressed into service. Artillery, anti-aircraft guns and spare tanks had been unloaded from their conveyors and left behind so that the conveyors could be used to carry supplies. Divisions had been stripped of their transport companies. The British had left one entire corps west of the Seine so that its transport could service the rest of the speeding army. Montgomery's difficulties mounted with the discovery that 1,400 British three-ton trucks were useless because of faulty pistons.

Now, in herculean efforts to keep the pursuit going without pause, a ceaseless belt of trucks—the 'Red Ball Express'—hammered east, delivered their supplies and then swung back to the west for more, some convoys often making a gruelling round trip of between 600 and 800 miles. Even with all available transport moving round-the-clock and with commanders in the field applying the most stringent economies, the supply demands of the armies could not be met. Taxed beyond its capabilities, the makeshift supply structure had almost reached the breaking point.

Besides the acute transportation problem, men were tired, equipment worn out after the catapult-like advance from Normandy. Tanks, half-tracks and vehicles of every description had been driven so long without proper maintenance that they were breaking down. Overshadowing everything was a dangerous shortage of petrol. Eisenhower's armies, needing one million gallons per day, were receiving only a fraction of that amount.

The effect was critical. In Belgium, as the enemy fled before it, an entire corps of the U.S. First Army was halted for four days, its tanks dry. Patton's U.S. Third Army, more than 100 miles ahead of everyone else, and meeting little opposition, was forced to halt for five days on the Meuse because armoured columns were out of petrol. Patton was furious when he discovered that of the 400,000 gallons of petrol ordered, he had received only 32,000 due to priority cutbacks. He promptly ordered his leading corps commander: 'Get off your fanny as fast as you can and move on until your engines run dry, then get out and walk, Goddamnit!' To his headquarters' staff, Patton raged that he was 'up against two enemies—the Germans and our own high command. I can take care of the Germans, but I'm not sure I can win against Montgomery and Eisenhower.' He tried. Convinced that he could bludgeon his way into Germany in a matter of days, Patton furiously appealed to Bradley and Eisenhower. 'My men can eat their belts,' he stormed, 'but my tanks have gotta have gas.'

The crushing defeat of the Germans in Normandy and the systematic and speedy annihilation of their forces following the breakout had caused the logistical crisis. On the assumption that the enemy would hold and fight on the various historic river lines, pre-invasion planners had anticipated a more conservative advance. A pause for regrouping and massing of supplies, it was assumed, would take place after the Normandy beachhead had been secured and channel ports captured. The lodgment area was expected to lie west of the River Seine which, according to the projected timetable, would not be reached until September 4th (D plus 90 days). The sudden disintegration of the enemy's forces and their headlong flight east had made the Allied timetable meaningless. Who could have foreseen that by September 4th Allied tanks would be 200 miles east of the Seine and in Antwerp? Eisenhower's staff had estimated that it would take approximately 11 months to reach the German frontier at Aachen. Now, as tank columns approached the Reich, the Allies were almost seven months ahead of their advance schedule. That the supply and transportation system, designed for a much slower rate of progress, had stood up to the strain of the hectic pursuit at all was close to miraculous.

Yet, in spite of the critical logistical situation, no one was ready to admit that the armies must soon halt or that the pursuit was over. 'Every commander from division upwards,' Eisenhower later wrote, was 'obsessed with the idea that with only a few more tons of supply, he could rush right on and win the war.... Each commander, therefore, begged and demanded priority over all others and it was quite undeniable that in front of each were opportunities for quick exploitation that made the demands completely logical.' Still, the optimism had infected even the Supreme Commander. It was obvious that he believed the impetus of the advance could be maintained long enough for the Allied armies to overrun the Siegfried Line before the Germans had a chance to defend it, for he saw signs of 'collapse' on the 'entire front.' On September 4th he directed that Bradley's '12th Army Group will capture the Saar and the Frankfurt area.' Montgomery's '21st Army Group will capture the Ruhr and Antwerp.'

Even Patton seemed appeased by the announcement. Now he was sure that, given adequate supplies, his powerful U.S. Third Army could, by itself, reach the industrial Saar and then dash on all the way to the Rhine.* And in the unparalleled atmosphere of victory

* Patton's weekly press conferences were always newsworthy, but especially memorable for the General's off-the-record remarks which—because of his colourful vocabulary—could never have been printed anyway. That first week of September, as a war correspondent for the *Daily Telegraph*, I was present when, in typical fashion, he expounded on his plans for the Germans. In his high-pitched voice and pounding the map, Patton declared that, 'Maybe there are 5,000, maybe 10,000 Nazi bastards in their concrete foxholes before

that prevailed, Montgomery, with his coded message of September 4th, once again doggedly pressed his case. This time he went far beyond his proposal of August 17th and his conversation with Eisenhower on August 23rd. Convinced that the Germans were broken, the commander of the British 21st Army Group believed that he could not only reach the Ruhr but race all the way to Berlin itself.

In his nine-paragraph message to Eisenhower, Montgomery spelled out again the reasons that convinced him the moment had come for a 'really powerful and full-blooded thrust.' There were two strategic opportunities open to the Allies, 'one via the Ruhr and the other via Metz and the Saar.' But, he argued, because 'we have not enough resources, two such drives could not be maintained.' There was a chance for only one—his. That thrust, the northern one 'via the Ruhr,' was, in Montgomery's opinion, 'likely to give the best and quickest results.' To guarantee its success, Monty's single thrust would need 'all the maintenance resources . . . without qualification.' He was now clearly impatient of any other considerations. He was going on record both as to the worth of his own plan and his skill and belief in himself as the one man to carry it off. Other operations would have to get along with whatever logistical support remained. There could be no compromise, he warned the Supreme Commander. He dismissed the possibility of two drives because 'it would split our maintenance resources so that neither thrust is full-blooded' and as a result 'prolong the war.' As Montgomery saw the problem it was 'very simple and clear-cut.' But time was of 'such vital importance . . . that a decision is required at once.'

Acrid and autocratic, the most popular British commander since Wellington was obsessed by his own beliefs. Considering the acute logistical situation, he reasoned that his single-thrust theory was now more valid than it had been two weeks before. In his intractable way—and indifferent as to how the tone of his message might be received—Montgomery was not merely suggesting a course of action for the Supreme Commander; the Field Marshal was dictating one. Eisenhower must halt all other armies in their tracks—in particular Patton's—so that all resources could be put behind his

---

the Third Army. Now, if Ike stops holding Monty's hand and gives me the supplies, I'll go through the Siegfried Line like shit through a goose.'

single drive. And his Signal No. M-160 closed with a typical example of Montgomery's arrogance. 'If you are coming this way perhaps you would look in and discuss it,' he proposed. 'If so, delighted to see you lunch tomorrow. Do not feel I can leave this battle just at present.' That his closing words bordered on the insolent seemed not to occur to Montgomery in his anxiety that this last chance to finish off the Germans must not be lost. Limpet-like, he clung to his single-thrust plan. For now he was sure that even Eisenhower must realize that the time had come to strike the final blow.

In the bedroom of his villa at Granville on the western side of the Cherbourg peninsula, the Supreme Commander read Montgomery's Signal No. M-160 with angry disbelief. The 55-year-old Eisenhower thought Montgomery's proposal 'unrealistic' and 'fantastic.' Three times Montgomery had nagged him to exasperation about single-thrust schemes. Eisenhower thought he had settled the strategy conflict once and for all on August 23rd. Yet now Montgomery was not only advocating his theory once again but he was proposing to rush all the way to Berlin. Usually calm and congenial, Eisenhower now lost his temper. 'There isn't a single soul who believes this can be done, except Montgomery,' he exploded to members of his staff. At this moment, to Eisenhower's mind, the most urgent matter was the opening of the Channel ports, especially Antwerp. Why could Montgomery not understand that? The Supreme Commander was only too well aware of the glittering opportunities that existed. But, as he told the Deputy Supreme Commander, Marshal of the Royal Air Force Sir Arthur Tedder, and SHAEF's Assistant Chief of Staff Lieutenant-General Frederick Morgan, for Montgomery 'to talk of marching to Berlin with an army which is still drawing the great bulk of its supplies over the beaches is fantastic.'

The Field Marshal's message could hardly have come at a worse time. The Supreme Commander was propped up in bed, his right knee in a cast, as a consequence of an injury of which Montgomery, at the moment, was unaware. Eisenhower had more cause than this, however, to be edgy. Leaving the main body of SHAEF in London, he had come to the Continent to take personal control on September 1st, four days earlier. His small advance command headquarters at nearby Jullouville was totally inadequate. Because of the phenomenal movement of his armies, Eisenhower was stranded more than 400 miles from the front—and there were, as yet, no telephone or teletype facilities. Except for radio and a rudimentary courier system, he was unable to communicate immediately with his commanders in the field. The physical injury which added to these tactical discomfits had occurred after one of his routine flying visits to his principal commanders. On September 2nd, returning from a conference at Chartres with senior American generals, Eisenhower's plane, because of high winds and bad visiblity, had been unable to land at the headquarters' airfield. Instead, it had put down—safely—on the beach near his villa. But then, trying to help the pilot pull the plane away from the water's edge, Eisenhower had badly wrenched his right knee. Thus, at this vital juncture in the war, as the Supreme Commander tried to take control of the land battle and with events happening so fast that immediate decisions were necessary, Eisenhower was physically immobilized.

Although Montgomery—or for that matter, Bradley and Patton—might feel that Eisenhower 'was out of touch with the land battle,' only distance made that argument valid. His excellent, integrated Anglo-American staff was much more cognizant of the day-to-day situation in the field than his generals realized. And while he expected combat commanders to display initiative and boldness, only the Supreme Commander and his staff could view the overall situation and make decisions accordingly. But it was true that, in this transitionary period, while Eisenhower was assuming personal control, there appeared to be a lack of clear-cut direction, due in part to the complexity of the Supreme Commander's role. Coalition command was far from easy. Yet, Eisenhower, maintaining a delicate balance, and following the Combined Chiefs of Staff plans to the letter, made the system work. In the interest of Allied amity, he might modify strategy, but Eisenhower had no intention of throwing caution to the winds and allowing Montgomery, as the Supreme Commander later put it, to make a 'single, knife-like drive toward Berlin.'*

* In all fairness to Montgomery, it must be said that he, himself, never used this phrase. His idea was to throw 40 divisions together and drive towards Berlin—certainly no knife-like thrust—but he has been credited with the remark and in my opinion it hurt his cause at SHAEF during the many strategic meetings that took place.

He had been more than tolerant with Montgomery, granting concession after concession, often incurring the anger of his own American generals. Yet, it seemed, Monty 'always wanted everything and he never did anything fast in his life.'* Eisenhower said he understood Montgomery's peculiarities better than the Britisher realized. 'Look, people have told me about his boyhood,' Eisenhower recalled, 'and when you have a contest between Eton and Harrow on one side and some of the lesser schools on the other, some of these juniors coming into the army felt sort of inferior. The man, all his life, has been trying to prove that he was somebody.' Clearly, however, the Field Marshal's views reflected his British superiors' beliefs on how best the Allies should proceed. Understandable as this might be, Montgomery's arrogance in presenting such views invariably set American commanders' teeth on edge. As Supreme Commander, armed by the Combined Chiefs of Staff with sweeping powers, Eisenhower had one prime concern: to hold the Allies together and win the war swiftly. Although some of SHAEF's staff, including many British, considered Montgomery insufferable and said so, Eisenhower never commented on him except in private to his Chief of Staff, Bedell Smith. But, in fact, the Supreme Commander's exasperation with Montgomery went far deeper than anyone knew. Eisenhower felt that the Field Marshal was 'a

* To the author. In a taped interview, President Eisenhower almost relived for me his emotions at the time of this bitter argument with Montgomery. When I told him I had interviewed the Field Marshal, Eisenhower cut me short and said, 'You don't have to tell me what he told you—he said I knew nothing about war—right? Look, I'm interested only in getting this thing down truthfully and logically because any historian has to make deductions. . . . Personally, I don't believe I would put too much weight on what generals remember, including me. Because memory is a fallible thing. . . . Goddamnit, I don't know what you heard in Britain but the British have never understood the American system of command. . . . When the whole damned thing [WW II] was done . . . I never heard from the British any goldarn paeans of praise. And you're not going to hear it now, particularly from people like Montgomery. . . . His associates—they've said things about him that I would never dream of repeating. . . . I don't care if he goes down as the greatest soldier in the world—he isn't, but if he goes down that way it's all right with me. . . . He got so damn personal to make sure that the Americans and me, in particular, had no credit, had nothing to do with the war, that I eventually just stopped communicating with him. . . . I was just not interested in keeping up communications with a man that just can't tell the truth.' The reader is urged to remember that never, during the war, did the Supreme Commander publicly discuss the Field Marshal, and his views expressed here are revealed for the first time.

psychopath . . . such an egocentric' that everything he had ever done 'was perfect . . . he never made a mistake in his life.' Eisenhower was not going to let him make one now. 'Robbing the American Peter who is fed from Cherbourg,' he told Tedder, 'will certainly not get the British Paul to Berlin.'

Nevertheless, Eisenhower was deeply disturbed at the widening rift between him and Britain's favourite general. Within the next few days, the Supreme Commander decided, he would meet with Montgomery in an effort to clarify what he considered to be a misunderstanding. Once more he would attempt to spell out his strategy and hope for agreement, however grudgingly it might come. In the interim before the meeting, he made one thing clear. He firmly rejected Montgomery's single-thrust plan and his bid for Berlin. On the evening of September 5th, in a coded message to the Field Marshal, he said, 'While agreeing with your conception of a powerful and full-blooded thrust toward Berlin, I do not agree that it should be initiated at this moment to the exclusion of all other manoeuvres.' As the Supreme Commander saw it, 'the bulk of the German army in the west has now been destroyed' and that success should be exploited 'by promptly breaching the Siegfried Line, crossing the Rhine on a wide front and seizing the Saar and the Ruhr. This I intend to do with all possible speed.' These moves, Eisenhower believed, would place a 'stranglehold on Germany's main industrial areas and largely destroy her capacity to wage war. . . .' Opening the ports of Le Havre and Antwerp was essential, Eisenhower went on, before any 'powerful thrust' into Germany could be launched. But, at the moment, Eisenhower emphasized, 'no relocation of our present resources would be adequate to sustain a thrust to Berlin. . . .'

Eisenhower's decision took 36 hours to reach Montgomery—and then only the last half of the message arrived. The concluding two paragraphs were received by Montgomery at 9 a.m. on the morning of September 7th. The opening section did not arrive until September 9th, another 48 hours. As Montgomery saw it, Eisenhower's communication was one more confirmation that the Supreme Commander was 'too far removed from the battle.'

From the first fragment of the signal Montgomery received, it was abundantly clear that Eisenhower had rejected his plan, for it contained the sentence, 'No relocation of our present resources would be adequate to sustain a thrust to Berlin.' Montgomery immediately sent off a cable disagreeing heatedly.

With the slackening of the pursuit, Montgomery's worst fears were being realized. German opposition was stiffening. In his message, focusing in particular on the shortage of supplies, Montgomery claimed he was getting only half his requirements, and 'I cannot go on for long like this.' He refused to be diverted from his plan to drive to Berlin. The obvious necessity of immediately opening up the vital port of Antwerp was not even mentioned in his cable, yet he stressed that 'as soon as I have a Pas de Calais port working, I would then require about 2,500 additional three-ton lorries, plus an assured airlift averaging 1,000 tons a day to enable me to get to the Ruhr and finally Berlin.' Because it was all 'very difficult to explain,' the Field Marshal 'wondered if it was possible' for Eisenhower to come and see him. Unshaken in his conviction that the Supreme Commander's decision was a grave error and confident that his own plan would work, Montgomery refused to accept Eisenhower's rejection as final. Yet he had no intention of flying to Granville in an attempt to change Eisenhower's mind. Such diplomacy was not part of his make-up, although he was fully aware that the only hope of selling his proposal was via a face-to-face meeting with the Supreme Commander. Outraged and seething, Montgomery awaited a reply from Eisenhower. The British Field Marshal was in near seclusion, impatient and irritable, at the moment when Prince Bernhard arrived at the headquarters to pay his respects.

Bernhard had arrived in France on the evening of the 6th. With a small staff, three jeeps, his Sealyham terrier Martin, and a bulging briefcase containing Dutch underground reports, he and his party flew to the Continent, guarded by two fighter planes, in three Dakotas with Bernhard at the controls of one. From the airfield at Amiens they drove to Douai, 50 miles north and, early on the 7th, set out for Belgium and Brussels. At the Laeken headquarters the Prince was met by General Horrocks, introduced to Montgomery's staff and ushered into the presence of the Field Marshal. 'He was in a bad humour and obviously not happy to see me,' Bernhard recalled. 'He had a lot on his mind and the presence of royalty in his area was understandably a responsibility that he could easily do without.'

The Field Marshal's renown as the greatest British soldier of the war had made him, in Bernhard's words, 'the idol of millions of

Britishers.' And the 33-year-old Prince was in awe of Montgomery. Unlike Eisenhower's relaxed, almost casual manner, Montgomery's demeanour made it difficult for Bernhard to converse easily with him. Sharp and blunt from the outset, Montgomery made it clear that Bernhard's presence in his area 'worried' him. With justification untempered by tact or explanation, Montgomery told the Prince that it would be unwise for Bernhard to visit the headquarters of the Dutch unit—the Princess Irene Brigade—attached to the British Second Army, quartered in the area around Diest, barely ten miles from the front line. Bernhard who, as Commander-in-Chief of The Netherlands Forces, had every intention of visiting Diest, for the moment did not respond. Instead, he began to discuss the Dutch Resistance reports. Montgomery overrode him. Returning to the matter, he told the Prince, 'You must not live in Diest. I cannot allow it.' Irked, Bernhard felt compelled to point out that he was 'serving directly under Eisenhower and did not come under the Field Marshal's command.' Thus, from the start, as Bernhard remembers the meeting, 'rightly or wrongly, we got off on the wrong foot.' (Later, in fact, Eisenhower backed Montgomery regarding Diest but did say that Bernhard could stay in Brussels 'close to 21st Army Group headquarters where your presence may be needed.')

Bernhard went on to review the situation in Holland as reflected in the underground reports. Montgomery was told of the retreat and disorganization of the Germans, which had been going on since September 2nd, and of the make-up of the resistance groups. To the best of his knowledge, Bernhard said, the reports were accurate. Montgomery, according to the Prince, retorted, 'I don't think your resistance people can be of much use to us. Therefore, I believe all this is quite unnecessary.' Startled by the Field Marshal's bluntness, Bernhard 'began to realize that Montgomery apparently did not believe *any* of the messages coming from my agents in Holland. In a way, I could hardly blame him. I gathered he was a bit fed up with misleading information which he had received from the French and Belgian resistance during his advance. But, in this instance, I knew the Dutch groups involved, the people who were running them and I knew the information was, indeed, correct.' He persisted. Showing the Field Marshal the message file and quoting from report after report, Bernhard posed a question: 'In view of this, why can't you attack right away?'

'We can't depend on these reports,' Montgomery told him. 'Just because the Dutch resistance claim the Germans have been retreating from September 2nd doesn't necessarily mean they are still retreating.' Bernhard had to admit the retreat 'was slowing down,' and there were 'signs of reorganization.' Still, in his opinion, there was valid reason for an immediate attack.

Montgomery remained adamant. 'Anyway,' he said, 'much as I would like to attack and liberate Holland, I can't do it because of supplies. We are short of ammunition. We are short of petrol for the tanks and if we did attack, in all probability they would become stranded.' Bernhard was astounded. The information he received in England from both SHAEF and his own advisers had convinced him that the liberation of Holland would be accomplished in a matter of days. 'Naturally I automatically assumed that Montgomery, commander on the spot, knew the situation better than anyone else,' Bernhard said later. 'Yet we had absolutely every detail on the Germans—troop strength, the number of tanks and armoured vehicles, the position of anti-aircraft guns—and I knew, apart from immediate front line opposition, that there was little strength behind it. I was sick at heart because I knew that German strength would grow with each passing day. I was unable to persuade Montgomery. In fact, nothing I said seemed to matter.'

Then Montgomery made an extraordinary disclosure. 'I am just as eager to liberate The Netherlands as you are,' he said, 'but we intend to do it in another, even better way.' He paused, thought a moment and then, almost reluctantly, said, 'I am planning an airborne operation ahead of my troops.' Bernhard was startled. Instantly a number of questions came to his mind. In what area were the drops planned? When would the operation take place? How was it being developed? Yet he refrained from asking. Montgomery's manner indicated he would say no more. The operation was obviously still in the planning stage and the Prince's impression was that only the Field Marshal and a few of his staff officers knew of the plan. Although he was given no more details, Bernhard was now hopeful that the liberation of Holland, despite Montgomery's earlier talk of lack of supplies, was imminent. He must be patient and wait. The Field Marshal's reputation was awesome. Bernhard believed in it and in the man himself. The Prince felt a renewal of hope, for 'anything Montgomery did, he would do well.'

* * *

Eisenhower, acceding to Montgomery's request, set Sunday, September 10th, as the date for a meeting. He was not particularly looking forward to his meeting with Montgomery and the usual temperamental arguments he had come to expect from the Field Marshal. He was, however, interested in learning what progress had been made in one aspect of the Montgomery operation. Although the Supreme Commander must approve all airborne plans, he had given Montgomery tactical use of the First Allied Airborne Army and permission to work out a possible plan involving that force. He knew that Montgomery, at least since the 4th, had been quietly exploring the possibility of an airborne operation to seize a bridgehead across the Rhine.

Ever since the formation of the First Allied Airborne Army under its American commander, Lieutenant-General Lewis Hyde Brereton, six weeks earlier, Eisenhower had been searching for both a target and a suitable opportunity to employ the force. To that end he had been pressing Brereton and the various army commanders to develop bold and imaginative airborne plans calling for large-scale mass attacks deep behind the enemy's lines. Various missions had been proposed and accepted but all had been cancelled. In nearly every case the speeding land armies had already arrived at the objectives planned for the paratroops.

Montgomery's original proposal had called for units of Brereton's airborne force to grab a crossing west of the town of Wesel, just over the Dutch-German border. However, heavy anti-aircraft defences in that area had forced the Field Marshal to make a change. The site he then chose was farther west in Holland: the Lower Rhine bridge at Arnhem—at this juncture more than 75 miles behind the German front lines.

By September 7th, Operation Comet, as the plan was called, was in readiness; then bad weather, coupled with Montgomery's concern about the ever-increasing German opposition his troops were encountering, forced a postponement. What might have succeeded on the 6th or 7th seemed risky by the 10th. Eisenhower, too, was concerned; for one thing he felt that the launching of an airborne attack at this juncture would mean a delay in opening the port of Antwerp. Yet the Supreme Commander remained fascinated by the possibilities of an airborne attack.

The abortive operations, some of them cancelled almost at the last minute, had created a major problem for Eisenhower. Each time a mission reached the jump-off stage, troop carrier planes, hauling petrol to the front, had to be grounded and made ready. This loss of precious air supply tonnage brought cries of protest from Bradley and Patton. At this moment of relentless pursuit, the airlift of petrol, they declared, was far more vital than airborne missions. Eisenhower, anxious to use the paratroopers and urged on by Washington to do so—both General Marshall and General Henry H. Arnold, Commander of the U.S. Air Force, wanted to see what Brereton's new Allied Airborne Army could accomplish—was not prepared to ground his highly trained airborne divisions. On the contrary, he was insisting that they be used at the earliest opportunity.* In fact, it might be a way to catapult his troops across the Rhine at the very moment when the pursuit was slowing down. But on this morning of September 10th, as he flew to Brussels, all other considerations were secondary in his mind to the opening of the vital port of Antwerp.

Not so Montgomery. Anxious and determined, he was waiting at Brussels airport as Eisenhower's plane touched down. With characteristic preciseness, he had honed and refined his arguments preparatory to the meeting. He had talked with General Miles C. Dempsey of the British Second Army, and Lieutenant-General Frederick Browning, Commander of the First British Airborne Corps, who was also Deputy Chief of the First Allied Airborne Army. Browning was waiting in the wings for the outcome of the conference. Dempsey, concerned at the ever-stiffening enemy resistance before him and aware from intelligence reports that new units were moving in, asked Montgomery to abandon the plan for an airborne attack on the bridge at Arnhem. Instead, he suggested concentrating on seizing the Rhine crossing at Wesel. Even in conjunction with an airborne mission, Dempsey contended, the British Second Army probably was not strong enough to drive due north to Arnhem by itself. It would be better, he believed, to advance in conjunction with the U.S. First Army northeast towards Wesel.

A drive into Holland was, in any case, now imperative. The British War Office had informed Montgomery that V2's—the first German rockets—had landed in London on September 8th. Their launch sites were believed to be somewhere in western Holland. Whether before or after receiving this information, Montgomery altered his plans. Operation Comet, as originally devised, called for

* Pogue, op. cit., p. 280.

only a division and a half—the First British Airborne and the Polish First Parachute Brigade; that force was too weak to be effective, he believed. As a result, he cancelled 'Comet.' In its place, Montgomery came up with an even more ambitious airborne proposal. As yet, only a few of the Field Marshal's upper echelon officers knew about it and, apprehensive of General Bradley's influence with Eisenhower, they had taken great pains to see that no hint of the plan reached American liaison officers at the British headquarters. Like Eisenhower, Lieutenant-General Browning and the headquarters of the First Allied Airborne Army in England were, at this moment, unaware of Montgomery's new airborne scheme.

Because of his injured knee, Eisenhower was unable to leave his plane and the conference was held on board. Montgomery, as he had done on August 23rd, determined who should be present at the meeting. The Supreme Commander had brought his deputy, Air Chief Marshal Sir Arthur Tedder, and an assistant Chief of Staff, Lieutenant-General Sir Humfrey Gale, in charge of administration. Curtly, Montgomery asked that Eisenhower exclude Gale from the conference while insisting that his own administrative and supply chief, Lieutenant-General Miles Graham, remain. Another less acquiescent superior might well have taken issue with Montgomery's attitude. Eisenhower patiently granted the Field Marshal's demand. General Gale left. Almost immediately Montgomery denounced the Supreme Commander's broad-front policy. Constantly referring to a sheaf of Eisenhower's signals and directives which had arrived during the previous week, he called attention to the Supreme Commander's inconsistencies in not clearly defining what was meant by 'priority.' He argued that his 21st Army Group was not getting the 'priority' in supplies promised by Eisenhower; that Patton's drive to the Saar was being allowed to proceed at the expense of Montgomery's forces. Calmly Eisenhower answered that he had never meant to give Montgomery 'absolute priority' to the exclusion of everyone else. Eisenhower's strategy, Montgomery reiterated, was wrong and would have 'dire consequences.' So long as these two 'jerky and disjointed thrusts were continued,' with supplies split between himself and Patton, 'neither could succeed.' It was essential, Montgomery said, that Eisenhower decide between him and Patton. So fierce and unrestrained was Montgomery's language that Eisenhower suddenly reached out, patted Montgomery's knee and told him, 'Steady, Monty! You can't speak to me like that. I'm your boss.' Montgomery's anger vanished. 'I'm sorry, Ike,' he said quietly.*

The uncharacteristic but seemingly genuine apology was not the end of the matter. Doggedly, though with less acrimony, Montgomery continued to argue for his 'single thrust.' Eisenhower listened intently and with sympathy to the arguments but his own view remained unchanged. His broad-front advance would continue. He told Montgomery clearly why. As Eisenhower was later to recall,† he said: 'What you're proposing is this—if I give you all of the supplies you want, you could go straight to Berlin—right straight to Berlin? Monty, you're nuts. You can't do it. What the hell! If you try a long column like that in a single thrust you'd have to throw off division after division to protect your flanks from attack. Now suppose you did get a bridge across the Rhine, you couldn't depend for long on that one bridge to supply your drive. Monty, you can't do it.' Montgomery, according to Eisenhower, replied, 'I'll supply them all right. Just give me what I need and I'll reach Berlin and end the war.' Eisenhower's rejection was firm. Antwerp, he stressed, must be opened before any major drive into Germany could even be contemplated. Montgomery then played his trump card. The most recent development—the rocket attack on London from sites in The Netherlands—necessitated an immediate advance into Holland. He knew exactly how such a drive should begin. To strike into Germany, Montgomery proposed to use almost the entire First Allied Airborne Army in a stunning mass attack.

His plan was an expanded, grandiose version of 'Operation Comet.' Montgomery now wanted to use three and a half divisions—the U.S. 82nd and 101st, the British First Airborne and the Polish First Parachute Brigade. The airborne forces were to seize a succession of river crossings in Holland ahead of his troops with the major objective being the Lower Rhine bridge at Arnhem. Anticipating that the Germans would expect him to take the shortest

* In his memoirs, Montgomery, in discussing the meeting, says that 'we had a good talk.' But he does state that, during these days of strategy arguments, 'Possibly I went a bit far in urging on him my own plan, and did not give sufficient weight to the heavy political burden he bore. . . . Looking back on it all I often wonder if I paid sufficient heed to Eisenhower's notions before refuting them. I think I did. Anyhow . . . I never cease to marvel at his patience and forbearance. . . .'

† To the author.

route and drive northeast for the Rhine and the Ruhr, Montgomery had deliberately chosen a northern 'back door' route to the Reich. The surprise airborne attack would open a corridor for the tanks of his British Second Army which would race across the captured bridges to Arnhem, over the Rhine and beyond. Once all this was accomplished, Montgomery could wheel east, outflank the Siegfried Line, and dash into the Ruhr.

Eisenhower was intrigued and impressed. It was a bold, brilliantly imaginative plan, exactly the kind of mass attack he had been seeking for his long-idle airborne divisions. But now the Supreme Commander was caught between the hammer and the anvil: if he agreed to the attack, the opening of Antwerp would temporarily have to be delayed and supplies diverted from Patton. Yet Montgomery's proposal could revitalize the dying advance and perhaps propel the pursuit across the Rhine and into the Ruhr. Eisenhower, fascinated by the audaciousness of the plan, not only gave his approval* but insisted that the operation take place at the earliest possible moment.

Yet the Supreme Commander stressed that the attack was a 'limited one.' And he emphasized to Montgomery that he considered the combined airborne-ground operation 'merely an extension of the northern advance to the Rhine and the Ruhr.' As Eisenhower remembered the conversation, he said to Montgomery, 'I'll tell you what I'll do, Monty. I'll give you whatever you ask to get you over the Rhine because I want a bridgehead . . . but let's get over the Rhine first before we discuss anything else.' Montgomery continued to argue, but Eisenhower would not budge. Frustrated, the Field Marshal had to accept what he called a 'half measure,' and on this note the conference ended.

After Eisenhower's departure, Montgomery outlined the proposed operation on a map for Lieutenant-General Browning. The elegant Browning, one of Britain's pioneer airborne advocates, saw that the paratroopers and glider-borne forces were being called upon to secure a series of crossings—five of them major bridges including the wide rivers of the Maas, the Waal and the Lower Rhine—over

* Eisenhower told Stephen E. Ambrose, according to his book, *The Supreme Commander: The War Years of General Dwight D. Eisenhower*, Doubleday, 1970, p. 518n.: 'I not only approved . . . I insisted upon it. What we needed was a bridgehead over the Rhine. If that could be accomplished, I was quite willing to wait on all other operations. . . .'

a stretch approximately 64 miles long between the Dutch border and Arnhem. Additionally, they were charged with holding open the corridor—in most places a single highway running north—over which British armour would drive. All of these bridges had to be seized intact if the armoured dash was to succeed. The dangers were obvious, but this was precisely the kind of surprise assault for which the airborne forces had been trained. Still, Browning was uneasy. Pointing to the most northern bridge over the Lower Rhine at Arnhem, he asked, 'How long will it take the armour to reach us?' Montgomery replied briskly, 'Two days.' Still intent on the map, Browning said, 'We can hold it for four.' Then he added, 'But sir, I think we might be going a bridge too far.'

The embryo concept (which thereafter would bear the code name 'Operation Market-Garden'—'Market' covering the airborne drop and 'Garden' for the armoured drive) was to be developed with the utmost speed, Montgomery ordered. He insisted that the attack had to be launched in a few days. Otherwise, he told Browning, it would be too late. Montgomery asked: 'How soon can you get ready?' Browning, at this moment, could only hazard a guess. 'The earliest scheduling of the operation would be the 15th or 16th,'* he told the Field Marshal.

Carrying Montgomery's skeleton plan and weighed with the urgency of preparing for such a massive mission in only a few days, Browning flew back to England immediately. On landing at his Moor Park Golf Course base near Rickmansworth on the outskirts of London, he telephoned the First Allied Airborne headquarters, 20 miles away, and notified the Commander, Lieutenant-General Brereton, and his Chief of Staff, Brigadier-General Floyd L. Parks. The time was 2.30 p.m. and Parks noted that Browning's message contained 'the first mention of "Market" at this headquarters.'

The airborne commanders were not the only officers caught unaware. Montgomery's daring plan so impressed and surprised the Field Marshal's greatest critic, General Omar N. Bradley, that he later recalled,† 'Had the pious, teetotalling Montgomery wobbled

* Minutes of the first planning meeting, First Allied Airborne Army operational file 1014–17.

† General Omar N. Bradley, *A Soldier's Story*, Eyre and Spottiswoode, 1951, p. 416. Bradley also added, 'I had not been brought into the plan. In fact, Montgomery devised and sold it to Ike several days before I even learned of it from our own liaison officer at 21st Army Group.'

into SHAEF with a hangover, I could not have been more astonished. . . . Although I never reconciled myself to the venture, I nevertheless freely concede that it was one of the most imaginative of the war.'

It was, but Montgomery remained unhappy. He now prodded the Supreme Commander even further, reverting to the cautious, perfectionist thinking that was characteristic of his military career. Unless 21st Army Group received additional supplies and transport for the 'selected thrust,' Montgomery warned Eisenhower, 'Market-Garden' could not be launched before September 23rd at the earliest—and might even be delayed until September 26th. Browning had estimated that 'Market,' the airborne drop, could be ready by the 15th or 16th. But Montgomery was concerned about 'Garden,' the land operation. Once again he was demanding what he had always wanted: absolute priority, which to his mind would guarantee success. As Eisenhower noted in his desk diary for September 12th: 'Monty's suggestion is simple—"give him everything".' Fearing that any delay might jeopardize 'Market-Garden,' Eisenhower complied. He promptly sent his Chief of Staff, General Bedell Smith, to see Montgomery; Smith assured the Field Marshal of 1,000 tons of supplies per day plus transport. Additionally, Montgomery was promised that Patton's drive to the Saar would be checked. Elated at the 'electric' response—as the Field Marshal called it—Montgomery believed he had finally won the Supreme Commander over to his point of view.

Although opposition before Montgomery's troops had stiffened, he believed that the Germans in Holland, behind the hard crust of their front lines, had little strength. Allied intelligence confirmed his estimate. Eisenhower's headquarters reported 'few infantry reserves' in The Netherlands, and even these were considered to be 'troops of low category.' The enemy, it was thought, was still 'disorganized after his long and hasty retreat . . . and though there might be numerous small bodies of Germans in the area,' they were hardly capable of any great organized resistance. Montgomery now believed he could quickly crack the German defences. Then, once he was over the Rhine and headed for the Ruhr, he did not see how Eisenhower could halt his drive. The Supreme Commander would have little choice, he reasoned, but to let him continue towards Berlin—thus ending the war, as Montgomery put it, 'reasonably quickly.' Confidently, Montgomery set Sunday, September 17th, as D-Day for 'Operation Market-Garden.' The brilliant scheme he had devised was to become the greatest airborne operation of the entire war.

Not everyone shared Montgomery's certainty about 'Market-Garden.' At least one of his senior officers had reason to be worried. General Miles Dempsey, commander of the Second British Army, unlike the Field Marshal, did not dispute the authenticity of Dutch Resistance reports. From these, Dempsey's intelligence staff had put together a picture indicating rapidly increasing German strength between Eindhoven and Arnhem—in the very area of the planned airborne drop. There was even a Dutch report that 'battered *panzer* formations have been sent to Holland to refit,' and these, too, were said to be in the 'Market-Garden' area. Dempsey sent along this news to Browning's First British Airborne Corps, but the information lacked any back-up endorsement by Montgomery or his staff. The ominous note was not even included in intelligence summaries. In fact, in the mood of optimism prevailing at 21st Army Group headquarters, the report was completely discounted.

[7]

Field Marshal Gerd von Rundstedt's high-risk gamble to rescue the remains of General Van Zangen's encircled 15th Army in the Pas de Calais was paying off. Under cover of darkness, ever since September 6th, a hastily assembled fleet consisting of two ancient Dutch freighters, several Rhine barges, and some small boats and rafts had been plying back and forth across the three-mile mouth of the Schelde estuary ferrying men, artillery, vehicles and even horses.

Although powerful coastal guns on Walcheren Island protected against attack from the sea, the Germans were surprised that Allied naval forces made no effort to interfere. Major-General Walter Poppe expected the convoy carrying his splintered 59th Infantry Division to be 'blown out of the water.' To him the one-hour trip between Breskens and Flushing 'in completely darkened ships, exposed and defenceless, was a most unpleasant experience.' The Allies, the Germans suspected, completely underestimated the size of the evacuation. Certainly they knew about it. Because both Von

Rundstedt and Army Group B's commander, Field Marshal Walter Model, desperately in need of reinforcements, were demanding speed, some daylight trips had been made. Immediately, fighters pounced on the small convoys. Darkness, however unpleasant, was much safer.

The most hazardous part of the journey was on the Schelde's northern bank. There, under the constant threat of Allied air attack, Van Zangen's forces had to follow a single main road, running east from Walcheren Island, across the Beveland peninsula and into Holland. Part of the escape route, at the narrow neck joining the mainland, was only a few miles from Antwerp and British lines on the Albert Canal. Inexplicably the British even now made no serious effort to attack north, spring the trap, and cut the base of the isthmus. The escape route remained open. Although hammered by incessant Allied air attacks Van Zangen's 15th Army would eventually reach Holland—at a most crucial moment for Montgomery's Market-Garden operation.

While the 15th Army had been extricated more by calculated design than luck, now the opposite occurred: fate, the unexpected and unpredictable, took a hand. Some eighty miles away the battered armoured units of Lieutenant-General Wilhelm Bittrich's élite, veteran II SS *Panzer* Corps reached bivouac areas in the vicinity of Arnhem. As directed by Field Marshal Model on September 4th, Bittrich had slowly disengaged the 9th and 10th SS *Panzer* divisions for 'refitting and rehabilitation.' Model had chosen the Arnhem area. The two reduced, but still tough, divisions were fanned out to the north, east and south of the town. Bittrich assigned the 9th SS to a huge rectangular sector north and northeast of Arnhem, where most of the division's men and vehicles were on high ground and conveniently hidden in a densely wooded national park. The 10th was encamped in a semi-circle to the northeast, east and southeast. Thus, camouflaged and hidden in nearby woods, villages and towns—Beekbergen, Apeldoorn, Zutphen, Ruurlo and Doetinchem—both divisions were within striking distance of Arnhem; some units were within a mile or two of the suburbs. As Bittrich was later to recall, 'there was no particular significance in Model choosing the Arnhem vicinity—except that it was a peaceful sector where nothing was happening.'

The possibility that this remote backwater might have any strategic value to the Allies was obviously discounted. On the morning of September 11th, a small group of Model's staff officers were dispatched in search of a new site for Army Group B's headquarters—in Arnhem.

One of Model's aides, his general headquarters' administration and transportation officer, 35-year-old Lieutenant Gustav Sedelhauser, later remembered that 'we visited the 9th and 10th SS division headquarters at Beekbergen and Ruurlo and General Bittrich's command post at Doetinchem. Then we inspected Arnhem itself. It had everything we wanted: a fine road net and excellent accommodations. But it was not until we drove west to the outlying district of Oosterbeek that we found what we were looking for.' In the wealthy, residential village, just two and a half miles from the centre of Arnhem, was a group of hotels, among them the gracious, white Hartenstein, with its broad expanse of crescent-shaped lawn, stretching back into park-like surroundings where deer roamed undisturbed, and the smaller, two-storey, tree-shaded Tafelberg with its glassed-in veranda and panelled rooms. Impressed by the facilities and, as Sedelhauser recalled, 'especially the accommodations,' the group promptly recommended Oosterbeek to the Chief of Staff, Lieutenant-General Hans Krebs, as 'perfect for Army Group B's headquarters.' Model approved the decision. Part of the staff, he decided, would live at the Hartenstein while he would occupy the more secluded, less ostentatious Tafelberg. Lieutenant Sedelhauser was delighted. Since his tenure the headquarters had never remained anywhere for more than a few days and now Sedelhauser 'was looking forward to some peace and a chance to get my laundry done.' By September 15th, Model directed, Army Group B's headquarters was to be fully operational in Oosterbeek—approximately three miles from the broad expanse of windy heaths and pastureland where the First British Airborne Division was due to land on September 17th.

PART TWO

THE PLAN

[1]

IN the early evening of September 10th, within hours of General Browning's meeting with Field Marshal Montgomery, Lieutenant-General Lewis H. Brereton held the first basic planning conference on 'Operation Market.' At his Sunninghill Park headquarters near Ascot racecourse 35 miles from London, 27 senior officers crowded into Brereton's large map-lined office. After General Browning briefed the group on Montgomery's plan, Brereton told them that, because there was so little time, 'major decisions arrived at now must stand—and these have to be made immediately.'

The task was monumental and there were few guidelines. Never before had there been an attempt to send a mammoth airborne force, complete with vehicles, artillery and equipment, capable of fighting on its own, deep behind enemy front lines. In comparison with 'Market,' previous airborne attacks had been small; yet months had gone into their planning. Now, to prepare for the greatest paratroop and glider-borne infantry operation ever conceived, Brereton and his planners had barely seven days.

Brereton's greatest concern was not the deadline but the fear that this operation, like its predecessors, might be cancelled. His long-idle airborne troops were impatient for action and a serious morale problem had developed as a consequence. For weeks his élite, highly-trained divisions had stood down as ground forces on the Continent swept victoriously across France and Belgium. There was a widespread feeling that victory was so near that the war might end before the First Allied Airborne Army got into battle.

The General harboured no doubts about the ability of his staff to meet the tight, one-week 'Market' schedule. There had been so many 'dry runs' in developing previous airborne schemes that his

MARKET-GARDEN PLAN
Montgomery's Main Objective
Br. 1st Airborne Drop Zones
U.S. 82nd Airborne Drop Zones
U.S. 101st Airborne Drop Zones
Key Bridges
Amsterdam
The Hague
NORTH SEA
N
Rotterdam
Dordrecht
Moerdijk
SCHOUWEN
Breda
N. BEVELAND
WALCHEREN
SOUTH BEVELAND
Bergen op Zoom
Flushing
SCHELDE
ESTUARY
Breskens
FRONT LINE SEPT. 17/44
Antwerp
B E L G
0 Miles 30

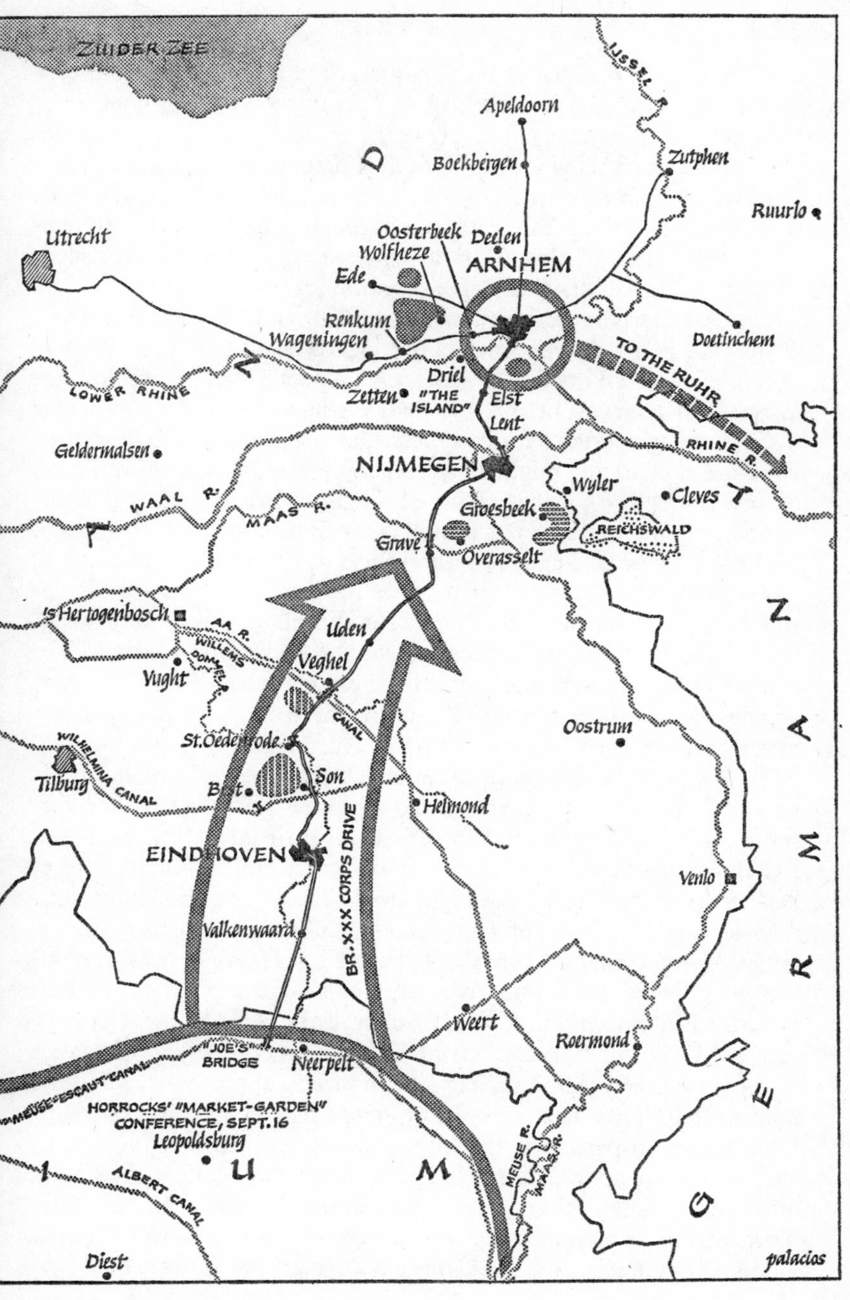

ZUIDER ZEE
IJSSEL R.
Apeldoorn
Boekbergen
Zutphen
Ruurlo
Utrecht
Oosterbeek
Deelen
Wolfheze
ARNHEM
Ede
Renkum
Wageningen
Doetinchem
TO THE RUHR
Driel
LOWER RHINE
Zetten
"THE ISLAND"
Elst
Lent
Geldermalsen
RHINE R.
NIJMEGEN
Wyler
Cleves
WAAL R.
MAAS R.
Groesbeek
REICHSWALD
Grave
Overasselt
'sHertogenbosch
AA R.
WILLEMS
DOMMEL
CANAL
Uden
Veghel
Vught
Oostrum
St.Oedenrode
WILHELMINA CANAL
Tilburg
Son
Best
Helmond
BR. XXX CORPS DRIVE
EINDHOVEN
Venlo
Valkenwaard
Weert
Roermond
"JOE'S" BRIDGE
Neerpelt
MEUSE-ESCAUT CANAL
HORROCKS' "MARKET-GARDEN" CONFERENCE, SEPT. 16
Leopoldsburg
ALBERT CANAL
MEUSE R.
MAAS R.
Diest
palacios

headquarters and division staffs had reached a stage of high-speed efficiency. Additionally, much of the planning that had gone into 'Comet' and other cancelled operations could be readily adapted to 'Market.' In preparing for the aborted 'Comet' mission, for example, the First British Airborne Division and the Polish Brigade, charged with that operation, had made a thorough study of the Arnhem area. Still, most of the 'Market' concept meant vastly expanded planning—and all of it was time-consuming.

General Brereton was outwardly confident and calm but members of his staff noted that he smoked one cigarette after another. On his desk was a framed quotation which the General often pointed out to his staff. It read: 'Where is the Prince who can afford so to cover his country with troops for its defence, as that 10,000 men descending from the clouds, might not, in many places, do an infinite deal of mischief before a force could be brought together to repel them?' It had been written in 1784 by Benjamin Franklin.

Brereton was fascinated by the vision of the eighteenth-century statesman and scientist. 'Even after 160 years,' he had told his staff, 'the idea remains the same.' But Franklin would have been bewildered by the complexities and size of 'Operation Market.' To invade Holland from the sky, Brereton planned to land almost 35,000 men—nearly twice the number of paratroops and glider-borne infantry used in the invasion of Normandy.

To 'grab the bridges with thunderclap surprise,' as Brereton put it, and hold open the narrow, one-highway advance corridor for the British 'Garden' ground forces—from their attack line near the Dutch-Belgian border to Arnhem 64 miles north—three and a half airborne divisions were to be used. Two would be American. Almost directly ahead of General Horrocks' XXX British Corps tanks, Major-General Maxwell D. Taylor's 101st Airborne Division was to capture canal and river crossings over a 15-mile stretch between Eindhoven and Veghel. North of them, Brigadier-General James M. Gavin's veteran 82nd Division was charged with the area between Grave and the city of Nijmegen, approximately a ten-mile stretch. They were to seize crossings over the great Maas and Waal rivers, in particular the huge multi-span bridge at Nijmegen which, with its approaches, was almost a half-mile long. The single most important objective of 'Operation Market-Garden' was Arnhem and its vital crossing over the 400-yard-wide Lower Rhine. The great concrete-and-steel, three-span highway bridge, together with its concrete ramps, was almost 2,000 feet long. Its capture was assigned to the British and Poles—Major-General Robert Urquhart's First Airborne Division and, under his command, Major-General Stanislaw Sosabowski's First Polish Parachute Brigade. Arnhem, lying farthest away from the 'Garden' forces, was the prize. Without the Rhine crossing, Montgomery's bold stroke to liberate Holland, outflank the Siegfried Line and springboard into Germany's industrial Ruhr would fail.

To carry the huge force to targets 300 miles away, an intricate air plan had to be designed. Three distinct operations were required: transportation, protection and resupply. No less than twenty-four different airfields would be needed for take-off. Brereton planned to use every operable glider in his command—an immense fleet of more than 2,500. Besides hauling heavy equipment such as jeeps and artillery, the gliders were to ferry more than a third of the 35,000-man force; the rest would drop by parachute. All the craft had to be checked out, loading space allotted, heavy equipment and cargo stowed, and troop complements prepared.

Gliders posed only a single problem in the air planning. Transports to carry paratroops and tow-planes to pull the gliders must be diverted from their normal task of supplying the advancing armies and grounded in order to be readied for 'Market.' The crews of bomber squadrons had to be alerted and briefed for missions in the 'Market-Garden' area prior to, and during, the attack. Swarms of fighter squadrons from all over England—more than 1,500 planes—would be needed to escort the airborne force. Intricate aerial traffic patterns were of prime importance. Routes between England and Holland had to be laid out to avoid heavy enemy anti-aircraft fire and the equally dangerous possibility of air collision. Air-sea rescue operations, resupply missions, even a dummy parachute drop in another area of Holland to deceive the enemy, were also planned. In all, it was estimated that almost 5,000 aircraft of all types would be involved in Market. To develop plans and ready this vast air armada would take a minimum of 72 hours.

The most pressing question of the conference, in Brereton's opinion, was whether the operation should be undertaken by day or by night. Previous major airborne operations had taken place in moonlight. But semi-darkness had led to confusion in finding landing zones, lack of troop concentration and unnecessary casualties.

The General decreed that the huge airborne assault would take place in broad daylight. It was an unprecedented decision. In the history of airborne operations, a daylight drop of such proportions had never before been made.

Brereton had other reasons than the desire to avoid confusion. The week scheduled for Operation Market was a non-moon period and night landings on a large scale were therefore impossible. Apart from that, Brereton chose a daylight attack because, for the first time in the war, it was feasible. Allied fighters held such overwhelming superiority over the battlefields that, now, interference from the *Luftwaffe* was practically non-existent. But the Germans did have night fighters. In a night drop, against columns of slow-moving troop-carrying planes and gliders, they might prove devastatingly effective. German anti-aircraft strength was another consideration: flak maps of the approaches to the Market drop areas were dotted with anti-aircraft positions. The charts, based on photo-reconnaissance flights and the experience of bomber crews flying over Holland en route to Germany, looked formidable—particularly so because gliders were without protective armour, except in the cockpits, and C-47 troop-carriers and tow-planes had no self-sealing petrol tanks. Nevertheless, Brereton believed that enemy anti-aircraft positions could be neutralized by concentrated bomber and fighter attacks preceding and during the assault. In any event, most anti-aircraft was radar-directed, and was therefore as effective after dark as it was during the day. Either way, losses were to be expected. Still, unless bad weather and high winds intervened, by attacking in daylight the airborne force could be dropped with almost pin-point accuracy on the landing zones, thus guaranteeing a quick concentration of troops in the corridor. 'The advantages,' Brereton told his commanders, 'far outweigh the risks.'

Brereton made his final announcement. To command the giant operation he appointed his deputy, the fastidious 47-year-old Lieutenant-General Frederick 'Boy' Browning, head of the First British Airborne Corps. It was an excellent choice, though disappointing to Lieutenant-General Matthew B. Ridgway, commander of the other corps in the airborne army—the XVIII Airborne Corps. Still, Browning had been slated to command the aborted 'Operation Comet' which, though smaller and utilizing only British and Polish airborne troops, was similar in concept to Market-Garden. Now, under the enlarged and innovative plan Montgomery had devised, American paratroops would serve under a British airborne commander for the first time.

To the assembled airborne commanders Browning delivered an optimistic summary. He ended his talk with the kind of picturesque confidence that had always made him a heroic figure to his men. As his chief of staff, Brigadier Gordon Walch, remembers, 'General Browning was in high spirits, delighted that at last we were going. "The object," he told us, "is to lay a carpet of airborne troops down over which our ground forces can pass." He believed this single operation held the key to the duration of the war.'

Browning's enthusiasm was catching. As the large meeting broke up, to be replaced by smaller staff conferences which would last throughout the night, few officers were aware that an underlying friction existed between Brereton and Browning. Originally, when the First Allied Airborne Army was formed, British hopes ran high that Browning, Britain's senior airborne authority and one of the pioneers in the use of paratroops, would be named commander. Because of the preponderance of American troops and equipment within the newly-organized army, the coveted post went to an American, General Brereton.

In rank, Browning was six months Brereton's senior and although the American was a distinguished tactical air force officer, he had never before commanded airborne forces. Additionally, there were wide personality differences between the two men. Brereton had been a World War I flyer and had served brilliantly in World War II, first in the Far and Middle East and later as commanding general of the U.S. Ninth Air Force in England. He was tenacious and single-minded, but his zeal to achieve was cloaked by a quiet, stolid demeanour. Now Brereton proceeded on the awesome assignment he had been handed with the determination and bulldozing tactics that characterized many of his fellow American career officers.

Browning, a Grenadier Guards officer, was also a perfectionist, equally determined to prove the worth of paratroops. But he had never commanded an airborne corps before. In contrast to Brereton, 'Boy' Browning was a somewhat glamorous figure, elegant and impeccably groomed, with an air of easy assurance often misunderstood for arrogance—not only by Americans but by some of his own commanders. Though he was temperamental and sometimes over-impatient, his reputation as an airborne theorist was legendary among his admirers. Still, he lacked the battle experience of some other officers—such as General Richard Gale of the British 6th Airborne Division and the veteran American commanders, Generals Gavin and Taylor. And Browning had yet to prove that he possessed the administrative genius of the most experienced of all airborne commanders, General Ridgway.

Only days before, an incident had occurred that pointed up the differences between Brereton and Browning. On September 3rd Browning had protested to Brereton the dangers of trying to launch an airborne assault on just 36 hours' notice. Since D-Day on June 6th, 17 airborne operations had been prepared and cancelled. In the 33 days of Brereton's command, in his eagerness to get into action, plans had been processed at the rate of almost one a week. None reached the launching stage. Browning, watching the mass production of airborne schemes, was deeply concerned about the haste and the risks being run. When 'Operation Linnet I'—a drop before the British army in Belgium—was cancelled on September 2nd, Brereton quickly found new objectives ahead of the speeding armies and proposed 'Operation Linnet II,' as a substitute attack to take place on the morning of September 4th.

As Brereton later recalled the incident, 'Browning was quite agitated about "Operation Linnet II" in which there was a serious shortage of information, photographs and, in particular, maps. As a result, "Boy" claimed his troops could not be briefed properly.' Airborne operations, Browning contended, 'should not be attempted on such short notice.' In principle Brereton had agreed, but he had told his deputy, 'the disorganization of the enemy demands that chances be taken.' The disagreement between the two men had ended with Browning stiffly stating that he intended to submit his protest in writing. A few hours later his letter had arrived. Because 'of our sharp differences of opinion,' Browning wrote, he could no longer 'continue as Deputy Commander of the First Allied Airborne Army.' Brereton, unintimidated, had begun at once to consider the problem of Browning's replacement. He had alerted General Ridgway to 'stand by to take over.' The delicate problem had been solved when 'Operation Linnet II' was cancelled; the following day Brereton had persuaded Browning to withdraw his letter of resignation.

Now, their differences set aside, both men faced the huge, complex task of preparing Market. Whatever reservations Browning entertained were now secondary to the job ahead.

There was one decision Brereton could not make at the initial meeting: exactly how the airborne troops comprising the carpet were to be carried to the targets. The airborne commanders could not make detailed plans until this greatest of all problems was solved. The fact was that the airborne army was only as mobile as the planes that would carry it. Apart from gliders Brereton had no transports of his own. To achieve complete surprise, the ideal plan called for the three and a half divisions in 'Market' to be delivered to landing zones at the same hour and on the same day. But the immense size of the operation ruled out this possibility. There was an acute shortage of both aircraft and gliders; the planes would have to make more than one trip. Other factors also forced a different approach. Each division had separate combat requirements. For example, it was essential that the transport for General Taylor's 101st Airborne carry more men than equipment when the attack began so that the division could carry out its assigned task of achieving a link-up with the 'Garden' forces within the first few hours. Also, Taylor's men had to join quickly with the 82nd Airborne on the corridor north of them. There, General Gavin's troops not only had to secure the formidable bridges across the Maas and the Waal but also hold the Groesbeek ridge to the southeast, terrain which had to be denied the Germans because it dominated the countryside. Gavin's special assignment also imposed special requirements. Because the 82nd Airborne would have to fight longer than the 101st before the link-up occurred, Gavin needed not only troops but artillery.

Farther north, the problems of the First British Airborne under General Urquhart were different still. The First British was to hold the Arnhem bridge until relieved. With luck, German reaction would be sluggish enough so that ground forces could reach the lightly armed British troopers before any real enemy strength developed. But until Horrocks' tanks arrived, Urquhart's men would have to hang on. Urquhart could not dissipate his strength by sending units south to link up with Gavin. Lying at the farthest end of the airborne carpet, the First British Airborne would have to hold longer than anyone else. For this reason, Urquhart's force was the largest, his division bolstered by the addition of Polish paratroops, plus the 52nd Lowland Division, which was to be flown in as soon as airstrips could be located and prepared in the Arnhem area.

On the morning of the 11th, after a hectic night of assessing and analysing aircraft availability for the attack, Major-General Paul L. Williams, Commander of the IX U.S. Troop Carrier Command, and in charge of all 'Market' air operations, gave his estimate to Brereton. There was such a shortage of gliders and planes, he reported, that even with an all-out effort, at best only half the troop strength of Browning's total force could be flown in on D-Day. Essential items such as artillery, jeeps and other heavy cargo scheduled for the gliders could be included only on a strict priority basis. Brereton urged his air commander to explore the possibility of two D-Day airlifts but the suggestion was found impractical. 'Owing to the reduced hours of daylight and the distances involved, it would not be possible to consider more than one lift per day,' General Williams said. It was too risky. There would be no time for maintenance or battle damage repair, he pointed out, and almost certainly 'casualties would result from pilot and crew fatigue.'

Hamstrung by the shortage of aircraft and the time limit, Brereton made some general assessments. A full day would be required to take aerial reconnaissance photographs of the Dutch bridges and terrain; two days must go into the preparation and distribution of maps of the areas; intelligence had to be gathered and analysed; detailed battle plans must be prepared. The most crucial decision of all: Brereton was forced to tailor the 'Market' plan to suit the existing airlift capability. He must transport his force in instalments—flying the three and a half divisions to their targets over a period of three days. The risks were great: German reinforcements might reach the 'Market-Garden' area faster than anyone anticipated; anti-aircraft fire could intensify; and there was always the possibility of bad weather. Fog, high winds, a sudden storm—all likely at this time of the year—could cause disaster.

Worse, once on the ground, the paratroopers and glider-borne infantry, arriving without heavy artillery or tanks, would be highly vulnerable. General Horrocks' XXX Corps tank columns, using one narrow highway, could not make the 64-mile dash to Arnhem and beyond unless Brereton's men seized the bridges and held open the advance route. Conversely, the airborne army had to be relieved at top speed. Cut off far behind enemy lines and dependent on supplies by air, the airborne forces could expect German reinforcements to increase with each passing day. At best the beleaguered troopers might hold out in their 'airheads' for only a few days. If the

British armoured drive was held up or failed to move fast enough, the airborne troops would inevitably be over-run and destroyed.

More could go wrong. If General Taylor's 'Screaming Eagles' failed to secure the bridges directly ahead of the 2nd British Army's tank spearheads, it would make little difference whether or not the men under General Gavin or General Urquhart's command secured their objectives in Nijmegen and Arnhem. Their forces would be isolated.

Certain classic airborne risks had to be accepted: divisions might be dropped or landed by gliders in the wrong areas; crossings might be destroyed by the enemy even as the attack began; bad weather could make air resupply impossible; and even if all the bridges were seized, the corridor might be cut at any point. These were but a few of the imponderables. The planners were gambling on speed, boldness, accuracy, and surprise—all deriving from a precise synchronized land and airborne plan which, in its turn, gambled on German disorganization and inadequate strength. Each link in 'Market-Garden' was interlocked with the next. If one gave way, disaster might result for all.

In Brereton's opinion, such risks had to be accepted. The opportunity might never arise again. Additionally, on the basis of the latest information of enemy strength, from Montgomery's 21st Army Group, Allied Airborne headquarters still felt that Brereton's forces would meet an 'ill-organized enemy of varying standards.' It was not expected that 'any mobile force larger than a brigade group [about 3,000 men] with very few tanks and guns could be concentrated against the airborne troops before relief by the ground forces.' It was expected 'that the flight and landings would be hazardous, that the capture intact of the bridge objectives was more a matter of surprise and confusion than hard fighting.' There was nothing here that the planners had not already taken under consideration. The last words of the intelligence summary seemed almost superfluous: 'the advance of the ground forces would be very swift if the airborne operations were successful.'

Major Brian Urquhart was deeply disturbed by the optimism permeating General Browning's First British Airborne Corps headquarters. The 25-year-old Intelligence Chief felt that he was probably the only one on the staff with any doubts about 'Market-Garden.' Urquhart (no relation to the First British Airborne

Division commander, Major-General Robert Urquhart) did not believe the optimistic estimates on enemy strength which arrived almost daily from Montgomery's 21st Army command. By the morning of Tuesday, September 12th, with D-Day only five days away, his doubts about 'Market-Garden' amounted to near-panic.

His feeling had been triggered by a cautious message from General Dempsey's Second British Army headquarters. Quoting a Dutch report, Dempsey's intelligence staff warned of an increase in German strength in the Market-Garden area and spoke of the presence of 'battered *panzer* formations believed to be in Holland to refit.' Admittedly, the information was vague. Lacking any kind of confirmation, Dempsey's report was not included in the latest intelligence summaries of either Montgomery's or Eisenhower's headquarters. Urquhart could not understand why. He had been receiving similar disquieting news from Dutch liaison officers at Corps headquarters itself. And, like General Dempsey's staff, he believed them. Adding his own information to that received from Dempsey's command, Major Urquhart felt reasonably certain that elements of at least two *panzer* divisions were somewhere in the Arnhem area. The evidence was thin. The units were unidentified, with strength unknown, and he could not tell whether they were actually being refitted or merely passing through Arnhem. Nevertheless, Urquhart, as he later recalled, 'was really very shook up.'

Ever since the inception of Operation Comet and its evolution into Market-Garden, Urquhart's fears had been growing. Repeatedly, he had voiced his objections of the operation to 'anybody who would listen on the staff.' He was 'quite frankly horrified by Market-Garden because its weakness seemed to be the assumption that the Germans would put up no effective resistance.' Urquhart himself was convinced that the Germans were rapidly recovering and might well have more men and equipment in Holland than anyone realized. Yet the whole essence of the scheme, as he saw it, 'depended on the unbelievable notion that once the bridges were captured, XXX Corps' tanks could drive up this abominably narrow corridor—which was little more than a causeway, allowing no manoeuvreability—and then walk into Germany like a bride into a church. I simply did not believe that the Germans were going to roll over and surrender.'

At planning conferences, Major Urquhart became increasingly alarmed at what he saw as 'the desperate desire on everybody's part to get the airborne into action.' There were constant comparisons between the current situation and the collapse of the Germans in 1918. Urquhart remembers that General Browning, perhaps reflecting Montgomery's views 'as well as several other British commanders, was thinking about another great breakthrough.' It seemed to the worried intelligence officer that everyone around him thought the war would be over by winter and 'the Arnhem attack might be the airborne's last chance of getting into action.' Urquhart was appalled at the lighthearted metaphor—'it was described as a "party" '—used in reference to Market-Garden. And, in particular, he was upset by General Browning's statement that the object of the airborne attack was to 'lay a carpet of airborne troops down over which our ground forces can pass.' He believed that 'that single cliché had the psychological effect of lulling many commanders into a passive and absolutely unimaginative state of mind in which no reaction to German resistance, apart from dogged gallantry, was envisaged.' He considered the atmosphere at headquarters so unrealistic that, at one of the planning conferences, he asked 'whether the "carpet" was to consist of live airborne troops or dead ones.'

'It was absolutely impossible,' he said later, 'to get them to face the realities of the situation; their personal longing to get into the campaign before it ended completely blinded them.'

Nevertheless, young Urquhart was convinced that General Dempsey's warning was accurate. He believed there was German armour in the vicinity of Arnhem, but he needed to substantiate the report by getting more evidence. A Spitfire fighter squadron equipped with special cameras for taking oblique pictures was stationed, Urquhart knew, at Benson in Oxfordshire. The squadron was currently searching out rocket sites along the Dutch coast.

On the afternoon of September 12th, Urquhart requested low-level R.A.F. reconnaissance sweeps of the Arnhem area. To avoid detection, enemy tanks would be hidden in forests or beneath camouflaged netting and might well escape high-altitude photographic flights. Urquhart's request was acknowledged. Low-level missions would be flown over the Arnhem area and he would get the results as fast as possible. Photographs of the tanks, if they were there, might prove to all concerned that Urquhart's fears were justified.

* * *

There was little time now for airborne division commanders to check out intelligence reports first-hand. They were dependent on Corps or First Allied Airborne headquarters for the latest estimates. From experience, each commander knew that even this information would be several days old by the time he received it. Still, in the general view, there was little reason to anticipate any powerful enemy resistance. The risks involved in Market-Garden were, as a result, considered acceptable.

Once Generals Brereton and Browning had outlined the plan, determined the objectives and decided on airlift capability, each commander developed his own combat plans. The choice of drop zones and landing sites had priority. From previous operations, veteran airborne commanders knew that the best chance of success depended on how close to their objectives assaulting troops could be dropped. Ideally, they should be landed almost on their targets or within quick marching distance, especially if they were expected to seize a bridge. With the meagre ground transport available the pinpointing of these sites was vital.

Major-General Maxwell D. Taylor was all too aware that his sites must be chosen for maximum effect. While Taylor would have the majority of his 'Screaming Eagle' paratroops on D-Day, his engineering units, artillery and most of the 101st transport would not arrive until D plus 1 and 2. Studying the southernmost part of the corridor where the 101st Airborne Division was to hold between Eindhoven and Veghel, Taylor quickly noted that over the 15-mile stretch of highway, his troops must capture two major canal crossings and no less than nine highway and railroad bridges. At Veghel, over the River Aa and Willems Canal, there were four bridges, one a major canal crossing. Five miles south in St. Oedenrode, a bridge over the Lower Dommel had to be seized; four miles from there was the second major canal crossing over the Wilhelmina Canal near the village of Son, and to the west a bridge near the hamlet of Best. Five miles farther south in Eindhoven, four bridges over the Upper Dommel had to be taken.

After studying the flat terrain between Eindhoven and Veghel, with its veining waterways, dikes, ditches, and tree-lined roads, Taylor decided to pinpoint his major landing site almost in the centre of his assault area, by the edge of a forest barely one and a half miles from Son and roughly equidistant between Eindhoven and Veghel. He would land two of his regiments, the 502nd and the 506th, on this zone. The 502nd was charged with objectives in St. Oedenrode and Best; the 506th with those in Son and Eindhoven. The third regiment, the 501st, was to land in two areas north and west of Veghel, within a few hundred yards of the vital four bridges. It was a formidable assignment for his men to accomplish on D-Day without their back-up auxiliary units, but Taylor believed that 'with luck, we can make it.'

The task of the 82nd Airborne was more intricate. Its ten-mile sector was wider than that of the 101st. In this central segment of the corridor, the huge, nine-span, 1,500-foot long bridge over the Maas River at Grave and at least one of four smaller railway and higher crossings over the Maas–Waal Canal must be seized. The great bridge over the Waal River at Nijmegen, almost in the centre of this city of 90,000, was also a prime objective. None of these could be called 'secured' unless the Groesbeek Heights, dominating the area two miles southwest of Nijmegen, were held. Also, to the east was the great belt of forest along the German border—the *Reichswald*—where the Germans might assemble for attack. When General Gavin explained to his headquarters' officers what was expected of them, his Chief of Staff, Colonel Robert H. Wienecke, protested, 'We'll need two divisions to do all that.' Gavin was terse. 'There it is, and we're going to do it with one.'

Remembering the 82nd Airborne's attacks in Sicily and Italy, when his troops were scattered sometimes as far as 35 miles from their drop zone (the standard division joke was that 'we always use blind pilots'), Gavin was determined to land his men this time almost on their targets. In order of priority, he decided that his objectives were: first, the Groesbeek Heights; second, the bridge at Grave; third, the crossings on the Maas–Waal Canal; and fourth, the Waal bridge at Nijmegen. 'Because of probable quick enemy reaction,' Gavin later recalled, 'I decided to drop the largest part of my paratroops between the Groesbeek Heights and the *Reichswald*.' He chose two landing zones in the Groesbeek vicinity less than a mile and a half from the ridge itself and three to four miles southwest of Nijmegen. There, his 508th and 505th regiments, plus the headquarters' staff, would land. The third regiment, the 504th, was to drop on the western side of the Groesbeek Heights in the triangle between the Maas River and the Maas–Waal Canal, a mile from the eastern end of the Grave bridge and two miles west of the Maas–Waal Canal bridges. To ensure the capture of the vital

Grave bridge, which might be prepared for demolition, an additional phase of his plan was developed in which a company of the 504th was to be dropped half a mile from the western end of the bridge. Before the enemy could retaliate, the 504th would rush the bridge from both ends.

Obviously, the great Nijmegen bridge was the most important of all his objectives and crucial to the entire Market-Garden operation. Yet Gavin was well aware that, without holding the other objectives, the Waal River crossing by itself would be useless. General Browning agreed with him. If the first bridges were not taken or if the enemy held the Groesbeek Heights, the corridor for the Garden forces would never be opened. Therefore, Browning specifically directed, Gavin was not to attempt an attack on the Nijmegen bridge until the primary objectives were secured.

Although he was concerned about the wide dispersal of his troops, Gavin was satisfied with the plan. One aspect bothered him, as it had Taylor. His entire division would not be organically complete until supporting units arrived on D plus 1 and 2, and he wondered how his men—who knew nothing about Market-Garden as yet—would react. Still, in the experienced 82nd, morale was high as always; many of his men had made three combat jumps already. 'Jumping Kim' Gavin, at 37 the youngest brigadier-general in the U.S. Army, had no doubts that his 'fugitives from the law of averages,' as they called themselves, would do their job.

The most difficult and dangerous assignment, by far, had been given to a modest, reticent career officer, Major-General Robert 'Roy' Urquhart, 42-year-old Commander of the First British Airborne Division and the attached Polish Brigade.

Unlike General Browning and his American colleagues, Urquhart, a highly professional soldier who had fought with great distinction in North Africa, Sicily and Italy, had no airborne warfare experience. He would be commanding an airborne division in battle for the first time. Browning had chosen him because he was 'hot from battle,' but Urquhart had been surprised at his appointment. He had always considered airborne units 'tightly-knit organizations, closed family affairs and quite exclusive.' Yet Urquhart had confidence in his ability to lead the élite unit. Once the force was on the ground the basic fighting rules remained the same, and he viewed his airborne division as 'very highly trained infantry troops.'

Despite his long combat experience, Urquhart was bothered about one thing: he had never parachuted or been in a glider. 'I was even prone to airsickness,' he was later to remark. On taking command in January, 1944, nine months before, Urquhart had suggested to General Browning that perhaps, as the new division commander, he ought to have some parachute training. Browning, who impressed Urquhart as a 'lithe, immaculately turned-out man who gave the appearance of a restless hawk,' answered that Urquhart's job was to get his division ready for an invasion of the Continent. Looking over the six-foot, 200-pound Scotsman, Browning added, 'Leave the parachuting to younger chaps. Not only are you too large, but you're getting on.'*

Throughout the long months of training, Urquhart 'often felt like an outsider, a kind of military landlubber.' He was aware of 'being watched closely; not with hostility, though some airborne officers had reservations and a few did not bother to conceal them. I was on trial; my actions were being judged. It was an unenviable position, but one I accepted.' Slowly, Urquhart's confident, assured handling of the division won over his officers. And among the troopers, Urquhart was far more popular than he knew. Private James W. Sims, of the First Airborne Division's 1st Parachute Brigade, remembers 'the General's supreme confidence and his calmness.' Sergeant John Rate, of division headquarters, had the impression that 'General Urquhart did whatever job had to be done. He didn't just ask someone else to do it. The General didn't stand on ceremony.' Signalman Kenneth John Pearce called him 'a big wonderful fellow. He called us "son" or used our first names if he knew them.' And from Sergeant Roy Ernest Hatch, of the Glider Pilot Regiment, Urquhart earned the supreme compliment. 'He was,' Hatch asserted, 'a bloody general who didn't mind doin' the job of a sergeant.'

To Urquhart's frustration, his division had not been chosen for the Normandy invasion and 'the summer passed interminably, planning one operation after another, only to see each cancelled.' Now, his 'Red Devils' were 'hungering for a fight.' They had almost given up. 'We were calling ourselves "The Stillborn Division",' recalls Major George S. Powell of the 4th Parachute

* At their first interview Urquhart was still wearing his Brigadier's badges and tight-fitting tartan trousers (trews) and spats of the Highland Division. As the meeting broke up, Browning, pointing to Urquhart's pants, said, 'You might also get yourself properly dressed and get rid of those trews.'

Brigade. 'We figured we were being kept in reserve for use in the victory parade.' As Urquhart saw it, 'there was a dangerous mixture of ennui and cynicism slowly creeping into our lives. We were trained to a fine edge and I knew that if we didn't get into battle soon, we would lose it. We were ready and willing to accept anything, with all the "ifs".'

Urquhart's principal target—the prize of Operation Market-Garden—was Arnhem's concrete-and-steel highway bridge over the Lower Rhine. Additionally, Urquhart's men had two secondary objectives: a nearby floating pontoon bridge and a double-track railway crossing up-river, two and a half miles west of the town.

Urquhart's assignment presented a series of problems. Two were particularly worrisome. Reports of heavy anti-aircraft defences in the area indicated that some enemy units were massing in the vicinity of the Arnhem bridge itself. And Urquhart was uneasy about the three days it would take to airlift his entire force of British and Polish paratroops to their objectives. Both these problems had a direct bearing on Urquhart's choice of landing sites. Unlike the 82nd and 101st Airborne Divisions, he could not pick zones almost on or even close to the principal target. Ideally, he should land his forces near the Arnhem bridge on both sides of the river—but Urquhart's terrain was by no means ideal. The northern exit of the crossing ran directly into the densely populated, built-up centre of Arnhem itself. Near the southern exit, low-level polder land was, according to reports, too marshy for men or gliders. 'Many of my own commanders,' Urquhart remembers, 'were quite willing to land on the southern side, even though it was marshy. Indeed, some were ready to risk injury by parachuting on the northern side—on the town itself.'

In the previous week, bomber crews returning from other missions had reported a 30 per cent increase in anti-aircraft fire near the Arnhem crossing and from Deelen airfield seven miles to the north. Consequently, R.A.F. commanders, whose pilots were scheduled to tow Urquhart's glider-borne troops, raised strong objections to landing zones close to the Arnhem bridge. If sites were located near the southern exit, tug aircraft wheeling north after releasing gliders would run into heavy flak over the airfield. Turning south was almost as bad: planes might risk collision with aircraft dropping the 82nd Airborne near Nijmegen, 11 miles away. Urquhart was confronted with a dilemma: he could insist that the

R.A.F. place his troops in proximity to the bridge, or he could choose drop zones much farther away, outside Arnhem itself, with all the dangers that choice entailed—delay, loss of surprise, possible German opposition. The risks were multiplied because on D-Day Urquhart would have only a part of his division. 'My problem was to get enough men down on the first lift,' Urquhart recalled, 'not only to seize the main bridge in the town itself, but also to guard and defend the drop zones and landing areas for the succeeding lifts. To seize the main bridge on the first day my strength was reduced to just one parachute brigade.'

Faced with these restrictions, Urquhart appealed to Browning for extra planes. It seemed to him, he told the Corps Commander, 'that the Americans are getting all they need.' Browning disagreed. The allocation of aircraft, he assured Urquhart, was 'entirely due to priorities and not to any high-level American pressure.' The entire operation, he explained, had to be planned from south to north, 'bottom to top'; objectives in the southern and central sections of the corridor must be 'seized first to get the ground forces through—otherwise, the First Airborne would be wiped out.'

In his command caravan on the Moor Park golf course near the clubhouse that General Browning used as headquarters, Urquhart pored over his maps and pondered the situation. Some open sectors existed north of Arnhem in a national park, but these were too small and the terrain was unsuitable. At best, these spots might accommodate a small parachute force but no gliders. The only alternative was to land in some broad expanses of open heaths and pasture land bordered by pine woods, 250 feet above sea level, lying west and northwest of Arnhem. The heathlands were firm and flat, perfect for gliders and parachutists. They were ideal in every way—except one: the areas lay between six and eight miles from the Arnhem bridge. Faced with the R.A.F.'s continued opposition to a drop in the immediate vicinity of the bridge, Urquhart reluctantly decided on the distant sites. 'There was nothing else to do,' he recalled, 'but to accept the risks and plan for them. I was left with no choice.'*

* Colonel George S. Chatterton, commanding the Glider Pilot Regiment, recalls that he wanted a *coup de main*, 'a force of five or six gliders to land near the bridge and take it. I saw no reason why we could not do it but apparently nobody else saw the need for it and I distinctly remembered being called a bloody murderer and assassin for suggesting it.'

By September 12th, Urquhart had his plan ready. Outlined on the map were five landing and drop zones straddling the Arnhem–Amsterdam railway in the vicinity of Wolfheze approximately four miles northwest of Arnhem. Three sites lay north of Wolfheze and two south—the southern zones together making up an irregular box-shaped tract more than a mile square. All were at least six miles away from the bridge at Arnhem; the farthest, northwest of Wolfheze, was eight.

On D-Day two brigades would go in—Brigadier Philip 'Pip' Hicks's First Airlanding Brigade, scheduled to hold the drop zones, and Brigadier Gerald Lathbury's First Parachute Brigade, which would make a dash for Arnhem and its highway, railway and pontoon bridges. Leading the way would be a motorized reconnaissance squadron of jeeps and motorcycles. Urquhart was counting on Major C. F. H. 'Freddie' Gough's highly specialized force of some 275 men in four troops—the only unit of its kind in the British army—to reach the highway bridge and hold it until the main body of the brigade arrived.

The next day, D plus 1, Brigadier John 'Shan' Hackett's Fourth Parachute Brigade was due to arrive, together with the remainder of the Airlanding Brigade; and on the third day, Major-General Stanislaw Sosabowski's First Polish Parachute Brigade was to be landed. Urquhart had marked in a sixth drop zone for the Poles. Because it was anticipated that, by D plus 2, the bridge would be captured and the flak batteries knocked out, the Poles were to drop on the southern bank of the Lower Rhine near the village of Elden about one mile south of the Arnhem crossing.

Despite the risks he must accept, Urquhart felt confident. He believed he had 'a reasonable operation and a good plan.' Casualties, he thought, might be 'somewhere in the neighbourhood of 30 per cent'; considering the intricate nature of the attack, he did not think the cost was too high. In the early evening of September 12th, he briefed his commanders on the operation and, Urquhart remembers, 'everybody seemed quite content with the plan.'

One commander, however, had grave misgivings. Major-General Stanislaw Sosabowski, the trim, 52-year-old leader of the First Polish Parachute Brigade, was quite sure that 'we were in for a bitter struggle.' The former Polish War Academy professor had already stated his position to Generals Urquhart and Browning when he first heard about 'Operation Comet.' At that time he had demanded that Urquhart give him his orders in writing so that 'I would not be held responsible for the disaster.' With Urquhart he had visited Browning and told him 'this mission cannot possibly succeed.' Browning asked why. As Sosabowski remembered, 'I told him it would be suicide to attempt it with the forces we had and Browning answered, "But, my dear Sosabowski, the Red Devils and the gallant Poles can do anything!" '

Now, one week later, as he listened to Urquhart, Sosabowski thought, 'the British are not only grossly underestimating German strength in the Arnhem area, but they seem ignorant of the significance Arnhem has for the Fatherland.' Sosabowski believed that to the Germans Arnhem represented 'the gateway to Germany, and I did not expect the Germans to leave it open.' He did not believe that 'troops in the area were of very low calibre, with only a few battered tanks sitting around.' He was appalled when Urquhart told the assembled brigade commanders that the First Airborne was to be dropped 'at least six miles from the objective.' To reach the bridge the main body of troops would have 'a five-hour march—so how could surprise be achieved? Any fool of a German would immediately know our plans.'

There was another part of the plan Sosabowski did not like. Heavy equipment and ammunition for his brigade was to go in by glider on an earlier lift. Thus, his stores would be on a northern landing zone when his troops landed on the southern bank. What would happen if the bridge was not taken by the time the Poles landed? As Urquhart spelled out the plan, Sosabowski learned to his astonishment that, if the bridge was still in German hands by that time, his Polish troops would be expected to take it.

Despite Sosabowski's anxieties, at the September 12th briefing, he remained silent. 'I remember Urquhart asking for questions and nobody raised any,' he recalled. 'Everyone sat nonchalantly, legs crossed, looking bored. I wanted to say something about this impossible plan, but I just couldn't. I was unpopular as it was, and anyway who would have listened?'

Later, when the entire airborne operation was reviewed for all commanders at General Browning's headquarters, others had grave misgivings about the British part of the plan but they, too, remained silent. Brigadier-General James M. Gavin, commander of the American 82nd Airborne, was so astonished when he heard of Urquhart's choice of landing sites that he said to his operations chief, Lieutenant-Colonel John Norton, 'My God, he can't mean it.' Norton was equally appalled. 'He does,' he said grimly, 'but I wouldn't care to try it.' In Gavin's view, it was far better to take 'ten per cent initial casualties by dropping either on or close to the bridge than to run the risk of landing on distant drop zones.' He was 'surprised that General Browning did not question Urquhart's plan.' Still, Gavin said nothing, 'for I assumed that the British, with their extensive combat experience, knew exactly what they were doing.'

[2]

SS *Sturmbannführer* (Major) Sepp Krafft did not intend to move again if he could avoid it. In the past few weeks his under-strength SS *Panzer* Grenadier Training and Reserve Battalion had been ordered back and forth across Holland. Now, after only five days, the unit was being ordered out of the village of Oosterbeek—and not by a superior of Krafft's, but by a *Wehrmacht* major.

Krafft protested vehemently. The main body of his three companies of men was billeted in the village with the rest in Arnhem, and another 1,000 SS recruits were due to arrive momentarily for training. The *Wehrmacht* major was adamant. 'I don't care about that,' he told Krafft bluntly, 'you've got to get out.' Krafft fought back. The ambitious 37-year-old officer took orders only from his SS superiors. 'I refuse,' he said. The *Wehrmacht* officer was not intimidated. 'Let me make things clear to you,' he said. 'You're moving out of Oosterbeek because Model's headquarters is moving in.'

Krafft quickly calmed down. He had no wish to run afoul of Field Marshal Walter Model. Still, the order rankled. Krafft moved but not very far. He decided to bivouac his troops in the woods and farms northwest of Oosterbeek not far from the village of Wolfheze. The spot he happened to choose was alongside the Wolfheze road—almost between the zones marked on maps in England for the men of the First British Airborne Division to land, and blocking the route into Arnhem itself.

[3]

Henri Knap, Arnhem's underground intelligence chief, felt safe in his new role. To protect his wife and two daughters from complicity in his activities, he had left home four months earlier and moved a few blocks away. His headquarters were now in the offices of a general practitioner, Dr. Leo C. Breebaart. The white-coated Knap was now the doctor's 'assistant' and certain 'patients' were messengers and couriers belonging to his intelligence network: 40 men and women and a few teenagers.

Knap's was a time-consuming and frustrating job. He had to evaluate the information he received and then pass it along by phone. Arnhem's resistance chief, Pieter Kruyff, had given Knap three telephone numbers, each with 12 to 15 digits, and told him to commit them to memory. Knap never knew where or to whom he was calling. His instructions were to dial each number in turn until contact was made.*

Gathering intelligence was even more complicated. Knap's requests were passed down through the network chain and he never knew what agent procured the information. If a report seemed dubious, Knap investigated on his own. At the moment he was intrigued and puzzled by several reports that had reached him about enemy activity in Oosterbeek.

A German officer, wearing staff insignia, Major Horst Smöckel, had visited a number of stores in Renkum, Oosterbeek and Arnhem and ordered a variety of supplies to be delivered to Oosterbeek's Tafelberg Hotel. What Knap found curious were the requisitions: among them rare foods and other speciality items which the Dutch population rarely saw any more—such as *Genever* gin.

Additionally, German signalmen had been busy laying a welter of telephone cables to a number of hotels in the suburbs—particularly to the Tafelberg. The conclusion, Knap felt, was obvious: a high-ranking headquarters was moving into Oosterbeek. But which one? Who was the general? And had he arrived?

It was even more important for Knap to keep abreast of the enemy strength in and around the Arnhem region. He knew there were other intelligence men sending back information in each town and that he was 'only a small cog in a vast collection system.' As a result,

* Knap has never learned who his contacts were except that his reports were passed on to a top-secret unit known as the 'Albrecht Group.' He knew the calls he made were long distance. At the time, Dutch telephone numbers consisted of four digits. A brilliant telephone technician named Nicolaas Talling de Bode devised a method for underground members under which, by using certain telephone numbers, they could by-pass local switchboards and automatically call all over Holland.

there was probably 'much duplication of effort.' Nevertheless, everything was important, for 'what one cell might miss, we might pick up.'

Two weeks before, as he later recalled, 'there was almost no German strength in the Arnhem region.' Since then, the military picture had changed dramatically. Now, Knap was alarmed at the German build-up. From his network sources, over the previous seven days, Knap had reported that 'the remains of several divisions, including *panzer* units, were in the process of reorganizing in and around Arnhem or were moving into Germany.' By now, more specific news had come. His sources reported the presence of tanks north and northeast of Arnhem. Knap believed that 'parts of at least one or even two *panzer* divisions' were in the area—but their identity and exact location were, so far, not known.

Knap wanted details quickly. Urgently, he passed the word to his network. He demanded more exact information on the *panzer* activity and he wanted to know immediately the identity of the 'new occupant' in the Tafelberg Hotel.

Twenty-five-year-old Wouter van de Kraats had never heard of Henri Knap. His contact in the underground was a man he knew only as 'Jansen' who lived somewhere in Arnhem. Jansen had a new assignment for him—the Tafelberg Hotel. A high-ranking German officer had arrived, he was told, and Van de Kraats was to see if any of the staff cars outside 'carried an identifying pennant or flag.' If so, he was to report the colours and symbols on the standard.

Van de Kraats had noticed an influx of German activity around the hotel. German military police and sentries had moved into the area. His problem was how to get through the sentries along the road—the Pietersbergweg—running past the Tafelberg. He decided to bluff his way through.

As he made for the hotel, he was immediately stopped by a sentry. 'But I must get through,' Van de Kraats told the German. 'I work at the petrol station up the street.' The German let him pass. Three other sentries gave him only a cursory glance. Then, as Van de Kraats passed the Tafelberg, he quickly looked at the entrance and the driveway. None of the parked cars had any identifying markings, but near the front door of the hotel stood a chequerboard black, red and white metal pennant—the insignia of a German army group commander.

* * *

On the afternoon of Thursday, September 14th, Henri Knap heard from his network. Several sources reported large formations of *panzer* troops, tanks, and armoured vehicles encamped in a semicircle to the north of Arnhem. There were units at Beekbergen, Ipse and along the Ijssel River. There was even a startling report of '20 to 30 Tiger tanks.' Exactly how many units were involved, he was unable to confirm. He was only able to clearly identify one—and that by a fluke. One of his agents noted 'strange markings—reverse F's with a ball at the foot of them'—on some tanks. Checking through a special German manual, Knap was able to identify the unit. He immediately called his telephone contact and reported the presence of the 9th SS *Panzer* Division 'Hohenstaufen.' From the agent's report, Knap located its position as lying approximately to the north between Arnhem and Appeldoorn and from there, south-east to Zutphen.

Shortly afterwards he received word about the Tafelberg Hotel. He passed this report on, too. The significant black, red and white chequerboard pennant told its own story. There was only one German army group commander in this part of the western front. Although Knap reported the news as hearsay, it seemed to him the officer had to be Field Marshal Walter Model.

[4]

Twenty-five miles east of Oosterbeek at his II *Panzer* Corps headquarters in a small castle on the outskirts of Doetinchem, General Wilhelm Bittrich held a meeting with his two remaining division commanders. Bittrich was in a bad mood, barely able to contain his temper. The outlook for his battered *panzer* corps was now far worse than it had been a week earlier. Impatiently, Bittrich had awaited replacements in men, armour and equipment. None had arrived. On the contrary, his force had been whittled down even more. He had been ordered to send two combat groups to the front. One was with the 7th German Army trying to hold the Americans near Aachen; the other was despatched to bolster General Kurt Student's 1st Parachute Army after British tanks successfully breached the Albert Canal line, crossed the Meuse–Escaut Canal and grabbed a bridgehead at Neerpelt almost on the Dutch border. Now, at a time when the British were massing to renew their offensive—an attack that the intelligence chief at Army Group B called "imminent"—Bittrich had received through Field Marshal Model a 'crazy directive from the fools in Berlin.' One of his shattered divisions was to be cannibalized and pulled back into Germany.

A once-ardent Nazi, Bittrich denounced the order acridly. He 'was sick and tired of Berlin's orders and the sycophants around Hitler who were indulging in all kinds of gimmickry.' Courageous and able, Bittrich had spent most of his adult life in uniform. In World War I, he had served as a lieutenant in the German air force and been twice wounded. Later, for a few years, he worked in a stockbroker's office. Then, rejoining the armed forces, Bittrich became a member of a secret German air force team and for eight years taught flying to the Russians. When Hitler came to power, Bittrich joined the newly formed *Luftwaffe*, but in the mid-thirties he switched to the *Waffen* SS, where promotion was faster.*

In Normandy, Bittrich's faith in Hitler's leadership began to waver. He sided with Field Marshal Rommel against Hitler's 'insane fight-to-the-last-man' philosophy. Once he confided to Rommel that 'we are being so badly led from above that I can no longer carry out senseless orders. I have never been a robot and don't intend to become one.' After the July 20th plot when he learned that his former commander, Colonel-General Eric Hoepner, had been condemned to death by hanging as a conspirator, Bittrich raged to his staff that 'this is the blackest day for the German army.' Bittrich's outspoken criticism of Hitler's military leadership soon reached Berlin. As Bittrich later recalled, 'my remarks were reported to the chief of the SS, *Reichsführer* Heinrich Himmler, and the name Bittrich was no longer mentioned around Hitler's headquarters.' Only the near collapse of the German front in the west, a situation demanding Bittrich's kind of expertise, and the attitude of sympathetic commanders had saved him from being recalled. Even so, Himmler was still 'eager for me to return to Germany for a little talk.' Bittrich had no illusions about Himmler's

* As a suspected war criminal, Bittrich spent eight years in prison after World War II; on June 22, 1953 he was found innocent and released. *Waffen* SS commanders are difficult to locate and interview but Bittrich and his officers were extremely helpful to me in setting the record straight on many hitherto unknown events in the Arnhem battle. Bittrich wanted me to clarify one minor matter relating to his personal life. In various British accounts 'I have been described as a musician who hoped to be a conductor,' he told me. 'But the authors have confused me with my brother, Dr. Gerhard Bittrich, an extremely talented pianist and conductor.'

invitation. Nor had Model. He was determined to keep Bittrich in the west and flatly refused to entertain Himmler's repeated requests to send Bittrich home.

Now the outraged Bittrich outlined Berlin's latest plan to the commanders of his divisions—SS *Brigadeführer* (Brigadier-General) Heinz Harmel of the 10th 'Frundsberg' Division and SS *Obersturmbannführer* (Lieutenant-Colonel) Walter Harzer of the 9th 'Hohenstaufen' Division. Bittrich told Harzer—who had already learned something about the plan from Model's chief of staff, Lieutenant-General Hans Krebs—that his 9th 'Hohenstaufen' Division was to entrain immediately for Germany where it would be located near Siegen, northeast of Koblenz. Harmel's 10th 'Frundsberg' Division was to remain in Holland. It would be refitted and brought up to strength in its present location east and southeast of Arnhem, ready to be committed again.

The 38-year-old Harmel, whose bluff heartiness had earned him the affectionate nickname of 'der alte Frundsberg' (old Frundsberg) from his men, was not pleased with the decision. It seemed to him that 'Bittrich was, as usual, showing preference for the Hohenstaufen Division, perhaps because it had been his own before he became corps commander and perhaps, too, because Harzer had been his chief of staff.' Although he did not think 'Bittrich was consciously unfair, it always seemed to work out that the Hohenstaufen got the cushy jobs.'

His younger counterpart, 32-year-old Walter Harzer, was elated at the news even though he thought 'the likelihood of getting Berlin leave seemed doubtful.' Ideally, after refitting he expected to have a 'brand-new Hohenstaufen Division.' Privately, too, the tough Harzer, his face marked by a sabre scar, had high hopes now of achieving his ambition: to be promoted to the rank befitting an SS division commander—Brigadier-General. Still, as Bittrich outlined the entire plan, one segment was not to Harzer's liking.

Although badly depleted, his division was still stronger than Harmel's. Instead of the usual 9,000 men, the Hohenstaufen had barely 6,000, the Frundsberg about 3,500. Harzer had close to 20 Mark V Panther tanks, but not all were serviceable. He did, however, have a considerable number of armoured vehicles: self-propelled guns, armoured cars and 40 armoured personnel carriers, all with heavy machine guns, some mounted with artillery pieces. Harmel's Frundsberg Division had almost no tanks and was desperately short of all kinds of armoured vehicles. Both divisions still had formidable artillery, mortar and anti-aircraft units. To build up the Frundsberg Division which would remain behind, Bittrich said, Harzer was to transfer as much of his transportation and equipment as he could to Harmel. Harzer was sceptical. 'In my heart,' Harzer later recalled, 'I knew damn well that if I gave over my few tanks or the armoured personnel carriers to Harmel, they'd never be replaced.' Harzer did not protest against the decision, but he had no intention of giving up all his vehicles.

Harzer had long ago learned to husband his division's resources. He had more vehicles than even Bittrich realized—including American jeeps he had captured during the long retreat from France. He decided to ignore the order by 'some paper manoeuvring.' By removing caterpillar tracks, wheels or guns from his vehicles, he could make them temporarily unserviceable until he reached Germany. In the meantime they would be listed on his armoured strength returns as 'disabled.'

Even with the extra men and vehicles from Harzer's cannibalized division, Bittrich continued, the Frundsberg would still be understrength. There was only one way to stress the urgency of the situation to Berlin: by presenting the facts directly to SS operational headquarters. Maybe then, replacements and reinforcements might be forthcoming. But Bittrich had no intention of visiting Berlin; Harmel was made the emissary, to his surprise. 'I don't know why he chose me rather than Harzer,' Harmel remembers. 'But we urgently needed men and armour and perhaps Bittrich thought a general might carry more weight. The whole matter was to be kept secret from Field Marshal Model. So, as we were not expecting any trouble in the Arnhem area, it was decided that I would leave for Berlin on the evening of September 16th.'

The exchange of equipment between Harzer and Harmel and the move of the cannibalized Hohenstaufen Division to Germany, Bittrich ordered, was to begin immediately. While the operation was in process, he added, Field Marshal Model wanted small mobile attack groups to be readied as *Alarmeinheiten* (alarm units) which could be committed in case of emergency. As a result, Harzer privately decided that his 'best units would be entrained last.' Bittrich expected the entire equipment transfer and move completed by September 22nd. Because six trains a day left for Germany, Harzer thought the task could be completed much earlier. He believed his last and best units could leave for the Fatherland in just three more days—probably on the afternoon of September 17th.

A demoralizing rumour was making the rounds. By September 14th, several senior German officers in Holland were saying that an airborne drop would take place.

The talk originated from a conversation between Hitler's Operations Chief, Colonel-General Alfred Jodl, and the Commander-in-Chief West, Field Marshal Von Rundstedt. Jodl was concerned that the Allies might invade Holland from the sea. If Eisenhower followed his usual tactics, Jodl said, airborne troops would be dropped as a prelude to the seaborne attack. Von Rundstedt, though sceptical of the suggestion (he, by contrast, was convinced that paratroopers would be dropped in conjunction with an attack on the Ruhr), passed the information on to Army Group B's commander, Field Marshal Model. Model's view was the same as Von Rundstedt's. Nevertheless, he could not ignore Jodl's warning. He ordered the German armed forces commander in Holland, the jittery *Luftwaffe* general, Friedrich Christiansen, to dispatch units of his meagre grab-bag of Army, Navy, *Luftwaffe* and Dutch *Waffen* SS personnel to the coast.

Since Jodl's call on September 11th, the scare had travelled down the various echelons of command, particularly through *Luftwaffe* channels. Although the invasion had so far failed to materialize, the fear of an airborne drop was still mounting. Everyone was speculating on possible sites. From their maps, some *Luftwaffe* commanders saw the large open areas between the north coast and Arnhem as possible landing zones. Others, nervously awaiting the renewal of the British offensive into Holland from the bridgehead over the Meuse–Escaut Canal at Neerpelt, wondered if paratroopers might be used in conjunction with that attack and dropped into the area of Nijmegen.

On September 13th, *Luftwaffe* Colonel-General Otto Dessloch, Commander of the 3rd Air Fleet, heard about Berlin's fears at Von Rundstedt's headquarters in Koblenz. Dessloch was so concerned that he telephoned Field Marshal Model the following day. Model, he recalls, thought Berlin's invasion scare was 'nonsense.' The Field Marshal was so unconcerned 'that he invited me to dinner at his new headquarters in the Tafelberg Hotel in Oosterbeek.' Dessloch refused. 'I have no intention of being made a prisoner,' he told

Model. Just before he hung up, Dessloch added, 'If I were you, I would get out of that area.' Model, Dessloch remembers, merely laughed.

At Deelen airfield north of Arnhem word of a possible airborne attack reached *Luftwaffe* fighter commander Major-General Walter Grabmann. He drove to Oosterbeek for a conference with Model's chief of staff, Lieutenant-General Hans Krebs. When Grabmann expressed the *Luftwaffe*'s fears, Krebs said, 'For God's sake, don't talk about such things. Anyway, where would they land?' Grabmann went to a map and, pointing to areas west of Arnhem, said, 'Anywhere here. The heath is perfect for paratroopers.' Krebs, Grabmann later recalled, 'laughed and warned me that if I continued to talk this way, I'd make myself look ridiculous.'

Holland's notorious police chief, SS Lieutenant-General Hanns Albin Rauter, heard the rumour too—possibly from his superior, General Christiansen. Rauter was convinced that anything was possible, including an airborne attack. Rauter, chief architect of Nazi terror in the Netherlands, expected the Dutch underground to attack and the population to rise at any moment. He was determined to stamp out any kind of insurrection by the simple expedient of executing three Dutch nationals for each Nazi killed. Rauter had declared an 'emergency' immediately after the German retreat and the stampede of Dutch Nazis to Germany two weeks before. His police had taken bitter revenge against anyone even remotely involved with the Dutch Resistance. Men and women were arrested, shot or sent off into concentration camps. Ordinary citizens fared little better. All travel between provinces was forbidden. More restrictive rules were imposed. Anyone found on the streets during curfew risked being fired on without warning. All over southern Holland, in anticipation of the British offensive, the Dutch were pressed into service as labourers digging trenches for the *Wehrmacht*. In Nijmegen Rauter filled his work force quota by threatening to throw entire families into concentration camps. Gatherings of any kind were forbidden. 'Where more than five persons are seen together,' one of Rauter's posters warned, 'they will be fired on by the *Wehrmacht*, SS or police troops.'

Now, with the British attack from the south imminent and Berlin's warning of a possible air and sea attack in the north, Rauter's world was beginning to come apart. He was terrified.*

* In the safety of his prison cell after the war, Rauter admitted to Dutch

Learning that Model was in Holland, Rauter decided to seek reassurance and set out for the Tafelberg Hotel. On the evening of September 14th, Rauter met with Model and his chief of staff, General Krebs. He was 'convinced,' Rauter told them, 'that the Allies would now use airborne forces in southern Holland.' He felt that it was the right psychological moment. Model and Krebs disagreed. Élite airborne formations, Model said, were too 'precious—their training too costly' for indiscriminate use. The Field Marshal did indeed expect Montgomery to attack into Holland from Neerpelt but the situation was not critical enough to justify the use of airborne troops. Also, since assault forces would be separated by three broad rivers to the south, he did not think that a British attack towards Arnhem was possible. Both Nijmegen and Arnhem were too far from the British forces. Besides, Model continued, Montgomery was 'tactically a very cautious man. He would never use airborne forces in a reckless adventure.'

By the time the prisoner reached Major Friedrich Kieswetter's headquarters in the village of Driesbergen, west of Oosterbeek, on September 15th, the Deputy Chief of *Wehrmacht* counter-intelligence in Holland knew a great deal about him. There was an ample file on slow-witted, 28-year-old Christiaan Antonius Lindemans, better known, because of his huge size (six feet three inches, 260 lb.), as 'King Kong.' Lindemans had been captured by a patrol near the Dutch-Belgian border, in the no-man's land between the British and German lines. At first, because of his British battledress, Lindemans was taken for a soldier but, at the battalion command post near Valkenswaard, to the amazement of his interrogators, he demanded to see Lieutenant-Colonel Herman Giskes—German spy chief in Holland and Kieswetter's superior. After a series of phone calls, Lindemans' captors were even more astonished to receive orders to drive the prisoner immediately to Driesbergen. Lindemans alone displayed no surprise: some of his compatriots thought him to be a staunch member of the Dutch underground;

---

interrogators that 'at the time I was very nervous . . . I had to paralyse the Resistance.' Rauter was found guilty by a Dutch court on January 12th, 1949, of a wide range of offences including 'persecution of the Jews, deportation of inhabitants for slave labour, pillage, confiscation of property, illegal arrests, detentions . . . and the killings of innocent civilians as reprisals for offences . . . against the occupying authorities.' He was executed on March 25th, 1949.

but the Germans knew him in another capacity—as a spy. King Kong was a double agent.

Lindemans had turned traitor in 1943. At that time he offered to work for Giskes in return for the release of his current mistress and his younger brother, Henk, arrested by the *Gestapo* as a member of the underground and said to be awaiting execution. Giskes had readily agreed and ever since Lindemans had served the Germans well. His perfidy had resulted in the penetration of many underground cells and the arrest and execution of numerous Dutch and Belgian patriots. Although he was crude and boastful, given to wild, drunken excesses and possessed of an insatiable appetite for women, Lindemans had so far miraculously escaped exposure. However, many resistance leaders considered him a dangerous risk, unlike certain Allied officers in Brussels who were so impressed by King Kong that Lindemans now was working for a British intelligence unit.

In Giskes' absence, Kieswetter dealt with Lindemans for the first time. He found the towering braggart, who introduced himself to everyone in the office as the 'great King Kong,' disgusting. Lindemans told the major of his latest mission. The Canadian intelligence officer had sent him to warn underground leaders in Eindhoven that downed Allied pilots were no longer to be sent through the 'escape line' into Belgium. Because the British were due to break out from the Neerpelt bridgehead towards Eindhoven, the pilots were to be kept hidden. Lindemans, who had spent five days coming through the lines, was able to give Kieswetter some details on the British build-up. The attack, he said flatly, would take place on September 17th.

The imminence of the British move was hardly news. Kieswetter, like everyone else, had been expecting it at any moment. Lindemans also informed Kieswetter of another development: coincidental with the British attack, he reported, a paratroop drop was planned beyond Eindhoven to help capture the town.* The revelation made

* After the war, some British newspapers charged that it was because Lindemans pinpointed Arnhem as the main airborne objective that the *panzer* divisions were waiting. Obviously this is not so. Bittrich's Corps reached its positions before Eisenhower and Montgomery met on September 10th and decided on Market-Garden. Neither could Lindemans have known anything about the Arnhem attack or the massive dimensions of the operation. Again, Allied decisions on dates, placement of drop zones, etc., were made long after Lindemans left Brussels to cross the German lines. A second oft-repeated

no sense to Kieswetter. Why use paratroopers when the British army could easily reach Eindhoven by itself? Perhaps because Lindemans' information seemed unrealistic or more likely because of his antipathy toward King Kong, Kieswetter told Lindemans to continue with his mission and then return to the British lines. Kieswetter took no immediate action. He thought so little of Lindemans' information that he did not pass it on directly to *Wehrmacht* headquarters. He sent it, instead, through the *Sicherheitsdients* (SS security and intelligence service). He also dictated a brief memorandum of his conversation with Lindemans for Giskes, at the moment away on another assignment. Giskes, who had always considered King Kong reliable, would not receive it until the afternoon of September 17th.

[5]

Operation Market-Garden was now less than 48 hours away. In his office Lieutenant-General Walter Bedell Smith, Eisenhower's Chief of Staff, listened to SHAEF's Intelligence Chief, British Major-General Kenneth W. Strong, disclose his latest news with growing alarm. Beyond doubt, Strong said, there was German armour in the Market-Garden area.

For days, Strong and his staff had been sifting and assessing every intelligence report in an effort to determine the whereabouts of the 9th and 10th SS *Panzer* Divisions. Since the first week in September there had been no contact with the units. Both were badly cut up but it was considered unlikely that they had been completely destroyed. One theory held that the units might have been ordered back into Germany. Now, Dutch underground messages told a different story. The lost divisions had been spotted.

---

story is that Lindemans was taken to Colonel-General Kurt Student's headquarters at Vught for questioning and it has been suggested that the airborne expert correctly evaluated the report and gave the alert. Student flatly denies this allegation. 'It is a large fat lie,' he told me. 'I never met Lindemans. Indeed, I first heard of the whole affair in a prison camp after the war.' Adds Student, 'The truth is, nobody in the German command knew anything about the attack until it happened.' Shortly after Market-Garden, suspicion fell on Lindemans and he was arrested by the Dutch. 'King Kong,' the great Lothario, lived up to his reputation to the very end. In July, 1946, 48 hours before his trial, Lindemans, in a prison hospital, was found unconscious with a prison nurse nearby. Both of them, in a bizarre 'love pact,' had taken overdoses of sleeping pills. Lindemans died, the girl survived.

The 9th and—presumably—the 10th SS *Panzer* Divisions were in Holland, Strong reported to Smith, 'in all probability to be refitted with tanks.' Exactly what remained of the units or their fighting capability no one could say, but there was no longer any doubt about their location, Strong reported. They were definitely in the vicinity of Arnhem.

Deeply concerned about Market-Garden and, in his own words, 'alarmed over the possibility of failure,' Smith immediately conferred with the Supreme Commander. The First British Airborne Division, due to land at Arnhem, 'could not hold out against two armoured divisions,' Smith told Eisenhower. To be sure there was a question—a big question—about the strength of the units, but to be on the safe side Smith thought that Market-Garden should be reinforced. He believed two airborne divisions would be required in the Arnhem area. (Presumably, Smith had in mind as the additional unit the veteran British 6th Airborne Division, commanded by Major-General Richard Gale, which had been used successfully during the Normandy invasion, but was not included in Market-Garden.) Otherwise, Smith told Eisenhower, the plan must be revised. 'My feeling,' he later said, 'was that if we could not drop the equivalent of another division in the area, then we should shift one of the American airborne divisions, which were to form the "carpet" further north, to reinforce the British.'

Eisenhower considered the problem and its risks. On the basis of this intelligence report and almost on the eve of the attack, he was being urged to override Monty's plan—one that Eisenhower himself had approved. It meant challenging Montgomery's generalship and upsetting an already delicate command situation. As Supreme Commander, he had another option open: Market-Garden could be cancelled—but the only grounds for such a decision would be this single piece of intelligence. Eisenhower had obviously to assume that Montgomery was the best judge of enemy strength before him and that he would plan accordingly. As Eisenhower explained to Smith, 'I cannot tell Monty how to dispose of his troops,' nor could he 'call off the operation since I have already given Monty the green light.' If changes were to be made, Montgomery would have to make them. Still, Eisenhower was prepared to let Smith 'fly to 21st Army Group headquarters and argue it out with Montgomery.'

Bedell Smith set out immediately for Brussels. He found Montgomery confident and enthusiastic. Smith explained his fears about the *panzer* units in the Arnhem area and strongly suggested that the plan might need revision. Montgomery 'ridiculed the idea. Monty felt the greatest opposition would come more from terrain difficulties than from the Germans. All would go well, he kept repeating, if we at SHAEF would help him surmount his logistical difficulties. He was not worried about the German armour. He thought Market-Garden would go all right as set.' The conference was fruitless. 'At least I tried to stop him,' Smith said, 'but I got nowhere. Montgomery simply waved my objections airily aside.'*

Even as Montgomery and Smith conferred, across the Channel startling evidence reached First British Airborne Corps' headquarters. Earlier in the day, fighters of the R.A.F.'s specially-equipped photo-reconnaissance squadron returning from The Hague had made a low-level sweep over the Arnhem area. Now, in his office, intelligence officer Major Brian Urquhart took up a magnifying glass and examined five oblique-angle pictures—an 'end of the run' strip from one of the fighters. Hundreds of aerial photographs of the 'Market-Garden' area had been taken and evaluated in the previous 72 hours, but only these five shots showed what Urquhart had long feared—the unmistakeable presence of German armour. 'It was the straw that broke the camel's back,' Urquhart later recalled. 'There, in the photos, I could clearly see tanks—if not on the very Arnhem landing and drop zones, then certainly close to them.'

Urquhart rushed to General Browning's office with the photographic confirmation. Browning saw him immediately. Placing the pictures on the desk before Browning, Urquhart said, 'Take a look at these.' The General studied them one by one. Although Urquhart no longer remembers the exact wording, to the best of his recollection, Browning said, 'I wouldn't trouble myself about these if I were you.' Then, referring to the tanks in the photos, he continued, 'They're probably not serviceable at any rate.' Urquhart was stunned. Helplessly he pointed out that the armour, 'whether

* I have based this entire section on information supplied to me by General S. L. A. Marshall, Chief Historian for the European Theatre of Operations during World War II, who kindly allowed me to see his various monographs on Market-Garden and also his 1945 interview with General Bedell Smith on the meeting with Eisenhower and later Montgomery.

serviceable or not, were still tanks and they had guns.' Looking back, Urquhart feels that 'perhaps because of information I knew nothing about, General Browning was not prepared to accept my evaluation of the photos. My feeling remained the same—that everyone was so gung-ho to go that nothing could stop them.'

Urquhart was unaware that some members of Browning's staff considered the young intelligence officer almost too zealous. The show was about to begin and most officers were anxious and eager to get on with it. Urquhart's pessimistic warnings irritated them. As one senior staff officer put it, 'His views were coloured by nervous exhaustion. He was inclined to be a bit hysterical, no doubt brought on by overwork.'

Shortly after his meeting with Browning, Urquhart was visited by the corps medical officer. 'I was told,' Urquhart recalls, 'that I was exhausted—who wasn't?—and that perhaps I should take a rest and go on leave. I was out. I had become such a pain around headquarters that on the very eve of the attack I was being removed from the scene. I was told to go home. There was nothing I could say. Although I disagreed with the plan and feared the worst, still, this was going to be the big show and, curiously, I did not want to be left behind.'

[6]

By noon on Saturday, September 16th, the German proclamation was plastered on notice boards all over Arnhem.

> 'By order of the Security Police, the following is announced:
> During the night an attack with explosives was made on the railway viaduct at Schaapsdrift.
> The population is called upon to cooperate in tracing the culprits of this attack.
> If they have not been found before 12 o'clock noon on Sunday, September 17, 1944, a number of hostages will be shot.
> I appeal to the cooperation of all of you in order that needless victims be spared.
> The acting Burgomaster,
>
> LIERA'

* * *

In a cellar, leading members of the Arnhem underground met in an emergency meeting. The sabotage of the railway viaduct had been badly botched. Henri Knap, the Arnhem intelligence chief, had not been happy about the mission from its inception. He felt that, 'at best, we are all rank amateurs when it comes to sabotage.' In his view, 'it is far better to concentrate on feeding intelligence to the Allies and to leave demolition jobs to men who know what they are doing.' The chief of the Arnhem underground, 38-year-old Pieter Kruyff, asked for the others' opinions. Nicolaas Tjalling de Bode voted that the members give themselves up. Knap remembers thinking 'this was a very steep price to pay—the lives of the hostages, innocent people—for a small hole in a bridge.' Gijsbert Jan Numan was conscience-stricken. He had been involved along with Harry Montfroy, Albert Deuss, Toon van Daalen and others in procuring the materials for the explosives and in planning the sabotage, and no one wanted innocent men to suffer. Yet what was to be done? Kruyff heard everyone out, then he made his decision. 'The organization must stay intact even though innocent people may be shot,' he decreed. Looking around at the assembled leaders, as Nicolaas de Bode remembers, Kruyff told them, 'No one will give himself up to the Germans. That's my order.' Henri Knap had a feeling of dread. He knew that if the Germans followed their usual procedure, 10 or 12 leading citizens—doctors, lawyers and teachers among them—would be publicly executed in an Arnhem square at noon on Sunday.

[7]

All down the Allied line of command the evaluation of intelligence on the *panzers* in the Arnhem area was magnificently bungled. SHAEF's Intelligence Summary No. 26 issued on September 16th, the eve of Market-Garden—containing the ominous warning that had caused General Bedell Smith's alarm—was disregarded. In part, it read, '9th SS *Panzer* division, and presumably the 10th, has been reported withdrawing to the Arnhem area in Holland; there, they will probably collect new tanks from a depot reported in the area of Cleves.'

The information, already discredited by Montgomery at his meeting with Smith, was now discounted by General Dempsey's Second British Army headquarters—the same headquarters that had originally noted the presence in Holland of 'battered *panzer* formations' on September 10th. In the most serious blunder of all, Dempsey's intelligence staff, on September 14th, described the Germans in the Market-Garden area as 'weak, demoralized and likely to collapse entirely if confronted with a large airborne attack.' Now, in a complete reversal of their original position, they dismissed the presence of the *panzers*, because Dempsey's staff officers were unable to spot enemy armour on any reconnaissance photos.

At First Allied Airborne Army headquarters, General Brereton's Chief Intelligence Officer, British Lieutenant-Colonel Anthony Tasker, was not prepared to accept SHAEF's report either. Reviewing all the information available, he decided there was no direct evidence that the Arnhem area contained 'much more than the considerable flak defences already known to exist.'

Everyone, it seemed, accepted the optimistic outlook of Montgomery's headquarters. As the First British Airborne Corps' Chief of Staff, Brigadier-General Gordon Walch, remembers, '21st Army Group headquarters was the principal source of our intelligence and we took what they gave us to be true.' General Urquhart, commander of the First British Airborne Division, put it another way. 'Nothing,' he said, 'was allowed to mar the optimism prevailing across the Channel.'

Yet, besides SHAEF's report on the 'missing' *panzers*, there was other evidence of German build-up, again almost cursorily noted. At the front, ahead of General Horrocks' XXX Corps Garden forces, it was plain that an increasing number of German units was moving into the line. Now the strategic error at Antwerp ten days before was beginning to build and threaten the grand design of Operation Market-Garden. The German troops filling out General Student's front were none other than units of the splintered divisions that had escaped across the mouth of the Schelde—the battered men of Van Zangen's 15th Army, the army the Allies had practically written off. Intelligence officers did note that, though the Germans had increased in number, the new units in the line were 'believed to be in no fit state to resist any determined advance.' Any British Tommy along the Belgian-Dutch frontier could have told them otherwise.*

* * *

* British Major-General Hubert Essame (ret'd) in his excellent book *The*

The cobblestone streets of the dingy mining town of Leopoldsbourg in northern Belgium, barely ten miles from the front, were choked with jeeps and scout cars. All roads seemed to lead to a cinema opposite the railway station—and never before had the nondescript theatre held such an audience. Officers of Lieutenant-General Horrocks' XXX Corps—the Garden forces that would drive north through Holland to link up with the paratroopers—crowded the street and milled round the entrance as their credentials were inspected by red-capped military police. It was a colourful, exuberant group that reminded Brigadier Hubert Essame, commanding officer of the 214th Brigade, 43rd Wessex Infantry Division, of 'an army assembly at a point-to-point race or a demonstration on Salisbury Plain in time of peace.' He was fascinated by the colourful dress of the commanders. There was a striking variety of headgear. No one had a steel helmet, but berets of many colours bore the proud badges of famous regiments, among them the Irish, Grenadier, Coldstream, Scots, Welsh and Royal Horse Guards, the Royal Army Service Corps and Royal Artillery. There was a regal casualness about everyone's attire. Essame noted that most commanders were dressed in 'sniper's smocks, parachutist's jackets and jeep coats over brightly coloured slacks, corduroys, riding breeches or even jodhpurs.' Instead of ties many sported ascots or 'scarves of various colours.'*

The renowned Lieutenant-Colonel J. O. E. ('Joe') Vandeleur, the solidly-built, ruddy-faced, six-foot commander of the Irish Guards Armoured Group, personified the kind of devil-may-care

---

Battle for Germany, Batsford, London, 1969, p. 13, writes: 'In misappreciation of the actual situation at the end of August and the first half of September, Allied intelligence staffs sank to a level only reached by Brigadier-General John Charteris, Haig's Chief Intelligence Officer at the time of the Passchendaele Battles in 1917.' At that time the wartime Prime Minister, David Lloyd George, alleged that Charteris 'selected only those figures and facts which suited his fancy and then issued hopeful reports accordingly.' At various times during the 1917 Flanders campaign Charteris reported the enemy as 'cracking,' 'mangled,' 'with few reserves,' and even 'on the run.' In the dreadful battles that ensued around Passchendaele between July 31st and November 12th, casualties, according to the official British history, totalled a staggering 244,897.

* In his history of *The 43rd Wessex Division at War*, William Clowes and Sons, Ltd., 1952, p. 115, Essame writes: 'Sartorial disciplinarians of the future' might remember 'that when the morale of the British Army was as high as at any time in its history, officers wore the clothing they found most suitable to the conditions under which they had to live and fight.'

elegance of the Guards officers. The 41-year-old Vandeleur was wearing his usual combat garb: black beret, multi-coloured camouflaged parachutist's jacket, and corduroy trousers above high rubber boots. Additionally, Vandeleur wore, as always, a .45 Colt automatic strapped to his hip and, tucked into his jacket, what had become a symbol for his tankers, a flamboyant emerald green scarf. The fastidious General 'Boy' Browning, back in England, would have winced. Even Horrocks had once dryly admonished Vandeleur. 'If the Germans ever get you, Joe,' he said, 'they'll think they've captured a peasant.' But on this September 16th even Horrocks lacked the usual elegance of the impeccably dressed British staff officer. Instead of a shirt he wore a ribbed polo sweater and, over his battledress, a sleeveless leather jerkin reminiscent of a British yeoman's dress.

As the popular Horrocks made his way down the aisle of the crowded theatre he was greeted on all sides. The meeting he had called had sparked high excitement. Men were eager to get going again. From the Seine to Antwerp, Horrocks' tanks had often averaged 50 miles in a single day, but ever since the disastrous three-day halt on September 4th to 'refit, refuel and rest,' the going had been rough. With the British momentum gone, the enemy had quickly recovered. In the two vital weeks since, the British advance had been reduced to a crawl. It had taken four days for the Guards Armoured Division—led by Joe Vandeleur's Irish Guards Group—to advance ten miles and capture the vital bridge over the Meuse–Escaut Canal near Neerpelt from which the attack into Holland would begin the next day. Horrocks had no illusions about the German opposition but he was confident that his forces could break through the enemy crust.

At precisely 11 a.m. Horrocks stepped on to the stage. All those assembled knew that the British offensive was about to be renewed but so great was the security surrounding Montgomery's plan that only a few general officers present knew the details. With D-Day for Operation Market-Garden barely 24 hours away, the Field Marshal's commanders now learned of the attack for the first time.

Attached to the cinema screen was a huge map of Holland. Coloured tape snaked north along a single highway, crossing the great river obstacles and passing through the towns of Valkenswaard, Eindhoven, Veghel, Uden, Nijmegen and thence to Arnhem, a distance of some 64 miles. From there the tape continued for another 30-odd miles to the Zuider Zee. Horrocks took a long pointer and began the briefing. 'This is a tale you will tell your grandchildren,' he told his audience. Then he paused and, much to the delight of the assembled officers, added: 'And mightily bored they'll be.'

In the audience, Lieutenant-Colonel Curtis D. Renfro, liaison officer from the 101st Airborne Division and one of the few Americans present, was impressed by the Corps commander's enthusiasm and confidence. He talked for an hour, Curtis recorded, 'with only an occasional reference to notes.'

Step by step Horrocks explained the complexities of Market-Garden. The airborne army would go in first, he said. Its objectives: to capture the bridges in front of XXX Corps. Horrocks would give the word for the attack to begin. Depending on the weather, zero hour for the ground forces was expected to be 2 p.m. At that moment 350 guns would open fire and lay down a massive artillery barrage that would last 35 minutes. Then, at 2.35 p.m., led by waves of rocket-firing Typhoons, XXX Corps tanks would break out of their bridgehead and 'blast down the main road.' The Guards Armoured Division would have the honour of leading the attack. They would be followed by the 43rd Wessex and 50th Northumberland Divisions, and then by the Eighth Armoured Brigade and the Dutch 'Princess Irene' Brigade. There was to be 'no pause, no stop,' Horrocks emphasized. The Guards Armoured was 'to keep going like hell' all the way to Arnhem. The breakout from the bridgehead, Horrocks believed, would be 'almost immediate.' He expected the first Guards' tanks to be in Eindhoven within two to three hours. If the enemy reacted fast enough to blow all the bridges before the airborne troops could secure them, then the 43rd Wessex Infantry Division engineers, coming up behind, would rush forward with men and bridging equipment. This massive engineering operation, should it be required, Horrocks explained, could involve 9,000 engineers and some 2,277 vehicles already in the Leopoldsbourg area. The entire XXX Corps armoured column was to be fed up the main road with two vehicles abreast, moving at the rate of 35 vehicles per mile. Traffic would be one way, and Horrocks expected 'to pass 20,000 vehicles over the highway to Arnhem in 60 hours.'

General Alan Adair, the 46-year-old commander of the famed Guards Armoured Division, listening to Horrocks, thought Market-Garden was a bold plan but he also believed 'it might be tricky.' He expected the worst moment to be the breakout from the Meuse–Escaut Canal bridgehead. Once through that, although he fully expected German resistance, he thought the going would 'not be difficult.' Besides, he had every faith in the unit that would lead off the attack—Lieutenant-Colonel Joe Vandeleur's Irish Guards Group.

Joe Vandeleur, as he learned that his tanks would spearhead the breakout, remembers thinking to himself, 'Oh, Christ! Not us again.' Vandeleur was proud that his veteran unit had been chosen, yet he knew his troops were tired and his units under strength. Since the breakout from Normandy he had received very few replacements in either men or tanks; furthermore, 'they weren't allowing a hell of a lot of time for planning.' But then he thought: 'How much time do you really need to plan for a straight bash through the German lines?' Next to him, his cousin, 33-year-old Lieutenant-Colonel Giles Vandeleur, who commanded the 2nd Battalion under Joe, was 'struck with horror at the plan to blast through the German resistance on a one-tank front.' To him, it was not proper armoured warfare. But he recalls 'swallowing whatever misgivings I had and succumbing to a strange, tense excitement, like being at the pole at the start of a horse race.'

To three men in the theatre, the announcement produced deep personal feelings. The senior officers of the Dutch Princess Irene Brigade had led their men in battle all the way from Normandy. First they had fought alongside the Canadians; then, after the fall of Brussels, they were transferred to the British Second Army. Now they would be coming home. Much as they looked forward to the liberation of Holland, the commander, Colonel Albert 'Steve' de Ruyter van Steveninck; his second-in-command, Lieutenant-Colonel Charles Pahud de Mortanges; and the Chief of Staff, Major Jonkheer Jan van Blokland, had grave misgivings about the manner in which it was to be accomplished. Van Steveninck considered the entire plan risky. De Mortanges's impression was that the British were more off-hand about what lay ahead than the facts justified. As he put it, 'It was made to seem quite elementary. First, we'll take this bridge; then that one and hop this river. . . . The terrain ahead with its rivers, marshes, dikes and lowlands, was extremely difficult—as the British well knew from our many presentations.' The 33-year-old Chief of Staff, Van Blokland, could not help thinking of past military history. 'We seemed to be violating Napoleon's maxim about never fighting unless you are at least

75 per cent sure of success. Then, the other 25 per cent can be left to chance. The British were reversing the process—we were leaving 75 per cent to chance. We had only 48 hours to get to Arnhem, and if the slightest thing went wrong—a bridge blown, stiffer German resistance than anticipated—we'd be off-schedule.' Van Blokland had a private worry, too. His parents lived in the village of Oosterbeek, just two-and-a-half miles from the Arnhem bridge.

One of the few officers below the rank of Brigade Major who heard the briefing was 21-year-old Lieutenant John Gorman of the Irish Guards. He was stimulated by the whole affair and thought Horrocks was 'at his finest.' The Corps commander, Gorman later recalled, 'called into play all his wit and humour, interspersing the more dramatic or technical points with humorous little asides. He really was quite a showman.' Gorman was particularly pleased with Operation Garden because 'the Guards were to lead out and obviously their role would be tremendously dramatic.'

After the meeting ended and commanders headed out to brief their troops, young Gorman felt his first 'private doubts about the chances of success.' Lingering in front of a map, he remembers thinking that Market-Garden was 'a feasible operation—but only just feasible.' There were simply 'too many bridges.' Nor was he enthusiastic about the terrain itself. He thought it was poor tank country and advancing on 'a one-tank front, we would be very vulnerable.' But the promise of support from rocket-firing Typhoons was reassuring. So was another promise of sorts. Gorman remembered the day months before when he had received the Military Cross for bravery from Montgomery himself.* At the investiture, Monty had said, 'If I were a betting man I should say it would be an even bet that the war will be over by Christmas.' And Horrocks, recalls Gorman, had 'told us that this attack could end the war.' The only alternative Gorman could find to 'going north seemed to be a long dreary winter camped on or near the Escaut Canal.' Monty's plan, he believed, 'had just the right amount of dash and daring to work. If there was a chance to win the war by Christmas, then I was for pushing on.'

* Gorman won his Military Cross during the fighting at Caen, in Normandy. Leading a trio of Sherman tanks, he was suddenly confronted by four German tanks, one a 60-ton Tiger. His men dispatched the German armour and Gorman rammed the huge Tiger tank, destroyed its gun and killed its crew as they tried to escape.

Now, in the flat, grey, Belgian countryside with its coal fields and slag heaps which reminded so many of Wales, the men who would lead the way for General Dempsey's Second British Army heard of the plan and the promise of Arnhem. Along side roads, in the bivouac areas and in encampments, soldiers gathered around their officers to learn the part they would play in Operation Market-Garden. When Lieutenant-Colonel Giles Vandeleur told his officers that the Irish would be leading out, 29-year-old Major Edward G. Tyler remembers that a 'half moan' went up from the assembled officers. 'We figured,' he recalls, 'that we deserved a bit of a break after taking the bridge over the Escaut Canal, which we named "Joe's bridge" after Joe Vandeleur. But our commanding officer told us that it was a great honour for us to be chosen.' Despite his desire for a reprieve, Tyler thought so too. 'We were used to one-tank fronts,' he remembers, 'and in this case we were trusting to speed and support. No one seemed worried.'

But Lieutenant Barry Quinan, who had just turned 21, was 'filled with trepidation.' He was going into action for the first time with the lead Guards Armoured tank squadron under Captain Mick O'Cock. Quinan's infantry would travel on the backs of the tanks, Russian-style. To him, 'the number of rivers ahead seemed ominous. We were not amphibious.' Yet Quinan felt proud that his men would be 'leading the entire British Second Army.'

Lieutenant Rupert Mahaffey, also 21, vividly remembers being told that 'if the operation was a success the wives and children at home would be relieved from the threat of the Germans' V-2 rockets.' Mahaffey's mother lived in London, which by that time was under intense bombardment. Although he was excited at the prospect of the attack, the single road leading all the way up to Arnhem was, he thought, 'an awfully long way to go.'

Captain Roland S. Langton, 23, just returned from five days in a field hospital after receiving shrapnel wounds, learned that he was no longer adjutant of the 2nd Irish Guards Battalion. Instead, he was assigned as second in command of Captain Mick O'Cock's breakout squadron. He was jubilant about the assignment. The breakout seemed to Langton a straightforward thing. Garden could not be anything but a success. It was 'obvious to all that the Germans were disorganized and shaken, lacking cohesion, and capable only of fighting in small pockets.'

Not everyone was so confident. As Lieutenant A. G. C. 'Tony'

Jones, 21, of the Royal Engineers, listened to the plan, he thought it was 'clearly going to be very difficult.' The bridges were the key to the entire operation and, as one officer remarked, 'The drive of the XXX Corps will be like threading seven needles with one piece of cotton and we only have to miss one to be in trouble.' To veteran Guardsman Tim Smith, 24, the attack was 'just another battle.' On this day his greatest concern was the famed St. Leger race at Newmarket. He had a tip that a horse called Tehran, to be ridden by Gordon Richards, was 'a sure thing.' He placed every penny he had on Tehran with a lance corporal at battalion headquarters. If Market-Garden was the operation that would win the war, this was just the day to win the St. Leger. To his amazement Tehran won. He was quite sure now Market-Garden would succeed.

One man was 'decidedly uncomfortable.' Flight Lieutenant Donald Love, 28, an R.A.F. fighter reconnaissance pilot, felt completely out of place among the officers of the Guards Armoured. He was part of the air liaison team which would call in the rocket-firing Typhoon fighters from the ground when the breakout began. His lightly armoured vehicle (code named 'Winecup'), with its canvas roof and its maze of communications equipment, would be up front close to Lieutenant-Colonel Joe Vandeleur's command car. Love felt naked and defenceless: the only weapons the R.A.F. team possessed were revolvers. As he listened to Vandeleur talking about 'a rolling barrage that would move forward at a speed of 200 yards per minute' and heard the burly Irishman describe Love's little scout car as an 'armoured signal tender for direct communication with pilots in the sky,' Love's concern mounted. 'I got the distinct impression that I would be the one responsible for calling in the "cab rank" of Typhoons overhead.' The thought was not reassuring. Love knew very little about the radio set-up and he had never before acted as a ground-to-air tactical officer. Then, to his acute relief, he learned that an expert, Squadron Leader Max Sutherland, would join him the following day to handle the communications for the initial breakout. Thereafter, Love would be in charge. Love began to wonder whether he should have volunteered in the first place. He had only taken the job 'because I thought it might be a nice change of pace.'

A change of a different sort bothered the commander of the Irish Guards. During the capture of the bridgehead over the Escaut Canal, Joe Vandeleur had lost 'a close and distinguished friend.'

His broadcasting van, with its huge trumpet-like loudspeaker on the roof, had been destroyed by a German shell. All through training back in England and in the great advance from Normandy, Joe had used the van to broadcast to his troops and after each session, being a lover of classical music, he had always put on a record or two—selections that didn't always please the Guardsmen. The van had been blown to pieces and shards of the classical records—along with Vandeleur's favourite popular tune—had showered down over the countryside. Joe was saddened by his loss; not so his Irish Guardsmen. They thought the drive to Arnhem would be arduous enough without having to listen to Joe's loudspeaker blaring out his current theme song: 'Praise the Lord and pass the Ammunition.'

Meanwhile, in England the paratroopers and glider-borne infantry of the First Allied Airborne Army were even now in marshalling areas, ready for the moment of take-off. Over the previous 48 hours—using maps, photographs and scale models—officers had briefed and rebriefed their men. The preparations were immense and meticulous. At 24 air bases (8 British, 16 American), vast fleets of troop-carrying aircraft, tow planes and gliders were checked out, fuelled and loaded with equipment ranging from artillery to jeeps. Some 90 miles north of London, Brigadier-General James M. Gavin's 'All-American' 82nd Airborne Division was already shut off from the outside world at a cluster of airfields around Grantham in Lincolnshire. So were part of General Roy Urquhart's Red Devils, the First British Airborne Division, and Major-General Stanislaw Sosabowski's First Polish Parachute Brigade. To the south around Newbury, roughly 80 miles west of London, Major-General Maxwell D. Taylor's Screaming Eagles, the 101st Airborne Division, were also 'sealed in.' In the same area and stretching as far down as Dorset, was the remainder of Urquhart's division. The majority of his units would not move to the airfields until the morning of the 17th, but in hamlets, villages and bivouac areas close to the departure points, they, too, made ready. Everywhere now, the airborne forces of Market-Garden waited out the time until take-off and the historic invasion of Holland from the sky.

Some men felt more concern at being sealed in than about the mission itself. At an airfield near the village of Ramsbury, the security precautions made Corporal Hansford Vest, of the 101st Division's 502nd Regiment, distinctly uneasy. Aircraft and gliders 'were parked for miles all over the countryside and there were guards everywhere.' He noted that the airfield was surrounded by a barbed wire fence with 'British guards on the outside and our own guards on the inside.' Vest had the 'feeling that our freedom was gone.' Private James Allardyce of the 508th Regiment, in his crowded tent city, tried to ignore the barbed wire and guards. He checked and rechecked his equipment 'until it was almost worn out.' Allardyce could not shake off the feeling that 'we were like condemned men waiting to be led off.'

Other men worried principally about their chances of going on the mission. So many previous operations had been cancelled that one new recruit, 19-year-old Private Melvin Isenekev, of the 506th Regiment (he had arrived from the States on June 6th, the day the 101st had jumped into Normandy), still didn't believe they would go when they reached the marshalling area. Isenekev felt he had trained 'long and hard for this and I didn't want to be held back.' Yet he almost was. Trying to light a makeshift oil burner used for heating water, he threw a lighted match into an oil drum. When nothing happened, Isenekev 'put my head over it to look in and it exploded.' Temporarily blinded, he instantly thought: 'Now I've done it. They won't let me go.' However, within a few minutes his eyes stopped burning and he could see again. But he believes he was the only member of the 101st jumping into Holland with no eyebrows.

First Sergeant Daniel Zapalski, 24, of the 502nd, 'sweated out the jump: hoping the chute was packed right; hoping the field was soft; and hoping I didn't land in a tree.' He was eager to go. Although he had not fully recovered froma Normandy leg wound, Zapalski believed his injury 'was not serious enough to keep me from doing my normal duty.' His battalion commander, the popular Lieutenant-Colonel Robert G. Cole, disagreed. He had turned down Zapalski's pleas. Undeterred, Zapalski had by-passed Cole and obtained a written release certifying his combat-readiness from the regimental surgeon. Though Zapalski and Cole had fought together in Normandy, the sergeant now got a 'typical Cole chewing out. He called me "a fatheaded Polack, impractical, burdensome and unreasonable".' But he let Zapalski go.

Captain Raymond S. Hall, the 502nd's regimental chaplain, had a somewhat similar problem. He was 'most anxious to return to action and to be with my men.' But he, too, had been wounded in

Normandy. Now the doctors would not let him jump. He was finally told that he could go in by glider. The chaplain was horrified. A veteran paratrooper, he considered gliders distinctly unsafe.

Fear of death or of failure to perform well disturbed others. Captain LeGrand Johnson, 22-year-old company commander, remembering 'the horrors and narrow escapes' during the 101st's night airborne attack preceding the Normandy invasion, was fatalistically 'resigned.' He was convinced he would not return from this mission. Still, the young officer 'fully intended to raise as much hell as I could.' Johnson was not sure he liked the idea of a daylight drop. It might produce more casualties. On the other hand, this time 'we would be able to see the enemy.' To hide his nervousness, Johnson made bets with his fellow troopers on who would get the first Dutch beer. One of Johnson's staff sergeants, Charles Dohun, was 'almost numb' with worry. He did 'not know how to compare this daylight jump with Normandy or what to expect.' Within 48 hours, his numbness forgotten, Staff Sergeant Dohun would heroically save the life of the fatalistic Captain Johnson.

Technical Sergeant Marshall Copas, 22, had perhaps more reason than most for anxiety. He was one of the 'pathfinders' who would jump first to mark the drop zones for the 101st. In the Normandy drop, Copas recalled, 'we had 45 minutes before the main body of troopers began jumping—now we had only 12 minutes.' Copas and his friend, Sergeant John Rudolph Brandt, 29, had one concern in common: both would have felt better 'had General Patton's Third Army been on the ground below us, rather than the British. We had never fought with the Tommies before.'

In the Grantham area, Private John Garzia, a veteran of three combat jumps with the 82nd Airborne Division, was stunned. To him, Market-Garden 'was sheer insanity.' He thought 'Ike had transferred to the German side.'

Now that Operation Market-Garden was actually on, Lieutenant-Colonel John Mendez, battalion commander of the 82nd's 508th Regiment, had no hesitation in speaking out on one particular subject. With the night-time experiences of his regiment in Normandy still painfully clear in his mind, Colonel Mendez delivered a scathing warning to the pilots who would carry his battalion into action the next day. 'Gentlemen,' Mendez said coldly, 'my officers know this map of Holland and the drop zones by heart and we're ready to go. When I brought my battalion to the briefing prior to

Normandy, I had the finest combat-ready force of its size that will ever be known. By the time I gathered them together in Normandy, half were gone. I charge you: put us down in Holland or put us down in hell, but put us all down together in one place.'

Private First Class John Allen, 24, a three-jump veteran and still recovering from wounds sustained in Normandy, was philosophical about the operation: 'They never got me in a night jump,' he solemnly told his buddies, 'so now they'll be able to see me and get off a good shot.' Staff Sergeant Russell O'Neal, with three night combat jumps behind him, was convinced that his 'Irish luck was about to run out.' When he heard the 82nd was to jump in daylight, he composed a letter he never sent: 'You can hang a gold star in your window tonight, Mother. The Germans have a good chance to hit us before we even land.' To lighten the atmosphere—though in doing so he may have made it worse—Private Philip H. Nadler, of the 504th Regiment, spread a few rumours. The one he liked best was that a large German camp of SS men were bivouacked on one of the 82nd drop zones.

Nadler had not been over-impressed by the briefing of the platoon. One of the 504th's objectives was the bridge at Grave. Gathering the men around him, the briefing lieutenant threw back the cover on a sand-table model and said, 'Men, this is your destination.' He rested a pointer on the bridge which bore the single word: 'Grave.' Nadler was the first to comment. 'Yeah, we know that, Lieutenant,' he said, 'but what country are we droppin' on?'

Major Edward Wellems, of the 504th's 2nd Battalion, thought the name of the bridge was rather ominous, too, despite the fact that the officers who briefed his group suddenly began to change the pronunciation, referring to it as the 'gravey bridge.'

The briefings caused mixed reactions. Nineteen-year-old Corporal Jack Bommer thought that 'six or eight weeks would see us home and then they'd send us on to the Pacific.' Private Leo Hart, 21, did not believe they were going at all. He had heard—probably as a result of Private Nadler's rumour—that there were 4,000 SS troops in the general jump area.

Major Edwin Bedell, 38, remembers that one private's sole concern was the safety of a live hare that he had won in a local village raffle. The private was fearful that his pet, which was so tame that it followed him everywhere, would not survive the jump—and that if it did it might still wind up in a stew pot.

Near Spanhoe airfield in the Grantham area, Lieutenant 'Pat' Glover, of the 1st British Airborne Division's 4th Parachute Brigade, worried about Myrtle. A reddish-brown chicken, Myrtle had been Glover's special pet since early summer. With parachute wings fastened to an elastic band around her neck, Myrtle 'the parachick' had made six training jumps. At first she rode in a small zippered canvas bag attached to Glover's left shoulder. Later, he released her at fifty feet above the ground. By now Myrtle was an expert, and Glover could free her at three hundred feet. With a frenzied flutter of wings and raucous squawking, Myrtle gracelessly floated down to earth. There, Glover recalls, 'this rather gentle pet would wait patiently on the ground for me to land and collect her.' Myrtle the parachick was going to Arnhem. It would be her first combat jump. But Glover did not intend to tempt fate. He planned to keep Myrtle in her bag until he hit the ground in Holland.

Lance Corporal Sydney Nunn, 23, of the First Air Landing Brigade, based in the south near Keevil, was only too glad to get away from his 'pet.' He thought the camp was 'a nightmare.' Nunn couldn't wait to get to Arnhem or anywhere else, so long as it was far enough away from a persistent mole which kept burrowing into his mattress.

For the men of the First British Airborne Division, now standing by in bases stretching from the Midlands south to Dorset, the prevailing mood was one of relief that, at last, they were going into action. Besides, briefing officers stressed the fact that Market-Garden could shorten the war. For the British, fighting since 1939, the news was heady. Sergeant Ron Kent, of the 21st Independent Parachute Company, heard that 'the success of the operation might even give us Berlin' and that ground opposition in Arnhem 'would consist mainly of Hitler youth and old men on bicycles.' Sergeant Walter Inglis, of the First Parachute Brigade, was equally confident. The attack, he thought, would be 'a piece of cake.' All the Red Devils had to do was 'hang on to the Arnhem bridge for 48 hours until XXX Corps tanks arrived; then the war would be practically over.' Inglis expected to be back home in England in a week. Lance Corporal Gordon Spicer, of the 1st Parachute Brigade, off-handedly considered the operation 'a fairly simple affair with a few backstage Germans recoiling in horror at our approach'; while Lance Bombardier Percy Parkes, of the 1st Air Landing Brigade, felt, after his briefing, that 'all we would encounter at Arnhem was a mixed bag of Jerry cooks and clerks.' The presence of tanks, Parkes says, was 'mentioned only in passing and we were told our air cover would be so strong that it would darken the sky above us.' Confidence was such that Medic Geoffrey Stanners expected only 'a couple of hernia battalions' and Signalman Victor Read was 'looking forward to seeing German WAAFS who,' he thought, 'would be the only Germans defending Arnhem.'

Some men who could legitimately remain behind were eager to go. Sergeant Alfred Roullier, of the First Air Landing Brigade's Artillery, was one of these. The 31-year-old trooper discovered that he was not slated for the Arnhem operation. Although Roullier had been trained as an artilleryman, he was currently the acting mess sergeant at his battalion headquarters. Because of his culinary expertise, it appeared that he might spend the remainder of the war in the job. Twice, Alf Roullier had appealed to Sergeant-Major John Siely to be included in the attack, but each time he was turned down. For the third time Alf pressed his case. 'I know this operation can shorten the war,' he told Siely. 'I've got a wife and two children, but if this attack will get me home quicker and guarantee them a better future, then I want to go.' Siely pulled a few strings. Alf Roullier's name was added to the list of those who would go to Arnhem—where, within the next week, the assistant mess sergeant would become something of a legend.

In the prevailing high mood before the onset of Market-Garden, there were undercurrents of doubt among some officers and enlisted men. They were troubled for a variety of reasons, although most took care to hide their feelings. Corporal Daniel Morgans, of the First Parachute Brigade, considered 'Market a snorter of an operation.' Still, 'to drop six or seven miles from the objective and then to fight through a city to get there, was really asking for trouble.' Regimental Sergeant-Major J. C. Lord, with a lifetime in the army behind him, thought so too. 'The plan was a bit dicey,' he felt. Nor did Lord give much credence to the talk of an understrength, worn-out enemy. He knew that 'the German is no fool and a mighty warrior.' Still, J. C. Lord, whose demeanour could intimidate even the veterans in his charge (almost in awe, some called him 'Jesus Christ' behind his back), did not reveal his uneasiness because 'it would have been catastrophic to morale.'

Captain Eric Mackay, whose engineers were, among other tasks, to race to the main road bridge in Arnhem and remove expected

German charges, was suspicious of the entire operation. He thought the division 'might just as well be dropped a hundred miles away from the objective as eight.' The advantage of surprise and 'a quick lightning stroke' would surely be lost. Mackay quietly ordered his men to double the amount of ammunition and grenades each would carry and personally briefed everyone in the troop on escape techniques.*

Major Anthony Deane-Drummond, 27, second in command of First Airborne Division Signals, was particularly concerned about his communications. Apart from the main command units, he was worried about the smaller '22' sets which would be used between Urquhart and the various brigades during the Arnhem attack. The '22's' could best transmit and receive within a diameter of from three to five miles. With drop zones seven to eight miles from the objective, performance was expected to be erratic. Worse, the sets must also contact General Browning's airborne corps headquarters, planned for Nijmegen, from the drop zones approximately 15 miles to the south. Adding to the problem was the terrain. Between the main road bridge at Arnhem and the landing areas was the town itself, plus heavily wooded sections and suburban developments. On the other hand, an independent fact-gathering liaison unit, called 'Phantom'—organized to collect and pass on intelligence estimates and immediate reports to each commander in the field, in this case General Browning of Airborne Corps—was not worried about the range of its own '22's.' Twenty-five-year-old Lieutenant Neville Hay, in charge of the Phantom team's highly trained specialists, was even a 'little disdainful of the Royal Corps of Signals' whom his group was inclined to treat 'as poor cousins.' By using a special kind of antenna, Hay and his operators had been able to transmit at distances of over 100 miles on a '22.'

Even with Hay's success and although various forms of communications† would be used in the event of emergency, Deane-Drummond was uneasy. He mentioned to his superior, Lieutenant-Colonel Tom

* One of the most accurate accounts of the First British Airborne's activities on the Arnhem bridge is to be found in 'The Battle of Arnhem Bridge,' by Eric Mackay, *Blackwood's Magazine*, October 1945.

† Included in the communications set-up were 82 pigeons provided from R.A.F. sources. The lofts for these birds were situated in the London area—meaning that the birds, if they survived the airborne landing and the Germans, would have to fly approximately 240 miles to deliver a message.

Stephenson, that 'the likelihood of the sets working satisfactorily in the initial phases of the operation is very doubtful.' Stephenson agreed. Still, it would hardly matter. In the surprise assault, troops were expected to close up on the Arnhem bridge very quickly. Therefore, it was believed that units would not be out of touch with headquarters for more than one or two hours, by which time, Deane-Drummond heard, 'things would have sorted themselves out and Urquhart's command post would be with the First Parachute Brigade on the bridge itself.' Although not entirely reassured, Deane-Drummond recalled that, 'like almost everyone else, I was swept along with the prevailing attitude: "Don't be negative and, for God's sake, don't rock the boat—let's get on with the attack".'

Now the final word depended not on men but on the weather. From Supreme Command Headquarters down, senior officers anxiously awaited meteorological reports. Given less than seven days to meet Montgomery's deadline, Market-Garden was as ready as it would ever be, but a minimum forecast of three full days of fair weather was needed. In the early evening of September 16th, the weather experts issued their findings: Apart from some early morning fog, the weather for the next three days would be fair with little cloud and virtually no winds. At First Allied Airborne Army headquarters Lieutenant-General Brereton quickly made his decision. The coded teleprinter message that went out to his commanders at 7.45 p.m. read, 'CONFIRM MARKET SUNDAY 17TH. ACKNOWLEDGE.' In his diary, Brereton recorded, 'At last we are going into action.' He thought he would sleep well this night for, as he told his staff, 'Now that I've made the decision, I've quit worrying.'

In crowded hangars, cities of tents and Nissen huts, the waiting men were given the news. On a large mirror over the fireplace in the sergeants' mess of the First British Airborne Division Signals near Grantham, someone chalked up '14 hours to go . . . no cancellation.' Sergeant Horace 'Hocker' Spivey noted that, as each hour passed, the numbers were rechalked. To Spivey, tired of being briefed for operations that never came off, the ever-diminishing hours on the mirror were the best proof yet that this time 'we were definitely going.'

On all their bases the men of the First Allied Airborne Army made last-minute preparations. They had been fully briefed, their weapons had been checked and their currency exchanged for Dutch guilders, and there was little now for the isolated troopers to do but wait. Some spent the time writing letters, 'celebrating' their departure the following morning, packing personal belongings, sleeping or participating in marathon card games ranging from blackjack and poker to bridge. Twenty-year-old Sergeant Francis Moncur, of the First Parachute Brigade's 2nd Battalion, played blackjack hour after hour. To his surprise, he won steadily. Looking at the ever-growing pile of guilders before him, Moncur felt like a millionaire. He expected to have a 'whale of a time in Arnhem after the battle' which, in his opinion, would 'last only 48 hours.' That would be long enough for the sergeant to settle a score with the Germans. Seventy-two hours earlier, Moncur's brother, a 17-year-old R.A.F. flight sergeant, had been killed in an attempt to jump from his disabled bomber at 200 feet. His parachute had failed to open completely.

South of Grantham at a base in Cottesmore, Sergeant 'Joe' Sunley of the 4th Parachute Brigade was on security patrol, making sure that 'no paratroopers had slipped off base into the village.' Returning to the aerodrome, Sunley saw Sergeant 'Ginger' Green, a physical training instructor and a 'gentle giant of a man,' tossing a deflated football up in the air. Green deftly caught the ball and threw it to Sunley. 'What the hell are you doing with this?' Sunley asked. Ginger explained that he was taking the deflated ball to Arnhem, 'so we can have a little game on the drop zone after we're finished.'

At Manston, Kent, Staff Sergeant George Baylis of the Glider Pilot Regiment was also looking forward to some recreation. He had heard that the Dutch liked to dance—so George carefully packed his dancing pumps. Signalman Stanley G. Copley of the First Parachute Brigade Signals bought extra film for his camera. As little opposition was expected he thought it was 'a perfect chance to get some pictures of the Dutch countryside and towns.'

One man was bringing presents to Holland which he had bought in London a few days earlier. When The Netherlands was overrun, 32-year-old Lieutenant-Commander Arnoldus Wolters of the Dutch Navy had escaped in his mine-sweeper and sailed to England. Since that time, he had been attached to The Netherlands government in exile, holding a variety of desk jobs dealing with information and intelligence. A few days earlier, Wolters had been asked to go to Holland as part of the military government and civil affairs team attached to General Urquhart's headquarters. It was proposed that Wolters become Military Commissioner of The Netherlands territories to be liberated by the airborne forces. 'It was a startling suggestion—going from a desk chair to a glider,' he recalled. He was attached to a unit under Colonel Hilary Barlow, second in command of the First Air Landing Brigade, who was designated to become the Town Commandant in Arnhem after its capture. Wolters would be his assistant. Now, excited about the prospect of returning to Holland, Wolters 'was struck by the optimism and I believed everything I was told. I really did not expect the operation to be very difficult. It seemed that the war was virtually over and the attack dead easy. I expected to land on Sunday and be home on Tuesday with my wife and child at Hilversum.' For his wife Maria, Wolters had bought a watch, and for his daughter, whom he had last seen as a baby four years before, he had a two-foot teddy bear. He hoped nobody would mind if he took it in the glider.

Lieutenant-Colonel John Frost, 31, who was to lead the battalion assigned to capture the Arnhem bridge, packed his copper fox hunting horn with the rest of his battle gear. It had been presented to him by the members of the Iraqi Royal Exodus Hunt, of which he was Master in 1939–40. During training, Frost had used the horn to rally his men. He would do so on this operation. Frost had no qualms about a daylight jump. From the information given at briefings, 'we were made to feel that the Germans were weak and demoralized and German troops in the area were of a decidedly low category and badly equipped.' Frost did have misgivings about the drop zones. He had been told that the 'polder on the southern side of the bridge was unsuitable for parachutists and gliders.' Why then, he wondered, were the Poles to drop on the southern side of the bridge 'if it was so unsuitable?'

Though he was anxious to get into action, Frost 'hated to leave for Holland.' Secretly, he hoped for a last-minute cancellation or postponement. He had enjoyed the area of Stoke Rochford in Lincolnshire and wished for 'perhaps another day or two just doing all the pleasant things I had done in the past.' But with these thoughts were others, 'telling me that we had been here long enough and it was time to get away.' Frost slept soundly on September 16th. Although he wasn't naïve enough to think the battle of Arnhem would be 'much of a lark,' he did tell his batman, Wicks, to pack his gun, cartridges, golf clubs and dinner jacket in the staff car that would follow.

On the mirror above the fireplace in the sergeants' mess, now empty, there was one last notation, scrawled before men became too busy to bother. It read: '2 hours to go . . . no cancellation.'

PART THREE

THE ATTACK

[1]

THE thunder of the huge formations was ear-splitting. Around British glider bases in Oxfordshire and Gloucestershire, horses and cattle panicked and bolted in the fields. In southern and eastern England thousands of people watched in amazement. In some villages and towns road traffic jammed and came to a halt. Passengers in speeding trains crowded one another to stare out of windows. Everywhere people gaped, dumbfounded, at a spectacle no one had ever seen before. The mightiest airborne force in history was off the ground and heading for its targets.

By coincidence on this bright Sunday morning, September 17th, 1944, special services were being held all over England to commemorate 'the valiant few,' the handful of R.A.F. pilots who had boldly challenged Hitler's *Luftwaffe* four years before and fought them to a standstill. As worshippers knelt in prayer, the steady, overpowering drone of propellers completely drowned out some services. In Westminster Abbey the sound of the organ during the 'Te Deum' could not be heard. In twos and threes, people left their places to join the crowds already gathered in the streets. There, Londoners stared upward, overwhelmed by the din as formation after formation of aircraft passed overhead at low altitude. In north London, a Salvation Army band overpowered by the noise gave up, but the bass drummer, his eyes on the sky, thumped out a symbolic beat in Morse code: three dots and a dash—V for victory.

To the onlookers, the nature of the attack was clearly revealed by the great streams of planes towing gliders. But it would be six more hours before the British people learned that they had witnessed the opening phase of the most momentous Allied airborne offensive ever conceived. A Red Cross worker, Angela Hawkins, may have

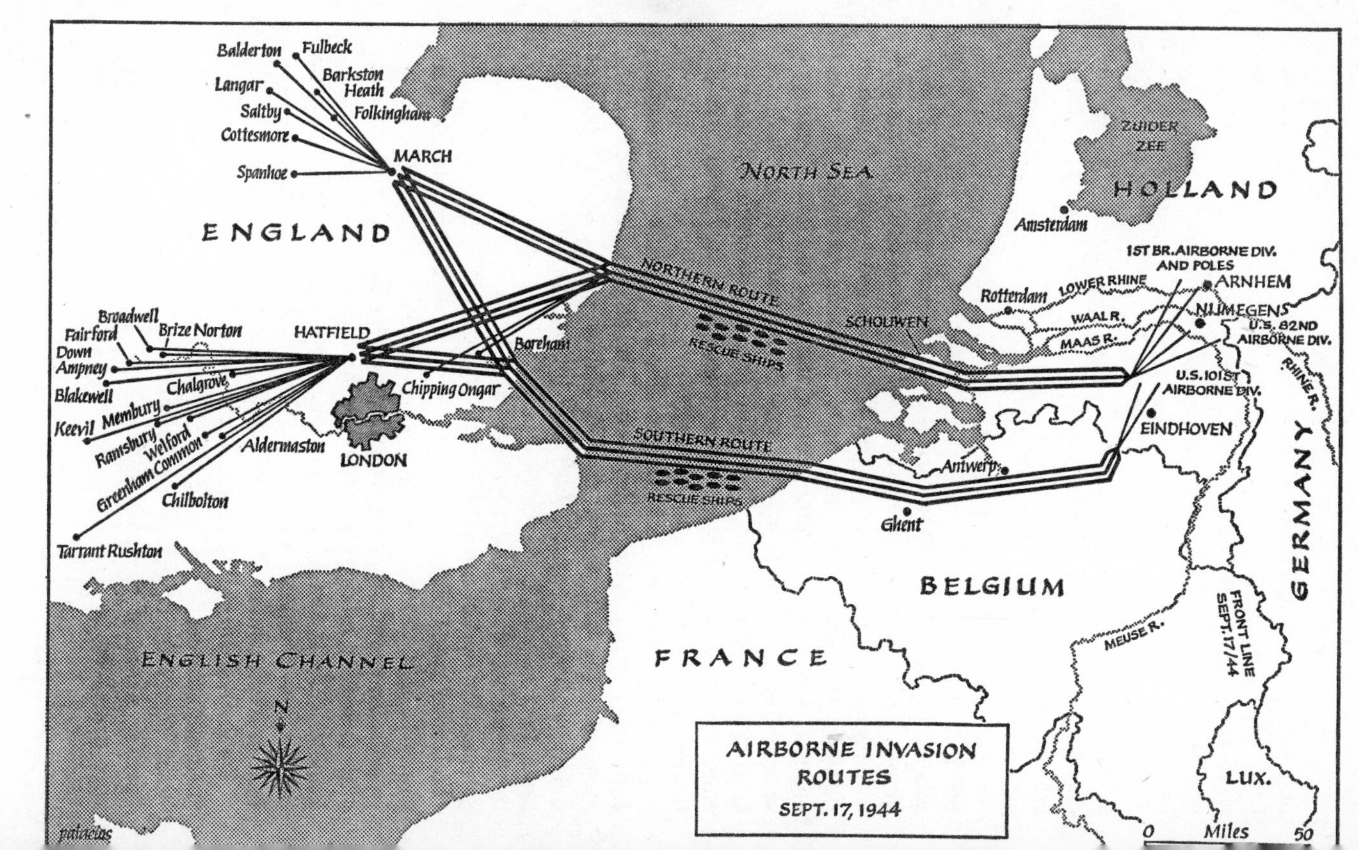
AIRBORNE INVASION ROUTES
SEPT. 17, 1944
ENGLAND
Balderton
Fulbeck
Barkston Heath
Langar
Saltby
Folkingham
Cottesmore
Spanhoe
MARCH
HATFIELD
Broadwell
Brize Norton
Fairford
Down Ampney
Blakewell
Chalgrove
Keevil
Membury
Ramsbury
Welford
Greenham Common
Aldermaston
Chilbolton
Tarrant Rushton
LONDON
Chipping Ongar
Boreham
NORTH SEA
NORTHERN ROUTE
SOUTHERN ROUTE
RESCUE SHIPS
RESCUE SHIPS
SCHOUWEN
ENGLISH CHANNEL
N
HOLLAND
ZUIDER ZEE
Amsterdam
Rotterdam
LOWER RHINE
WAAL R.
MAAS R.
1ST BR. AIRBORNE DIV. AND POLES
ARNHEM
NIJMEGEN
U.S. 82ND AIRBORNE DIV.
U.S. 101ST AIRBORNE DIV.
EINDHOVEN
RHINE R.
GERMANY
Antwerp
Ghent
BELGIUM
FRANCE
MEUSE R.
FRONT LINE SEPT. 17/44
LUX.
0 Miles 50
palacios

best summed up the reactions of those who saw the vast armada pass. From the window of a train, she stared up, astonished, as wave after wave of planes flew over like 'droves of starlings.' She was convinced that 'this attack, wherever bound, must surely bring about the end of the war.'

The men of the First Allied Airborne Army were as unprepared as the civilians on the ground for the awesome spectacle of their own departure. The paratroopers, glider-borne infantry and pilots who set out for Holland were staggered by the size and majesty of the air fleets. Captain Arie D. Bestebreurtje, a Dutch officer attached to the 82nd Airborne, thought the sight was 'unbelievable. Every plane the Allies possessed must have been engaged in this single scheme.' In fact, some 4,700 aircraft were involved—the greatest number ever used on a single airborne mission.

The operation had begun in the pre-dawn hours and continued throughout the morning. First, more than 1,400 Allied bombers had taken off from British airfields and had pounded German anti-aircraft positions and troop concentrations in the Market-Garden area. Then, at 9.45 a.m. and for two-and-a-quarter hours more, 2,023 troop-carrying planes, gliders and their tugs swarmed into the air from twenty-four U.S. and British bases.* C-47's carrying paratroopers flew in long 45-plane formations. More C-47's and British bombers—Halifaxes, Stirlings and Albemarles—pulled 478 gliders. In seemingly endless sky trains, these huge equipment- and troop-carrying gliders bounced behind their tow planes at the end of 300-foot-long ropes. Swaying among the smaller Horsa and Waco gliders were massive slabsided Hamilcars, each with a cargo capacity of eight tons; they could hold a small tank or two 3-ton trucks with artillery or ammunition. Above, below and on the flanks, protecting these huge formations, were almost 1,500 Allied fighters and fighter-bombers—British Spitfires, rocket-firing Typhoons, Tempests and Mosquitos; U.S. Thunderbolts, Lightnings, Mustangs and low-level dive bombers. There were so many planes in the air that Captain Neil Sweeney of the 101st Airborne Division remembered that 'it looked like we could get out on the wings and walk all the way to Holland.'

* Many official accounts give 10.25 a.m. as the time when the first Market aircraft left the ground. Perhaps they had in mind the departure of the pathfinders, who arrived first. From an examination of log books and air controllers' time schedules, it is clear that the airlift began at 9.45.

The British glider forces were the first to take off. Farther north on the Market-Garden corridor than the Americans and with different requirements, General Urquhart needed the maximum in men, equipment and artillery—especially anti-tank guns—in the first lift, to capture and hold his objectives until the land forces could link up. Therefore, the bulk of his division was glider-borne; 320 gliders carried the men, transport and artillery of Brigadier Philip 'Pip' Hicks's First Airlanding Brigade. They would reach landing zones west of Arnhem a little after 1 p.m. Thirty minutes later, Brigadier Gerald Lathbury's First Parachute Brigade, in 145 troop-carrying planes, would begin dropping. Because the unwieldy gliders and tugs were slower—120 miles per hour versus 140 for the paratroop-carrier planes—these immense sky trains (or serials as the airborne called them) had to be launched first. From eight bases in Gloucestershire and Oxfordshire, gliders and tugs rolled down runways and rose in the air at a launch rate never before attempted: one combination per minute. Forming up was especially intricate and dangerous. Climbing slowly to altitude, the planes headed west over the Bristol Channel. Then, speeds synchronized, the tugs and gliders echeloned to the right in pairs, turned back, flew over the take-off bases and headed for a marshalling point above Hatfield, north of London.

Even as the first British glider serials were forming up above the Bristol Channel, 12 British Stirling bombers and 6 U.S. C-47's began taking off at 10.25 a.m. for Holland. In them were U.S. and British pathfinders—the men who would land first to mark landing and drop zones for the Market forces.

Simultaneously, the men of the U.S. 82nd Airborne and the paratroop elements of the First British Division took off from bases around Grantham in 625 troop-carrier planes and 50 C-47's towing gliders. With astonishing precision, the planes of the IX Troop Carrier Command left the ground at 5- to 20-second intervals. In wave after wave they rendezvoused above the town of March, in Cambridgeshire, and from there set out in three parallel streams to cross the coast at Aldeburgh.

At the same time, from southern airfields around Greenham Common, the 101st Airborne took to the air, in 424 C-47's plus 70 gliders and tugs. Forming up, they, too, passed over the traffic control point at Hatfield and flew east to cross the coast at Bradwell Bay.

In immense triple columns, together at least ten miles across and approximately 100 miles long, the vast armada swept over the English countryside. The 82nd Airborne and First British Division, en route to Nijmegen and Arnhem, flew along the northern track. A special serial of 38 gliders carrying General Browning's Corps Headquarters, bound for Nijmegen, travelled with them. On the southern route, passing over Bradwell Bay, the 101st Airborne headed for its drop zones slightly north of Eindhoven. By 11.55 a.m., the entire force—more than 20,000 troops, 511 vehicles, 330 artillery pieces and 590 tons of equipment—was off the ground. First Lieutenant James J. Coyle of the 82nd Airborne, looking down on the English countryside from an altitude of only 1,500 feet, saw nuns waving from the courtyard of a convent. He thought 'the beautiful day and the nuns made a picture that had the quality of an oil painting.' Waving back, he wondered 'if they could possibly know who we were and where we were going.'

For the majority of the airborne troops, the mood of the initial part of the journey, across England, was lighthearted. To Private Roy Edwards of the First Parachute Brigade, 'everything was so serene it was like going on a bus outing to the seaside.' Private A. G. Warrender remembers that 'this was a perfect Sunday; a morning for a walk down a country lane and a pint at the local.'

The commanding officer of the Glider Pilot Regiment, Colonel George S. Chatterton, piloting the glider carrying General Browning, described the Sunday as 'an extremely fine day. It did not seem possible that we were taking off for one of the greatest battles in history.' Chatterton was struck by Browning's entourage and equipment. With the General were his batman, headquarters' medical officer, and his cook as well as his tent and personal jeep. Browning sat on an empty Worthington beer crate between the pilot and co-pilot and Chatterton noted that he was 'immaculately dressed in a barathea battledress, with a highly-polished Sam Browne belt, knife-edge creased trousers, leather holster gleaming like glass, a swagger stick and spotless grey kid gloves.' The General, says Chatterton, 'was in tremendous form because he realized he had reached one of the climaxes of his career. There was an air of immense gaiety.'

In another glider serial, the quiet Scot with the most difficult Market-Garden assignment, the First Airborne Division's General Roy Urquhart, found it 'difficult not to feel excited that we were off at last.' Yet the popular officer's mind, as always, was on his men and the job that lay ahead. Like Browning, he had an entourage. Now, looking down the length of the Horsa glider—which was carrying his aide Roberts, batman Hancock, the Rev. G. A. Pare, padre of the Glider Pilot Regiment, a signaller, two military police, their motorcycles and the General's jeep—Urquhart felt a pang of conscience. He thought of his paratroopers, laden down with packs, guns and equipment, crowded into heavy transport planes. Urquhart carried only a small shoulder pack, two hand grenades, a map case and a notebook. He was bothered by his own comfort.

Almost up to the moment of take-off Urquhart had been called on to make difficult decisions. Some hours before leaving, his Chief of Staff, Colonel Charles Mackenzie, had received a telephone call from a senior American air force officer. Was the mental asylum at Wolfheze to be bombed? The American, Mackenzie had reported, 'wanted a personal assurance from Urquhart that there were Germans in it and not lunatics; otherwise the Americans could not accept responsibility.' The asylum was dangerously close to the division's assembly point and Urquhart's staff believed it to be held by the Germans. Mackenzie had accepted responsibility. 'On your head be it,' the American had replied. Urquhart had approved his Chief of Staff's action. 'I meant to be as prepared as possible and that's all there was to it,' he remembered.

As Mackenzie was about to leave for his own glider, Urquhart had taken him privately aside. 'Look, Charles,' he had told Mackenzie, 'if anything happens to me the succession of command should be as follows: first, Lathbury, then Hicks and Hackett in that order.' Urquhart's choice was based on experience. 'Everyone knew that Lathbury was my deputy,' he later recalled. 'Hackett was senior in rank to Hicks, but he was much younger and I was quite convinced that Hicks had more experience in handling infantry. My decision was no reflection on Hackett's ability to command.' Perhaps, Urquhart reflected, he should have informed each of his brigadiers of his decision earlier but he had 'frankly considered the whole question quite academic.' The chance of the division losing both Urquhart and Lathbury was remote.

Now, all decisions made, Urquhart idly watched 'squadrons of fighters flashing past the glider trains.' This was his first operational trip in a glider, and earlier he had taken a couple of air-sickness pills. His throat was dry and he had difficulty swallowing. He was conscious, too, that 'Hancock, my batman, was watching me, a look of concern on his face. Like everyone else, he expected me to be airsick.' Urquhart did not oblige. 'We were in a huge stream of aircraft and I concentrated on impressions. We were committed. We had made a good plan. I still wished we could have got closer to the bridge, but I did not brood on it.'

In spite of the operational efficiency displayed in launching the giant armada, mishaps occurred almost immediately. Just before take-off, the port wing of one glider was chewed off by the propeller of a Stirling bomber. No one was hurt. As the glider carrying Lieutenant Alan Harvey Cox of the Airlanding Brigade lumbered into the air, it ran into trouble. Low clouds obstructed the glider pilot's view and he was unable to line up with the tail of his tug. The glider went in one direction, the plane in another, the tow rope threatening to loop the glider's wing and overturn it. Unable to re-align with his tug, the glider pilot grabbed for the red-topped release lever and cast off. Cox's glider landed without damage in a hayfield at Sandford-on-Thames. A more bizarre incident occurred in a C-47 carrying the men of the 82nd Airborne, who sat facing each other on opposite sides of the plane. Five minutes after take-off, Corporal Jack Bommer saw 'the cargo hatch directly behind the men facing me spring open.' The force of air almost sucked the men through the hatchway into space. As they desperately hung on, recalls Bommer, 'the pilot did a beautiful tail flip and the hatch slammed shut.'

Lance Corporal Sydney Nunn, who was so anxious to leave his base near Keevil and the activities of the mole in his mattress, now felt lucky to be alive. After more than an hour of uneventful flight, his glider ran into cloud. Emerging from the cloud bank, the glider pilot saw that the tow rope had twisted itself around the port wing. Over the intercom to his tug, Nunn heard the glider pilot say, 'I'm in trouble! I'm in trouble!' The next instant, he cast off. 'We seemed to come to a dead stop in the air,' Nunn remembers. 'Then the glider's nose dropped and we careened earthwards with the tow rope streaming alongside like a broken kite string.' Nunn sat 'petrified,' listening to the wind screaming along the fuselage, 'hoping that the chains holding a jeep in the glider would take the strain.' Then he heard the pilot warn them to 'Brace up, blokes. Here we come.' The glider hit the ground, bounced, hit once more, and came slowly to a stop. In the sudden silence, Nunn heard the pilot ask, 'Are you blokes all right?' Everyone was, and the men were returned to Keevil to fly out in the second lift on September 18th.

Others were not so fortunate. Tragedy struck one glider serial over Wiltshire. R.A.F. Sergeant Walter Simpson, sitting in the plexiglass turret of a Stirling bomber, was watching the Horsa glider trailing along behind. Suddenly, 'The glider just seemed to part in the middle; it looked as if the back end just dropped off the front.' Horrified, Simpson shouted to the captain, 'My God, the glider's coming apart!' The tow rope broke and the front of the glider sank 'like a rock falling to earth.' The Stirling left formation, gradually lost height, and turned back to locate the wreckage. The front half was spotted in a field. The tail was nowhere to be seen. Marking the spot, the crew returned to Keevil and drove by jeep to the crash location. There, Simpson saw what appeared 'like a match box that had been stepped on.' The bodies of the men had remained inside. Simpson had no way of estimating how many dead there were—'it was just a mass of arms, legs and bodies.'

By the time the last serials reached the English coast—the northern streams passing over the checkpoint at Aldeburgh, the southern columns flying over Bradwell Bay—30 troop- and equipment-carrying gliders were down. Tug engine failure, broken tow ropes, and, in places, heavy clouds had caused the abortions. Although by military standards the operation had begun with eminent success—casualties were light, and many of the men and most of the downed cargo would be flown in on later lifts—the losses were sure to hurt. On this vital day when every man, vehicle and piece of equipment was important to General Urquhart, twenty-three of his glider loads were already lost. Not until the Arnhem force reached its drop and landing zones would commanders discover just how crucial these losses would be.

Now, as the long sky trains swarmed out over the English Channel and the land fell behind, a new kind of expectancy began to permeate the armada. The 'Sunday outing' mood was fast disappearing. As American serials passed over the seaside resort of Margate, Private Melvin Isenekev of the 101st Airborne saw the white cliffs of Dover off to the right. From the distance, they looked like the wintry hillsides of the Adirondacks near his home in upper New York State. Corporal D. Thomas of the First British Airborne, staring out through an open plane door until his country's coastline disappeared, felt his eyes fill with tears.

RAF Reconnaissance photo of Arnhem taken just before the landings. Arnhem road bridge upper right. In foreground the Musis Sacrum; on the other side long boulevards run down to the ramp. Next comes the bridge and the Lower Rhine. This whole area was devastated.

The two bridges across the River Waal at Nijmegen; road bridge above, railway below.

One of the great Arnhem mysteries; RAF Reconnaissance photo shows the pontoon bridge being moved on Sept. 6th (11 days before the attack). By the time Frost's men reached the bridge the centre section was missing. If it was being pulled out on Sept. 6th why were British troops told to try and grab it?

German debris on the northern ramp of the Arnhem bridge.

Ike and Monty.

Lt. Gen. (later Sir Frederick) 'Boy' Browning, Deputy Commander, First Allied Airborne Army and Commander of First British Airborne Corps. "We may be going a bridge too far", he warned Montgomery.

42-year-old Major-General Robert Urquhart in front of the Hartenstein Hotel. Commanding the First British Airborne Division, he had the principal objective, the capture of the Arnhem bridge.

(left to right) Gen. Allan Adair, Commander Guards Armoured Division; Field Marshal Montgomery; Lt. Gen. Brian Horrocks; Brigadier Roberts. Taken on September 15th, two days before the attack.

Brigadier John Hackett, Commander 4th Parachute Brigade *(left)*, and Brigadier Philip Hicks, Commander 1st Airlanding Brigade, who argued who should command the 1st British Airborne Division in Urquhart's absence.

rigadier Gerald Lathbury, Commander 1st Parachute Brigade.

Lt. Col. John D. Frost, Commander 2nd Parachute Bn., who held out at the bridge until almost the very end.

left) Lt. Col. J. O. E. Vandeleur, ommander Irish Guards Armoured roup and *(right)* his cousin, Lt. ol. Giles Vandeleur, Commander 2nd Bn.

Captain Richard Wrottesley (now Lord Wrottesley), of the 2nd Household Cavalry, whose troop made the first link-up between the ground forces and Urquhart's beleaguered airborne division.

Henri Knap, 33-year-old Chief of Intelligence, Arnhem region, whose warning regarding Panzer Divisions in the area was discounted.

'King Kong' Lindemans, a doub agent who crossed into the Germ lines too soon to betray Operati Market-Garden and committ suicide before standing trial. (Dut Intelligence picture never publish before).

Major General Stanislaw Sosabowski, Commander First Polish Parachute Brigade, was convinced 'this mission cannot succeed'.

General James M. Gavin *(righ* U.S. Commander 82nd Airbor Division, confers with Gene Browning as British armour ent Grave.

ajor Robert Cain V.C., 2nd South affordshires, who knocked out ore tanks and self-propelled guns an anyone else in the Oosterbeek perimeter.

Lt. Col. W. F. K. 'Sherriff' Thompson, Artillery Commander, 1st Airlanding Brigade, whose guns stopped repeated German attacks against Colonel Frost at the bridge.

olonel Charles B. Mackenzie, Chief of Staff to General Urquhart.

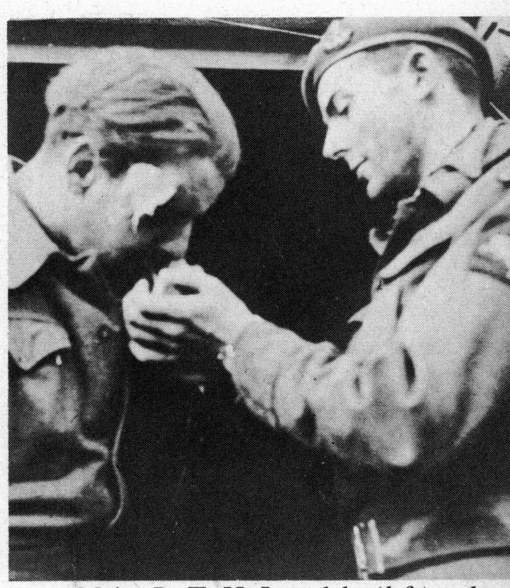

Major R. T. H. Lonsdale *(left)* and Lt. D. A. Dolley, who swam the river following the airborne withdrawal. Lonsdale commanded the famous 'Lonsdale Force' holding positions about Oosterbeek Lag Church.

Field Marshal Gerd von Runstedt at the time of his capture in 1945.

Field Marshal Walter Model outside the Tafelberg Hotel where he had established headquarters 48 hours before the airborne attack began.

Conferring during the battle *(left to right)*: Model; SS Lt. Gen. Wilhelm Bittrich, Commander II SS Panzer Corps; the one-legged Major Hans-Peter Knaust, who halted the Guards Armoured Division six miles from Arnhem; Maj-General Heinz Harmel, Commander Frundsberg Division.

SS Maj-General Harmel, first interviewed by the author, revealed that despite Model's orders he had tried to destroy the Nijmegen bridge.

Colonel-General Kurt Student, Germany's foremost airborne expert, commanded First Parachute Army rushed to Albert Canal to halt British attacks in early September 1944.

The Prince of The Netherlands, arrives at Eindhoven after its capture by the 101st Airborne.

Piet Kruyff, Chief of the Arnhen underground organisation, who re fused the German ultimatum t produce 12 hostages for blowing u the bridge.

Hendrika van der Vlist, daughter of the owner of the Schoonard Hotel. Her diary is quoted extensively.

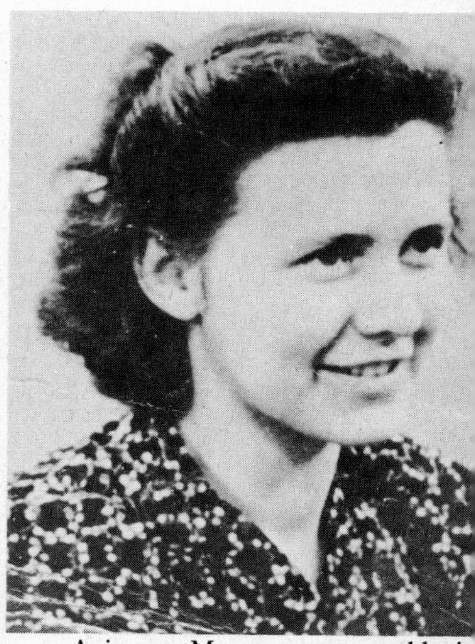

Anje van Maanen, 17-year-old gir who helped her father, Dr Gerri van Maanen, at the makeshif hospital in the Tafelberg Hotel Oosterbeek.

Paratroops of British 1st Airborne Division landing on outskirts of Arnhem, Sunday, September 17th.

Their Horsa gliders being unloaded.

Over-all parachute drop of
82nd Airborne Division.

General Kussin, Arnhem Commander, killed at Wolfheze when his vehicle ran into marching airborne troops en route to Arnhem.

Major Egon Skalka, Hohenstaufen Division Medical Officer, who organised medical truce with British D.M.O. during Oosterbeek battle and acted most honourably regarding British wounded.

German patrol, Arnhem.

From the marshalling points at March and Hatfield, the airborne columns had been aided by various navigational devices: radar beacons, special hooded lights and radio direction-finding signals. Now, beacons on ships in the North Sea began to guide the planes. Additionally, strings of launches—17 along the northern route, 10 below the southern flight path—stretched away across the water. To Flight Sergeant William Tompson, at the controls of a plane towing a four-ton Horsa glider, 'there wasn't much navigating to do. The launches below us were set out like stepping stones across the Channel.' But these fast naval vessels were much more than directional aids. They were part of a vast air-sea rescue operation—and they were already busy.

In the thirty-minute trip across the North Sea, men saw gliders bobbing on the grey waters as low-flying amphibious planes circled to mark their positions until rescue launches could reach the spot. Lieutenant Neville Hay, of the 'Phantom' fact-gathering liaison unit, watched 'with complete detachment two downed gliders and another ditching.' He tapped his corporal on the shoulder. 'Have a look down there, Hobkirk,' Hay shouted. The corporal glanced down and, as Hay remembers, 'I could almost see him turn green.' Hay hurriedly reassured the man. 'There's nothing to worry about. Look at the boats already picking them up.'

Staff Sergeant Joseph Kitchener, piloting a glider, was equally impressed by the speed of the air-sea rescue launch that came alongside a floating glider he had spotted. 'They picked up the men so fast I don't even think they got their feet wet,' he recalls. Men in a glider piloted by Staff Sergeant Cyril Line were less fortunate—but lucky to be alive. In an aerial train of swaying black Horsas, Line observed one combination drop slowly out of position. Mesmerized, he watched the Horsa cut loose and descend almost leisurely towards the sea. A ring of white foam appeared as it hit the water. He wondered 'who the poor devils were.' At that moment, the starboard propellers on the Stirling pulling his glider slowed, and stopped. As the plane's speed was reduced Line found himself 'in the embarrassing position of overtaking my own tug.' He immediately released the tow line and his co-pilot called out, 'Stand by for ditching!' From behind in the cabin, they could hear rifle butts crashing against the side of the glider's plywood fuselage as the frantic passengers tried to open up an escape route. Rapidly losing altitude, Line looked back and was horrified to see that the desperate troopers had 'cut through the top of the glider and the sides were just beginning to go.' Line screamed out, 'Stop that! Strap yourselves in!' Then, with a heavy thud, the glider hit the water. When Line surfaced, he saw the wreckage floating some thirty feet away. There was no sign whatever of the cabin, but every one of his passengers was accounted for. Within minutes, all were picked up.

In all, eight gliders ditched safely during this first lift; once they were on the water the air-sea rescue service, in a spectacular performance, saved nearly all crews and passengers. Once again, however, it was Urquhart's force that was whittled down. Of the eight gliders, five were Arnhem-bound.

Apart from some long-range inaccurate shelling of a downed glider, there was no serious enemy opposition during the Channel crossing. The 101st Airborne Division, following the southern route which would bring it over Allied-held Belgium, was experiencing an almost perfect flight. But as the Dutch coastline appeared in the distance, the 82nd and the British troopers in the northern columns began to see the ominous tell-tale grey and black puffs of flak—German anti-aircraft fire. As they flew on, at an altitude of only 1,500 feet, enemy guns firing from the outer Dutch isles of Walcheren, North Beveland and Schouwen were clearly visible. So were flak ships and barges around the mouth of the Schelde.

Escorting fighters began peeling out of formation, engaging the gun positions. In the planes men could hear spent shrapnel scraping against the metal sides of the C-47's. Veteran paratrooper Private Leo Hart of the 82nd heard a rookie aboard his plane ask, 'Are these bucket seats bullet-proof?' Hart just glowered at him; the light metal seats wouldn't have offered protection against a well-thrown stone. Private Harold Brockley, in another C-47, remembers one replacement wondering, 'Hey, what are all those little black and grey puffs below?' Before anyone could answer, a piece of shrapnel came through the bottom of the ship and pinged harmlessly against a mess kit.

Veteran troopers hid their fears in different ways. When Staff Sergeant Paul Nunan saw the 'familiar golf balls of red tracer bullets weaving up toward us' he pretended to doze off. Tracers barely missed Private Kenneth Truax's plane. 'No one said anything,' he recalls. 'There was only a weak smile or two.' Sergeant Bill Tucker, who had gone through anti-aircraft fire in Normandy, was haunted by a 'horrible fear of getting hit from underneath.' He felt 'less naked' sitting on three air force flak jackets. And Private Rudolph Kos remembers that he felt 'like sitting on my helmet but I knew I would need it on my head.'

One man was more concerned with the danger within than that without. Co-pilot Sergeant Bill Oakes, struggling to hold his Horsa glider steady in the air, looked back to see how his passengers were faring. To his horror, three troopers were 'calmly sitting on the floor brewing up a mess tin of tea over a small cooker. Five others were standing around with their mugs, waiting to be served.' Oakes was galvanized into action. He handed the controls over to the pilot and hurried aft, expecting the glider's plywood floor to catch fire at any minute. 'Or, worse still, the mortar bombs in the trailer we were carrying could explode. The heat from that little field stove was terrific.' He was livid with anger. 'We're just having a little brew up,' one of the troopers told him soothingly. Oakes hurried back to the cockpit and reported the matter to the pilot, Staff Sergeant Bert Watkins. The pilot smiled. 'Tell 'em not to forget us when the tea's ready,' he said. Oakes sank into his seat and buried his head in his hands.

Although the escort fighters silenced most of the coastal flak positions, some planes were damaged and one tug, its glider and a troop carrier C-47 were shot down over Schouwen Island. The tug crash-landed, and its crew was killed. The glider, an 82nd Airborne Waco, broke up in mid-air and may have been seen by Major Dennis Munford, flying in a British column nearby. He watched, aghast, as the Waco disintegrated and 'men and equipment spilt out of it like toys from a Christmas cracker.' Others saw the troop-carrier go down. Equipment bundles attached beneath the C-47 were set on fire by tracer bullets. 'Yellow and red streamers of flame appeared in the black smoke,' recalls Captain Arthur Ferguson, who was flying in a nearby plane. Within minutes the C-47 was blazing. First Lieutenant Virgil Carmichael, standing in the door of his plane, watched as paratroopers jumped from the stricken aircraft. 'As our men were using camouflaged chutes, I was able to count them as they left and saw that all had escaped safely.' The pilot, although the aircraft was engulfed in flames, somehow kept the plane steady until the paratroopers jumped. Then Carmichael saw one more figure leave. 'The Air Corps used white parachutes, so I figured he had to be the crew chief.' He was the last man out.

Almost immediately the blazing plane nosedived and, at full throttle, ploughed into a flooded area of Schouwen Island below. Carmichael remembers that, 'on impact, a white chute billowed out in front of the plane, probably ejected by the force of the crash.' To First Lieutenant James Megellas the sight of the downed C-47 had a 'terrible effect.' As jumpmaster in his plane, he had previously told his men that he would give the command 'to stand up and hook up five minutes before reaching the drop zone.' Now, he immediately gave the order. In many other planes, jumpmasters reacted as Megellas had and gave similar commands. To them, the battle was already joined—and, in fact, the drop and landing zones for the airborne men were now only 30 to 40 minutes away.

[2]

Incredibly, despite the night's widespread bombing, and now the aerial attacks against Arnhem, Nijmegen and Eindhoven, the Germans failed to realize what was happening. Throughout the chain of command, attention was focused on a single threat: the renewal of the British Second Army's offensive from its bridgehead over the Meuse-Escaut Canal.

'Commanders and troops, myself and my staff in particular, were so over-taxed and under such severe strain in the face of our difficulties that we thought only in terms of ground operations,' recalls Colonel-General Kurt Student. Germany's illustrious airborne expert was at his headquarters in a cottage near Vught, approximately 16 miles northwest of Eindhoven, working on 'red tape—a mountain of papers that followed me even into the battlefield.' Student walked out on to a balcony, watched the bombers for a few moments, then, unconcerned, returned to his paper work.

Lieutenant-Colonel Walter Harzer, commanding officer of the 9th SS *Panzer* Division Hohenstaufen, had by now transferred as much equipment as he intended to his rival, General Heinz Harmel of the 10th SS *Panzer* Division Frundsberg. Harmel, on Bittrich's orders and without Model's knowledge, was by now in Berlin. The last flat cars containing Harzer's 'disabled' armoured personnel carriers were ready to leave on a 2 p.m. train for Germany. Having been bombed repeatedly from Normandy onwards, Harzer 'paid little attention to planes.' He saw nothing unusual about the huge bomber formations over Holland. He and his veteran tankers knew 'it was routine to see bombers travelling east to Germany and returning several times a day. My men and I were numb from constant shelling and bombing.' With Major Egon Skalka, the 9th *Panzer*'s chief medical officer, Harzer set out from his headquarters at Beekbergen for the Hoenderloo barracks about eight miles north of Arnhem. In a ceremony before the 600-man reconnaissance battalion of the division, he would decorate its commander, Captain Paul Gräbner, with the Knight's Cross. Afterwards there would be champagne and a special luncheon.

At II *Panzer* Corps headquarters at Doetinchem, Lieutenant-General Wilhelm Bittrich was equally unconcerned about the air attacks. To him, 'it was routine fare.' Field Marshal Walter Model, in his headquarters at the Tafelberg Hotel in Oosterbeek, had been watching the bomber formations for some time. The view at headquarters was unanimous: the squadrons of Flying Fortresses were returning from their nightly bombing of Germany and, as usual, other streams of Fortresses in the never-ending bombing of Germany were en route east heading for other targets. As for the local bombing, it was not uncommon for bombers to jettison any unused bombs over the Ruhr and often, as a result, into Holland itself. Model and his chief-of-staff, Lieutenant-General Hans Krebs, believed the bombardment and low-level strafing were 'softening-up operations'—a prelude to the opening of the British ground offensive.

One officer was mildly concerned by the increased aerial activity over Holland. At the headquarters of OB West in Aremberg near Koblenz, approximately 120 miles away, Field Marshal Gerd von Rundstedt—although he still believed that airborne forces would be used only in an attack against the Ruhr—wanted more information. In Annex 2227 of the morning report for September 17th, his operations chief recorded that Von Rundstedt had asked Model to investigate the possibility that a combined sea and airborne invasion was under way against Northern Holland. The notation read, 'The general situation and notable increase of enemy reconnaissance activities . . . has caused the Commander-in-Chief West to again examine the possibilities of ship assault and air landing operations. . . . Results of the survey are to be reported to OKW (Hitler).'

The message reached Model's headquarters at about the time the first planes of the armada crossed the coast.

* * *

Over Arnhem at 11.30 a.m. columns of black smoke rose in the sky, as fires burned throughout the city in the aftermath of a three-hour near-saturation bombing. In Wolfheze, Oosterbeek, Nijmegen and Eindhoven, whole buildings were levelled, streets were cratered and littered with debris and glass, and casualties were mounting minute by minute. Even now, low-level fighters were strafing machine-gun and anti-aircraft positions all over the area. The mood of the Dutch, huddling in churches, homes, cellars and shelters or, with foolhardy courage, cycling the streets or staring from rooftops, alternated between terror and exultation. No one knew what to believe or what would happen next. To the south, 83 miles from Nijmegen, Maastricht, the first Dutch city to be liberated, had been entered by the U.S. First Army on September 14th. Many Dutch expected American infantry to arrive at any moment in their own towns and villages. Radio Orange, broadcasting from London, fed this impression in a flurry of bulletins: 'The time is nearly here. What we have been waiting for is about to happen at last. . . . Owing to the rapid advance of the Allied armies . . . it is possible that the troops will not carry Dutch money yet. If our Allies offer French or Belgian notes . . . co-operate and accept this money in payment. . . . Farmers should finish off and deliver their harvest. . . .' Prince Bernhard, in a radio message, urged the Dutch 'not to show joy by offering flowers or fruit when Allied troops liberate Netherlands territory . . . in the past the enemy has concealed explosives among offerings presented to the liberators.' Uppermost in the minds of most Dutchmen was the certainty that these intensive bombings were the prelude to Allied invasion—the opening of the ground offensive. Like their German conquerors, the Dutch had no inkling of the impending airborne attack.

Jan and Bertha Voskuil, taking shelter in the home of Voskuil's father-in-law in Oosterbeek, thought the bombers in their area were aiming for Model's headquarters in the Tafelberg Hotel. The bright day, Voskuil remembers, 'was perfect bombing weather.' Yet he found it hard to 'reconcile the war that was coming with the smell of ripe beetroots and sight of hundreds of sunflowers, their stems bent under the weight of their great heads. It did not seem possible that men were dying and buildings burning.' Voskuil felt strangely calm. From his father-in-law's front verandah, he watched fighters flashing overhead and was sure they were strafing the hotel. Suddenly, a German soldier appeared in the garden without helmet or rifle and dressed only in a shirt and trousers. Politely he asked Voskuil, 'May I take shelter here?' Voskuil stared at the man. 'Why?' he asked. 'You have your trenches.' The German smiled. 'I know,' he answered, 'but they are full.' The soldier came up on the porch. 'It is a very heavy bombing,' he told Voskuil, 'but I don't think Oosterbeek is the target. They seem to be concentrating more to the east and west of the village.'

From inside the house, Voskuil heard voices. A friend of the family had just arrived from the Wolfheze area. It had been heavily hit, she told them, and many people were dead. 'I am afraid,' she said, tremblingly, 'it is our Last Supper.' Voskuil looked at the German. 'Perhaps they're bombing the Tafelberg because of Model,' he said mildly. The German's face was impassive. 'No,' he told Voskuil, 'I don't think so. No bombs fell there.' Later, after the soldier had gone, Voskuil went out to survey the damage. Rumours abounded. He heard that Arnhem had been heavily hit and that Wolfheze was almost levelled. Surely, he thought, the Allies were now under march and would arrive at any hour. He was both elated and saddened. Caen, in Normandy, he remembered, had been reduced to rubble during the invasion. He was convinced that Oosterbeek, where he and his family had found shelter, would become a ruined village.

Around Wolfheze, German ammunition caches in the woods were exploding, and the famed mental institute had received direct hits. Four pavilions surrounding the administration building were levelled, forty-five patients were dead (the toll would increase to over eighty), and countless more were wounded. Sixty terrified inmates, mostly women, were wandering about in the adjoining woods. The electricity had failed and Dr. Marius van der Beek, the deputy medical superintendent, could not summon help. Impatiently he awaited the arrival of doctors from Oosterbeek and Arnhem who, he knew, would surely hear the news and come. He needed to set up two operating theatres with surgical teams as quickly as possible.

One of the 'inmates,' Hendrik Wijburg, was in reality a member of the underground hiding out in the asylum. 'The Germans,' he recalls, 'were not actually inside the institute at the moment, although they did have positions nearby and artillery and ammunition stored in the woods.' During the bombings when the dump was hit, Wijburg, on the verandah of one building, was knocked to the floor. 'There was a huge explosion,' he remembers, 'and shells from the dump began whizzing into the hospital, killing and injuring many.' Wijburg hastily scrambled to his feet and helped nurses, at the height of the strafing attacks, to lay out white sheets forming a huge cross on the grass. The entire area had been so badly hit that it looked to him as if 'the place would soon be filled to the rafters with the dead and dying.'

In Arnhem, fire brigades fought desperately to bring the spreading flames under control. Dirk Hiddink, in charge of a 15-man outdated fire-fighting unit (his men pushed two carts—one loaded with coiled hoses, the other with ladders), was ordered to the German-occupied Willems Barracks which had received direct hits from low-flying Mosquitos. Although the barracks were blazing, Hiddink's instructions from the Arnhem Fire Brigade Headquarters were unusual: let them burn down, he was told, but protect the surrounding houses. When his unit arrived, Hiddink saw that it would have been impossible to save the barracks in any case. The fires were too far advanced.

From his father's apartment at Willemsplein 28, Gerhardus Gysbers saw everything around him engulfed in flames. Not only the barracks, but the nearby high school and the Royal Restaurant, opposite, were burning. The heat was so intense that Gysbers remembers 'the glass in our windows suddenly became wavy and then melted completely.' The family evacuated the building immediately, scrambling over bricks and lumber into the square. Gysbers saw Germans stumbling from the blasted rubble of the barracks with blood pouring from their noses and ears. Tram-driver Hendrik Karel reached the Willemsplein unintentionally. With the electric power cut by the bombing, Karel's pale yellow tram freewheeled down a slight incline to reach a stop at the square. There he found a jumble of others which, like his own, had coasted into the square and were unable to leave. Through the smoke, crowds and debris, Karel saw waiters from the Royal Restaurant make their escape from the burning building. Abandoning the few diners who were heading for the doors, the waiters jumped right through the windows.

At the Municipal Gas Works just southeast of the great Arnhem bridge, technician Nicolaas Unck admired the skill of the bombardiers. Looking across the Rhine, he saw that twelve anti-aircraft positions had been knocked out. Only one gun was left but its barrels were twisted and bent. Now that the city was without electricity, Unck was faced with his own problems. The technicians could no longer make gas. After the fuel remaining in the three huge gasometers was exhausted, there would be no more. Apart from coal and firewood, Arnhem was now without electricity, heating or cooking fuels.

Thousands of people remained cloistered in their churches. In the huge Dutch Reformed 'Grote Kerk' Church alone, there were 1,200 people, Jan Mijnhart, the sexton, remembers. 'Even though we had clearly heard the bombs exploding outside,' he says, 'the Rev. Johan Gerritsen had calmly continued his sermon. When the power was cut off, the organ stopped. Some one of the congregation came forward and began pumping the bellows manually.' Then, against a background of sirens, explosions and thundering planes, the organ pealed out and the entire congregation stood up to sing the 'Wilhelmus'—the Dutch National anthem.

In the nearby Calvinist Church, near the Arnhem railway station, Gijsbert Numan of the resistance listened to a sermon delivered by Dominee Both. Numan felt that even the intense bombing would not deter the Germans from carrying out their threat to execute civilian hostages sometime during the day in reprisal for the resistance's attack on the viaduct. His conscience bothered him as he listened to Dominee Both's sermon on 'the responsibility for your acts toward God and your fellow man,' and he decided that once the service had ended, he would give himself up to the Germans. Leaving the church, Numan made his way through the littered streets to a telephone. There, he called Pieter Kruyff and told the regional commander his decision. Kruyff was blunt and to the point. 'Rejected,' he told Numan. 'Carry on with your work.' But Kruyff's was not to be the final decision. Market-Garden would save the hostages.

In Nijmegen, eleven miles to the south, bombers had hit German anti-aircraft positions with such accuracy that only one was still firing. The great, towering PGEM power station, supplying electricity for the entire province of Gelderland, had received only superficial damage, but high-tension wires were severed, cutting off power throughout the area. A rayon factory near the PGEM station was badly damaged and ablaze. Houses in many parts of the city had received direct hits. Bombs had fallen on a girls' school and a large Catholic social centre. Across the Waal in the village of Lent, a factory was destroyed and ammunition dumps exploded.

In the city's air-raid command post, the staff worked by candlelight. The air-raid workers were more and more puzzled by the stream of reports piling in. Working at his desk in semi-darkness, Albertus Uijen registered the incoming reports and found himself growing more confused by the moment. The widespread bombings gave no clear picture of what was happening, except that all German positions on Nijmegen's perimeter had been attacked. The principal approaches to the city—Waalbrug, St. Annastraat and Goresbeekseweg—were now blocked off. It almost seemed that an effort had been made to isolate the city.

As in Arnhem, most people in Nijmegen sought shelter from the fighters continually strafing the streets, but Elias Broekkamp, whose house was not far from the Waal bridge, had climbed to the roof for a better look. To Broekkamp's astonishment, so had the personnel of the German Town Major's office, five houses from Broekkamp's. The Germans, Broekkamp remembers, 'looked very anxious. I looked, obviously, full of delight. I even remarked that the weather was lovely.'

Nurse Johanna Breman watched Germans panic during the strafing. From a second-floor window of a block of flats south of the Waal bridge, Nurse Breman looked down at 'wounded German soldiers helping each other along. Some were limping quite badly and I could see many with bandages. Their tunics were open and most had not even bothered to put their helmets on. On their heels came German infantrymen. As they headed towards the bridge, they fired into the windows whenever they saw Dutch peering out.' When the Germans reached the bridge approaches, they began digging foxholes. 'They dug everywhere,' Miss Breman remembers, 'next to the street leading up to the bridge, in grassy areas nearby and beneath trees. I was sure the invasion was coming and I remember thinking, "What a beautiful view of the battle we shall have from here." I had a feeling of expectancy.' Nurse Breman's expectations did not include her marriage some months later to Master Sergeant Charles Mason of the 82nd, who would land in Glider 13 near the Groesbeek Heights two miles southwest of her apartment.

Some towns and villages on the edges of the major Market-Garden objectives suffered damage as severe as the principal targets and had little, if any, rescue services. Close by the hamlet of Zeelst, approximately five miles west of Eindhoven, Gerardus de Wit had taken shelter in a beet field during the bombings. There had been no air-raid alarm. He had seen planes high in the sky, and suddenly bombs rained down. De Wit, on a visit to his brother in the village of Veldhoven, four miles south, had turned around, pulled off the road and dived into a ditch adjoining the field. Now, he was frantic to get back to his wife and their eleven children.

Although planes were strafing, De Wit decided to risk the trip. Raising his head to look across the field, he saw that 'even the leaves were scorched.' Leaving his cycle behind, he climbed out of the ditch and ran across the open field. As he neared the village, he noted that bombs presumably intended for the Welschap airfield outside Eindhoven had fallen, instead, directly on little Zeelst. De Wit could see nothing but ruins. Several houses were burning, others had collapsed; and people stood about dazed and crying. One of De Wit's acquaintances, Mrs. Van Helmont, a widow, spotted him and begged him to come with her to cover a dead boy with a sheet. Tearfully, she explained that she could not do it herself. The child had been decapitated, but de Wit recognized the body as a neighbour's son. Quickly, he covered the corpse. 'I didn't look at anything more,' he remembers. 'I just tried to get home as quickly as possible.' As he neared his own house, a neighbour who lived opposite tried to detain him. 'I'm bleeding to death,' the man called out. 'I've been hit by a bomb splinter.'

At that moment, De Wit saw his wife, Adriana, standing in the street crying. She ran to him. 'I thought you'd never get here,' she told him. 'Come quickly. Our Tiny has been hit.' De Wit went past his injured neighbour. 'I never thought of anything but my son. When I got to him I saw that the whole of his right side was open and his right leg was cut almost through. He was still fully conscious and asked for water. I saw that his right arm was missing. He asked me about his arm and, to comfort him, I said, "You're lying on it".' As De Wit knelt by the boy, a doctor arrived. 'He told me not to hope any more,' De Wit remembers, 'because our son was going to die.' Cradling the boy, De Wit set out for the Duc George cigar factory, where a Red Cross post had been set up. Before he reached the factory, his 14-year-old son died in his arms.

In all the terror, confusion and hope, few of the Dutch saw the vanguard of the Allied Airborne Army. At approximately 12.40 p.m., twelve British Stirling bombers swept in over the Arnhem area. At 12.47, four U.S. C-47's appeared over the heaths north of Eindhoven while two others flew across the open fields southwest of Nijmegen, close to the town of Overasselt. In the planes were British and American pathfinders.

Returning to his farm bordering Renkum heath, less than a mile from Wolfheze, Jan Pennings saw planes coming from the west, flying low. He thought they had returned to bomb the railway line. He watched them warily, ready to dive for cover if bombs dropped. As the planes came over Renkum heath, the astounded Pennings saw 'bundles dropped, and then parachutists coming out. I knew that in Normandy the Allies had used parachutists and I was sure this was the beginning of *our* invasion.'

Minutes later, cycling up to his farm, Jan shouted to his wife, 'Come out! We're free!' Then, the first paratroopers he had ever seen walked into the farmyard. Dazed and awed, Pennings shook their hands. Within half an hour, they told him, 'hundreds more of us will arrive.'

Chauffeur Jan Peelen saw the pathfinders land on Renkum heath, too. He recalls that 'they came down almost silently. They were well-disciplined and immediately began to peg out the heath.' Like other pathfinders north of the railway line, they were marking out the landing and dropping zones.

Fifteen miles south, near the town of Overasselt, 19-year-old Theodorus Roelofs, in hiding from the Germans, was suddenly liberated by 82nd Airborne pathfinders who landed in the vicinity of the family farm. The Americans, he remembers, were 'scouts and my big fear was that this small group of braves could easily be done away with.' The pathfinders wasted little time. Discovering that the young Dutchman spoke English, they quickly enlisted Roelofs to help as guide and interpreter. Confirming positions on their maps and directing them to the designated landing sites, Roelofs watched with fascination as the troopers marked the area with 'coloured strips and smoke stoves.' Within three minutes a yellow-panelled 'O' and violet smoke clearly outlined the area.

The four C-47's carrying the 101st pathfinders to zones north of Eindhoven ran into heavy anti-aircraft fire. One planeload was shot down in flames. There were only four survivors. The other three planes flew on, and the pathfinders dropped accurately on the 101st's two zones. By 12.54 p.m. dropping and landing zones throughout the entire Market-Garden area were located and marked. Incredibly, the Germans still had not raised an alarm.

At Hoenderloo barracks, Lieutenant-Colonel Walter Harzer, commander of the Hohenstaufen Division, toasted newly-decorated Captain Paul Gräbner. A few minutes before, Harzer had seen a few parachutes fall to the west of Arnhem. He was not surprised. He thought they were baled-out bomber crews. In Oosterbeek at the Tafelberg Hotel, Field Marshal Model was having a pre-luncheon aperitif—a glass of chilled Moselle—with his Chief of Staff, Lieutenant-General Hans Krebs, the operations officer Colonel Hans George von Tempelhof and the headquarters adjutant Colonel Leodegard Freyberg. As administrations officer Lieutenant Gustav Sedelhauser remembers, 'Whenever he was at the headquarters, the Field Marshal was punctual to a fault. We always sat down to luncheon at precisely 1300 hours.' That time was H-Hour for the Market forces.

[3]

Now, in tight formations, the great procession of C-47's carrying the 101st Airborne thundered across Allied-held Belgium. Some twenty-five miles beyond Brussels, the serials swung north heading for the Dutch border. Then, men in the planes looked down and, for the first time, saw their earthbound counterpart—the Garden forces whose ground attack was to be synchronized with the air assault. It was a spectacular, unforgettable sight. The vast panoply of General Horrocks' XXX Corps spread out over every field, trail and road. Massed columns of tanks, half-tracks, armoured cars and personnel carriers and line after line of guns stood poised for the break-out. On tank antennas pennants fluttered in the wind, and thousands of troops standing on vehicles and crowding the fields waved up to the men of the airborne. Orange smoke billowing into the air marked the British front line. Beyond was the enemy.

Skimming the ground, fighter-bombers led the way to the drop zones, attempting to clear everything ahead of the formations. Even though the intense bombing preceding the airborne assault had levelled many anti-aircraft batteries, camouflaged nettings suddenly swung back to reveal hidden enemy positions. Some men remember seeing the tops of haystacks open to disclose nests of 88 and 20 mm.

guns. Despite the thoroughness of the fighter-plane attacks, it was impossible to silence all enemy opposition. Just seven minutes away from their drop zones north of Eindhoven, the men of the 101st ran into intense flak.

PFC John Cipolla was dozing when he was suddenly awakened by 'the sharp crack of anti-aircraft guns, and shrapnel ripped through our plane.' Like everyone else, Cipolla was so weighed down by equipment that he could hardly move. Besides his rifle, knapsack, raincoat and blanket, he had ammunition belts draping his shoulders, pockets full of hand grenades, rations and his main parachute plus reserve. In addition, in his plane, each man carried a land mine. As he recalls, 'a C-47 on our left flank burst into flames, then another, and I thought, "My God, we are next! How will I ever get out of this plane?" '

His C-47 was shuddering and everyone seemed to be yelling at the same time, 'Let's get out! We've been hit!' The jumpmaster gave the order to 'Stand up and hook up.' Then he calmly began an equipment check. Cipolla could hear the men as they called out '1–OK; 2–OK; 3–OK.' It seemed hours before Cipolla, the last man of the stick, was able to shout, '21–OK.' Then the green light went on and, in a rush, the men were out and falling, parachutes blossoming above them. Looking up to check his canopy, Cipolla saw that the C-47 he had just left was blazing. As he watched, the plane went down in flames.

Despite the bursting shells that engulfed the planes, the formations did not waver. The pilots of the IX Troop Carrier Command held to their courses without deviating. Second Lieutenant Robert O'Connell remembers that his formation flew so tight, 'I thought our pilot was going to stick his wing into the ear of the pilot flying on our left.' O'Connell's plane was on fire. The red pre-jump warning light was on and 'so much smoke was fogging the aisle that I could not see back to the end of my stick.' Men were coughing and yelling to get out. O'Connell 'braced himself against the door to keep them in.' The pilots flew on steadily, without taking evasive action, and O'Connell saw that the formation was gradually losing altitude and slowing down, preparatory to the jump. O'Connell hoped that 'if the pilot thought the ship was going down, he would give us the green in time for the troops to get out.' Calmly, the pilot held his flaming plane on course until he was right over the drop zone. Then the green light went on and

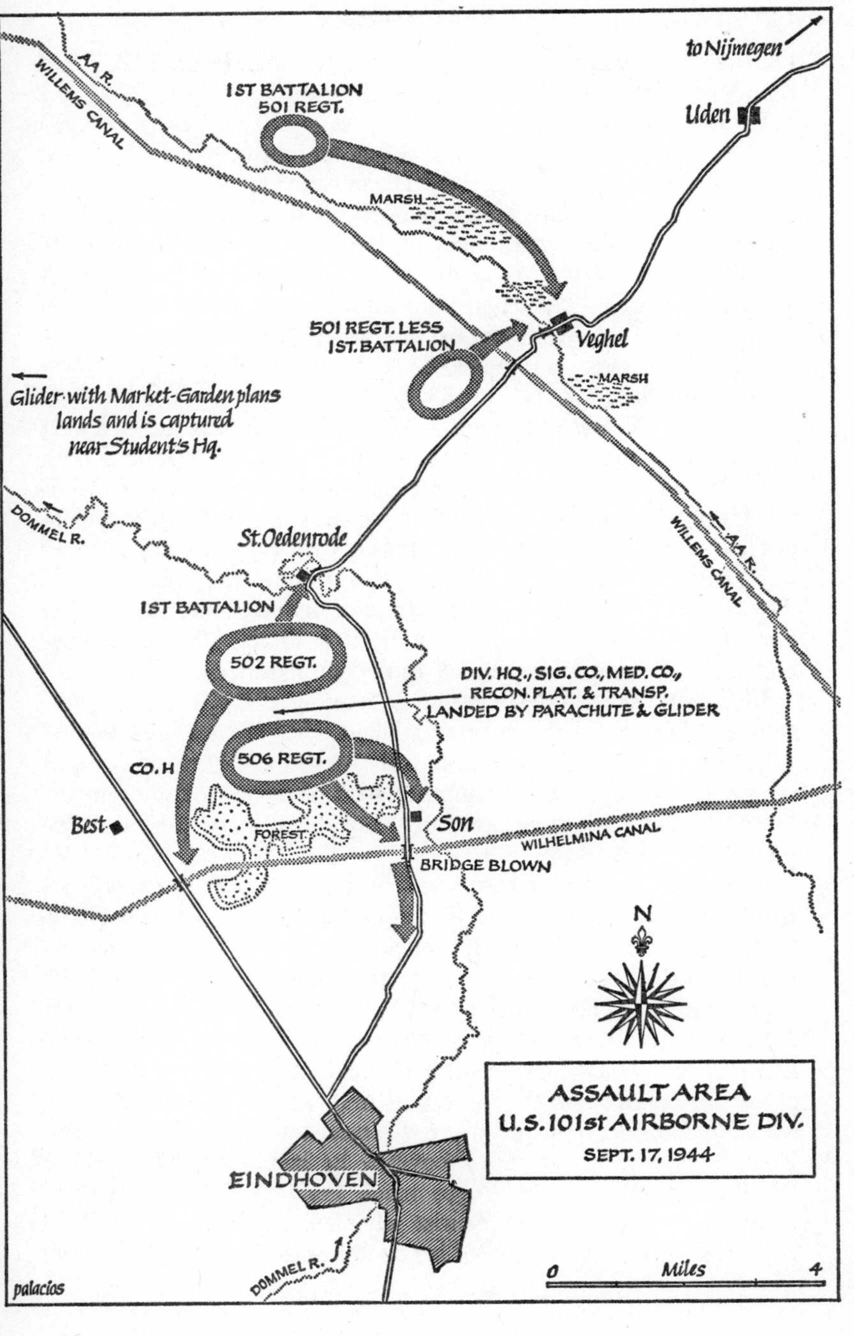

to Nijmegen
Uden
AA R.
WILLEMS CANAL
1ST BATTALION
501 REGT.
MARSH
501 REGT. LESS
1ST. BATTALION
Veghel
MARSH
Glider with Market-Garden plans
lands and is captured
near Student's Hq.
DOMMEL R.
St. Oedenrode
WILLEMS CANAL
AA R.
1ST BATTALION
502 REGT.
DIV. HQ., SIG. CO., MED. CO.,
RECON. PLAT. & TRANSP.
LANDED BY PARACHUTE & GLIDER
506 REGT.
CO. H
Best
FOREST
Son
WILHELMINA CANAL
BRIDGE BLOWN
N
ASSAULT AREA
U.S. 101st AIRBORNE DIV.
SEPT. 17, 1944
EINDHOVEN
DOMMEL R.
0
Miles
4
palacios

O'Connell and his men jumped safely. O'Connell learned later that the plane crash-landed but the crew survived.

In total disregard for their own safety, troop-carrier pilots brought their planes through the flak and over the drop zones. 'Don't worry about me,' Second Lieutenant Herbert E. Shulman, the pilot of one burning C-47, radioed his flight commander. 'I'm going to drop these troops right on the DZ.' He did. Paratroopers left the plane safely. Moments later, it crashed in flames. Staff Sergeant Charles A. Mitchell watched in horror as the plane to his left streamed flame from its port engine. As the pilot held it steady on course, Mitchell saw the entire stick of paratroopers jump right through the fire.

Tragedies did not end there. PFC Paul Johnson was forward next to the pilot's cabin when his plane was hit dead centre and both fuel tanks caught fire. Of the sixteen paratroopers, pilot and co-pilot, only Johnson and two other troopers got out. They had to climb over the dead in the plane to make their jumps. Each survivor was badly burned and Johnson's hair was completely seared away. The three came down in a German tank bivouac area. For half an hour they fought off the enemy from a ditch. Then, all three injured, they were overwhelmed and taken prisoner.

Just as the green light went on in another plane, the lead paratrooper, standing in the door, was killed. He fell back on Corporal John Altomare. His body was quickly moved aside and the rest of the group jumped. And, as another stick of troopers floated to the ground, a C-47 out of control hit two of them, its propellers chopping them to pieces.

Typically, the Americans found humour even in the terrifying approach to the drop zones. Just after Captain Cecil Lee stood to hook up, his plane was hit. Shrapnel ripped a hole through the seat he had just vacated. Nearby, a trooper shouted disgustedly, '*Now* they give us a latrine!' In another plane, Second Lieutenant Anthony Borrelli was sure he was paralysed. The red light went on and everyone hooked up—except Borrelli, who couldn't move. An officer for only two weeks and on his first combat mission, Borrelli, who was Number 1 in the stick, was conscious of all eyes on him. To his embarrassment, he discovered he had hooked his belt to the seat. Private Robert Boyce made the trip despite the good intentions of the division dentist who had marked him 'L.O.B.' (Left Out of Battle) because of his dental problems. With the intervention of his company commander, Boyce, a Normandy veteran, was permitted to go. Besides a bad tooth, he had other worries. Several new paratroop innovations—leg packs for machine guns, quick-release harness on some chutes and combat instead of jump boots—made him and many other men nervous. In particular, the troopers were concerned that their shroud lines might catch on the buckles of their new combat boots. As his plane flew low in its approach, Boyce saw Dutch civilians below holding up two fingers in the V for victory salute. That was all Boyce needed. 'Hey, look,' he called to the others, 'they're giving us two to one we don't make it.'

The odds against their ever reaching their drop zones seemed at least that high to many. Colonel Robert F. Sink, commander of the 506th Regiment, saw 'a tremendous volume of flak coming up to greet us.' As he was looking out of the door, the plane shuddered violently and Sink saw a part of the wing tear and dangle. He turned to the men in his stick and said, 'Well, there goes the wing.' To Sink's relief, 'nobody seemed to think much about it. They figured by this time we were practically in.'

In plane Number 2, Sink's executive officer, Lieutenant-Colonel Charles Chase, saw that their left wing was afire. Captain Thomas Mulvey remembers that Chase stared at it for a minute and then remarked mildly, 'I guess they're catching up on us. We'd better go.' As the green light went on in both planes, the men jumped safely. The plane in which Chase was travelling burned on the ground. Sink's plane, with its damaged wing, is thought to have made the journey back to England safely.

Similar intense flak engulfed the serials of the 502nd Regiment and planes of two groups almost collided. One serial, slightly off course, strayed into the path of a second group, causing the latter to climb for altitude and its troopers to make a higher jump than had been planned. In the lead plane of one of the serials was the division commander, General Maxwell D. Taylor, and the 502nd's First Battalion Commander, Lieutenant-Colonel Patrick Cassidy. Standing in the doorway, Cassidy saw one of the planes in the group burst into flames. He counted only seven parachutes. Then fire broke out in another C-47 just off to the left. All the paratroopers jumped from it. Mesmerized by the blazing plane, Cassidy failed to notice that the green light was on. General Taylor, standing behind him, said quietly, 'Cassidy, the light's on.' Automatically

Cassidy answered, 'Yes, sir. I know it,' and jumped. Taylor was right behind him.

To General Taylor, the 101st jump was 'unusually successful—almost like an exercise.' In the initial planning, Taylor's staff had anticipated casualties as high as 30 per cent. Of the 6,695 paratroopers who enplaned in England, 6,669 actually jumped. Despite the intense flak, the bravery of the C-47 and fighter pilots gave the 101st an almost perfect jump. Although some units were dropped from one to three miles north of the drop zones, they landed so close together that assembly was quick. Only two planes failed to reach the drop zone, and the IX Troop Carrier Command took the brunt of all casualties by their heroic determination to get the troopers to their targets. Of the 424 C-47's carrying the 101st, every fourth plane was damaged, and sixteen went down, killing their crews.

Glider losses were heavy, too. Later, as these serials began to come in, only 53 of the original 70 would arrive without mishap on the landing zone near Son. Still, despite abortions, enemy flak and crash-landings, the gliders would eventually deliver nearly 80 per cent of the men and 75 per cent of the jeeps and trailers they carried.* Now, Taylor's Screaming Eagles began to move on their objectives—the bridges and crossings over the vital fifteen-mile stretch of corridor ahead of the British ground forces.

[4]

Colonel-General Kurt Student and his chief of staff, Colonel Reinhard, stood on the balcony of the General's cottage near Vught and 'simply stared, stunned, like fools.' Student remembers clearly

* Because Market-Garden was considered an all-British operation, few American correspondents were accredited to cover the attack. None was at Arnhem. One of the Americans attached to the 101st was a United Press reporter named Walter Cronkite, who landed by glider. Cronkite recalls that 'I thought the wheels of the glider were for landing. Imagine my surprise when we skidded along the ground and the wheels came up through the floor. I got another shock. Our helmets, which we all swore were hooked, came flying off on impact and seemed more dangerous than the incoming shells. After landing I grabbed the first helmet I saw, my trusty musette bag with the Olivetti typewriter inside and began crawling toward the canal which was the rendezvous point. When I looked back, I found a half dozen guys crawling after me. It seems that I had grabbed the wrong helmet. The one I wore had two neat stripes down the back indicating that I was a lieutenant.'

that 'everywhere we looked, we saw chains of planes—fighters, troop carriers and cargo planes—flying over us. We climbed on to the roof of the house to get a better idea of just where these units were going.' Streams of planes seemed to be heading in the direction of Grave and Nijmegen and, only a few miles to the south near Eindhoven and Son, he could clearly see troop carriers—one after the other—coming in and dropping paratroopers and equipment. Some aircraft flew so low that Student and Reinhard instinctively ducked. 'On the grounds of the headquarters, our clerks, quarter-masters, drivers and signalmen were out in the open, firing with all sorts of weapons. As usual, there was no sign of our own fighter planes.' Student was completely baffled. 'I could not tell what was happening or where these airborne units were going. In these moments, I never once thought of the danger of our own position.' But Student, the paratroop expert, was filled with admiration and envy. 'This mighty spectacle deeply impressed me. I thought with reflection and longing of our own airborne operations and I said to Reinhard, "Oh, if ever I'd had such means at my disposal. Just once, to have as many planes as this!" ' Reinhard's feelings were very much in the present. 'Herr General,' he told Student, 'we've got to *do* something!' They left the roof and went back to Student's office.

Only the previous evening, Student, in his daily report, had warned, 'Heavy columns of traffic south of the Maas–Schelde Canal indicate an impending attack.' The problem was: had it already begun? If so, then these airborne units were after the bridges around Eindhoven, Grave and Nijmegen. All the spans were prepared for demolition and protected by special engineer parties and security detachments. A bridge commander had been assigned to each crossing with strict orders to destroy the bridge in case of attack. 'The obvious move for the Allies,' it occurred to Student, 'was to use airborne troops in this situation to seize the bridges before we could destroy them.' At this time, Student did not even think of the importance of the Lower Rhine bridge at Arnhem. 'Get me Model,' he told Reinhard.

Reinhard picked up the phone to discover that the telephone lines were out. The headquarters was already cut off.

In Oosterbeek, some 37 miles away, at the Tafelberg Hotel, Lieutenant Gustav Sedelhauser, Model's administration officer, was angry. 'Are you hung over from last night?' he shouted into a field phone. *Unteroffizier* Youppinger, one of the 250-man company which, under Sedelhauser, was assigned to protect Model, repeated what he had said. At Wolfheze, 'gliders are landing in our laps,' he insisted. Sedelhauser slammed down the phone and rushed into the operations office where he reported the message to a startled lieutenant-colonel. Together, they hurried to the dining room, where Model and his chief of staff General Krebs were at lunch. 'I've just had news that gliders are landing at Wolfheze,' the colonel said. The operations officer, Colonel Tempelhof, stared; the monocle fell out of Krebs' eye. 'Well, now we're for it,' Tempelhof said.

Model jumped to his feet and issued a flurry of orders to evacuate the headquarters. As he headed out of the dining room to collect his own belongings, he shouted back over his shoulder, 'They're after me and this headquarters!' Moments later, carrying only a small case, Model rushed through the Tafelberg's entrance. On the pavement he dropped the case, which flew open, spilling his linens and toilet articles.

Krebs followed Model outside in such haste that, Sedelhauser saw, 'he had even forgotten his cap, pistol and belt.' Tempelhof had not even time to remove the war maps in the operations office. Colonel Freyberg, the headquarters adjutant, was equally rushed. As he passed Sedelhauser, he shouted, 'Don't forget my cigars.' At his car, Model told his driver, Frombeck, 'Quick! Doetinchem! Bittrich's headquarters!'

Sedelhauser waited until the car drove off and then returned to the hotel. In the operations office, he saw the war maps—showing positions all the way from Holland to Switzerland—still on a table. He rolled them up and took them with him. Then he ordered the Hartenstein Hotel and the Tafelberg immediately evacuated; all transport, he said, 'every car, truck and motorcycle, is to leave here immediately.' The last report he received before leaving for Doetinchem was that the British were less than two miles away. In all the confusion he completely forgot Freyberg's cigars.

[5]

Surrounded by ground haze and the smoke and fire of burning buildings, the mighty British glider fleet was landing. Already the areas marked by orange and crimson nylon strips were beginning to look like vast aircraft parking lots. Blue smoke eddied up from the two landing zones—'Reyers Camp Farm' to the north and 'Renkum Heath' to the southwest—near Wolfheze. From these zones, in chain after chain, tugs and gliders stretched back almost twenty miles to their approach point near the town of s'Hertogenbosch, southwest of Nijmegen. Swarms of fighters protected these ponderous columns. Traffic was so dense that pilots were reminded of the rush-hour congestion round Piccadilly Circus.

The serials—each group separated by four-minute intervals—flew slowly over the flat, water-veined Dutch countryside. The landmarks pilots had been briefed to recognize now began to pass beneath them: the great wide rivers Maas and Waal and up ahead, the Lower Rhine. Then, as each formation began its descent, men saw Arnhem off to the right and their vital objectives: the rail and highway bridges. Incredibly, despite the R.A.F. prediction of intense anti-aircraft fire, the immense glider cavalcade encountered virtually no resistance. The pre-assault bombings had been far more effective around Arnhem than in the Eindhoven area. Not a single tug or glider was shot down in making the approach.

With clocklike precision, the skilled pilots of the R.A.F. and the Glider Pilot Regiment came over the zones. As gliders cast off, their tugs made climbing turns to free airspace for the combinations coming up behind. These intricate manoeuvres and the heavy traffic were causing problems of their own. Sergeant Pilot Bryan Tomblin remembers chaotic congestion over the landing zones. 'There were gliders, tugs, ropes and all sorts of things in the sky,' he recalls. 'You had to be on the lookout all the time.'

Staff Sergeant Victor Miller, piloting a Horsa, recalls coming in over the Lower Rhine and finding it 'unbelievably calm.' Beyond, he suddenly spotted his landing zone, with its 'triangular-shaped woods and little farm nestling in the far corner.' Seconds later, Miller heard the voice of his Stirling tug's navigator. 'O.K. Number 2. When you're ready.' Miller acknowledged. 'Good luck, Number 2,' the navigator told him. Miller immediately cast off. His tug disappeared, the tow rope flapping in its wake. It would be dropped, Miller knew, 'on the enemy as a parting gift before the Stirling turned on to its homeward course.'

The glider's air speed fell off and the field loomed nearer. Miller called for half-flaps and his co-pilot, Sergeant Tom Hollingsworth, instantly pushed a lever. For a moment the glider bucked, 'as the great flaps descending from underneath each wing braked against our speed.' The landing zone, Miller estimated, was now less than a mile away. 'I reminded Tom to look out for gliders on his side. One slid across and above us less than fifty yards away,' and, to Miller's amazement, 'swung in on the same course. Another glider seemed to be drifting into us from starboard. I don't think the pilot even saw us, he was so intent on getting down in the field.' To avoid collision, Miller deliberately dived under the incoming glider. 'A great black shape flashed over our cockpit, too close for my liking. I was concentrating so hard to set down in one piece that I never wondered if the enemy was firing at us—not that we could have done much about it.'

Miller continued his descent with 'tree tops leaping towards our floor boards and past the wings. As the ground rushed up, another glider came alongside. I pulled back on the wheel, levelled, we hit once, bounced about three feet, and came down to stay. Tom had slammed on the brakes and we careened across the ploughed field. Then the wheels sank into soft soil and we ground to a halt fifty yards short of a heavy-looking line of trees.' In the silence, after the long continuous deafening roar of the slip stream, Miller heard the distant crackle of small arms fire, 'but my one thought was to get out of the glider before another crashed or landed on us. I was the last man out. I didn't even pause, but jumped straight through the ramp door and hit the ground of Holland, four feet below, rather hard.'

The glider in which Signalman Graham Marples was riding circled and came back over its landing zone because of the congestion. 'But, by then, we had run out of wind,' Marples remembers. 'I saw trees coming through the glider floor. They just ripped the floor to pieces and the next thing I knew, we nosed over and came down. I could hear everything breaking, like dry twigs snapping. We landed squarely on our nose but no one was hurt except for a few scratches and bruises.' Later, the pilot told Marples he had pulled up to avoid collision with another glider.

Many gliders, having surmounted all the problems of the long trip, touched down to disaster. Staff Sergeant George Davis stood near his empty Horsa and watched other gliders come in. One of the first to land, Davis had brought in thirty-two troops of the First Airlanding Brigade. He saw two gliders 'almost side by side bump across the landing zone and into the trees. The wings of both were sheared off.' Seconds later, another Horsa rumbled in. Its speed was such that Davis knew it would never be able to stop in time. The glider ploughed into the trees. No one got out. With his co-pilot, Staff Sergeant Williams, Davis ran to the glider and looked into the plexiglass-covered cockpit. Everyone inside was dead. A 75 mm. howitzer had broken from its chain mooring, crushing the gun crew and decapitating the pilot and co-pilot.

Lieutenant Michael Dauncey had just landed his glider—carrying a jeep, trailer and six gunners from an artillery battery—when he saw a huge eight-ton Hamilcar touch down. 'The field was soft,' he recalls, 'and I saw the nose of the Hamilcar digging up earth in front of it.' Weight and ground speed drove it deeper until the huge tail rose up in the air and the Hamilcar flipped over on its back. Dauncey knew 'it was useless to try to dig them out. A Horsa's flat on top but a Hamilcar's got a hump where the pilots sit, and we knew the pilots were finished.'

Making his approach in another Hamilcar, Staff Sergeant Gordon Jenks saw the same crash and immediately deduced that the ground ahead was too soft. Instantly, he decided against landing in the field. 'I reckoned if we went into a dive right then,' he remembers, 'we would have enough speed for me to hold her off the deck until we had cleared the fence and got safely into the next field.' Jenks pushed the control column forward, dived, then levelled out a few feet above the ground. Easing the huge aircraft gently over the fence, Jenks 'put her down in the far field as lightly as a feather.'

All over the landing zones now, the tails of gliders were being unbolted and swung back, and artillery pieces, equipment, stores, jeeps and trailers unloaded. The men in Lance Corporal Henry Brook's glider, like many others, found that the unloading manoeuvre was fine in theory but more difficult in practice. 'There were eight pins with a protective wire holding the glider tail on,' Brook explained. 'Back in England in practice exercises, you could always get the tail off and jeep and trailer out in two minutes flat. In action, it was different. We cut the wire and got the pins out but the tail wouldn't budge.' Brook and the other troopers finally chopped it off. Lance Bombardier J. W. Crook was similarly frustrated, but a nearby jeep came to the aid of his men and, with its hawser, yanked off the tail.

All over the two zones men were beginning to salvage cargo from

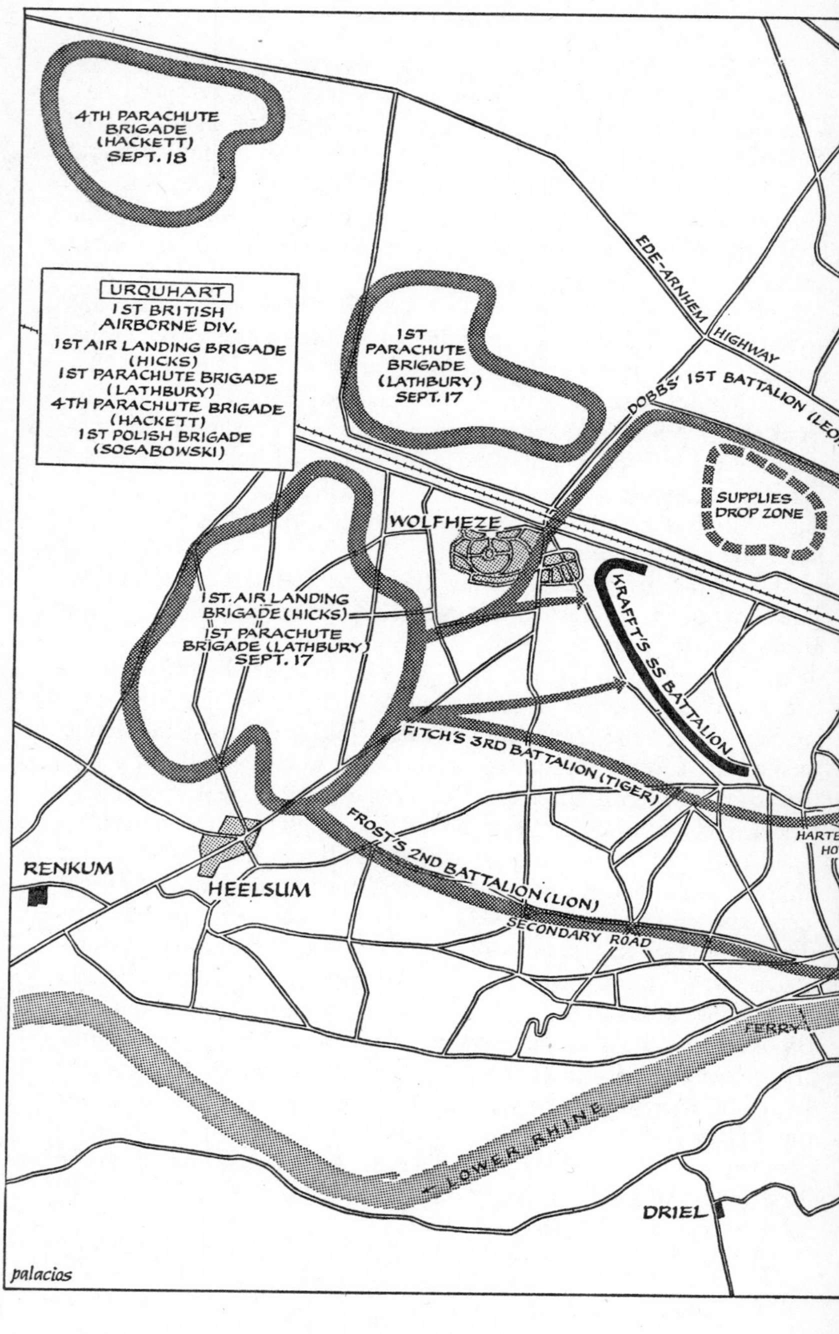
4TH PARACHUTE BRIGADE (HACKETT) SEPT. 18
URQUHART
1ST BRITISH AIRBORNE DIV.
1ST AIR LANDING BRIGADE (HICKS)
1ST PARACHUTE BRIGADE (LATHBURY)
4TH PARACHUTE BRIGADE (HACKETT)
1ST POLISH BRIGADE (SOSABOWSKI)
1ST PARACHUTE BRIGADE (LATHBURY) SEPT. 17
EDE-ARNHEM HIGHWAY
DOBBS' 1ST BATTALION
SUPPLIES DROP ZONE
WOLFHEZE
KRAFFT'S SS BATTALION
1ST. AIR LANDING BRIGADE (HICKS)
1ST PARACHUTE BRIGADE (LATHBURY) SEPT. 17
FITCH'S 3RD BATTALION (TIGER)
FROST'S 2ND BATTALION (LION)
SECONDARY ROAD
RENKUM
HEELSUM
FERRY
LOWER RHINE
DRIEL
palacios

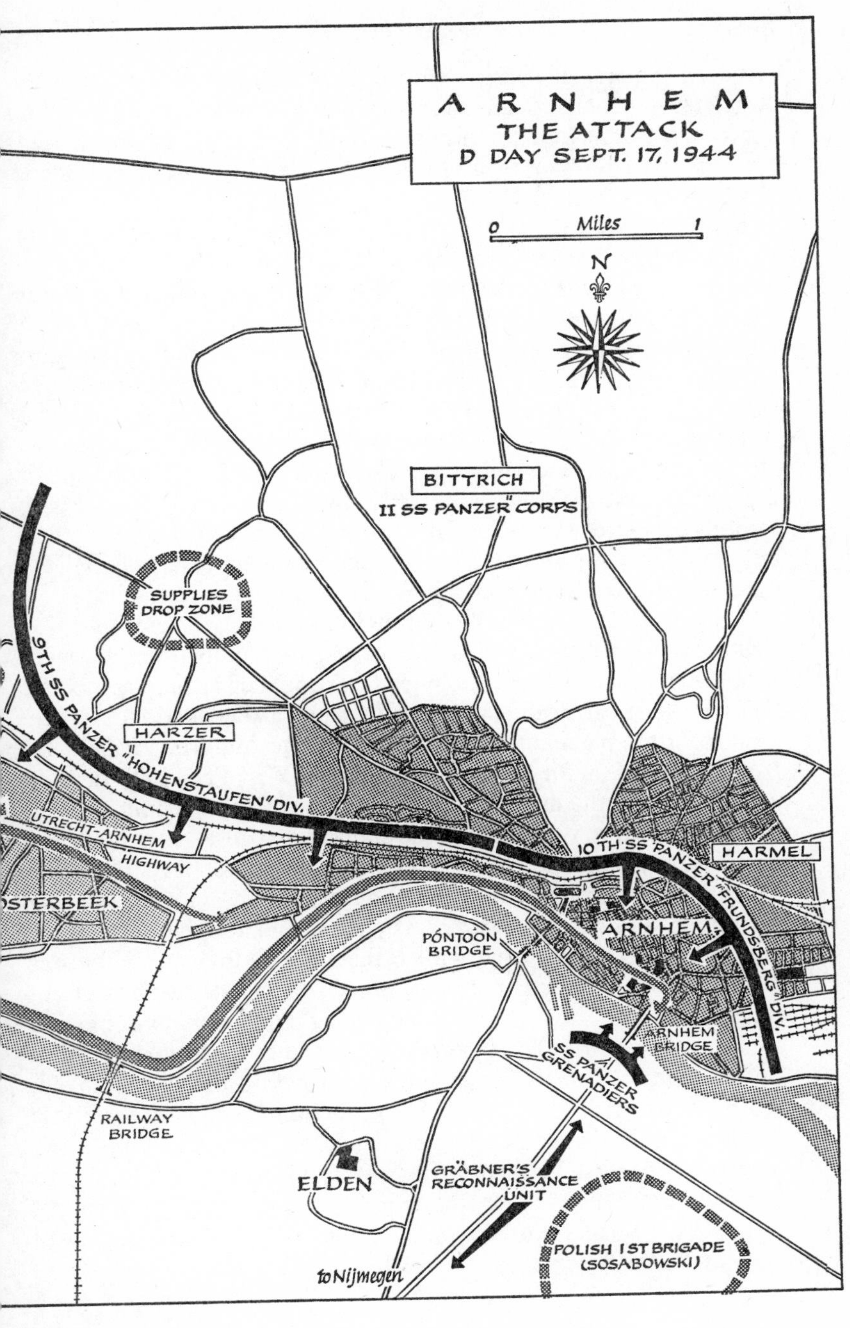
ARNHEM
THE ATTACK
D DAY SEPT. 17, 1944
0 Miles 1
N
BITTRICH
II SS PANZER CORPS
SUPPLIES
DROP ZONE
9TH SS PANZER "HOHENSTAUFEN" DIV.
HARZER
UTRECHT-ARNHEM
HIGHWAY
OSTERBEEK
10TH SS PANZER "FRUNDSBERG" DIV.
HARMEL
ARNHEM
PONTOON
BRIDGE
ARNHEM
BRIDGE
SS PANZER
GRENADIERS
RAILWAY
BRIDGE
ELDEN
GRÄBNER'S
RECONNAISSANCE
UNIT
POLISH 1ST BRIGADE
(SOSABOWSKI)
to Nijmegen

wrecked gliders. The crash of two giant Hamilcars was a serious loss. They contained a pair of 17-pounder artillery pieces plus three-ton trucks and ammunition trailers. But all of the fifteen 75 mm. pack howitzers of the First Airlanding Light Regiment Artillery arrived safely.

Most men who came in by glider recall a strange, almost eerie silence immediately after landing. Then, from the assembly point, men heard the skirl of bagpipes playing 'Blue Bonnets.' At about the same time, soldiers on the edge of Renkum Heath saw Dutch civilians wandering aimlessly through the woods or hiding in fright. Lieutenant Neville Hay of the Phantom unit remembers that 'it was a sobering sight. Some were in white hospital gowns and seemed to be herded along by attendants. Men and women capered about, waving, laughing and jabbering. They were obviously quite mad.' Glider Pilot Victor Miller was startled by voices in the woods. Then, 'groups of weird white-clothed men and women filed past.' It was only later that the troopers learned the strangely behaved civilians were inmates from the bombed Wolfheze Psychiatric Institute.

General Urquhart had landed at Renkum Heath. He, too, was struck by the stillness. 'It was,' he recalls, 'incredibly quiet. Unreal.' While his Chief-of-Staff, Colonel Charles Mackenzie, set up the division's tactical headquarters at the edge of the woods, Urquhart headed for the parachute dropping zones, four hundred yards away. It was nearly time for Brigadier Lathbury's First Parachute Brigade to arrive. From the distance came the drone of approaching aircraft. The bustle and activity all over the glider zone paused as men looked up to see the long lines of C-47's. Small arms and anti-aircraft fire during the paratroop drop was as limited and spasmodic as during the glider landings. At exactly 1.53 p.m., and for the next fifteen minutes, the sky was filled with brilliantly-coloured parachutes as the First Brigade began jumping. Some 650 parapacks with bright yellow, red and brown chutes—carrying guns, ammunition and equipment—fell rapidly through the streams of troopers. Other supply chutes, pushed out of the planes before the men jumped, floated down with a variety of cargo, including miniature foldable motorcycles. Many already overburdened paratroopers also jumped with large kitbags. In theory, these were to be lowered by a cord just before the men touched ground. Scores of the packs broke away from troopers and smashed on the zones. Several contained precious radio sets.

British Private Harry Wright jumped from an American C-47. As he fell through the air, he lost both his helmet and kitbag. He hit the ground very hard. Regimental Quartermaster Sergeant Robertson came running up. Wright's forehead was streaming blood. 'Were you hit by flak?' Robertson asked. Wright slowly shook his head. 'No, sarge,' he said. 'It was that bloody Yank. We were going too fast when we jumped.' Robertson applied a dressing and then, to Wright's surprise, offered the injured man a pork pie from his haversack. 'I nearly died right then of the shock,' Wright recalls. 'First, Robertson was a Scot, and then, as a quartermaster, he never offered anyone anything.'

Odd things seemed to be happening all over the drop zones. The first person Sergeant Norman Swift saw when he landed was Sergeant Major Les Ellis, who was passing by holding a dead partridge. The amazed Swift asked where the bird had come from. 'I landed on it,' Ellis explained. 'Who knows? It'll be a bit of all right later on, in case we're hungry.'

Sapper Ronald Emery had just slipped out of his chute when an elderly Dutch lady scuttled across the field, grabbed it up and raced away, leaving the startled Emery staring after her. In another part of the field, Corporal Geoffrey Stanners, loaded down with equipment, landed on the top of a glider wing. Like a trampoline, the wing sprang up, flipping Stanners back into the air. He landed with both feet on the ground.

Dazed after a hard fall, Lieutenant Robin Vlasto lay still for a few moments, trying to orient himself. He was conscious of 'an incredible number of bodies and containers coming down all around me and planes continued to pour out paratroopers.' Vlasto decided to get off the drop zone quickly. As he struggled to get out of his harness, he heard a weird sound. Looking around, he saw Lieutenant-Colonel John Frost, the Second Battalion's commander, walking past, blowing his copper hunting horn.

Frost was also observed by Private James W. Sims. Sims had already gone through quite a day even before he landed. Having always flown with the R.A.F.—whose attitude, Sims recalls, was: 'Don't worry, lads, whatever it's like, we'll get you through'—Sims received quite a shock on seeing his American pilot. 'He was a lieutenant-colonel with one of those soft hats. His flying jacket was hanging open and he was smoking a big cigar. Our lieutenant saluted him quite smartly and asked if the men should move up to the front of the plane on take-off.' The American grinned. 'Why, hell, no, lieutenant,' Sims remembers him saying. 'I'll get this goddam crate off the ground if I have to drag its arse halfway down the runway.' Sims' officer was too startled to speak. Now, although he was fond of his colonel, Sims, watching Frost go by, had reached the limit of his patience. Surrounded by his equipment, he sat on the ground and muttered, 'There goes old Johnny Frost, a .45 in one hand and that bloody horn in the other.'

All over the drop and landing zones, where 5,191 men of the division had arrived safely, units were assembling, forming up and moving out. General Urquhart 'couldn't have been more pleased. Everything appeared to be going splendidly.' The same thought occurred to Sergeant Major John C. Lord. The veteran paratrooper recalls that 'this was one of the best exercises I'd ever been on. Everyone was calm and businesslike.' But the reservations he'd had before take-off still bothered Lord. As he looked about, seeing the men assembling rapidly, with no enemy to contend with, he remembers thinking, 'It's all too good to be true.' Others had the same thought. As one group prepared to move off, Lieutenant Peter Stainforth heard Lieutenant Dennis Simpson say quietly, 'Everything is going too well for my liking.'

The man with the most urgent task on landing was 43-year-old Major Freddie Gough of the First Airborne Division Reconnaissance Unit. Leading a four-troop squadron in heavily armed jeeps, Gough was to make a dash for the bridge before Colonel John Frost's marching battalion reached it. Gough and his men parachuted in, and then sought their ground transport, which was being flown in by glider. Quickly Gough located his second in command, Captain David Allsop, on the landing zone—and received some bad news. The entire transport for one of the four units—approximately 22 vehicles—had failed to arrive, Allsop reported. Thirty-six of the 320 gliders scheduled for Arnhem had been lost and with them were lost the jeeps of Gough's 'A' troop. Nevertheless, both Gough and Allsop believed that there were enough vehicles to race for the Arnhem bridge. Gough gave the order to move out. With his force whittled down, everything now depended on the reaction of the Germans.

[6]

In all the panic and confusion, the first German senior officer to raise the alert was General Wilhelm Bittrich, commander of the II SS *Panzer* Corps. At 1.30 p.m., Bittrich received his first report from the *Luftwaffe* communications net that airborne troops were landing in the Arnhem vicinity. A second report, arriving minutes later, gave the assault area as Arnhem and Nijmegen. Bittrich could not raise anybody at Field Marshal Model's headquarters at the Tafelberg in Oosterbeek. Nor was he able to contact either the town commander of Arnhem or General Student at his headquarters in Vught. Although the situation was obscure, Bittrich immediately thought of General Van Zangen's Fifteenth Army, most of which had escaped across the mouth of the Schelde and into Holland. 'My first thought was that this airborne attack was designed to contain Van Zangen's army and prevent it from joining with the remainder of our forces. Then, probably, the objective would be a drive by the British Army across the Rhine and into Germany.' If his reasoning was correct, Bittrich believed that the key to such an operation would be the Arnhem and Nijmegen bridges. Immediately he alerted the 9th Hohenstaufen and the 10th Frundsberg SS *Panzer* Divisions.

Lieutenant-Colonel Walter Harzer, commander of the Hohenstaufen, attending the luncheon following the decoration of Captain Paul Gräbner, was 'in the middle of my soup' when Bittrich's call reached him. Tersely, Bittrich explained the situation and ordered Harzer to 'reconnoitre in the direction of Arnhem and Nijmegen.' The Hohenstaufen was to move out immediately, hold the Arnhem area and destroy airborne troops west of Arnhem near Oosterbeek. Bittrich warned Harzer that 'quick action is imperative. The taking and securing of the Arnhem bridge is of decisive importance.' At the same time, Bittrich ordered the Frundsberg Division—whose commander, General Harmel, was in Berlin—to move towards Nijmegen, 'to take, hold and defend the city's bridges.'

Harzer was now faced with the problem of unloading the last Hohenstaufen units, due to leave by train for Germany in less than an hour—including the 'disabled' tanks, half-tracks and armoured personnel carriers he had been determined to keep from Harmel. Harzer looked at Gräbner. 'Now what are we going to do?' he asked. 'The vehicles are dismantled and on the train.' Of these, forty vehicles belonged to Gräbner's reconnaissance battalion. 'How soon can you have the tracks and guns put back?' Harzer demanded. Gräbner immediately called his engineers. 'We'll be ready to move within three to five hours,' he told Harzer. 'Get it done in three,' Harzer snapped as he headed for his headquarters.

Although he had guessed right for the wrong reasons, General Bittrich had set in motion the *panzer* divisions that Montgomery's intelligence officers had totally dismissed.

The officer who had been ordered out of Oosterbeek to make way for Field Marshal Model's headquarters found himself and his men based almost on the British landing zones. SS Major Sepp Krafft, commander of the *Panzer* Grenadier Training and Reserve Battalion, was 'sick to my stomach' with fright. His latest headquarters, in the Wolfheze Hotel, was less than one mile from Renkum Heath. Bivouacked nearby were two of his companies; a third was in reserve in Arnhem. From the hotel, Krafft could see the heath 'jammed with gliders and troops, some only a few hundred yards away.' He had always believed that it took hours for airborne troops to organize, but as he watched, 'the English were assembling everywhere and moving off ready to fight.' He could not understand why such a force would land in this area. 'The only military objective I could think of with any importance was the Arnhem bridge.'

The terrified commander knew of no German infantry close by, other than his own understrength battalion. Until help could arrive, Krafft decided that 'it was up to me to stop them from getting to the bridge—if that's where they were going.' His companies were positioned in a rough triangle, its base—the Wolfheze road—almost bordering Renkum Heath. North of Krafft's headquarters was the main Ede–Arnhem road and the Amsterdam–Utrecht–Arnhem railway line; to the south, the Utrecht road ran via Renkum and Oosterbeek into Arnhem. Because he lacked the strength to maintain a line from one road to the other, Krafft decided to hold positions roughly from the railway on the north to the Utrecht–Arnhem road to the south. Hurriedly, he ordered his reserve company out of Arnhem to join the rest of the battalion at Wolfheze. Machine-gun platoons were dispatched to hold each end of his line while the remainder of his troops fanned out in the woods.

Although lacking men, Krafft had a new experimental weapon at his disposal: a multi-barrelled, rocket-propelled launcher capable of throwing oversized mortar shells.* Several of these units had been left with him for training purposes. Now he planned to use them to confuse the British and give an impression of greater strength; at the same time, he ordered 25-man attack groups to make sharp forays which might throw the paratroops off balance.

As Krafft was issuing his directions, a staff car roared up to his headquarters and Major-General Kussin, Arnhem's town commander, hurried inside. Kussin had driven out of Arnhem at breakneck speed to see at first-hand what was happening. On the way he had met Field Marshal Model heading east towards Doetinchem. Stopping briefly on the road, Model had instructed Kussin to raise the alert and to inform Berlin of the developments. Now, looking across the heath, Kussin was flabbergasted at the sight of the vast British drop. Almost desperately he told Krafft that somehow he would get reinforcements to the area by 6 p.m. As Kussin started out to make the drive back to Arnhem, Krafft warned him not to take the Utrecht–Arnhem road. Already he had received a report that British troopers were moving along it. 'Take the side roads,' Krafft told Kussin. 'The main road may already be blocked.' Kussin was grim-faced. 'I'll get through all right,' he answered. Krafft watched as the staff car raced off towards the highway.

He was convinced that Kussin's replacements would never reach him; and that it was only a matter of time before his small force would be overpowered. Even as he positioned his troops along the Wolfheze road, Krafft sent his driver, Private Wilhelm Rauh, to collect his personal possessions. 'Pack them in the car and head for Germany,' Krafft told Rauh. 'I don't expect to get out of this alive.'

At Bad Saarnow, near Berlin, the commander of the 10th Frundsberg Division, General Heinz Harmel, conferred with the chief of *Waffen* SS Operations, Major-General Hans Juttner, and outlined the plight of Bittrich's understrength II *Panzer* Corps. If the corps

* This weapon should not be confused with the smaller German mortar thrower, *Nebelwerfer*. Krafft maintains that there were only four of these experimental launchers in existence. I have not been able to check this fact but I can find no record of a similar weapon on the Western front. There is no doubt that it was used with devastating effect against the British. Countless witnesses describe the scream and impact of the oversized mortars but, inexplicably, there is no discussion of the weapon in any of the British after-action reports.

was to continue as an effective combat unit, Harmel insisted that 'Bittrich's urgent request for men, armour, vehicles and guns must be honoured.' Juttner promised to do what he could, but he warned that 'at this moment the strength of every combat unit is depleted.' Everyone wanted priorities and Juttner could not promise any immediate help. As the two men talked, Juttner's aide entered the office with a radio message. Juttner read it and wordlessly passed it to Harmel. The message read: 'Airborne attack Arnhem. Return immediately. Bittrich.' Harmel rushed out of the office and got into his car. Arnhem was an eleven-and-a-half-hour drive from Bad Saarnow. To his driver, Corporal Sepp Hinterholzer, Harmel said: 'Back to Arnhem—and drive like the devil!'

[7]

Major Anthony Deane-Drummond, second-in-command of the First British Airborne Division Signals, could not understand what was wrong. At one moment his radio sets were getting perfect reception from Brigadier Lathbury's brigade as it headed for its objectives, including the Arnhem bridge. But now, as Lathbury's battalions moved closer to Arnhem, radio signals were fading by the minute. From Deane-Drummond's signalmen came a constant stream of reports that disturbed and puzzled him. They were unable to contact some jeep-borne sets at all, and the signals they received from others were so weak as to be barely audible. Yet the various battalions of Lathbury's brigade and Major Freddie Gough's Reconnaissance units could scarcely be more than two to three miles away.

Of particular concern to Deane-Drummond were Lathbury's messages. They were vital to General Urquhart in his direction of the battle. Deane-Drummond decided to send out a jeep with a radio and operator to pick up Lathbury's signals and relay them back to Division. He instructed the team to set up at a point midway between Division and Lathbury's mobile communications. A short time later, Deane-Drummond heard signals from the relay team. The range of their set seemed drastically reduced—at minimum, the '22's' should have operated efficiently at least up to five miles—and the signal was faint. Either the set was not functioning properly, he reasoned, or the operator was poorly located to send. Even as he listened, the signal faded completely. Deane-Drummond was unable to raise anybody. Nor was a special team of American communications' operators with two radio jeeps. Hastily assembled and rushed to British Airborne Division headquarters only a few hours before take-off on the 17th, the Americans were to operate ground-to-air 'very high frequency' sets to call in fighters for close support. In the first few hours of the battle, these radio jeeps might have made all the difference. Instead, they were found to be useless. Neither jeep's set had been adjusted to the frequencies necessary to call in planes. At this moment, with the battle barely begun, British radio communications had totally broken down.*

[8]

As if on signal, German guns opened up as the planes carrying the 82nd Airborne Division made their approach to the drop zones. Looking down, Brigadier-General James M. Gavin saw ground fire spurting from a line of trenches paralleling the Maas–Waal Canal. In wooded areas enemy batteries, which had remained silent and hidden until now, also began to fire. Watching, Gavin wondered if his battle plan for the 82nd, which had been based on a calculated risk, might founder.

Charged with holding the middle sector of the Market-Garden corridor, the division had widespread objectives, running ten miles south-to-north and twelve miles west-to-east. Besides the drop of one paratroop company near the western end of the Grave bridge, which was to be seized by a sudden surprise *coup de main* assault, Gavin had chosen three drop areas and one large landing zone. The latter would accommodate his fifty Waco gliders and the thirty-eight Horsas and Wacos of General Frederick Browning's First British Airborne Corps Headquarters. But Gavin had ordered only

* In Christopher Hibbert's book, *The Battle of Arnhem*, Batsford, London, 1962, p. 96, dealing specifically with the British at Arnhem and equally critical of British communications, he claims that 'American air support parties were insufficiently trained ... the disastrous consequence was that not until the last day of the operation ... was any effective close air support given to the airborne troops.' There appears to be no information on who erred in the allocation of the frequencies, nor are the names of the Americans known. The two teams, who found themselves in the middle of the battle with the means of perhaps changing the entire course of history on that vital day, have never been found. Yet these two combat units are the only American ones known to have been in the Arnhem battle.

one drop zone, north of Overasselt, to be marked by pathfinders. The other three, lying close to the Groesbeek ridge and the German border, were deliberately left unmarked. Gavin's paratroopers and gliders would land without identifying beacons or smoke in order to confuse the enemy as to their touchdown areas. Some thirteen minutes after the 82nd was down, Browning's Corps Headquarters would land. Because Gavin's primary concern was that enemy tanks might suddenly emerge from the Reichswald Forest along the German border east of his largest glider and drop zone, he had given two unusual orders. To protect both his division and Browning's headquarters, he had instructed paratroopers to jump close to any anti-aircraft batteries they were able to spot from the air and render them useless as quickly as possible. And, for the first time in airborne history, he was parachuting in a complete battalion of field artillery, dropping in on to the large zone directly facing the forest and approximately one and a half miles from the German border itself. Now, looking at the intense anti-aircraft fire and thinking of the possibility of enemy tanks in the Reichswald, Gavin knew that while he had planned for nearly all eventualities, the men of the 82nd faced a tough task.

Gavin's Normandy veterans had never forgotten the slaughter of their own in Ste. Mère Eglise. Dropped by accident on that village, men had been machine-gunned by the Germans as they came down; many were killed as they hung helpless in their parachutes, from telephone lines and trees around the village square. Not until Ste. Mère Eglise was finally secured by Lieutenant-Colonel Ben Vandervoort were the dead troopers cut down and buried. Now, as the 82nd prepared to jump over Holland, some men called out to troopers still hooked up behind them: 'Remember Ste. Mère Eglise.' Although it was a risky procedure, many troopers jumped with their guns blazing.

Captain Briand Beaudin, coming down over his drop zone near the Groesbeek Ridge, saw that he was descending directly over a German anti-aircraft emplacement with guns aiming at him. Beaudin began firing with his Colt .45. 'Suddenly I realized,' Beaudin remembers, 'how futile it was, aiming my little peashooter while oscillating in the air above large calibre guns.' Landing close to the flak site, Beaudin took the entire crew prisoner. He thinks the Germans 'were so startled they couldn't fire a single shot.'

First Lieutenant James J. Coyle thought he was heading for a landing on a German tent hospital. Suddenly, enemy troops poured out of the tent and began running for 20 mm. anti-aircraft guns around the perimeter. He, too, worked his .45 from its holster but his parachute began to oscillate and Coyle drifted away from the tent. One of the Germans started to run in Coyle's direction. 'I couldn't get off a shot at the Kraut,' Coyle recalls. 'One second I'd be pointing the pistol at the ground; the next, I'd be aiming at the sky. I did have enough sense left to put the Colt back into the holster so I wouldn't drop it or shoot myself when I hit.' On the ground, even before he tried to get out of his harness, Coyle drew his pistol once more. 'The Kraut was now only a few feet away, but he was acting as though he didn't know I existed. Suddenly I realized that he wasn't running towards me; he was just running away.' As the German hurried past Coyle he threw away his gun and helmet, and Coyle could see 'he was only a kid, about eighteen years old. I just couldn't shoot an unarmed man. The last I saw of the boy he was running for the German border.'

When tracer bullets began ripping through his canopy, Private Edwin C. Raub became so enraged that he deliberately side-slipped his chute so as to land next to the anti-aircraft gun. Without removing his harness, and dragging his parachute behind him, Raub rushed the Germans with his tommy gun. He killed one, captured the others and then, with plastic explosives, destroyed the flak gun barrels.

Although enemy opposition to the 505th and 508th Regiments in the Groesbeek area was officially considered negligible, a considerable amount of anti-aircraft and small-arms fire came from the woods surrounding the zones. Without waiting to assemble, 82nd troopers, individually and in small groups, swarmed over these pockets of resistance, quickly subduing them and taking prisoners. Simultaneously, fighter planes skimmed over the tree tops, machine-gunning the enemy emplacements. The Germans scored heavily against these low-level attacks. Within a matter of minutes, three fighters were hit and crashed near the woods. Staff Sergeant Michael Vuletich saw one of them. It cartwheeled across the drop zone and when it finally stopped, only the plane's fuselage was intact. Moments later, the pilot emerged unscathed and stopped by the wreckage to light a cigarette. Vuletich remembers that the downed flier remained with the company as an infantryman.

From the ground, Staff Sergeant James Jones saw a P-47 aflame at about 1,500 feet. He expected the pilot to bale out but the plane came down, skidded across the drop zone and broke apart. The tail snapped off, the motor rolled away, and the cockpit came to rest on the field. Jones was sure the pilot was dead but, as he watched, the canopy slid back and 'a little tow-headed guy with no hat on and a .45 under his arm ran towards us.' Jones remembers asking, 'Man, why in the devil didn't you jump?' The pilot grinned. 'Hell, I was afraid to,' he told Jones.

Just after landing and assembling his gear, Staff Sergeant Russell O'Neal watched a P-51 fighter dive and strafe a hidden German position near his field. After the plane had made two passes over the machine-gun nest, it was hit; but the pilot was able to circle and make a safe belly landing. According to O'Neal, 'this guy jumped out and ran up to me, shouting, "Give me a gun, quick! I know right where that Kraut s.o.b. is and I'm gonna get him".' As O'Neal stared after him, the pilot grabbed a gun and raced off towards the woods.

Within eighteen minutes, 4,511 men of the 82nd's 505th and 508th Regiments, along with engineers and seventy tons of equipment, were down on or near their drop zones straddling the town of Groesbeek on the eastern side of the wooded heights. As the men assembled, cleared the zones and struck out for objectives, special pathfinder teams marked the areas for the artillery drop, the 82nd's glider force, and the British Corps headquarters. So far, General Gavin's calculated risk was succeeding. Yet, although radio contact between the regiments was established almost immediately, it was still too early for Gavin, who had jumped with the 505th, to learn what was occurring eight miles west where the 504th Regiment had dropped north of Overasselt. Nor did he know if the special assault against the Grave bridge was proceeding according to plan.

Like the rest of the division's planes, the 137 C-47's carrying Colonel Reuben H. Tucker's 504th Regiment ran into spasmodic anti-aircraft fire as they neared the Overasselt drop zone. As in the other areas, pilots held their courses, and, at 1.15 p.m., some 2,016 men began to jump. Eleven planes swung slightly west and headed for a small drop site near the vital nine-span, 1,500-foot-long bridge over the Maas River near Grave. These C-47's carried Company E of Major Edward Wellems' 2nd Battalion to the most crucial of the 82nd's immediate objectives. Their job was to rush the bridges from the western approach; the remainder of Wellems' battalion would strike out from Overasselt and head for the eastern side. If the Grave bridge was not taken quickly and intact, the tight Market-Garden schedule could not be maintained. Loss of the bridge might mean failure for the entire operation.

As E Company's planes headed for the western assault site, platoon leader Lieutenant John S. Thompson could clearly see the Maas River, the town of Grave, the mass jump of the 504th to his right near Overasselt and then, coming up, the ditch-lined fields where the company was to drop. As Thompson watched, other men from the company were already out of their planes and falling towards the Grave bridge zone; but in the lieutenant's C-47 the green light had not yet flashed on. When it did, Thompson saw that they were directly over some buildings. He waited for a few seconds, saw fields beyond and jumped with his platoon. By a fortunate error, he and his men came down only some 500 to 600 yards from the southwestern edge of the bridge.

Thompson could hear erratic firing from the direction of Grave itself, but around the bridge everything seemed quiet. He did not know if he should wait until the remainder of the company came up or attack with the sixteen men in his platoon. 'Since this was our primary mission, I decided to attack,' Thompson says. Sending Corporal Hugh H. Perry back to the company commander, Thompson gave him a laconic message to deliver: 'We are proceeding towards the bridge.'

Firing from the town and nearby buildings was now more intense and Thompson led the platoon to cover in nearby drainage ditches. Working their way towards the bridge, men waded in water up to their necks. They began to receive fire from a flak tower close to the bridge and Thompson noticed enemy soldiers with bags in their arms running to and from a building near the crossing. He thought it must be a maintenance or power plant. Fearful that the Germans were carrying demolition charges to the bridge in preparation for destroying it, Thompson quickly deployed his men, encircled the building and opened fire. 'We raked the area with machine guns, overran the power plant, and found four dead Germans and one wounded,' Thompson recalls. 'Apparently they had been carrying their personal equipment and blankets.' Suddenly, two trucks came racing down the highway from Grave, heading towards the bridge. One of Thompson's men killed a driver whose truck careened off the road as its load of German soldiers scrambled to get out. The second vehicle stopped immediately and the soldiers in it jumped to the ground. Thompson's men opened up, but the Germans showed no desire to fight. Without returning fire, they ran away.

Fire was still coming from the flak tower but by now it was passing over the heads of the platoon. 'The gunners were unable to depress the 20 mm. flak gun sufficiently to get us,' Thompson remembers. The platoon's bazooka man, Private Robert McGraw, crawled forward and, at a range of about 75 yards, fired three rounds, two of them into the top of the tower, and the gun ceased firing.

Although a twin 20 mm. gun in a tower across the river near the far end of the bridge was firing, Thompson and his men nonetheless destroyed electrical equipment and cables which they suspected were hooked up to demolition charges. The platoon then set up a roadblock and placed land mines across the highway at the southwestern approach to the bridge. In the flak tower they had knocked out, they found the gunner dead but his 20 mm. weapon undamaged. Thompson's men promptly began firing it at the flak tower across the river. The platoon, he knew, would soon be reinforced by the rest of E Company coming up behind and, shortly after, by Major Wellems' battalion even now rushing from Overasselt to grab the northeastern end of the bridge. But, as far as Lieutenant Thompson was concerned, the prime objective was already taken.*

By now, the remaining battalions of Tucker's 504th Regiment were moving east, like spokes on a wheel, for the three road crossings and the railway bridge over the Maas–Waal Canal. Rushing towards the bridge also were units of the 505th and 508th Regiments, bent on seizing the crossings from the opposite ends. Not all these objectives were essential to the Market-Garden advance. In the surprise of the assault and the ensuing confusion, Gavin hoped to seize them all—but one, in addition to the all-important Grave bridge, would suffice.

To keep the enemy off-balance, defend his positions, protect

* The 82nd's after-action report and that of the 504th commander, Colonel Tucker, state the bridge was 'taken' at 2.30 p.m. But Major Wellems' account states that because the bridge was still under harassing fire, the first men actually to cross from the northeastern end went over at 3.35 p.m. Still, the E Company platoon under Lieutenant Thompson held the bridge and prevented its demolition from 1.45 p.m. until it was described as 'secure' at 5 p.m.

General Browning's Corps headquarters and aid his paratroopers as they moved on their objectives, Gavin was depending heavily on his howitzers—and now the guns of the 376th Parachute Field Artillery were coming in. Small artillery units had been dropped in previous operations, but they had been badly scattered and slow to assemble and fire. The unit of 544 men now approaching was hand-picked, every soldier a veteran paratrooper. Among the forty-eight planes carrying the battalion was the artillery—twelve 75 mm. howitzers, each broken down into seven pieces. The howitzers would be dropped first, followed by some 700 rounds of ammunition. Lining up, the C-47's came in and, in quick succession, the guns rolled out. Ammunition and men followed, all making a near-perfect landing.

One accident caused scarcely a pause. Lieutenant-Colonel Wilbur Griffith, commanding the 376th, broke his ankle on the jump but his men quickly liberated a Dutch wheelbarrow in which to carry him. 'I shall never forget the Colonel being trundled from place to place,' Major Augustin Hart recalls, 'and barking out orders for everybody to get assembled at top speed.' When the job was complete, Griffith was wheeled over to General Gavin. There he reported: 'Guns in position, sir, and ready to fire on call.' In just over an hour, in the most successful drop of its kind ever made, the entire battalion was assembled and ten of its howitzers were already firing.

Fourteen minutes after the 82nd's field artillery landed, Waco gliders carrying an airborne anti-tank battalion, engineers, elements of division headquarters, guns, ammunition, trailers and jeeps began to come in. Of the original 50 gliders leaving England, all but four reached Holland. Not all, however, touched down on their landing zone. Some gliders ended up a mile or two away. One, co-piloted by Captain Anthony Jedrziewski, cut loose late from its tug and Jedrziewski saw with horror that 'we were heading straight for Germany on a one-glider invasion.' The pilot made a 180-degree turn and began to look for a place to land. As they came in, Jedrziewski remembers, 'we lost one wing on a haystack, the other on a fence and ended up with the glider nose in the ground. Seeing earth up to my knees, I wasn't sure if my feet were still a part of me. Then, we heard the unwelcome sound of an 88 and, in nothing flat, we had the jeep out and were racing back towards our own area.'

They were luckier than Captain John Connelly, whose pilot was killed during the approach. Connelly, who had never flown a glider before, took the controls and landed the Waco just inside the German border, six to seven miles away, near the town of Wyler. Only Connelly and one other man escaped capture. They were to hide out until darkness and finally reached their units by mid-morning of September 18th.

Yet in all the 82nd Airborne had successfully brought in 7,467 paratroopers and glider-borne men. The last elements to touch down in the area were 35 Horsas and Wacos carrying General Frederick Browning's Corps headquarters. Three gliders had been lost en route to the drop zone, two before reaching the Continent; the third, south of Vught, had crash-landed in the vicinity of General Student's headquarters. Browning's headquarters landed almost on the German frontier. 'There was little flak, if any, and almost no enemy opposition,' Browning's Chief of Staff, Brigadier Gordon Walch, remembers. 'We set down about a hundred yards west of the Reichswald Forest and my glider was roughly fifty yards away from Browning's.'

Colonel George S. Chatterton, commanding the Glider Pilot Regiment, was at the controls of Browning's Horsa. After clipping off a front wheel on an electric cable, Chatterton slid into a cabbage patch. 'We got out,' Chatterton recalls, 'and Browning, looking around, said, "By God, we're here, George!"' Nearby, Brigadier Walch saw Browning run across the landing zone towards the Reichswald. When he returned a few minutes later, he explained to Walch, 'I wanted to be the first British officer to pee in Germany.'

While Browning's jeep was being unloaded a few German shells exploded nearby. Colonel Chatterton promptly threw himself into the closest ditch. 'I shall never forget Browning standing above me, looking like some sort of explorer, and asking, "George, whatever in the world are you doing down there?"' Chatterton was frank. 'I'm bloody well hiding, sir,' he said. 'Well, you can bloody well stop hiding,' Browning told him. 'It's time we were going.' From a pocket in his tunic, Browning took out a parcel wrapped in tissue paper. Handing it to Chatterton, he said, 'Put it on my jeep.' Chatterton unfolded the tissue and saw that it contained a pennant bearing a light blue Pegasus against a maroon background—the insignia of the British Airborne.* With the pennant fluttering from

* Some accounts have stated that Browning's pennant was made by his wife, the novelist Daphne du Maurier. 'I am sorry,' she writes, 'to disappoint the

the jeep's bumper, the commander of the Market forces drove away.

At Renkum Heath west of Arnhem, Lieutenant Neville Hay, the highly-trained specialist in charge of the fact-gathering liaison unit 'Phantom,' was totally baffled. His team of experts had assembled their radio set with its special antenna and expected immediate contact with General Browning's Corps headquarters. Hay's first priority on landing was to get through to Corps and give his position. Earlier, he had learned that Division communications had broken down. While he might have anticipated that problems would arise among the less experienced Royal Signal Corps operators, he was not prepared to believe that the difficulties he was having stemmed from his own men. 'We were set up on the landing zone and, although it was screened by pine woods, we had got through in considerably worse country than this,' he remembers. 'We kept trying and getting absolutely nothing.' Until he could discover where the trouble lay, there was no way of informing General Browning of the progress of General Urquhart's Division or of relaying Browning's orders to the First British Airborne. Ironically, the Dutch telephone system was in full operation, including a special network owned and operated by the PGEM power station authorities at Nijmegen and connected with the entire province. Had he known, all Hay had to do, with the aid of the Dutch Resistance, was to pick up a telephone.

Fifteen miles away there was already anxiety at General Browning's headquarters, now set up on the edge of the Groesbeek ridge. Both of the 82nd Airborne's large communication sets had been damaged on landing. Browning's had come through safely and one of these was allocated to the 82nd, ensuring immediate communication with General Gavin. The Corps communications section had also made radio contact with General Dempsey's 2nd British Army and Airborne Corps rear headquarters in England and Browning had radio contact with the 101st. But the signal section was unable

---

myth-makers . . . but anyone who has seen my attempts to thread a needle would know this was beyond me. It is a delightful thought, however, and would have greatly amused my husband.' Actually, the pennant was made by Hobson and Sons Ltd., London, under the supervision of Miss Clare Miller, who also, at Browning's direction, hand-sewed tiny compasses into 500 shirt collars and belts just prior to Market-Garden.

to raise Urquhart's division. Brigadier Walch believes that Corps signals was to blame. 'Before the operation was planned, we asked for a proper headquarters signals section,' he says. 'We were frightfully cognizant that our sets were inadequate and our headquarters signals staff weak and inexperienced.' While Browning could direct and influence the movements of the 82nd, the 101st and Horrocks' XXX Corps, at this vital junction the all-important battle at Arnhem was beyond his control. As Walch says, 'We had absolutely no idea what was happening in Arnhem.'

A kind of creeping paralysis was already beginning to affect Montgomery's plan. But at this early stage no one knew it. Throughout the entire Market-Garden area, some 20,000 Allied soldiers were in Holland, heading out to secure the bridges and hold open the corridor for the massive Garden units whose lead tanks were expected to link up with 101st paratroopers by nightfall.

[9]

From the flat roof of a large factory near the Meuse–Escaut Canal, General Brian Horrocks, commander of the British XXX Corps, watched the last of the huge airborne glider formations pass over his waiting tanks. He had been on the roof since 11 a.m. and, as he put it, 'I had plenty of time to think.' The sight of the vast armada was 'comforting, but I was under no illusion that this was going to be an easy battle,' Horrocks remembers. Meticulously, he had covered every possible contingency, even to ordering his men to take as much food, petrol and ammunition as they could carry, 'since we were likely to be out in the blue on our own.' There was one worry the General could not eliminate, but he had not discussed it with anyone: he did not like a Sunday attack. 'No assault or attack in which I had taken part during the war which started on a Sunday had ever been completely successful.' Bringing up his binoculars, he studied the white ribbon of road stretching away north towards Valkenswaard and Eindhoven. Satisfied that the airborne assault had now begun, Horrocks gave the order for the Garden forces to attack. At precisely 2.15 p.m., with a thunderous roar, some 350 guns opened fire.

The bombardment was devastating. Ton after ton of explosives flayed the enemy positions up ahead. The hurricane of fire, ranging five miles in depth and concentrated over a one-mile front, caused the earth to shake beneath the tanks of the Irish Guards as they lumbered up to the start line. Behind the lead squadrons, hundreds of tanks and armoured vehicles began to move slowly out of their parking positions, ready to fall into line as the first tanks moved off. And up above, a 'cab rank' of rocket-firing Typhoon fighters circled endlessly, waiting on call for the commander of the Irish Guards Group, Lieutenant-Colonel Joe Vandeleur, to direct them to targets up ahead. At 2.35 p.m., standing in the turret of the lead tank of No. 3 Squadron, Lieutenant Keith Heathcote shouted into his microphone, 'Driver, advance!'

Slowly the tanks rumbled out of the bridgehead and moved up the road at eight miles an hour. Now, the curtain of artillery fire lifted to creep ahead of the armour at exactly the same speed. Tank crews could see shells bursting barely one hundred yards in front of them. As the squadrons moved forward, engulfed in the dust of the barrage, men could not tell at times if the tanks were safely behind their own fire.

Behind the lead squadrons came the scout cars of Lieutenant-Colonel Joe Vandeleur and his cousin, Giles. Standing in his car, Vandeleur could see both in front and behind him, infantry riding on the tanks, each tank marked with yellow streamers to identify it to the Typhoons above. 'The din was unimaginable,' Vandeleur remembers, 'but everything was going according to plan.' By now, the lead tanks had burst out of the bridgehead and were across the Dutch frontier. Captain 'Mick' O'Cock, commanding No. 3 Squadron, radioed back, 'Advance going well. Leading squadron has got through.' Then, in seconds, the picture changed. As Vandeleur recalls, 'The Germans really began to paste us.'

Ensconced in well-hidden, fortified positions on both sides of the road, German gunners had not only survived the tremendous barrage but had waited until it passed over them. Holding their fire, the Germans let the first few tanks go through. Then, within two minutes three tanks of the lead squadron and six of the next were knocked out of action. Burning and disabled, they littered half a mile of road. 'We had just crossed the border when we were ambushed,' Lieutenant Cyril Russell recalls. 'Suddenly the tanks in front either slewed across the road or burned where they stood. The awful realization dawned on me that the next one to go was the one I was sitting on. We jumped into the ditches by the roadside.' As Russell went forward to see how the remainder of his platoon was faring, a machine gun opened up; he was hit in the arm and fell back into the ditch. For Russell, the war was over.

Lance Corporal James Doggart's tank was hit. 'I don't remember seeing or hearing the explosion,' he says. 'I was suddenly flat on my back in a ditch with the tank leaning over me. I had a Bren gun across my chest and next to me was a young lad with his arm nearly severed. Nearby, another of our men was dead. The tank was on fire and I don't recall seeing any of the crew get out.'

Lieutenant Barry Quinan in the last tank of the lead squadron remembers that his Sherman swung left into a ditch and Quinan thought the driver was trying to by-pass the burning tanks ahead. But the tank had been hit by a shell which killed both the driver and the co-driver. The Sherman began to burn and Quinan's gunner, 'trying to scramble out of the hatch, half-lifted me out of the turret before I realized we were "brewing up".' As the two men climbed out of the tank, Quinan saw others coming up behind. One after the other, the tanks were hit. 'I actually saw the commander of one tank trying to shield his face from a sheet of flame that engulfed the entire machine.'

The breakout had been stopped before it had really begun and nine disabled tanks now blocked the road. Squadrons coming up could not advance. Even if they could by-pass the burning hulks hidden German gunners would pick them off. To get the advance rolling again, Vandeleur called in the rocket-firing Typhoons and, aided by purple smoke shells fired from the tanks to indicate suspected German positions, the fighters screamed down. 'It was the first time I had ever seen Typhoons in action,' Vandeleur recalls, 'and I was amazed at the guts of those pilots. They came in, one at a time, head to tail, flying right through our own barrage. One disintegrated right above me. It was incredible—guns firing, the roar of planes, the shouts and curses of the men. In the middle of it all, Division asked how the battle was going. My second-in-command just held up the microphone and said, "Listen".'

As the planes swooped down on their targets, Vandeleur sent forward an armoured bulldozer to push the burning tanks off the road. The bedlam of the battle now raged over several miles of highway, stretching back as far as Vandeleur's own car and the R.A.F. communications tender which called the Typhoons down on demand. Flight Lieutenant Donald Love, the fighter reconnaissance pilot attached to the communications unit, was now convinced that he should never have volunteered for the job. While Squadron Leader Max Sutherland directed the Typhoons, Love got out to see what was happening. Black smoke billowed up from the road ahead and an anti-tank gun carrier, almost in front of the communications tender, was afire. As Love watched, a Bren gun carrier came back along the road carrying wounded. One man's shoulder was blown off and his clothes were burned and charred. 'I was sure we were surrounded,' says Love. 'I was horrified and I kept wondering why hadn't I stayed with the Air Force where I belonged.'

The waiting tank crews farther back in the halted columns felt, as Captain Roland Langton describes it, 'a strange sense of powerlessness. We could neither go forwards nor backwards.' Langton watched infantry moving up to clean out the woods on either side of the road with two Bren gun carriers out in front. Langton thought the soldiers might be an advance party of the 43rd Infantry Division. 'Suddenly I saw both carriers catapulted into the air,' Langton remembers. 'They had run over enemy land mines.' When the smoke cleared, Langton saw 'bodies in the trees. I don't know how many, it was impossible to tell. There were pieces of men hanging from every branch.'

With the Typhoons firing only yards away from them, the British infantrymen grimly began to dig out the Germans from their hidden trenches. Lance Corporal Doggart had escaped from the ditch where he landed when his tank was hit. He raced across the road and jumped into an empty enemy slit trench. 'At the same moment, two Germans—one a young fellow without a jacket, the other a tough-looking bastard of about thirty—jumped in after me from the opposite direction,' Doggart says. Without hesitating, Doggart kicked the older German in the face. The younger man, immediately cowed, surrendered. Covering both with his rifle, Doggart sent them marching back along the road 'with streams of other Germans, all running with their hands behind their heads. Those that were too slow got a fast kick in the backside.'

From the woods, in ditches, around haystacks and along the roadway, now being slowly cleared of the disabled tanks, came the stutter of Sten guns as the infantry mopped up. The Guardsmen showed no quarter, particularly towards snipers. Men remember that prisoners were made to go down the road at the double, and when they slowed they were promptly prodded with bayonets. One prisoner in the now-growing lines tried to break away but there was more than a company of infantry in the vicinity and several men recall that—in the words of one—'he was dead the second the thought entered his mind'

Joe Vandeleur watched the prisoners being marched past his scout car. As one German came along, Vandeleur caught a sudden movement. 'The bastard had taken a grenade he'd concealed and lobbed it into one of our gun carriers. It went off with a tremendous explosion and I saw one of my sergeants lying in the road with his leg blown off. The German was cut down on all sides by machine guns.'

At his command post, General Horrocks received word that the road was gradually being cleared and that the infantry, although suffering heavy casualties, had routed the Germans on the flanks. As he later put it, 'The Micks were getting tired of being shot at, and as so often happens with these great fighters, they suddenly lost their tempers.'

Perhaps no one was more enraged than Captain Eamon Fitzgerald, the 2nd Battalion's intelligence officer, who interrogated the captured crew of an anti-tank gun. According to Lieutenant-Colonel Giles Vandeleur, 'Fitzgerald had an interesting way of extracting information. A huge giant of a man, he spoke German well, but with an atrocious accent. His normal custom was to produce his pistol, poke it into the German's belly and, standing as close as possible, shout questions in the man's face.' The results, Vandeleur always thought, 'were positively splendid. Within a few minutes after interrogating this crew, our tanks were picking off the German camouflaged anti-tank positions with creditable accuracy and the road was being sufficiently cleared to allow us to continue the advance.'

Many Irish Guardsmen believe Sergeant Bertie Cowan turned the tide of the battle. Commanding a seventeen-pounder Sherman, Cowan had spotted a German anti-tank position and demolished it with a single shot. During the fight, Major Edward G. Tyler, in command of the squadron, was astonished to see that a German was standing on Cowan's tank directing operations. He saw the tank cross the road and open fire; then, busy himself, Tyler forgot the incident. Later, Tyler learned that Cowan had knocked out three German guns. 'When I could take a moment, I went to congratulate him,' Tyler says. 'Cowan told me the Jerry on his tank had been a crew chief in the first position he'd overrun who had surrendered.' He had been interrogated by Captain Fitzgerald and then returned to Cowan where he had proved 'most cooperative.'

The Irish Guards were on the way again but constant fighting continued. The German crust was far tougher than anyone had anticipated. Among the prisoners were men of renowned parachute battalions and—to the complete surprise of the British—veteran infantrymen from the 9th and 10th SS *Panzer* Divisions: elements of the combat groups General Wilhelm Bittrich had sent to bolster Student's First Parachute Army. To compound the surprise, some prisoners were discovered to belong to General Van Zangen's Fifteenth Army. As the Irish Guards' war diary notes: 'Our intelligence spent the day in a state of indignant surprise: one German regiment after another appeared which had no right to be there.'

General Horrocks had expected that his lead tanks would drive the thirteen miles to Eindhoven 'within two to three hours.' Precious time had been lost and the Irish Guards would cover only seven miles, reaching Valkenswaard by nightfall. Market-Garden was already ominously behind schedule.

In order to be as mobile as possible, General Maxwell D. Taylor's gliders had brought in mostly jeeps—no artillery. The fact that the British were already late in reaching Eindhoven was a blow. Taylor had hoped for the support of the tankers' guns along the fifteen-mile stretch of corridor the Screaming Eagles must control. Taylor's Dutch liaison officers discovered the true situation—that the 101st would have to operate independently for longer than planned—almost immediately: with the aid of the Resistance, they simply used the telephone to learn what was happening with the British.

With lightning speed Taylor's paratroopers took Veghel, the northernmost objective along the corridor, and its four crossings—the rail and highway bridges over the River Aa and the Willems Canal. Heavy fighting would ensue; nevertheless, these four objectives were seized within two hours. Farther south, midway between Veghel and Son, the town of St. Oedenrode and its highway crossing over the Dommel River were captured with relative ease. According to official Dutch telephone log books, Johanna Lathouwers, a loyal operator with the State telephone exchange, heard 'an unmistakeable American voice came on the Oed 1 (St. Oedenrode) line, at 1425 hours, asking for Valkenswaard, a connection that lasted forty minutes.'*

The Americans quickly learned that the spearhead of the Garden forces had not as yet even reached Valkenswaard. It now seemed unlikely that Horrocks' tanks, already delayed, would reach Eindhoven at the southern end of the corridor before nightfall—and that would be too late to help the Americans seize and control their widespread targets. The men of the 101st had achieved spectacular success. Now they ran into problems.

The most pressing of all Taylor's objectives was the highway bridge over the Wilhelmina Canal at Son, approximately five miles north of Eindhoven. As a contingency plan in case this main traffic artery was blown, Taylor had decided to seize a bridge over the canal at Best, four miles to the west. Because the bridge was considered secondary, only a single company of the 502nd Regiment was detailed to Best and it was thought that only a few Germans would be in the area. Taylor's intelligence was unaware that Colonel-General Student's headquarters lay only ten miles northwest of the 101st drop zones or that recent arrivals of Van Zangen's Fifteenth Army were quartered at nearby Tilburg. Among these forces was Major-General Walter Poppe's battered 59th Infantry Division plus a considerable amount of artillery.

Almost immediately upon approaching the bridge, H Company radioed that it had run into enemy roadblocks and was meeting strong resistance. The message signalled the beginning of a bloody battle that would last throughout the night and most of the following two days. What had begun as a single company operation eventually involved more than an entire regiment. But already the heroic men of H Company, though taking heavy casualties, were blunting the first, unexpectedly strong German blows.

While H Company was setting out for the bridge at Best, Colonel Robert F. Sink's 506th Regiment was going for the main highway bridge at Son. There was almost no opposition until troops reached the northern outskirts of the village. Then they were fired on by a German 88 artillery piece. In less than ten minutes, the advance party destroyed the gun emplacement with a bazooka and killed its crew. Fighting through the streets, the Americans were a bare fifty yards from the canal itself when the bridge was blown up, debris

* By Allied clocks it was actually 1525 hours; there was a one-hour difference between German and British times.

falling all around the paratroopers. For Colonel Sink, who was to take Eindhoven and its crossings by 8 p.m., the loss of the bridge was a bitter blow. Reacting quickly and still under fire, three men—Major James LaPrade, Second Lieutenant Millford F. Weller and Sergeant John Dunning—dived into the canal and swam to the far side. Other members of the battalion followed their lead or went across in rowboats. On the southern bank, they subdued the German opposition and set up a bridgehead.

The central column of the bridge was still intact and 101st engineers immediately began the construction of a temporary crossing. Help came from an unexpected source. Dutch civilians reported that a considerable amount of black-market timber was being stored by a contractor in a nearby garage. Within an hour and a half the engineers, utilizing the bridge's centre trestle and the liberated timber, spanned the canal. As Colonel Sink recalled, 'the bridge was unsatisfactory from every point of view, except that it did enable me to put the rest of the regiment across single-file.' Until bridging equipment could be brought up, the Market-Garden corridor at Son was reduced to a single wooden footpath.

[10]

Field Marshal Model was still shaken when he reached General Bittrich's headquarters at Doetinchem. Normally it would have taken him no longer than half an hour to cover the distance, but today, because he had made numerous stops along the way to alert area commanders to the airborne assault, the trip had lasted well over an hour. Although the Field Marshal seemed calm, Bittrich remembers 'his first words to me were, "They almost got me! They were after the headquarters. Imagine! They almost got me!"'

Bittrich immediately brought Model up to date on the latest information received by II SS *Panzer* Corps. No clear picture of the Allied intent was emerging as yet, but Bittrich told Model his own theory: that the assault was aimed at containing the Fifteenth Army while the British 2nd Army drove for the Ruhr. That would require the Allies to capture the Nijmegen and Arnhem bridges. Model disagreed completely. The Arnhem bridge was not the objective, he said. These airborne troops would swerve and march northeast for the Ruhr. The situation, Model believed, was still too obscure for any final conclusions. He was puzzled as to why airborne forces had landed in the Nijmegen area. Nevertheless, he approved the measures Bittrich had already taken.

Bittrich still pressed the subject of the bridges. 'Herr Field Marshal, I strongly urge that the bridges at Nijmegen and Arnhem be immediately destroyed,' he said. Model looked at him in amazement. 'They will not be destroyed,' he told Bittrich firmly. 'No matter what the English plan, these bridges can be defended. No. Absolutely not. The bridges are not to be blown.' Then, dismissing the subject, Model said, 'I'm looking for a new headquarters, Bittrich.' Before Bittrich could answer, Model said again musingly, 'You know, they almost got me.'

At his headquarters at Vught, Colonel-General Kurt Student faced a dilemma: his First Parachute Army had been split in two by the airborne assault. Without telephone communications and now dependent solely on radio, he was unable to direct his divided army. For the moment units were fighting on their own without any cohesive direction. Then—by a momentous and fantastic stroke of luck—an undamaged briefcase found in a downed Waco glider near his headquarters was rushed to him.

'It was incredible,' Student marvels. 'In the case was the complete enemy attack order for the operation.' Student and his staff officers pored over the captured plans. 'They showed us everything—the dropping zones, the corridor, the objectives—even the names of the divisions involved. Everything! Immediately we could see the strategic implications. They had to grab the bridges before we could destroy them. All I could think of was, "This is retribution. Retribution! History is repeating itself.' During our airborne operation in Holland in 1940, one of my officers, against strict orders, had taken papers into battle which detailed our entire attack and had fallen into enemy hands. Now the wheel had turned full circle. I knew exactly what I had to do.'*

* In the legend of Arnhem the story of the captured documents, like that of the spy Lindemans, is always included. Some accounts claim that the Market-Garden plan was found on the body of a dead American captain. I interviewed Student and examined all his documents. At no point does he confirm that the briefcase was carried by a captain. Nor is there any such mention in official British and American records. Perhaps, since Student says that the plans came from 'a Waco freight glider,' it was generally assumed that only American personnel were aboard. However, part of General Browning's Corps headquarters flew to Holland in Wacos—and one of these did crash-land near Student's

Model, as yet, did not. Student had never felt so frustrated. Because of his communications breakdown, it would be nearly ten hours before he could place the secret of Market-Garden in Model's possession. The secret was that the Arnhem bridge was of crucial importance. The captured plans clearly showed that it was Montgomery's route into the Ruhr.

This was the kind of battle that Model liked best: one that demanded improvisation, daring and, above all, speed. From Bittrich's headquarters, Model telephoned OB West, Von Rundstedt. With characteristic abruptness, he described the situation and asked for immediate reinforcements. 'The only way this airborne assault can be defeated is to strike hard within the first 24 hours,' he told Von Rundstedt. Model asked for anti-aircraft units, self-propelled guns, tanks and infantry; and he wanted them on the move to Arnhem by nightfall. Von Rundstedt told him that such reinforcements as were available would be on the way. Turning to Bittrich, Model said triumphantly, 'Now, we'll get reinforcements!' Model had decided to operate from Doetinchem, but although he was apparently recovered from the shock of his hasty departure from Oosterbeek, this time he was taking no chances of being caught unawares. He refused accommodations at the castle; he would direct the battle from the gardener's cottage in the grounds.

Bittrich's early foresightedness was already having its effect. Sections of Harzer's Hohenstaufen Division were heading swiftly towards the battle zone. Harmel's Frundsberg Division—Harmel himself was expected back from Germany during the night—were on the move, too. Bittrich had ordered Harzer to set up his headquarters in a high school in the northern Arnhem suburbs overlooking the city, and that transfer was under way. But Harzer was chafing with impatience. The armoured vehicles that had been scheduled to leave for Germany in the early afternoon were still being refitted with tracks and guns. Harzer had already moved the units closest to the British landing and drop zones into blocking positions at points west of Arnhem. For the moment, he had only a

---

headquarters. In any case, whether the personnel were British or American, I think it highly unlikely that the entire Market-Garden operational plan could have been in the possession of a captain. First, great care was taken in the distribution of the plan; and second, each copy was both numbered and restricted solely to officers of staff rank.

few armoured cars, several self-propelled guns, a few tanks and some infantry. Still, Harzer hoped that by employing hit-and-run tactics he could halt and confuse British troops until the bulk of his division was again battle-ready.

Curiously, Harzer did not even know that Major Sepp Krafft's *Panzer* Grenadier Training and Reserve Battalion was in the area and, at the moment, the only unit in the path of the British airborne forces. Harzer concentrated his own strength on the two major highways running into Arnhem: the Ede–Arnhem road and the Utrecht–Arnhem road. Certain that the paratroopers must use these main arteries, he placed his units in a semi-circular screen across the two highways. By oversight, or perhaps because he lacked sufficient forces at the moment, Harzer failed to position any groups along a quiet secondary road running parallel to the northern bank of the Rhine. It was the single unprotected route the British could take to the Arnhem bridge.

[11]

In their camouflaged battlesmocks and distinctive crash helmets, laden with weapons and ammunition, the men of Brigadier Lathbury's First Parachute Brigade were on the way to Arnhem. Interspersed among the columns of marching troopers were jeeps pulling artillery pieces and four-wheeled carts loaded with guns and stores. As General Roy Urquhart watched them pass, he remembered a compliment paid him some months before by General Horrocks. 'Your men are killers,' Horrocks had said admiringly. At the time, Urquhart had considered the remark an overstatement. On this Sunday, he was not so sure. As the First Brigade had moved off, Urquhart had felt a surge of pride.

The plan called for the three battalions of Lathbury's brigade to converge on Arnhem, each from a different direction. Lieutenant-Colonel John Frost's Second Battalion was given the prime objective: marching along a secondary road running close to the north bank of the Rhine, Frost's men were to capture the main highway bridge. En route, they were to take the railway and pontoon bridges west of the great highway crossing. The Third Battalion, under Lieutenant-Colonel F. A. Fitch, would move along the Utrecht–Arnhem road and approach the bridge from the north, reinforcing Frost. Once these two battalions had been successfully launched, Lieutenant-Colonel D. Dobie's First Battalion was to advance along the main Ede–Arnhem highway—the most northerly route—and occupy the high ground north of the city. Lathbury had given each route a code name. Dobie's, farthest north, was designated 'Leopard.' Fitch's, in the middle, was 'Tiger,' and Frost's, the most crucial route, was 'Lion.' Speeding ahead of the entire brigade, the jeeps of Major Freddie Gough's Reconnaissance Squadron were expected to reach the bridge, seize it in a *coup de main*, and hold until Frost arrived.

So far, Urquhart thought, the initial phase was going well. He was not unduly alarmed by the breakdown of communications within the division at this time. He had experienced temporary signals disruption often in the North African desert campaigns. Since he could not raise Brigadier Hicks's First Airlanding Brigade, whose job it was to hold the landing and drop zones for the air lifts on the following two days, Urquhart drove to Hicks's headquarters. The Airlanding Brigade, he learned, was in position and Hicks was, for the moment, away directing the disposition of his battalions. However, at Hicks's headquarters, Urquhart received news that one vital part of the plan to take the Arnhem bridge had gone wrong. He was told—erroneously—that most of Major Freddie Gough's reconnaissance vehicles had been lost in glider crashes; no one at Hicks's headquarters knew where Gough had gone. Without waiting for Hicks to return, Urquhart drove back to his own headquarters. He had to find Gough quickly and devise some alternative plan, but his greatest concern now was to warn Lathbury and, in particular, Frost, that the Second Battalion was on its own. Frost would have to take the main Arnhem bridge without the aid of Gough's planned surprise attack.

At Division, further bad news awaited Urquhart. 'Not only was there no word of Gough,' Urquhart recalls, 'but apart from some short-range radio signals, headquarters communications had completely failed. The First Parachute Brigade and, indeed, the outside world, could not be contacted.' Colonel Charles Mackenzie, Urquhart's Chief of Staff, watched the General pace up and down, 'restive and anxious for news.' Urquhart ordered his signals officer, Major Anthony Deane-Drummond, to investigate the 'communications foul-up, see what had happened to the radio equipment and then set it right.' Messengers were also sent out in search of Gough. As time passed without any new information, the worried Urquhart decided to wait no longer. Normally, he would have directed the battle from Division headquarters but now, as each moment passed without communications, he was beginning to feel that this battle was anything but normal. Turning to Mackenzie, he said, 'I think I'll go and have a look myself, Charles.' Mackenzie did not try to stop him. 'At the time,' Mackenzie recalls, 'since we were getting practically no information, it didn't seem a particularly bad thing to do.' Taking only his driver and a signaller in his jeep, Urquhart set out after Lathbury. The time was 4.30 p.m.

Moving along the northern 'Leopard' route—the Ede–Arnhem road—Major Freddie Gough of the First Airlanding Reconnaissance Unit was making good time. Although the vehicles of 'A' troop had failed to arrive, Gough had started off from the landing zone with the rest of the squadrons at 3.30 p.m. He was confident that he had sufficient jeeps for the *coup de main* attempt on the bridge. 'In fact,' he remembered, 'I left several jeeps behind on the landing zone in reserve. We had more than enough to get to Arnhem.' Gough had even detached twelve men from his unit to make their way south to join the Second Battalion, moving on the 'Lion' route to the bridge. He was unaware that the loss of 'A' troop's jeeps had raised a flurry of rumours and misinformation.*

From the beginning, Gough had had reservations about his Recce Unit's role in the Arnhem plan. Instead of a *coup de main*, Gough had urged that a screen of reconnaissance jeeps be sent ahead of each of the three battalions. 'In that way,' he says, 'we would have quickly discovered the best and easiest way to reach the bridge.' Failing that, he had asked that a troop of light tanks be brought in by glider to escort the *coup de main* force. Both requests had been turned down. Yet Gough had remained optimistic. 'I wasn't the least bit concerned. There were supposed to be only a few old, grey Germans in Arnhem and some ancient tanks and guns. I expected it to be a pushover.'

Now, as they moved swiftly along 'Leopard,' the lead jeeps of the unit were suddenly ambushed by German armoured cars and

* Some accounts of the Arnhem battle claim that Gough's unit could not operate because so many of his vehicles failed to arrive by glider. 'The failure, if it can be called that,' Gough says, 'was not due to a lack of jeeps, but to the fact that no one had warned us that the 9th and 10th SS *Panzer* divisions were in the area.'

20 mm. guns. Gough's second-in-command, Captain David Allsop, happened to note the time. It was exactly 4 p.m. Gough pulled out to drive to the head of the column and investigate. 'Just as I was on the point of going forward, I got a message saying that Urquhart wanted to see me immediately. I didn't know what the hell to do,' Gough says. 'I was under Lathbury and I thought I should at least tell him I was going, but I had no idea where he was. The unit was now in a heavy fire fight and pinned down in defensive positions near the railway tracks on the outskirts of Wolfheze. I reckoned they would be all right for a time, so I turned around and headed back to Division headquarters on the landing zone. That was at 4.30.'

At the precise moment that General Urquhart set out to find Lathbury, Gough was speeding back to Division to report to Urquhart.

All along the three strategic lines of march, the men of the First Parachute Brigade were encountering jubilant, hysterical throngs of Dutch. Many civilians from farms and outlying hamlets had followed the paratroopers from the time they left the landing zones and, as the crowds grew, the welcome seemed almost to overwhelm the march itself. Captain Eric Mackay, travelling the southernmost 'Lion' route with Colonel Frost's Second Battalion, was disturbed by the holiday atmosphere. 'We were hampered by Dutch civilians,' he says. 'Waving, cheering and clapping their hands, they offered us apples, pears, something to drink. But they interfered with our progress and filled me with dread that they would give our positions away.' Lieutenant Robin Vlasto remembers that 'the first part of our march was in the nature of a victory parade and the civilians were quite delirious with joy. It all seemed so unbelievable that we almost expected to see Horrocks' XXX Corps tanks coming out of Arnhem to meet us. People lined the road and great trays of beer, milk and fruit were offered. We had the greatest difficulty forcing the men to keep alive to the possibility of a German attack.'

Young Anje van Maanen, whose father was a doctor in Oosterbeek, recalls receiving an exuberant call from the Tromp family in Heelsum, just south of the British landing zone on Renkum Heath. 'We are free. Free!' the Tromps told her. 'The Tommies dropped behind our house and they are on their way to Oosterbeek. They are so nice! We are smoking Players and eating chocolate.' Anje put the phone down, 'crazy with joy. We all jumped and danced around. This is it! An invasion! Lovely!' Seventeen-year-old Anje could hardly wait for her father to come home. Dr. Van Maanen was delivering a baby at a patient's home and Anje thought it 'very annoying, particularly now, because the husband of the woman was a Dutch Nazi.' Mrs Ida Clous, the wife of an Oosterbeek dentist and a friend of the Van Maanens, also heard that the airborne troops were on their way. She worked feverishly, hunting through boxes and sewing scraps, to find every bit of orange cloth she possessed. When the British got to Oosterbeek, she intended to rush outside with her three small children and greet the deliverers with small handmade orange flags.

Jan Voskuil, hiding out in the home of his wife's parents in Oosterbeek, was torn between his own desire to hurry up the Utrecht road to greet the paratroopers and the need to prevent his father-in-law from coming with him. The elder man was adamant. 'I'm 78 years old; I've never been in a war before and I want to see it.' Voskuil's father-in-law was finally persuaded to stay in the garden and Voskuil, joining streams of other civilians heading out to meet the British, was turned back by a policeman on the outskirts of Oosterbeek. 'It's too dangerous,' the officer told the crowds. 'Go back.' Voskuil walked slowly home. There he ran into the same German soldier who had asked for shelter when the bombing had begun during the morning. Now the soldier was in full uniform, with camouflage jacket, helmet and rifle. He offered Voskuil some chocolates and cigarettes. 'I am going away now,' he said. 'The Tommies will come.' Voskuil smiled. 'Now, you will go back to Germany,' he said. The soldier studied Voskuil for several seconds. Then he shook his head slowly. 'No, sir,' he told Voskuil. 'We will fight.' The Dutchman watched the German walk away. 'It begins now,' Voskuil thought, 'but what can I do?' Impatiently he paced the yard. There was nothing to do but wait.

Unhampered by police restraints or warnings to stay indoors, Dutch farmers and their families lined each route of march in throngs. Sergeant-Major Harry Callaghan, on the middle 'Tiger' route, remembers a farm woman breaking through the crowds and running towards him with a jug of milk. He thanked her and the woman smiled and said, 'Good, Tommy. Good.' But Callaghan, a Dunkirk veteran, was bothered like Eric Mackay on the lower road by the number of civilians surrounding the troops. 'They ran along beside us wearing armbands, aprons, and little pieces of ribbon, all orange,' he remembers. 'Children, with little snippets of orange cloth pinned to their skirts or blouses, skipped along, shrieking with delight. Most of the men were reaching in their packs to hand them chocolate. It was such a different atmosphere that the men were behaving as if they were on an exercise. I began to be concerned about snipers.'

As Callaghan had feared, the victory parade came to a sudden halt. 'It all happened so quickly,' he says. 'One moment we were marching steadily towards Arnhem; the next, we were scattered in the ditches. Snipers had opened fire and three dead airborne soldiers lay across the road.' The veteran sergeant-major wasted no time. He had spotted a burst of flame from trees about fifty yards ahead. As the Dutch scattered, Callaghan took a party of twelve men forward. He stopped short of one tree and looked up. Something flashed. Raising his Sten gun, he fired directly into the tree. A *Schmeisser* automatic pistol clattered to the ground and, as Callaghan sighted up along the trunk of the tree, he saw a German dangling limply from a rope.

Now, too, on the middle route, other men from Lieutenant-Colonel Fitch's Third Battalion were suddenly engaged in an unexpected encounter. Private Frederick Bennett had just passed around some apples to other troopers when a German staff car came speeding down the road. Bennett opened up with his Sten gun. The car screeched to a stop and tried to back up. But it was too late. Everyone near Bennett began firing and the car came to an abrupt halt, riddled with bullets. As the troopers cautiously approached, they saw that the driver was hanging halfway out of the car. The body of a senior German officer had been thrown partly out of another door. To Bennett 'he looked like some high-ranking Jerry officer,' as indeed he was. Major-General Kussin, the Arnhem town commander, had disregarded the warning of SS Major Sepp Krafft to avoid the main Utrecht–Arnhem road.*

Many men recall that the first serious German opposition began

* Kussin, on Model's orders issued as the Field Marshal fled east that morning, had informed Hitler's headquarters of the landings and of Model's narrow escape. The Allied assault had caused Hitler hysterical concern. 'If such a mess happens here,' he conjectured, 'here I sit with my own Supreme Command—Goering, Himmler, Ribbentrop. Well, then, this is a most worthwhile catch. That's obvious. I would not hesitate to risk two parachute divisions here if with one blow I could get my hands on the whole German command.'

after the first hour of march: around 4.30 p.m. Then, two of the three battalions—Dobie's, on the northern route, and Fitch's, in the centre—were unexpectedly engaged in fierce enemy hit-and-run attacks, Major Gough's Reconnaissance Unit, now commanded by Captain Allsop, was desperately trying to find a way to outflank the German forces and clear a path for Dobie's First Battalion. But, according to Allsop, 'each movement we made was blunted by an enemy force in front of us.' Trooper William Chandler of the Reconnaissance Unit remembers that as his 'C' Troop explored the terrain, 'German bullets came so close and so thick that they almost stung as they went by.'

As the battalion approached Wolfheze, it was almost completely stopped. 'We halted,' Private Walter Boldock recalls. 'Then we started off again. Then we halted and dug in. Next, we moved on again, changing direction. Our progress was dictated by the success of the lead companies. Mortar bombs and bullets harassed us all the way.' Beside a hedge, Boldock saw a sergeant he knew, lying seriously wounded. Farther ahead, he came upon the smouldering body of a lieutenant. He had been hit by a phosphorus bomb. To another soldier, Private Roy Edwards, 'it just seemed we kept making a detour of the countryside and getting into running battles all afternoon.'

The paratroopers were stunned by the ferociousness of the unanticipated enemy attacks. Private Andrew Milbourne, on the northern route, heard firing in the distance off to the south and was momentarily glad that the First Battalion had been given the assignment to hold the high ground north of Arnhem. Then, nearing Wolfheze, Milbourne realized that the column had swung south off the main road. He saw the railway station and, close to it, a tank. His first reaction was one of elation. 'My God!' he thought, 'Monty was right. The Second Army's here already!' Then, as the turret swung slowly around, Milbourne saw that a black cross was painted on the tank. Suddenly, he seemed to see Germans everywhere. He dived into a ditch and, raising his head cautiously, began looking for a good spot to position his Vickers machine gun.

Sergeant Reginald Isherwood saw the same tank. A jeep towing a light artillery piece drove up and started to turn round in order to engage it. 'One of their sergeants yelled, "We'd better fire before they do. Otherwise we've had it",' Isherwood recalls. 'The gun was swung around like lightning, but as our man yelled "Fire!", I heard the German commander do the same. The Jerries must have got their shell off one-tenth of a second sooner than us." The tank scored a direct hit. The jeep exploded and the gun crew killed.

In the mounting confusion and the intense fire from all sides, it was now clear to Colonel Dobie that the opposition in front of him was heavier than anyone had expected. Nor did he believe it was still possible to occupy the high ground north of Arnhem. He was unable to raise Brigadier Lathbury by radio and his casualties were mounting by the minute. Dobie decided to side-slip the battalion still farther south and attempt to join up with Frost going for the main Arnhem bridge.

The breakdown of communications and subsequent lack of direction was making it impossible for battalion commanders to know with any clarity what was happening now. In the unfamiliar countryside, with maps that often proved highly inaccurate, companies and platoons were frequently out of touch with one another. At a crossroads near the stretch of highway where men of Colonel Fitch's Third Battalion had killed General Kussin, the British caught the full brunt of SS Major Krafft's rocket-propelled mortars and machine guns. The marching columns broke as men scattered into the woods. The screeching mortars, exploding in air bursts above their heads, hurled deadly fragments in every direction.

Signalman Stanley Heyes remembers the intense enemy harassment vividly. He sprinted for some woods and dropped a spare radio transmitter; bending to recover it he was struck in the ankle. Heyes managed to crawl into the woods. As he sank down in the underbrush, he realized that the man alongside him was German. 'He was young and as frightened as I was,' Heyes says, 'but he used my field dressing on my ankle. A short time later we both were wounded again by the mortar fire and we just lay there waiting for someone to pick us up.' Heyes and the young German would remain together until well after dark when British stretcher-bearers found and evacuated them.

Like the First Battalion, the Third was pinned down. After two hours on the road, both battalions had covered a bare two and a half miles. Now, Colonel Fitch reached the same conclusions as Dobie on the upper road; he, too, would have to find an alternative route to the Arnhem bridge. Time was precious—and the bridge was still a good four miles away.

* * *

In the woods around Wolfheze SS Major Sepp Krafft was convinced he was surrounded. He estimated that the British outnumbered his under-strength battalion by twenty to one. But, although he considered his defence 'insane,' he could hardly believe the success of his blocking action. The rocket-propelled mortars had created havoc among the British, and his men now reported that paratroopers moving along the Utrecht–Arnhem road were halted in some places, and at others appeared to be abandoning the main road entirely. Krafft still believed that his was the only German unit in the area and he had no illusions about stopping the British for long. He was running out of mortar ammunition and suffering heavy casualties, and one of his lieutenants had deserted. Still, Krafft was ebullient about 'the courageous impetuosity of my young lads.' The ambitious Krafft, who would later write a fulsome self-serving report to Himmler on his Training Battalion's actions, had no idea that his 'young lads' were now being bolstered by the tanks, artillery and armoured cars of Lieutenant-Colonel Walter Harzer's Hohenstaufen Division only a mile or two east of Krafft's own headquarters.

Major Freddie Gough was totally baffled. Urquhart's message summoning him back to Division had carried no hint of what the General had in mind. When he left the 'Leopard' route of the First Battalion, Gough brought back with him four escort jeeps and troops of his Reconnaissance Unit. Now, at Division headquarters, Urquhart's Chief-of-Staff, Colonel Charles Mackenzie, could not enlighten him either. The General, Mackenzie said, had gone off in search of Brigadier Lathbury, whose headquarters was following Colonel Frost's battalion along the southern 'Lion' route. Taking his escort, Gough set out once more. Surely, somewhere along the route, he would find either one officer or the other.

[12]

General Urquhart's jeep sped down the Utrecht–Arnhem highway and turned south off the main artery on to a side road that led him to Frost's 'Lion' route. Within a few minutes he caught up with the rear elements of the Second Battalion. They were moving in single file, along both sides of the road. Urquhart could hear firing in the distance but it seemed to him 'there was a lack of urgency.

Everyone appeared to be moving slowly.' Driving swiftly along the cobbled road, Urquhart reached Frost's headquarters' company only to discover that Frost was up with the leading units, which had run into German opposition. 'I tried to impart a sense of urgency which I hoped would be conveyed to Frost,' Urquhart writes, 'and told them about the ill-fortune of the Recce Squadron.' Learning that Lathbury had gone up to the middle road to see how Third Battalion was doing, Urquhart retraced his route. Once again, he and Gough would miss each other by minutes.

Reaching the rear elements of the Third Battalion on the 'Tiger' route, the General was told that Lathbury had gone forward. He followed. At a crossroads on the Utrecht–Arnhem road, Urquhart found the Brigadier. The area was under devastating mortar fire. 'Some of these bombs were falling with unsettling accuracy on the crossroads and in the woodland where many of the Third Battalion were under cover,' Urquhart was later to write. 'This was the first real evidence to come my way of the speed and determination of the German reaction.'*

Taking cover in a slit trench, Urquhart and Lathbury discussed the situation. Both officers were worried about the slow progress of the brigade, and now the critical lack of communications was paralysing their own efforts to command. Lathbury was completely out of touch with the First Battalion and had only intermittent signals with Frost. It was apparent that both were able to direct operations only in the area where they physically happened to be. For the moment, Lathbury's concern was to get the Third Battalion off the crossroads, out of the surrounding woods and on the move again. Urquhart decided to try to contact Division headquarters on his jeep's radio. As he neared the vehicle, he saw it had been struck by a mortar and his signalman was badly wounded. Although the radio set seemed undamaged, Urquhart could not raise Division. 'I cursed the appalling communications,' Urquhart later wrote. 'Lathbury dissuaded me from attempting to go back to my own headquarters. The enemy was now thick between us and the landing zones. . . . I decided he was right . . . and I stayed. But it was at this point that I realized I was losing control of the situation.'

The men of the First and Third Battalions were engaging in

* *Arnhem*, by Major-General R. E. Urquhart, CB, DSO (with Wilfred Greatorex), Cassell, London, 1958, p. 40.

constant, bitter skirmishes. Hardened and desperate Waffen SS troopers, inferior in numbers but bolstered by half tracks, artillery and tanks, were reducing the British advance on the two upper roads to a crawl. In the confusion, men were separated from their officers and from one another as companies scattered into the woods, or fought along side roads and in the back gardens of houses. The Red Devils had recovered from the initial surprise of the German armoured strength and, though incurring heavy casualties, individually and in small groups they were striking back tenaciously. Still, there was little chance that the First and Third Battalions could reach their Arnhem objectives as planned. Now everything depended upon Colonel John Frost's Second Battalion, moving steadily along the lower Rhine road—the secondary route that the Germans had largely dismissed.

Although Frost's battalion had been held up briefly several times by enemy fire, he had refused to allow his men to scatter or deploy. His spearheading 'A' company, commanded by Major Digby Tatham-Warter, pressed forward, leaving stragglers to join the companies coming up behind. From prisoners taken by the advance parties, Frost learned that an SS company was believed to be covering the western approaches to Arnhem. Using some captured transport as well as their own jeeps to scout ahead and to the sides, the battalion moved steadily on. A little after 6 p.m., the first of Frost's objectives, the railway bridge over the Lower Rhine slightly southeast of Oosterbeek, came into view. According to plan, Major Victor Dover's 'C' company peeled off and headed for the river. The bridge looked empty and undefended as they approached. Lieutenant Peter Barry, 21, was ordered to take his platoon across. 'It was quiet when we started out,' Barry recalls. 'As we ran across the fields I noticed that there were dead cattle everywhere.' Barry's platoon was within 300 yards of the bridge when he saw 'a German run onto the bridge from the other side. He reached the middle, knelt down, and started doing something. Immediately, I told one section to open fire and a second section to rush the bridge. By this time, the German had disappeared.' As Barry recalls, 'We got on to the bridge and began racing across at full speed. Suddenly, there was a tremendous explosion and the bridge went up in our faces.' Captain Eric Mackay of the Royal Engineers felt the ground shake under the impact. 'A yellow-orange flame punched up and then black smoke rose over the bridge. I think the second span from the south bank was blown,' Mackay says. On the bridge, under cover of smoke bombs, Lieutenant Barry ordered his men off the wreckage and back to the northern bank. As the platoon began to move, Germans hidden across the river opened fire. Barry was hit in the leg and arm and two other men were wounded. Watching the troopers return through the smoke and fire, Mackay, who had been uneasy about the operation from the beginning, remembers thinking, 'Well, there goes No. 1.' Colonel Frost was more philosophical. 'I knew one of the three bridges was gone, but it was the least important. I didn't realize then what a disadvantage it would be.' It was now 6.30 p.m. and there were two more bridges to go.

[13]

It had taken the Hohenstaufen Division engineers five hours to reassemble all the tanks, half-tracks and armoured personnel carriers that Harzer had planned to send back to Germany. Newly-decorated Captain Paul Gräbner, his forty-vehicle reconnaissance battalion ready, now set out from Hoenderloo Barracks, north of Arnhem, and drove quickly south. Harzer had instructed him to make a sweep of the area between Arnhem and Nijmegen to assess the strength of the Allied airborne troops in that area. Gräbner raced swiftly through Arnhem and, by radio, informed Hohenstaufen headquarters that the city seemed almost deserted. There was no sign of enemy troops. A little before 7 p.m., Gräbner's unit crossed over the great Arnhem highway bridge. A mile past the southern end, Gräbner stopped his car to report, 'No enemy. No paratroopers.' Mile after mile, his light armoured cars slowly patrolling both sides of the highway, Gräbner's radio messages conveyed the same information. At Nijmegen itself the news was unchanged. On orders of Hohenstaufen headquarters, Gräbner was then instructed to patrol the outskirts of Nijmegen further and then to return to headquarters.

Gräbner's unit and the forward elements of Frost's Second Battalion had missed each other by approximately an hour. Even as Gräbner had driven out of Arnhem, Frost's men were in the city itself, and stealthily approaching their remaining objectives. Inexplicably, despite General Bittrich's explicit instructions, Harzer had completely failed to safeguard the Arnhem bridge.

[14]

It was growing dark as Colonel Frost quickened the battalion's pace towards the next objective, the pontoon crossing less than a mile west of the Arnhem bridge. Major Digby Tatham-Warter's 'A' company, still in the lead, was again momentarily held up on the high ground at the western outskirts of Arnhem. Enemy armoured cars and machine guns had forced the company off the road and into the back gardens of nearby houses. Coming up behind, Frost found ten Germans guarded by a lone 'A' company man and, as he was later to write, surmised that 'Digby's back garden manoeuvre had been completely successful and that the company had rushed on again.' Frost returned to the battalion. In the dusk, bursts of fire sporadically swept the road but as the men moved along, they passed damaged vehicles and a number of dead and wounded Germans—clear evidence, Frost thought, of 'Digby's quite satisfactory progress.'

Moving rapidly through the streets of Arnhem, the battalion reached the pontoon bridge and halted, faced with their second set-back. The centre section of the bridge had been removed and it was useless. As Captain Mackay stood looking at the dismantled crossing, he decided 'it was typical of the whole cocked-up operation. My one thought was, "Now we've *got* to get that other bloody bridge".' He stared off in the distance. Barely a mile away, the great concrete and steel span was silhouetted against the last light.

On the Third Battalion's 'Tiger' route, moving haltingly towards Arnhem, General Urquhart knew with certainty that he was stranded. In the growing darkness, with enemy forays constantly harassing the march, there was no possibility of his returning to Division headquarters. His mood was bleak. 'I wished with every step that I knew what was going on elsewhere.' Just before nightfall, Urquhart learned that the Third's leading companies had reached the outskirts of Oosterbeek near some place called the Hartenstein Hotel. . . . We were making little progress,' Urquhart was later to write, 'and Lathbury, after a discussion with Fitch, the battalion commander, called a halt.'

In a large house set well back from the road, Urquhart and Lathbury prepared to spend the night. The owner of the house, a tall, middle-aged Dutchman, brushed aside the General's apologies at inconveniencing him and his wife, and gave the two officers a downstairs front room overlooking the main road. Urquhart was restless and unable to relax. 'I kept checking to see if any contact had been made with either Gough or Frost, but there was nothing from my headquarters or from anyone else.'

The great bridge loomed ahead. The concrete ramps alone were immense complexes unto themselves with roads running beneath them and along the river bank from west to east. On either side the rooftops of houses and factory buildings came up to the level of the ramps. In the twilight, the massive approaches and the high-arched girders spanning the Rhine looked awesome and intimidating. Here finally was the main objective—the pivot of Montgomery's audacious plan—and to reach it Frost's men had fought on the march for nearly seven hours.

Now, as lead elements of the Second Battalion neared the bridge, Lieutenant Robin Vlasto, in command of one of 'A' company's platoons, was amazed by 'its incredible great height.' Vlasto noted 'pillboxes at each end, and even in the general air of desertion, they looked threatening.' In darkness 'A' company quietly took up positions beneath the huge supports at the northern end. From above them came the slow rumble of traffic.

Captain Eric Mackay of the Royal Engineers, approaching the bridge through a mosaic of streets, reached a small square leading to the ramp. He remembers that 'the quietness as we went through the streets was oppressive and all around us there seemed to be soft movement. Men were beginning to feel the strain and I wanted to get that bridge as quickly as we could.' Suddenly the darkness was ripped by German fire from a side street. One of the engineers' explosives trolleys went up in flames, and the men were clearly illuminated. Instantly, Mackay ordered his men with their equipment across the square. They dashed over, defying the German fire. Within a few minutes, without losing a man, they were at the bridge. Studying the terrain below the northern ramp, Mackay saw four houses on the east side. 'One of them was a school and it was on the corner of a crossroads,' he remembers. 'I thought that whoever held these houses held the bridge.' Mackay promptly ordered his engineers into the school.

Shortly after 8 p.m., Colonel Frost and the battalion headquarters arrived. Frost had sent Major Douglas Crawley's 'B' company to the high ground above the nearby railway embankment with anti-tank guns to protect the battalion's left flank, freeing 'A' company to dash for the bridge.* 'C' company, under Major Dover, was instructed to follow the forward elements into the city and seize the German Commandant's headquarters. Now, at the bridge, Frost was unable to raise either company by radio. Quickly he dispatched messengers to determine their whereabouts.

Deciding not to wait, Frost ordered 'A' company platoons on to the bridge. As the men began to move across, the Germans came to life. Troopers were raked with fire from the pillbox at the northern end and by a lone armoured car on the southern end of the bridge itself. A platoon, aided by Eric Mackay's sappers carrying flame-throwers, began to move through the top floors of houses whose roofs and attics were at eye level with the ramp. Simultaneously, Lieutenant Vlasto's platoon worked its way through basements and cellars, going from house to house until it reached Mackay's locations. In position, they attacked the pillbox. As the flame-throwers went into action, Frost recalls that 'all hell seemed to be let loose. The sky lit up, and there was the noise of machine-gun fire, a succession of explosions, the crackling of burning ammunition and the thump of a cannon. A wooden building nearby was wreathed in flames, and there were screams of agony and fear.'† Now, too, Frost could hear the crash of Vlasto's Piat‡ bombs smashing into the pillbox. Suddenly, the brief savage battle was over. The guns in the pillbox fell silent and through the fires, Frost saw German soldiers staggering towards his men. 'A' company had successfully cleared the north end of the bridge and it was theirs. But now, hampering fires and exploding ammunition made it suicidal to risk a second rush to grab the southern side. Only half an hour earlier, Frost could have succeeded.§ But now, on the south bank, a group of SS *Panzer* Grenadiers had taken up positions.

* As Frost recalls, 'a map I had taken from a German prisoner . . . showed the routes of an enemy armoured car patrol unit and I realized that the German strength was to my left.'

† Several accounts state that the flame-throwers' aim was diverted and instead of hitting the pillbox, the fiery liquid hit several huts containing explosives.

‡ A short-range, spring-loaded, British anti-tank gun weighing 33 lbs and capable of firing a projectile which could penetrate four inches of tempered armour plate.

§ According to Dutch Constable Van Kuyk the bridge was deserted and without guards when he came on duty at 7.30 that evening. Earlier, according

Frost attempted to contact Major Crawley once more. He wanted to locate boats or barges in which Crawley's company could cross the river and attack the Germans on the southern side. Again, radio communications were out. Worse, messengers could not even find the company and, they reported, there were no boats to be seen. As for 'C' company, the patrol sent out to contact them were pinned down and heavily engaged near the German Commandant's headquarters.

Grimly Frost's men looked across the Arnhem bridge. How strong were the Germans holding the southern end? Even now, 'A' company believed there was a chance of seizing the southern end by a surprise attack across the river, if only the men and boats could be found.

But that opportunity had passed. In one of the great ironies of the Arnhem battle, the Lower Rhine could have been crossed within the first hour of landing. Exactly seven miles west, at the village of Heveadorp—through which Frost's battalion had marched en route to their objectives—a large cable ferry, capable of carrying automobiles and passengers, had operated back and forth all day on its normal passage across the Lower Rhine between Heveadorp on the north bank and Driel on the south. Frost knew nothing about the ferry. Nor was it ever listed as one of Urquhart's objectives. In the meticulous planning of Market-Garden an important key to the taking of the Arnhem bridge—the ferry at Driel—had been totally overlooked.*

Major Freddie Gough had finally overtaken Lathbury's brigade

---

to Van Kuyk, when the airborne landings began, the bridge garrison of 25 World War I veterans deserted their post.

* In the official orders issued to Urquhart, no reference to the Driel ferry as an objective seems to exist. RAF reconnaissance photographs, used at briefings, show it clearly and one must assume that at some stage of the planning it was discussed. However, General Urquhart, when I interviewed him on the subject, told me 'I can't recall that the ferry ever came up.' When Urquhart finally learned of the ferry's existence, it was too late to be of any use. Says Urquhart, 'By that time I did not have enough men to put across the river.' In verbal orders, however, the engineers were warned that 'the seizure of all ferries, barges and tugs becomes of paramount importance to assist the subsequent advance of XXX Corps.' Obviously, however, in the last-minute stages of the planning these orders apparently carried lower priority for they were never formally issued. 'No one told us about the ferry at Driel,' Colonel Frost told the author, 'and it could have made all the difference.'

headquarters, following Frost's battalion on the 'Lion' route. Quickly he sought out Major Tony Hibbert, the second-in-command. 'Where's the General and the Brigadier?' Gough asked. Hibbert didn't know. 'They're together somewhere,' he told Gough, 'but they've both gone off.' Gough was now totally confused. 'I didn't know what to do,' he recalls. 'I tried to contact Division without success, so I just decided to keep on going after Frost.' Leaving Hibbert, Gough set out once more.

It was dark when Gough and his troopers drove into Arnhem and found Frost and his men holding positions near the northern end of the bridge. Immediately Gough asked where Urquhart was. Like Hibbert, Frost had no idea. He assumed Urquhart was back with Division. Once more Gough tried his radio. Now adding to his anxiety was the absence of any news of his own reconnaissance forces near Wolfheze. But again he could make no contact with anyone. Ordering his tired men to a building close by the bridge, Gough climbed to the roof just in time to see the whole southern end of the bridge 'go up in flames' as Frost's men made their first attempt to seize the far end. 'I heard this tremendous explosion and the whole end of the bridge seemed to be on fire. I remember somebody saying "We've come all this way just to have the damn bridge burn down".' Gough, himself, was momentarily alarmed. Then, through the smoke he saw that only the pillbox and some ammunition shacks were destroyed. Concerned and weary, Gough turned in for a few hours' rest. He had travelled route after route all day in search of Urquhart. Now, at the bridge, at least one problem was solved. He was where he had set out to be and there he would stay.

There was little more that Lieutenant-Colonel Frost could do this night, except to guard the northern end of the bridge from enemy attacks on the southern side. He still had no contact with his missing companies and now, in a house on a corner overlooking the bridge, Frost set up battalion headquarters. Lance Corporal Harold Back of the Second Battalion's cipher section remembers that from the front window of the house, the headquarters' personnel could look out on the ramp. 'The side window of the room gave us a direct view of the bridge itself,' says Back. 'Our signallers stuck their antennas through the roof and moved their sets constantly, but they couldn't make contact with anybody.'

Shortly after, brigade headquarters arrived and set up in the attic of a house near Frost's. After conferring with his officers, Frost thought it was now obvious that the First and Third Battalions had either been held up on the 'Tiger' and 'Leopard' routes or were fighting north of the bridge somewhere in Arnhem. Without communications, it was impossible to tell what had happened. But if the two battalions did not reach Arnhem during the hours of darkness, the Germans would have the precious time necessary to close the area between Frost's men and the rest of the division. Additionally, Frost was worried that the great bridge might still be blown. In the opinion of the engineers, the heat from fires had already destroyed any fuses laid from the bridge to the town and all visible cables had already been cut by sappers. Still, no one knew exactly where other cables might be hidden. And, as Frost recalls, 'the fires prevented even one man from being able to get on to the bridge to remove any charges that might still be there.'

But the northern end of the Arnhem bridge was in Frost's hands and he and his courageous men had no intention of giving it up. Although he worried about his missing companies and the rest of the division, he did not show his concern. Visiting various sections now billeted in several houses near the ramp, he found his men 'in great heart, as they had every reason to be.' As Private James Sims recalls, 'We felt quite pleased with ourselves, with the Colonel making jokes and inquiring about our comfort.'

At battalion headquarters, Frost himself now settled down for the first time during the day. Sipping from a large mug of tea, he thought that, all in all, the situation was not too bad. 'We had come eight miles through close, difficult country, to capture our objective within seven hours of landing in Holland . . . a very fine feat of arms indeed.' Although restless, Frost, like his men, was optimistic. He now had a force numbering about five hundred men of various units and he had every faith that his own missing companies would reach him at the bridge. In any case, he would have to hold, at most, for another forty-eight hours—until the tanks of General Horrocks' XXX Corps arrived.

[15]

From Berlin to the Western Front, the German high command was stunned by the sudden Allied attack. Only in Arnhem, where the

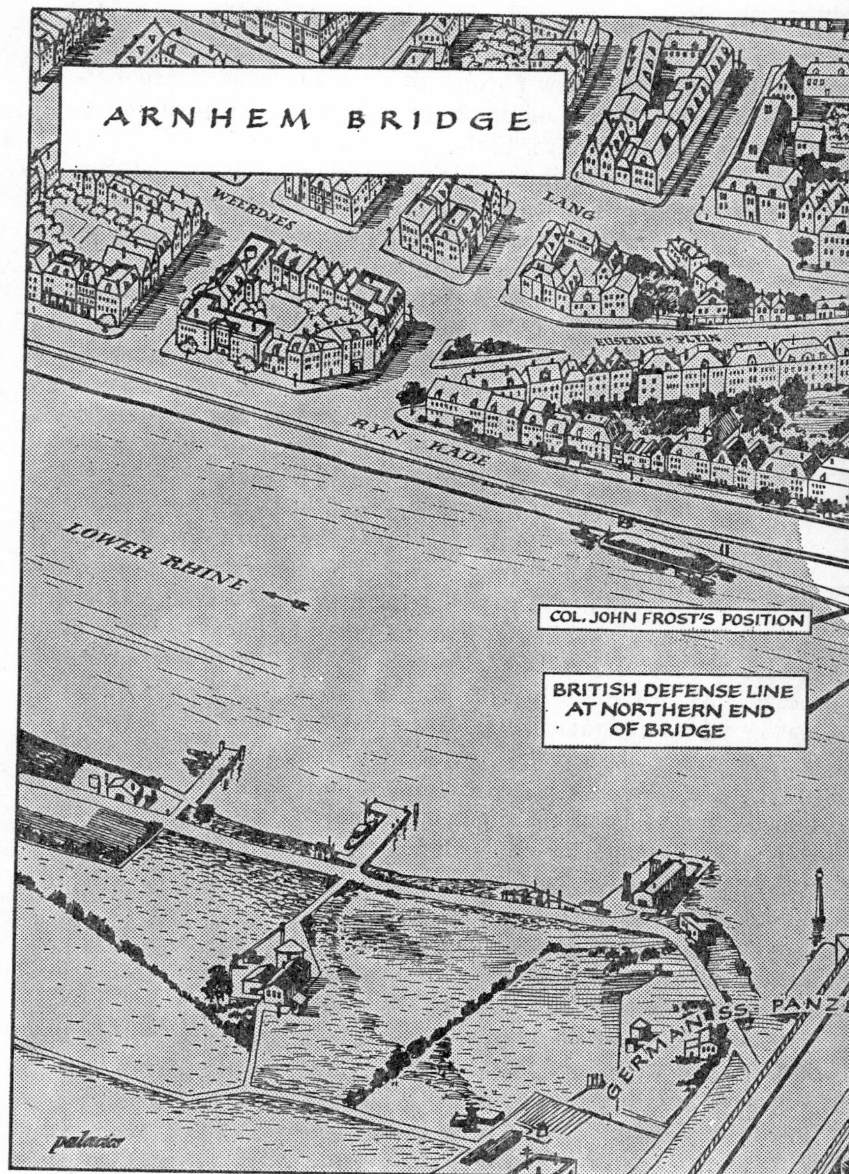

ARNHEM BRIDGE
WEERDJES
LANG
EUSEBIUS - PLEIN
RYN - KADE
LOWER RHINE
COL. JOHN FROST'S POSITION
BRITISH DEFENSE LINE AT NORTHERN END OF BRIDGE
GERMAN SS PANZE

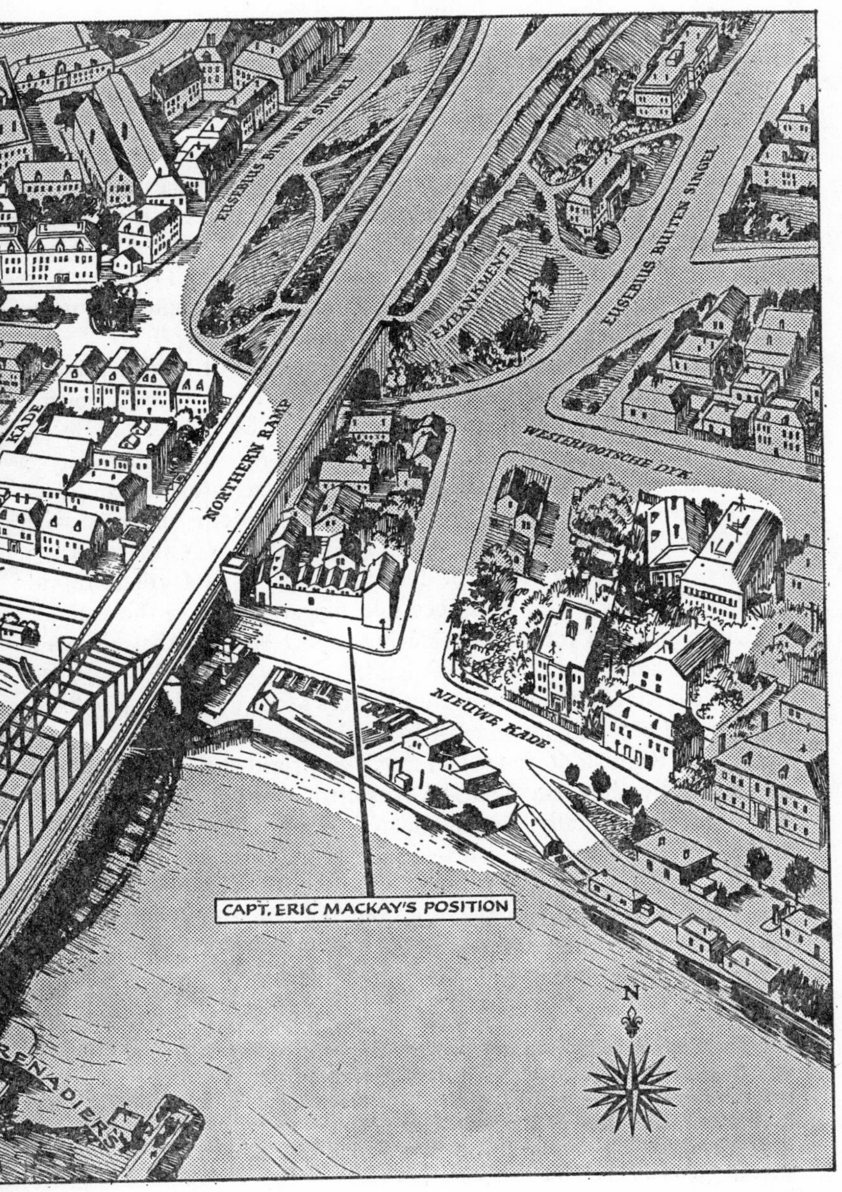
EUSEBIUS BINNEN SINGEL
EUSEBIUS BUITEN SINGEL
EMBANKMENT
KADE
NORTHERN RAMP
WESTERVOOTSCHE DYK
NIEUWE KADE
CAPT. ERIC MACKAY'S POSITION
N

British First Airborne Division had dropped almost on top of General Bittrich's two *panzer* divisions, was the reaction both fierce and quick. Elsewhere, baffled and confused commanders tried to determine if the startling events of the 17th were indeed the opening phase of an invasion of the Reich. A ground attack by the British out of Belgium had been anticipated. All available reserves, including General Van Zangen's Fifteenth Army, so worn down that men had little else but the rifles they carried, had been thrown into defence positions to hold against that threat. Trenches had been dug and strategic positions built in an all-out effort to force the British to fight for every foot of ground.

No one had foreseen that airborne forces would be used simultaneously with the British land advance. Were these airborne attacks the prelude to an invasion of Holland by the sea, as Berlin feared? In the hours of darkness, while staff officers tried to analyse the situation, reports of additional airborne attacks further confused the picture. American paratroopers, their strength unknown and their units still unidentified, were in the Eindhoven-Nijmegen area; and the British First Airborne Division had clearly landed around Arnhem. But now new messages told of paratroops in the vicinity of Utrecht, and a totally bewildering report claimed that airborne forces had landed in Warsaw, Poland.*

At Field Marshal Gerd von Rundstedt's headquarters in Koblenz, the general reaction was one of astonishment.† The crusty, aristocratic Von Rundstedt was not so much surprised at the nature of the attack, as by the man who, he reasoned, must be directing it—Montgomery. Initially, Von Rundstedt doubted that these sudden and apparently combined land-and-air operations were the opening of Eisenhower's offensive to invade the Reich. The Field Marshal had long been certain that Patton and the American Third Army driving towards the Saar posed the real danger. To combat that threat, Von Rundstedt had committed his best troops to repulse

* The RAF did drop dummy paratroops over a wide area around Utrecht, diverting some German troops for days. No troops were dropped on Warsaw and the report may have been garbled in transmission or, more simply, may have been the result of unfounded rumour.

† 'When we first informed Von Rundstedt's headquarters of the airborne attack,' Colonel Hans von Templehof, Model's operations chief, told me, 'OB West seemed hardly perturbed. In fact the reaction was almost callously normal. It quickly changed.'

Patton's racing tanks. Now Germany's most renowned soldier was caught temporarily off-balance. Never had he expected Eisenhower's main offensive to be led by Montgomery, whom he had always considered 'over-cautious, habit-ridden and systematic.'

He was astounded by the boldness of Montgomery's move. The messages pouring in from Model's headquarters carried a note of hysteria attesting all the more to the surprise and gravity of the attack: 'We must reckon with more airborne landings being made at night . . . the enemy obviously believes his attack to be of major importance and the British have achieved considerable initial success against Student and pushed forward to Valkenswaard . . . the position here is particularly critical . . . the lack of fast, strong reserves is increasing our difficulties . . . the general situation of Army Group B, stretched as it is to the limits, is critical . . . we require, as fast as possible, panzers, artillery, heavy mobile anti-tank weapons, anti-aircraft units, and it is absolutely essential that we have fighters in the sky day and night. . . .' Model ended with these words: '. . . the main concentration of the Allies is on the northern wing of our front.' It was one of the few times Von Rundstedt had ever respected the opinion of the officer he had caustically referred to as having the makings of a good sergeant-major. In that fragment of his message, Model had stripped away Von Rundstedt's last doubts about who was responsible for the startling developments. The 'northern wing' of Army Group B *was* Montgomery.

During the night hours it was impossible to estimate the strength of the Allied airborne forces in Holland, but Von Rundstedt was convinced that further landings could be expected. It would now be necessary not only to plug gaps all along the German front but to find reserves for Model's Army Group B at the same time. Once again, Von Rundstedt was forced to gamble. Messages went out from his headquarters transferring units from their positions facing the Americans at Aachen. The moves were risky but essential. These units would have to travel north immediately and their commitment in the line might take forty-eight hours at minimum. Von Rundstedt issued further orders to defence areas along Germany's northwest frontier, calling for all available armour and anti-aircraft units to proceed to the quiet backwater of Holland where, the Field Marshal was now convinced, imminent danger to the Third Reich lay. Even as he worked steadily on through the night to shore up his defences, Germany's Iron Knight pondered the strangeness of the situation. He was still amazed that the officer in charge of this great Allied offensive was Montgomery.

It was late evening when the staff car carrying General Wilhelm Bittrich from his headquarters at Doetinchem arrived in the darkened streets of Arnhem. Bittrich was determined to see for himself what was happening. As he reconnoitred through the city, fires were still burning and debris littered the streets—the effect of the morning's bombing. Dead soldiers and smouldering vehicles in many areas attested, as Bittrich was later to say, to 'the turbulent fighting that had taken place.' Yet he had no clear picture of what was happening. Returning to his own headquarters, Bittrich learned from reports received from two women telephone operators in the Arnhem Post Headquarters—whom he was later to decorate with the Iron Cross—that the great highway bridge had been taken by British paratroopers. Bittrich was infuriated. His specific order to Harzer to hold the bridge had not been carried out. Now it was crucial that the Nijmegen bridge over the Waal River be secured before the Americans in the south could seize it. Bittrich's only chance of success was to crush the Allied assault along the corridor and squeeze the British to a standstill in the Arnhem area. The paratroopers now on the north end of the Arnhem bridge and the scattered battalions struggling to reach them must be totally destroyed.

The top-secret Market-Garden plan that had fallen into Colonel-General Kurt Student's possession finally reached Field Marshal Model at his new headquarters. He had abandoned the gardener's cottage in the Doetinchem castle grounds and moved about five miles east near the small village of Terborg. It had taken Student the best part of ten hours to locate the Field Marshal and transmit the document by radio. Arriving in three parts and now decoded, Market-Garden lay revealed.

Model and his staff studied it intently. Before them was Montgomery's entire plan: the names of the airborne divisions employed, the successive air and re-supply lifts ranging over a three-day period, the exact location of the landing and drop zones, the crucial bridge objectives—even the flight routes of the aircraft involved. Model, as Harzer was later to learn from the Field Marshal himself, called the plan 'fantastic.' It was so fantastic that in these critical hours Model refused to believe it.

The plans were too pat, too detailed for credibility. Model suggested to his staff that the very preciseness of the document argued against its authenticity. He stressed again his own firm conviction that the landings west of Arnhem were the spearhead of a large-scale airborne attack towards the Ruhr, via Bocholt and Munster, some forty miles east. Additional airborne landings should be expected, he warned, and once assembled would undoubtedly swerve north and then east. Model's reasoning was not without validity. As he told his staff, 'If we are to believe these plans and are to assume that the Arnhem bridge is the true objective, why were not troops dropped directly on the bridge? Here, they arrive on vast open areas suitable for assembly, and moreover, eight miles to the west.'

Model did not inform General Bittrich of the document. 'I never realized until after the war,' says Bittrich, 'that the Market-Garden plans had fallen into our hands. I have no idea why Model did not tell me. In any case, the plans would simply have confirmed my opinion that the important thing to do was prevent the link-up between the airborne troops and the British Second Army—and for that, they certainly needed the bridges.'* One officer under Bittrich's command did learn of the document. Lieutenant-Colonel Harzer seemed to be the only officer outside the Field Marshal's staff with whom Model talked about the plan. Harzer recalls that 'Model was always prepared for the worst so he did not discount it entirely. As he told me, he had no intention of being caught by the short hairs.' Only time would tell the Germans if the document was, in fact, genuine. Although the temperamental, erratic Field Marshal was not fully prepared to accept the evidence before him, most of his staff were impressed. With the Market-Garden plan in their hands, Model's headquarters alerted all anti-aircraft units already on the move of the drops that the plan said would take place a few hours later.

One assumption, at least, was laid to rest. Lieutenant Gustav Sedelhauser, the general headquarters administration officer, recalls

* OB West was not informed of the captured Market-Garden plans either; nor is there any mention in Model's reports to Von Rundstedt of the documents. For some reason Model thought so little of the plans that he did not pass them on to higher headquarters.

that on the basis of the captured documents, Model was now of the opinion that he and his Oosterbeek headquarters had not been the objective of the airborne assault after all.

[16]

At the precise time that Lieutenant-Colonel John Frost secured the northern end of the Arnhem bridge, a cautious approach to another prime objective eleven miles away was only just beginning. The five-span highway bridge over the Waal River at Nijmegen in the 82nd Airborne's central sector of the corridor was the last crossing over which the tanks of General Horrocks' XXX Corps would pass on their drive to Arnhem.

With spectacular success, Brigadier-General James M. Gavin's 504th paratroopers had grabbed the crucial Grave bridge eight miles southwest of Nijmegen; and, at about 7.30 p.m., units of the 504th and 505th Regiments secured a crossing over the Maas–Waal Canal at the village of Heumen, less than five miles due east of Grave. Gavin's hope of capturing all three canal crossings and a railway bridge was in vain. The bridges were blown or severely damaged by the Germans before the 82nd could grab them. Yet, within six hours of landing, Gavin's troopers had forged a route over which the British ground forces would travel. Additionally, patrols of the 505th Regiment probing the area between the 82nd's drop zones near the Groesbeek Heights and the Reichswald encountered only light resistance; and, by nightfall, other troopers of the 508th Regiment had secured a three-and-a-half mile stretch of woods along the Holland–German border north of the Groesbeek drop zone and running to the southeastern outskirts of Nijmegen. Now, with three of the 82nd's four key objectives in hand, everything depended upon the capture of the 1,960-foot-long road bridge at Nijmegen.

Although General Browning had directed Gavin not to go for the Nijmegen crossing until the high ground around Groesbeek was secured, Gavin was confident that all the 82nd's objectives could be taken on this first day. Evaluating the situation some twenty-four hours before the jump, Gavin had called in the 508th's commander, Colonel Roy E. Lindquist, and directed him to send one battalion racing for the bridge. In the surprise and confusion of the airborne landings, Gavin reasoned, the gamble was well worth taking. 'I cautioned Lindquist about the dangers of getting caught in streets,'

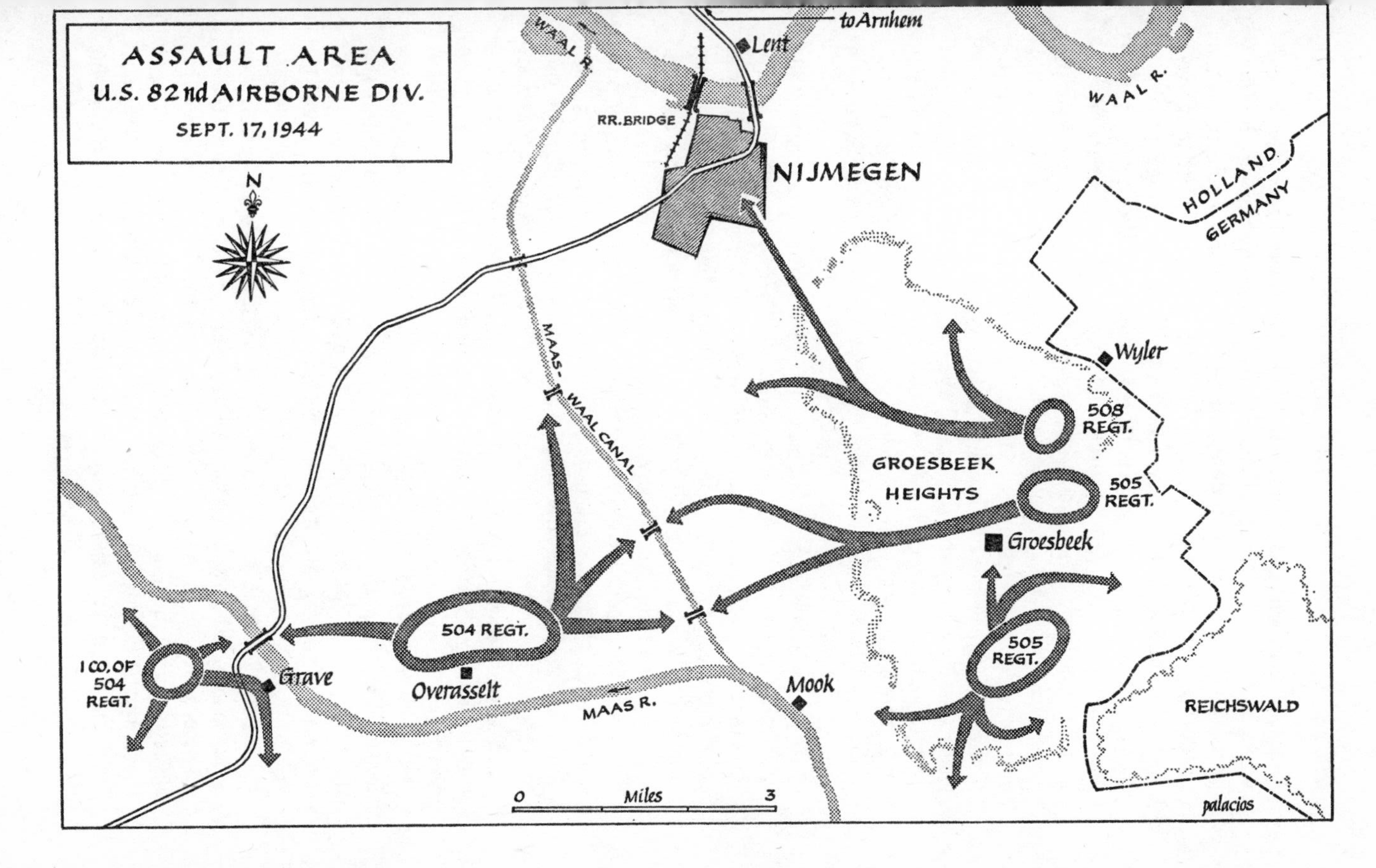
ASSAULT AREA
U.S. 82nd AIRBORNE DIV.
SEPT. 17, 1944
N
WAAL R.
to Arnhem
Lent
RR. BRIDGE
NIJMEGEN
WAAL R.
HOLLAND
GERMANY
Wyler
MAAS-WAAL CANAL
508 REGT.
GROESBEEK HEIGHTS
505 REGT.
Groesbeek
504 REGT.
505 REGT.
1 CO. OF 504 REGT.
Grave
Overasselt
MAAS R.
Mook
REICHSWALD
0 Miles 3
palacios

Gavin remembers, 'and pointed out that the way to get the bridge was to approach from east of the city without going through built-up areas.' Whether by misunderstanding or a desire to clean up his initial assignments, Lindquist's own recollection was that he was not to commit his troopers in an assault on the bridge until the regiment's other objectives had been achieved. To the First Battalion, commanded by Lieutenant-Colonel Shields Warren, Jr., Lindquist assigned the task of holding protective positions along the Groesbeek–Nijmegen highway about a mile-and-a-quarter south-east of the city. Warren was to defend the area and link up with the regiment's remaining two battalions to the west and east. Only when these missions were accomplished, Warren recalled, was he to prepare to go into Nijmegen. Thus, instead of driving for the bridge from the flat farming areas to the east, Warren's battalion found itself squarely in the centre of those very built-up areas Gavin had sought to avoid.

It was nightfall before Warren achieved his other objectives. Now with precious time lost, lead companies began to move slowly through the quiet, almost deserted streets of Nijmegen. The main objective was to reach the traffic circle leading to the southern approaches of the bridge. There was a diversionary target as well. The Dutch underground reported that the detonating mechanism for destroying the great crossing was situated in the main post office building. This vital information reached Warren's units only after they had begun moving towards the bridge. A platoon was hurriedly sent to the post office where, after subduing the German guards, engineers cut wires and blew up what they believed to be the detonating controls. Whether this apparatus was, in fact, actually hooked up to explosives on the bridge, no one would ever know for certain, but now, at least, electrical circuits and switchboards were destroyed. When the platoon attempted to withdraw to rejoin the main force they found that the enemy had closed in behind them. They were cut off and for the next three days would be forced to hold out in the post office until help arrived.

Meanwhile, as the remainder of Warren's force approached a park which led towards the bridge, they came suddenly under intense machine gun and armoured car fire. Captain Arie D. Bestebreurtje, the Dutch officer assigned to the 82nd, remembers that 'guns suddenly opened up on us and I could see the flashes of fire from the muzzles. They seemed to be all around us.' Before he could raise his carbine to fire, Bestebreurtje was hit in the left hand and elbow and the right index finger.* To Corporal James R. Blue, the eerie battle raging in the blacked-out streets was like a nightmare. 'Right away we were engaged in hand-to-hand combat,' Blue remembers. He was moving through the streets with Private First Class Ray Johnson, both armed with M-1 rifles with fixed bayonets, when they came face to face with SS troops. As Johnson tried to get one of the Germans with his bayonet, Blue went after an officer with a trench knife. 'Our orders were not to fire. If we came to close combat we were to use knives and bayonets. But,' Blue recalls, 'that trench knife seemed mighty short, so I used my Tommy gun. That closed that chapter, but almost immediately a self-propelled gun began to fire in our direction and we moved up to the park and tied in with other platoons.' Private James Allardyce remembers hearing a call for medics up front but 'bullets were whistling down the street and there was so much confusion in the darkness that men did not know where others were. We set up a perimeter defence round a modern brick school house. Out front we heard German voices and the moaning and cries of the wounded. We couldn't make it to the bridge. Finally it came through to us that the Jerries had stopped us.'

As indeed they had. Captain Paul Gräbner's Reconnaissance Battalion, which had missed Frost at the Arnhem bridge, had arrived in Nijmegen well in advance of the late-starting Americans.

By midnight on this first day of the mightiest airborne assault in history, British and American paratroops were on or fighting towards their major objectives. Through long hours of march and savage encounters with an unexpectedly strong and tenacious enemy, they had gained most of the objectives that the planners had expected them to take swiftly and with ease. From the gallant men of Colonel John Frost's Second Battalion clinging to the north end of the Arnhem bridge, all along the corridor south to where Colonel Robert Sink's 101st troopers struggled to repair the bridge at Son, the mood was one of fierce determination: they must hold open the highway along which the British Second Army tanks and infantry

* Several days later, Bestebreurtje was told by doctors that the finger must be amputated. 'I told them absolutely not,' Bestebreurtje says. 'It was my finger and I was not going to have it amputated. Besides, it would have ruined my piano playing.' He still has the finger.

would drive. On this midnight, troopers did not doubt that relief was on the way or that reinforcements and supplies, scheduled to arrive on the 18th, would further bolster their position. Despite heavy casualties, confusion, and communications setbacks, the men of the airborne army were completely optimistic. All in all, it had not been a bad Sunday outing.

[17]

There was a red glow in the sky over Arnhem as the speeding car bringing Major-General Heinz Harmel back from Berlin neared the city. Apprehensive and tired after the long trip, Harmel arrived at the Frundsberg Division headquarters in Ruurlo only to find that his command post was now situated in Velp, approximately three miles northeast of Arnhem. There, he found his chief of staff, Lieutenant-Colonel Paetsch, looking exhausted. 'Thank God you're back!' Paetsch said. Quickly he briefed Harmel on the day's events and on the orders received from General Bittrich. 'I was dumbfounded,' Harmel recalls. 'Everything seemed confused and uncertain. I was very tired, yet the gravity of the situation was such that I called Bittrich and told him I was coming to see him.'

Bittrich had not slept either. As Harmel was shown in, Bittrich began immediately to outline the situation. Angry and frustrated, he bent over his maps. 'British paratroopers have landed here, west of Arnhem,' he told Harmel. 'We have no idea of their actual strength or intentions.' Pointing to Nijmegen and Eindhoven, the corps commander said, 'American airborne forces have secured lodgements in these two areas. Simultaneously, Montgomery's forces have attacked north from the Meuse–Escaut Canal. My belief is that the object is to split our forces. In my opinion, the objectives are the bridges. Once these are secured, Montgomery can drive directly up the centre of Holland and from there, into the Ruhr.' Bittrich waved his hands. 'Model disagrees. He still believes further airborne forces will be dropped north of the Rhine, east and west of Arnhem and march towards the Ruhr.'

Harzer's Hohenstaufen Division, Bittrich went on to explain, had been ordered to mop up the British west and north of Arnhem. The armed forces commander in The Netherlands, General Christiansen, had been directed to send in his forces—a mixture of defence and training battalions—under command of Lieutenant-General

Hans von Tettau. Their mission was to aid the Hohenstaufen Division on the flanks in an effort to overrun the British landing and drop zones.

The Frundsberg Division, Bittrich continued, was charged with all activities to the east of Arnhem and south to Nijmegen. Stabbing the map with his finger, Bittrich told Harmel, 'The Nijmegen bridge must be held at all costs. Additionally the Arnhem bridge and the area all the way south to Nijmegen is your responsibility.' Bittrich paused and paced the room. 'Your problems,' he told Harmel, 'have been made more difficult. Harzer failed to leave armoured units at the north end of the Arnhem bridge. The British are now there.'

As he listened, Harmel realized with growing alarm that with the Arnhem bridge in British hands, there was no way to get his armour quickly across the Rhine and down to Nijmegen. Nor was there another bridge crossing over the river east of the Arnhem bridge. His entire division would have to be taken over the Rhine at a ferry landing in the village of Pannerden, some eight miles south-east of Arnhem. Bittrich, anticipating the problem, had already ordered the ferry operations to begin. It would be a slow, tedious roundabout way of reaching Nijmegen, and to ferry the division's trucks, armour and men would take all of Harmel's resources.

As he left Bittrich's headquarters, Harmel asked his commander: 'Why not destroy the Nijmegen bridge before it's too late?' Bittrich's tone was ironic. 'Model has flatly refused to consider the idea. We may need it to counterattack.' Harmel stared in amazement. 'With what?' he asked.

In the dark Harmel set out once again, heading for Pannerden. His units were already on the move towards the ferry crossing and the roads were choked with troops and vehicles. In Pannerden itself, Harmel saw the reason for the chaotic conditions he had witnessed on the road. Vehicles congested the streets in one gigantic traffic jam. At the river's edge, makeshift ferries composed of rubber rafts were slowly floating trucks across the river. From his chief of staff, Harmel learned that one battalion had reached the far shore and was already en route for Nijmegen. Some trucks and smaller vehicles were also across. But as yet, heavier armoured equipment had not even been loaded. In Paetsch's opinion, Harmel's Frundsberg units might not be in action in the Arnhem–Nijmegen area until September 24th if the slow, cumbersome ferrying could not be speeded up.

Harmel knew there was only one solution to the problem. He would have to retake the Arnhem bridge and open the highway route to Nijmegen. As this first day of Market-Garden, September 17th, ended all the German frustrations now focused on a single obstinate man—Colonel John Frost at the Arnhem bridge.

PART FOUR

THE SIEGE

[1]

EARLY morning mist rising from the Rhine swirled around the Arnhem bridge and the silent darkened houses surrounding it. A short distance from the northern ramp, the Eusebius Buiten Singel —a long, landscaped boulevard bordering the historic inner city— stretched back towards the outlying areas north and east and ended at the Musis Sacrum, Arnhem's popular concert hall. On this Monday, September 18th, in the thin, indistinct light, the ancient capital of Gelderland appeared deserted. Nothing moved in the streets, gardens, squares or parks.

From their positions around the northern end of the bridge, Colonel Frost's men could begin to see for the first time the whole sprawl of the city with its houses and municipal buildings: the Court of Justice, Provincial Government House, State Archives buildings, the town hall, general post office and the railway station less than a mile to the northwest. Nearer, the Church of St. Eusebius, with its 305-foot-high steeple, dominated the city. Few of Frost's men, looking warily out from shattered windows and freshly-dug foxholes in a perimeter composed of eighteen houses, realized that the great church now had a sinister significance. German snipers had moved into the tower during the night. Carefully concealed, they, like the British, waited tensely for full light.

The battle for the bridge raged all night. A midnight lull had been short-lived. When the fighting broke out again, it almost seemed that each man was engaged in individual contest. Twice during the night Frost's men had tried to rush the southern end of the bridge, only to be beaten back. Lieutenant John Grayburn, leading both charges, had been badly wounded in the face, but he stayed on the bridge and oversaw the evacuation of all his men to safety.* Later, truck-loads of German infantry tried to ram their way across the bridge, only to be met by the concentrated fire of the British troopers. With flame-throwers, Frost's men had set the vehicles on fire. *Panzer* grenadiers were burned alive in the inferno and fell screaming to the Rhine one hundred feet below. The acrid smell of burning rubber and thick black smoke eddying up from the debris hampered rescue parties from both sides searching for their wounded among the bodies littering the bridge. Lance Corporal Harold Back, in one such party, was helping to carry wounded into the basement of one of the houses held by Frost's men. In the darkness of the cellar, he saw what he thought were a few candles burning. Injured troopers were laid out all over the floor and suddenly Back realized that what he saw were tiny fragments glowing on the bodies of some of the wounded. Hit by splinters from phosphorus shells, the men were glowing in the dark.

Inexplicably, in these first moments of daylight, the battle halted again. It was almost as though both sides were drawing a deep breath. Across the road from Frost's battalion headquarters, on a side street under the ramp itself, Captain Eric Mackay made a quiet reconnaissance of the houses that his little force of engineers and small groups of men from other units now controlled. During a vicious night-time battle, Mackay had managed to hang on to two of the four houses in the area and set up a command post in one of them, a brick schoolhouse. The Germans, counterattacking, had crept through the landscaped grounds to toss hand-grenades into the houses. Infiltrating the buildings, the Germans fought a deadly, almost silent hand-to-hand battle with the British. Ranging through the cellars and from room to room, Mackay's men drove back swarms of the enemy with bayonets and knives. Then, taking a small group of men, Mackay went out into the bushes after the retreating Germans. Again, with bayonets and grenades, the British routed the enemy. Mackay was hit in the legs by shrapnel and a bullet punctured his helmet, grazing his scalp. Now, checking his troopers, Mackay discovered casualties similar to his own. Adding to his problems, the supply situation was not good. There were six

* Grayburn was killed in the battle for Arnhem. On September 20th, he stood in full view of an enemy tank and directed the withdrawal of his men to a main defence perimeter. For supreme courage, leadership and devotion to duty during the entire engagement, he was posthumously awarded the Victoria Cross.

Bren guns, ammunition, grenades and some explosives. But Mackay had no anti-tank weapons, little food and no medical supplies except morphia and field dressings. Additionally, the Germans had cut off the water. Now, all that was available was what the men still had in their canteens. Terrible as the night-time fighting had been, Mackay maintained a fierce determination. 'We were doing well and our casualties were comparatively light,' he recalls. 'Besides, now with the coming of daylight, we could see what we were doing and we were ready.' Still, Mackay, like Frost, had few illusions. In this most deadly kind of fighting—street by street, house by house and room by room—he knew it was only a question of time before the British garrison at the bridge was overwhelmed. The Germans obviously hoped to crush Frost's small force, by sheer weight of numbers, within a matter of hours. Against such powerful and concentrated attacks, all that could save the courageous defenders at the bridge was the arrival of XXX Corps or the remaining battalions of the First Parachute Brigade still fighting their way into the city.

It had been a night of unceasing horror for the SS soldiers who fought near the bridge. Colonel Harzer, apparently satisfied that he had halted Urquhart's battalions, had underestimated both the number and the calibre of the men who had reached the northern end. Harzer did not even bother to order his few self-propelled guns to be brought up as support. Instead, squad after squad of SS were thrown against the British positions in the buildings around the ramp. These tough units met a foe most of them remember as the fiercest soldiers they had ever encountered.

SS Squad Leader Alfred Ringsdorf, 21, an experienced soldier who had fought in Russia, was on a freight train heading towards Arnhem where, he was told, his group was to be refitted. There was utter confusion at the Arnhem station when Ringsdorf and his men arrived. Troops from a hodgepodge of units were milling about, being lined up and marched off. Ringsdorf's unit was told to report immediately to a command post in the city. There, a major attached them to a company of the 21st *Panzer* Grenadier Regiment. The squad had arrived without arms, but by late Sunday afternoon they were outfitted with machine guns, carbines, hand-grenades and a few *panzerfausts*.* Questioning the limited amount of ammunition,

* A German version of the American recoilless anti-tank bazooka capable of firing a 20 lb projectile with extreme accuracy.

they were told that supplies were en route. 'At this time,' says Ringsdorf, 'I had no idea where we were going to fight, where the battle was, and I had never been in Arnhem before.'

In the centre of the city, there was evidence that heavy street fighting had already taken place. For the first time, Ringsdorf learned that British paratroopers had landed and were holding the northern end of the Arnhem bridge. No one seemed to know how large the force was. His squad was assembled in a church and given their orders. They were to infiltrate behind the buildings on either side of the bridge ramp and rout out the British. Ringsdorf knew how deadly this kind of fighting was. His experiences at the Russian front had taught him that. Yet the men in his command were seasoned young veterans. They thought the battle would be brief.

All through the area leading to the bridge, the squad saw houses heavily damaged by bombing, and the men had to work their way through the rubble. As they neared the perimeter positions the British had set up around the north end of the bridge, they came under intense machine-gun fire. Pinned down, the squad was unable to get within more than 600 yards of the bridge approach. A lieutenant called for a volunteer to cross the square and toss a demolition charge into the house where the heaviest machine-gun fire seemed to be centred. Ringsdorf volunteered. Under covering fire, he dashed across the square. 'I stopped behind a tree near a cellar window where the shooting was coming from and tossed the charge inside. Then I ran back to my men.' Lying in rubble waiting for the explosion to go off, Ringsdorf looked back as a tall house on a corner, where a number of German engineers were sheltering, was suddenly hit by shells. The entire front of the house crumbled, burying everybody. It struck Ringsdorf that had his own men been there, the entire squad would have been wiped out. At that moment, the demolition charge he had thrown into the cellar exploded on the street not far from where he lay. The British had tossed it back out of the window.

At nightfall various squads began to infiltrate the buildings to dig the British out. Ringsdorf's objective was a big red building which, he was told, was a school. Heading towards it, his squad quickly encountered alert British marksmen who forced the Germans to take refuge in a nearby house. Smashing the windows, the SS men opened fire. The British immediately took cover in the house next door and a vicious fire fight began. 'The British shooting was deadly,' Ringsdorf recalls. 'We could hardly show ourselves. They aimed for the head and men began to fall beside me, each one with a small, neat hole through the forehead.'

With losses mounting, the Germans fired a *panzerfaust* directly at the British-occupied house. As the shell crashed into the building, Ringsdorf's squad charged. 'The fighting was cruel,' he remembers. 'We pushed them back room by room, yard by yard, suffering terrible losses.' In the middle of the melee, the young squad leader was ordered to report to his battalion commander; the British, he was told, must be driven out at all costs. Back with his men, Ringsdorf ordered the squad to dash forward, lobbing showers of grenades to keep the English under constant attack. 'Only in this way,' says Ringsdorf, 'were we able to gain ground and continue our advance. But I certainly had not expected when I came from Germany to find myself suddenly engaged in bitter fighting in a restricted area. This was a harder battle than any I had fought in Russia. It was constant, close-range, hand-to-hand fighting. The English were everywhere. The streets, for the most part, were narrow, sometimes not more than fifteen feet wide, and we fired at each other from only yards away. We fought to gain inches, cleaning out one room after the other. It was absolute hell!'

Advancing cautiously towards one house, Ringsdorf caught a glimpse of an English helmet with camouflage netting momentarily outlined in an open cellar doorway. As he raised his arm to throw a grenade, he heard a low voice and the sound of moaning. Ringsdorf did not lob the grenade. Silently he moved down the cellar steps, then yelled, 'Hands up.' The command was unnecessary. In Ringsdorf's words, 'Before me was a frightening sight. The cellar was a charnel house full of wounded English soldiers.' Ringsdorf spoke soothingly, knowing that the British would not understand his words, but might comprehend his meaning. 'It's o.k.,' he told the wounded men. 'It's all right.' He called for stretcher-bearers and, collecting his prisoners, ordered the British to be moved behind his own lines for attention.

As the troopers were brought out of the cellar, Ringsdorf began to search one of the walking wounded. To his astonishment, the man uttered a low moan and crumpled at Ringsdorf's feet, dead. 'It was a bullet meant for me,' Ringsdorf says. 'The English were protecting their own. They couldn't know we were trying to save their wounded. But for one moment, I was paralysed. Then I broke out in a cold sweat and ran.'

As the British troopers hung on grimly around the school, Ringsdorf knew that even his élite unit was not strong enough to force a surrender. As dawn broke on Monday, he and the depleted squad retreated back up the Eusebius Buiten Singel. Encountering an artillery commander, Ringsdorf told him that 'the only way to get the British out is to blast the buildings down, brick by brick. Believe me, these are real men. They won't give up that bridge until we carry them out feet first.'

Master Sergeant Emil Petersen had good reason to reach the same conclusion. He was attached to the *Reichsarbeitsdienst* (Reich Work Service) and, as Germany's manpower shortage became increasingly acute, Petersen and his thirty-five-man platoon had been transferred to a heavy anti-aircraft unit, then to an infantry outfit. They had retreated all the way from France.

On Sunday afternoon, waiting at the Arnhem station for transportation back to Germany where they were to be reorganized, Petersen's platoon had been mobilized and told by a lieutenant that they were to be committed against British airborne troops who had landed in the city. 'The unit we joined consisted of 250 men,' Petersen recalls. 'No one had any weapons. Only I and four others had machine pistols.'

Petersen's men were tired. They had been without food for twenty-four hours, and the sergeant remembers thinking that had the train been on time, the platoon would have been fed, missed the battle, and reached home in Germany.

At an SS barracks, the group was issued with weapons. 'The situation was laughable,' Petersen says. 'First, none of us liked fighting with the Waffen SS. They had a reputation for being merciless. The arms they gave us were ancient carbines. To break open mine, I had to bang it against a table. The morale of my men was not exactly high when they saw these old weapons.'

It took some time to make the guns serviceable and, as yet, the unit had not received any orders. Nobody seemed to know what was happening or where the men were to be committed.

Finally, at dusk, the group was marched off to the town commander's headquarters. Arriving, they found the building deserted. Again, they waited. 'All we could think about was food,' says Petersen. Eventually, an SS lieutenant arrived and announced that the men were to push through the centre of the city to the Rhine bridge.

The unit marched in platoons down Markt Street towards the Rhine. In the dark they could see nothing but, Petersen recalls, 'we were conscious of movement all around us. Occasionally we heard shooting in the distance and the sound of vehicles. Once or twice I thought I saw the dull silhouette of a helmet.'

Less than three hundred yards from the bridge, Petersen was aware that they were passing through lines of soldiers and he guessed the group he was with must be replacing these men. Then one of the soldiers said something to Petersen which was unintelligible. Instantly Petersen realized that the man had spoken English. 'We were marching alongside a British unit heading, like us, for the bridge.' The mistaken identity was suddenly apparent to everyone. An English voice yelled out, 'They're Jerries!' Petersen remembers shouting, 'Fire!'

Within seconds the street reverberated with machine-gun and rifle fire as the two forces fought face to face. A stream of bullets missed Petersen by inches, ripping through his knapsack. The force of the fire slammed him to the ground. Quickly, he took cover behind a dead comrade.

'Everywhere you looked, men were firing from scattered positions, often mistakenly at their own side,' Petersen remembers. Slowly he began to crawl forward. He came to an iron fence enclosing a small park and climbed the fence. There, he found most of the other survivors of the German platoons sheltering among trees and shrubs. The British had drawn back to a group of houses on both sides of the park and now, in the little square, the Germans were caught in a crossfire. 'I could hear the screams of the wounded,' Petersen says. 'The British fired flares pinpointing our positions and cut our group to pieces. Fifteen men in my platoon were killed in less than five minutes.'

Just at dawn the British stopped firing. The Germans also halted. In the early light, Petersen saw that of the 250 men who had set out for the bridge, more than half were either dead or wounded. 'We never did get near the approaches to the bridge. We just lay there and suffered, without support from the vaunted SS or a single self-propelled gun. That,' Petersen says, 'was our introduction to the Arnhem battle. For us, it was nothing less than a massacre.'

* * *

Hour by hour, men of the two missing battalions of the First British Airborne Division somehow reached the bridge. They had managed, by twos and threes, to fight through Colonel Harzer's defence ring to the north and west. Many were wounded, hungry and cold. They would add to the medical and supply problems of Colonel Frost's group. But in these hours, the stragglers were proud and in high spirits, despite their exhaustion and wounds. They had arrived where briefing officers back in England and their own commanders had told them to come. They streamed in from every unit that had started out so confidently for the Arnhem bridge the previous afternoon, and by dawn on the 18th Frost estimated that he now had between 600 and 700 men on the northern approach. But each hour that brought more troopers to the bridge brought, too, the increasing sounds of mechanized equipment as General Harmel's armoured units entered the city and took up positions.

Even the German armour found Arnhem a hazardous and frightening place. Along various routes throughout the city, ordinary Dutch civilians had blocked the roads. Braving German and British bullets, men and women living in the fighting areas had begun to collect the dead—British, German, and their own countrymen. Sergeant Reginald Isherwood, of the First Battalion, finally found his way to the centre of Arnhem at daybreak, after a hazardous night on the roads. There he saw 'a sight that will live with me until the end of my days.' The Dutch, emerging from basements, cellars, gardens and wrecked buildings, were collecting bodies. 'They carried the wounded to makeshift dressing stations and shelters in the basements,' Isherwood recalls, 'but the bodies of the dead were stacked like sandbags in long rows, the heads and feet placed alternately.' The proud, grieving citizens of Arnhem were laying the bodies of friend and foe alike across the streets in five- to six-foot-high human roadblocks to prevent German tanks from reaching Frost at the bridge.

For the civilians in the inner city, dawn brought no release from the terror and confusion. Fires were out of control and spreading rapidly. Huddled in cellars and basements, few people had slept. The night had been punctuated by the crash of shells, the dull crump of mortars, the whine of snipers' bullets and the staccato burst of machine guns. Strangely, outside the older part of town, the citizens of Arnhem were untouched by what was happening—

and they were totally confused. They telephoned friends in the inner city seeking information, only to learn from the frightened householders that a pitched battle was taking place on the northern end of the bridge, which the British were holding against repeated German attacks. It was obvious to the callers that German troops and vehicles were moving into the city from all directions. Yet the faith of the Dutch did not falter. They believed that liberation by the British and Americans was imminent. In these outer parts of the city, people prepared for work as usual. Bakeries opened, milkmen made their rounds, telephone operators, railway employees, utility workers—all were on their jobs. Civil servants were planning to go to work, firemen still attempted to keep up with the ever-growing number of burning buildings and, a few miles north of Arnhem, Dr. Reinier van Hooff, director of Burgers Zoological Gardens, tended his nervous, skittish animals.* Perhaps the only Dutch who knew the extent of the battle were doctors and nurses who answered calls constantly throughout the night. Ambulances raced through the city, collecting casualties and rushing them to St. Elisabeth's Hospital on the northwestern outskirts and to smaller nursing homes within the city. No one in Arnhem realized as yet that the city was already a no-man's land and that the situation would grow steadily worse. Arnhem, one of the most scenic spots in The Netherlands, would soon become a miniature Stalingrad.

The Dutch in the inner city were, however, aware almost from the beginning that liberation would not come easily. In the middle of the night at the government police station on Eusebiusplein, less than a quarter of a mile from the bridge, 27-year-old Sergeant Joannes van Kuijk heard a quiet tapping at the station door. Opening up, he saw British soldiers standing outside. Immediately Van Kuijk asked them in. 'They wanted the answers to all sorts of questions bearing on the locations of buildings and landmarks,' he remembers. 'Then a number of them left and began digging themselves in across the road in the direction of the bridge—all of it done as silently as possible.' In front of a doctor's house nearby, Van Kuijk watched as

* In the zoo were 12,000 carrier pigeons which the Germans had collected from bird keepers throughout Arnhem. Fearing that the Dutch might use the pigeons to carry reports, the birds had been confiscated and housed in the zoo. German soldiers appeared daily to count the birds and even ordered that dead pigeons were to be kept until the Germans could check their registration numbers.

the British set up a mortar site and then positioned a 6-pounder anti-tank gun in a corner of the doctor's garden. By dawn, Van Kuijk saw that the British had formed a tight perimeter around the northern extremity of the bridge. To him, these soldiers acted less like liberators than like grim-faced defenders.

On the other side of Eusebius Buiten Singel, the winding grass-stripped boulevard close by the bridge, Coenraad Hulleman, a labour mediator staying with his fiancée, Truid van der Sande, and her parents in their villa, had been up all night listening to the firing and explosions around the schoolhouse a street away, where Captain Mackay's men were fighting off the Germans. Because of the intensity of the battle, the Van der Sandes and Hulleman had taken refuge in a small, windowless cellar beneath the central portion of the house. Now, at dawn, Hulleman and his future father-in-law stole cautiously upstairs to a second-floor room overlooking the boulevard. There, they stared down in amazement. A dead German lay in the middle of a patch of marigolds in the landscaped street and all through the grass plots they saw Germans in one-man slit trenches. Glancing along the boulevard to his right, Hulleman saw several German armoured vehicles parked beside a high brick wall, drawn up and waiting. Even as the two men watched, a new battle broke out. Machine guns on the tanks suddenly fired into the towers of the nearby Walburg Church and Hulleman saw a fine red dust spew out. He could only assume that paratroopers were in lookout positions in the church. Almost immediately the tank fire was answered and the Germans in slit trenches began to machine-gun the houses on the opposite side of the street. One of them was a costume shop and in its windows were knights in armour. As Hulleman looked on, the bullets shattered the show window and toppled the knights. Moved to tears, Hulleman turned away. He hoped the sight was not prophetic.

A few blocks north in a house near the concert hall, Willem Onck was awakened shortly after dawn by the sound of troop movements in the street. Someone hammered on his door and a German voice ordered Onck and his family to stay inside and to draw the blinds. Onck did not immediately obey. Running to the front window, he saw Germans with machine guns at every corner of the street. In front of the Musis Sacrum was an 88 mm. battery and, to Onck's utter amazement, German soldiers were sitting next to it on the auditorium's chairs which they had carried into the street. Watching them chatting casually with one another, Onck thought they looked as if they were only waiting for the concert to begin.

The most frustrated and angry civilians in the area were the members of the Dutch underground. Several of them had contacted the British almost immediately at the bridge, but their help had been politely refused. Earlier, Arnhem's underground chief, Pieter Kruff, had sent Toon van Daalen and Gysbert Numan to Oosterbeek to establish contact with the British. They, too, had found that their assistance was not needed. Numan remembers warning the troopers of snipers in the area and advising them to avoid main roads. 'One of them told me their orders were to proceed to the bridge only, and they would follow their indicated routes,' Numan says. 'I got the impression that they were in dread of provocateurs and simply did not trust us.'

Now, at dawn, Johannus Penseel held a meeting in his cellar with his resistance workers. Penseel planned to take over a local radio station and broadcast a proclamation that the city was free. A telephone call from Numan changed his mind. 'It is going badly,' Numan reported. 'The situation is critical and I think everything is already lost.' Penseel was stunned. 'What do you mean?' he asked. Numan was now near St. Elisabeth's Hospital. The British were finding it impossible to get through the German lines and march to the bridge, he said. Penseel immediately telephoned Pieter Kruff, who advised the group to hold back any planned activities—'a temporary non-intervention,' as Henri Knap, who attended the meeting, recalls. But the long-term hopes of the resistance workers were crushed. 'We were prepared to do anything,' Penseel recalls, 'even sacrifice our lives if necessary. Instead, we sat useless and unwanted. It was now increasingly clear that the British neither trusted us nor intended to use us.'

Ironically, in these early hours of Monday, September 18th, when neither SHAEF, Montgomery nor any Market-Garden commander had a clear picture of the situation, members of the Dutch underground passed a report through secret telephone lines to the 82nd Airborne's Dutch liaison officer, Captain Arie Bestebreurtje, that the British were being overwhelmed by *panzer* divisions at Arnhem. In the 82nd's message logs, the notation appears: 'Dutch report Germans winning over British at Arnhem.' In the absence of any direct communications from the Arnhem battle area, this message was actually the first indication that the Allied Command received of the crisis that was overtaking the First British Airborne Division.

[2]

At the ferry landing stage in the little village of Driel, seven miles southwest of the Arnhem bridge, Pieter, the ferryman, prepared for his first trip of the day across the Lower Rhine. The early morning commuters, who worked in the towns and villages on the northern side of the river, huddled together in small groups, chilled by the morning mist. Pieter took no part in the talk of his passengers about the fighting going on west of Arnhem and in the city itself. His concern was with the operation of the ferry and the daily schedules he must maintain, as he had done for years.

A few cars, and farm carts filled with produce for stores and markets to the north, were loaded first. Then men and women pushing bicycles came aboard. At exactly 7 a.m. Pieter swung out into the river, the ferry running smoothly along its cable. The trip took only a few minutes. Edging up to the ramp below the village of Heveadorp on the northern bank, passengers and vehicles disembarked. Above them, the Westerbouwing, a one-hundred-foot-high hill, dominated the countryside. On the northern bank, most commuters set off on roads leading east to Oosterbeek, whose tenth-century church tower rose above groves of oaks and lupin-covered moors. Beyond was Arnhem.

Other passengers waited to cross back to Driel. There, once again, Pieter took on northbound travellers. One of them was young Cora Baltussen. Only two weeks earlier, on September 5th, which would always be remembered by the Dutch as 'Mad Tuesday,' she had watched the Germans' frantic retreat. In Driel, the conquerors had not returned. For the first time in months, Cora had felt free. Now, once again, she was apprehensive. The joy of the news of the paratroop landings the day before had been diminished by rumours of the intense fighting in Arnhem. Still, Cora could not believe the Germans would ever defeat the powerful Allied forces that had come to liberate her country.

At the Heveadorp landing on the north side of the river, Cora pushed her bicycle off the ferry and pedalled to Oosterbeek and the local baker's shop. She had given her meagre hoard of sugar rations to the pastry shop for a special occasion. On this Monday, September

18th, the Baltussen preserve factory was observing its 75th year in business and Cora's mother was celebrating her 62nd birthday. For the first time in months all of the family would be together. Cora had come to Oosterbeek early to pick up the birthday cake, which would mark both the company's anniversary and Mrs. Baltussen's birthday.

Friends had tried to dissuade Cora from making the trip. Cora refused to listen. 'What can possibly happen?' she had asked one friend. 'The British are in Oosterbeek and Arnhem. The war is almost over.'

Her trip was uneventful. In these early hours Oosterbeek seemed peaceful. There were British troops in the streets, the shops were open and a holiday mood prevailed. For the moment, although gunfire could be heard only a few miles away, Oosterbeek was tranquil, not touched as yet by the battle. Although her order was ready, the baker was amazed that she had come. 'The war is all but over,' she told him. With her parcels, she cycled back to Heveadorp and waited until Pieter brought the ferry in again. On the southern bank, she returned to the somnolent peace of little Driel where, as usual, absolutely nothing was happening.

[3]

On the British landing and drop zones, the officer with perhaps the least glamorous job of all was going about it with his usual capability. All through the night the men of Brigadier Philip 'Pip' Hicks's First Airlanding Brigade had staved off a series of vicious enemy attacks, as the motley groups under Von Tettau's command harassed the brigade. Hicks's men were dug in round the perimeters to hold the zones for the expected 10 a.m. drop of Brigadier Shan Hackett's Fourth Parachute Brigade, and the re-supply missions that would follow. The zones under Hicks's protection were also the supply dumps for the British airborne.

Neither Hicks nor his men had managed more than an hour or two of sleep. The Germans, attacking from the woods, had set the forest on fire in some areas in the hope of burning out the British defenders. The Red Devils promptly responded. Slipping behind the enemy, they charged with fixed bayonets and forced the Germans into their own fire. Signalman Graham Marples remembers the bitter night-time battles vividly. He and a few others came upon a platoon of dead British troopers who had been overrun and completely wiped out. 'No one said anything,' Marples remembers. 'We just fixed bayonets and went right on into the woods. We came out, but the Jerries didn't.' Private Robert Edwards, who had seen action in North Africa, Sicily and Italy, recalls that 'I had managed to come through all those actions more or less unscathed, but in one day in Holland I had been in more fire fights than all else put together.'

The unending skirmishes had taken their toll. Several times during the night Hicks had called upon Lieutenant-Colonel W. F. K. 'Sheriff' Thompson for artillery support to force back the persistent enemy attacks. His real fear was that German armour, which he now knew was holding up the battalions going for the bridge, would break through his meagre defences and drive him off the landing and drop zones. 'I went through some of the worst few hours I have ever spent in my life,' Hicks recalls. 'Two things were clear: although we did not know it at the time we had landed virtually on top of two *panzer* divisions—that weren't supposed to be there—and the Germans had reacted with extraordinary speed.' Under attack from Von Tettau's groups from the west and Harzer's armour from the east, Hicks's lightly armed paratroopers had no option but to hold until relieved, or until reinforcements and supplies were safely down.

Colonel Charles Mackenzie, General Urquhart's Chief of Staff, had spent the night on the Renkum Heath landing zone, about three miles away from Hicks's command post. The intense fighting had caused Division to move out of the woods and back onto the field. There, the headquarters staff took shelter in gliders for the rest of the night. Mackenzie was concerned about the absence of any word from Urquhart. 'For more than nine hours, we had heard nothing whatsoever from the General,' he recalls. 'I assumed that he was with Lathbury's First Brigade, but communications were out and we had heard nothing from either officer. I knew that a decision would soon have to be made about the command of the division. There always existed the possibility that Urquhart had been captured or killed.'

Early Monday, still without news, Mackenzie decided to confer with two senior staff officers, Lieutenant-Colonel R. G. Loder-Symonds and Lieutenant-Colonel P. H. Preston. Mackenzie informed them of Urquhart's conversation with him prior to take-off in England: the succession of command, in case anything happened to Urquhart, should be Lathbury, Hicks, then Hackett. Now, with Lathbury missing as well, Mackenzie felt Brigadier Hicks should be contacted. The other officers agreed. Immediately they drove to Hicks's headquarters. There, in a house close by the Heelsum–Arnhem road, Mackenzie told Hicks what he knew. 'We had a scanty report that Frost had taken the bridge, but that the First and Third Battalions were caught up in street fighting and had not as yet been able to reinforce him,' Mackenzie remembers.

The best course of action now, Mackenzie believed, was for Hicks to release one of his Airlanding battalions and send it to the bridge. It could be reinforced later by elements of Hackett's Fourth Paratroop Brigade when it arrived later in the morning. At the same time, Hicks was asked to take command of the division immediately.

Hicks seemed stunned. His forces were already understrength and he did not have a full battalion to send to the bridge. Yet it appeared the British battle plan was faltering. If Frost failed to get help immediately, the bridge might be lost; and if the landing areas were overrun, Hackett's Fourth Brigade could be destroyed before it was even assembled.

Additionally, there seemed to be a tacit acknowledgment that Hicks was being asked to assume command of a division already in the process of disintegration through a total breakdown of communications and the absence of the commanding officer. Reluctantly, Hicks released half of one battalion—all he could spare—for defence of the bridge.* Obviously, that decision was most urgent. The bridge had to be held. Then, as Mackenzie remembers, 'We finally convinced Hicks that he must take command of the division.'

Few men had ever been asked to accept battleground responsibility for an entire division under such a complexity of circumstances. Hicks quickly discovered how critically the communications breakdown was affecting all operations. The few messages from Frost at the bridge were being received via Lieutenant-Colonel 'Sheriff' Thompson, commanding the Airlanding Light Regiment artillery. From an observation post in the steeple of the Oosterbeek

* He ordered half of the South Staffords to start off for Arnhem. The other half of this battalion would not arrive until the second lift when, supplementing the advance of Hackett's 11th Battalion, these units would also move out.

Laag church, two and a half miles from the bridge, Thompson had established a radio link with Major D. S. Munford's artillery command post at Brigade headquarters in a waterworks building near the bridge. The Thompson–Munford link afforded the only dependable radio communications at Hicks's disposal.

Equally critical, Division had no communications with General Browning's Corps headquarters near Nijmegen, or with the special 'Phantom Net' sets at Montgomery's headquarters. Of the few vital messages that did reach England, most were sent over a BBC set, which had been specially flown in for British war correspondents. Its signal was weak and distorted. A high-powered German station and the British set were operating on the same frequency. Ironically, Division could pick up signals from rear Corps headquarters back in England, but were unable to transmit messages back. What sparse communications did get through via the BBC set were picked up at Browning's rear Corps headquarters at Moor Park and then relayed to the Continent. The transmission took hours and when the messages arrived they were outdated and often virtually meaningless.

Frustrated and worried, Hicks had three immediate concerns: the weather over England, the inability to confirm the planned arrival time of the second lift and his lack of a means of informing anyone of the true situation in the Arnhem area. Additionally he could not warn Hackett of the perilous hold the British had on the landing areas where the Fourth Brigade would expect to drop in cleared and protected zones.

Less crucial, but nonetheless troublesome, was the forthcoming encounter with Brigadier Shan Hackett. The volatile Hackett, Mackenzie told Hicks, would be informed of Urquhart's decision regarding the chain of command the moment he landed. 'I knew Hackett's temperament,' Mackenzie recalls, 'and I was not looking forward to the meeting. But telling him was my job and I was following General Urquhart's orders. I could no longer take the chance that something had not happened to both the General and Lathbury.'

At least Hicks was relieved of that delicate confrontation. The new division commander had enough on his mind. 'The situation was more than just confusing,' he remembers. 'It was a bloody mess.'

[4]

In the western suburbs of Arnhem, the once-tidy parks and clean-swept streets were scarred and pitted by the battle as the British First and Third Battalions struggled to reach the bridge. Glass, debris and the broken boughs of copper beech trees littered the cobblestone streets. Rhododendron bushes and thick borders of bronze, orange and yellow marigolds lay torn and crushed and vegetable gardens in the back of the neat Dutch houses were in ruins. The snouts of British anti-tank guns protruded from the shattered windows of shops and stores while German half-tracks, deliberately backed into houses and concealed by their rubble, menaced the streets. Black smoke spewed up from burning British and German vehicles and constant showers of debris rained down as shells slammed into strong points. The crumpled bodies of the wounded and dead lay everywhere. Many soldiers remember seeing Dutch men and women, wearing white helmets and overalls emblazoned with red crosses, dashing heedlessly through the fire from both sides, to drag the injured and dying to shelter.

This strange, deadly battle now devastating the outskirts of the city barely two miles from the Arnhem bridge, seemed to have no plan or strategy. Like all street fighting, it had become one massive, fierce, man-to-man encounter in a checkerboard of streets.

The Red Devils were cold, unshaven, dirty and hungry. The fighting had been too constant to allow men more than an occasional 'brew-up' of tea. Ammunition was running short and casualties were mounting—some companies had lost as much as 50 per cent of their strength. Sleep had been impossible, except in brief snatches. Many men, weary and on the move for hours, lost all sense of time. Few knew exactly where they were or how far away the bridge still was, but they were grimly determined to get there. Years later, men like Private Henry Bennett of Colonel Fitch's Third Battalion, on the middle 'Tiger' route, would remember that throughout the constant skirmishes, sniping and mortar fire, one command was constant: 'Move! Move! Move!'

Yet to General Urquhart, now absent from Division headquarters for nearly sixteen hours and without radio contact, the progress of the attack was agonizingly slow. Since 3 a.m., when he had been roused at the villa where he had spent a restless few hours, Urquhart, along with Brigadier Lathbury, had been on the road continuously with the Third Battalion. 'Sharp encounters, brief bursts of fire, kept bringing the entire column to a stop,' Urquhart says. The psychological effectiveness of German snipers disturbed the General. He had anticipated that some of his men who had not been in action before would be 'a bit bullet-shy initially,' but would rally quickly. Instead, along some streets, sniper fire alone was slowing up the progress of the entire battalion. Yet, rather than interfere with Fitch's command, Urquhart remained silent. 'As a divisional commander mixed up in a battalion encounter . . . I was in the worst possible position to intervene, but all the time I was conscious of each precious second that was being wasted.' German snipers were dealt with effectively but Urquhart was appalled at the time it took to dig them out.

So was Regimental Sergeant Major John C. Lord. Like the General, Lord was chafing at the delay. 'German resistance was fierce and continuous but at least a large part of our delay was caused by the Dutch as well. They were out in the streets early, waving, smiling, offering us ersatz coffee. Some of them had even draped Union Jacks over their hedges. There they were, right in the midst of the fighting, and they didn't even seem to realize it was going on. They, with all their good intentions, were holding us up as much as the Germans.'

Suddenly the intensive sniper fire was replaced by something far more serious: the piercing crack of the enemy's 88 mm. artillery and self-propelled guns. At this point the forward units of Fitch's battalion were close by the massive St. Elisabeth's hospital, less than two miles northwest of the Arnhem bridge. The hospital lay almost at the confluence of the two main highways leading into Arnhem, along which the First and Third Battalions were attempting to march to the bridge. Here, elements of the Hohenstaufen Division's armour had been positioned throughout the night. Both Colonel Dobie's First Battalion on the Ede–Arnhem road and Fitch's Third Battalion on the Utrecht road must pass on either side of the junction to get to the bridge. Dobie's battalion was the first to feel the force of Colonel Harzer's fanatical SS units.

From a horseshoe-shaped perimeter covering the northern and western approaches of the city, the Germans had forced Dobie's men off the upper road and into cover in the surrounding built-up areas. SS men, hidden on the rooftops, and snipers in attics had allowed forward units to pass unhindered before opening up with a murderous fire on troops coming up behind. In the confusion of the surprise attack, companies and platoons were dispersed in all directions.

Now, employing the same tactics, the Germans were concentrating on Fitch's Third Battalion. And, in a situation that could have disastrous consequences, four critical officers—the commanders of the First and Third Battalions, the officer in charge of the First Parachute Brigade and the commander of the First British Airborne Division—all found themselves bottled up in the same small, heavily populated area. Ironically, as in the case of Model and his commanders at Oosterbeek, General Urquhart and Brigadier Lathbury were surrounded by an enemy oblivious to their presence.

Trapped by fire from ahead and behind, the British columns scattered. Some men headed for buildings along the Rhine, more took to the nearby woods and others—among them, Urquhart and Lathbury—ran for safety into narrow streets of identical brick houses.

Urquhart and his group had just reached a three-story house in a block of buildings near the main Utrecht–Arnhem road when the Germans shelled the building. The British were uninjured, but German armour, Urquhart was later to note, 'moved through the streets with almost casual immunity.' As one tank rumbled down the street, its commander standing in the open hatch looking for targets, Major Peter Waddy leaned out of an upper floor window of a house next to Urquhart's and expertly dropped a plastic explosive into the open turret, blowing the tank to pieces.* Other men, following Waddy's example, demolished two more tanks. But although the British fought fiercely, the lightly-armed troopers were no match for the German armour.

Urquhart's own predicament was increasing by the minute. He was desperately anxious to get back to Division headquarters and gain control of the battle. Caught up in the fighting, he believed his only means of escape was to take to the streets and, in the confusion, try to get through the German positions. His officers, fearful for his safety, disagreed, but Urquhart was adamant. The intense fighting was, as he saw it, still only 'company size action' and, as the buildings the British occupied were not yet surrounded, he felt the group

* A short time later, reconnoitring the British positions, Waddy was killed by a mortar blast.

should get out quickly, before the German strength increased and the ring tightened.

During the hasty conference amid the noise of the battle, Urquhart and his officers were dumbfounded to see a British Bren gun carrier clatter down the street, as though unaware of the German fire, and pull up outside the building. A Canadian lieutenant, Leo Heaps, who in Urquhart's words 'seemed to have a charmed existence,' leapt out of the driver's seat and raced for the building. Behind Heaps was Charles 'Frenchie' Labouchère, of the Dutch resistance, who was acting as Heaps's guide. The carrier was loaded with supplies and ammunition which Heaps hoped to deliver to Colonel Frost on the bridge. With German armour everywhere, the small vehicle and its two occupants had miraculously survived enemy fire and en route had, by chance, discovered Urquhart's whereabouts. Now, for the first time in hours, Urquhart learned from Heaps what was happening. 'The news was far from encouraging,' Urquhart later recalled. 'Communications were still out. Frost was on the northern end of the bridge under heavy attack, but holding, and I was reported missing or captured.' After listening to Heaps, Urquhart told Lathbury that it was now imperative 'before we're completely bottled up to take a chance and break out.'

Turning to Heaps, Urquhart told the Canadian that if he reached Division headquarters after completing his mission at the bridge, he was to urge Mackenzie to 'organize as much help as he could for Frost's battalion.' At all costs, including his own safety, Urquhart was determined that Frost must get the supplies and men needed to hold until Horrocks' tanks reached Arnhem.

As Heaps and Labouchère left, Urquhart and Lathbury set about making their escape. The street outside was now being swept constantly by enemy fire and buildings were crumpling under the pounding of shells. Urquhart noted 'a growing pile of dead around the houses we occupied,' and concluded that any exit via the street would be impossible. The commanders, along with others, decided to leave from the rear of the building where, under covering fire and smoke bombs, they might be able to get away. Then, taking advantage of plantings in the back gardens of the terraced houses, Urquhart and Lathbury hoped eventually to reach a quiet area and make their way back to headquarters.

The route was nightmarish. While paratroopers laid down a heavy smoke screen, Urquhart's group dashed out of the back door, sprinted through a vegetable garden and climbed a fence separating the house from its neighbour. As they paused for a moment near the next enclosure, Lathbury's Sten gun went off accidentally, barely missing the General's right foot. As Urquhart was later to write, 'I chided Lathbury about soldiers who could not keep their Stens under control. It was bad enough for a Division commander to be jinking about . . . and it would have been too ironic for words to be laid low by a bullet fired by one of my own brigadiers.'

Climbing fence after fence, and once a ten-foot-high brick wall, the men moved down the entire block of houses until, finally, they reached an intersecting cobbled street. Then, confused and weary, they made a drastic miscalculation. Instead of veering left, which might have given them a margin of safety, they turned right towards St. Elisabeth's Hospital, directly into the German fire.

Running ahead of Urquhart and Lathbury were two other officers, Captain William Taylor of the Brigade's headquarters staff and Captain James Cleminson of the Third Battalion. One of them called out suddenly but neither Urquhart nor Lathbury understood their words. Before Taylor and Cleminson could head them off, the two senior officers came upon a maze of intersecting streets where, it seemed to Urquhart, 'a German machine gun was firing down each one.' As the four men attempted to run past one of these narrow crossings, Lathbury was hit.

Quickly the others dragged him off the street and into a house. There, Urquhart saw that a bullet had entered the Brigadier's lower back and he appeared to be temporarily paralysed. 'All of us knew,' Urquhart recalls, 'that he could travel no farther.' Lathbury urged the General to leave immediately without him. 'You'll only get cut off if you stay, sir,' he told Urquhart. As they talked, Urquhart saw a German soldier appear at the window. He raised his automatic and fired at point-blank range. The bloodied mass of the German's face disappeared. Now, with the Germans so near, there was no longer any question that Urquhart must leave quickly. Before going, he talked with the middle-aged couple who owned the house and spoke some English. They promised to get Lathbury to St. Elisabeth's hospital as soon as there was a lull in the fighting. In order to save the owners from German reprisal, Urquhart and his party hid Lathbury in a cellar beneath a stairway until he could be removed to the hospital. Then, Urquhart remembers, 'we left by the back door and into yet another maze of tiny, fenced gardens.' The three men did not get far, but Urquhart's life may well have been saved by the prompt action of 55-year-old Antoon Derksen, owner of a terraced house at Zwarteweg 14.

In the maelstrom of firing, Antoon, his wife Anna, their son Jan, and daughter Hermina were sheltering in the kitchen at the rear of the house. Glancing through a window, Derksen was amazed to see three British officers vault over the fence into his back garden and head for the kitchen door. Quickly, he let them in.

Unable to communicate—he didn't speak English and no one in Urquhart's party knew Dutch—Antoon, gesturing, tried to warn them that the area was surrounded. 'There were Germans in the street,' he later recalled, 'and at the back, in the direction the officers had been going. At the end of the row of gardens there were Germans in position at the corner.'

Derksen hastily ushered his visitors up a narrow staircase to a landing and from there into a bedroom. In the ceiling was a pull-down door with steps leading to the attic. Cautiously looking out of the bedroom window the three men saw the reason for Derksen's wild pantomime. Only a few feet below them, in positions all along the street, were German troops. 'We were so close to them,' Urquhart remembers, 'we could hear them talking.'

Urquhart was unable to guess whether the Germans had spotted his group as they entered the rear of the house or if they might burst in at any moment. In spite of Derksen's warning that the area was surrounded, he pondered the twin risks of continuing through the chain of back gardens or making a dash down the front street, using hand grenades to clear the way. He was ready to take any chance to return to his command. His officers, fearful for him, were not. At the moment, the odds were simply too great. It was far better, they argued, to wait until British troops overran the sector than for the commanding general to risk capture or possible death.

The advice, Urquhart knew, was sound, and he did not want to compel his officers to take risks that might prove suicidal. Yet 'my long absence from Division headquarters was all I could think about and anything seemed better to me than to stay out of the battle in this way.'

The familiar creaking clack of caterpillar treads forced Urquhart to stay put. From the window the three officers saw a German self-propelled gun come slowly down the street. Directly outside the Derksen house, it came to a halt. The top of the armoured vehicle was almost level with the bedroom window and the crew, dismounting, now sat talking and smoking directly below. Obviously, they were not moving on and at any moment the Englishmen expected them to enter the house.

Quickly Captain Taylor pulled down the attic steps and the three officers hurriedly climbed up. Crouched down and looking about him, the six-foot Urquhart saw that the attic was little more than a crawl space. He felt 'idiotic, ridiculous, as ineffectual in the battle as a spectator.'

The house was now silent. Antoon Derksen, as a loyal Dutchman, had sheltered the British. Now, fearing possible reprisal if Urquhart was found, he prudently evacuated his family to a neighbouring house. In the nearly airless attic, and without food or water, Urquhart and his officers could only wait anxiously, hoping either for the Germans to pull back or for British troops to arrive. On this Monday, September 18th, with Market-Garden only a day old, the Germans had almost brought the Arnhem battle to a halt and, compounding all the errors and miscalculations of the operation, Urquhart, the one man who might have brought cohesion to the British attack, was isolated in an attic, trapped within the German lines.

It had been a long, tedious mission for Captain Paul Gräbner and his Ninth SS *Panzer* Reconnaissance Battalion. Allied paratroopers had not landed in the eleven-mile stretch between Arnhem and Nijmegen. Of that, Gräbner was quite certain. But enemy units were in Nijmegen. Immediately after a few of Gräbner's vehicles had crossed the great Waal River bridge, there had been a short, brisk small-arms encounter. In the darkness, the enemy had seemed to show no great inclination to continue the fight against his armoured vehicles and Gräbner had reported to headquarters that the Allies seemed to have little strength in the city as yet.

Now, his scouting mission completed, Gräbner ordered a few self-propelled guns from his forty-vehicle unit to guard the southern approaches to the Nijmegen bridge. With the rest of the patrol, he headed back north to Arnhem. He had seen neither paratroopers nor any enemy activity when crossing the Arnhem bridge the night before. However, from radio messages, he had learned that some British troops were on one side of the bridge. Harzer's headquarters had merely called them 'advance units'. Gräbner halted once more, this time at the town of Elst, approximately midway between Arnhem and Nijmegen. There again, to be within striking distance of either highway bridge, he left off part of his column. With the remaining twenty-two vehicles, he sped back towards the Arnhem bridge to clear it of whatever small enemy units were there. Against paratroopers armed with only rifles or machine guns, Gräbner expected little difficulty. His powerful armoured units would simply smash through the lightly-held British defences and knock them out.

At precisely 9.30 a.m., Corporal Don Lumb, from his rooftop position near the bridge, yelled out excitedly, 'Tanks! It's XXX Corps!' At battalion headquarters nearby, Colonel John Frost heard his own spotter call out. Like Corporal Lumb, Frost felt a moment's heady exhilaration. 'I remember thinking that we would have the honour of welcoming XXX Corps into Arnhem all by ourselves,' he recalls. Other men were equally cheered. On the opposite side of the northern approach, the men under the ramp near Captain Eric Mackay's command post could already hear the sound of heavy vehicles reverberating on the bridge above. Sergeant Charles Storey pounded up the stairs to Corporal Lumb's lookout. Peering towards the smoke still rising from the southern approach, Storey saw the column Lumb had spotted. His reaction was immediate. Racing back downstairs, the pre-Dunkirk veteran shouted, 'They're Germans! Armoured cars on the bridge!'

At top speed, the vanguard of Captain Paul Gräbner's assault force came on across the bridge. With extraordinary skill, German drivers, swerving left and right, not only avoided the smouldering wreckage cluttering the bridge, but drove straight through a mine field—a string of plate-like Teller mines that the British had laid during the night. Only one of Gräbner's five lead vehicles touched off a mine—and, only superficially damaged, kept on coming. On his side of the ramp, Captain Mackay stared with amazement as the first of the squat camouflaged cars, machine guns firing constantly, barrelled off the ramp, smashed through the British perimeter defences, and kept on going straight towards the centre of Arnhem. Almost immediately, Mackay saw another go past. 'We had no anti-tank guns on our side,' Mackay says, 'and I just watched helplessly as three more armoured cars sped right past us and took off up the avenue.'

Gräbner's daring plan to smash across the bridge by force and speed was under way. Out of the sight of the British, on the southern approach to the bridge, he had lined up his column. Now, half-tracks, more armoured cars, personnel carriers and even a few truck-loads of infantry, firing from behind heavy sacks of grain, began to advance. Crouching behind the half-tracks were other German soldiers, firing steadily.

The sudden surprise breakthrough of Gräbner's lead vehicles had stunned the British. They recovered quickly. Anti-tank guns from Frost's side of the bridge began to get the range. From the entire northern area a lethal fire enveloped the German column. From parapets, rooftops, windows and slit trenches, troopers opened fire with every weapon available, from machine guns to hand grenades. Sapper Ronald Emery, on Mackay's side of the ramp, shot the driver and co-driver of the first half-track to cross. As the second came into view, Emery shot its drivers, too. The half-track came to a dead halt just off the ramp, whereupon the remainder of its crew of six, abandoning the vehicle, were shot one by one.

Relentlessly, Gräbner's column pressed on. Two more half-tracks nosed across the bridge. Suddenly, chaos overtook the German assault. The driver of the third half-track was wounded. Panicked, he threw his vehicle into reverse, colliding with the half-track behind. The two vehicles, now inextricably tangled, slewed across the road, one bursting into flames. Doggedly the Germans coming up behind tried to force a passage. Accelerating their vehicles, frantic to gain the northern side, they rammed into each other and the growing piles of debris tossed up by shells and mortar bursts. Out of control, some half-tracks hit the edge of the ramp with such force that they toppled over the edge and down into the streets below. Supporting German infantrymen following the half-tracks were mercilessly cut down. Unable to advance beyond the centre of the bridge, the survivors raced back to the southern side. A storm of fire ricocheted against the girders of the bridge. Now, too, shells from Lieutenant-Colonel Sheriff Thompson's artillery, situated in Oosterbeek, and called in by Major Dennis Munford from the attic of brigade headquarters near Frost's own building, screamed into Gräbner's stricken vehicles. Through all the din came the yelling of the now-exuberant British paratroopers as they shouted the war cry, 'Whoa Mohammed,' which the Red Devils had first used in the dry hills of North Africa in 1942.*

* In that campaign, paratroopers noted that the Arabs, shouting messages

The fierceness of the raging battle stunned the Dutch in the area. Lambert Schaap, who lived with his family on the Rijnkade—the street running east and west of the bridge—hurried his wife and nine children off to a shelter. Schaap himself remained in his house until a hail of bullets came through the windows, pitting walls and smashing furniture. Under this intense barrage Schaap fled. To Police Sergeant Joannes Van Kuijk, the battle seemed endless. 'The firing was furious,' he recalls, 'and one building after another seemed to be hit or burning. Telephone calls from colleagues and friends were constant, asking for information about what was happening. We were having a hard time of it in our building and neighbouring premises were catching fire. The houses on Eusebius Buiten Singel were also alight.'

On that wide boulevard near the northern approach, Coenraad Hulleman, in his fiancée's house only a few doors away from Captain Mackay's command post, now stayed with the rest of the Van der Sande family in their basement shelter. 'There was a funny sound overriding all the other noise and someone said it was raining,' Hulleman remembers. 'I went up to the first floor, looked out, and saw that it was fire. Soldiers were running in every direction and the entire block seemed to be in flames. The battle moved right up the boulevard and suddenly it was our turn. Bullets smacked into the house, smashing windows, and upstairs we heard musical notes as the piano was hit. Then, amazingly, a sound like someone typing in Mr. Van der Sande's office. The bullets were simply chewing up the typewriter.' Hulleman's fiancée, Truid, who had followed him up, saw that shots were hitting the tower of the massive Church of St. Eusibius. As she watched in amazement the gold hands of the huge clock on the church spun crazily as though, Truid remembers, 'time was racing by.'

To the bridge fighters, time had lost all meaning. The shock, speed and ferocity of the battle caused many men to think that the fight had gone on for many hours. Actually, Gräbner's attack had lasted less than two. Of the armoured vehicles that Colonel Harzer

---

to one another, seemed to begin each communication with these two words. In Arnhem, the war cry was to take on special meaning. It enabled paratroopers on both sides of the northern ramp to determine who was friend or foe in the various buildings and positions, since the Germans seemed unable to pronounce the words. According to Hilary St. George Saunders in *By Air to Battle*, the war cry 'seemed to rouse the men to their highest endeavours.'

had jealously guarded from General Harmel, twelve lay wrecked or burning on the northern side. The remainder disengaged from the carnage and moved back to Elst, minus their commander. In the bitter no-quarter fighting, Captain Paul Gräbner had been killed.

Now the British, in pride and triumph, began to assess the damage. Medics and stretcher-bearers, braving the unrelenting sniper fire, moved through the smoke and litter, carrying the wounded of both sides to shelter. The Red Devils on the bridge had repulsed and survived the horror of an armoured attack and, almost as though they were being congratulated on their success, Second Battalion signallers suddenly picked up a strong clear signal from XXX Corps. The grimy, weary troopers imagined that their ordeal was all but over. Now, beyond any doubt, Horrocks' tanks must be a scant few hours away.

From airfields behind the German border, swarms of fighters took to the air. To amass and fuel the planes, the nearly depleted *Luftwaffe* had mounted an all-out effort. Now, after a frantic, sleepless night, during which fighters had been rushed in from all over Germany, some 190 planes gathered over Holland between 9 and 10 a.m. Their mission was to destroy the second lift of Market. Unlike the sceptical Field Marshal Model, the *Luftwaffe* generals believed the captured Market-Garden plans to be authentic. They saw a glittering opportunity to achieve a major success. From the plans, German air commanders knew the routes, landing zones and drop times of the Monday lift. Squadrons of German fighters, patrolling the Dutch coast across the known Allied flight paths and drop zones, waited to pounce on the airborne columns, due to begin their drops at 10 a.m. Zero hour passed with no sign of the Allied air fleet. The short-range fighters were ordered to land, refuel and take off again. But the sky remained empty. None of the anticipated targets materialized. Baffled and dismayed, the *Luftwaffe* High Command could only wonder what had happened.

What had happened was simple. Unlike Holland, where the weather was clear, Britain was covered by fog. On the bases, British and American airborne troops, ready to go, waited impatiently by their planes and gliders. On this crucial morning, when every hour mattered, General Lewis H. Brereton, the First Allied Airborne Army Commander, was, like the men of the second lift, at the mercy of the weather. After consultation with the meteorologists, Brereton was forced to reschedule zero hour. The men in and around Arnhem and the Americans down the corridor—all holding against the increasing German build-up—must now wait for long hours more. The second lift could not reach the drop zones before 2 p.m.

[5]

At Valkenswaard, fifty-seven miles south of Arnhem, ground fog had held up the planned 6.30 a.m. jump-off time for the tanks of XXX Corps. Scout cars, however, had set out on schedule. Patrolling ahead and to the east and west since daybreak, they were feeling out the German strength. To the east, heather-covered sand and small streams made the area barely negotiable even for reconnaissance vehicles. West of the village, wooden bridges over streams and rivers were considered too light to support tanks. As scout cars in the centre moved along the narrow, one-tank-wide main road out of Valkenswaard, they suddenly encountered a German tank and two self-propelled guns which drove off towards Eindhoven as the patrol approached. From all reports it seemed clear that the quickest route into Eindhoven was still the highway, despite the sighting of German armour and the expectation of running into more as the British approached the city. Now, three hours later, General Horrocks' tanks were only just beginning to roll again. As Colonel Frost's men engaged Captain Gräbner's units at the Arnhem bridge, the spearheading Irish Guards were finally on the move, heading up the main road towards Eindhoven.

Stiff German resistance had thwarted Horrocks' plan to smash out from the Meuse-Escaut Canal on Sunday and link up with General Taylor's 101st Airborne Division in Eindhoven in under three hours. By nightfall on the 17th, Lieutenant-Colonel Joe Vandeleur's tankers had come only seven miles to Valkenswaard, six miles short of the day's objective. There had seemed little reason to push on during the night. Brigadier Norman Gwatkin, Chief of Staff of the Guards Armoured Division, had told Vandeleur that the Son bridge beyond Eindhoven was destroyed. Bridging equipment would have to be brought up before Vandeleur's tanks could cross. As Vandeleur remembers, Gwatkin said, 'Push on to Eindhoven tomorrow, old boy, but take your time. We've lost a bridge.'

Unaware of the setback, men were impatient at the delay. Lieutenant John Gorman, who had attended General Horrocks' briefing in Leopoldsbourg prior to the break-out, had thought at the time that there were too many bridges to cross. Now Gorman, recipient of the Military Cross a few weeks earlier, was edgy and irritable. His original fears seemed justified. Anxious to be off, Gorman could not understand why the Guards Armoured had spent the night in Valkenswaard. Habit, he noted, 'seemed to dictate that one slept at night and worked by day,' but now, Gorman felt, such behaviour should not apply. 'We must get on,' he remembers saying. 'We can't wait.' Lieutenant Rupert Mahaffy was equally disturbed at the Guards' slow advance. 'I began having the first faint traces of conscience,' he says. 'Our advance seemed slower than intended and I knew if we did not pick up the pace soon, we weren't going to get to Arnhem on time.'

Although the scouting patrols of the Household Cavalry had warned of waiting German armour and infantry, the tanks of the Irish Guards met little opposition until they reached the village of Aalst, halfway to Eindhoven. Then, from the pinewood forests flanking the highway, a hail of infantry fire engulfed the column and a lone self-propelled gun engaged the leading tanks. It was quickly put out of action and Vandeleur's force rumbled on through the village. Two miles north, at a small bridge over the river Dommel, the Irish were held up again, this time by heavy artillery fire. Four 88 mm. guns covered the bridge. Infantry with heavy machine guns were hidden in nearby houses and behind concrete walls. Immediately the lead vehicles halted and British troops, jumping from the tanks, fought back.

To move on as quickly as possible, Vandeleur decided to call in the rocket-firing Typhoons that had aided the column so expertly during the previous day's advance. Flight Lieutenant Donald Love, now in complete charge of ground-to-air communication, put through the request. To his astonishment, he was turned down. In Belgium, the squadrons were weathered in by fog. Vandeleur, Love recalls, 'was livid.' Squinting into the bright weather over Holland, he asked Love sarcastically 'if the RAF is frightened by sunshine.'

By now the entire column, stretching back almost to the Belgian border, was stalled by the well-sited enemy guns. Lead tanks tried to edge forward; one gun, firing directly down the road, stopped them at point blank range. As his tanks opened up against the Germans, Vandeleur called for heavy artillery and quickly ordered patrols to move out west along the river in search of a bridge or ford where his vehicles might cross, outflank the German battery and attack from the rear.

A barrage of steel whistled over the lead tanks as British batteries began to engage the enemy. Well positioned and fiercely determined, the Germans continued to fire. For two hours the battle went on. Fuming at the delay, Vandeleur was helpless. All he could do was wait.

But, barely four miles to the north, one of the reconnaissance units had met with unexpected success. After a circuitous cross-country trip through water-veined terrain, marshes, and across fragile wooden bridges, one troop of scout cars, skirting the German positions, came suddenly upon American paratroopers north of Eindhoven. Shortly before noon, Lieutenant John Palmer, commanding the Household Cavalry scout unit, was warmly greeted by Brigadier General Gerald Higgins, deputy commander of the 101st 'Screaming Eagles.' By radio, Palmer jubilantly informed his headquarters that the 'Stable Boys have contacted our Feathered Friends.' The first of three vital link-ups along the corridor had been made—eighteen hours behind Market-Garden's schedule.

With contact finally established, discussion immediately turned to the Son bridge. Waiting British engineering units needed complete details in order to bring forward the materials and equipment needed to repair the damaged crossing. Sappers, moving up alongside Vandeleur's lead columns, prepared to rush to the bridge the moment the advance picked up again. Information could have been passed by radio, but the Americans had already discovered a simpler method. The surprised British were radioed to ask their engineers to telephone 'Son 244.' The call went immediately through the German-controlled automatic telephone exchange, and within minutes the Americans at the Son bridge had given British engineers the vital information they needed to bring up the proper bridging equipment.

In the village of Aalst, Vandeleur's tankers were startled by a sudden abrupt end to the German fire which had kept them immobilized so long on the main road. One of their own squadrons had opened the way. Working slowly down the western bank of the Dommel river, a British reconnaissance force came upon a crossing a mile north of Aalst and behind the German positions. The squadron charged the German guns from the rear, overran their positions and ended the battle.

Unaware of the move, the stalled tankers at Aalst thought the sudden silence was a lull in the fighting. Major Edward Tyler, in charge of the lead No. 2 Squadron, was debating whether he should take advantage of the cessation and order his trucks to smash on when he spotted a man cycling down the main road towards the column. Stopping on the far bank, the man jumped off the bicycle and, waving frantically, ran across the bridge. The astounded Tyler heard him say: 'Your General! Your General! The Boche have gone!'

Breathlessly, the Dutchman introduced himself. Cornelis Los, 41, was an engineer employed in Eindhoven but living in Aalst. 'The road,' Los told Tyler, 'is open and you have put out of action the only German tank at the village entrance.' Then, Tyler recalls, 'he produced a detailed sketch of all the German positions between Aalst and Eindhoven.'

Immediately, Tyler gave the order to advance. The tanks moved over the bridge and up the road, passing the now ruined and deserted German artillery positions. Within the hour, Tyler saw the sprawl of Eindhoven up ahead and what appeared to be thousands of Dutch thronging the road, cheering and waving flags. 'The only obstruction holding us up now are the Dutch crowds,' Major E. Fisher-Rowe radioed back down the column. In the heady carnival atmosphere, the cumbersome tanks of XXX Corps would take more than four hours to move through the city. Not until shortly after 7 p.m. did advance units reach the Son bridge where Colonel Robert F. Sink's weary engineers were working, as they had been ever since it was destroyed, to repair the vital span.

From the outset, the synchronized Market-Garden schedule had allowed little margin for error. Now, like the thwarted advance of the British battalions into Arnhem, the damage to the bridge at Son was a major setback which threatened the entire operation. Twenty-eight miles of the corridor—from the Belgian border north to Veghel—were now controlled by the Anglo-Americans. With extraordinary speed, the 101st Division had covered its fifteen-mile stretch of highway, capturing the principal towns of Eindhoven, St. Oedenrode and Veghel, and all but two of eleven crossings. Yet Horrocks' 20,000-vehicle relief column could advance no farther until the Son crossing was repaired. British engineers and equipment, moving up with the lead tanks, must work against time to repair the bridge and move XXX Corps over the Wilhelmina Canal, for there was no longer an alternative route that Horrocks' tanks could take.

In the planning stages General Maxwell Taylor, knowing that the Son bridge was vital to a straight dash up the corridor, had included a secondary target as well. To counteract just such a setback as had occurred at Son, Taylor had ordered that a one-hundred-foot-long concrete road bridge over the Canal at the village of Best was to be taken as well. Four miles west of the main road, the bridge could still be used in an emergency. Since intelligence sources believed that the area held few German troops, a lone company had been assigned to grab the bridge and a nearby railway crossing.

Best was to become a tragic misnomer for the American troopers sent to secure it. Lieutenant Edward L. Wierzbowski's reinforced company had been greatly reduced during ferocious night fighting on the 17th. Infiltrating along dikes, canal banks, and through marshes, the dogged troopers under Wierzbowski's command pressed on against overwhelming German forces; once they were within fifteen feet of the bridge before being stopped by a barrage of fire. At various times during the night, word filtered back that the bridge had been taken. Other reports claimed that Wierzbowski's company was wiped out. Reinforcements, like the original company, became quickly engulfed in the desperate, unequal struggle. At 101st headquarters, it was soon clear that German forces were heavily concentrated at Best. Far from being lightly held, the village contained upwards of 1,000 troops—units of the forgotten German 15th Army. And like a sponge, Best was drawing more and more American forces. As fighting raged throughout the area, Wierzbowski and the few survivors of his company were almost in the dead centre of the battle. So surrounded that their own reinforcements did not know they were there, they continued to fight for the bridge.

Around noon, as advance parties of British and Americans linked up in Eindhoven, the bridge at Best was blown by the Germans. So close were Wierzbowski and his men that falling debris added to the wounds they had already sustained. Elsewhere in the area, casualties were also heavy. One of the most colourful and acerbic of the 101st commanders, Lieutenant-Colonel Robert Cole, who held the Congressional Medal of Honor, was killed. The Medal also would be awarded posthumously to another soldier. Private Joe E. Mann, so badly wounded at the bridge that both arms were bandaged and tied to his sides, saw a German grenade land among the men he was with. Unable to free his arms, Mann fell on the grenade, saving the others around him. As Wierzbowski reached him, Mann spoke just once. 'My back is gone,' he told the lieutenant. Then he was dead.

With the Best bridge gone, the success of Market-Garden now hinged more critically than ever on the speed with which engineers could repair the Son crossing. In the interlocking phases of the plan—each link dependent on the next—the road beyond Son was empty of the tanks that should have moved along it hours before. Montgomery's daring attack was moving into ever-deepening trouble.

The farther up the corridor, the more compounded the problems became. Isolated in the centre from General Taylor's Screaming Eagles to the south and the Red Devils in Arnhem, General Gavin's 82nd Airborne were holding firmly to the 1,500-foot-long bridge at Grave and the smaller one near Heumen. To the southwest, after a brisk fight, platoons of the 504th and 508th, attacking simultaneously from opposite sides of the Maas–Waal Canal, seized another bridge over the Grave-Nijmegen highway at the village of Honinghutie, opening an alternative route into Nijmegen for Horrocks' tanks. But just as the damaged Son bridge was holding up the British advance into the middle sector of the corridor, so the inability of the 82nd to seize the Nijmegen crossing quickly had created its own problems. There, SS troops were now dug in at the southern approaches. Well protected and concealed, they repeatedly repulsed attacks by a company of the 508th. As each hour passed German strength was building, and Gavin could not spare more men in an all-out effort to get the bridge; for throughout the 82nd's vast lodgment—an area ranging ten miles north to south and twelve miles east to west—a series of wild, apparently uncoordinated enemy attacks threatened disaster.

Patrols along the Grave–Nijmegen highway were being constantly attacked by infiltrating enemy troops. Corporal Earl Oldfather, on the look-out for snipers, saw three men in a field the 504th was occupying. 'One was bailing water out of his hole, the other two were digging,' Oldfather recalls. 'I waved and saw one of them pick up his rifle. They were Jerries who had gotten right into our field and were firing at us from our own foxholes.'

Farther east, the two vital landing zones between the Groesbeek

Heights and the German frontier quickly became battlefields as waves of low-calibre German infantry were thrown against the troopers. Among them were naval and *Luftwaffe* personnel, communications troops, soldiers on furlough, hospital orderlies, and even recently discharged convalescents. Corporal Frank Ruppe remembers that the first Germans he saw wore a bewildering variety of uniforms and rank insignia. The attack began so suddenly, he recalls, that 'we were ambushed practically next to our own outposts.' Units appeared as though from nowhere. In the first few minutes Lieutenant Harold Gensemer captured an over-confident German colonel who boasted that 'my men will soon kick you right off this hill.' They almost did.

Swarming across the German border from the town of Wyler and out of the Reichswald in overwhelming numbers, the Germans burst through the 82nd's perimeter defences and quickly overran the zones, capturing supply and ammunition dumps. For a time the fighting was chaotic. The 82nd defenders held their positions as long as they could, then slowly pulled back. All over the area troops were alerted to rush to the scene. Men on the edge of Nijmegen force-marched all the way to the drop zones to give additional support.

A kind of panic seemed to set in among the Dutch also. Private Pat O'Hagan observed that as his platoon withdrew from the Nijmegen outskirts, the Dutch flags he had seen in profusion on the march into the city were being hurriedly taken down. Private Arthur 'Dutch' Schultz,* a Normandy veteran and a Browning automatic gunner for his platoon, noticed that 'everyone was nervous and all I could hear was the chant "BAR front and centre".' Everywhere he looked he saw Germans. 'They were all around us and determined to rush us off our zones.' It was clear to everyone that until German armour and seasoned reinforcements arrived, the enemy units, estimated at being close to two battalions, had been sent on a suicide mission: to wipe out the 82nd at any cost and hold the drop zones—the division's lifeline for reinforcements and supplies. If the Germans succeeded they might annihilate the second lift even as it landed.

At this time, General Gavin believed that the scheduled lift had already left England. There was no way of stopping or diverting them in time. Thus, Gavin had barely two hours to clear the areas

* See *The Longest Day*, London, Collins, 1959, pp. 63, 300.

and he needed every available trooper. Besides those already engaged, the only readily available reserves were two companies of engineers. Immediately Gavin threw them into the battle.

Bolstered by mortar and artillery fire, the troopers, outnumbered sometimes five to one, fought all through the morning to clear the zones.* Then with fixed bayonets many men went after the Germans down the slopes. It was only at the height of the battle that Gavin learned that the second lift would not arrive until 2 p.m. The woods remained infested with a hodge-podge of German infantry and it was obvious that these enemy forays heralded more concentrated and determined attacks. By juggling his troops from one area to another, Gavin was confident of holding, but he was only too well aware that for the moment the 82nd's situation was precarious. And now with information that the Son bridge was out and being repaired, he could not expect a British link-up before D plus 2. Impatiently and with growing concern, Gavin waited for the second lift which would bring him desperately needed artillery, ammunition and men.

[6]

From the smoking ruins of Arnhem to the damaged crossing at Son, in foxholes, forests, alongside dikes, in the rubble of demolished buildings, on tanks and near the approaches of vital bridges, the men of Market-Garden and the Germans they fought heard the low rumble come out of the west. In column after column, darkening the sky, the planes and gliders of the second lift were approaching. The steady, mounting drone of motors caused a buoyant renewal of vigour and hope in the Anglo-Americans and the Dutch people. For most Germans, the sound was like a forerunner of doom. Combatants and civilians alike stared skywards, waiting. The time was a little before 2 p.m. on Monday, September 18th.

The armada was gigantic, dwarfing even the spectacle of the day before. On the 17th, flights had followed two distinct northern and southern paths. Now, bad weather and the hope of effecting greater

* In the wild, chaotic fighting that ensued over a period of four hours on the zones, one of the most beloved officers in the 82nd, the heavyweight champion of the division, Captain Anthony Stefanich, was killed. 'We've come a long way together,' he told his men. 'Tell the boys to do a good job.' Then he died.

protection from the *Luftwaffe* had caused the entire second lift to be routed along the northern path to Holland. Condensed into one immense column covering mile after mile of sky, almost 4,000 aircraft were layered at altitudes from 1,000 to 2,500 feet.

Flying wing-tip to wing-tip, 1,336 American C-47's and 340 British Stirling bombers made up the bulk of the sky train. Some of the planes carried troops. Others towed a staggering number of gliders—1,205 Horsas, Wacos and mammoth Hamilcars. Positioned at the rear of the 100-mile-long convoy, 252 four-engined Liberator bombers were ferrying cargo. Protecting the formations above and on the flanks, 867 fighters—ranging from squadrons of British Spitfires and rocket-firing Typhoons to American Thunderbolts and Lightnings—flew escort. In all, at time of take-off, the second lift carried 6,674 airborne troops, 681 vehicles plus loaded trailers, 60 artillery pieces with ammunition and nearly 600 tons of supplies, including two bulldozers.*

Wreathed by flak bursts, the huge armada made landfall over the Dutch coast at Schouwen Island, then headed inland due east to a traffic control point south of the town of s'Hertogenbosch. There, with fighters leading the way, the column split into three sections. With timed precision, executing difficult and dangerous manoeuvres, the American contingents swung south and east for the zones of the 101st and 82nd as British formations headed due north for Arnhem.

As on the previous day, there were problems, although they were somewhat diminished. Confusion, abortions and fatal mishaps struck the glider fleets in particular. Long before the second lift reached the drop zones, 54 gliders were downed by structural or human error. Some 26 machines aborted over England and the Channel; two were seen to disintegrate during flight, and 26 more were prematurely released on the 80-mile flight over enemy territory, landing far from their zones in Belgium and Holland and behind the German fron-

* In the compilation of plane figures there are some discrepancies. American sources give a total of 3,807 aircraft; British figures list 4,000. The count used above comes from General Browning's after-action Corps report, indicating that the difference in figures seems to lie in the number of fighter planes. According to U.S. sources, 674 England-based fighters flew escort for the second lift, but not included in that number were 193 Belgium-based planes, which brings the overall total of fighters to 867. By far the best account of the air action in Market-Garden, particularly as it pertains to the troop carriers, is the official U.S.A.F. Historical Division's Study No. 97 by Dr. John C. Warren entitled *Airborne Operations in World War II, European Theater*.

tier. In one bizarre incident a distraught trooper rushed to the cockpit and yanked the release lever separating the glider from its tow plane. But troop casualties over-all were low. The greatest loss, as on the previous day, was in precious cargo. Once again Urquhart's men seemed plagued by fate—more than half of the lost cargo gliders were bound for Arnhem.

Fate had ruled the *Luftwaffe* too. At 10 a.m., with no sign of the expected Allied fleet, German air commanders pulled back more than half the 190-plane force to their bases, while the remainder patrolled the skies over northern and southern Holland. Half of these squadrons were caught in the wrong sector or were being refuelled as the second lift came in. As a result, fewer than a hundred Messerschmidts and FW-190's rushed to battle in the Arnhem and Eindhoven areas. Not a single enemy plane was able to penetrate the massive Allied fighter screen protecting the troop carrier columns. After the mission Allied pilots claimed 29 Messerschmidts destroyed against a loss of only five American fighters.

Intense ground fire began to envelop the air fleet as it neared the landing zones. Approaching the 101st's drop areas north of Son, slow-moving glider trains encountered low ground haze and rain, cloaking them to some extent from German gunners. But sustained and deadly flak fire from the Best region ripped into the oncoming columns. One glider, probably carrying ammunition, caught a full anti-aircraft burst, exploded, and completely disappeared. Releasing their gliders, four tow planes were hit, one after the other. Two immediately caught fire; one crashed, the other made a safe landing. Three gliders riddled with bullets crash-landed on the zones with their occupants miraculously untouched. In all, of the 450 gliders destined for General Taylor, 428 reached the zones with 2,656 101st troopers, their vehicles and trailers.

Fifteen miles to the north, General Gavin's second lift was threatened by the battles still raging on the drop zones as the gliders began to come in. Losses to the 82nd were higher than in the 101st area. Planes and gliders ran into a hail of anti-aircraft fire. Although less accurate than on the day before, German gunners managed to shoot down six tow planes as they turned steeply away after releasing their gliders. The wing of one was blasted off, three others crashed in flames, another came down in Germany. The desperate fire fight for possession of the zones forced many gliders to land elsewhere. Some came down three to five miles from their targets; others ended up in Germany; still more decided to put down fast on their assigned landing zones. Pitted by shells and mortar, criss-crossed by machine-gun fire, each zone was a no-man's land. Coming in quickly to hard landings, many gliders smashed undercarriages or nosed over completely. Yet the pilots' drastic manoeuvres worked. Troops and cargo alike sustained surprisingly few casualties. Not a man was reported hurt in landing accidents and only forty-five men were killed or wounded by enemy fire in flight or on the zones. Of 454 gliders, 385 arrived in the 82nd's area, bringing 1,782 artillery-men, 177 jeeps and 60 guns. Initially over one hundred paratroopers were thought to have been lost, but later more than half the number made their way to the 82nd's lines after distant landings. The grimly determined glider pilots sustained the heaviest casualties—fifty-four were killed or listed as missing.

Although the Germans failed seriously to impede the arrival of the second lift, they scored heavily against the bomber re-supply missions arriving after the troop-carrier and glider trains. By the time the first of the 252 huge four-engined B-24 Liberators approached the 101st and 82nd zones, anti-aircraft gunners had found the range. Swooping down ahead of the supply planes, fighters attempted to neutralize the flak guns. But, just as German batteries had done when Horrocks' tanks began their break-out on the 17th, so now the enemy forces held their fire until the fighters passed over. Then, suddenly they opened up. Within minutes, some 21 escort planes were shot down.

Following the fighters, bomber formations came in at altitudes varying from 800 to 50 feet. Fire and haze over the zones hid the identifying smoke and ground markers, so that even experienced dropmasters aboard the planes could not locate the proper fields. From the bays of the B-24s, each carrying approximately two tons of cargo, supplies began to fall haphazardly, scattering over a wide area. Racing back and forth throughout their drop zones, 82nd troopers managed to recover 80 per cent of their supplies, almost in the faces of the Germans. The 101st was not so fortunate. Many of their equipment bundles landed almost directly among the Germans in the Best area. Less than 50 per cent of their re-supply was recovered. For General Taylor's men in the lower part of the corridor, the loss was serious, since more than 100 tons of cargo intended for them consisted of petrol, ammunition and food. So devastating was the German assault that close to 130 bombers were damaged by ground fire, seven were shot down, and four others crash-landed. The day that had begun with so much hope for the beleaguered Americans along the corridor was rapidly becoming a grim fight for survival.

Lieutenant Pat Glover of Brigadier Shan Hackett's Fourth Parachute Brigade was out of the plane and falling towards the drop zone south of the Ede–Arnhem road. He felt a jerk as his chute opened, and instinctively reached across and patted the zippered canvas bag attached to the harness over his left shoulder. Inside the bag, Myrtle the parachick squawked and Glover was reassured. Just as he had planned it back in England, Myrtle was making her first combat jump.

As Glover looked down it seemed to him that the entire heath below was on fire. He could see shells and mortars bursting all over the landing zone. Smoke and flames billowed up and some paratroopers, unable to correct their descent, were landing in the inferno. Off in the distance where gliders were bringing in the remainder of Brigadier Pip Hicks's Airlanding Brigade, Glover could see wreckage, and men running in all directions. Something had gone terribly wrong. According to the briefings, Glover knew that Arnhem was supposed to be lightly held and the drop zones, by now, should certainly be cleared and quiet. There had been no indication before the second lift left from England that anything was wrong. Yet it seemed to Glover that a full-scale battle was going on right beneath him. He wondered if by some mistake they were jumping in the wrong place.

As he neared the ground the stutter of machine guns and the dull thud of mortar bursts seemed to engulf him. He hit ground, careful to roll onto his right shoulder to protect Myrtle, and quickly chucked off his harness. Nearby, Glover's batman, Private Joe Scott, had just set down. Glover handed him Myrtle's bag. 'Take good care of her,' he told Scott. Through the haze covering the field, Glover spotted yellow smoke which marked the rendezvous point. 'Let's go,' he yelled to Scott. Weaving and crouching, the two men started out. Everywhere Glover looked there was utter confusion. His heart sank. It was obvious that the situation was going badly.

As Major J. L. Waddy came down, he, too, heard the ominous sound of machine-gun fire which seemed to be flaying the area on all sides. 'I couldn't understand it,' he recalls. 'We had been given the impression that the Germans were in flight, that there was disorder in their ranks.' Swinging down in his parachute, Waddy found that the drop zone was almost completely obscured by smoke from raging fires. At the southern end of the field where he landed, Waddy set out for the battalion's rendezvous area. 'Mortars were bursting everywhere and I saw countless casualties as I went along.' When he neared the assembly point, Waddy was confronted by an irate captain from battalion headquarters who had jumped into Holland the previous day. 'You're bloody late,' Waddy recalls the man shouting. 'Do you realize we've been waiting here for four hours?' Agitatedly, the officer immediately began to brief Waddy. 'I was shocked as I listened,' Waddy remembers. 'It was the first news we had that things weren't going as well as had been planned. We immediately got organized and as I looked around, it seemed to me that the whole sky up ahead was a mass of flames.'

On both landing zones west of the Wolfheze railway station—at Ginkel Heath and Reyers-Camp—paratroopers and glider-borne infantrymen were dropping into what appeared to be a raging battle. From the captured Market-Garden documents the Germans had known the location of the landing areas. And through enemy radar installations in the still-occupied channel ports such as Dunkirk, they, unlike the British on the ground, could calculate with accuracy the time the second lift was due to arrive. SS units and anti-aircraft, hurriedly disengaged in Arnhem, were rushed to the zones. Twenty *Luftwaffe* fighters, vectored in, continuously strafed the sectors. Ground fighting was equally intense. To clear parts of the heath of the encroaching enemy, the British, as they had during the night and early morning, charged with fixed bayonets.

Mortar bursts, hitting gliders that had landed the day before, turned them into flaming masses that in turn ignited the heath. Infiltrating enemy units used some gliders as cover for their attacks and the British set the machines on fire themselves, rather than let them fall into enemy hands. Nearly fifty gliders blazed in a vast inferno on one section of the field. Yet Brigadier Pip Hicks's Airlanding Brigade—minus half the battalion that had been sent into Arnhem—was managing with dogged courage to hold the zones. The paratroop and glider landings, bringing in 2,119 men, were far more successful than the men in the air or on the ground could believe. Even with the battle under way, 90 per cent of the lift was landing—and in the right places.

Flight Sergeant Ronald Bedford, a rear gunner in a four-engined Stirling, found Monday's mission far different from the one he had flown on Sunday. Then, the 19-year-old Bedford had been frankly bored with the routineness of the flight. Now, as they neared the landing zone, firing was continuous and tense. Spotting an anti-aircraft battery mounted on a truck at the edge of the field, Bedford tried desperately to turn his guns on it. He could see his tracers curving down and then the battery stopped firing. Bedford was exuberant. 'I got him!' he shouted. 'Listen, I got him!' As the Stirling held steady on its course, Bedford noticed that gliders all around seemed to be breaking away from their tugs prematurely. He could only assume that the heavy fire had caused many glider pilots to release and try to get down as fast as possible. Then he saw the tow rope attached to their own Horsa falling away. Watching the glider swoop down, Bedford was sure it would collide with others before it could land. 'The entire scene was chaotic,' he recalls. 'The gliders seemed to be going into very steep dives, levelling off, and coasting down, often, it looked, right into each other. I wondered how any of them would make it.'

Sergeant Roy Hatch, co-piloting a Horsa carrying a jeep, two trailers filled with mortar ammunition, and three men, wondered how they were going to get down when he saw the anti-aircraft fire ahead of them on the run-in. As Staff Sergeant Alec Young, the pilot, put the glider into a steep dive and levelled off, Hatch noticed to his amazement that everyone seemed to be heading towards the same touch-down point—including a cow which was frantically running just in front of them. Somehow Young put the glider down safely. Immediately the men jumped out and began unbolting the tail section. Nearby, Hatch noticed three gliders lying on their backs. Suddenly, with a tearing, rasping sound, another Horsa crash-landed on top of them. The glider came straight in, sliced off the nose of Hatch's glider, including the canopy and the cockpit where Hatch and Young had been sitting only moments before, then slid forward, coming to a halt directly in front of them.

Other gliders missed the zones altogether, some crash-landing as far as three miles away. Two came down on the southern bank of the Rhine, one near the village of Driel. Leaving casualties in the care of Dutch civilians, the men rejoined their units by crossing the Rhine on the forgotten but still active Driel ferry.*

* The story is probably apocryphal but the Dutch like to tell it. According

Several C-47's were hit and set afire as they made their approach to the zones. About ten minutes from landing, Sergeant Francis Fitzpatrick noticed that flak was coming up thick. A young trooper, Private Ginger MacFadden, jerked and cried out, his hands reaching for his right leg. 'I'm hit,' MacFadden mumbled. Fitzpatrick examined him quickly and gave him a shot of morphia. Then the sergeant noticed that the plane seemed to be labouring. As he bent to look out of the window, the door to the pilot's compartment opened and the dispatcher came out, his face tense. 'Stand by for a quick red and green,' he said. Fitzpatrick looked down the line of paratroopers, now hooked up and ready to go. He could see smoke pouring from the port engine. Leading the way, Fitzpatrick jumped. As his chute opened, the plane went into a racing dive. Before Fitzpatrick hit the ground he saw the C-47 plough into a field off to his right and nose over. He was sure the crew and Ginger MacFadden had not escaped.

In another C-47 the American crew chief jokingly told Captain Frank D. King, 'You'll soon be down there and I'll be heading home for bacon and eggs.' The American sat down opposite King. Minutes later the green light went on. King glanced over at the crew chief. He seemed to have fallen asleep, slumped back with his chin on his chest, his hands in his lap. King had a feeling something was not quite right. He shook the American by the shoulder and the man fell sideways. He was dead. Behind him, King saw a large hole in the fuselage which looked as though it had been made by a .50 calibre machine-gun bullet. Standing in the doorway ready to jump, King saw that flames were streaming from the port wing. 'We're on fire,' he shouted to Sergeant Major George Gatland. 'Check with the pilot.' Gatland went forward. As he opened the cockpit door a sheet of flame shot out, sweeping the entire length of the plane. Gatland slammed the door shut and King ordered the men to jump. He believed they were now pilotless. As the troopers went out of the door, Gatland estimated the plane was between two and three hundred feet off the ground. He landed with a jar and began a head count. Four men were missing. One man had been killed by gun fire in the doorway before he had a chance to leave the plane. Another had

---

to Mrs. Ter Horst of Oosterbeek, when the British troopers and their equipment, including an anti-tank gun, boarded the Driel ferry, Pieter was faced with a dilemma: whether or not to charge them for the trip. By the time they reached the northern bank, Pieter had decided to give them the ride free.

jumped but his 'chute had caught fire; and a third, Gatland and King learned, had landed a short distance away. Then the fourth man arrived still in his parachute. He had come down with the plane. The crew, he told them, had somehow crash-landed the plane and they had miraculously walked away from it. Now, fifteen miles from Oosterbeek and far from the British lines, King's group set out to make their way back. As they moved out, the C-47, blazing a quarter of a mile away, blew up.

In some areas paratroopers jumped safely only to find themselves falling through waves of incendiary fire. Tugging desperately at parachute lines to avoid the tracers, many men landed on the edges of the zones in dense forests. Some, as they struggled to shed their 'chutes, were shot by snipers. Others landed far away from their zones. In one area, part of a battalion came down behind the Germans, then marched for the rendezvous point bringing 80 prisoners with them.

Under fire on the zones, troopers, discarding their 'chutes, ran swiftly for cover. Small clusters of badly wounded men lay everywhere. Private Reginald Bryant was caught by the blast of a mortar shell and so severely concussed that he was temporarily paralysed. Aware of what was happening around him, he could not move a muscle. He stared helplessly as the men from his plane, believing Bryant dead, picked up his rifle and ammunition and hurriedly struck out for the assembly point.

Many men, surprised by the unexpected and unremitting machine-gun and sniper fire that swept the zones, sprinted for cover in the woods. In minutes the areas were deserted except for the dead and wounded. Sergeant Ginger Green, the physical training instructor who had optimistically brought along a football to have a game on the zone after the expected easy action, jumped and hit the ground so hard that he broke two ribs. How long he lay there, Green does not know. When he regained consciousness, he was alone except for casualties. Painfully he sat up and almost immediately a sniper fired at him. Green got to his feet and began to dart and weave his way towards the woods. Bullets pinged all around him. Again and again, the pain in his ribs forced Green to the ground. He was certain that he would be hit. In the billowing smoke rolling across the heath, his strange duel with the sniper went on for what seemed like hours. 'I could only make five or six yards at a time,' he remembers, 'and I figured I was up against either a sadistic bastard or a damned bad shot.' Finally, hugging his injured ribs, Green made one last dash for the woods. Reaching them, he threw himself into the undergrowth and rolled against a tree just as a last bullet smacked harmlessly into the branches above his head. He had gained vital yardage under the most desperate circumstances of his life. Spent and aching, Green slowly removed the deflated football from inside his camouflage smock and painfully threw it away.

Many men would remember the first terrible moments after they jumped. Running for their lives from bullets and burning brush on Ginkel Heath at least a dozen troopers recall a young twenty-year-old lieutenant who lay in the gorse badly wounded. He had been shot in the legs and chest by incendiary bullets as he swung helplessly in his parachute. Lieutenant Pat Glover saw the young officer as he moved off the zone. 'He was in horrible pain,' Glover remembers, 'and he just couldn't be moved. I gave him a shot of morphia and promised to send back a medic as soon as I could.' Private Reginald Bryant, after recovering from his paralysis on the drop zone, came across the officer as he was heading for the assembly area. 'When I got to him, smoke was coming from wounds in his chest. His agony was awful. A few of us had come upon him at the same time and he begged us to kill him.' Someone, Bryant does not remember who, slowly reached down and gave the lieutenant his own pistol, cocked. As the men hurried off, the fire on the heath was slowly moving towards the area where the stricken officer lay. Later, rescue parties came across the body. It was concluded that the lieutenant had committed suicide.*

With characteristic preciseness Brigadier Shan Hackett, commander of the Fourth Parachute Brigade, landed within three hundred yards of the spot he had chosen for his headquarters. In spite of enemy fire, the Brigadier's first concern was to find his walking stick, which he had dropped on the way down. As he was searching for it, he came across a group of Germans. 'I was more scared than they were,' he recalled, 'but they seemed eager to surrender.' Hackett, who spoke German fluently, brusquely told them to wait; then, recovering his stick, the trim, neatly-moustached Brigadier calmly marched his prisoners off.

* Although numerous witnesses confirm the story, I have withheld the officer's name. There is still doubt that he shot himself. He was both popular and brave. He may, indeed, have used his pistol, or he may have been killed by a sniper.

Impatient, prickly and temperamental at best of times, Hackett did not like what he saw. He, too, had expected the zones to be secure and organized. Now, surrounded by his officers, he prepared to move out his brigade. At this moment, Colonel Charles Mackenzie, General Urquhart's Chief of Staff, drove up to perform his painful duty. Taking Hackett aside, Mackenzie—in his own words—'told him what had been decided and concluded with the touchy matter of command.' Brigadier Pip Hicks had been placed in charge of the division in Urquhart's and Lathbury's absence. Mackenzie went on to explain that Urquhart had made the decision back in England that Hicks was to take over in the event both he and Lathbury should be missing or killed.

Hackett was none too happy, Mackenzie recalls. 'Now look here, Charles, I'm senior to Hicks,' he told Mackenzie. 'I should therefore command this division.' Mackenzie was firm. 'I quite understand, sir, but the General did give me the order of succession and we must stick to it. Further, Brigadier Hicks has been here twenty-four hours and is now much more familiar with the situation.' Hackett, Mackenzie said, might only make matters worse if he 'upset the works and tried to do something about it.'

But it was obvious to Mackenzie that the matter would not end there. A delicate rift had always existed between Urquhart and Hackett. Although the volatile Brigadier was eminently fit for command, in Urquhart's opinion he lacked the older Hicks's infantry experience. Additionally, Hackett was a cavalryman and Urquhart was known to hold a lesser opinion of cavalry brigadiers than of the infantrymen with whom he had long been associated. He had once jestingly referred to Hackett in public as 'that broken-down cavalryman'—a remark that Hackett had not found amusing.

Mackenzie told Hackett that his 11th Battalion was to be detached from the brigade. It would move out immediately for Arnhem and the bridge. To Hackett, this was the final insult. His pride in the brigade stemmed, in part, from its qualities as a highly-trained integrated unit that fought as an independent team. He was appalled that it was being separated and broken into parts. 'I do not like being told to give up a battalion without being consulted,' he told Mackenzie hotly. Then, on reflection, he added, 'Of course, if any battalion should go, it is the 11th. It has been dropped in the south-eastern corner of the zone and is closest to Arnhem and the bridge.'

But he requested another battalion in exchange and Mackenzie replied that he thought Hicks would give him one. And there the matter ended for the moment. The brilliant, explosive and dynamic Hackett bowed to inevitability. For the time, Hicks could run the battle but Hackett was determined to run his own brigade.

For the British, it was a grim and bloody afternoon. With a problem-ridden second lift, the fate of General Urquhart and Brigadier Lathbury still unknown, with Colonel Frost's small force precariously clinging to the north end of the Arnhem bridge, and with a swelling clash of personalities developing between two brigadiers, one more unforeseen disaster had taken place.

Depleted in numbers, worn out by constant fighting, the troopers of Hicks's Airlanding Brigade watched in despair as thirty-five Stirling bomber cargo planes dropped supplies everywhere but on the zones. Of the eighty-seven tons of ammunition, food and supplies destined for the men of Arnhem, only twelve tons reached the troops. The remainder, widely scattered to the southwest, fell among the Germans.

In Antoon Derksen's house less than five miles away, General Urquhart was still surrounded by Germans. The self-propelled gun and crew on the street below were so close that Urquhart and the two officers with him had not dared risk talk or movement. Apart from some chocolate and hard candy, the men were without food. The water had been cut off and there were no sanitary arrangements. Urquhart felt a sense of desperation. Unable to rest or sleep, he brooded about the progress of the battle and the arrival of the second lift, unaware of its delayed start. He wondered how far Horrocks' tanks had advanced and if Frost still held at the bridge. 'Had I known the situation at that moment,' he later recalled, 'I would have disregarded the concern of my officers and made a break for it, Germans or no Germans.' Silent and withdrawn, Urquhart found himself staring fixedly at Captain James Cleminson's moustache. 'The enormity in hirsute handlebars had earlier been lost on me,' he wrote, 'but now there was little else to look at.' The moustache irritated him. It looked 'damned silly.'

With all his preoccupation, Urquhart had never thought of the decision he had made regarding chain of command within the division, a last-minute instruction that was fast building towards a complex confrontation between Hicks and Hackett. By now, at

4 p.m. on Monday, September 18th, Urquhart had been absent from his headquarters for almost one full day.

General Wilhelm Bittrich, commander of the II SS *Panzer* Corps, was shocked by the enormous size of the second lift. Badgered by Field Marshal Model to capture the Arnhem bridge quickly and pressed by Colonel Harzer and General Harmel for reinforcements, Bittrich found his problems growing increasingly acute. As he grimly watched the skies west of Arnhem blossom with hundreds of multi-coloured parachutes, then fill with an apparently unceasing stream of gliders, he despaired. From the *Luftwaffe* communications net, he learned that two other massive drops had taken place. Trying to guess the Allied strength, Bittrich greatly overestimated the number of Anglo-Americans now in Holland. He believed that maybe another division had landed, enough to tilt the balance in favour of the attackers.

To Bittrich, the build-up of Allied strength versus the arrival of German reinforcements had become a deadly race. So far only a trickle of men, arms and equipment had reached him. By comparison, the Allies seemed to have inexhaustible resources. He feared that they might mount yet another airborne drop the following day. In the narrow confines of Holland, with its difficult terrain, bridges, and proximity to the undefended frontiers of Germany, a force that size could mean catastrophe.

There was little co-ordination between Bittrich's forces and Colonel-General Student's First Parachute Army to the south. Although Student's men were being constantly reinforced by the remnants of Van Zangen's Fifteenth Army, that shattered force was desperately short of transport, guns and ammunition. Days, perhaps weeks, would be needed to re-equip them. Meanwhile, the entire responsibility for halting Montgomery's attack lay with Bittrich, and his most pressing problems remained the crossing at Nijmegen and the unbelievable defence by the British at the northern approach of the Arnhem bridge.

So long as the Allied troopers held out there, Bittrich was prevented from moving his own forces down the highway to Nijmegen. Harmel's Frundsberg Division, trying to get across the Rhine, was dependent entirely on the ferry at Pannerden—a slow, tedious method of crossing. Ironically, while the British at Arnhem were experiencing their first tentative doubts of their ability to hang on,

Bittrich was gravely concerned about the outcome of the battle. He saw the Reich as dangerously close to invasion. The next twenty-four hours might tell the story.

Bittrich's superiors had problems of wider scope. All along Army B's vast front, Field Marshal Model was juggling forces, trying to stem the relentless attacks of the American First and Third Armies. Although the reinstatement of the illustrious Von Rundstedt in his old command had brought a renewal of order and cohesion, he was scraping the bottom of the nation's manpower barrel for reinforcements. Locating petrol to move units from one area to another was also becoming an increasingly critical problem, and there was little help from Hitler's headquarters. Berlin seemed more preoccupied with the Russian menace from the east than with the Allied drive from the west.

Despite his other worries, Model seemed confident of overcoming the threat in Holland. He remained convinced that the country's marshes, dikes and water barriers could work for him in providing time to halt and defeat Montgomery's attack. Bittrich had no such optimism. He urged Model to take several important steps before the situation worsened. In Bittrich's view, the destruction of the Nijmegen and Arnhem bridges was necessary immediately, but that proposal irritated Model every time Bittrich suggested it. 'Pragmatic, always demanding the impossible, Model visited me every day,' Bittrich was to recall. 'On the spot, he would issue a stream of orders referring to immediate situations, but he never stayed long enough at any conference to hear out or approve long-range plans.' Model, Bittrich feared, did not grasp the appalling eventualities that could ensue for Germany if an Allied breakthrough occurred. Instead, he seemed obsessed with details; he was particularly concerned about the German failure to recapture the Arnhem bridge. Stung by the implied criticism, Bittrich told the Field Marshal, 'In all my years as a soldier, I have never seen men fight so hard.' Model was unimpressed. 'I want that bridge,' he said coldly.

On the afternoon of the 18th Bittrich tried again to explain his view of the over-all situation to an impatient Model. The Nijmegen bridge was the key to the entire operation, he argued. Destroy it and the head of the Allied attack would be severed from its body. 'Herr Field Marshal, we should demolish the Waal crossing before it is too late,' Bittrich said. Model was adamant. 'No!' he said. 'The answer is no!' Not only did Model insist that the bridge could be defended; he demanded that Student's army and the Frundsberg Division halt the Anglo-Americans before they ever reached it. Bittrich said bluntly that he was far from sure the Allies could be contained. As yet there was almost no German armour in the area and, he told Model, there was grave danger that Montgomery's overwhelming tank strength would achieve a breakthrough. Then Bittrich expressed his fears that further airborne drops could be expected. 'If the Allies succeed in their drive from the south and if they drop one more airborne division in the Arnhem area, we're finished,' he said. 'The route to the Ruhr and Germany will be open.' Model would not be swayed. 'My orders stand,' he said. 'The Nijmegen bridge is not to be destroyed and I want the Arnhem bridge captured within twenty-four hours.'

Others knew the difficulty of carrying out Model's commands. Lieutenant-Colonel Harzer, commander of the Hohenstaufen Division, had run out of men. All his forces were fully engaged. No additional reinforcements had arrived and the size of the second lift posed grave doubts as to the ability of his soldiers to halt and contain the enemy. Like Bittrich, Harzer was convinced that 'the Allies had dropped no more than an airborne spearhead. I was sure that more would follow and then they would drive for the Reich.' With limited armour, Harzer did not know if he could stop the enemy. He had, however, succeeded in making one place secure—the grounds of his own headquarters. There, with cynical disregard for the rights of prisoners, he had ordered several hundred British troopers to be held under guard in wire enclosures. 'I was quite sure,' he was to recall, 'that the RAF would not bomb their own troops.' Harzer, a self-professed Anglophile ('I had a real weakness for the English'), had once studied as an exchange student in Great Britain. He enjoyed sauntering among the prisoners trying to engage in conversation to practise his English and, hopefully, to elicit information. He was struck by the British morale. 'They were contemptuous and self-assured, as only veteran soldiers can be,' he recalled. The calibre of his prisoners convinced Harzer that the battle was far from won. To keep Urquhart's forces off balance and to prevent any kind of cohesive attack, he ordered his Hohenstaufen Division on the evening of the 18th 'to attack unceasingly at whatever cost throughout the night.'

The commander of the Frundsberg Division, General Harmel, was 'too busy to worry about what might happen next. I had my hands full fighting the Lower Rhine.' Charged with the capture of the Arnhem bridge and the defence of the Waal crossing and the area in between, Harmel's problems were far more acute than Harzer's. The move of his division by ferry across the river was proceeding at a snail's pace. Troops, equipment and tanks were loaded on makeshift rubber or log rafts. Roads leading down to the water's edge had become quagmires. Tanks and vehicles had slid off rafts, and some had even been swept away. Worse, because of constant strafing by Allied planes, nearly all ferrying and convoying operations had to take place during darkness. In twenty-four hours Harmel's engineers had succeeded in moving only two battalions with their vehicles and equipment into the Arnhem–Nijmegen area. To speed up operations truck shuttles carrying troops ran back and forth between the south bank landing stage and Nijmegen. But the movement was far too slow. To be sure, Harmel's men were now in the centre of Nijmegen and on the southern side of the highway bridge, but he doubted that they could stop a determined attack by the Anglo-Americans. Although he had been ordered not to destroy it, Harmel was prepared for the eventuality. His engineers had already laid charges and set up detonating apparatus in a roadside bunker near the village of Lent on the northern bank. He hoped Bittrich would approve the blowing of the highway and railway bridges if they could not be held. But if he did not, Harmel's decision was already made. If British tanks broke through and started across, he would defy his superiors and destroy the bridges.

[7]

The prosperous village of Oosterbeek seemed infused with a strange mixture of gaiety and uneasiness. Like an island in the middle of the battle, the village was assaulted by the noise of fighting on three sides. From the drop zones to the west came the near-constant thunder of guns. To the northwest the chattering of machine guns and the steady cough of mortars could be clearly heard in the flower-lined streets, and to the east, two-and-a-half miles away in Arnhem, black smoke hung over the horizon, a sombre backdrop to the unceasing timpani of heavy artillery.

The bombing and strafing preceding the troop and glider landings on the previous day had produced casualties among the villagers and some damage to shops and houses, as had infiltrating snipers and ill-directed mortar bursts, but the war had not so far made serious inroads into Oosterbeek. The neat resort hotels, landscaped villas and tree-lined streets were still largely untouched. Yet it was becoming obvious with every hour that the fighting was coming closer. Here and there, concussion from distant explosions splintered panes of glass with startling suddenness. Charred particles of paper, cloth and wood, carried like confetti by the wind, rained down into the streets and the air was acrid with the smell of cordite.

On Sunday Oosterbeek had been filled with troops as the British arrived almost on the heels of a frantic German departure. No one had slept during the night. A nervous excitement, heightened by the low whine of jeeps, the clatter of Bren gun carriers and the tramp of marching men, made rest impossible. Throughout most of the 18th the movement had continued. The villagers, joyous and yet apprehensive, had decked the streets and houses with Dutch flags and plied their liberators with food, fruit and drink as the British 'Tommies' hurried through. To almost everyone the war seemed all but over. Now, subtly, the atmosphere was changing. Some British units were apparently firmly established in the village, and Lieutenant-Colonel Sheriff Thompson's artillery spotters occupied the tower of the tenth-century Dutch Reformed Church near the Rhine in lower Oosterbeek, but troop movement had noticeably slowed. By late afternoon most thoroughfares were disquietingly empty and the Dutch noted that anti-tank and Bren gun positions were now sited at strategic points on the main road. Seeing them, villagers had a sense of foreboding.

As he walked through Oosterbeek trying to discover exactly what was happening, Jan Voskuil recalls seeing a British officer ordering civilians to take in their flags. 'This is war,' he heard the officer tell one villager, 'and you are in the middle of it.' Throughout his walk, Voskuil noted that the mood of the people was changing. From a local baker Jaap Koning, Voskuil learned that many Dutch were pessimistic. There were rumours, Koning said, that 'things are not going well.' Apprehension was replacing the heady sense of liberation. 'The British,' Koning said, 'are being pushed back everywhere.' Voskuil was profoundly concerned. Koning was always well informed and, although his was the first bad news Voskuil had heard, it confirmed his own fears. As each hour passed, Voskuil thought that the canopy of shells screaming over the town towards Arnhem was growing heavier. Remembering anew the terrible destruction of the Normandy villages, Voskuil could not rid himself of an overwhelming feeling of hopelessness.

A second baker, Dirk van Beek, was equally depressed. The news he had heard on his delivery rounds had dampened his first excited reaction to the Allied drop. 'What if the war comes here—what will we do?' he asked his wife Riek. But he already knew the answer: he would remain in Oosterbeek and keep on baking. 'People have to eat,' he told Riek. 'Anyway, where would we go if we left the shop?' Absorbing himself in work, van Beek tried to reassure himself that everything would work out for the best. He had received his monthly allotment of wheat and yeast a few days earlier. Now, determined to stay and to keep his shop open, he remembered that an old baker had once told him of a method of making bread that required less than half the usual amount of yeast. He decided to stretch his supplies to the limit. He would continue to bake until everything was gone.

At the Tafelberg, Schoonoord and Vreewijk Hotels it was obvious that the battle had taken a serious turn: the airy, comfortable resorts were being turned into casualty stations. At the Schoonoord British medics and Dutch civilians began a full-scale house cleaning to make ready to receive the wounded. Jan Eijkelhoff, of the underground, saw that the Germans, in their hasty departure, had left the hotel 'looking like a pigsty. Food was all over the place. Tables had been overturned, plates broken, clothing and equipment was scattered about. Papers and rubbish littered every room.' From surrounding houses extra mattresses were brought in and placed on the ground floor. Rows of beds were set up in the main reception rooms and stretchers were placed along the glassed-in verandah. Every room, including the cellars, would be needed by nightfall, the Dutch were told. Eijkelhoff learned that St. Elisabeth's Hospital in Arnhem was already filled to capacity. Yet the British medics with whom he worked remained optimistic. 'Don't worry,' one of them told him, 'Monty will be here soon.'

At the Tafelberg Hotel, where Dr. Gerritt van Maanen was setting up a hospital, 17-year-old Anje van Maanen, who had come to help her father, noted the startling change in other volunteers. 'We are afraid,' she wrote in her diary, 'but we don't know why. We have a queer feeling that weeks have passed between yesterday and today.' As at the Schoonoord, there were rumours at the Tafelberg that Montgomery's forces were on the way. On the look-out for their quick arrival, Anje wrote, 'We stare constantly out of the upstairs windows. The shooting is stronger. There are lights and fires, but the great army is not here yet.'

A few blocks away, the ornate 12-room Hartenstein Hotel, among its park-like surroundings, wore a gaunt, deserted look. In Daliesque disarray, tables and chairs were scattered across the fine green lawn and among them, the result of a sharp fire fight the day before, lay the crumpled bodies of several Germans.

As he cycled up to the building, 27-year-old William Giebing was sickened by the appearance of the once-elegant hotel. A few months after he took possession of the building, leasing it from the town of Oosterbeek in 1942, the Germans had moved into the village and requisitioned the hotel. From that time on Giebing and his wife Truus were relegated to the position of servants. The Germans allowed them to clean the Hartenstein and to oversee the cuisine, but the management of the hotel was in German hands. Finally, on September 6th, Giebing had been summarily ordered to leave, but his wife and two maids were allowed to return each day to keep the place clean.

On the 17th, 'crazy with joy at the landings,' Giebing jumped on a bicycle and set out for the Hartenstein from Westerbouwing, where his father-in-law, Johan van Kalkschoten, operated the hill-top restaurant overlooking the Heveadorp–Driel ferry. He was just in time to see the last of the Germans departing. Running into the building, he felt for the first time that 'the hotel was finally mine.' But the air of desertion was unnerving. In the dining room two long tables covered with white damask table-cloths were set for twenty. There were soup bowls, silver, napkins and wine glasses and, in the centre of each table, a large tureen of vermicelli soup. Touching it, Giebing found it still warm. In silver dishes on the sideboard was the main course: fried sole.

Giebing wandered from room to room looking at the rich, gold-covered damask walls, the ornate plaster angels and garlands, the bridal suite where gold stars speckled the sky-blue ceiling. The Germans, he was relieved to find, had not looted the hotel. Not a spoon was missing and the refrigerators were still full of food. Making the rounds, Giebing heard voices coming from the verandah. Rushing out he found several British soldiers drinking his sherry. Eight empty bottles lay on the floor. Unaccountably, after all the days of occupation, Giebling lost his temper. The Germans had, at least, left his beloved hotel clean. 'So this is the first thing you do,' he yelled at the troopers. 'Break open my cellar and steal my sherry.' The British were embarrassed and apologetic and Giebling was mollified but once again he was told he could not remain. However, the British assured him, his property would be respected.

Now, a day later, hoping that the British had passed through and left his hotel, Giebing returned. His heart sank as he approached the building. Jeeps were parked in the rear of the building and, behind the wire netting of the tennis courts, he saw German prisoners. Slit trenches and gun positions had been dug in around the perimeter of the grounds and staff officers seemed to be everywhere. Disheartened, Giebing returned to Westerbouwing. In the afternoon his wife visited the Hartenstein and explained who she was. 'I was treated very politely,' she recalls, 'but we were not permitted to move back. The British, like the Germans, had requisitioned the hotel.' There was one consolation, she thought: the war would soon be over and then the Giebings could truly operate what they considered the best hotel in Oosterbeek. The courteous English officers with whom she talked did not inform her that the Hartenstein, as from 5 p.m. on September 18th, was now the headquarters of the First British Airborne Division.

In the strange mixture of anxiety and joy that permeated Oosterbeek, one incident terrified many of the inhabitants more than the thought of the encroaching battle. During the day prisoners had been released from the Arnhem jail. Many were resistance fighters but others were dangerous convicts. In their striped prison garb, they flooded out of Arnhem and more than fifty ended up in Oosterbeek. 'They added a final touch of madness,' recalls Jan ter Horst, a former Dutch army artillery captain, a lawyer and a leading member of the Oosterbeek resistance. 'We rounded the convicts up and put them temporarily in the concert hall. But the question was, what to do with them? They seemed harmless enough at the moment, but many of these felons had been imprisoned for years. We feared the worst—especially for our womenfolk—when they finally realized that they were free.'

Talking with the convicts Ter Horst found that they wanted only to get out of the immediate combat zone. The sole route across the Rhine was by the Heveadorp–Driel ferry. Pieter, the ferryman, flatly refused to cooperate. He did not want fifty convicts running loose on the southern bank. Further, the ferry was now moored on the north side and Pieter wanted it to remain there. After several hours of testy negotiations, Ter Horst was finally able to get Pieter to take the prisoners across. 'We were glad to see them go,' he remembers. 'The women were more scared of the convicts than they had been of the Germans.' Prudently Ter Horst insisted that the ferry be returned to the northern bank where it could be used by the British.

As a former army officer, Ter Horst was puzzled why the Heveadorp–Driel ferry had not been immediately seized by the British. When the troopers entered Oosterbeek he had questioned them about the ferry. To his amazement, he discovered they knew nothing about it. A former artilleryman, he was astounded that the British had not occupied nearby Westerbouwing, the only high ground overlooking the Rhine. Whoever held these heights with artillery controlled the ferry. Further, the choice of the Hartenstein as British headquarters disturbed him. Surely, he thought, the restaurant and its buildings on the heights at Westerbouwing was a far preferable site. 'Hold the ferry and Westerbouwing,' he urged several British staff officers. They were polite but uninterested. One officer told Ter Horst, 'We don't intend to stay here. With the bridge in our hands and the arrival of Horrocks' tanks, we don't need the ferry.' Ter Horst hoped the man was right. If the Germans reached Westerbouwing, less than two miles away, their guns not only could command the ferry but could totally demolish British headquarters at the Hartenstein. The British now knew about the ferry and they had been briefed about Westerbouwing. There was little else Ter Horst could do. The former Dutch officer had, in fact, pointed out one of the most crucial oversights in the entire operation—the failure of the British to realize the strategic importance of the ferry and the Westerbouwing heights. Had General Urquhart stayed at his headquarters and in control of the battle the situation might have been rectified in time.*

* * *

* The same point is made in several monographs written by the eminent Dutch military historian, Lieutenant-Colonel Theodor A. Boeree. 'Had Urquhart been there,' he writes, 'he might well have abandoned the defence of the bridge, recalled Frost's battalion, if possible, concentrated his six original battalions and the three of the Fourth Parachute Brigade that had just landed, and established a firm bridgehead somewhere else on the northern side of the Lower Rhine . . . with the high ground at Westerbouwing . . . as the centre

Brigadier Hicks, commanding the Division in Urquhart's absence, was facing almost hourly the bewildering problem of orienting himself to the complex, constantly-shifting moves of the hard-pressed airborne unit. With the breakdown of radio communications between headquarters and the battalions, there was little precise information about what was happening, nor could Hicks gauge the strength and potential of the enemy forces opposing him. What scant news reached him was brought by spent, dirt-streaked messengers—who risked their lives to bring him information, which was often hopelessly out-of-date by the time they arrived at headquarters—or by the various members of the Dutch underground whose reports were often disregarded or viewed as suspect. Hicks found himself depending strongly on one slender channel of communication—the tenuous Thompson-to-Munford artillery radio link existing between Oosterbeek and Frost's forces at the bridge.

Mauled and battered, the Second Battalion and the valiant stragglers who had reached it were still holding, but Frost's situation had been desperate for hours and was deteriorating rapidly. 'We were getting constant messages from the bridge asking for relief and ammunition,' Hicks recalled. 'Enemy pressure and the steadily increasing strength of German armour was building everywhere and there was absolutely no contact with Urquhart, Lathbury, Dobie or Fitch. We could not raise Browning at Corps Headquarters or explain the gravity of the situation and we were desperate for help.' From prisoner interrogations Hicks now knew that the troopers were up against battle-hardened SS men of the 9th Hohenstaufen and 10th Frundsberg Divisions. No one had been able to tell him how strong these units were or to estimate the number of tanks that were being thrown against him. Worse, Hicks did not know whether the original pre-attack plan could withstand the present German pressure. If the enemy was heavily reinforced the entire mission might founder.

Help, he knew, was coming. On the 19th Major-General Stanislaw Sosabowski's Polish Brigade would arrive in the third lift. Horrocks' tanks should also be arriving and were, indeed, already late. How close were they to Arnhem and could they arrive in time to relieve and balance the situation? 'In spite of everything,' Hicks recalls, 'I

---

of the bridgehead. There they could have awaited the arrival of the Second British Army.'

believed Frost would hold the northern end of the bridge until Monty's tanks got to it. The bridge was still our objective, after all, and my decisions and actions were centred solely on seizing and holding that objective.' Balancing all the factors, Hicks felt he must stick to the original plan, and so did Brigadier Hackett at this time.

The original task of Hackett's Fourth Parachute Brigade was to occupy the high ground north of Arnhem to prevent German reinforcements from reaching the bridge. But at the time that plan had been conceived it was thought that enemy strength would prove negligible and, at worst, manageable. In fact, enemy reaction had been so fast, concentrated and effective that Hicks could not assess the true situation. Bittrich's Corps held the north of Arnhem; his troops had bottled up Frost at the bridge and successfully prevented Dobie's and Fitch's battalions from relieving them. The advance of these two units was now virtually sheared off. In the built-up areas around St. Elisabeth's Hospital barely a mile or so from the bridge, the battalions were stopped in their tracks. The South Staffordshires, already en route to help, and the 11th Battalion from Hackett's Brigade were faring no better. 'We now came to the wide open exposed, riverside stretch of road in front of St. Elisabeth's Hospital and then everything suddenly let loose,' remembers Private Robert C. Edwards of the South Staffordshires. 'We must have looked like targets in a shooting gallery. All Jerry had to do was line up his guns and mortars on this one gap—about a quarter of a mile wide—and fire. He couldn't miss.' Edwards saw Captain Edward Weiss, second-in-command of his company, running tirelessly up and down the column 'totally ignoring all the metal flying about him, his voice growing ever hoarser as he yelled out "On, on, on, D Company, on." '

Weiss seemed to be everywhere. Men were falling all around. If troopers halted or hesitated, Weiss was 'immediately beside them urging them on. You just couldn't crawl and watch him stand upright. You had to follow his lead through that hell of fire.' Edwards threw some smoke bombs to try to hide their advance and 'then put my head down and ran like a hare.' He stumbled over 'heaps of dead, slithered in pools of blood, until I reached the partial shelter afforded by houses and buildings on the far side of the road.' There he discovered that Captain Weiss had been hit as he ran across. 'Major Phillips had been badly wounded. No one seemed to have much idea of what was going on or what we should do next.' As for D

Company, when a count was made, 'only 20 per cent remained and quite obviously we couldn't continue against such overwhelming German strength. Hopefully we waited for the dawn.'

It was as if a solid wall had been built between the division and Frost's pitiful few at the bridge.

In exchange for his 11th Battalion, Hackett had been given the 7th Battalion of the King's Own Scottish Borderers (KOSBs). They had guarded the drop zones since landing on the 17th. Now they moved out with Hackett's 10th and 156th Battalions via Wolfheze northwest of Oosterbeek. In that area the KOSBs would guard Johannahoeve Farm, a landing zone where transport and artillery of the Polish Brigade were due to arrive by glider in the third lift.

After the initial fighting on the zones, Hackett's brigade moved off without incident and by nightfall the KOSBs had taken up positions around Johannahoeve Farm. There, suddenly, the battalions ran into heavy German opposition from strongly-held machine-gun positions. A pitched battle began. In the growing darkness, commands went out to hold positions and then attempt to route the enemy at dawn. It was vitally important to secure the area. Sosabowski's paratroopers were scheduled to land on the 19th on the southern side of the Arnhem bridge, in the polder land that Urquhart and the RAF had deemed unsuitable—because of anti-aircraft considerations—for the large-scale initial landings. By the time the Poles were to arrive, it had been expected that the bridge would be in British hands. If it was not, the Poles had been assigned to take it. At Browning's rear Corps headquarters in England, where no one was aware of the compounding setbacks developing at Arnhem, the Polish drop was still scheduled to take place as planned. If Frost could hold out and the Polish drop was successful, there was still a chance even now that Market-Garden could succeed.

Everywhere men were still struggling towards the bridge. On the lower road that Frost had taken on what now seemed to many a long-ago day, Private Andrew Milbourne and a small group of stragglers from other battalions passed stealthily near the ruins of the railway bridge Frost's men had tried to capture on their march to the prime objective. In fields to his left, Milbourne saw white mounds gleaming in the darkness. 'They were dozens of dead bodies and the Dutch were moving quietly around the area, covering our comrades with white sheets,' he recalls. Up ahead, fires reddened the sky and an occasional flash of guns outlined the great bridge.

All afternoon the little band had been held up by superior German forces. Now, once more, they were pinned down. As they took refuge in a boathouse on the edge of the river, Milbourne began to despair of ever reaching the bridge. A lone signaller in the group began to work his radio set and, as the men gathered around, he suddenly picked up the BBC from London. Milbourne listened as the clear precise voice of the announcer recounted the day's happenings on the western front. 'British troops in Holland,' he reported, 'are meeting only slight opposition.' In the gloomy boathouse someone laughed derisively. 'Bloody liar,' Milbourne said.

Now, as the courageous men of the First British Airborne Division fought for their very existence, two of His Majesty's Brigadiers chose to have a heated argument over which of them should command the division. The dispute was triggered by a smoulderingly angry Brigadier Shan Hackett who, by evening of the 18th, saw the situation as not only disquieting but 'grossly untidy'. The enemy seemed to have the upper hand everywhere. British battalions were scattered and fighting uncohesively, without knowledge of one another's whereabouts. Lacking communications, pinned down in built-up areas, many units came upon one another quite by chance. It appeared to Hackett that there was no over-all command or co-ordination of effort. Late in the evening, still smarting over the startling announcement by Mackenzie concerning the command of the division, the temperamental Hackett drove to the Hartenstein Hotel in Oosterbeek to have it out with Hicks. 'He arrived about midnight,' Hicks recalls. 'I was in the operations room and from the very beginning it was perfectly clear that, as he was senior in grade to me, he was less than happy that I had been given command. He was young, with firm ideas and rather argumentative.'

Initially, Hackett's displeasure focused on the fact that Hicks had detached the 11th Battalion from him. He demanded to know what orders it had been given and who was in command of the sector. 'He thought,' recalls Hicks, 'that the situation was too fluid and obviously disagreed with the decisions I had made.' Patiently the older Hicks explained that because of strong German resistance, the present battle situation had been totally unforeseen. Each battalion, therefore, was now fighting individually to reach the bridge and, although instructed to follow specific routes, battalions had been warned that due to the unusual conditions some overlapping might occur. Two or more units might well find themselves forced into the same vicinity. Hackett brusquely commented that 'the command set-up was clearly unsatisfactory.'

Hicks agreed, but the object, he told Hackett, 'was to help Frost at the bridge in whatever way we can and as fast as possible.' While agreeing that Frost had to be reinforced quickly, Hackett sarcastically suggested that this might be done in a 'more co-ordinated manner with more drive and cohesion.' There was much to be said for Hackett's argument: a co-ordinated drive might indeed succeed in breaking through the German ring and reaching Frost, but lacking communications and kept off balance by constant German attacks, Hicks had had little time to organize such an all-out attack.

The two men then turned to the role that Hackett's brigade would play the next day. In Hicks's view, Hackett should not attempt to occupy the high ground north of Arnhem. 'I felt he could aid Frost better by driving into Arnhem and helping to hold the northern end of the bridge.' Hackett objected strongly.

He wanted a definite objective—and appeared to know what it should be. He would take the high ground east of Johannahoeve first, he announced, and then 'see what I can do to assist the operations in Arnhem.' In the quiet, understated but bitter verbal fencing, Hackett insisted that he be given a time schedule so that he could relate 'my actions to everyone else.' He wanted 'a sensible plan.' Otherwise, Hackett said, he would be compelled 'to raise the question of command of the division.'

Lieutenant-Colonel Henry Preston, the Headquarters Administrative Officer, was present at what Hicks has since tactfully called 'our discussion.' Preston remembers that Hicks, 'his face tightly drawn,' turned to him and said, 'Brigadier Hackett thinks he ought to be in command of the division.' Hackett protested at the choice of words but Preston, sensing that the conversation was becoming over-tense, immediately left the room and sent the duty officer, Gordon Grieve, in search of the Chief-of-Staff, Colonel Mackenzie.

In a room upstairs Mackenzie was resting, unable to sleep. 'I had been there about half an hour when Gordon Grieve came in. He told me that I should come downstairs immediately, that the two brigadiers, Hicks and Hackett, "were having a flaming row." I was already dressed. On the way down I tried to think quickly. I knew what the row was about and that it might be necessary for me to take decisive action. I had no intention of going into the operations room and exchanging pleasantries. I felt at this point that General Urquhart's orders were being questioned and I intended to back Hicks in everything.'

As Mackenzie entered the room the conversation between the two brigadiers abruptly ceased. 'Both men had begun to compose themselves,' recalls Mackenzie, 'and it was immediately clear that the worst was over.' Hicks, glancing up at Mackenzie, was almost casual. 'Oh, hello, Charles,' Mackenzie remembers him saying, 'Brigadier Hackett and I have had a bit of a row but it is all right now.' Hicks was certain that 'things had settled back to normal. I was rather firm with Hackett and when he left I knew he would follow my orders.' However much he may have appeared to accept Hicks's new role, Hackett's view was largely unchanged. 'I intended to take orders from Pip if they made sense,' he remembers. 'What I was told to do was far from that. Therefore, I was inclined to assert my position as senior brigadier of the two and issue the sort of orders for my brigade's operation which did make sense.'*

Under any other circumstances, the confrontation between the brigadiers would have been merely an historical footnote. Two courageous, dedicated men, under intense strain and with identical aims, lost their tempers for a moment. In the balance sheet of Market-Garden when the plan was in such jeopardy and every soldier was needed if a co-ordinated effort to seize the Arnhem bridge was to succeed, co-operation among commanders and cohesion in the ranks was vital. Particularly so, since the fate of the First Allied Airborne Army had taken yet another turn: throughout the Market-Garden area, Field Marshal Von Rundstedt's promised reinforcements were arriving from all over the western front in a steady, unceasing flow.

Nicolaas de Bode, the highly-skilled technician who had made the first secret telephone connection for the underground between north and south Holland, had remained in his room all day. On instructions from the regional resistance chief Pieter Kruyff, de Bode sat by a

* I believe the row was far more heated than related above but understandably Hicks and Hackett, both good friends, are reluctant to discuss the matter in greater detail. There are at least four different versions of what transpired and none of them may be entirely accurate. My reconstruction is based on interviews with Hackett, Hicks, Mackenzie and accounts in Urquhart's *Arnhem*, pp. 77–90, and Hibbert's *The Battle of Arnhem*, pp. 101–3.

small side window which looked out on the Velper Weg, the wide street leading from the eastern side of Arnhem to Zutphen in the north. Although he had not strayed from his post, calls had reached him from outlying areas to the west, and had deeply disturbed him. In the Wolfheze and Oosterbeek areas, underground members reported trouble. The excited talk of liberation had stopped. For some hours now, all he had heard was that the situation was worsening. De Bode was asked to keep a constant watch for any sign of heavy German movement from the north and east. So far he had seen nothing. His messages, phoned to underground headquarters hourly, contained the same terse information. 'The road is empty,' he had reported again and again.

In the late evening, some twenty minutes before his next call, he heard 'the sound of armoured cars running on rubber tyres and the clanking of armour.' Wearily he walked to the window, and gazed up the Velper Weg. The road seemed empty as before. Then in the distance, visible in the fiery glow that hung over the city, he saw two massive tanks come into view. Moving side by side along the wide street, they were heading straight down the road leading into the old part of the city. As de Bode watched wide-eyed he saw besides the tanks trucks 'carrying clean-looking soldiers, sitting straight up on the seats with their rifles in front of them. Then, more tanks and more soldiers in rows on trucks.' Promptly he called Kruyff and said, 'It looks as if an entire German army complete with tanks and other weapons is heading straight into Arnhem.'

The man who had warned London on September 14th about the presence of Bittrich's II SS *Panzer* Corps, Henri Knap, Arnhem's underground intelligence chief, was now receiving a steady stream of reports of German reinforcements from his network. Knap abandoned caution. He telephoned British headquarters at the Hartenstein directly and spoke to a duty officer. Without preamble Knap told him that 'a column of tanks, among them some Tigers, is moving into Arnhem and some are heading towards Oosterbeek.' The officer politely asked Knap to hold on. A few minutes later he came back on the line. Thanking Knap, he explained that 'the captain is doubtful about the report. After all, he's heard a lot of fairy tales.' But the scepticism at British headquarters quickly disappeared when Pieter Kruyff confirmed through Lieutenant-Commander Arnoldus Wolters, of the Royal Dutch Navy, acting as an intelligence liaison officer for the division, that at least '50 tanks are heading into Arnhem from the northeast.'

The stench of battle permeated the inner city. On the bridge, wreckage jutted high above the concrete shoulders and littered streets along the Rhine. Heavy smoke smeared buildings and yards with a greasy film. All along the waterfront hundreds of fires burned unattended and men remember that the ground shook constantly from the concussion of heavy explosives as the Germans, in the final hours of this second day of battle, battered British strongholds along the northern ramp in the bitter contest for possession of Montgomery's prime objective.

Around midnight Lieutenant-Colonel John Frost left his headquarters on the western side of the ramp and made his way around the perimeter, checking his men. Although the battle had continued almost without let-up since Gräbner's armoured attack during the morning, morale was still high. Frost was proud of his tired, dirty troopers. All day long they had doggedly repelled attack after attack. Not a single German or vehicle had reached the north end of the bridge.

During the afternoon the Germans had changed their tactics. With phosphorous ammunition, they attempted to burn the British out of their strongpoints. A long-barrelled 150 mm. gun hurled 100-pound shells directly against Frost's headquarters building, forcing the men to the cellar. Then British mortars got the range and scored a direct hit, killing the gun crew. As the troopers cheered and hooted derisively, other Germans rushed out under fire and towed the gun away. Houses round the perimeter were burning fiercely but the British held out in them until the very last minute before moving to other positions. Damage was awesome. Burning trucks and vehicles, wrecked half-tracks and smoking piles of debris cluttered every street. Sergeant Robert H. Jones remembers the sight as 'a Sargasso sea of blazing collapsed buildings, half-tracks, trucks and jeeps.' The battle had become an endurance contest—one that Frost knew his men could not win without help.

Cellars and basements were filled with wounded. One of the battalion chaplains, Father Bernard Egan, and the battalion medical officer, Captain James Logan—who had been friends since the North African campaign—tended the casualties from a rapidly dwindling stock of medical supplies. There was almost no morphia left and even field dressings were almost gone. The men had set out for the bridge with only enough light rations for 48 hours. Now, these were almost exhausted and the Germans had cut off the water. Forced to scrounge for food, the troopers were existing on apples and a few pears stored in the cellars and basements of the houses they occupied. Private G. W. Jukes remembers his sergeant telling the men, 'You don't need water if you eat lots of apples.' Jukes had a vision of 'being eventually relieved, standing back-to-back defiantly in blood-stained bandages, surrounded by dead Germans, spent cartridge cases and apple cores.'

Hour after hour Frost waited vainly for Dobie's or Fitch's relieving battalions to break through the German ring and reach the bridge. Although sounds of battle came from the direction of western Arnhem, there was no sign of large-scale troop movements. All through the day Frost had expected some further word from Horrocks' XXX Corps. Nothing had been heard from them since the single strong radio signal picked up during the morning. Stragglers from the 3rd Battalion who managed to get through to Frost brought news that Horrocks' tanks were still far down the corridor. Some had even heard from Dutch underground sources that the column had not yet reached Nijmegen. Worried and uncertain, Frost decided to keep this information to himself. He had already begun to believe that the men of his proud 2nd Battalion, which he had commanded since its inception, would be alone far longer than he believed it possible to hold.

In the last hours of Monday, Frost's hopes hinged on the third lift and the expected arrival of Major-General Stanislaw Sosabowski's 1st Polish Parachute Brigade. 'They were to drop south of the bridge,' Frost later wrote, 'and I dreaded the reception they would have . . . but it was important that they find a handful of friends to meet them.' To prepare for the Poles' arrival, Forst organized a 'mobile storming party.' Using two of Major Freddie Gough's armoured reconnaissance jeeps and a Bren-gun carrier, Frost hoped to rush across the bridge and, in the surprise and confusion of the assault, open a passage and bring the Poles through. Major Gough, who was to lead the group, was 'thoroughly miserable and quite unenthusiastic about the idea.' He had celebrated his 43rd birthday on September 16th. If Frost's plan was carried out, Gough felt quite certain he would not see his 44th.*

* After the war Gough learned that General Horrocks had been thinking

The Poles were not expected to land before 10 a.m., on the 19th. Now, making his rounds of men in slit trenches, machine-gun emplacements, basements and cellars, Frost warned them to save precious ammunition. They were to fire only at close quarters, to make every shot count. Signalman James Haysom was sighting his rifle on a German when the Colonel's order was passed along. 'Stand still, you sod,' Haysom shouted. 'These bullets cost money.'

While Frost knew that reducing the rate of fire would help the enemy improve his positions, he also believed that the Germans would be misled into thinking the British had lost heart as well as numbers. This attitude, Frost was certain, would cost the Germans dearly.

On the opposite side of the ramp, the little band of men with Captain Eric Mackay was already proving Frost's theory.

In the scarred and pitted schoolhouse under the ramp, Mackay had compressed his small force into two rooms and posted a handful of men in the hall outside to ward off any enemy attempt at infiltration. Mackay had barely positioned his men when the Germans launched a murderous machine gun and mortar attack. Lance Corporal Arthur Hendy remembers the firing was so intense that bullets 'whizzed through the shattered windows, chopped up the floorboards and we dodged as many flying splinters as we did actual bullets.'

As men ducked for cover, Mackay discovered that the Germans had brought up a flame-thrower and within minutes a demolished half-track near the school was set afire. Then, Mackay recalls, 'the Germans set fire to the house to our north and it burned merrily, sending down showers of sparks on our wooden roof which promptly caught fire.' In the pandemonium, men sprinted for the roof where for over three hours, using fire extinguishers from the school and their own camouflage smocks, they worked frantically to extinguish the flames. To Lance Corporal Hendy the stench was 'like burning cheese and burning flesh. The whole area was lit up. The heat in

---

about a similar idea. Remembering how a fast reconnaissance unit had gone ahead of the British column and linked up with the 101st, he thought that a similar fast patrol might well take its chances and reach the Arnhem bridge. 'Colonel Vincent Dunkerly was alerted to lead the group,' Gough says, 'and, like me, he admitted that he spent the entire day peeing in his knickers at the thought.'

the attic was intense and all the time the Germans were sniping away at us. Finally the fire was put out.'

As the exhausted troopers collected once again in the two rooms, Mackay ordered his soldiers to bind their feet with their smocks and shirts. 'The stone floors were thick with glass, plaster and metal fragments and the stairs were slippery with blood. Everything scrunched under our feet and made a terrific racket.' As Mackay was about to go to the cellar to check on his wounded, he remembers 'a blinding flash and a terrific explosion. The next thing I knew, someone was slapping my face.' During the fire the Germans had brought up anti-tank *Panzerfausts* in an effort to demolish the little force once and for all. With dazed disbelief Mackay saw that the entire southwest corner of the school and part of the still-smouldering roof had been blown away. Worse, the classrooms now resembled a charnel house with dead and wounded everywhere. 'Only a few minutes later,' Mackay recalls, 'someone came over and said he thought we were surrounded. I looked out one of the windows. Down below was a mass of Germans. Funnily enough, they weren't doing anything, just standing around on the grass. They were on all sides of us except the west. They must have thought the *Panzerfausts* had finished us off because we had stopped firing.'

Making his way carefully around the bodies on the floor, Mackay ordered his men to take up grenades. 'When I yell "Fire"! open up with everything you have,' he said. Back at the southeast window, Mackay gave the order. 'The boys dropped grenades on the heads below and we instantly followed up with all we had left: six Brens and fourteen Sten guns, firing at maximum rate.' In the din, paratroopers stood silhouetted in the windows, firing their machine guns from the hip and yelling their war cry, 'Whoa Mohammed.' Within minutes the counter-attack was over. As Mackay recalls, 'when I looked out again, all I could see below was a carpet of grey. We must have wiped out between 30 and 50 Germans.'

Now his men went about collecting the dead and wounded. One man was dying with fifteen bullets in the chest. Five other men were critically injured and almost all the troopers had sustained burns trying to save the blazing roof. Mackay had also been hit again by shrapnel and he discovered that his foot was pinned to his boot. Neither Mackay nor Sapper 'Pinky' White, the acting medical orderly, could remove the metal and Mackay laced his boot tighter to keep the swelling down. Out of fifty men, Mackay now had only

21 in good shape; four were dead, and over twenty-five wounded. Although he had no food and only a little water, he had collected a plentiful supply of morphia and was able to ease the pains of the injured. 'Almost everybody was suffering from shock and fatigue,' he remembers, 'but we had got ourselves another temporary breathing space. I just didn't think things looked too bright but we'd heard the BBC and they told us that everything was going according to plan. I got on the wireless to the Colonel, gave in our strength return and said we were all happy and holding our own.'

As Lance Corporal Hendy tried to catch a few minutes' sleep he heard a church bell in the distance. At first he thought that it was ringing to announce the approach of Horrocks' tanks, but the sound was not measured and consistent. Hendy realized that bullets or shell fragments must be hitting the bell. He thought of the men around Colonel Frost's headquarters on the other side of the ramp and wondered if they were holding safe. He heard the bell again and felt himself shivering. He could not rid himself of an eerie, doomed feeling.

The help Frost so urgently needed was agonizingly close—barely more than a mile away. Four battalions spread between St. Elisabeth's Hospital and the Rhine were desperately trying to reach him. Lieutenant-Colonel J. A. C. Fitch's 3rd Battalion had been attempting to force its way along the 'Lion' route—the Rhine river road that Frost had used in reaching the bridge two days before. In darkness, without communications, Fitch was unaware that three other battalions were also on the move—Lieutenant-Colonel David Dobie's 1st, Lieutenant-Colonel G. H. Lea's 11th, and Lieutenant-Colonel W. D. H. McCardie's 2nd South Staffordshires; Dobie's men were separated from him by only a few hundred yards.

At 4 a.m. on Tuesday, September 19th, the 11th Battalion and the 2nd South Staffs began to move through the heavily built-up area between St. Elisabeth's Hospital and the Arnhem Town Museum. South of them, on the 'Lion' route where Fitch had already encountered devastating opposition, the 1st Battalion was now attempting to push its way through. Initially the three battalions, co-ordinating their movements, gained ground. Then, with dawn, their cover disappeared. German opposition, uneven throughout the night, was suddenly fiercely concentrated. The advance ground to a halt as the battalions found themselves in a tight net, trapped on three sides by an enemy who almost seemed to have waited for them to arrive at a pre-planned position. And the Germans were prepared for a massacre.

Forward elements were hit and stopped in their tracks by German tanks and half-tracks blocking the streets ahead. From the windows of houses on the high escarpment of the railway marshalling yards to the north, waiting machine-gun crews opened up. And from a brickworks across the Rhine multi-barrelled flak guns, firing horizontally, ripped into Dobie's battalion and flayed Fitch's men as they tried to move along the lower Rhine road. Fitch's battalion, already badly mauled in the fighting since landing two days before, was now so cut to pieces by the unremitting flak fire that it could no longer exist as an effective unit. Men broke in confusion. They could go neither forward nor back. With virtually no protection on the open road, they were methodically mowed down. 'It was painfully obvious,' says Captain Ernest Seccombe, 'that the Jerries had much more ammunition than we did. We tried to move in spurts—from cover to cover. I had just begun one dash when I was caught in a murderous crossfire. I fell like a sack of potatoes. I couldn't even crawl.' Seccombe, who had been hit in both legs, watched helplessly as two Germans approached him. The British captain, who spoke fluent German, asked them to look at his legs. They bent down and examined his wounds. Then one of the Germans straightened up. 'I'm sorry, Herr Hauptmann,' he told Seccombe. 'I'm afraid for you the war is over.' The Germans called their own medics and Seccombe was taken to St. Elisabeth's Hospital.*

By chance one of Fitch's officers discovered the presence of Dobie's forces on the lower road and the men of the 1st Battalion, despite their own heavy casualties, hurried forward, towards the pitiable remnants of Fitch's group. Dobie was now hell-bent on reaching the bridge but the odds were enormous. As he moved up into the intense fire and leap-frogged over Fitch's men, Dobie himself was wounded and captured (he later succeeded in making his escape); by the end of the day it was estimated that only forty men of his battalion remained. Private Walter Boldock was one of them.

* Throughout most of the Arnhem battle, the hospital was used by both British and German doctors and medics to care for their wounded. Seccombe, as a German prisoner, was moved to the small Dutch town of Enschede, about five miles from the German border. During his stay there, both legs were amputated. He was liberated in April, 1945.

'We kept trying to make it but it was a disaster. We were constantly mortared and German tanks whirled right up to us. I tried to get one with my Bren gun and then we seemed to be going backwards. I passed a broken water main. A dead civilian in blue overalls lay in the gutter, the water lapping gently around his body. As we left the outskirts of Arnhem, I knew somehow we wouldn't be going back.'

Fitch's men, attempting to follow Dobie's battalion, were shredded once again. The march had lost all meaning; after-action reports indicate the total confusion within the battalion at this point. 'Progress was satisfactory until we reached the area of the dismantled pontoon bridge,' reads the 3rd Battalion's report. 'Then casualties from the 1st Battalion began passing through us. Heavy machine guns, 20 mm. and intense mortar fire began . . . casualties were being suffered at an ever-increasing rate and the wounded were being rushed back in small groups every minute.'

With his force in danger of total destruction, Fitch ordered his men back to the Rhine Pavilion, a large restaurant-building-complex on the bank of the river where the remnants of the battalion could re-group and take up positions. 'Every officer and man must make his way back as best he can,' Fitch told his troopers. 'The whole area seems covered by fire and the only hope of getting out safely is individually.' Private Robert Edwards remembers a sergeant 'whose boots were squelching blood from his wounds, telling us to get out and make our way back to the first organized unit we came to.' Colonel Fitch did not reach the Rhine Pavilion. On the deadly road back, he was killed by mortar fire.

By an odd set of circumstances, two men who should never have been there actually made their way into Arnhem. Major Anthony Deane-Drummond, the second-in-command of Division Signals, had become so alarmed over the breakdown of communications that, with his batman-driver, Lance Corporal Arthur Turner, he had gone forward to discover the trouble. Deane-Drummond and Turner had been on the road since early Monday. First they had located Dobie's battalion where they had learned that Frost was on the bridge and Dobie was preparing an attack to get through to him. Setting off on the river road, Deane-Drummond caught up with elements of the 3rd Battalion struggling towards Arnhem and travelled with them. Heavy fire engulfed the group and in the fighting that ensued Deane-Drummond found himself leading the remnants of a company whose officer had been killed. Under constant small arms fire and so surrounded that Deane-Drummond remembers the Germans were tossing stick grenades at the men, he led the group along the road to some houses near a small inlet. Ahead, he could see the bridge. 'The last couple of hundred yards to the houses I had decided on, the men were literally dropping like flies,' he recalls. 'We were down to about 20 men and I realized the rest of the battalion was now far to the rear and not likely to reach us.' Dividing the men into three parties, Deane-Drummond decided to wait until darkness, move down to the river, swim across it, then try to re-cross and join Division to the west. In a small corner house with the Germans all around, he settled down to wait. A banging began on the front door. Deane-Drummond and the three men with him raced to the back of the house and locked themselves in a small lavatory. From the noise from outside the little room, it was clear that the Germans were busy converting the house into a strongpoint. Deane-Drummond was trapped. He and the others would remain in the tiny room for the better part of three more days.*

Meanwhile, the 11th Battalion and the South Staffordshires, after several hours of relentless street fighting, had also come to a standstill. Counter-attacking German tanks hammered the battalions, forcing them to pull slowly back.

Private Maurice Faulkner remembers that elements of the battalions reached the museum with heavy casualties, only to encounter the tanks. 'I saw one man jump out of a window on top of a tank and try to put a grenade in,' Faulkner recalls. 'He was killed by a sniper but I think he was probably trapped anyway and he may have figured that was the only way out.' Private William O'Brien says that the situation was 'suddenly chaotic. Nobody knew what

* Deane-Drummond was captured on Friday, September 22nd, shortly after he left the house near the Arnhem bridge. In an old villa near Velp, used as a POW compound, he discovered a wall cupboard in which to hide. In these cramped confines, he remained for 13 days, rationing himself to a few sips of water and a small amount of bread. On October 5th he escaped, contacted the Dutch underground and on the night of October 22nd, was taken to the 1st Airborne Casualty Clearing Station at Nijmegen. One of the three men with him in Arnhem, Deane-Drummond's batman, Lance Corporal Arthur Turner, was also captured and taken to the Velp house. Eventually he was shipped to a POW camp in Germany and was liberated in April, 1945. Deane-Drummond's story is told most effectively in his book, *Return Ticket*, Collins, London, 1967.

to do. The Germans had brought up those nebelwerfer mortar throwers and we were scared out of our minds at the screaming sound. It began to seem to me that the generals had got us into something they had no business doing. I kept wondering where the hell was the goddamn Second Army.'

Private Andrew Milbourne, near the church at Oosterbeek, heard the call go out for machine gunners. Milbourne stepped forward and was told to take his gun and a crew to the juncture of the road near St. Elisabeth's Hospital to help cover and protect the two battalions as they disengaged. Putting his Vickers machine-gun in a jeep, Milbourne set off with three others. Milbourne positioned his gun in the garden of a house at the crossroads. Almost immediately he seemed to be engulfed in his own private battle. Mortar bursts and shells appeared to be aimed directly at him. As troopers began to fall back around him, Milbourne sent a constant arc of bullets out in front of them. He remembers hearing a rushing sound, like wind, and then a flash. Seconds later he knew that something was wrong with his eyes and hands. He remembers someone saying, 'Lord, he's copped it.' Private Thomas Pritchard heard the voice and ran to where men were now standing over Milbourne. 'He was lying over the twisted Vickers with both hands hanging by a thread of skin and an eye out of its socket. We started yelling for a medic.' Not far away Milbourne's best friend, Corporal Taffy Brace of the 16th Field Ambulance, heard someone shout. Leaving a shrapnel case he had treated, Brace sprinted forward. 'Quick,' a man called out to him. 'The Vickers has caught it.' As he ran, Brace remembers, he could hear an almost steady sound of machine-gun fire, and shells and mortars seemed to be dropping everywhere. Approaching a cluster of men, he pushed his way through and, to his horror, saw Milbourne lying on the ground. Working frantically, Brace wrapped Milbourne's arms and put a dressing just below the injured man's cheekbone to cushion his left eye. Brace remembers talking constantly as he worked. 'It's just a scratch, Andy,' he kept saying. 'It's just a scratch.' Picking up his friend, Brace carried Milbourne to a nearby dressing station where a Dutch doctor immediately set to work. Then Brace went back to the battle. He passed what seemed to be hundreds of men lying in the fields and along the road. 'I stopped at every one,' he recalls. 'The only thing I could do for most of them was take off their smocks and cover their faces.' Brace treated one injured sergeant as best he could and then as he prepared to set out again, the man reached out to him. 'I'm not going to make it,' he told Brace. 'Please hold my hand.' Brace sat down and cupped the sergeant's hand in both of his. He thought of Milbourne, his best friend, and of the many men who had come streaming back through the lines this day. A few minutes later, Brace felt a slight pull. Looking down, he saw that the sergeant was dead.*

By now the British were in confusion, without anti-tank guns, out of Piat ammunition and suffering heavy casualties. The attack had become a shambles. The two battalions could not drive beyond the built-up areas around St. Elisabeth's Hospital. But in that maze of streets one action was both positive and successful. The attack had overrun a terrace house at Zwarteweg 14—the building from which General Roy Urquhart had been unable to escape.

'We heard the wheeze of the self-propelled gun outside and the rattle of its track,' Urquhart later wrote. 'It was moving off.' Antoon Derksen then appeared and 'announced excitedly that the British were at the end of the road. We ran down the street and I thanked God we had made contact again.'

Urquhart, learning from an officer of the South Staffordshires that his headquarters was now in a hotel called the Hartenstein in Oosterbeek, commandeered a jeep and, driving at full speed through a constant hail of sniper fire, at last reached Division.

The time was 7.25 a.m. He had been absent and lacking control of the battle in its most crucial period, for almost 39 hours.

At the Hartenstein, one of the first men to see Urquhart was Chaplain G. A. Pare. 'The news had not been so good,' he recalls. 'The General was reported a prisoner and there was no sign of the Second Army.' As Pare came down the steps of the hotel 'who should be ascending but the General. Several of us saw him, but nobody said a word. We just stared—completely taken aback.' Dirty and with 'two days' beard on my face I must have been something to see,' Urquhart says. At that moment Colonel Charles Mackenzie, the Chief of Staff, came rushing out. Staring at Urquhart, Mackenzie told him, 'We had assumed, Sir, that you had gone for good.'

Quickly Mackenzie briefed the anxious Urquhart on the events that had occurred during his absence and gave him the situation—

* Milbourne was later captured in the cellar of the Ter Horst house in Oosterbeek. He lost his left eye and both hands were amputated by a German surgeon in Apeldoorn. He spent the rest of the war in a prisoner-of-war camp in Germany.

as Division knew it—at the moment. The picture was appalling. Bitterly, Urquhart saw that his proud division was being scattered and cut to ribbons. He thought of all the setbacks that had dogged his Market forces: the distance from the drop zones to the bridge; the near-total breakdown of communications; the weather delay of Hackett's 4th Brigade plus the loss of precious re-supply cargo; and the slow progress of Horrocks' tanks. Urquhart was stunned to learn that XXX Corps was not reported to have reached even Nijmegen as yet. The command dispute between Hackett and Hicks was upsetting, particularly as it stemmed from Urquhart's and Lathbury's own unforeseeable absence in the crucial hours when precise direction was required in the battle. Above all, Urquhart rued the incredible over-optimism of the initial planning stages that had failed to give due importance to the presence of Bittrich's *Panzer* Corps. All these factors, one compounding another, had brought the division close to catastrophe. Only superb discipline and unbelievable courage were holding the battered Red Devils together. Urquhart was determined to somehow instil new hope, to co-ordinate the efforts of his men down even to company level. In doing so, he knew that he must demand more of his weary and wounded men than any airborne commander ever had. He had no choices. With the steady inflow of German reinforcements, the dedicated, soft-spoken Scotsman saw that unless he acted immediately 'my division would be utterly destroyed.' Even now, it might be too late to save his beloved command from annihilation.

A look at the map told its own desperate story. Quite simply, there was no front line. Now that all his troopers but the Polish Brigade had arrived, the main dropping zones to the west had been abandoned and, apart from re-supply areas, the lines around them held by Hicks's men had been shortened and pulled in. Hackett was going for the high ground northeast of Wolfheze and Johannahoeve Farm, he saw. The 11th Battalion and the South Staffordshires were fighting near St. Elisabeth's Hospital. There was no news of the progress of the 1st and 3rd Battalions on the lower Rhine road. Yet Frost, Urquhart learned with pride, still held at the bridge. Everywhere on the situation map red arrows indicated newly-reported concentrations of enemy tanks and troops; some actually appeared to be positioned *behind* the British units. Urquhart did not know if there was time enough remaining to reorganize and co-ordinate the advance of his dwindling forces and send them towards the bridge in one last desperate drive. Still unaware of the cruel damage done to the 1st and 3rd Battalions, Urquhart believed there might still be a chance.

'The thing that hit me was this,' he remembers. 'Who was running the battle in the town? Who was co-ordinating it? Lathbury was wounded and no longer there. No one had been nominated to make a plan.' As he began to work on the problem Brigadier Hicks arrived. He was extremely happy to see Urquhart and to return the division to his care. 'I told him,' Urquhart says, 'that we would have to get somebody into town immediately. A senior officer, to co-ordinate Lea's and McCardie's attack. I realized that they had been only a few hundred yards away from me, and it would have been better if I had remained in town to direct. Now, I sent Colonel Hilary Barlow, Hicks's deputy. He was the man for the job. I told him to get into town and tie up the loose ends. I explained exactly where Lea and McCardie were and sent him off with a jeep and wireless set and ordered him to produce a properly co-ordinated attack.'

Barlow never reached the battalions. Somewhere en route he was killed. 'He simply vanished,' Urquhart recalls and the body was never found.

The arrival of the Poles in the third lift was of almost equal urgency. They would now land directly on a prepared enemy on the southern approaches of the bridge, as Frost knew only too well—and by now, Urquhart reasoned, the Germans were obviously reinforced by armour. The drop could be a slaughter. In an effort to stop them and even though communications were uncertain—no one knew if messages were getting through—Urquhart sent a warning signal and requested a new drop zone. At rear Corps headquarters the signal was never received. But it was irrelevant. In yet another setback, fog covered many of the airfields in England where the planes and gliders of the vital third lift were preparing to go.

The corridor through which Horrocks' tanks must drive was open once again. At Son, 46 miles south of Arnhem, engineers watched the first British armour thud across the temporary Bailey bridge they had erected. The Guards Armoured Division was once more on its way, the drive now led by the Grenadiers. Now at 6.45 a.m. on September 19th, the Garden forces were behind schedule by 36 hours.

No one in this sector of the corridor could guess as yet what that time loss would mean in the final reckoning—and worse was to come. The great Waal bridge at Nijmegen, 35 miles north, was still in German hands. If it was not taken intact and soon, airborne commanders feared the Germans would blow it.

That fear gave urgency to the armoured drive. To General Gavin, General Browning, the Corps commander, and to Horrocks, the Nijmegen bridge was now the most critical piece in the plan. As yet the commanders did not know the true plight of the First British Airborne Division. German propaganda broadcasts had boasted that General Urquhart was dead* and his division smashed, but there had been no news at all from Division itself. In the tank columns men believed that Market-Garden was going well. So did General Taylor's Screaming Eagles. 'To the individual 101st trooper, the sound of the tanks, the sight of their guns was both an assurance and a promise,' General S. L. A. Marshall was later to write. 'An assurance that there was a plan and a promise that the plan might work.'

As the tanks rumbled by, the watching troopers of General Taylor's 101st took just pride in their own achievements. Against unexpectedly strong resistance they had taken and held the 15-mile stretch of road from Eindhoven up to Veghel. Along the route men waved and cheered as armoured cars of the Household Cavalry, the tanks of the Grenadiers and the mighty mass of XXX Corps swept by. In minutes the column moved from Son to Veghel. Then, with the kind of dash that Montgomery had envisioned for the entire drive, the armoured spearhead, flanked by cheering, flag-waving Dutch crowds, sped on, reaching its first destination at Grave at 8.30 a.m. There, the tanks linked up with Gavin's 82nd. 'I knew we had reached them,' recalls Corporal William Chennell who was in one of the lead armoured cars, 'because the Americans, taking no chances, halted us with warning fire.'

Moving quickly on, the first tanks reached the Nijmegen suburbs at midday. Now two-thirds of the vital Market-Garden corridor had been traversed. The single road, jammed with vehicles, could have been severed at any time had it not been for the vigilant, tenacious paratroopers who had fought and died to keep it open. If Montgomery's bold strategy was to succeed, the corridor was the

* According to Bittrich the Germans learned from PoWs that Urquhart was either dead or missing and also, he claims, 'we were monitoring radio messages and listening to phone calls.'

lifeline which alone could sustain it. Men felt the heady excitement of success. According to official pronouncements, including those from Eisenhower's headquarters, everything was going according to plan. There was not even a hint of the dire predicament that was slowly engulfing the men at Arnhem.

Yet General Frederick Browning was uneasy. During the afternoon of the 18th he met with General Gavin. The Corps commander had received no news from Arnhem. Other than scant Dutch underground information, Browning's communications men had not received a single situation report. Despite official announcements that the operation was proceeding satisfactorily, messages relayed to Browning from his own rear headquarters and from General Dempsey's Second Army had roused in him a gnawing concern. Browning could not rid himself of the feeling that Urquhart might be in grievous trouble.

Two reports in particular fed his anxiety. German strength and reaction in Arnhem had unquestionably proved heavier and faster than the planners had ever anticipated. And R.A.F. photo-reconnaissance information indicated that only the northern end of the Arnhem bridge was held by the British. But even now, Browning was unaware that two *panzer* divisions were in Urquhart's sector. Disturbed by the lack of communications and nagged by his suspicions, Browning warned Gavin that the 'Nijmegen bridge must be taken today. At the latest, tomorrow.' From the moment he had first learned of Market-Garden, the bridge at Arnhem had worried Browning. Montgomery had confidently expected Horrocks to reach it within forty-eight hours. At the time, Browning's view was that Urquhart's paratroopers could hold for four days. Now, on D plus two—one day short of Browning's estimate of the division's ability to function alone—although unaware of the grave condition of the First British Airborne Division, Browning told Gavin, 'We must get to Arnhem as quickly as possible.'*

* Many British accounts of Arnhem, including Chester Wilmot's excellent *Struggle for Europe*, imply that Browning knew more about Urquhart's situation at this time than he actually did. A careful check of the scattered and inconclusive information passed on to Corps Headquarters shows that the first direct message from the Arnhem sector reached Browning at 8.25 a.m. on the 19th. Two others arrived during the course of the day, and dealt with the bridge, troop locations and a request for air support. Although many messages giving the true picture had been sent, they had not been received, and these three gave no indication that Urquhart's division was being methodically destroyed. In

Immediately after the link-up in the 82nd's sector, Browning called a conference. The Guards' leading armoured cars were sent back to pick up the XXX Corps commander, General Horrocks, and the commander of the Guards Armoured Division, General Alan Adair. With Browning, the two officers drove to a site northeast of Nijmegen, overlooking the river. From there Corporal William Chennell, whose vehicle had picked up one of the two officers, stood with the little group observing the bridge. 'To my amazement,' Chennell remembers, 'we could see German troops and vehicles moving back and forth across it, apparently completely unconcerned. Not a shot was fired, yet we were hardly more than a few hundred yards away.'

Back at Browning's headquarters, Horrocks and Adair learned for the first time of the fierce German opposition in the 82nd's area. 'I was surprised to discover upon arrival that we did not have the Nijmegen bridge,' Adair says. 'I assumed it would be in airborne hands by the time we reached it and we'd simply sweep on through.' Gavin's troopers, the generals now learned, had been so hard-pressed to hold the airhead that companies had been recalled from Nijmegen to protect the landing zones from massed enemy assaults. Elements of the 508th Battalion had been unable to make any headway against the strong SS units holding the bridge approaches. The only way to take the bridge quickly, Browning believed, was by a combined tank and infantry assault. 'We're going to have to winkle these Germans out with more than airborne troops,' Browning told Adair.

The Nijmegen bridge was the last crucial link in the Market-Garden plan. With the time limit that Browning had placed on the British paratroopers' ability to hold out about to expire, the pace of the operation must be accelerated. Eleven miles of corridor remained to be forced open. The Nijmegen bridge, Browning stressed, had to be captured in record time.

Major-General Heinz Harmel, the Frundsberg Division commander, was irritable and more than a little frustrated. Despite constant pressure from General Bittrich, he had still been unable

---

some quarters, Montgomery and Browning have been unjustly criticized for not taking more immediate and positive steps. At this time they knew virtually nothing of Urquhart's critical problems.

to bludgeon Frost and his men from the Arnhem bridge. 'I was beginning to feel damn foolish,' Harmel recalls.

By now he knew that the paratroopers were nearing the end of their supplies and ammunition. Also their casualties, if his own were an example, were extremely high. 'I had determined to bring tanks and artillery fire to bear and level every single building they held,' Harmel says, 'but in view of the fight they were putting up, I felt I should first ask for their surrender.' Harmel ordered his staff to arrange for a temporary truce. They were to pick a British prisoner-of-war to go to Frost with Harmel's ultimatum. The soldier selected was a newly-captured engineer, 25-year-old Sergeant Stanley Halliwell, one of Captain Mackay's sappers.

Halliwell was told to enter the British perimeter under a flag of truce. There he was to tell Frost that a German officer would arrive to confer with him about surrender terms. If Frost agreed, Halliwell would once more return to the bridge to stand unarmed with Frost until the German officer joined them. 'As a PoW I was supposed to return to the Jerries as soon as I delivered the message and got the Colonel's answer and I didn't like that part of the business at all,' Halliwell says. The Germans brought Halliwell close to the British perimeter where, carrying the truce flag, he crossed into the British-held sector and arrived at Frost's headquarters. Nervously, Halliwell explained the situation to Frost. The Germans, he said, believed it pointless for the fight to continue. The British were surrounded with no hope of relief. They had no choice but to die or surrender. Questioning Halliwell, Frost learned that 'the enemy seemed to be most disheartened at their own losses.' His own spirits lifted momentarily at the news and he remembers thinking that 'if only more ammunition would arrive, we would soon have our SS opponents in the bag.' As to the German request for negotiations, Frost's answer to Halliwell was explicit. 'Tell them to go to hell,' he said.

Halliwell was in full agreement. As a PoW he was expected to return but he did not relish the idea of repeating the Colonel's exact words and, he pointed out to Frost, it might prove difficult to return through the lines. 'It is up to you to make that decision,' Frost said. Halliwell had already done so. 'If it's all the same with you, Colonel,' he told Frost, 'I'll stay. Jerry will get the message sooner or later.'

On the far side of the ramp Captain Eric Mackay had just received a similar invitation but he chose to misinterpret it. 'I looked out and saw a Jerry standing with a not-very-white hanky tied to a rifle. He shouted "Surrender!" I promptly assumed that *they* wanted to surrender, but perhaps they meant us.' In the now nearly-demolished schoolhouse in which his small force was holding out, Mackay, still thinking the German was making a surrender offer, thought the whole idea impractical. 'We only had two rooms,' he says. 'We would have been a bit cramped with prisoners.'

Waving his arms at the German, Mackay shouted, 'Get the hell out of here. We're taking no prisoners.' The medical orderly, Pinky White, joined Mackay at the window. 'Raus!' he shouted. 'Beat it!' Amid a series of hoots and cat calls, other troopers took up the cry. 'Bugger off! Go back and fight it out, you bastard.' The German seemed to get the point. As Mackay recalls he turned around and walked quickly back to his own building, 'still waving his dirty hanky.'

Harmel's attempt to seek a surrender from the spirited, beleaguered men on the bridge had failed. The battle began again in all its fury.

[8]

At fog-covered bases near Grantham, in England, the 1st Polish Parachute Brigade was waiting to take off. Zero hour for the drop had been scheduled for 10 a.m. but weather had forced a five-hour postponement. The brigade was now due to come in at 3 p.m. Major-General Stanislaw Sosabowski, the Poles' fiercely independent, mercurial commander, had kept his men by their planes during the wait. It seemed to the 52-year-old Sosabowski that England was fogged in every morning. If the weather cleared more quickly than expected, orders might change and Sosabowski intended to be ready to go at short notice. He felt that every hour now mattered. Urquhart, Sosabowski believed, was in trouble.

Apart from instinct, there was no specific reason for Sosabowski's feeling. But the Market-Garden concept had not appealed to him from the outset. He was certain that the drop zones were too far from the bridge to effect surprise. Further, no one in England appeared to know what was happening in Arnhem, and Sosabowski had been alarmed to discover at headquarters that communications with the First British Airborne Division had broken down. All that was known was that the north end of the Arnhem bridge was in

British hands. Since there had been no change in the plan, Sosabowski's men, dropping to the south near the village of Elden, would take the other end. But the General was worried about the lack of information. He could not be sure that Urquhart's men were still on the bridge. Liaison officers from Browning's rear headquarters, on whom Sosabowski was dependent for news, seemed to know little about what was actually happening. He had thought of going to First Allied Airborne Army Headquarters at Ascot to talk directly with General Lewis Brereton, the commanding officer. Protocol dictated otherwise. His troops were under General Browning's command and Sosabowski was reluctant to by-pass military channels. Any alterations in the plan should come only from Browning and none had been received. Yet Sosabowski felt that something had gone wrong. If the British were holding only the north end of the bridge, the enemy had to be in strength to the south and the Poles might well have the fight of their lives. Sosabowski's transport and artillery, due to leave in 46 gliders from the southern Down Ampney and Tarrant Rushton bases, were still scheduled for a midday take-off. Since that part of the plan remained unchanged, Sosabowski tried to convince himself that all would go well.

Lieutenant Albert Smaczny was equally uneasy. He was to lead his company across the Arnhem bridge and occupy some buildings in the eastern part of the city. If the bridge had not been captured, he wondered how he would put his men across the Rhine. Smaczny had been assured that the crossing would be in British hands, but ever since his escape from the Germans in 1939 (his 16-year-old brother had been shot by the Gestapo in reprisal) Smaczny had schooled himself 'to expect the unexpected.'

Hour after hour the Poles waited while the fog in the Midlands persisted. Corporal Wladijslaw Korob 'was beginning to get nervous. I wanted to go,' he remembers. 'Standing about the airfield wasn't my idea of the best way to kill Germans.' Looking at the assemblage of planes on the field, Lieutenant Stefan Kaczmarek felt 'a joy that almost hurt.' He, too, was getting tired of standing idly about. The operation, he told his men, 'is the second best alternative to liberating Warsaw. If we succeed, we'll walk into Germany right through the kitchen.'

But the Poles were to be disappointed. At noon Sosabowski received fresh orders. Although planes were operating from the southern fields, in the Midlands the bases remained weathered in.

The jump was cancelled for the day. 'It's no good, General,' the chief liaison officer, Lieutenant-Colonel George Stevens, told the protesting Sosabowski, 'we can't get you out.' The assault was postponed until the following morning, Wednesday, September 20th. 'We'll try it then at 10 a.m.,' he was told. There was no time to transfer troop loads to bases in the south. To Sosabowski's chagrin, he learned that his glider supply lift had already left and was on the way to Holland. The General fumed with impatience. Each hour that passed meant greater enemy resistance and the following day might bring an infinitely harder fight—unless his nagging fears were completely unjustified.

They were not. Sosabowski's glider supply lift with men, artillery and transport was heading for near annihilation. The third air lift would be a disaster.

Low-scudding clouds blanketed the southern route all the way across the Channel. The third lift, heading for the 101st, 82nd and British drop zones, encountered trouble right from the beginning. Clear weather had been predicted by afternoon. Instead, conditions were deteriorating even as the formations took to the air. Squadrons of fighters, caught in cloud and unable to see ground targets, were forced to turn back. In zero visibility, unable to see their tow planes, many gliders cut loose to make emergency landings in England or in the Channel and whole serials were forced to abort and return to base.

Of the 655 troop carriers and 431 gliders that did take off, little more than half reached the drop and landing zones, although most of the plane–glider combinations carrying troops were able to land safely back in England or elsewhere. But over the Continent intense enemy ground fire and *Luftwaffe* attacks, combined with the poor weather, caused the loss of some 112 gliders and 40 transports. Only 1,341 out of 2,310 troops and only 40 out of 68 artillery pieces bound for the 101st Airborne Division got through. So hard pressed were General Taylor's men that the 40 guns went into action almost as soon as they landed.

General Gavin's 82nd Airborne fared even worse. At this time, when every trooper was needed for the attack on the critical Nijmegen bridges, Gavin's 325th Glider Infantry Regiment did not arrive at all. Like the Polish paratroops, the 325th's planes and gliders, also based in the Grantham area, were unable to leave the ground.

Worse, out of 265 tons of stores and ammunition destined for the 82nd, only about 40 tons was recovered.

In the British sector, where Urquhart was expecting not only the Poles but a full cargo re-supply mission, tragedy struck. The supply dropping zones had been overrun by the enemy and although intensive efforts were made to divert the 163-plane mission to a new area south of the Hartenstein Hotel, the effort failed. Desperately short of everything, particularly ammunition, Urquhart's men saw the formations approach through a blizzard of anti-aircraft fire. Then enemy fighters appeared, firing on the formations and strafing the new supply dropping zones.

At about 4 p.m., the Rev. G. A. Pare, chaplain of the Glider Pilot Regiment, heard the cry, 'Third Lift Coming!' Suddenly, the chaplain remembers, 'there was the most awful crescendo of sound and the very air vibrated to a tremendous barrage of guns. All we could do was gaze in stupefaction at our friends going to inevitable death.'

Pare watched 'in agony, for these bombers, used to flying at 15,000 feet at night, were coming in at 1,500 feet in daylight. We saw more than one machine blazing, yet carrying on its course until every container was dropped. It now became obvious to us that we had terrible opposition. A signal had been sent asking that supplies be dropped near our headquarters, but hardly anything did.'

Without fighter escort and doggedly holding course, the unwavering formations released supplies on the old dropping zones. Men on the ground tried desperately to attract attention by firing flares, igniting smoke bombs, waving parachutes and even setting parts of the heath on fire—and as they did they were strafed by diving Messerschmitts.

Many soldiers recall one British Dakota, its starboard wing on fire, coming in over the drop zone now held by the Germans. Sergeant Victor Miller, one of the glider pilots who had landed in the first lift on Sunday, was 'sick at heart to see flames envelop almost the whole of the lower half of the fuselage.' Watching for the crew to bail out, Miller found himself muttering, 'Jump! Jump!' As the plane flew low, Miller saw the dispatcher standing in the door, pushing out containers. Mesmerized, he watched the flaming Dakota turn and make another run in, and through the smoke he saw more containers tumbling out. Sergeant Douglas Atwell, another glider pilot, remembers that men climbed out of their trenches staring silently at the sky. 'We were dead tired and we had little to eat or drink, but I couldn't think of anything but that plane at the moment. It was as if it was the only one in the sky. Men were just riveted where they stood—and all the time that dispatcher kept on pushing out bundles.' The pilot held his burning plane steady, making a second slow pass. Major George Powell 'was awestruck that he would do this. I couldn't take my eyes off the craft. Suddenly it wasn't a plane any more, just a big orange ball of fire.' As the burning plane plunged to the ground, its pilot, 31-year-old Flight Lieutenant David Lord, still at the controls, Miller saw beyond the trees 'only an oily column of smoke to mark the resting place of a brave crew who died that we might have the chance to live.'

But Sergeant Miller was wrong. One member of the crew of the ill-fated Dakota did survive. Flying Officer Henry Arthur King, the navigator on that flight, remembers that just a few minutes before 4 p.m. as the plane was approaching the drop zone, flak set the starboard engine afire. Over the intercom Lord said, 'Everyone o.k.? How far to the drop zone, Harry?' King called back. 'Three minutes' flying time.' The plane was listing heavily to the right and King saw that they were losing altitude rapidly. Flames had begun to spread along the wing towards the main fuel tank. 'They need the stuff down there,' he heard Lord say. 'We'll go in and bail out afterwards. Everyone get your 'chutes on.'

King spotted the drop zone and informed Lord. 'O.K., Harry, I can see it,' the pilot said. 'Go back and give them a hand with the baskets.' King made his way back to the open door. Flak had hit the rollers used to move the heavy supply bundles, and the dispatcher, Corporal Philip Nixon, and three soldiers from the Royal Army Service Corps were already manhandling eight heavy panniers of ammunition to the door. The men had taken off their parachutes in order to tug the baskets forward. Together the five men had pushed out six baskets when the red light, indicating that the plane was now off the drop zone, came on. King went on the intercom. 'Dave,' he called to Lord, 'we've got two left.' Lord put the plane in a tight left turn. 'We'll come round again,' he answered. 'Hang on.'

King saw they were then at about 500 feet and Lord 'was handling that ship like a fighter plane. I was trying to help the RASC boys get their 'chutes back on. The green light flashed and we pushed out our bundles. The next thing I remember is Lord shouting, "Bail out! Bail out! For God's sake, bail out!" There was a tremendous explosion and I found myself hurtling through the air. I don't remember pulling the ripcord but I must have done it instinctively. I landed flat and hard on my back. I remember looking at my watch and seeing it was only nine minutes since we took the flak. My uniform was badly scorched and I couldn't find my shoes.'

Nearly an hour later, King stumbled across a company of the 10th Battalion. Someone gave him tea and a bar of chocolate. 'That's all we've got,' the trooper told him. King stared at him. 'What do you mean, that's all you've got? We just dropped supplies to you.' The soldier shook his head. 'You dropped our tins of sardines all right, but the Jerries got them. We got nothing.' King was speechless. He thought of Flight Lieutenant Lord, and the crew and men who had shed their 'chutes in a desperate effort to get precious ammunition bundles out to the anxious troops below. Of all these men, only King was alive. And now he had just learned that the sacrifice of his crew had been for nothing.*

Planes crash-landed throughout the area, mainly around Wageningen and Renkum. Some ended up on the southern side of the Rhine. Sergeant Walter Simpson remembers hearing his pilot shout over the intercom, 'My God, we've been hit!' Looking out, Simpson saw that the port engine was on fire. He heard the engines being throttled back and then the plane went into a dive. The frightened Simpson remembers that the plane 'dragged its tail across the north bank of the river, lifted slightly, then catapulted across the water and came down on the southern side.'

On impact Simpson was hurtled forward and thrown to one side of the fuselage. The wireless operator, Sergeant Runsdale, crashed into him and lay huddled across Simpson's body. The interior of the plane was a shambles, fuel was burning and Simpson could hear the crackling of flames. As he tried to ease his legs from under the wireless operator, Runsdale screamed and fainted. His back was broken. Simpson staggered up and carried the sergeant out through the escape hatch. Four crew members, dazed and in shock, were already there. Simpson went back for the others still inside. He

* Flight Lieutenant David Lord, holder of the Distinguished Flying Cross, was posthumously awarded the Victoria Cross. The bodies of the three R.A.F. officers and the four Army dispatchers—Lord, Pilot Officer R. E. H. Medhurst, Flying Officer A. Ballantyne, Corporal Nixon, Drivers James Ricketts, Leonard Sidney Harper and Arthur Rowbotham—were all identified and are buried in the British Military Cemetery at Arnhem.

found the bombardier unconscious. 'His shoe had been blown off, part of his heel was missing and both arms were broken,' he recalls. Simpson picked up this man, too, and carried him out. Although the plane was now burning fiercely, Simpson went back a third time for the engineer, whose leg was broken. He, too, was brought to safety.

In the village of Driel, young Cora Baltussen, her sister Reat and their brother Albert saw Simpson's plane come down. The three immediately set out for the site of the crash. 'It was horrible,' Cora recalls. 'There were eight men and some of them were terribly injured. We dragged them away from the burning plane just before it exploded. I knew that the Germans would be looking for the crew. I told the pilot, Flight Officer Jeffrey Liggens, who was unharmed, that we'd have to hide him while we took the injured men to the small surgery in the village. We hid him and two others in a nearby brickworks and told them we'd return at dark.' That evening Cora assisted the lone physician in the village, a woman, Dr. Sanderbobrorg, as she amputated the bombardier's foot. The war had finally reached both Cora and little Driel.

In all, out of 100 bombers and 63 Dakotas, 97 were damaged and thirteen shot down—and, in spite of the heroism of pilots and crews, Urquhart's stricken division had not been bolstered. Of 390 tons of stores and ammunition dropped, nearly all fell into German hands. Only an estimated 31 tons was retrieved.

Worse problems were to engulf the Polish transport and artillery lift. Before leaving England in the Polish lift, Sergeant Pilot Kenneth Travis-Davison, co-pilot of a Horsa glider, was struck by the almost complete absence of information relating to conditions at their destination. Routes were laid out on maps, and the drop zones for the Poles' artillery and transport were marked but, says Travis-Davison, 'we were told that the situation was unknown.' The only landing instruction was that 'gliders should land on the area marked by purple smoke'. In Travis-Davison's opinion, 'the briefing was ludicrous.'

Yet, despite the inadequacy of information, R.A.F. planes correctly located the drop zone near Johannahoeve Farm and 31 out of 46 gliders reached the zone. As they came in, the air erupted with fire. A squadron of Messerschmidts hit many of the machines, riddling the thin canvas and plywood hulls, puncturing the petrol tanks of jeeps and setting some afire. Anti-aircraft bursts caught others. Those that made it to the ground landed in the midst of a battlefield. Troopers of Hackett's 4th Brigade, struggling to disengage from an enemy that threatened to overrun them, were unable to reach the high ground and the drop zone beyond in time to protect the area. As the British and Germans fought fiercely, the Poles landed directly in the middle of the cataclysmic battle. In the terror and confusion the Poles were fired on from both sides. Gliders, many already on fire, crash-landed on the field or ploughed into nearby trees. Polish artillerymen, caught in the crossfire and unable to tell friend from foe, fired back at both the Germans and British. Then, hastily unloading their usable jeeps and artillery, the dazed men ran a gauntlet of fire as they left the landing zone. Surprisingly, ground casualties were light, but many of the men, bewildered and shocked, were taken prisoner. Most of the jeeps and supplies were destroyed and of eight desperately-needed six-pounder anti-tank guns, only three came through undamaged. General Sosabowski's fears were more than justified. And the ordeal of the 1st Polish Parachute Brigade was only just beginning.

Some forty miles south along the highway, General Maxwell Taylor's 101st troopers were now fighting hard to keep the corridor open. But the German 15th Army's fierce defence at Best was draining Taylor's forces. More and more men were being caught up in the bitter engagement that one Division intelligence officer wryly termed 'a minor error in estimate.' Pressure was building all along Taylor's 15-mile sector, which the Screaming Eagles had newly named 'Hell's Highway.' It was now obvious that the enemy's intent was to cut off Horrocks' tank spearhead, using Best as the base.

The jammed columns of vehicles massing the highway were easy targets for artillery fire. Bulldozers and tanks roamed constantly up and down the road, pushing wreckage out of the convoys to keep the columns rolling. Since Sunday, Best, the minor secondary objective, had grown to such proportions that it threatened to overpower all other action along Taylor's stretch of road. Now, the 101st Commander was determined to crush the enemy at Best completely.

Early Tuesday afternoon, with the support of British tanks, Taylor threw almost the entire 502nd Regiment against Van Zangen's men at Best. The mammoth attack caught the enemy by surprise. Bolstered by the recently-arrived 327th Glider Infantry Regiment and by British armour on the highway, the 2nd and 3rd Battalions relentlessly swept the forested areas east of Best. Caught in a giant ring and forced back towards the Wilhelmina Canal, the Germans suddenly broke. With the commitment of fresh forces, the battle that had continued without let-up for close to forty-six hours was suddenly over in two. Taylor's men had achieved the first major victory of Market-Garden. More than 300 of the enemy were killed and over 1,000 captured, along with fifteen 88 mm. artillery pieces. 'By late afternoon,' reads the official history, 'as hundreds of Germans gave up, the word went out to send all Military Police available.' Lieutenant Edward Wierzbowski, the platoon leader who had come closest to seizing the Best bridge before it was blown, brought in his own prisoners after having first been captured himself. Out of grenades and ammunition, with his casualties all about him—only three of his valiant platoon had not been wounded—Wierzbowski had finally surrendered. Now, dead tired and begrimed, Wierzbowski and his men, including some of the wounded, disarmed the doctors and orderlies in the German field hospital to which the men had been taken and marched back to Division, bringing their prisoners with them.

Successful as the engagement had been, General Taylor's difficulties were far from over. Even as the battle at Best ended, German armour struck out for the newly-installed bridge at Son in yet another attempt to sever the corridor. Taylor himself, leading his headquarters troops—his only available reinforcements—rushed to the scene. With bazooka fire and a single anti-tank gun, a German Panther tank was knocked out almost as it reached the bridge. Similarly, several other tanks were quickly dispatched. The German attack collapsed and traffic continued to move. But the vigilance of the Screaming Eagles could not be relaxed. 'Our situation,' Taylor later noted, 'reminded me of the early American West where small garrisons had to contend with sudden Indian attacks at any point along great stretches of vital railroad.'

The Germans' hard, fast, hit-and-run tactics were taking their toll. Almost 300 men of the 101st had been killed or wounded or were missing in ground actions. Men in slit trenches holding positions on either side of the highway or in the fields around Best were in constant danger of being overrun from the flanks, and each night brought its own particular fear. In darkness, with the Germans infiltrating the 101st's perimeter, no one knew if the man in the next foxhole would be alive by the following morning. In the confusion and surprise of these sharp enemy actions men suddenly disappeared, and when the fire fights were over their friends searched for them among the dead and wounded on the battle ground and at aid stations and field hospitals.

As the Best battle ended and the long lines of prisoners were being herded back to Division, 31-year-old Staff Sergeant Charles Dohun set out to find his officer, Captain LeGrand Johnson. Back in England, prior to the jump, Dohun had been almost 'numb with worry.' The 22-year-old Johnson had felt much the same. He was 'resigned to never coming back.' The morning of the 19th Johnson had thrown his company into an attack near Best. 'It was that or be slaughtered,' he recalls. In the fierce battle, which Johnson remembers as 'the worst I have ever seen or heard,' he was shot in the left shoulder. With his company reduced from 180 to 38 and surrounded in a field of burning haystacks, Johnson held off the Germans until relieving companies, driving back the enemy, could reach and evacuate the survivors. As Johnson was being helped back to an aid station he was shot once again, this time through the head. At the battalion aid station his body was placed among other fatally wounded men in what the medics called the 'dead pile.' There, after a long search, Sergeant Dohun found him. Kneeling down, Dohun was convinced there was a flicker of life.

Picking up the inert officer, Dohun laid Johnson and four other casualties from his company in a jeep and set out for the field hospital at Son. Cut off by Germans, Dohun drove the jeep into the woods and hid. When the German patrol moved on, he set out again. Arriving at the hospital, he found long lines of casualties waiting for treatment. Dohun, certain that Johnson might die at any minute, passed down the lines of wounded until he came to a surgeon who was checking the casualties to determine who was in need of immediate aid. 'Major,' Dohun told the doctor, 'my captain needs attention right away.' The major shook his head. 'I'm sorry, sergeant,' he told Dohun. 'We'll get to him. He'll have to wait his turn.' Dohun tried again. 'Major, he'll die if you don't look at him quick.' The doctor was firm. 'We've got a lot of injured men here,' he said. 'Your captain will be attended to as soon as we can get to him.' Dohun pulled out his .45 and cocked the trigger. 'It's not soon enough,' he said calmly. 'Major, I'll kill you right where you stand if you don't look at him right now.' Astonished, the surgeon stared at Dohun. 'Bring him in,' he said.

In the operating theatre Dohun stood by, his .45 in hand as the doctor and a medical team worked on Johnson. As the sergeant watched, Johnson was given a blood transfusion, his wounds cleaned and a bullet was removed from his skull and another from his left shoulder. When the operation was completed and Johnson was bandaged, Dohun moved. Stepping up to the doctor, he handed over his .45. 'O.K.,' he said, 'thanks. Now you can turn me in.'

Dohun was sent back to the 2nd Battalion of the 502nd. There, he was brought before the commanding officer. Dohun snapped to attention. He was asked if he was aware exactly what he had done and that his action constituted a court-martial offence. Dohun replied, 'Yes, sir, I do.' Pacing up and down, the commander suddenly stopped. 'Sergeant,' he said, 'I'm placing you under arrest—' he paused and looked at his watch, 'for exactly one minute.' The two men waited in silence. Then the officer looked at Dohun. 'Dismissed,' he said. 'Now get back to your unit.' Dohun saluted smartly. 'Yes, sir,' he said, and left.*

Now, in General Gavin's sector of the corridor, as Horrocks' tanks rolled forward towards Nijmegen, the quick capture of the city's crossings assumed critical importance. On the 17th the Germans had had only a few soldiers guarding the approaches to the Waal River bridge. By afternoon on the 19th Gavin estimated that he was opposed by more than 500 SS Grenadiers, well-positioned and supported by artillery and armour. The main body of the Guards Armoured Division was still en route to the city. Only the spearhead of the British column—elements of the 1st Battalion of the Grenadier Guards under the command of Lieutenant-Colonel Edward H. Goulburn—was available for an attack and Gavin's 82nd troopers

* I am indebted to Mrs. Johnson for this story. She first learned of it from the adjutant of the 502nd, Captain Hugh Roberts. Although Captain Roberts did not mention the commanding officer's name, I must assume that it was Lieutenant-Colonel Steve Chappuis of the 2nd Battalion. Captain Johnson remembers only that he 'woke up in England six weeks later—blind, deaf, dumb, forty pounds lighter and with a big plate in my head.' Except for partial blindness, he recovered. Sergeant Dohun, in his correspondence and interview for this book, made little mention of the role he played in saving Captain Johnson's life. But he acknowledges that it happened. 'I don't know to this day,' he wrote, 'if I would have shot that medic or not.'

in their ten-mile stretch of corridor were widely dispersed by their efforts to fight off a constantly-encroaching enemy. Since Gavin's Glider Infantry Regiment, based in the fog-bound Midlands of England, had been unable to take off, he could afford to release only one battalion for a combined attack with the British spearhead tanks. Gavin chose the 2nd Battalion of the 505th under the command of Lieutenant-Colonel Ben Vandervoort. There was a chance that the attack, based on speed and surprise, might succeed. If anyone could help effect it, Gavin believed it was the reserved, soft-spoken Vandervoort.* Still, the operation carried heavy risks. Gavin thought the British appeared to underestimate the German strength, as indeed they did. The Grenadier Guards' after-action report noted that 'It was thought that a display in the shape of tanks would probably cause the enemy to withdraw.'

At 3.30 p.m. the combined attack began. The force quickly penetrated the centre of the city without encountering serious opposition. There, approximately forty British tanks and armoured vehicles split into two columns with American troops riding on the tanks and following behind them. On top of lead tanks and in reconnaissance cars were twelve specially chosen Dutch underground scouts guiding the way—among them a 22-year-old university student named Jan van Hoof whose later actions would become a subject of sharp dispute. 'I was reluctant to use him,' recalls the 82nd's Dutch liaison officer, Captain Arie D. Bestebreurtje. 'He seemed highly excited but another underground member vouched for his record. He went in with a British scout car and that was the last I ever saw of him.' As the force divided, one column headed for the railway bridge and the second, with Goulburn and Vandervoort, approached the main highway crossing over the Waal.

At both objectives the Germans were waiting in strength. Staff Sergeant Paul Nunan remembers that as his platoon approached an underpass near the railway bridge, 'We began receiving sniper fire. With a thousand places for snipers to hide, it was hard to tell where fire was coming from.' Men dived for cover and slowly began to pull back. British armour fared no better. As tanks began to roll towards the bridge, 88's, firing down the street at almost point-blank range, knocked them out. A wide street, the Kraijenhoff Laan, led to a triangular park west of the crossing. There, in build-

* In Normandy Vandervoort had fought for forty days with a broken ankle. See *The Longest Day*, Collins, London, 1959, pp. 143, 181.

ings facing the park on three sides, the paratroopers regrouped for another attack. But again the Germans held them off. Snipers on roofs and machine guns firing from a railway overpass kept the men pinned down. Some paratroopers remember Lieutenant Russ Parker, a cigar clenched in his teeth, moving into the open and spraying the rooftops to keep snipers' heads down. A call went out for tanks and Nunan remembers that 'at that instant the entire park seemed filled with tracer slugs coming from a fast firing automatic weapon sited to our left across the street.' Nunan turned to Herbert Buffalo Boy, a Sioux Indian and a veteran 82nd trooper. 'I think they're sending a German tank,' he said. Buffalo Boy grinned. 'Well, if they've got infantry with them, it could get to be a very tough day,' he told Nunan. The German tank did not materialize, but a 20 mm. anti-aircraft gun now opened up. With grenades, machine guns and bazookas, the troopers fought on until word was passed for forward platoons to pull back and consolidate for the night. As men moved out, the Germans set buildings along the river's edge on fire, making it impossible for Vandervoort's men to infiltrate, overrun artillery positions and clear out pockets of resistance. The railway bridge attack had ground to a halt.

Under cover of heavy American artillery fire, the second column had made for Huner Park, the ornamental gardens leading to the approaches of the highway bridge. Here, in a traffic circle, all roads leading to the bridge converged and an ancient ruin with a sixteen-sided chapel—the Valkhof—once the palace of Charlemagne and later rebuilt by Barbarossa, commanded the area. In this citadel the enemy was concentrated. It almost seemed to Colonel Goulburn that 'the Boche had some sort of an idea of what we were trying to do.' As indeed they had.

Captain Karl Heinz Euling's battalion of SS *Panzer* Grenadiers was one of the first units to cross the Rhine at Pannerden. Acting on General Harmel's orders to protect the bridge at all costs, Euling had ringed the Huner Park area with self-propelled guns and had positioned men in the chapel of the old ruin. As British tanks rattled around the corners of the streets leading to the park, they came under Euling's guns. Meeting a punishing artillery barrage, the tanks pulled back. Colonel Vandervoort immediately took to the street and, getting a mortar crew into action with covering fire, he moved one company forward. As the company's lead platoon, under First Lieutenant James J. Coyle, sprinted for a row of attached houses facing the park, they came under small arms and mortar fire. Lieutenant William J. Meddaugh, second in command, saw that this was 'observed fire. The guns and snipers were being directed by radio. British tanks covered our front as Lieutenant Coyle moved into a block of buildings overlooking the entire enemy position. Other platoons were stopped, unable to move, and the situation looked rotten.'

Covered by British smoke bombs, Meddaugh succeeded in bringing the rest of the company forward, and the commander, Lieutenant J. J. Smith, consolidated his men in houses around Coyle. As Meddaugh recalls, 'Coyle's platoon now had a perfect view of the enemy, but as we started to move tanks up, some high velocity guns opened up that had not done any firing as yet. Two tanks were knocked out and the others retired.' As Coyle's men replied with machine guns, they immediately drew anti-tank gun fire from across the streets. When darkness closed in, Euling's SS men attempted to infiltrate the American positions. One group got to within a few feet of Coyle's platoon before they were spotted and a fierce fire fight broke out. Coyle's men suffered casualties and three of the Germans were killed before the attack was driven back. Later, Euling sent medics to pick up his wounded and Coyle's paratroopers waited until the injured Germans were evacuated before resuming the fight. In the middle of the action, Private First Class John Keller heard a low pounding noise. Going to a window, he was amazed to see a Dutchman on a stepladder calmly replacing the shingles on the house next door as though nothing was happening.

In late evening, with small arms fire continuing, any further attempt to advance was postponed until daylight. The Anglo-American assault had been abruptly stopped barely 400 yards from the Waal River bridge—the last water obstacle on the road to Arnhem.

To the Allied commanders it was now clear that the Germans were in complete control of the bridges. Browning, worried that the crossings might be destroyed at any moment, called another conference late on the 19th. A way must be found to cross the 400-yard-wide Waal River. General Gavin had devised a plan which he had mentioned to Browning at the time of the link-up. Then the Corps commander had turned down the scheme. At this second conference Gavin proposed it again. 'There's only one way to take this bridge,' he told the assembled officers. 'We've got to get it simultaneously—from both ends.' Gavin urged that 'any boats in Horrocks' engineering columns should be rushed forward immediately, because we're going to need them.' The British looked at him in bewilderment. What the 82nd commander had in mind was an assault crossing of the river—by paratroopers.

Gavin went on to explain. In nearly three days of fighting, his casualties were high—upwards of 200 dead and nearly 700 injured. Several hundred more men were cut off or scattered and were listed as missing. His losses, Gavin reasoned, would grow progressively worse if blunt head-on attacks continued. What was needed was a means of capturing the bridge quickly and cheaply. While the attack continued for possession of the southern approaches, Gavin's plan was to throw a force in boats across the river a mile downstream. Under a barrage of tank fire the troopers were to storm the enemy defences on the northern side before the Germans fully realized what was happening.

Yet total surprise was out of the question. The river was too wide to enable boatloads of men to escape detection and the bank on the far side was so exposed that troopers, once across the river, would have to negotiate 200 yards of flat ground. Beyond was an embankment from which German gunners could fire down upon the invading paratroopers. That defence position would have to be overrun too. Although heavy casualties could be expected initially, in Gavin's opinion they would still be less than if the assault were continued against the southern approaches alone. 'The attempt has to be made,' he told Browning, 'if Market-Garden is to succeed.'

Colonel George S. Chatterton, commander of the British Glider Pilot Regiment, remembers that, besides Browning and Horrocks, commanders of the Irish, Scots, and Grenadier Guards were present at the conference. So was cigar-chewing Colonel Reuben Tucker, commander of the 82nd's 504th Regiment, whose men Gavin had picked to make the river assault if his plan won approval. Although intent on Gavin's words, Chatterton could not help noting the differences in the men assembled. 'One brigadier wore suede shoes and sat on a shooting stick,' he recalls. 'Three Guards' commanders had on rather worn corduroy trousers, chukka boots and old school scarves.' Chatterton thought 'they seemed relaxed, as though they were discussing an exercise, and I couldn't help contrast them to the Americans present, especially Colonel Tucker who was wearing a helmet that almost covered his face. His pistol was in a holster under his left arm and he had a knife strapped to his thigh.' To Chatterton's great amusement, 'Tucker occasionally removed his cigar long enough to spit and every time he did faint looks of surprise flickered over the faces of the Guards' officers.'

But the daring of Gavin's plan provided the real surprise. 'I knew it sounded outlandish,' Gavin recalls, 'but speed was essential. There was no time even for a reconnaissance. As I continued to talk, Tucker was the only man in the room who seemed unfazed. He had made the landing at Anzio and knew what to expect. To him the crossing was like the kind of exercise the 504th had practised at Fort Bragg.' Still, for paratroopers, it was unorthodox and Browning's Chief-of-Staff, Brigadier Gordon Walch, recalls that the Corps commander was 'by now filled with admiration at the daring of the idea.' This time Browning gave his approval.

The immediate problem was to find boats. Checking with his engineers, Horrocks learned they carried some 28 small canvas and plywood craft. These would be rushed to Nijmegen during the night. If the planning could be completed in time, Gavin's miniature Normandy-like amphibious assault of the Waal would take place at one p.m. the next day, on the 20th. Never before had paratroopers attempted such a combat operation. But Gavin's plan seemed to offer the best hope of grabbing the Nijmegen bridge intact and then, as everyone still believed, another quick dash up the corridor would unite them with the men at Arnhem.

In the grassy expanse of the Eusebius Buiten Singel, General Heinz Harmel personally directed the opening of the bombardment against Frost's men at the bridge. His attempt to persuade Frost to surrender had failed. Now, to the assembled tank and artillery commanders his instructions were specific: they were to level every building held by the paratroopers. 'Since the British won't come out of their holes, we'll blast them out,' Harmel said. He told gunners to 'aim right under the gables and shoot metre by metre, floor by floor, until each house collapses.' Harmel was determined that the siege would end and since everything else had failed this was the only course. 'By the time we're finished,' Harmel added, 'there'll be nothing left but a pile of bricks.' Lying flat on the ground between two artillery pieces, Harmel trained his binoculars on the British strongholds and directed the fire. As the opening salvoes zeroed in he stood up, satisfied, and handed over to his officers. 'I would have liked to stay,' he recalls. 'It was a new experience in fighting for me. But with the Anglo-Americans attacking the bridges at Nijmegen I had to rush down there.' As Harmel left, his gunners, with methodical, scythe-like precision, began the job of reducing Frost's remaining positions to rubble.

Of the 18 buildings that the 2nd Battalion had initially occupied, Frost's men now held only about ten. While tanks hit positions from the east and west, artillery slammed shells into those facing north. The barrage was merciless. 'It was the best, most effective fire I have ever seen,' remembers SS Grenadier Private Horst Weber. 'Starting from the rooftops, buildings collapsed like dolls houses. I did not see how anyone could live through this inferno. I felt truly sorry for the British.'

Weber watched three Tiger tanks rumble slowly down the Groote Markt and while machine guns sprayed every window in a block of buildings opposite the northern approaches to the bridge, the tanks 'pumped shell after shell into each house, one after the other.' He remembers a corner building where 'the roof fell in, the two top stories began to crumble and then, like the skin peeling off a skeleton, the whole front wall fell into the street revealing each floor on which the British were scrambling like mad.' Dust and debris, Weber remembers, 'soon made it impossible to see anything more. The din was awful but even so, above it all we could hear the wounded screaming.'

In relays, tanks smashed houses along the Rhine waterfront and under the bridge itself. Often, as the British darted out, tanks rammed the ruins like bulldozers, completely levelling the sites. At Captain Mackay's headquarters under the ramp in the nearly destroyed schoolhouse, Lieutenant Peter Stainforth estimated that 'high explosive shells came through the southern face of the building at the rate of one every ten seconds.' It became 'rather hot,' he recalls, 'and everyone had some sort of wound or other.' Yet the troopers obstinately hung on, evacuating each room in its turn 'as ceilings collapsed, cracks appeared in the walls, and rooms became untenable.' In the rubble, making every shot count, the Red Devils, Stainforth recalls proudly, 'survived like moles. Jerry just couldn't dig us out.' But elsewhere men were finding their positions almost unendurable. 'The Germans had decided to shell us out of existence,' Private James W. Sims explains. 'It seemed impossible for the shelling and mortaring to get any heavier but it did. Burst after burst, shell after shell rained down, the separate explosions merging into one continuous rolling detonation.' With each salvo Sims repeated a desperate litany, 'Hold on! Hold on! It can't last much longer.' As he crouched alone in his slit trench the thought struck Sims that he was 'lying in a freshly-dug grave just waiting to be buried alive.' He remembers thinking that 'unless XXX Corps hurries, we have had it.'

Colonel Frost realized that disaster had finally overtaken the 2nd Battalion. The relieving battalions had not broken through and Frost was sure they were no longer able to come to his aid. The Polish drop had failed to materialize. Ammunition was all but gone. Casualties were now so high that every available cellar was full—and the men had been fighting without let-up for over fifty hours. Frost knew they could not endure this punishment much longer. All about his defensive perimeter houses were in flames, buildings had collapsed and positions were being overrun. He did not know how much longer he could hold out. His beloved 2nd Battalion was being buried in the ruins of the buildings around him. Yet Frost was not ready to oblige his enemy. Beyond hope, he was determined to deny the Germans the Arnhem bridge to the last.

He was not alone in his emotions. Their ordeal seemed to affect his men much as it did Frost. Troopers shared their ammunition and took what little they could find from their wounded, preparing for the doom that was engulfing them. There was little evidence of fear. In their exhaustion, hunger and pain, the men seemed to develop a sense of humour about themselves and their situation which grew, even as their sacrifice became increasingly apparent.

Father Egan remembers meeting Frost coming out of a lavatory. 'The Colonel's face—tired, grimy and wearing a stubble of beard—lit up with a smile,' Egan recalls. ' "Father", he told me, "the window is shattered, there's a hole in the wall and the roof's gone. But it has a chain and it works." '

Later, Egan was trying to make his way across one street to visit wounded in the cellars. The area was being heavily mortared and the chaplain was taking cover wherever he could. 'Outside, strolling unconcernedly up the street was Major Digby Tatham-Warter, whose company had taken the bridge initially,' he recalls. 'The major saw me cowering down and walked over. In his hand was an umbrella.' As Egan recalls, Tatham-Warter 'opened the umbrella and held it over my head. With mortar shells raining down everywhere, he said, "Come along, Padre".' When Egen showed reluctance, Tatham-Warter reassured him. 'Don't worry,' he said, 'I've got an umbrella.' Lieutenant Patrick Barnett encountered the redoubtable major soon afterwards. Barnett was sprinting across the street to a new defence area Frost had ordered him to hold. Tatham-Warter, returning from escorting Father Egan, was out visiting his men in the shrinking perimeter defences and holding the umbrella over his head. Barnett was so surprised that he stopped in his tracks. 'That thing won't do you much good,' he told the major. Tatham-Warter looked at him in mock surprise. 'Oh, my goodness, Pat,' he said. 'What if it rains?'

During the afternoon, as the bombardment continued, Major Freddie Gough saw Tatham-Warter leading his company, umbrella in hand. Tanks were thundering down the streets firing at everything. 'I almost fainted when I saw those huge Mark IV's firing at us at almost point-blank range,' recalls Gough. Then the tension was suddenly relieved. 'There, out in the street leading his men in a bayonet charge against some Germans who had managed to infiltrate, was Tatham-Warter,' Gough recalls. 'He had found an old bowler hat somewhere and he was rushing along, twirling that battered umbrella, looking for all the world like Charlie Chaplin.'

There were other moments of equally memorable humour. As the afternoon wore on battalion headquarters was heavily bombarded and caught fire. Father Egan went down to the cellar to see the wounded. 'Well, Padre,' said Sergeant 'Jack' Spratt, who was regarded as the battalion comic, 'they're throwing everything at us but the kitchen stove.' He had barely said the words when the building suffered another direct hit. 'The ceiling fell in, showering us with dirt and plaster. When we picked ourselves up, there right in front of us was a kitchen stove.' Spratt looked at it and shook his head. 'I knew the bastards were close,' he said, 'but I didn't believe they could hear us talking.'

Towards evening it began to rain and the German attack seemed to intensify. Captain Mackay on the opposite side of the bridge contacted Frost. 'I told the Colonel I could not hold out another night if the attack continued on the same scale,' Mackay wrote. 'He said he could not help me, but I was to hold on at all costs.'

Mackay could see the Germans were slowly compressing Frost's force. He saw British troopers scurrying from burning houses along the river bank towards a couple almost opposite him, which were still standing. 'They were beginning to hem us in,' he noted, 'and it was obvious that if we didn't get help soon, they'd winkle us out. I went up to the attic and tuned into the 6 o'clock BBC news. To my utter amazement the newscaster said that British armour had reached the airborne troops.'*

Almost immediately Mackay heard a cry from the floor below, 'Tiger tanks are heading for the bridge.' (It was exactly 7 p.m. German time; 6 p.m. British time.) Two of the huge 60-ton tanks were heading in from the north. On his side of the bridge Frost saw them, too. 'They looked incredibly sinister in the half light,' he noted. 'Like some prehistoric monsters, as their great guns swung from side to side breathing flame. Their shells burst through the walls. The dust and slowly-settling debris following their explosions filled the passages and rooms.'

One complete side of Mackay's building was hit. 'Some of the shells must have been armour-piercing,' Lieutenant Peter Stainforth says, 'because they went through the school from end to end, knocking a four-foot hole in every room.' Ceilings came down, walls cracked and the 'whole structure rocked.' Staring at the two tanks on the ramp Mackay thought the end had come. 'A couple more rounds like that and we'll be finished,' he said. Still, with the stubborn and fearless resistance that the fighters at the bridge had shown since their arrival, Mackay thought that he might 'be able to take a party out and blow them up. But just then the two tanks reversed and pulled back. We were still alive.'

At Frost's headquarters, Father Egan had been hit. Caught on a stairway when shells began coming in, he fell two flights to the first floor. When he recovered consciousness, the priest was alone except for one man. Crawling to him, Egan saw that the trooper was near death. At that moment another barrage hit the building and Egan again lost consciousness. He awoke to find that the room and his clothes were on fire. Desperately he rolled along the floor, beating the flames out with his hands. The injured man he had seen earlier was dead. Now Egan could not use his legs. Slowly, in excruciating pain, he hauled himself towards a window. Someone called his name and the intelligence officer, Lieutenant Bucky Buchanan, helped him through the window and dropped him into the arms of Sergeant

* Mackay thought the report referred to Arnhem; in fact, it related to the link-up of Horrocks' tanks with the 82nd Airborne in Nijmegen.

Jack Spratt. In the cellar where Dr. James Logan was at work, the priest was put on the floor with other wounded. His right leg was broken and his back and hands were peppered with shrapnel splinters. 'I was pretty well out of it,' Egan recalls. 'I couldn't do much now but lie there on my stomach.' Nearby, slightly wounded, was the incredible Tatham-Warter, still trying to keep men's spirits up—and still hanging onto his umbrella.

Occasionally there was a pause in the terrible pounding, and Captain Mackay believed the Germans were stocking up with more ammunition. As darkness set in during one of these intervals, Mackay issued benzedrine tablets to his tired force, two pills per man. The effect on the exhausted, weary men was unexpected and acute. Some troopers became irritable and argumentative. Others suffered double-vision and for a time could not aim straight. Among the shocked and wounded, men became euphoric and some began to hallucinate. Corporal Arthur Hendy remembers being grabbed by one trooper who pulled him to a window. 'Look,' he commanded Hendy in a whisper. 'It's the 2nd Army. On the far bank. Look. Do you see them?' Sadly, Hendy shook his head. The man became enraged. 'They're right over there,' he shouted, 'plain as anything.'

Mackay wondered if his small force would see out the night. Fatigue and wounds were taking their toll. 'I was thinking clearly,' Mackay remembers, 'but we had had nothing to eat and no sleep. We were limited to one cup of water daily and everyone was wounded.' With his ammunition nearly gone Mackay set his men to making home-made bombs from the small stock of explosives still remaining. He intended to be ready when the German tanks returned. Taking a head count, Mackay now reported to Frost that he had only thirteen men left capable of fighting.

From his position on the far side of the bridge, as the night of Tuesday, September 19th closed in, Frost saw that the entire city appeared to be burning. The spires of two great churches were flaming fiercely and as Frost watched, 'the cross which hung between two lovely towers was silhouetted against the clouds rising far into the sky.' He noted that 'the crackle of burning wood and the strange echoes of falling buildings seemed unearthly.' Upstairs, Signalman Stanley Copley, sitting at his radio set, had abandoned sending in Morse code. Now he was broadcasting in the clear. Continually he kept repeating, 'This is the 1st Para

Brigade calling 2nd Army . . . Come in 2nd Army . . . Come in 2nd Army.'

At his headquarters in Oosterbeek's Hartenstein Hotel General Urquhart tried desperately to save what remained of his division. Frost was cut off. Every attempt to reach him at the bridge had been mercilessly beaten back. German reinforcements were pouring in. From the west, north and east, Bittrich's forces were steadily chopping the gallant First British Airborne to pieces. Cold, wet, worn out, but still uncomplaining, the Red Devils were trying to hold out—fighting off tanks with rifles and Sten guns. The situation was heart-breaking for Urquhart. Only quick action could save his heroic men. By Wednesday morning, September 20th, Urquhart had developed a plan to salvage the remnants of his command and perhaps turn the tide in his favour.

September 19th—'a dark and fateful day,' in Urquhart's words—had been the turning point. The cohesion and drive that he had hoped to instil had come too late. Everything had failed: the Polish forces had not arrived; the cargo drops had been disastrous; and battalions had been devastated in their attempts to reach Frost. The Division was being pushed closer and closer to destruction. The roster of Urquhart's remaining men told a frightful story. All through the night of the 19th, battalion units still in contact with Division headquarters reported their strength. Inconclusive and inaccurate as the figures were, they presented a grim accounting: Urquhart's division was on the verge of disappearing.

Of Lathbury's First Parachute Brigade, only Frost's force was fighting as a coordinated unit, but Urquhart had no idea how many men were left in the 2nd Battalion. Fitch's 3rd Battalion listed some 50 men, and its commander was dead. Dobie's 1st totalled 116, and Dobie had been wounded and captured. The 11th Battalion's strength was down to 150, the 2nd South Staffordshires to 100. The commanders of both units, Lea and McCardie, were wounded. In Hackett's 10th Battalion there were now 250 men and his 156th reported 270. Although Urquhart's total division strength was more—the figures did not include other units such as a battalion of the Border Regiment, the 7th K.O.S.Bs, engineers, reconnaissance and service troops, glider pilots and others—his attack battalions had almost ceased to exist. The men of these proud units were now dispersed in small groups, dazed, shocked and often leaderless.

The fighting had been so bloody and so terrible that even battle-hardened veterans had broken. Urquhart and his chief-of-staff had sensed an atmosphere of panic seeping through headquarters as small groups of stragglers ran across the lawn yelling, 'The Germans are coming.' Often, they were young soldiers, 'whose self-control had momentarily deserted them,' Urquhart later wrote. 'Mackenzie and I had to intervene physically.' But others fought on against formidable odds. Captain L. E. Queripel, wounded in the face and arms, led an attack on a German twin machine-gun nest and killed the crews. As other Germans, throwing grenades, began to close in on Queripel and his party, Queripel hurled the 'potato mashers' back. Ordering his men to leave him, the officer covered their retreat, throwing grenades until he was killed.*

Now, what remained of Urquhart's shattered and bloodied division was being squeezed and driven back upon itself. All roads seemed to end in the Oosterbeek area, with the main body of troops centred around the Hartenstein in a few square miles running between Heveadorp and Wolfheze on the west, and from Oosterbeek to Johannahoeve Farm on the east. Within that rough corridor, ending on the Rhine at Heveadorp, Urquhart planned to make a stand. By pulling in his troops, he hoped to husband his strength and hang on until Horrocks' armour reached him.

All through the night of the 19th orders went out for troops to pull back into the Oosterbeek perimeter and in the early hours of the 20th, Hackett was told to abandon his planned attack towards the Arnhem bridge with his 10th and 156th Battalions and disengage them, too. 'It was a terrible decision to make,' Urquhart said later. 'It meant abandoning the 2nd Battalion at the bridge, but I knew I had no more chance of reaching them than I had of getting to Berlin.' In his view, the only hope 'was to consolidate, form a defensive box and try to hold onto a small bridgehead north of the river so that XXX Corps could cross to us.'

The discovery of the ferry operating between Heveadorp and Driel had been an important factor in Urquhart's decision. It was vital to his plan for survival for on it, theoretically, help could arrive from the southern bank. Additionally, at the ferry's landing stages on either bank, there were ramps that would help the engineers throw a Bailey bridge across the Rhine. Admittedly the odds

* Queripel was posthumously awarded the Victoria Cross.

were great. But if the Nijmegen bridge could be taken swiftly and if Horrocks moved fast and if Urquhart's men could hold out long enough in their perimeter for engineers to span the river—a great many ifs—there was still a chance that Montgomery might get his bridgehead across the Rhine and drive for the Ruhr, even though Frost might be overrun at Arnhem.

All through the 19th messages had been sent from Urquhart's headquarters requesting a new drop zone for the Poles. Communications, though still erratic, were slightly improved. Lieutenant Neville Hay of the 'Phantom' net was passing some messages to 2nd British Army headquarters who, in turn, relayed them to Browning. At 3 a.m. on the 20th, Urquhart received a message from Corps asking for the General's suggestions regarding the Poles' drop zone. As Urquhart saw it, only one possible area remained. In view of his new plan he requested that the 1,500-man brigade be landed near the southern terminal of the ferry in the vicinity of the little village of Driel.

Abandoning Frost and his men was the most bitter part of the plan. At 8 a.m. on Wednesday, Urquhart had an opportunity to explain the position to Frost and Gough at the bridge. Using the Munford-Thompson radio link Gough called Division headquarters and got through to Urquhart. It was the first contact Gough had had with the General since the 17th when he had been ordered back to Division only to discover that Urquhart was somewhere along the line of march. 'My goodness,' Urquhart said, 'I thought you were dead.' Gough sketched in the situation at the bridge. 'Morale is still high,' he recalls saying, 'but we're short of everything. Despite that, we'll continue to hold out.' Then, as Urquhart remembers, 'Gough asked if they could expect reinforcements.'

Answering was not easy. 'I told him,' Urquhart recalls, 'that I was not certain if it was a case of me coming for them or they coming for us. I'm afraid you can only hope for relief from the south.' Frost then came on the line. 'It was very cheering to hear the General,' Frost wrote, 'but he could not tell me anything really encouraging . . . they were obviously having great difficulties themselves.' Urquhart requested that his 'personal congratulations on a fine effort be passed on to everyone concerned and I wished them the best of luck.' There was nothing more to be said.

Twenty minutes later, Urquhart received a message from Lieutenant Neville Hay's 'Phantom' net. It read:

> '200820 (From 2nd Army). Attack at
> Nijmegen held up by strongpoint south
> of town. 5 Guards Brigade halfway in
> town. Bridge intact but held by enemy.
> Intention attack at 1300 hours today.'

Urquhart immediately told his staff to inform all units. It was the first good news he had had this day.

Tragically, Urquhart had an outstanding force at his disposal whose contributions, had they been accepted, might well have altered the grim situation of the First British Airborne Army. The Dutch resistance ranked among the most dedicated and disciplined underground units in all of occupied Europe. In the 101st and 82nd sectors Dutchmen were fighting alongside the American paratroopers. One of the first orders Generals Taylor and Gavin had given on landing was that arms and explosives be issued to the underground groups. But in Arnhem the British virtually ignored the presence of these spirited, brave civilians. Armed and poised to give immediate help to Frost at the bridge, the Arnhem groups were largely unheeded, and their assistance was politely rejected. By a strange series of events only one man held the power to coordinate and weld the resistance into the British assault—and he was dead. Lieutenant-Colonel Hillary Barlow, the officer Urquhart had sent to coordinate the faltering attacks of the battalions in the western suburbs, was killed before he could put his own mission into full effect.

In the original plan Barlow was to have assumed the role of Arnhem's Town Major and Military Government Chief once the battle ended. His assistant and the Dutch representative for the Gelderland province had also been named. He was Lieutenant-Commander Arnoldus Wolters of the Dutch Navy. Prior to Market-Garden an Anglo-Dutch intelligence committee had given Barlow top-secret lists of Dutch underground personnel who were known to be completely trustworthy. 'From these lists,' recalls Wolters, 'Barlow and I were to screen the groups and use them in their various capabilities: intelligence, sabotage, combat and the like. Barlow was the only other man who knew what our mission really was. When he disappeared, the plan collapsed.' At Division headquarters, Wolters was thought to be either a civil affairs or an intelligence officer. When he produced the secret lists and made recommendations, he was looked on with suspicion. 'Barlow trusted me completely,' Wolters says. 'I regret to say that others at headquarters did not.'

With Barlow's death, Wolters' hands were tied. 'The British wondered why a Dutch Navy type should be with them at all,' he remembers. Gradually he won limited acceptance and although some members of the resistance were put to work, they were too few and their help was too late. 'We hadn't time any longer to check everybody out to the satisfaction of headquarters,' Wolters says, 'and the attitude there was simply: "who can we trust?"' The opportunity to effectively organize and collate the underground forces in the Arnhem area had been lost.*

In England, a little before 7 a.m. on the 20th, Major-General Stanislaw Sosabowski learned that his drop zone had been changed. The Polish Brigade would now land in an area a few miles west of the original site, near the village of Driel. Sosabowski was stunned by the news his liaison officer, Lieutenant-Colonel George Stevens, had brought. The Brigade was already on the airfield and scheduled to leave for Holland in three hours. Within that time Sosabowski would need to re-design his attack completely for an area that had not even been studied. Days had gone into the planning for the drop

* The British had long been wary of the Dutch underground. In 1942, Major Herman Giskes, Nazi spy chief in Holland, succeeded in infiltrating Dutch intelligence networks. Agents sent from England were captured and forced to work for him. For 20 months, in perhaps the most spectacular counter-intelligence operation of World War II, nearly every agent parachuted into Holland was intercepted by the Germans. As a security check monitors in England were instructed to listen for deliberate errors in Morse code radio transmissions. Yet messages from these 'double agents' were accepted without question by British intelligence. It was not until two agents escaped that Giskes' 'Operation North Pole' came to an end. Having hoodwinked the Allies for so long, Giskes could not resist boasting of his coup. In a plain text message to the British on November 23rd, 1943, he wired: 'To Messrs. Hunt, Bingham and Co., Successors Ltd., London. We understand you have been endeavouring for some time to do business in Holland without our assistance. We regret this . . . since we have acted for so long as your sole representative in this country. Nevertheless . . . should you be thinking of paying us a visit on the Continent on an extensive scale we shall give your emissaries the same attention as we have hitherto. . . .' As a result, although intelligence networks were purged and completely revamped—and although Dutch Resistance groups were separate from these covert activities—nevertheless many British senior officers were warned before Operation Market-Garden against placing too much trust in the underground.

near Elden on the southern approaches of the Arnhem bridge. Now, he was to recall, 'I was given the bare bones of a scheme with only a few hours to develop a plan.'

There was still very little news of Arnhem but, as Stevens briefed him on the new plan to ferry his troops across the Rhine from Driel to Heveadorp, it was obvious to Sosabowski that Urquhart's situation had taken a turn for the worse. He foresaw countless problems but he noted that 'nobody else seemed unduly alarmed. All Stevens had learned was that the picture was pretty confusing.' Quickly informing his staff of the new developments, Sosabowski postponed the 10 a.m. take-off until 1.00 p.m. He would need that time to re-orient his troopers and to devise new attack plans and the three-hour delay might enable Stevens to get more up-to-date information on Arnhem. Sosabowski doubted that his force could have been flown out at 10 a.m. in any case. Fog again covered the Midlands and the forecast was not reassuring. 'That and the paucity of information we received, made me most anxious,' Sosabowski recalled. 'I did not think that Urquhart's operation was going well. I began to believe that we might be dropping into Holland to reinforce defeat.'

[9]

At the Arnhem bridge the massive defiance by the valiant few was nearly over. At dawn the Germans had renewed their terrifying bombardment. In the morning light the stark pitted wrecks that had once been houses and office buildings were again subjected to punishing fire. On each side of the bridge and along the churned, mangled ruins of the Eusebius Buiten Singel, the few strongholds that still remained were being systematically blown apart. The semi-circular defence line that had protected the northern approaches had almost ceased to exist. Yet, ringed by flames and sheltering behind rubble, small groups of obstinate men continued to fight on, denying the Germans the bridge.

Only the rawest kind of courage had sustained Frost's men up to now, but it had been fierce enough and constant enough to hold off the Germans for three nights and two days. The 2nd Battalion and the men from other units who had come by twos and threes to join it (a force that by Frost's highest estimate never totalled more than 600–700 men) had been welded together in their ordeal. Pride and common purpose had fused them. Alone they had reached the objective of an entire airborne division—and held out longer than the division was meant to do. In the desperate anxious hours, awaiting help that never came, their common frame of mind was perhaps best summed up in the thoughts of Lance Corporal Gordon Spicer who wrote, 'Who's failing in their job? Not us!'

But now the time of their endurance had nearly run its course. Holed up in ruins and slit trenches, struggling to protect themselves and cellars full of wounded, shocked and concussed by nearly unceasing enemy fire, and wearing their filthy blood-stained bandages and impudent manners like badges of honour, the Red Devils knew, finally, that they could no longer hold.

The discovery produced a curious calmness, totally devoid of panic. It was as if men decided privately that they would fight until they dropped—if only to provoke the Germans more. Despite their knowledge that the fight was all but over, men invented still new ways to keep it going. Troopers of mortar platoons fired their last few bombs without tripods or base plates by standing the barrel up and holding it with ropes. Others, discovering there were no more detonators for the spring-loaded, Piat missile-throwers, tried instead to detonate the bombs with fuses made from boxes of matches. All about them friends lay dead or dying and still they found the will to resist and, in doing so, often amused one another. Men remember an Irish trooper knocked unconscious by a shell burst opening his eyes at last to say, 'I'm dead.' Then, thinking it over, he remarked, 'I can't be. I'm talking.'

To Colonel John Frost, whose hunting horn had called them to him on the sunny Sunday which was to be the opening of their victory march, they would always remain unbeaten. Yet now, on this dark and tragic Wednesday, he knew there was 'practically no possibility for relief.'

The number of men still capable of fighting was, at best, between 150 and 200, concentrated mainly about the damaged headquarters buildings on the western side of the ramp. Over 300 British and German wounded filled the cellars. 'They were crowded almost on top of each other,' Frost noted, 'making it difficult for doctors and orderlies to get around and attend them.' Soon he would have to make a decision about these casualties. If the headquarters building was hit again, as it was almost certain to be, Frost told Major Freddie Gough, he 'did not see how I can fight it out to the last minute, then go, and have our wounded roasted.' Measures would have to be taken to get out casualties before the building was demolished or overrun. Frost did not know how much time was left. He still believed he could control the approaches for a time, perhaps even another twenty-four hours, but his perimeter defences were now so weak that he knew 'a determined rush by the enemy could carry them into our midst.'

On Captain Mackay's side of the ramp, the pulverized schoolhouse looked, he thought, 'like a sieve.' As Mackay later recalled, 'We were alone. All the houses on the eastern side had been burned down except for one to the south which was held by the Germans.' And in the schoolhouse horror had piled on horror. 'The men were exhausted and filthy,' Mackay wrote, 'and I was sick to my stomach every time I looked at them. Haggard, with bloodshot and red-rimmed eyes, almost everyone had some sort of dirty field dressing and blood was everywhere.' As wounded were carried down the stairway to the cellar, Mackay noted that 'on each landing blood had formed in pools and ran in small rivulets down the stairs.' His remaining thirteen men were huddled 'in twos and threes, manning positions that required twice that number. The only things that were clean were the men's weapons.' In the shell of the schoolhouse Mackay and his men fought off three enemy attacks in two hours, leaving around four times their number in enemy dead.

As morning wore on, the fighting continued. Then, around noon, the man who had so stubbornly defied the Germans was wounded. As Frost met with Major Douglas Crawley to discuss a fighting patrol to clear the area, he remembers 'a tremendous explosion' that lifted him off his feet and threw him face downwards several yards away. A mortar bomb had exploded almost between the two men. Miraculously both were alive, but shrapnel had torn into Frost's left ankle and right shinbone and Crawley was hit in both legs and his right arm. Frost, barely conscious, 'felt ashamed' that he could not 'resist the groans that seemed to force themselves out of me, more particularly as Doug never made a sound.' Wicks, Frost's batman, helped drag the two officers to cover and stretcher-bearers carried them to the cellar with the other wounded.

In the crowded basement Father Egan tried to orient himself. In the dim recesses of the chilly room, Lieutenant Bucky Buchanan, the intelligence officer who had earlier helped to rescue Egan, appeared to have propped himself up wearily against the wall. But

Buchanan was dead. A bomb blast had killed him outright without leaving a mark. Then, dazed and still in shock, Egan saw Frost being carried in. 'I remember his face,' Egan says, 'he looked dead tired and dejected.' Other wounded in the cellar saw their battalion commander, too. To Lieutenant John Blunt, a friend of the dead Buchanan, the sight of the Colonel on a stretcher was a crushing blow. 'We subalterns had always considered him irrepressible.' Blunt wrote. 'It hurt to see him carried in like that. He had never given in to anything.'

Across the room Private James Sims, who also had a shrapnel wound, remembers somebody anxiously calling out to Frost, 'Sir, can we still hold out?'

In England, Major-General Sosabowski watched his brigade board the long lines of troop-carrier Dakotas. Ever since Sunday he had felt the tension build as his Poles waited to go. They had made the trip from their billets to the airfield on Tuesday only to have the operation cancelled. This Wednesday morning, learning of the change in his drop zone, Sosabowski had postponed the flight himself by three hours in order to work out new plans. Now, a little before 1.00 p.m., as the heavily-laden paratroopers moved towards the planes, the atmosphere of impatience was gone. The men were on the way at last and Sosabowski noted 'an almost lighthearted attitude among them.'

His frame of mind was far different. In the few short hours since the switch in plans he had tried to learn everything he could about Urquhart's situation and the new drop zone. He had briefed his three-battalion brigade down to platoon level but the information he could give them was sparse. Sosabowski felt that they were ill-prepared, almost 'jumping into the unknown.'

Now, as propellers ticked over, his battalions began to climb aboard the 114 Dakotas that would take them to Holland. Satisfied with the loading, Sosabowski hoisted himself into the lead plane. With engines revving, the Dakota moved out, rolled slowly down the runway, turned and made ready for take-off. Then it paused. To Sosabowski's dismay, the engines were throttled back. Minutes passed and his anxiety grew. He wondered what was delaying take-off.

Suddenly the door opened and an R.A.F. officer climbed in. Making his way up the aisle to the General, he informed Sosabowski

British troops of the First Allied Airborne Army in one of the transports just before taking off, Sunday, September 17th.

'Sherriff' Thompson *(left)* carrying kitbags on LZ at Arnhem.

The Driel ferry which for inexplicable reasons was forgotten but could have made the difference to the entire operation if used by Frost and his men to secure the Arnhem bridge.

Guards Armoured Division vehicles entering Grave, somewhat obstructed by cheering Dutch.

British bagpiper lends music to occasion as convoys move throu Eindhoven along the corridor.

Paratroopers in action in ruined houses in Oosterbeek.

Kilted glider pilot, Captain Ogilvie, getting jeep ready for drive into Arnhem.

(right) Flight Lieutenant David Lord, V.C., who repeatedly brought his burning DC 3 over the drop to eject precious supplies. Hundreds of men watched flames engulf the plane before it crashed.

The irrepressible Major Digb Tatham-Warter, who helped abou 150 British soldiers escape.

Major Brian Urquhart, Browning's Intelligence Officer, who warned there were Panzer Divisions at Arnhem.

Lieutenant Tony Jones, honoured by Gen. Horrocks as 'the bravest of the brave', who removed demolitions from the Nijmegen bridge.

Major-General Urquhart's divisional headquarters, the Hartenstein Hotel, Oosterbeek, just as the battle began.

The house where Urquhart and two other officers hid in the attic.

Lt. Commander Arnoldus Wolters, then Dutch liaison officer between the resistance and the Airborne Division – now Police Commissioner, Rotterdam.

Arnhem bridge after the Gräbner attack.

After the battle: ruined interior of Oosterbeek Lag Church.

British tanks moving along the corridor – stopped at the Waal River. The width of the road did not permit manoeuvrability and in some places the Germans had mined the fringes.

Sergeant Alfred Roullier, the cook who begged to go to Arnhem and made a massive stew for the defenders of Oosterbeek.

Corporal Andrew Milbourne, coura geous machine gunner who lost a eye and both hands when hit by a exploding shell.

Airborne troops approaching Arnhem.

Alan Wood, *Daily Express* war correspondent, at Oosterbeek.

Survivors after the withdrawal including *(one from right)* Stanley Maxted of the B.B.C. and (with arm in sling) Major Roy Oliver, war office P.R.O.

General Maxwell D. Taylor, U.S. Commander 101st Airborne Division.

Major-General Matthew dgway, most experienced of all U.S. Airborne ommanders, in charge of XVIII Airborne Corps.

Dutch school being searc
by Glider Pilot Regim

Sergeant C. Bennet, 1st Airlanding Brigade, lost all his clothes swimming the river in the evacuation of Arnhem but carried his sten gun across.

Knocked-out German tanks being passed by Sherman tank of Guards Armoured.

Johannus Penseel, 'the old one', who led the 'Strong Arm Boys' resistance group and moved his entire arsenal of weapons under the Germans' noses on the day of the attack.

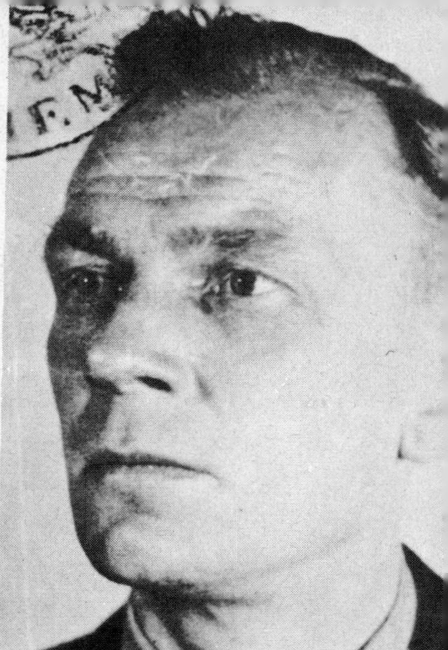

Gisjbert Numan, resistance work who wanted to surrender hims and others rather than allow innocent Dutchmen executed for t abortive blowing of viaduct.

Guards Armoured crossing Nijmegen bridge.

olish Lieut. Albert Smaczny, con-
nced that the Poles were being
sacrificed in a suicidal mission.

Polish Lieut. Wladijslaw Korob: falling through dense anti-aircraft fire, saw his parachute riddled with holes and landed beside a friend who had been decapitated.

German prisoners captured by 82nd Airborne.

(left to right) Cpl. 'Chick' Weir, Cpl. Johnning Humphries, Lt. Dennis Simpson and Captain Eric Mackay. Though severely wounded, Mackay held one side of the northern ramp of the Arnhem bridge until overrun. Incredibly courageous, he escaped after capture, floated down the Rhine to the Nijmegen bridge

that control had just received word to halt the take-off. The situation was a repeat of Tuesday: the southern fields were open and bomber re-supply planes were taking off, but in the Grantham area a heavy overcast was settling in. Sosabowski was incredulous. He could hear the curses of his officers and men as the news was relayed. The flight was cancelled for twenty-four hours more—until 1.00 p.m. Thursday, September 21st.

General Gavin's Glider Infantry Regiment was also grounded once again. On this day of the vital Waal River assault at Nijmegen, Gavin's sorely-needed 3,400 men, with their guns and equipment, could not get out. The Driel-Heveadorp ferry was still in operation. On this crucial Wednesday, D plus 3, when the Polish Brigade might have been ferried across the Rhine to strengthen Urquhart's flagging troopers, the weather had struck again at Market-Garden.

Field Marshal Walter Model was finally ready to open his counter-offensive against the British and Americans in Holland. On this critical Wednesday, September 20th, the entire corridor errupted in one German attack after another.

Model, his reinforcements steadily arriving, was certain that his forces were now strong enough to wipe out Montgomery's attack. He planned to pinch off the Allied corridor at Son, Veghel and Nijmegen. The Arnhem bridge, he knew, was almost in his hands. And Van Zangen's 15th Army—the army that had been forgotten at Antwerp by Montgomery—was now slowly renewing its strength. Staffs were being newly organized, ammunition and supplies were arriving daily. Within forty-eight hours, in Army Group B's war diary, Annex 2342, Model would report Van Zangen's status to Von Rundstedt in these terms: 'The total number of personnel and equipment ferried across the Schelde by the 15th Army totals 82,000 men; 530 guns; 4,600 vehicles; over 4,000 horses and a large amount of valuable material . . .'*

Model was now so confident of Van Zangen's ability to take over that within seventy-two hours he planned to reorganize completely

* Although these are the exact figures quoted from Army Group B's diary, they seem excessive particularly in the number of guns, vehicles and horses. The evacuation of the Fifteenth Army across the Schelde and round Antwerp was directed by General Eugene Felix Schwalbe. In 1946 he gave the following estimate: 65,000 men, 225 guns, 750 trucks and wagons and 1,000 horses—see *Defeat in the West* by Milton Shulman, p. 180. I cannot explain the discrepancy but Schwalbe's figures seem much more realistic.

his own command structure. Van Zangen would command all Army Group B forces west of the Allied corridor; General Student's First Parachute Army, now being systematically reinforced, would be assigned the eastern side. The moment had come for Model to begin his offensive with sharp probing attacks.

At the Son bridge on the morning of the 20th, *panzer* forces, striking into the 101st's area, almost succeeded in taking the bridge. Only quick action by General Taylor's men and British tanks held off the attack. Simultaneously, as Horrocks' columns sped towards Nijmegen, the entire stretch of Taylor's sector came under pressure.

At 11 a.m. in General Gavin's area, German troops, preceded by a heavy bombardment, advanced out of the Reichswald and attacked the 82nd's eastern flank. Within a few hours a full-scale drive was in progress in the Mook area, threatening the Heumen bridge. Rushing to the scene from Nijmegen, where his men were preparing to assault the Waal, Gavin saw that 'the only bridge we owned that would take armour' was in serious jeopardy. 'It was essential to the survival of the British and Americans crowded into Nijmegen,' he recalls. His problem was acute: every available 82nd unit was already committed. Hurriedly Gavin asked for help from the Coldstream Guards. Then, with Gavin personally leading the counterattack, a bitter, unrelenting battle began that was to last all day. Shifting his forces back and forth like chessmen, Gavin held out and eventually forced the Germans to withdraw. He had always feared attack from the Reichswald. Now Gavin and the Corps commander, General Browning, knew that a new and more terrible phase of the fighting had begun. Among the prisoners taken were men from General Mendl's tough II Parachute Corps. Model's intention was now obvious: key bridges were to be grabbed, the corridor squeezed and Horrocks' columns crushed.

For his part, Model was convinced that the Allies would never cross at Nijmegen and drive the last eleven miles to Arnhem. Within the week, he confidently told General Bittrich, he expected the battle to be over. Bittrich was less assured. He would feel happier, he told Model, if the Nijmegen bridges were destroyed. Model looked at him and angrily shouted, 'No!'

Major-General Heinz Harmel was annoyed by the attitude of his superior, General Wilhelm Bittrich. The II SS *Panzer* Corps commander had adopted too far-sighted a view of the battle, Harmel felt. Bittrich 'seemed to have closed his mind completely to the ferrying problems at Pannerden.' Those problems had hampered Harmel from the beginning, yet it appeared to him that Bittrich never remained long enough at the site 'to see for himself the almost impossible task of getting twenty tanks across the river—and three of them were Royal Tigers.' It had taken Harmel's engineers nearly three days to build a ferry capable of carrying an estimated 40-ton load across the Rhine. Although Harmel believed the operation could now be accelerated, only three platoons of tanks (twelve Panthers) had so far reached the vicinity of Nijmegen. The remainder, including his Tiger tanks, were fighting at the Arnhem bridge under the veteran East Front commander, Major Hans-Peter Knaust.

The 38-year-old Knaust had lost a leg in battle near Moscow in 1941. As Harmel recalls, 'he stomped about with a wooden one and, although he was always in pain, he never once complained.' Yet Knaust, too, was the target for much of Harmel's displeasure.

To reinforce the Frundsberg Division, the 'Knaust Kampfgruppe' had been rushed to Holland with 35 tanks, five armoured personnel carriers and one self-propelled gun. But Knaust's veterans were of low calibre. Almost all of them had been badly wounded at one time or another; in Harmel's view they were 'close to being invalids.' Under normal conditions the men would not have been in active service. Additionally, Knaust's replacements were young and many had had only eight weeks' training. The Arnhem bridge battle had gone on so long that Harmel was now fearful of the situation at Nijmegen. In case the British broke through, he would need Knaust's tanks to hold the bridge and defence positions between Nijmegen and Arnhem. More armoured reinforcements were on the way, including 15 to 20 Tiger tanks and another 20 Panthers. But Harmel had no idea when they would arrive or if the Arnhem bridge would be open to speed their drive south. Even after its capture, Harmel envisioned a full day to clear the wreckage and get vehicles moving.

To oversee all operations, Harmel had set up an advance command post near the village of Doornenburg, two miles south of Pennerden and six miles northeast of Nijmegen. From there he drove west to roughly the mid-point of the Nijmegen–Arnhem highway to study the terrain, automatically fixing in his mind defence positions that might be used if a breakthrough occurred.

His reconnaissance produced one clear impression: it seemed impossible for either British or German tanks to leave the highway. Only light vehicles could travel the thinly-surfaced, brick-paved, secondary roads. His own tanks, moving to Nijmegen after crossing at Pannerden, had bogged down on just such roads, their weight crumbling the pavement. The main Nijmegen–Arnhem highway was, in places, a dike road, nine to twelve feet above soft polder on either side. Tanks moving along these high stretches would be completely exposed, silhouetted against the sky. Well-sited artillery could easily pick them off. At the moment Harmel had almost no artillery covering the highway, thus it was imperative that Knaust's tanks and guns get across the Rhine and in position before a British breakthrough could occur at Nijmegen.

Returning to his headquarters at Doornenburg, Harmel heard the latest reports from his chief-of-staff, Colonel Paetsch. There was good news from Arnhem: more prisoners were being taken and the fighting at the bridge was beginning to break up. Knaust now believed he might have the crossing by late afternoon. Fighting continued in Nijmegen but Captain Karl Heinz Euling, although incurring heavy casualties, was containing all efforts to seize the railway and road bridges there. The Americans and British had been stopped at both approaches. In the centre of the city British forces had been held up, too, but that situation was more precarious.

Euling's report reflected an optimism that Harmel did not share. Eventually, by sheer weight of numbers, British armour would surely overrun the German line. Lighting a cigar, Harmel told Paetsch that he 'expected the full weight of the Anglo-American attack to be thrown at the highway bridge within 48 hours.' If Knaust's tanks and artillerymen secured the Arnhem bridge quickly, they might halt the British armoured drive. Should the *panzers* be slow in forcing the little band of British from the Arnhem bridge and clearing it of wreckage, Harmel knew that, against all orders, he must blow the Nijmegen highway bridge.

For all his careful consideration, he did not envision a most preposterous scheme: that the American paratroopers might try to ford the river in a major amphibious assault.

[10]

Waiting paratroopers crowded the area not far from the crossing site, one mile downstream of the Nijmegen railway bridge. Throughout Tuesday night and well into Wednesday morning, as the Anglo-American forces under Lieutenant-Colonel Goulburn and Lieutenant-Colonel Vandervoort continued the battle for the railway and highway bridges to the east, American and British soldiers laboured to widen the area leading to the river bank so that the tanks and heavy artillery of the Guards Armoured Division could take up firing positions to support the assault. Typhoons were scheduled to fly low over the northern bank 30 minutes before H-Hour, spraying the entire area with rocket and machine-gun fire. On the ground, tanks and artillery would pound the site for another 15 minutes. Then, under a smoke screen laid down by tanks, the first wave of men led by 27-year-old Major Julian Cook were to set out in one of the most daring river crossings ever made.

The plan was as thorough as commanders, working throughout the night, could make it. But the boats in which Cook's troopers would cross the 400-yard-wide river had not arrived. H-Hour, originally set for 1.00 p.m., was postponed until 3.00 p.m.

In small groups the Americans waited as Cook paced up and down. 'Where are the damned boats?' he wondered. Ever since he had been told by General Gavin and the 504th Regimental Commander, Colonel Tucker, that his 3rd Battalion would make the Waal assault crossing, Cook had been 'shocked and dumbfounded.' It seemed to the young West Pointer that 'we were being asked to make an Omaha beach landing all by ourselves.' Many of his men had never even been in a small boat.

Cook was not the only one anxiously awaiting the arrival of the boats. Before noon General Frederick Browning had received the first clear indication of the seriousness of Urquhart's situation. Received via Second British Army communications, the 'Phantom' message read in part:

> (201105) '. . . senior formation still in vicinity
> north end of main bridge but not in touch and
> unable resupply . . . Arnhem entirely in enemy hands.
> Request all possible steps expedite relief. Fighting
> intense and opposition extremely strong. Position
> not too good.'

Browning was deeply disturbed. Every hour now mattered and the quick seizure of the Nijmegen bridges was vital to the survival of Urquhart's men. The relief of the Arnhem defenders was, at this moment, almost solely up to Cook and the 3rd Battalion—a fact of which Cook was unaware.

In any event, the boats were not at hand and no one even knew what they were like. All through the night General Horrocks and his staff had been trying to speed their arrival. Far back in the engineering convoys three trucks carrying the craft had been inching their way up the jam-packed road. Back in Eindhoven they had been held up by a fierce *Luftwaffe* bombing attack. The whole centre of the city was devastated. Scores of supply trucks had been destroyed and an entire ammunition convoy had been ignited, adding to the carnage. Now, at the Waal crossing less than one hour before H-Hour, there was still no sign of the trucks and the vital boats.

The assault site lay to the east of the massive PGEM electrical power plant, and originally it was believed that the crossing could be made from the plant itself. There, at the river's edge, a small inlet afforded protection for the loading, unobserved by the Germans. Colonel Tucker had rejected the site; it was too close to the enemy-held railway bridge. As the troopers emerged from the dock area, the Germans could sweep each assault wave with machine-gun fire. Here, too, at the mouth of the inlet, the 8- to 10-mile-an-hour current swirled stronger. Shifting farther west, Tucker planned to have the men rush the boats at double-time down to the river's edge, launch them and paddle across. That, too, worried Cook. From the little he had learned, each craft weighed about 200 pounds; when they were loaded with the men's equipment and ammunition, that figure would probably double.

Once launched, each boat would carry 13 paratroopers and a crew of three engineers to row the men across. The operation would be continuous. In wave after wave the assault craft were to cross back and forth until the whole of Cook's battalion and part of another, under Captain John Harrison, were across. Major Edward G. Tyler of the Irish Guards, whose tanks were to give fire support, was appalled by the whole concept. 'It put the fear of God in me,' Tyler recalls. He asked the cigar-chewing Colonel Tucker if his men had ever practised this kind of operation before. 'No,' Tucker replied laconically. 'They're getting on-the-job training.'

From the ninth floor of the power plant, Cook and Lieutenant-Colonel Giles Vandeleur, commanding the Irish Guards' 2nd Battalion, observed the north shore through binoculars. Directly across from where they stood flat ground ran inland from the river's edge for 200 to 800 yards. Cook's men would have to cross this unprotected stretch after they landed. Beyond the level shore, a sloping dike embankment rose some 15 to 20 feet high, and topping it was a 20-foot-wide road running west to east. A squat building, called Fort Hof Van Holland, stood about 800 yards beyond the road. Cook and Vandeleur could clearly see enemy troops in position along the top of the embankment and they were almost sure that observation and artillery posts were positioned inside the fort. 'Somebody,' Cook remembers thinking, 'has come up with a real nightmare.' Yet, effective H-Hour air and artillery support could soften the German resistance and enable the troopers to command the northern bank quickly. Cook was counting heavily on that support.

Vandeleur thought the crossing might prove 'ghastly, with heavy casualties.' But he intended his tanks to support the Americans to the utmost. He planned to use about 30 Sherman tanks—two squadrons under command of Major Edward G. Tyler and Major Desmond Fitzgerald. At 2.30 p.m., the tanks were to move towards the river and mount the embankment, 'track-to-track,' their 75 mm. guns lined up to pound the far shore. This British bombardment would be reinforced by the 82nd's mortar and artillery fire. In all, 100 guns would batter the northern bank.

Cook's men, who had not seen the actual assault area as yet, had taken the briefing in their stride. But the width of the river shocked everyone. 'At first when we were briefed, we thought they were joking,' recalls Second Lieutenant John Holabird. 'It all sounded too fantastic.' Sergeant Theodore Finkbeiner, scheduled for the first wave, was sure that 'our chances were pretty good because of the smoke screen.' But Captain T. Moffatt Burriss, commander of 'I' Company, believed the plan was nothing short of 'a suicide mission.'

So did the 504th's Protestant chaplain, Captain Delbert Kuehl. Normally Kuehl would not have gone in with assault troops. Now he requested permission to be with Cook's men. 'It was the hardest decision I ever made,' he recalls, 'because I was going on my own volition. The plan seemed absolutely impossible and I felt if ever the men needed me, it would be on this operation.'

Captain Henry Baldwin Keep, known as the battalion's 'millionaire,' because he was a member of the Philadelphia Biddle family, considered 'that the odds were very much against us. In 18 months of almost steady combat we had done everything from parachute jumps to establishing bridgeheads to acting as mountain troops and as regular infantry. But a river crossing was something else! It sounded impossible.'

Cook, according to Lieutenant Virgil Carmichael, tried to lighten the atmosphere by announcing that he would imitate George Washington by 'standing erect in the boat and, with clenched right fist pushed forward, shout, "Onward, men! Onward!".' Captain Carl W. Kappel, commander of 'H' Company, who had heard that the Arnhem attack was in trouble, was deeply concerned. He wanted 'to get in the damn boat and get the hell across.' He had a good friend in the First British Airborne, and he felt if anyone was on the Arnhem bridge it was 'Frosty'—Colonel John Frost.

By 2.00 p.m. there was still no sign of the assault craft and now it was too late to recall the approaching squadrons of Typhoons. Behind the jump-off site, hidden behind the river embankment, Cook's men and Vandeleur's tanks waited. At precisely 2.30 p.m. the Typhoon strike began. Flashing overhead, the planes peeled off and screamed down, one after another, shooting rockets and machine-gun fire at the enemy positions. Ten minutes later, as Vandeleur's tanks began taking up positions on the embankment, the three trucks carrying the assault craft arrived. With only twenty minutes to go, Cook's men saw, for the first time, the flimsy collapsible green boats.

Each boat was nineteen feet long with flat, reinforced plywood bottoms. The canvas sides, held in place by wooden pegs, measured 30 inches from floor to gunwales. Eight paddles, four feet long, were supposed to accompany each boat, but in many there were only two. Men would have to use their rifle butts to paddle.

Quickly engineers began assembling the boats. As each was put together, the paratroopers assigned to the craft loaded their equipment on board and got ready to dash for the bank. Against the deafening din of the barrage now lashing the far shore, the 26 boats were finally assembled. 'Somebody yelled, "Go!",' First Lieutenant Patrick Mulloy recalls, 'and everybody grabbed the gunwales and started to lug the boats down to the river.' From the rear, shells screamed over the men's heads; tank guns barked from the embankment ahead of them, and white smoke, 'looking fairly thick' to Mulloy, drifted over the width of the river. The assault was on.

As the first wave of some 260 men—two companies, 'H' and 'I', plus headquarters' staff and engineers—got to the water the launching immediately began to assume the proportions of a disaster. Boats put into too shallow water bogged down in the mud and would not budge. Struggling and thrashing in the shallows, men carried them to deeper parts, pushed them out and then climbed in. As some troopers tried to hoist themselves aboard, their boats overturned. Other boats, overloaded, were caught by the current and began circling out of control. Some sank under their heavy loads. Paddles were lost; men fell overboard. Captain Carl Kappel saw the scene as one of 'mass confusion.' His boat began to founder. 'Private Legacie was in the water and starting to go down,' Kappel remembers. Diving in after him, Kappel was 'surprised at the swiftness of the current.' He was able to grab Legacie and pull him to safety 'but by the time I got him to the bank I was an old man and worn out.' Jumping into another boat Kappel started out again. First Lieutenant Tom MacLeod's craft was almost awash and he thought they were sinking. 'Paddles were flaying like mad,' he remembers, and all he could hear above the din was Cook's voice, from a nearby boat, yelling, 'Keep going! Keep going!'

The Major, a devout Catholic, was also praying out loud. Lieutenant Virgil Carmichael noticed that he had developed a kind of cadence with each line—'Hail Mary—full of Grace—Hail Mary—full of Grace'—chanted with every stroke of the paddle.* Then, in the midst of the confusion, the Germans opened up.

The fire was so intense and concentrated that it reminded Lieutenant Mulloy of 'the worst we ever took at Anzio. They were blazing away with heavy machine guns and mortars, most of it coming from the embankment and the railway bridge. I felt like a sitting duck.' Chaplain Kuehl was sick with horror. The head of the man sitting next to him was blown off. Over and over Kuehl kept repeating 'Lord, Thy will be done.'

From his command post in the PGEM building, Lieutenant-Colonel Vandeleur, along with General Browning and General Horrocks, watched in grim silence. 'It was a horrible, horrible sight,' Vandeleur remembers. 'Boats were literally blown out of the water. Huge geysers shot up as shells hit and small-arms fire from the

* ' "The Lord is with Thee" was too long,' Cook says, 'so I kept repeating "Hail Mary" (one stroke), "Full of Grace" (second stroke).' Captain Keep tried to remember his crewing days at Princeton but he found himself nervously counting '7–6–7–7–7–8–9.'

northern bank made the river look like a seething cauldron.' Instinctively men began to crouch in the boats. Lieutenant Holabird, staring at the fragile canvas sides, felt 'totally exposed and defenceless.' Even his helmet 'seemed about as small as a beanie.'

Shrapnel ripped through the little fleet. The boat carrying half of First Lieutenant James Megallas' platoon sank without a trace. There were no survivors. First Lieutenant Allen McLain saw two craft blown apart and troopers thrown into the water. Around Captain T. Moffatt Burriss' boat fire was coming down 'like a hailstorm' and finally the engineer steering the boat said, 'Take the rudder. I'm hit.' His wrist was shattered. As Burriss leaned over to help, the engineer was hit again, this time in the head. Shell fragments caught Burriss in the side. As the engineer fell overboard, his foot caught in the gunwale, causing his body to act like a rudder and swinging the boat around. Burriss had to heave the dead man into the water. By then two more troopers sitting in front had also been killed.

Under a brisk wind the smoke screen had been blown to tatters. Now German gunners raked each boat individually. Sergeant Clark Fuller saw that some men, in their haste to get across quickly, and desperately trying to avoid the fire, 'rowed against each other, causing their boats to swing around in circles.' The Germans picked them off easily. Fuller was 'so scared that he felt paralysed.' Halfway across Private Leonard G. Tremble was suddenly slammed into the bottom of the boat. His craft had taken a direct hit. Wounded in the face, shoulder, right arm and left leg, Tremble was sure he was bleeding to death. Taking water, the boat swung crazily in circles, then drifted slowly back to the southern shore, everyone in it dead but Tremble.

In the command post Vandeleur saw that 'huge gaps had begun to appear in the smoke screen.' His tankers had fired smoke shells for more than ten minutes, but now the Guardsmen were running low on every kind of ammunition. 'The Germans had switched ammunition and were beginning to use big stuff and I remember almost trying to will the Americans to go faster. It was obvious that these young paratroopers were inexperienced in handling assault boats, which are not the easiest things to manoeuvre. They were zigzagging all over the water.'

Then the first wave reached the northern bank. Men struggled out of the boats, guns firing, and started across the exposed flat land.

Sergeant Clark Fuller, who a few minutes before had been paralysed with fear, was so happy to be alive that he felt 'exhilarated. My fear had been replaced by a surge of recklessness. I felt I could lick the whole German army.' Vandeleur, watching the landing, 'saw one or two boats hit the beach, followed immediately by three or four others. Nobody paused. Men got out and began running towards the embankment. My God, what a courageous sight it was! They just moved steadily across that open ground. I never saw a single man lie down until he was hit. I didn't think more than half the fleet made it across.' Then, to Vandeleur's amazement, 'the boats turned around and started back for the second wave.' Turning to Horrocks, General Browning said, 'I have never seen a more gallant action.'

As Julian Cook's assault craft neared the beach he jumped out and pulled the boat, eager to get ashore. Suddenly to his right he saw a bubbling commotion in the grey water. 'It looked like a large air bubble, steadily approaching the bank,' he remembers. 'I thought I was seeing things when the top of a helmet broke the surface and continued on moving. Then a face appeared under the helmet. It was the little machine gunner, Private Joseph Jedlicka. He had bandoliers of 30 calibre machine-gun bullets draped around his shoulders and a box in either hand.' Jedlicka had fallen overboard in eight feet of water and, holding his breath, had calmly walked across the river bottom until he emerged.

Medics were already working on the beach and as First Lieutenant Tom MacLeod prepared to return across the Waal for another boat-load of troopers, he saw that rifles had been stuck in the ground next to the fallen.

Shortly after 4.00 p.m., General Heinz Harmel received an alarming message at his headquarters in Doornenburg. It was reported that 'a white smoke screen has been thrown across the river opposite Fort Hof Van Holland.' Harmel, with some of his staff, rushed by car to the village of Lent, on the northern bank of the Waal, a mile from the Nijmegen highway bridge. The smoke could mean only one thing: the Anglo-Americans were trying to cross the Waal by boat. Still, Harmel could not believe his own analysis. The width of the river, the forces manning the northern bank, Euling's optimistic report of the morning, and his own estimate of the British and American forces in Nijmegen—all argued against the operation. But Harmel decided to see for himself.

He remembers that 'I had no intention of being arrested and shot by Berlin for letting the bridges fall into enemy hands—no matter how Model felt about it.'

Major Julian Cook knew his losses were appalling, but he had no time to assess them now. His companies had landed everywhere along the exposed stretch of beach. Units were inextricably mixed up and, for the time, without organization. The Germans were flaying the beach with machine-gun fire, yet his stubborn troopers refused to be pinned down. Individually and in twos and threes they headed for the embankment. 'It was either stay and get riddled or move,' Cook remembers. Struggling forward, the men, armed with machine guns, grenades and fixed bayonets, charged the embankment and viciously dug the Germans out. Sergeant Finkbeiner believes he was one of the first to reach the high dike roadway. 'I stuck my head over the top—and stared right into the muzzle of a machine gun,' he recalls. He ducked, but 'the muzzle blast blew my helmet off.' Finkbeiner tossed a grenade into the German emplacement, heard the explosion and the sound of men screaming. Then he quickly hoisted himself up onto the embankment road and headed for the next machine-gun nest.

Captain Moffatt Burriss had no time to think about the shrapnel wound in his side. When he landed he was 'so happy to be alive that I vomited.' He ran straight for the dike, yelling to his men to get 'one machine gun firing on the left flank, another on the right.' They did. Burriss saw several houses behind the dike. Kicking the door of one open, he surprised 'several Germans who had been sleeping, apparently unaware of what was happening.' Reaching quickly for a hand grenade, Burriss pulled the pin, threw it into the room and slammed the door.

In the smoke, noise and confusion some men in the first wave did not remember how they got off the beach. Corporal Jack Bommer, a communications man laden down with equipment, simply ran forward. He 'had only one thing in mind—to survive if possible.' He knew he had to get to the embankment and wait for further instructions. On reaching the crest he saw 'dead bodies everywhere, and Germans—some no more than 15 years old, others in their 60's—who a few minutes before had been slaughtering us in the boats were now begging for mercy, trying to surrender.' Men were too shocked by their ordeal and too angry at the death of friends to take many prisoners. Bommer recalls that some Germans 'were shot out of hand at point-blank range.'

Sickened and exhausted by the crossing, their dead and wounded lying on the beach, the men of the first wave subdued the German defenders on the dike road in under thirty minutes. Not all the enemy positions had been overrun, but now troopers hunched down in former German machine-gun nests to protect the arrival of succeeding waves. Two more craft were lost in the second crossing. And, still under heavy shell fire, exhausted engineers in the eleven remaining craft made five more trips to bring all the Americans across the blood-stained Waal. Speed was all that mattered now. Cook's men had to grab the northern ends of the crossings before the Germans fully realized what was happening—and before they blew the bridges.

By now the embankment defence line had been overrun and the Germans were pulling back to secondary positions. Cook's troopers gave them no quarter. Captain Henry Keep comments that 'what remained of the battalion seemed driven to fever pitch and, rendered crazy by rage, men temporarily forgot the meaning of fear. I have never witnessed this human metamorphosis so acutely displayed as on this day. It was an awe-inspiring sight but not a pretty one.'

Individually and in small groups, men who had sat helpless in the boats as friends died all around them, took on four and five times their number with grenades, submachine guns and bayonets. With brutal efficiency they dug the Germans out and, without stopping to rest or re-group, continued their rampaging assault. They fought through fields, orchards and houses behind the embankment under the fire of machine guns and anti-aircraft batteries hammering at them from Fort Hof Van Holland directly ahead. As some groups headed due east along the sunken dike road for the bridges, others stormed the fort, almost oblivious of the German guns. Some troopers laden with grenades, swam the moat surrounding the fortress and began climbing the walls. Sergeant Leroy Richmond, swimming underwater, took the enemy soldier guarding the causeway by surprise, then waved his men across. According to First Lieutenant Virgil F. Carmichael, troopers 'somehow climbed to the top of the fort, then others below tossed up hand grenades which were promptly dropped into the turret portholes, one after the other.' The German defenders quickly surrendered.

Meanwhile units from two companies—Captain Burriss' 'I'

Company and Captain Kappel's 'H' Company—were sprinting for the bridges. At the railway bridge 'H' Company found the German defence so fierce that it looked as though the American attack might stall.* Then the continuing pressure from the British and American forces at the southern end and in Nijmegen itself caused the enemy suddenly to crack. To Kappel's amazement the Germans began to retreat across the bridge 'in wholesale numbers'—right into the American guns. From his tank near the PGEM factory, Lieutenant John Gorman 'could see what looked like hundreds of Germans, confused and panic-stricken, running across the bridge right towards the Americans.' On the northern bank First Lieutenant Richard La Riviere and Lieutenant E. J. Sims also saw them coming. In disbelief, they watched as the Germans abandoned their guns and hurried towards the northern exit. 'They were coming across in a mass,' recalls La Riviere, 'and we let them come—two-thirds of the way.' Then the Americans opened fire.

A hail of bullets ripped into the defenders. Germans fell everywhere—some into the girders under the bridge; others to the water below. More than 260 lay dead, many were wounded, and scores more were taken prisoner before the firing ceased. Within two hours of the Waal River assault, the first of the bridges had fallen. Major Edward G. Tyler of the Irish Guards saw 'someone waving. I had been concentrating so long on that railway bridge that, for me, it was the only one in existence. I got on the wireless and radioed battalion. "They're on the bridge! They've got the bridge!".' The time was 5.00 p.m. Captain Tony Heywood of the Grenadier Guards received Major Tyler's message and found it 'utterly confusing.' Which bridge did the message refer to? The Grenadiers under Lieutenant-Colonel Goulburn were still fighting alongside Colonel Vandervoort's troopers near the Valkhof where Euling's SS forces continued to deny them the highway bridge. If the message meant the highway bridge had been taken, Heywood remembers, 'I couldn't figure out how they had got across.'

The railway bridge was intact and physically in Anglo-American hands but Germans—either prepared to fight to the last or too frightened to leave their positions—were still on it. The Americans

* According to Charles B. MacDonald in *The Siegfried Line Campaign*, OHMS, 1963, p. 181, the Germans on the bridge had a formidable array of armament which included 34 machine guns, two 20 mm. anti-aircraft guns and one 88 mm. dual-purpose gun.

had made a quick search for demolition charges at the northern end. Although they had found nothing, there was still a chance that the bridge was wired and ready to be destroyed. Captain Kappel now radioed Major Cook, urging him to get British tanks across as quickly as possible. With these as support, he and Captain Burriss of 'I' Company believed, they could grab the big prize, the Nijmegen highway bridge, slightly less than a mile east. Then, recalls Kappel, Colonel Tucker arrived. The request, Tucker said, 'had been relayed, but the Germans might blow both bridges at any moment.' Without hesitation Cook's troopers pushed on for the highway bridge.

General Harmel could not make out what was happening. Binoculars to his eyes, he stood on the roof of a bunker near the village of Lent. From this position on the northern bank of the Waal barely a mile from the main Nijmegen highway bridge, he could see 'smoke and haze' off to his right and hear 'the crash of battle.' But no one seemed to know exactly what was taking place, except 'that an attempt had been made to cross the river near the railway bridge.' He could see the highway bridge quite clearly; there was nothing on it. Then, as Harmel recalls, 'the wounded started to arrive and I began to get conflicting reports.' Americans, he learned, had crossed the river 'but everything was exaggerated. I could not tell if they had come across in ten boats or a hundred.' His mind 'working furiously trying to decide what to do next,' Harmel checked with his engineers. 'I was informed that both bridges were ready to go,' he remembers. 'The local commander was instructed to destroy the railway bridge. The detonator box for the highway bridge was hidden in a garden near the bunker at Lent and a man was stationed there awaiting orders to press the plunger.' Then, Harmel received his first clear report: only a few boats had crossed the river and the battle was still in progress. Looking through his binoculars again, he saw that the highway bridge was still clear and free of movement. Although his 'instinct was to get this troublesome bridge weighing on my shoulders destroyed, I had no intention of doing anything until I was absolutely sure that it was lost.' If he was forced to blow the highway bridge, Harmel decided he would make sure that 'it was crowded with British tanks and let them go up in the blast, too.'

* * *

In Huner Park and in the Valkhof close by the southern approaches to the highway bridge, Captain Karl Euling's SS *Panzer* Grenadiers were fighting for their lives. The Anglo-American attack by Lieutenant-Colonel Edward Goulburn's Grenadier Guards and Lieutenant-Colonel Ben Vandervoort's 2nd Battalion of the 82nd's 505th Regiment was methodical and relentless. Vandervoort's mortars and artillery pounded the German defence line as his men sprinted from house to house. Closing the gap between themselves and Euling's steadily shrinking defences, Goulburn's tanks moved up the converging streets, driving the Germans before them, their 17-pounders and machine guns blasting.

The Germans fought back hard. 'It was the heaviest volume of fire I ever encountered,' recalls Sergeant Spencer Wurst, a 19-year-old veteran who had been with the 82nd since North Africa. 'I had the feeling I could reach up and grab bullets with each hand.' From his vantage point on the ledge of a house some 25 yards from the Valkhof, Wurst could look down into the German positions. 'There were foxholes all over the park,' he remembers, 'and all the action seemed to be centred from these and from a medieval tower. I watched our men break out from right and left and charge right up to the traffic circle. We were so anxious to get that bridge that I saw some men crawl over to the foxholes and literally drag the Germans out.' Wurst's own rifle barrel was so hot that cosmoline began to ooze from the wood stock.

As the murderous fire fight continued Wurst was astounded to see Colonel Vandervoort 'stroll across the street, smoking a cigarette. He stopped in front of the house I was in, looked up and said, "Sergeant, I think you better go see if you can get that tank moving".' Vandervoort pointed to the entrance to the park where a British tank was sitting, its turret closed. Clambering off the roof, Wurst ran to the tank and rapped on its side with his helmet. The turret opened. 'Colonel wants you to move it,' Wurst said. 'Come on. I'll show you where to fire.' Advancing beside the tank in full view of the Germans, Wurst pointed out targets. As the intense fire coming from Vandervoort's men and Goulburn's tanks increased, the enemy defence ring began to collapse. The formidable line of anti-tank guns that had stopped each previous attack was obliterated. Finally only four self-propelled guns dug into the centre of the traffic circle remained firing. Then, a little after 4.00 p.m., in an all-out tank and infantry assault, these, too, were overrun. As Vandervoort's troopers charged with bayonets and grenades, Goulburn lined his tanks up four abreast and sent them charging into the park. In panic the Germans broke. As they retreated, some tried to take cover in the girders of the bridge; others, farther away, raced through the American and British fire towards the medieval fort. As the Germans passed, scores of troopers lobbed grenades into their midst. The assault was over. 'They had given us a real tough time,' Wurst says. 'We watched them charging right past us, up over the road leading onto the bridge and some went off to the east. We felt pretty good.'

General Allan Adair, commander of the Guards Armoured Division, directing operations in a nearby building, remembers 'gritting my teeth, dreading the sound of an explosion that would tell me the Germans had blown the bridge.' He heard nothing. The approaches to the great Waal bridge lay open, the span itself apparently intact. Sergeant Peter Robinson's troop of four tanks had been waiting for just this moment. Now they moved out for the bridge.* The 29-year-old Dunkirk veteran had been alerted a few hours earlier by his squadron leader, Major John Trotter, 'to stand ready to go for the bridge.' Germans were still on the crossing and Trotter now warned Robinson, 'We don't know what to expect when you cross, but the bridge has to be taken. Don't stop for anything.' Shaking hands with the sergeant, Trotter added jokingly, 'Don't worry. I know where your wife lives and if anything happens, I'll let her know.' Robinson was not amused. 'You're bloody cheerful, aren't you, sir?' he asked Trotter. Climbing into his tank, Robinson led off for the bridge.

The troop of four tanks came into Huner Park by the right of the roundabout. To Robinson it appeared that 'the whole town was burning. Buildings to my left and right were on fire.' Wreathed in smoke, the great crossing looked 'damned big.' As Robinson's tank rumbled forward he reported constantly by radio to Division headquarters. 'Everyone else had been ordered off the air,' he recalls. Clanking onto the approaches, Robinson remembers, 'We came

* It has been said that an American flag was raised on the north end of the railway bridge and, in the smoke and confusion, British tankers thought it was flying on the far end of the highway bridge—signalling the American seizure of that end. The story may be true, but in scores of interviews I have not found a single participant who confirmed it. I have walked over the entire area and it seems inconceivable that anyone looking across the highway bridge could mistake a flag flying a mile to the west as the terminus of this crossing.

under heavy fire. There was an explosion. One of the idler wheels carrying the track on one side of the tank had been hit.' The tank was still running, although 'the wireless was dead and I had lost touch with headquarters.' Shouting to his driver to reverse, Robinson backed his tank to the side of the road. Quickly the Sergeant jumped out, ran to the tank behind him and told its commander, Sergeant Billingham, to get out. Billingham began to argue. Robinson shouted that he was giving 'a direct order. Get out of that tank damned quick and follow along in mine.' The third tank in line, commanded by Sergeant Charles W. Pacey, had pulled out and was leading the way onto the bridge. Jumping aboard Billingham's tank, Robinson ordered the others to follow. As the four tanks advanced, Robinson recalls, they came under fire from a 'big 88 parked on the other side of the river near some burning houses and from what appeared to be a self-propelled gun in the far distance.'

Colonel Vandervoort, watching the tanks, saw the 88 begin to fire. 'It was pretty spectacular,' he recalls. 'The 88 was sandbagged into the side of the highway about 100 yards from the north end of the bridge. One tank and the 88 exchanged about four rounds apiece with the tank spitting 30 calibre tracers all the while. In the gathering dusk it was quite a show.' Then Robinson's gunner, Guardsman Leslie Johnson, got the 88 with another shot. Germans with grenades, rifles and machine guns clung to the girders of the bridge, Robinson remembers. The tank machine guns began 'to knock them off like ninepins.' And Johnson, answering the heavy enemy artillery fire, 'pumped shells through his gun as fast as the loader could run them through.' In a hail of fire Robinson's troops rattled forward, now approaching the halfway mark on the highway bridge.

In the twilight, billowing smoke clogged the distant Waal highway bridge. At his forward position near Lent, General Heinz Harmel stared through his binoculars. Guns were banging all around him and troops were moving back through the village, to take up new positions. Harmel's worst fear had now been realized. The Americans, against all expectations, had succeeded in making a bold, successful crossing of the Waal. In Nijmegen itself the optimism of Captain Karl Euling had proved unfounded. The last message received from him had been terse: Euling said he was encircled with only 60 men left. Now Harmel knew beyond doubt that the bridges were lost. He did not know if the railway bridge had been destroyed but if he was to demolish the highway bridge, it must be done immediately.

'Everything seemed to pass through my mind all at once,' he recalled. 'What must be done first? What is the most urgent, most important action to take? It all came down to the bridges.' He had not contacted Bittrich 'beforehand to warn him that I might have to demolish the highway crossing. I presumed that it was Bittrich who had ordered the bridges to be made ready for demolition.' So Harmel reasoned, in spite of Model's order, 'if Bittrich had been in my shoes, he would have blown the main bridge. In my opinion, Model's order was now automatically cancelled anyway.' At any moment he expected tanks to appear on the highway bridge.

Standing next to the engineer by the detonator box, Harmel scanned the crossing. At first he could detect no movement. Then suddenly he saw 'a single tank reach the centre, then a second behind and to its right.' To the engineer he said, 'Get ready.' Two more tanks appeared in view and Harmel waited for the line to reach the exact middle before giving the order. He shouted, 'Let it blow!' The engineer jammed the plunger down. Nothing happened. The British tanks continued to advance. Harmel yelled, 'Again!' Once more the engineer slammed down the detonator handle, but again the huge explosions that Harmel had expected failed to occur. 'I was waiting to see the bridge collapse and the tanks plunge into the river,' he recalled. 'Instead, they moved forward relentlessly, getting bigger and bigger, closer and closer.' He yelled to his anxious staff, 'My God, they'll be here in two minutes!'

Rapping out orders to his officers, Harmel told them 'to block the roads between Elst and Lent with every available anti-tank gun and artillery piece because if we don't, they'll roll straight through to Arnhem.' Then, to his dismay he learned that the railway bridge was also still standing. Hurrying to a radio unit in one of the nearby command posts, he contacted his advance headquarters and spoke to his operations officer. 'Stolley,' Harmel said, 'tell Bittrich. They're over the Waal.'*

* * *

* This is the first account of the German attempt to destroy the Nijmegen highway bridge. General Harmel had never before given an interview to anyone on the subject. The failure of the demolition charge remains a mystery to this day. Many Dutch believe that the main crossing was saved by a young underground worker, Jan van Hoof, who had been sent into Nijmegen on the 19th by the 82nd's Dutch liaison officer, Captain Arie Bestebreurtje, as a guide to the

Sergeant Peter Robinson's four tanks pressed on across the bridge. A second 88 had stopped firing and Robinson 'reckoned we had put it out of operation, too.' Looming ahead was a roadblock of heavy concrete cubes with a gap of approximately ten feet in the middle. Robinson saw Sergeant Pacey's tank get through and stop on the far side. Then Robinson got past and, as Pacey covered the three tanks, took the lead once more. Robinson remembers that 'visibility was terrible. I was shouting like hell, trying to direct the gunner, the driver, and inform headquarters all at the same time. The noise was unbelievable, with all sorts of fire clanging off the girders.' Three to four hundred yards ahead on the right, alongside the roadbed, Robinson saw another 88. He shouted to the gunner: 'Traverse right 400 yards and fire.' Guardsman Johnson blew the gun to pieces. As infantry around it began to run, Johnson opened up with his machine gun. 'It was a massacre,' he recalled. 'I didn't even have to bother looking through the periscope. There were so many of them that I just pulled the trigger.' He could feel the tank 'bumping over the bodies lying in the road.'

From the turret Robinson saw that his three tanks were still coming on unharmed. He radioed to them to 'close up and get a move on!' The troop was now nearing the northern end of the bridge. Within seconds a self-propelled gun began to fire. 'There were two big bangs in front of us,' Robinson recalls. 'My tin hat was blown off, but I wasn't hit.' Johnson fired off three or four shells. The gun and a nearby house 'burst into flames and the whole area was lit up like day.' Before he realized it, Robinson's tanks were across the bridge.

He ordered the gunners to cease fire and, as the dust cleared, he caught sight of some figures in the ditch. At first he thought they were German. Then 'from the shape of their helmets I knew they

---

paratroopers. Van Hoof is thought to have succeeded in penetrating the German lines and to have reached the bridge, where he cut cables leading to the explosives. He may well have done so. In 1949 a Dutch commission investigating the story was satisfied that Van Hoof had cut some lines but could not confirm that these alone actually saved the bridge. The charges and transmission lines were on the Lent side of the Waal and Van Hoof's detractors maintain that it would have been impossible for him to have reached them without being detected. The controversy still rages. Although the evidence is against him, personally I would like to believe that the young Dutchman, who was shot by the Germans for his role in the underground during the battle, was indeed responsible.

were Yanks. Suddenly there were Americans swarming all over the tank, hugging and kissing me, even kissing the tank.' Captain T. Moffatt Burriss, his clothes still damp and blood-soaked from the shrapnel wound he had received during the Waal crossing, grinned up at Johnson. 'You guys are the most beautiful sight I've seen in years,' he said. The huge, multi-spanned Nijmegen crossing, together with its approaches almost half a mile long, had fallen intact. Of the Market-Garden bridges, the last but one was now in Allied hands. The time was 7.15 p.m., September 20th. Arnhem lay only 11 miles away.

Lieutenant Tony Jones of the Royal Engineers—a man whom General Horrocks was later to describe as 'the bravest of the brave'—had followed Robinson's troop across the bridge. Searching carefully for demolitions, Jones worked so intently that he was unaware that Germans, still on the girders, were shooting at him. In fact, he recalls, 'I don't ever remember seeing any.' Near the roadblock in the centre of the bridge he found 'six or eight wires coming over the railing and laying on the footpath.' Jones promptly cut the wires. Nearby he found a dozen Teller mines neatly stacked in a slit trench. He reasoned that 'they were presumably to be used to close the ten-foot gap in the road-block but the Germans hadn't had the time to do it.' Jones removed the detonators and threw them into the river. At the bridge's northern end he found the main explosive charges in one of the piers. He was 'staggered by the preparations for the German demolition job.' The tin demolition boxes, painted green to match the colour of the bridge, 'were manufactured precisely to fit the girders they were attached to. Each had a matching serial number and altogether they were packed with about 500 pounds of TNT.' The explosives were designed to be fired electrically and the detonators were still in place and attached to the wires Jones had just cut on the bridge. He could not understand why the Germans had not destroyed the bridge unless the sudden smashing Anglo-American drive had given them no time. With the detonators now removed and all wires cut, the bridge was safe for vehicles and tanks.

But the British armoured task force that the Americans had expected would move out immediately for Arnhem did not appear.

The link-up with the First Airborne at the farthest end of the corridor weighed heavily on the minds of the Americans. Paratroopers themselves, they felt a strong kinship with the men still fighting up ahead. Cook's battalion had suffered brutally in crossing the Waal. He had lost more than half of his two companies—134 men had been killed, wounded or were missing—but the mission to capture the Nijmegen bridges from both ends and open the road north had been accomplished. Now, Cook's officers quickly pushed their units out into a perimeter defence about the northern end of the highway bridge and waited, expecting to see tanks race past them to relieve the British paratroopers up ahead. But there was no further movement over the bridge. Cook could not understand what was happening. He had expected the tanks to 'go like hell' towards Arnhem before light failed.

Captain Carl Kappel, commander of 'H' Company, whose friend Colonel John Frost was 'somewhere up there,' was on edge. His men had also found and cut wires on the northern end. He was certain that the bridge was safe. As he and Lieutenant La Riviere continued to watch the empty bridge, Kappel said impatiently, 'Perhaps we should take a patrol and lead them over by the hand.'

Second Lieutenant Ernest Murphy of Cook's battalion ran up to Sergeant Peter Robinson, whose troops had crossed the bridge, and reported to him that 'we've cleared the area ahead for about a quarter of a mile. Now it's up to you guys to carry on the attack to Arnhem.' Robinson wanted to go but he had been told to 'hold the road and the end of the bridge at all costs.' He had no orders to move out.

Colonel Tucker, the 504th Regimental Commander, was fuming at the British delay. Tucker had supposed that a special task force would make a dash up the road the moment the bridge was taken and cleared of demolitions. The time to do it, he believed, 'was right then, before the Germans could recover their balance.' As he later wrote, 'We had killed ourselves crossing the Waal to grab the north end of the bridge. We just stood there, seething, as the British settled in for the night, failing to take advantage of the situation. We couldn't understand it. It simply wasn't the way we did things in the American army—especially if it had been our guys hanging by their fingernails 11 miles away. We'd have been going, rolling without stop. That's what Georgie Patton would have done, whether it was daylight or dark.'

Lieutenant A. D. Demetras overheard Tucker arguing with a major from the Guards Armoured Division. 'I think a most incredible decision was being made right there on the spot,' he recalls. From inside a small bungalow being used as a command post, Demetras heard Tucker say angrily, 'Your boys are hurting up there at Arnhem. You'd better go. It's only 11 miles.' The major 'told the Colonel that British armour could not proceed until infantry came up,' Demetras recalls. 'They were fighting the war by the book,' Colonel Tucker said. 'They had "harboured" for the night. As usual, they stopped for tea.'

Although his men were at less than half strength and almost out of ammunition, Tucker thought of sending the 82nd troopers north towards Arnhem on their own. Yet, he knew that General Gavin would never have approved his action. The 82nd, strung out along its section of the corridor, could not afford the manpower. But Gavin's sympathies were with his men: the British should have driven ahead. As he was later to put it: 'There was no better soldier than the Corps commander, General Browning. Still, he was a theorist. Had Ridgway been in command at that moment, we would have been ordered up the road in spite of all our difficulties, to save the men at Arnhem.'*

Despite their apparent casualness, the British officers—Browning, Horrocks, Dempsey and Adair—were well aware of the urgency of moving on. Yet the problems were immense. Horrocks' corps was short of petrol and ammunition. He saw indications that his columns might be pinched off south of Nijmegen at any moment. Fighting was still going on in the centre of the city and Major-General G. I. Thomas' 43rd Wessex Division, far back in the column, had not even reached the bridge at Grave, eight miles to the south. Cautious and methodical, Thomas had not been able to keep pace with the British columns. The Germans had cut the road at several points and Thomas' men had battled fiercely to resecure it and drive back attacks. Although worried by the viciousness of the German attacks that were now pressing on both sides of the narrow corridor running to Nijmegen, General Browning believed that Thomas could have moved faster. Horrocks was not so sure. Concerned by the massive

* Says General Gavin, 'I cannot tell you the anger and bitterness of my men. I found Tucker at dawn so irate that he was almost unable to speak. There is no soldier in the world that I admire more than the British but British infantry leaders somehow did not understand the camaraderie of airborne troops. To our men there was only one objective: to save their brother paratroopers in Arnhem. It was tragic. I knew Tucker wanted to go but I could never have allowed it. I had my hands full. Besides, Tucker and my other line officers did not appreciate some of the problems that the British had at that moment.'

traffic jams along the road, he told General Gavin, 'Jim, never try to supply a corps up just one road.'

Terrain—the difficulty Montgomery had foreseen and Model had counted upon—greatly influenced the tactical considerations involved in moving on from the Nijmegen bridge. It was clear to General Adair, commanding the Guards Armoured Division, that the tanks had reached the worst part of the Market-Garden corridor. The dead straight high dike road ahead between Nijmegen and Arnhem looked like an 'island'. 'When I saw that island my heart sank,' Adair later recalled. 'You can't imagine anything more unsuitable for tanks: steep banks with ditches on each side that could be easily covered by German guns.' In spite of his misgivings Adair knew they would 'have to have a shot at it,' but he had virtually no infantry and 'to get along that road was obviously first a job for infantry.' Horrocks had reached the same conclusion. The tanks would have to wait until infantry could move up and pass through the Guards Armoured columns. It would be almost 18 hours before a tank attack towards Arnhem could begin.

Yet the Corps Commander, like the Americans, had held out hope for a quick move up the corridor. Immediately upon the capture of the Nijmegen crossing, believing that the northern end of the Arnhem bridge was still in British hands, General Browning had informed Urquhart that tanks were across. At two minutes to midnight, still optimistic about an early start, Browning sent the following message:

> '202358 . . . intention Guards Armoured Division . . . at first light to go all-out for bridges at Arnhem . . .'

Some 45 minutes later, learning of the delay in bringing up infantry, Browning sent Urquhart a third message:

> '210045 . . . tomorrow attack First Airborne Division will be first priority but do not expect another advance possibly before 1200 hours.'

In Arnhem the 'first priority' was far too late. The men of Colonel John Frost's 2nd Battalion had already been enveloped by their tragic fate. Three hours before Sergeant Robinson's troop had rattled across the great Nijmegen span, the first three tanks under Major Hans-Peter Knaust's command had at last bludgeoned their way onto the Arnhem bridge.

[11]

In the afternoon, as the first wave of Major Cook's paratroopers began to cross the Waal, Captain Eric Mackay gave the order to evacuate the Arnhem schoolhouse his men had held for more than 60 hours—since evening on September 17th. From 70 yards away a Tiger tank fired shell after shell into the southern face of the building. 'The house was burning now,' Mackay remembers, 'and I heard my little stock of explosives which we had left upstairs, blow up.' Of the thirteen men still able to move about, each was down to just one clip of ammunition. Hobbling about the cellar, Mackay decided that his troopers would break out, fighting to the end.

He had no intention of leaving his wounded behind. With Lieutenant Dennis Simpson leading the way, Mackay and two men acted as rear guard as the paratroopers brought their casualties up from the cellar. While Simpson covered them, the injured were moved into a side garden. 'Then just as Simpson moved towards the next house a mortar bombardment began and I heard him shout, "Six more wounded." I knew,' Mackay recalls, 'that we would be massacred—or the wounded would at any rate—if we tried to escape with them. I yelled to Simpson to surrender.'

Collecting the remaining five men, each armed with a Bren gun, Mackay headed east—the one direction, he believed, the Germans would not expect him to take. His plan was to 'lie low for the night and try to make our way back west to join the main force.' Mackay led his men across the road, through ruined houses on the opposite side and onto the next street. There, they came face to face with two tanks accompanied by 50 or 60 soldiers. Quickly moving line abreast, the six paratroopers riddled the mass of startled Germans. 'We had time for only a single magazine apiece,' Mackay recalls. 'It was all over in two or three seconds. The Germans just dropped like half-filled sacks of grain.' As Mackay shouted to his group to head for a nearby house, another man was killed and a second wounded. Reaching temporary shelter, Mackay told the three remaining men, 'This fight is over.' He suggested the troopers move out individually. 'With luck,' he said, 'we might all meet together again by the bridge tonight.'

One by one the men left. Ducking into a garden, Mackay crawled under a rose bush. There he took off his badges of rank and threw them away. 'I figured I would sleep a bit,' he recalls. 'I had just shut my eyes and reached that drowsy stage when I heard German voices. I tried to breathe more softly and, with my charred and bloody clothes, I thought I might look convincingly dead.' Suddenly he received 'a terrific kick in the ribs.' He took it limply, 'like a newly dead corpse.' Then he 'felt a bayonet go into my buttocks and lodge with a jar against my pelvis.' Strangely, Mackay recalls, 'it didn't hurt, just shook me a bit when it hit the pelvis. It was when the bayonet came out that I felt the pain.' It triggered Mackay's anger. Pulling himself to his feet, he drew his Colt. 'What the bloody hell do you mean stabbing a bayonet into a British officer?' he yelled. Unprepared for Mackay's outburst, the Germans drew back and Mackay realized that he could have 'shot some of them if I had had any bullets. They couldn't shoot back,' he remembers, 'because they were ringed all around me. They would have hit one of their own. Their situation was so funny I laughed.' As the Germans stared at him, Mackay contemptuously threw his Colt over a garden wall 'so they couldn't get it as a souvenir.'

Forcing Mackay to lean against a wall, the Germans began to search him. His watch and an empty silver flask that had been his father's were taken from him but an escape map in his breast pocket was overlooked. An officer returned the flask. When Mackay asked about his watch he was told, 'You won't need it where you're going and we're rather short of watches.' Hands above his head, he was marched off to a building where other British prisoners-of-war were being held. Going from group to group Mackay reminded men that it was their duty to escape. Suddenly Mackay, the only officer present, was taken into another room for interrogation. 'I decided to go on the offensive,' he recalls. 'There was a German lieutenant who spoke perfect English and I told him, firmly but politely, that it was all over for the Germans and I was quite prepared to take their surrender.' The lieutenant stared at him in amazement but, Mackay remembers, 'that was the end of the interrogation.'

Shortly before dusk the prisoners were herded out to trucks which took them east towards Germany. 'They got a guard on the back which made it harder to try to get away,' Mackay says, 'but I told the lads to scrunch up and crowd him so he couldn't use his gun.' As the truck in which he was riding slowed down at a bend in the road, Mackay jumped off and tried to make his escape. 'Unfortunately I had chosen the worst possible place,' he recalls. 'I dropped within three feet of a sentry. I jumped him and was trying to break his neck. Others arrived just then and they beat me senseless.' When he came to, Mackay found himself crowded with other prisoners into a room in a small Dutch inn. He managed to drag himself up to a sitting position against a wall and then, for the first time in 90 hours, the young officer fell sound asleep.*

In the dusk around Colonel Frost's headquarters' building and alongside the ramp, nearly 100 men in small groups were still fighting fiercely to hang on. The headquarters' roof was burning and nearly every man was down to his last few rounds of ammunition. Yet the paratroopers seemed spirited as ever. Major Freddie Gough believed that 'even now, if we could just hold out a few hours longer, we would be relieved.'

At around 7.00 p.m. the 2nd Battalion's wounded commander awoke, annoyed to find that he had slept at all. Frost heard 'the gibbering of some shell shock cases' in the darkness of the cellar. The Germans were still pounding the building and Frost became aware that the heat in the cellar, now filled with over 200 casualties, was intense. Attempting to move, he felt a shock of pain run through his legs. He asked that Gough be sent to him. 'You'll have to take over,' Frost told the major, 'but don't make any crucial decisions without first referring them to me.' By now Frost was becoming aware that what he had most feared had begun to happen: the building was burning down and the wounded were in danger 'of being roasted alive.' All over the dark room men were coughing from the acrid smoke. Dr. James Logan, the battalion's chief medical officer, knelt down beside Frost. The time had come, Logan said, to get the casualties out. 'We've got to arrange a truce with the Germans, sir,' Logan insisted, 'we can't wait any longer.' Turning to Gough, Frost ordered him to make the arrangements, 'but to get the fighting soldiers to other buildings and carry on. I felt that even though the bridge was lost we could still control the approach for a time, perhaps enough time for our tanks to come.'

Gough and Logan left to make arrangements for the truce. Logan

* The following day Mackay and three others escaped from the German town of Emmerich. One of the men with him was Lieutenant Dennis Simpson, who had led the breakout of the little group from the schoolhouse. The four men made their way across country and reached the Rhine. In a stolen boat they paddled all the way down to the Allied lines at Nijmegen.

proposed to unbolt the heavy front doors of the building and go out under a Red Cross flag. Gough was sceptical of the idea. He did not trust the SS; they might well open fire in spite of the flag. Going back to Frost, Logan received permission to proceed. As the doctor headed towards the doors, Frost removed his badges of rank. He hoped to 'fade into the ranks and possibly get away later.' Wicks, his batman, went in search of a stretcher.

Nearby, Private James Sims, one of the wounded, glumly heard the evacuation plans being made. Logically he knew there was no alternative. 'Our position was obviously hopeless,' he recalls, 'ammunition was all but exhausted, nearly all the officers and NCO's were dead or wounded and the building was well alight, the smoke was nearly choking everyone.' He heard Frost tell the able-bodied and the walking wounded 'to get out and make a run for it.' Sims knew it was 'the only sensible course but the news that we were to be left behind was not well received.'

Upstairs Doctor Logan unlocked the front door. Accompanied by two orderlies and carrying a Red Cross flag, Logan walked out to meet the Germans. The noise of battle halted. 'I saw some Germans run around to the back where we had our jeeps and carriers parked,' Gough remembers. 'They needed them to move the wounded and I mentally waved goodbye to our remaining transport forever.'

In the cellar men heard German voices in the passageways and Sims noticed 'the heavy thud of German jackboots on the stairway.' The cellar was suddenly quiet. Looking up Sims saw a German officer appear in the doorway. To his horror, 'a badly wounded paratrooper brought up his Sten gun, but he was quickly overpowered. The officer,' Sims remembers, 'took stock of the situation and rapped out some orders. German soldiers filed in and began carrying the wounded upstairs.' They were almost too late. As Sims was being moved, 'a huge piece of burning timber nearly fell on top of us.' He was acutely aware that the Germans were 'nervous, decidedly trigger-happy, and a lot of them were armed with British rifles and Sten guns.'

With the help of a shell-shocked paratrooper, Frost was carried up and laid on the embankment beside the bridge he had so desperately tried to hold. All about him he saw buildings burning fiercely. He watched as Germans and British together 'worked at top speed to get us out while the whole scene was brilliantly lit by the flames.'

Only minutes after the last casualty was carried up, there was a sudden roar and the building collapsed into a heap of fiery rubble. Turning to Major Douglas Crawley, lying on a stretcher beside him, Frost said tiredly, 'Well, Doug, we didn't get away with it this time, did we?' Crawley shook his head. 'No, sir,' he said, 'but we gave them a damn good run for their money.'

As the British wounded watched in wary surprise, the Germans moved among them with extraordinary camaradarie, handing out cigarettes, chocolate and brandy. Bitterly, the paratroopers noticed that most of the supplies were their own, obviously collected from resupply drops that had fallen into German hands. As the hungry, thirsty men began to eat, German soldiers knelt beside them, congratulating them on the battle. Private Sims stared at a line of Mark IV tanks stretching back along the road. Seeing his expression a German nodded. 'Yes, Tommy,' he told Sims, 'those were for you in the morning if you had not surrendered.'

But Frost's stubborn able-bodied men had not given up. As the last wounded man was brought out of the cellar the battle began again, as intensely as an hour before. 'It was a nightmare,' Gough recalls. 'Everywhere you turned there were Germans—in front, in back and on the sides. They had managed to infiltrate a large force into the area during the truce. They now held practically every house. We were literally overrun.'

Gough ordered troopers to disperse and hide out for the night. At dawn he hoped to concentrate the force in a group of half-gutted buildings by the river bank. Even now he expected relief by morning and 'I thought that somehow we could hold till then.' As the men moved off into the darkness Gough crouched down beside his radio. Bringing the microphone close to his mouth, he said, 'This is the First Para Brigade. We cannot hold out much longer. Our position is desperate. Please hurry. Please hurry.'

The Germans knew the fight was over. All that now remained was a mopping-up operation. Ironically, although there were tanks on the bridge, they could not cross. As General Harmel had predicted, the massed wreckage would take hours to remove. Not until early Thursday, September 21st, would a single pathway be finally cleared and movement across the bridge begin.

At first light on Thursday Gough and the scattered men remaining in the perimeter emerged from their hiding places. Relief had not come. Systematically the Germans overran positions, forcing men now out of ammunition to surrender. By ones and twos, survivors, undetected, scattered to attempt to make their escape. Slowly, defiantly, the last British resistance came to an end.

Major Gough had headed for the waterworks, hoping to hide and rest for a time and then attempt to make his way west towards the main body of troops under Urquhart's command. Just outside the waterworks building he heard German voices. Sprinting for a pile of wood, Gough tried to burrow under it. The heel of his boot protruded and a German grasped it and pulled Gough out. 'I was so damn tired I just looked up at them and laughed,' Gough says. Hands over his head, he was led away.

In a room full of other prisoners a German major sent for Gough. He gave the British officer a Hitler salute. 'I understand you are in command,' the German said. Gough looked at him warily. 'Yes,' he said. 'I wish to congratulate you and your men,' the German told him. 'You are gallant soldiers. I fought at Stalingrad and it is obvious that you British have a great deal of experience in street fighting.' Gough stared at the enemy officer. 'No,' he said. 'This was our first effort. We'll be much better next time.'

At some moment during these last hours one final message was radioed from someone near the bridge. It was not picked up by either Urquhart's headquarters or by the 2nd British Army, but at the 9th SS Hohenstaufen headquarters Lieutenant-Colonel Harzer's listening monitors heard it clearly. Years later Harzer could not recall the complete message but he was struck by the last two sentences: 'Out of ammunition. God Save the King.'

A few miles to the north near Apeldoorn, Private James Sims lay on the grass outside a German military hospital, surrounded by other wounded paratroopers awaiting processing and treatment. The men were quiet, drawn into themselves. 'The thought that we had fought for nothing was a natural one,' Sims wrote, 'but I couldn't help but think about the main army, so strong, and yet unable to make those last few miles to us. The hardest thing to bear was the feeling that we had just been written off.'

[12]

At exactly 10.40 a.m. on Thursday, September 21st, Captain Roland Langton of the Irish Guards was told that his No. 1 Squadron was to dash out of the newly-acquired Nijmegen bridgehead and make for Arnhem. H-Hour, he was informed by Lieutenant-Colonel Joe Vandeleur, would be 11.00 a.m. Langton was incredulous. He thought Vandeleur must be joking. He was being given just twenty minutes to brief his squadron and prepare them for a major attack. Langton, himself, was quickly briefed on a captured map. 'The only other one we had was a road map devoid of details,' he says. Information about enemy gun positions was contained in a single reconnaissance photo showing an anti-aircraft site between the villages of Lent and Elst, and 'the supposition was that it might no longer be there.'

In Langton's view everything about the plan was wrong, in particular the fact that 'they were actually going to launch this thing in twenty minutes.' His squadron was to strike out with a second unit coming up behind. Two tanks would carry infantry; and more troops, Langton was told, would follow. Yet he could expect little artillery support and the Typhoon 'cab rank' air cover, used so successfully in the initial breakout, would not be immediately available: in Belgium the Typhoons were grounded by weather. Nevertheless, Langton was instructed 'to go like hell and get on up to Arnhem.'

Although he did not betray his feelings to Langton, Joe Vandeleur was pessimistic about the outcome of the attack. Earlier, he and others, including his cousin, Lieutenant-Colonel Giles Vandeleur, had crossed the Nijmegen bridge to study the elevated 'island' highway running due north to Arnhem. To these officers the road seemed ominous. Joe Vandeleur's second-in-command, Major Denis FitzGerald was the first to speak. 'Sir,' he said, 'we're not going to get a yard up this bloody road.' Giles Vandeleur agreed. 'It's a ridiculous place to try to operate tanks.' Up to this point in the corridor advance, although vehicles had moved on a one-tank front, it had always been possible when necessary to manoeuvre off the main road. 'Here,' Giles Vandeleur recalls, 'there was no possibility of getting off the road. A dike embankment with a highway running along its top is excellent for defence but it's hardly the place for tanks.' Turning to the others, Giles said, 'I can just imagine the Germans sitting there, rubbing their hands with glee, as they see us coming.' Joe Vandeleur had stared silently at the scene. Then he said, 'Nevertheless, we've got to try. We've got to chance that bloody road.' As Giles remembers, 'Our advance was based on a time programme. We were to proceed at a speed of 15 miles in two hours.' Brigadier Gwatkin, the Guards Armoured Chief-of-Staff, had told them tersely 'simply get through.'

At exactly 11.00 a.m., Captain Langton picked up the microphone in his scout car and radioed. 'Go! Go! Go! Don't stop for anything!' His tanks rumbled past the Lent post office and up the main road. Fatalistically, Langton thought, 'it is now or never.' After fifteen or twenty minutes, he began to breathe easier. There was no enemy action and Langton felt 'a little ashamed for being so upset earlier. Now I began to wonder what I was going to do when I reached the Arnhem bridge. I hadn't really thought about it before.'

Behind the lead tanks came the Vandeleurs in their scout car and, after them, Flight Lieutenant Donald Love in his R.A.F. ground-to-air communications tender. With him once more was Squadron Leader Max Sutherland, quiet and anxious. As he climbed aboard the white armoured scout car, Sutherland—who had directed the Typhoon strike at the breakout from the Meuse-Escaut Canal—told Love that 'the airborne boys in Arnhem are in deep trouble and desperate for help.' Now Love scanned the skies looking for the Typhoons. He was sure they would need them. Remembering the horrors of the breakout, Love 'wasn't at all anxious to find himself in a similar position to the one I had been in the previous Sunday when the Germans had stopped us cold.'

The tanks of the Irish Guards moved steadily forward, passing the village of Oosterhout off to the left and the hamlets of Rissen and Bemmel on the right. From his scout car Captain Langton could hear Lieutenant Tony Samuelson, troop commander of the lead tanks, announce the locations. Samuelson called out that the first tank was approaching the outskirts of Elst. The Irish were approximately halfway to Arnhem. As he listened Langton realized that 'we were out on our own now.' But tension was relaxing throughout the column. Flight Lieutenant Love heard a droning in the sky and saw the first Typhoons appear. The weather had cleared in Belgium and now the squadrons came into view, one at a time. As they began to circle overhead, Love and Sutherland settled back relieved.

In his scout car, Captain Langton was examining his map. The entire column had now passed the secondary Bemmel turning, off to the right. At that moment, Langton heard a violent explosion. Looking up, he saw 'a Sherman sprocket wheel lift lazily into the air over some trees up ahead.' He knew immediately that one of the lead tanks had been hit. Lieutenant Samuelson, much further up the road, quickly confirmed the fact. In the distance guns began to bark and black smoke boiled up into the sky. Far down the line Lieutenant Rupert Mahaffy knew that something had gone wrong. Abruptly the column halted. There was confusion as to what had happened and voices on the radio became distorted and jumbled as the battle was joined. 'There seemed to be a great deal of shouting,' Giles Vandeleur remembers, 'and I told Joe I had better go forward and see what the hell was happening.' The commander of the Irish Guards agreed. 'Let me know as quickly as you can,' he told Giles. Captain Langton was already on his way forward. Inching by the standing armour, Langton came to a bend in the road. Ahead he saw that all four lead tanks, including Samuelson's, had been knocked out and some were ablaze. The shells were coming from a self-propelled gun in the woods to the left, near Elst. Langton ordered his driver to pull into a yard of a house near the bend. A few minutes later Giles Vandeleur joined him. Immediately machine-gun fire forced the men to take cover. Vandeleur was unable to get back to his armoured car and report to his cousin Joe. Each time he called out to his driver, Corporal Goldman, to back up the vehicle—a Humber with a top hatch and a door at the side—'Goldman would lift the lid and the Germans would pour a burst of fire over his head, causing him to slam it shut again.' Finally, exasperated, Giles crawled back along a ditch to Joe's command car.

Joe Vandeleur was already rapping out orders. Over the radio he called for artillery support, then, seeing the Typhoons overhead, he ordered Love to call them in. In the R.A.F. car Sutherland picked up the microphone. 'This is Winecup . . . Winecup . . .' he said. 'Come in please.' The Typhoons continued to circle overhead. Desperate, Sutherland called again. 'This is Winecup . . . Winecup . . . Come in.' There was no response. Sutherland and Love stared at each other. 'The set was dead,' Love says. 'We were getting no signal whatsoever. The Typhoons were milling around above us and, on the ground, shelling was going on. It was the most hopeless, frustrating thing I have ever lived through, watching them up there and not being able to do a damn thing about it.' Love knew the pilots of the slowly wheeling Typhoons 'had instructions not to attack anything on speculation.' By now Giles Vandeleur had reached his cousin. 'Joe,' he said, 'if we send any more tanks up along this road it's going to be a bloody murder.' Together the two men set out for Captain Langton's position.

Now the infantry of the Irish Guards were off their tanks and moving up into orchards on both sides of the road. Langton had taken over one of the tanks. Unable to find cover or move off the road, he was manoeuvring backwards and forwards, trying to fire at the self-propelled gun in the woods. Each time he fired a round, 'the gun responded with five of its own.'

The infantry captain, whose troops were also after the same target but were now huddling in a ditch, was livid with rage. 'What the bloody hell do you think you're doing?' he yelled at Langton. The young officer stayed calm. 'I'm trying to knock out a gun so we can get to Arnhem,' he said. As the Vandeleurs appeared, Langton, unsuccessful in his attempts to knock out the gun, climbed out to meet them. 'It was a mess up there,' Joe Vandeleur remembers. 'We tried everything. There was no way to move the tanks off the road and down the steep sides of that damn dike. The only artillery support I could get was from one field battery and it was too slow registering on its targets.' His lone infantry company was pinned down and he was unable to call in the Typhoons. 'Surely we can get support somewhere,' Langton said. Vandeleur slowly shook his head, 'I'm afraid not.' Langton persisted. 'We could get there,' he pleaded. 'We can go if we get support.' Vandeleur shook his head again. 'I'm sorry,' he said. 'You stay where you are until you get further orders.'

To Vandeleur it was clear that the attack could not be resumed until the infantry of Major-General G. I. Thomas' 43rd Wessex Division could reach the Irish Guards. Until then, Vandeleur's tanks were stranded alone on the high exposed road. A single self-propelled gun trained on the elevated highway had effectively stopped the entire relief column almost exactly six miles from Arnhem.

Further back in the line of tanks, opposite a greenhouse near Elst whose windows had miraculously remained almost wholly intact, Lieutenant John Gorman stared angrily up the road. Ever since the column had been halted at Valkenswaard far down the corridor, Gorman had felt driven to move faster. 'We had come all the way from Normandy, taken Brussels, fought halfway through Holland and crossed the Nijmegen bridge,' he said. 'Arnhem and those paratroopers were just up ahead and, almost within sight of that last bloody bridge, we were stopped. I never felt such morbid despair.'

PART FIVE

DER HEXENKESSEL

(The Witches' Cauldron)

[1]

'MONTY'S tanks are on the way!' All along the shrunken Oosterbeek perimeter—from slit trenches, houses now turned into strongpoints, crossroads positions, and in woods and fields—grimy, ashen-faced men cheered and passed the news along. To them, it seemed the long, isolated ordeal was coming to its end. General Urquhart's Rhine bridgehead had become a fingertip-shaped spot on the map. Now in an area barely two miles long, one-and-a-half miles wide at its centre, and one mile along its base on the Rhine, the Red Devils were surrounded and were being attacked and slowly annihilated from three sides. Water, medical supplies, food and ammunition were lacking or dwindling away. As a division the First British Airborne had virtually ceased to exist. Now men were once again heartened by the hope of relief. Now, too, a storm of fire roared overhead as British medium and heavy guns eleven miles south across the Rhine lashed the Germans only a few hundred yards from Urquhart's front lines.

By signal, General Browning had promised Urquhart that the batteries of XXX Corps' 64th Medium Regiment would be in range by Thursday and regiment artillery officers had asked for targets in order of priority. Without regard for their own safety, Urquhart's steely veterans had quickly complied. In good radio contact for the first time, via the 64th's communications' net, the Red Devils savagely called down artillery fire almost on top of their own positions. The accuracy of the fire was heartening, its effect on the Germans unnerving. Again and again British guns broke up heavy tank attacks that threatened to swamp the bearded, tattered paratroopers.

Even with this welcome relief, Urquhart knew that a massed coordinated German attack could wipe out his minuscule force. Yet now men believed there was a modicum of hope—a chance to snatch victory at the eleventh hour. On this Thursday, the outlook was slightly brighter. Urquhart had limited communications and a link by way of the 64th's artillery support. The Nijmegen bridge was safe and open; the tanks of the Guards Armoured were on the way—and, if the weather held, 1,500 fresh paratroopers of General Sosabowski's First Polish Brigade would land by late afternoon. If the Poles could be ferried quickly across the Rhine between Driel and Heveadorp, the bleak picture could well change.

Yet if Urquhart was to hold, supplies were as urgent as the arrival of Sosabowski's men. On the previous day, out of a total of 300 tons, R.A.F. bombers had delivered only 41 to the Hartenstein zone. Until anti-tank guns and artillery arrived in number, close-in air support was critically important. Lacking ground-to-air communications—the special American ultra-high frequency equipment, rushed to the British only hours before take-off on D-Day, the 17th, had been set to the wrong wavelength and was useless—division officers were forced to acknowledge that the R.A.F. seemed unprepared to abandon caution and make the kind of daring forays the airborne men knew to be essential and were prepared to risk. Urquhart had sent a continual stream of messages to Browning, urging fighters and fighter-bombers to attack 'targets of opportunity' without regard to the Red Devils' own positions. It was the airborne way of operating; it was not the R.A.F.'s. Even at this critical stage, pilots insisted that enemy targets be pinpointed with near-cartographic accuracy—an utter impossibility for the beleaguered paratroopers pinned down in their diminishing airhead. Not a single low-level air attack had been made, yet every road, field and woods around the perimeter and spreading east to Arnhem held enemy vehicles or positions.

Lacking the air strikes they so desperately urged, hemmed into the perimeter, suffering almost constant mortar bombardment and, in places, fighting hand-to-hand, the Red Devils placed their hopes on the Guards' columns which they believed were rolling towards them. Urquhart was less optimistic. Outnumbered at least four-to-one, pounded by artillery and tanks, and with steadily mounting casualties, Urquhart knew that only a mammoth, all-out effort could save his fragmented division. Keenly aware that the Germans could steam-roller his pathetically small force, the dogged, courageous Scot kept his own lonely counsel even as he told his staff, 'We must hold the bridgehead at all costs.'

The perimeter defences were now divided into two commands. Brigadier Pip Hicks held the western side; Brigadier Shan Hackett was to the east. Hicks's western arm was manned by soldiers from the Glider Pilot Regiment, Royal Engineers, remnants of the Border Regiment, some Poles and a polyglot collection of other troopers from varying units. To the east were the survivors of Hackett's 10th and 156th Battalions, more glider pilots and the 1st Airlanding Light Regiment, R.A. Curving up from these prime defences the northern shoulders (close to the Wolfheze railway line) were held by men of Major 'Boy' Wilson's 21st Independent Parachute Company—the pathfinders who had led the way—and by Lieutenant-Colonel R. Payton-Reid's 7th King's Own Scottish Borderers. Along the southern base, stretching roughly from east of the medieval church in lower Oosterbeek to the heights at Westerbouwing on the west, Hackett commanded additional elements of the Border Regiment and a miscellaneous group composed of the remains of the South Staffordshires, the 1st, 3rd and 11th Battalions and a variety of service troops under the twice-wounded Major Dickie Lonsdale—the 'Lonsdale Force.' In the heart of that area was Lieutenant-Colonel Sheriff Thompson's main force—the hard-pressed artillerymen whose batteries sought continually to serve the tight defence line and whose precious supply of ammunition was dwindling fast.*

On neat after-action report maps each unit has its carefully inked-in place, but survivors would recall years later that there was really no perimeter, no front line, no distinction between units, no fighting as integrated groups. There were only shocked, bandaged, blood-stained men, running to fill gaps wherever and whenever they occurred. As Brigadier Hicks visited his exhausted men, tenaciously defending their sectors of the bridgehead, he knew 'it was the beginning of the end and I think we were all aware of it, although we tried to keep a reasonable face.'

Unaware that Frost's gallant stand at the bridge had ended—although Lieutenant-Colonel Sheriff Thompson suspected it had when his artillery radio link with Major Dennis Munford abruptly closed down—Urquhart could only place his hope in the Guards'

* See Appendix, page 458.

tanks reaching the remnants of the 2nd Battalion in time.* That single bridge spanning the Rhine—the Reich's last natural defence line—had been the principal objective all along, Montgomery's springboard to a quick ending of the war. Without it, the First Airborne's predicament and, in particular, the suffering of Frost's brave men, would be for nothing. As Urquhart had told Frost and Gough, there was nothing more that he could do for them. Their help must come from the speed and armoured strength of XXX Corps.

For Urquhart now the immediate priority was to get Sosabowski's Poles across the river and into the perimeter as quickly as they landed. The cable ferry was particularly suited to the operation. Urquhart's engineers had signalled Corps headquarters that it was 'a class 24 type and capable of carrying three tanks.' Although Urquhart was worried about the heights of Westerbouwing and the possibility of German artillery controlling the ferry crossing from there, as yet no enemy troops had reached the area. With so few men to hold the perimeter, only a single platoon of the 1st Borderers had been detached to defend the position. But, in fact, the heights were unguarded by either side. Major Charles Osborne's 'D' Company of the Border Regiment had been given the assignment soon after landing on Sunday but, Osborne says, 'we never did hold Westerbouwing. I was sent on a reconnaissance patrol to lay out battalion positions. However, by the time I'd done this and returned to headquarters, plans had changed.' By Thursday Osborne's men 'were moved rather piecemeal into a position near the Hartenstein hotel.' No one was on the vital heights.

On Wednesday engineers had sent reconnaissance patrols down to the Rhine to report back on the ferry, the depth, condition of the banks and speed of the current. Sapper Tom Hicks thought the survey was to 'aid the 2nd Army when it tried bridging the river.' Along with three other sappers and a Dutch guide, Hicks had crossed the Rhine on the ferry. Pieter, he saw, 'operated it with a cable that the old man wound in by hand and it seemed that the current helped work it across.' Tying a grenade to a length of para-

* Munford destroyed his wireless set shortly after dawn on Thursday as the Germans began rounding up the few men still attempting to hang on. 'Enemy tanks and infantry were right up to the bridge,' Munford recalls. 'I helped carry some more wounded to a collecting point and then I bashed in the set. There was nothing more that Colonel Thompson could do for us and everybody who could wanted to get back to the division at Oosterbeek.' Munford was captured on the outskirts of Arnhem as he tried to reach the British lines.

chute rigging and knotting the cord every foot along its length, Hicks took soundings and measured the current. On Wednesday night, after the Poles' drop zone had been changed to Driel, another patrol was sent to the ferry site. 'It was a volunteer job,' recalls Private Robert Edwards of the South Staffordshires. 'We were to go down to the river at Heveadorp, find the ferry and stay there to protect it.' In darkness a sergeant, a corporal, six privates and four glider pilots set out. 'Mortar bombs and shells were falling heavily as we plunged into the thickly wooded country between us and Heveadorp,' says Edwards. Several times the group was fired on and a glider pilot was wounded. Reaching the river bank at the site marked on their maps, the patrol found no sign of the ferry. It had completely disappeared. Although the possibility remained that the craft was moored on the southern bank, the patrol had been told they would find it on their own side. Immediately the men spread out, searching along a quarter-mile strip on either side of the ferry's northern landing stage. The hunt was fruitless. Pieter's ferry could not be found. As Edwards remembers, the sergeant in charge of the patrol reached the conclusion that the boat had either been sunk or simply never existed. At first light the men gave up the search and began their dangerous journey back.

Only minutes later heavy machine-gun fire wounded three more of the patrol and the group was pulled back to the river. There the sergeant decided the men would have a better chance of getting back by splitting up. Edwards left with the corporal and two of the glider pilots. After 'minor encounters and brushes with the Germans,' his group reached the church in lower Oosterbeek just as a mortar burst landed. Edwards was thrown to the ground, both legs filled with 'tiny pieces of shrapnel and my boots full of blood.' In the house next to the church an orderly dressed his wounds and told the injured private to take a rest. 'He didn't say where, though,' Edwards recalls, 'and every inch of space in the house was packed with badly wounded. The stench of wounds and death was something awful.' He decided to leave and head for company headquarters located in a laundry, 'in order to find somebody to make my report to. I told an officer about the ferry and then I got into a weapons' pit with a glider pilot. I don't know if the others made it back or what happened to the men who got to the church with me.'

Sometime later General Urquhart, still ignorant of Frost's fate, signalled Browning:

'Enemy attacking main bridge in strength. Situation critical for slender force. Enemy attacking east from Heelsum and west from Arnhem. Situation serious but am forming close perimeter around Hartenstein with remainder of division. Relief essential both areas earliest possible. Still maintain control ferry point at Heveadorp.'

Even as the message was being sent via the 64th Medium Regiment's communications net, Division headquarters learned that the ferry had not been found. Urquhart's officers believed the Germans had sunk it. But Pieter's ferry was still afloat. Presumably artillery fire had cut its moorings. Far too late to be of use, it was eventually found by Dutch civilians near the demolished railway bridge about a mile away, washed up but still intact. 'If we had been able to search a few hundred yards closer to Oosterbeek, we would have found it,' Edwards says.

As Urquhart returned to his headquarters on Thursday morning after an inspection of the Hartenstein defences, he heard the crushing news. With the Poles' drop only hours away, his only quick way of reinforcing the perimeter with Sosabowski's men was gone.*

Looking down from a window in the lead Dakota, as the long columns of planes carrying the First Polish Parachute Brigade headed for the drop zone at Driel, Major-General Stanislaw Sosabowski 'learned the real truth, and what I had suspected all along.' From Eindhoven, where the formations turned north, he saw 'hundreds of vehicles below in chaotic traffic jams all along the corridor.' Smoke churned up from the road. At various points along the highway enemy shells were landing, trucks and vehicles were ablaze, and 'everywhere wreckage was piled up on the sides.' Yet, somehow, the convoys were still moving. Then, beyond Nijmegen,

* The true account of the ferry appears here for the first time. Even official histories state that it was sunk. Other versions imply that, to prevent its use, the Germans either destroyed the ferry with artillery fire or moved it to another location under their control. There is no reference in any German war diary, log, or after-action report to sustain these conjectures. Interviewing German officers—such as Bittrich, Harzer, Harmel and Krafft—I found that none of them could recall ordering any such action. Assuming that the Germans wanted to seize the ferry, I believe they would have encountered the same difficulties in locating it that Edwards reported. In any case, no German officer remembers ordering the cable cut in order to prevent the British from using it.

movement stopped. Through low clouds off to his right, Sosabowski could see the 'island' road and the clogged, halted tanks upon it. Enemy fire was falling on the head of the column. Moments later, as the planes banked towards Driel, the Arnhem bridge loomed into view. Tanks were crossing over it, driving north to south, and Sosabowski realized they were German. Shocked and stunned, he knew now that the British had lost the bridge.

On Wednesday night, agitated by the lack of information regarding Urquhart's situation, and 'as I had visions of being court-martialled by my own government,' Sosabowski had thrown caution to the winds. He demanded to see General Brereton, the First Allied Airborne Army Commander. To Colonel George Stevens, the liaison officer with the Polish brigade, Sosabowski had emotionally insisted that unless he was 'given Urquhart's exact situation around Arnhem, the Polish Parachute Brigade will not take off.' Startled, Stevens had rushed off to First Allied Airborne headquarters with Sosabowski's ultimatum. At 7 a.m. on Thursday morning, he returned with news from Brereton. There was confusion, Stevens admitted, but the attack was going as planned; the drop zone at Driel had not been changed and 'the Heveadorp ferry was in British hands.' Sosabowski was mollified. Now, looking down on the panorama of battle, he realized he 'knew more than Brereton.' Enraged as he saw what was obviously German armour about Oosterbeek and ahead a hail of anti-aircraft fire coming up to greet his men, Sosabowski believed his brigade was 'being sacrificed in a complete British disaster.' Moments later he was out of the door, falling through weaving curtains of anti-aircraft fire. The time, the precise 50-year-old general noted, was exactly 5.08 p.m.

As Sosabowski had feared, the Poles jumped into a holocaust. As before, the Germans were waiting. They had tracked and timed the formations from Dunkirk on and now, with far more reinforcements than before, the area bristled with anti-aircraft guns. As the transports approached, 25 Messerschmitts suddenly appeared and, diving out of the clouds, raked the approaching planes.

As he fell through the air Sosabowski saw one Dakota, both engines flaming, fall towards the ground. Corporal Alexander Kochalski saw another go down. Only a dozen paratroopers escaped before it crashed and burned. First Lieutenant Stefan Kaczmarek prayed as he hung below his chute. He saw so many tracer bullets that 'every gun on the ground seemed to be aimed at me.' Corporal

Wladijslaw Korob, his parachute full of holes, landed alongside a fellow Pole who had been decapitated.

In the Oosterbeek perimeter, the Polish drop, barely two and a half miles away, caused a momentary halt in the battle. Every German gun seemed to be concentrating on the swaying, defenceless men. 'It was as if all the enemy guns lifted together and let fly simultaneously,' Gunner Robert Christie noted. The reprieve from the constant shelling was too precarious to waste: men quickly took the opportunity to move jeeps and equipment, dig new gun pits, bring up spare ammunition, rearrange camouflage nets and toss empty shell cases out of crowded slit trenches. Six miles away on the elevated 'island' road, Captain Roland Langton, whose lead tank squadron had been halted en route to Arnhem some six hours previously, watched the drop in agony. It was the most terrible sight he had ever seen. German planes dived at the defenceless Polish transports, 'blasting them out of the air.' Parachutists tried to get out of burning aircraft 'some of which had nosed over and were diving to the ground.' Bodies of men 'tumbled through the air, inert forms drifting slowly down, dead before they hit the ground.' Langton was close to tears. 'Where the hell is the air support?' he wondered. 'We were told in the afternoon we couldn't have any for our attack towards Arnhem, because all available air effort had to go for the Poles. Where was it now? The weather? Nonsense. The Germans flew—why couldn't we?' Langton had never felt so frustrated. With all his heart, he knew that with air support his tanks 'could have got through to those poor bastards at Arnhem.' In anxiety and desperation he suddenly found himself violently sick.

Though they were shocked by the savagery of the combined air and anti-aircraft assault, most of the Polish Brigade miraculously reached the drop zone. Even as they landed, flak and high explosive mortar shells—fired from tanks and anti-aircraft guns along the Nijmegen–Arnhem elevated highway and by batteries north of Driel—burst among them, and Sosabowski saw that even machine guns seemed to be ranged in on the entire area. Hammered in the air and caught in a deadly crossfire on the ground, the men now had to fight their way off the drop zones. Sosabowski landed near a canal. As he ran for cover he came across the body of one trooper. 'He lay on the grass, stretched out as if on a cross,' Sosabowski later wrote. 'A bullet or piece of shrapnel had neatly sliced off the top of his head. I wondered how many more of my men would I see like this before the battle was over and whether their sacrifice would be worthwhile.'*

Aghast at the fierce German reception, the entire population of Driel was engulfed by the paratroop drop. Polish troopers came down all about the hamlet, landing in orchards, irrigation canals, on the top of the dikes, on the polder and in the village itself. Some men fell into the Rhine and, unable to shed their parachutes, were swept away and drowned. Disregarding the shell and machine-gun fire all about them, the Dutch ran to help the ill-fated Poles. Among them, as a member of a Red Cross team, was Cora Baltussen.

The landing, centred on drop zones less than two miles south of Driel, had come as a complete surprise to the villagers. No path-finders had been used and the Dutch underground was ignorant of the plan. Riding a bicycle with wooden tyres, Cora Baltussen headed south on a narrow dike road toward a place known as Honingsveld, where many of the paratroopers appeared to have landed. Shocked and terrified, she did not see how anyone could have lived through the German fire. She expected enormous numbers of casualties. To her surprise, Cora saw men, under attack, forming up and running in groups towards the safety of dike embankments. She could hardly believe so many were still alive but 'at last,' she thought, 'the Tommies have arrived in Driel.'

She had not spoken English for years, but Cora was the only inhabitant of Driel familiar with the language, While her services as a trained Red Cross nurse would be required, Cora also hoped to act as an interpreter. Hurrying forward, she saw men waving wildly at her, obviously 'warning me to get off the road because of the fire.' But in her 'excitement and foolishness,' Cora was unaware of the fusillade of enemy steel storming all about her. Shouting 'Hello Tommies' to the first group she encountered, she was nonplussed by their reply. These men spoke another language—not English. For a moment she listened. A number of Poles, impressed into the German Army, had been stationed in Driel some years before. Almost immediately she recognized the language as Polish. This puzzled her still more.

After years of living under enemy occupation, Cora was wary. Hiding in the Baltussen factory at this moment were several British troopers and the crew of the downed plane. The Poles seemed

* *Freely I Served* by Major-General Stanislaw Sosabowski, William Kimber Co., Ltd., London, 1960, p. 124.

equally suspicious, as they eyed her carefully. They spoke no Dutch, but some men ventured guarded questions in broken English or German. Where, they asked, had she come from? How many people were in Driel? Were there any Germans in the village? Where was Baarskamp farm? The mention of Baarskamp brought a torrent of words in both German and English from Cora. The farm lay slightly east of the village and, although Cora was not a member of the tiny underground force in Driel, she had heard her brother, Josephus, an active member, refer to the owner of the farm as a Dutch Nazi. She knew there were some German troops around Baarskamp, along the Rhine dike road, and manning anti-aircraft gun sites in the brickworks along the river bank. 'Don't go there,' she pleaded. 'German troops are all about the place.' The Poles seemed unconvinced. 'They were not sure whether to trust me or not,' Cora recalls. 'I did not know what to do. Yet I was desperately afraid these men would set out for Baarskamp and into some sort of trap.' Among the group around her was General Sosabowski. 'As he wore no distinctive markings and looked like all the others,' Cora remembers, 'it was not until the next day that I learned that the short, wiry little man was the general.' Sosabowski, she remembers, was calmly eating an apple. He was intensely interested in her information about Baarskamp farm: by sheer accident it had been chosen as the main rendezvous point for his brigade. Although Cora thought that no one in the group believed her, Sosabowski's officers now immediately sent off runners to inform other groups about Baarskamp. The compact little man with the apple now asked, 'Where is the ferry site?'

One of the officers produced a map and Cora pointed out the location. 'But,' she informed them, 'it is not running.' The people of Driel had not seen the tender since Wednesday. They had learned from Pieter that the cable had been cut and they presumed that the ferry had been destroyed.

Sosabowski listened with dismay. On landing, he had sent out a reconnaissance patrol to locate the site. Now his fear had been confirmed. 'I still waited for the patrol's report,' he recalled, 'but this young woman's information seemed accurate. I thanked her warmly.'* A formidable task now lay before him. To send quick

* Some accounts claim that Cora was a member of the underground and was sent to inform Sosabowski that the ferry was in German hands. 'Nothing could be further from the truth,' says Cora. 'I was never a member of the resistance—

help to Urquhart's beleaguered men in the perimeter, Sosabowski would have to put his force across the 400-yard-wide Rhine by boat or raft—and in darkness. He did not know if Urquhart's engineers had found boats, or where he might find enough himself. His radiomen, Sosabowski learned, were unable to raise First British Airborne headquarters. He was ignorant of any new plans that might have been formulated.

Now as Cora and her team set out to help the wounded, Sosabowski watched his men move up under the cover of smoke bombs, overrunning what little opposition there was in the area. So far, the only major resistance his brigade was encountering came from artillery shells and mortars. As yet no armour had appeared. The soft polder seemed inadequate for tanks. Perplexed and grim, Sosabowski set up brigade headquarters in a farm house and waited for news from Urquhart. His mood was not improved when he learned that of his 1,500-man brigade, 500 troops had failed to arrive. Bad weather had forced the planes carrying almost one entire battalion to abort and return to their bases in England. In casualties, his remaining force had already paid a cruel price: although he did not have the exact figures, by nightfall only about 750 men had been assembled, among them scores of wounded.

At 9.00 p.m. news arrived, rather dramatically, from Urquhart. Unable to raise Sosabowski by radio, the Polish liaison officer at Urquhart's headquarters, Captain Zwolanski, swam across the Rhine. 'I was working on a map,' Sosabowski remembered, 'and suddenly this incredible figure, dripping with water and covered with mud, clad in undershorts and camouflaged netting, came in.'

Zwolanski told the General that Urquhart 'wanted us to cross that night and he would have rafts ready to ferry us over.' Sosabowski immediately ordered some of his men up to the river line to wait. They remained there most of the night but the rafts did not come. 'At 3 a.m.,' says Sosabowski, 'I knew the scheme, for some reason, had failed. I pulled my men back into a defensive perimeter.' By dawn he expected 'German infantry attacks and heavy artillery fire.' Any chance of getting across the Rhine 'under cover of darkness this night was gone.'

---

though my brothers were involved. The British did not trust the underground and certainly we in Driel knew nothing about the drop until the Poles were right on us.'

At the Hartenstein Hotel across the river, Urquhart had earlier sent an urgent message to Browning. It read:

> '(212144) No knowledge of elements of division in Arnhem for 24 hours. Balance of division in very tight perimeter. Heavy mortaring and machine-gun fire followed by local attacks. Main nuisance self-propelled guns. Our casualties heavy. Resources stretched to utmost. Relief within 24 hours vital.'

At his small post in Brussels, near Montgomery's 21st Army Group headquarters, Prince Bernhard, Commander-in-Chief of The Netherlands Forces, followed each harrowing new development with anguish. Holland, which might have been liberated with ease in the first days of September, was being turned into a vast battlefield. Bernhard blamed no one. American and British fighting men were giving their lives to rid The Netherlands of a cruel oppressor. Still, Bernhard had become rapidly disenchanted with Montgomery and his staff. By Friday, September 22nd, when Bernhard learned that the Guards Armoured tanks had been stopped at Elst and the Poles dropped near Driel rather than on the southern side of the Arnhem bridge, the 33-year-old Prince lost his temper. 'Why?' he angrily demanded of his Chief-of-Staff, Major-General 'Pete' Dorman. 'Why wouldn't the British listen to us? Why?'

Senior Dutch military advisers had been excluded from the planning for Market-Garden; their counsel might have been invaluable. 'For example,' Bernhard recalls, 'if we had known in time about the choice of drop zones and the distance between them and the Arnhem bridge, my people would certainly have said something.' Because of 'Montgomery's vast experience,' Bernhard and his staff 'had questioned nothing and accepted everything.' But from the moment Dutch generals had learned of the route that Horrocks' XXX Corps columns proposed to take, they had anxiously tried to dissuade anyone who would listen, warning of the dangers of using exposed dike roads. 'In our military staff colleges,' Bernhard says, 'we had run countless studies on the problem. We knew tanks simply could not operate along these roads without infantry.' Again and again Dutch officers had told Montgomery's staff that the Market-Garden schedule could not be maintained unless infantry accompanied the tanks. General Dorman described how he had 'personally held trials with armour in that precise area before the war.' The British, Bernhard says, 'were simply not impressed by our negative attitude.' Although everyone was 'exceptionally polite,' Bernhard remembers, 'the British preferred to do their own planning and our views were turned down. The prevailing attitude was, "Don't worry, old boy, we'll get this thing cracking".' Even now, Bernhard noted, 'everything was being blamed on the weather. The general impression among my staff was that the British considered us a bunch of idiots for daring to question their military tactics.' Except by a few senior officers, Bernhard knew that he was 'not particularly loved at Montgomery's headquarters because I was saying things that now, unfortunately, were turning out to be true—and the average Englishman doesn't like being told by a bloody foreigner that he's wrong.'*

From his Brussels headquarters Bernhard had kept the 64-year-old Queen Wilhelmina and the Dutch government-in-exile in London fully informed of events. 'They could not have influenced British military decisions either,' Bernhard says. 'It would have done no good for the Queen or our government to take the matter up with Churchill. He would never have interfered with a military operation in the field. Monty's reputation was too big. There wasn't anything we could really do.'

Queen Wilhelmina followed the battle anxiously. Like her son-in-law, she had expected a quick liberation of The Netherlands. Now, if Market-Garden failed, the royal family feared 'the terrible reprisals the Germans would exact from our people. The Queen expected no sympathy from the Germans whom she hated with a passion.'

In the early progress of the operation, Bernhard had informed Wilhelmina that 'soon we will be overrunning some of the royal castles and estates.' The Queen had replied, 'Burn them all.' Startled, Bernhard stammered, 'I beg your pardon?' Wilhelmina said, 'I will never again set foot in a place where the Germans have been sitting in my chairs, in my rooms. Never!' Bernhard attempted

* Lieutenant Rupert Mahaffy of the Irish Guards remembers that an officer of the Dutch Princess Irene Brigade came to the Guards' mess for dinner shortly after the tanks were stopped at Elst. Looking around the table, the Dutch officer said, 'You would have failed the examination.' He explained that one of the problems in the Dutch Staff College examination dealt solely with the correct way to attack Arnhem from Nijmegen. There were two choices: (a) attack up the main road; or (b) drive up it for 1–2 miles, turn left, effect a crossing of the Rhine and come around in a flanking movement. 'Those who chose to go straight up the road failed the examination,' the officer said. 'Those who turned left and then moved up to the river, passed.'

to mollify her. 'Mother, you are exaggerating things a bit. After all, they are quite useful buildings. We can steam them out, use DDT.' The Queen was adamant. 'Burn the palaces down,' she commanded. 'I will never set foot in one of them.' The Prince refused. 'She never quite forgave me,' he remembers. 'She didn't talk to me for weeks, except on official matters.'

Now Bernhard and his staff could only 'wait and hope. We were bitter and frustrated at the turn of events. It had never entered our minds that such costly mistakes could be made at the top.' The fate of Holland itself made Bernhard even more apprehensive. 'If the British were driven back at Arnhem, I knew the repercussions against the Dutch people in the winter ahead would be frightful.'

[2]

Oosterbeek, the quiet island in the midst of the war, was now the very centre of the fighting. In less than 72 hours—from Wednesday on—the village had been pounded to a shambles. Artillery and mortar fire had reduced it to one vast junk heap. The serene order of the town was gone. In its place was a ravished raw landscape, pitted by shell craters, scarred by slit trenches, littered with splinters of wood and steel and thick with red brick dust and ashes. From fire-blackened trees, fragments of cloth and curtains blew eerily in the wind. Spent brass cartridge cases glinted in the ankle-high dust along the streets. Roads were barricaded with burned-out jeeps and vehicles, trees, doors, sandbags, furniture—even bath tubs and pianos. Behind half-demolished houses and sheds, by the sides of streets and in ruined gardens lay the bodies of soldiers and civilians, side by side. Resort hotels, now turned into hospitals, stood among lawns littered with furniture, paintings and smashed lamps; and the gaily-striped canopies, which had shaded the wide verandahs, hung down in soiled, ragged strips. Nearly every house had been hit; some had burned down; and there were few windows left in the town. In this sea of devastation which the Germans were now calling *Der Hexenkessel* (the witches' cauldron), the Dutch—some 8,000 to 10,000 men, women and children—struggled to survive. Crowded into cellars, without gas, water or electricity and, like the troops in many sectors, almost without food, the civilians nursed their wounded, the British defenders and, when the occasion arose, their German conquerors.

In the Schoonoord Hotel, now one of the main casualty stations sitting squarely on the front line, Hendrika van der Vlist, the daughter of the owner, noted in her diary: 'We are no longer afraid; we are past all that. There are wounded lying all around us—some of them are dying. Why shouldn't we do the same if this is asked of us? In this short time we have become detached from everything we have always clung to before. Our belongings are gone. Our hotel has been damaged on all sides. We don't even give it a thought. We have no time for that. If this strife is to claim us as well as the British, we shall give ourselves.'

Along lanes, in fields and on rooftops, behind barricaded windows in the ruins of houses, near the church in lower Oosterbeek, in the deer park about the wrecked Hartenstein, tense, hollow-eyed paratroopers manned positions. The noise of the bombardment was now almost continuous. Soldiers and civilians alike were deafened by it. In Oosterbeek the British and Dutch were shocked into a kind of numbness. Time had little meaning and events had become blurred. Yet soldiers and civilians helped to comfort each other, hoping for rescue, but almost too exhausted to worry about survival. Lieutenant-Colonel R. Payton-Reid, commander of the 7th KOSB's, noted: 'Lack of sleep is the most difficult of all hardships to combat. Men reached the stage when the only important thing in life seemed to be sleep.' As Captain Benjamin Clegg of the 10th Parachute Battalion put it, 'I remember more than anything the tiredness—almost to the point that being killed would be worth it.' And Sergeant Lawrence Goldthorpe, a glider pilot, was so worn out that 'I sometimes wished I could get wounded in order to lie down and get some rest.' But with near-constant attacks there was no rest for anyone.

All about the perimeter—from the white Dreyeroord Hotel (known to the troops as the 'White House') in the northern extremity of the fingertip-shaped salient, down to the tenth-century church in lower Oosterbeek—men fought a fiercely confused kind of battle in which the equipment and forces of defender and attacker were crazily intermingled. British troopers often found themselves using captured German ammunition and weapons. German tanks were being destroyed by their own mines. The Germans were driving British jeeps and were bolstered by the captured supplies intended for the airborne. 'It was the cheapest battle we ever fought,' Colonel Harzer, the Hohenstaufen commander, recalls. 'We had free food, cigarettes and ammunition.' Both sides captured and recaptured each other's positions so often that few men knew with certainty from hour to hour who occupied the site next to them. For the Dutch sheltering in cellars along the perimeter, the constant switching was terrifying.

Jan Voskuil, the chemical engineer, moved his entire family—his parents-in-law, his wife Bertha and their nine-year-old son Henri—to the home of Dr. Onderwater because the doctor's reinforced sand-bagged cellar seemed safer. At the height of one period of incessant shooting, a British anti-tank team fought from the floor above them. Minutes later the cellar door burst open and an SS officer, accompanied by several of his men, demanded to know if the group was hiding any British. Young Henri was playing with a shell case from a British fighter's wing gun. The German officer held up the casing. 'This is from a British gun,' he shouted. 'Everyone upstairs!' Voskuil was quite sure that the cellar's occupants would all be shot. Quickly he intervened. 'Look,' he told the officer, 'this is a shell from an English plane. My son found it and has simply been playing with it.' Abruptly the German motioned to his men and the group moved to the upper floor, leaving the Dutch unharmed. Some time later, the cellar door burst open again. To everyone's relief, British paratroopers entered, looking, Voskuil thought, 'unearthly, with their camouflage jackets and helmets still sprouting twigs. Like St. Nicholas they handed around chocolates and cigarettes which they had just captured from a German supply truck.'

Private Alfred Jones of Major 'Boy' Wilson's pathfinders was also caught up in the confusion of battle. Holding positions in a house at the crossroads near the Schoonoord Hotel, Jones and other members of a platoon saw a German staff car approach. The bewildered troopers stared as the car pulled up at the house next to them. 'We watched open-mouthed,' Jones remembers, 'as the driver opened the door for the officer, gave the Hitler salute and the officer made for the house.' Then, Jones recalls, 'We all woke up, the platoon opened fire, and we got them both.'

Some brushes with the enemy were less impersonal. Leading a fighting patrol through some dense undergrowth on the northern shoulder of the perimeter near the Dennenkamp crossroads, Lieutenant Michael Long of the Glider Pilot Regiment came face to face with a young German. He was carrying a Schmeisser submachine gun; Long had a revolver. Yelling to his men to scatter, the Lieutenant opened fire, but the German was faster 'by a split second.' Long was hit in the thigh and fell to the ground; the German was 'only nicked in the right ear.' To Long's horror the German tossed a grenade 'which landed about 18 inches from me.' Frantically Long kicked the 'potato masher' away. It exploded harmlessly. 'He searched me,' Long remembers, 'took two grenades from my pockets and threw them into the woods after my men. Then he calmly sat on my chest and opened fire with the Schmeisser.' As the German sprayed the undergrowth, the hot shell cases dropped down into the open neck of Long's battledress. Irate, Long nudged the German and, pointing at the shell cases, yelled, 'Sehr warm.' Still firing the German said, 'Oh, Ja!' and shifted his position so that the spent ammunition fell on the ground. After a few moments the German ceased firing and again searched Long. He was about to throw away the Lieutenant's first aid kit when Long pointed to his thigh. The German pointed to his ear which Long's bullet had grazed. In the undergrowth, with firing going on all around them, the two men bandaged each other's wounds. Then Long was led away into captivity.

Slowly but surely the perimeter was being squeezed as men were killed, wounded or taken prisoner. Staff Sergeant George Baylis, the glider pilot who had brought his dancing pumps to Holland because he believed the Dutch loved to dance, was 'winkled out' of a camouflaged slit trench in a garden by German soldiers. Lined up against a wall, Baylis was searched and interrogated. Ignoring his questioner, Baylis calmly took out a hand mirror and examining his grimy, unshaven face, asked the German, 'You don't happen to know if there's a dance in town tonight, do you?' He was marched off.

Other paratroopers actually did hear dance music. From German loudspeakers came one of World War II's popular songs, Glenn Miller's 'In the Mood.' In trenches and fortified positions haggard troopers listened silently. As the record ended, a voice speaking English told them, 'Men of the First Airborne Division, you are surrounded. Surrender or die!' Sergeant Leonard Overton of the Glider Pilot Regiment 'fully expected now not to leave Holland alive anyway.' Overton and everyone nearby answered with machine-gun fire. Sergeant Lawrence Goldthorpe heard the loudspeaker, too. A few hours earlier he had risked his life to retrieve a resupply pannier—only to discover that it contained, not food or ammunition, but red berets. Now, when he heard the call to 'Give yourselves up, while you still have time,' he yelled: 'Bugger off, you silly bastards!' As he lifted his rifle he heard other men in woods and trenches take up the cry. There was a blaze of machine-gun and rifle fire as enraged troopers trained their guns in the direction of the loudspeaker. Abruptly the voice stopped.

To the Germans surrender seemed the only sensible course left to the British—as Major Richard Stewart of the 1st Airlanding Brigade discovered. Stewart, captured and found to speak German fluently, was taken to a large headquarters. He remembers the commanding officer vividly. General Bittrich 'was a tall, slender man, probably in his early or mid-40's, wearing a long black leather coat and cap,' Stewart recalls. Bittrich did not interrogate him. 'He simply told me that he wanted me to go to my division commander and persuade him to surrender to save the division from annihilation.' Stewart politely refused. The General went into 'a long dissertation. He told me it was in my power to save the "flowering manhood of the nation".' Again, Stewart said, 'I cannot do it.' Bittrich urged him once more. Stewart asked, 'Sir, if our places were reversed, what would your answer be?' The German commander slowly shook his head. 'My answer would be No.' Stewart said, 'That's mine too.'

Although Bittrich 'had never seen men fight as hard as the British at Oosterbeek and Arnhem,' he continued to underestimate the determination of Urquhart's troopers, and he wrongly interpreted the Polish drop at Driel. While he considered the arrival of the Poles 'a morale booster' for the embattled First British Airborne, Bittrich believed Sosabowski's principal task was to attack the German rear and prevent Harmel's Frundsberg Division, now using the Arnhem bridge, from reaching the Nijmegen area. He considered the Polish threat so serious that he 'intervened in the operations against Oosterbeek' and ordered Major Hans-Peter Knaust to rush his armoured battalion south. The powerful 'Knaust Kampfgruppe,' now reinforced with twenty-five 60-ton Tiger tanks and twenty Panthers, was to defend Elst and prevent the Poles from reaching the southern end of the Arnhem bridge and Horrocks' tanks from linking up with them. Harmel's Frundsberg Division, after it reformed, was ordered 'to throw the Anglo-Americans in the Nijmegen area back across the Waal.' To Bittrich the British drive from Nijmegen was of utmost importance. Urquhart's division, Bittrich believed, was contained and finished. He had never considered that the Poles' objective was to reinforce Urquhart's bridgehead. Nevertheless, Bittrich's strategy—developed for the wrong reasons—would seal the fate of the First Airborne Division.

Early in the morning of Friday, September 22nd, as the last of Knaust's tanks arrived at Elst, General Urquhart heard from Horrocks, the XXX Corps commander. In two 'Phantom' messages sent during the night Urquhart had informed 2nd British Army headquarters that the ferry was no longer held. Horrocks apparently had not been informed. The Corps commander's signal read: '43rd Division ordered to take all risks to effect relief today and are directed on ferry. If situation warrants you should withdraw to or cross ferry.' Urquhart replied, 'We shall be glad to see you.'

In the wine cellar of the wrecked Hartenstein Hotel—'the only place remaining that was relatively safe,' Urquhart recalls—the General conferred with his Chief-of-Staff, Colonel Charles Mackenzie. 'The last thing we wanted to be was alarmist,' Urquhart remembers, 'but I felt I had to do something to effect relief—and effect it immediately.'

Outside, the 'morning hate,' as the troopers called the usual dawn mortaring, had begun. The shattered Hartenstein shook and reverberated from the concussion of near hits and the harried Urquhart wondered how long they could hold. Of the 10,005 airborne troops—8,905 from the division and 1,100 glider pilots and co-pilots—that had landed on the Arnhem drop zones, Urquhart now estimated that he had fewer than 3,000 men. In slightly less than five days he had lost more than two-thirds of his division. Although he now had communication with Horrocks and Browning, Urquhart did not believe they understood what was happening. 'I was convinced,' Urquhart says, 'that Horrocks was not fully aware of our predicament and I had to do something to acquaint them with the urgency and desperateness of the situation.' He decided to send Colonel Mackenzie and Lieutenant-Colonel Eddie Myers, the chief engineer, 'who would handle the special arrangements for ferrying across men and supplies' to Nijmegen, to see Browning and Horrocks. 'I was told,' Mackenzie says, 'that it was absolutely vital to impress Horrocks and Browning with the fact that the division as such had ceased to exist—that we were merely a collection of individuals hanging on.' The limit of endurance had been reached, Urquhart believed, and Mackenzie was to impress on them 'that if we don't get men and supplies over by tonight, it may be too late.'

Urquhart stood by as Mackenzie and Myers prepared to leave. He knew that the trip would be dangerous, perhaps impossible, yet it seemed reasonable to assume—if Horrocks' messages were to be believed and the 43rd Wessex's attack was launched on schedule—that some kind of route would be open to Nijmegen by the time Mackenzie and Myers crossed the river. As the men left Urquhart had 'one final word for Charles. I told him to try to make them realize what a fix we're in. Charles said he would do his best and I knew he would.' Taking a rubber boat, Myers and Mackenzie set out by jeep for lower Oosterbeek and the Rhine.

Ten miles away, in the Nijmegen area north of the Waal, 26-year-old Captain Richard Wrottesley,* commanding a troop of the 2nd Household Cavalry, sat in an armoured car ready to give the command to move out. During the night his reconnaissance unit had been ordered to lead the squadron ahead of the attacking 43rd Wessex Division and make contact with the airborne forces. Since the day before, when the Irish Guards had been stopped, Wrottesley had been 'fully aware of the German strength north of Nijmegen.' No news had been received from either the Poles at Driel or the First Airborne—'so somebody had to find out what was happening.' The squadron's role, young Wrottesley remembers, was to 'find a way past the enemy defences by bashing through.' By avoiding the main Nijmegen–Arnhem highway and travelling the gridiron of secondary roads to the west, Wrottesley believed, there was a good chance of sprinting through the enemy defences under cover of an early morning mist 'which could contribute to our luck.' At first light Wrottesley gave the order to move out. Quickly his two armoured cars and two scout cars disappeared into the fog. Following behind him came a second troop under Lieutenant Arthur Young. Travelling fast, the force swung west of the village of Oosterhout, following the Waal river bank for about six miles. Then, looping back, they headed due north for Driel. 'At one point we saw several Germans,' Wrottesley remembers, 'but they seemed to be more startled than we were.' Two and a half hours later, at 8.00 a.m., Friday, September 22nd, the first link between the Market-Garden ground forces and the First British Airborne was

* Now 5th Baron Wrottesley.

made. The 48 hours that Montgomery had envisioned before the link-up had been stretched out to four days and eighteen hours. Wrottesley and Young, surpassing the attempt of the Guards Armoured tanks on Thursday, had reached Driel and the Rhine without firing a shot.

Lieutenant H. S. Hopkinson's third troop, coming up behind them, ran into trouble. The morning mist suddenly lifted and as the unit was sighted, enemy armour opened up. 'Driver Read in the first car was immediately killed,' Hopkinson says. 'I went forward to help but the scout car was blazing and enemy tanks continued to fire on us. We were forced to retire.' For the moment, the Germans once more had closed off a relief route to Urquhart's First Airborne Division.

The strange, crippling paralysis which had steadily invaded the Market-Garden plan from its very beginning was intensifying. At dawn on Friday, September 22nd, General Thomas' long-awaited 43rd Wessex Division was to break out from Nijmegen to aid the Guards Armoured column still stalled at Elst. The plan called for one brigade—the 129th—to advance along each side of the elevated highway, through Elst and on to Arnhem; simultaneously, a second brigade—the 214th—was to attack farther west through the town of Oosterhout and strike for Driel and the ferry site. Incredibly, it had taken the Wessex almost three days to travel from the Escaut Canal—a distance of a little more than sixty miles. In part this was due to the constant enemy attacks against the corridor, but some would later charge that it was also due to the excessive cautiousness of the methodical Thomas. His division might have covered the distance quicker on foot.* Now, mishap overtook the 43rd Wessex again. To the bitter disappointment of General Essame, commander of the 214th Brigade, one of his lead battalions, the 7th Somersets, had lost its way and had failed to cross the Waal during the night of the 21st. 'Where the hell have you been?' Essame heatedly demanded of its commander when the force finally arrived. The Somersets had been held up by crowds and roadblocks in Nijmegen; several companies were separated in the confusion and directed over the wrong bridge. Essame's plan to take advantage of the dawn mist and drive towards Driel was lost. The two-pronged attack did not jump off until 8.30 a.m. In full light the enemy, alerted by the Household Cavalry's reconnaissance unit, was

* *The Struggle for Europe* by Chester Wilmot, p. 516.

prepared. By 9.30 a resourceful German commander at Oosterhout, skilfully using tanks and artillery, had successfully pinned down the 214th Brigade; and the 129th, heading towards Elst and trying to support Colonel Vandeleur's Irish Guards, came under fire from the massed tanks of Major Knaust, which General Bittrich had ordered south to crush the Anglo-American drive. On this critical Friday, when, in Urquhart's opinion, the fate of the First British Airborne was dependent on immediate relief, it would be late afternoon before the 43rd Wessex would capture Oosterhout—too late to move troops in mass to help the surrounded men in Oosterbeek.

Like Essame, others were angered by the sluggish progress of the attack. Lieutenant-Colonel George Taylor, commanding the 5th Duke of Cornwall's Light Infantry,* could not understand 'what was holding everything up.' He knew the Garden forces were already three days behind schedule in reaching the First Airborne. He was uncomfortably aware that higher command headquarters was worried, too. On Thursday he had met General Horrocks, the Corps commander, who had asked him, 'George, what would you do?' Without hesitation, Taylor had suggested rushing a special task force to the Rhine on Thursday night carrying 2½-ton amphibious vehicles (DUKWS) filled with supplies. 'My idea was a shot in the dark,' Taylor recalls. 'Horrocks looked slightly startled and, as people do sometimes when they consider a suggestion impractical, he quickly changed the conversation.'

Taylor now waited impatiently for orders to move his battalion across the Waal River. It was not until midday Friday that a major, a staff officer from XXX Corps, arrived to tell him that his battalion would be given two DUKWS loaded with supplies and ammunition to take up to Driel. Additionally, Taylor would have a squadron of tanks of the Dragoon Guards. 'The situation at Arnhem is desperate,' the major said. 'The DUKWS must be moved across the river tonight.' Looking at the heavily-laden DUKWS which arrived in the assembly area at 3.00 p.m. on Friday afternoon,

* The names of the famous British regiments involved always caused confusion for Americans—especially when they were abbreviated. At First Allied Airborne Headquarters a message concerning the Duke of Cornwall's Light Infantry arrived, reading, '5DCLI are to make contact with 1 Airborne Division. . . .' The puzzled Duty Officer finally decoded the message. He reported 'Five Duck Craft Landing Infantry' were on their way to Urquhart.

Taylor wondered if they carried enough supplies. 'Surely,' he remarked to his intelligence officer, Lieutenant David Wilcox, 'we've got to get more than this across to them.'

Even as the infantry was moving out of the Nijmegen bridgehead, Colonel Mackenzie and Lieutenant-Colonel Myers had reached Sosabowski and the Poles at Driel. Their crossing of the Rhine had been surprisingly uneventful. 'Only a few shots were fired at us,' Mackenzie says, 'and they went over our heads.' On the southern side a full-scale battle was in progress and the Poles were hard-pressed, holding off enemy infantry attacks from the direction of Elst and Arnhem. For some time Mackenzie and Myers had waited on the Rhine's southern bank for the Poles. 'They had been told by radio to watch out for us,' Mackenzie says. 'But there was quite a battle going on and Sosabowski had his hands full.' Finally, riding bicycles, they were escorted to Sosabowski's headquarters.

Mackenzie was heartened to discover the Household Cavalry units. But his hopes of reaching General Browning at Nijmegen were quickly dashed. To Captain Wrottesley and Arthur Young, the failure of Hopkinson's third troop of reconnaissance vehicles to reach Driel meant that the Germans had closed in behind them; nor had the 43rd Wessex attack yet broken through. Mackenzie and Myers would have to wait until a route was opened.

Wrottesley recollects that 'Mackenzie immediately asked to use my radio to contact Corps Headquarters.' He began to relay a long message via Wrottesley's squadron commander for Horrocks and Browning. Urquhart's Chief-of-Staff made no effort to encode his signal. Standing beside him, Wrottesley heard Mackenzie 'in the clear' say, 'We are short of food, ammunition and medical supplies. We cannot hold out for more than 24 hours. All we can do is wait and pray.' For the first time Wrottesley realized 'that Urquhart's Division must be in a very bad way.'

Mackenzie and Myers then conferred with Sosabowski about the urgency of getting the Poles across. 'Even a few men now can make a difference,' Mackenzie told him. Sosabowski agreed, but asked where the boats and rafts were to come from. Hopefully DUKWS, which had been requested, would arrive by night. Meanwhile, Myers thought, several two-man rubber dinghies, which the airborne had, could be used. Linked by hawser they could be pulled back and forth across the river. Sosabowski was 'delighted with the idea.' It would be painfully slow, he said, but 'if unopposed, perhaps 200 men might be shipped across during the night.' By radio, Myers quickly contacted the Hartenstein to make arrangements for the dinghies. The pathetic and desperate operation, it was decided, would begin at nightfall.

In the bridgehead across the river, Urquhart's men continued to fight with extraordinary courage and resolution. Yet, at places about the perimeter, even the most resolute were voicing worry about relief. Here and there a looming sense of isolation was growing, infecting the Dutch as well.

Douw van der Krap, a former Dutch naval officer, had earlier been placed in command of a 25-man Dutch underground unit which was to fight alongside the British. The group had been organized at the instigation of Lieutenant-Commander Arnoldus Wolters, the Dutch liaison officer at Urquhart's headquarters. Jan Eijkelhoff, who had helped make ready the Schoonoord Hotel for casualties on Monday, was charged with finding German weapons for the group. The British could give each man only five rounds of ammunition—if weapons could be found. Driving as far as Wolfheze, Eijkelhoff found only three or four rifles. At first the newly appointed commander of the unit, Van der Krap, had been elated at the idea, but his hopes had dimmed. His men would be instantly executed if captured while fighting with the paratroopers. 'Without relief and supplies for themselves, it was obvious the British couldn't last,' Van der Krap recalls. 'They couldn't arm us and they couldn't feed us and I decided to disband the group.' Van der Krap, however, remained with the paratroopers. 'I wanted to fight,' he says, 'but I didn't think we had a chance.'

Young Anje van Maanen, who had been so excited by the paratroopers' arrival and the daily expectation of seeing 'Monty's tanks,' was now terrified by the continuous shelling and constantly-changing battle lines. 'The noise and the hell go on,' she wrote in her diary. 'I can't bear it any longer. I'm so scared and I can't think of anything but shells and death.' Anje's father, Dr. Gerritt van Maanen, working alongside British doctors at the Tafelberg Hotel, brought news to his family whenever he could but to Anje the battle had assumed unrealistic proportions. 'I don't understand,' she wrote. 'One side of a street is British, the other German, and people kill each other from both sides. There are house, floor and room fights.' On Friday, Anje wrote, 'the British say Monty will be here at any moment. I don't believe that. Monty can go to hell! He will never come.'

In the Schoonoord Hotel where British and German wounded crowded the wide verandah and lay in the reception rooms, passageways and bedrooms, Hendrika van der Vlist could hardly believe it was Friday. The hospital was constantly changing hands. On Wednesday the hotel had been taken by the Germans, on Thursday by the British; and by Friday morning it had been recaptured by the Germans. Control of the Schoonoord was less important than the need to prevent it being fired on. A large Red Cross flag flew on the roof and numerous smaller ones were spotted around the grounds, but the dust and flying debris often obscured the pennants. Orderlies, nurses and doctors worked on, seemingly oblivious to anything but the constant flow of wounded men. Hendrika had slept in her clothes for only a few hours each night, getting up to assist doctors and orderlies as fresh casualties were carried in. Fluent in English and German, she had originally noted a pessimism among the Germans which contrasted to the patient cheerfulness of the British. Now many of the severely wounded Red Devils seemed stoically prepared to accept their fate. As she brought one trooper the minuscule portion of soup and a biscuit that constituted the only meal the hospital could provide, he pointed to a newly-arrived casualty. 'Give it to him,' he told Hendrika. Pulling down the man's blanket, she saw he wore a German uniform. 'German, eh?' the trooper asked. Hendrika nodded. 'Give him the food anyway,' the Britisher said, 'I ate yesterday.' Hendrika stared at him. 'Why is there a war on, really?' she asked. Tiredly, he shook his head. In her diary she put down her private fears: 'Has our village become one of the bloodiest battlefields? What is holding up the main army? It cannot go on like this any longer.'

In Dr. Onderwater's cellar where the Voskuil family was sheltering along with some 20 others, both Dutch and British, Mrs. Voskuil noticed for the first time that the floor was slippery with blood. During the night two wounded officers, Major Peter Warr and Lieutenant-Colonel Ken Smyth, had been brought in by British troopers. Both men were seriously wounded—Warr in the thigh and Smyth in the stomach. Shortly after the injured men were laid on the floor, the Germans burst in. One of them threw a grenade. Lance Corporal George Wyllie of Colonel Smyth's 10th Battalion remembers 'a flash of light and then a deafening explosion.' Mrs. Voskuil, sitting behind Major Warr, felt 'red hot pain' in her legs. In the now-dark cellar she heard someone shouting, 'Kill them! Kill them!' She felt a man's body fall heavily across her. It was Private Albert Willingham, who had apparently jumped in front of Mrs. Voskuil to protect her. Wyllie saw a gaping wound in Willingham's back. He remembers the woman sitting on a chair with a child beside her, the dead paratrooper across her lap. The child seemed covered with blood. 'My God!' he thought as he lost consciousness, 'we've killed a child.' Suddenly the fierce battle was over. Someone shone a torch. 'Are you still alive?' Mrs. Voskuil called out to her husband. Then she reached for her son, Henri. The child did not respond. She was sure he was dead.

She saw that soldiers and civilians alike were terribly wounded and screaming. In front of her Major Warr's tunic was 'bloody and gaping open.' Everyone was shouting or sobbing. 'Silence,' Mrs. Voskuil yelled in English. 'Silence!' The heavy burden across her body was pulled away and then she saw Wyllie near by. 'The English boy got up, shaking visibly. He had his rifle butt on the floor and the bayonet, almost level with my eyes, jerked back and forth as he tried to steady himself. Low animal-like sounds—almost like a dog or a wolf—were coming from him.'

Corporal Wyllie's head began to clear. Someone had now lit a candle in the cellar and a German officer gave him a sip of brandy. As he was led out Wyllie looked back at the lady 'whose child was dead.' He wanted to say something to her but 'couldn't find the words.'*

The German officer asked Mrs. Voskuil to tell the British 'they have fought gallantly and behaved like gentlemen, but now they must surrender.' As the paratroopers were taken out, a German medical orderly examined Henri. 'He is in a coma,' he told Mrs. Voskuil. 'He is grazed along the stomach and his eyes are discoloured and swollen but he will be all right.' Mutely she nodded her head.

On the floor Major Warr, his shoulder bones protruding through the skin from the explosion, shouted, cursed and then fell unconscious again. Leaning over, Mrs. Voskuil moistened her handkerchief and wiped the blood from his lips. A short distance away Colonel Smyth mumbled something. A German guard turned,

* Wyllie never again saw the Voskuils, nor did he know their names. For years he worried about the woman in the cellar and the child he believed dead. Today young Henri Voskuil is a doctor.

questioningly, towards Mrs. Voskuil. 'He wants a doctor,' she said softly. The soldier left the cellar and returned a few minutes later with a German doctor. Examining Smyth, the physician said, 'Tell the officer I am sorry to have to hurt him but I must look at his wound. Tell him to grit his teeth.' As he began pulling away the clothing, Smyth fainted.

At daylight the civilians were ordered to leave. Two SS men carried Mrs. Voskuil and Henri out into the street and a Dutch Red Cross worker directed them to the cellar of a dentist, Dr. Phillip Clous. Voskuil's parents-in-law did not go. They preferred to take their chances at home. In the Clous house, the dentist warmly welcomed the family. 'Don't worry,' he told Voskuil. 'It's going to be all right. The British will win.' Voskuil, standing beside his wounded wife and child, his mind still filled with the night's horrors, stared at the man. 'No,' he said quietly, 'they will not.'

Though they were unwilling to recognize that their endurance had nearly run its course, many paratroopers knew that they could not hold on alone much longer. Staff Sergeant Dudley Pearson was tired 'of being pushed around by the Germans.' On the northern edge of the perimeter he and his men had been chased by tanks, pinned down in woods and forced to fight off the Germans with bayonets. Finally on Thursday night as the perimeter tightened, Pearson's group was ordered to pull back. He was told to cover the withdrawal with a smoke grenade. Nearby he heard a lone Bren gun firing. Scrambling through the underbrush he discovered a corporal hidden in a deep hollow in the woods. 'Get out,' Pearson told him. 'I'm the last one here.' The corporal shook his head. 'Not me, sergeant,' he said. 'I'm staying. I won't let those bastards by.' As Pearson made his way back he could hear the Bren gunner firing. He thought the situation was hopeless. He began to wonder if it wouldn't be better to surrender.

In a slit trench near the tennis courts at the Hartenstein—where the earth was now criss-crossed with foxholes that the German prisoners had been allowed to dig for their own protection—Glider Pilot Victor Miller stared at the body of another pilot who lay sprawled a few yards away. Firing had been so intense that men had not been able to remove the dead. Miller saw that since the last mortaring the body was half buried by leaves and shattered branches. He kept staring at the corpse, wondering if anyone would come to pick it up. He was frightened that the features of his dead friend would change and he was certain there was 'a strong smell of death.' He felt sick. He remembers thinking wildly that 'if something isn't done soon, we'll all be corpses. The shells will eliminate us one by one, until this will be only a park of the dead.'

Other men felt they were being exhorted to keep up courage without access to the facts. Private William O'Brien, near the church in lower Oosterbeek, remembers that 'every night an officer came around and told us to hang on, the 2nd Army would arrive the next day. There was a helluva lot of apathy. Everyone was asking what the hell they were there for and where the hell was the goddam army. We'd had it.' Sergeant Edward Mitchell, a glider pilot, in a position opposite the church, remembers one man locking himself in a nearby shed. 'He would let no one near. Every now and again he'd shout, "Come on, you bastards," and empty a magazine all around the shed.' For hours, the lone trooper alternately shouted and fired, then lapsed into periods of silence. As Mitchell and others debated how to get him out, there was another sharp burst of fire and then silence. Reaching the shed, they found the paratrooper dead.

Here and there shell-shocked, concussed, battle-fatigued men roamed the Hartenstein area, finally oblivious to the battle. Medic Terry Brace, who on Tuesday had tended the mangled body of his friend, Andy Milbourne, was encountering these tragic, pathetic men as he tended the wounded. By now Brace had run out of morphia and he was using paper bandages. He could not bring himself to reveal that he had no medication. 'What would you be wanting morphia for?' he asked one critically wounded trooper. 'Morphia's for people who are really hurt. You're doing fine.' As Brace bandaged the man he was aware of a strange hooting sound behind him. Turning he saw a totally naked paratrooper, pumping his arms up and down and 'sounding like a locomotive.' As Brace caught his eye, the soldier began to curse. 'Blast this fireman,' the trooper said, 'he was never any good.' In one house near the perimeter Brace, arriving with a casualty, heard a man softly singing 'The White Cliffs of Dover.' Thinking the trooper was soothing the other injured, Brace smiled at him and nodded encouragement. The soldier lunged at Brace and tried to choke him. 'I'll kill you,' he yelled. 'What do you know about Dover?' Brace loosened the fingers at his throat. 'It's all right,' he said gently, 'I've been there.'

The man stepped back. 'Oh,' he said. 'That's all right then.' Minutes later he began to sing again. Others remember a shell-shocked trooper who walked among them at night. Bending over the huddled forms of men trying to sleep he would shake them roughly awake, stare into their eyes and ask them all the same question: 'Have you got faith?'

Despite those pitiable, shocked and desperate men whose faith was gone, hundreds of others were bolstered by the actions of eccentric, undaunted soldiers who seemed utterly fearless and who refused to give in to wounds or hardships. Major Dickie Lonsdale, commander of the 'Lonsdale Force,' holding positions about the church in lower Oosterbeek, seemed to be everywhere. 'His was a figure that would inspire terror,' recalls Sergeant Dudley Pearson. 'He had one arm in a blood-stained sling, an equally bloody wrapping around his head and a giant bandage on one leg.' Hobbling about exhorting his men, Lonsdale led attack after attack. Sergeant-Major Harry Callaghan, who had added extra touches to his uniform—he had found a tall black hat in a hearse and wore it everywhere, explaining to the men that he had been named 'The Airborne representative to Hitler's funeral'—remembers the awesome-looking Lonsdale deliver a ringing, defiant speech to men in the church. Officers and non-coms had rounded up troopers and sent them to the ancient ruined building. 'The roof was gone,' Callaghan remembers, 'and each new explosion sent plaster cascading down.' As soldiers leaned listlessly against walls and broken pews—smoking, lounging, half-asleep—Lonsdale climbed into the pulpit. Men stared upwards at the fierce-looking, blood-stained figure. 'We've fought the Germans in North Africa, Sicily and Italy,' Callaghan remembers Lonsdale saying. 'They weren't good enough for us then! They're bloody well not good enough for us now!' Captain Michael Corrie of the Glider Pilot Regiment had been struck as he entered the church 'by the weariness I saw. But Lonsdale's speech was stirring. I felt stunned by his words, and proud. The men went in looking beaten, but as they came out, they had new spirit. You could read it on their faces.'

Some men seemed to have overcome even the paralysing fear that the brute force of enemy armoured attacks instilled. With few anti-tank guns troopers were helpless against tanks and self-propelled guns which roamed the perimeter, pulverizing position after position. Yet somehow the foot-soldiers were fighting back. Even 60-ton Tigers were destroyed—often by men who had never before fired an anti-tank gun. Lance Corporal Sydney Nunn, who had eagerly looked forward to Arnhem as an escape from the 'nightmare' of his camp in England and the mole which had invaded his mattress, now faced a far more dreadful nightmare with outward calm. He and another paratrooper, Private Nobby Clarke, had become friendly with a glider pilot in an adjoining slit trench. During a lull in the mortaring, the pilot called over to Nunn, 'I don't know whether you know it, old lad, but there's a whopping great tank out in front to our right. One of the Tiger family.' Clarke looked at Nunn. 'What are we supposed to do?' he asked. 'Go drill holes in it?' Cautiously Nunn looked over the edge of the trench. The tank was 'enormous.' Nearby in the bushes an anti-tank gun was concealed but its crew had been killed and no one in Nunn's group knew how to load or fire the weapon. Nunn and the glider pilot decided to crawl to it. As the men climbed out they were spotted and the tank's gun began firing. 'We dug grooves in the soil with our noses, we were that low,' Nunn recalls. 'Our little woods began to look like a logging camp as trees came down all around us.' The two men reached the gun just as the Tiger 'began to give us personal attention with its machine gun.' The pilot sighted down the barrel of the gun and shouted happily. 'Our gun was pointed directly at the tank. If we'd known how to do it, we couldn't have aimed it better.' Looking at Nunn, the glider pilot said, 'I hope this thing works.' He pulled the trigger. In the heavy explosion that followed, both men were thrown on their backs. 'When our ears stopped ringing, I heard other men around us begin to laugh and cheer,' Nunn says. As he stared disbelievingly, he saw the Tiger engulfed in flames, its ammunition exploding. Turning to Nunn, the glider pilot solemnly shook hands. 'Our game, I think,' he said.

Many men remember Major Robert Cain of the 2nd South Staffordshires as the real expert against tanks and self-propelled guns. It seemed to Cain that he and his men had been pursued and threatened by Tigers ever since they had arrived. Now, with his small force positioned at the church in lower Oosterbeek, in houses and gardens across the road, and in a laundry owned by a family named Van Dolderen, Cain was determined to knock out every piece of armour he saw. Searching for the best site from which to operate, Cain picked the Van Dolderen house. The laundry owner was unwilling to leave. Surveying the back garden, Cain said, 'Well, be that as it may, I'm going to dig in out there. I'm using your place for my ammo dump.'

Cain was using the bazooka-like anti-tank weapon known as a Piat to hunt down armour. On Friday as the street battles grew in intensity, Cain's eardrums burst from his constant firing. Stuffing pieces of field dressing into his ears he continued lobbing bombs.

Suddenly someone called out to Cain that two tanks were coming up the road. At the corner of a building, Cain loaded the Piat and aimed it. Staff Sergeant Richard Long, a glider pilot, looked on aghast. 'He was the bravest man I've ever seen,' Long says. 'He was only about 100 yards away when he started to fire.' The tank fired back before Cain could reload and the shell hit the building behind him. In the thick swirl of dust and debris, Cain fired again and then again. He saw the crew of the first tank bale out, spraying the street with machine gun bullets. Immediately around Cain, paratroopers opened up with Bren guns and Cain remembers 'the Germans were just cut off their feet.' Reloading again, he fired and Sergeant Long saw 'a tremendous flash. The bomb had gone off inside the Piat. Major Cain threw his hands in the air and fell backwards. When we got to him, his face was black. His first words were, "I think I'm blind".' Staff Sergeant Walton Ashworth, one of the Bren gunners who had shot up the German tank crew, stared stonily as Cain was taken away. "All I could think was "that poor bloody bastard".'

Within half an hour Cain's sight had returned but his face was imbedded with bits of metal. He refused morphia and, deciding he 'wasn't wounded enough to stay where he was,' went back to the battle—as Captain W. A. Taylor described it, 'to add to his bag of enemy tanks. By Friday afternoon, the 35-year-old Cain had a bagful. Since landing on the 18th he had put out of action or driven off a total of six tanks, plus a number of self-propelled guns.

Ferocious men all throughout the airhead were making heroic stands, unmindful of their own safety. By dusk on Friday Corporal Leonard Formoy, one of the survivors of Colonel Fitch's 3rd Battalion who had made the desperate march to reach Frost's men at the Arnhem bridge, now occupied a position on the western outskirts not far from Division headquarters at the Hartenstein. 'We were being hit from practically all sides,' Formoy remembers. Suddenly a Tiger tank, coming from the direction of Arnhem, rumbled towards the cluster of men around Formoy. In the twilight Formoy saw the turret swivel. Sergeant 'Cab' Calloway picked up a Piat and rushed forward. 'You're going where I'm going!' Formoy heard him yell. Approximately fifty yards away from the tank, Calloway fired. The bomb exploded against the tracks and the tank stopped but Calloway was killed at almost the same moment by its guns. 'It was an act of desperation,' Formoy remembers. 'He was just ripped in half, but he saved our lives.'

Private James Jones remembers an unknown major who asked Jones and three others to go with him outside the perimeter on a search for guns and ammunition. The small party came suddenly upon some Germans in a machine-gun nest. Leaping up, the major fired, yelling, 'There's some more of those bastards who won't live!' As the Germans opened up, the group scattered and Jones was trapped behind a disabled jeep. 'I said a prayer, waited for another burst from the gun, and got back to the lines,' Jones recalls. He never saw the major again.

Senior officers, often unaware of the impression they made, set examples their men would never forget. Brigadier Pip Hicks refused to wear a helmet throughout the entire battle. Trooper William Chandler, one of Major Freddie Gough's Reconnaissance Squadron men whose group had been cut off on the northern 'Leopard' route on Sunday and had been moved back to a crossroads at Oosterbeek, remembers Hicks's red beret standing out among groups of helmeted men. 'Hey, Brigadier,' someone called out, 'put your bloody helmet on.' Hicks just smiled and waved. 'I wasn't trying to be debonair,' Hicks explains. 'I just couldn't stand the damn thing bouncing around on my head.' His activities might have had something to do with that. Some men recall Hicks's frequent daily trips to Urquhart's headquarters. He started each journey at a jog and ended up sprinting a step ahead of German shellfire. 'I felt fully my age when I finished those mad dashes,' Hicks says.

Brigadier Shan Hackett, who had brought his battered 10th and 156th Battalions back to the Oosterbeek area after their brave but futile attempt to break through the German defences to the north and east and get to Arnhem, visited his men constantly, offering them quiet words of praise. Major George Powell was commanding two platoons of the 156th in perimeter positions to the north. 'We were short on food, ammunition and water,' Powell remembers, 'and we had few medical supplies.' On Friday Hackett suddenly appeared at Powell's command post where, says Powell, 'we were literally poking right into the enemy's lines.' Hackett explained that he had not had time to visit Powell until now, 'but you've been holding so well, George, I wasn't worried about you.' Powell was pleased. 'The only real mistake I've made so far, sir,' he said, 'is putting the headquarters in a chicken run. We're all alive with fleas.' To Staff Sergeant Dudley Pearson, chief clerk of the 4th Brigade, Hackett earned respect because 'he shared with us as though he had no rank. If we ate, he did, and if we went hungry, so did he. He didn't seem to have a mess kit. On Friday he sat down with us and ate a little piece of food with his fingers.' Pearson went to find a knife and fork. On the way back he was wounded in the heel but he says, 'I thought the Brigadier rather deserved something better than the way he was living among us.'

And Signalman Kenneth Pearce, attached to Command Artillery Signals at Division Headquarters, will always remember the man who came to his aid. Pearce was in charge of the heavy storage batteries, called 'Dags'—each weighing approximately twenty-five pounds and encased in wooden boxes with cast iron handles—that powered the signal sets. In the late evening Pearce was struggling to move a fresh Dag from the deep trench in which they were stored. Above him, he heard someone say, 'Here, let me help you.' Pearce directed the man to grab one handle and pull the set. Together the two dragged the cumbersome box to the command post trench. 'There's one more,' Pearce said. 'Let's go get it.' The men made the second trip and, back at the command post, Pearce jumped into the trench as the other man hoisted the boxes down to him. As they walked away Pearce suddenly noticed that the man wore red staff officer's tabs. Stopping dead, he stammered, 'Thank you very much, sir.' General Urquhart nodded. 'That's all right, son,' he said.

Step by terrible step the crisis was mounting; nothing went right on this day, which General Horrocks was to call aptly 'Black Friday.' Weather conditions in both England and Holland again grounded Allied planes, preventing resupply missions. In answer to Urquhart's plea for fighter strikes, the R.A.F. replied: '...After most careful examination regret owing to storm unable to accept....' And, at this moment, when Horrocks needed every man, tank and ton of supplies to retain Montgomery's bridgehead over the Rhine and break through to the Red Devils, Field Marshal Model's counter-offensive finally succeeded in cutting the corridor. Thirty minutes after receiving Mackenzie's message that Urquhart might be overrun in twenty-four hours, General Horrocks received another signal: in the 101st Airborne's sector, powerful German armoured forces had cut the corridor north of Veghel.

Model could hardly have chosen a more vital spot or timed his attack better. British infantry forces of the 12th and 8th Corps, advancing on either side of the highway, had only now reached Son, barely five miles into the 101st's area. Fighting against stiff resistance, they had made agonizingly slow progress. The 101st's commander, General Taylor, had expected the British to reach his sector of 'Hell's Highway' long before. After more than five days of continuous fighting without support, Taylor's hard-pressed troopers were thinly spread and vulnerable. Along some stretches the highway was unguarded except by the British armour and infantry moving along it. Elsewhere, the 'front' was literally the sides of the road. Field Marshal Model had chosen to counterattack at Veghel for a particular reason: throughout the entire length of the Market-Garden corridor the Veghel area contained the greatest cluster of bridges—no less than four, of which one was a major canal crossing. With one stroke Model hoped to strangle the Allied lifeline. He almost did. He might have succeeded, but for the Dutch underground.

During the night and early morning, in villages and hamlets east of Veghel, the Dutch spotted the German build-up; they promptly phoned liaison officers with the 101st. The warning came not a moment too soon. Massed German armour almost overwhelmed Taylor's men. Twice in four hours, in a wild melée that ranged over a five-mile stretch of the corridor, German tanks tried to push through to the bridges. Desperately, Taylor's men, aided by British artillery and armour on the road, threw back the attacks. But four miles to the north, at Uden, the Germans succeeded in cutting the corridor. Now, with the battle still raging and the forces in the rear cut off and isolated, Horrocks was forced to make a fateful decision: he would have to send armoured units—urgently needed in his efforts to reach Urquhart—back south down the corridor to help General Taylor, whose need was even more urgent. The 32nd Guards Brigade was sent rushing south to support the 101st in re-opening the highway. The gallant 101st would hang on to the bridges, but even with the help of the Guards, not a man, tank or supply vehicle would move north along the corridor for the next twenty-four hours. Model's counter-offensive, though unsuccessful for the moment, had still paid enormous dividends. In the end, the battle for the corridor would decide the fate of Arnhem.

By 4.00 p.m. on Friday, September 22nd, in the Nijmegen-Arnhem area—six-and-a-half hours after they had first been pinned down by German tanks and artillery—British infantrymen finally bludgeoned their way through Oosterhout. The village was in flames and SS prisoners were being rounded up. The relief route west of the 'island' highway—the low-lying secondary roads used by the enterprising Household Cavalry in their race to Driel at dawn—were now believed to be free or, at worst, only lightly held by the enemy. The 5th Duke of Cornwall's Light Infantry, supported by a squadron of Dragoon Guards' tanks and carrying the precious two amphibious vehicles loaded with supplies, was ready to slam through whatever opposition remained and dash for the Rhine. Lieutenant-Colonel George Taylor, commanding the force, was so eager to get to Urquhart that he 'felt a mad desire to sweep my infantry on to the tanks with my hands and get moving.'

In a small wood north of Oosterhout, his loaded vehicles waited to move out. Suddenly, off in the distance, Taylor spotted two Tiger tanks. Quietly he warned Lieutenant David Wilcox, his intelligence officer. 'Don't say anything. I don't want anyone to know about those tanks. We can't stop now.' Taylor waved the relief column up the road. 'If we had waited five minutes more,' he says, 'I knew the route would have been closed again.'

At full speed—his infantry mounted on tanks, carriers and trucks—Taylor's column rolled through the Dutch hamlets and villages. Everywhere they were met by surprised, cheering villagers but there was no slow-down: Taylor's only concern was to get to the Rhine. 'I felt a sense of great urgency,' he says. 'Any time lost would give the enemy an opportunity to move up a blocking force.' The convoy met no opposition and for Taylor 'it was an exhilarating feeling as the light faded rapidly and the head of the column reached Driel.' They had covered the ten-mile journey in just thirty minutes. At 5.30 p.m. the first tanks of the Dragoon Guards reached the Rhine and, skirting northeast along its banks, moved into the outskirts of the village. Taylor heard an explosion and guessed immediately what it was: on the cautious Sosabowski's defence perimeter, one of the tanks had run over a Polish mine.

It was dark when Taylor reached Sosabowski's headquarters. The information he had about Urquhart's division was vague. 'I had no idea where they were in Arnhem or if they still held one end of the bridge.' But Taylor planned to send his infantry and tanks immediately towards the southern end. He knew the DUKWS must get 'across as soon as possible and if the bridge was still held it would be obviously quicker to drive them across than to float them over.' At Sosabowski's headquarters, Taylor was astonished to find Colonel Charles Mackenzie and Lieutenant-Colonel Myers. Quickly they dissuaded him from heading out for the Arnhem bridge. Nothing had been heard from Frost, Mackenzie explained, since Wednesday night and it was presumed at headquarters that 'it was all over at the bridge.' Reluctantly Taylor gave up his plan and ordered out a reconnaissance group to scout along the river bank for a site from which the DUKWS might be launched. Sosabowski's engineers were not optimistic: the awkward amphibious vehicles would prove cumbersome to manhandle across ditches and banks down to the river, especially in the dark. A short while later Taylor's reconnaissance group confirmed the Poles' opinion. The river could only be approached, they thought, by one narrow ditch-lined road. In spite of the serious obstacles Taylor's men believed they could get the DUKWS down to the Rhine. Colonel Mackenzie, still unable to continue on to Nijmegen, would oversee the launching. The DUKWS would cross the river at 2.00 a.m. on Saturday the 23rd. First priority, however, was to get men into the bridgehead: Sosabowski's Poles had to be ferried over in the little string of rubber boats.

At 9.00 p.m. on Friday night that operation began. Silently crouching along the river bank, the Polish soldiers waited. On both sides of the river engineers, under the direction of Lieutenant-Colonel Myers, stood ready to pull the hawser attaching the rubber dinghies back and forth. In just four boats—two 2-man and two 1-man dinghies—only six men could cross the 400-yard-wide Rhine at a time. Supplementing the craft were several wooden rafts which the Polish engineers had constructed to carry small supplies and stores. On Sosabowski's order the first six men got into the boats and moved out. Within a few minutes the men were across. Behind them came a string of rafts. As fast as men landed on the northern bank the boats and rafts were hauled back. 'It was a slow, laborious process,' Sosabowski noted, 'but so far the Germans seemed to suspect nothing.' Then, from a point to the west of the landing site across the river a light shot up into the sky, and almost immediately the whole area was brilliantly lit by a magnesium parachute flare. Instantly Spandau machine guns began raking the river, 'stirring up small waves and making the water boil with hot steel,' Sosabowski recalls. Simultaneously, mortar shells began to fall among the waiting Poles. Within minutes two rubber boats were riddled, their occupants heaved into the river. On the southern bank, men scattered, firing at the parachute flare. In the wild melée, Sosabowski halted the operation. Men moved back and took up new positions, trying to avoid the bursting mortar shells. The moment the flare dimmed and burned out, they ran to the boats and rafts, climbed in, and the crossings began again. Another flare burst in the sky. In this cruel game of hide-and-seek the Poles, suffering terrible casualties, continued to cross the river all night in the remaining boats. At the schoolhouse in Driel which had been temporarily turned into a casualty station, Cora Baltussen tended the injured as they were brought in. 'We can't get across,' a Pole told her. 'It's a slaughter up there—and we can't even fire back.'

At 2.00 a.m., Taylor's amphibious DUKWS began moving down to the river. Because of heavy rain during the day, the low, narrow, ditch-lined road was inches thick in mud. And, as the DUKWS, surrounded by 60 men, slowly approached the river, a heavy ground mist formed. Men could not see either the road or the river. Again and again, struggling soldiers laboured to straighten the vehicles as they slid off the road. Supplies were unloaded to lighten the DUKWS, but even this was not enough. Finally, despite strenuous efforts to hold them back, the cumbersome vehicles slid into the ditch only yards from the Rhine. 'It's no good,' the despairing Mackenzie told Taylor. 'It's just hopeless.' At 3.00 a.m., the entire operation came to a halt. Only 50 men and almost no supplies had been ferried across the river into Urquhart's bridgehead.

[3]

By the time Colonel Charles Mackenzie finally reached General Browning's headquarters in Nijmegen on Saturday morning, September 23rd, he was 'dead tired, frozen stiff and his teeth were chattering,' Brigadier Gordon Walch, the Chief-of-Staff, remembers. In spite of his determination to see Browning immediately, Mackenzie was promptly 'put in a bath to thaw out.'

British forces using the relief route west and parallel to the 'island' highway were now moving steadily up to Driel, but the roads were far from clear of the enemy. Still, Captain Wrottesley had decided to try to get Mackenzie and Lieutenant-Colonel Myers back to Nijmegen. The brief trip, in a small convoy of reconnaissance vehicles, was hair-raising. As the party approached a crossroads, they found a partially destroyed German half-track lying slewed across it. Wrottesley got out to guide his vehicles—and, at that point, a Tiger tank appeared farther down the road. To avoid an encounter, the armoured car carrying Mackenzie began backing away, when suddenly the road collapsed beneath it and the car turned over. Mackenzie and the crew were forced to hide out from German infantry in a field as Wrottesley, yelling to the driver of his scout car 'to go like hell,' headed up the road towards Nijmegen to find British troops. Organizing a relief force, Wrottesley sped back down the road to find Mackenzie. When the little force arrived the German tank was gone and Mackenzie and the crew of the armoured car came up to meet them from the field where they had taken cover. In the confusion Myers, following in a second armoured car, became separated from the troop.

General Browning greeted Mackenzie anxiously. According to his staff, 'the week had been a series of agonizing and tragic setbacks.' More than anything else the lack of full communications with Urquhart had contributed to Browning's concern. Even now, although messages were passing between the First British Airborne Division and Corps, Browning's picture of Urquhart's situation was apparently very vague. In the original Market-Garden plan the 52nd Lowland Division was to have been flown into the Arnhem area once Urquhart's men had found a suitable landing site—it had been hoped by Thursday, September 21st. When Urquhart's desperate situation became known, the 52nd's commanding officer, Major-General Edmund Hakewill Smith, promptly offered to risk taking in part of his unit by glider, to land as close as possible to the beleaguered First Airborne. On Friday morning Browning had rejected the proposal, radioing: 'Thanks for your message but offer not repeat not required as situation better than you think . . . 2nd Army definitely . . . intend fly you in to Deelen airfield as soon as situation allows.' Later General Brereton, First Allied Airborne Army commander, noting the message in his diary commented, 'General Browning was over-optimistic and apparently then did not fully appreciate the plight of the Red Devils.' At the time Brereton seemed no better informed than Browning. In a report to Eisenhower, which was sent on to General Marshall in Washington on Friday night, Brereton said of the Nijmegen-Arnhem area: 'the situation in this sector is showing great improvement.'

Within hours, the optimism of Brereton and Browning had faded. Friday's futile efforts to reach Urquhart seemed to have been the turning point for the Corps Commander. According to his staff, 'he was disgusted with General Thomas and the 43rd Wessex Division.' He felt they had not moved fast enough. Thomas, he told them, had been 'too anxious to tidy things up as he went along.' Additionally, Browning's authority extended only so far: the moment British ground troops entered the Nijmegen area administrative control passed over to General Horrocks, the XXX Corps commander; decisions would be made by Horrocks and by his chief, the 2nd British Army's General Miles C. Dempsey. There was little that Browning could do.

Sitting with the somewhat revived Mackenzie, Browning now learned for the first time the details of Urquhart's appalling predicament. Mackenzie, sparing nothing, recounted everything that had happened. Brigadier Walch remembers Mackenzie telling Browning that 'the division is in a very tight perimeter and low in everything—food, ammunition and medical supplies.' While the situation was acute, Mackenzie said, 'if there is a chance of the 2nd Army getting to us, we can hold—but not for long.' Walch recollects Mackenzie's grim summing-up: 'There isn't much left,' he said. Browning listened in silence. Then he assured Mackenzie that he had not given up hope. Plans were now afoot to get men and supplies into the bridgehead during Saturday night. But, Brigadier Walch says, 'I do remember Browning telling Charles that there did not seem to be much chance of getting a good party across.'

As Mackenzie set out for Driel once more, he was struck by the ambivalence of the thinking at Corps Headquarters—and by the dilemma that created for him. Obviously the fate of the First British Airborne still being in the balance, no one had as yet made any definite decisions. But what should he tell Urquhart? 'After seeing the situation on both sides of the river,' he says, 'I was convinced a crossing from the south would not be successful and I could tell him that. Or, I could report, as I was told, that everyone was doing his best, that there would be a crossing and we should hold on. Which was better? Tell him that in my opinion there wasn't a chance in hell of anyone getting over? Or that help was on the way?' Mackenzie decided on the latter, for he felt it would help Urquhart 'to keep people going if I put it that way.'

Like Browning, the Allied High Command was only now learning the true facts of the First Airborne's plight. In off-the-record briefings at Eisenhower's, Brereton's and Montgomery's headquarters, war correspondents were told that the 'situation is serious but every measure is being taken to relieve Urquhart.' That minor note of concern represented a radical change in attitude. Since its inception, Market-Garden had been painted in public reports as an overwhelming success. On Thursday, September 21st, beneath a headline announcing that a 'Tank paradise lies ahead,' one British newspaper's lead story had stated: 'Hitler's northern flank is crumbling. Field Marshal Montgomery, with the brilliant aid of the First Airborne Army, has paved the way into the Ruhr—and to the end of the war.' Even the staid *Times* on Friday had headlines: 'On the Road to Arnhem; Tanks Across the Rhine'; only the subhead hinted of possible trouble ahead: 'Coming Fight for Arnhem; Airborne Forces' Hard Time.' Correspondents could hardly be blamed. Lack of communications, over-enthusiasm on the part of Allied commanders and strict censorship prevented accurate reporting. Then, overnight, the picture changed. On Saturday, the 23rd, the *Times*' headline read: '2nd Army Meets Tough Opposition; Airborne Forces' Grim Fight,' and the *Daily Express* was calling Arnhem a 'Patch of Hell.'*

Yet hopes remained high. On this Saturday, the seventh day of

* Some of the war's finest reporting came out of Arnhem. The ten-man press team attached to the First Airborne Division included: Major Roy Oliver, a public relations officer; censors Flight Lieutenant Billy Williams and Captain Peter Brett; army photographers Sergeants Lewis and Walker; and correspondents Alan Wood, *Daily Express*; Stanley Maxted and Guy Byam, *BBC*; Jack Smythe, *Reuter's*, and Marek Swiecicki, a Polish correspondent attached to Sosabowski's Brigade. Although limited by sparse communications to bulletins of only a few hundred words per day, these men, in the finest tradition of war reporting, portrayed the agonies of Urquhart's men. I have been unable to locate a single correspondent of the original team. Presumably, all are dead.

Market-Garden, the weather over England cleared and Allied planes took to the air again.* The last of the great fleet of gliders, grounded in the Grantham area since Tuesday, set out finally for Gavin's 82nd with 3,385 troops—his long awaited 325th Glider Infantry Regiment—and Taylor's hard-pressed 101st Division was brought up to full strength by nearly 3,000 more men. But Sosabowski, under heavy attack at Driel, could not be reinforced with the remainder of his brigade. Browning was forced to direct the rest of the Poles to drop zones in the 82nd's area. Because of weather Brereton's three-day air plan to deliver some 35,000 men in the greatest airborne operation ever conceived had taken more than double the planned time.

Once again, although resupply missions were successful elsewhere, Urquhart's men, in their rapidly diminishing pocket about Oosterbeek, watched cargo fall into enemy hands. Unable to locate the Hartenstein drop zone, and flying through savage anti-aircraft fire, the supply planes were in constant trouble; six of the 123 planes were shot down and 63 damaged. In a message to Browning, Urquhart reported:

> '231605 . . . Resupply by air; very small quantity picked up. Snipers now severely curtailing movement and therefore collection. Also roads so blocked by falling trees, branches and houses that movement in jeeps virtually impossible. Jeeps in any case practically out of action.'

Close-in fighter support was inadequate, too. In the Arnhem area the weather had been bad throughout the morning, clearing only by midday. As a result only a few flights of R.A.F. Spitfires and Typhoons attacked targets about the perimeter. Urquhart was baffled. 'In view of our complete aerial superiority,' he later recollected, 'I was bitterly disappointed by the lack of fighter support.' But to his men, who had not seen a fighter since D-Day, the previous Sunday, the attacks were heartening. By now, too, most of them had learned that British troops had finally reached the southern

* Inexplicably, some official and semi-official British accounts contend that bad weather prevented aerial activity on Saturday, September 23rd. Meteorological, Corps and Allied Air Force after-action reports all record Saturday's weather as fair, with more missions flown than on any day since Tuesday, the 19th. In the semi-official *Struggle for Europe*, Chester Wilmot erred in stating that on Saturday 'aerial resupply had been thwarted by bad weather.' The phrase altered his chronology of the battle thereafter. Other accounts, using Wilmot as a guide, have compounded the inaccuracies.

bank of the Rhine at Driel. Relief, they believed, was close at hand.

In spite of all the setbacks, now that General Thomas' troops were moving up the side roads to Driel General Horrocks believed that Urquhart's worsening situation could be alleviated. Brilliant, imaginative and determined, Horrocks was opposed to throwing away all that had been gained. Yet he must find some way to move troops and supplies into the bridgehead. 'I am certain,' he later put it, 'that these were about the blackest moments in my life.' He was so distressed at 'the picture of the airborne troops fighting their desperate battle on the other side of the river' that he could not sleep; and the severing of the corridor north of Veghel, cut since Friday afternoon, threatened the life of the entire operation.

Now every hour was vital. Like Horrocks, General Thomas was determined to get men across the river. His 43rd Wessex was going all out in a two-phase operation: attacking to seize Elst and driving towards Driel. Although by now no one had any illusions that the Arnhem bridge could be captured—from aerial reconnaissance photos it was clear the enemy held it in strength—Thomas' right flank, terminating at Elst, had to be protected if any operations were to be conducted across the Rhine from Driel. And Horrocks had hopes that, in addition to the Poles, some British infantry might cross into the bridgehead on Saturday night.

His optimism was premature. On the low-lying secondary roads west of the main Nijmegen–Arnhem highway a giant bottleneck developed as Thomas' two brigades, each totalling about 3,000 men—one attacking northeast towards Elst, the other driving north for Driel—attempted to move through the same crossroads. Enemy shelling added to the crowding and confusion. Thus, it was dark by the time the bulk of Thomas' 130th Brigade began to reach Driel—too late to join the Poles in an organized attempt to cross the river.

Shortly after midnight Sosabowski's men, heavily supported by artillery, began crossing, this time in sixteen boats left from the 82nd's assault across the Waal. They came under intense fire and suffered heavy losses. Only 250 Poles made it to the northern bank, and of these only 200 reached the Hartenstein perimeter.

On this grim day Horrocks and Thomas received just one piece of good news: at 4.00 p.m. the corridor north of Veghel was reopened and traffic began flowing again. In the engineering columns were more assault craft and the stubborn Horrocks was hopeful that they could be rushed forward in time to pour infantry across the river on Sunday night.

But could the division hang on another twenty-four hours? Urquhart's plight was rapidly growing worse. In his situation report to Browning on Saturday night, Urquhart had messaged:

> '232015: Many attacks during day by small parties infantry, SP guns, tanks including flame thrower tanks. Each attack accompanied by very heavy mortaring and shelling within Div perimeter. After many alarms and excursions the latter remains substantially unchanged, although very thinly held. Physical contact not yet made with those on south bank of river. Resupply a flop, small quantities of ammo only gathered in. Still no food and all ranks extremely dirty owing to shortage of water. Morale still adequate, but continued heavy mortaring and shelling is having obvious effects. We shall hold but at the same time hope for a a brighter 24 hours ahead.'

The afternoon's giant Allied glider lift had caught Field Marshal Walter Model by surprise. At this late date in the battle he had not anticipated any further Allied airborne landings. These new reinforcements, coming just as his counter-offensive was gaining momentum, could change the tide of battle—and even more might be on the way. For the first time since the beginning of the Allied attack he began to have doubts about the outcome.

Driving to Doetinchem he conferred with General Bittrich, demanding, as the II SS *Panzer* Corps commander remembers, 'a quick finish to the British at Oosterbeek.' Model needed every man and tank. Too great a force was being tied down in a battle that 'should have been brought to an end days before.' Model was 'very excited,' Bittrich says, 'and kept repeating "when will things finally be over here?" '

Bittrich insisted that 'we are fighting as we have never fought before.' At Elst, Major Hans-Peter Knaust was staving off British tank and infantry columns trying to proceed up the main highway to Arnhem. But Knaust could not hold at Elst and also attack west against the Poles and British at Driel. The moment his heavy Tigers moved on to the polder they bogged down. The assault towards Driel was a task for infantry and lighter vehicles, Bittrich explained. 'Model was never interested in excuses,' Bittrich says, 'but he understood me. Still, he gave me only twenty-four hours to finish the British off.'

Bittrich drove to Elst to see Knaust. The major was worried. All day the forces against him had appeared to be growing stronger. While he knew British tanks could not leave the main highway, the possibility of attacks from the west concerned him. 'A British break-through must be halted at all costs,' Bittrich warned. 'Can you hold for another twenty-four hours, while we clean up Oosterbeek?' Knaust assured Bittrich that he could. Leaving Knaust, the *Panzer* Corps commander immediately ordered Colonel Harzer of the Hohenstaufen Division to 'intensify all attacks against the airborne tomorrow. I want the whole affair ended.'

Harzer's problems were also difficult. Although Oosterbeek was completely encircled, its narrow streets were proving almost impossible for tank manoeuvring—especially for the 60-ton Tigers 'which tore up the road foundations, making them look like ploughed fields, and ripped off the pavement when they turned.' Additionally, Harzer told Bittrich, 'every time we compress the airborne pocket and shrink it even tighter, the British seem to fight harder.' Bittrich advised that 'strong attacks should be thrown from east and west at the base of the perimeter to cut the British off from the Rhine.'

The Frundsberg Division commander, General Harmel, charged with holding and driving back the Allied forces in the Nijmegen-Arnhem area, heard from Bittrich, too. Delayed in assembling his whole division by the wreckage on the Arnhem bridge, Harmel had not been able to form a blocking front on both sides of the elevated 'island' highway. The British attack at Oosterhout had split his forces. Only part of his division had been in position on the western side when the British had attacked. Now, what remained of his men and equipment was east of the highway. Elst would be held, Harmel assured Bittrich. The British could not advance up the main road. But he was powerless to halt the drive to Driel. 'I cannot prevent them going up or coming back,' he told Bittrich. The II SS *Panzer* Corps leader was firm. The next twenty-four hours would be critical, he warned Harmel. 'The British will try everything to reinforce their bridgehead and also drive for Arnhem.' Harzer's attacks against the Oosterbeek perimeter would succeed—providing Harmel held. As Bittrich put it, 'We'll get the nail. You must amputate the finger.'

* * *

The guns of the 43rd were thundering and in the southwest corner of the Oosterbeek perimeter a big gasometer blazed, throwing an eerie, flickering, yellowish light over the Rhine. As he climbed out of a boat on the northern bank, Colonel Charles Mackenzie could see why he had been warned by radio to wait for a guide. The shoreline was unrecognizable—boat wreckage, fallen trees, and shell craters had buried the road running back into the bridgehead. If he had tried to set out by himself he would certainly have become lost. Now, following an engineer, he was guided to the Hartenstein.

Mackenzie had not changed his mind about the report he would make to Urquhart. Once again, while waiting to be rowed over to the Division perimeter, he had thought about his options. In spite of all the preparations that he had seen in Driel and on the southern bank, he remained sceptical that help would ever reach the division in time. He felt guilty about the report he had decided to make. Yet, there was still the chance that his own view was far too pessimistic.

In the cellar of the shattered Hartenstein, Urquhart was waiting. Mackenzie gave the Airborne commander the official view: 'Help is on the way. We should hang on.' Urquhart, Mackenzie remembers, 'listened impassively, neither disheartened nor gladdened by the news.' The unspoken question for both men remained the same: how much *longer* must they hold? At this time, in the first hours of Sunday, September 24th, after eight days of battle, Urquhart's estimated strength was down to less than 2,500 men—and for all of them there was only one question: when would Monty's forces arrive? They had thought about it in the loneliness of trenches, gunpits and outposts, in the wrecks of houses and shops, and in the hospitals and dressing stations throughout the perimeter where anxious uncomplaining men lay wounded on pallets, mattresses and bare floors.

With infantry on the south bank of the river, the paratroopers did not doubt that the 2nd Army would eventually cross. They wondered only if any of them would be alive to see the relief for which they had waited so long. In these last tragic hours annihilation was their constant fear, and to allay this dread men tried to raise each other's morale by any means they could. Jokes made the rounds. Wounded men, still holding at their posts, disregarded their injuries, and examples of extraordinary daring were becoming commonplace.

Above all, Urquhart's men were proud. They shared a spirit in those days that was stronger, they said later, than they would ever know again.

From his kit Lance Bombadier James Jones of an artillery troop took out the single non-military item he had brought along—the flute he had used as a boy. 'I just wanted to play it again,' he remembers. 'It was raining mortar bombs for three or four days straight and I was frightened to death. I got out the flute and began to play.' Nearby, Lieutenant James Woods, the gun position officer, had an idea. With Jones leading, Lieutenant Woods and two other gunners climbed out of their trenches and began to march around the gun positions. As they proceeded in single file, Lieutenant Woods began to sing. Behind him the two troopers removed their helmets and drummed on them with sticks. Battered men heard the strains of 'The British Grenadiers' and 'Scotland the Brave' filtering softly through the area. Faintly at first, other men began to sing and then, with Woods 'going at the top of his voice,' the artillery positions erupted in song.

In the Schoonoord Hotel on the Utrecht–Arnhem road, approximately midway along the eastern side of the perimeter, Dutch volunteers and British medics cared for hundreds of wounded under the watchful eyes of German guards. Hendrika van der Vlist wrote in her diary: 'Sunday, September 24th. This is the day of the Lord. War rages outside. The building is shaking. That is why the doctors cannot operate or fix casts. We cannot wash the wounded because nobody can venture out to find water under these conditions. The army chaplain scribbles in his notebook. I ask him what time the service will be held.'

Padre G. A. Pare finished his notes. With Hendrika he made the rounds of each room in the hotel. The shelling seemed 'particularly noisy,' he recalls, 'and I could hardly hear my own voice above the battle outside.' Yet, 'looking into the faces of men stretched out all over the floor,' Chaplain Pare 'felt inspired to fight the noise outside with God's peace inside.' Quoting from St. Matthew, Pare said, 'Take no thought for the morrow. What ye shall eat or what ye shall drink, or wherewithal ye shall be clothed.' Then he, like the men in the artillery positions, began to sing. He remembers that as he began 'Abide with Me,' men just listened. They then began to hum and sing softly themselves. Against the thunderous barrage outside the Schoonoord, hundreds of wounded and dying men took up the words, 'When other helpers fail and comforts flee, God of the helpless, O abide with me.'

Across the street from the church in lower Oosterbeek, Kate ter Horst left her five children and the eleven other civilians sheltering in the ten-by-six foot cellar of her house and made her way past the wounded on the upper floor. The 14-room, 200-year-old house, a former vicarage, was totally unrecognizable. The windows were gone and 'every foot of space in the main hall, dining room, study, garden room, bedrooms, corridors, kitchen, boiler room and attic was crowded with wounded,' Mrs. ter Horst recalls. They lay, too, in the garage and even under the stairs. In all, more than 300 injured men crowded the house and grounds, and others were being brought in by the minute. Outdoors on this Sunday morning Kate ter Horst saw that a haze hung over the battlefield. 'The sky is yellow,' she wrote, 'and there are dark clouds hanging down like wet rags. The earth has been torn open.' On the grounds she saw 'the dead, our dead, wet through from rain, and stiff. Lying on their faces, just as they were yesterday and the day before—the man with the tousled beard and the one with the black face and many, many others.' Eventually 57 men would be buried in the garden, 'one of them a mere boy,' Mrs. ter Horst wrote, 'who died inside the house for lack of space.' The lone doctor among the medical teams in the house, Captain Randall Martin, had told Mrs. ter Horst that the boy 'had simply banged his head against a radiator until he was gone.'

Picking her way gingerly about the rooms, Kate ter Horst thought of her husband, Jan, who had left on Tuesday night by bicycle to scout the area and bring back information about German positions to an artillery officer. The perimeter had been formed while he was gone and, in the heavy fighting, Jan had been unable to get back home. They would not see each other for two more weeks. Working with Dr. Martin and the orderlies ever since Wednesday, Mrs. ter Horst had hardly slept. Each night, going from room to room, she had prayed with the wounded and read to them from the 91st Psalm, 'Thou shalt not be afraid for the terror by night, nor for the arrow that flieth by day.'

Now, all this morning, snipers, infiltrating into the perimeter during the night, were firing 'shamelessly into a house from which never a shot was fired,' she wrote. 'Bullets whizzed through rooms and corridors crowded with helpless people.' Passing a window carrying a stretcher, two orderlies were shot. Then, what everyone feared most might happen occurred: Dr. Martin was wounded. 'It's only my ankle,' he told Mrs. ter Horst, 'In the afternoon I'll go hopping around again.' Outside the sniping gave way to shelling. The thunder and crash of mortar bursts 'defies description,' Kate ter Horst recorded. To Private Michael Growe, 'the lady seemed terribly calm and unflustered.' Growe, already wounded in the thigh from shrapnel, was now hit again in the left foot by a shell burst. Hastily medics moved Growe and other newly injured men away from a line of French windows. Corporal Daniel Morgans, hit in the head and right knee as he was holding a position near the Oosterbeek church, was carried to the ter Horst house just as a German tank came up the road. As an orderly was explaining to Morgans that 'they were practically out of dressings and had no anaesthetics or food, and only a little water,' the tank sent a shell crashing against the house. In an upstairs room, Private Walter Boldock, with bullet wounds in the side and back, stared in horror as the tank 'ground and wheeled. I could hear the gibberish chatter of machine guns and then a shell tore through the wall above my back. Plaster and debris began falling everywhere and many of the wounded were killed.' Downstairs, Bombardier E. C. Bolden, a medical orderly, was in a white-hot rage. Grabbing a Red Cross flag, he rushed out of the house and straight for the tank. Corporal Morgans heard him clearly. 'What the hell are you doing?' he remembers Bolden screaming at the German tank commander. 'This house is clearly marked with a Red Cross flag. Get the hell away from here!' As the anxious wounded listened, they heard the sound of the tank backing off. Bolden returned to the house, 'almost as angry,' Morgans remembers, 'as when he left. We asked him what happened.' Bolden replied tersely: 'The German apologized but he also got the hell out.'

Although the house was not shelled again, there was no let-up in the fire about them. Kate ter Horst wrote: 'All around, these men are dying. Must they breathe their last in such a hurricane? Oh, God! Give us a moment's silence. Give us quiet, if only for a short moment, so that they at least can die. Grant them a moment's holy silence while they pass on to Eternity.'

All about the perimeter tanks crashed through defences as weary, groggy troopers reached the limits of exhaustion. There were horrors everywhere—particularly from flame-throwers. In one incident of SS brutality, a jeep carrying wounded under a Red Cross flag was stopped by four Germans. One of the medics tried to explain that he was carrying wounded to a casualty station. The Germans turned a flame-thrower on him, then walked away. But throughout the battle, both at the Arnhem bridge and in the perimeter, there were singular examples of chivalry.

On Brigadier Hackett's eastern perimeter defences a German officer drove up to the British positions under a white flag and asked to see the commander. Hackett met him and learned that the Germans 'were about to attack, first laying down mortar and artillery fire on my forward positions.' As the Germans knew that one of the casualty stations was in the line of attack, Hackett was requested to move his forward positions back 600 yards. 'We do not want to put down a barrage that will hit the wounded,' the German explained. Hackett knew he could not comply. 'If the line had been moved back the distance demanded by the Germans,' General Urquhart later wrote, 'it would have put Divisional headquarters 200 yards behind the German lines.' Despite his inability to move, Hackett noted that when the attack finally came the barrage was carefully laid down to the south of the casualty station.

At the Tafelberg, another doctor, Major Guy Rigby-Jones, who had been operating on a billiard table in the games room of the hotel, had lost all his equipment when an 88 shell came through the roof of the building. He had not been able to operate since Thursday, although one of the field ambulance teams had set up a theatre in the Petersburg hotel. 'We had 1,200 to 1,300 casualties and neither the nursing facilities nor staff to treat them properly,' he remembers. 'All we had was morphia to kill the pain. Our main problem was food and water. We had already drained the central heating system to get water, but now, having ceased operating, I became more or less a quartermaster, trying to feed the wounded.' One of them, Major John Waddy of the 156th Battalion, who had been shot in the groin by a sniper on Tuesday, had been wounded again. A mortar shell landing on the window sill of a large bay window had exploded and a shell fragment had embedded itself in Waddy's left foot. Then the room took a direct hit. Waddy's right shoulder, face and chin were lacerated by falling bricks and wood splinters. Dr. Graeme Warrack, the Division's chief medical officer, whose headquarters were at the Tafelberg, rushed outside. Waddy hauled himself up to see Warrack standing in the street shouting at the

Germans: 'You bloody bastards! Can't anybody recognize a Red Cross?'

The Van Maanen family—Anje, her brother Paul and her aunt—were now working around the clock in the Tafelberg, under the direction of Dr. Van Maanen. Paul, who was a medical student, remembers that 'Sunday was terrible. We seemed to be hit all the time. I remembered that we mustn't show fear in front of the patients but I was ready to jump out of the room and scream. I didn't because the wounded stayed so calm.' As injured men were carried from one damaged room to another, Paul remembers that 'we began to sing. We sang for the British, for the Germans, for ourselves. Then everyone seemed to be doing it and with all the emotion people would stop because they were crying, but they would start up again.'

For young Anje van Maanen, the romantic dream of liberation by the bright stalwart young men who had dropped from the skies was ending in despair. Many Dutch civilians brought to the Tafelberg had died of their wounds—two, Anje noted in her diary, were 'lovely girls and good skaters, as old as I am, just seventeen. Now I will never see them again.' To Anje the hotel now seemed to be constantly hit by shells. In the cellar she began to cry. 'I am afraid to die,' she wrote. 'The explosions are enormous and every shell kills. How can God allow this hell?'

By 9.30 on Sunday morning Dr. Warrack decided to do something about the hell. The nine casualty stations and hospitals in the area were so jammed with wounded from both sides that he began to feel that 'the battle could no longer continue in this fashion.' Medical teams 'were working under impossible conditions, some without surgical instruments.' And under the intensified German attacks casualties were steadily mounting—among them now the courageous Brigadier Shan Hackett, who had suffered severe leg and stomach wounds from a mortar shell burst shortly before 8.00 a.m.

Warrack determined on a plan which needed General Urquhart's consent, and he set out for the Hartenstein. 'I told the general,' Warrack says, 'that despite Red Cross flags, all the hospitals were being shelled. One had taken six hits and was set on fire, forcing us quickly to evacuate 150 injured.' The wounded, he said, were being 'badly knocked about and the time had come to make some sort of arrangement with the Germans.' As it was quite impossible to evacuate the wounded across the Rhine, Warrack believed that many lives would be saved 'if casualties were handed over to the Germans for treatment in their hospitals in Arnhem.'

Urquhart, Warrack recalls, 'seemed resigned.' He agreed to the plan. But under no circumstances, he warned Warrack, 'must the enemy be allowed to think that this was the beginning of a crack in the formation's position.' Warrack was to make clear to the Germans that the step was being taken solely on humane grounds. Negotiations could take place, Urquhart said, 'on condition that the Germans understand you are a doctor representing your patients—not an official emissary from the division.' Warrack could ask for a truce period during the afternoon so that the battlefield could be cleared of wounded before 'both sides got on with the fight.'

Warrack hurried off to find Lieutenant-Commander Arnoldus Wolters, the Dutch liaison officer, and Dr. Gerrit van Maanen, both of whom he asked to help in the negotiations. Because Wolters, who would act as interpreter, was in the Dutch military and 'might run a great risk going to a German headquarters,' Warrack gave him the pseudonym 'Johnson'. The three men quickly headed for the Schoonoord Hotel to contact the German division medical officer.

By coincidence that officer, the 29-year-old Major Egon Skalka, claims he had reached the same conclusion as Warrack. As Skalka recalls that Sunday morning, he felt 'something had to be done not only for our wounded but the British in "der Hexenkessel".' In the Schoonoord Hotel, 'casualties lay everywhere—even on the floor.' According to Skalka, he had come to see 'the British chief medical officer to suggest a battlefield clearing' before Warrack arrived. Whoever first had the idea, they did meet. Warrack's impression of the young German doctor was that 'he was effeminate in appearance, but sympathetic and apparently quite anxious to ingratiate himself with the British—just in case.' Confronting the slender, dapper officer, handsome in his finely-cut uniform, Warrack, with 'Johnson' interpreting, made his proposal. As they talked Skalka studied Warrack, 'a tall, lanky, dark-haired fellow, phlegmatic like all Englishmen. He seemed terribly tired but otherwise not in bad shape.' Skalka was prepared to agree to the evacuation plan but he told Warrack, 'first we will have to go to my headquarters to make sure there are no objections from my General.' Skalka refused to take Dr. Van Maanen with them. In a captured British jeep, Skalka,

Warrack and 'Johnson' set out for Arnhem with Skalka driving. Skalka recalls that he 'drove very fast, zigzagging back and forth. I did not want Warrack to orient himself and he would have had a tough time of it the way I drove. We went very fast, part of the time under fire, and twisted and turned into the city.'

To Wolters, the short drive into Arnhem was 'sad and miserable.' Wreckage lay everywhere. Houses were still smoking or in ruins. Some of the roads they followed, chewed up by tank tracks and cratered by shellfire, 'looked like ploughed fields.' Wrecked guns, overturned jeeps, charred armoured vehicles and 'the crumpled bodies of the dead' lay like a trail all the way into Arnhem. Skalka had not blindfolded the two men nor did Wolters feel he made any attempt to conceal the route he took. It struck him that the elegant SS medical officer seemed 'eager for us to see the German strength.' Through the still smoking, debris-strewn streets of Arnhem, Skalka drove northeast and pulled up outside Lieutenant-Colonel Harzer's headquarters, the high school on Hezelbergherweg.

Although the arrival of Warrack and Wolters created surprise among the staff officers, Harzer, alerted by phone, was waiting for them. Skalka, leaving the two officers in an outer room, reported to his commander. Harzer was angry. 'I was amazed,' he says, 'that Skalka had not blindfolded them. Now they knew the exact location of my headquarters.' Skalka had laughed. 'The way I drove I would be very surprised if they could find their way anywhere,' he assured Harzer.

The two Germans sat down with the British emissaries. 'The medical officer proposed that his British wounded be evacuated from the perimeter since they no longer had the room or supplies to care for them,' Harzer says. 'It meant calling a truce for a couple of hours. I told him I was sorry our countries were fighting. Why should we fight, after all? I agreed to his proposal.'

Wolters—'a Canadian soldier named Johnson,' as Warrack introduced him—remembers the conference in a completely different context. 'At first the German SS colonel refused even to consider a truce,' he says. 'There were several other staff officers in the room, including the acting Chief-of-Staff, Captain Schwarz, who finally turned to Harzer and said that the whole matter would have to be taken up with the General.' The Germans left the room. 'As we waited,' Wolters says, 'we were offered sandwiches and brandy. Warrack warned me not to drink on an empty stomach. Whatever kind of filling was in the sandwiches was covered with sliced onions.' It was the first food the two men had eaten in hours.

As the Germans re-entered the room, 'everyone snapped to attention and there was much "Heil Hitlering".' General Bittrich, hatless, in his long black leather coat, came in. 'He stayed only a moment,' Wolters remembers. Studying the two men, Bittrich said, "*Ich bedauere sehr diese Krieg zwischen unseren Vaterländern* (I regret this war between our two nations).' The General listened quietly to Warrack's evacuation plan and gave his consent. 'I agreed,' Bittrich says, 'because a man cannot—providing, of course, he has such feelings to start with—lose all humanity, even during the most bitter fight.' Then Bittrich handed Warrack a bottle of brandy. 'This is for your General,' he told Warwick, and withdrew.

By 10.30 a.m. Sunday, agreement on the partial truce was reached, although Wolters recollects 'that the Germans seemed worried. Both the Tafelberg and the Schoonoord Hotels were sitting on the front lines and the Germans could not guarantee to stop mortaring and shelling.' Harzer was mainly concerned about the long-range shelling of the British south of the Rhine and whether it could be controlled during the casualty evacuation. Skalka says that after assurances had been given on this point, he received a radio message from 2nd British Army headquarters. 'It was simply addressed to the medical officer, 9th SS *Panzer* Division, thanking me and asking if a ceasefire could extend long enough for the British to bring up medical supplies, drugs and bandages from across the Rhine.' Skalka arrogantly radioed back, 'We do not need your help but request only that your air force refrain from bombing our Red Cross trucks continually.' He was answered immediately: 'Unfortunately, such attacks occur on both sides.' Skalka thought the message 'ridiculous.' Angrily he replied, 'Sorry, but I have not seen our air force in two years.' Back came the British message: 'Just stick to the agreement.' Skalka was now enraged, so much so, he claims, that he radioed back, 'Lick my ——'*

The arrangement, as finally worked out, called for a two-hour

* Skalka's account that some exchange of messages took place is probably true. Yet the wording of the signals is certainly questionable, especially his answer regarding the *Luftwaffe*, which was in the air during the week, harassing the British drops. Further, it is a belittlement of forces of his own country. Such a contemptuous assessment of one's own side to an enemy was certainly uncommon among the SS.

truce beginning at 3.00 p.m. The wounded would leave the perimeter by a designated route near the Tafelberg Hotel. Every effort was to be made 'to slacken fire or stop completely.' Troops on both sides, holding front line positions, were warned to hold their fire. As Skalka began to order 'every available ambulance and jeep to assemble behind the front lines,' Warrack and Wolters, about to head back to their own lines, were allowed to fill their pockets with morphia and medical supplies. Wolters 'was glad to get out of there, especially from the moment Schwarz said to me, "You don't speak German like a Britisher".'

En route back to the perimeter, a Red Cross flag flying from their jeep and escorted by another German medical officer, Warrack and Wolters were permitted to stop at St. Elisabeth's Hospital to inspect conditions and visit the British wounded—among them Brigadier Lathbury who, with badges of rank removed, was now 'Lance Corporal' Lathbury. They were greeted by the chief British medical officer, Captain Lipmann Kessel; the head of the surgical team, Major Cedric Longland; and the senior Dutch surgeon, Dr. Van Hengel—all of whom, Warrack remembers, 'were desperately anxious for news.' Heavy fighting had taken place about the hospital. At one point there had even been a pitched battle in the building with Germans firing over the heads of patients in the wards, Kessel reported. But since Thursday the area had been quiet and Warrack discovered that, by contrast with the harrowing ordeal of the wounded in the perimeter, in St. Elisabeth's 'British casualties were in beds with blankets and sheets, and well cared for by Dutch nuns and doctors.' Warning Kessel to be prepared for a heavy flow of casualties, the two men returned to Oosterbeek, just in time, Warrack recalls, 'to step into a packet of mortaring near the Tafelberg.'

At 3.00 p.m. the partial truce began. The firing suddenly diminished and then stopped altogether. Lance Bombardier Percy Parkes, for whom the 'overwhelming noise had become normal, found the silence so unreal that for a second I thought I was dead.' With British and German medical officers and orderlies supervising the moves, ambulances and jeeps from both sides began loading casualties. Sergeant Dudley R. Pearson, the 4th Parachute Brigade's chief clerk, was put beside his Brigadier's stretcher on a jeep. 'So you got it too, Pearson,' said Hackett. Pearson was wearing only his boots and trousers. His right shoulder was heavily bandaged 'where shrapnel had torn a huge hole.' Hackett was grey-faced and obviously in great pain from his stomach wound. As they moved off towards Arnhem, Hackett said, 'Pearson, I hope you won't think I'm pulling rank, but I think I'm a bit worse off than you are. At the hospital do you mind if they get to me first?'*

Lieutenant Pat Glover, who had jumped with Myrtle the 'parachick,' was moved to St. Elisabeth's in agony. A bullet had severed two veins in his right hand and on the way to the Schoonoord dressing station he was hit again by shrapnel in the right calf. There had been so little morphia that he was told he could not be given a shot unless he deemed it absolutely necessary. Glover did not ask for any. Now, sleeping fitfully, he found himself thinking of Myrtle. He could not remember on what day she had been killed. During the fighting he and his batman, Private Joe Scott, had traded Myrtle's satchel back and forth. Then, in a slit trench under fire, Glover suddenly realized that Myrtle's bag was not there. 'Where's Myrtle?' he had yelled to Scott. 'She's up there, sir,' Scott pointed to the top of Glover's trench. Inside her bag, Myrtle lay on her back, feet in the air. During the night Glover and Scott had buried the chicken in a shallow little grave near a hedge. As Scott brushed earth over the spot, he looked at Glover and said, 'Well, Myrtle was game to the last, sir.' Glover remembered he had not taken off Myrtle's parachute wings. Now, in a haze of pain, he was glad that he had buried her with honour and properly—with her badge of rank—as befitted those who died in action.

At the Schoonoord Hendrika van der Vlist watched as German orderlies began to move casualties out. Suddenly firing began. One of the Germans yelled, 'If it does not stop we will open fire and

* Both Lathbury and Hackett became 'lance corporals' in the hospital. Sergeant Dave Morris, who gave blood to Hackett before his operation, was cautioned that the Brigadier's identity was not to be revealed. Lathbury, in the hospital since the 19th, got his first news of the division when the Oosterbeek wounded arrived—including the information that Urquhart had been able to rejoin the division and that Frost's men had held the Arnhem bridge for almost four days. Both brigadiers later escaped from the hospital with the help of the Dutch and hid out. Lathbury eventually joined the irrepressible Major Digby Tatham-Warter who, dressed in civilian clothes and working with the Dutch underground, 'went about quite openly and on one occasion helped to push a German staff car out of a ditch.' With a group of approximately 120 troopers, medics and pilots who had been hidden by the Dutch, and led by a Dutch guide, Lathbury reached American troops south of the Rhine on the evening of October 22nd. See also Appendix, page 458.

not a casualty, a doctor or a nurse will come out alive.' Hendrika paid no attention. 'It is always the youngest soldiers who yell the loudest,' she noted, 'and we're used to the German threats by now.' The firing ceased and the loading continued.

Several times again firing broke out as the long lines of walking wounded and convoys of jeeps, ambulances and trucks moved out towards Arnhem. 'Inevitably,' General Urquhart recalled, 'there were misunderstandings. It is not easy to still a battle temporarily.' Doctors at the Tafelberg had 'some uneasy moments as they cleared combative Germans off the premises.' And nearly everyone remembers that the recently arrived Poles could not understand the necessity for the partial ceasefire. 'They had many old scores to settle,' says Urquhart, 'and saw no legitimate reason for holding their fire.' Ultimately, they were 'prevailed upon to curb their eagerness until the evacuation was completed.'

Major Skalka, along with Dr. Warrack, kept the convoys moving throughout the afternoon. Some 200 walking wounded were led out and more than 250 men were carried in the medical convoys. 'I have never seen anything like the conditions at Oosterbeek,' Skalka says. 'It was nothing but death and wreckage.'

At St. Elisabeth's, Lieutenant Peter Stainforth, recovering from a chest wound received in Arnhem, heard the first walking wounded coming in. 'I felt a shiver of excitement run up my spine,' he says. 'I have never been so proud. They came in and the rest of us were horror-stricken. Every man had a week's growth of beard. Their battledress was torn and stained, and filthy, blood-soaked bandages poked out from all of them. The most compelling thing was their eyes—red-rimmed, deep-sunk, peering out from drawn, mud-caked faces made haggard by lack of sleep and yet they walked in undefeated. They looked fierce enough to take over the place right then and there.'

As the last convoy left Oosterbeek, Warrack thanked the SS medical officer for his help. 'Skalka looked me in the eye and said, "Can I have that in writing?"' Warrack ignored the remark. At 5.00 p.m. the battle began again as though it had never stopped.

At Lance Bombardier Percy Parkes' gun position near the Van Dolderen laundry, 'all hell broke loose again. The Jerries threw everything at us.' After the relative quiet during the evacuation of the wounded, Parkes felt a sense of relief. 'Everything had returned to normal and I could orient to that. I was back in business again.'

Germans, taking advantage of the temporary truce, had infiltrated many areas. Men heard screaming and firing from all directions as Germans and British chased each other through streets and gardens. From his trench Parkes saw a tank coming across a cabbage patch towards battery headquarters. Two artillerymen sprinted for a 6-pounder on the road. As the troopers began to fire, Parkes looked up in amazement as cabbages began to sail over his trench. 'The force of the gun was sucking up the cabbages, pulling them right out of the ground and hurling them through the air. Then there was a tremendous bang and we saw a shell hit the tank.'

Major Robert Cain heard someone yell, 'Tigers!' and he raced for the small anti-tank gun set up alongside a building in his block. A gunner ran up the street to help him. Together the two men rolled the gun into position. 'Fire!' Cain shouted. He saw that the shell had hit the tank, disabling it. 'Let's have another go to be sure,' he yelled. The gunner looked at Cain and shook his head. 'Can't, sir,' he said. 'She's finished. The recoil mechanism's gone.'

Inside the Ter Horst house the noise was so loud that everyone was numbed and deafened. Suddenly Kate ter Horst felt 'a tremendous shock. There was a thunder of bricks. Timbers cracked and there were stifled cries from all sides.' The force of the explosion had jammed the cellar door. In the choking dust that swirled through the little room, she heard 'men working with spades and tools . . . sawing and the breaking of timbers . . . footsteps crunching through bricks and mortar . . . and heavy things dragged back and forth.' The cellar door was broken open and fresh air poured in. Upstairs Kate saw that part of the corridor and the garden room were open to the outdoors and a section of one wall had been blown in. Men lay everywhere, tossed about by the explosion. Dr. Martin had been hit again and was unable to get about at all. A soldier who had been brought in several days earlier suffering from shell shock roamed through the carnage in the house. Staring at Kate ter Horst, he said, 'I think I've seen you somewhere before.' Gently she led him to the cellar and found room for him on the stone floor. Almost immediately he fell asleep. Wakening later, he moved over to Mrs. ter Horst. 'We can be taken at any moment now,' he said quietly. He went to sleep again. Leaning tiredly against a wall, her five children beside her, Kate waited, as 'the ghastly hours stretched slowly.'

In a trench not far from Major Cain's position, Sergeant Alf

Roullier saw another tank appear in the street. He and a gunner dashed to the only anti-tank gun that seemed to be left in the artillery troop he was with. The two men reached the gun just as the tank turned towards them. They fired and saw a flash as the tank was hit. At that moment a machine gun opened up. The gunner with Roullier gasped and sagged against him. As Roullier turned to ease the man down, a bullet tore into his left hand. It began to shake uncontrollably and Roullier assumed the bullet had hit a nerve. Easing the gunner over his back, Roullier made it to his trench. 'I'll go and get help,' he told the blood-stained trooper. At the Ter Horst house Roullier stopped, unwilling to go in. He heard men screaming and babbling, begging for water, crying out the names of relatives. 'Oh, God!' Roullier said. 'What have I come here for?' Bombardier E. C. Bolden appeared at that moment. 'Blimey, mate,' Bolden said, looking at Roullier's shaking hand, 'you been out typewriting?' Roullier explained that he had come for help for the wounded gunner. 'All right,' Bolden said, bandaging Roullier's hand, 'I'll get there.' Returning to his position, Roullier passed the ter Horst garden and stopped, staring in horror. He had never seen so many dead in one place before. Some had smocks over their faces but others were uncovered and 'their eyes stared off in all directions.' There were piles of dead, so many that a man could not step between them.

At the trench Roullier waited until Bolden arrived with two stretcher-bearers. 'Don't worry,' Bolden told Roullier. He raised his thumb. 'Everything will be O.K.' Roullier didn't think so. Back in England, the 31-year-old sergeant had pleaded to go on the mission. His age was against it and, although Roullier was an artilleryman, he had become acting mess sergeant. But he had won out and finally had been allowed to go. Now, staring at the tired, thirsty, hungry troopers around him, he remembers that 'something clicked in my mind. I just forgot the battle. I was obsessed with getting us something to eat.' He does not know how long he crawled through torn-up gardens and half-demolished houses in the area, ransacking shelves and searching cellars for bits and pieces of food. Somewhere he found an undamaged galvanized tub. Into it he threw everything he found—a few withered carrots, some onions, a bag of potatoes, salt and some bouillon cubes. Near the house he found a chicken coop. Only one bird was still alive. Roullier took it along. On the stone floor of a ruined house he built a circle of bricks to hold the tub. Tearing strips of wallpaper off walls and using pieces of wood, he built a fire. He does not remember the battle still raging in the streets as he made one more trip outside to find water—but he staggered back with the tub partially filled. He killed and plucked the chicken and dropped it into the tub. Just at dusk when he decided the stew was finished he pulled a pair of curtains off a window frame to wrap the hot handles of the pot and, with the help of another trooper, set out for the trenches. For the first time in hours he was aware of mortars coming in. The two men moved at intervals, stopping at each near burst, then going on again. At the artillery position, Roullier yelled out, 'Come and get it!' Amazed, bleary troopers appeared in cautious groups with battered ration cans and mess kits. Dazedly mumbling their thanks, they dipped into the hot tub and disappeared into the growing darkness. In ten minutes the stew was gone. Peering into the bottom of the tub, Alf Roullier could just make out a few small chunks of potatoes. He picked them out and, for the first time that day, ate some food. He had never felt happier.

On the grounds of the Hartenstein Hotel in a five-man trench, Sergeant Leonard Overton, the glider pilot, stared out into the growing dusk. The four men who shared his trench had disappeared. Suddenly Overton saw dark shapes approaching. 'It's only us,' someone said quietly. As the four soldiers dropped into the trench, Overton saw that they carried a gas cape bundled together. Carefully the men opened the cape and, holding a can at one edge, emptied almost a pint of rainwater into the container. One man produced a cube of tea and began to stir the liquid. Overton looked on dazed. 'We had had nothing to eat or drink that day and only two hard biscuits which we had shared on Saturday,' he says. Then, to Overton's surprise, the troopers offered the tin can to him. He took a sip and passed it on. 'Many happy returns,' each man said to him softly, Overton had forgotten that Sunday, September 24th, was his twenty-third birthday.

In the Schoonoord the critical cases and the walking wounded were gone, but shell-shocked men still lingered in the big hotel. As Chaplain Pare walked through a half-deserted room, he heard a thin shaking voice somewhere in the echoing building singing 'Just a song at twilight.' Climbing to an upstairs room, Pare knelt beside a badly-shocked young trooper. 'Padre,' the boy said, 'will you tuck me in? I get so frightened with all the noise.' Pare had no blanket but he pretended to cover the trooper. 'That feels fine, Padre. I feel very well now. Will you do me one more favour?' Pare nodded. 'Say the Lord's Prayer with me.' Pare did. He soothed back the young man's hair. 'Now close your eyes,' Pare told him. 'Sleep well. God bless you.' The trooper smiled. 'Good night, Padre. God bless you.' Two hours later a medic came for Pare. 'You know that lad you said the prayers with?' Pare asked, 'What's wrong?' The medic shook his head. 'He died just now. He said to tell you he couldn't stand the noise outside.'

As evening set in, Colonel R. Payton-Reid in the KOSB's area of the perimeter was not unhappy to see 'the 24th grow to its melancholy close. The high hopes of early support by the ground forces was a subject, now, by mutual consent, taboo.'

Late Sunday night Lieutenant Neville Hay, the 'Phantom Net' operator, was called into General Urquhart's room in the cellar of the Hartenstein. 'He handed me a long message,' Hay says, 'and told me when I had finished encoding it to return it to him. I remember him saying that perhaps by that time he wouldn't have to send it.' Hay was stunned as he read the message. 'What it really meant was that they had to come and get us or we would be wiped out.' Hay encoded the signal and returned it to Urquhart. 'I hoped he wouldn't have to send it, either,' Hay says. As set out, the message read:

> 'Urquhart to Browning. Must warn you unless physical contact is made with us early 25 Sept. consider it unlikely we can hold out long enough. All ranks now exhausted. Lack of rations, water, ammunition and weapons with high officer casualty rate. Even slight enemy offensive action may cause complete disintegration. If this happens all will be ordered to break towards bridgehead if anything rather than surrender. Any movement at present in face of enemy impossible. Have attempted our best and will do as long as possible.'*

Over two consecutive nights, attempts to move men and supplies into Urquhart's lodgment had failed. Yet the stubborn XXX Corps

* Several versions of this message have appeared in other accounts of the battle. The one above is the original signal. Lieutenant Neville Hay retained his timed 'Phantom' message logs and made them available to me. I am extremely grateful for his cooperation.

Commander, General Horrocks, refused to abandon the effort. If the bridgehead was to be saved and the relief of Urquhart's men effected, it must take place this Sunday night. Once again the weather was unfavourable; no help could be expected from England-based planes flying supply or support missions. But troops were now in strength in the Driel-Nijmegen area and Horrocks—achieving the near-impossible by driving his entire Corps up the narrow, one-tank-wide corridor to his spearpoint on the Rhine—was obsessed by the 400 yards of river that separated him from the airborne forces. Success was tantalizingly close. He ordered General Thomas' 43rd Wessex to make one last push: with the remaining Poles, troops of Lieutenant-Colonel Gerald Tilly's 4th Dorsets would assault the river and try to cross into the bridgehead beginning at 10.00 p.m.

Tilly's move would be a first step in a wider plan. 'If things went well,' Horrocks later wrote, 'I hoped to side-slip the 43rd Division across the Rhine farther to the west and carry out a left hook against the German force attacking the Airborne perimeter.' The alternative was withdrawal. On this eighth day of Market-Garden Horrocks obstinately refused to face that choice. Others, however, were now seriously planning how it might be done.

According to his Chief-of-Staff, Brigadier Gordon Walch, the First Airborne Corps commander, General Browning, now spoke 'quite openly about withdrawing.' While the 43rd Wessex was moving up to Driel the decision had been in the balance, but 'as soon as they became stuck, Browning became convinced we would have to get Urquhart's men out.' The 2nd British Army commander, General Miles C. Dempsey, had reached the same conclusion. He had not met with Horrocks since the beginning of the attack. Now, as time ran out, Dempsey ordered Horrocks to a meeting down the corridor at St. Oedenrode. In line of command, Dempsey, on authority from Montgomery, would have the last word. The agonizing decision they would reach would be forced on them by one man—Field Marshal Model.

As Horrocks drove south to St. Oedenrode, Lieutenant-Colonel Tilly of the 4th Dorsets prepared for the night's river crossing. His battalion was now rushing up to the assembly area in Driel, and assault craft, now that the corridor was open again, were on the way. Tilly's instructions were clear. Briefed personally by his brigade commander, Brigadier Ben Walton, Tilly was told to 'broaden the base of the perimeter.' The crossing would be made at the old ferry site, about a mile west of Oosterbeek. Once across, the Dorsets were 'to hang on until reinforced.' They would travel light, carrying only enough food and ammunition to last three or four days. As the 35-year-old Tilly saw it, his men 'were a task force leading the way for the whole of Dempsey's 2nd Army.' He was acutely conscious of the urgent necessity of reaching Urquhart's men quickly. From all he had learned, the division was dying by the hour.

Three times on Sunday, Tilly had climbed to the spire of a damaged Driel church to observe the area where his troops would land on the Rhine's northern bank. As the afternoon wore on, at his orchard headquarters south of Driel, he impatiently awaited the full arrival of his battalion from the village of Homoet, a few miles southwest of Driel—and the assault boats being brought up from the corridor.

Shortly after 6.00 p.m. Brigadier Ben Walton sent for Tilly. At Walton's headquarters in a house south of Driel, Tilly expected the brigade commander to review once more the details of the night's operation. Instead, Walton told him there had been a change in plan. Word had been received, Walton said, that 'the whole operation—the large-scale crossing—was off.' Tilly's battalion would still cross—but for a different purpose. Tilly listened with increasing dismay. His men were to hold the base of the perimeter while Urquhart's First Airborne Division was withdrawn! He was to take as few men as possible—'only enough to do the job': approximately 400 infantry and 20 officers. Tilly did not need to go: he could detail his second-in-command, Major James Grafton, to take his place. Although Tilly replied he would 'think about it,' he had already decided to lead his men over. As he left Walton's headquarters, Tilly felt that his men were being sacrificed. Walton had said nothing about getting them back. Yet he knew that Walton, too, was helpless to alter the situation. What puzzled him was what had happened; why had the plan been changed?

The decision to withdraw Urquhart's force—subject to confirmation by Montgomery, who was not finally to approve the order until 9.30 a.m., Monday, September 25th—was reached by General Dempsey at the St. Oedenrode conference with Horrocks and General Browning on Sunday afternoon. After considering his Corps commander's plan for a full-scale crossing of the Rhine, Dempsey had turned it down. Unlike Horrocks, Dempsey did not

N
HARZER
9TH SS PANZER "HOHENSTAUFEN" DIV.
HARTENSTEIN HOTEL
OOSTERBEEK PERIMETER
Wolfheze
ARNHEM
URQUHART
BR. 1ST AIRBORNE DIV.
VON TETTAU
KRAFFT
Oosterbeek
TAYLOR'S DUKWS UNABLE TO CROSS RHINE
DESTROYED PONTOON BR.
DESTROYED FERRY
DESTROYED RAILWAY BR.
ARNHEM BRIDGE CAPTURED BY GERMANS SEPT. 20
LOWER RHINE
Evacuation Sept. 26
Driel
Elden
Heteren
SOSABOWSKI'S POLES FAIL TO CROSS RHINE.
TILLY'S 4TH DORSETS ATTACK FAILS
HARMEL
10TH SS PANZER "FRUNDSBERG" DIV.
LORD WROTTESLEY'S 2ND HOUSEHOLD CAVALRY FIRST LINK WITH AIRBORNE FORCES SEPT. 22
"THE ISLAND" HIGHWAY
Homoet
MARSH
Zetten
THOMAS' 43RD WESSEX DIV. ATTACK HELD UP
Elst
KNAUST'S "TIGER" TANKS BLOCK HIGHWAY
GUARDS STOPPED SEPT. 22
MARSH
Ressen
Bemmel
SEPT. 22
Oosterhout
WAAL R.
WAAL R.
Lent
GEN. HARMEL FAILS TO DESTROY BRIDGE
82ND AIRBORNE MAKES HEROIC ASSAULT ACROSS WAAL TO CAPTURE NORTHERN END OF NIJMEGEN BRIDGE
GUARDS ARMORED CROSSES BRIDGE SEPT. 20
NIJMEGEN
GUARDS ARMORED DIV. & U.S. 82ND AIRBORNE DIV. TAKE NIJMEGEN
EFFORTS TO RESCUE BRITISH 1st AIRBORNE DIVISION
MAAS-WAAL CANAL
0 Miles 3
palacios

believe the assault could succeed. 'No,' he said to Horrocks. 'Get them out.' Turning to Browning, Dempsey asked, 'Is that all right with you?' Silent and subdued, Browning nodded. Immediately Dempsey notified General Thomas in Driel. Even as the St. Oedenrode conference was taking place, the Germans, once again, severed the corridor north of Veghel. Cut off, Horrocks used an armoured carrier and broke through the German lines to return to his headquarters at Nijmegen. Field Marshal Model's latest attacks would keep the corridor closed for more than 40 hours.

In Driel, most of Lieutenant-Colonel Tilly's battalion had now arrived. He walked among his troops picking the men he would take. Tapping soldiers on the shoulder, Tilly said, 'You go'; 'You're not going.' The real purpose of the assault was secret. He could not tell protesting men why they were being left behind. Tilly 'picked those veterans who were absolutely sure—essential—leaving the others behind.'

The decision was bitter. Looking at the officers and men who, he believed, 'were going to certain death,' Tilly called over Major Grafton, his second-in-command. 'Jimmy,' Grafton remembers Tilly saying, 'I've got to tell you something because someone other than me has to know the real purpose of the crossing.' Outlining the change in plan, Tilly added quietly, 'I'm afraid we're being chucked away.'

Stunned, Grafton stared at Tilly. 'It was vital,' Tilly added, 'that no one else should have the information. It would be too risky,' he explained.

Grafton knew what Tilly meant. It would be a terrible blow to morale if the truth was known. As Grafton prepared to leave, Tilly said, 'Jimmy, I hope you can swim.' Grafton smiled. 'I hope so, too,' he said.

By 9.30 p.m., as Tilly's men moved down to the river, there was still no sign of the assault craft. 'How the hell do they expect me to cross without boats?' Tilly asked his engineering officer, Lieutenant-Colonel Charles Henniker. Rations for his men had not arrived either. Testy and burdened by his knowledge of the true reason for the mission, Tilly spoke with Lieutenant-Colonel Aubrey Coad, commander of the 5th Dorsets. 'Nothing's right,' Tilly told him. 'The boats haven't come and we haven't been issued rations. If something isn't done soon, I'm not prepared to go.' Coad ordered his battalion to turn over rations to Tilly's men.

For three long hours, in a cold, drizzling rain, Tilly's force waited for the assault craft. At midnight word arrived that the boats were now in Driel. But only nine had come through. In the darkness, some trucks had taken a wrong turn and driven into enemy lines; two others, skidding off a muddy dike road, had been lost. At the rendezvous point the boats were carried on the shoulders of the infantry for 600 yards through a swampy marsh to the launching point. Stumbling and slithering through the mud of the polder, men took more than an hour to wrestle the boats to the river. Not until after 2.00 a.m. on Monday, September 25th, was the assembly complete.

As the men prepared to launch, Tilly handed Major Grafton two messages for General Urquhart: one was a letter from General Browning; the other, a coded message from General Thomas outlining the withdrawal plan. There were two sets of these letters. Lieutenant-Colonel Eddie Myers, Urquhart's engineering officer, had returned from Nijmegen and his meeting with Browning. Now Myers, bearing the same letters, was waiting to cross. 'Your job,' Tilly told Grafton, 'is to get through to Urquhart with these messages in case the engineering officer doesn't make it.' The paper, containing the withdrawal plan, was 'absolutely vital,' Tilly stressed.

At the river it was clear that the Germans were completely prepared for another crossing. Only some 15 British assault craft—including three DUKWS and the remnants of the little fleet used on the previous night—remained. At the very last minute, because of the boat shortage, it was decided to halt a diversionary crossing scheduled by the Poles to the east of the Dorsets' launching area and put Tilly's men over in five 3-boat waves. As the preparations went on, mortar shells exploded on the southern bank and heavy machine guns, apparently now carefully lined up along both edges of the perimeter base, swept the water. Lieutenant-Colonel Tilly stepped into a boat. The first wave began to cross.

Although every available British gun on the southern side hammered away, sending a canopy of shells above the Dorsets, the crossing was brutally assaulted. The canvas and plywood craft were raked, holed and swept away. Some, like Major Grafton's, caught fire before leaving the south bank. Quickly Grafton set out in another. Halfway over he discovered his was the only remaining boat in the wave. In fifteen minutes, feeling 'lucky to be alive,' Grafton was across.

In the rain and darkness, hemmed in by well-sited machine gun fire, each of the five waves sustained heavy losses. But the worst enemy by far was the current. Unused to the boats and the unexpected current which increased in speed after midnight, the helpless Dorsets were swept past the perimeter base—and into the hands of the enemy. Scattered for miles, those who survived were quickly cut off and surrounded. Of the 420 officers and men who set out for the perimeter, only 239 reached the northern bank. Lieutenant-Colonel Tilly who, upon landing, was met by an avalanche of grenades rolled like bowling balls down a hill, was heard leading his men out of the inferno, yelling 'Get them with the bayonet!'*

The Dorsets were unable to link up as an effective unit with Urquhart's men. Only a few reached the Hartenstein perimeter—among them Major Grafton, who, with the withdrawal plan intact, came in through Major Dickie Lonsdale's positions near the lower Oosterbeek church. Lieutenant-Colonel Myers had already arrived at Urquhart's headquarters with the documents he was carrying. Neither man knew the contents of Thomas' coded message, or its cruelly ironic name. When Montgomery had originally pressed Eisenhower for 'a powerful and full-blooded thrust towards Berlin ... to thus end the war,' his single-thrust suggestion had been turned down. 'Operation Market-Garden' had been the compromise. Now the withdrawal plan for Urquhart's bloodied men had been officially designated. The remnants of the First British Airborne Division were to be evacuated under the code name: 'Operation Berlin.'

[4]

Now Market-Garden, the operation Montgomery hoped would end the war quickly, proceeded inevitably towards its doom. For 60 terrible miles men hung on to bridges and fought for a single road—the corridor. In General Maxwell Taylor's sector north of Eindhoven, troopers bolstered by British armour and infantry repelled one fierce attack after another while trying to reopen the empty stretch of highway severed at Uden; in General Gavin's 82nd area the great Waal bridge was under constant bombardment and the

* One of the bouncing grenades actually hit Tilly's head and exploded. Incredibly he was only slightly wounded and survived as a prisoner of war until the end of hostilities.

enemy continued to press in from the Reichswald in steadily growing strength. Gone was the attitude of a week before that the war was almost over. Enemy units were being encountered that had long been written off. The Nazi war machine, thought to be reeling and on the verge of collapse in the first week of September, had miraculously produced 60 Tiger tanks which were delivered to Model on the morning of September 24th.* Market-Garden was strangling and now the principal objective of the plan, the foothold across the Rhine, the springboard to the Ruhr, was to be abandoned. At 6.05 a.m., Monday, September 25th, General Urquhart received the order to withdraw.

In the planning of the Arnhem operation Urquhart had been promised relief within 48 hours. General Browning had expected the First Airborne Division to hold out alone for no longer than four days at maximum. In an unprecedented feat of arms for an airborne division, outnumbered and outgunned, Urquhart's men had hung on for more than twice that long. To the courageous Scot, commanding an airborne division for the first time, withdrawal was bitter—yet Urquhart knew it was the only course. By now his strength was less than 2,500 men and he could ask no more of these uncompromising troopers. Galling as it was to know that relieving British forces sat barely one mile away, separated from the Division only by the width of the Rhine, Urquhart reluctantly agreed with his superiors' decision. The time had come to get the valiant men of Arnhem out.

At the Hartenstein, a weary Lieutenant-Colonel Eddie Myers delivered two letters—Browning's and the withdrawal order from General Thomas—to Urquhart. Browning's congratulatory and encouraging message, written more than 24 hours earlier, was outdated. In part it read, '. . . the army is pouring to your assistance, but . . . very late in the day,' and 'I naturally feel, not so tired and frustrated as you do, but probably almost worse about the whole thing than you do. . . .'

The withdrawal order—especially coming from Thomas whose slowness Urquhart, like Browning, could not forgive—was by far the more depressing. The 43rd Wessex was now beginning to feel the weight of increasing German pressure, Thomas' message said. All hope of developing a major bridgehead across the Rhine must be abandoned; and the withdrawal of the First Airborne would take

* See Appendix, page 458.

place, by mutual agreement between Urquhart and Thomas, at a designated date and time.

Urquhart pondered his decision. As he listened to the continuing mortar and artillery bombardment outside, he had no doubts about the date and time. If any of his men were to survive, the withdrawal would have to be soon and, obviously, under cover of darkness. At 8.08 a.m. Urquhart contacted General Thomas by radio: 'Operation Berlin,' he told him, 'must be tonight.'

Some twenty minutes later he released the message prepared for Browning which he had given the 'Phantom' communications officer, Lieutenant Neville Hay, to encode the night before. It was still pertinent, particularly the warning sentence, 'Even comparatively minor enemy offensive action may cause complete disintegration.' For at this moment Urquhart's situation was so desperate that he did not know if his men could hold until darkness. Then the agonized General began to plan the most difficult manoeuvre of all: the withdrawal. There was only one way out—across the terrible 400 yards of the Rhine to Driel.

Urquhart's plan was designed along the lines of another classic British withdrawal—Gallipoli, in 1916. There, after months of fighting, troops had finally been pulled out under deceptive cover. Thinned-out lines, cloaking the retreat, had continued to fire as the main bulk of the force was safely withdrawn. Urquhart planned a similar manoeuvre. Along the perimeter small groups of men would keep up a fusillade to deceive the enemy while the larger body of troops slipped away. Gradually units along the northern face of the perimeter would move down along its sides to the river to be evacuated. Then the last forces, closest to the Rhine, would follow. 'In effect,' Urquhart said later, 'I planned the withdrawal like the collapse of a paper bag. I wanted small parties stationed at strategic places to give the impression we were still there, all the while pulling downwards and along each flank.'

Urquhart hoped to contrive other indications of 'normality': the usual pattern of radio transmissions would continue; Sheriff Thompson's artillery was to fire to the last; and military police in and about the German prisoner-of-war compound on the Hartenstein's tennis courts were to continue their patrols. They would be among the very last to leave. Obviously, besides a rearguard, other men would have to stay behind—doctors, medical orderlies and serious casualties. Wounded men, unable to walk but capable of occupying defensive positions, would stay and continue firing.

To reach the river Urquhart's men would follow one route down each side of the perimeter. Glider pilots, acting as guides, would steer them along the escape path, marked in some areas with white tape. Troopers, their boots muffled by strips of cloth, were to make their way to the water's edge. There, beachmasters would load them into a small evacuation fleet: 14 powered assault boats—managed by two companies of Canadian engineers—each capable of carrying 14 men, and a variety of smaller craft. Their number was indeterminate. No one, including the beachmasters, would remember how many, but among them were several DUKWS and a few canvas and plywood assault craft remaining from previous crossings.

Urquhart was gambling that the Germans, observing the boat traffic, would assume men were trying to move into the perimeter rather than out of it. Apart from the dreadful possibility of his troops being detected other hazardous difficulties could occur as more than 2,000 men tried to escape. If a rigid time schedule was not maintained Urquhart could foresee an appalling bottleneck developing at the narrow base of the perimeter, now barely 650 yards wide. If they were jammed into the embarkation area, his men might be mercilessly annihilated. After the futile experience of the Poles and the Dorsets in trying to enter the perimeter, Urquhart did not expect the evacuation to go unchallenged. Although every gun that XXX Corps could bring to bear would be in action to protect his men, Urquhart still expected the Germans to inflict heavy casualties. Time was an enemy, for it would take hours to complete the evacuation. There was also the problem of keeping the plan secret. Because men might be captured and interrogated during the day, no one, apart from senior officers and those given specific tasks, was to be told of the evacuation until the last minute.

After conferring with General Thomas by radio and obtaining agreement on the major points in his withdrawal plan, Urquhart called a meeting of the few senior officers left: Brigadier Pip Hicks; Lieutenant-Colonel Iain Murray of the Glider Pilot Regiment, now in charge of the wounded Hackett's command; Lieutenant-Colonel R. G. Loder-Symonds, the Division's artillery chief; Colonel Mackenzie, the Chief-of-Staff; and Lieutenant-Colonel Eddie Myers, the engineering officer who would be in charge of the evacuation. Just before the conference began, Colonel Graeme

Warrack, the chief medical officer, arrived to see Urquhart and became the first man to learn of the plan. Warrack was 'downcast and unhappy. Not because I had to stay—I had an obligation to the wounded—but because up to this moment I had expected the Division to be relieved in a very short time.'

In the Hartenstein cellar, surrounded by his officers, Urquhart broke the news. 'We're getting out tonight,' he told them. Step by step he outlined his plan. The success of the withdrawal would depend on meticulous timing. Any concentration of troops or traffic jams could cause disaster. Men were to be kept moving, without stopping to fight. 'While they should take evasive action if fired upon, they should only fire back if it is a matter of life or death.' As his despondent officers prepared to leave, Urquhart cautioned them that the evacuation must be kept secret as long as possible. Only those with a need to know were to be told.

The news carried little surprise for Urquhart's senior officers. For hours it had been obvious that the position was hopeless. Still, like Warrack, they were bitter that relief had never arrived. In their minds, too, was the fear that their men might endure an even greater ordeal during the withdrawal than they had in the perimeter. By accident Signalman James Cockrill, attached to Division headquarters, heard the terse message: 'Operation Berlin is tonight.' He puzzled over its meaning. Withdrawal did not even occur to him. Cockrill believed the division 'would fight to the last man and the last bullet.' He thought that 'Operation Berlin' might mean an all-out attempt to break through for the Arnhem bridge 'in some kind of heroic "Charge of the Light Brigade" or something.' Another man knew all too clearly what it meant. At the headquarters of the 1st Airlanding Brigade, Colonel Payton-Reid of the KOSB's, helping to arrange details of the evacuation of the western edge of the perimeter, heard Brigadier Pip Hicks mutter something about 'another Dunkirk.'

All through this day, in a frenzy of attacks, the Germans tried to overrun positions, but still the Red Devils held. Then, men would recall, shortly after 8.00 p.m. the news of the withdrawal began filtering down. To Major George Powell of Hackett's 156th Battalion, at the top of the perimeter, the news was 'an appalling blow. I thought of all the men who had died and then I thought the whole effort had been a waste.' Because his men were among those who had the farthest to come, Powell started them off in single file at 8.15 p.m.

Private Robert Downing of the 10th Parachute Battalion was told to leave his slit trench and go to the Hartenstein Hotel. There, he was met by a sergeant. 'There's an old plastic razor over there,' the sergeant told him. 'You get yourself a dry shave.' Downing stared at him. 'Hurry up,' the sergeant told him. 'We're crossing the river and by God we're going back looking like British soldiers.'

In a cellar near his position Major Robert Cain borrowed another razor. Someone had found water and Cain scraped the razor over a week's growth of beard and then dried his face carefully on the inside of his smoke-blackened, blood-stained smock. Coming out he stood for a minute in lashing rain looking at the church in lower Oosterbeek. There was a gold cock on the weathervane. Cain had checked it at intervals during the battle. For him, it was a good luck symbol. As long as the gold cock remained, so would the division. He felt an overpowering sadness. He wondered if the weathervane would still be there tomorrow.

Like other men, Major Thomas Toler of the Glider Pilot Regiment had been told by Colonel Iain Murray to clean up a little. Toler couldn't have cared less. He was so tired that just 'thinking about cleaning up was an effort.' Murray handed over his own razor. 'We're getting out. We don't want the army to think we're a bunch of tramps.' With a small dab of lather that Murray had left, Toler, too, shaved his beard. 'It was amazing how much better I felt, mentally and physically,' he recalls. In Murray's command post was the Pegasus flag Hackett's men had planned to fly as the 2nd Army arrived. Toler stared at it for a moment. Then he carefully rolled it up and put it away.

In artillery positions where troopers now would fire at will to help disguise the evacuation, Gunner Robert Christie listened as the troop's signalman, Willie Speedie, called in to the battery. Speedie gave a new station as control and then said simply, 'I am closing down now. Out.'

Sergeant Stanley Sullivan, one of the pathfinders who had led the way nine days before, was furious when the news reached him. 'I had already figured we'd had it anyway and we might as well go down fighting.' Sullivan's outpost was in a school 'where youngsters had been trying to learn. I was afraid for all those children if we pulled out. I had to let them know, and the Germans too, just how we felt.' On the blackboard in the room he had been defending,

Sullivan printed large block letters and underlined them several times. The message read: 'We'll Be Back!!!'*

At precisely 9.00 p.m., the night sky was ripped by the flash of XXX Corps' massed guns, and fires broke out all along the edge of the perimeter as a torrent of shells rained down on the German positions. Forty-five minutes later, Urquhart's men started to pull out. The bad weather that had prevented the prompt arrival of troops and supplies during the week now worked for the Red Devils: the withdrawal began in near-gale-like conditions which—with the din of the bombardment—helped cover up the British escape.

In driving wind and rain the First Airborne survivors, faces blackened, equipment tied down and boots muffled against sound, climbed stiffly out of positions and lined up for the dangerous trek down to the river. The darkness and the weather made it impossible for men to see more than a few feet in front of them. The troopers formed a living chain, holding hands or clinging to the camouflage smock of the man ahead.

Sergeant William Thompson, a glider pilot, hunched his body against the pouring rain. Charged with helping to direct troopers to the river bank, he was prepared for a long wet night. As he watched men file past he was struck by the fact that 'few men but us had ever known what it was like to live in a mile-square abattoir.'

To Signalman James Cockrill the meaning of 'Operation Berlin' was now only too clear. He had been detailed to stay behind and operate his set as the troops withdrew. His instructions were 'to stay on the air and keep the set functioning to make the Germans think everything is normal.' Cockrill sat alone in darkness under the verandah of the Hartenstein, 'bashing away on the key. I could hear a lot of movement around me but I had no other instructions than to keep the set on the air.' Cockrill was certain that he would be a prisoner before morning. His rifle was propped up beside him but it was useless. One bullet was a dummy, containing the cipher code used to contact 2nd Army. It was the only one he had left.

On the Rhine's southern bank doctors, medical orderlies and Dutch Red Cross nursing personnel stood ready in reception areas

* The children would never see it. On September 27th, in a brutal reprisal against the Dutch, the Germans ordered the entire Arnhem area evacuated. Arnhem and the surrounding villages were to remain uninhabited until the very last days of the war when Canadian troops arrived on April 14th, 1945.

and at the collection point. In Driel convoys of ambulances and vehicles waited to move Urquhart's survivors back to Nijmegen. Although preparations for the arrival of the men were going on all about her, Cora Baltussen, after three days and nights tending the wounded, was so exhausted she thought the bombardment and the activities on the southern bank marked the prelude to yet another crossing attempt. In the concentrated shelling of Driel, Cora had been wounded by shrapnel in the head, left shoulder and side. Although the injuries were painful, Cora considered them superficial. She was more concerned about her bloody dress. She cycled home to change before returning to help tend the fresh flow of casualties she was certain would shortly arrive. On the way Cora rode into enemy shellfire. Thrown from her bicycle, she lay unhurt for some time in a muddy ditch, then she set off again. At home exhaustion overcame her. In the cellar she lay down for a short nap. She slept all through the night—unaware that 'Operation Berlin' was taking place.

Along the river at the base of the perimeter the evacuation fleet, manned by Canadian and British engineers, lay waiting. So far the enemy's suspicions had not been aroused. In fact it was clear that the Germans did not know what was happening. Their guns were firing at the remaining Dorsets who had begun a diversionary attack west of the perimeter. Still farther west Germans were firing as British artillery laid down a barrage to give the appearance of a river assault in that area. Urquhart's deception plan appeared to be working.

In the drenching rain, lines of men snaked slowly down both sides of the perimeter to the river. Some men were so exhausted that they lost their way and fell into enemy hands; others, unable to go on by themselves, had to be helped. In the inky darkness nobody stopped. To halt invited noise, confusion—and death.

In the ruddy glow of fires and burning buildings, Sergeant Ron Kent of Major 'Boy' Wilson's pathfinder group led his platoon to a cabbage patch designated as the company rendezvous point. There they waited until the remainder of the company assembled before moving towards the river. 'Although we knew the Rhine lay due south,' Kent says, 'we didn't know at what point they were evacuating us from.' Suddenly the men spotted lines of red tracers coming from the south and, taking these as a guide, they moved on. Soon they came to white tape and the shadowy figures of glider pilots who directed them along. Kent's group heard machine-gun fire and grenade explosions off to their left. Major Wilson and another group of men had run into Germans. In the fierce skirmish that followed, with safety only a mile away, two soldiers were killed.

Men were to remember the evacuation by small details—poignant, frightening and sometimes humorous. As Private Henry Blyton of the 1st Battalion moved down to the river, he heard someone crying. Ahead, the line stopped. Troopers made for the side of the path. There, lying on the sodden ground, was a wounded soldier crying for his mother. The men were ordered to keep on moving. No one was to stop for the wounded. Yet many did. Before troopers in Major Dickie Lonsdale's force left their positions, they went to the ter Horst house and took as many of the walking wounded as they could.

Lance Corporal Sydney Nunn who, with a glider pilot, had knocked out a Tiger tank earlier in the week, thought he would never make it to the river. By the church where artillery positions had been overrun during the day, Nunn and a group of KOSBs had a sharp, brief skirmish with the Germans. In the rain and darkness most of the men got away. Lying on the ground Nunn received the first injury he had had in nine days of fighting. Shrapnel hit some stones and one of Nunn's front teeth was chipped by a pebble.

Sergeant Thomas Bentley of the 10th Battalion was following the 'Phantom' operator, Lieutenant Neville Hay. 'We were sniped at continually,' he remembers. 'I saw two glider pilots walk out from the shadows and deliberately draw the German fire, apparently so we could see where it was coming from.' Both guides were killed.

In the Hartenstein General Urquhart and his staff prepared to leave. The war diary was closed; papers were burned and then Hancock, the General's batman, wrapped Urquhart's boots with strips of curtain. Everybody knelt as a chaplain said the Lord's Prayer. Urquhart remembered the bottle of whisky his batman had put in his pack on D-Day. 'I handed it around,' Urquhart says, 'and everyone had a nip.' Finally Urquhart went down to the cellars to see the wounded 'in their bloody bandages and crude splints' and said goodbye to those aware of what was happening. Others, drowsy with morphia, were mercifully unaware of the withdrawal. One haggard soldier, propping himself up against the cellar wall, told Urquhart, 'I hope you make it, sir.'

Lieutenant-Commander Arnoldus Wolters, the Dutch liaison

officer at Division headquarters, moving behind the General's group, observed absolute silence. 'With my accent had I opened my mouth I might have been taken for a German,' he says. At some point Wolters lost his grip on the man in front of him. 'I didn't know what to do. I simply kept groping, praying that I was heading in the right direction.' Wolters felt particularly depressed. He kept thinking of his wife and the daughter he had never seen. He had not been able to phone them even though his family lived only a few miles from the Hartenstein. The watch he had bought for his wife in England was still in his pocket; the teddy bear he had planned to give his daughter was somewhere in a wrecked glider. If he was lucky enough to make it back to the river, Wolters would be leaving, probably for England, once more.

At the river the crossings had begun. Lieutenant-Colonel Myers and his beachmasters packed men into the boats as fast as they arrived. But now the Germans, though still not aware that a withdrawal was taking place, could see the ferrying operations by the light of flares. Mortars and artillery began ranging in. Boats were holed and capsized. Men struggling in the water screamed for help. Others, already dead, were swept away. Wounded men clung to wreckage and tried to swim to the southern bank. Within one hour half the evacuation fleet was destroyed, but still the ferrying went on.

By the time Major George Powell's men reached the river from their long trek down the eastern side of the perimeter, Powell believed that the evacuation was over. A boat was bobbing up and down in the water, sinking lower as waves hit against it. Powell waded out. The boat was full of holes and the sappers in it were all dead. As some of his men struck out swimming, a boat suddenly appeared out of the dark. Powell hastily organized his men and got some of them aboard. He and the remaining troopers waited until the craft returned. On the high embankment south of the Rhine, Powell stood for a moment looking back north. 'All at once I realized I was across. I simply could not believe I had got out alive.' Turning to his fifteen bedraggled men, Powell said, 'Form up in threes.' He marched them to the reception centre. Outside the building, Powell shouted, '156th Battalion . . . Halt! Right turn! Fall out!' Standing in the rain he watched them head for shelter. 'It was all over but, by God, we had come out as we had gone in. Proud.'

As General Urquhart's crowded boat prepared to leave, it got caught in the mud. Hancock, his batman, jumped out and pushed them off. 'He got us clear,' Urquhart says, 'but as he struggled to get back aboard someone shouted, "Let go! It's overcrowded already!" ' Irked by this ingratitude 'Hancock ignored the remark and with his last reserves pulled himself into the boat.'

Under machine-gun fire Urquhart's boat was halfway across when the engine suddenly stuttered and stopped. The boat began to drift with the current; to Urquhart 'it seemed an absolute age before the engine came to life again.' Minutes later they reached the southern bank. Looking back Urquhart saw flashes of fire as the Germans raked the river. 'I don't think,' he says, 'they knew what they were firing at.'

All along the bank of the Rhine and in the meadows and woods behind, hundreds of men waited. But now with only half the fleet still operable and under heavy machine-gun fire, the bottleneck that Urquhart had feared occurred. Confusion developed in the crowded lines and although there was no panic, many men tried to push forward as their officers and sergeants tried to hold them in check. Lance Corporal Thomas Harris of the 1st Battalion remembers 'hundreds and hundreds waiting to get across. Boats were being swamped by the weight of the numbers of men trying to board.' And mortars were now falling in the embarkation area as the Germans got the range. Harris, like many other men, decided to swim. Taking off his battledress and boots he dived in and, to his surprise, made it over.

Others were not so lucky. By the time Gunner Charles Pavey got down to the river, the embarkation area was also under machine-gun fire. As the men huddled on the bank a man came swimming towards the place where Pavey lay. Ignoring the bullets peppering the shore he hauled himself out of the water and, gasping for breath, said, 'Thank God, I'm over.' Pavey heard someone say, 'Bloody fool. You're still on the same side.'

Sergeant Alf Roullier, who had managed to cook and serve a stew on Sunday, now attempted to swim the river. As he floundered in the water a boat drew alongside and someone grabbed his collar. He heard a man shout, 'It's O.K., mate. Keep going. Keep going.' Roullier was totally disoriented. He believed he was drowning. Then he heard the same voice say, 'Bloody good, old boy,' and a Canadian engineer lifted him into the boat. 'Where the hell am I?' the dazed Roullier mumbled. The Canadian grinned. 'You're almost home,' he said.

It was nearing daybreak when Signalman James Cockrill, still at his set under the verandah of the Hartenstein, heard a fierce whisper. 'Come on, Chick,' a voice said, 'let's go.' As the men headed for the river, there was a sudden sharp burst of noise. Cockrill felt a tug on his neck and shoulders. His Sten gun, slung over his back, had been split wide open by shrapnel. Nearing the bank, Cockrill's group came across a few glider pilots standing in the bushes. 'Don't go until we tell you,' one of the pilots said. 'The Germans have got a gun fixed on this area, a Spandau firing about waist high.' Coached by the pilots, the men sprinted forward one at a time. When Cockrill's turn came he crouched down and began to run. Seconds later he fell over a pile of bodies. 'There must have been 20 or 30,' he remembers. 'I heard men shouting for their mothers and others begging us not to leave them there. We couldn't stop.' At the river's edge a flare exploded and machine guns began to chatter. Cockrill heard someone shout for those who could swim. He went into the chilly water, striking out past panic-stricken men who appeared to be floundering all about him. Suddenly Cockrill heard a voice say, 'All right, buddy, don't worry. I've got you.' A Canadian hauled him into a boat and seconds later Cockrill heard the boat ground on shore. 'I nearly cried when I found I was back where I started,' he says. The boat had gone on in to pick up wounded. As men all around helped with the loading, the craft started off again and Cockrill remembers a rush as men climbed in from all sides. Although their boat was weighed down and under fire, the Canadians made it to the far shore. After hours under the verandah and his nightmarish trip across the water, Cockrill was dazed. 'The next thing I knew I was in a barn and someone gave me a cigarette.' Then Cockrill remembered one thing. Frantically he searched his pockets and brought out his single piece of ammunition: the .303 dummy bullet with his cipher code inside.

Shortly before 2.00 a.m. what remained of the First Airborne's ammunition was blown up. Sheriff Thompson's gunners fired the last remaining shells and artillerymen removed the breech blocks. Lance Bombardier Percy Parkes and the remainder of his crew were told to pull back. Parkes was surprised. He had not thought about the withdrawal. He had expected to stay until his post was overrun by the Germans. He was even more amazed when he reached the river. The area was jammed with hundreds of men and someone said that all the boats had been sunk. A man near Parkes took a deep breath. 'It looks like we swim,' he said. Parkes stared at the river. 'It was very wide. In full flood the current looked to be about nine knots. I didn't think I could make it. I saw men jumping in fully dressed and being swept downstream. Others made it across only to be shot scrambling out of the water. I saw one chap paddle across on a plank, still carrying his pack. If he could do it, I could.' Parkes stripped to his shorts, throwing away everything including his gold pocket watch. In the swift current his shorts slipped down and Parkes kicked them off. He made it over and, hiding by bushes and in ditches, eventually reached a small deserted farm cottage. Parkes went in to find some clothing. Emerging a few minutes later, he encountered a private from the Dorsets who directed him to a collection point where he was given a mug of hot tea and some cigarettes. It took the exhausted Parkes some time to understand why everyone was staring at him. He was dressed in a man's coloured sports shirt and wore a pair of ladies' linen bloomers tied at the knee.

Private Alfred Dullforce of the 10th Battalion swam to the south bank nude but still carrying a .38. To his embarrassment two women were standing with the soldiers on the bank. Dullforce 'felt like diving straight back into the water.' One of the women called out to him and held out a skirt. 'She didn't bat an eyelash at my nakedness,' he remembers. 'She told me not to worry because they were there to help the men coming across.' In a multi-coloured skirt that reached to his knees and wearing a pair of clogs, Dullforce was taken to a British truck driving the survivors back to Nijmegen.

By now the Germans were flaying the embarkation area and mortar shells were screaming in. As Lieutenant-Commander Arnoldus Wolters ran behind a line of men for a boat there was an explosion among the group. 'I was absolutely unharmed,' Wolters recalls. 'But around me lay eight dead men and one severely wounded.' He gave the man a shot of morphia and carried him to the boat. In the already overloaded craft there was no place for Wolters. He waded into the water and, hanging on to the side of the boat, was pulled across the river. He staggered on to the southern bank and collapsed.

As dawn came the evacuation fleet had been almost destroyed, yet the Canadian and British engineers, braving mortar, artillery and heavy machine-gun fire, continued to ferry the men across in the boats that remained. Private Arthur Shearwood of the 11th

Battalion found Canadian engineers loading some wounded into a small boat. One of the Canadians motioned for Shearwood to get aboard. The outboard motor could not be restarted and the Canadians asked all soldiers still carrying rifles to start paddling. Shearwood tapped the man in front of him. 'Let's go,' he said. 'Start paddling.' The man looked at Shearwood without expression. 'I can't,' he said, pointing to his bandaged shoulder. 'I've lost an arm.'

Major Robert Cain had put all his men across by dawn. With Sergeant-Major 'Robbo' Robinson, he waited on the bank so he could follow but no more boats appeared to be heading in. In a group of other men someone pointed to a slightly holed assault craft bobbing on the water and a trooper swam out to bring it back. Using rifle butts, Cain and Robinson began rowing, while troopers who still had helmets baled. On the south bank a military policeman directed them to a barn. Inside, one of the first men Cain recognized was Brigadier Hicks. The brigadier came quickly over. 'Well,' he said, 'there's one officer, at least, who's shaved.' Cain grinned tiredly. 'I was well brought up, sir,' he said.

On the perimeter's edge scores of men still huddled in the rain under German fire. Although one or two boats attempted to cross under cover of a smoke screen, it was now, in daylight, impossible for the evacuation to continue. Some men who tried to swim for it were caught by the swift current or by machine-gun fire. Others made it. Still others, so badly wounded they could do nothing, sat helplessly in the pounding rain or set out north—back to the hospitals within the perimeter. Many decided to hide out and wait until darkness again before trying to reach the opposite shore. Eventually scores succeeded in making their escape in this way.

On the southern bank and in Driel exhausted, grimy men searched for their units—or what remained of them. Sergeant Stanley Sullivan of the pathfinders, who had printed his defiant message on the school blackboard, remembers someone asking, 'Where's the 1st Battalion?' A corporal immediately stood up. 'This is it, sir,' he said. Beside him a handful of bedraggled men pulled themselves painfully erect. Gunner Robert Christie roamed through crowds of men searching for troopers of his battery. No one looked familiar. Christie suddenly felt tears sting his eyes. He had no idea if anyone but himself was left from No. 2 Battery.

On the road to Driel General Urquhart came to General Thomas'

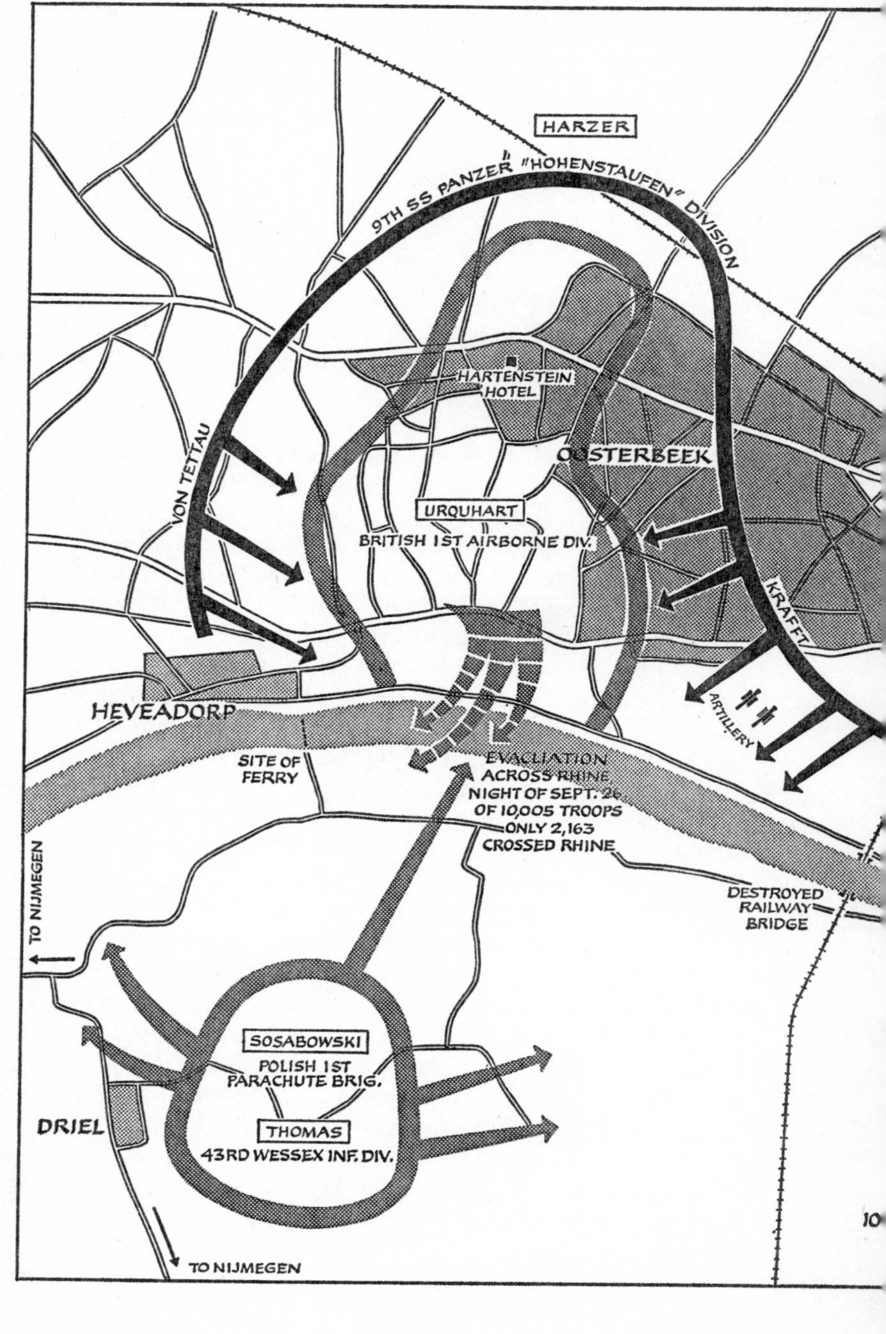

HARZER
9TH SS PANZER "HOHENSTAUFEN" DIVISION
HARTENSTEIN HOTEL
OOSTERBEEK
VON TETTAU
URQUHART
BRITISH 1ST AIRBORNE DIV.
KRAFFT
HEVEADORP
ARTILLERY
SITE OF FERRY
EVACUATION ACROSS RHINE NIGHT OF SEPT. 2
OF 10,005 TROOPS ONLY 2,163 CROSSED RHINE
DESTROYED RAILWAY BRIDGE
TO NIJMEGEN
SOSABOWSKI
POLISH 1ST PARACHUTE BRIG.
THOMAS
43RD WESSEX INF. DIV.
DRIEL
TO NIJMEGEN

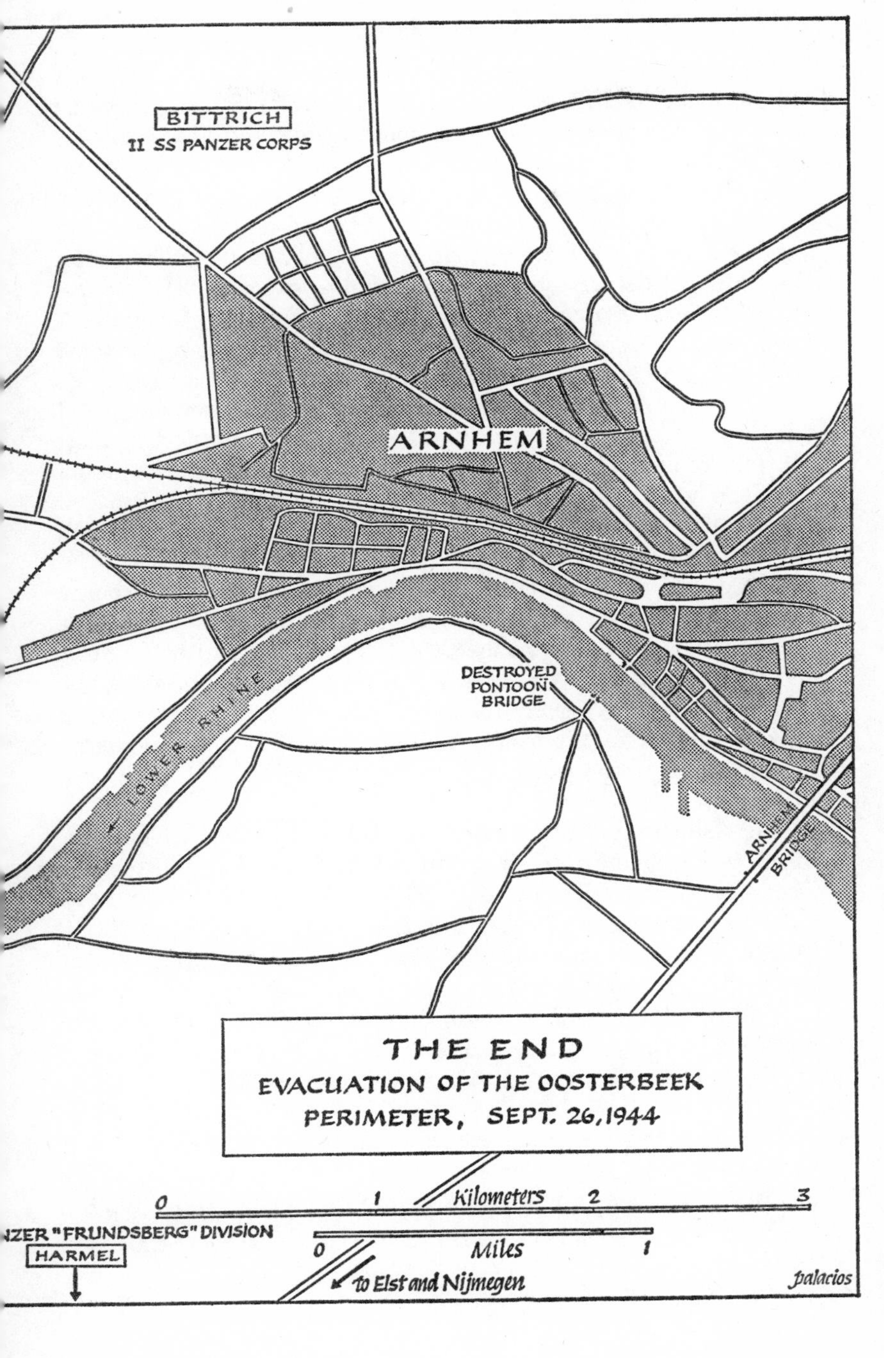
BITTRICH
II SS PANZER CORPS
ARNHEM
LOWER RHINE
DESTROYED PONTOON BRIDGE
ARNHEM BRIDGE
THE END
EVACUATION OF THE OOSTERBEEK PERIMETER, SEPT. 26, 1944
0
1
Kilometers
2
3
NZER "FRUNDSBERG" DIVISION
HARMEL
0
Miles
1
to Elst and Nijmegen
palacios

headquarters. Refusing to go in, he waited outside in the rain as his aide arranged for transportation. It was not necessary. As Urquhart stood outside a jeep arrived from General Browning's headquarters and an officer escorted Urquhart back to Corps. He and his group were taken to a house on the southern outskirts of Nijmegen. 'Browning's aide, Major Harry Cator, showed us into a room and suggested we take off our wet clothes,' Urquhart says. The proud Scot refused. 'Perversely, I wanted Browning to see us as we were—as we had been.' After a long wait Browning appeared, 'as immaculate as ever.' He looked, Urquhart thought, as if 'he had just come off parade, rather than from his bed in the middle of a battle.' To the Corps commander Urquhart said simply, 'I'm sorry things did not turn out as well as I had hoped.' Browning, offering Urquhart a drink, replied, 'You did all you could.' Later, in the bedroom which he had been given, Urquhart found that the sleep he yearned for so long was impossible. 'There were too many things,' he said, 'on my mind and my conscience.'

There was indeed much to think about. The First Airborne Division had been sacrificed and slaughtered. Of Urquhart's original 10,005-man force only 2,163 troopers, along with 160 Poles and 75 Dorsets, came back across the Rhine. After nine days, the division had approximately 1,200 dead and 6,642 missing, wounded or captured. The Germans, it later turned out, had suffered brutally, too: 3,300 casualties, including 1,100 dead.

The Arnhem adventure was over and with it Market-Garden. There was little left to do now but pull back and consolidate. The war would go on until May, 1945. 'Thus ended in failure the greatest airborne operation of the war,' one American historian later wrote. 'Although Montgomery asserted that it had been 90 per cent successful, his statement was merely a consoling figure of speech. All objectives save Arnhem had been won, but without Arnhem the rest were as nothing. In return for so much courage and sacrifice, the Allies had won a 50-mile salient—leading nowhere.'*

Perhaps because so few were expected to escape, there was not enough transport for the exhausted survivors. Many men, having endured so much else, now had to march back to Nijmegen. On the

* Dr. John C. Warren in *Airborne Operations in World War II, European Theater*, USAF Historical Division, 1956, p. 146.

road Captain Roland Langton of the Irish Guards stood in the cold rain watching the First Airborne come back. As tired, filthy men stumbled along, Langton stepped back. He knew his squadron had done its best to drive up the elevated highway from Nijmegen to Arnhem, yet he felt uneasy, 'almost embarrassed to speak to them.' As one of the men drew abreast of another Guardsman standing silently beside the road, the trooper shouted, 'Where the hell have you been, mate?' The Guardsman answered quietly, 'We've been fighting for five months.' Corporal William Chennell of the Guards heard one of the Airborne men say, 'Oh? Did you have a nice drive up?'

As the men streamed back one officer, who had stood in the rain for hours, searched every face. Captain Eric Mackay, whose little band of stragglers had held out so gallantly in the schoolhouse near the Arnhem bridge, had escaped and reached Nijmegen. Now he looked for members of his squadron. Most of them had not made it to the Arnhem bridge but Mackay, with stubborn hope, looked for them in the airborne lines coming out of Oosterbeek. 'The worst thing of all was their faces,' he says of the troopers. 'They all looked unbelievably drawn and tired. Here and there you could pick out a veteran—a face with an unmistakeable "I don't give a damn" look, as if he could never be beaten.' All that night and into the dawn Mackay stayed by the road. 'I didn't see one face I knew. As I continued to watch I hated everyone. I hated whoever was responsible for this and I hated the army for its indecision and I thought of the waste of life and of a fine division dumped down the drain. And for what?' It was full light when Mackay went back to Nijmegen. There he began to check collecting points and billets, determined to find his men. Of the 200 engineers in his squadron, five, including Mackay, had come back.

On the other side of the river remained the soldiers and civilians whose jobs and injuries demanded that they be left behind. Small bands of men too late to make the trip stayed too, crouched down in the now-unmanned trenches and gun pits. For these survivors there was no longer any hope. In the blackened perimeter they awaited their fate.

Medic Taffy Brace had brought the last of his walking wounded down to the river only to find the banks now empty. Huddling with them, Brace saw a captain coming forward. 'What are we going to do?' the officer asked Brace. 'There won't be any more boats.' Brace looked at the injured men. 'I guess we'll have to stay then,' he said. 'I can't leave them.' The captain shook hands. 'Good luck,' he told them all. 'I'm going to try to swim across.' Brace last saw the officer wading out into the water. 'Good luck yourself,' Brace called. 'Goodbye.'

For Major Guy Rigby-Jones, a physician at the Tafelberg, 'the division's leaving was a bitter pill to swallow,' but he carried on his work. With teams of medics Rigby-Jones scoured the houses in the area of the hotel, bringing in wounded men. Often hand-carrying the casualties to collection points, the medics loaded them into German trucks, ambulances and jeeps and then climbed on themselves, heading into captivity.

Padre Pare had slept the whole night through at the Schoonoord. He awoke with a start, sure that something was terribly wrong. Then he realized that it was unnaturally quiet. Hurrying out into a room, he saw a medic standing at a window, in full view of anyone outside. As Pare came up the medic turned around. 'The division's gone,' he said. Pare, who had not been told about the evacuation, stared at him. 'You're mad, man.' The medic shook his head. 'Look for yourself, sir. We really are prisoners now. Our chaps have had to retreat.' Pare couldn't believe it. 'Sir,' the medic said, 'you'll have to break the news to the patients. I haven't got the nerve to tell them.' Pare made the rounds of the hotel. 'Everyone tried to take it in good heart,' he recalls, 'but we were all in a fit of deep depression.' Then in the large room where most of the wounded still sheltered a soldier sat down at a piano and began to play a medley of popular songs. Men started to sing and Pare found himself joining in. 'It was queer after the hell of the last few days,' he says. 'The Germans could not understand it but it was easy enough to explain. The suspense, the sense of being left behind produced a tremendous reaction. There was nothing left to do but sing.' Later as Hendrika van der Vlist and other Dutch civilians prepared to leave to help the wounded in German hospitals, Pare waved goodbye regretfully. 'They had suffered with us, gone hungry and thirsty and yet they had no thought for themselves.' As the last ambulances disappeared Pare and the medical staff loaded their meagre belongings on to a German truck. 'The Germans helped us,' he recalls. 'There was a curious lack of animosity. None of us had anything to say.' As the truck drove off Pare stared moodily at the blackened wreckage of the Schoonoord, 'where absolute miracles had been worked.' He had been 'firmly convinced that it was only a matter of a day or two, possibly this coming night, before the 2nd Army crossed the Rhine and took the area back again.'

Across the street from the church Kate ter Horst had said good-bye to the wounded, all now prisoners. Pulling a handcart and accompanied by her five children, she set out to walk to Apeldoorn. A short distance away she stopped and looked back at the ancient vicarage that had been her home. 'A ray of sunshine strikes a bright yellow parachute hanging from the roof,' she wrote. 'Bright yellow. ... A greeting from the Airborne. ... Farewell, friends. ... God bless you.'

Young Anje van Maanen, also on the road to Apeldoorn, kept looking for her father as the Red Cross cars and ambulances passed, bringing the wounded from the Tafelberg. With her aunt and her brother, Anje stared at the familiar faces she had come to know throughout the week. Then, as a truck passed by, Anje saw her father riding in it. She screamed to him and began to run. The truck stopped and Dr. Van Maanen climbed down to greet his family. Hugging them all, he said, 'We have never been so poor and never so rich. We have lost our village, our home and our possessions. But we have each other and we are alive.' As Dr. Van Maanen got back on the truck to care for the wounded, he arranged for the family to meet in Apeldoorn. As they walked among hundreds of other refugees Anje turned to look back. 'The sky was coloured scarlet,' she wrote, 'like the blood of the Airborne who gave their lives for us. We four all are alive but at the end of this hopeless war-week the battle has made an impression on my soul. Glory to all our dear, brave Tommies and to all the people who gave their lives to help and save others.'

In Driel, Cora Baltussen awoke to a strange silence. It was mid-morning Tuesday, September 26th. Painfully stiff from her wounds and puzzled by the silence, Cora limped outside. Smoke billowed up from the centre of the town and from Oosterbeek across the river. But the sounds of battle were gone. Getting her bicycle, Cora pedalled slowly towards the town. The streets were deserted; the troops had gone. In the distance she saw the last vehicles in a convoy heading south for Nijmegen. Near one of Driel's ruined churches only a few soldiers lingered by some jeeps. Suddenly Cora realized that the British and Poles were withdrawing. The fight was over; the Germans would soon return. As she walked over to the small group of soldiers, the bell in the damaged church steeple began to toll. Cora looked up. Sitting in the belfry was an Airborne trooper, a bandage around his head. 'What happened?' Cora called out. 'It's all over,' the trooper shouted. 'All over. We pulled out. We're the last lot.' Cora stared up at him. 'Why are you ringing the bell?' The trooper kicked at it once more. The sound echoed over the thousand-year-old Dutch village of Driel and died away. The trooper looked down at Cora. 'It seemed like the right thing to do,' he said.

'*In my—prejudiced—view, if the operation had been properly backed from its inception, and given the aircraft, ground forces, and administrative resources necessary for the job—it would have succeeded in spite of my mistakes, or the adverse weather, or the presence of the 2nd SS* Panzer *Corps in the Arnhem area. I remain MARKET-GARDEN's unrepentant advocate.*'

Field Marshal Sir Bernard Montgomery
Memoirs. Montgomery of Alamein, p. 267

'*My country can never again afford the luxury of another Montgomery success.*'

Bernhard, The Prince of The Netherlands,
to the author

A NOTE ON CASUALTIES

Allied forces suffered more casualties in Market-Garden than in the mammoth invasion of Normandy. Most historians agree that in the 24-hour period of D-Day, June 6th, 1944, total Allied losses reached an estimated 10,000–12,000. In the nine days of Market-Garden combined losses—airborne and ground forces—in killed, wounded and missing amounted to more than 17,000.

British casualties were the highest: 13,226. Urquhart's division was almost completely destroyed. In the 10,005 Arnhem force, which includes the Poles and glider pilots, casualties totalled 7,578. In addition to this figure RAF pilot and crew losses came to another 294, making a total in wounded, dead and missing of 7,872. Horrock's XXX Corps lost 1,480 and the British 8th and 12th Corps another 3,874.

American losses, including glider pilots and IX Troop Carrier Command, are put at 3,974. General Gavin's 82nd Airborne Division had 1,432; General Taylor's 101st 2,118; and air crew losses 424.

Complete German figures remain unknown but in Arnhem and Oosterbeek admitted casualties came to 3,300 including 1,300 dead. However, in the entire Market-Garden battle area, Model's losses were much higher. While no figure breakdown is available for the number of enemy killed, wounded and missing, from the breakout at Neerpelt then along the corridor in battles at Nijmegen, Grave, Veghel, Best and Eindhoven, after interviewing German commanders I would conservatively estimate that Army Group B lost at least another 7,500–10,000 men of which perhaps a quarter were killed.

What were the Dutch civilian casualties? No one can tell. Deaths in Arnhem and Oosterbeek are said to have been low, less than 500, but no one knows with any certainty. I have heard casualty figures—that is dead, wounded or missing—given as high as 10,000 in the entire Operation Market-Garden campaign and as a result of the forceable evacuation of the Arnhem sector and from deprivation and starvation in the terrible winter that followed the attack.

APPENDIX

Page 371, l. 24: The consolidation of the south-eastern end of the perimeter owed much to the quick thinking of Colonel Sheriff Thompson who, in the confusion of battle when men retreating from Arnhem on September 19th found themselves leaderless, quickly organized them in defence of the last piece of high ground before his gun positions. These forces, together with others who had earlier become separated from their units—some 150 glider pilots and his own artillery men, about 800 in all—were known as the 'Thompson Force.' Subsequently augmented they were placed under the command of Major Lonsdale. They withdrew late on September 20th and were deployed by Thompson about his gun positions. Owing to command changes and the general situation some confusion has continued to exist regarding these events but immediately before Thompson was wounded on September 21st all infantry in the gun area came under the command of what was later to be known as the 'Lonsdale Force.' The glider pilots remained under the command of the First Airlanding Brigade.

Page 423, fn.: The incredible Tatham-Warter helped about 150 British soldiers to escape. Incidentally it took the author seven years to discover his whereabouts—then by accident my British publisher met him in Kenya where he has been living since the end of the war. Tatham-Warter says that he 'carried the umbrella in battle more for identification purposes than for anything else because I was always forgetting the password.'

Page 435, l. 8: 'The tanks arrived in the early hours of the morning,' notes General Harmel in Annex No. 6 of his war diary, September 24th, adding that 'II Panzer Corps headquarters allocated the bulk of this detachment, 45 tiger tanks, to the 10th SS Frundsberg Division.'

ACKNOWLEDGMENTS

At the time this is written almost thirty years have passed since World War II and, in spite of voluminous Allied and German records, the trail is growing cold for the contemporary historian in search of survivors. Many leading personalities are dead, and gone with them the answers to many baffling questions. Of all the major plans and campaigns following the invasion of Normandy none was more significant than Operation Market-Garden yet—apart from some personal memoirs and a few chapters in official and semi-official histories—the tragic story is virtually unknown in the United States. The successful role of the 82nd and 101st Airborne in the battle—in particular, the crossing of the Waal by Gavin's troops—rarely merits more than a paragraph or two in British accounts.

The stand of the 1st British Airborne Division at Arnhem remains one of the greatest feats of arms in World War II military history. But it was also a major defeat: Britain's second Dunkirk. Thus, as bureaucracies often tend to hide their failures, documentation in both American and British archives is all too frequently scanty and hard to come by. To unscramble some of the riddles and to present what I believe is the first complete version of the combined airborne-ground attack invasion from the standpoint of all participants—Allied, German, Dutch underground and civilian—has taken me the best part of seven years. There were times during that period, especially when I fell seriously ill, that I despaired of the book's ever reaching publication.

Like my previous works on World War II—*The Longest Day* (1959) and *The Last Battle* (1966)—the backbone of information came from the participants: the men of the Allied Forces, the

Germans they fought, and the courageous Dutch civilians. In all, some 1,200 people contributed to the making of *A Bridge Too Far*. Unselfishly and without stint these military personnel, ex-soldiers, and civilians gave freely of their time in interviews, showed me over the battlefield and supplied documentation and details from diaries, letters, military monographs, telephone logs, carefully preserved after-action reports, maps and photographs. Without the help of such contributors the book could not have been written.

For a variety of reasons—among them duplication, lack of corroboration and sheer bulk—not every personal story or experience could be included. Of the 1,200 contributors, more than half were interviewed and about 400 of these accounts were used. But after thirty years memory is not infallible. Certain strict guidelines, similar to research procedures used in my previous books, had to be followed. Every statement or quote in the book is reinforced by documentary evidence or by the corroboration of others who heard or witnessed the event described. Hearsay, rumour or third-party accounts could not be included. My files contain hundreds of stories that may be entirely accurate but cannot be supported by other participants. For reasons of historical truth, they were not used. I hope the many contributors will understand.

So many individuals helped me in reconstructing the nine terrible days of Market-Garden that it is difficult to know where to begin in naming them. At the onset, however, I want especially to thank His Royal Highness Prince Bernhard of The Netherlands for his time and aid in locating and suggesting people to be interviewed and for providing me access to both Dutch and British archives. My warm thanks go also to De Witt and Lila Wallace of *The Reader's Digest*. They not only underwrote much of the cost of this history but made their reporters and researchers in bureaus both in America and Europe available to me. Among these I wish particularly to thank the following: Heather Chapman, *New York*; Julia Morgan, *Washington, D.C.*; Michael Randolph, *London*; John D. Panitza, John Flint, Ursula Naccache, Giselle Kayser, *Paris*; the late Arno Alexi, *Stuttgart*; Aad van Leeuwen, Jan Heijn, Liesbeth Stheeman, Jan van Os, *Amsterdam*.

A special paragraph must be devoted to the tireless, painstaking work of Frederic Kelly who for two years acted as my assistant. His research, interviews, photography and fine journalistic procedures in England, Holland and the United States proved invaluable.

Thanks must also be expressed to the U.S. Defense Department's Office of the Chief of Military History under command of Brigadier-General Hal C. Pattison (at the time of researching) and the assistants who aided me in developing the military framework—in particular Ditmar M. Finke and Hannah Zeidlik. Another whose help and encouragement must be mentioned is Charles B. MacDonald of OCMH whose detailed *The Siegfried Line Campaign* contains a fine and accurate version of Market-Garden. I also depended greatly on *Breakout and Pursuit* by Martin Blumenson whose work appears in the official OCMH historical series and I express my thanks, once again, to Dr. Forrest C. Pogue for his detailed command structure in OCMH's *The Supreme Command.*

For their help in locating veterans and arranging interviews throughout the United States and Europe, acknowledgment must go to the U.S. Defense Department's Magazine and Book Division's officers—Colonel Grover G. Heiman, Jr., U.S.A.F. (Ret.), Chief of Division; Lieutenant-Colonel Charles W. Burtyk, Jr., U.S.A.F. (Deputy); Lieutenant-Colonel Robert A. Webb, U.S.A.F.; Miss Anna C. Urband; and, in the Office of the Adjutant General, Seymour J. Pomrenze.

For the German research I am indebted to the following in the U.S. Defense Department's World War II Records Division—Dr. Robert W. Krauskopf, Director; Herman G. Goldbeck, Thomas E. Hohmann, Lois C. Aldridge, Joseph A. Avery, Hazel E. Ward, Caroline V. Moore, and Hildred F. Livingston. Without a complete understanding of the German war diaries and monographs provided, it would have been almost impossible for me to interview accurately the German participants, particularly the SS commanders—Lieutenant-General Wilhelm Bittrich, Major-General Heinz Harmel and Lieutenant-Colonel Walter Harzer—who for the first time told their version of Market-Garden to an American.

In The Netherlands my assistants and I received the most gracious cooperation from the Dutch archive authorities. I am most grateful to Professor Dr. Louis de Jong, Director of the State Institute for War Documentation; Jacob Zwaan, archivist; and Dr. Eduard and Mrs. Emmie Groeneveld. In the Military History section of the Royal Army of The Netherlands pertinent research was made available to my assistants by many people, among them Lieutenant-Colonel Gerrit van Ojen; Lieutenant-Colonel August Kneepkens; Captain Gilbert Frackers; Captain Hendrik Hielkema.

So detailed was the Dutch help that I was even provided with scale maps, drawings and photographs of the various Market-Garden bridges.

Of vital importance were the municipal archives in Arnhem, Nijmegen, Veghel and Eindhoven where an abundant amount of background material was located and examined. I am deeply indebted to the following in these centres: Klaas Schaap, Anton Stempher, Dr. Pieter van Iddekinge (Arnhem); Albertus Uijen and Petrus Sliepenbeek (Nijmegen); Jan Jongeneel (Veghel); Frans Kortie (Eindhoven).

Among the many contributors in Holland who deserve special mention are Jan and Kate Ter Horst and Jan and Bertha Voskuil of Oosterbeek who spent hours with me going over every detail of the last days of the 1st Airborne's ordeal in their village. Jan Voskuil took me over the battlefields and Mr. and Mrs. Ter Horst unravelled the mystery surrounding the Driel ferry for the first time. In Driel the Baltussen family gave me hours of detailed interviews which proved invaluable. And for checking and reading Dutch interviews I must also express my appreciation to a magnificent journalist, A. Hugenot van der Linden of the Amsterdam *Telegraaf*. Without his watchful eye I would most certainly have made many a mistake. Lieutenant-Commander Arnoldus Wolters, now Rotterdam's Commissioner of Police, provided me with an almost minute-by-minute account of the happenings at General Urquhart's headquarters. In Oosterbeek the Van Maanen family provided extraordinary diaries and interviews as did Hendrika van der Vlist whose meticulous notes, like those of the Van Maanens, gave a clear picture of the situation in the casualty stations. Their vivid records and extraordinary help enabled me to recreate the atmosphere. I am deeply grateful to all of them.

Among the many military contributors who must be singled out for special thanks are: General James M. Gavin, General Maxwell D. Taylor, General Roy Urquhart and General Charles Mackenzie—all of whom sat patiently through countless interviews. Others who were most helpful were: Major-General John D. Frost; Colonel Eric M. Mackay; Major-General Philip H. W. Hicks; General Sir John Hackett; Brigadier George S. Chatterton; Brigadier Gordon Walch; Mr. Brian Urquhart; the late Major-General Stanislaw Sosabowski; and Chaplain G. A. Pare whose notes constitute an unforgettable, poignant document. Lady Browning

(Daphne du Maurier) with her wit and common sense proved a delightful correspondent and set straight some of the myths of Arnhem.

In Germany I was assisted greatly in tracing survivors, locating background material, monographs and war diaries by Dr. Bliesener of Bonn's Press and Information Service; Lieutenant-Colonel Siegel of the Ministry of Defence; Dr. Wolfgang von Groote and Major Forwick of the Military History Research Department; and Lieutenant-Colonel Dr. Stahl of the Federal Archives.

Photographs in this book are from the collection of the author, who gratefully acknowledges the assistance of the U.S. Department of Defense, the Imperial War Museum, Dutch Historical Military and Municipal Archives, Mr. B. G. J. de Vries, Curator of the Arnhem Airborne Museum, and the many individuals who provided photos.

There are many, many others whose support and assistance made this book possible. I must again thank my wife, Kathryn, a writer herself who, when I was most seriously ill, organized and collated research, edited and watched for my dangling participles; Jerry Korn, my chief 'nitpicker,' Suzanne Gleaves and John Tower who read the manuscript so carefully; Anne Bardenhagen, my valued friend and assistant; Judi Muse and Polly Jackson who, at various times, worked as secretaries. My thanks also go to Paul Gitlin, my agent; Peter Schwed and Michael Korda of Simon and Schuster for their suggestions; and Hobart Lewis, President of *The Reader's Digest*, who waited patiently through all the travail.

BIBLIOGRAPHY

Airborne Assault on Holland. (Washington: U.S.A.F., Office of the Assistant Chief of Air Staff.)

Allied documents from U.S., British and Dutch historical sources, unpublished: plans, operational orders, logs, telephone and tele-type messages, intelligence estimates, war diaries, commanders' reviews and after-action reports from: *First Allied Airborne Headquarters; First British Airborne Corps; First British Airborne Division; 101st U.S. Airborne Division; 82nd U.S. Airborne Division;* Dutch underground messages, staff college studies, monographs and maps on 'Operation Market-Garden'; *82nd and 101st Airborne Divisions'* combat interviews.

Ambrose, Stephen E., *The Supreme Command: The War Years of General Dwight D. Eisenhower.* (New York: Doubleday & Co., Inc., 1970.)

A Pictorial Biography of the U.S. 101st Airborne Division. (Compiled by the 101st Public Relations Unit, Auxerre, France, 1945.)

Bauer, Cornelius, *The Battle of Arnhem* (on information supplied by Lieut.-Col. Theodor A. Bieder). (London: Hodder & Stoughton, 1966.)

Bekker, Cajus, *The Luftwaffe War Diaries.* (London: Transworld Publishers, 1969.)

Bird, Will R., *No Retreating Footsteps: The Story of the North Nova Scotia Highlanders.* (Nova Scotia: Kentville Publishing Co., 1947.)

Blake, George, *Mountain and Flood—The History of the 52nd (Lowland) Division, 1939–46.* (Glasgow: Jackson, Son & Co., 1950.)

Blumenson, Martin, *U.S. Army in World War II: Break Out and Pursuit.* (Washington, D.C.: Office of the Chief of Military History, Dept. of Army, 1961.)

Bradley, General Omar N., *A Soldier's Story.* (London: Eyre & Spottiswoode, 1951.)

Brammall, R., *The Tenth.* (Ipswich: Eastgate Publications, Ltd., 1965.)

Bredin, Lt.-Col. A. E. C., *Three Assault Landings.* (London: Gale & Polden, 1946.)

Brereton, Lt.-Gen. Lewis H., *The Brereton Diaries.* (New York: William Morrow, 1946.)

Bryant, Sir Arthur, *Triumph in the West: The War Diaries of Field Marshal Viscount Alan Brooke.* (London: Collins, 1959.)

Bullock, Allan, *Hitler: A Study in Tyranny.* (London: Odhams Press, Ltd., 1952.)

Butcher, Captain Harry C., *My Three Years with Eisenhower.* (London: Heinemann, 1946.)

By Air to Battle. Official Account of the British Airborne Divisions. (London: H.M. Stationery Office, 1945.)

Carter, Ross, *Those Devils in Baggy Pants.* (New York: Appleton-Century-Crofts, Inc., 1951.)

Chatterton, George S., *The Wings of Pegasus.* (London: Macdonald & Co., Ltd., 1962.)

Churchill, Winston S., *The Second World War* (Vols. 1–6). (London: Cassell & Co., Ltd., 1955.)

Clay, Major Ewart W., M.B.E., *The Path of the 50th: The Story of the 50th (Northumbrian) Division in the Second World War 1939–45.* (Aldershot: Gale & Polden, Ltd., 1950.)

Cole, Lt.-Col. Howard N., *On Wings of Healing.* (London: William Blackwood & Sons, Ltd., 1963.)

Collis, Robert and Hogerziel, Hans, *Straight On.* (London: Methuen & Co., Ltd., 1947.)

Covington, Henry L., *A Fighting Heart—An Unofficial Story of the 82nd Airborne.* (Fayetteville, N.C.: Privately published, 1949.)

Craig, Gordon A., *The Politics of the Prussian Army 1640–1945.* (London: Oxford University Press, 1955.)

Critchell, Laurence, *Four Stars of Hell.* (New York: McMillin Co., 1947.)

Crosthwait, Major A. E. L., *Bridging Normandy to Berlin.* (Hanover: British Army of the Rhine, 1945.)

Cumberlege, G. (Editor), *B.B.C. War Report, 6th June, 1944–5th May, 1945*. (Oxford: Oxford University Press, 1946.)

D'Arcy-Dawson, John, *European Victory*. (London: MacDonald & Co., Ltd., 1946.)

Davis, Kenneth S., *The American Experience of War*. (London: Secker & Warburg, 1967.)

Dawson, W. Forrest, *Saga of the All American* (82nd Airborne Division). (Privately printed.)

Deane-Drummond, Anthony, *Return Ticket*. (London: Collins, 1953.)

Dempsey, General Sir Miles, *Operations of the 2nd Army in Europe*. (London: War Office, 1947.)

Ehrman, John, *History of the Second World War—Grand Strategy* (Vols. V and VI). (London: H.M. Stationery Office, 1956.)

Eisenhower, Dwight D., *Crusade in Europe*. (London: Heinemann, 1948.)

Eisenhower, John S. D., *The Bitter Woods*. (London: Robert Hale, 1969.)

Ellis, Major L. F., *Welsh Guards at War*. (Aldershot: Gale & Polden, Ltd., 1946.)

Essame, Maj.-Gen. Hubert, *The 43rd Wessex Division at War*. (London: William Clowes & Sons, Ltd., 1952.)

Essame, Maj.-Gen. Hubert, *The Battle for Germany*. (London: Batsford, 1969.)

Falls, Cyril, *The Second World War*. (London: Methuen & Co., Ltd., 1948.)

Farago, Ladislas, *Patton*. (New York: Ivan Obolensky, Inc., 1963.)

First Infantry Division: Danger Forward, with introduction by Hanson Baldwin: H. R. Knickerbocker, Jack Thompson, Jack Belden, Don Whitehead, A. J. Liebling, Mark Watson, Cy Peterman, Iris Carpenter, Col. R. Ernest Dupuy, Drew Middleton, and former officers. (Atlanta: Albert Love Enterprises, 1947.)

Fitzgerald, Major D. J. L., *History of the Irish Guards in the Second World War*. (Aldershot: Gale & Polden, Ltd., 1949.)

Flower, Desmond and Reeves, James (Editors), *The War 1939–45*. (London: Cassell & Co., Ltd., 1960.)

Foot, M. R. D., *Special Operations Executive*. (London: H.M. Stationery Office, 1967.)

Freiden and Richardson (Editors), *The Fatal Decisions*. (London: Michael Joseph, Ltd., 1956.)

Fuller, Maj.-Gen. J. F. C., *The Second World War*. (London: Eyre & Spottiswoode, Revised Edition, 1954.)

Fuller, Maj.-Gen. J. F. C., *The Conduct of War, 1789–1961*. (London: Eyre & Spottiswoode, 1961.)

Gavin, Lt.-Gen. James M., *Airborne Warfare*. (Washington, D.C.: Infantry Journal Press, 1947.)

Gavin, Lt.-Gen. James M., *War and Peace in the Space Age*. (London: Hutchinson, 1959.)

Gibson, Ronald, *Nine Days*. (Devon: Arthur H. Stockwell, Ltd., 1956.)

Gilbert, Felix (Editor), *Hitler Directs His War*. (New York: Oxford University Press, 1950.)

Gill, R. and Groves, J., *Club Route in Europe*. (Hanover: British Army of the Rhine, 1945.)

Godfrey, Major E. G. and Goldsmith, Maj.-Gen. R. F. K., *History of the Duke of Cornwall's Light Infantry, 1939–45*. (Aldershot: The Regimental History Committee, 1966.)

Goerlitz, Walter, *History of the German General Staff*. (New York: Frederick A. Praeger, 1953.)

Guingand, Maj.-Gen. Sir Francis de, *Generals at War*. (London: Hodder & Stoughton, 1964.)

Guingand, Maj.-Gen. Sir Francis de, *Operation Victory*. (London: Hodder & Stoughton, 1947.)

Gunning, Captain Hugh, *Borderers in Battle*. (Berwick-on-Tweed, Scotland: Martin's Printing Works, 1948.)

Hagen, Louis, *Arnhem Lift*. (London: Pilot Press, 1945.)

Hausser, Paul, *Waffen SS im Einsatz*. (Gottingen: Plesse, 1953.)

Heaps, Captain Leo, *Escape from Arnhem*. (Toronto: The Macmillan Co., Ltd., 1945.)

Heijbroek, M., *The Battle Around the Bridge at Arnhem*. (Oosterbeek: The Airborne Museum Collection at Kasteel De Doorwerth, Oosterbeek.)

Heydte, Baron von der, *Daedalus Returned: Crete 1941*. (London: Hutchinson & Co., 1958.)

Hibbert, Christopher, *The Battle of Arnhem*. (London: B. T. Batsford, Ltd., 1962.)

History of the 2nd Battalion, The Parachute Regiment. (Aldershot: Gale & Polden, Ltd , 1946)

Hoehne, Heinz, *The Order of the Death's Head*. (London: Secker & Warburg, 1969.)

Hollister, Paul and Strunsky, Robert (Editors), *D-Day Through Victory in Europe*. (New York: Columbia Broadcasting System, 1945.)

Horrocks, Lt.-Gen. Sir Brian, *A Full Life*. (London: Collins, 1960.)

Horst, H. B. van der, *Paratroopers Jump*. (Privately published.)

Horst, Kate A. ter, *Cloud Over Arnhem*. (London: Alan Wingate, 1945.)

Howard, Michael and Sparrow, John, *The Coldstream Guards 1920–46*. (London: Oxford University Press, 1951.)

Ingersoll, Ralph, *Top Secret*. (London: Partridge Publications, 1946.)

Ismay, General Lord, *The Memoirs of*. (London: Heinemann, 1960.)

Jackson, Lt.-Col. G. S., *Operations of the VIII Corps*. (London: St. Clements Press, 1948.)

Joslen, Lt.-Col. H. F., *Orders of Battle, Second World War, 1939–45*. (London: H.M. Stationery Office, 1960.)

Kahn, David, *The Code Breakers*. (London: Weidenfeld & Nicolson, 1967.)

Keitel, Wilhelm, Field Marshal, *The Memoirs of Field Marshal Keitel* (Editor, Walter Gorlitz). (London: William Kimber, 1965.)

Lederrey, Colonel Ernest, *Germany's Defeat in the East—1941–45*. (France: Charles Lavauzelle & Cie, 1951.)

Lewin, Ronald (Edited by), *The British Army in World War II: The War on Land*. (London: Hutchinson, 1969.)

Liddell Hart, B. H., *The Other Side of the Hill*. (London: Cassell & Co., 1948.)

Liddell Hart, B. H., *History of the Second World War*. (London: Cassell & Co., 1970.)

Liberation of Eindhoven, The. (Eindhoven: The Municipality of Eindhoven, Sept. 1964.)

Life (Editors of), *Life's Picture History of World War II*. (New York: Time, Inc., 1950.)

Lord, W. G. II, *History of the 508th Parachute Infantry*. (Privately printed.)

MacDonald, Charles B., *The Decision to Launch Operation Market-Garden, 1944*. In *Command Decisions*. Greenfield, Kent (Editor). (London: Methuen & Co., Ltd., 1960.)

MacDonald, Charles B., *The Mighty Endeavor*. (New York: Oxford University Press, 1969.)

MacDonald, Charles B., *U.S. Army in World War II: The Siegfried*

Line Campaign. (Washington, D.C.: Office of the Chief of Military History, Dept. of the Army, 1963.)

Mackenzie, Brigadier C. D., *It Was Like This!* (Oosterbeek: Adremo C.V., 1956.)

Marshall, S. L. A., *Battle at Best.* (New York: William Morrow & Co., 1963.)

Marshall, S. L. A., *Battalion and Small Unit Study No. 1: Kinnard's Operation in Holland.* (Washington, D.C.: Office of the Chief of Military History, Dept. of the Army, 1945.)

Marshall, S. L. A., *Men Against Fire.* (New York: William Morrow & Co., 1947.)

Marshall, S. L. A.; Westover, John G.; O'Sullivan, Jeremiah; Corporan, George: *The American Divisions in Operation Market-Garden.* (Unpublished monograph, Washington, D.C.: Office of the Chief of Military History, Dept. of the Army, 1945.)

Martens, Allard, *The Silent War.* (London: Hodder & Stoughton, 1961.)

Matloff, Maurice, *Strategic Plan for Coalition Warfare, 1941–2, 1943–4.* (Washington, D.C.: Office of the Chief of Military History, Dept. of the Army, 1953–9.)

Milbourne, Andrew, *Lease of Life.* (London: Museum Press, Ltd., 1952.)

Millar, Ian A. L., *The Story of the Royal Canadian Corps.* (Privately printed.)

Millis, Walter, *The Last Phase.* (Boston: Houghton Mifflin Company, 1946.)

Montgomery, Field Marshal Sir Bernard, *The Memoirs of Field Marshal The Viscount Montgomery of Alamein, K.G.* (London: Collins, 1958.)

Montgomery, Field Marshal Sir Bernard, *Normandy to the Baltic.* (Privately published by Printing & Stationery Service, British Army of the Rhine, 1946; Hutchinson & Co., 1947.)

Montgomery, Field Marshal Sir Bernard, *Despatch of Field Marshal The Viscount Montgomery of Alamein.* (New York: British Information Services, 1946.)

Moorehead, Alan, *Eclipse.* (London: Hamish Hamilton, 1945.)

Moorehead, Alan, *Montgomery.* (London: Hamish Hamilton, 1946.)

Morgan, General Sir Frederick, *Peace and War—A Soldier's Life.* (London: Hodder & Stoughton, 1961.)

Morison, Samuel Eliot, *The Invasion of France and Germany, 1944–5.* (London: Oxford University Press, Vol. XI in *The History of U.S. Naval Operations in World War II*, 1957.)

Nalder, Maj.-Gen. R. F. H., *The History of British Army Signals in the Second World War.* (Aldershot, England: Royal Signals Institution, 1953.)

Newnham, Group Capt. Maurice, *Prelude to Glory: The Story of the Creation of Britain's Parachute Army.* (London: Sampson Low, Marston & Co., Ltd., 1947.)

Nicolson, Captain Nigel and Forbes, Patrick, *The Grenadier Guards in the War of 1939–45* (Vol. 1). (Aldershot: Gale & Polden, Ltd., 1949.)

IX Troop Carrier Command in World War II. (Washington, D.C.: U.S.A.F. Historical Division.)

Nobécourt, Jacques, *Hitler's Last Gamble. The Battle of The Bulge.* (New York: Schocken Books, Inc., 1967.)

North, John, *North-West Europe 1944–5. The Achievement of the 21st Army Group.* (London: H.M. Stationery Office, 1953.)

Not in Vain, Compilation by The People of Oosterbeek. (Arnhem, Holland: Van Lochum Slaterus, 1946.)

Orde, Roden, *The Household Cavalry at War: Second Household Cavalry Regiment.* (Aldershot: Gale & Polden, Ltd., 1953.)

Otway, Colonel Terence, *The Second World War 1939–45—Airborne Forces.* (London: War Office, 1946.)

Packe, M., *First Airborne.* (London: Secker & Warburg, 1948.)

Pakenham-Walsh, Maj.-Gen. R. P., *History of the Corps of Royal Engineers. Volume IX 1938–48.* (Chatham, England: Institution of Royal Engineers, 1958.)

Patton, General George S., Jr., *War as I Knew It.* (London: W. H. Allen, 1948.)

Paul, Daniel with St. John, John, *Surgeon At Arms.* (London: William Heinemann, Ltd., 1958.)

Phillips, Norman C., *Holland and the Canadians.* (Holland: Contact Publishing Co., 1946.)

Pinto, Lt.-Col. Oreste, *Spy-Catcher.* (London: Werner Laurie, 1952.)

Pogue, Forrest C., *The Supreme Command.* (Washington, D.C.: Office of the Chief of Military History, Dept. of the Army, 1946.)

Rapport, Leonard and Northwood, Arthur, Jr., *Rendezvous with*

Destiny: A History of the 101st Airborne Division. (Washington, D.C.: Washington Infantry Journal Press, 1948.)

Reader's Digest, *Illustrated Story of World War II.* (Pleasantville, New York: The Reader's Digest Association, Inc., 1969.)

Ridgway, Matthew B., *Soldier: The Memoirs of Matthew B. Ridgway.* (New York: Harper & Bros., 1956.)

Rosse, Captain the Earl of and Hill, Colonel E. R., *The Story of the Guards Armoured Division.* (London: Geoffrey Bles, Ltd., 1956.)

Sampson, Francis, *Paratrooper Padre.* (Washington: Catholic University of America Press, 1948.)

Saunders, Hilary St. George, *The Fight is Won. Official History of the Royal Air Force, 1939–45* (Vol. III). (London: H.M. Stationery Office, 1954.)

Saunders, Hilary St. George, *The Red Beret.* (London: Michael Joseph, Ltd., 1950.)

Seth, Ronald, *Lion With Blue Wings.* (London: Victor Gollancz, Ltd., 1955.)

Shirer, William L., *The Rise and Fall of the Third Reich: A History of Nazi Germany.* (London: Secker & Warburg, 1960.)

Shulman, Milton, *Defeat in the West.* (London: Secker & Warburg, 1947.)

Smith, General Walter Bedell (with Stewart Beach), *Eisenhower's Six Great Decisions.* (New York: Longmans, Green, 1956.)

Smyth, Jack, *Five Days in Hell.* (London: William Kimber & Co., Ltd., 1956.)

Snyder, Louis L., *The War. A Concise History, 1939–45.* (London: Robert Hale, Ltd., 1960.)

Sosabowski, Maj.-Gen. Stanislaw, *Freely I Served.* (London: William Kimber & Co., Ltd., 1960.)

Stacey, Colonel C. P., *The Canadian Army: 1939–45.* (Ottawa: King Printers, 1948.)

Stainforth, Peter, *Wings of the Wind.* (London: The Falcon Press, 1952.)

Stein, George H., *The Waffen SS 1939–45.* (Ithaca, New York: Cornell University Press, 1966.)

Sulzberger, C. L., *The American Heritage Picture History of World War II.* (New York: American Heritage Publishing Co., Inc., 1966.)

Swiecicki, Marek, *With the Red Devils at Arnhem.* (London: Max Love Publishing Co., Ltd., 1945.)

Tedder, Lord, *With Prejudice: The Memoirs of Marshal of the Royal Air Force Lord Tedder*. (London: Cassell & Co., Ltd., 1966.)

Thompson, R. W., *The 85 Days*. (London: Hutchinson, 1957.)

Toland, John, *Battle*. (London: Frederick Muller, 1960.)

Toland, John, *The Last 100 Days*. (London: Arthur Barker, 1966.)

Trevor-Roper, H. R. (Edited by), *Hitler's War Directives 1939–45*. (London: Sidgwick and Jackson, 1964.)

Trials of German Major War Criminals, The (Vols. 1–26). (London: H.M. Stationery Office, 1948.)

Urquhart, Maj.-Gen. R. E., *Arnhem*. (London: Cassell, 1958.)

Vandeleur, Brigadier J. O. E., *A Soldier's Story*. (Aldershot: Gale & Polden, Ltd., 1967.)

Verney, Maj.-Gen. G. L., *The Guards Armoured Division*. (London: Hutchinson & Co., 1955.)

Warlimont, Walter, *Inside Hitler's Headquarters 1939–45*. (London: Weidenfeld & Nicolson, 1964.)

Warrack, Graeme, *Travel by Dark: After Arnhem*. (London: Harvill Press, Ltd., 1963.)

Warren, Dr. John C., *Airborne Operations in World War II, European Theatre*. (Washington, D.C.: U.S.A.F. Historical Division, 1956.)

Watkins, G. J. B., *From Normandy to the Weser. The War History of the Fourth Battalion, the Dorset Regiment*. (Dorchester: The Dorset Press, 1952.)

Websters, Sir Charles and Frankland, Noble, *The Strategic Air Offensive Against Germany, 1939–45* (Vols. 1–4). (London: H.M. Stationery Office, 1961.)

Weller, George, *The Story of the Paratroops*. (New York: Random House, 1958.)

Wheeler-Bennett, John, *Nemesis of Power*. (London: Macmillan, 1953.)

Wilmot, Chester, *The Struggle for Europe*. (London: Collins, 1952.)

SELECTED ARTICLES

'Arnhem Diary.' *Reconnaissance Journal*, Vol. 4, No. 1, Autumn, 1947.

'Arnhem was Their Finest Hour.' *Soldier*, Vol. 13, Sept. 1957.

'Battle of Desperation, The.' *Time Magazine*, October, 1944.

Best, C. E., M.M., 'The Mediums at Arnhem.' *Gunner*, Vol. 33, No. 1, January, 1951.

Bestebreurtje, Major A. D., 'The Airborne Operations in the Netherlands in Autumn 1944.' *Allgemeine Schweizerische Militarzeitschrift*, Vol. 92, 1946, No. 6.

Breese, Major C. F. O., 'The Airborne Operations in Holland, September, 1944.' *The Border Magazine*, September, 1948 (Part 1, and March, 1949 (Part II).

Burne, Alfred H., 'Arnhem.' *The Fighting Forces*, 1944.

Chatterton, Brigadier G. J. S., 'The Glider Pilot Regiment at Arnhem.' *The Eagle*, Summer, 1954.

Colman, D. E., 'The Phantom Legion.' *The Army Quarterly*, April, 1962.

Courtney, W. B., 'Army in the Sky.' *Collier's*, November, 1944.

Cousens, Major H. S., 'Arnhem, 17th–26th September, 1944.' From *The Sprig of Shillelagh*, Vol. 28, No. 322, Spring-Summer, 1948.

Exton, Hugh M., 'The Guards Armoured Division in Operation Market-Garden.' *Armoured Cavalry Journal*, 1948.

Falls, Cyril, 'Arnhem—A Stage in Airborne Tactics.' *Illustrated London News*, October, 1945.

Fijalski, Stanley, 'Echoes of Arnhem.' *Stand-to*, 1950.

Gellhorn, Martha, 'Death of a Dutch Town.' *Collier's*, December, 1944.

Greelen, Lothar van, 'The Puzzle of Arnhem Solved.' *Deutsche Wochen Zeitung*, 1964.

Herford, M. E. M., 'All in the Day's Work' (Parts 1 & 2). *The Journal of the Royal Army Medical Corps*, 1952.

'How the Supplies Reached Arnhem.' *The Journal of the Royal Army Service Corps*, Vol. 69, No. 2, November, 1944.

Intelligence Corps, 'With the Airborne at Arnhem.' *Notes of Interest*, Vol. 8, 1945.

Lister, Evelyn, 'An Echo of Arnhem.' *British Legion Journal*, September, 1950.

McCulloch, C. A., 'The Epic of Arnhem.' *Springbok*, September, 1955.

Mackay, Major E. M., 'The Battle of Arnhem Bridge.' *Blackwood's Magazine*, October, 1945.

Montgomery, Field Marshal Sir Bernard L., '21st (British) Army Group in the Campaign in North-West Europe, 1944–5.' *The*

Journal of the Royal United Service Institution, Vol. 90, No. 560, November, 1945.

Packe, Michael St. J., 'The Royal Army Service Corps at Arnhem.' *The Journal of the R.A.S.C.*, November, 1945.

St. Aubyn, Lieutenant The Hon. Piers, 'Arnhem.' *The King's Royal Rifle Corps Chronicle*, 1946.

Smith, Robert, 'With the R.A.M.C. at Arnhem.' *Stand-to*, Vol. 1, No. 8, October-November, 1950.

Stevenson, Lieutenant J., 'Arnhem Diary.' *Reconnaissance Journal*, Vol. 4, No. 1, Autumn, 1947.

Tatham-Warter, Major A. D., D.S.O., 'Escape from Arnhem.' *The Oxfordshire and Buckinghamshire Light Infantry Chronicle*, Vol. 48, 1946.

Taylor, Lt.-Col. George, D.S.O., 'With XXX Corps to Arnhem.' *Ca Ira*, Vol. 8, No. 2, June, 1949.

Tompkins, Colonel Rathvon McC., 'The Bridge.' *Marine Corps Gazette*, April, 1951 and May, 1951.

Tooley, Lt.-Col. I. P., 'Artillery Support at Arnhem.' *The Field Artillery Journal*, April, 1945.

Watkins, Major Ernest, 'Arnhem, The Landing and The Bridge.' *British Army Bureau of Current Affairs*, No. 83, 1944.

Williams, F./Lt. A. A., 'I was at Arnhem.' *The Royal Air Force Journal*, December, 1944.

Wilmot, Chester, 'What Really Happened at Arnhem.' *Stand-to*, 1950, Vol. 1, No. 8.

Winder, Sergeant F., 'Postscript' in 'Arnhem Diary.' *Reconnaissance Journal*, Vol. 4, No. 1, Autumn, 1947.

Wood, Alan, 'How Arnhem was Reported.' *Pegasus*, July and October, 1946; 'News from Arnhem.' *Pegasus*, October, 1949.

Wooding, F. B., 'The Airborne Pioneers.' *The Royal Pioneer*, Vol. 7, No. 30, March, 1952.

GERMAN MANUSCRIPTS, MILITARY STUDIES AND CAPTURED DOCUMENTS

Bittrich, SS General Wilhelm, C.O. II SS Panzer Corps, H.Q. Battle Orders; *Report on the Activities of the II SS Panzer Corps, Aug.–Nov., 1944*; together with maps; Bittrich's account of Arnhem Battle 17th–26th September, 1944; Incoming reports from commanders of 9th and 10th SS PZ Divisions; Personal papers, diaries and maps—as given to the author.

Blumentritt, General Gunther, *OB West, A Study in Command, Atlantic Wall to Siegfried Line*, Office of the Chief of Military History (hereafter referred to as OCMH), Department of Army, U.S.A., MC B-344; Manuscripts, notes and maps as given to the author.

Buttlar, Maj.-Gen. Horst von, *OB West, A Study in Command, Atlantic Wall to Siegfried Line*, OCMH, MS. B-672.

Christiansen, General Friedrich, C.O. Luftwaffe, German Armed Forces in the Netherlands, Interrogation of, File No. 67 Nijmegen Archives; Testimony and trial proceedings, Dutch Ministry of Justice, July-August, 1948.

Feldt, General Kurt, *Corps H.Q. Feldt and 406th Division from 17–21 September, 1944*. OCMH, MS. C-085.

Fullriede, SS/Colonel F. W. H., C.O. Replacement and Training Para. Brigade 'Herman Goering.' Utrecht. Personal Diary, September 1–October 5, 1944. Translated by Peter Ranger. Interrogation of, April 8, 1948, Nijmegen Archives, File 83.

Harmel, SS/Maj.-Gen. Heinz, C.O. 10th SS PZ Division 'Frundsberg.' Personal diary; maps; Orders of Battle; Operational Orders; and pertinent sections of Official War Diary. All called the 'Harmel Papers' as given to the author.

Harzer, SS/Lt.-Col. Walter, C.O. 9th SS PZ Division 'Hohenstaufen,' H.Q. War Diaries, Operation Reports and Interrogations, all under 'Harzer Papers.' File No. 74; H.Q. Daily Reports, Document No. 78013/19. U.S., British and Dutch Archives.

Heichler, Lucien, *The Germans Opposite 30th Corps*, an account of the First Parachute Army on the Albert Canal. Research monograph. Washington, D.C.: OCMH, Dept. of the Army, 1962.

Heydte, Lt.-Col. Frederick von der, C.O. 6th Para. Regiment. *6 FS Jaeger Regiment in Action Against U.S. Paratroopers in The Netherlands*, September 1944; maps and overlays. OCMH, MS. C-001.

Krafft, SS/Major Sepp, C.O. PZ Grenadier Depot Battalion 16 Netherlands, correspondence between Krafft and Heinrich Himmler; Krafft 'War Diary,' 'The Battle of Arnhem' as presented to Heinrich Himmler; British Intelligence Corps, translation of Krafft Diary, with commentary.

Mattenklott, Lt.-Gen. Frans, Report on Military Area 6 and The Rhineland, 15 September, 1944–21 March 1945. OCMH, MS. B-044.

Meindle, General Eugen, C.O. II Para. Corps. *The II Para. Corps, 15 September, 1944–21 March, 1945*. OCMH, MS. B-093.

Model, Field Marshal Walter, OKW-AGpB War Diary, Operational Daily Reports, 1 September–15 October, 1944. Document No. III H 15452/2; OKW-AGpB War Diary; Operations and Orders, 1 September–30 September, 1944. Document No. III H 15453/2; AGpB—Situation and Weekly Reports; Telephone Log and Teletype Message Files, Proclamations for September, 1944. Document Nos. III H 15450 and 75145/5.

190th Infantry Division, Report of, Commitment, 17 September, 1944–16 April, 1945. OCMH, MS. B-195.

Poppe, Maj.-Gen. Walter, C.O. 59th Infantry Division. *2nd Commitment of the 59th Infantry Division in Holland, 18 September–25 November, 1944*. OCMH, MS. B-149; War Diary and Operational Orders as given to the author.

Rauter, SS/Lt.-Gen. Hans Albin, Trial proceedings, Dutch Ministry of Justice, 1952; Interrogations of and testimony in Dutch Historical Archives and in the 'Netherlands in Wartime,' Vol. 4, No. 1, March, 1949. Rauter's Proclamations, Nijmegen Archives.

Reinhard, General Hans W., C.O. 88 Corps, *Report of the Commander, 6 June–21 December, 1944*, OCMH, MS. B-343 and MS. B-156.

Reinhardt, Maj.-Gen. Hellmuth, C-of-S Wehrmacht Commander-in-Chief in Denmark. *Commitment of the 406th Division Against the Allied Airborne Assault at Nijmegen, September 17, 1944*. OCMH, MS. C-085; Supplement to the Report, OCMH, MS. C-085A.

Rundstedt, Field Marshal Gerd von, *OB West, Daily Reports of Commander-in-Chief West, September 2–30, 1944*. Document No. 34002; *OKW-OB West War Diary, September–October, 1944*, including Annexa 2224–2476. British and Dutch Archives; *OB West, A Study in Command, Atlantic Wall to Siegfried Line*, Vols. I, II, III, OCMH, MS. B-633.

Scheidt, Wilhelm, *Hitler's Conduct of the War*, OCMH, MS. ML-864.

Schramm, Major Percy E., *The West (1 April, 1944–16 December,*

1944), MS. B-034; OCMH, *Notes on the Execution of War Diaries*, OCMH, MS. A-860.

Skalka, SS/Major Egon, Divisional Doctor 9th SS PZ 'Hohenstaufen,' Official Headquarters Reports; Medical Estimate of the Arnhem Battle; Interrogation Reports. British and Dutch Archives. Diary, notes as given to the author.

Speidel, Lt.-Gen. Dr. Hans, *OB West*, *A Study in Command*, *Atlantic Wall to Siegfried Line*, Vols. I, II, III, OCMH, MS. B-718.

Student, Col.-Gen. Kurt, C.O. 1st Para. Army, *Battles of the 1st Parachute Army on the Albert Canal*; and *Allied Airborne Operations on 17 September, 1944*, OCMH, MS. B-717. Manuscripts, notes and maps as given to the author. Statement in Nijmegen Archives, File 35.

Student, Col.-Gen. Kurt, C.O. 1st Para. Army, 'Arnhem—The Last German Victory,' from *The Soldier Speaks*, No. 5, 1952.

Tettau, Lt.-Gen. Hans von, *Combat Reports 17 September–26 September, 1944 of Units Committed in The Netherlands*, Document No. 40649H. Dutch Archives.

Warlimont, General Walter, *From the Invasion to the Siegfried Line, 1939–45*. (London: Weidenfeld & Nicolson, 1962.)

Zanger, General Gustav von, *Battles of the Fifteenth Army Between the Meuse–Scheldt Canal and the Lower Meuse, 15 September–10 November*, OCMH, MS. B-475.

Zimmerman, Lt.-Gen. Bodo, *OB West*, *A Study in Command*, *Atlantic Wall to Siegfried Line*, Vols. I, II, III, OCMH, MS. B-308.

INDEX

Aa river, 88, 187
Aachen, 46, 53, 99, 213
Aalst, 253, 254–5
Adair, General Alan, 115–16, 301, 349, 355, 356
Albert Canal, 24, 29, 32–4, 40, 99
'Albrecht Group', 97*n*
Allardyce, Private James, 121, 219
Allen, Private First Class John, 123
Allsop, Captain David, 168, 195, 198
Altomare, Corporal John, 156
Ambrose, Stephen E., 66*n*
AMERICAN FORCES:
- 12th Army Group, 43–6, 53
- First Army, 21, 34, 46, 49, 52, 146, 272
- Second Army, 21
- Third Army, 26, 36, 46, 48, 49, 50, 52, 53, 212, 272
- 82nd Airborne Division, 65, 78, 83, 89–90, 92, 120, 136, 137, 139, 152, 173–80, 216–19, 257–9, 299, 301, 305, 313–14, 334, 348, 355, 409, 434
- 101st Airborne Division, 65, 78, 83, 88, 120, 121, 136, 137, 142, 153–8, 187–8, 252, 255–7, 299, 305, 310–313, 334, 402, 434
- 501st Regiment, 89
- 502nd Regiment, 88–9, 188, 310, 313
- 504th Regiment, 89, 90, 123, 176, 177–8, 216, 257, 317, 337–54
- 505th Regiment, 89, 176, 178, 216, 314
- 506th Regiment, 89, 188–9
- 508th Regiment, 89, 122, 176, 178, 216, 257, 301

Amsterdam, 12
Antwerp, 7, 22, 25, 28–9, 38–9, 40–1, 46, 49, 53, 58, 59, 63, 66, 112
Apeldoorn, 7, 70, 453
Aremberg, 35, 145
Arnold, General Henry H., 63
Ashworth, Staff Sergeant Walton, 399
Atlantic Wall, 16, 22
Atwell, Sergeant Douglas, 306
Axel, 14

Baarskamp, 378
Back, Lance Corporal Harold, 208, 226
Bad Saarnow, 171–2
Ballantyne, Flying Officer A., 308*n*
Baltussen, Cora, 4–5, 236–7, 309, 377–379, 405, 441, 453–4
Barlow, Colonel Hilary, 129, 298, 327
Barry, Lieutenant Peter, 202–3
Baylis, Staff Sergeant George, 128, 385
Beaudin, Captain Briand, 174
Bedell, Major Edwin, 123
Bedford, Flight Sergeant Ronald, 265
Beek, Dirk van, 276
Beek, Dr. Marius van der, 147
Beekbergen, 70, 71, 99, 145
Bennett, Private Frederick, 197
Bennett, Private Henry, 241
Benson, 87
Bentley, Sergeant Thomas, 442
Berlin, Montgomery's plan to race to, 54, 55, 56, 58–9, 65, 68
Berlin, Operation, 434–50
Bernhard, Prince of The Netherlands, 7, 14, 42–3, 59–61, 380–2
Best, 88, 89, 188, 256, 310–12
Bestebreurtje, Captain Arie D., 135, 218–19, 235, 314
Biddle, Anthony, 43
Billingham, Sergeant, 350

Bittrich, Dr. Gerhard, 100*n*
Bittrich, Lieutenant-General Wilhelm, 145, 187, 191, 212, 214, 215, 281, 301, 334–5, 351, 421; told to move Corps HQ north into Holland, 30–31; reaches bivouac areas near Arnhem, 70; ordered to pull 9th Division back into Germany, 99–102; alerts 9th against airborne attack, 169–70; urges destruction of bridges, 169, 189–90, 214, 220–1, 271–3; shocked by size of airlift, 271; considers Reich near invasion, 272; urges British surrender, 386; misinterprets Polish drop at Driel, 386–387; given twenty-four hours to finish British off, 411–12
Blaskowitz, General Johannes, 24, 28
Blokland, Major Jonkheer Jan van, 116–17
Blue, Corporal James R., 219
Blumenson, Martin, 34*n*
Blumentritt, Major-General Gunther, 20, 30, 36, 37, 38, 39
Blunt, Lieutenant John, 332
Blyton, Private Henry, 442
Bode, Nicolas Talling de, 97*n*, 111, 285–6
Boeree, Lieutenant-Colonel Theodor A., 279*n*
Bolden, Bombardier E. C., 416, 426
Boldock, Private Walter, 198, 292–3, 416
Bommer, Corporal Jack, 123, 139, 344
Borrelli, Second Lieutenant Anthony, 156
Both, Dominee, 149
Boyce, Private Robert, 156–7
Brace, Corporal Taffy, 295–6, 396, 451–2
Bradley, General Omar N., 43–6, 49, 52, 53, 63, 64, 67
Brandt, Sergeant John Rudolph, 122
Breda, 13–14
Breebaart, Dr. Leo C., 97
Breman, Nurse Johanna, 150
Brereton, Lieutenant-General Hyde, 67, 375, 407; commands First Allied Airborne Army, 62, 63; planning conference on Operation Market, 75–85; friction with Browning, 81–82; confirms date for action, 127; forced by weather to delay zero hour, 251, 409
Brett, Captain Peter, 408*n*
BRITISH FORCES:
21st Army Group, 41, 43–50, 53–4, 64, 68–9, 112
Second Army, 21, 34, 40, 46, 60, 63, 66, 86, 219, 413, 429–30
XXX Corps, 40, 41, 78, 84, 113–17, 153, 182, 209, 251, 252–5, 288, 297, 298–300, 369, 372, 380, 428–429, 440
First Airborne Corps, 80, 85, 109, 112, 173, 180, 190*n*
First Airborne Division, 64, 65, 69, 71, 79, 83, 90, 108, 120; assignment in Operation Market, 91–6; readiness, 124–8; take-off, 136–142; conflict over command in Urquhart's absence, 138, 239, 240, 269–70, 283–5; landing, 160–168; breakdown of communications, 193–5, 240, 280; scattered and cut to ribbons, 297, 299, 324; true plight unknown to Browning and Horrocks, 299, 300; last stand in Oosterbeek, 325–7, 369–453; partial truce, 422–4; withdrawal, 438–53
First Airborne Division Reconnaissance Unit, 168, 172, 193, 194–5, 198, 200
First Airborne Division Signals, 126, 172, 181
6th Airborne Division, 108
11th Armoured Division, 40–1
43rd Wessex Infantry Division, 113, 115, 185, 355, 366, 387, 388, 389–390, 391, 407, 410, 413, 429, 435
50th Northumberland Division, 115
52nd Lowland Division, 83, 406
Guards Armoured Division, 114,

115, 119, 298, 301, 313, 337, 356, 370, 371, 380, 389
Irish Guards Armoured Group, 113, 114, 116, 117, 118, 183–7, 252–5, 338, 342, 326–6, 390
First Airlanding Brigade, 94, 136, 193, 237–40, 263–4, 270
First Parachute Brigade, 94, 136, 166, 172, 192–4, 195–203, 204–9, 225–7, 241–7, 324, 329–32, 359–362
Fourth Parachute Brigade, 94, 237, 239, 240, 268–70, 297
Border Regiment, 371, 372
4th Dorset Regiment, 429–34
5th Duke of Cornwall's Light Infantry, 390, 403
325th Glider Infantry Regiment, 305, 333, 409
327th Glider Infantry Regiment, 311
Glider Pilot Regiment, 160–8, 180, 371
Grenadier Guards, 298, 299, 313, 314, 346, 348
Household Cavalry, 253, 254, 299, 388, 389, 391, 403
King's Own Scottish Borderers, 282, 324, 371, 383, 428
64th Medium Regiment, 369, 370, 374
Royal Engineers, 371
South Staffordshire Regiment, 281, 291, 294, 297, 324, 371, 373, 398
1st Airlanding Light Regiment, R.A., 371
First Battalion, 193, 198–9, 200, 201–2, 209, 232, 241–3, 291–3, 324
Second Battalion, 192, 193, 195, 200–3, 204–9, 219, 225–7, 244, 250–1, 287–91, 318–24, 329–32, 356, 359–62, 371
Third Battalion, 192, 193, 196–7, 199, 201–2, 204, 209, 241–3, 288, 291–3
Tenth Battalion, 282, 308, 324, 325, 371, 400
Eleventh Battalion, 269, 281, 282, 283, 291, 294, 297, 324
156th Battalion, 282, 325, 371, 400, 438, 443
21st Independent Parachute Company, 371
'Phantom' liaison unit, 126, 141, 166, 181, 326, 337
Brockley, Private Harold, 142
Broekkamp, Elias, 32, 150
Brook, Lance Corporal Henry, 163
Brooke, Sir Alan, 47
Browning, Lieutenant-General Frederick, 64, 75, 84, 90, 91, 95, 126, 181, 182, 216, 299, 316, 317, 318, 334, 337, 341, 343, 355, 356, 373, 387, 409, 435, 450; commands First Airborne Corps, 63; considers plan involves going 'a bridge too far', 66–67; chosen to command Operation Market, 80–1; friction with Brereton, 81–2; optimism, 81, 87, 109–10, 137, 407; discounts evidence of enemy armour near dropping zones, 109–10; lands near German frontier, 180; concern over Urquhart's sector, 300–1, 369, 406–7, 429; orders urgent capture of Nijmegen bridge, 300, 301; learns of Urquhart's desperate plight, 407; speaks of withdrawal, 429, 432
Brussels, 7, 41*n*, 63, 380, 381
Bryant, Private Reginald, 267, 268
Buchanan, Lieutenant Bucky, 322, 344, 345, 347, 353
Byam, Guy, 408*n*

Cain, Major Robert, 398–9, 425, 439, 447
Callaghan, Sergeant-Major Harry, 196–7, 397
Calloway, Sergeant 'Cab', 400
Canadian 1st Army, 46
Carmichael, First Lieutenant Virgil, 143–4, 340, 341, 345
Cassidy, Lieutenant-Colonel Patrick, 157
Cator, Major Harry, 450

Chandler, Trooper William, 198, 400
Chappuis, Lieutenant-Colonel Steve, 313*n*
Charteris, Brigadier-General John, 113*n*
Chase, Lieutenant-Colonel Charles, 157
Chatterton, Colonel George S., 93*n*, 137, 180, 317–18
Chennell, Corporal William, 299, 301, 451
Cherbourg, 51
Chill, Lieutenant-General Kurt, 33–4
Christiansen, General Friedrich, 103, 220
Christie, Gunner Robert, 376, 439, 447
Cipolla, PFC John, 154
Clarke, Private Nobby, 398
Clegg, Captain Benjamin, 383
Cleminson, Captain James, 245, 270
Clous, Mrs. Ida, 196
Clous, Dr. Phillip, 395
Coad, Lieutenant-Colonel Aubrey, 432
Cockrill, Signalman James, 438, 440, 445
Cole, Lieutenant-Colonel Robert G., 121, 256
Cologne, 46
Comet, Operation, 62–4, 78, 80, 94
Connelly, Captain John, 179–80
Cook, Major Julian, 337–40, 341, 344, 347, 354
Copas, Technical Sergeant Marshall, 122
Copley, Signalman Stanley G., 128, 323
Coppens, Wilhelmina, 6
Corrie, Captain Michael, 397
Cottesmore, 128
Cowan, Sergeant Bertie, 186
Cox, Lieutenant Alan Harvey, 139
Coyle, First Lieutenant James J., 137, 174–5, 315–16
Crawley, Major Douglas, 206, 207, 331, 361
Cronkite, Walter, 158*n*
Crook, Lance Bombardier J. W., 163
Daalen, Toon van, 15, 111, 235
Dauncey, Lieutenant Michael, 163
Davis, Staff Sergeant George, 162–3
Deane-Drummond, Major Anthony, 126–7, 172, 193, 293–4
Demetras, Lieutenant A. D., 354–5
Dempsey, Lieutenant-General Miles C., 40, 41, 63, 69, 86, 87, 111–12, 181, 355, 407, 429, 430–2
Derksen, Antoon, 246–7, 270, 296
Dessloch, Colonel-General Otto, 103–104
Deuss, Albert, 111
Diest, 60
Dijk, Sister Christine van, 11
Dobie, Lieutenant-Colonel D., 192, 198, 199, 242, 291, 292, 324
Doetinchem, 70, 71, 99, 145, 187, 191
Doggart, Lance Corporal James, 184, 186
Dohun, Staff Sergeant Charles, 122, 312–13
Dommel river, 88, 187, 253
Doornenburg, 335, 336, 343
Dorman, Major-General 'Pete', 380
Dover, Major Victor, 202, 206
Down Ampney, 304
Downing, Private Robert, 439
Driel, 3–5, 237, 309, 326, 328, 375, 377–9, 386, 389, 391, 403–5, 409, 410, 411, 429–30, 432–3, 441, 447, 453–4; ferry, 207, 236, 237, 265, 325, 329, 333, 372–3, 374, 375, 387
Driesbergen, 105
Du Maurier, Daphne, 180*n*
Dullforce, Private Arthur, 446
Dunkerly, Colonel Vincent, 289*n*
Dunning, Sergeant John, 189
Dutch force (Princess Irene Brigade), 60, 115, 116

Ede, 11, 14
Edwards, Private Robert C., 281, 293, 373–4
Edwards, Private Roy, 137, 198, 238
Eerde, 9
Egan, Father James, 287, 321, 322–3, 331–2

Eijkelhoff, Jan, 15, 276, 392
Eindhoven, 6, 8, 32, 69, 78, 88, 89, 106, 115, 146, 187, 255, 338, 374
Eisenhower, General Dwight D., 37, 38, 52, 62; 'broad-front' policy, 43, 46, 48–9, 65; assumes direct command of all ground forces, 46–7, 55; Montgomery's criticisms of, 46, 47, 56, 58; differences with Montgomery, 48–9, 55–8, 64–5; optimism over advance, 53; rejects Montgomery's single-thrust plan, 58–9; approves Market-Garden, 65–6, 68, 108
Elden, 304
Ellis, Sergeant-Major Les, 167
Elst, 247, 251, 364, 380, 381*n*, 386, 387, 389, 410, 411, 412
Emery, Sapper Ronald, 167, 249
Enschede, 292*n*
Essame, Major-General Hubert, 112*n*, 113, 389, 390
Euling, Captain Karl Heinz, 315, 316, 336, 348, 350

Faulkner, Private Maurice, 294
Ferguson, Captain Arthur, 143
Finkbeiner, Sergeant Theodore, 339, 344
First Allied Airborne Army, 49, 62–3, 65, 67, 75–85, 112, 120–30, 135–44
Fisher-Rowe, Major E., 255
Fitch, Lieutenant-Colonel F. A., 192, 193, 198, 199, 204, 242, 291–3, 324
Fitzgerald, Major Desmond, 339, 363
Fitzgerald, Captain Eamon, 186, 187
Fitzpatrick, Sergeant Francis, 266
Formoy, Corporal Leonard, 399–400
Fort Hof Van Holland, 339, 343, 345
Frankfurt, 46, 54
Franklin, Benjamin, 78
Freyberg, Colonel Leodegard, 153, 160
Frost, Lieutenant-Colonel John, 192, 204, 222, 248, 280, 297, 356, 371; leads battalion assigned to capture Arnhem bridge, 129, 193; landing, 167–8; on 'Lion' route, 193, 200–1, 202–3, 204; clears north end of bridge, 205–7, 208–9; beaten back from southern end, 206–7, 225–7, 232; vain wait for reinforcements, 227, 287–9, 320, 324, 326; refusal to surrender, 302, 318; under merciless German bombardment, 318–24, 330–2, 359–61; realizes no hope of relief, 330–2; evacuated, 359–61
Fuller, Sergeant Clark, 342, 343

Gale, Lieutenant-General Sir Humfrey, 64
Gale, Major-General Richard, 82, 108
Garzia, Private John, 122
Gatland, Sergeant-Major George, 266–267
Gavin, Brigadier-General James M., 82, 126, 176, 179, 257, 300, 313–14, 355; charged with seizure of Maas and Waal crossings, 78, 83, 89–90; chooses landing zones, 89–90, 173–174; appalled at Urquhart's plan, 95–6; landings, 173–4; secures route into Nijmegen, 216; reinforcements delayed, 258–9, 314; plan for assault crossing of river by paratroops, 316–18, 334; attacked from Reichswald, 334
Gensemer, Lieutenant Harold, 258
Gerbrandy, Dr. Pieter S., 8, 42
GERMAN FORCES:
Army Group B, 22, 24, 25, 28–30, 35, 71, 213, 272, 333–4
Army Group G, 24, 28, 35
First Parachute Army, 23–4, 32–4, 99, 190, 271, 334
Seventh Army, 25, 99
Fifteenth Army, 25, 29, 38–9, 40, 69–70, 112, 169, 187, 188, 189, 212, 256, 271, 333
II SS *Panzer* Corps, 30–1, 70, 99, 145, 169, 171–2
2nd SS *Panzer* division, 31*n*
9th SS *Panzer* division ('Hohenstaufen'), 30–1, 70–1, 99, 101–2,

GERMAN FORCES—*contd.*
107–8, 111, 169–70, 187, 190–2, 194*n*, 200, 203, 220–1, 273
10th SS *Panzer* division ('Frundesberg'), 30–1, 70, 101–2, 107–8, 111, 169–70, 187, 191–2, 194*n*, 220–2, 271, 273–4, 301–3, 334–6, 386, 412
59th Infantry division, 69, 188
85th Infantry division, 33
116th SS *Panzer* division, 31*n*
719th coastal division, 24, 31, 33, 34
6th Parachute Regiment, 24
SS *Panzer* Grenadier Training and Reserve Battalion, 96, 170, 192, 200
9th SS *Panzer* Reconnaissance Battalion, 247–51
Gerritsen, Rev. Johan, 149
Giebing, Truus, 277
Giebing, William, 277–8
Ginkel Heath landing zone, 264, 268
Giskes, Lieutenant-Colonel Herman, 105–6, 107, 328*n*
Glover, Lieutenant 'Pat', 124, 263, 268, 423
Goerlitz, Walter, 10*n*, 22*n*
Goldthorpe, Sergeant Lawrence, 383, 385–6
Gorman, Lieutenant John, 117, 252–3, 346, 366
Gough, Major C. F. H. 'Freddie', 172, 198, 288, 321, 330; in charge of motorized reconnaissance unit, 94, 168; race for Arnhem bridge, 168, 193, 194–5; transport loss, 168, 194; ambushed, 194–5; sets out to find Lathbury or Urquhart, 200, 207–8; with Frost at northern end of bridge, 208, 326, 359; arranges truce, 359–360; surrender, 361–2
Goulburn, Lieutenant-Colonel Edward H., 313, 315, 337, 346, 348–9
Graaff, Dr. Pieter de, 11
Grabmann, Major-General Walter, 104
Gräbner, Captain Paul, 145, 153, 169–170, 203, 219, 247–9
Grafton, Major James, 430, 432, 433, 434
Graham, Lieutenant-General Miles, 64
Granville, 55
Grave, 89, 90, 123, 173, 177–8, 216, 257, 299, 355
Grayburn, Lieutenant John, 225
Green, Sergeant 'Ginger', 128, 267–8
Griffith, Lieutenant-Colonel Wilbur, 179
Groesbeek, 10, 83, 176
Groesbeek Heights, 89, 90, 174–6, 181, 258
Groot, Johannes de, 6
Growe, Private Michael, 416
Guingand, Major-General Francis de, 47
Gwatkin, Brigadier Norman, 252, 364
Gysbers, Gerhardus, 31, 148

Hackett, Brigadier John 'Shan', 94, 237, 281, 297, 400–1; dispute over succession of command, 138, 239, 240, 269–70, 283–5; told to give up a battalion, 269–70; given 7th KOSB, 282; attempt to occupy high ground to north, 282, 284, 400; told to abandon attack, 325; defence of bridgehead, 371, 417; wounded, 418
Hague, The, 12
Hakewill Smith, Major-General Edmund, 406
Hall, Captain Raymond S., 121
Halliwell, Sergeant Stanley, 302
Harmel, Brigadier-General Heinz, 101–2, 144, 169, 171–2, 191, 220–2, 271, 273–4, 301–3, 318–19, 334–6, 343, 347, 350–1, 386, 412
Harper, Driver Leonard Sidney, 308*n*
Harris, Lance Corporal Thomas, 444
Harrison, Captain John, 338
Hart, Major Augustin, 179
Hart, Private Leo, 123, 142
Harzer, Lieutenant-Colonel Walter, 101–2, 144–5, 153, 169–70, 191–2, 200, 203, 214, 215, 220, 227, 271, 273, 362, 383, 412, 420

Hatch, Sergeant Roy Ernest, 91, 265
Hawkins, Angela, 133
Hay, Lieutenant Neville, 126, 141, 166, 181, 326, 428, 436, 442
Haysom, Signalman James, 289
Heaps, Lieutenant Leo, 244
Heathcote, Lieutenant Keith, 183
Helmond, 32
Helmont, Mrs. Van, 151
Hendy, Lance Corporal Arthur, 289, 291, 323
Hengel, Dr. Van, 422
Henniker, Lieutenant-Colonel Charles, 432
s'Hertogenbosch, 260
Heumen, 257, 334
Heveadorp, 207, 236, 278–9, 325, 329, 373, 374
Heyes, Signalman Stanley, 199
Heywood, Captain Tony, 346
Hibbert, Christopher, 173*n*, 285*n*
Hibbert, Major Tony, 208
Hicks, Brigadier Philip 'Pip', 280–1, 400, 437, 438; scheduled to hold drop zones, 94, 136, 193; and succession of command, 138, 239, 240, 269–70, 283–5; defence of drop zones, 237–40; releases battalion for defence of bridge, 239; takes command, 239–40, 269; communications breakdown, 239–40, 280; returns command to Urquhart, 298; defence of bridgehead, 371
Hicks, Sapper Tom, 372
Hiddink, Dirk, 148
Higgins, Brigadier-General Gerald, 254
Himmler, Heinrich, 100
Hinterholzer, Corporal Sepp, 172
Hitler, Adolf, 100, 197*n*; crucial measures, 16–22, 27; *Westwall* obsession, 22; revenge on conspirators, 26–7
Hobson and Sons Ltd, 181*n*
Hoek, Father Herman, 10
Hoepner, Colonel-General Eric, 100
Holabird, Second Lieutenant John, 339, 342
Hollingsworth, Sergeant Tom, 161
Honinghutie, 257
Hoof, Jan van, 351*n*
Hooff, Dr. Reinier van, 233
Hopkinson, Lieutenant H. S., 389, 391
Horrocks, Lieutenant-General Brian, 40, 59, 84, 112, 117, 186, 187, 192, 252, 255, 300, 301, 317, 318, 334, 338, 341, 355, 390, 391, 407, 430–2; and Antwerp blunder, 41; gives Market-Garden briefing, 114–15; orders Garden forces to attack, 182; idea of mobile storming party, 288*n*; not fully aware of First Airborne Division's plight, 387; and 'Black Friday', 401–2, 410; forced to help Taylor instead of Urquhart, 402; hope of getting troops into bridgehead, 410, 429, 430–2
Horst, Jan ter, 278–9, 415
Horst, Kate ter, 266*n*, 415–16, 425, 453
Hulleman, Coenraad, 234, 250
Hulsen, Johannes, 6
Hurkx, Joannes, 12
Huygen, Dr. Frans, 9

Inglis, Sergeant Walter, 124
Ipse, 99
Isenekev, Private Melvin, 121, 140
Isherwood, Sergeant Reginald, 198, 232

Jedlicka, Private Joseph, 343
Jedrziewski, Captain Anthony, 179
Jenks, Staff Sergeant Gordon, 163
Jodl, Colonel-General Alfred, 23, 103
Johannahoeve Farm, 282, 309, 325
Johnson, Captain LeGrand, 122, 312–313
Johnson, Guardsman Leslie, 350, 352–353
Johnson, PFC Paul, 156
Johnson, PFC Ray, 219
Jones, Lieutenant A. G. C. 'Tony', 118–19, 353
Jones, Private Alfred, 384
Jones, Lance Bombardier James, 414

Jones, Private James, 400
Jones, Sergeant Robert H., 287
Jones, Staff Sergeant James, 175–6
Jukes, Private G. W., 288
Jullouville, 55
Juttner, Major-General Hans, 171–2

Kaczmarek, Lieutenant Stefan, 304, 375
Kalkshoten, Johan van, 277
Kappel, Captain Carl W., 340, 341, 346, 347, 354
Karel, Hendrik, 148
Keep, Captain Henry Baldwin, 339, 341*n*, 345
Keitel, Field Marshal Wilhelm, 17, 21
Keller, PFC John, 316
Kennedy, Major-General John, 50
Kent, Sergeant Ron, 124, 441
Kessel, Captain Lipmann, 422
Kieswetter, Major Friedrich, 105–7
King, Captain Frank D., 266–7
King, Flying Officer Henry Arthur, 307–8
Kitchener, Staff Sergeant Joseph, 141
Kleve, 28
Kluge, Field Marshal Gunther Von, 22, 26–7, 30
Knap, Henri, 31, 96–9, 235, 286
Knaust, Major Hans-Peter, 335, 336, 356, 386, 387, 390, 411, 412
Koblenz, 212
Koch, Colonel Oscar W., 50
Kochalski, Corporal Alexander, 375
Koning, Jaap, 275
Korob, Corporal Wladijslaw, 304, 376
Kortie, Frans, 6, 32
Kos, Private Rudolph, 143
Kraats, Wouter van de, 98
Krafft, SS Major Sepp, 96, 170–1, 192, 200
Krap, Douw van der, 392
Krebs, Lieutenant-General Hans, 71, 101, 104, 105, 145, 153, 160
Kruyff, Pieter, 13–14, 31, 97, 111, 149, 235, 285, 286
Kuehl, Captain Delbert, 339, 341
Kuijk, Joannes van, 233–4, 250
Kussin, Major-General, 171, 197

La Chaude Fontaine, 29
LaPrade, Major James, 189
La Riviere, First Lieutenant Richard, 346, 354
Labouchère, Charles, 14–15, 31, 244
Laeken, 43, 59
Langton, Captain Roland S., 118, 185, 362–6, 376, 451
Laterveer, Dr. Anton, 9
Lathbury, Brigadier Gerald, 94, 136, 138, 194, 200, 201, 239, 240, 298, 422; radio communication breakdown, 172, 193, 199, 200; on way to Arnhem, 192; cut off from main force, 204, 208, 242; wounded in attempt to escape, 243–5; escape from hospital, 423*n*
Lathouwers, Johanna, 187
Le Havre, 58
Lee, Captain Cecil, 156
Legius, Gerardus, 8
Lent, 9, 149, 274, 343, 347, 364
Leopoldsbourg, 113–17
Lewis, Sergeant (army photographer), 418*n*
Liddell Hart, B. H., 40*n*
Liggens, Flight Officer Jeffrey, 309
Lindemans, Christiaan Antonius, 105–107
Lindquist, Colonel Roy E., 216–18
Line, Staff Sergeant Cyril, 141–2
Linnet I, Operation, 82
Linnet II, Operation, 82
Loder-Symonds, Lieutenant-Colonel R. G., 238, 437
Logan, Captain James, 287, 323, 359–360
Long, Lieutenant Michael, 384–5
Long, Staff Sergeant Richard, 399
Longland, Major Cedric, 422
Lonsdale, Major Dickie, 371, 397
Lord, Flight Lieutenant David, 307, 308*n*
Lord, RSM J. C., 125, 168, 242
Los, Cornelis, 255

Love, Flight Lieutenant Donald, 119, 184–5, 253, 364, 365
Lumb, Corporal Don, 248

Maanen, Anje van, 195–6, 276, 392, 418, 453
Maanen, Dr. Gerritt van, 276, 392, 418, 419, 453
Maanen, Paul van, 418
Maas river, 66, 78, 83, 89, 176
Maas-Waal Canal, 89, 178, 216, 257
Maastricht, 146
McCardie, Lieutenant-Colonel W. D. H., 291
MacDonald, Charles B., 34*n*, 41*n*, 346*n*
MacFadden, Private Ginger, 266
McGraw, Private Robert, 178
Mackay, Captain Eric, 125–6, 195, 202–3; and defence of bridge, 204, 205, 206, 226–7, 248, 289–91, 321–2, 323, 331; refusal to surrender, 302–303; taken prisoner, 357–9; escape, 359*n*, 451
Mackenzie, Colonel Charles, 194, 244, 296, 404, 437; as Urquhart's Chief of Staff, 138, 166, 193, 200, 238–9; decision on command of Division, 238–9, 240, 269–70, 283, 284–5; attempt to reach Nijmegen, 387–8, 391, 405–6; urges need for immediate help, 391, 407–8; reports to Urquhart, 413
McLain, First Lieutenant Allen, 342
MacLeod, First Lieutenant Tom, 341, 343
Mahaffy, Lieutenant Rupert, 118, 253, 365, 381*n*
Mann, Private Joe E., 256–7
Manston, 128
Marinus, Adrianus, 9
Marples, Signalman Graham, 162, 237–8
Marshall, General George C., 46, 63
Marshall, General S. L. A., 109*n*, 299
Martin, Captain Randall, 415, 416, 425
Mason, Master Sergeant Charles, 150
Maxted, Stanley, 408*n*
Meddaugh, Lieutenant William J., 316
Medhurst, Pilot Officer R. E. H., 308*n*
Megellas, First Lieutenant James, 144, 342
Memelink, Garrit, 9
Mendez, Lieutenant-Colonel John, 122
Metz, 36, 54
Meuse-Escaut Canal, 99, 103, 114, 116
Mijnhart, Jan, 10, 149
Milbourne, Private Andrew, 198, 282–283, 295, 296*n*
Miller, Clare, 181*n*
Miller, Staff Sergeant Victor, 161–2, 166, 306, 395
Mitchell, Staff Sergeant Charles A., 156
Mitchell, Sergeant Edward, 396
Model, Field Marshal Walter, 21, 27, 35, 37, 99, 100, 101, 102, 153, 171, 213, 271, 411, 429; replaced by Von Rundstedt, 22, 24, 29–30; commands only Army Group B, 22–3, 30; attempt to halt retreat, 24–6, 28–31, 38–9; relocates *Panzer* Corps to Arnhem area, 30–1, 70–1; HQ at Oosterbeek, 71; discounts rumours of airborne drop, 103–4, 105, 145; told of gliders landing, 160, 189; moves HQ, 160, 190, 191, 214; refuses to destroy bridges, 190, 272–273, 334; studies captured Market-Garden plan, 214–16; confident of overcoming threat, 272–3, 334; orders recapture of Arnhem bridge, 272, 273; opens counter-offensive, 333–4; cuts corridor north of Veghel, 402–3
Moncur, Sergeant Francis, 128
Montfroy, Harry, 111
Montgomery, Field Marshal Bernard Law, 17, 38, 39, 105, 117, 212–13, 300; single-thrust plan, 42, 43–50, 54–6, 59, 65–7; criticisms of Eisenhower, 46–7, 56, 58; idea of overall 'Land Forces Commander', 47, 49; differences with Eisenhower, 48–9, 55–8, 64–5; rivalry with Patton, 50;

Montgomery—*contd.*
Bernhard's interview with, 59–61; plans Market-Garden, 61, 64–9, 75, 108–9; abortive Operation Comet, 62, 63–4; discounts fears about enemy armour, 109, 111; optimism, 109, 112; Bernhard's disenchantment with, 380–1; approves order to withdraw Urquhart's force, 430; asserts ninety per cent success, 450
Morgan, Lieutenant-General Frederick, 55
Morgans, Corporal Daniel, 125, 416
Morris, Sergeant Dave, 423*n*
Mortanges, Lieutenant-Colonel Charles Pahud de, 116
Mulloy, First Lieutenant Patrick, 340, 341
Mulvey, Captain Thomas, 157
Munford, Major Dennis, 143, 240, 249, 371
Murphy, Second Lieutenant Ernest, 354
Murray, Lieutenant-Colonel Iain, 437, 439
Muselaars, Joop, 9
Mussert, Anton, 7, 8
Myers, Lieutenant-Colonel Eddie, 387–8, 391, 404, 406, 433, 434, 435, 437, 443
Myrtle ('parachick'), 124, 263, 423

Nadler, Private Philip H., 123
Neerpelt, 99, 103, 105, 106, 114
Nijmegen, 169, 203, 257–8, 274, 333, 334, 362, 388–9, 405–7, 450, 451; and German retreat, 9, 12; again under German military control, 32, 104; bridge as objective, 78, 89, 90, 190, 214, 216–19, 221, 247, 272–3, 299–301, 313–18, 327, 334; bombing of, 146, 149–50; battle for bridge, 335–56; German attempt to destroy bridge, 351; capture of bridge, 353–6
Nixon, Corporal Philip, 307, 308*n*
Noordermeer, Father Tiburtius, 15
Nooy, Menno 'Tony' de, 14
Norton, Lieutenant-Colonel John, 96
Numan, Gijsbert Jan, 111, 149, 235
Nunan, Staff Sergeant Paul, 142, 314–315
Nunn, Lance Corporal Sydney, 124, 139, 398, 442

O'Brien, Private William, 396
O'Cock, Captain Mick, 118, 183
O'Connell, Second Lieutenant Robert, 154
O'Hagan, Private Pat, 258
O'Neal, Staff Sergeant Russell, 123, 176
Oakes, Sergeant Bill, 143
Oldfather, Corporal Earl, 257
Oliver, Major Roy, 408*n*
Onck, Willem, 234
Onderwater, Dr., 384, 393
Oosterbeek, 10, 15, 16, 146–7, 196, 239, 369, 371–4, 375, 376, 409; German Army Group B HQ at, 71, 96, 97–9, 104, 145, 153, 159–60, 169, 216; British take over, 204, 236–7, 274–9; First British Airborne Division HQ at, 278, 283, 286, 296, 324; centre of fighting, 382–8, 392–401, 411–52; care of wounded in, 382–3, 393, 396, 417–19; partial truce, 422–424; withdrawal from, 438–53
Oosterhout, 390, 403, 412
Osborne, Major Charles, 372
Oss, 15
Overasselt, 152, 176, 177
Overton, Sergeant Leonard, 385, 427

Pacey, Sergeant Charles W., 350, 352
Paetsch, Lieutenant-Colonel, 220, 221, 336
Palmer, Lieutenant John, 254
Pannerden, 221, 271, 315, 335, 336
Pare, Rev. G. A., 138, 296, 306, 414, 427–8, 452
Parker, Lieutenant Russ, 315
Parkes, Lance Bombardier Percy, 124–125, 422, 424–5, 445–6
Parks, Brigadier-General Floyd L., 67
Pas de Calais, 29, 69

Patton, General George S., 21, 26, 37, 41, 48–9, 63, 66, 212; drive towards Saar, 36, 38, 46, 48, 53, 64; Montgomery suggests halting, 46, 48; rivalry with Montgomery, 50, 64; halted by lack of petrol, 52
Pavey, Gunner Charles, 444
Payton-Reid, Lieutenant-Colonel R., 371, 383, 428, 438
Pearce, Signalman Kenneth John, 91, 401
Pearson, Staff Sergeant Dudley, 395, 397, 401, 422–3
Peelen, Jan, 152
Peijnenburg, Henri, 12
Pennings, Jan, 152
Penseel, Johannes, 15, 235
Perry, Corporal Hugh H., 177
Peterse, Rev. Wilhelmus, 9
Petersen, Master Sergeant Emil, 230–1
Pogue, Dr. Forrest C., 50*n*, 63*n*
Polish First Parachute Brigade, 64, 65, 78, 79, 94–5, 120, 127, 282, 288, 298, 303–5, 309–10, 328–9, 332–3, 370, 372, 374–9, 386, 391, 404–5, 410
Poppe, Major-General Walter, 69, 188
Powell, Major George S., 91, 307, 400, 438, 443
Preston, Lieutenant-Colonel P. H., 238, 284
Pritchard, Private Thomas, 295

Queripel, Captain L. E., 325
Quinan, Lieutenant Barry, 118, 184

'Radio Orange', 12, 13, 146
Rastenburg, 16, 20–2
Rate, Sergeant John, 91
Raub, Private Edwin C., 175
Rauh, Private Wilhelm, 171
Rauter, SS Lieutenant-General Hanns Albin, 104–5
Read, Signalman Victor, 125
Reinhard, Colonel, 158–9
Renfro, Lieutenant-Colonel Curtis D., 115
Renkum, 11, 97, 152, 308
Renkum Heath landing zone, 161, 166, 170, 181, 238
Resistance movement, 12–16, 31, 42–43, 60–1, 69, 96–9, 104, 111, 149, 235, 285–7, 327–8, 351*n*, 392
Reyers Camp Farm landing zone, 161, 264
Rhine: Allied drive to, 26, 28, 36–7, 46, 50, 53, 58; Montgomery's plan to seize bridgehead across, 62–3, 65–69, 77 *et seq.*; evacuation across, 440–50
Richmond, Sergeant Leroy, 345
Ricketts, Driver James, 308*n*
Ridgway, Lieutenant-General Matthew B., 80, 92
Rigby-Jones, Major Guy, 417, 452
Ringsdorf, SS Squad Leader Alfred, 227–30
Roberts, Major-General George Philip, 40
Roberts, Captain Hugh, 313*n*
Robertson, Regimental QM, 167
Robinson, Sergeant Peter, 349–50, 352, 354
Robinson, Sergeant-Major 'Robbo', 447
Roelofs, Theodorus, 152
Rommel, Field Marshal Erwin, 16–17, 27, 100
Rotterdam, 12, 14
Roullier, Sergeant Alfred, 125, 426–7, 444
Rowbotham, Driver Arthur, 308*n*
Ruhr, Allied threat to, 26, 28, 36–7, 46, 53, 54, 55, 66, 189, 191, 220
Rundstedt, Field Marshal Gerd von, 27, 30, 103, 145, 191, 272; relieved of command during Normandy battle, 16–20; recalled to command Western Front, 16, 20–3; formidable task, 35–9; expects Allied drive towards Ruhr and Saar, 37, 212–13; notes Allied slowdown, 38–9; plan to save 15th Army, 38–9, 69–70; surprised at Montgomery's airborne operation, 312–14
Runsdale, Sergeant, 308

Ruppe, Corporal Frank, 258
Russell, Lieutenant Cyril, 183
Ruurlo, 70, 71

Saar, Allied threat to, 26, 36, 37, 38, 46, 49, 53, 54, 58, 64, 68
St. Oedenrode, 6, 12, 88, 89, 187, 255, 429, 430
Ste. Marie Eglise, 174
Samuelson, Lieutenant Tony, 364
Sande, Truid van der, 234, 250
Sanderbobrorg, Dr., 309
Schaap, Lambert, 250
Schelde estuary, 29, 39
Schouwen Island, 143, 144, 260
Schulte, Frans, 16
Schulte, Hendrina, 10
Schultz, Private Arthur 'Dutch', 258
Schwalbe, General Eugene Felix, 333*n*
Scott, Private Joe, 263, 423
Seccombe, Captain Ernest, 292
Sedelhauser, Lieutenant Gustav, 71, 153, 159–60, 215
Seyss-Inquart, Arthur, 7
Shearwood, Private Arthur, 446–7
Shulman, Second Lieutenant Herbert, E., 156
Shulman, Milton, 34*n*
Siegen, 101
Siegfried Line, 22, 26, 28, 35, 37, 51, 53, 58, 66, 79
Siely, Sergeant-Major John, 125
Sievers, Lieutenant-General Karl, 33
Simpson, Lieutenant Dennis, 168, 357, 359*n*
Simpson, Sergeant Walter, 140, 308–9
Sims, Lieutenant E. J., 346
Sims, Private James W., 91, 167–8, 209, 319–20, 332, 360, 362
Sink, Colonel Robert F., 157, 188–9, 255
Skalka, Major Egon, 145, 419–20, 421–2, 424
Smaczny, Lieutenant Albert, 304
Smith, General Bedell, 43, 48, 57, 68, 107–9, 111
Smith, Lieutenant J. J., 311
Smith, Guardsman Tim, 119
Smöckel, Major Horst, 97
Smyth, Lieutenant-Colonel Ken, 393, 394–5
Smythe, Jack, 408*n*
Snoek, Johannes and Maria, 11
Son, 88, 89, 188–9, 219, 252, 254, 255, 256, 257, 259, 298, 311, 312, 333, 402
Sosabowski, Major-General Stanislaw, 79, 94–5, 120, 280, 288, 303–5, 328–329, 332–3, 372, 374–5, 376, 378–9, 391, 404–5
South Beveland peninsula, 29, 38, 39, 40
Speedie, Signalman Willie, 439
Spicer, Lance Corporal Gordon, 124, 330
Spivey, Sergeant Horace 'Hocker', 127
Spratt, Sergeant 'Jack', 321, 323
Stainforth, Lieutenant Peter, 168, 319, 322, 424
Stanners, Corporal Geoffrey, 125, 167
Stauffenberg, Colonel Claus Graf von, 26
Stefanich, Captain Anthony, 259*n*
Steinfort, Johannes, 14
Stephenson, Lieutenant-Colonel Tom, 127
Steveninch, Colonel Albert 'Steve' de Ruyter van, 116
Stevens, Lieutenant-Colonel George, 305, 328–9, 375
Stewart, Major Richard, 386
Storey, Sergeant Charles, 248
Stranzky, Sister Antonia, 11
Strong, Major-General Kenneth W., 107–8
Student, Colonel-General Kurt, 23–4, 32–4, 99, 107*n*, 144, 158–9, 188, 190–1, 214
Sullivan, Sergeant Stanley, 439, 447
Sunley, Sergeant 'Joe', 128
Sutherland, Squadron Leader Max, 119, 185, 364, 365
Sweeney, Captain Neil, 135
Swiecicki, Marek, 408*n*
Swift, Sergeant Norman, 167
Symons, Sister M. Dosithée, 12

Tarrant Rushton, 304
Tasker, Lieutenant-Colonel Anthony, 112
Tatham-Warter, Major Digby, 202, 204, 320–1, 323, 423*n*
Taylor, Lieutenant-Colonel George, 390–1, 403–5
Taylor, Major-General Maxwell D., 78, 82, 83, 85, 88–9, 120, 157–8, 187–8, 256, 310–11, 402
Taylor, Captain William, 245, 247, 399
Tedder, Marshal of the RAF Sir Arthur, 55, 58, 64
Tempelhof, Colonel Hans George von, 153, 160, 212*n*
Terborg, 214
Tettau, Lieutenant-General Hans von, 221, 237
Thomas, Corporal D., 140
Thomas, Major-General G. I., 355, 389, 407, 410, 429, 432, 433, 434, 435–6
Thompson, Lieutenant John S., 177–8
Thompson, R. W., 41*n*
Thompson, Lieutenant-Colonel W. F. K. 'Sheriff', 238, 239, 371, 436
Thompson, Sergeant William, 440
Tiemans, Willem, 9
Tilburg, 32, 188
Tilly, Lieutenant-Colonel Gerald, 429–30, 432–4
Toler, Major Thomas, 439
Tomblin, Sergeant Pilot Bryan, 161
Tompson, Flight Sergeant William, 141
Travis-Davison, Sergeant Pilot Kenneth, 309
Tremble, Private Leonard G., 342
Trotter, Major John, 349
Truax, Private Kenneth, 142
Tucker, Sergeant Bill, 142
Tucker, Colonel Reuben H., 176, 178*n*, 317–18, 338, 347, 354–5
Turner, Lance Corporal Arthur, 293, 294*n*
Tyler, Major Edward E., 118, 186, 255, 338, 339, 346

Uden, 6, 402, 434
Uijen, Albertus, 150
Unck, Nicolaas, 148
Urquhart, Major Brian, 85–7, 109–10
Urquhart, Major-General Robert 'Roy', 112, 120, 136, 137–9, 168, 181, 192, 207*n*, 238, 269, 289, 299, 356, 401, 402, 406, 409, 433; assigned to capture Arnhem bridge, 79, 83, 90, 92–6; choice of landing sites, 92–4, 95; plan of operation, 94–6; and succession of command, 138, 139, 240, 270; lands at Renkum Heath, 166; breakdown of communications, 193–4, 201; sets out to find Lathbury, 194, 195, 200–1; loses control of situation, 201, 204–205, 243; cut off from HQ, 204–5, 208, 241–2, 243–7; attempt to escape, 244–5; trapped in attic, 246–247, 270; reaches Division in Oosterbeek, 296–8; desperate situation, 297–8, 324–7; requests new drop zone for Poles, 298, 326; attempt to hold bridgehead, 325–6, 369–72; awaits arrival of Poles and Guards Armoured, 370, 371–2, 374; loss of ferry, 373–4, 387; urges relief within 24 hours, 380, 387–8, 428; warns of collapse, 418; ordered to withdraw, 435–6; withdrawal plan, 436–8; evacuation, 442, 443–4; back at Corps, 450

Valkenswaard, 5, 12, 187, 188, 252, 253
Vandeleur, Lieutenant-Colonel Giles, 116, 118, 183, 186, 338–9, 340, 341, 342–3, 363, 365, 366
Vandeleur, Lieutenant-Colonel J. O. E. ('Joe'), 113–14, 116, 119–20, 183, 184, 186, 252, 253–4, 363, 364, 365–366
Vandervoort, Lieutenant-Colonel Ben, 174, 314, 315, 337, 348, 350
Veghel, 78, 88, 89, 187, 255, 299, 333, 402
Veldhoven, 151

Velp, 220, 294*n*
Vest, Corporal Hansford, 120
Visser, Cornelis de, 6
Vlasto, Lieutenant Robin, 167, 195, 205, 206
Vlist, Hendrika van der, 383, 393, 414, 423, 452
Voskuil, Bertha, 10, 146, 384, 393–5
Voskuil, Henri, 384, 394, 395
Voskuil, Jan, 10, 146–7, 196, 275, 384, 395
Vroemen, Lucianus, 11
Vught, 144, 158, 169, 190
Vuletich, Staff Sergeant Michael, 175

Waal river, 66, 78, 83, 89–90, 214, 216, 247, 272, 274, 313, 316, 335–47, 350, 351, 354, 388, 390
Waddy, Major J. L., 263–4, 417
Waddy, Major Peter, 243
Wageningen, 8, 308
Walch, Brigadier Gordon, 81, 112, 180, 182, 318, 406, 407, 429
Walcheren Island, 29, 39, 69, 70
Walker, Sergeant (army photographer), 408*n*
Walton, Brigadier Ben, 429, 430
Warlimont, General Walter, 20
Warr, Major Peter, 393, 394
Warrack, Colonel Graeme, 417, 418–422, 424, 438
Warren, Dr. John C., 260*n*, 450*n*
Warren, Lieutenant-Colonel Shields, Jr., 218
Warrender, Private A. E., 137
Watkins, Staff Sergeant Bert, 143
Weber, SS Grenadier Private Horst, 319
Weerd, Nicolaas van de, 8
Weert, 32
Weiss, Captain Edward, 281
Wellems, Major Edward, 123, 176
Weller, Second Lieutenant Milford F., 189
Wely, Paul van, 8
Wesel, 62, 63
Westerbouwing, 277, 278, 279, 371, 372
Westphal, General Siegfried, 36
Westwall—see Siegfried Line
White, Sapper 'Pinky', 290
Wienecke, Colonel Robert H., 89
Wierzbowski, Lieutenant Edward L., 256–7, 311
Wiessing, Frans, 8
Wijburg, Hendrik, 147–8
Wilcox, Lieutenant David, 391, 403
Wildeboer, Bill, 14
Wilhelmina, Queen of The Netherlands, 7, 42, 381–2
Wilhelmina Canal, 188–9, 255, 311
Willems Canal, 88, 187
Williams, Flight Lieutenant Billy, 408*n*
Williams, Major-General Paul L., 84
Willingham, Private Albert, 394
Wilmot, Chester, 300*n*
Wilson, Major 'Boy', 371
Wit, Gerardus de, 150–1
Wit, Johanna and Karel de, 16
Wolfheze, 14, 94, 146, 147–8, 170, 198, 200, 282, 325, 392
Wolters, Lieutenant-Commander Arnoldus, 128–9, 286, 327–8, 392, 419–22, 442–3, 446
Wood, Alan, 408*n*
Woods, Lieutenant James, 414
Wright, Private Harry, 167
Wrottesley, Captain Richard, 388, 391, 406
Wurst, Sergeant Spencer, 348, 349
Wyllie, Lance Corporal George, 393–4

Young, Lieutenant Arthur, 388, 391
Young, Staff Sergeant, 265

Zangen, General Gustave van, 29, 38–39, 69–70, 112, 187, 188, 212, 333
Zaapalski, First Sergeant Daniel, 121
Zeelst, 150, 151
Zetten, 8
Zimmermann, Lieutenant-General Bodo, 30*n*, 35
Zuid Willemsvaart Canal, 6
Zutphen, 70
Zweden family, 11
Zwolanski, Captain, 379